# 从帝国复兴到华夏野蛮

## 对《后汉书》的政治／战略解读

时殷弘◎著

人民出版社

责任编辑:刘敬文　王新明
封面设计:石笑梦
责任校对:吕　飞

**图书在版编目(CIP)数据**

从帝国复兴到华夏野蛮:对《后汉书》的政治/战略解读/时殷弘 著. —北京:
　人民出版社,2018.1
ISBN 978－7－01－018646－7

Ⅰ.①从…　Ⅱ.①时…　Ⅲ.①中国历史-东汉时代-纪传体②《后汉书》-研究
　Ⅳ.①K234.204.2

中国版本图书馆 CIP 数据核字(2017)第 298300 号

从帝国复兴到华夏野蛮
CONG DIGUO FUXING DAO HUAXIA YEMAN
——对《后汉书》的政治/战略解读

时殷弘 著

人 民 出 版 社 出版发行
(100706　北京市东城区隆福寺街 99 号)

北京中科印刷有限公司印刷　新华书店经销

2018 年 1 月第 1 版　2018 年 1 月北京第 1 次印刷
开本:787 毫米×1092 毫米 1/16　印张:40.5
字数:730 千字

ISBN 978－7－01－018646－7　定价:90.00 元

邮购地址 100706　北京市东城区隆福寺街 99 号
人民东方图书销售中心　电话 (010)65250042　65289539

# 目　录

## 革命战争与统一战争

## 帝国复兴：重建、创制和维持

## 帝国垂死:宦孽、党锢与狂乱

# 革命战争与统一战争

# "自然状态"似的革命战争

## 燎原烈火中狂野无措的大篡夺者

**《汉书·王莽传下》摘录**

[历史性事件！赤眉军农民大造反开始，继之以两年后绿林军农民大造反。这两者将发展为一场巨大规模的全国性内战，连同其他各类武装反叛，如吞噬一切的燎原巨火最终毁灭大篡夺者。]

是岁[天凤五年，18年]赤眉力子都[据考系绰号；西汉时期，男子貌美者皆称子都]、樊崇等以饥馑相聚，起于琅邪[郡名，治所在今山东诸城市]，转抄掠，众皆万数。遣使者发郡国兵击之，不能克。

[从那时起，他变得压倒性地关注武力平定和征伐，但无任何重大成功：]

六年[19年]……

[武装危机近乎处处皆有，既在华夏本部，也在帝国边疆：]是时，关东饥旱数年，力子都等党众浸多，更始将军廉丹击益州不能克，征还。更遣复位后大司马护军郭兴、庸部牧李晔击蛮夷若豆等，太傅牺（羲）叔[太傅的副职]士孙喜清洁[扫除]江湖之盗贼。……

…………

……青、徐[二州名，青州约当今山东大部分，徐州约当今江苏北部及山东东南部]民多弃乡里流亡，老弱死道路，壮者入贼中。……

[残忍，暴敛，昏狂。他对付诸项危机的措施，如上面一次又一次地显示的那样，近乎总是进一步加剧危机：]

明年改元曰地皇，从三万六千岁历号也。

　　地皇元年[20年]正月乙未,赦天下。下书曰:"方出军行师,敢有趋喧犯法者,辄论斩,毋须时[谓不必等待执行死刑之时;汉时有所谓"慎刑",春夏季不执行死刑],尽岁止。"于是春夏斩人都市,百姓震惧,道路以目。[**不成功的平定和征伐也使得他的残忍的政治统治变得甚至更残忍。**]……

　　七月,大风毁王路堂。复下书曰:"……惟即位以来,阴阳未和,风雨不时,数遇枯旱蝗螟为灾,谷稼鲜[少也]耗[虚也],百姓苦饥,蛮夷猾夏,寇贼奸宄,人民正[zhēng]营[惶恐不安貌],无所错(措)手足。……"[**尽管有他那虚饰浮华的傲慢,他仍知道他已令华夏成为悲惨之地!**]……

　　望气为数者多言有土功[指土木建筑工程]象,莽又见四方盗贼多,欲视为自安能建万世之基者……于是遂营长安城南,提封[大凡;总共]百顷……博征天下工匠诸图画,以望法[一种测量法]度算,及吏民以义入钱、谷助作者,骆驿(络绎)道路。坏彻城西苑中……凡十余所,取其材瓦,以起九庙。是月,大雨六十余日。令民入米六百斛为郎,其郎吏增秩赐爵至附城。……九庙:一曰黄帝太初祖庙……太初祖庙东西南北各四十丈,高十七丈,余庙半之。为铜薄栌[即斗拱],饰以金银雕文,穷极百工之巧……功费数百巨万,卒徒死者万数。

　　巨鹿男子马适求等谋举燕、赵兵以诛莽,大司空士王丹发觉以闻。莽遣三公大夫逮治党与(羽),连及郡国豪杰数千人,皆诛死。封丹为辅国侯。……[**再度屠戮。**]

　　是岁,罢大小钱,更行货布[形似铲,仿古制],长二寸五分,广一寸,直(值)货钱[《食货志》作"货泉",钱即泉]二十五。货钱径一寸,重五铢,枚直(值)一。两品并行。敢盗铸钱及偏行布货,伍人知不发举,皆没入为官奴婢。[**再度暴敛。**]

　　太傅平晏死,以予虞[前云始建国元年王莽改水衡都尉为予虞]唐尊为太傅。尊曰:"国虚民贫,咎在奢泰。"乃身短衣小袖,乘牝马柴车,藉槁[坐卧于干草之上],瓦器,又以历(鬲)[陶制饮具]遗公卿。出见男女不异路者,尊自下车,以象刑赭幡[谓仿古象刑以赭汁]污染其衣。莽闻而说(悦)之,下诏申敕公卿思与厥齐。封尊为平化侯。[**一项对付巨大危机的荒诞可笑的微小措施!**]

　　[**又一历史性事件! 大规模的绿林军农民造反爆发,使他全无得救希望:**]是时,南郡[郡名,今湖北江陵]张霸、江夏[郡名,今湖北云梦]羊牧、王匡等起云杜绿林[云杜,县名,在今湖北京山境;绿(lù)林,山名],号曰下江[对南郡以下长江之称]兵,众皆万余人。……

　　[**关于他小家庭里的兽性内斗的又一则故事,在先前叙述了他戮杀血亲之后:**]是月,莽妻死,谥曰:"孝睦皇后"……初莽妻以莽数杀其子,涕泣失明,莽令太

子临居中养焉。莽妻旁侍者原碧，莽幸之。后临亦通焉，恐事泄，谋共杀莽。临妻愔[yīn，刘愔，刘歆之女]，国师公女，能为星，语临宫中且有白衣[指丧服]会。临喜，以为所谋且成。后贬为统义阳王，①出在外第，愈忧恐。会莽妻病困，临予书曰："上于子孙至严，前长孙、中孙年俱三十而死。今臣临复适三十，诚恐一旦不保中室[指王临受封的洛阳(陈直说)]，则不知死命所在!"莽候妻疾，见其书，大怒，疑临有恶意，不令得会丧。既葬，收原碧等考问，具服奸、谋杀状。莽……赐临药，临不肯饮，自刺死。[**他现在第三次杀子，总共杀了三个儿子!**]……又诏国师公："临本不知星，事从愔起。"愔亦自杀。[**被他摧毁的第二个儿媳妇，因为她试图阴谋摧毁她的大篡夺者公公。**][**无论如何，他(在正式的王朝变更之后)比杀子的伊凡雷帝残忍得多，雷暴得多**。]

是月，新迁(仙)王安病死。初，莽为侯就国时，幸侍者增秩、怀能、开明。怀能生男兴，增秩生男匡、女晔，开明生女捷，皆留新都国，以其不明[谓没有公开身份]故也。及安疾甚，莽自病[忧愁]无子，为安作奏，使上言："兴等母虽微贱，属犹皇子，不可以弃。"章视群公，皆曰："安友于兄弟，宜及春夏加封爵。"于是以王车遣使者迎兴等，封兴为功脩公，匡为功建公，晔为睦脩任，捷为睦逮任。[**暴君能做一切，唯独拯救他自己除外!**]……

[**仍然全无战略，尽管由于他的昏狂的暴烈政策、盲目的平定方针和他下面"自主的"腐败官僚机器，全面危机变得愈益可怖**:]

三辅盗贼麻起，乃置捕盗都尉官，令执法谒者追击长安中，建鸣鼓攻贼幡，而使者随其后。遣太师牺仲景尚、更始将军护军王党将兵击青、徐，国师和仲曹放助郭兴击句町。转天下谷、币诣西河、五原、朔方、渔阳，每一郡以百万数，欲以击匈奴。

秋，陨霜杀菽[豆类]，关东大饥，蝗。

民犯铸钱，伍人相坐，没入为官奴婢。其男子槛车，儿女子步，以铁锁琅当[长铁链]其颈，传诣钟官[掌铸钱]，以十万数。到者易其夫妇，愁苦死者什六七。孙喜、景尚、曹放等击贼不能克，军师放纵，百姓重困。……

是岁，南郡秦丰众且万人。平原女子迟昭平能说经[指《博经》，即有关博戏方法之

---

① 前云:(地皇元年[20年])七月，大风毁王路堂。复下书曰:"……有烈风雷雨发屋折木之变，予甚弇[惊惧貌]焉，予甚栗焉，予甚恐焉。伏念一句，迷乃解矣。……临有兄而称太子，名不正。宣尼公曰:'名不正，则言不顺，至于刑罚不中，民无错[措]手足。'惟即位以来，阴阳未和，风雨不时，数遇枯旱蝗螟为灾，谷稼鲜[少也]耗[虚也]，百姓苦饥，蛮夷猾夏，寇贼奸宄，人民正[zhēng]营[惶恐不安貌]，无所错[措]手足。深惟厥咎，在名不正焉。其立安为新迁(仙)王[王莽改汝南郡新蔡为新仙]，临为统义阳王，几(冀)以保全二子，子孙千亿，外攘四夷，内安中国焉。"

书]，博以八投[意谓博时能以八枚博具投掷取胜]，亦聚数千人在河阻中。莽召问群臣禽（擒）贼方略……故左将军公孙禄征来与议，禄曰："……颠倒《五经》，毁师法，令学士疑惑……造井田，使民弃土业……设六管，以穷工商……"又言："匈奴不可攻，当与和亲。臣恐新室忧不在匈奴，而在封域之中也。"莽怒，使虎贲扶禄出……

　　[他对遍及国中的武装造反的根本原因和形势盲目不明，导致他那无效的平定方针全然僵硬：]初，四方皆以饥寒穷愁起为盗贼，稍稍群聚，常思岁熟得归乡里。众虽万数，亶称臣人、从事、三老、祭酒，不敢略有城邑，转掠求食，日阕而已。诸长吏牧守皆自乱斗中[伤也]兵[武器]而死，贼非敢欲杀之也，而莽终不谕其故。是岁，大司马士按章[根据奏章查办]豫州，为贼所获，贼送付县。士还，上书具言状。莽大怒，下狱以为诬罔。因下书责七公曰："……士得脱者……妄自言：我责数贼：'何故为是？'贼曰：'以贫穷故耳。'贼护出我。今俗人议者率多若此。惟贫困饥寒，犯法为非，大者群盗，小者偷穴[挖墙洞以偷窃]，不过二科，今乃结谋连常以千百数，是逆乱之大者，岂饥寒之谓邪？七公其严敕卿大夫、卒正、连率、庶尹……有不同心并力，疾恶黜贼，而妄曰饥寒所为，辄捕系，请其罪。"于是群下愈恐，莫敢言贼情者，亦不得擅发兵，贼由是遂不制。

　　唯翼平连率田况素果敢，发民年十八以上四万余人，授以库兵[兵器]，与刻石为约。赤糜（眉）闻之，不敢入界。况自劾奏，莽让[责难]况："未赐虎符而擅发兵，此弄兵也，厥罪乏兴[乏军兴，谓耽误军需品的征集调拨]。以况自诡必擒灭贼，故且勿治。"后况自请出界击贼，所向皆破。莽以玺书令况领青、徐二州牧事。况上言[提供了一幅有趣的图景，关于腐败和"自主"的官僚机器如何对付全国紧急状态和天大危机，加上将被非战略的大篡夺者拒绝的一项明智的战略]："盗贼始发，其原甚微，非[衍字（吴恂说）]部吏、伍人所能禽（擒）也。咎在长吏不为意，县欺其郡，郡欺朝廷，实百言十，实千言百。朝廷忽略，不辄督责，遂至延曼（蔓）连州，乃遣将率，多发使者，传（转）相监趣（趋）。郡县力事上官，应塞诘对，共（供）酒食，具资用，以救断斩[指死刑]，不给[暇也]复忧盗贼治官事。将率（帅）又不能躬率吏士，战则为贼所破，吏气浸伤，徒费百姓。前幸蒙赦令，贼欲解散，或反遮击，恐入山谷转相告语，故郡县降贼，皆更惊骇，恐见诈灭，因饥馑易动，旬日之间更十余万人，此盗贼所以多之故也。……宜急选牧、尹以下，明其赏罚，收合离乡、小国无城郭者，徙其老弱置大城中，积藏谷食，并力固守。贼来攻城，则不能下，所过无食，势不得群聚。如此，招之必降，击之则灭。今空复多出将率（帅），郡县苦之，反甚于贼。宜尽征还乘传诸使者，以休息郡县。委任臣况以二州盗贼，必平定之。"莽畏恶况，阴为发代，遣使者赐况玺书。使者至，见况，因令代监其兵。况随使者西，到，拜为师尉大夫。况去，齐地遂败。……

[可怖的全国性凋敝和大规模苦难：]

（地皇三年[22年]）二月……赤眉杀太师牺（羲）仲景尚。关东人相食。

四月，遣太师王匡、更始将军廉丹东……太师、更始合将锐士十余万人，所过放纵。东方为之语曰："宁逢赤眉，不逢太师！太师尚可，更始杀我！"卒如田况之言。……

夏，蝗从东方来，蜚（飞）蔽天，至长安，入未央宫，缘[攀援]殿阁……①

流民入关者数十万人，乃置养赡官禀食（廪饲）之。使者监领，与小吏共盗其禀（廪），饥死者十七八。先是，莽使中黄门王业领长安市买，贱取于民，民甚患之。业以省费为功，赐爵附城。莽闻城中饥馑，以问业，业曰："皆流民也。"乃市[购买]所卖[市场上出卖之物]梁飰（饭）肉羹，持入视莽，曰："居民食咸如此。"莽信之。……

冬，无盐索卢恢等举兵反城[占据县城造反]。廉丹、王匡攻拔之，斩首万余级……

赤眉别校董宪等众数万人在梁郡，王匡欲进击之，廉丹以为新拔城罢（疲）劳，当且休士养威。匡不听，引兵独进，丹随之。合战成昌，兵败，匡走。丹使吏持其印韨符节付匡曰："小儿可走，吾不可！"遂止，战死。……

[末日正在来临，而为拯救自己，他孤注一掷地要废除所有大的"革命性"社会工程，那是他10余年前发动的；]
[还有，再度发生历史性事件：未来的伟大君主刘秀及其"地主"军队急剧崛起；大篡夺者终于完蛋：]

四方盗贼往往数万人攻城邑，杀二千石以下。太师王匡等战数不利。莽知天下溃畔（叛），事穷计迫，乃议遣风俗大夫司国宪等分行天下，除井田奴婢山泽六管之禁，即位以来诏令不便于民者皆收还之。待见未发，会世祖[东汉光武帝庙号]与兄齐武王伯升[刘縯，字伯升，后为刘玄所杀；东汉时追封齐武王]、宛人李通[随刘縯起兵，后为东汉功臣]等帅春陵[乡名，即今湖北枣阳市境内吴店镇]子弟数千人，招致新市平林硃（朱）鲔、陈牧等合攻拔棘阳……

四年[23年]正月，汉兵[以刘縯刘秀为首的军队]得下江王常[绿林败军]等以为助兵，击前队[南阳郡的改名]大夫甄阜、属正梁丘赐，皆斩之，杀其众数万人。……

汉兵乘胜遂围宛城。初，世祖族兄圣公[刘玄，字圣公，南阳蔡阳人，曾称帝，年号更始。后被赤眉军处死]先在平林兵中。三月辛巳朔，平林、新市、下江兵将王常、硃

---

① 《后汉书·光武帝纪上》载："王莽末，天下旱蝗，黄金一斤易粟一斛；至是野谷旅生[不因播种而生；旅，寄也]麻菽[豆类]尤盛，野蚕成茧，被于山阜，人收其利焉。"

（朱）鲔等共立圣公为帝，改年为更始元年，拜置百官。莽闻之愈恐。欲外视自安，乃染其须发，进所征天下淑女杜陵史氏女为皇后，聘黄金三万斤，车马、奴婢、杂帛、珍宝以巨万计……莽日与方士涿郡昭尹等于后宫考验方术，纵淫乐焉。[**大篡夺者差不多彻底沮丧消沉！**]……

[**可是，依然有他绝望中的殊死大搏斗；他看似终于有了个战略，但太晚了：**]四月，世祖与王常等别攻颍州，下昆阳、郾、定陵。莽闻之愈恐。遣大司空王邑驰传至雒（洛）阳，与司徒王寻发众郡兵百万，号曰"虎牙五威兵"，平定山东。得颛（专）封爵，政决于邑，除用征诸明兵法六十三家术者，各持图书，受器械，备军吏。倾府库以遣邑，多赍珍宝、猛兽，欲视（示）饶富，用怖山东。邑至雒（洛）阳，州郡各选精兵，牧守自将，定会者四十二万人，余在道不绝，车甲士马之盛，自古出师未尝有也。

[**他看似终于有了个战略，但他的战区统帅没有战略，经著名的昆阳之战惨输掉整个征伐战役；"军师外破"：**]六月，邑与司徒寻发雒（洛）阳，欲室宛，道出颍川，过昆阳。昆阳时已降汉，汉兵守之。严尤、陈茂与二公会，二公纵兵围昆阳。严尤曰："称尊号者在宛下，宜亟进。彼破，诸城自定矣。"邑曰："百万之师，所过当灭，今屠此城，喋血而进，前歌后舞，顾不快邪！"遂围城数十重。城中请降，不许。严尤又曰："'归师勿遏，围城为之阙（缺）[谓放开一条出路]'[见《司马法》]，可如兵法，使得逸[逃跑]出，以怖宛下。"邑又不听。会世祖[刘秀]悉发郾、定陵兵数千人来救昆阳，寻、邑易[轻易]之，自将万余人行陈（阵），敕诸营皆按部毋得动，独迎，与汉兵战，不利。大军不敢擅相救，汉兵乘胜杀寻。昆阳中兵出并战，邑走，军乱。大风飞瓦，雨如注水，大众崩坏号呼，虎豹股栗，士卒奔走，各还归其郡。邑独与所将长安勇敢数千人还雒（洛）阳。关中闻之震恐，盗贼并起。……

[**宫中秘密规划的政变，但失败：来临着的末日之际的最高层内斗，"大臣内畔"：**]先是，卫将军王涉素养道士西门君惠。君惠好天文谶记，为涉言："星孛扫宫室，刘氏当复兴，国师公姓名[刘歆，谐音"刘（氏）兴"]是也。"涉信其言，以语大司马董忠，数俱至国师殿中庐道语星宿……歆怨莽杀其三子①，又畏大祸至，遂与涉、忠

---

① 《王莽传中》载：初，甄丰、刘歆、王舜为莽腹心，倡导在位，褒扬功德……丰等爵位已盛，心意既满，又实畏汉宗室、天下豪桀（杰）。而疏远欲进者，并作符命，莽遂据以即真，舜、歆内惧而已。丰素刚强，莽觉其不说（悦），故徙……丰……为更始将军，与卖饼儿王盛同列。丰父子默默。时[丰]子寻……作符命，言故汉氏平帝后黄皇室主为寻之妻。莽以诈立，心疑大臣怨谤，欲震威以惧之，因是发怒曰："黄皇室主天下母，此何谓也！"收捕寻。寻亡，丰自杀。寻随方士入华山，岁余捕得，辞连国师公歆子侍中东通灵将、五司大夫隆威侯棻，棻弟右曹长水校尉伐虏侯泳，大司空（王）邑弟左关将军掌威侯奇，及歆门人侍中骑都尉丁隆等，牵引公卿党亲列侯以下，死者数百人。[**对颇大一部分前走狗的大清洗**]……流棻于幽州，放寻于三危[在今甘肃敦煌东南]，殛隆于羽山[在今江苏东海县西北，江苏与山东交界处][**对棻、寻、隆的惩处乃仿效虞舜惩罚四凶之法**]，皆驿车载其尸传致云。[**他的残忍和"复古主义"傲慢可以无穷无尽。**]

谋,欲发。……七月……(事泄,被)俱告,莽遣使者分召忠等……责问,皆服……使虎贲以斩马剑[俗称尚方宝剑]挫[cuò,砍也]忠……收忠宗族,以醇醯[xī][浓醋]毒药、尺白刃丛棘并一坎而埋之。刘歆、王涉皆自杀。莽以二人骨肉[王涉]旧臣[刘歆],恶其内溃,故隐其诛。……

**[大篡夺者终遭暴死;他的革命性疯狂王朝恰似纸房子那般顷刻倒塌:]**

**[他彻底消沉,彻底胡来,且全然麻木:]**莽军师外破,大臣内畔(叛),左右亡[无]所信……莽忧懑不能食,亶(但)饮酒,啖鳆鱼[即鲍鱼]。读军书倦,因凭几寐,不复就枕矣。性好时日小数[时日小数:以卜筮定日子吉凶的方术],及事迫急,亶(但)为厌胜[即"厌而胜之",系用法术诅咒或祈祷以制胜所厌恶的人、物]。遣使坏渭陵[元帝陵]、延陵[成帝陵]园门罘罳[fú sì,设在宫殿陵园门外的屏,其上有交疏透孔的窗棂],曰:"毋使民复思也。"又以墨洿色[涂色]其周垣。……

……析[县名,今河南西峡]人邓晔、于匡起兵南乡百余人。时析宰将兵数千……晔、匡谓宰曰:"刘帝已立,君何不知命也!"宰请降,尽得其众。晔自称辅汉左将军,匡右将军,拔析、丹水,攻武关,都尉硃萌降。进攻右队[弘农郡的改名]大夫宋纲,杀之,西拔湖。莽愈忧,不知所出。(新任大司空)崔发曰:"《周礼》及《春秋左氏》,国有大灾,则哭以厌之。故《易》称'先号啕而后笑'。宜呼嗟告天以求救。"莽自知败,乃率群臣至南郊,陈其符命本末,仰天曰:"皇天既命授臣莽,何不殄灭众贼?即令臣莽非是,愿下雷霆诛臣莽!"因搏心大哭,气尽,伏而叩头。……

莽拜将军九人,皆以虎为号,九曰"九虎",将北军精兵数万人东,内(纳)其妻子宫中以为质。时省中黄金万斤者为一匮,尚有六十匮,黄门、钩盾、臧府、中尚方处处各有数匮。长乐御府、中御府及都内、平准帑藏钱、帛、珠玉财物甚众,莽愈爱之,赐九虎士人四千钱。众重怨,无斗意。……败走……自杀……亡。三虎郭钦、陈翚、成重收散卒,保京师仓。……

莽遣使者分赦城中诸狱因徒,皆授兵,杀狶[野猪,大猪]饮其血,与誓曰:"有不为新室者,社鬼记之!"**[他差不多被帝国首都民众和帝国残余军队彻底孤立:]**更始将军史谌将度(渡)渭桥[长安附近渭水上的桥梁],皆散走。谌空还。众兵发掘莽妻子父祖冢,烧其棺椁及九庙、明堂、辟雍,火照城中。或谓莽曰:"城门卒,东方人,不可信。"莽更发越骑士[越人组成的骑兵]为卫,门置六百人,各一校尉。

**[最后扫荡,伴有他最后的虚浮无望的儒君闹剧:]**十月戊申朔,兵从宣平城门入,民间所谓都门也。张邯行城门,逢兵见杀。王邑、王林、王巡、恽等分将兵距击北阙下。汉兵贪莽封[谓贪图获得王莽而受封]力战者七百余人。会日暮,官府邸第尽奔亡。二日己酉,城中少年硃(朱)弟、张鱼等恐见卤掠,趋喧并和,烧作室门[未

央宫的便门],斧[砍]敬法闼[敬法殿的小门],呼曰:"反虏王莽,何不出降?"火及掖廷承明[殿名],黄皇室主[平帝后]所居也。莽避火宣室[未央宫殿名,皇帝斋戒之处]前殿,火辄随之。宫人妇女啼呼曰:"当奈何!"时莽绀袀[gàn jūn]服[青色的服装],带玺韨,持虞帝匕首……旋席随斗柄[占时器具之斗柄所指方向,北斗七星,四星象斗,三星象柄]而坐,曰:"天生德于予,汉兵其如予何!"[仿孔子"天生德于予,桓魋其如予何?"见《论语·述而篇》]莽时不食,少气困矣。

三日庚戌,晨旦明,群臣扶掖莽……西出白虎门……莽就车,之(至)渐台[在未央宫沧海中,四面环水],欲阻池水[以池水为防],犹抱持符命、威斗,公、卿、大夫、侍中、黄门郎从官尚千余人随之。……军人入殿中,呼曰:"反虏王莽安在?"有美人出房曰"在渐台。"[他被宫中差不多每个人抛弃,除了极少数疯狂的奉献者。][结果了他的最后战斗:]众兵追之,围数百重。台上亦弓弩与相射,稍稍落去。矢尽,无以复射,短兵接。王邑父子、恽、王巡战死,莽入室。下餔时[申时过后五刻,约为下午六时多],众兵上台,王揖……等皆死台上。[他的暴死和可怖的肢解:]商人杜吴[《三辅故事》作"屠儿杜虞",《东观汉记》也作"杜虞"。周寿昌曰:"吴"、"虞"古字通]杀莽,取其绶。校尉东海公宾就[姓公宾,名就],故大行治礼,见吴问:"绶主所在?"曰:"室中西北陬[zōu,角落]间。"就识,斩莽首。军人分裂莽身,支节肌骨脔[luán]分,争相杀者数十人……

六日……传莽首诣更始,悬宛市,百姓共提击之,或切食其舌。

### 卷39《刘赵淳于江刘周赵列传》摘录

[本篇差不多是独特的,是《后汉书》内迄此(卷39)唯一非政治性或伦理行为性的篇章。]

[在其中,大篡夺者覆灭前后社会凋敝至极,以致人食人的可怖悲惨被反复再三地记录下来,这是本篇在此对我们的首要效用。]

[我们的史家写了一则饶有意义的导言:孝,儒家思想的头号伦理指令,它的政治教义的近乎出发点(有如本篇后面援引的章帝所云"夫孝,百行之冠,众善之始也"),实乃一项物质的和世俗的事情,同时必须有节制和讲平衡! 在一个较明确限定的道德限界内的实用主义;中庸,中庸:]

[哲理的或经典的议论:]

孔子曰:"夫孝莫大于严父[尊严其父],严父莫大于配天[谓宗祀文王于明堂,以配上帝],则周公其人也。"子路曰:"伤哉贫也! 生无以养,死无以葬。"子曰:"啜[食也]菽饮水,孝也。"夫钟鼓非乐云之本,而器不可去;三牲非致孝之主,而养不可废。

存器而忘本,乐之遁也;调器以和声,乐之成也。崇养以伤行[谓不义],孝之累也;修已以致禄,养之大也。故言能大养,则周公之祀,致四海之祭;言以义养,则仲由之菽,甘于东邻之牲[《易经》曰"东邻杀牛,不如西邻之禴(yuè)祭〔君王春祭名,春祭宜用俘虏作为人牲)"]。夫患水菽之薄,干[求也]禄以求养者,是以耻禄亲也[谓不以道求禄,故可耻]。存诚以尽行,孝积而禄厚者,此能以义养也。

[**"现代"例解:天下卑微大众可有的一类高尚和尊贵:**]

中兴,庐江毛义少节,家贫,以孝行称。南阳人张奉慕其名,往候之。坐定而府檄适至,以义守令,义奉檄而入,喜动颜色。奉者,志尚士也,心贱之,自恨来,固辞而去。及义母死,去官行服。数辟公府,为县令,进退必以礼。后举贤良,公车征,遂不至。张奉叹曰:"贤者固不可测。往日之喜,乃为亲屈也。斯盖所谓'家贫亲老,不择官而仕'者也。"建初中,章帝下诏褒宠义,赐谷千斛,常以八月长吏问起居,加赐羊酒。寿终于家。……

**刘平:**

[**一位传奇式的家伙,具备在此叙述的、极端到难以置信的孝道和其他儒家伦理行为方式。蜕化至矫情的行为方式儒道(Behaviourist Confucianism)。**]

刘平字公子,楚郡彭城人也。本名旷,显宗[明帝]后改为平。王莽时为郡吏,守菑丘长,政教大行。其后每属县有剧贼,辄令平守之,所至皆理,由是一郡称其能。

[**在人食人状况中矫情的儒家伦理行为:**]更始时,天下乱,平弟仲为贼所杀。其后贼复忽然而至,平扶侍其母,奔走逃难。仲遗腹女始一岁,平抱仲女而弃其子。母欲还取之,平不听,曰:"力不能两活,仲不可以绝类。"遂去不顾,与母俱匿野泽中。平朝出求食,逢饿贼,将亨(烹)之,平叩头曰:"今旦为老母求菜,老母待旷为命,愿得先归,食母毕,还就死。"因涕泣。贼见其至诚,哀而遣之。平还,既食母讫,因白曰:"属与贼期,义不可欺。"遂还诣贼。众皆大惊,相谓曰:"常闻烈士,乃今见之。子去矣,吾不忍食子。"于是得全。……

**赵孝:**

[**另一位像刘平那般的传奇式家伙,有其被叙述得令我们难以置信的儒家伦理行为方式。一类特别是明帝尊敬和用来当作楷模的人物。**]

赵孝字长平,沛国蕲人也。父普,王莽时为田禾将军[王莽时置田禾将军,屯田北边],任孝为郎。每告归,常白衣步担[徒步挑担]。尝从长安还,欲止邮亭。亭长先时闻孝当过,以有长者客[素闻孝高名,故以为长者客],扫洒待之。孝既至,不自名,长不肯内,因问曰:"闻田禾将军子当从长安来,何时至乎?"孝曰:"寻到矣。"于是遂去。[**一则传奇式的儒家行为方式故事,像我们已在上面刘平传记碰到过的那样难以置信地矫情。**]及天下乱,人相食。孝弟礼为饿贼所得,孝闻之,即自缚诣贼,曰:"礼久饿羸瘦,不如孝肥饱。"贼大惊,并放之,谓曰:"可且归,更持米糒[bèi,干粮]来。"孝求不能得,复往报贼,愿就亨(烹)。众异之,遂不害。乡常服其义。州郡辟召,进退必以礼。举孝廉,不应。

[**他成为特别是明帝**①**尊敬和拿来当作楷模的一类人物。**]永平[明帝年号,58—75年]中,辟太尉府,显宗素闻其行,诏拜谏议大夫,迁侍中,又迁长乐卫尉。复征弟礼为御史中丞。礼亦恭谦行已,类于孝。帝嘉其兄弟笃行,欲宠异之,诏礼十日一就卫尉府,太官送供具,令共相对尽欢。数年,礼卒,帝令孝从官属送丧归葬。后岁余,复以卫尉赐告归,卒于家。孝无子,拜礼两子为郎。……

[**一次又一次,可怖的人食人。**]时汝南有王琳者,年十余岁丧父母。因遭大乱,百姓奔逃,唯琳兄弟独守家庐,号泣不绝。弟季,出遇赤眉,将为所哺,琳自缚,请先季死,贼乡而放遣,由是显名乡邑。后辟司徒府,荐士而退。

琅邪魏谭少闲者,时亦为饥寇所获,等辈数十人皆束缚,以次当亨(烹)。贼见谭似谨厚,独令主爨(cuàn),暮辄执缚。贼有夷[姓也]长公,特哀念谭,密解其缚,语曰:"汝曹皆应就食,急从此去。"对曰:"谭为诸君爨,恒得遗余,余人皆菇草莱,不如食我。"长公义之,相晓赦遣,并得俱免。……

又齐国儿萌子明、梁郡车成子威二人,兄弟并见执于赤眉,将食之,萌、成叩头,乞以身代,贼亦哀而两释焉。


**淳于恭:**

[**本篇中的一个例外,只例外在他持道家而非儒家信仰。极为和蔼善良,以致有些矫情味。**]

淳于恭字孟孙,北海[郡名,治所剧,在今山东寿光市东南三十一里]淳于人也。善说《老子》,清静不慕荣名。家有山田果树,人或侵盗,辄助为收采。又见偷刈禾者,恭念其愧,因伏草中,盗去乃起,里落化之。

王莽末,岁饥兵起,恭兄崇将为盗所亨(烹),[**又是人食人!**]恭请代,得俱免。后崇卒,恭养孤幼,教诲学问,有不如法,辄反用杖自捶,以感悟之,兒惭而改过。初

---

① [**明帝在某些方面特别儒:**]《后汉书·明帝纪》载:是岁[永平九年,66年]……[**这位君主力推儒学,既因为他个人的信仰,也因为帝国的政治需要;广泛促进在帝国政治精英中间的儒家教育:**]为四姓小侯开立学校,置《五经》师[袁宏《汉纪》曰,永平中崇尚儒学,自皇太子、诸王侯及功臣子弟,莫不受经。又为外戚樊氏、郭氏、阴氏、马氏诸子弟立学,号四姓小侯,置五经师。以非列侯,故曰小侯]。

遭贼寇,百姓莫事农桑。恭常独力田耕,乡人止之曰:"时方淆乱,死生未分,何空自苦为?"恭曰:"纵我不得,他人何伤。"垦辱不辍。后州郡连召,不应,遂幽居养志,潜于山泽。举动周旋,必由礼度。建武中,郡举孝廉,司空辟,皆不应,客隐琅邪黔陬山,遂数十年。[**一位真正的道家!非常不同流俗。**]

[然而,他最终前往宫廷效力:]建初元年[公元 76 年],肃宗[章帝]下诏美恭素行,告郡赐帛二十匹,遣诣公车,除为议郎。引见极日,访以政事,迁侍中骑都尉,礼待甚优。其所荐名贤,无不征用。进对陈政,皆本道德,帝与之言,未尝不称善。……

## 绿林赤眉的狂野摧毁、无情火并和暴烈毁灭

### 卷 11《刘玄刘盆子列传》

[在阅读过帝国衰落和垂死轨迹中一篇又一篇按年代顺序的皇帝纪、皇后纪以及皇妃贵人传记之后,我们突然回到了一个极为混乱、血腥但多少英雄式的时代,即大规模内战的时代,其间伟人刘秀(由卷 1《光武帝纪上下》集中记述)的统一的东汉帝国渐次浮现。]

[与像他那样的高山相比,本篇记载的两位只是小丘,甚或再次。他们平庸、腐败、兴自偶然,并且(就刘盆子而言)全无政治意识。他们以一种多少滑稽可笑的方式,反映了巨大规模的农民暴众军队绿林和赤眉的原始力和狂野摧毁能量。不仅如此,他们的故事还一遍又一遍地显示了一种霍布斯式自然状态,那真实地风行于那个可怖时代的中国。它出自西汉后期的疯狂放纵和大篡夺者的激进暴政,最终由刘秀的杰出的战争操作和国务才敢予以结束。]

[赤眉军的极端可怕性质尤其令人印象深刻。它狂野地摧毁,狂野地放纵,使它征服的各地区沦于一种极端可怕的自然状态,也使它自己成了百分之百的巨型蛮兽。]

刘玄:

["庸庸者"。他被绿林军立为其一己的所谓皇帝,只是缘于他祖先作为大贵族的大名,因为革命的农民暴众追求一种传统的合法性或强化因素。此后,他显示了他的全部平庸、腐败甚而残忍。到头来,他被对立的暴众军队赤眉杀死,在他全无任何英雄主义地对其投降之后。]

[他类似无赖般地逃亡,继而登上农民革命船:]

刘玄字圣公,光武族兄也。[《帝王纪》曰:"春陵戴侯熊渠生苍梧太守利,利生子张,纳平林何氏女,生更始。"]弟为人所杀,圣公结客欲报之。客犯法,圣公避吏于平林。吏系(羁)圣公父子张。圣公诈死,使人持丧归春陵,吏乃出子张,圣公因自逃匿。[**有个家族大名的草根,多少无法无天和诡谋狡黠。**]

[**社会凋敝,人民饥馑,绿林农民军浮现;其壮大:**]王莽末,南方饥馑,人庶群入野泽,掘凫茈[fú cí,即荸荠]而食之,更相侵夺。新市人王匡、王凤为平理诤讼,遂推为渠帅,众数百人。于是诸亡命马武、王常、成丹等往从之;共攻离乡聚,臧(藏)于绿林中,数月间至七八千人。地皇二年[21年],荆州牧某发奔命二万人攻之,匡等相率迎击于云杜[县名,在今湖北荆门市京山县],大破牧军,杀数千人,尽获辎重,遂攻拔竟陵[县名,在今湖北天门市]。转击云杜、安陆[县名,在今湖北孝感市辖下安陆市],多略(掠)妇女,还入绿林中,至有五万余口,州郡不能制。

三年[22年],大疾疫,死者且半,乃各分散引去。王常、成丹西入南郡[治所在今湖北荆州市],号下江兵;王匡、王凤、马武及其支党砵(朱)鲔、张卬等北入南阳,号新市兵:皆自称将军。七月,匡等进攻随[今湖北随州市随县],未能下。平林人陈牧、廖湛复聚众千余人,号平林兵,以应之。[**他登上一艘革命船:**]圣公因往从牧等,为其军安集掾。

[**他的贵族大名将他突然拱起,急剧飙升,违背他的期望、能力和胆魄:**]
是时,光武及兄伯升亦起春陵,与诸部合兵而进。四年[23年]正月,破王莽前队大夫甄阜、属正梁丘赐,斩之,号圣公为更始将军。众虽多而无所统一,诸将遂共议立更始为天子。[**一位所谓的君主被迫成为君主而无任何自信;他不是那个料:**]二月辛巳,设坛场于淯水上沙中,陈兵大会。更始即帝位,南面立,朝群臣。素懦弱,羞愧流汗,举手不能言。于是大赦天下,建元曰更始元年[23年]。悉拜置诸将,以族父良为国三老、王匡为定国上公、王凤成国上公、砵(朱)鲔大司马、伯升大司徒、陈牧大司空,余皆九卿、将军。五月,伯升拔宛。六月,更始入都宛城,尽封宗室及诸将,为列侯者百余人。[**革命者们是那么保守,没有革命的想象力。社会的政治文化看来已经被腐败,被他们想推翻和替代的政权腐败。**]

[**他的船现在高居大浪狂涛,击毁大篡夺者本人:**]
更始忌伯升威名,遂诛之[**平庸者开始野心勃勃,且残酷无情。在他那里,权势那么快地腐败权势者**],以光禄勋刘赐为大司徒。前钟武侯刘望起兵,略有汝南。时王莽纳言将军严尤、秩宗将军陈藏既败于昆阳,往归之。八月,望遂自立为天子,以尤为大司马、茂为丞相。王莽使太师王匡、国将哀章守洛阳。更始遣定国

上公王匡攻洛阳，西屏大将军申屠建、丞相司值李松攻武关[在今陕西东南部丹凤县，战略性关隘]，三辅震动。是时海内豪桀翕然响应，皆杀其牧守，自称将军，用汉年号，以待诏命，旬月之间，遍于天下。

[绿林造反大军对篡夺者的迅速彻底胜利，后者遭遇暴死，就像他施予那么多别人的：]长安中起兵攻未央官。九月，东海人公宾就斩王莽于渐台，收玺绶，传首诣宛。更始时在便坐黄堂，取视之，喜曰："莽不如是，当与霍光等。"宠姬韩夫人笑曰："若不如是，帝焉得之乎？"更始悦，乃悬莽首于宛城市。是月，拔洛阳，生缚王匡、哀章，至，皆斩之。十月，使奋威大将军刘信击杀刘望于汝南，并诛严尤、陈茂。更始遂北都洛阳，以刘赐为丞相。申屠建、李松自长安传送乘舆服御，又遣中黄门从官奉迎迁都。二年[24年]二月，更始自洛阳而西。……

[他作为统治者的糟糕的政治表现，紧接他的平庸的军事表现；新政权是个暴众群氓政权：]

[由他作为新政权首脑采取的首项体制性措施是全然过时的和分裂性的，漠视相关的历史教训：]李松与棘阳人赵萌说更始，宜悉王诸功臣。硃（朱）鲔争之，以为高祖约，非刘氏不王。更始乃先封宗室太常将军刘祉为定陶王、刘赐为宛王、刘庆为燕王、刘歙为元氏王、大将军刘嘉为汉中王、刘信为汝阴王，后遂立王匡为比阳王、王凤为宜城王、硃（朱）鲔为胶东王、卫尉大将军张卬为淮阳王、廷尉大将军王常为邓王、执金吾大将军廖湛为穰王、申屠建为平氏王、尚书胡殷为随王、柱天大将军李通为西平王、五威中郎将李轶为舞阴王、水衡大将军成丹为襄邑王、大司空陈牧为阴平王、骠骑大将军宋佻为颍阴王、尹尊为郾王。唯硃（朱）鲔辞曰："臣非刘宗，不敢干典。"遂让不受。乃徙鲔为左大司马，刘赐为前大司马，使与李轶、李通、王常等镇抚关东。以李松为丞相，赵萌为右大司马，共秉内任。

[他立即变得狂野地腐败，沉溺于酗酒和女人；权势和成功腐败人，伴同其先前已有的卑劣品性：]更始纳赵萌女为夫人，有宠，遂委政于萌，日夜与妇人饮宴后庭。群臣欲言事，辄醉不能见，时不得已，乃令侍中坐帷内与语。诸将识非更始声，出皆怨曰："成败未可知，遽自纵放若此！"韩夫人尤嗜酒，每侍饮，见常侍奏事，辄怒曰："帝方对我饮，正用此时持事来乎！"起，抵[击也]破书案。赵萌专权，威福自己。郎吏有说萌放纵者，更始怒，拔剑击之。自是无复敢言。萌私忿侍中，引下斩之，更始救请，不从。[而且，新政权中有那么多人像他！暴众群氓转变成行政长官或地方统治者，却未改变他们自己：]时李轶、硃（朱）鲔擅命山东，王匡、张卬横暴三辅。其所授官爵者，皆群小贾竖，或有膳夫庖人，多着绣面衣、锦裤、襜褕[较长的单衣，为男女通用的非正朝之服，因其宽大而长作襜褕然状，故名]、诸于[qū，《前书音义》曰：

"诸于,大掖衣也,如妇人之褂衣。"],骂詈道中。长安为之语曰:"灶下养,中郎将。烂羊胃,骑都尉。烂羊头,关内侯。"

军帅将军豫章李淑上书谏曰:

[**一番被全然拒绝了的谏言,劝说要有国务家素质和统治秩序,基于(西汉帝国初建时)陆贾式的前提,即统治是那么不同于征服,"以马上得天下,宁可以马上治之乎"**:]方今贼寇始诛,王化未行,百官有司宜慎其任。……陛下定业,虽因下江、平林之势,斯盖临时济用,不可施之既安。宜厘改制度,更延英俊,因才授爵,以匡王国。今公卿大位莫非戎陈(阵),尚书显官皆出庸伍,资亭长、贼捕之用,而当辅佐纲维之任。唯名与器,圣人所重。今以所重加非其人,望其毗益万分,兴化致理,譬犹缘木求鱼,升山采珠。海内望此,有以窥度汉祚。……惟割既往谬妄之失,思隆周文济济之美。

更始怒,系(羁)淑诏狱。自是,关中离心,四方怨叛。诸将出征,各自专置牧守,州郡交错,不知所从。[**绿林政权支离、混乱和不得众心,对第二轮内战和更加狂野残暴的赤眉全无准备。**]

[**第二轮大规模内战,导致他的政权和他本人俱被赤眉摧毁**:]

十二月,赤眉西入关。

三年[25年]正月……更始……使(讨难将军)苏茂拒赤眉于弘农[县名,在今河南西部灵宝市东北黄河沿岸],茂军败,死者千余人。

三月,遣(丞相)李松会䢵(朱)鲔与赤眉战于蓩[mǎo]乡,松等大败,弃军走,死者三万余人。

时王匡、张卬守河东,为邓禹所破,还奔长安。卬与诸将议曰[**暴众群氓的随势漂移式"战略文化";绿林的失败主义**]:"赤眉近在郑、华阴间,旦暮且至。今独有长安,见灭不久,不如勒兵掠城中以自富,转攻所在,东归南阳,收宛王等兵。事若不集,复入湖池中为盗耳。"申屠建、廖湛等皆以为然,共入说更始。更始怒不应,莫敢复言。及赤眉立刘盆子,更始使王匡、陈牧、成丹、赵萌屯新丰[京兆尹治长安,下领新丰等数县],李松军掫[zōu][在今陕西临潼县东北],以拒之。

[**叛乱阴谋,血腥内斗,还有他被击败后狼狈逃窜**:]张卬、廖湛、胡殷、申屠建等与御史大夫隗嚣合谋,欲以立秋日貙膢[chū lóu,《前书音义》曰:"貙,兽。以立秋日祭兽";冀州北郡以八月朝作饮食为膢,其俗语曰"膢腊社伏"]时共劫更始,俱成前计。侍中刘能卿知其谋,以告之。更始托病不出,召张卬等。卬等皆入,将悉诛之,唯隗嚣不至。更始狐疑,使卬等四人且待于外庐。卬与湛、殷疑有变,遂突出,独申屠建在,更始斩之。卬与湛、殷遂勒兵掠东西市。昏时,烧门入,战于宫中,更始大败。明

旦,将妻子车骑百余,东奔赵萌于新丰。

[内斗升级为绿林阵营中的大规模内战,由他发动;这大大便利了赤眉得势:]
更始复疑王匡、陈牧、成丹与张卬等同谋,乃并召入。牧、丹先至,即斩之。王匡惧,
将兵入长安,与张卬等合。李松还从更始,与赵萌共攻匡、卬于城内。连战月余,匡
等败走,更始徙居长信宫。赤眉至高陵,匡等迎降之,遂共连兵而进。更始守城,使
李松出战,败,死者二千余人,赤眉生得松。时松弟泛为城门校尉,赤眉使使谓之
曰:"开城门,活汝兄。"泛即开门。九月,赤眉入城。更始单骑走……

[他的可耻的末日:]初,侍中刘恭以赤眉立其弟盆子,自系(羁)诏狱;闻更始
败,乃出,步从至高陵,止传舍。右辅都尉严本[或作"平",或作"丕"]恐失更始为赤
眉所诛,将兵在外,号为屯卫而实囚之。赤眉下书曰:"圣公降者,封长沙王。过二
十日,勿受。"更始……请降,赤眉使其将谢禄往受之。

十月,更始遂随禄肉袒诣长乐宫,上玺绶于盆子。赤眉坐更始,置庭中,将杀
之。刘恭、谢禄为请,不能得,遂引更始出。刘恭追呼曰:"臣诚力极,请得先死。"
拔剑欲自刭,赤眉帅樊崇等遽共救止之,乃赦更始,封为畏威侯。刘恭复为固请,竟
得封长沙王。更始常依谢禄居……

三辅苦赤眉暴虐,皆怜更始[绿林腐败,赤眉暴虐!后者最坏],而张卬等以为
虑,谓禄曰:"今诸营长多欲篡圣公者。一旦失之,合兵攻公,自灭之道也。"于是禄
使从兵与更始共牧马于郊下,因令缢杀之。刘恭夜往收臧(藏)其尸。光武闻而伤
焉。诏大司徒邓禹葬之于霸陵。……

论曰:……夫为权首,鲜或不及[意谓很少有不遭祸害的]。[章炳麟《革命道德说》:
"为权首者常败,而成事者必在继起之人。"]陈、项且犹未兴,况庸庸者乎!

刘盆子:
["牛吏"、"犹从牧儿遨"]
[一名牧童,有其祖先乃大贵族这背景,功能性地被立为凶魔般造反赤眉的所
谓皇帝而违背他的自由意志。在可怖的"赤眉众乱"之中,他保持了他的非政治
"自然秉性","犹从牧儿遨",个人既未作恶亦未行善,而且强烈倾向于退身逃脱。
与此同时,将他放到皇位上的那些人从事愈益狂野的毁灭和放纵,使他们征服的各
地区沦于一种极端可怕的自然状态,也使他们自己成了百分之百的巨型蛮兽。]

[在一种超级革命的形势中,他被迫显赫"崛起":]
刘盆子者,太山式[县名,位置不详,当在山东旧兖州府境]人,城阳景王章之后也。

祖父宪,元帝时封为式侯,父萌嗣。王莽篡位,国除,因为式人焉。

天凤元年[15 年],琅邪海曲[县名,在今山东东南部日照市境内]有吕母者[**一位华夏女英雄,由她动员起来的造反民众的领袖**],子为县吏,犯小罪,宰论杀之。吕母怨宰,密聚客,规以报仇。母家素丰,资产数百万,乃益酿醇酒,买刀剑衣服。少年来酤者,皆赊与之,视其乏者,辄假衣裳,不问多少。数年,财用稍尽,少年欲相与偿之。吕母垂泣曰:"所以厚诸君者,非欲求利,徒以县宰不道,枉杀吾子,欲为报怨耳。诸君宁肯哀之乎!"少年壮其意,又素受恩,皆许诺。其中勇士自号猛虎,遂相聚得数十百人,因与吕母入海中,招合亡命,众至数千。吕母自称将军,引兵还攻破海曲,执县宰。诸吏叩头为宰请。母曰:"吾子犯小罪,不当死,而为宰所杀。杀人当死,又何请乎?"遂斩之,以其首祭子冢,复还海中。[**她的故事必定激励了她的部分同乡,后者将在数年后发动大规模赤眉造反。**]

[**大规模赤眉农民造反爆发,伴有其巨大的原始力和狂野的摧毁能量:**]后数岁,琅邪人樊崇起兵于莒[jǔ,县名,在今山东东南部日照市境内],众百余人,转入太山,自号三老。时青、徐大饥,寇贼蜂起,众盗以崇勇猛,皆附之,一岁间至万余人。崇同郡人逢[páng]安,东海人徐宣、谢禄、杨音,各起兵,合数万人,复引从崇。共还攻莒,不能下,转掠至姑幕[莒县境内],因击王莽探汤侯田况,大破之,杀万余人,遂北入青州,所过虏掠。还至太山,留屯南城[县名,时属泰山郡]。[**赤眉的大致是典型的演化,从一帮"以困穷为寇"的造反暴众转变为一支有组织的大规模暴众大军:**]初,崇等以困穷为寇,无攻城徇地之计。众既浸盛,乃相与为约:杀人者死,伤人者偿创。以言辞为约束,无文书、旌旗、部曲、号令。其中最尊者号三老,次从事,次卒史,泛相称曰巨人。王莽遣平均公廉丹、太师王匡击之。崇等欲战,恐其众与莽兵乱,乃皆朱其眉以相识别,由是号曰赤眉。赤眉遂大破丹、匡军,杀万余人,追至无盐,廉丹战死,王匡走。崇又引其兵十余万,复还围莒,数月。或说崇曰:"莒,父母之国,奈何攻之?"乃解去。时吕母病死,其众分入赤眉、青犊、铜马中。赤眉遂寇东海,与王莽沂平大尹战,败,死者数千人,乃引去,掠楚、沛、汝南、颍川,还入陈留,攻拔鲁城,转至濮阳。

[**绿林的成功刺激了赤眉的政治意识及其进一步演化,尽管依然是暴众式的:**]会更始都洛阳,遣使降崇。崇等闻汉室复兴,即留其兵,自将渠帅二十余人,随使者至洛阳降更始,皆封为列侯。崇等既未有国邑,而留众稍有离叛,乃遂亡归其营,将兵入颍川[郡名,治所阳翟,在今河南禹县],分其众为二部,崇与逢安为一部,徐宣、谢禄、杨音为一部。崇、安攻拔长社[县名,在今河南中部长葛市东北],南击宛[县名,治所在今河南南阳市宛城区],斩县令;而宣、禄等亦拔阳翟[县名,在今河南中部禹州市],引之(至)梁[县名,在今河南中西部汝州市],击杀河南太守。赤眉众虽数战胜,而

疲敝厌兵,皆日夜愁泣,思欲东归。[“西攻长安”:赤眉在其暴众心理危机中的一项决定性决策:]崇等计议,虑众东向必散,不如西攻长安。更始二年[24年]冬,崇、安自武关,宣等从陆浑关,两道俱入。三年[25年]正月,俱至弘农,与更始诸将连战克胜,众遂大集。乃分万人为一营,凡三十营[现在,赤眉成了一支真正巨型的大军!],营置三老、从事各一人。进至华阴[在关中平原东部,距长安约120公里]。

[他的被迫的机会到来!被迫成为一名牧童皇帝,为了暴众赤眉的造作的政治目的:]军中常有齐巫鼓舞祠城阳景王,以求福助。巫狂言景王大怒,曰:“当为县官[天子],何故为贼?”[大言!一项由迷信加诸的政治目的!]有笑巫者辄病,军中惊动。时方望弟阳怨更始杀其兄,乃逆说崇等曰:“更始荒乱,政令不行,故使将军得至于此。今将军拥百万之众,西向帝城,而无称号,名为群贼,不可以久。不如立宗室,挟义诛伐。以此号令,谁敢不服?”崇等以为然,而巫言益盛,前及郑,乃相与议曰:“今迫近长安,而鬼神如此,当求刘氏共尊立之。”六月,遂立盆子为帝,自号建世元年。

初,赤眉过式,掠盆子及二兄恭、茂,皆在军中。恭少习《尚书》,略通大义。及随崇等降更始,即封为式侯。以明经数言事,拜侍中,从更始在长安。盆子与茂留军中,属右校卒史刘侠卿,主刍牧牛,号曰牛吏。及崇等欲立帝,求军中景王后者,得七十余人,唯盆子与茂及前西安侯刘孝最为近属。崇等议曰:“闻古天子将兵称上将军。”乃书札为符曰“上将军”,又以两空札置笥中,遂于郑北设坛场,祠城阳景王。诸三老、从事皆大会陛下,列盆子等三人居中立,以年次探札。盆子最幼,后探得符,诸将乃皆称臣拜。[一名可怜的被迫的所谓皇帝突然浮现,“恐畏欲啼”:]盆子时年十五,被发徒跣,敝衣赭汗,见众拜,恐畏欲啼。茂谓曰:“善藏符。”盆子即啮折弃之,复还依侠卿。[他保持了他那可爱的天真,作为一名全无虚荣心的非政治少年!]侠卿为制绛单衣、半头赤帻[即空顶帻,其上无屋,故以为名。董仲舒繁露曰:“以赤统者,帻尚赤。”]、直綦[履文也,盖直刺其文以为饰]履,乘轩车大马,赤屏泥[谓以缇油屏泥于轼前],绛襜络[襜,帷也。车上施帷以屏蔽者,交络之以为饰],而犹从牧儿遨。[放牧是他挚爱的生活方式!]

[在他之外,赤眉的暴众“大本营”:]崇虽起勇力而为众所宗,然不知书数。徐宣故县狱吏,能通《易经》。遂共推宣为丞相、崇御史大夫、逢安左大司马、谢禄右大司马,自杨音以下皆为列卿。

[赤眉巨胜,继之以狂野的混乱、放肆、暴虐和毁坏,而对这些他全无责任:]
军及高陵,与更始叛将张印等连和,遂攻东都门,入长安城,更始来降。
盆子居长东宫,诸将日会论功,争言讙[huān,喧哗]呼,拔剑击柱,不能相一。三辅郡县营长遣使贡献,兵士辄剽夺之。又数虏暴吏民,百姓保壁,由是皆复固守。至腊日,崇等乃设乐大会,盆子坐正殿,中黄门持兵在后,公卿皆列坐殿上。酒未行,其中一人也刀笔书谒[古者记事书于简册,谬误者以刀削而除之,故曰刀笔]欲贺,其余不知书者请起之[请其书己名],各各屯聚,更相背向。大司农杨音按剑骂曰:"诸卿皆老佣也!今日设君臣之礼,反更殽乱[殽,亦乱],兒戏尚不如此,皆可格杀!"更相辩斗,而兵众遂各踰宫斩关,入掠酒肉,互相杀伤。卫尉诸葛稚闻之,勒兵入,格杀百余人,乃定。[**对他一名牧童来说,血腥的混乱实属梦魇**:]盆子惶恐,日夜啼泣,独与中黄门共卧起,唯得上观阁而不闻外事。

时掖庭中宫女犹有数百千人,自更始败后,幽闭殿内,掘庭中芦菔[即萝卜]根,捕池鱼而食之,死者因相埋于宫中。有故祠甘泉乐人,尚共击鼓歌舞,衣服鲜明,见盆子叩头言饥。盆子使中黄门禀之米,人数斗。[**在暴众中间,他一名牧童是罕见的、保有人类温情的例外**。]后盆子去,皆饿死不出。

[**他想逃脱那非常可怕的自然状态,但被彬彬有礼地拒绝**:]刘恭见赤眉众乱,知其必败,自恐兄弟俱祸,密教盆子归玺绶,习为辞让之言。建武二年[26 年]正朔,崇等大会,刘恭先曰:"诸君共立恭弟为帝,德诚深厚。立且一年,殽乱日甚,诚不足以相成。恐死而无所益,愿得退为庶人,更求贤知,唯诸君省察。"崇等谢曰:"此皆崇等罪也。"恭复固请。或曰:"此宁式侯事邪!"恭惶恐起去。盆子乃下床解玺绶,叩头曰:"今设置县官而为贼如故。吏人贡献,辄见剽劫,流闻四方,莫不怨恨,不复信向。此皆立非其人所致,愿乞骸骨,避贤圣。必欲杀盆子以塞责者,无所离[避也]死。诚冀诸君肯哀怜之耳!"因涕泣嘘唏。崇等及会者数百人,莫不哀怜之,乃皆避席顿首曰:"臣无状,负陛下。请自今已(以)后,不敢复放纵。"因共抱持盆子,带以玺绶。盆子号呼不得已。既罢出,各闭营自守,三辅翕然,称天子聪明。百姓争还长安,市里且满。

[**暴众成了凶狂的暴兽**:]后二十余日,赤眉贪财物,复出大掠。城中粮食尽,遂收载珍宝,因大纵火烧宫室,引兵而西。过祠南郊,车甲兵马最为猛盛,众号百万。盆子乘王车,驾三马,从数百骑。乃自南山转掠城邑,与更始将军严春战于郿[今陕西宝鸡市眉县],破春,杀之,遂入安定、北地。至阳城、番须中,逢大雪,坑谷皆满,士多冻死,乃复还,[**暴众成了凶狂的暴兽,甚至更坏**:]发掘诸陵,取其宝货,遂污辱吕后尸,凡贼所发,有玉匣殓者[《汉仪注》曰"自腰以下,以玉为札,长尺,广一寸半,为匣,下至足,缀以黄金缕,谓之为玉匣"]率皆如生,故赤眉得多行淫秽。……九月,赤眉复入长安,止桂宫。

[**赤眉的末日和灭亡,以及他的幸运**:]

[**赤眉意外遭受的一场超大惨败**：]时，汉中贼延岑出散关，屯杜陵[宣帝陵墓，位于今西安市三兆村南]，逢安将十余万人击之。邓禹以逢安精兵在外，唯盆子与羸弱居城中，乃自往攻之。会谢禄救至，夜战枣街中[《三辅旧事》曰："长安城中有枣街。"]，禹兵败走。延岑及更始将军李宝合兵数万人，与逢安战于杜陵。岑等大败，死者万余人，宝遂降安，而延岑收散卒走。宝乃密使人谓岑曰："子努力还战，吾当于内反之，表里合势，可大破也。"岑即还挑战，安等空营击之，宝从后悉拔赤眉旌帜，更立己幡旗。安等战疲还营，见旗帜皆白，大惊乱走，自投川谷，死者十余万，逢安与数千人脱归长安。[**长安地区的彻底毁坏和凋敝；主要因为赤眉，他们的战争是彻底的地狱**：]时三辅大乱，人相食，城郭皆空，白骨蔽野，遗人往往聚为营保，各坚守不下。赤眉虏掠无所得，十二月，乃引而东归，众尚二十余万，随道复散。

[**赤眉大军的终结**：]光武乃遣破奸将军侯进等屯新安，建威大将军耿弇等屯宜阳，分为二道，以邀[截击]其还路。敕诸将曰："贼若东走，可引宜阳兵会新安；贼若南走，可引新安兵会宜阳。"明年[27年]正月，邓禹自河北度（渡），击赤眉于湖[县名，治所在今河南灵宝西北]，禹复败走，赤眉遂出关南向。征西大将军冯异破之于崤底。帝闻，乃自将幸宜阳[今河南洛阳市宜阳县]，盛兵以邀其走路。

赤眉忽遇大军，惊震不知所为，乃遣刘恭乞降，曰："盆子将百万众降，陛下何以待之？"[**谁能最终赢得第二轮战争显而易见，因为两支大军与其各自的领导的全然不同的性质，而后一差异是最为决定性的**：]帝曰："待汝以不死耳。"樊崇乃将盆子及丞相徐宣以下三十余人肉袒降。上所得传国玺绶，更始七尺宝剑及玉璧各一。……[**胜者刘秀的雍雅宽宏**：]帝令县厨赐食，众积困馁，十余万人皆得饱饫。明旦，大陈兵马临洛水，令盆子君臣列而观之。谓盆子曰："自知当死不？"对曰："罪当应死，犹幸上怜赦之耳。"帝笑曰："儿大黠，宗室无蚩[痴也]者。"又谓崇等曰；"得无悔降乎？朕今遣卿归营勒兵，鸣鼓相攻，决其胜负，不欲强相服也。"徐宣等叩头曰："臣等出长安东都门，君臣计议，归命圣德。百姓可与乐成，难与图始，故不告众耳。今日得降，犹去虎口归慈母，诚欢诚喜，无所恨也。"帝曰："卿所谓铁中铮铮，庸中佼佼者也。"又曰[**胜者刘秀的正义谴责、伟大公允和雍雅宽宏**：]："诸卿大为无道，所过皆夷灭老弱，溺社稷，污井灶。然犹有三善：攻破城邑，周遍天下，本故妻妇无所改易，是一善也；立君能用宗室，是二善也；余贼立君，迫急皆持其首降，自以为功，诸卿独完全以付朕，是三善也。"乃令各与妻子居洛阳，赐宅人一区，田二顷。

其夏，樊崇、逢安谋反，诛死。杨音在长安时，遇赵王良有恩，赐爵关内侯，与徐宣俱归乡里，卒于家。……

帝怜盆子，赏赐甚厚，以为赵王郎中。后病失明，赐荥阳均输官地，以为列肆，使食其税终身。

# 刘秀：脱颖而出的杰出造反者和战略战术家

**卷 14《宗室四王三侯列传》**［刘伯升］

［本篇为若干刘秀家族成员的一组传记。在他的革命冒险和随后的帝国统一事业中，这些人是他的亲密同僚或下属。其中，记述他的长兄刘伯升的第一项传记特别重要，因为他像刘秀本人衷心赞颂的那样，"首创大业"。］

**刘伯升（刘縯）：**

［一位伟大英雄的长兄，其本人也是一位英雄。他，作为初始的领袖，引领他的弟弟走上他们的革命道路，并且以后投身于他们的王朝事业。他的品性充满马基雅维里式美德（*virtù*），特别是"性刚毅，慷慨有大节"。而且，一个人可以想象他以自己的言行对他的弟弟作的政治教育或政治熏陶。］

［发动他的革命，"首创大业"，并以他的伟大指挥和辉煌将才赢了两场重大战役：］

齐武王縯字伯升，光武之长兄也。性刚毅，慷慨有大节。自王莽篡汉，常愤愤，怀复社稷之虑，不事家人居业，倾身破产，交结天下雄俊。［**生性正直，饶有远见，期望伟业**。］

莽末，盗贼群起，南方尤甚。伯升召诸豪杰计议曰："王莽暴虐，百姓分崩。今枯旱连年，兵革并起。此亦天亡之时，复高祖之业，定万世之秋也。"众皆然之。［**一位领袖，在全国性乱局中作出了他的最重要决定，并且动员他的人为之奋斗**。］于是分遣亲客，使邓晨起新野［县名，在今河南南阳市新野县］，光武与李通、李轶起于宛［县名，治所在今河南南阳市宛城区］。伯升自发春陵［乡名，即今湖北枣阳市境内吴店镇］子弟，合七八千人，部署宾客，自称柱天都部。［**一位领袖，为革命而部署他的起初小规模的武装力量；在发动造反和进攻之后，他惨遭大败**：］使宗室刘嘉往诱新市、平林兵王匡、陈牧等，合军而进，屠长聚及唐子乡，杀湖阳尉，进拔棘阳［县名，治所在今河南新野县东部偏北十余公里］，因欲攻宛。至小长安［即宛城，今河南南阳市中心宛城区］与王莽前队大夫甄阜、属正梁丘赐战。时天密雾，汉军大败，姊元弟仲皆遇害，宗从死者数十人。伯升复收会兵众，还保棘阳。

［**大逆境的大逆转！依靠他的意志力、联盟构建优化、士气激励和辉煌的军事**

奇袭：]阜、赐乘胜，留辎重于蓝乡［在今河南泌阳县］，引精兵十万南渡黄淳水，临沘水，阻两川间为营，绝后桥，示无还心。新市、平林见汉兵数败，阜、赐军大至，各欲解去，伯升甚患之。会下江兵五千余人至宜秋，乃往为说合从（纵）之势，下江从之。语在《王常传》。伯升于是大飨军士，设盟约。休卒三日，分为六部，潜师夜起，袭取蓝乡，尽获其辎重。明旦，汉军自西南攻甄阜，下江兵自东南攻梁丘赐。[**一场重大的联盟战役，决定性地摧毁了王莽政权的一大主力：**]至食时，赐陈（阵）溃，阜军望见散走，汉兵急追之，却迫黄淳水，斩首溺死者二万余人，遂斩阜、赐。

[**赢得第二场重大战役！依靠他对一场决绝的对阵激战的伟大指挥：**]王莽纳言将军严尤、秩宗将军陈茂闻阜、赐军败，引欲据宛。伯升乃陈兵誓众，焚积聚，破釜甑，鼓行而前，与尤、茂遇育阳［县名，属南阳郡］下，战，大破之，斩首三千余级。尤、茂弃军走，伯升遂进围宛，自号柱天大将军。王莽素闻其名，大震惧，购伯升［悬赏杀死或捉拿］邑五万户，黄金十万斤，位上公。使长安中官署及天下乡亭皆画伯升像于堁，旦起射之。

[**秉性不同的革命者中间的政治把戏导致他的政治挫败和忍耐（"有大节"）：**]

自阜、赐死后，百姓日有降者，众至十余万。[**他的小规模兵力迅速成了一支大军，归功于他的军事大胜的民众效应和他富有威望的品格。**]诸将会议立刘氏以从人望，豪杰咸归于伯升，[**然而，秉性不同的革命者中间的政治把戏导致他的政治挫败：**]而新市、平林将帅乐放纵，惮怕升威明而贪圣公［刘玄］懦弱，先共定策立之，然后使骑召伯升，示其议。伯升曰[**他对他自己人的政治说服，劝其接受这挫败**]："诸将军幸欲尊立宗室，其德甚厚，然愚鄙之见，窃有未同。[**他的国务家式的政治意识和富有洞察的预见：**]今赤眉起青、徐，众数十万，闻南阳立宗室，恐赤眉复有所立，如此，必将内争。今王莽未灭，而宗室相攻，是疑天下而自损权，非所以破莽也。[**他的非常"精明"的安全自保意识：**]且首兵唱号，鲜有能遂，陈胜、项籍，即其事也。春陵去宛三百里耳，未足为功。遽自尊立，为天下准的，使后人得承吾敝，非计之善者也。今且称王以号令。若赤眉所立者贤，相率而往从之；若无所立，破莽降赤眉，然后举尊号，亦未晚也。愿各详思之。"诸将多曰"善"。将军张卬拔剑击地曰："疑事无功。今日之议，不得有二。"众皆从之。

圣公既即位，拜伯升为大司徒，封汉信侯。由是豪杰失望，多不服。平林后部攻新野，不能下。新野宰登城言曰："得司徒刘公一信，愿先下。"及伯升军至，即开城门降。五月，伯升拔宛。六月，光武破王寻、王邑。自是兄弟威名益甚。

[秉性不同的革命者中间的政治竞斗导致他的生命危险和随后暴死；卑劣腐败者杀害英雄：]

更始君臣不自安，遂共谋诛伯升[**他兄弟俩的威名和实力是对他们的真正威胁，虽然这威胁远非蓄意的**]，乃大会诸将，以成其计。更始取伯升宝剑视之，绣衣御史申屠建随献玉玦，更始竟不能发[**是意欲谋杀者们原先为自己的放纵而选择了这位懦弱犹豫的家伙做所谓皇帝**]。及罢会，伯升舅樊宏谓伯升曰："昔鸿门之会，范增举玦以示项羽。今建此意，得无不善乎？"伯升笑而不应。初，李轶谄事更始贵将，光武深疑之，常以戒伯升曰："此人不可复信。"又不受。[**他太宽宏大意了！**]

伯升部将宗人刘稷，数陷陈（阵）溃围，勇冠三军。时将兵击鲁阳，闻更始立，怒曰："本起兵图大事者，伯升兄弟也，今更始何为者邪？"更始君臣闻而心忌之，以稷为抗威将军，稷不肯拜。更始乃与诸将陈兵数千人，先收稷，将诛之，伯升固争。李轶、硃（朱）鲔因劝更始并执伯升，即日害之。[时在更始元年，23 年][**卑劣腐败者杀害了英雄！**]①

有二子。建武二年[26 年]，立长子章为太原王，兴为鲁王。十一年，徙章为齐王。十五年，追谥伯升为齐武王。……

论曰：大丈夫之鼓动拔起，其志致盖远矣。……志高虑远，祸发所忽[谓不用樊宏、光武之言。忽，轻也]。呜呼！……

## 卷 1 上《光武帝纪上》摘录

[刘秀，光武帝，一个延续近两个世纪（精确地说 195 年）的华夏统一王朝帝国的创建者：马基雅维里因其创建国家而最赞颂的一类政治人物，何况他创建的是一个颇为长寿的帝国国家。如此，什么是他的马基雅维里式美德（*virtù*）？伴随杰出勇气的审慎、激励和动员的伟大才能、难以伦比的政治智能和军事才干，虽然他的大多数敌人的格外低劣的素质多多便利了他的事业。]

[犹如先前西汉帝国的创始者，甚至更伟大得多的刘邦，刘秀作为一位虽有稍高社会地位的草根革命家，仅仅参与了（就他来说是颇晚地参与了）全国范围的武

---

① 《后汉书·光武帝纪上》载：六月，光武破王寻、王邑军后，因复徇[攻打]下颍阳。会伯升为更始所害[一项就刘秀而言实乃幸运的事变]，光武自父城驰诣宛谢。司徒官属吊光武，光武难交私语，深引过而已。未尝自伐昆阳之功，又不敢为伯升服丧，饮食言笑如平常。[**他的审慎和政治精明在此危机中充分显现。**]更始以是惭，拜光武为破虏大将军，封武信侯。[**他终于成了他的大军的唯一领袖，还有对绝大多数绿林同僚来说唯一盛享威望的。**]

装造反,而未率先发动它们。不仅如此,亦如刘邦,他麾下的军队远非摧毁现存政权的主力。然而,又如刘邦,他最终赢得了第二场战争,即不同的造反力量和武装机会主义者们互相间的战争,从而建立了他的全国统一政权。在政策、战略、政治性格和运气等各方面,他证明远优于他的所有革命竞争者。]

[一位草根地主和审慎的机会主义者,在全国范围混乱的革命的几乎最后阶段,多少勉强地参与其中:]

世祖[光武帝刘秀的庙号]光武皇帝讳秀,字文叔,南阳蔡阳人,高祖九世之孙也,出自景帝生长沙定王发。发生舂陵节侯买,买生郁林[郡名,治所在今广西桂平县西]太守外,外生巨鹿[郡名,治所在今河北平乡县]都尉回,回生南顿[县名,在今河南项城市]令钦,钦生光武。光武年九岁而孤,养于叔父良。身长七尺三寸,美须眉,大口,隆准,日角[指额骨突出饱满如日形,古以为帝王之相],性勤于稼穑,而兄伯升好侠养士,常非笑光武事田业,比之高祖兄仲。[**显然,他更多地是个正常的草根地主,而非任何意义上的贵族,尽管他的两个世纪以前的祖先是皇帝。**][同样显然的是他的勤勉,还有在"风格"——如果不是在智能——上看似的拙钝朴实。]王莽天凤[14—20年]中,乃之(至)长安,受《尚书》,略通大义。[**他颇为"寡学少术",多少犹如他的伟大先祖,然而儒,因为自武帝特别是元帝往后华夏政治文化的大环境。**]

莽末,天下连岁灾蝗,寇盗锋起。地皇三年[22年新莽政权彻底崩溃以前约一年],南阳荒饥,诸家宾客多为小盗。① 光武避吏新野[《续汉书》曰:"伯升宾客劫人,上避吏于新野邓晨家。"],因卖谷于宛。宛人李通等以图谶说光武云:"刘氏复起,李氏为辅。"光武初不敢当[**在他的政治经历中,他起初远非雄心勃勃**],然独念兄伯升素结轻客,必举大事,且王莽败亡已兆,天下方乱,遂与定谋,于是乃市兵弩。[**一位审慎的机会主义者!差不多与刘邦截然相反。**]十月,与李通从弟[堂弟]轶等起于宛,时年二十八。[**一位年轻人,但性缓,简直平淡,看似远不那么生气勃勃。一番乏味的开端,他那十年以上战争和武装统一生涯的开端。**]

[他很快就显示出他作为一位伟大的潜在领袖的才能,既在政治上,也在军事上;他的兵力愈益壮大,同时依靠战斗表现和运气,他跃至真正领袖地位(一):]

---

① 当时的全国惨状:《汉书·王莽传下》载:(地皇三年[22年])二月……关东人相食。
四月,遣太师王匡、更始将军廉丹东……太师、更始合将锐士十余万人,所过放纵。东方为之语曰:"宁逢赤眉,不逢太师!太师尚可,更始杀我!"……
夏,蝗从东方来,蜚(飞)蔽天,至长安,入未央宫,缘[攀援]殿阁……
流民入关者数十万人……

十一月,有星孛于张[彗星出现在张宿]。光武遂将宾客还舂陵。时伯升已会众起兵。初,诸家子弟恐惧,皆亡逃自匿,曰"伯升杀我"。[**他们有如他,害怕武装造反的风险,甚至在革命的一种非常有利(虽然混乱)的形势下!**]及见光武绛衣大冠,皆惊曰"谨厚者亦复为之",乃稍自安。[**一类潜在的真正领袖,使平庸的大众多少心安。**]伯升于是招新市、平林兵,与其帅王凤、陈牧西击长聚。光武初骑牛[**这证实他至多是个草根地主**],杀新野[今河南省新野县南]尉乃得马。进屠唐子乡,又杀湖阳尉。军中分财物不均,众恚恨,欲反攻诸刘。光武敛宗人所得物,悉以与之,众乃悦。[**潜在的真正领袖,优于当时那么多暴众似的领导人。**]进拔棘阳,与王莽前队大夫甄阜、属正梁丘赐战于小长安,汉军大败,还保棘阳。

更始元年[23年]正月甲子朔,汉军复与甄阜、梁丘赐战于沘水西,大破之。斩阜、赐。伯升又破王莽纳言将军严尤、秩宗将军陈茂于淯阳,进围宛城。

二月辛巳,立刘圣公[刘玄,字圣公,刘秀族兄]为天子[即更始帝],以伯升为大司徒,光武为太常偏将军。

[**他很快就显示出他作为一位伟大的潜在领袖的才能,既在政治上,也在军事上;他的兵力愈益壮大,同时依靠战斗表现和运气,他跃至真正领袖地位(二):**]

[**决定性的昆阳大战,在兵力绝对劣势情况下难以置信地由他打赢:**]

三月,光武别与诸将徇[攻打]昆阳[在今河南中部偏西南的平顶山市叶县]、定陵、郾,皆下之。多得牛、马、财物,谷数十万斛,转以馈宛下。莽闻阜、赐死,汉帝立,大惧,遣大司徒王寻、大司空王邑将兵百万,其甲士四十二万人,五月,到颍川[郡名,治所在今河南禹州市],复与严尤、陈茂合。[**他,刘秀,行将首次面对一场真正艰难的、敌方拥有压倒性兵力数量优势的战役**]初,光武为舂陵侯家[春陵侯敞,即刘秀季父]讼逋租于尤,尤见而奇之。及是时,城中出降尤者言光武不取财物,但会兵计策。尤笑曰:"是美须眉者邪?何为乃如是!"[**两位非常杰出但居于人下的才俊将非直接地彼此对峙。**]

初,王莽征天下能为兵法者六十三家数百人,并以为军吏;选练武卫,招募猛士,旌旗辎重,千里不绝。时有长人巨无霸,长一丈,大十围,以为垒尉;又驱诸猛兽虎豹犀象之属,以助威武。自秦、汉出师之盛,未尝有也。[1] 光武将数千兵,徼[遮

---

[1] 《汉书·王莽传下》载:四月,世祖与王常等别攻颍州,下昆阳、郾、定陵。莽闻之愈恐。遣大司空王邑驰传至雒(洛)阳,与司徒王寻发众郡兵百万,号曰"虎牙五威兵",平定山东。得颛(专)封爵,政决于邑,除用征诸明兵法六十三家术者,各持图书,受器械,备军吏。倾府库以遣邑,多赍珍宝、猛兽,欲视(示)饶富,用怖山东。邑至雒(洛)阳,州郡各选精兵,牧守自将,定会者四十二万人,余在道不绝,车甲士马之盛,自古出师未尝有也。

拦,截击]之(至)于阳关。[**兵力数量绝对劣势! 而且部队士气消沉**]诸将见寻、邑兵盛,反走,驰入昆阳,皆惶怖,忧念妻孥,欲散归诸城。[**打赢似乎完全不可能。然而,弱方有一位伟大的激励者和战术家,富有勇气,镇定自若**]光武议曰:"今兵谷既少,而外寇强大,并力御之,功庶可立;如欲分散,势无俱全。且宛城未拔,不能相救,昆阳即破,一日之间,诸部亦灭矣。今不同心胆共举功名,反欲守妻子财物邪?"诸将怒曰:"刘将军何敢如是!"光武笑而起。会候骑还,言大兵且至城北,军陈(阵)数百里,不见其后。诸将遽相谓曰:"更请刘将军计之。"[**他目前在他们的眼里是一根要拼命抓住的稻草,因为他的勇气和镇静**]光武复为图画成败。诸将忧迫,皆曰:"诺"。时城中唯有八九千人,光武乃使成国上公王凤、廷尉大将军王常留守,夜自与骠骑大将军宗佻、五威将军李轶等十三骑,出城南门,于外收兵。时莽军到城下者且十万,光武几不得出。既至郾、定陵,悉发诸营兵,而诸将贪惜财货,欲分留守之。光武曰:"今若破敌,珍宝万倍,大功可成;如为所败,首领无余,何财物之有!"众乃从。[**他是个雄辩的说服者,旨在动员和实现乌合之众的得当的集体行动,那是对领导的一种严峻的考验**]

严尤说王邑曰:"昆阳城小而坚,今假号者在宛,亟进大兵,彼必奔走;宛败,昆阳自服。"[**另一位杰出的、在敌营中的战术家,但其主张遭到拒绝,因为其上司的个人政治考虑**]邑曰:"吾昔以虎牙将军围翟义,坐不生得,以见责让。今将百万之众,遇城而不能下,何谓邪?"遂围之数十重,列营百数,云车十余丈,瞰临城中,旗帜蔽野,埃尘连天,钲鼓之声闻数百里。或为地道,冲輣[楼车]撞城[撞击城门]。积弩乱发,矢下如雨,城中负户而汲[谓背着门板打水]。[**一幅关于古代中国的大规模围城战的生动图画,归功于我们的史家范晔成就简洁描述的文学大才**]王凤等乞降,不许。寻、邑自以为功在漏刻,意气甚逸[安闲]。夜有流星坠营中,昼有云如坏山,当营而陨,不及地尺而散,吏士皆厌伏。[**就心理而言,力量对比在悄悄地(甚或神秘地)改变**]

六月己卯,光武遂与营部俱进,自将步骑千余,前去大军四五里而陈(阵)。寻、邑亦遣兵数千合战。光武奔之,斩首数十级。诸部喜曰:"刘将军平生见小敌怯,今见大敌勇,甚可怪也[**军事上出其不意,既对同僚,亦对敌人**],且复居前。请助将军!"光武复进,寻、邑兵却,诸部共乘之,斩首数百千级。连胜,遂前。[**一场小胜仗,一项大激励! 战术的战略含义**]时,伯升拔宛已三日,而光武尚未知。乃伪使持书报城中,云"宛下兵到",而阳(佯)堕其书。寻、邑得之,不意。诸将既经累捷,胆气益壮,无不一当百。[**他自己的部队差不多总是他须处理的第一目标,而他处理得如此辉煌**]光武乃与敢死者三千人,从城西水上冲其中坚,寻、邑陈(阵)乱,乘锐崩之,遂杀王寻。[**华夏战争中的一位亚历山大大帝?**]城中亦鼓噪而出,中外合势,震呼动天地,莽兵大溃,走者相腾践,奔殪百余里间。会大雷风,屋瓦皆飞,雨下如注,滍川盛溢,虎豹皆股战,士卒争赴,溺死者以万数,水为不流。王邑、严尤、陈茂轻骑乘死人度(渡)水逃去。尽获其军实辎重、车甲珍宝,不可胜算,举之连月不尽,或燔烧其余。[**一番难以置信的巨大胜利!一项伟大的战略惊奇**(strategic surprise)**!**]

光武因复徇[攻打]下颍阳。会伯升为更始所害[**一桩就他而言实乃幸运的事变**],光武自父城驰诣宛谢。司徒官属迎吊光武,光武难交私语,深引过而已。未尝自伐昆阳之功,又不敢为伯升服丧,饮食言笑如平常。[**他的审慎和政治精明在此危机中充分显现。**]更始以是惭,拜光武为破虏大将军,封武信侯。[**他终于成了他的大军的唯一领袖,还有对绝大多数绿林同僚来说唯一盛享威望的。**]

九月庚戌,三辅豪杰共诛王莽,传首诣宛。[**混乱的革命战争以彻底胜利告终。**]

# 经久和艰辛卓绝的统一战争

## 统一战争：平定华北

**卷 1 上《光武帝纪上》摘录**

[第二场战争或首轮统一战争接踵而来，那在较早阶段是各色革命兵力和武装机会主义者中间的战争；在这混乱的过程期间，刘秀初始的审慎但胜利的表现：]

更始将北都洛阳，以光武行司隶校尉，使前整修宫府。于是置僚属，作文移[官府文书的一种，与牒相类，多用于不相统属的官署之间]，从事司察，一如旧章。[**为何"一如旧章"？他看来在政治上非常精明，而且或许开始怀有天大的抱负，凭本能得知"复兴主义"合法性的神奇潜能**]时三辅吏士东迎更始，见诸将过，皆冠帻[头巾]，而服妇人衣，诸于[qū，《前书音义》曰："诸于，大掖衣也，如妇人之褂衣。"]秀䙱[jié，妇人半臂服（短衣无袖，或肩有袖至臂臑而止）][**混乱的图景，关于他在即将到来的第二场战争中的潜在敌人：得胜的革命兵力，或曰武装的乌合之众**]，莫不笑之，或有畏而走者[《续汉志》曰："时知者见之，以为服之不中，身之灾也，乃奔入边郡避之。是服妖也。其后更始遂为赤眉所杀。"]。及见司隶僚属，皆欢喜不自胜。老吏或垂涕曰："不图今日复见汉官威仪！"由是识者皆属心焉。及更始至洛阳，乃遣光武以破虏将军行大司马事。十月，持节北度（渡）河，镇慰州郡。所到部县，辄见二千石、长吏、三老、官属，下至佐史，考察黜陟，如州牧行部事。辄平遣囚徒，除王莽苛政，复汉官名。吏人喜悦，争持牛、酒迎劳。[**他证明擅长于政治吸引和官僚治理。如此，将几乎轻而易举地克服或搞定大规模的武装暴众**]。

……故赵缪王子林……诈以卜者王郎为成帝子子舆[《前书》曰：立国将军孙建奏云"不知何一男子遮臣车前，自称汉氏刘子舆，成帝下妻子也，刘氏当复"。故王郎因而称之。]十二月，立郎为天子，都邯郸，遂遣使者降下郡国。

　　（更始）二年[24年]正月，光武以王郎新盛，乃北徇[攻打]蓟[约今天津市最北部的蓟县]王郎移檄[发布檄文]购[悬赏捉拿]光武十万户，而故广阳王子刘接起兵蓟中以应郎……[**由他独立领导的兵力甚为薄弱，因而他规避作任何重大的对阵激战，在撤退行军中饱受艰辛：**]于是光武趣（趋）驾南辕，晨夜不敢入城邑，舍[止，休息]食道傍。至饶阳[县名，在今河北东南部衡水市饶阳县境]，官属皆乏食……晨夜兼行，蒙犯霜雪，天时寒，面皆破裂。至呼沱河[在今饶阳县北]无船，适遇冰合，得过，未毕数车而陷。进至下博[县名，治所在今河北深州市东南下博镇]城西，遑惑不知所之（至）。有白衣老父在道旁，指曰："努力！信都郡[在今河北冀州]为长安守[替长安坚守]，去此八十里。"光武即驰赴之，信都太守任光开门出迎。[**他在军事上继续审慎，通过迅速累积的地方性行动逐步壮大自己的兵力：**]世祖因发旁县，得四千人，先击堂阳、贳县，皆降之。王莽和成卒正邳彤亦举郡降。又昌城人刘植，宋子人耿纯，各率宗亲子弟，据其县邑，以奉光武。于是北降下曲阳[在今河北石家庄市下属晋州市以西]，众稍合，乐附者至有数万人。

　　[**他在第二场战争中的首次重大战役：击邯郸王郎，一个自称的皇帝，并且大获全胜：**]

　　复北击中山，拔卢奴。所过发奔命兵，移檄边部，共击邯郸，郡县还复响应。[**他有吸引力，得众望；军事资产相对薄弱，但政治资产颇为丰饶。**]南击新市、真定、元氏、防子，皆下之，因入赵界。

　　时，王郎大将李育屯柏人[在今河北中南部邢台市柏乡县西南]，汉兵不知而进，前部偏将铢（朱）浮、邓禹为育所破，亡失辎重。光武在后闻之，收浮、禹散卒，与育战于郭门，大破之，尽得其所获。育还保城，攻之不下，于是引兵拔广阿[县名，治所在今河北邢台市隆尧县东]。会上谷太守耿况、渔阳太守彭宠各遣其将吴汉、寇恂等将突骑来助击王郎，更始亦遣尚书仆射谢躬讨郎，光武因大飨士卒，遂东围巨鹿[今河北邢台市平乡县南]。王郎守将王饶坚守，月余不下。郎遣将倪宏、刘奉率数万人救巨鹿，光武逆战于南栾[在今河北邢台市境]，斩首数千级。[**他再度在激战中骁勇辉煌。然后，他完全赢了他的战役：**]四月，进围邯郸，连战破之。五月甲辰，拔其城，诛王郎。[**他在不到半年时间里从颇弱变得甚强！**]收文书，得吏人与郎交关[交通，勾结]谤毁者数千章。光武不省，会诸将军烧之，曰："令反侧[不安]子自安。"[**他在政治上的明智，懂得何为优先事项，明白如何与不忠但需要的下属共事，后者数量众多。**]

　　更始遣侍御史持节立光武为萧王，悉令罢兵诣行在所。光武辞以河北未平，不就征。自是始贰于更始。[**他变得显然很有雄心，而且当然鄙视另一个非常平庸甚或愚蠢的自称帝者。**]

[他在第二场战争的第二阶段的表现：军事扫击，政治包容，然后再度胜利的扫击；他的兵力成为真正大规模的：]

[全然支离、全然混乱的全国形势，百分之百的自然状态：]是时，长安政乱，四方背叛。梁王刘永擅命睢[suī]阳[在今河南商丘市境内]，公孙述称王巴蜀，李宪自立为淮南王，秦丰自号楚黎王，张步起琅邪，董宪起东海，延岑起汉中，田戎起夷陵[在今湖北宜昌市境内]，并置将帅，侵略郡县。又别号诸贼铜马、大肜、高湖、重连、铁胫、大抢、尤来、上江、青犊、五校、檀乡、五幡、五楼、富平、获索等，各领部曲，众合数百万人，所在寇掠。

[他的前后相继的征服和扫击，针对较容易击破的较小的武装暴众集团：]光武将击之，先遣吴汉北发十郡兵。幽州牧苗曾不从，汉遂斩曾而发其众。秋，光武击铜马于鄡[qiāo，县名，在今河北省束鹿（今辛集市）东南]，吴汉将突骑来会清阳。贼数挑战，光武坚营自守；有出卤（掳）掠者，辄击取之，绝其粮道。积月余日，贼食尽，夜遁去，追至馆陶[在今河北邯郸市馆陶县]，大破之。受降未尽，而高湖、重连从东南来，与铜马余众合，光武复与大战于蒲阳，悉破降之，[他是个非常政治性的指挥将领，长于包容被击败者：]其渠帅为列侯。降者犹不自安，光武知其意，敕令各归营勒兵[操练或指挥军队]，乃自乘轻骑按行部陈（阵）。降者更相语曰："萧王推赤心置人腹中，安得不投死乎！"由是皆服。悉将降人分配诸将，众遂数十万[因而，他现在甚至有了兵力数量优势]，故关西号光武为"铜马帝"。

赤眉别帅与大肜、青犊十余万众在射犬[在今河南焦作市下属沁阳市东北]，光武进击，大破之，众皆散走。使吴汉、岑彭袭杀谢躬[更始帝尚书仆射]于邺[在今河北临漳县的漳河岸畔]。

[西向挺进，再度扫击，"以乘（那里的）更始、赤眉之乱"：]青犊、赤眉贼入函谷关，攻更始。光武乃遣邓禹率六裨将引兵而西，以乘更始、赤眉之乱。时，更始使大司马硃（朱）鲔、舞阴王李轶等屯洛阳，光武亦令冯异守孟津以拒之。

建武元年[25年，是年六月刘秀在河北柏乡登基称帝，建元建武]春正月，平陵人方望立前孺子刘婴为天子，更始遣丞相李松击斩之。

光武北击尤来、大抢、五幡于元氏[县名，今河北石家庄市元氏县]，追至右北平，连破之。[然而，他不是百战不殆的；现在他尝到了"轻进"的风险：]又战于顺水北，乘胜轻进，反为所败。贼追急，短兵接，光武自投高岸，遇突骑王丰，下马授光武，光武抚其肩而上，顾笑谓耿弇曰："几为虏嗤。"弇频射却贼，得免。士卒死者数千人，散兵归保范阳。军中不见光武，或云已殁，诸将不知所为。吴汉曰："卿曹努力！王兄子在南阳，何忧无主？"众恐惧，数日乃定。贼虽战胜，而素慑大威，客主不相知，夜遂引去。大军复进至安交，与战，破之，斩首三千余级。贼人渔阳，乃遣吴汉率耿弇、陈俊、马武等十二将军追战于潞东,及平谷,大破灭之。[**危机过后,依然扫击!**]

[**他在第二场战争的第三阶段的表现:自我称帝,经过一再的严重迟疑和勉强,而这迟疑勉强出于他的审慎的政治考虑(至于究竟是怎样的考虑,我们只能猜测而无多少线索):**]

硃(朱)鲔遣讨难将军苏茂攻温[今河南焦作市温县东北],冯异、寇恂与战,大破之,斩其将贾彊(强)。于是诸将议上尊号。马武先进曰:"天下无主。如有圣人承敝而起,虽仲尼为相,孙子为将,犹恐无能有益。反[通"翻",倾倒]水不收,后悔无及。大王虽执谦退,奈宗庙社稷何!宜且还蓟[约今天津市最北部的蓟县]即尊位,乃[然后]议征伐。今此谁贼而驰骛击之乎?"[此句言即君位正名之重要,犹如说"包括我们在内全都是反叛的盗贼,因而没有谁确实合法地打击谁!"]光武惊曰:"何将军出是言?可斩也!"武曰:"诸将尽然。"光武使出晓之[使人将其意思晓谕诸将],乃引军还至蓟。……

光武从蓟还……至中山[在今河北保定市下属定州市境内],诸将复上奏曰:"汉遭王莽,宗庙废绝,豪杰愤怒,兆人涂炭。王与伯升首举义兵,更始因其资以据帝位,而不能奉承大统,败乱纲纪,盗贼日多,群生危蹙。大王初征昆阳,王莽自溃;后拔邯郸,北州弭定;参分天下而有其二,跨州据土,带甲百万。言武力则莫之敢抗,论文德则无所与辞。[**一项前后历经数千年的传统的华夏重大信条:王朝创建说到底意味着合法性来自征服(还来自——虽然只在次要意义上——"文德"或万众接受)。**]臣闻帝王不可以久旷,天命不可以谦拒,惟大王以社稷为计,万姓为心。"光武又不听。

行到南平棘[平棘,县名,治所在今河北赵县城南固城村],诸将复固请之。光武曰:"寇贼未平,四面受敌,何遽欲正号位乎?诸将且出。"耿纯进曰:"天下士大夫捐亲戚,弃土壤,从大王于矢石之间者,其计固望其攀龙鳞,附凤翼,以成其所志耳。[**一项传统的华夏真理:智识人士("天下士大夫")为他们自己的长远利益而追随被预料或猜想的最后得胜者,犹如某种赌徒。**]今功业即定,天人亦应,而大王留时逆众,不正号位,纯恐士大夫望绝计穷,则有去归之思,无为久自苦也。大众一散,难可复合。时不可留,众不可逆。"[**这番非常实用主义的论辩对刘秀这位实用主义者来说中听得多。**]纯言甚诚切,光武深感,曰:"吾将思之。"

[**最后,他以上天及人民的名义,连同下属敦促的名义,宣告自命为皇帝:**]行至鄗[县名,在今河北邢台市柏乡县北]……六月己未,即皇帝位……其祝文曰:"皇天上帝,后土神祇,眷顾降命,属秀黎元,为人父母,秀不敢当。群下百辟[古称官吏],

不谋同辞,咸曰:'王莽篡位,秀发愤兴兵,[**然而,合法性说到底来自他的征服,像他看来强调的那样:**]破王寻、王邑于昆阳,诛王郎、铜马于河北,平定天下,海内蒙恩。上当天地之心,下为元元所归。'谶记曰:'刘秀发兵捕不道,卯金修德为天子。'[**还借助于神秘主义的图谶!**]秀犹固辞,至于再,至于三。群下佥曰:'皇天大命,不可稽留。'敢不敬承。"于是建元为建武,大赦天下,改鄗为高邑。

[**现在,第二场战争和大混乱变得简单得多了:主要是三个自命的皇帝中间的战争,或实质地说是刘秀军、绿林军和赤眉军中间的血斗:**]

是月,赤眉立刘盆子为天子。

[**他在第二场战争的第四阶段的表现(一):他的一场又一场重大战役,伴有他独特的深刻政治意识;赤眉军作为一群巨大规模的暴众以难以置信的速度崩溃:**]

甲子(日),前将军邓禹击更始定国公王匡于安邑[县名,在今山西夏县西北],大破之,斩其将刘均。

秋七月辛未,拜前将军邓禹为大司徒。丁丑,以野王令王梁为大司空。壬午,以大将军吴汉为大司马,偏将军景丹为骠骑大将军,大将军耿弇为建威大将军,偏将军盖延为虎牙大将军,偏将军铫(朱)祐为建义大将军,中坚将军杜茂为大将军。……

己亥……遣耿弇率强弩将军陈俊军五社津[今河南郑州市下属巩县西北黄河上],备荥阳以东。使吴汉率铫(朱)祐及廷尉岑彭、执金吾贾复、扬化将军坚镡[xín]等十一将军围铫(朱)鲔[更始大将]于洛阳。……

九月,赤眉入长安,更始奔高陵。[**从这时和下面记载的"铫鲔举城降"起,第二场战争进一步简化,主要成了刘秀军与赤眉军之间的血斗,外加刘秀军与另一个自命的皇帝刘永之间的冲突。**]辛未,诏曰:"更始破败,弃城逃走,妻子裸袒,流冗道路。朕甚愍(悯)之。今封更始为淮阳王。吏人敢有贼害者,罪同大逆。"……

辛卯,铫(朱)鲔举城降。

冬十月癸丑,车驾入洛阳,幸南宫却非殿,遂定都焉。[**他的皇都得到确立:一项重大的政治和战略行动。**]①……

刘永②自称天子。……赤眉杀更始,而隗嚣据陇右,卢芳起安定[郡名,治所在今

---

① 长安——中国历史上历时最长的首都——当时如何?《汉书·王莽传下》载:明年[25年]夏,赤眉樊崇等众数十万人入关,立刘盆子,称尊号,攻更始,更始降之。[**狂野暴众的短短几个月的统治,可怖的自然状态,一座地狱:**]赤眉遂烧长安宫室市里,害更始。民饥饿相食,死者数十万,长安为虚,城中无人行。宗庙园陵皆发掘,唯霸陵[文帝陵]、杜陵[宣帝陵]完。

② 前云:是时[更始二年即24年],长安政乱,四方背叛。梁王刘永擅命睢阳……

宁夏固原县]……

（建武）二年［26年］春正月……庚辰，封功臣皆为列侯，大国四县，余各有差。下诏曰：［**对下属们的政治、伦理和纪律训诫，反映了他主要在何处优于第二场战争和大混乱中他的那些主要敌手：**］"人情得足，苦于放纵，快须臾之欲，忘慎罚之义。惟诸将业远功大，诚欲传于无穷，宜如临深渊，如履薄冰，战战栗栗，日慎一日……"博士丁恭议曰："古帝王封诸侯不过百里［《史记》太史公曰："武王、成、康所封数百，而同姓五十，地不过百里。"］……强干弱枝，所以为治也。今封诸侯四县，不合法制。"帝曰："古之亡国，皆以无道，未尝闻功臣地多而灭亡者。"乃遣谒者即授印绶，策曰："在上不骄，高而不危；制节谨度，满而不溢。敬之戒之。传尔子孙，长为汉藩。"［**他必定从西汉衰退往后的整个"现代"历史领教多多！**］……

是月，赤眉焚西京宫室，发掘园陵，寇掠关中。……

三月乙未，大赦天下，诏曰："顷狱多冤人，用刑深刻，朕甚愍之。孔子云：'刑罚不中，则民无所措手足。'其与中二千石、诸大夫、博士、议郎议省刑法。"［**他再度在政治意识和视野方面优于他的敌手。**］……

遣虎牙大将军盖延率四将军伐刘永。夏四月，围永于睢阳。［**开始他对刘永的艰辛持久的战争。**］更始将苏茂杀淮阳太守潘蹇而附刘永。

甲午，封叔父良为广阳王，兄子章为太原王，章弟兴为鲁王，舂陵侯嫡子祉为城阳王。

五月庚辰，封更始元氏王歙为泗水王，故真定王杨子得为真定王［**他大封"封建"王侯。难道作为一个过分的"复兴主义者"，他从西汉初期的教训学得那么少？约十年后将证明，这些分封主要是为军事裨益施行的权宜，在通往帝国权力的不定的道路上。**］……

六月戊戌，立贵人郭氏为皇后，子彊（强）为皇太子……丙午，封宗子刘终为淄川王。……

秋八月……盖延拔睢阳［**在历时四个月的围城战之后**］，刘永奔谯［县名，在今安徽亳县]。……

延岑［前云"是时（更始二年即25年），长安政乱，四方背叛……延岑起汉中"］大破赤眉于杜陵。

关中饥，民相食。［**赤眉的战争是地狱，最可怕的地狱！**］

冬十一月……遣偏将军冯异代邓禹伐赤眉。［**他对赤眉的战争开始。**］……

十二月戊午，诏曰："惟宗室列侯为王莽所废，先灵无所依归，朕甚愍之。其并复故国。若侯身已殁，属所［诸侯子孙所属之郡县]上其子孙见名尚书，封拜。"［**他大封"封建"王侯，作为一位过分的"复兴主义者"，此乃权宜。**］

是岁,盖延等大破刘永于沛西……

**[他对赤眉的主要战役,在初败后大获全胜;赤眉由此被他摧毁:]**

(建武)三年[27年]春正月甲子,以偏将军冯异为征西大将军,杜茂为骠骑大将军。大司徒邓禹及冯异与赤眉战于回溪[在今河南洛阳市洛宁县东北],禹、异败绩。……

闰月乙巳,大司徒邓禹免。

冯异与赤眉战于崤底[崤岑山麓,在今洛阳市洛宁县东北],大破之,余众南向宜阳[县名,在今河南宜阳县西,洛河中游],帝自将征之。己亥,幸宜阳。甲辰,亲勒六军[皇帝的警卫部队],大陈戎马,大司马吴汉精卒当前,中军次之,骁骑、武卫分陈左右。赤眉望见震怖,遣使乞降。丙午,赤眉君臣[刘盆子及丞相徐宣以下三十余人]面缚[谓反偝而缚之,既系脖颈又缚双臂双手于身背后],奉高皇帝玺绶,诏以属城门校尉。戊申,至自宜阳。己酉,诏曰:"群盗纵横,贼害元元,盆子窃尊号,乱惑天下。朕奋兵讨击,应时[立刻]崩解,十余万众束手降服**[这大规模暴众没有真正的战斗精神和耐力。心理崩溃而无战斗]**,先帝玺绶归之王府。斯皆祖宗之灵,士人之力,朕曷足以享斯哉!……"

**[他在第二场战争的第四阶段的表现(二):大围城战最终摧毁刘永;其余扫击:]**

夏四月……虎牙大将军盖延围刘永于睢阳。**[不到一年内在同一地点的再度大围城战。]**……

六月……耿弇与延岑战于穰[县名,属南阳郡],大破之。

秋七月,征南大将军岑彭率三将军伐秦丰,战于黎丘,大破之,获其将蔡宏。庚辰,诏曰:"吏不满六百石,下至墨绶长、相,有罪先请[先请奏再论罪]。男子八十以上,十岁以下,及妇人从坐者,自[如果]非不道、诏所名捕[诏书有名而特捕者],皆不得系。当验问者即就验。女徒雇山归家[《前书音义》曰:"女子犯徒遣归家,每月出钱雇人于山伐木,名曰雇山。"]。"**[他看来从未在流血征服后从事任何屠杀或过度惩罚,因为他的政治意识和较高尚性情。]**盖延拔睢阳,获刘永。**[大围城战役最终摧毁了他。]**……

是岁……建义大将军硃(朱)祐率祭遵与延岑战于东阳[聚邑,故城在今河南西南部邓州市],斩其将张成。

(建武)四年[28年]……

遣右将军邓禹率二将军与延岑战于武当,破之……

遣大司马吴汉击五校贼于箕山[在今山东日照市莒县北],大破之。

五月……遣征虏将军祭遵率四将军讨张丰于涿郡,斩丰。……

是岁,征西大将军冯异与公孙述[前云:"是时(更始二年即 25 年),长安政乱,四方背叛……公孙述称王巴蜀"]将程焉战于陈仓[县名,在今陕西宝鸡市东二十里],破之。

(建武)五年[29 年]……

二月……大司马吴汉率建威大将军耿弇击富平、获索贼于平原[郡名,治安德,即今山东陵县],大破降之……

五月丙子,诏曰:"久旱伤麦,秋种未下,朕甚忧之。将[抑或]残吏未胜,狱多冤结,元元愁恨,感动天气乎? 其令中都官、三辅、郡、国出系(羁)囚,罪非犯殊死一切勿案,见(现)徒免为庶人。务进柔良,退贪酷,各正厥事焉。"[**他一向是一位大有政治意识的武士和国务家!**]

六月,建义大将军砾(朱)祐拔黎丘[在今湖北襄阳市下属宜城市西北],获秦丰[前云:"是时(更始二年即 25 年),长安政乱,四方背叛……秦丰自号楚黎王"]……

秋七月……攻董宪[前云:"是时,长安政乱,四方背叛……董宪起东海"]于昌虑[县名,属东海郡,在今山东枣庄市下属滕州市东南],大破之。……

是岁,野谷渐少,田亩益广焉。[**愈益增进的和平和秩序那么快地带来了愈益增进的社会恢复! 请再次注意我们的史家的眼界和文学天才**。]

## 卷 12《王刘张李彭卢列传》

[一套传记,记述最终由东汉帝国伟大创建人结束的大规模内战期间的六个地区性军阀,其共同禀性是"因时扰攘,苟恣纵"。]

王郎(王昌):

[一名出身微贱的机会主义者,武装利用大篡夺者造成的全国性动乱去追寻他自己权势壮大的机会。]

[作为一名在动乱中颇为大胆和甚有想象力的冒险家,他编造了一个弥天大谎,从而将自己掷入武装赌博道路:]

王昌一名郎,赵国邯郸人也。素为卜相工,明星历,常以为河北有天子气。时赵缪王子林好奇数,任侠于赵、魏间,多通豪猾,而郎与之亲善。初,王莽篡位,长安中或自称成帝子子舆者,莽杀之。郎缘是诈称真子舆,云"母故成帝讴者,尝下殿卒僵,须臾有黄气从上下,半日乃解,遂妊身就馆。赵后[赵飞燕]欲害之,伪易他人子,以故得全。子舆年十二,识命者郎中李曼卿,与俱至蜀;十七,到丹阳;二十,还长安;展转中山,来往燕、赵,以须[待也]天时"。[**在一个动乱时代,弥天大谎是那么经常得到精英蠢货和大众笨蛋轻信:**]林等愈动疑惑,乃与赵国大豪李育、张参等通谋,规共立郎。会人间传赤眉将度(渡)河,林等因此宣言赤眉当至,立刘子舆以观众心,百姓多信之。

更始元年[23年]十二月,林等遂率车骑数百,晨入邯郸城,止于王宫,立郎为天子。林为丞相,李育为大司马,张参为大将军。[**他被立为地区性军阀,带有一个所谓皇帝头衔!**]分遣将帅,徇[攻打]下幽、冀。移檄州郡曰:"制诏部刺史、郡太守:朕,孝成皇帝子子舆者也。昔遭赵氏之祸,因以王莽篡杀,赖知命者将护朕躬,解形[脱身]河滨,削迹赵、魏。王莽窃位,获罪于天……朕仰观天文,乃兴于斯,以今月壬辰即位赵宫。……刘圣公[更始帝刘玄]未知朕,故且持帝号。诸兴义兵,咸以助朕,皆当裂土享祚子孙。已诏圣公及翟太守[翟义],亟与功臣诣行在所[天子所在曰行在所]……"郎以百姓思汉,既多言翟义不死,故诈称之,以从人望。[**有如先前,他通过自己的革命/复兴主义谎言去动员民众支持。这再度奏效:**]于是赵国以北,辽东以西,皆从风而靡。

[**赌博很快输掉:在发动之后仅几个月他就被刘秀彻底摧毁:**]

明年[24年](正月),光武自蓟得郎檄,南走信都,发兵徇[攻打]帝县[蓟地],遂攻柏人[在今河北中南部邢台市柏乡县西南],不下。议者以为守柏人不如定巨鹿[今河北邢台市巨鹿县],光武乃引兵东北围巨鹿。郎太守王饶据城,数十日连攻不克。耿纯说曰:"久守王饶,士众疲敝,不如及大兵精锐,进攻邯郸。若王郎已诛,王饶不战自服矣。"光武善其计,乃留将军邓满守巨鹿,而进军邯郸,屯其郭北门。

郎数出战不利,乃使其谏议大夫杜威持节请降。威雅称郎实成帝遗体。光武曰:"设使成帝复生,天下不可得,况诈子舆者乎!"威请求万户侯。光武曰:"顾得全身可矣。"威曰:"邯郸虽鄙,并力固守,尚旷日月,终不君臣相率但全身而已。"遂辞而去。因急攻之,二十余日,郎少傅李立为反间,开门内(纳)汉兵,遂拔邯郸。郎夜亡走,道死,追斩之。

## 刘永:

[**出身于一个大贵族家庭,全国混乱期间又一名自命为皇帝的人,力量大到是公元25年往后第二场内战中除赤眉军之外刘秀的主要敌手。**][对刘秀,他从未采取过攻势,而他俩之间所有的大战役都是围城战。]

[**他崛起,作为一名强有力的地区性军阀和自称的皇帝:**]

刘永者,梁郡睢[suī]阳[在今河南商丘市中心南部]人,梁孝王八世孙也。传国至父立。元始[平帝年号,1—5年]中,立与平帝外家卫氏交通,为王莽所诛。

更始即位,永先诣洛阳,诏封为梁王,都睢阳。[**在那么多机会主义者中间,他较晚地发动冒险,迅速成为一名"专据东方"的很强的地区性军阀:**]永闻更始政乱,遂据国起兵,以弟防为辅国大将军,防弟少公御史大夫,封鲁王。遂招诸豪杰沛人周建等,并署为将帅,攻下齐阴、山阴、沛、楚、淮阳、汝南,凡得二十八城。又遣使拜西防贼帅山阳佼彊(强)为横行将军。是时,东海人董宪起兵据其郡,而张步亦定齐地。永遣使拜宪翼汉大将军、步辅汉大将军,与共连兵,遂专据东方。及更始败[25年],永自称天子。

[**他与刘秀的战争,一场艰难的、最终输掉了的战争:**]

[**经四个月**(据《光武帝纪上》)**围城战,他遭到首次大败**]建武二年[26年]夏,光武遣虎牙大将军盖延等伐永。初,陈留人苏茂为更始讨难将军,与硃(朱)鲔等守洛阳。鲔既降汉,茂亦归命,光武因使茂与盖延俱攻永。军中不相能,茂遂反,杀淮阳太守,掠得数县。据广乐而臣于永。永以茂为大司马、淮阳王。盖延遂围睢阳,数月,拔之,永将家属走虞。虞人反,杀其母及妻子,永与麾下数十人奔谯。苏茂、佼彊(强)、周建合军救永,为盖延所败,茂奔还广乐,彊(强)、建从永走保湖陵[故城位于今山东微山县张楼乡程子庙村东昭阳湖中]。

[**他暴死于他与刘秀的第二场大战役——不到一年时间内在同一地点他俩间的第二场大围城战:**]三年[27年]春,永遣使立张步为齐王,董宪为海西王。于是遣大司马吴汉等围苏茂于广乐,周建率众救茂,茂、建战败,弃城复还湖陵,而睢阳人反城迎永[反刘秀迎刘永,刘永复归睢阳]。吴汉与盖延等合军围之,城中食尽,永与茂、建走酇[cuó,在今河南最东部永城市西]。诸将追急,永将庆吾斩永首降,封吾为列侯。苏茂、周建奔垂惠[聚落,位于今安徽蒙城县双锁山东北],共立永子纡为梁王。佼彊(强)还保西防。

[**他的武装集团的灭亡,经过一场很是曲折复杂的战役,那显现了刘秀的伟大将才:**]四年[28年]秋,遣捕虏将军马武、骑都尉王霸围纡、建于垂惠,苏茂将五校兵救之,纡、建亦出兵与武等战,不克,而建兄子诵反,闭城门拒之。建、茂、纡等皆走,建于道死,茂奔下邳与董宪合,纡奔佼彊(强)。五年[29年],遣骠骑大将军杜茂攻佼彊(强)于西防,彊(强)与刘纡奔董宪。

时,平狄将军庞萌反叛,遂袭破盖延,引兵与董宪连和……

……帝闻之,大怒,乃自将讨萌。与诸将书曰:"吾常以庞萌社稷之臣,将军得无笑其言乎? 老贼当族。其各厉兵马,会睢阳!"宪闻帝自讨庞萌,乃……使茂、彊(强)助萌,合兵三万,急围桃城[在今河北东南部衡水市境]。

[**刘秀的伟大将才:**]帝时幸蒙,闻之,乃留辎重,自将轻骑三千,步卒数万,晨夜驰赴,师次任城,去桃乡六十里。旦日,诸将请进,贼亦勒兵挑战,帝不听,乃休士养锐,以挫其锋。城中闻车驾至,众心益固。时吴汉等在东郡,驰使召之。萌等乃悉兵攻城,二十余日,众疲困而不能下。及吴汉与诸将到,乃率众军进桃城,而帝亲

自搏战,大破之。萌、茂、彊(强)夜弃辎重逃奔……董宪乃与刘纡悉其兵数万人屯昌虑,自将锐卒拒新阳。帝先遣吴汉击破之,宪走还昌虑。汉进守之,宪恐,乃招诱五校余贼步骑数千人屯建阳,去昌虑三十里。

[**刘秀的伟大将才再度显现:**]帝至蕃,去宪所百余里。诸将请进,帝不听,知五校乏食当退,敕各坚壁以待其敝。顷之,五校粮尽,果引去。帝乃亲临,四面攻宪,三日,复大破之,众皆奔散。遣吴汉追击之,佼彊(强)将其众降,苏茂奔张步,宪及庞萌走入缯山。数日,吏士闻宪尚在,复往往相聚,得数百骑,迎宪入郯城。吴汉等复攻拔郯,宪与庞萌走保朐。刘纡不知所归,军士高扈斩其首降,梁地悉平。

吴汉进围朐[qú,县名,在今江苏连云港市西南锦屏山侧]。明年[29 年],城中谷尽,宪、萌潜出,袭取赣榆,琅邪太守陈俊攻之,宪、萌走泽中。会吴汉下朐城,进尽获其妻子。宪乃流涕谢其将士曰:"妻子皆已得矣[为吴汉所得]。嗟乎!久苦诸卿。"乃将数十骑夜去,欲从间道归降,而吴汉校尉韩湛追斩宪于方与,方与人黔陵亦斩萌,皆传首洛阳。……

张步:

[**全国大乱中一名较小的地区性军阀,审慎,数次机会主义地改登他船,但本质上徒劳。**]

[**他的累积性的扩张,或曰"拓地浸广":**]

张步字文公,琅邪不其人也。汉兵之起,步亦聚众数千,转攻傍县,下数城,自为五威将军,遂据本郡。

更始遣魏郡王闳为琅邪太守,步拒之,不得进。闳为檄,晓喻吏人降,得赣榆等六县,收兵数千人,与步战,不胜。[**他的机会主义登船行为:**]时梁王刘永自以更始所立,贪步兵强,承制拜步辅汉大将军、忠节侯,督青、徐二州,使征不从命者。步贪其爵号,遂受之。乃理兵于剧[县名,在今山东寿光市南部],以弟弘为卫将军,弘弟蓝玄武大将军,蓝弟寿高密太守。遣将徇[攻打]太山、东莱、城阳、胶东、北海、济南、齐诸郡,皆下之。[**他的有效的累积性扩张,其代价必低。**]

步拓地浸广,兵甲日盛。王闳惧其众散,乃诣步相见,欲诱以义方[行事应遵守的规范和道理]。步大陈兵引闳,怒曰:"步有何过,君前见攻之甚乎!"闳按剑曰:"太守奉朝命,而文公拥兵相距(拒),闳攻贼耳,何谓甚邪!"[**他显现了他在性格和政治两方面的审慎,在此场合包容了他的敌人:**]步嘿然,良久,离席跪谢,乃陈乐献酒,待以上宾之礼,令闳关掌郡事。

[**他的机会主义选择,事后看来错了;他成了刘秀的敌人:**]

建武三年[27 年],光武遣光禄大夫伏隆持节使齐,拜步为东莱太守。刘永闻隆至剧,乃驰遣立步为齐王,步即杀隆而受永命。[**他的机会主义选择,根据谁出价较高而定。**]

[**他最终完蛋,在作了又一次机会主义的选择之后:**]

[**他的又一次"因时";暂且幸运:**]是时,帝方北忧渔阳,南事梁、楚,故步得专集齐地,据郡十二,[**他的审慎再度显现:**]及刘永死,步等欲立永子纡为天子,自为定汉公,置百官。王闳谏曰:"梁王以奉本朝之故,是以山东颇能归之。今尊立其子,将疑众心。且齐人多诈,宜且详之。"步乃止。五年[29 年],步闻帝将攻之[**他的"战略机遇期"结束了!**],以其将费邑为济南王,屯历下。冬,建威大将军耿弇[yǎn]破斩费邑,进拔临淄。[**他被击败,尽管拥有兵力数量优势:**]步以弇兵少远客,可一举而取,乃悉将其众攻弇于临淄。步兵大败,还奔剧。帝自幸剧。步退保平寿[今山东潍坊市],苏茂将万余人来救之。茂让[**责难**]步曰:"以南阳兵精,延岑善战,而耿弇走之。大王奈何就攻其营? 既呼茂,不能待邪?"步曰:"负负[负,愧也,再言之者,愧之甚],无可言者。"帝乃遣使告步、茂,能相斩降者,封为列侯。[**他再次作了机会主义的选择,在一种无助无望的情势中:**]步遂斩茂,使使奉其首降。……封步为安丘侯,后与家属居洛阳。王闳亦诣剧降。

[**他的最后一次机会主义决定,致命地错误:**]八年[32 年]夏[**此时突然出现帝国紧急状态①**],步将妻子逃奔临淮,与弟弘、蓝欲招其故众,乘船入海,琅邪太守陈俊追击斩之。

…………

### 李宪:

[**一名地区性军阀,被刘秀摧毁而未费多大努力。**]

李宪者,颍川许昌人也。王莽时为庐江属令。莽末,江贼王州公等起众十余万,攻掠郡县,莽以宪为偏将军、庐江连率,击破州公。[**他必定是个能干的将军。**]莽败,宪据郡自守。更始元年[23 年],自称淮南王。建武三年[27 年],遂自立为天

---

① 《后汉书·光武帝纪下》载:八年[32 年]……夏四月……闰月,帝自征(隗)嚣,河西大将军窦融率五郡[陇西、金城、天水、酒泉、张掖]太守与车驾会高平[县名,今宁夏固原县]。陇右[陇山以西地区]溃,隗嚣奔西城,遗大司马吴汉、征南大将军岑彭围之;进幸上邽[县名,今甘肃天水],不降,命虎牙大将军盖延、建威大将军耿弇攻之。颍川盗贼寇没属县,河东守兵亦叛,京师骚动。[**王朝腹地安全的实现在多年里是那么难! 仍有间或的内部两线战事,甚而帝国紧急状态。**]……

八月,帝自上邽晨夜东驰。[**他被迫从事这"君主个人重新部署"!**]

九月乙卯,车驾还宫。庚申,帝自征颍川盗贼,皆降。[**他作为一位君主武士,又一次显示自己的军事英勇。**]……

十一月……公孙述遣兵救隗嚣,吴汉、盖延等还军长安。天水、陇西复反归嚣。[**帝国在西北的压倒性优势得而复失。**]……

子,置公卿百官,拥九城,众十余万。[在全国大乱中愈益野心勃勃,但上面那最后一个决定显然错误,即使在当时,因为比他更强的刘永适才莫敌刘秀,暴死疆场。]

[刘秀麾下一支分遣军的围城战结果了他,虽然它延续了一年稍久:]四年[28年]秋,光武幸寿春,遣扬武将军马成等击宪,围舒[故城在今安徽庐江县西]。至六年[30年]正月,拔之。宪亡走,其军士帛意追斩宪而降,宪妻子皆伏诛。……


彭宠:

[在担任刘秀麾下将领和嫉妒几位荣获较高褒赏的同僚之后,他成了北方边疆地区的一名反叛军阀,他先前的主公的一大敌手,与南面的地区性军阀和北面的游牧蛮族勾结,在一种远未靖安的华夏局势中对中央政权作战。经过某种暂时的成功,他被摧毁,留下自己作为一个范例,例解由个人卑劣性情和过大野心驱动的失败的背叛者。]

[一个卑劣的机会主义者走向造反的道路:]

彭宠字伯通,南阳宛人也。父宏,哀帝时为渔阳太守,伟容貌,能饮饭,有威于边。王莽居摄,诛不附己者,宏与何武、鲍宣并遇害。①

[从一开始他便是个机会主义者,先后效力于三个主子,其中第一个是毫无正当理由就摧毁了他父亲的大篡夺者:]宠少为郡吏,地皇[20—23年]中,为大司空士[王莽时九卿分属三公,每一卿置元士三人],从王邑东拒汉军。到洛阳,闻同产弟在汉兵中,惧诛,即与乡人吴汉亡至渔阳,抵[归也]父时吏。更始立,使谒者韩鸿持节徇北州[幽州和并州],承制得专拜二千石已(以)下。鸿至蓟,以宠、汉并乡间故人,相见欢甚,即拜宠偏将军,行渔阳太守事,汉安乐令。

及光武镇慰河北,至蓟[约今天津市最北部的蓟县],以书招宠。宠具牛、酒,将

---

① 《汉书·何武王嘉师丹传》载:[何武勇敢地冒犯了未来的篡夺者:]先是,新都侯王莽就国,数年,上以太皇太后故征莽还京师[博丁新外戚支撑的皇帝被迫向传统的王氏外戚做了个妥协]。……后有诏举大(太)常[掌宗庙礼仪,兼掌选试博士],莽私从武求举,武不敢举。后数月,哀帝崩,太后即引莽入,收大司马董贤印绶,诏有司举可大司者……自大司徒孔光[他的反面,其人乃英雄似的儒家先师的一名后裔却全无英雄主义,将在政治世界里的个人安全奉作自己的头号优先]以下举朝皆举莽。[他勇敢地对抗即将篡夺的篡夺者;他的最光荣时刻:]武为前将军,素与左将军公孙禄相善,二人独谋,以为往时孝惠、孝昭少主之世,外戚吕、霍、上官持权,几危社稷,今孝成、孝哀比世无嗣,方当选立亲近辅幼主,不[此字宜删(宋祁、王念孙说)]宜令异姓大臣持权,亲疏相错,为国计便。[原则现在有了一个很具体的政治形式,即逆反外戚持权的当代传统!“为国计便”。]于是武举公孙禄可大司马,而禄亦举武。太后竟自用莽为大司马。[他和他的协同者从事了一场毫无希望的战斗。他们必定事先知道。]莽风有司劾奏武、公孙禄互相称举,皆免。

[他为原则牺牲了自己:]武就国后,莽寝盛,为宰衡,阴诛不附己者[篡夺者绝对无情,绝不冒任何风险]。元始三年[3年],吕宽等事[详见《汉书·王莽传》]起。时,大司空甄丰承莽风指(旨)[暗示之意],遣使者乘传案治党与,连引诸所欲诛,上党鲍宣,南阳彭伟、杜公子,郡国豪桀坐死者数百人。武在见诬中,大理正槛车征武,武自杀。……

上谒。会王郎诈立,传檄燕、赵,遣将徇渔阳、上谷,急发其兵,北州众多疑惑,欲从之。吴汉说宠从光武,语在《汉传》。会上谷太守耿况亦使功曹寇恂诣宠,结谋共归光武。宠乃发步骑三千人,以吴汉行长史,及都尉严宣、护军盖延、狐奴令王梁,与上谷军合而南,及光武于广阿。[**这名机会主义者从未有远见和定力,有的却是"水性杨花"**]光武承制封宠建忠侯,赐号大将军。遂围邯郸,宠转粮食,前后不绝。

　　及王郎死,光武追铜马,北至蓟。宠上谒,自负其功,意望甚高,光武接之不能满,以此怀不平。[**还有卑劣的性情,自视过高**]光武知之,以问幽州牧硃(朱)浮。浮对曰:"前吴汉北发兵时,大王遗宠以所服剑,又倚以为北道主人。宠谓至当迎合握手,交欢并坐。今既不然,所以失望。"……及即位,吴汉、王梁,宠之所遣,并为三公,而宠独无所加,愈怏怏不得志。叹曰:"我功当为王;但尔者,陛下忘我邪?"[**对荣获较高褒赏的同僚强烈地嫉妒,从而强烈地抱怨他的主公。**]

　　[**在所有上述之外,现在又添上了一项内斗和对一名邻近的同级行政长官的个人仇恨;发动反叛:**]是时,北州破散,而渔阳差完,有旧盐铁官,宠转以贸[易也]谷,积珍宝,益富强,硃(朱)浮与宠不相能,浮数潜构之。建武二年[26年]春,诏征宠,宠意浮卖己,上疏愿与浮俱征。又与吴汉、盖延等书,盛言浮枉状[潜己之状],固求同征。帝不许,益以自疑。而其妻素刚,不堪抑屈,固劝无受召。[**坏脾气的悍妻强化了他的桀骜不驯性情。**]宠又与常所亲信吏计议,皆怀怨于浮,莫有劝行者。帝遣宠从弟子后兰卿喻之,宠因留子后兰卿,遂发兵反[**发动反叛!**],拜署将帅,自将二万余人攻硃(朱)浮于蓟,分兵徇广阳、上谷、右北平。又自与耿况俱有重功,而恩赏并薄,数遣使要诱况。况不受,辄斩其使。

　　[**他的灭亡,经过短暂的成功和与南面的地区性军阀、北面的游牧蛮族两相勾结:**]

　　秋,帝使游击将军邓隆救蓟。隆军潞南,浮军雍奴,遣吏奏状。帝读檄,怒谓使吏曰:"营相去百里,其势岂可得相及?比[等到]若[汝也]还,北军必败矣。"宠果盛兵临河以拒隆,又别发轻骑三千袭其后,大破隆军。浮远,遂不能救,引而去。明年[27年]春,宠遂拔右北平、上谷数县。遣使以美女缯彩赂遗匈奴,要结和亲。单于使左南将军七八千骑,往来为游兵以助宠。又南结张步及富平获索诸豪杰,皆与交质[交相为质]连衡[《前书音义》曰:"以利合曰从,以威力相胁曰衡。"]。遂攻拔蓟[约今天津市最北部的蓟县]城,自立为燕王。

　　[**灭亡,亡于自家奴仆的绑架和凶杀,在作为一名地区性反叛军阀近四年之后:**]其妻数恶梦,又多见怪变,卜筮及望气者皆言兵当从中起。宠疑子后兰卿质汉归,故不信之,使将兵居外,无亲于中。五年[29年]春,宠斋,独在便室。苍头[奴

仆]子密等三人因宠卧寐,共缚着床,告外吏云:"大王斋禁,皆使吏休。"伪称宠命教,收缚奴婢,各置一处。又以宠命呼其妻。妻入,大惊。[《东观记》曰:"妻入,惊曰:'奴反!'奴乃捽其妻头,击其颊。"]宠急呼曰:"趣(趋)为诸将军[呼奴为将军,欲其赦己]办装。"……于是收金玉衣物,至宠所装之,被马六匹,使妻缝两缣囊。昏夜后,解宠手,令作记告城门将军云:"今遣子密等至子后兰卿所,速开门出,勿稽留之。"书成,即斩宠及妻头,置囊中,便持记驰出城,因以诣阙。封为不义侯。明旦,合门不开,官属逾墙而入,见宠尸,惊怖。其尚书韩立等共立宠子午为王,以子后兰卿为将军。国师韩利斩午首,诣征虏将军祭遵降。夷其宗族。

卢芳:

[一名西北边疆的机会主义者,有其蛮夷联系和贯穿其政治生涯(包括地区性军阀生涯)始终的蛮夷协作。他依赖自造的谣言、暂时的边疆民众意向和——说到底——蛮夷给一名像他那样的傀儡提供的支持。他的结局颇为悲惨。]

[他作为一名边疆军阀和其后匈奴代理人的崛起:]

卢芳字君期,安定三水[今宁夏同心东]人,居左谷中。王莽时,天下咸思汉德,芳由是诈自称武帝曾孙刘文伯。[他是冒险家,依赖制造谣言开始崛起。]曾祖母匈奴谷蠡浑邪王之姊为武帝皇后,生三子。遭江充之乱,太子诛,皇后坐死,中子次卿亡之(至)长陵,小子回卿逃于左谷。霍将军立次卿,迎回卿。回卿不出,因居左谷,生子孙卿,孙卿生文伯。常以是言诳惑安定间。[边疆民众几乎全然不知在时空两方面那么遥远的武帝昭帝宫廷事,因而他造如此离奇的天大谣言!]王莽末,乃与三水属国羌胡起兵。更始至长安,征芳为骑都尉,使镇抚安定以西。[他那么早地就成了一名边疆军阀,有赖于华夏大乱和蛮夷支持。]

更始败,三水豪杰共计议,以芳刘氏子孙,宜承宗庙,乃共立芳为上将军、西平王,使使与西羌、匈奴结和亲。[他变得甚至更大,依靠匈奴君主的一个决定,即将他扶持为他们的华夏附庸,甚而代理人:]单于曰:"匈奴本与汉约为兄弟。后匈奴中衰,呼韩邪单于归汉,汉为发兵拥护,世世称臣。今汉亦中绝,刘氏来归我,亦当立之,令尊事我。"[匈奴人的野心:历史可以翻转过来。或许这也是他的信念。]乃使句林王将数千骑迎芳,芳与兄禽、弟程俱入匈奴。单于遂立芳为汉帝。以程为中郎将,将胡骑还入安定。

[他按照匈奴人指令的攻击和武装扩张,扩入华夏北疆和西北疆防御区:]

初,五原人李兴、随昱,朔方人田飒[sà],代郡人石鲔、闵堪,各起兵自称将军。建武四年[28年],单于遣无楼且渠王入五原塞,与李兴等和亲,告兴欲令芳还汉地为帝。五年[29年],李兴、闵堪引兵至单于庭迎芳,与俱入塞,都九原县。掠有五原、朔方、云中、定襄、雁门五郡,并置守令,与胡通兵,侵苦北边。

[**他与帝国中央的长达十年的战争,继之以他的投降、背叛和悲惨结局:**]

六年[30年],芳将军贾览将胡骑击杀代郡太守刘兴。芳后以事诛其五原太守李兴兄弟,而其朔方太守田飒、云中太守桥扈恐惧,叛芳,举郡降,光武令领职如故。后大司马吴汉、骠骑大将军杜茂数击芳,并不克。十二年[36年],芳与贾览共攻云中,久不下,其将随昱留守九原,欲胁芳降。芳知羽翼外附,心膂内离,遂弃辎重,与十余骑亡入匈奴,其众尽归随昱。昱乃随使者程恂诣阙。拜昱为五原太守……

十六年[40年],芳复入居高柳,与闵堪兄林使使请降。[**刘秀对败降的他的战略性宽恕:**]乃立芳为代王,堪为代相,林为代太傅,赐缯二万匹,因使和集匈奴。……诏报芳朝明年正月。其冬,芳入朝,南及昌平[幽州昌平县],有诏止,令更朝明岁。芳自道还,忧恐,乃复背叛[**他自己干的那么多事情足令他过度恐惧,何况他从来不是个忠诚汉**],遂反,与闵堪、闵林相攻连月。匈奴遣数百骑迎芳及妻子出塞。芳留匈奴中十余年,病死。……

论曰:传称"盛德必百世祀",孔子曰"宽则得众"。夫能得众心,则百世不忘矣。观更始之际,刘氏之遗恩余烈,英雄岂能抗之哉!然则知高祖、孝文之宽仁,结于人心深矣。……

刘氏之再受命,盖以此乎![**对刘秀成功"复兴"而言的一个深刻的历史事实,虽然他个人的马基雅维里式美德依然是决定性的。**]若数子者,岂有国之远图哉!因时扰攘,苟恣纵而已耳[**有如前述,此乃本篇的主题**],然犹以附假宗室,能掘强[谓强梁也]岁月之间。……

# 统一战争:平定西北

### 卷1下《光武帝纪下》摘录

[**在他惊人地漫长的一番经历——即摧毁或征服他的所有华夏敌人(其中极重要的两部分载于本篇)——之后,或曰在他的帝国治理之中,什么是刘秀的马基雅维里式美德?**]

[**他必须既用武力也用外交去对付沿帝国外缘两侧骚扰甚或侵掠的蛮夷(特别是匈奴人和帝国南部蛮夷),他们被先前旷野的大篡夺者严重侵扰和侮辱。他还必须恢复被可怕地损坏了的、极端凋敝的华夏社会。在他应对这些艰难任务的**]

表现中,得到彰显的马基雅维里式美德确实令人印象深刻,连同按儒家思想而言的他的某些最佳秉性:军事英勇,政治明智,还有对惠于华夏草根大众的伟大社会政策之近乎不断的关心。有如本篇记载的他的一句话,"吾理天下,亦欲以柔道行之"。一个帝国的颇为特殊的创建者。]

[本篇内记载的、在他国内征服或平定胜利结束之前他的君主表现,以上面指出的他的军事、政治和社会性质为特征:]

(建武)六年[30年]春正月……辛酉,诏曰:"往岁水、旱、蝗虫为灾,谷价腾跃,人用困乏。朕惟百姓无以自赡,恻然愍(悯)之。其命郡国有谷者,给禀[《说文》:"禀,赐谷也。"]高年、鳏、寡、孤、独及笃癃[《尔雅》曰:"笃,困也。"《苍颉篇》曰:"癃,病也。"]、无家属贫不能自存者,如律。二千石勉加循抚,无令失职。[在一定意义上,它是中国历史上最好的儒家君主,懂得并实践儒家思想内最好的成分。这当然部分地归因于一个事实,即他来自草根,同情穷苦人民。]

扬武将军马成等拔舒,获李宪[前云"是时(更始二年即25年),长安政乱,四方背叛……李宪自立为淮南王……"]。

二月,大司马吴汉拔朐,获董宪[前云"是时,长安政乱,四方背叛……董宪起东海……"]、庞萌,山东悉平……

三月,公孙述[前云"是时,长安政乱,四方背叛……公孙述称王巴蜀……"]遣将任满寇南郡[辖境在今湖北,西至今四川巫山]。

夏四月……遣虎牙大将军盖延等七将军从陇道伐公孙述。……

隗嚣[前云"赤眉杀更始,而隗嚣据陇右"]反,盖延等因与嚣战于陇坻[即陇坻,山名,亦曰陇山,在今陕西陇县西北],诸将败绩。辛丑,诏曰:"惟天水、陇西、安定、北地吏人为隗嚣诖误者,又三辅遭难赤眉,有犯法不道者,自殊死以下,皆赦除之。"[所有这些西南、西北行动是帝国统一和平定战争的、惊人地漫长的西南和西北战役的组成部分。富有特征,他既用军事手段、也用政治/社会手段从事这些战役,伴有他对社会弱势群体的同情。]

六月辛卯,诏曰:"夫张官置吏,所以为人也。[他犀利地懂得并实践复杂的儒家思想里最好的成分。]今百姓遭难,户口耗少,而县官吏职所置尚繁,其令司隶、州牧各实所部,省减吏员。县国不足置长吏可并合者,上大司徒、大司空二府。"于是条奏并省四百余县,吏职减损,十置其一[十个职位只需设置其中一个便可]。[讲求实际,关怀普通民众!][让称人民公仆的与这位称天子的比一比。]……

初,乐浪[郡名,治所朝鲜(今朝鲜平壤南)]人王调据郡不服。秋,遣乐浪太守王遵击之,郡吏杀调降。[他像中国历史上大多数帝国统治者,面对来自帝国外缘两侧的蛮夷的麻烦,而且相对而言更是如此,因为先前大篡夺者施行的狂野扰乱的政策,①连同华夏本部自那往后的巨大内部动乱。与其他多数相比,当时在半岛上发生的仅是小戏。]

遣前将军李通率二将军,与公孙述将战于西城[县名,属汉中],破之。……

秋九月庚子,赦乐浪谋反大逆殊死已(以)下……

十一月丁卯,诏王莽时吏人没入为奴婢不应旧法[西汉法]者,皆免为庶人。②[奴隶的伟大解放,其数量必定巨大!这与国家农业税的大降低一起,对无数穷苦的普通人和社会恢复非常有利。]

十二月壬辰,大司空宋弘免。癸巳,诏曰:"顷者师旅未解,用度不足,故行什一之税。今军士屯田,粮储差[很也,甚也]积。其令郡国收见田租三十税一,如旧制[景帝二年(前155年),令人田租三十而税一,直至西汉结束;今依景帝,故云"旧制"]。"

隗嚣遣将行巡寇扶风,征西大将军冯异拒破之。

---

① 《汉书·王莽传中》载:(始建国元年即9年)……五威将奉《符命》,赍印绶,王侯以下及吏官名更者,外及匈奴、西域,徼外蛮夷,皆即授新室印绶,因收故汉印绶……莽策命曰:"普天之下,迄于四表,靡所不至。"其东出者,至玄菟、乐浪、高句骊、夫馀;南出者,逾徼外,历益州,贬句町[古国名,在今云南广南一带]王为侯;西出者,至西域,尽改其王为侯;北出者,至匈奴庭,授单于印,改汉印文,去"玺"曰"章"。单于欲求故印,陈饶椎破之。语在《匈奴传》。[在那些与他的文化极为疏离、对他的剥夺义愤填膺的人那里,此举招致了盛怒和反叛。]……

[由大篡夺者引发和加剧的帝国边疆动乱不仅发生在西北,也发生在西南和东北。"东北与西南夷皆乱":]

初,五威将帅出,改句町王以为侯,王邯[勾町王名邯]怨怒不附。莽讽牂柯[郡名,在今贵州贵定东北]大尹周歆诈杀邯。["诈杀"确实比远征便宜!哪里有他的儒家/帝国伪善?]邯弟承起兵攻杀歆。[较便宜,然而立时招致报复。]先是,莽发高句骊兵,当伐胡,不欲行,郡强迫之,皆亡出塞,因犯法为寇。辽西[郡名,在今辽宁义西县西]大尹田谭追击之,为所杀。州郡归咎于高句骊侯驺。严尤奏言:"貊人犯法,不从驺起,正[即使]有它心,宜令州郡且尉(慰安)安之。今猥[多也]被[加也]以大罪,恐其遂畔(叛),夫馀之属必有和者。匈奴未克,夫馀、秽貊[对貊人的贬称]复起,此大忧也。"[一项基于常识的劝诫,但被拒绝:]莽不尉(慰)安,秽貊遂反,诏尤击之。尤诱高句骊侯驺至而斩焉["诱斩",代价也非常便宜。然而哪里有他的儒家/帝国伪善?],传首长安。莽大说(悦),下书曰:"……捕斩虏驺,平定东域,虏知[匈奴单于名]殄灭,在于漏刻[谓短时间]。……其更名高句骊为下句骊,布告天下,令咸知焉。"于是貊人愈犯边,东北与西南夷皆乱云。["诈杀"、"诱斩"并未给他带来和平和臣服,相反,迎接他的实验中的反叛和扰乱。]

莽志方盛,以为四夷不足吞灭,专念稽古之事[他没后对反叛的蛮夷取得任何真正的胜利,但他能依旧如此自信和傲慢?]……

② 《汉书·王莽传中》载:[货币领域的指令性经济进一步恶化为社会动荡:](始建国二年即10年)莽以钱币讫不行……于是造宝货五品[指金、银、龟、贝、布等五种],语在《食货志》。百姓不从,但行小大钱二品而已。盗铸钱者不可禁,乃重其法,一家铸钱,五家坐之,没入为奴婢。……

《汉书·王莽传下》载:是岁[地皇元年即20年]罢大小钱,更行货布[形似铲,仿古制],长二寸五分,广一寸,直(值)货钱[《食货志》作"货泉",钱即泉]二十五。货钱径一寸,重五铢,枚直(值)一。两品并行。敢盗铸钱及偏行布货,伍人知不发举,皆没入为官奴婢。……

民犯铸钱,伍人相坐,没入为官奴婢。其男子槛车,儿女子步,以铁锁琅当[长铁链]其颈,传诣钟官[掌铸钱],以十万数。到者易其夫妇,愁苦死者什六七。……

是岁……匈奴遣使来献,使中郎将报命[报答情谊,执行命令。《匈奴传》云:"令中郎将韩统报命,赂遗金币。"]。[他对周边蛮夷烦扰的头号来源——匈奴人的灵活和有条件的安抚政策。]

七年[31年]春正月丙申,诏中都官、三辅、郡、国出系(羁)囚,非犯殊死,皆一切勿案其罪。见(现)徒免为庶人。耐罪亡命,吏以文除之。[耐,轻刑(两到四年监禁)之名。亡命,谓犯耐罪而背名逃者。令吏为文簿,记其姓名而除其罪,恐遂逃不归,因失名籍。][这有丰富的蕴意,作为一项政治/军事/社会政策以及君主良心的表达。]又诏曰:"世以厚葬为德,薄终为鄙,至于富者奢僭,贫者单(殚)财,法令不能禁,礼义不能止,仓卒乃知其咎。其布告天下,令知忠臣、孝子、慈兄、悌弟薄葬送终之义。"[某种意义上,他是个最佳儒士!然而,他知道"礼仪不能止",却仍"布告天下,令知……义"。两千多年里,儒家对一个恒久的紧要问题,即如何对付精英的广义腐败,始终仅有一个贫弱乏力的答案:道德教育/灌输,旨在道德自我改善。]

二月辛巳,罢护漕都尉官[漕运时带领军士押运物资的郡国武官]。

三月丁酉,诏曰:"今国有众军,并多精勇,宜且罢轻车、骑士、材官、楼船士及军假吏,令还复民伍。"["《汉官仪》曰:'高祖命天下郡国选能引关蹶张,材力武猛者,以为轻车、骑士、材官、楼船,常以立秋后讲肄课试,各有员数。平地用车骑,山阻用材官,水泉用楼船。'军假吏谓军中权置吏也。今悉罢之。"][好!部分但决绝地"裁军",以利社会恢复,甚至以利"民族"文化的非军事化,在至少十年的全面血腥动乱之后。]……

五月……甲寅,诏吏人遭饥乱及为青、徐贼所略(掠)为奴婢下妻,欲去留者,恣听之。敢拘制不还,以卖人法从事。[奴隶和半奴隶的解放,其数量必定巨大!然而,这仍是精致和通情达理的,因为它取决于那些不幸地遭难的男男女女的"自由意愿"。]

八月……隗嚣寇安定,征西大将军冯异、征虏将军祭遵击却之。

冬,卢芳……所置朔方太守田飒、云中太守乔扈各举郡降。……

八年[32年]……夏四月……闰月,[他作为君主,在战场上的个人军事英勇:]帝自征(隗)嚣,河西大将军窦融率五郡[陇西、金城、天水、酒泉、张掖]太守与车驾会高平[县名,今宁夏固原县]。陇右[陇山以西地区]溃,隗嚣奔西城,遗大司马吴汉、征南大将军岑彭围之;进幸上邽[县名,今甘肃天水,《后汉书·冯岑贾列传》载:此时"公孙述将李育将兵救嚣,守上邽"],不降,命虎牙大将军盖延、建威大将军耿弇[yǎn]攻之。颍川盗贼寇没属县,河东守兵亦叛,京师骚动。[王朝腹地安全的实现在多年里是那么难!仍有间或的内部两线战事,甚而帝国紧急状态。]……

八月,帝自上邽晨夜东驰。[他被迫从事这"君主个人重新部署"!]

九月乙卯,车驾还宫。庚申,帝自征颍川盗贼,皆降。[他作为一位君主武士,又一次显示自己的军事英勇。]……

十一月……公孙述遣兵救隗嚣,吴汉、盖延等还军长安。天水、陇西复反归嚣。[隗嚣军:在国家边远地区的重大战略痼疾。]……

九年[33年]春正月,隗嚣病死,其将王元、周宗复立嚣子纯为王……

三月……公孙述遣将田戎、任满据荆门[在今湖北宜都长江南岸的荆门山与北岸虎牙相对的江门]。……

秋八月,遣中郎将来歙监征西大将军冯异等五将军讨隗纯于天水。骠骑大将军杜茂与贾览战于繁畤,茂军败绩。……

十年[34年]春正月,大司马吴汉率捕虏将军王霸等五将军击贾览[卢芳部将]于高柳[县名,在今山西阳高],匈奴遣骑救览[《后汉书·铫期王霸祭遵列传》云此事发生于建武九年,且"汉军遇雨,战不利"][关于他在位期间外部蛮夷与内部敌军之间军事协作的首项记载],诸将与战,却之。[《后汉书·铫期王霸祭遵列传》云,建武十年"霸复与吴汉等四将军六万人出高柳击贾览……匈奴左南将军将数千骑救览,霸等连战于平城下,破之……"]

夏,征西大将军冯异破公孙述将赵匡于天水,斩之。征西大将军冯异薨。……

[赢得一场重大胜利,在他旷日持久的艰难扫击或持续着的内部征伐中:]冬十月,中郎将来歙等大破隗纯于落门[在今甘肃天水武山县洛门],其将王元奔蜀,纯与周宗降,陇右平。……

### 卷13《隗嚣公孙述列传》[隗嚣]

[刘秀的帝国统一战争期间,在华夏周边内缘有两大战略性痼疾或强劲障碍,分别位于西北和西南。本篇就是关于他们的史事。这两个地区性军阀——隗嚣和公孙述——的力量很大程度上既寓于其势力范围与"华夏本部"相隔的遥远距离,也寓于其他某些地理特性(特别是就隗嚣而言的"负其险厄"和就公孙述而言的、与"山东饥馑"相对的"蜀地肥饶"),使得针对他们的帝国统一战争比针对其他许多军阀的要艰巨得多,漫长得多。地理,一项永久和紧要的战略性规定要素!]

隗嚣:

[刘秀在全国动乱时代面对的一名非常强劲和长于用武的地区性军阀,得益于地理、区域尚武文化和他自己能获取地区民望的杰出秉性。]

[他的个性颇为复杂,兼具和善与卑劣,聪慧与愚蠢,谦逊与野心。这些总的来说在他那里彼此冲突。]

[全国动乱中,他作为一名强劲和大得民望的地区性军阀的崛起:]

隗嚣字季孟,天水成纪[在今甘肃天水市秦安县]人也。少仕州郡。王莽国师刘歆引嚣为士。歆死,嚣归乡里。季父崔,素豪侠,能得众。闻更始立而莽兵连败,于是乃与兄义及上邽人杨广、冀人周宗谋起兵应汉。[起初,他是一名勉强入伙革命的边疆革命者:]嚣止之曰:“夫兵,凶事也。宗族何辜!”崔不听,遂聚众数千人,攻平襄[县名,治所在今甘肃定西市通渭县西北],杀莽镇戎大尹,崔、广等以为举事宜立主以一众心,咸谓嚣素有名,好经书[他的学问智能非同小可],遂共推为上将军。嚣辞让不得已,曰:“诸父众贤不量小子。必能用嚣言者,乃敢从命。”众皆曰“诺”。

[他的聪明的机会主义战略“神道设教”,旨在建设他的民望,那与地方民众对“人神”的政治崇拜相契合:]嚣既立,遣使聘请平陵[县名,治所在今陕西咸阳市秦都区平陵乡]人方望,以为军师。望至,说嚣曰:“足下欲承天顺民,辅汉而起,今立者乃在南阳,王莽尚据长安,虽欲以汉为名,其实无所受命,将何以见信于众乎? 宜急立高庙,称臣奉祠,所谓‘神道设教’[《易》观卦曰:“圣人神道设教而天下服矣。”],求助人神者也。且礼有损益,质文无常。削地开兆[除地以开兆域],茅茨土阶,以致其肃敬。虽未备物,神明其舍诸。”嚣从其言,遂立庙邑东,祀高祖、太宗、世宗[武帝]。嚣等皆称臣执事,史奉璧而告。[就在此的政治目的而言,宗教仪式是非常有吸引力的工具,吸引崇拜“人神”的迷信的地方民众:]祝毕,有司穿坎于庭[《周礼》司盟掌盟载之法也。郑玄注曰:“载,盟辞也。书其辞于策,杀牲取血,坎(掘坑,挖洞)其牲,加书于上而薶之。”],牵马操刀,奉盘错鍑(措匙),遂割牲而盟。曰:“凡我同盟三十一将,十有六姓,允承天道,兴辅刘宗。如怀奸虑,明神殛之。高祖、文皇、武皇,俾坠厥命,厥宗受兵,族类灭亡。”有司奉血鍑(匙)进,护军举手捝诸将军曰:“鍑(匙)不濡血,歃[shà,歃血,盟会时嘴唇涂上牲畜的血,表示诚意]不入口,是欺神明也,厥罚如盟。”既而薶[wō,沾污]血加书,一如古礼。

事毕,移檄告郡国曰[宗教仪式而后是世俗的宣言,系统和雄辩地谴责大篡夺者与其狂野暴政:]

汉复元年七月己酉朔。己巳,上将军隗嚣、白虎将军隗崔、左将军隗义、右将军杨广、明威将军王遵、云旗将军周宗等,告州牧、部监、郡卒正、连率、大尹、尹、尉队大夫、属正、属令:故新都侯王莽,慢侮天地,悖道逆理。鸩杀孝平皇帝,篡夺其位。矫托天命,伪作符书,欺惑众庶,震怒上帝。反戾饰文,以为祥瑞。戏弄神祇,歌颂祸殃。楚、越之竹,不足以书其恶。天下昭然,所共闻见。今略举大端,以喻使民。……

……昔秦始皇毁坏谥法,以一二数欲至万世[《史记》曰,秦始皇初并天下,制曰:“太古有号无谥;中古有号,死而以行为谥。如此,则子议父,臣议君。自今以来,除谥法。朕为始皇帝,后世以计数,至于万世,传之无穷。"],而莽下三万六千岁之历[莽令太史推三万六千岁历纪,六岁一改元,布告天下],言身当尽此度。循亡秦之轨,推无穷之数。是其逆天之大罪也。

[以下两段是对大篡夺者狂野甚而兽性的暴政做的系统和雄辩的谴责;谁是这宣言的作者? 隗嚣本人抑或军师方望? 他俩都是学问智者:]分裂郡国,断截地络。田为王田,卖买不得。规锢山泽,夺民本业。造起九庙[九座祖庙,首庙为黄帝太初祖庙,东西南北各四十丈,高十七丈,其余八庙半之。为铜薄栌,饰以金铜琱文,穷极百工之巧,功费数百巨万,卒徒死者万数],穷极土作。发冢河东,攻劫丘垄。此其逆地之大罪也。

尊任残贼,信用奸佞,诛戮忠正,复按口语,赤车[《续汉志》曰:"小使车,赤毂白盖赤帷,从驺骑四十人。"]奔驰,法冠[《续汉志》曰:"法冠一曰柱后,高五寸,侍御史服之。"]晨夜,冤系无辜,安族众庶。行砲格之刑,除顺时之法[作不顺时之令,春夏斩人],灌以醇醯[xī,醋],袭以五毒[莽以董忠反,收忠宗族,以醇醯、毒药、白刃、丛棘,并一坎而埋之]。政令日变,官名月易,货币岁改,吏民昏乱,不知所从,商旅穷窘,号泣市道。设为六管,增重赋敛,刻剥百姓,厚自奉养,苞苴[指馈赠的礼物,又指贿赂]流行,财入公辅[莽令七公六卿兼号将军,分镇大郡,皆使为奸于外,货贿为市,侵渔百姓],上下贪贿,莫相检考,民坐挟铜炭,没入钟官[主铸钱之官],徒隶殷积,数十万人,工匠饥死,长安皆臭。既乱诸夏,狂心益悖,北攻强胡,南扰劲越,西侵羌戎,东摘[扰也]濊貊。使四境之外,并入为害,缘边之郡,江海之濒,涤地无类[涤,荡也,荡地无遗类]。故攻战之所败,苛法之所陷,饥馑之所夭,疾疫之所及,以万万计。其死者则露尸不掩,生者则奔亡流散,幼孤妇女,流离系虏。此其逆人之大罪也。……

[他的强大的武装力量、迅捷的连续胜利和沿西北边疆广袤的统治:]嚣乃勒兵十万,击杀雍州牧陈庆。将攻安定。安定大尹王向,莽从弟平阿侯谭之子也,威风独能行其邦内,属县皆无叛者。嚣乃移书于向,喻以天命,反复诲示,终不从。于是进兵虏之,以徇百姓,然后行戮,安定悉降。而长安中亦起兵诛王莽。嚣遂分遣诸将徇陇西、武都、金城、武威、张掖、酒泉、敦煌,皆下之。

[他自愿作为下属极忠诚地效劳更始帝刘玄,然后这效力由后者而非由他本人戛然中止;他的野心仍有待形成:]
更始二年[24 年],遣使征嚣及崔、义等。嚣将行,方望以为更始未可知,固止之,嚣不听。[对他的事业,他的"参谋长"显然比他本人更有野心。]望以书辞谢而去……

嚣等遂至长安,更始以为右将军,崔、义皆即旧号。其冬,崔、义谋欲叛归,嚣惧并祸,即以事告之,崔、义诛死。[他竟能对他的叔父们——两个最初的西北革命者——做这等事！是什么在他心灵和性格中驱使之?！]更始感嚣忠,以为御史大夫。

明年夏,赤眉入关,三辅扰乱。流闻光武即位河北,嚣即说更始归政于光武叔父国三老良[他看来并无大野心,而且不乏政治远见],更始不听。诸将欲劫更始东归,嚣亦与通谋。事发觉,更始使使者召嚣,嚣称疾不入,因会客王遵、周宗等勒兵自守。更始使执金吾邓晔将兵围嚣,嚣闭门拒守;至昏时,遂溃围,与数十骑夜斩平城门关,亡归天水。[他被迫中止给更始帝效劳,后者的平庸和无能,他现在充分明了。他复归为西北边疆的地区性军阀:]复招聚其众,据故地,自称西州上将军。

及更始败,三辅耆老士大夫皆奔归嚣。[他享有非同小可的民望。]

嚣素谦恭爱士,倾身引接为布衣交。[他对人和善,至少对聪明的文化人和善。而且,他尊重许多有才能的人,相当有效地为他的军阀事业使用他们:]以前王莽平河大尹长安谷恭为掌野大夫,平陵范逡为师友,赵秉、苏衡、郑兴为祭酒,申屠刚、杜林为持书,杨广、王遵、周宗及平襄人行巡、阿阳人王捷、长陵人王元为大将军,杜陵、金丹之属为宾客。由此名震西州,闻于山东。

[他自愿作为下属效劳于光武帝刘秀;他的野心仍有待形成:]

建武二年[26 年],大司徒邓禹西击赤眉,屯云阳,禹裨将冯愔[yīn]引兵叛禹,西向天水,嚣逆击,破之于高平,尽获辎重。于是禹承制遣使持节命嚣为西州大将军,得专制凉州、朔方事。及赤眉去长安,欲西上陇,嚣遣将军杨广迎击,破之,又追败之于乌氏[县名,治所可能在今宁夏固原市泾源县东北部一带]、泾阳[今陕西中部泾阳县]间。[他一次又一次地显示出他的军事才干。]

[他曾与光武帝刘秀有一种和睦健全的关系,以自愿从属交换后者的特殊尊重和特殊待遇:]嚣既有功于汉,又受邓禹爵,署其腹心,议者多劝通使京师。三年[27 年],嚣乃上书诣阙。光武素闻其风声,报以殊礼,言称字,用敌国之仪,所以慰藉之良厚。时,陈仓人吕鲔拥众数万,与公孙述通,寇三辅。嚣复遣兵佐征西大将军冯异击之,走鲔,遣使上状。帝报以手书曰:

……将军……扶倾救危,南距(拒)公孙之兵,北御羌胡之乱,是以冯异西征,得以数千百人踯躅三辅。微将军之助,则咸阳已为他人禽(擒)矣。今关东寇贼,往往屯聚,志务广远,多所不暇,未能观兵成都,与子阳[公孙述字]角力。如令子阳到汉中、三辅,愿因将军兵马,鼓旗相当。倘肯如言,蒙天之福,即智士计功割地之秋也[秋,一岁中成功之时,故举以为言]。管仲曰:"生我者父母,成我者鲍子。"自今以后,手书相闻,勿用傍人解构[犹间构]之言。[他提议亲密关系,将他视为一项关键的战略资产。(与此同时仍然保持对这大致不熟悉的家伙的适当警觉。)]

自是恩礼愈笃。

其后公孙述数出兵汉中,遣使以大司空扶安王印绶授嚣。嚣自以与述敌国,耻为所臣,乃斩其使,出兵击之,连破述军,以故蜀兵不复北出。[**他对一个关键地区的安全的重大贡献,抵御另一名非常强的地区性军阀公孙述。**]

[**他走向与刘秀敌对之路;他证明是帝国统一的敌人,伴着他的野心的形成,那就是立意造就一个经久长存的独立的区域政权:**]

时,关中将帅数上书,言蜀可击之状,帝以示嚣,因使讨蜀,以效其信。嚣乃遣长史上书,盛言三辅单弱,文伯[文伯,卢芳字]在边,未宜谋蜀。[**刘秀对他的根本判断。正确!特殊关系的终结:**]帝知嚣欲持两端,不愿天下统一,于是稍黜其礼,正君臣之仪。

初,嚣与来歙[shè]、马援相善,故帝数使歙、援奉使往来,劝令入朝,许以重爵。嚣不欲东,连遣使深持谦辞,言无功德,须四方平定,退伏闾里。五年[29年],复遣来歙说嚣遣子入侍,嚣闻刘永、彭宠皆已破灭,乃遣长子恂随歙诣阙。以为胡骑校尉,封镌羌侯。而嚣将王元、王捷常以为天下成败未可知,不愿专心内事。[**正如他起初所以参加革命反对大篡夺者,他是在他人的敦促和说服下才发动对光武帝的反叛的:**]元遂说嚣曰:"昔更始西都,四方响应,天下嚾嚾[嚾(xī)口向上],谓之太平。一旦败坏,大王几无所厝[cuò,安置]。今南有子阳[公孙述字],北有文伯[卢芳字],江湖海岱,王公十数,而欲牵儒生之说[儒生谓马援,说嚣归光武。][**分离主义者拒绝儒家思想——信仰帝国统一和君主权威的一种意识形态**],弃千乘之基,羁旅危国,以求万全,此循覆车之轨,计之不可者也。今天水完富,士马最强,北收西河、上郡,东收三辅之地,案秦旧迹,表里河山[秦外山而内河。《左传》曰:"表里山河。"]。[**分离主义者旨在分离的大战略建议:**]元请以一丸泥为大王东封函谷关,此万世一时也。若计不及此,且畜养士马,据隘自守,旷日持久,以待四方之变,图王不成,其弊犹足以霸。要之[**几乎是一种旨在分离的哲理概辩:**],鱼不可脱于渊,神龙失势,即还与蚯蚓同。"嚣心然元计,虽遣子入质,犹负其险厄,欲专方面,于是游士长者,稍稍去之。[**在帝国渐趋统一的新形势下,他的地区性民望开始衰减。**]

[**帝国"战略性仁慈"和他不乐意反叛;他仍有待下定决心:**]六年[30年],关东悉平。帝积苦兵间,以嚣子内侍,公孙述远据边陲,乃谓诸将曰:"且当置此两子于度外耳。"因数腾[《说文》曰:"腾,传也。"]书陇、蜀,告示祸福。嚣宾客、掾史多文学生,每所上事[向中央朝廷上书言事],当世士大夫皆讽诵之,故帝有所辞答,尤加意焉,嚣复遣使周游诣阙,先到冯异营,游为仇家所杀。帝遣卫尉铫期持珍宝缯帛赐嚣,期至郑被盗,亡失财物。帝常称嚣长者,务欲招之,闻而叹曰:"吾与隗嚣事欲

不谐,使来见杀,得赐道亡。"

会公孙述遣兵寇南郡,乃诏嚣当从天水伐蜀,因此欲以溃其心腹。嚣复上言:"白水[县名,有关隘,属广汉郡]险阻,栈阁绝败。"又多设支阁[支柱障阁]。[**帝国中央被迫为统一而欲主动征伐:**]帝知其终不为用,叵[遂也]欲讨之。遂西幸长安,遣建威大将军耿弇等七将军从陇道伐蜀,先使来歙奉玺书喻旨。[**他发动叛乱,那看来是个多少不得已的最后选择:**]嚣疑惧,即勒兵[犹陈兵],使王元据陇坻,伐木塞道,谋欲杀歙。歙得亡归。

**[他与帝国中央的战争;他的最终急剧失败:]**

诸将与嚣战,大败,各引退。嚣因使王元、行巡侵三辅,征西大将军冯异、征虏将军祭遵等击破之。嚣乃上疏谢曰:"吏人闻大兵卒至,惊恐自救,臣嚣不能禁止。兵有大利,不敢废臣子之节,亲自追还。昔虞舜事父,大杖则走,小杖则受。臣虽不敏,敢忘斯义。今臣之事,在于本朝,赐死则死,加刑则刑。如遂蒙恩,更得洗心,死骨不朽。"[**他总是机会主义,总是以看似卑恭的言辞甚而行动去争取保有灵活性!**]有司以嚣言慢,请诛其子恂,帝不忍,复使来歙至汧[qiān,水名,因以为县,属右扶风],赐嚣书曰:"昔柴将军与韩信书云:'陛下宽仁,诸侯虽有亡叛而后归,辄复位号,不诛也。'以嚣文吏,晓义理,故复赐书。深言则似不逊、略言则事不决。今若束手,复遣恂弟归阙庭者,则爵禄获全,有浩大之福矣。吾年垂四十,在兵中十岁,厌浮语虚辞。即不欲,勿报。"[**这位伟大君主有一种何等恢宏、决绝和英雄式的文风!**]嚣知帝审其诈,遂遣使称臣于公孙述。[**他总是机会主义,现在竟自愿"称臣于公孙述"!**]

明年[31年],述以嚣为朔宁王,遣兵往来,为之援势。秋,嚣将步骑三万侵安定,至阴盘[县名,属安定郡],冯异率诸将拒之。嚣又令别将下陇,攻祭遵于汧,兵并无利,乃引还。

帝因令来歙以书招王遵,遵乃与家属东诣京师,拜为太中大夫,封向义侯。遵字子春,霸陵人也。父为上郡太守。遵少豪侠,有才辩,虽与嚣举兵,而常有归汉意。……

八年[32年]春,来歙从山道袭得略阳[今陕西西南部略阳县]城。嚣出不意,惧更有大兵,乃使王元拒陇坻,行巡守番须口,王孟塞鸡头道,牛邯军瓦亭,嚣自悉其大众围来歙。公孙述亦遣其将李育、田弇助嚣攻略阳,连月不下。[**皇帝亲率帝国征伐大军,他的末日行将来临:**]帝乃率诸将西征之,数道上陇,使王遵持节监大司马吴汉留屯于长安。

遵知嚣必败灭,而与牛邯旧故,知其有归义意,以书喻之曰:

……数年之间,冀圣汉复存,当挈河陇奉旧都以归本朝。生民以来,臣人之势,未有便于此时者也。而王之将吏,群居穴处之徒,人人抵掌,欲为不善之计。……今车驾大众,已在道路,吴、耿骁将,云集四境,而孺卿以奔离之卒,距要厄,当军冲,视其形势何如哉?夫智者睹危思变,贤者泥而不滓,是以功名终申,策画复得。……今孺卿当成败之际,遇严兵之锋,可为怖栗。宜断之心胸,参之有识。

邯得书,沉吟十余日,乃谢士众,归命洛阳,拜为太中大夫。

[**他的事业像纸房子一般崩塌!在行将到来的帝国统一这新形势下,他的地区性民望几乎一夜间消失殆尽**:]于是嚣大将十三人,属县十六,众十众万,皆降。

王元入蜀求救,嚣将妻子奔西域,从杨广,而田弇、李育保上邽[县名,在今甘肃天水市]。诏告嚣曰:"若束手自诣,父子相见,保无他也。高皇帝云:'横来,大者王,小者侯。'[田横为齐王,天下既定,横与宾客五百人居海岛,高祖使召之曰:"横来,大者王,小者侯。"]若遂欲为黥布者,亦自任也。"嚣终不降。于是诛其子恂,使吴汉与征南大将军岑彭围西城,耿弇与虎牙大将军盖延围上邽。车驾东归。月余,杨广死,嚣穷困。其大将王捷别在戎丘,登城呼汉军曰:"为隗王城守者,皆必死无二心!愿诸军亟罢,请自杀以明之。"遂自刎颈死。[**他的最后一幕,非决定性的,但证明他甚至在最后时分,仍确实是一大战略痼疾**:]数月,王元、行巡、周宗将蜀救兵五千余人,乘高卒至,鼓噪大呼曰:"百万之众方至!"汉军大惊,未及成陈(阵),元等决围,殊死战,遂得入城,迎嚣归冀。会吴汉等食尽退去,于是安定、北地、天水、陇西复反为嚣。

九年[33年]春,嚣病且饿,出城餐糗糒[qiǔ bèi,郑康成注《周礼》曰:"糗,熬大豆与米也。"《说文》曰:"糒,干饭也。"],恚愤而死。王元、周宗立嚣少子纯为王。明年[34年],来歙、耿弇、盖延等攻破落门,周宗、行巡、苟宇、赵恢等将纯降。宗、恢及诸隗分徙京师以东,纯与巡、宇徙弘农。唯王元留为蜀将。及辅威将军臧宫破延岑,元举众诣宫降。……

十八年[42年],纯与宾客数十骑亡入胡,至武威,捕得,诛之。

论曰:隗嚣援旗纠族,假制明神,迹夫创图首事,有以识其风矣。终于孤立一隅,介于大国[东逼于汉,南拒于蜀],陇坻虽隘,非有百二[以秦地险固,二万人当诸侯百万人]之势,区区两郡,以御堂堂之锋,至使穷庙策,竭征徭,身殁众解,然后定之。……[**巨大的实力差距,在大多数地区性军阀已被帝国中央消灭之后。**]

## 卷24《马援列传》摘录

[**光武帝之下的一位伟大将领,非常正直、高尚和英勇,兼具儒家精神和战略**

才能。虽然曾经先后为大篡夺者政权和西北军阀隗嚣效劳,但在像窦融那样较晚地皈依光武帝之后,为反隗嚣的统一战争做出了杰出的贡献,并且击破了在帝国西部和南部边缘爆发的蛮夷造反。当他"恐不得死国事"的六旬高龄时,在一场对帝国南方边缘内地造反的蛮夷进行的远征期间病故。]

[他总是品性高尚,心胸宽广,保持尊严,全心全意地奉献于"民族"或国家的事业,给世世代代人留下了"老当益壮"和"马革裹尸"这样的豪言。]

[最后但并非最次要的是,他给国家提供了、而且肯定教育了一个女儿,那后来成了伟大明帝的伟大的皇后,伴有她所有的美德、温情和宽广心胸,在婚后始终享有她丈夫的爱、尊敬和皇后地位,虽然始终未产出她自己的子女。她,不愧为其父亲的女儿,"母仪天下",拥有全国性的盛大威望。]

[关于他的两个全然相异的儿子的故事提供了典型:一方面是谦逊和俭省,另一方面是奢侈和腐败。它们的意义永久长存。]

[出生于一个遭难的前贵族家庭,没有社会尊荣,但有高尚和宏愿:]

马援字文渊,扶风茂陵人也。其先赵奢为赵将,号曰马服君,子孙因为氏。武帝时,以吏二千石自邯郸徙焉。曾祖父通,以功封重合侯,坐兄何罗反[马何罗与制作巫蛊之祸的江充相善,充既诛,遂惧罪及己,谋反,伏诛],被诛,故援再世不显。援三兄况、余、员,并有才能,王莽时皆为二千石。

援年十二而孤,少有大志,诸兄奇之。尝受《齐诗》,意不能守章句,乃辞况,欲就边郡田牧。况曰:"汝大才,当晚成。良工不示人以朴,且从所好[从其所请]。"会况卒,[一名儒家"行为举止主义者":]援行服期年,不离墓所;敬事寡嫂,不冠不入庐。[人道心肠,还有大耐力,使他成为和保持为一名自愿的边疆牧人:]后为郡督邮,送囚至司命府,囚有重罪,援哀而纵之,遂亡命北地。遇赦,因留牧畜,宾客多归附者,遂役属数百家。[《续汉书》:"援过北地任氏畜牧。自援祖宾,本客天水,父仲又尝为牧师令。是时员(如上示,援兄)为护苑使者,故人宾客皆依援。"]转游陇汉间,常谓宾客曰:"丈夫为志,穷当益坚,老当益壮。[他的英雄主义话语之一,作为格言留给了直至当今的世世代代中国人!]"因处田牧,至有牛、马、羊数千头,谷数万斛。既而叹曰:"凡殖货财产,贵其能施赈也,否则守钱虏耳。"[一位大富牧主的不同流俗的高尚!]乃尽散以班[赏赐,分给]昆弟故旧,身衣羊裘皮裤。

[在高位上先后为大篡夺者政权和西北军阀隗嚣效劳,但高度赞赏光武帝,因为后者在他看来"恢廓大度,同符高祖":]

王莽末,四方兵起,莽从弟卫将军林广招雄俊,乃辟[征举,征召]援及同县原涉为掾,荐之于莽。莽以涉为镇戎大尹,援为新成大尹[即汉中(今陕西省南部)太守]。及莽败,援兄员时为增山连率[lù,职如太守],与援俱去郡,复避地凉州[武帝置,辖境相当于今甘肃、宁夏、青海三省区湟水流域,陕西定边、吴旗、凤县、略阳等县和内蒙古额济纳旗等地]。世祖即位,员先诣洛阳,帝遣员复郡,卒于官。援因留西州,隗嚣甚敬重之,以援为绥德将军,与决筹策。

是时,公孙述称帝于蜀,嚣使援往观之。援素与述同里闬[hàn,闾门],相善,以为既至当握手欢如平生,[**他的不同流俗的高尚再次显现,与自称皇帝的"井底蛙"公孙述的势利虚荣恰成对照:**]而述盛陈陛卫,以延援入,交拜礼毕,使出就馆,更为援制都布[答布,白叠布]单衣[禅衣]、交让冠[古冠名],会百官于宗庙中,立旧交之位。述鸾旗旄骑,警跸就车,磬折[屈身如磬之曲折,敬也]而入,礼飨官属甚盛,欲授援以封侯大将军位。宾客皆乐留,援晓之曰:"天下雄雌未定,公孙不吐哺走迎国士,与图成败,反修饰边幅,如偶人形。此子何足久稽天下士乎!"因辞归,谓嚣曰:"子阳井底蛙耳,而妄自尊大,不如专意东方。"

[**他在为隗嚣效力时,高度赞赏光武帝:**]建武四年[28年]冬,嚣使援奉书洛阳。援至,引见于宣德殿。世祖笑谓援曰"卿遨游二帝间,今见卿,使人大惭。"援顿首辞谢,因曰:"当今之世,非独君择臣也,臣亦择君矣。臣与公孙述同县,少相善。臣前至蜀,述陛戟[持戟侍卫于殿阶两侧]而后进臣。臣今远来,陛下何知非刺客奸人,而简易若是?"帝复笑曰:"卿非刺客,顾说客耳。"援曰:"天下反覆,盗名字者不可胜数。今见陛下,恢廓大度,同符高祖,乃知帝王自有真也。"[**一项锐利的观察,反映出他自己的人格;而且,这也是刘秀爱听的:**]帝甚壮之。援从南幸黎丘,转至东海。及还,以为待诏,使太中大夫来歙持节送援西归陇右。

[**他的反复但徒劳的政治说服,旨在隗嚣皈依;他在隗嚣"发兵拒汉"后与之决裂,并为光武帝从事战略性工作,试图瓦解隗嚣阵营:**]

隗嚣与援共卧起,问以东方流言及京师得失。援说嚣曰:"前到朝廷,上引见数十,每接宴语,自夕至旦,才明勇略,非人敌也。且开心见诚,无所隐伏,阔达多大节,略与高帝同。经学博览,政事文辩,前世无比。"[**光武帝已经差不多彻底赢得了他的心灵。**]嚣曰:"卿谓何如高帝?"援曰:"不如也。高帝无可无不可;今上好吏事,动如节度,又不喜饮酒。"[**有趣!对政治领导的又一锐利观察?**]嚣意不怿,曰:"如卿言,反复胜邪?[意为光武倒胜过高祖了?]"然雅信援,故遂遣长子恂入质。援因将家属随恂归洛阳。居数月而无它职任。援以三辅地旷土沃,而所将宾客猥多,乃上书求屯田上林苑中,帝许之。

[**在隗嚣"发兵拒汉"后,他皈依光武帝,并为之从事战略性工作,试图瓦解隗**

嚣阵营：]会隗嚣用王元计，意更狐疑，援数以书记[致书]责譬[用责备的口气晓谕]于嚣，嚣怨援背己，得书增怒，其后遂发兵拒汉。[**他皈依光武帝：**]援乃上疏曰："……臣与隗嚣，本实交友。初，嚣遣臣东，谓臣曰：'本欲为汉，愿足下往观之。于汝意可，即专心矣。'及臣还反（返），报以赤心，实欲导之于善，非敢谲以非义。而嚣自挟奸心，盗憎主人，怨毒之情遂归于臣。臣欲不言，则无以上闻。愿听诣行在所，极陈灭嚣之术，得空匈（胸）腹，申愚策，退就陇亩，死无所恨。"[**他的战略性工作，旨在试图瓦解隗嚣阵营：**]帝乃召援计事，援具言谋画。因使援将突骑五千，往来游说嚣将高峻、任禹之属，下及羌豪，为陈祸福，以离嚣支党。

　　援又为书与嚣将杨广，使晓劝于嚣，曰：

　　……窃见四海已定，兆民同情，而季孟[隗嚣字]闭拒背畔（叛），为天下表（标）的[射靶]。……季孟……纳王游翁[王元字]谄邪之说，自谓函谷以西，举足可定，以今而观，竟何如邪？……援间至河内，过存[过问]伯春[杨广字]，见其奴吉从西方还，说伯春小弟仲舒望见吉，欲问伯春无它否，竟不能言，晓夕号泣，婉转尘中。又说其家悲愁之状，不可言也。……援闻之，不自知泣下也。援素知季孟孝爱，曾、闵不过。夫孝于其亲，岂不慈于其子？可有子抱三木[谓桎、梏及械也]，而跳梁妄作，自同分羹[《战国策》曰："乐羊为魏将而攻中山。其子在中山，中山君烹其子而遗之羹，乐羊啜之，尽一杯，而攻拔中山。"]之事乎？季孟平生自言所以拥兵众者，欲以保全父母之国而完坟墓也，又言苟厚士大夫而已。而今所欲全者将破亡之，所欲完者，将毁伤之，所欲厚者将反薄之。季孟尝折愧子阳[公孙述字]而不受其爵，今更共陆陆（碌碌），欲往附之，将难为颜乎？……今国家待春卿意深，宜使牛孺卿[隗嚣部将牛邯字]与诸耆老大人[大人谓豪杰]共说季孟……春卿事季孟，外有君臣之义，内有朋友之道。言君臣邪（耶），固当谏争；语朋友邪（耶），应有切磋。岂有知其无成，而但萎腰[něi，软弱]咋舌，又手从族乎？……援不得久留，愿急赐报。

　　广竟不答。


**[他在对隗嚣的决定性大规模征伐中，作为一位关键的战略顾问：]**

　　八年[32年]，帝自西征嚣，至漆，诸将多以王师之重，不宜远入险阻，计忷[yín]豫[犹豫]未决。会召援，夜至，帝大喜，引入，具以群议质之。[**他在这个场合的战略建议对振兴士气、保持攻势和对隗嚣施以决定性打击实属关键：**]援因说隗嚣将帅有土崩之势，兵进有必破之状。又于帝前聚米为山谷，指画形势，开示众军所从道径往来，分析曲折，昭然可晓。帝曰："虏在吾目中矣。"明旦，遂进军至（高平）第一[高平，县名，今宁夏固原；《郡国志》云高平有第一城]，嚣众大溃。……

### 卷 23《窦融列传》[窦融]

[本篇是有权有势的窦氏家族的史录,在东汉帝国的第一个世纪里有权有势,
先后由三位显要的指挥将领窦融、窦固和窦宪为首,在帝国北疆的驻防或对匈奴人
的北向远征中立下那么多功绩。这部家族史在某种意义上是东汉帝国兴起、停滞
和开始衰落的缩略图,有广义的腐败作为这下行轨迹的重大动能。从非常审慎和
谦逊的窦融("恂恂似若不能已者","进退之礼良可言"),到权盛富极但仍谦逊的
窦固("久历大位……訾累巨亿,而性谦俭"),最后直至非常傲慢的事实上的摄政
窦宪("太后临朝,宪以侍中",乃至"陵肆滋甚","窦氏父子兄弟并居列位,充满朝
廷",且残酷到"睚眦之怨莫不报复"):腐败进至猖獗不已,而对匈奴人的挑衅性的
远征愈益成为指挥将领自己的政治权势和虚荣的单纯工具。]

窦融:

[在大篡夺者覆灭前不久的早期全国大乱和后来更始政权期间的同类形势
中,他本人事实上是个西北边疆地区的强有力的军阀,仅次于隗嚣。政治明智导致
他皈依光武帝,而后者当然将制衡隗嚣指派为他的主要任务,外加在那里的大规模
征伐中担当就地增援兵力。统一战争结束后,他在帝国宫廷据有最高级官僚职位,
同时被赐以首代贵族显赫地位。他的非常审慎和谦逊的姿态("恂恂似若不能已
者","进退之礼良可言")既打动了他的伟大君主,也打动了我们的史家。]

[当他是个"行河西五郡大将军事"的强有力的军阀时,他对有关的边疆地区
的治理和对该地区蛮夷的政策或可说树立了一个饶有意义的楷模,其特征为边防
协调、统治温和、发展经济和在各族人民中间享有声望。]

[在大篡夺者覆灭前不久的严重动乱和后来更始政权期间的同类形势中,他
是个强劲和富有威望的、仅次于隗嚣的西北边境地区军阀,施行基于一个联盟的有
效和颇得民望的地区治理:]

窦融字周公,扶风平陵[在今陕西咸阳西北]人也。七世祖广国,孝文皇后之弟,
封章武侯。融高祖父,宣帝时以吏二千石自常山[约为今河北石家庄市正定县]徙焉。
融早孤。[**为大篡夺者效力,一而再地镇压革命造反:**]王莽居摄[孺子婴年号,6—8
年]中,为强弩将军司马,东击翟义,还攻槐里[县名,治所在今陕西兴平东南],以军功
封建武男。女弟为大司空王邑小妻。家长安中,出入贵戚,连结闾里豪杰,以任侠
为名;然事母兄,养弱弟,内修行义。王莽末,青、徐贼起,太师王匡请融为助军,与
共东征。

[**而且再而三**：]及汉兵起,融复从王邑败于昆阳下,归长安。汉兵长驱入关,王邑荐融,拜为波水将军,赐黄金千斤,引兵至新丰[在今陕西临潼]。[**为更始政权效劳**：]莽败,融以军降更始大司马赵萌,萌以为校尉,甚重之,荐融为巨鹿[郡名,主要为今河北邢台地区]太守。

[**在全国动乱中决意经营西北边疆地区,成了那里一名甚为强劲和富有威望的军阀**：]融见更始新立,东方尚扰,不欲出关,而高祖父尝为张掖太守,从祖父为护羌校尉,从弟亦为武威太守,累世在河西[**在西北边疆地区有他确立已久的显要家族基础**],知其土俗,[**他旨在地区武装独立的意图和初始行动**：]独谓兄弟曰："天下安危未可知,河西殷富,带河为固,张掖属国[汉边郡皆置属国]精兵万骑,一旦缓急,杜绝河津,足以自守,此遗种处也。"兄弟皆然之。融于是日往守[求也]萌,辞让巨鹿,图出河西。萌为言更始,乃得为张掖属国都尉。融大喜,即将家属而西。既到,抚结雄杰,怀辑羌虏,甚得其欢心,河西翕然归之。

[**在他之下的地区武装独立得以实现,靠的是他的"本地外交"、战略磋商和联盟建设**：]是时,酒泉太守梁统、金城太守厍[shè]钧、张掖都尉史苞、酒泉都尉竺曾、敦煌都尉辛肜[róng],并州郡英俊,融皆与为厚善。及更始败,融与梁统等计议曰："今天下扰乱,未知所归。河西斗绝[峻绝]在羌湖中,不同心戮力则不能自守;权钧力齐,复无以相率。当推一人为大将军,共全五郡,观时变动。"议既定,而各谦让,咸以融世任河西为吏,人所敬向,乃推融行河西五郡大将军事。是时,武威太守马期、张掖太守任仲并孤立无党,乃共移书告示之,二人即解印绶去。于是以梁统为武威太守,史苞为张掖太守,竺曾为酒泉太守,辛肜为敦煌太守,厍钧为金城太守。融居属国,领都尉职如故,置从事监察五郡。[**对边疆地区的治理和对地区蛮夷的政策,由他和他的联盟施行,其特征为边防协调、经济发展,还有靠统治者的温和而在各族人民中间享有声望**：]河西民俗质朴,而融等政亦宽和,上下相亲,晏然富殖。修兵马,习战射,明烽燧之警,羌胡犯塞,融辄自将与诸郡相救,皆如符要,每辄破之。其后匈奴惩乂[yì][惩,创也。《说文》云乂亦惩也],稀复侵寇,而保塞羌胡皆震服亲附,安定、北地、上郡流人避凶饥者,归之不绝。[**永久的楷模! 它得益于——在其他之外——"知其土俗"。**]

[**政治明智导致他在一番曲折后皈依光武帝,而后者当然指派他制衡隗嚣,并且参与对他的组合性进击**：]

融等遥闻光武即位,而心欲东向,以河西隔远,未能自通。时,隗嚣先称建武年号,融等从受正朔,嚣皆假其将军印绶。嚣外顺人望,内怀异心,使辩士张玄游说河西曰："更始事业已成,寻复亡灭,此一姓不再兴之效。……今豪杰竞逐,雌雄未决,当各据其土宇,与陇、蜀合从,高可为六国,下不失尉佗。"融等于是召豪杰及诸太守计议[**他总是与别人磋商,既为战略谋算,也为动员**],其中智者皆曰:"汉承尧运,历数延长。今皇帝姓号见于图书[谓河图赤伏符曰"刘秀发兵捕不道"],自前世博物道术之士谷子云、夏贺良等,建明汉有再受命之符[据《汉书》,成帝时谷永上书曰:"陛下当阳数之摽季,涉三七之节纪。"哀帝时夏贺良言:"赤精子谶,汉家历运中衰,当再受命矣。"],言之久矣……除言天命,且以人事论之[**这是更有说服力的论辩:**]:今称帝者数人,而洛阳土地最广,甲兵最强,号令最明。观符命而察人事,它姓殆未能当也。"诸郡太守各有宾客,或同或异。[**他审慎,但决绝:**]融小心精详,遂决策东向。五年[29年]夏,遣长史刘钧奉书献马。[**皈依光武帝颇晚,因为他的审慎和物资距离。**]

先是,帝闻河西完富,地接陇、蜀,常欲招之以逼嚣、述,亦发使遗融书,遇钧于道,即与俱还。帝见钧欢甚,礼飨毕,乃遣令还,赐融玺书曰:"制诏行河西五郡大将军事、属国都尉:[**再度叙述他对边疆地区的优秀治理:**]劳镇守边五郡,兵马精强,仓库有蓄,民庶殷富,外则折挫羌胡,内则百姓蒙福。威德流闻,虚心相望,道路隔塞,邑邑何已!长史所奉书献马悉至,深知厚意。今益州有公孙子阳、天水有隗将军,方蜀、汉相攻,权在将军,举足左右,便有轻重。以此言之,欲相厚岂有量哉![**刘秀本人所述的他对刘秀的战略重要性!**]诸事具长史所见,将军所知。王者迭兴,千载一会。[**刘秀也是个审慎的战略家,那么尊重他,给他(虽然肯定是暂时的)高度自主的选择余地:**]欲遂立桓、文,辅微国,当勉卒功业[周室微弱,齐桓、晋文辅之以霸天下];欲三分鼎足,连衡合从(纵),亦宜以时定。天下未并,吾与尔绝域,非相吞之国。今之议者,必有任嚣效[致也]尉佗制七郡之计。① 王者有分土,无分民,自适己事而已。今以黄金二百斤赐将军,便宜辄言。"因授融为凉州牧。

玺书既至,河西咸惊,以为天子明见万里之外,网罗张立之情。融即复遣钧上书曰[**他不想要任何高度自主的选择余地;他诚挚地立意"纳忠"光武帝:**]:"臣融窃伏自惟,幸得托先后末属,蒙恩为外戚,累世二千石。至臣之身,复备列位,假历将帅,守持一隅。以委质[呈献礼物,表示忠诚信实]则易为辞,以纳忠则易为力。书不足以深达至诚,故遣刘钧口陈肝胆。自以底里上露[言无藏隐],长无纤介。而玺书

---

① 《史记·南越列传》载:(赵)佗,秦时用为南海龙川令。至二世时,南海尉任嚣病且死,召龙川令赵佗语曰:"闻陈胜等作乱,秦为无道,天下苦之,项羽、刘季、陈胜、吴广等州郡各共兴军聚众,虎争天下,中国扰乱,未知所安,豪杰畔(叛)秦相立。[**独立由全国大乱"许诺"。**]南海僻远,吾恐盗兵侵地至此,吾欲兴兵绝新道,自备,待诸侯变,会病甚。且番禺负山险,阻南海,东西数千里,颇有中国人相辅,此亦一州之主也,可以立国。[**独立还由地理"许诺"。**]郡中长吏无足与言者[然而,它在地区官僚们中间并非那么正当和得人心],故召公告之。"

《地理志》曰苍梧、郁林、合浦、交址、九真、南海、日南,皆越之分也,此为七郡。

盛称蜀、汉二主,三分鼎足之权,任嚣、尉佗之谋,窃自痛伤。臣融虽无识,犹知利害之际,顺逆之分。岂可背真旧之主,事奸伪之人;废忠贞之节,为倾覆之事;弃已成之基,求无冀之利。此三者虽问狂夫,犹知去就,而臣独何以用心!谨遣同产弟友诣阙,口陈区区。"友至高平,会嚣反叛,道绝,驰还,遣司马席封间行通书。帝复遣席封赐融、友书,所以慰藉之甚备。

[他给隗嚣的最后通牒,表达战略警告和道义谴责:]融既深知帝意,乃与隗嚣书责让之曰:

伏惟将军国富政修,士兵怀附。亲遇厄会之际,国家不利之时,守节不回[邪也],承事本朝……融等所以欣服高义,愿从役于将军者,良为此也。而忿悁[恚也]之间,改节易图,君臣分争,上下接兵。委[合弃]成功,造难就,去从义,为横谋,百年累之,一朝毁之,岂不惜乎!殆执事者贪功建谋,以至于此,融窃痛之![基于战略分析的警告:]当今西州地势局迫,人兵离散,易以辅人,难以自建。计若失路不反(返),闻道犹迷,不南合子阳[公孙述],则北入文伯[卢芳]耳。夫负虚交而易强御,恃远救而轻近敌,未见其利也。[代表地区普通人民的道义谴责:]融闻智者不危众以举事,仁者不违义以要(邀)功。今以小敌大,于众何如?弃子[《后汉书·隗嚣公孙述传》云,建武五年(29年),光武帝"复遣来歙说嚣遣子入侍,隗嚣闻刘永、彭宠皆已破灭,乃遣长子恂(字伯春)随歙诣阙"]徼[jiào,求也]功,于义何如?且初事本朝,稽首北面,忠臣节也。及遣伯春,垂涕相送,慈父恩也。俄而背之,谓吏士何?忍而弃之,谓留子何?自兵起以来,转相攻击,城郭皆为丘墟,生人转于沟壑。今其存者,非锋刃之余,则流亡之孤。迄今伤痍之体未愈,哭泣之声尚闻。幸赖天运少(稍)还,而将军复重于难,是使积痾不得遂瘳,幼孤将复流离,其为悲痛,尤足悯伤,言之可为酸鼻!庸人且犹不忍,况仁者乎?融闻为忠甚易,得宜实难。忧人大过,以德取怨,知且以言获罪也。区区所献,惟将军省焉。

[他正式与隗嚣决裂:]嚣不纳。融乃与五郡太守共砥厉兵马,上疏请师期。

帝深嘉美之……诏报曰:"……从天水来者写将军所让隗嚣书,痛入骨髓。畔(叛)臣见之,当股栗惭愧,忠臣则酸鼻流涕,义士则旷若发蒙,非忠孝恳[què,谨慎]诚,孰能如此?……[最高统帅当然指派他制衡隗嚣,并且参与对他的组合性进击:]今关东盗贼已定,大兵今当悉西,将军其抗厉威武,以应期会。"融被诏,即与诸郡守将兵入金城。

初,更始时,先零羌封何诸种杀金城太守,居其郡,隗嚣使使略遗封何,与共结盟,欲发其众。[他的最初战役旨在日后对隗嚣的进击和当前君主的信赖:]融等因军出,进击封何,大破之,斩首千余级,得牛、马、羊万头,谷数万斛……时,大兵未进,融乃引还。

帝以融信效著明,益嘉之。诏右扶风修理融父坟茔,祠以太牢。数驰轻使,致遗四方珍羞……

[他非常积极地参与帝国对隗嚣的钳形进攻:]

(七年,31 年)秋,隗嚣发兵寇安定,帝将自西征之,先戒融期。会遇雨,道断,且嚣兵已退,乃止。融至姑臧[今甘肃武威],被诏罢归。[他在战略上敦促君主大规模征伐,部分地是为了他自己的、具有全盘的战略意义的安全:]融恐大兵遂久不出,乃上书曰:"隗嚣闻车驾当西,臣融东下,士众骚动,计且不战。嚣将高峻之属皆欲逢迎大军,后闻兵罢,峻等复疑。嚣扬言东方有变,西州豪杰遂复附从。嚣又引公孙述将,令守突门。臣融孤弱,介在其间,虽承威灵,宜速救助。国家当其前,臣融促其后,缓急迭用,首尾相资,嚣势排迮[zé,蹙迫],不得进退,此必破也。若兵不早进,久生持疑,则外长寇仇,内示困弱,复令谗邪得有因缘,臣窃忧之。惟陛下哀怜!"帝深美之。

[大规模征伐,在其中他的部队是主力之一:]八年[32 年]夏,车驾西征隗嚣,融率五郡太守及羌虏小月氏等步骑数万,辎重五千余两(辆),与大军会高平[县名,今宁夏固原]第一[《郡国志》云高平有第一城]。融先遣从事问会见仪适[他总是审慎和举止适当:]。是时,军旅代兴,诸将与三公交错道中,或背使者交私语。帝闻融先问礼仪,甚善之,以宣告百僚。乃置酒高会,引见融等,待以殊礼。拜弟友为奉车都尉,从弟士太中大夫。遂共进军,嚣众大溃,城邑皆降。帝高融功,下诏以安丰、阳泉、蓼、安风四县封融为安丰侯,弟友为显亲侯。遂以次封诸将帅:武锋将军竺曾为助义侯,武威太守梁统为成义侯,张掖太守史苞为褒义侯,金城太守厍钧为辅义侯,酒泉太守辛肜为扶义侯。封爵既毕,乘舆东归,悉遣融等西还所镇。[他没有参加下一场大规模帝国征伐,那由来歙指挥,在公元 33 至 34 年间进行了一年略久,完全摧毁了隗嚣军,导致"陇右平"。为什么他缺席?]

[统一战争趋近结束和结束之后他的富有特征的审慎,既在政治上,也在个性上:]

融以兄弟并受爵位,久专方面,惧不自安,数上书求代。诏报曰:"吾与将军如左右手耳,数执谦退,何不晓人意?勉循士民,无擅离部曲。"

及陇、蜀平,诏融与五郡太守奏事京师,官属宾客相随,驾乘千余两,马、牛、羊被野。融到,诣洛阳城门,上凉州牧、张掖属国都尉、安丰侯印绶,诏遣使者还侯印绶。[光武帝"不以功臣任职",因而仅仅还给他贵族印绶。]引见,就诸侯位,赏赐恩宠,倾动京师。[然而,他是特别的,确实特别:]数月,拜为冀州牧,十余日,又迁大司空。[**他自觉,变得甚至更审慎:**]融自以非旧臣,一旦入朝,在功臣之右,每召会进见,容貌辞气卑恭已甚,帝以此愈亲厚之。[**他竟审慎到了自我剥夺的地步:**]融小心,久不自安,数辞让爵位,因侍中金迁[金安上之曾孙;金安上乃金日䃅(mì dī)弟伦之子。见《汉书·霍光金日䃅传》]口达至诚。又上疏曰:"臣融年五十三。有子年十五,质性顽钝。臣融朝夕教导以经艺,不得令观天文,见谶记。[**在那个时代的背景中,"观天文,见谶记"容易导致政治上雄心勃勃甚或狂热,因而与审慎相悖。**]诚欲令恭肃畏事,恂恂循道,不愿其有才能,何况乃当传以连城广土,享故诸侯王国哉?"因复请间求见,帝不许。[**他必定令他的君主感到烦,为他过分的审慎甚而自我否定而烦!**]后朝罢,逡巡席后,帝知欲有让,遂使左右传出。它日会见,迎诏融曰:"日者知公欲让职还,故命公暑热且自便。今相见,宜论它事,勿得复言。"融不敢重陈请。

二十年[44年],大司徒戴涉坐所举人盗金下狱,帝以三公参职,不得已乃策免融。明年[45年],加位特进。二十三年[47年],代阴兴行卫尉事,特进如故,又兼领将作大匠。[**他忙于国务!因为君主信任他,但违背他的意愿。**]①弟友为城门校尉,兄弟并典禁兵。融复乞骸骨,辄赐钱、帛,太官致珍奇。及友卒,帝愍融年衰,遣中常侍、中谒者即其卧内强进酒食。

[**惨淡的末日!在他身为年迈之际,他的放荡不羁的后代的腐败,加上一位伟大但严苛的新君主,令他彻底倒霉:**]

融长子穆,尚[娶]内黄公主,代友为城门校尉。穆子勋,尚东海恭王彊(强)女沘阳公主,友子固,亦尚光武女涅阳公主。显宗[明帝]即位,以融从兄子林为护羌校尉,窦氏一公[指大司空]、两侯、三公主、四二千石,相与并时。自祖及孙,官府邸第相望京邑,奴婢以千数,于亲戚、功臣中莫与为此。[**大贵族加上巨量私人财富,尽管有他的真诚的审慎!**]

永平二年[59年],林以罪诛,事在《西羌传》。[**明帝不像他父亲那样地对他那么恩善,而是吝啬于权力下放,警觉大贵族和宫廷高级官僚;"明帝苛切",如我们的史家所说(《章帝纪》):**]帝由是数下诏切责融,戒以窦婴、田蚡祸败之事。融惶

---

① 《后汉书·光武帝纪下》载:二十六年[50年]……初作寿陵。将作大匠窦融上言:"园陵广袤,无虑所用。"帝曰:"古者帝王之葬,皆陶人瓦器,木车茅马,使后世之人不知其处。太宗[文帝]识终始之义,景帝能述遵孝道,遭天下反覆[尤指赤眉长安之祸],而霸陵[文帝陵寝]独完受其福。岂不美哉!令所制地不过二三顷,无为山陵,陂池[同"陂陀(pō tuó)",倾斜]裁[才,仅]令流水而已。"[**他是个节俭的君主,将最节俭的君主文帝当作他在这个非常重要的方面的楷模。在他的传记里,始终不见有任何奢侈的皇家建筑工程的记录!**]

恐乞骸骨,诏令归第养病。岁余,听上卫尉印绶,赐养牛,上樽酒。[**太老的老卫士,尽管自身谨慎和谦逊,却无法控制腐败的后代:一个恒久的现象:**]融在宿卫十余年,年老,子孙纵诞,多不法。穆等遂交通轻薄,属托郡县,干乱政事。以封在安丰,欲令姻戚悉据故六安国[在今安徽六安市],遂矫称阴太后诏,令六安侯刘盱去妇,因以女妻之。五年[62年],盱妇家上书言状,[**新君主抡鞭打击,尊贵的老卫士死于家庭磨难:**]帝大怒,乃尽免穆等官,诸窦为郎吏者皆将家属归故郡,独留融京师。穆等西至函谷关,有诏悉复追还。会融卒,时年七十八,谥曰戴侯,赗送甚厚。……

[**君主再度打击:**]帝以穆不能修尚,而拥富资,居大第,常令谒者一人监护其家。居数年,谒者奏穆父子自失势,数出怨望语,帝令将家属归本郡,唯勋以沘阳主婿留京师。穆坐赂遗小吏,郡捕系(羁),与子宣俱死平陵狱,勋亦死洛阳狱。久之,诏还融夫人与小孙一人居洛阳家舍。……

[**审慎、自律、举止良善和政治聪慧:他给我们的史家留下的最强烈印象:**]

论曰:窦融始以豪侠为名,拔起风尘之中,以投天隙。遂蝉蜕[《说文》曰,蝉蜕所解皮也,言去微至贵]王侯之尊,终膺卿相之位,此则徼[jiào,求也]功趣势之士也。[**他一直审慎谦逊,有如他的那么多建国同侪(他们起初全都是"豪侠"或"微功趣势之士",或曰全国大乱中的武装机会主义者),这大多归功于伟大的光武帝:**]及其爵位崇满,至乃放远权宠,恂恂似若不能已者,又何智也!尝独详味此子之风度,虽经国之术无足多谈,而进退之礼良可言矣。

# 统一战争:平定西南

## 卷1下《光武帝纪下》摘录

十一年[35年]春二月己卯,诏曰:"天地之性人为贵。其杀奴婢,不得减罪。"["**天地之性人为贵。其杀奴婢,不得减罪**":寓于他的世界观和情感自我的伟大信念;最佳的儒家思想总的最佳成分。这看来是个宣告,宣告在人类中间,并且作为人,必须有一种普遍的(至少泛帝国的)平等!]……

[**在他历经多年的内部征伐中再度赢得的大胜:**]闰月,征南大将军岑彭率三将军与公孙述将田戎、任满战于荆门,大破之,获任满。威虏将军冯骏围田戎于江州,岑彭遂率舟师伐公孙述,平巴郡。……

夏四月……先零羌寇临洮。

六月,中郎将来歙率扬武将军马成破公孙述将王元、环安于下辩[属陇南武都郡,治所在今甘肃成县]。安遣间人刺杀中郎将来歙。帝自将征公孙述。[**君主亲征:在这方面,他类似他的最伟大祖先、英雄般的高祖刘邦。**]……

八月,岑彭破公孙述将侯丹于黄石[今重庆市彭水]。辅威将军臧宫与公孙述将延岑战于沈水[《水经注》曰:"沈水出广汉县,下入涪水。"],大破之。王元降。至自长安。癸亥,诏曰:"敢灸灼奴婢,论如律,免所灸灼者为庶人。"[**他的伟大人道,不打折扣地延展到最卑贱的奴隶。**]

冬十月壬午,诏除奴婢射伤人弃市律。[**差不多等于所有人无例外的法律平等,如果问题在于人命。**]

太守公孙述遣间人刺杀征南大将军岑彭。[**公孙述:一次又一次地证明是华夏边缘的巨大战略难题或祸患。**]马成平武都[辖境在甘肃东南部及陕西凤县、略阳等地],因陇西太守马援击破先零羌,徙致天水、陇西、扶风。

十二月,大司马吴汉率舟师伐公孙述。……

十二年[36年]春正月,大司马吴汉与公孙述将史兴战于武阳,斩之。

三月癸酉,诏陇、蜀民被略(掠)为奴婢自讼者[言自行前去申诉]……一切免为庶人。[**有如林肯,解放大量奴隶,作为旨在军事征服的一项政治措施。此乃他的老策略,但也基于对苦难的草根民众的一种深切同情。**]……

冬十一月戊寅,吴汉、臧宫与公孙述战于成都,大破之。述被创,夜死。[**近十年旷日持久的扫击或内部征服的最后胜利结束!**][**然而,可叹,同时有他的军队野蛮屠杀的首次记录,那违背他的意图,继之以他的谴责(见《隗嚣公孙述传》):**]辛巳,吴汉屠成都,夷述宗族及延岑等。

### 卷13《隗嚣公孙述列传》[公孙述]

公孙述:

[他那个时代最强的华夏地区性军阀,作为一名分离主义的所谓皇帝统治一个自然赐惠的边缘地区长达12年。]

[他能干,但有限,特别在他的敌人是伟大的国务家和最高统帅光武帝刘秀的时候。就此,有一项1600年后由富有洞察力的哲学家王夫之做的评判:"自述而言,无定天下之略,无安天下之功,饰其器,惘其道,徇其末,忘其本,坐以待亡,则诚愚矣。自天下而言,群竞于智名勇功,几与负爪戴角者同其竞奰[bì,壮大],则述存什一于千百,俾后王有所考而资以成一代之治理,不可谓无功焉。"]

[作为一名聪明能干的青少年和其后的地方行政长官,他开始卷入全国大动

乱和反对大篡夺者的革命,并且发动他的分离主义事业:]

公孙述字子阳,扶风茂陵人也。哀帝时,以父任为郎[任,保任。《东观记》曰:"成帝末,述父仁为侍御史,任为太子舍人,稍增秩为郎焉。"],后父仁为河南都尉,而述补清水[县名,在今甘肃东南部清水县境内]长。仁以述年少,遣门下掾随之(至)官,月余,掾辞归,白仁曰:"述非待教者也。"后太守以其能,使兼摄五县,政事修理,奸盗不发,郡中谓有鬼神。[他颇为聪明、自信和能干,即使早在他青少年时]王莽天凤[14—19年]中,为导江卒正[王莽改蜀郡曰导江,太守曰卒正],居临邛,复有能名。

及更始立[23年],豪杰各起其县以应汉,南阳人宗成自称"虎牙将军",入略汉中;又商人王岑亦起兵于雒县,自称"定汉将军",杀王莽庸部牧以应成,众合数万人。述闻之,遣使迎成等。成等至成都,虏掠暴横。述意恶之,召县中豪杰谓曰:"天下同苦新室,思刘氏久矣,故闻汉将军到,驰迎道路。今百姓无辜而妇子系(羁)获,室屋烧燔,此寇贼,非义兵也。吾欲保郡自守,以待真主。诸卿欲并力者即留,不欲者便去。"豪杰皆叩头曰:"愿效死。"[他发动了他的分离主义事业,最初作为全国大乱中地区自保的一项必需:]述于是使人诈称汉使者自东方来,假述辅汉将军、蜀郡太守兼益州牧印绶。乃选精兵千余人,西击成等。比至成都,众数千人,遂攻成,大破之。成将垣副杀成,以其众降。

[他的分离主义迅速发展:地区自保升级为地区独立王国,甚而"帝国";他在中国西南边缘的自然赐惠性质大大鼓励了他:]

二年[24年]秋,更始遣柱功侯李宝、益州刺史张忠,将兵万余人徇[攻打]蜀、汉。述恃其地险众附,有自立志,乃使其弟恢于绵竹击宝、忠,大破走之。由是威震益部。功曹李熊说述曰:"方今四海波荡,匹夫横议。将军割据千里,地什汤、武,若奋威德以投天隙,霸王之业成矣。宜改名号,以镇百姓。"述曰:"吾亦虑之,公言起我意。"于是自立为蜀王,都成都。[地区自保升级为地区独立王国。]

[一种战略分析和提倡对他大有影响:该地区的资源富饶和地缘战略裨益,那大大便利了他的分离主义事业:]蜀地肥饶,兵力精强,远方士庶多往归之,邛、筰[zuó]君长皆来贡献。李熊复说述曰[在关于资源的一种比较性(与"中国本部"相比)框架中,分离主义更打动人心]:"今山东饥馑,人庶相食;兵所屠灭,城邑丘墟。蜀地沃野千里,土壤膏腴,果实所生,无谷而饱。女工之业,覆衣天下。名材竹干,器构之饶,不可胜用,又有鱼、盐、铜、银之利,浮水转漕之便。[利防利攻的地缘战略裨益:]北据汉中,杜褒斜之险[指褒斜栈道];东守巴郡,拒扞[hàn]关之口;地方数千里,战士不下百万。见利则出兵而略地,无利则坚守而力农。东下汉水以窥秦地,南顺江流以震荆、杨。所谓用天因地,成功之资。[应当宣告作为一个王国的

**正式独立：他很听得下的一项建议：**]今君王之声，闻于天下，而名号未定，志士孤疑，宜即大位，使远人有所依归。"述曰："帝王有命，吾何足以当之？"熊曰："天命无常，百姓与能。能者当之，王何疑焉！"[**一种非常激进的论辩！**]述梦有人语之曰："八厶[mǒu]子系[即"公孙"两字]，十二为期。"觉，谓其妻曰："虽贵而祚短，若何？"妻对曰："朝闻道，夕死尚可，况十二乎！"[**赌徒似的老婆敦促他全无犹豫地赌博！**]会有龙出其府殿中，夜有光耀，述以为符瑞，因刻其掌，文曰"公孙帝"。建武元年[25年]四月，遂自立为天子，号成家。色尚白。建元曰龙兴元年。以李熊为大司徒，以其弟光为大司马，恢为大司空。改益州为司隶校尉，蜀郡为成都尹。

越巂任贵亦杀王莽大尹而据郡降。述遂使将军侯丹开白水关，北守南郑；将军任满从阆中下江州，东据扞关。于是尽有益州之地。

[**他的壮大颇易实现，伴着他的狂野的财政政策和个人信念：**]

自更始败后，光武方事山东，未遑西伐。关中豪杰吕鲔等往往拥众以万数，莫知所属，多往归述，皆拜为将军。遂大作营垒，陈车骑，肆习战射，会聚兵甲数十万人，积粮汉中，筑宫南郑。又造十层赤楼帛兰船。多刻天下牧守印章，备置公卿百官。使将军李育、程乌将数万众出陈仓，与吕鲔徇[攻打]三辅。三年[27年]，征西将军冯异击鲔、育于陈仓，大败之，鲔、育奔汉中。五年[29年]，延岑、田戎为汉兵所败，皆亡入蜀。……

[**他狂野的财政政策和个人信念：**]是时，述废铜钱，置铁官钱[铁官所铸铁钱]，百姓货币不行。蜀中童谣言曰："黄牛白腹，五铢当复。"好事者窃言王莽称"黄"，述自号"白"，五铢钱，汉货也，言天下并还刘氏。述亦好为符命鬼神瑞应之事，妄引谶记。……引《录运法》曰："废昌帝，立公孙。"（引）《括地象》曰："帝轩辕受命，公孙氏握。"……又自言手文（纹）有奇，及得龙兴之瑞。数移书中国，冀以感动众心。……

[**他与光武帝刘秀的战争"山雨欲来风满楼"：**]

明年[30年]，隗嚣称臣于述。述骑都尉平陵人荆邯见东方将平，兵且西向，说述曰：

[**一番主张对帝国中央战争的"哲理"和战略论辩，或劝告：**]兵者，帝王之大器，古今所不能废也。昔秦失其守，豪桀并起，汉祖无前人之迹，立锥之地，起于行阵之中，躬自奋击，兵破身困者数矣。然军败复合，创愈复战。何则？前死而成功，逾于娄[lǎn，浸泡]就于灭亡也。[**马基雅维里式理念：美德出自必需之根本压力。**]隗嚣遭遇运会，割有雍州，兵强士附，威加山东。遇更始政乱，复失天下，众庶引领，

四方瓦解。嚣不及此时推危乘胜，以争天命，而退欲为西伯之事，尊师章句，宾友处士，偃武自戈，卑辞事汉，嗒然自以文王复出也。令汉帝释关陇之忧，专精东伐，四分天下而有其三；使西州豪杰咸居心于山东，发间使，招携贰，则五分而有其四；若举兵天水，必至沮溃，天水既定，则九分而有其八。陛下以梁州之地，内奉万乘，外给三军，百姓愁困，不堪上命，将有王氏自溃之变。[**前沿作战，亦守亦攻，且越早越好**：]臣之愚计，以为宜及天下之望未绝，豪杰尚可招诱，急以此时发国内精兵，令田戎据江陵，临江南之会，倚巫山之固，筑垒坚守，传檄吴、楚，长沙以南必随风而靡。令延岑出汉中，定三辅，天水、陇西拱手自服。如此，海内震摇，冀有大利。

述以问群臣。博士吴柱曰："昔武王伐殷，先观兵孟津，八百诸侯不期同辞，然犹还师以待天命。未闻无左右之助，而欲出师千里之外，以广封疆者也。"邯曰："今东帝无尺土之柄，驱乌合之众，跨马陷敌，所向辄平。不亟乘时与之分功，而坐谈武王之说，是效隗嚣欲为西伯也。"[**其主子的意向亦然，但对从事赌博却无当地民众支持犹豫得多**：]述然邯言，欲悉发北军屯士及山东客兵，使延岑、田戎分出两道，与汉中诸将合兵并势。蜀人[**一种传统上保守的人民**]及其弟光以为不宜空国千里之外，决成败于一举，固争之，述乃止。延岑、田戎亦数请兵立功，终疑不听。

[**他的颇大一部分个性是他的内在敌人：他的狭窄、短视、学来的虚荣和流俗的自私（以及狂野的残暴，见《后汉书·独行列传》载谯玄、李业传①）**：]述性苛细，

---

① 谯[qiáo]玄：

[历经几个时代的一位勇敢正直的儒士官僚，痛责屡事谋杀的皇后赵飞燕，且当面抨击她的放纵不堪的丈夫，后来又在全国大乱期间拒绝做官效劳大篡夺者和头号分离主义地区性军阀，后一拒绝是冒着被明确宣布的、在狂野的残忍者手上暴死的风险。]

谯玄字君黄，巴郡阆中人也。少好学，能说《易》、《春秋》。仕于州郡。……

……王莽篡摄，玄于是纵使者车，变易姓名，间窜归家，因以隐遁。

[他在全国大乱期间冒生命危险拒绝了头号分离主义军阀；他不屈于强制性权力，且最珍视"保志全高"：]后公孙述僭号于蜀，连聘不诣。述乃遣使者备礼征之；若玄不肯起，便赐以毒药[光武帝在统一战争中的头号敌人的残忍和暴烈就此得以显现]。太守乃自赍玺书至玄庐，曰："君高节已著，朝廷垂意，诚不宜复辞，自招凶祸。"玄仰天叹曰："唐尧大圣，许由耻仕；周武至德，伯夷守饿。彼独何人，我亦何人。保志全高，死亦奚恨！"遂受毒药。玄子瑛泣血叩头于太守曰："方今国家，东有严敌，兵师四出。国用军资，或不常充足。愿奉家钱千万，以赎父死。"太守为请，述听许之[他的存活很不公正地花费了他的很大部分私财]。玄遂隐藏田野，终述之世。……

李业：

[有如甚或甚于谯玄，他是个勇敢的儒士，拒绝在大篡夺者和头号分离主义军阀之下效劳，哪怕如此有暴死的风险。他彻底遵循了他的不可打折的信条："亲于其身[己身]为不善者，义所不从"。]

[强制者的狂野残忍再度得到显现。行动中的暴政权力。]

李业字巨游，广汉梓潼人也。少有志操，介特。习《鲁诗》，师博士许晃。元始[平帝年号，1—5年]中，举明经，除为郎。

[行动中的暴政权力和勇敢抵抗：]……

察于小事。敢诛杀而不见大体,好改易郡县官名。然少为郎,习汉家制度,出入法驾,鸾旗旄骑,陈置陛戟,然后辇出房闼。又立其两子为王,食犍为、广汉各数县。[**他失去了他在主要下属中间的很大部分声望**:]群臣多谏,以为成败未可知,戎士暴露,而遽王皇子,示无大志,伤战士心。述不听。唯公孙氏得任事,由此大臣皆怨。

[**他终于发动了他对帝国中央的战争,在一种被迫的更糟形势下;他的悲惨的灭亡**:]

八年[32年],帝使诸将攻隗嚣,述遣李育将万余人救嚣。嚣败,并没其军,蜀地闻之恐动。述惧……明年[33年]……遣田戎及大司徒任满、南郡太守程泛将兵下江关,破威虏将军冯骏等,拔巫及夷陵、夷道,因据荆门。

十一年[35年],征南大将军岑彭攻之,满等大败,[**他在一场重大兵败后,失去了差不多任何残余民望**:]述将王政斩满首降于彭。田戎走保江州。城邑皆开门降。彭遂长驱至武阳。帝及与述书,陈言祸福,以明丹青之信。述省书叹息,以示所亲太常常少、光禄勋张隆。隆、少皆劝降。述曰[**他的狂野,出于他的俗常虚荣**]:"废兴命也。岂有降天子哉!"左右莫敢复言。中郎将来歙急攻王元、环安,安使刺客杀歙;述复令刺杀岑彭。[**暗杀帝国战役指挥官无法帮他多少忙。**]

十二年[36年],述弟恢及子婿史兴并为大司马吴汉、辅威将军臧宫所破,战死。自是将帅恐惧,日夜离叛,述虽诛灭其家,犹不能禁。帝必欲降之,乃下诏喻述曰:"往年诏书比下,开示恩信,勿以来歙、岑彭受害自疑。今以时自诣,则家族完全;若迷惑不喻,委肉虎口,痛哉奈何! 将帅疲倦,吏士思归,不乐久相屯守,诏书手记,不可数得,朕不食言。"[**刘秀:一位非常讲政治甚而人道的帝国统帅,然而这些秉性在此场合无用**:]述终无降意。

---

[**再度有行动中的暴政权力和勇敢抵抗;他的英勇就义**:]及公孙述僭号,素闻业贤,征之,欲以为博士,业固疾不起。数年,述羞不致之,乃使大鸿胪尹融持毒酒、奉诏命以劫业:若起,则受公侯之位;不起,赐之以药。融譬旨曰:"方今天下分崩,孰知是非? 而以区区之身,试于不测之渊乎! 朝廷贪慕名德,旷官缺位,于今七年,四时珍御,不以忘君。宜上奉知己,下为子孙,身名俱全,不亦优乎! 今数年不起,猜疑寇心,凶祸立加,非计之得者也。"业乃叹曰:"危国不入,乱国不居。亲于其身为不善者,义所不从。君子见危授命,何乃诱以高位重饵哉?"融见业辞志不屈,复曰:"宜呼室家计之。"业曰:"丈夫断之于心久矣,何妻、子之为?"遂饮毒而死。述闻业死,大惊[**暴君总是倾向于高估暴政权力的能量,并且间或对彻底抵抗缺乏心理准备!**],又耻有杀贤之名,乃遣使吊祠,赙赠百匹[**暴君的伪善,为了政治目的!**]。业子翚[huī],逃避不受。……

[**还有几位别的英雄,面对同一个暴君**:]初,平帝时,蜀郡王皓为美阳令,王嘉为郎。王莽篡位,并弃官西归。及公孙述称帝,遣使征皓、嘉,恐不至,遂先系(蜀)其妻、子。使者谓嘉曰:"速装,妻、子可全。"对曰:"犬马犹识主,况于人乎!"王皓先自刭,以首付使者。述怒,遂诛皓家属。[**一头狂兽!**]王嘉闻而叹曰:"后之哉!"乃对使者伏剑而死。……

九月，吴汉又破斩其大司徒谢丰、执金吾袁吉，汉兵遂守成都。述谓延岑曰："事当奈何！"岑曰："男兒当死中求生，可坐穷乎！财物易聚耳，不宜有爱。"述乃悉散金帛，募敢死士五千余人，以配岑于市桥，伪建旗帜，鸣鼓挑战，而潜遣奇兵出吴汉军后，袭击破汉。汉堕水，缘马尾得出。[**依靠出敌不意，他在挣扎之中赢了最后一场戏剧性的战术胜利。**]

[**他的覆灭，继之以全家族成员无例外的暴死：**]十一月，臧宫军至咸门。述视占书，云"虏死城下"，大喜，谓汉等当之。乃自将数万人攻汉，使延岑拒宫。大战，岑三合三胜。自旦及日中，军士不得食，并疲，汉因令壮士突之，述兵大乱，被刺洞胸，堕马。左右舆入城。述以兵属延岑，其夜死。明旦，岑降吴汉。[**第一则、也是仅有的一则光武帝军队野蛮屠杀的记录，违背如下所述他的意图，继之以他的谴责：**]乃夷述妻子，尽灭公孙氏，并族延岑。遂放兵大掠，焚述宫室。帝闻之怒，以谴汉。又让[责难]汉副将刘尚曰："城降三日，吏人从服，孩儿老母，口以万数，一旦放兵纵火，闻之可为酸鼻！尚宗室子孙，尝更吏职，何忍行此？仰视天，俯视地，观放麑[ní，幼鹿]啜羹[《韩子》曰："孟孙猎得麑，使秦西巴持之。其母随而呼，秦西巴不忍而与其母。"《战国策》曰："乐羊为魏将而攻中山。其子在中山，中山君烹其子而遗之羹，乐羊啜之，尽一杯，而攻拔中山。"]，二者孰仁？良[犹甚]失斩将吊人之义也！"[**刘秀：一位非常讲政治甚而深为人道的帝国最高统帅。**]

初，常少、张隆劝述降，不从，并以忧死。帝下诏追赠少为太常，隆为光禄勋，以礼改葬之。其忠节志义之士，并蒙旌显。程乌、李育以有才干，皆擢用之。于是西土咸悦，莫不归心焉。[**刘秀：一位非常讲政治的君主！他的敌人没有任何经久成功的机会。**]

论曰：昔赵佗自王番禺，公孙亦窃帝蜀汉，[**地理位置：他的唯一根本资产：**]推其无他功能，而至于后亡者，将以地边处远，非王化之所先乎？[**这不能多大地弥补他的错误和弱点：**]述……道未足而意有余，不能因隙立功，以会时变，方乃坐饰边幅，以高深自安，昔吴起所以惭魏侯也[《史记》曰："魏武侯浮西河而下，中流而顾曰：'美哉乎，河山之固，此魏之宝也。'吴起对曰：'在德不在险。'"]。……

# 战争统帅麾下杰出的武将文臣

卷 15《李王邓来列传》

［几名革命老卫士（唯一人例外）和其后帝国统一战争中的重要将领的传记。依凭其个人正直、绝对忠诚、军事美德和政治明智，他们对前后相继的革命（再次有一人例外）和统一事业做出了杰出的贡献。李通和来歙，他们之中的第一位和最后一位，令人印象最为深刻，因为前者道德高尚和不可腐败，后者则有近乎辉煌的政治才干和战略才能。］

李通：

［一位在更始帝和光武帝之下显要的第一流大臣和将军，甚而经与其妹成婚而是后者的皇族成员。"首创大谋"，且对地区性军阀延岑和公孙述的战役胜利耀目于他的重要成就之列。道德高尚，不可腐败。］

［**从效劳大篡夺者政权到成为一名显要的革命者：**］
李通，字次元，南阳宛人也。世以贷殖著姓。父守，身长九尺，容貌绝异，为人严毅，居家如官廷。［《续汉书》曰："守居家，与子孙尤谨，闺门之内如官廷也。"］［**他在性格形成岁月里，必定经过一种关于规矩、正直和忠诚的优秀的家庭教育。**］初事刘歆，好星历谶记，为王莽宗卿师。通亦为五威将军从事，出补巫丞，有能名。莽末，百姓愁怨，通素闻守说谶云"刘氏复兴，李氏为辅"，私常怀之。且居家富逸，为间里雄，以此不乐为吏，乃自免归。［脱离大篡夺者政权，也是在他父亲的重要影响之下。］

［**他对刘伯升兄弟发动造访做出了重要贡献，通过与刘秀的亲密关系和造反规划；"首创大谋"：**］及下江、新市兵起，南阳骚动，通从弟［堂弟］轶，亦素好事，乃共计议曰："今四方扰乱，新室且亡，汉当更兴。南阳宗室，独刘伯升兄弟泛爱容众，可与谋大事。"通笑曰："吾意也。"［他一上来就选择了一位对头的领袖，而且在全国大乱中那么早地做了这一选择！］会光武避吏在宛，通闻之，即遣轶往迎光武。

光武初以通士君子相慕也,故往答之。及相见,共语移日,握手极欢。[**他与未来的伟大领袖刘秀心心相通,在后者仍远未是一名真正的领袖的时候。**]通因具言谶文事,光武初殊不意,未敢当之。时守在长安,光武乃微观通曰:"即如此,当如宗卿师何?"通曰:"已自有度[计度]矣。"因复备言其计。光武既深知通意,乃遂相约结,定谋议,期以材官都试骑士日,欲劫前队大夫及属正,因以号令大众。乃使光武与轶归舂陵,举兵以相应。① 遣从兄[堂兄]子季之(至)长安,以事报守。

季于道病死,守密知之,欲亡归。……会事发觉,通得亡走,莽闻之,乃系(羁)守于狱……会前队复上通起兵之状,莽怒……守……被诛,及守家在长安者尽杀之。南阳亦诛通兄弟、门宗六十四人,皆焚尸宛市。[**在兽性屠夫大篡夺者之下,他的大家族为他造反做了天大牺牲!**]

时,汉兵亦已大合。通与光武、李轶相遇棘阳,遂共破前队,杀甄阜、梁丘赐。

更始立[23年],以通为柱国大将军、辅汉侯。从至长安,更拜为大将军,封西平王;轶为舞阴王;通从弟松为丞相。更始使通持节还镇荆州,通因娶光武女弟伯姬,是为宁平公主。[**他不仅成为更始政权的最高指挥将领之一,还成了后来帝国创始皇帝的一名相当亲密的家族成员。**]

[**他对刘秀的国家治理和统一战争的重大贡献:**]

光武即位[25年],征通为卫尉。建武二年[26年],封固始侯,拜大司农。帝每征讨四方,常令通居守京师,镇百姓,修宫室,起学宫。[**为刘秀镇守、治理和建设京城。**]五年[29年]春,代王梁为前将军。六年[30年]夏,领破奸将军侯进、捕虏将军王霸等十营击汉中贼[延岑]。公孙述遣兵赴救,通等与战于西城[今陕西安康市汉江北岸中渡台],破之,还,屯田顺阳[县名,治所在今河南淅川县李官桥镇南5公里的顺阳村]。[**对地区性军阀延岑和公孙述的战役胜利耀目于他的重要成就之列。**]时,天下略定,通思欲避荣宠,以病上书乞身。[**他的伟大人格在此确实令人印象深刻!他道德高尚,不可腐败。**]诏下公卿群臣议。大司徒侯霸等曰:"王莽篡汉,倾乱天下。通怀伊、吕、萧、曹之谋,建造大策,扶助神灵,辅成圣德。破家为国。忘身奉主,有扶危存亡之义。功德最高,海内所闻。通以天下平定,谦让辞位。夫安不忘

---

① 《后汉书·光武帝纪上》载:莽末,天下连岁灾蝗,寇盗锋起。地皇三年[22年大篡夺者政权彻底崩溃前大约一年],南阳荒饥,诸家宾客多为小盗。光武避吏新野[《续汉书》曰:"伯升宾客劫人,上避吏于新野邓晨家。"],因卖谷于宛。宛人李通等以图谶说光武云:"刘氏复起,李氏为辅。"光武初不敢当[**他在他的革命经历初始远非雄心勃勃**],然独念兄伯升结轻客,必举大事,且王莽败亡已兆,天下方乱,遂与定谋,于是乃市兵弩。[**一名审慎的机会主义者!几乎与伟大得多的机会主义者刘邦相反。**]十月,与李通及从弟[堂弟]轶等起于宛,时年二十八。[**一位年轻人,然而性慢,几乎平淡,貌似不那么有生气。一个远不惊人的开端,他的十年以上革命战争和武装统一生涯的开端。**]

危,宜令通居职疗疾。欲就诸侯,不可听。"于是诏通勉致医药,以时视事。其夏,引拜为大司空。

通布衣唱义,助成大业,重以宁平公主故,特见亲重。[**他道德高尚,不可腐败:**]然性谦恭,常欲避权势。素有消疾,自为宰相,谢病不视事,连年乞骸骨,帝每优宠之。令以公位归第养疾,通复固辞。积二岁,乃听上大司空印绶,以特进奉朝请。有司奏请封诸皇子,帝感通首创大谋,即日封通少子雄为召陵侯。每幸南阳,常遣使者以太牢祠通父冢。十八年[42年]卒,谥曰恭侯。帝及皇后亲临吊,送葬。……

李轶后为祛(朱)鲔所杀。更始之败,李松战死,唯通能以功名终。……

王常:
[绿林军中的一名早先革命者,特别与刘伯升兄弟及其造反武装团体情感亲密。继而,在走了一段曲折的道路之后,自愿从属于刘秀政权,在多场战斗和战役中对帝国统一战争有显著贡献。他俩之间的互相尊重甚或情感始终如一,反映了这两位英雄的非常可敬的人格。]

[在绿林军中的革命生涯,与刘伯升兄弟及其造反武装团体情感亲密,那在他的绿林同志中间颇为特殊,甚或独特:]
[作战胜败不定的绿林军中的一名早先革命者:]王常字颜卿,颍川舞阳人也。王莽末,为弟报仇,亡命江夏。久之,与王凤、王匡等起兵云杜绿林[今湖北当阳东北]中,聚众数万人,以常为偏裨,攻傍县。后与成丹、张卬别入南郡蓝口[今湖北荆门县北],号下江兵。王莽遣严尤、陈茂击破之。常与丹、卬收散卒入蒌溪,劫略(掠)钟、龙间[今湖北应山随州一带],众复振。引军与荆州牧战于上唐,大破之,遂北至宜秋[今河南泌阳]。

是时,汉兵与新市、平林众俱败于小长安[今河南南阳市南],各欲解去。伯升闻下江军在宜秋[今河南唐河县东南],即与光武及李通俱造[造访]常壁[王常等人营垒,在宜秋],曰:"愿见下江一贤将,议大事。"成丹、张卬共推遣常。伯升见常,说以合从(纵)之利。常大悟[在伟大领导刘伯升急剧和深刻的影响下,他的最初心灵转变;事后来看,他为自己的余生选择了一个正确方向],曰:"王莽篡弑,残虐天下,百姓思汉,故豪杰并起。今刘氏复兴,即真主也。诚思出身为厮,辅成大功。"伯升曰:"如事成,岂敢独飨之哉!"遂与常深相结而去。[**突然形成的一种心心相通关系!**]常还,具为丹、卬言之。丹、卬负其众,皆曰:"大丈夫既起,当各自为主,何故受人制乎?"[**他在绿林同志中间实属独特。**]常心独归汉,乃稍晓说其将帅曰[他具有一种正确甚而穿透的政治意识,还有一种政治说服才能,它们在他的绿林同志中间皆为罕见]:"往者成、哀衰微无嗣,故王莽得承间篡位。既有天下,而政令苛酷,积失百姓之心。民之讴吟思汉,非一日也,故使吾属因此得起。夫民所怨者,天所去也;民所思者,天所与也。举大事,必当下顺民心,上合天意,功乃可成。[正确和深刻的论辩:]若负强恃勇,触情恣欲,虽得天下,必复失之。以秦、项之势,尚至夷覆,况今布衣相聚草泽?以此行之,灭亡之道也。今南阳诸刘举宗起兵,观其来议事者,皆有深计大虑,王公之才,与之并合,必成大功,此天所以祐吾属也。"下江诸将虽屈强少识,然素敬常,乃皆谢曰:"无王将军,吾属几陷于不义。愿敬受教。"即引兵与汉军及新市、平林合。[**他对革命和刘秀事业的一项重大贡献**]于是诸部齐心同力,锐气益壮,遂俱进,破杀甄阜、梁丘赐。

　　[**从效劳更始帝到自愿从属刘秀,一条多少曲折的道路:**]

　　及诸将议立宗室,唯常与南阳士大夫同意欲立伯升,而碟(朱)鲔、张卬等不听。及更始立[23年],以常为廷尉、大将军,封知命侯。别徇[攻打]汝南、沛郡,还入昆阳,与光武共击破王寻、王邑。更始西都长安,以常行南阳太守事,令专命诛赏,封为邓王,食八县,赐姓刘氏。[**他的谦逊守纪品格:**]常性恭俭,遵法度,南方称之。

　　更始败,建武二年[26年]夏,常将妻子诣洛阳,肉袒自归。光武见常甚欢,劳之曰:"王廷尉良苦。每念往时共更艰厄,何日忘之。莫往莫来,岂违平生之言乎?"[**他心中的最初选择证明确实正确。他从属于一位伟大领袖:**]常顿首谢曰:"臣蒙大命,得以鞭策托身陛下。始遇宜秋,后会昆阳,幸赖灵武,辄成断金[刘伯升与王常深相结,故曰断金。《易经》系辞曰:"二人同心,其利断金。"]。更始不量愚臣,任以南州。赤眉之难,丧心失望,以为天下复失纲纪。闻陛下即位河北,心开目明,今得见阙庭,死于遗恨。"帝笑曰:"吾与廷尉戏耳。吾见廷尉,不忧南方矣。"[**他们依然如前心心相通!**]乃召公卿将军以下大会,具为群臣言:"常以匹夫兴义兵,明于知天命,故更始封为知命侯。与吾相遇兵中,尤相厚善。"特加赏赐,拜为左曹,封山桑侯。

　　[**他在帝国统一战争中的杰出效力,作为一名深受信任、勇敢和颇为能干的指挥将领:**]

　　后帝于大会中指常谓群臣曰:"此家率下江诸将辅翼汉室[**他对革命和刘秀事业的重大贡献被伟大领袖牢记在心,甚加赞扬;这类记忆一向构成能使他人奉献的伟大政治领导秉性的要素之一,它使他人能够奉献于他们**],心如金石,真忠臣也。"是日迁常为汉忠将军,遣南击邓奉、董䜣,令诸将皆属焉。又诏常北击河间、渔阳,平诸屯聚。五年[29年]秋,攻拔湖陵,又与帝会任城,因从破苏茂、庞萌。进攻下邳,常部当城门战,一日数合,贼反走入城,常追迫之,城上射矢雨下,帝从百余骑自城南高处望,常战力甚,驰遣中黄门诏使引还,贼遂降。又别率骑都尉王霸共平沛郡贼。六年[30年]春,征还洛阳,令夫人迎常于舞阳,归家上冢。[**他成了一位真正重要的指挥将领,从事重大的边疆使命。**]西屯长安,拒隗嚣。七年[31年],使使者持玺书,即拜常为横野大将军,位次与诸将绝席[谓尊显之]。常别击破隗嚣将高峻于朝那[县名,属安定郡]。嚣遣将过乌氏[今甘肃平凉县一带],常要击[截击]破之。转降保塞羌诸营壁,皆平之。九年[33年],击内黄[今河南北部安阳市内黄县]贼,破降之。后北屯故安[县,属涿郡],拒卢芳。十二年[36年],薨于屯所,谥曰节侯。……

**邓晨:**
[**与刘秀一起的一位革命老卫士,也是经婚娶他姐姐而成的他的一名近亲。一位英勇的战将和颇为能干的地方行政长官。**]

[**与刘秀兄弟一起的一位革命老卫士;英勇,决绝。**]
邓晨字伟卿,南阳新野人也。世吏二千石。父宏,豫章都尉。晨初娶光武姊元。王莽末,光武尝与兄伯升及晨俱之(至)宛,与穰人蔡少公等宴语。少公颇学图谶,言刘秀当为天子。或曰:"是国师公刘秀乎?"光武戏曰:"何用知非仆耶?"坐者皆大笑,晨心独喜。[《东观记》曰:"晨与上共载出,逢使者不下车,使者怒,颇加耻辱。上称江夏卒史(故自谓仆),晨更名侯家丞。使者以其诈,将至亭,欲罪之,新野宰潘叔为请,得免。"]及光武与家属避吏新野,舍晨庐,甚相亲爱。晨因谓光武曰:"王莽悖暴,盛夏斩人,此天亡之时也。往时会宛,独当应耶?"光武笑不答。[**在此令人印象深刻的,是他未来主公在决定性时刻的镇静和看似漫不经心的幽默。**]

及汉兵起,晨将宾客会棘阳。汉兵败小长安[今河南南阳市南],诸将多亡家属,光武单马遁走。遇女弟伯姬,与共骑而奔。前行复见元,趣(趋)令上马。元以手挥(挥)曰:"行矣,不能相救,无为两没也。"会追兵至,元及三女皆遇害。[**一位英勇和温情的姐姐;她牺牲自己,为了心爱的家庭成员,甚至也为了革命。**]汉兵退保棘阳,而新野宰乃污晨宅,焚其冢墓。宗族皆恚怒,曰:"家自富足,何故随妇家人入汤镬[huò,大锅]中?"最终无恨色。[**他自己的英勇和革命决心。**]

[**他对革命和初期帝国统一事业的重要贡献:**]
更始立[23年],以晨为偏将军。与光武略地颍川,俱夜出昆阳城,击破王寻、王

邑。又别徇[攻打]阳翟以东,至京、密,皆下之。更始北都洛阳,以晨为常山太守。会王郎反,光武自蓟走信都,晨亦间行会于巨鹿下,自请从击邯郸。光武曰:"伟卿以一身从我,不如以一郡为我北道主人。"乃遣晨归郡。光武追铜马、高胡群贼于冀州,晨发积射士千人,又遣委输给军不绝。光武即位,封晨房子侯。帝又感悼姊没于乱兵,追封谥元为新野节义长公主,立庙于县西。封晨长子汎为吴房侯,以奉公主之祀。

建武三年[27年],征晨还京师,数宴见,说故旧平生为欢。晨从容谓帝曰:"仆竟办之。"[光武前语晨云:"何用知非仆乎?"故晨有此言也。]帝大笑。从幸章陵,拜光禄大夫,使持节监执金吾贾复等击平邵陵、新息贼。四年[28年],从幸寿春,留镇九江。

[**按照他高尚和求实的偏好,担任地方行政长官;任上颇为能干,尤其在促进农业方面:**]晨好乐郡职,由是复拜为中山太守,吏民称之,常为冀州高第[中山属冀州,于冀州所部郡课常为第一]。十三年[37年],更封南变侯。入奉朝请,复为汝南太守。十八年[42年],行幸章陵,征晨行廷尉事。从至新野,置酒酺宴,赏赐数百千万,复遣归郡。……晨兴鸿郤陂[陂名,在豫州。成帝时,关东水陂溢为害,翟方进为丞相,奏罢之]数千顷田,汝土以殷,鱼稻之饶,流衍[饶也]它郡。明年,定封西华侯……二十五年[49年]卒,诏遣中谒者备公主官属礼仪,招迎新野主[刘秀姊刘元]魂,与晨合葬于北芒……

来歙:

[**在为帝国统一事业从事军政服务方面,他非常高尚、聪慧、勇敢和有战略性,为克服两个最经久的地区性军阀——西北的隗嚣和西南的公孙述——做出了重大贡献。他是刘秀的一位早先心腹,不幸无缘参加革命,拥有他为之全心奉献的君主的充分信任。在他最后的战役期间被公孙述暗杀,弥留之际最大限度地显现了他的高尚。**]

[**无缘参加革命,经在更始帝刘玄之下的一段沮丧时期后,决定全心跟随他早先的亲密朋友光武帝刘秀:**]

来歙字君叔,南阳新野人也。六世祖汉,有才力,武帝世,以光禄大夫副[作为副手辅助]楼船将军杨仆,击破南越、朝鲜。父仲,哀帝时为谏大夫,娶光武祖姑,生歙。光武甚亲敬之,数共往来长安。[**拥有显贵家族背景和与刘秀的早先亲密关系。**]

汉兵起，王莽以歙刘氏外属，乃收系(羁)之，宾客共篡夺[营救]，得免。[**然而，他亦(非自愿地)与参加革命的任何机会绝缘。**]更始即位[23年]，以歙为吏，从入关。数言事不用，以病去。歙女弟为汉中王刘嘉妻，嘉遣人迎歙，因南之(至)汉中。更始败，歙劝嘉归光武，遂与嘉俱东诣洛阳。

[**尝试用政治说服办法克服隗嚣：他的战略建议和亲身实践——确乎不定和危险的一桩使命；他起初成功，最终失败：**]

帝见歙，大欢，即解衣为衣之，拜为太中大夫。[**他一上来就享有君主的喜爱和信任！**]是时方以陇、蜀为忧，独谓歙曰："今西州[指隗嚣]未附，子阳[公孙述]称帝，道里阻远，诸将方务关东，思西州方略，未知所任，其谋若何？"歙因自请曰："臣尝与隗嚣相遇长安。其入始起，以汉为名。今陛下圣德隆兴，臣愿得奉威命，开以丹青之信，嚣必束手自归，则述自亡之势，不足图也。"[**他提议一种低成本的政治说服战略以克服隗嚣，而且自荐去从事这项确乎不定和危险的使命。**]

帝然之。建武三年[27年]，歙始使隗嚣。五年[29年]，复持节送马援，因奉玺书于嚣。既还，复往说嚣。嚣遂遣子恂随歙入质[**他的近三年说服开始部分有效**]，拜歙为中郎将。时山东略定，帝谋西收嚣兵，与俱伐蜀，复使歙喻旨嚣将王元说嚣，多设疑，故久尤(犹)豫不决。[**然而，要超越起初的部分成功极为困难。**][**他在一项气短性急的行动中冒了生命风险：**]歙素刚毅，遂发愤质责嚣曰："国家以君知臧否，晓废兴，故以手书畅意。足下推忠诚，遣伯春[嚣子恂，字伯春]委质，是臣主之交信也。今反欲用佞惑之言，为族灭之计，叛主负子，违背忠信乎？吉凶之决，在于今日。"欲前刺嚣[**他确实高尚勇敢，但气短性急**]，嚣起入，部勒兵，将杀歙，歙徐杖节就车而去。嚣愈怒，王元劝嚣杀歙，使牛邯将兵围守之。[**他那么高尚，或许也那么和善，以致在隗嚣的下属中间颇得众望；这救了他一命：**]嚣将王遵谏曰："愚闻为国者慎器与名，为家者畏怨重祸。……今将军遣子质汉，内怀它志，名器逆矣；外人有议欲谋汉使，轻怨祸矣。古者列国兵交，使在其间，所以重兵贵和而不任战也，何况承王命籍重质而犯之哉？君叔虽单车远使，而陛下之外兄也。害之无损于汉，而随以族灭。……小国犹不可辱，况于万乘之主，重以伯春之命哉！"歙为人有信义，言行不违，及往来游说，皆可案复，西州士大夫皆信重之，多为其言，故得免而东归。

[**政治路径不通后，他在战争中显现的军事、战略和政治高素质：**]

[**他证明还是一位勇敢、决绝和能干的指挥将领，在对隗嚣的奇袭和反围城战中：**]八年[32年]春，歙与征虏将军祭遵袭略阳[今陕西西南部汉中盆地西缘略阳县]，遵

道病还,分遣精兵随歆,合二千余人,伐山开道,从番须、回中径至略阳,斩嚣守将金梁,因保其城。嚣大惊曰:"何其神也!"乃悉兵数万人围略阳,斩山筑堤,激水灌城。歆与将士固死坚守,矢尽,乃发屋断木以为兵。嚣尽锐攻之,自春至秋,其士卒疲弊,帝乃大发关东兵,自将上陇,嚣众溃走,围解。于是置酒高会,劳赐歆,班坐绝席,在诸将之右,赐歆妻缣千匹。诏使留屯长安,悉监护诸将。

[他建议和实施对公孙述的西北前沿的武装征伐:]歆因上书曰:"公孙述以陇西、天水为藩蔽,故得延命假息。今二郡平荡,则述智计穷矣。宜益选兵马,储积资粮。……今西州新破,兵人疲馑,若招以财谷,则其众可集。臣知国家所给非一,用度不足,然有不得已也。"帝然之。于是大转粮运,诏歆率征西大将军冯异、建威大将军耿弇、虎牙大将军盖延、扬武将军马成、武威将军刘尚入天水,击破公孙述将田弇、赵匡。明年,攻拔落门[聚邑名,即今甘肃天水市下属武山县洛门镇],隗嚣支党周宗、赵恢及天水属县皆降。

[他对屡屡劫掠的西部蛮夷的成功征战,继之以一种旨在边疆社会恢复和稳定的"政治经济"(political economy):]初王莽世,羌虏多背叛,而隗嚣招怀其酋豪,遂得为用。及嚣亡后,五溪、先零诸种数为寇掠,皆营堑自守,州郡不能讨。歆乃大修攻具,率盖延、刘尚及太中大夫马援等进击羌于金城,大破之,斩首虏数千人,获牛羊万余头,谷数十万斛。又击破襄武贼傅栗卿等。陇西虽平,而人饥,流者相望。歆乃倾仓廪,转运诸县,以赈赡之,于是陇右遂安,而凉州流通焉。


[他在他的最后战役期间被公孙述暗杀,弥留之际最大限度地显现了他的高尚:]

十一年[35年],歆与盖延、马成进攻公孙述将王元、环安于河池、下辨,陷之,乘胜遂进。蜀人大惧,使刺客刺歆,未殊[未断气],驰召盖延。延见歆,因伏悲哀,不能仰视。歆叱延曰:"虎牙何敢然!今使者中刺客,无以报国,故呼巨卿,欲相属以军事,而反效儿女子涕泣乎!刃虽在身,不能勒兵斩公耶!"[**爱国的高尚,还有伴同大温情的雷脾气!**]延收泪强起,受所诫。歆自书表曰:"臣夜入定后,为何人[何人谓不知何人也]所贼伤,中臣要害。臣不敢自惜,诚恨奉职不称,以为朝廷羞。夫理国以得贤为本,太中大夫段襄,骨鲠可任,愿陛下裁察。[**爱国的高尚!**]又臣兄弟不肖,终恐被罪,陛下哀怜,数赐教督。[**还有正常人有的家庭温情。**]"投笔抽刃而绝。

帝闻大惊,省书揽涕,乃赐策曰:"中郎将来歆,攻战连年,平定羌、陇,忧国忘家,忠孝彰著。遭命遇害,呜呼哀哉!"使太中大夫赠歆中郎将、征羌侯印绶,谥曰节侯,谒者护丧事。丧还洛阳,乘舆缟素临吊送葬。以歆有平羌、陇之功,故改汝南之当乡县为征羌国焉。……

[我们的史家特别赞誉他尝试说服隗嚣的使命和表现:]论曰:"世称来君叔天下信士。夫专使乎二国之间,岂厌诈谋哉? 而能独以信称者,良其诚心在乎使两义俱安,而已不私其功也。……"

## 卷16《邓寇列传》[邓训除外]

[本篇主要为邓禹和寇恂的故事,那是光武帝刘秀的帝国统一战争中的两位伟大将领。邓禹被刘秀视为在他的主要立功战将中间功高第一,赢了对更始军的一场决定性战役,然后惨输掉一场对赤眉军的大战役。他的最大最著称的政治贡献,在于很早就给刘秀提出的一项关键的大战略提议,即"莫如延揽英雄,务悦民心,立高祖之业,救万民之命。以公而虑天下,不足定也"。寇恂犹如最伟大的后勤大师萧何,为他的主公建设和经营主要的战略基地,以必不可少的后勤供应确保他对各色各样的暴众武装和军阀作战。他俩都是政治上非常明智的军人,伴同其令人印象深刻的耐力和高尚。]

[本篇还有一则关于邓禹的第六个儿子邓训的附传。他提供了一套辉煌的经验,在驯化帝国边疆地区的蛮夷方面;依靠一种"柔软的"、和善地吸引人的方略,不用多少武力就赢得他们对帝国的从属,甚而对他本人的爱戴。]

邓禹:

[他被他的伟大主公视为在主要的有功战将中间功高第一(所谓"云台二十八将"之首),赢了对更始军的一场决定性战役,然后惨输掉一场对赤眉军的大战役,显示出——在其他之外——他的杰出的钢铁意志和军事耐力。然而,他对刘秀的帝国创建事业的最大贡献被广泛认为是政治上和认知上的,亦即很早就给他提出的关键性大战略建议:"莫如延揽英雄,务悦民心,立高祖之业,救万民之命。以公而虑天下,不足定也。"他大有政治明智("沉深有大度"、如他的主公认为的那样)——对所有时代的指挥将领来说最值得想望的品质。]

[他未参加革命,前去效劳他的同乡密友刘秀,带着一项关键性的大战略建议(或曰正确方向倡议):渴望和争取一个在他本人之下的得民心和大一统的新帝国:]

["与朕谋谟帷幄,决胜千里",犹如一段时期内他的参谋总长:]

邓禹字仲华,南阳新野人也。年十三,能诵诗,受业长安。[他非常聪明,且多少有学问。还是刘秀的同乡密友:]时光武亦游学京师,禹年虽幼,而见光武知非常人,遂相亲附。数年归家。

及汉兵起,更始立,豪杰多荐举禹,禹不肯从。[**他有自己的全心全意的抉择;他知道谁在全国大乱中有着最宏大的未来远景:**]及闻光武安集河北,即杖策北渡,追及于邺。光武见之甚欢,谓曰:"我得专封拜,①生远来,宁欲仕乎?"禹曰:"不愿也。"光武曰:"即如是,何欲为?"[**那时,刘秀或许尚未有多少坚定的帝国统一宏愿。因而,邓禹的如下劝告至关重要:**]禹曰:"但愿明公威德加于四海,禹得效其尺寸,垂功名于竹帛耳。"光武笑,因留宿闲语。禹进说曰:"更始虽都关西,今山东未安,赤眉、青犊之属,动以万数,三辅假号,往往群聚。更始既未有所挫,而不自听断,诸将皆庸人屈起,志在财币,争用威力,朝夕自快而已,非有忠良明智,深虑远图,欲尊主安民者也。四方分崩离析,形势可见。明公虽建藩辅之功,犹恐无所成立。于今之计,莫如延揽英雄,务悦民心,立高祖之业,救万民之命。以公而虑天下,不足[**在此意谓容易**]定也。"[**他提倡一个方向:渴望和争取一个在他选择的主公之下的、得民心和大一统的新帝国。一项恰逢其时的最重要的建议!**]光武大悦,因令左右号禹曰邓将军。常宿止于中,与定计议。[**两位心心相通的大战略家。**]

及王郎起兵[23年末],光武自蓟至信都,使禹发奔命,得数千人,令自将之,别攻拔乐阳。从至广阿[县名,治所在今河北邢台市隆尧县东],光武舍城楼上,披舆地图,指示禹曰:"天下郡国如是,今始乃得其一。子前言以吾虑天下不足定,何也?"[**这位伟大英雄似乎就他提议的得民心和大一统事业仍不充分自信。他立即去巩固光武帝刘秀对这最重要的大方面的信念:**]禹曰:"方今海内淆乱,人思明君,犹赤子之慕慈母。古之兴者,在德薄厚,不以大小。"光武悦。时任使诸将,多访于禹,禹每有所举者,皆当其才,光武以为知人。[**"知人":对一个有效的战略家而言的一项必不可少的素质。**]使别将骑,与盖延等击铜马于清阳。延等先至,战不利,还保城,为贼所围。禹遂进与战,破之,生获其大将。从光武追贼至蒲阳,连大克获,北州略定。

[**他的重大军事贡献:赢得对更始军的一场决定性战役:**]

及赤眉西入关,更始使定国上公王匡、襄邑王成丹、抗威将军刘均及诸将,分据河东、弘农以拒之。赤眉众大集,王匡等莫能当。光武筹赤眉必破长安,欲乘衅(衅)[裂缝之意]并关中,而方自事山东,未知所寄,[**刘秀对他作为一大战役的指挥**]

① 《后汉书·光武帝纪上》载:更始将北都洛阳,以光武行司隶校尉,使前整修宫府。于是置僚属,作文移[官府文书的一种,与牒相类,多用于不相统属的官署之间],从事司察,一如旧章。

将领的高度赏识和信任,因为他"沉深有大度":]以禹沉深有大度,故授以西讨之略。乃拜为前将军持节,中分麾下精兵二万人,遣西入关,令自选偏裨以下可与俱者。于是以韩歆为军师,李文、李春、程虑为祭酒,冯愔为积弩将军,樊崇为骁骑将军,宗歆为车骑将军,邓寻为建威将军,耿䜣为赤眉将军,左于为军师将军,引而西。

建武元年[25 年]正月,禹自箕关将入河东[今山西运城、临汾一带],河东都尉守关不开,禹攻十日,破之,获辎重千余乘。[**他以耐力和镇静,克服了军事磨难和在显著兵力数量劣势形势下彻底失败的颇大可能性**:]进围安邑[都邑名,在今山西运城市盐湖区],数月未能下。更始大将军樊参将数万人,度大阳欲攻禹,禹遣诸将逆击于解南[可能在今山西太原市境内],大破之,斩参首。于是王匡、成丹、刘均等合军十余万,复共击禹,禹军不利,樊崇战死。会日暮,战罢,军师韩歆及诸将见兵势已摧,皆劝禹夜去,禹不听。明日癸亥,匡等以六甲穷日[以干支记日,干支末一天为癸亥,称"六甲穷日",被认为不吉利]不出,禹因得更理兵勒众。[**惊人的转折!在似乎失去了一切合理的希望之际彻底赢了战役**:]明旦,匡悉军出攻禹,禹令军中无得妄动;既至营下,因传发诸将鼓而并进,大破之。匡等皆弃军亡走,禹率轻骑急追,获刘均及河东太守杨宝、持节中郎将弭强,皆斩之,收得节六,印绶五百,兵器不可胜数,遂定河东。……是月,光武即位于鄗[hào,县名,故城在今河北柏乡县北],使使者持节拜禹为大司徒。策曰:"制诏前将军禹:深执忠孝,与朕谋谟帷幄,决胜千里。孔子曰:'自吾有回,门人日亲。'斩将破军,平定山西,功效尤著。……今遣奉车都尉授印绶,封为酇侯,食邑万户。敬之哉!"禹时年二十四。[**简直是一位政治/战略天才。**]

[**他对赤眉军的战役,他的又一场军事磨难,却以惨败告终,部分地因为来自他的君主的一则错误指令**:]

遂渡汾阴河,入夏阳。更始中郎将左辅都尉公乘歙,引其众十万,与左冯翊兵共拒禹于衙,禹复破走之,而赤眉遂入长安。是时三辅连覆败,赤眉所过残贼,百姓不知所归。闻禹乘胜独克而师行有纪,皆望风相携负以迎军,降者日以千数,众号百万。禹所止辄停车住节,以劳来之,父老童稚,重发戴白,满其车下,莫不感悦,于是名震关西。帝嘉之,数赐书褒美。[**他作为一位杰出的政治将领,很容易地保证了民众支持,然而面对当时巨大规模的暴众赤眉军,这证明是个在军事上的不充足的补偿。**]

诸将豪杰皆劝禹径攻长安。禹曰:"不然。今吾众虽多,能战者少,前无可仰之积,后无转馈之资。赤眉新拔长安,财富充实,锋锐未可当也。[**一向很明智的战略分析。它导致了一种明智的"间接战略"决定**:]夫盗贼群居,无终日之计,财谷虽多,变故万端,宁能坚守者也?上郡、北地、安定三郡,土广人稀,饶谷多畜,吾且休兵北道,就粮养士,以观其弊,乃可图也。"于是引军北至栒邑[县名,属右扶风]。禹所到,击破赤眉别将诸营保,郡邑皆开门归附。……

帝以关中未定,而禹久不进兵,下敕曰:"司徒,尧也;亡贼,桀也。长安吏人,遑遑无所依归。宜以时进讨,镇慰西京,系百姓之心。"[**来自君主的一项错误的指令,性质为"直接战略"**]禹犹执前意,乃分遣将军别攻上郡诸县,更征兵引谷,归至大要[县名,属北地郡]。遣冯愔、宗歆守栒邑。二人争权相攻,愔遂杀歆,因反击禹……[**内讧与逆变!**]

二年[26年]春,遣使者更封禹为梁侯,食四县。时,赤眉西走扶风,禹乃南至长安,军昆明池,大飨士卒……[**然而,他的部队的战略/后勤劣势依然存在而无大变。**]

禹引兵与延岑战于蓝田,不克,复就谷云阳。……自冯愔反后,禹威稍损,又乏食,归附者离散。而赤眉复还入长安,禹与战,败走,至高陵,军士饥饿,皆食枣菜。帝乃征禹还,敕曰:"赤眉无谷,自当来东,吾折捶笞之,非诸将忧也。无得复妄进兵。"禹惭于受任而功不遂,数以饥卒徼战,辄不利。[**此时,他似乎失去了他的镇定!**]三年[27年]春,与车骑将军邓弘击赤眉,遂为所败,众皆死散。事在《冯异传》。独与二十四骑还诣宜阳[**一次彻底的惨败!**],谢上大司徒、梁侯印绶。① 有诏归侯印绶。数月,拜右将军。

[**他的最后一次军事表现,成功地粉碎了地区性军阀延岑;他在统一的帝国内的高尚和不可被腐败:**]

延岑自败于东阳,遂与秦丰合。四年[28年]春,复寇顺阳间。遣禹护复汉将军邓晔、辅汉将军于匡,击破岑于邓;追至武当,复破之。岑奔汉中,余党悉降。

十三年[37年],天下平定,诸功臣皆增户邑,定封禹为高密侯,食高密、昌安、夷安、淳于四县。帝以禹功高……其后左右将军官罢,以特进奉朝请。[**他的高尚和**

---

① 《后汉书·光武帝纪上》载:(建武)三年[27年]春正月甲子,以偏将军冯异为征西大将军,杜茂为骠骑大将军。大司徒邓禹及冯异与赤眉战于回溪,禹、异败绩。……

闰月乙巳,大司徒邓禹免。

冯异与赤眉战于崤底[嵚岑山麓,在今洛阳市洛宁县东北],大破之,余众南向宜阳[县名,在今河南宜阳县西,洛河中游],帝自将征之。己亥,幸宜阳。甲辰,亲勒六军[皇帝警卫部队],大陈戎马,大司马吴汉精卒当前,中军次之,骁骑、武卫分陈左右。赤眉望见震怖,遣使乞降。丙午,赤眉君臣[刘盆子及丞相徐宣以下三十余人]面缚[谓反偝而缚之,既系脖颈又缚双臂双手于身背后]奉高皇帝玺绶,诏以属城门校尉。[**大规模暴众这次全无真正的战斗精神和耐力。心理崩溃而无战斗。**]戊申,至自宜阳。己酉,诏曰:"群盗纵横,贼害元元,盆子窃尊号,乱惑天下。朕奋兵讨击,应时[立时,立刻]崩解,十余万众束手降服,先帝玺绶归之王府。斯皆祖宗之灵,士人之力,朕曷足以享斯哉!……"

**不可被腐败！一类最佳儒士：**]禹内文明,笃行淳备,事母至孝。天下既定,常欲远名势。有子十三人,各使守一艺。修整闺门,教养子孙,皆可以为后世法。资用国邑,不修产利。帝益重之。中元元年[56 年],复行司徒事。……

　　显宗即位,以禹先帝元功,拜为太傅,进见东向,甚见尊宠。居岁余,寝疾。帝数自临问,以子男二人为郎。永平元年[58 年],年五十七薨,谥曰元侯。

　　论曰:"夫变通之世,君臣相择,斯最作事谋始之几也[几者,事之微也]。邓公嬴粮徒步,触纷乱而赴光武,可谓识所从会矣。于是中分麾下之军,以临山西之隙,至使关河响动,怀赴如归。功虽不遂,而道亦弘矣！[**他的"道",回溯前面已经指出的主题,在于一个得民心和大一统的帝国。**]及其威损枸邑,兵散宜阳,褫龙章于终朝,就侯服以卒岁[谓禹为赤眉所败,上大司徒印绶],[**他的高尚和来自君主的信任都始终如一：**]荣悴交而下无二色,进退用而上无猜情,使君臣之美,后世莫窥其间,不亦君子之致为乎！"

　　**寇恂:**
　　[**他犹如最伟大的后勤大师萧何,为他的主公建设和经营主要的战略基地,以必不可少的后勤供应确保刘秀对各色各样的暴众武装和军阀作战。他是一位政治上明智的军人,像那么多在伟大主公之下身处高层的同僚。**]

　　寇恂字子翼,上谷昌平人也,世为著姓。恂初为郡功曹,太守耿况甚重之。
　　[**他选择了他的伟大主公,在革命结束和对更始政权幻灭之后：**]
　　王莽败,更始立。使使者徇郡国,曰"先降者复爵位"。恂从耿况迎使者于界上,况上印绶,使者纳之,一宿无还意。恂勒兵入见使者,就请之。使者不与……恂叱左右以使者命召况。况至,恂进取印绶带况。使者不得已,乃承制诏之,况受而归。
　　及王郎起,遣将徇上谷,急况发兵。恂与门下掾闵业共说况曰:"邯郸拔[卒也]起,难可信向。[**他选择了他的伟大主公：**]昔王莽时,所难独有刘伯升耳。今闻大司马刘公,伯升母弟,尊贤下士,士多归之,可攀附也。"况曰:"邯郸方盛,力不能独拒,如何?"恂对曰:"今上谷完实,控弦万骑,举大郡之资,可以详择去就。恂请东约渔阳,齐心合众,邯郸不足图也。"况然之,乃遣恂到渔阳,结谋彭宠。恂还,至昌平,袭击邯郸使者,杀之,夺其军,遂与况子弇[yǎn]等俱南及光武于广阿。拜恂为偏将军,号承义侯,从破群贼。数与邓禹谋议,禹奇之[**他看来是个令人印象深刻的战略和策略才士,颇有政治意识和眼界,一直很能打动"沉深有大度"的邓禹**],

因奉牛、酒共交欢。

[**他被他的主公以大战略眼界委派为主要战略/后勤基地的守卫者、建设者和经营者;一项被自觉地与萧何相比的至关紧要的任务,由他很能干地履行:**]

光武南定河内,而更始大司马朱(朱)鲔等盛兵据洛阳,及并州未定,光武难其守[难以确定合适的河内太守人选],问于邓禹曰:"诸将谁可使守河内者?"禹曰[**以大战略眼界和对这位才士的深入了解**]:"昔高祖任萧何于关中,无复四顾之忧,所以得专精山东,终成大业。今河内带河为固,户口殷实,北通上党,南迫洛阳。寇恂文武备足,有牧人御众之才,非此子莫可使也。"乃拜恂河内太守,行大将军事。光武谓恂曰:"河内完富,吾将因是而起。昔高祖留萧何镇关中,吾今委公以河内,坚守转运,给足军粮,率厉(励)士马,防遏它兵,勿令北度(渡)而已。"[**最高统帅发出清晰和具体的指令,指出了所委派任务的广泛战略含义**],光武于是复北征燕、代。恂移书属县,讲兵肄[习也]射,伐淇园之竹,为矢百余万,养马二千匹,收租四百万斛,转以给军。

朱(朱)鲔闻光武北而河内孤,使讨难将军苏茂、副将贾强(强)将兵三万余人,度巩河攻温[今河南温县西]。[**他辉煌地展示了他的军事英勇和战术才干,以处于数量劣势的当地部队捍卫基地:**]檄书至,恂即勒军驰出,并移告属县发兵,会于温下。军吏皆谏曰:"今洛阳兵渡河,前后不绝,宜待众军毕集,乃可出也。"恂曰:"温,郡之藩蔽,失温则郡不可守。"遂驰赴之。旦日合战,而偏将军冯异遣救,及诸县兵适至,士马四集,幡旗蔽野。恂乃令士卒乘城,鼓噪大呼,言曰:"刘公兵到!"苏茂军闻之,阵动,恂因奔击,大破之,追至洛阳,遂斩贾强。茂兵自投河死者数千,生获万余人。恂与冯异过河而还。自是,洛阳震恐,城门昼闭。时,光武传闻朱(朱)鲔破河内,有顷,恂檄至,大喜曰:"吾知寇子翼可任也!"诸将军贺,因上尊号,于是即位。

时,军食急乏,恂以辇车骊驾[《前书音义》曰:"骊驾,并驾也。辇车,人挽行也。"]转输,前后不绝,尚书升斗以禀百官。帝数策书劳问,恂同门生茂陵董崇说恂曰:"上新即位,四方未定,而郡侯以此时据大郡,内得人心,外破苏茂,威震邻敌,功名发闻,此谗人侧目怨祸之时也。昔萧何守关中,悟鲍生之言而高祖悦。今君所将,皆宗族昆弟也,无乃当以前人为镜戒。"恂然其言,称疾不视事。[**他政治上小心,明智;而他的主公看来在这方面比更伟大的高祖还伟大一些:**]帝将攻洛阳,先至河内,恂求从军。帝曰:"河内未可离也。"数固请,不听,乃遣兄子寇张、姊子谷崇将突骑,愿为军锋。帝善之,皆以为偏将军。

**[他高尚,由下述详细的故事显示出来:]**

建武二年[26年],恂坐系(羁)考上书者[擅自处罚上书人]免。是时,颍川人严终、赵敦聚众万余,与密人贾期连兵为寇。恂免数月,复拜颍川[约为今河南登封市]太守,与破奸将军侯进俱击之。数月,斩期首,郡中悉平定。封恂雍奴侯,邑万户。

执金吾贾复在汝南,部将杀人于颍川,恂捕得系(羁)狱。时尚草创,军营犯法,率多相容,恂乃戮之于市。复以为耻,叹。还过颍川,谓左右曰:"吾与寇恂并列将帅,而今为其所陷,大丈夫岂有怀侵怨而不决之者乎?今见恂,必手剑之!"恂知其谋,不欲与相见。谷崇曰:"崇,将也,得带剑侍侧。卒有变,足以相当。"恂曰:"不然。**[他的高尚,在此场合基于"爱国主义":]**昔蔺相如不畏秦王而屈于廉颇者,为国也。区区之赵,尚有此义,吾安可以忘之乎?"乃敕属县盛供具,储酒醪,执金吾军入界,一人皆兼二人之馔。恂乃出迎于道,称疾而还。贾复勒兵欲追之,而使士皆醉,遂过去。恂遣谷崇以状闻,帝乃征恂。恂至引见,时复先在坐,欲起相避。帝曰:"天下未定,两虎安得私斗?今日朕分[犹解也]之。"于是并坐极欢,遂共车同出,结友而去。

**[他作为地方行政长官的大才干在此得到强调:]**

恂归颍川。三年[27年],遣使者即拜为汝南太守,又使骠骑将军杜茂将兵助恂讨盗贼。盗贼清静,郡中无事。恂素好学,乃修乡校,教生徒,聘能为《左氏春秋》者,亲受学焉。七年[31年],代砵(朱)浮为执金吾。明年[32年],从车驾击隗嚣,而颍川盗贼群起,帝乃引军还,谓恂曰:"颍川迫近京师,当以时定。惟念独卿能平之耳,从九卿复出,以忧国可也。"恂对曰:"颍川剽轻,闻陛下远逾阻险,有事陇、蜀,故狂狡乘间相诖误耳。如闻乘舆南向,贼必惶怖归死。臣愿执锐前驱。"即日车驾南征,恂从至颍川,盗贼悉降,而竟不拜郡。百姓遮道曰:"愿从陛下复借[恂前为颍川太守,故曰复借]寇君一年。"**[他在地方长官任上那么大得民心]**乃留恂长社[在今河南长葛东],镇抚吏人,受纳余降。

**[统一战争临近结束时,他的战略策略才能再度得到显现:]**

初,隗嚣将安定高峻,拥兵万人,据高平第一[高平,县,位三今山西东南部。《续汉志》曰高平有第一城],帝使待诏马援招降峻,由是河西道开。中郎将歆承制拜峻通路将军,封关内侯,后属大司马吴汉,共围嚣于冀。及汉军退,峻亡归故营,复助嚣拒陇阺。及嚣死,峻据高平,畏诛坚守。建威大将军耿弇率太中大夫窦士、武威太守梁统等围之,一岁不拔。十年[34年],帝入关,将自征之,恂时从驾,谏曰**[他显示了战略才能]**:"长安道里居中,应接近便,安定、陇西必怀震惧,此从容一处可以制四方也。今士马疲倦,方履险阻,非万乘之固,前年颍川,可为至戒。"帝不从。进军及汧,峻犹不下,帝议遣使降之,乃谓恂曰:"卿前止吾此举,今为吾行也。若峻不即降,引耿弇等五营击之。"[他显示了战术才能:]恂奉玺书至第一,峻遣军师皇甫文出谒,辞礼不屈。恂怒,将诛文。诸将谏曰:"高峻精兵万人,率多强弩,西遮陇道,连年不下。今欲降之而反戮其使,无乃不可乎?"恂不应,遂斩之。遣其副归告峻曰:"军师无礼,已戮之矣。欲降,急降;不欲,固守。"峻惶恐,即日开城门降。诸将皆贺,因曰:"敢问杀其使而降其城,何也?"恂曰:"皇甫文,峻之腹心,其所取计者也。今来,辞意不屈,必无降心。全之则文得其计,杀之则峻亡其胆,是以降耳。"诸将皆曰:"非所及也。"遂传峻还洛阳。

[他有其学者风格,连同"学者侠情":]

恂经明行修,名重朝廷,所得秩奉,厚施朋友、故人及从吏士。常曰:"吾因士大夫以致此,其可独享之乎!"时人归其长者,以为有宰相器。

十二年[36年]卒,谥曰威侯。……

## 卷17《冯岑贾列传》

[冯异、岑彭、贾复:三位在其主公刘秀的全国统一战争中杰出的指挥将领,以他们的英勇和战略/战术才干为刘秀最终全胜作了重要贡献。像刘秀之下高层的那么多人,他们全都令人印象深刻地谦逊审慎,而且政治上颇为明智。此外,在他们中间,贾复还以其儒家学问为特征,属于一类优良的儒家学士军人!]

冯异:

[一位有学问的、政治上明智的伟大将军,在光武帝刘秀的统一战争中优良效力,特别是决定性地贡献于摧毁巨大规模的暴众赤眉军,而摧毁地区性军阀隗嚣对他来说证明艰难得多。他的谦逊审慎("为人谦退不伐")令人印象甚为深刻,还有他与他的君主之间有趣的微妙关系。]

[他作出自己的抉择,被刘秀及其武力的守纪、严肃和其他良好特征吸引,认为后者在政治上甚而道德上伟大("非庸人也"):]

冯异字公孙,颍川父城[县名,位于今河南宝丰县]人也。好读书,能《左氏春秋》、《孙子兵法》。

汉兵起,异以郡掾监五县,与父城[位于今河南宝丰县境内]长苗萌共城守,为王莽拒汉。光武略地颍川,攻父城不下,屯兵巾车乡。异闲出[犹微行]行属县,为汉兵所执。时异从兄孝及同郡丁綝、吕晏,并从光武,因共荐异,得召见。异曰:"异一夫之用,不足为强弱。有老母在城中,愿归据五城,以效功报德。"光武曰:"善。"

异归,谓苗萌曰:"今诸将皆壮士屈起,多暴横["壮士屈起多横暴":那么多造反的暴众武力的特征]独有刘将军所到不虏掠。[刘秀的造反武装因为其守规矩和严肃性而如此不同凡响,吸引像他那般守规矩和严肃的人:]观其言语举止,非庸人也,可以归身。"苗萌曰:"死生同命,敬从子计。"光武南还宛,更始诸将攻父城者前后十余辈,异坚守不下;及光武为司隶校尉,道经父城,异等即开门奉牛、酒迎。光武署异为主簿,苗萌为从事。异因荐邑子铫期、叔寿、段建、左隆等,光武皆以为橡史,以至洛阳。

[他被提拔到高位,归因于(1)他的政治/战略提议及其有效实施;(2)他在华北的一段非常艰苦的时期里最忠诚的效力;(3)令他赢得军中众望的他的显著谦逊:]

更始数欲遣光武徇[经略]河北,诸将皆以为不可。是时,左丞相曹竟子诩[xǔ]为尚书,父子用事,异劝光武厚结纳之。及度河北,诩有力焉。

自伯升之败,光武不敢显其悲戚,每独居,辄不御酒肉,枕席有涕泣处。异独叩头宽譬哀情。光武止之曰:"卿勿妄言。"异复因闲进说曰[他在政治上非常明智,或许强化了他的主公的政治眼界,而且通过一项所建议的政治战略,肯定帮助了它在当时的"贯彻"]:"天下同苦王氏,思汉久矣。今更始诸将从横暴虐,所至虏掠,百姓失望,无所依载。今公专命方面,施行恩德。夫有桀、纣之乱,乃见汤、武之功;人久饥渴,是为充饱。宜急分遣官属,徇行郡县,理冤结,布惠泽。"光武纳之。至邯郸,遣异与铫期乘传抚循属县,录囚徒,存鳏寡,亡命自诣者除其罪,阴条二千石长吏同心及不附者上之。

及王郎起,光武自蓟东南驰,晨夜草舍,至饶阳无萎亭。[朴实和动人的故事,关于在一段肉体遭难的时段里他最为忠诚的效力:]时天寒烈,众皆饥疲,异上豆粥。明旦,光武谓诸将曰:"昨得公孙豆粥,饥寒俱解。"及至南宫,遇大风雨,光武引车入道傍空舍,异抱薪,邓禹热火,光武对灶燎衣。异复进麦饭菟肩[植物名,属葵类,可食]。因复度(渡)虖沱河至信都,使异别收河间兵。还,拜偏将军。从破王郎,封应侯。

[他杰出和诚挚的谦逊,为他在军中赢得了众望:]异为人谦退不伐,行与诸将相逢,辄引车避道。进止皆有表识[言其进退有常处],军中号为整齐。每所止舍,诸将并坐论功,异常独屏树下,军中号曰"大树将军"。及破邯郸,乃更部分诸将,各有配隶。军士皆言愿属大树将军,光武以此多之[重之]。别击破铁胫[《后汉书·光武帝纪上》载:"又别号诸贼铜马、大肜、高湖、重连、铁胫……等,各领部曲,众合数百万人。"]于北平[在今河北满城县城北],又降匈奴于林闟[xì]顿王,因从平河北。

[他在钳制一支以洛阳为中心的更始政权大军方面的重要成就,主要依凭政治手段:]

时,更始遣舞阴王李轶、廪丘王田立、大司马硃(朱)鲔、白虎公陈侨将兵号三十万,与河南太守武勃共守洛阳。光武将北徇燕、赵,以魏郡、河内独不逢兵,而城邑宗,仓廪实,乃拜寇恂为河内太守,异为孟津将军,统二郡军河上,与恂合执,以拒硃(朱)鲔等。

[他的政治说服,意在使敌方主要将领之一疏离更始政权;作为一项战略的"分而克之":]异乃遗李轶书曰:"愚闻明镜所以照形,往事所以知今。昔微子去殷而入周,项伯畔(叛)楚而归汉……苟令长安[谓更始]尚可扶助,延期岁月,疏不间亲,远不逾近,季文[李轶字]岂能居一隅哉[言轶与更始疏远,独居一隅,理难支久,欲其早图去就]?今长安坏乱,赤眉临郊,王侯构难。大臣乖离,纲纪已绝,四方分崩,异姓并起,是故萧王[更始帝于更始二年(24年)封刘秀为萧王]跋涉霜雪,经营河北。方今英俊云集,百姓风靡……季文诚能觉悟成败,亟定大计,论功古人,转祸为福,在此时矣。如猛将长驱,严兵围城,虽有悔恨,亦无及已。"

初,轶与光武首结谋约,加相亲爱,及更始立,反共陷伯升。虽知长安已危,欲降又不自安。乃报异书曰:"轶本与萧王首谋造汉,结死生之约,同荣枯之计。今轶守洛阳,将军镇孟津,俱据机轴,千载一会,思成断金[《周易·系辞上》:"二人同心,其利断金"]。惟深达萧王,愿进愚策,以佐国安人。"轶自通书之后,不复与异争锋,故异因此得北攻天井关,拔上党两城,又南下河南成皋已(以)东十三县,及诸屯集,皆平之,降者十余万。[他的重大成就,如前所述主要依凭政治手段]武勃将万余人攻诸畔(叛)者,异引军度(渡)河,与勃战于士乡下,大破斩勃,获首五千余级,轶又闭门不救。异见其信效,具以奏闻。光武故宣露轶书,令硃(朱)鲔知之。[刘秀很少玩弄的残忍的马基雅维里主义,为他兄长的暴死进行报复!]鲔怒,遂使人刺杀轶。由是城中乖离,多有降者。鲔乃遣讨难将军苏茂将数万人攻温,鲔自将数万人攻平阴以缀[连缀也]异。异遣校尉护军将兵,与寇恂合击茂,破之。异因度(渡)河击鲔,鲔走;异追至洛阳,环城一匝而归。

移檄上状,诸将皆入贺,并劝光武即帝位。光武乃召异诣鄗,问四方动静。异曰:"三王反畔(叛),更始败亡,天下无主,宗庙之忧,在于大王。宜从众议,上为社稷,下为百姓。"光武曰:"我昨夜梦乘赤龙上天,觉悟,心中动悸。"异因下席再拜贺曰:"此天命发于精神。心中动悸,大王重慎之性也。"异遂与诸将军议上尊号。

[作为一个重要战区的指挥将领,他决定性地摧毁了赤眉大规模暴众军队的主力;他对他主公的伟大事业做出的最大贡献("为我披荆棘,定关中"),连同他的

战略战术才干的最大显示：]

建武二年[26年]春，定封异阳夏侯。……

时，赤眉、延岑暴乱三辅，郡县大姓各拥兵众，大司徒邓禹不能定，乃遣异代禹讨之。车驾送至河南，赐以乘舆七尺具剑。敕异曰[出自最高统帅刘秀的一项真正的政治／战略指令，就透彻地理解敌人、自身军队和自己任命的战区司令而言的一个最佳范例]："三辅遭王莽、更始之乱，重以赤眉、延岑之酷，元元涂炭，无所依诉。今之征伐，非必略地屠城，要在平定安集之耳。诸将非不健斗，然好虏掠。卿本能御吏士，念自修敕，无为郡县所苦。"异顿首受命，引而西，所至皆布威信。弘农群盗称将军者十余辈，皆率众降异。[他优秀地执行其主公的优秀的指令。]

[他面对大规模赤眉主力而做的艰难但得胜的前线决定，依凭他的战略明智和耐力：]异与赤眉遇于华阴，相拒六十余日，战数十合，降其将刘始、王宣等五千余人。三年[27年]春，遣使者即拜异为征西大将军。会邓禹率车骑将军邓弘等引归，与异相遇，禹、弘要异共攻赤眉。异曰："异与贼相拒且数十日，虽屡获雄将，余众尚多，可稍以恩信倾诱，难卒用兵破也。上今使诸将屯黾池要[截击]其东，而异击其西，一举取之，此万成计也。"禹、弘不从。[在此场合，总的来说他比非常能干的邓禹更有战略和策略性。]弘遂大战移日，赤眉佯败，弃辎重走。车皆载土，以豆覆其上，兵士饥，争取之。赤眉引还击弘，弘军溃乱。异与禹合兵救之，赤眉小却。异以士卒饥倦，可且休，禹不听，复战，大为所败，死伤者三千余人。禹得脱归宜阳[县名，在今河南宜阳县西，洛河中游]。[现在，他成了他的主公在一个重大战区里唯一可依靠的！]异弃马步走上回谿阪，与麾下数人归营。复坚壁，收其散卒，招集诸营保数万人，与贼约期会战。[他非常有策略，在一场伴以奇袭的战略性对阵激战中；这归因于他的健全的判断和承担风险的决心：]使壮士变服与赤眉同，伏于道侧。旦日，赤眉使万人攻异前部，异裁（才）出兵以救之。贼见势弱，遂悉众攻异，异乃纵兵大战。日昃[zè，太阳偏西]，贼气衰，伏兵卒起，衣服相乱，赤眉不复识别，众遂惊溃。追击，大破于崤底[崤岑山麓，在今洛阳市洛宁县东北]，降男女八万人。余众尚十余万，东走宜阳降。[一场辉煌的大规模胜利！]玺书劳异曰："赤眉破平，士吏劳苦，始虽垂翅回谿，终能奋翼黾池，可谓失之东隅，收之桑榆。[转失败为大胜，因为这失败改变了敌人的心理和战略意识，因而改变了战区状况。]方论功赏，以答大勋。"

[其后，他为他的要统一华夏的主公征服和平定了关中：]

[他在一种自然状态中的"且战且行式"扫荡，还有对军阀延岑的战役，全都在关中这同一个战区：]时，赤眉虽降，众寇犹盛：延岑据[本句以下地名大致皆在陕西关

中地区]蓝田,王歆据下邽,芳丹据新丰,蒋震据霸陵,张邯据长安,公孙守据长陵,杨周据谷口,吕鲔据陈仓,角闳据汧[qiān],骆延据盩厔[zhōu zhì],任良据鄠[hù],汝章据槐里,各称将军,拥兵多者万余,少者数千人,转相攻击。异且战且行,屯军上林苑中。延岑既破赤眉,自称武安王,拜置牧守,欲据关中,引张邯、任良共攻异。[**他的战斗看来总是导致多得多的投降而非摧毁,既因为他的敌人的基本性质,也肯定因为他的政治性的基本方略:**]异击破之,斩首千余级,诸营保守附岑者皆来降归异。岑走攻析,异遣复汉将军邓晔、辅汉将军于匡要击岑,大破之,降其将苏臣等八千余人。岑遂自武关走南阳。

时,百姓饥饿,人相食,黄金一斤易豆五升。[**自然状态中的极端凋敝。暴众自然状态中的战争实乃地狱!**]道路断隔,委输不至,军士悉以果实为粮。诏拜南阳赵匡为右扶风,将兵助异,并送缣谷,军中皆称万岁。异兵食渐盛,[**他是个真正政治性的指挥将领,既长于军事操作,也长于民事靖安**]乃稍诛击豪杰不从令者,褒赏降附有功劳者,悉遣其渠帅诣京师,散其众归本业。威行关中,惟吕鲔、张邯、蒋震遣使降蜀,其余悉平。

[**成功地巩固对关中的统治,有效地摧毁最强的地区性军阀公孙述的入侵:**]明年,公孙述遣将程焉,将数万人就吕鲔出屯陈仓[在今陕西宝鸡市陈仓区]。异与赵匡迎击,大破之,焉退走汉川。异追战于箕谷[在今宝鸡市境内],复破之,还击破吕鲔,营保降者甚众。其后蜀复数遣将间出,异辄摧挫之。怀来百姓,申理枉结,出入三岁,上林成都[言归附之多也。《史记》曰:"一年成邑,三年成都。"]。

[**他作为一名富有威望的地区"总督"与他的君主之间的关系——有趣的微妙关系;两人最终都得到了证明,证明他谦逊地忠诚,而他的主公则对他赏识和信任:**]

异自以久在外,不自安,上书思慕阙廷,愿亲帷幄,帝不许。后人有章言异专制关中,斩长安令,威权至重,百姓归心,号为"咸阳王"。帝使以章示异。异惶惧,上书谢曰[**他"为人谦退不伐"**,真诚地表达自己的卑微和忠诚;也许俗常,然而动人!]:"臣本诸生,遭遇受命之会,充备行伍,过蒙恩私,位大将,爵通侯,受任方面,以立微功,皆自国家谋虑,愚臣无所能及。臣伏自思惟:以诏敕战攻,每辄如意;时以私心断决,未尝不有悔。国家独见之明,久而益远,乃知'性与天道,不可得而闻也'[《论语》子贡曰:"夫子之文章,可得而闻也。夫子之言性与天道,不可得而闻。"]。当兵革始起,扰攘之时,豪杰竞逐,迷惑千数。臣以遭遇,托身圣明,在倾危混淆之中,尚不敢过差,而况天下平定,上尊下卑,而臣爵位所蒙,巍巍不测乎?诚冀以谨敕,遂自终始。见所示臣章,战栗怖惧。伏念明主知臣愚性,固敢因缘自陈。"诏报曰[**他**

的主公充分地信任他，至少或至迟是现在]："将军之于国家，义为君臣，恩犹父子。何嫌何疑，而有惧意？"

六年[30年]春，异朝京师。引见，帝谓公卿曰："是我起兵时主簿也。为吾披荆棘，定关中。"既罢，使中黄门赐以珍宝、衣服、钱、帛。诏曰[**动人！这位伟大和人道的君主，总是对忠于他的下属为他做了的保有最佳记忆**：]："仓卒无蒌亭豆粥，虖沱河麦饭，厚意久不报。"异稽首谢曰："臣闻管仲谓桓公曰：'愿君无忘射钩，臣无忘槛车。'齐国赖之。臣今亦愿国家无忘河北之难，小臣不敢忘巾车之恩。"后数引宴见，定议图蜀，留十余日，令异妻子随异还西。

[**一位军人在战场上的命运起伏易变：对他来说，地区性军阀隗嚣证明难搞得多：**]

夏，遣诸将上陇，为隗嚣所败，乃诏异军枸邑[位于陕西中部，咸阳以北]。未及至，隗嚣乘胜使其将王元、行巡将二万余人下陇，因分遣巡取枸邑。异即驰兵，欲先据之。诸将皆曰："虏兵盛而新乘胜，不可与争，宜止军便地，徐思方略。"异曰："虏兵临境，怵忕[niǔ tài 犹惯习也，谓惯习前事而复为之]小利，遂欲深入。若得枸邑，三辅动摇，是吾忧也。夫'攻者不足，守者有余'[《孙子兵法》文]。今先据城，以逸待劳，非所以争也。"[**犹如先前，他的战术奇袭出乎不穷**：]潜往闭城，偃旗鼓。行巡不知，驰赴之。异乘其不意，卒击鼓建旗而出。巡军惊乱奔走，追击数十里，大破之。祭遵亦破王元于汧[qiān]。于是北地诸豪长耿定等，悉畔(叛)隗嚣降。异上书言状，不敢自伐……[**一场仅仅阻止了隗嚣征服关中的战役，远未摧毁他在北面的地区统治。**]

青山胡率万余人降异。异又击卢芳将贾览、匈奴薁鞬日逐王，破之。上郡、安定皆降，异复领安定太守事。九年[33年]春，祭遵卒，诏异守征虏将军，并将其营。及隗嚣(病)死，其将王元、周宗等复立嚣子纯，犹总兵据冀，公孙述遣将赵匡等救之，帝复令异行天水太守事。攻匡等且一年，皆斩之。诸将共攻冀，不能拔，欲且还休兵，异固持不动，常为众军锋。

明年[34年]夏，与诸将攻落门，未拔，病发，薨于军，谥曰节侯。……

岑彭：

[一位相对较晚的皈依者，皈依于刘秀的武装统一事业；在靠说服将无法攻破的洛阳献给他的主公作为帝国首都和极艰巨地平定南阳周围核心地区之后，他为摧毁最经久的地区性军阀公孙述作了伟大贡献。他几乎亲眼看到统一战争的最终胜利，然而不能，因为公孙述的暗杀令他突然命归黄泉。一位政治上非常明智的

武将！]

[他起初是革命的顽敌,然后是革命的非常勉强的皈依者;在一度效力于更始政权后,他选择了刘秀——他的被杀害的施惠者刘伯升的弟弟——作为自己的主公:]

岑彭字君然,南阳棘阳人也。王莽时,守本县长[署理棘阳县长]。汉兵起,攻拔棘阳,彭将家属奔前队大夫甄阜。阜怒彭不能固守,拘彭母妻,令效功自衬。彭将宾客战斗甚力。及甄阜死,彭被创,亡归宛,与前队贰严说共城守。汉兵攻之数月,城中粮尽,人相食,彭乃与说举城降。

诸将欲诛之,大司徒伯升曰:"彭,郡之大吏,执心坚守,是其节也。今举大事,当表义士,不如封之,以劝其后。"[非常道德和政治上明智的刘伯升！他懂得道德至少那么经常地不由政治决定。]更始乃封彭为归德侯,令属伯升。及伯升遇害,彭复为大司马硃(朱)鲔校尉,从鲔击王莽扬州牧李圣,杀之,定淮阳城。鲔荐彭为淮阳都尉。更始遣立威王张卬与将军徭伟镇淮阳。伟反,击走卬。彭引兵攻伟,破之。迁颍川太守。

会舂陵刘茂起兵,略下颍川,彭不得之(至)官,乃与麾下数百人从河内太守邑人韩歆。会光武徇[攻打]河内,歆议欲城守,彭止不听。既而光武至怀,歆迫急迎降。光武知其谋,大怒,收歆置鼓下,将斩之。召见彭,彭因进说曰:"今赤眉入关,更始危殆,权臣放纵,矫称诏制,道路阻塞,四方蜂起,群雄竞逐,百姓无所归命。窃闻大王平河北,开王业,此诚皇天祐汉,士人之福也。彭幸蒙司徒公所见全济,未有报德,旋被祸难,永恨于心。今复遭遇,愿出身自效。[他皈依刘秀,既出于深切的道义感恩,也出于宏大的政治判断。]"光武深接纳之。[他的主公从一开始就赏识和信任他！]彭因言韩歆南阳大人,可以为用。乃贳[宽也]歆,以为邓禹军师。

[他靠说服将无法攻破的洛阳献给他的主公作为帝国首都,显示了他的政治才干:]

更始大将军吕植将兵屯淇园,彭说降之,于是拜彭为刺奸大将军,使督察众营,授以常所持节,从平河北。光武即位,拜彭廷尉,归德侯如故,行大将军事。[洛阳战役:旷日持久的围城战在几个月里劳而无功:]与大司马吴汉,大司空王梁,建义大将军硃(朱)祐,右将军万脩,执金吾贾复,骁骑将军刘植,扬化将军坚镡[xín],积射将军侯进,偏将军冯异、祭遵、王霸等,围洛阳数月。硃(朱)鲔等坚守不肯下。帝以彭尝为鲔校尉,令往说之。[他被主公委派去从事一项说服使命——富有战略意义的政治使命:]鲔在城上,彭在城下,相劳苦欢语如平生。彭因曰:"彭往者得执鞭侍从,蒙荐举拔擢,常思有以报恩。今赤眉已得长安,更始为三王所反[三王指张卬、申屠建、隗嚣]皇帝受命,平定燕、赵,尽有幽、冀之地,百姓归心,贤俊云集,亲率大兵,来攻洛阳。天下之事,逝其去矣。公虽婴城固守[婴即绕],将何待乎?"鲔曰:"大司徒[刘伯升]被害时,鲔与其谋,又谏更始无遣萧王[更始帝于更始二年(24年)封刘秀为萧王]北伐,诚自知罪深。"彭还,具言于帝。帝曰:"夫建大事者,不忌小怨。鲔今若降,官爵可保,况诛罚乎? 河水在此,吾不食言。"[**为求政治解决,刘秀的宽恕许诺与他的说服一样是决定性的。**]彭复往告鲔,鲔从城上下索曰:"必信,可乘此上。"彭趣(趋)索欲上[**他的冒风险的英勇!**]鲔见其诚,即许降。后五日,鲔将轻骑诣彭。顾敕诸部将曰:"坚守待我。我若不还,诸君径将大兵上轘辕[轘辕关,位于今河南省西部偃师城东南30公里的轘辕山上],归郾王[尹尊]。"乃面缚,与彭俱诣河阳。帝即解其缚,召见之,复令彭夜送鲔归城。明旦,悉其众出降,拜鲔为平狄将军,封扶沟侯。鲔,淮阳人,后为少府,传封累代。

[**他在极艰巨和血腥地平定南阳周围核心地区一事上的能干的军事表现,夹杂有非常动乱的形势中的某种令人沮丧的记录:**]建武二年[26年],使彭击荆州,下犨[chōu,县名,属南阳郡]、叶[县名,属许州(即今河南许昌)]等十余城。是时,南方尤乱。南郡人秦丰据黎丘,自称楚黎王,略十有二县;董䜣起堵乡;许邯起杏;又,更始诸将各拥兵据南阳诸城。帝遣吴汉伐之,汉军所过多侵暴。[**在刘秀军中,这位重要的将领颇为特殊,不止一次地以战争暴行挫败他的政治目的!**]时,破虏将军邓奉谒归新野,怒吴汉掠其乡里,遂反,击破汉军,获其辎重,屯据淯阳[县名,治所在今河南南阳市南]与诸贼合从(纵)。秋,彭破杏,降许邯,迁征南大将军。复遣碟(朱)祐、贾复及建威大将军耿弇,汉忠将军王常,武威将军郭守,越骑将军刘宏,偏将军刘嘉、耿植等,与彭并力讨邓奉。先击堵乡,而奉将万余人救董䜣。䜣、奉皆南阳精兵,彭等攻之,连月不克。[**挫折,沮丧。然后最高统帅亲临,敦促取胜:**]三年[27年]夏,帝自将南征,至叶,董䜣别将将数千人遮首,车骑不可得前。彭奔击,大破之。帝至堵阳[县名,治所在今河南方城县城老城区],邓奉夜逃归淯阳,董䜣降。彭复与耿弇、贾复及积弩将军傅俊、骑都尉臧宫等从追邓奉于小长安,帝率诸将亲战,大破之。奉迫急,乃降。帝怜奉旧功臣,且衅起吴汉,欲全宥之。[**刘秀确实是个富有人情味的最高统帅!**]彭与耿弇谏曰:"邓奉背恩反逆,暴师经年,致贾复伤痍,碟(朱)祐见获。陛下既至,不知悔善,而亲在行陈(阵),兵败乃降。若不诛奉,无以惩恶。"于是斩之。奉者,西华侯邓晨[见前《李王邓来列传》]之兄子也。

[**他再度经挫折而取胜:**]车驾引还,令彭率傅俊、臧宫、刘宏等三万余人南击秦丰,拔黄邮[聚名,在南阳新野县],丰与其大将蔡宏拒彭等于邓,数月不得进。帝怪

以让[责难]彭,彭惧,[**最高统帅再度敦促;它证明几乎实属必需**],于是夜勒兵马,申令军中,使明旦西击山都[县名,属南阳郡]。乃缓所获虏,令得逃亡,归以告丰,丰即悉其军西邀[截击]彭。彭乃潜兵度沔水,击其将张杨于阿头山[在襄阳],大破之。从川谷间伐木开道,直袭黎丘,击破诸屯兵。丰闻大惊,驰归救之。彭与诸将依东山为营,丰与蔡宏夜攻鼓,彭豫(预)为之备,出兵逆击之,丰败走,追斩蔡宏。更封彭为舞阴侯。

秦丰相赵京举宜城降,拜为成汉将军,与彭共围丰于黎丘[在今湖北宜城西北]。时田戎拥众夷陵[在今湖北宜昌东南],闻秦丰被围,惧大兵方至,欲降。而妻兄辛臣谏戎曰:"今四方豪杰各据郡国,洛阳地如掌耳,不如按甲以观其变。"戎曰:"以秦王之强,犹为征南所围,岂况吾邪?降计决矣。"四年[28年]春,戎乃留辛臣守夷陵,自将兵沿江溯沔止黎丘,刻期日当降,而辛臣于后盗戎珍宝,从间道先降于彭,而以书招戎。戎疑必卖己,遂不敢降,反与秦丰合,彭出兵攻戎,数月,大破之,其大将伍公诣彭降,戎亡归夷陵。帝幸黎丘劳军,封彭吏士有功者百余人。彭攻秦丰三岁,斩首九万余级[**非常血腥,残酷,旷日持久的"准区域内战"和屠戮**],丰余兵裁(才)千人,又城中食且尽。帝以丰转弱,令祑(朱)祐代彭守之,使彭与傅俊南击田戎,大破之,遂拔夷陵,追至秭归。戎与数十骑亡入蜀,尽获其妻子士众数万人。

[**他对摧毁最经久的地区性军阀公孙述大有贡献,献上了他的汗、血甚而生命:**]

[**在对公孙述的大规模战役发动之前,他证明自己差不多是个"大战略"将领,在南方和西南方的边缘地区政治、"外交"和后勤事务上表现优秀:**]彭以将伐蜀汉,而夹川谷少,水险难漕运,留威房将军冯骏军江州,都尉田鸿军夷陵,领军李玄军夷道,自引兵还屯津乡[县名,所谓江津(今重庆市江津)。《东观记》曰:"津乡当荆、杨之咽喉。"],当荆州要会,喻告诸蛮夷,降者奏封其君长。初,彭与交阯牧邓让厚善,与让书陈国家威德,又遣偏将军屈充移檄江南,班行诏命。于是让与江夏太守侯登、武陵太守王堂、长沙相韩福、桂阳太守张隆、零陵太守田翕、苍梧太守杜穆、交阯太守锡光等,相率遣使贡献,悉封为列侯。或遣子将兵助彭征伐。于是江南之珍始流通焉。

六年[30年]冬,征彭诣京师,数召宴见,厚加赏赐。复南还津乡……

[**在对隗嚣的数经挫败的战役中充当一大战区指挥:**]

八年[32年],彭引兵从车驾破天水,与吴汉围隗嚣于西城。时,公孙述将李育将兵救嚣,守上邽[县名,今甘肃天水],帝留盖延、耿弇围之,而车驾东归。敕彭书曰:"两城若下,便可将兵南击蜀虏。人若不知足,既平陇,复望蜀。每一发兵,头须为白。[这位君主/最高统帅渴望早日统一中国,早日恢复华夏和平,犹如"只争朝夕"!]彭遂壅谷水灌西城,城未没丈余[《东观记》曰:"时以缣囊盛土为堤,灌西城,谷水从地中数丈涌出,故城不拔。"],嚣将行巡、周宗将蜀救兵到,嚣得出还冀。汉军食尽,烧辎重,引兵下陇,延、弇亦相随而退。嚣出兵尾击诸营,彭殿为后拒,故诸将能全师东归。彭还津乡。

[作为对公孙述的大规模战役的战区司令,在他为此目的大规模建设水师之后:]

九年[33年],公孙述遣其将任满、田戎、程汛,将数万人乘枋箄[fāng bì,用竹木编成的浮筏]下江关,击破冯骏及田鸿、李玄等。遂拔夷道、夷陵,据荆门、虎牙。横江水起浮桥,斗楼,立欑柱[密集的柱桩]绝水道,结营山上,以拒汉兵。彭数攻之,不利,于是装直进楼船[战船名,船体为数层船楼]、冒突露桡[战船名,露桡在外,人在船中]数千艘。

[这场大规模战役终于发动;最初的血腥胜利:]十一年[35年]春,彭与吴汉及诛虏将军刘隆、辅威将军臧宫、骁骑将军刘歆,发南阳、武陵、南郡兵,又发桂阳、零陵、长沙委输棹卒[操棹行船的兵士],凡六万余人,骑五千匹,皆会荆门。吴汉以三郡棹卒多费粮谷,欲罢之。彭以蜀兵盛,不可遣,上书言状。帝报彭曰[他被君主委任为战区司令,在吴汉之上,当他俩之间有一关键性的战略争执时:]:"大司马习用步骑,不晓水战,荆门之事,一由征南公为重而已。"彭乃令军中募攻浮桥,先登者上赏。[血与火!中国内战中一场极为激烈的水战:]于是偏将军鲁奇应募而前。时天风狂急,奇船逆流而上,直冲浮,而欑柱钩不得去[《续汉书》曰:"时天东风,其攒柱有反把,钩奇船不得去。"],奇等乘势殊死战,因飞炬焚之,风怒火盛,桥楼崩烧。彭复悉军顺风并进,所向无前。蜀兵大乱,溺死者数千人。斩任满,生获程汛,而田戎亡保江州。[他总是一位政治上明智的军人,深知赢得民心的军事重要性:]彭上刘隆为南郡太守,自率臧宫、刘歆长驱入江关,令军中无得虏掠。所以,百姓皆奉牛、酒迎劳。彭见诸耆老,为言大汉哀愍巴蜀久见虏役,故兴师远伐,以讨有罪,为人除害。让不受其牛、酒。百姓皆大喜悦,争开门降。诏彭守益州牧,所下郡,辄行太守事。

[他的战术才能在复杂的地形上充分和辉煌地显现:]彭到江州,以田戎食多,难卒拔,留冯骏守之,自引兵乘利直指垫江[县名,属巴郡],攻破平曲[地阙],收其米数十万石。公孙述使其将延岑、吕鲔、王元及其弟恢悉兵拒广汉及资中[县名,属犍为郡,今资阳],又遣将侯丹率二万余人拒黄石。[非凡的奇袭和速度,"势若风雨","是何神也!":]彭乃多张疑兵,使护军杨翕与臧宫拒延岑等,自分兵浮江下还江州,溯都江而上,袭击侯丹,大破之。因晨夜倍道兼行二千余里,径拔武阳。使精骑

驰广都,去成都数十里,势若风雨,所至皆奔散。初,述闻汉兵在平曲,故遣大兵逆之。及彭至武阳[在今四川眉山市彭山县],绕出延岑军后,蜀地震骇。述大惊,以杖击地曰:"是何神也!"

[**突然,暗杀! 将星陨落**:]彭所营地名彭亡,闻而恶之,欲徙,会日暮,蜀刺客诈为亡奴降,夜刺杀彭。

彭首破荆门,长驱武阳,持军整齐,秋豪(毫)无犯。[**他非常政治,并且道德!**]邛穀王任贵闻彭威信,数千里遣使迎降。会彭薨,帝尽以任贵所献赐彭妻子,谥曰壮侯。蜀人怜之,为立庙武阳,岁时祠焉。……

**贾复:**

[一位饶有儒家学问的革命者,而后是刘秀帝国统一战争中的能干的将领。他极为英勇,在为他的主公平定华北时取得众多军事成就(他对他生命的关爱令他在统一战争中"少方面之勋")。有如李通和邓禹,他的个人审慎和最终政治审慎(或曰真诚地缺乏权势野心和财富欲望)侪于他的最佳秉性之列。一类好儒士,"为人刚毅方直,多大节"。]

[一位大有才能的儒士成了革命者,然后就谁真正值得为之效力作出了好选择;有儒家思想中最好的成分使他做好了准备:]

贾复字君文,南阳冠军人也。少好学,习《尚书》。事舞阴李生,李生奇之,谓门人曰:"贾君之容貌志气如此,而勤于学,将相之器也。"王莽末,为县掾,迎盐河东,会遇盗贼,等比十余人皆放散其盐,复独完以还县,县中称其信。

时,下江、新市兵起,复亦聚众数百人于羽山,自号将军。更始立,乃将其众归汉中王刘嘉,以为校尉。[作为一个好的儒士革命者,他懂得革命者中间谁不会有**政治未来**:]复见更始政乱,诸将放纵,乃说嘉曰:"臣闻图尧、舜之事而不能至者,汤、武是也[尧禅舜,舜禅禹,汤乃放桀,武王诛纣,故言不能至者];图汤、武之事而不能至者,桓[齐桓公小白]、文[晋文公重耳]是也;图桓、文之事而不能至者,六国是也;定六国之规,欲安守之而不能至者,亡六国是也。今汉室中兴,大王以亲戚为藩辅,天下未定而安守所保[据他的观察,更始比平庸还糟],所保得无不可保乎?"嘉曰:"卿言大,非吾任也。大司马刘公在河北,必能相施,第持我书往。"复遂辞嘉,受书北度(渡)河,及光武于柏人,因邓禹得召见。光武奇之,禹亦称有将帅节,于是署复破房将军督盗贼。复马赢,光武解左骖以赐之。官属以复后来而好陵折等辈,调补鄗尉,光武曰:"贾督有折冲千里之威,方任以职,勿得擅除。"[他的新主公有一种辨识大才和可靠之士的天才,那是作为伟大政治领导的主要条件之一。]

[他在华北战场上为其主公的英勇效力：]

光武至信都，以复为偏将军。及拔邯郸，迁都护将军。从击青犊于射犬[野王县(今河南省泌阳县)东北的一个聚邑]，大战至日中，贼陈(阵)坚不却。光武传召复曰："吏士皆饥，可且朝饭。"复曰："先破之，然后食耳！"于是被羽先登，所向皆靡，贼乃败走。诸将咸服其勇。又北与五校战于真定，大破之。复伤创甚[**一位忠诚的、全身心奉献的战将！**一类儒士]。光武大惊曰："我所以不令贾复别将者，为其敢也。果然，失吾名将。闻其妇有孕，生女邪，我子娶之，生男邪，我女嫁之，不令其忧妻子也。"[**他爱他！**]复病寻愈，追及光武于蓟[约今天津市最北部的蓟县]，相见甚欢，大飨士卒，令复居前，击邺贼，破之。

[他差不多是独特的，就他从未输过一场战斗而言，依凭他的肯定巨大的武德：]光武即位，拜为执金吾，封冠军侯。先度(渡)河攻硃(朱)鲔于洛阳，与白虎公陈侨战，连破降之。建武二年[26年]，益封穰、朝阳二县。更始郾王尹尊及诸大将在南方未降者尚多，帝召诸将议兵事，未有言，沉吟久之，乃以檄叩地曰："郾最强，宛为次，谁当击之？"复率然对曰："臣请击郾。"帝笑曰："执金吾击郾，吾复何忧！大司马当击宛"。遂遣复与骑都尉阴识、骁骑将军刘植南度(渡)五社津击郾，连破之。月余，尹尊降，尽定其地。引东击更始淮阳太守暴汜，汜降，属县悉定。其秋，南击召陵、新息，平定之。明年春，迁左将军，别击赤眉于新城、渑池间，连破之。与帝会宜阳，降赤眉。

复从征伐，未尝丧败，数与诸将溃围解急，身被十二创[**一位忠诚的、全身心奉献的战将！**]。帝以复敢深入，希令远征，而壮其勇节，常自从之[**他爱他！**]，故复少方面之勋。诸将每论功自伐，复未尝有言。帝辄曰："贾君之功，我自知之。"[**他是个好儒士，审慎谦逊。**]

[**他政治审慎，道德高尚：**]

十三年[37年]，定封胶东侯，食郁秩、壮武、下密、即墨、梃、观阳，凡六县。复知帝欲偃干戈，修文德，不欲功臣拥众京师，乃与高密侯邓禹并剽[削也]甲兵，敦儒学。[**他那么深知他的君主！**]帝深然之，遂罢左右将军。复以列侯就第，加位特进。[**何为一个政治人应有的最好品性？看看他！**]复为人刚毅方直，多大节。既还私第，阖门养威重。硃(朱)祐等荐复宜为宰相，帝方以吏事责三公，故功臣并不用。是时，列侯惟高密、固始、胶东三侯[邓禹、李通、贾复][**在伟大君主心目中三位政治上和道德上素质最好的功臣**]与公卿参议国家大事，恩遇甚厚。三十一年[55年]卒，谥曰刚侯。……

论曰:中兴将帅立功名者众矣,惟岑彭、冯异建方面之号,自函谷以西,方城以南,两将之功,实为大焉。若冯、贾之不伐,岑公之义信,乃足以感三军而怀敌人[就一位真正伟大的指挥将领而言必不可少的政治要求,那往往不见于凡常的军人],故能克成远业,终全其庆也。……

### 卷18《吴盖陈臧列传》

[最高统帅刘秀之下四位指挥将领的传记,其中前两位吴汉和盖延(特别是吴汉)在军事上甚为重要,且有大致同样的秉性。他俩都是简单的武夫,具有狭义的武德,缺乏真正战略性的才干和政治明智。第三位即陈俊相当早地成了一位文职行政长官,经管一个战略上重要的地区,以其颇有效和得民心的治理,以至于"百姓歌之"。]

[至于第四位即臧宫,其真正的历史重要性仅在于一项历史性/哲理性宣告,那由他的统一后好战建议激起,即由伟大君主宣告决心致力于和平、节俭、社会恢复和民众繁荣。据此,新帝国的方向牢固确立,"自是诸将莫敢复言兵事者"。]

吴汉:

[一介典型的简单的武夫,具备狭义的武德,但缺乏政治明智和真正战略性的才干。周勃的东汉版本,倘若不考虑周勃对历史性的倒吕政变作出的决定性政治贡献。他的主公对他的尊重甚而喜爱只是归因于他"质简而强力也"。]

[我们的史家就君主信任程度所作的篇末评论一针见血! 一项世代恒久的真理。]

[一名卑微、简单、勇敢和豪放的家伙,带着一项军事礼物皈依光武帝:]

吴汉字子颜,南阳宛人也。家贫,给事县为亭长。王莽末,以宾客犯法,乃亡命至渔阳,资用乏,以贩马自业,往来燕、蓟间,所至皆交结豪杰。更始立,使使者韩鸿徇河北。或谓鸿曰:"吴子颜,奇士也,可与计事。"鸿召见汉,其悦之,遂承制拜为安乐令。

会王郎起,北州扰惑。汉素闻光武长者,独欲归心。乃说太守彭宠曰:"渔阳、上谷突骑,天下所闻也。君何不合二郡精锐,附刘公击邯郸,此一时之功也。"宠以为然,而官属皆欲附王郎,宠不能夺。汉乃辞出,止外亭,念所以谲[诈也]众,未知所出[未知欲出何计以诈之]。望见道中有一人似儒生者,汉使人召之,为具食,问以所闻。生因言刘公所过,为郡县所归;邯郸举尊号者,实非刘氏。汉大喜,[他并非那么简单,能够玩弄机巧的诈计,或如邓禹后来所说,"勇鸷有智谋":]即诈为光武

书,移檄渔阳,使生贲以诣宠,令具以所闻说之,汉复随后入。宠甚然之。于是遣汉
将兵与上谷诸将并军而南,所至击斩王郎将帅。及光武于广阿,拜汉为偏将军。既
拔邯郸,赐号建策侯。

汉为人质厚少文[有如两个世纪前的周勃],造次不能以辞自达。邓禹及诸将
多知之。数相荐举[以他的个性,他能在同侪和地位更高的同僚中间轻而易举地
交得朋友],及得召见,遂见亲信,赏居门下。

[他在华北和华中的出色的军事表现:]

光武将发幽州兵,夜召邓禹,问可使行者。禹曰:"间数与吴汉言,其人勇鸷有
智谋,诸将鲜能及者。"即汉大将军,持节北发十郡突骑。更始幽州牧苗曾闻之,阴
勒兵,敕诸郡不肯应调。汉乃将二十骑先驰至无终[县名,属右北平]。曾以汉无备,
出迎于路,汉即捴兵骑,收曾斩之,而夺其军。[果然"勇鸷有智谋"!]北州震骇,城
邑莫不望风弭从。……

[他的主公玩弄的肮脏诡计! 马基雅维里主义,与我们的史家一次又一次给
我们留下的他的形象那么不同:]初,更始遣尚书令谢躬率六将军攻王郎,不能下。
会光武至,共定邯郸,而躬裨将虏掠不相承禀,光武深忌之。虽俱在邯郸,遂分城而
处,然每有以慰安之。躬勤于职事,光武常称曰"谢尚书真吏也",故(躬)不自疑。
躬既而率其兵数万,还屯于邺。时光武南击青犊,谓躬曰:"我追贼于射犬[野王县
(今河南泌阳县)东北的一个聚邑],必破之。尤来在山阳者,势必当惊走。若以君威
力,击此散虏,必成禽(擒)也。"躬曰:"善。"及青犊破,而尤来果北走隆虑山[在今
河南林县西],躬乃留大将军刘庆、魏郡太守陈康守邺,自率诸将军击之。穷寇死战,
其锋不可当,躬遂大败,死者数千人。光武因躬在外,乃使汉与岑彭袭其城。汉先
令辩士说(魏郡太守、谢躬部属)陈康曰:"盖闻上智不处危以侥[犹求也]幸,中智能
因危以为功,下愚安于危以自亡。危亡之至,在人所由,不可不察。今京师败乱,四
方云扰,公所闻也。萧王兵强士附,河北归命,公所见也。谢躬内背萧王[并无证
据!],外失众心,公所知也。公今据孤危之城,待灭亡之祸,义无所立,节无所成。
不若开门内(纳)军,转祸为福,免下愚之败,收中智之功,此计之至者也。"康然之。
于是康收刘庆及躬妻子,开门内(纳)汉等。及躬从隆虑归邺,不知康已反之,乃与
数百骑轻入城。汉伏兵收之,手击杀躬,其众悉降。[肮脏的诡计!]

躬字子张,南阳人。初,其妻知光武不平之,常戒躬曰:"君与刘公积不相能,
而信其虚谈,不为人备,终受制矣。"躬不纳,故及于难。[我们的史家隐约表达了
同情,对这位受害者——残忍的马基雅维里主义的受害者。]

光武北击群贼,汉常将突骑五千为军锋,数先登陷陈(阵)。[骁勇! 深受军事

重用。]及河北平,汉与诸将奉图书,上尊号。光武即位,拜为大司马,更封舞阳侯。

[**他作为指挥将领,在华北和华中多次得胜,包括赢得在那里的一些重要战役,而从未输过一场战斗:**]建武二年[26年]春,汉率大司空王梁,建义大将军硃(朱)祐,大将军杜茂,执金吾贾复,扬化将军坚镡,偏将军王霸,骑都尉刘隆、马武、阴识,共击檀乡贼于邺东漳水上,大破之。降者十余万人。帝使使者玺书定封汉为广平侯,食广平、斥漳、曲周、广年,凡四县。复率诸将击邺西山贼黎伯卿等,及河内脩武,悉破诸屯聚。车驾亲幸抚劳。复遣汉进兵南阳,击宛、涅阳、郦、穰、新野诸城,皆下之。引兵南,与秦丰战黄邮水上,破之。又与偏将军冯异击昌城五楼贼张文等,又攻铜马、五幡于新安,皆破之。

明年[27年]春,率建威大将军耿弇、虎牙大将军盖延,击青犊于轵[在今河南济源市南5公里]西,大破降之。[**他能够逆转败势,将其转变为巨大的胜利:**]又率骠骑大将军杜茂、强弩将军陈俊等,围苏茂于广乐[地阙]。刘永将周建别招聚收集得十余万人,救广乐。汉将轻骑迎与之战,不利,堕马伤膝,还营,建等遂连兵入城。诸将谓汉曰:"大敌在前而公伤卧,众心惧矣。"[**他确实非常英勇,而且能够动员和激励他的大量下属一样英勇:**]汉乃勃然裹创而起,椎牛飨士,令军中曰:"贼众虽多,皆劫掠群盗,'胜不相让,败不相救'[《左传》语],非有仗节死义者也。今日封侯之秋,诸君勉之!"于是军士激怒,人倍其气。旦日,建、茂出兵围汉。汉选四部精兵黄头[西汉文帝宠臣(佞幸)邓通为黄头郎。《音义》曰:"土胜水,故刺船郎着黄帽,号黄头也。"]吴河等,及乌桓突骑三千余人,齐鼓而进。建军大溃,反还奔城。汉长驱追击,争门并入,大破之,茂、建突走。汉留杜茂、陈俊等守广乐,自将兵助盖延围刘永于睢阳[在今河南商丘市睢阳区]。永既死,二城皆降。

明年[27年],又率陈俊及前将军王梁,击破五校贼于临平,追至东郡[治濮阳,在今河南濮阳县南]箕山,大破之。北击清河长直及平原五里贼,皆平之。[**他能有某种政治意识,那在下述场合辉煌地帮助了他的军事事业:**]时,鬲县[在今山东德州市德城区南境]五姓共逐守长,据城而反。诸将争欲攻之,汉不听,曰:"使鬲反者,皆守长罪也。敢轻冒进兵者斩。"乃移檄告郡,使收守长,而使人谢城中。五姓大喜,即相率归降。诸将乃服,曰:"不战而下城,非众所及也。"

冬,汉率建威大将军耿弇、汉忠将军王常等,击富平、获索二贼于平原[约当今山东德州市平原县]。明年[28年]春,[**他以英勇、镇定和耐力,再度逆转了一大危险形势:**]贼率五万余人夜攻汉营,军中惊乱,汉坚卧不动,有顷乃定。即夜发精兵出营突击,大破其众。因追讨余党,遂至无盐[在今山东东平东部],进击勃海[郡名,在今河北沧州一带],皆平之。又从征董宪,围朐城[在今江苏连云港市西南锦屏山侧]。明年[29年]春,拔朐,斩宪。事已见《刘永传》。东方悉定,振旅还京师。

[他并非不可战胜:他输了一场颇为重要的对隗嚣的战役,因为缺乏真正战略性的才干:]

会隗嚣畔(叛),夏,复遣汉西屯长安。八年[32年],从东驾上陇,遂围隗嚣于西城。帝敕汉曰:"诸郡甲卒但坐费粮食,若有逃亡,则沮败众心,宜悉罢之。"汉等贪并力攻嚣,遂不能遣,粮食日少,吏士疲役,逃亡者多,及公孙述救至,汉遂退败。

[他为摧毁军阀公孙述作了决定性贡献,因而最终结束了帝国统一战争;然而,在这场战役中,他显现出缺乏真正战略性的才干,缺乏对政治领导/最高统帅的充分服从,而且紧随战役结束而发泄出他的非政治、非人道的残酷野蛮:]

十一年[35年]春,率征南大将军岑彭等伐公孙述。及彭破荆门,长驱入江关,汉留夷陵,装露桡船[战船名,露桡在外,人在船中],将南阳兵及□刑募士三万人溯江而上。会岑彭为刺客所杀,汉并将其军。十二年[36年]春,与公孙述将魏党、公孙永战于鱼涪津[在今四川夹江县西三里],大破之,遂围武阳[约当今四川眉山市彭山区]。述遣子婿史兴将五千人救之。汉迎击兴,尽殄其众,因入犍为[郡名]界。诸县皆城守。汉乃进军攻广都[相当于今四川成都市双流县],拔之。遣轻骑烧成都市桥,武阳以东诸小城皆降。

帝戒汉曰:"成都十余万众,不可轻也。但坚据广都,待其来攻,勿与争锋。若不敢来,公转营迫之,须其力废,乃可击也。"汉乘利,遂自将步骑二万余人进逼成都,去城十余里,阻江北为营,作浮桥,使副将武威将军刘尚将万余人屯于江南,相去二十余里。帝闻大惊,让[责难]汉曰[这位伟大的君主有充分的原因大为惊讶和气愤]:"比[屡屡]敕公千条万端,何意临事勃乱![简直是对君主和战略最高统帅的一项粗鲁的挑战!]既轻敌深入,又与尚别营,事有缓急,不复相及。贼若出兵缀公,以大众攻尚,尚破,公即败矣。幸无它者,急引兵还广都。"诏书未到,述果使其将谢丰、袁吉将众十许万,分为二十余营,并出攻汉。使别将将万余人劫刘尚,令不得相救。[军事后果:]汉与大战一日,兵败,走入壁,丰因围之。[然而,他依然再度扭转了危险的形势,依凭他的战术才干和通常的英勇:]汉乃召诸将厉之曰:"吾共诸君逾越险阻,转战千里,所在斩获,遂深入敌地,至其城下。而今与刘尚二处受围,势既不接,其祸难量。欲潜师就尚于江南,并兵御之。若能同心一力,人自为战,大功可立;如其不然,败必无余。成败之机,在此一举。"诸将皆曰"诺"。于是飨士秣马,闭门三日不出,乃多树幡旗,使烟火不绝,夜衔枚[行军时士卒口衔以防止喧哗的器具,形如筷子,引申为缄口不言]引兵与刘尚合军。丰等不觉,明日,乃分兵拒江北,自将攻江南。汉悉兵迎战,自旦至晡,遂大破之,斩谢丰、袁吉,获甲首五千余级。于是引还广都,留刘尚拒述,具以状上,而深自谴责。[他现在以对主公的尊敬和他的大胜来弥补他先前的不服从和兵败。]帝报曰:"公还广都,甚得其宜,述必不敢略尚而击公也。若先攻尚,公从广都五十里悉步骑赴之,适当值其危困,破之必矣。"[他的最后的胜利的战斗,依据伟大的最高统帅的战术指令:]自是汉与述战于广都、成都之间,八战八克,遂军于其郭中。述自将数万人出城大战,汉使护军高午、唐邯将数万锐卒击之。述兵败走,高午奔陈刺述,杀之。事已见《述传》。旦日城降,斩述首传送洛阳。……①

[他的性格和性情:]

汉性强力,每从征伐,帝未安,恒侧足而言。[光武帝刘秀通常唯一担忧的军事下属!]诸将见战陈(阵)不利,或多惶惧,失其常度。汉意气自若,方整厉器械,激扬士吏。[我们已经一次又一次地从上面的记录得知这一武德。他因而是个罕见的指挥将领。]帝时遣人观大司马何为,还言方修战攻之具,乃叹曰:"吴公差[甚也]强人意,隐[威重之貌]若一敌国矣!"每当出师,朝受诏,夕即引道,初无办严之日[严即装也,避明帝讳,故改之]。[任何意义上的懒惰都与他无缘。]故能常任职,以功名终。及在朝廷,斤斤谨质,形于体貌。汉尝出征,妻子在后买田业。汉还,让之曰:"军师在外,吏士不足,何多买田宅乎!"遂尽以分与昆弟外家。[《东观记》曰"汉但修里宅,不起第。夫人先死,薄葬小坟,不作祠堂"。][傲慢和贪婪亦与他无缘。就傲慢而言,他可能已吸取自己的教训。]

二十年[44年],汉病笃。车驾亲临,问所欲言。对曰:"臣愚无所知识,惟愿陛下慎无赦[不要轻易赦免罪犯]而已。"及薨,有诏悼愍,赐谥曰忠侯。发北军五校、轻车、介士送葬,如大将军霍光故事。……

[我们的史家的如下评论,关于君主的信任程度,实属一针见血!一项世代恒久的真理:]

论曰:吴汉自建武世,常居上公之位,终始倚爱之亲,谅由质简而强力也。子曰"刚毅木讷近仁"[《论语·子路第十三》],斯岂汉之方[比也]乎!昔陈平智有余以见疑,周勃资朴忠而见信。[《史记·高祖本纪》载:高祖弥留之际曰:"陈平智有余,然难以独

---

① 《后汉书·隗嚣公孙述列传》载:(吴汉攻破成都后,)夷述妻子,尽灭公孙氏,并族延岑。遂放兵大掠,焚述宫室。帝闻之怒,以谴汉。又让[责难]汉副将刘尚曰:"城降三日,吏人从服,孩儿老母,口以万数,一旦放兵纵火,闻之可为酸鼻!尚宗室子孙,尝更吏职,何忍行此?仰视天,俯视地,观放麑[ní,幼鹿]啜羹[《韩子》曰:"孟孙猎得麑,使秦西巴持之。其母随而呼,秦西巴不忍而与其母。"《战国策》曰:"乐羊为魏将而攻中山。其子在中山,中山君烹其子而遗之羹,乐羊啜之,尽一杯,而攻拔中山。"],二者孰仁?良[犹甚]失斩将吊人之义也!"

任。周勃重厚少文，然安刘氏者必勃也"。]夫仁义不足以相怀［依也］［言若彼此之诚未协，仁义不足相依］，则智者以有余为疑，而朴者以不足取信矣。

盖延：

［一介简单的武夫，具有狭义的武德，缺乏真正战略性的才干。较之大致相同秉性的吴汉，他的军事成就小得多。几乎是个军事平庸之辈。］

［在统一战争的一个很早的阶段，携其非凡的肉体勇力皈依刘秀，成功地从事在华北和华中的战斗：］

盖延字巨卿，渔阳要阳［在今北京市平谷县］人也。身长八尺，弯弓三百斤。边俗尚勇力，而延以气闻，历郡列掾、州从事，所在职办。彭宠为太守，召延署营尉，行护军。

及王郎起，延与吴汉同谋归光武［更始二年（24 年）］。延至广阿，拜偏将军，号建功侯，从平河北。光武即位，以延为虎牙将军。

建武二年［26 年］，更封安平侯。遣南击敖仓，转攻酸枣、封丘，皆拔。其夏，［摧毁刘永及其武力：就他而言对统一战争的最大贡献：］督驸马都尉马武、骑都尉刘隆、护军都尉马成、偏将军王霸等南伐刘永，先攻拔襄邑，进取麻乡，遂围永于睢阳［在今河南商丘市］。数月，尽收野麦，夜梯其城入。永惊惧，引兵走出东门，延追击，大破之。永弃军走谯，延进攻，拔薛，斩其鲁郡太守，而彭城、扶阳、杼秋、萧皆降。又破永沛郡太守，斩之。永将苏茂、佼彊、周建等三万余人救永，共攻延，延与战于沛西，大破之。永军乱，逽没溺死者大半。永弃城走湖陵，苏茂奔广乐。延遂定沛、楚［彭城县］、临淮，修高祖庙，置啬夫、祝宰、乐人。

三年［27 年］，睢阳复反城迎刘永，［不到一年时间里，在同一地点的第二场重大围城战，且同样靠饥馑摧毁敌方：］延复率诸将围之百日，收其野谷。永乏食，突走，延追击，尽得辎重。永为其所杀，永弟防举城降。

［在华中东部的继续扫击，伴有他的几乎意外的失败，那归因于他的战略/战术无能，连同违背最高统帅的（不那么硬性的）指令：］

四年［28 年］春，延又击苏茂、周建于蕲［qí，县名，属沛郡，有大泽乡］，进与董宪战留［县名，今江苏沛县东南］下，皆破之。因率平狄将军庞萌攻西防，拔之。复追败周建、苏茂于彭城，茂、建亡奔董宪，董宪将贲［姓氏读 féi］休举兰陵城降。宪闻之，自郯［tán，位于今山东最南端］围休。时，延及庞萌在楚，请往救。帝敕曰："可直往捣郯，则兰陵必自解。"延等以贲休城危，遂先赴之。宪逆战而阳（佯）败，延等逐退，因拔围入城。明日,宪大出兵合围,延等惧,遽出突走,因往攻郯。帝让之曰:"间欲先赴郯者,以其不意故耳。今既奔走,贼计已立,围岂可解乎!"延等至郯,果不能克,而董宪遂拔兰陵,杀贲休。延等往来要击[截击]宪别将于彭城、郯、邳之间,战或日数合,颇有克获。帝以延轻敌深入,数以书诫之。[确实是个惹麻烦的将军,费了最高统帅太多的时间和担忧!]及庞萌反,攻杀楚郡太守,[当时,他在这个战区的失败似无穷尽:]引军袭败延,延走,北渡泗水,破舟楫,坏津梁,仅而得免。帝自将而东,征延与大司马吴汉、汉忠将军王常、前将军王梁、捕虏将军马武、讨虏将军王霸等会任城[在今山东西南部济宁],讨庞萌于桃乡,又并从征董宪于昌虑,皆破平之。六年[30年]春,遣屯长安。

[他的其余军事生涯,平淡无奇:]
九年[33年],隗嚣死,延西击街泉、略阳、清水诸屯聚,皆定。
十一年[35年],与中郎将来歙攻河池,未克,以病引还,拜为左冯翊,将军如故。……十五年[39年],薨于位。……

陈俊:
[带着军功,他颇早地成了一位文职行政长官,经管一个战略上重要的地区,以他的颇有效和得民心的治理。一类可有的最佳军人。]

[在统一战争的初始阶段他的军功和英勇:]
陈俊字子昭,南阳西鄂[县名,今河南南阳市石桥镇]人也。少为郡吏,更始立,以宗室刘嘉为太常将军,俊为长史。光武徇河北,嘉遣书荐俊,光武以为安集掾。
(更始二年[24年]秋)从击铜马于清阳[在今河北石家庄附近],进至蒲阳,拜强弩将军。与五校战于安次[在今河北廊坊],[他的英勇和战术才能,受到最高统帅赏识:]俊下马,手接短兵,所向必破,追奔二十余里,斩其渠帅而还。光武望而叹曰:"战将尽如是,岂有忧哉!"五校引退入渔阳,所过虏掠。俊言于光武曰:"宜令轻骑出贼前,使百姓各自坚壁,以绝其食,可不战而殄也。"光武然之,遣俊将轻骑驰出贼前。视人保壁坚完者,敕令固守;放散在野者,因掠取之。贼至无所得,遂散败。及军还,光武谓俊曰:"困此虏者,将军策也。"及即位,封俊为列侯。

[他继续获取军功,然后颇早地成了一位文职行政长官,治理一个战略上重要的地区:]
[他看来从未输过一场战斗:]建武二年[26年]春,攻匡贼[匡城县(今河南东北部

长垣县)贼也],下四县,更封新处侯。引击顿丘,降三城。其秋,大司马吴汉承制拜俊为强弩大将军,别击金门、白马贼于河内,皆破之。四年[28年],转徇汝阳及项,又拔南武阳。是时,太(泰)山豪杰多拥众与张步连兵,吴汉言于帝曰:"非陈俊莫能定此郡。"于是拜俊太(泰)山太守,行大将军事。张步闻之,遣其将击俊,战于嬴下,俊大破之,追至济南,收得印绶九十余,稍攻下诸县,遂定太(泰)山。五年[29年],与建威大将军耿弇共破张步。事在《弇传》。

[**他成了经管一个重要地区的行政长官:**]时,琅邪未平,乃徙俊为琅邪太守,领将军如故。[**他非常有效地从事靖安:**]齐地素闻俊名,入界,盗贼皆解散。俊将兵击董宪于赣榆,进破胸贼孙阳,平之。八年[32年],张步畔(叛),还琅邪,俊追讨,斩之。帝美其功,诏俊得专征青、徐。[**他的治理也颇有效和得民心:**]俊抚贫弱,表有义,检制军吏,不得与郡县相干,百姓歌之。[**所有上述合起来看,他在一定意义上是可有的最佳军人!**]数上书自请,愿奋击陇、蜀。诏报曰:"东州新平,大将军之功也。负海猾夏,盗贼之处,国家以为重忧,且勉镇抚之。"[**他的伟大君主懂得他在哪里能对帝国事业贡献最多。**]

十三年[37年],增邑,定封祝阿侯。明年,征奉朝请。二十三年[47年]卒。……


臧宫:

[一位老资格革命者,帝国统一战争期间对西南军阀公孙述的战役中的一大将领。然而,他的唯一真正的历史重要性在于,他的统一后好战建议激发了伟大君主的回应,即一则历史性/哲理性宣告,宣告他决心致力于和平、节俭、社会恢复和民众繁荣。新帝国的大方向由此确定,"自是诸将莫敢复言兵事者"。]

[一位老资格革命者,有其武德和可赞的个性:]

臧宫字君翁,颍川郏[今河南平顶山市郏县]人也。少为县亭长、游徼,后率宾客入下江兵中为校尉,因从光武征战,诸将多称其勇。光武察宫勤力少言,甚亲纳之。及至河北,以为偏将军,从破群贼,数陷陈(阵)却敌。

光武即位,以为侍中、骑都尉。建武二年[26年],封成安侯。明年,将突骑与征虏将军祭遵击更始将左防、韦颜于涅阳[今河南镇平县南]、郦,悉降之。五年[29年],将兵徇江夏[在今湖北武昌],击代乡、钟武、竹里,皆下之。帝使太中大夫持节拜宫为辅威将军。七年[31年],更封期思侯。击梁郡、济阴,皆平之。

[对公孙述的战役中的一员大将,为最后胜利所作贡献甚大:]

十一年[35年]，将兵至中卢，屯骆越[岭南壮族祖先之方国]。是时，公孙述将田戎、任满与征南大将军岑彭相距于荆门，彭等战数不利，[**他能够战术上精明，政治上明智：**]越人谋畔（叛）从蜀。官兵少，力不能制。会属县送委输车数百乘至，宫夜使锯断城门限，令车声回转出入至旦。越人候伺者闻车声不绝，而门限断，相告以汉兵大至。其渠帅乃奉牛、酒以劳军营，宫陈兵大会，击牛酾酒，飨赐慰纳之，越人由是遂安。

宫与岑彭等破荆门……至江州[在今广西崇左市]。岑彭下巴郡，使宫将降卒五万，从涪水上平曲。[**他再度显现他的战术精明，然而是在一个规模和意义大得难以相比的程度上：**]公孙述将延岑盛兵于沈水，时宫众多食少，转输不至，而降者皆欲散畔（叛），郡邑复更保聚，观望成败。宫欲引还，恐为所反，会帝遣谒者将兵诣岑彭，有马七百匹，宫矫制取以自益，晨夜进兵，多张旗帜，登山鼓噪，右步左骑，挟船而引，呼声动山谷。岑不意汉军卒至，登山望之，大震恐。宫因从击，大破之。斩首溺死者万余人，水为之浊流。延岑奔成都，其众悉降，尽获其兵马珍宝。自是乘胜追北，降者以十万数。

军至平阳乡，蜀将王元举众降。进拔绵竹，破涪城，斩公孙述弟恢，复攻拔繁、郫。前后收得节五，印绶千八百。是时，大司马吴汉亦乘胜进营逼成都。宫连屠大城[**他能够非常血腥和残忍**]，兵马旌旗甚盛……与吴汉并灭公孙述。……

[**他的唯一真正的历史重要性：通过一则统一后好战提议，激发光武帝发布一则立意和平、节俭、社会恢复和民众繁荣的历史性宣告，作为他的帝国的坚定方向：**]

宫以谨信质朴，故常见任用。后匈奴饥疫，自相分争，帝以问宫，宫曰："愿得五千骑以立功。"帝笑曰："常胜之家，难与虑敌，吾方自思之。"二十七年[51年]，宫乃与杨虚侯马武上书曰[**作为一介武夫，他不知道他的伟大君主的最根本意向和深刻内心**]："匈奴贪利，无有礼信，穷则稽首，安则侵盗，缘边被其毒痛，中国忧其抵突。虏今人畜疫死，旱蝗赤地[言在地之物皆尽]，疫困之力，不当中国一郡。万里死命，县（悬）在陛下。福不再来，时或易失，岂宜固守文德而堕武事乎？[**他提倡一场大规模的、肯定高代价的远征，针对一个大致乌有的威胁！只有"以夷制夷"观念才显示出他的战术意识：**]今命将临塞，厚县（悬）购赏，喻告高句骊、乌桓、鲜卑攻其左，发河西四郡[张掖、酒泉、武威、金城]、天水、陇西羌胡击其右。如此，北虏之灭，不过数年。臣恐陛下仁恩不忍，谋臣狐疑，令万世刻石之功不立于圣世。"诏报曰[**光武帝的历史性/哲理性宣告，完全拒绝他的好战建议：**]："《黄石公记》[即张良于下邳圯所见老父出一编书，见《史记·留侯世家》，内云"（张良）视其书，乃太公兵法也。"]曰,'柔能制刚,弱能制强'。柔者德也,刚者贼也,弱者仁之助也,强者怨之归也。故曰有德之君,以所乐乐人;无德之君,以所乐乐身。乐人者其乐长,乐身者不久而亡。舍近谋远者,劳而无功;舍远谋近者,逸而有终。[**这里的远近是就空间（距离）而非时间而言。广义的地缘政治"成本效益估算"**。]逸政多忠臣,劳政多乱人。[**对外政策与国内政治／社会状态之间的本质关联**]故曰务广地者荒,务广德者强。有其有者安,贪人有者残。残灭之政,虽成必败。[**反对扩张主义和反对好战的深刻哲理**]今国无善政,灾变不息,百姓惊惶,人不自保,而复欲远事边外乎?[**再度强调国内安宁和繁荣应当压倒性地优先!**]孔子曰:'吾恐季孙之忧,不在颛臾。'[颛臾,鲁附庸之国。鲁卿季氏贪其土地,欲伐而兼之。时孔子弟子冉有仕于季氏,孔子责之。冉有曰:"今夫颛臾固而近季氏之邑,今不取,恐为子孙之忧。"孔子曰:"吾恐季孙之忧,不在颛臾,而在萧墙之内也。"]且北狄尚强,而屯田警备传闻之事,恒多失实。诚能举天下之半以灭大寇,岂非至愿;苟非其时,不如息人。"[**这一伟大宣告的大效应:**]自是诸将莫敢复言兵事者。

宫永平元年[明帝时,58年]卒,谥曰愍侯。……

论曰:中兴之业,诚艰难也。然敌无秦、项之强,人资附汉之思,虽怀玺纡绂,跨陵州县,殊名诡号,千队为群,尚未足以为比功上烈也。[**我们的史家做的一项颇好的概评,关于帝国统一战争中力量对比的本质。**]至于山西既定[谓诛隗嚣、公孙述],威临天下,戎竭丧其精胆,[**永久的反差,在单纯的武夫与心怀全局的政治领导之间:**]群帅贾其余壮,斯诚雄心尚武之儿[机会],先志玩兵之日。臧宫、马武之徒,抚鸣剑而抵掌,志驰于伊吾[今新疆哈密]之北矣。光武审《黄石》,存包(苞)桑[出自《周易》;苞桑,丛生的桑根,比喻根基牢固],闭玉门以谢西域之质,卑词币以礼匈奴之使,其意防盖已弘深。[**这是个旨在国内社会复兴的积极选择,而非首先由帝国对外赢弱规定的消极必需:**]岂其颠沛平城之围,忍伤黥王之陈(阵)[高祖亲击淮南王黥布,为流矢所中]乎?

### 卷19《耿弇列传》[耿弇]

[耿弇[yǎn]:一位军事天才,既在战术上也在战略上,而且甚至就大战略的最高层次来说也是如此,因为他很早就对全国的形势和趋势做了正确的总体性分析,加上在刘秀仍是更始帝的一名臣属时,他就为他的事业的总方向提出了高瞻远瞩的建议。他被他的最高统帅视为当代的韩信——整个中国历史上就纯军事意义而言最伟大的指挥将领之一。他在华北和华中的统一战争中表现辉煌,有其近乎独特的纪录,即"凡所平郡四十六,屠城三百,未尝挫折"。作为大规模迂回运动与大

规模对阵激战两方面的天才,他必定在伟大君人定然有的武德之外,有某种辉煌的思想方法。]

[这里的史录蕴含了一种发展着的政治复杂性,他与最高统帅之间关系的复杂性,就如我们的史家在他的传记末尾指出的:"弇自克拔全齐,而无复尺寸功。夫岂不怀[思也]?"他的回答——"将时之度数[当时的法度],不足以相容乎?"——刻意地含糊,甚而不相干。当然,这里的英雄在政治上比韩信明智得多,因而其命运也比韩信好得不可比拟。]

["屠城三百":或许在此蕴含一个意思,即白起可能是个比韩信更恰当的比拟。然而只是或许。]

[以其青少年时候就得到塑造的学问素质和尚武秉性,他在全国大乱中皈依刘秀,而且几乎立即就为他立下汗马功劳:]

耿弇字伯昭,扶风茂陵人也。其先武帝时以吏二千石自巨鹿徙焉。父况,字侠游,以明经为郎,与王莽从弟伋共学《老子》于安丘先生,后为朔调连率[王莽改上谷郡曰朔调,守曰连率]。弇少好学,习父业。[他出自一个学士官僚家庭,但他有着自己的尚武偏好,连同他的学问素质:]常见郡尉试骑士,建旗鼓,肄驰射,由是好将帅之事。

[在全国大乱中寻找一个主公;而且,他比他的父亲更有远见和志向,后者仅想找到一个保护者:]及王莽败,更始立[23年],诸将略地者,前后多擅威权,辄改易守、令。况自以莽之所置,怀不自安。时,弇年二十一,乃辞况奉奏诣更始,因赍贡献,以求自固之宜。及至宋子[县名,在今河北石家庄市赵县],会王郎诈称成帝子子舆,起兵邯郸,弇从吏孙仓、卫包于道共谋曰:"刘子舆成帝正统,舍此不归,远行安之?"弇按剑曰[他远不是一个平庸和短视的机会主义者]:"子舆弊贼,卒为降虏耳。我至长安,与国家陈渔阳、上谷兵马之用,还出太原、代郡,反复数十日,归发突骑以轥乌合之众,如摧枯折腐耳。观公等不识去就,族灭不久也!"仓、包不从,遂亡降王郎。

弇道闻光武在卢奴[在今河北定州],乃驰北上谒[他聪慧,知道谁可能拥有相对最好的前景],光武留署门下吏。弇因说护军硃(朱)祐,求归发兵,以定邯郸。光武笑曰:"小儿曹乃有大意哉!"因数召见加恩慰。[他确实找到了一位对有才华的"有大意者"和善的主公。]因从光武北至蓟[约今天津市最北部的蓟县]。闻邯郸兵方到,光武将欲南归,召官属计议。弇曰:"今兵从南来,不可南行。渔阳太守彭宠,公之邑人;上谷太守,即弇父也。发此两郡,控弦万骑,邯郸不足虑也。"光武官属腹心皆不肯,曰:"死尚南首,奈何北行入囊中?[渔阳、上谷北接塞垣,至彼路穷,如入囊也。]"光武指弇曰："是我北道主人也。"会蓟中乱，光武遂南驰，官属各分散。[**他在一项危险的紧急形势中，给他的主公提供首次重大军事效劳，出乎后者的意料。他辉煌地证明了他自己**：]弇走昌平就况，因说况使寇恂东约彭宠，各发突骑二千匹，步兵千人。弇与景丹、寇恂及渔阳兵合军而南，所过击斩王郎大将、九卿、校尉以下四百余级，得印绶百二十五，节二，斩首三万级[！]，定涿郡、中山、巨鹿、清河、河间凡二十二县，遂及光武于广阿。是时，光武方攻王郎，传言二郡兵为邯郸来，众皆恐。既而悉诣营上谒。光武见弇等，说（悦），曰："当与渔阳、上谷士大夫共此大功。"乃皆以为偏将军，使还领其兵。加况大将军、兴义侯，得自置偏裨。弇等遂从拔邯郸。

[**他就全国形势和趋势作了一番很早和正确的总体性分析，并在刘秀仍是更始帝的一名臣属但面对关键抉择时，为其事业的总方向和眼下的战略提出了根本建议，而这两者都是在大战略的最高层次上。因而，我们的史家说"耿弇决策河北"，恰如"淮阴延论项王，审料成势，则知高祖之庙胜矣"**：]

…………

更始见光武威声日盛，君臣疑虑，乃遣使立光武为萧王，令罢兵与诸将有功者还长安；遣苗曾为幽州牧，韦顺为上谷太守，蔡充为渔阳太守，并北之部。时，光武居邯郸宫，昼卧温明殿。弇入造床下请间（闲），因说曰："今更始失政，君臣淫乱，诸将擅命于畿内，贵戚纵横于都内。天子之命，不出城门，所在牧守，辄自迁易，百姓不知所从，士人莫敢自安。虏掠财物，劫掠妇女，怀金玉者，至不生归。元元叩心，更思莽朝。又铜马、赤眉之属数十辈，辈数十百万，圣公不能办[犹成]也。其败不久，公首事南阳，破百万之军；今定河北，据天府之地。以义征伐，发号响应，天下可传檄而定。天下至重，不可令它姓得之。闻使者从西方来，欲罢兵，不可从也。今吏士死亡者多，弇愿归幽州，益发精兵，以集大计。"[**他关于总方向和眼下战略的提议得到接受和实行，导致重大的积极结果**：]光武大说（悦），乃拜弇为大将军，与吴汉北发幽州十郡兵。弇到上谷，收韦顺、蔡充斩之；汉亦诛苗曾。于是悉发幽州兵，引而南，从光武击破铜马、高湖、赤眉、青犊，又追尤来、大枪、五幡于元氏[约今河北石家庄市元氏县]，[**他的武德**：]弇常将精骑为军锋，辄破走之。光武乘胜战顺水上，虏危急，殊死战。时，军士疲弊，遂大败奔还，壁范阳[县名，在今河北保定市定兴县境内]，数日乃振，贼亦退去，从追至容城、小广阳、安次，连战破之。光武还蓟，复遣弇与吴汉、景丹、盖延、硃（朱）祐、邳彤、耿纯、刘植、岑彭、祭遵、坚镡[xín]、王霸、陈俊、马武十三将军，追贼至潞东，及平谷，再战，斩首万三千余级，遂穷追于右北平无终、土垠之间，至俊靡[在今河北遵化县西北，今长城外]而还。贼散入辽西、辽东，或为乌桓、貊人所抄击,略尽。

[在大败地区性军阀延岑后,他"定计南阳",提出了一套被多少勉强地接受了的建议,即旨在征服齐地的三阶段战略,然后他作为一位指挥将领去贯彻之,特别是它的最重要、最辉煌的第三阶段,即摧毁地区性军阀张步的巨量兵力:]

光武即位,拜弇为建威大将军。与骠骑大将军景丹、强弩将军陈俊攻厌新贼于敖仓[重要粮仓,在今河南郑州市下属荥阳市东北敖山],皆破降之。建武二年[26年],更封好畤侯,食好畤、美阳二县。三年[27年],延岑自武关出攻南阳,下数城。穰人杜弘率其众以从岑。弇与岑等战于穰,大破之,斩首三千余级,生获其将士五千余人,得印绶三百。杜弘降,岑与数骑遁走东阳。

弇从幸春陵,["定计南阳",多少勉强地被最高统帅接受:]因见自请北收上谷兵未发者,定彭宠于渔阳,取张丰于涿郡,还收富平、获索,东攻张步,以平齐地。帝壮其意,乃许之。[后刘秀云:"将军前在南阳建此大策,常以为落落(犹疏阔)难合"。][战役一,"定彭宠于渔阳":]四年[28年],诏弇进攻渔阳。弇以父据上谷,本与彭宠同功,又兄弟无在京师者,自疑,不敢独进,上书求诣洛阳。诏报曰:"将军出身举宗为国,所向陷敌,功效尤著,何嫌何疑,而欲求征[求征召回洛阳]?且与王常共屯涿郡,勉思方略。"况闻弇求征,亦不自安,遣舒[耿弇之弟]弟国入侍。帝善之,进封况为隃糜侯。……时,征虏将军祭遵屯良乡,骁骑将军刘喜屯阳乡,以拒彭宠。宠遣弟纯将匈奴二千余骑[此前此后多个世纪,华夏北方的分离主义军阀那么经常地为了自己的目的而与外部游牧蛮夷勾结;一种地缘战略必需],宠自引兵数万,分为两道以击遵、喜。胡骑经军都[在今北京昌平区西南],舒袭破其众,斩匈奴两王,宠乃退走。况复与舒攻宠,取军都。五年[29年],宠死,天子嘉况功,使光禄大夫持节迎况,赐甲第,奉朝请。封舒为牟平侯。[战役二,"还收富平、获索",为征服齐地的最易之举;然而,哪里有"取张丰于涿郡"?:]遣弇与吴汉击富平、获索贼于平原,大破之,降者四万余人。

[战役三,"东攻张步",最艰巨、最辉煌的一役:]因诏弇进讨张步。弇悉收集降卒,结部曲,置将吏,率骑都尉刘歆、太(泰)山太守陈俊引兵而东,从朝阳[县名,在今山东邹平县]桥济河以度(渡)。张步闻之,乃使其大将军费邑军历下[在今山东历城县],又分兵屯祝阿[在今山东历城西南],别于太(泰)山钟城列营数十以待弇。弇度(渡)河先击祝阿,自旦攻城,日未中而拔之,[他是个战术天才,战术上追求敌人在下一个战场的心理崩溃而无须战斗:]故开围一角,令其众得奔归钟城。钟城人闻祝阿已溃,大恐惧,遂空壁亡去。费邑分遣弟敢守巨里。[下面的战斗被某些人认为是中国史上围城打援的第一个辉煌范例;他的克劳塞维茨式"引力中心"总是

敌人的主力,而非任何既定地方:]弇进兵先胁巨里,使多伐树木,扬言以填塞坑
堑。数日,有降者言邑闻弇欲攻巨里,谋来救之。弇乃严令军中趣(趋)修攻具,宣
敕诸部,后三日当悉力攻巨里城。阴缓生口,令得亡归。归者以弇期告邑,邑至日
果自将精兵三万余人来救之。弇喜,谓诸将曰:"吾所以修攻具者,欲诱致邑耳。
今来,适其所求也。"即分三千人守巨里,自引精兵上冈阪[《尔雅》曰:"山脊曰冈,坡者
曰阪。"],乘高合战,大破之,临陈(阵)斩邑。既而收首级以示巨里城中,城中凶惧,
费敢悉众亡归张步。弇复收其积聚,纵兵击诸未下者,平四十余营,遂定济南。

时,张步都剧[在今山东寿光东南],使其弟蓝将精兵二万守西安[县名,今山东临淄
西北],诸郡太守合万余人守临淄,相去四十里。弇进军画中[邑名],居二城之间。
[他的战术天才确实无尽！现在,他决定声东击西,在此场合获得符合逻辑的结
果——"击一而得二者":]弇视西安城小而坚,且蓝兵又精,临淄名虽大而实易攻,
乃敕诸校会,后五日攻西安。蓝闻之,晨夜儆守。至期夜半,弇敕诸将皆蓐食[晨未
起身,床席上进餐;谓早餐很早],会明至临淄城。护军荀梁等争之,以为宜速攻西安。
[他总是有一种紧要的才能,即雄辩地阐明自己的战略/战术计划;本质上,这是一
种政治才能:]弇曰:"不然。西安闻吾欲攻之,日夜为备;临淄出不意而至,必惊
扰,吾攻之一日必拔。拔临淄即西安孤,张蓝与步隔绝,必复亡去,所谓击一而得二
者也。若先攻西安,不卒下,顿兵坚城,死伤必多。纵能拔之,蓝引军还奔临淄,并
兵合势,观人虚实,吾深入敌地,后无转输,旬日之间,不战而困。诸君之言,未见其
宜。"遂攻临淄,半日拔之,入据其城。张蓝闻之大惧,遂将其众亡归剧。

[这场战役的最终决定性对阵激战,同样有他的无尽的战术灵活性,这因为敌
人的压倒性兵力数量优势而尤其需要:][辉煌的战术一:]弇乃令军中无得妄掠剧
下,须张步至乃取之,以激怒步。步闻大笑曰:"以尤来、大肜十余万众,吾皆即其
营而破之。今大耿兵少于彼,又皆疲劳,何足惧乎!"乃与三弟蓝、弘、寿及故大肜
渠帅重异等兵号二十万,至临淄大城东,将攻弇。[辉煌的战术二:]弇先出兵淄水
上,与重异遇,突骑欲纵,弇恐挫其锋,令步不敢进,故示弱以盛其气,乃引归小城,
陈兵于内。步气盛,直攻弇营,与刘歆等合战,弇升王宫坏台[临淄本齐国所都,即齐王
宫,中有坏台。《东观记》作"环台"。]望之,视歆等锋交,乃自引精兵以横突步陈(阵)
[侧面突击]于东城下,大破之。飞矢中弇股,以佩刀截之,左右无知者。至暮罢。弇
明旦复勒兵出。是时,帝在鲁,闻弇为步所攻,自往救之,未至。陈俊谓弇曰:"剧
房兵盛,可且闭营休士,以须上来。"弇曰:"乘舆且到,臣子当击牛酾酒以待百官,
反欲以贼房遗君父邪?"乃出兵大战,自旦及昏,复大破之,杀伤无数,城中沟堑皆
满。[辉煌的战术三:]弇知步困将退,豫(预)置左右翼为伏以待之。人定时,步果
引去,伏兵起纵击,追至钜昧水[今山东弥河,发源于临朐沂山,至临朐九山附近折向东北

流,于寿光广陵乡分为三股入渤海]上,八九十里僵尸相属,收得辎重二千余两。步还剧,兄弟各分兵散去。

[他被最高统帅盛赞为韩信第二!]后数日,车驾至临淄自劳军,群臣大会。帝谓弇曰:"昔韩信破历下以开基,今将军攻祝阿以发迹,此皆齐之西界,功足相方。而韩信袭击已降[《史记·淮阴侯列传》载:郦食其说齐王田广,广降之,罢守备;韩信闻齐已降,欲止,蒯通说信令击之],将军独拔劲敌,其功乃难于信也。[**他甚至被誉为在将才上胜韩信一筹!**]……将军前在南阳建此大策,常以为落落[犹疏阔]难合[**他确实给了他的最高统帅一个战略意外**],有志者事竟成也!"弇因复追步,步奔平寿[县名,治所在今山东潍坊市潍城区符山镇平寿村],乃肉袒负斧锧于军门。弇传步诣行在所,而勒兵入据其城。树十二郡旗鼓,令步兵各以郡人诣旗下,众尚十余万,辎重七千余两(辆),皆罢遣归乡里。弇复引兵至城阳[约今山东青岛市城阳区],降五校余党,齐地悉平。[**他的诸场战役的辉煌成功,根据他自己的被授权的战略计划!**]振旅还京师。

[在他的其余生涯中,这位天才竟然"无复尺寸功"! 为什么? **这里的史录暗示,因为他与最高统帅之间关系而发展着的政治复杂性:**]

六年[30年],西拒隗嚣,屯兵于漆。八年[32年],从上陇。明年,与中郎将来歙分部徇[攻打]安定、北地诸营保,皆下之。

弇凡所平郡四十六,屠城三百[**或许在此蕴含一个意思:白起可能是个比韩信更恰当的比拟。然而只是或许。**],未尝挫折。

十二年[36年],况疾病,乘舆数自临幸。复以国弟广、举并为中郎将。弇兄弟六人皆垂青紫,省侍医药,当代以为荣。及况卒,谥烈侯……

十三年[37年],增弇户邑,上大将军印绶,罢,以列侯奉朝请。每有四方异议,辄召入问筹策。年五十六,永平元年[58年,明帝时]卒,谥为愍侯。……

论曰:[**他在大战略方面的优异才华,连同在战略方面的:**]淮阴延论项王,审料成势,则知高祖之庙胜矣。耿弇决策河北,定计南阳,亦见光武之业成矣。[**如我们的史家提示的,他与最高统帅之间关系中的政治复杂性:**]然弇自克拔全齐,而无复尺寸功。夫岂不怀[思也]? 将时之度数[当时的法度],不足以相容乎? [**范晔的回答刻意地含糊,甚而不相干。无论如何,政治上我们的英雄比韩信明智和忠诚得多,同时他的主公比刘邦和吕后温雅得多,因而他的命运比韩信好得不可比拟。**]三世为将,道家所忌,而耿氏累叶以功名自终。将其用兵欲以杀止杀乎? 何其独能隆也!

**卷 20《铫期王霸祭遵列传》**[祭肜除外]

[本篇先是三位将领的传记,他们以其武德、政治忠诚和谦逊品格为其伟大主公的统一战争贡献良多,而其中最后一位即祭遵亦是在当代就被树立起来的道德楷模。]

[然后是祭遵的表弟祭肜[róng]的传记,那是光武帝和明帝之下一位近三十年的优秀的边疆防守者和东北方蛮夷征服者/管控者,其军政性情刚正威严,"虽条侯、穰苴之伦,不能过也"。]

**铫**[yáo]**期:**

[虽然其魁伟外貌、威严神态和凶猛生气引人注目,但他更甚的特征在于军事英勇和个人正直,对任何人和在任何地方。在华北的一位勇猛的靖安者和在一个中央核心战略区的军政总督。]

[**一位勇猛的武士,在华北和华中的刘秀诸初始战役和战斗中:**]
铫期字次况,颍川郏[今属河南郏县]人也。长八尺二寸,容貌绝异,矜严有威。[**非凡的身材外貌和威严神态,一位武士!**]父猛,为桂阳太守,卒,期服丧三年,乡里称之。光武略地颍川,闻期志义,召署贼曹掾,从徇[攻打]蓟[约今天津市最北部的蓟县]。时,王郎檄书到蓟,蓟中起兵应郎。光武趋驾出,百姓聚观,喧呼满道,遮路不得行,期骑马奋戟,瞋目大呼左右曰"跸"[止行清道,即警跸],众皆披靡。及至城门,门已闭,攻之得出。行至信都[今河北冀州市旧城],以期为裨将,与傅宽、吕晏俱属邓禹。徇傍县,又发房子[县名,今河北高邑县西南]兵。禹以期为能,独拜偏将军,授兵二千人,宽、晏各数百人。还言其状,光武甚善之。[**在战场上他能被依赖,"靠谱":**]使期别徇真定宋子[分别在今河北正定县和栾城县],攻拔乐阳、槀[gǎo]、肥累[分别在今河北石家庄西北、东南和晋县西]。

从击王郎将倪宏、刘奉于巨鹿[今河北平乡县南]下,[**作为攻击王郎武力的一位凶猛的前锋:**]期先登陷陈(阵),手杀五十余人,被创中额,摄[犹正也]帻复战,遂大破之。王郎灭,拜期虎牙大将军。乃因间(闲)说光武曰[**他明智,多少有政治和战略远见:**]:"河北之地,界接边塞,人习兵战,号为精勇。今更始失政,大统危殆,海内无所归往。明公据河山之固,拥精锐之众,以顺万人思汉之心,则天下谁敢不从?"光武笑曰:"卿欲遂前跸邪?"[**一次又一次地担当凶猛的武士,与巨量暴众武装拼杀:**]时,铜马数十万众入清阳[在今河北清河县东南]、博平[在今山东聊城县北],期与诸将迎击之,连战不利,期乃更背水而战,所杀伤甚多。会光武救至,遂大破之，追至馆陶［在今河北邯郸馆陶县］，皆降之。从击青犊、赤眉于射犬［在今河南武陟西北］，贼袭期辎重，期还击之，手杀伤数十人，身被三创，而战方力，遂破走之。

**［一个中央核心战略区的军政总督；或者说，他第一次、也是仅有一次作为多年驻防军的指挥将领和地区治理责任的担当者行使职能：］**

光武即位，封安成侯，食邑五千户。时，檀乡、五楼贼入繁阳、内黄［两县名，分别在今河南内黄县北和西北］，又魏郡大姓数反复，而更始将卓京谋欲相率反鄴城［古都城，遗址主体位于今河北临漳县境内］。帝以期为魏郡太守，行大将军事。期发郡兵击卓京，破之，斩首六百余级。京亡入山，追斩其将校数十人，获京妻子。进击繁阳、内黄，复斩数百级，群界清平。督盗贼［官名］李熊，鄴中之豪，而熊弟陆谋欲反（返）城迎檀乡。或以告期，期不应，告者三四，期乃召问熊。熊叩头首服，愿与老母俱就死。期曰："为吏傥不若为贼乐者［意为必以在城中为吏不如为贼之乐］，可归与老母往就陆也。"使吏送出城。熊行求得陆，将诣鄴城西门。陆不胜愧感，自杀以谢期。期嗟叹，以礼葬之，而还熊故职。于是郡中服其威信。

建武五年［29 年］，行幸魏郡，以期为太中大夫。从还洛阳，又拜卫尉。

**［他的个人正直，对任何人，在任何地方：］**

期重于信义，自为将，有所降下，未尝虏掠。及在朝廷，忧国爱主，其有不得于心，必犯颜谏诤。帝尝轻舆期门［武帝将出，必与北地良家女子期于殿门，故曰"期门"］近出，期顿首车前曰："臣闻古今之戒，变生不意，诚不愿陛下微行数出。"帝为之回舆而还。十年［34 年］卒，帝亲临襚敛，赠以卫尉、安成侯印绶，谥曰忠侯。……

**王霸：**

**［本篇三人（祭彤除外）之中唯一的老资格革命者，多少有些学问，然后以他的武德（包括战略/战术才能）对刘秀在华北和最终在北部边疆的统一事业贡献良多。然而，他的最重要的生涯是长达二十余年的北疆守卫和蛮夷事务经管，在那里显示了他的政治/战略明智，甚而文化明智。］**

**［刘秀麾下的一位老资格革命者，然后在一段非常艰难的时间里始终与他在一起，如刘秀所说"疾风知劲草"：］**

王霸字元伯，颍川颍阳［今河南许昌］人也。世好文法，父为郡决曹掾，霸亦少为狱吏。常慷慨不乐吏职，其父奇之，遣西学长安。汉兵起，光武过颍阳，霸率宾客上谒，曰："将军兴义兵，窃不自知量，贪慕威德，愿充行伍。"光武曰："梦想贤士，共成功业,岂有二哉!"遂从击破王寻、王邑于昆阳,还休乡里。

及光武为司隶校尉,道过颍阳,霸请其父,愿从。父曰:"吾老矣,不任军旅,汝往,勉之!"霸从至洛阳。及光武为大司马,以霸为功曹令史,从度河北。宾客从霸者数十人,稍稍引去。光武谓霸曰:"颍川从我者皆逝,而子独留。努力! 疾风知劲草。"

**[以其武德(包括战略/战术才能)为刘秀在华北的统一事业作贡献:]**

及王郎起,光武在蓟,郎移檄购光武。光武令霸至市中募人,将以击郎。市人皆大笑,举手邪揄之,霸惭懅[jù,惭愧]而还。**[依然是艰难时分,几乎没人认真看待他甚而他的主公]**光武即南驰至下曲阳[在今河北保定市西南]。传闻王郎兵在后,从者皆恐。及至虖沱河,候吏还白河水流澌,无船,不可济。官属大惧。光武令霸往视之。霸恐惊众,欲且前,阻水,还即跪曰:"冰坚可度(渡)。"官属皆喜。**[他聪明,懂得如何在此场合改变平庸者们的心态]**光武笑曰:"候吏果妄语也。"遂前。比至河,河冰亦合,乃令霸护度(渡),未毕数骑而冰解。光武谓霸曰:"安吾众得济免者,卿之力也。"霸谢曰:"此明公至德,神灵之祐,虽武王白鱼之应[《今文尚书》曰:"武王度盟津,白鱼跃入王舟。"],无以加此。"光武谓官属曰:"王霸权以济事,殆天瑞也。"以为军正,爵关内侯。既至信都,发兵攻拔邯郸。霸追斩王郎,得其玺绶。封王乡侯。

从平河北,常与臧宫、傅俊共营,霸独善抚士卒,死者脱衣以敛之,伤者躬亲以养之。**[作为部队的一名长官,他有杰出的政治和道德意识。懂得如何维持部队的忠诚、士气和军事奉献精神]**光武即位,以霸晓兵爱士,可独任,拜为偏将军,并将臧宫、傅俊兵,而以宫、俊为骑都尉。**[他因此而被提升为指挥将领]**建武二年[26年],更封富波侯。

四年[28年]秋,帝幸谯,使霸与捕虏将军马武东讨周建于垂惠[聚名,位于今山东蒙城县]苏茂将五校兵四千余人救建,而先遣精骑遮击马武军粮,武往救之。建从城中出兵夹击武,武恃霸之援,战不甚力,为茂、建所败。武军奔过霸营,大呼求救。霸曰**[他按照被理解了的形势的必需,坚执其确信的战术]**:"贼兵盛,出必两败,努力而已。"乃闭营坚壁。军吏皆争之。霸曰**[他还在战术说服方面雄辩善辩]**:"茂兵精锐,其众又多,吾吏士心恐,而捕虏(将军)与吾相恃,两军不一,此败道也。今闭营固守,示不相援,贼必乘胜轻进;捕虏无救,其战自倍。如此,茂众疲劳,吾承其弊,乃可克也。"茂、建果悉出攻武。合战良久,霸军中壮士路润等数十人断发请战。霸知士心锐,乃开营后,出精骑袭其背。茂、建前后受敌,惊乱败走,霸、武各归营。贼复聚众挑战,霸坚卧不出,方飨士作倡乐。茂雨射营中,中霸前酒樽,霸安坐不动。**[英勇的镇定和耐力,向他的官兵们显示!]**军吏皆曰:"茂前日已破,今易击也。"霸曰："不然。苏茂客兵远来,粮食不足,故数挑战,以侥(邀)一切[犹权时]之胜。今闭营休士,所谓不战而屈人之兵,善之善者也。"茂、建既不得战,乃引还营。其夜,建兄子诵反,闭城拒之,茂、建遁去,诵以城降。[**即使处于显著劣势,仍然取胜,靠的是他两度坚执正确的战术。指挥官镇定的坚毅性是一项至关紧要的克劳塞维茨式武德!**]

五年[29年]春,帝使太中大夫持节拜霸为讨虏将军。六年[30年],屯田新安。八年[32年],屯田函谷关。击荥阳、中牟盗贼,皆平之。

**[最后在北部边疆为统一事业作贡献:]**

九年[33年],霸与吴汉及横野大将军王常、建义大将军硃(朱)祐、破奸将军侯进等五万余人,击卢芳将贾览、闵堪于高柳[县名,治所在今山西阳高]。匈奴遣骑助芳,汉军遇雨,战不利。吴汉还洛阳,令硃(朱)祐屯常山,王常屯涿郡,侯进屯渔阳。玺书拜霸上谷[在今河北张家口]太守,领屯兵如故,捕击胡虏,无拘郡界。明年[34年],霸复与吴汉等四将军六万人出高柳击贾览,诏霸与渔阳太守陈䜣将兵为诸军锋。匈奴左南将军将数千骑救览,霸等连战于平城[今山西大同市东北]下,破之,追出塞,斩首数百级。霸及诸将还入雁门,与骠骑大将军杜茂会攻卢芳将尹由于崞、繁畤,不克。

**[他的最重要的生涯,即长达二十余年的北疆守卫和蛮夷事务经管,显示了他的政治/战略明智,甚而文化明智:]**

十三年[37年],增邑户,更封向侯。是时,卢芳与匈奴、乌桓连兵,寇盗尤数,缘边愁苦。诏霸将弛刑徒六千余人,与杜茂治飞狐道,堆石布土,筑起亭障,自代至平城三百余里。凡与匈奴、乌桓大小数十百战,颇识边事,数上书言宜与匈奴结和亲,又陈委输可从温水[《水经注》曰,温余水出上谷居庸关东,又东过军都县南,又东过蓟县北]漕,以省陆转输之劳,事皆施行。后南单于、乌桓降服,北边无事。霸在上谷二十余岁。三十年,定封淮陵侯。永平二年,以病免,后数月卒。……

祭遵:

[一位真正儒的将领,正直,诚实,节俭,好儒,"忧国奉公",全心全意地致力于帝国统一事业,对他的主公在华中、华北和西北的战争作出了坚实的贡献。在当代就被树立起来的道德楷模。]

[一位学识和道德儒士成了刘秀阵营中的革命低级官员,很快就显示了他的

端方正直：]

祭遵字弟孙，颍川颍阳[今河南许昌]人也。少好经书。家富给，而遵恭俭，恶衣服。丧母，负土起坟。[**他是个学识和道德儒士**]尝为部吏所侵，结客杀之。初，县中以其柔也，既而皆惮焉。

及光武破王寻等，还过颍阳，遵以县吏数进见，光武爱其容仪，署为门下史。从征河北，为军市令。[**他显示了他的端方正直和责任意识，那么快地在他的主公迅速改变想法后赢得了后者的尊敬和重用：**]舍中儿[刘秀家奴]犯法，遵格杀之。光武怒，命收遵。时，主簿陈副谏曰："明公常欲众军整齐，今遵奉法不避，是教令所行也。"光武乃贳[赦也]之，以为刺奸将军。谓诸将曰："当备祭遵！吾舍中儿犯法尚杀之，必不私诸卿也。"寻拜为偏将军，从平河北，以功封列侯。

[**他在统一战争的华中和华北战场：**]

建武二年[26年]春，拜征虏将军，定封颍阳侯。与骠骑大将军景丹、建义大将军砩(朱)祐、汉忠将军王常、骑都尉王梁、臧宫等入箕关[在今河南济源县西王屋山南]，南击弘农、厌新、柏华蛮中贼。[**他的英勇和这对士兵士气的激励效应：**]弩中遵口，洞出流血，众见遵伤，稍引退，遵呼叱止之，士卒战皆自倍，遂大破之。时，新城[县名，在今河南伊川西南]蛮中山贼张满，屯结险隘为人害，诏遵攻之。遵绝其粮道，满数挑战，遵坚壁不出。而厌新、柏华余贼复与满合，遂攻得霍阳聚，遵乃分兵击破降之。明年[27年]春，张满饥困，城拔，生获之。……乃斩之，夷其妻子。遵引兵南击邓奉弟终于杜衍[县名，在今河南南阳市西南]，破之。

时，涿郡[今河北涿州市]太守张丰执使者举兵反，自称无上大将军，与彭宠连兵。四年[28年]，遵与砩(朱)祐及建威大将军耿弇、骁骑将军刘喜俱击之。遵兵先至，急攻丰，丰功曹孟纮[gōng]执丰降。初，丰好方术，有道士言丰当为天子，以五彩囊裹石系丰肘，云石中有玉玺。丰信之，遂反。既执当斩，犹曰："肘石有玉玺。"遵为椎破之，丰乃知被诈，仰天叹曰："当死无所恨！"诸将皆引还，遵受诏留屯良乡拒彭宠。因遣护军傅玄袭击宠将李豪于潞，大破之，斩首千余级。相拒岁余，数挫其锋，党与多降者。及宠死，遵进定其地。

[**他在统一战争的西北战场：**]

六年[30年]春，诏遵与建威大将军耿弇、虎牙大将军盖延、汉忠将军王常、捕虏将军马武、骁骑将军刘歆、武威将军刘尚等从天水伐公孙述。师次[途中停留]长安，时车驾亦至，而隗嚣不欲汉兵上陇，辞说解故[借故推脱以为辞说]。帝召诸将议，皆曰："可且延嚣日月之期，益封其将帅，以消散之。"遵曰："嚣挟奸久矣。今若按甲引时,则使其诈谋益深,而蜀警增备,固不如遂进。"帝从之,乃遣遵为前行。隗嚣使其将王元拒陇坻[即今甘肃东南部陇山],遵进击,破之,追至新关。及诸将到,与嚣战,并败,引退下陇。乃诏遵军汧[qiān]、耿弇军漆,征西大将军冯异军栒邑,大司马吴汉等还屯长安。自是后,遵数挫隗嚣。……

八年[32年]秋,复从车驾上陇。及嚣破,帝东归过汧,幸遵营,劳飨士卒,作黄门武乐,良夜乃罢。时,遵有疾,诏赐重茵[双层的坐卧垫褥],覆以御盖。复令进屯陇下。及公孙述遣兵救嚣,吴汉、耿弇等悉奔还,[①]遵独留不却。九年[33年]春,卒于军。

[**他一贯正直、诚实、节俭和全心全意地奉献于帝国统一事业。他有着真正儒的性情和行为方式:最能打动他的伟大君主、当代人和我们的史家的秉性:**]
遵为人廉约小心,克己奉公,赏赐辄尽与士卒,家无私财,身衣韦[熟皮]裤,布被,夫人裳不加缘,帝以是重焉。及卒,愍悼之尤甚。遵丧至河南县,诏遣百官先会丧所,车驾素服临之,望哭哀恸。还幸城门,过其车骑,涕泣不能已。[《东观记》曰:"上还幸城门,阅过丧车,瞻望涕泣。"]丧礼成,复亲祠以太牢,如宣帝临霍光故事。[**他在光武帝心灵中有那么高的位置!**]诏大长秋、谒者、河南尹护丧事,大司农给。博士范升上疏,追称遵曰:"……[**他被光武帝视为帝国政府内每个人的楷模:**]古者臣疾君视,臣卒君吊,德之厚者也。陵迟以来久矣。及至陛下,复兴斯礼,群下感动,莫不自励。……[**对他的伟大道德更多叙述:**]遵……修行积善,竭忠于国……清名闻于海内,廉白著于当世。所得赏赐,辄尽与吏士,身无奇衣,家无私财。同产兄午以遵无子,娶妾送之,遵乃使人逆而不受,自以身任于国,不敢图生虑继嗣之计。临死遗诫牛车载丧,薄葬洛阳。问以家事,终无所言。任重道远,死而后已。[**他的儒家性情和气质:**]遵为将军,取士皆用儒术,对酒设乐,必雅歌投壶。又建为孔子立后,奏置《五经》大夫。虽在军旅,不忘俎豆,可谓好礼悦乐,守死善道[以生命保全道的完善]者也……"帝乃下升章以示公卿。至葬,车驾复临,赠以将军、侯印绶,砱轮容车,介士军陈(阵)送葬,谥曰成侯。既葬,车驾复临其坟,存见夫人室家。其后会朝,帝每叹曰:"安得忧国奉公之臣如祭征虏者乎!"遵之见思若此。

无子,国除。……从弟肜[róng]。

---

① 《后汉书·吴盖陈臧列传》载:八年[32年],(吴汉)从东驾上陇,遂围隗嚣于西城。帝敕汉曰:"诸郡甲卒但坐费粮食,若有逃亡,则沮败众心,宜悉罢之。"汉等贪并力攻嚣,遂不能遣,粮食日少,吏士疲役,逃亡者多,及公孙述救至,汉遂退败。

帝国复兴：重建、创制和维持

# "知天下思乐息肩"：光武帝的帝国治理

## "退功臣而进文吏，戢弓矢而散马牛"

### 卷1下《光武帝纪下》摘录

[**本篇内记载的光武帝的表现，在他的内部征服胜利结束之后。其特征如何？**]

……是岁[建武十二年，36年]，九真[郡名，治所今越南中部清化]徼[边境，边界]外蛮夷张游率种人内属，封为归汉里君。[**他们与中华帝国的真实关系如何？事实上的还是仅仅名义上的臣民或附庸？**]参狼羌[秦时南迁到武都地区的西羌]寇武都[辖境在甘肃东南部及陕西凤县、略阳等地]，陇西太守马援讨降之。诏边吏力不足战则守，追虏料敌不拘以《逗（住）留法》[《前书音义》曰："逗是曲行避敌也。"汉法，军行逗留畏懦者斩，料敌不拘以该法意谓追虏或近或远，量敌进退，不拘以军法]。……遣骠骑大将军杜茂将众郡施刑屯北边，筑亭候，修烽燧。[**应付帝国边疆两侧蛮夷的相对频繁的攻击仍是光武帝政权的一大任务，这在眼下的场合由能干的边疆长官操作，他们和君主都很懂得在很可能的、兵力数量劣势和防御工事不足的形势下军事审慎的必要。**]

十三年[37年]春正月……诏曰："往年已敕郡国，异味[不寻常的鲜美食物]不得有所献御，今犹未止，非徒[不仅]有豫（预）养[未至献时预前养之]导[亦择也]择之劳，至乃烦扰道上，疲费过所。其令太官[《续汉志》曰："太官令一人，秩六百石，掌御膳饮食。"]勿复受。……"[**犹如最节俭的帝国君主汉文帝的一个微型版。节制和——说到底——关心人民。**]

[**为抵御匈奴作的准备：**]二月，遣捕虏将军马武屯滹沱河[在今河北饶阳县北]以备匈奴。卢芳自五原[郡名，在今鄂尔多斯达拉特旗北部]亡入匈奴。[**针对他本人先**

前作为权宜而树立的"封建主义"①搞中央集权化：]丙辰，诏曰："长沙王兴、真定王得、河间王邵、中山王茂，皆袭爵为王，不应经义。其以兴为临湘侯，得为真定侯，邵为乐成侯，茂为单父侯。"其宗室及绝国封侯者凡一百三十七人。丁巳，降赵王良为赵公，太原王章为齐公，鲁王兴为鲁公。庚午，以殷绍嘉公孔安为宋公，周承休公姬武为卫公。省并西京十三国：广平属巨鹿，真定属常山，河间属信都，城阳属琅邪，泗水属广陵，淄川属高密，胶东属北海，六安属庐江，广阳属上谷。[**他仿佛先后做了高祖和景帝武帝分别在相反方向上做的事情。**]……

夏四月，大司马吴汉自蜀还京师，于是大飨将士，班劳策勋……罢左右将军官。建威大将军耿弇罢。时，兵革既息，天下少事，文书调役，务从简寡，至乃十存一焉。[**很大程度上归功于他，在近二十年的华夏极大混乱、严重战祸和人民苦难之后，"民族"靖安和和平终告实现！"简寡"治理时代开始**]……

五月，匈奴寇河东。……

九月，日南[郡名，辖境相当于今越南中南部，治所西卷（今广治西北十余里）]徼外蛮夷献白雉、白兔。[**他们与中华帝国的真实关系如何？是事实上的还是仅仅名义上的附庸，或根本不是附庸？**]

十二月甲寅，诏益州民自八年以来被略（掠）为奴婢者，皆一切免为庶人；或依托为人下妻，欲去者，恣听之；敢拘留者，比青、徐二州以略（掠）人法从事。[**有如建武七年发布的、关于"吏人遭饥乱及为青、徐贼所略为奴婢下妻"者的皇帝诏令，这是解放数量必定很大的奴隶和半奴隶！然而它依然精致和通情达理，取决于他们的"自由意志"。**]……

十四年[38年]春正月……匈奴遣使奉献，使中郎将报命。[**复杂的帝国与匈奴关系。**]……

是岁……莎车国、鄯善国遣使奉献。[**在疯狂的大篡夺者激起的动乱和离散之后，恢复帝国西域宗主权的漫长过程开始。**]

十二月癸卯，诏益、凉二州奴婢，自八年以来自讼[自行前去申诉]在所官，一切免为庶人，卖者无还直（值）。[**解放数量必定很大的奴隶。**]

十五年[39年]……

---

① 前云：(建武)二年[26年]春正月……庚辰，封功臣皆为列侯，大国四县，余各有差……博士丁恭议曰："古帝王封诸侯不过百里[《史记》太史公曰："武王、成、康所封数百，而同姓五十，地不过百里。"]……强干弱枝，所以为治也。今封诸侯四县，不合法制。"帝曰："古之亡国，皆以无道，未尝闻功臣地多而灭亡者。"……夏四月……甲午，封叔父良为广阳王，兄子章为太原王，章弟兴为鲁王，春陵侯嫡子祉为城阳王。

五月庚辰，封更始元氏王歙为泗水王，故真定王杨子得为真定王[**他大封"封建"王侯。难道他是一位过度的"复兴主义者"，几乎没有从西汉初期的教训学到什么？十年后将证明这些主要是当时的权宜，为在走向帝国权力的不定的道路上可得的军事裨益**]……

初，巴蜀既平，大司马吴汉上书请封皇子，不许，重奏连岁。[**光武帝不乐意接受任何非中央集权的"封建主义"，即使有利于他的儿子们，即使这分封很大程度上仅是名义上的。**]三月，乃诏群臣议。大司空融、固始侯通、胶东侯复、高密侯禹、太常登等奏议曰："古者封建诸侯，以藩屏京师。周封八百……享国永长，为后世法……高祖圣德，光有天下，亦务亲亲，封立兄弟诸子，不违旧章。……今皇子赖天，能胜衣趋拜，陛下恭谦克让，抑而未议，群臣百姓，莫不失望。宜因……定号位，以广藩辅，明亲亲……"制曰："可。"

夏四月……封皇子辅为右翊公，英为楚公，阳为东海公，康为济南公，苍为东平公，延为淮阳公，荆为山阳公，衡为临淮公，焉为左翊公，京为琅邪公……

十六年[40 年]……

[**他如何平定一个刚经历过十多年全盘动乱和凋敝的帝国社会，特别在它的诸核心地区？仁慈，宽大，讲求实效，深切理解甚而同情社会形势。**]郡国大姓[指世家大族]及兵长、群盗处处并起，攻劫在所，害杀长吏。郡县追讨，到则解散，去复屯结。青、徐、幽、冀四州尤甚。冬十月，遣使者下郡国，听群盗自相纠摘[互相检举揭发]，五人共斩一人者，除其罪。吏虽逗留回避故纵者[曾犯有拖延、回避甚至有意放纵盗贼的]，皆勿问，听以禽（擒）讨为效。其牧守令长坐界内盗贼而不收捕者，又以畏懦捐城委守[谓懦其所守也]者，皆不以为负，但取获贼多少为殿最[殿，谓课居后。最，言课居先。]，唯蔽匿者乃罪之。于是更相追捕，贼并解散。徙其魁帅于它郡，赋田受禀[给予粮食]，使安生业。自是牛马放牧，邑门不闭。

卢芳遣使乞降，十二月甲辰，封芳为代王。

初，王莽乱后，货币杂用布、帛、金、粟。是岁，始行五铢钱。[**为何这么晚？容忍货币混乱业已多年！无论如何是艰难的恢复进程。**]

十七年[41 年]……

秋七月，妖巫李广等群起据皖城[县名，属庐江郡，在今安徽潜山]，遣虎贲中郎将马援、骠骑将军段志讨之。

九月，破皖城，斩李广等。

冬十月辛巳，废皇后郭氏①[**郭圣通，王族的女儿，刘秀与她的婚姻旨在他的政治目的即征服华北。缺少的是他的真爱，那始终属于他的发妻和后来的皇后——**

---

① 《后汉书·皇后纪上》载：光武郭皇后讳圣通，真定槁人也……父昌，让田宅财产数百万与异母弟，国人义之。仕郡功曹。娶真定恭王[恭王名普，景帝七代]女，号郭主，生后及子况。昌早卒。郭主虽王家女，而好礼节俭，有母仪之德。更始二年[24 年]春，光武击王郎，至真定，因纳后，有宠。及即位，以为贵人。建武元年[25 年]，生皇子强。……二年，贵人立为皇后，强为皇太子……其后，后以宠稍衰，数怀怨怼。十七年，遂废为中山王太后……

贵人阴氏(南阳阴丽华);然而,他对这位政治配偶差不多和善有加,在剥夺她的皇后地位之时和其后]为中山太后,立贵人阴氏①为皇后。进右翊公辅为中山王,食常山郡。其余九国公,皆即旧封进爵为王。[可叹的是,他看来在拒绝不必要的"封建主义"方面并非那么始终如一。]……甲申,幸章陵。修园庙,祠旧宅,观田庐,置酒作乐,赏赐。时,宗室诸母因醉悦,相与语曰:"文叔少时谨信,与人不款曲[殷勤应酬],唯直柔耳。今乃能如此!"帝闻之,大笑曰:"吾理天下,亦欲以柔道行之。"[他在这么一个轻松自然的场合概括了他的最佳政治和个人秉性! 他拥有儒家思想内最好的要素。]乃悉为春陵宗室起祠堂。……

是岁,莎车国遣使贡献。[在恢复帝国西域宗主权的漫长过程的初始阶段。]

十八年[42 年]……

夏四月……诏曰:"今边郡盗谷五十斛,罪至于死,开残吏妄杀之路,其蠲除此法,同之内郡。"[他帝国治理的仁慈和宽大一次又一次地得到显现。]

遣伏波将军马援率楼船将军段志等击交阯贼徵侧等。[帝国本部之外的帝国征伐,在恢复华夏帝国的过程中。]……

卢芳复亡入匈奴。……

十九年[43 年]……

妖巫单臣、傅镇等反,据原武[县名,在今河南原阳],遣太中大夫臧宫围之。夏四月,拔原武,斩臣、镇等。

伏波将军马援破交阯,斩徵侧等。因[随之,因]击破九真贼都阳等,降之。

闰月戊申,进赵、齐、鲁三国公爵为王。[再度可叹,他在拒绝不必要的"封建主义"方面不一贯。]

六月戊申,诏曰:"《春秋》之义,立子以贵。东海王阳,皇后之子,宜承大统。[随改换皇后而改换皇储。]皇太子彊(强)[郭圣通之子],崇执谦退,愿备籓国。……以彊为东海王,立阳为皇太子,改名庄。"……

西南夷寇益州郡[辖境在今中缅边境高黎贡山以东,云南洱海以西及姚安、元谋、东川市

---

① 《后汉书·皇后纪上》载:光烈阴皇后讳丽华,南阳新野人。初,光武适新野,闻后美,心悦之。后至长安,见执金吾车骑甚盛,因叹曰:"仕宦当作执金吾,娶妻当得阴丽华。"更始元年[23 年]六月,遂纳后于宛当成里,时年十九。及光武为司隶校尉,方西之(至)洛阳,令后归新野。……光武即位,令侍中傅俊迎后……以后为贵人。帝以后雅性宽仁,欲崇以尊位,后辞,以郭氏有子,终不肯当,故遂立郭皇后。建武四年[28 年],从征彭宠,生显宗于元氏。九年[33 年],有盗劫杀后母邓氏及弟欣,帝甚伤之,乃诏大司空曰:"吾微贱之时,娶于阴氏,因将兵征伐,遂各别离。幸得安全,俱脱虎口。以贵人有母仪之美,宜立为后,而固辞弗敢当,列于媵妾。朕嘉其义让,许封诸弟。未及爵土,而遭患逢祸,母子同命,愍伤于怀。……"十七年,废皇后郭氏而立贵人。……后在位恭俭,少嗜玩,不喜笑谑。性仁孝,多矜慈。七岁失父,虽已数十年,言及未尝不流涕。帝见,常叹息。

以南,曲靖、宜良、华宁、蒙自以西,哀牢山以北地区,治所滇池],遣武威将军刘尚讨之。越巂[辖境在四川凉山彝族自治州及云南一小部分,治所邛都(今四川西昌东部)]太守任贵谋叛,十二月,刘尚袭贵,诛之。[**应对帝国边疆内侧的搞骚乱(和/或被骚乱)的蛮夷是个差不多恒久的任务**。]……

二十年[44 年]……

匈奴寇上党、天水,遂至扶风。[**经久地侵扰华夏的匈奴人,现在是在他们被大篡夺者骚扰之后**。]……

秋,东夷韩国[有辰韩、卞韩、马韩,在今韩国境内]人率众诣乐浪内附。[**在恢复帝国东北端统治权/宗主权的过程中**。]……

十二月,匈奴寇天水……

二十一年[45 年]春正月,武威将军刘尚破益州夷,平之。[**对西南夷的征伐,耗时一年半**。]

夏四月,安定属国胡叛,屯聚青山[在今甘肃庆阳西北],遣将兵长史陈䜣讨平之。

秋,鲜卑寇辽东,辽东太守祭肜大破之。[**外部主要蛮夷,匈奴人和主要在东北外缘的其他蛮夷,至少是间或的武装威胁**。]

冬十月,遣伏波将军马援出塞击乌桓[如鲜卑,亦属东胡],不克。

匈奴寇上谷、中山。

其冬,鄯善王、车师王等十六国皆遣子入侍奉献,愿请都护。帝以中国初定,未遑外事,乃还其侍子,厚加赏赐。[**在恢复帝国西域宗主权的漫长过程中,他有耐心,或曰持超级保守主义**。]

二十二年[46 年]……

九月戊辰,地震裂。制诏曰:"日者地震,南阳尤甚。……其令南阳勿输今年田租刍稿[饲养牲畜的干草]。遣谒者案行,其死罪系(羁)囚在戊辰以前,减死罪一等;徒皆弛解钳,衣丝絮[旧法,在徒役者不得衣丝絮,今赦许之]。赐郡中居人压死者棺钱,人三千。其口赋逋税而庐宅尤破坏者,勿收责。吏人死亡,或在坏垣毁屋之下,而家羸弱[即贫弱]不能收拾[指收殓]者,其以见(现)钱谷取佣,为寻求之[为其寻找愿意收殓的人]。"[**他对苦难的草根人民一贯怀有温情**。]……

是岁……青州蝗。匈奴薁鞬日逐王比遣使诣渔阳请和亲,使中郎将李茂报命。乌桓击破匈奴,匈奴北徙,幕(漠)南地空。诏罢诸边郡亭侯吏卒。[**来自匈奴的威胁突然被另一蛮族移除(至少暂时地)。帝国的幸运**。]

二十三年[47 年]春正月,南郡[辖境在湖北粉青河及襄樊市以南,西至四川巫山,治所江陵(今湖北江陵东北)]蛮叛,遣武将军刘尚讨破之,徙其种人于江夏。[**击破一次在帝国深远内地的南蛮反叛**。]……

高句丽率种人诣乐浪内属。[在恢复帝国东北端统治权/宗主权的过程中;然而就高句丽而言,这成果必定是格外暂时的。]

十二月,武陵[郡名,其治所在今湖南省溆浦县]蛮叛,寇掠郡县,遣刘尚讨之,战于沅水,尚军败殁。[一次失败了的征伐,对一个在帝国深远内地特别顽强难驯的南蛮部族。]

是岁,匈奴薁鞬日逐王比率部曲遣使诣西河内附。[南匈奴的历史性的自愿驯服,颇大程度上出于与北匈奴"同族内战"的激情和需要。]

二十四年[48年]……

匈奴薁鞬日逐王比遣使款五原塞[叩五原塞门求见],求扞(悍)御北虏。

秋七月,武陵蛮寇临沅,遣谒者李嵩、中山太守马成讨蛮,不克,于是伏波将军马援率四将军讨之。……

冬十月,匈奴薁鞬日逐王比自立为南单于,于是分为南、北匈奴。[匈奴人的一大部分(南匈奴)自愿被驯服,成为一个较坚实较经久的帝国附庸,在它本身受同族(北匈奴)和东胡蛮夷威胁的情势下。]

二十五年[49年]春正月,辽东徼外貊[mò]人[秽国貊人,在洮儿河与嫩江相汇处捕鱼狩猎植谷训畜,其后裔在今吉林西团山建夫馀国]寇右北平、渔阳、上谷、太原,辽东太守祭肜招降之。乌桓大人[即渠帅]来朝。

南单于遣使诣阙贡献,奉蕃称臣;又遣其左贤王击破北匈奴,却地千余里。[新近获得的附庸在帝国北疆防务中起一个重要作用。]三月,南单于遣子入侍。……

伏波将军马援等破武陵蛮于临沅[很可能在今湖南常德市]。冬十月,叛蛮悉降。[一向在帝国深远内地的艰难的征服最终得胜,在近两年时间和遭受重大挫败以后。]夫馀王遣使奉献。

是岁,乌桓大人率众内属,诣阙朝贡。[光武帝在帝国北方和东北方内外缘颇为成功,扩展了在那里的帝国宗主权。大致在本篇未予记录的他的有关外交如何?]

二十六年[50年]……

初作寿陵。将作大匠窦融上言:"园陵广袤,无虑所用。"帝曰:"帝王之葬,皆陶人瓦器,木车茅马,使后世之人不知其处。太宗[文帝]识终始之义,景帝能述遵孝道,遭天下反覆[尤指赤眉长安之祸],而霸陵[文帝陵寝]独完受其福,岂不美哉!令所制地不过二三顷,无为山陵,陂池[同"陂陀(pō tuó)",倾斜]裁[才,仅]令流水而已。"[他是个节俭的皇帝,将最节俭的伟大文帝当作他在这个很重要方面的楷模。在他的整个传记中,没有任何奢侈的皇廷建筑工程的记录!]

遣中郎将段郴[chēn]授南单于玺绶，令入居云中，始置使匈奴中郎将[即段郴]，将兵卫护之。南单于遣子入侍，奉奏诣阙。于是云中、五原、朔方、北地、定襄、雁门、上谷、代八郡民归于本土。遣谒者分将施刑补理城郭。发遣边民在中国者，布还诸县，皆赐以装钱，转输给食。[**在他之下，南匈奴成了一个非常重要的帝国附庸、战略缓冲和前沿防御。然而，极难预料的巨大长远恶果何在？见我们的史家在五胡乱中华事后对此的评论（《南匈奴列传》篇末）。**]

二十七年[51年]……

益州郡徼外蛮夷率种人内属。

北匈奴遣使诣武威乞和亲。……

二十八年[52年]……

夏六月丁卯，沛太后郭氏薨，因诏郡县捕王侯宾客，坐死者数千人。[**他统治下唯一的一项有巨量冤死者的大规模不义案件，由一个心胸狭窄的复仇阴谋家刘鲤引起。**]①……

冬十月癸酉，诏死罪系（羁）囚皆一切募下蚕室[宫刑狱名，宫刑者畏风，须暖，作密室蓄火如蚕室，因以名焉]，其女子宫[幽闭之刑]。[**他的一项罕见的残忍！比先前汉代对严重犯罪妇女的刑罚残忍得多。**]

北匈奴遣使贡献，乞和亲。

二十九年[53年]春二月……

庚申，赐天下男子爵，人二级；鳏、寡、孤、独、笃癃、贫不能自存者粟，人五斛。[**授予中国所有草根人民的普遍裨益。他在整个在位期间始终关怀他们。**]

夏四月乙丑，诏令天下系（羁）囚自殊死已（以）下及徒各减本罪一等，其余赎罪输作[用钱赎罪和罚做苦力]各有差。[**他在刑惩方面几乎一贯较仁慈宽大。**]

三十年[54年]春正月，鲜卑大人[即渠帅]内属，朝贺。[**在他之下，帝国东北缘宗主权的扩展令人印象深刻。本篇内大致未予记录的他的有关外交如何？**]……

五月，大水。

赐天下男子爵，人二级；鳏、寡、孤、独、笃癃、贫不能自存者粟，人五斛。……

三十一年[55年]夏五月，大水。

———————————

① 《后汉书·光武十王列传》载：[**刘辅：一位儒家学者亲王，据说"矜严有法度"，但在他父亲放纵下多少沉溺于一种不自检点的行为，却不料导致数千人暴死。**]

沛献王辅，建武十五年[39年]封右翊[yì]公。十七年[41年]，郭后废为中山太后，故徙辅为中山王，并食常山郡。二十年[44年]，复徙封沛王。

时，禁网尚疏，诸王皆在京师，竞修名誉，争礼四方宾客。寿光侯刘鲤，更始子也，得幸于辅。鲤怨刘盆子害其父，因辅结客，报杀盆子兄故式侯恭，辅坐系（羁）诏狱，三日乃得出。自是后，诸王宾客多坐刑罚，各循法度。

　　戊辰,赐天下男子爵,人二级;鳏、寡、孤、独、笃癃、贫不能自存者粟,人六斛。[他一次又一次地做这类事情,有益于社会恢复和穷人生计。]……

　　是夏,蝗。

　　秋九月甲辰,诏令死罪系(羁)囚皆一切募下蚕室,其女子宫。[他再度残忍,比先前汉先前汉代对严重犯罪妇女的刑罚残忍得多。]

　　是岁……北匈奴遣使奉献。[帝国宗主权在远北的扩展,虽然仅在名义上。]

　　中元元年[56年]……

　　是夏,京师醴泉涌出,饮之者固疾皆愈,惟眇、蹇者不瘳。又有赤草生于水崖。郡国频上甘露。群臣奏言:"……今天下清宁,灵物仍降。陛下情存损挹,推而不居,岂可使祥符显庆,没而无闻? 宜令太史撰集,以传来世。"帝不纳。常自谦无德,每郡国所上,辄抑而不当,故史官罕得记焉。[他的节制和谦逊令人印象深刻,难得见于中国历史上的帝国君主。]……

　　二年[57年]……

　　东夷倭奴国[即今日本国]王遣使奉献。[名义上的宗主权,抑或为打动国内听众而被帝国夸大的单纯的外交?]

　　二月戊戌,帝崩于南宫前殿,年六十二。遗诏曰:"朕无益百姓,皆如孝文皇帝制度,务从约省。刺史、二千石长吏皆无离城郭,无遣吏及因邮[《说文》曰:"邮,境上行书舍也。"]奏。"[文帝,整个中国历史上最节俭的最高统治者,是他心目中的朴实无华的大英雄。]

　　[篇内本文结束于下面一段,那事实上是我们的史家对他作为一位伟大的帝国统治者的盛赞和简洁的、富有风格的评价:]

　　初,帝在兵间久,厌武事,且知天下疲耗,思乐息肩。自陇、蜀平后,非儆(紧)急,未尝复言军旅。[和平、休养、恢复! 他,恰如先前西汉的伟大创始者,深知有其全体人民的遭难和凋敝的社会最想望什么,并且毫不犹豫地将此"授予"它。]皇太子尝问攻战之事,帝曰:"昔卫灵公问陈(阵),孔子不对,此非尔所及。"[《论语·卫灵公》:"卫灵公问陈于孔子。曰:'俎豆之事,则尝闻之矣;军旅之事,未之学也。'"]每旦视朝,日仄[zè,日斜,日过中午]乃罢。数引公卿、郎、将讲论经理,夜分[犹半也]乃寐。皇太子见帝勤劳不怠,承间谏曰:"陛下有禹、汤之明,而失黄、老养性之福,愿颐爱精神,优游自宁。"帝曰:"我自乐此,不为疲也。"虽身济大业,兢兢如不及,[在国务中的大勤勉:他的杰出素质之一,对造就一类伟大统治者贡献甚大;在其他之外,按照温和有节、依据情势和全局指挥来界定的勤勉:]故能明慎政体,总揽权纲,量时度力,举无过事。退功臣而进文吏,戢[收藏(兵器)]弓矢而散马牛,虽道未方[等同]

古，斯亦止戈之武焉［《左传》曰："于文，止戈为武也。"谓止息干戈的"武"德］。……①

### 卷76《循吏列传》摘录

［我们的史家承继班固的"半创造"（另"一半"出自司马迁），在本篇内记录了十二位真实的（而非司马迁《循吏列传》那里半传奇式甚或虚构式的）地方/区域行政长官，其共性是正直、能干和为他们治理下的草根民众的体面生存而多有作为，通过勤勉地关怀和促进其经济生活、公正待遇甚至更多。在它们中间，有五位身处帝国勃兴时代，其余属于帝国衰落和垂死时代，令人禁不住要更尊敬后者，因为他们肯定有格外的伟大去抵抗他们所处时代盛行的腐败之腐蚀效应。］

［从伟大的光武帝时代开始，其节俭、和善及其作为一个楷模的影响在此再度得到我们的史家赞颂：］初，光武长于民间，颇达情伪，见稼穑艰难，百姓病害，至天下已定，务用安静，解王莽之繁密，还汉世之轻法。身衣大练，色无重采，耳不听郑、卫之音，手不持珠玉之玩，宫房无私爱，左右无偏恩。建武十三年［37年］，异国有献名马者，日行千里，又进宝剑，贾（价）兼百金，诏以马驾鼓车，剑赐骑士。损上林池御之官，废骋望弋猎之事。其以手迹赐方国者，皆一札十行，细书成文。勤约之风，行于上下。数引公卿郎将，列于禁坐。广求民瘼，观纳风语。故能内外匪懈，百姓宽息。自临宰邦邑者，竞能其官。若杜诗守南阳，号为"杜母"，任延、锡光移变边俗，斯其绩用之最章章者也［章章，明也。］又第五伦、宋均之徒，亦足有可称谈。……

### 卷22《硃景王杜马刘傅坚马列传》［篇末论曰］

［在本篇末，我们的史家作了一番重要的政治评说，谈论光武帝"不以功臣任职"——不让战争时代的老卫士们在和平时代治理国家——这刻深的做法，此乃他的重大的"深图远算"之一。一项"现代"教训，关于贵族在占据行政高位和治理权力

---

① ［然而，与他的非凡的伟大并行，他的治国方略事后来看有如下一项后果极深远的大弊端：］

《后汉书·王充王符仲长统列传》载仲长统［东汉末献帝时人］《法诫篇》曰：

《周礼》六典，倾［大也］宰贰［副也］王则理天下［《周礼·天官》：冢宰"掌建邦之六典，以佐王理邦国。一曰理典，以理官府；二曰教典，以扰万姓；三曰礼典，以谐万姓；四曰政典，以均万姓；五曰刑典，以诘（què，使恭谨）万姓；六曰事典，以生万姓"］。春秋之时，诸侯明德者，皆一卿为政。爰及战国，亦皆然也。秦兼天下，则置丞相，而贰之以御史大夫。自高帝逮于孝成，因而不改，多终其身。汉之隆盛，是惟在焉。……［在他看来自东汉帝国伟大创建者往后的相关教训：］光武皇帝愠数世之失权，忿强臣之窃命，矫枉过直，政不任下，虽置三公，事归台阁。自此以来，三公之职，备员而已；然政有不理，犹加谴责。［真正的严重后果：不经规制和不合法度的权力由此崛起，并大肆泛滥：］而权移外戚之家，宠被近习之竖，亲其党类，用其私人，内充京师，外布列郡，颠倒贤愚，贸易选举，疲驽守境，贪残牧民，挠扰百姓，忿怒四夷，招致乖叛，乱离斯瘼……虫螟食稼，水旱为灾，此皆戚宦之臣所致然也。

方面的特权,构成他和我们的史家各自在君主政策和历史评论方面的依据。结果是他的一种平行的政策:"高秩厚礼,允答元功,峻文深宪,责成吏职",以致能有益地避免"崇恩偏授,易启私溺之失",同时实现"至公均被,必广招贤之路"。他是一位伟大的政治家,那么深刻地懂得贾谊在两个世纪前就"攻守之势异也"说的!]

[自他往后的整个中国史上,这伟大的复杂做法始终证明远不容易复制,因为关键因素是他作为政治领导和国家统治者的最高素质,一种非常难以复制的个人特质。]

论曰:中兴二十八将,前世以为上应二十八宿,未之详也。然咸能感会风云,奋其智勇,称为佐命,亦各志能之士也。议者多非光武不以功臣任职,至使英姿茂绩,委而勿用。然原夫深图远算,固将有以焉尔[才有这样的举措啊]。若乃王道既衰,降及霸德,犹能授受惟庸,勋贤皆序[还能以功劳贤良授官授职],如管、隰[xí][管仲、隰朋]之迭升桓世,先、赵[先轸、赵衰]之同列文朝,可谓兼通矣。["现代"历史教训:]降自秦、汉,世资战力,至于翼扶王运,皆武人屈起[勃起]。亦有鬻缯[指灌婴]屠狗[指樊哙]轻猾之徒,或崇以连城之赏,或任以阿衡之地[天下依倚取平之地],故执疑则隙生,力侔[相等、相当]则乱起。萧、樊且犹缧绁,信、越[韩信、彭越]终见菹戮,不其然乎!自兹以降,迄于孝武,宰辅五世,莫非公侯。遂使缙绅道塞,贤能蔽壅,朝有世及之私[谓父子相继],下多抱关[谓守门小吏]之怨。其怀道无闻,委身草莽者,亦何可胜言。[这位伟大君主基于历史教训的刻深做法:]故光武鉴前事之违,存矫枉之志,虽寇、邓之高勋,耿、贾之鸿烈,分土不过大县数四,所加特进、朝请而已。[我们的史家对这刻深做法与其良好后果做的透彻的阐说:]观其治平临政,课职责咎,将所谓"导之以政,齐之以刑"者乎!若格之功臣[格,正也,以法绳正功臣],其伤已甚。何者?直绳则亏丧恩旧,桡情则违废禁典,选德则功不必厚,举劳则人或未贤,参任[谓兼勋贤而任之]则群心难塞,并列[如高祖之时并用功臣]则其敝未远。不得不校其胜否[胜任与否],即以事相权[权衡]。故高秩厚礼,允答元功,峻文深宪,责成吏职。建武之世,侯者百余,若夫数公者,则与参国议,分均休咎,[《贾复传》曰"帝方以吏事责三公,故功臣遂不用。是时列侯唯高密(邓禹)、固始(李通)、胶东(贾复)三侯与公卿参议国家大事,恩遇甚厚。"]其余并优以宽科,完其封禄,莫不终以功名延庆于后。昔留侯以为高祖悉用萧、曹故人,①[光武帝之下在这方面的提议:]而郭伋亦讥南

---

① 《史记·留侯世家》载:上已封大功臣二十余人,其余日夜争功不决,未得行封。上在雒(罗)阳南宫,从复道望见诸将相与坐沙中语。集解如淳曰:"上下有道,故谓之复道。"韦昭曰:"阁道。"望见诸将往往相与坐沙中语。上曰:"此何语?"留侯曰:"陛下不知乎?此谋反耳。"上曰:"天下属安定,何故反乎?"留侯曰:"陛下起布衣,以此属取天下,今陛下为天子,而所封皆萧、曹故人所亲爱,而所诛者皆生平所仇怨。今军吏计功,以天下不足遍封,此属畏陛下不能尽封,恐又见疑平生过失及诛,故即相聚谋反耳。"

阳多显,①郑兴又戒功臣专任。② 夫崇恩偏授,易启私溺之失,至公均被,必广招贤之路,意者不其然乎!

### 卷 25《卓鲁魏刘列传》[卓茂]

[随那么多统帅和武士(他们在全国大乱和帝国建立/巩固时代暂时或经久地成就了那么多)的传记之后,我们的史家范晔现在以四个人的列传转向文职官僚,而这四位都以儒家式的行政仁慈和善为特征,特别是在他们作为地方行政长官期间。他们是循吏,而后被帝国宫廷选至全国最高级官僚位置,恰恰因为他们在地方行政中依凭那良好的儒家品性造就的显著功绩,同时也因为宫廷宣扬儒家价值的需要。]

卓茂:
[一位当时的儒家学问大师。非常正直,以至于拒绝在大篡夺者之下照旧当官。在他于西汉末年担任县长时,他取得了杰出的行政成就和民望,靠的是儒家式的和善、仁慈和"柔畅灌输"(那据称改变了地方文化,以致"教化大行,道不拾遗",有如班固《汉书》记载的文翁和黄霸)。在刘秀初即帝位时,他的昭彰好名声就导致光武帝着意邀请他担任最高级官僚,不为别的,只为这伟大君主的诚挚尊敬和意识形态/文化/政治需要,或许包括准备在将来"退功臣而进文吏"。]

[一位人人喜欢的性情儒士,大有学问的儒士,格外和善的官僚:]
卓茂字子康,南阳宛人也。父祖皆至郡守。茂,元帝时学于长安,事博士江生,习《诗》《礼》及历算。究极师法,称为通儒。性宽仁恭爱。乡党故旧,虽行能与茂不同,而皆爱慕欣欣焉。

初辟丞相府史,事孔光[哀帝丞相],光称为长者。时尝出行,有人认其马。茂问曰:"子亡马几何时?"对曰:"月余日矣。"茂有马数年,心知其谬,嘿解与之,挽车而去,顾曰:"若非公马,幸至丞相府归我。"他日,马主别得亡者,乃诣府送马,叩头谢之。茂性不好争如此。

[他的真正成就:作为一名西汉末年的县长,他取得了杰出的地方治理成就和

---

① 《后汉书·郭杜孔张廉王苏羊贾陆列传》载:"光武以伋为并州牧,帝引见,伋因言:'选补众职,当简天下贤俊,不宜专用南阳人也。'帝深纳其言。"
② 《后汉书·郑范陈贾张列传》载:"兴征为太中大夫,上疏曰:'道路咸曰朝廷欲用功臣,功臣用则人位谬矣。'"

民望,靠的是儒家式的和善、仁慈和"柔畅灌输",那据称将地方文化改变得"教化大行,道不拾遗":]

后以儒术举为侍郎,给事黄门,迁密[县名,在今河南郑州市新密县]令。劳心谆谆,视人如子,举善而教,口无恶言,吏人亲爱而不忍欺之。人尝有言部亭长受其米肉遗者,茂辟左右问之曰:"亭长为从汝求乎?为汝有事嘱之而受乎?将平居自以恩意遗之乎?"人曰:"往遗之耳。"茂曰:"遗之而受,何故言邪?"人曰:"窃闻贤明之君,使人不畏吏,吏不取人。今我畏吏,是以遗之,吏既卒受,故来言耳。"茂曰:"汝为敝人矣。[一项儒家信条,对大多数动物极有偏见;然而在此,它被非常温雅地用于一个很通情达理的目的:]凡人所以贵于禽兽者,以有仁爱,知相敬事也。今邻里长老尚致馈遗,此乃人道所以相亲,况吏与民乎?吏顾不当乘威力强请求耳。[儒家的一项人类"社会性"信条,有如格老秀斯的:]凡人之生,群居杂处,故有经纪礼义以相交接。汝独不欲修之,宁能高飞远走,不在人间邪?亭长素善吏,岁时遗之,礼也。"人曰:"苟如此,律何故禁之?"茂笑曰[他确实是个雄辩的学者,而且特别能教导普通人,包括"笨蛋":]:"律设大法,礼顺人情。今我以礼教汝,汝必无怨恶;以律治汝,何所措其手足乎?……且归念之!"于是人纳其训,吏怀其恩。初,茂到县,有所废置,吏人笑之,邻城闻者皆蚩(嗤)其不能。河南郡为置守令,茂不为嫌,理事自若。[《东观记》曰:"守令与茂并居,久之,吏人不归往守令。"][据称的大效应——地方文化改变,一项杰出的成就:]数年,教化大行,道不拾遗。[再度杰出的成就,而他和他的县民们究竟怎样成就它的?]平帝时,天下大蝗,河南二十余县皆被其灾,独不入密县界。督邮言之,太守不信,自出案行,见乃服焉。

[他对大篡夺者政权的正直态度:拒绝在他之下照旧当实官:]

是时,王莽秉政,置大司农六部丞,劝课农桑。迁茂为京部丞,密人老少皆涕泣随送。及莽居摄,以病免归郡,常为门下掾祭酒,不肯作职吏。

[而且,他很快对更始政权感到幻灭:]

更始立,以茂为侍中祭酒,从至长安,知更始政乱,以年老乞骸骨归。

[被他的名声和品性吸引,光武帝在初即位时就急忙邀请年迈的他担任最高级官僚。这显然不为别的,就为这位君主的真正尊敬与其政权的意识形态/文化/政治需要,或许包括准备将来"退功臣而进文吏":]

时,光武初即位,先访求茂,茂诣河阳[在今河南孟县]谒见。乃下诏曰"前密卓茂,束身自修,执节淳固,诚能为人所不能为。夫名冠天下,当受天下重赏,故武王诛纣,封比干之墓,表商容之闾。今以茂为太傅,封褒德侯,食邑二千户,赐几杖、车马,衣一袭,絮五百斤。"复以茂长子戎为太中大夫,次子崇为中郎,给事黄门。建武四年[28年],薨,赐棺椁冢地,车驾素服亲临送葬。……

论曰:建武之初,雄豪方扰,虓呼者连响,婴[绕,围绕]城者相望,斯固倥偬[事纷繁迫促]不暇给之日。卓茂断断小宰,无它庸能,时已七十余矣,而首加聘命,优辞重礼,其与周、燕之君表闾立馆[《史记》载,燕昭王即位,欲雪齐耻,以招贤者,得郭隗,为筑宫而师事之]何异哉? 于是蕴愤归道之宾,越关阻,捐宗族,以排金门[排金门谓富贵之家]者众矣。夫厚性宽中近于仁,犯而不校[报也]邻于恕,率斯道也,怨悔曷其至乎!

### 卷26《伏侯宋蔡冯赵牟韦列传》[牟融、韦彪除外]

[本篇为八位文职高官的传记,其中大多亦有任地方行政长官的履历。头六位效劳于光武帝,在统一战争期间,某些亦在其后。他们全都是正直诚实的儒家学士,为先前的政权服务过,由此积累了较丰富的行政经验,然后为其伟大的皇帝主公干得很好。后两位以同样的本质特性,同样优良地效力于明帝甚或章帝。]

伏湛:
[当时的一位著名儒士,以他的方式很好地效劳于先前的两个政权,并且以其儒士名声受光武帝信任,在其统一战争期间经管后方中央的行政事务。在因为一个小的过错而被罢免、度过七年被迫的隐退生活后,他被召回宫廷,但即刻死于中暑。]

[出自一位儒学大师家庭和家传,是个"经典的"、学问和行为两方面的儒士,甚至在全国大乱期间也依然如故;此外,他还有通过服务于两个政权而得来的行政经验:]
伏湛字惠公,琅邪东武人也。九世祖胜,字子贱,所谓济南伏生者也。……父理,为当世名儒,以《诗》授成帝,为高密[高密王宽]太傅,别自名学[《汉书·儒林传》曰伏理受《诗》于匡衡,由是《齐诗》有匡伏之学,故言"别自名学"]。
湛性孝友,少传父业,教授数百人。成帝时,以父任为博士弟子。五迁,至王莽时为绣衣执法,使督大奸,迁后队[王莽改河内为后队]属正。
更始立,以为平原[郡名,在今山东德州境]太守。时仓卒兵起,天下惊扰,而湛独晏然,教授不废。谓妻子曰:"夫一谷不登,国君彻(撤)膳;今民皆饥,奈何独饱?"乃共食粗粝,悉分奉禄以赈乡里,来客者百余家。[**在全国大乱期间,决绝地使他**

**治理的地区保持和平安宁：**]时门下督素有气力，谋欲为湛起兵，湛恶其惑众，即收斩之，徇首城郭，以示百姓，于是吏人信向，郡向以安。平原一境，湛所全也。

[**他被拉到光武帝一边，因为他的名声和才干；被后者在统一战争期间信任和委派为经管后方中央的总的行政：**]

光武即位，知湛名儒旧臣，欲信干任内职，征拜尚书，使典定旧制。时，大司徒邓禹西征关中，帝以湛才任宰相，拜为司直，行大司徒事。车驾每出征伐，常留镇守，总摄群司。建武三年[27年]，遂代邓禹为大司徒，封阳都侯。……

时，贼徐异卿等万余人据富平，连攻之不下，唯云："愿降司徒伏公。"[**他的儒官盛名可以是一项军事资产！**]帝知湛为青、徐所信向，遣到平原，异卿等即日归降，护送洛阳。

[**突然，他因为一项小过错而被罢免，被迫度过七年隐退生活，令人遗憾：**]

湛虽在仓卒，造次必于文德，以为礼乐政化之首，颠沛犹不可违。是岁奏行乡饮酒礼，遂施行之。

其冬，车驾征张步，留湛居守。时，蒸祭[冬祭曰蒸也]高庙，而河南尹、司隶校尉于庙中争论，湛不举奏，坐策免。六年[30年]，徙封不其侯，邑三千六百户，遣就国。后南阳太守杜诗上疏荐湛曰[**对他的高度赞誉**]："臣闻唐、虞以股肱康，文王以多士宁，是故《诗》称'济济'，《书》曰'良哉'。臣诗窃见故大司徒阳都侯伏湛，自行束修，讫无毁玷，笃信好学，守死善道，经为人师，行为仪表。前在河内朝歌及居平原，吏人畏爱，则而象之。遭时反复，不离兵凶，秉节持重，有不可夺之志。陛下深知其能，显以宰相之重，众贤百姓，仰望德义。微过斥退，久不复用，有识所惜，儒士痛心，臣窃伤之。……柱石之臣，宜居辅弼，出入禁门，补缺拾遗。……湛公廉爱下，好恶分明，累世儒学，素持名信，经明行修，通达国政，尤宜近侍纳言左右……"

[**他被召回得太晚，却即刻死于中暑：**]

十三年[37年]夏，征，敕尚书择拜吏日，未及就位，因宴见中暑，病卒。赐秘器[即棺材]，帝亲吊祠，遣使者送丧修冢。……

侯霸：

[**一位儒学学士，有（特殊的）显贵家庭背景、地方行政长官经验和在地方民众中间的威望。后来作为一名最高级文职官僚为光武帝效力，"明察守正"，为他的**

君主政权的制度建设贡献良多。]

［一位有（特殊的）显贵家庭背景的儒学学士，一位非常能干、享有民众爱戴的地方行政长官：］

侯霸字君房，河南密人也。族父渊，以宦者有才辩，任职元帝时，佐石显等领中书，号曰大常侍。成帝时，任霸为太子舍人。霸矜严有威容，家累千金，不事产业。笃志好学，师事九江太守房元，治《谷梁春秋》，为元都讲。王莽初，王威司命陈崇举霸德行，迁随［县名，属南阳郡，今湖北随州市一带］宰。［作为非常能干的地方行政长官：］县界旷远，滨带江湖，而亡命者多为寇盗。霸到，即案诛豪猾，分捕山贼，县中清静。再迁为执法刺奸［《汉书·王莽传下》曰：“置执法左右刺奸，选能吏侯霸等分督六尉、六队，如汉刺史。”］，纠案势位者，无所疑惮。［再度作为非常能干的地方行政长官：］后为淮平［新朝郡名，即西汉临淮，治所在今江苏泗洪县东南半城镇］大尹，政理有能名。及王莽之败，霸保固自守，卒全一郡。

更始元年［23 年］，遣使征霸，［拥有地方人民的衷心爱戴：］百姓老弱相携号哭，遮使者车，或当道而卧。皆曰：“愿乞侯君复留期年［一整年］。”民至乃戒乳妇［产妇］勿得举子［生育子女］，侯君当去，必不能合。使者虑霸就征，临淮必乱，不敢授玺书，具以状闻。会更始败，道路不通。

［作为在宫廷的一名最高级官僚为光武帝效力，为其政权的制度建设贡献良多；他在这职位上“明察守正，奉公不回”长达九年直至去世：］

建武四年［28 年］，光武征霸与车驾会寿春［在今安徽寿县］，拜尚书令。时无故典，朝廷又少旧臣，霸明习故事，收录遗文，条奏前世善政法度有益于时者，皆施行之。每春下宽大之诏，奉四时之令，皆霸所建也。明年［29 年］，代伏湛为大司徒，封关内侯。在位明察守正，奉公不回［不邪］。

十三年［37 年］，霸薨，帝深伤惜之，亲自临吊。下诏曰：“惟霸积善清洁。视事九年。……奄然而终。呜呼哀哉！”于是追封谥霸则乡哀侯，食邑二千六百户。子昱嗣。临淮吏人共为立祠，四时祭焉。……

宋弘：

［在西汉帝国临近终结时充当宫内侍者和在大篡夺者之下担任廷臣之后，他作为统一战争期间最高级宫廷官僚之一效力于光武帝，以其正直和道德独立，甚至对光武帝本人亦如此。]

[西汉帝国临近结束时的一名宫内侍者,大篡夺者之下的一名廷臣:]

宋弘字仲子,京兆长安人也。父尚,成帝时至少府。哀帝立,以不附董贤,违忤抵罪。弘少而温顺,哀、平间作侍中,王莽时为共工[王莽改少府曰共工]。赤眉入长安,遣使征弘,逼迫不得已,行至渭桥,自投于水,家人救得出,因佯死获免。

[统一战争期间作为最高级宫廷官僚之一效力于光武帝,"以清行致称",持有经典儒家式的正直、道德独立和对腐败的警惕,甚至对光武帝本人亦如此:]

光武即位,征拜太中大夫。建武二年[26 年],代王梁为大司空,封栒邑侯。所得租奉分赡九族,家无资产,以清行致称。徙封宣平侯。

帝尝问弘通博之士,弘乃荐沛国[治相县,在今安徽]醒谭才学洽闻,几能及扬雄、刘向父子。于是召谭拜议郎、给事中。帝每宴,辄令鼓琴,好其繁声。弘闻之不悦,悔于荐举,伺谭内出,正朝服坐府上,遣吏召之。谭至,不与席而让[责难]之曰:"吾所以荐子者,欲令辅国家以道德也,而今数进郑声以乱《雅》、《颂》,非忠正者也。能自改邪? 将令相举以法乎?"谭顿首辞谢,良久乃遣之。后大会群臣,帝使谭鼓琴,谭见弘,失其常度。帝怪而问之。弘乃离席免冠谢曰:"臣所以荐醒谭者,望能以忠正导主,而令朝廷耽悦郑声,臣之罪也。"[**真正的儒士担忧潜在和渐进的腐败!**]帝改容谢,使反服[使宋弘反倒更敬服光武帝],其后遂不复令谭给事中。弘推进贤士冯翊[yì]桓梁三十余人,或相及为公卿者。

弘当宴见,御坐新屏风,图画列女,帝数顾视之。弘正容言曰[**真正的儒士担忧潜在和渐进的腐败!**]:"未见好德如好色者。"帝即为彻(撤)之。笑谓弘曰:"闻义则服,可乎?"对曰:"陛下进德,臣不胜其喜。"

[正直,道德独立,拒绝一次经婚娶成为皇家成员的机会:]时帝姊湖阳公主新寡,帝与共论朝臣,微观其意。主曰:"宋公威容德器,群臣莫及。"帝曰:"方且图之。"后弘被引见,帝令主坐屏风后,因谓弘曰:"谚言贵易交,富易妻,人情乎?"弘曰:"臣闻贫贱之知不可忘,糟糠之妻不下堂。"帝顾谓主曰:"事不谐矣。"

弘在位五年,坐考[考察]上党太守无所据[无罪可据],免归第。数年卒,无子,国除。……

[我们的儒士史家给他高度的儒家式赞誉:]

论曰:中兴以后,居台相[宰相之位],总权衡多矣,其能以任职取名者,岂非先远业后小数哉[远业谓德礼,小数谓名法]? ……夫器博[器识博大]者无近用,道长者其功远,盖志士仁人所为根心者[用心的根本]也。君子以之得,固贵矣;以之失,亦得矣。宋弘止繁声,戒淫色,其有《关雎》之风乎!

蔡茂：

［一位全无世俗抱负的儒家学者转变为能干的地方行政长官，以在无法无天的大贵族面前正直勇敢为特征。他在位上心怀伟大勇气向光武帝提议"朝廷禁制贵戚"，其如下言辞反映了后者对大贵族浮现着的腐败持多少宽纵的态度（那后来被他的继位者明帝钳阻）。］

蔡茂字子礼，河内怀人也。哀、平间以儒学显，征试博士，对策陈灾异，以高等擢拜议郎，迁侍中。遇王莽居摄，以病自免，不仕莽朝。

会天下扰乱，茂素与窦融善，因避难归之。［作为一位全无世俗抱负的儒家学者，他全不渴望世俗的虚荣和财富：］融欲以为张掖太守，固辞不就；每所饷给，计口取足而已。后与融俱征，复拜议郎，［**成为一名能干的地方行政长官，勇敢地规制大贵族的无法无天的下属：**］再迁广汉［郡名，治所在今四川梓潼县潼江岸边］太守，有政绩称。时阴氏［皇后阴丽华家族］宾客在郡界多犯吏禁，茂辄纠案，无所回避。［**他以伟大的勇气向光武帝提议"朝廷禁制贵戚"：**］会洛阳令董宣举纠湖阳公主，帝始怒收宣，既而赦之。茂喜宣刚正，欲令朝廷禁制贵戚，乃上书曰："……顷者贵戚椒房之家，数因恩势，干犯吏禁，杀人不死，伤人不论。臣恐绳墨弃而不用，斧斤废而不举。近湖阳公主奴杀人西市，而与主共舆，出入宫省，逋［ɡū，逃］罪积日，冤魂不报。洛阳令董宣，直道不顾，干主讨奸。陛下不先澄审，召欲加棰。当宣受怒之初，京师侧耳；及其蒙宥，天下拭目。今者，外戚憍逸，宾客放滥，宜敕有司案理奸罪……"光武纳之。

建武二十年［44年］，代戴涉为司徒，在职清俭匪懈。二十三年［47年］薨于位，时年七十二。赐东园梓棺，赙赠甚厚。……

冯勤：

［一位很有才能的地方官吏，然后是一位被最高统帅赞为"佳吏"的中央后勤参谋。在技术上完美地落实君主的"封建主义"之后，他历经十余年被一步步地晋升至最高级廷臣，并且在此高位上一贯"恭约尽忠"，优异地给他的漫长的为官生涯画上了句号。］

［出自一个著名的世代官僚家庭，先是一位很有才能的地方官吏，然后是被最高统帅赞为"佳吏"的中央后勤参谋，继而以仔细的专家型工作完美地落实了君主的"封建主义"：］

冯勤字伟伯，魏郡繁阳［在今河南内黄县西北］人也。曾祖父扬，宣帝时为弘农太守。有八子，皆为二千石，赵魏间荣之，号曰"万石君"焉。兄弟形皆伟壮，唯勤祖父偃,长不满七尺,常自耻短陋,恐子孙之似也,乃为子伉娶长妻。伉生勤,长八尺三寸。八岁善计。

[**地方行政副官和其后中央后勤参谋任上,"有高能","佳乎吏也":**]初为(魏郡)太守铫[yáo]期功曹,有高能称。期常从光武征伐,政事一以委勤。勤同县冯巡等举兵应光武,谋未成而为豪右焦廉等所反,勤乃率将老母、兄弟及宗亲归期,期悉以为腹心,荐于光武。初未被用,后乃除为郎中,给事尚书。以图议军粮,在事精勤,遂见亲识。每引进,帝辄顾谓左右曰:"佳乎吏也!"[**"典诸侯封事","莫不厌服":**]由是使典诸侯封事。勤差量功次轻重,国土远近,地势丰薄,不相逾越,莫不厌服[信服,心服]焉。自是封爵之制,非勤不定。帝益以为能,尚书众事,皆令总录之。

[**历经十余年被一步步地晋升至最高级廷臣,遂"恭约尽忠"直至去世:**]

司徒侯霸荐前梁令阎杨。杨素有讥议,帝常嫌之,既见霸奏,疑其有奸,大怒,赐霸玺书曰:"崇山、幽都何可偶[崇山,南裔;幽都,北裔。偶,对也。言将杀之,不可得流徙。《尚书》曰舜流共工于幽州,放骥兜于崇山。],黄钺一下无处所。欲以身试法邪?将杀身以成仁邪?"[**有时这位素常和善的皇帝远不和善!**]使勤奉策至司徒府。勤还,陈霸本意,申释事理,帝意稍解,拜勤尚书仆射。职事十五年,以勤劳赐爵关内侯。迁尚书令,拜大司农,三岁迁司徒。[**因"劳"(还有——又如前述——"能")而步步谨慎,直至成为最高级廷臣。**]

先是,三公多见罪退,帝贤勤,欲令以善自终,乃因宴见从容戒之曰[**严肃的君主,严肃的告诫,那对他而言其实不需要:**]:"硃(朱)浮上不忠于君,下陵轹[lì][欺压,欺蔑]同列,竟以中伤至今,死生吉凶未可知,岂不惜哉![朱浮为大司空,坐卖弄国恩免,又为陵轹同列,帝惜其功,不忍加罪]。人臣放逐受诛,虽复追加赏赐赙祭,不足以偿不訾[zī,量也,不訾言无量可比之,贵重之极]之身。忠臣孝子,览照前世,以为镜诫。能尽忠于国,事君无二,则爵赏光乎当世,功名列于不朽,可不勉哉!"勤愈恭约尽忠,号称任职。

勤母年八十,每会见,诏敕勿拜,令御者扶上殿,顾谓诸王主曰:"使勤贵宠者,此母也。"其见亲重如此。[**以特殊的君主"亲重"葆赏他的"恭约尽忠"。一种高尚的交换!**]

中元元年[56年,光武帝末年],薨,帝悼惜之,使者吊祠,赐东园秘器[棺材],赗[fèng]赠[因助办丧事而赠送财物]有加。……

**赵憙**[xǐ]

[**他一生始终仁义,不管是作为一名少年和军官,还是作为一位地方行政长官**

和最高级廷臣。"笃义多恩"，他的美德和长寿使他能效力于先后三位君主，仅有单独一项小错记录在册。]

[传奇似的"仁义"，即使作为一名少年：]

赵憙字伯阳，南阳宛人也。少有节操。从兄为人所杀，无子，憙年十五，常思报之。乃挟兵结客，后遂往复仇。而仇家皆疾病，无相距（拒）者。憙以因疾报杀，非仁者心，且释之而去。顾谓仇曰："尔曹若健，远相避也。"仇皆卧自搏［犹叩头］。后病愈，悉自缚诣憙，憙不与相见，后竟杀之。

[作为英勇的军人，其信义名声成了军事资产；在一次被臭名昭著的暴众武装追击的遁逃中，非常人道，非常负责，非常有"绅士风"：]

更始即位，舞阴大姓李氏拥城不下，更始遣柱天将军李宝降之，不肯，云："闻宛之赵氏有孤孙憙，信义著名，愿得降之。"更始乃征憙。憙年未二十，既引见，更始笑曰："茧栗犊［犊角如茧栗，言小也］，岂能负重致远乎？"即除为郎中，行偏将军事，使诣舞阴，而李氏遂降。[这"茧栗犊"的信义名声证明是项军事资产！]憙因进入颍川，击诸不下者，历汝南界，还宛。更始大悦，谓憙曰："卿名家驹，努力勉之。"[在决定性的昆阳大战中表现英勇：]会王莽遣王寻、王邑将兵出关，更始乃拜憙为五威偏将军，使助诸将拒寻、邑于昆阳。光武破寻、邑，憙被创，有战劳，还拜中郎将，封勇功侯。

更始败，[一位非常人道和负责的"绅士"，尽全力拯救和保护妇女，抵御最臭名昭著的暴众武装的追逐和强暴：]憙为赤眉兵所围，迫急，乃逾屋亡走，与所友善韩仲伯等数十人，携小弱，越山阻，径出武关［在今陕西丹凤县东南方武关河北岸］。仲伯以妇色美，虑有强暴者，而己受其害，欲弃之于道。憙责怒不听，因以泥涂伯仲妇面，载以鹿车，身自推之。每道逢贼，或欲逼略（掠），憙辄言其病状，以此得免。既入丹水，遇更始亲属，皆裸跣涂炭，饥困不能前。憙见之悲感，所装缣帛资粮，悉以与之，将护归乡里。

时，邓奉反于南阳，憙素与奉善，数遗书切责之，而谗者因言憙与奉合谋，帝以为疑。及奉败，帝得憙书，乃惊曰："赵憙真长者也。"即征憙，引见，赐鞍马，待诏公车。……

[作为地方行政长官正直仁义，赢得民心：]

后拜怀［县名，今河南省武陟县境］令。大姓李子春先为琅邪相，豪猾并兼，为人所患。憙下车，闻其二孙杀人事未发觉，即穷诘其奸，收考子春，二孙自杀。京师为请者数十,终不听。时,赵王良[景帝第六子长沙定王刘发后裔,曾抚养刘秀兄弟]疾病将终,车驾亲临王,问所欲言。王曰:"素与李子春厚,今犯罪,怀令赵憙欲杀之,愿乞其命。"帝曰:"吏奉法,律不可枉也,更道它所欲。"王无复言。既薨,帝追感赵王,乃贳[赦免]出子春。[!]

　　其年,迁憙平原太守。时,平原多盗贼,憙与诸郡讨捕,斩其渠帅,余党当坐者数千人。憙上言:"恶恶止其身[《公羊传》曰:"善善及子孙,恶恶止其身。"],可一切徙京师近郡。"帝从之,乃悉移置颍川、陈留。于是擢举义行,诛锄奸恶。后青州大蝗,侵入平原界辄死[**神奇!为何?**],岁屡有年,百姓歌之。

**[他作为最高级廷臣之一,在帝国宫廷的能干表现:]**

　　二十六年[50年],帝延集内戚宴会,欢甚,诸夫人各各前言"赵憙笃义多恩,往遭赤眉出长安,皆为憙所济活"。帝甚嘉之。后征憙入为太仆,引见谓曰:"卿非但为英雄所保也,妇人亦怀卿之恩。"厚加赏赐。

　　二十七年[51年],拜太尉,赐爵关内侯。时,南单于称臣,乌桓、鲜卑并来入朝,帝令憙典边事,思为久长规。憙上复缘边诸郡[谓建武六年徙云中、五原人于常山、居庸间,至二十六年复令还云中、五原。《东观记》曰:"草创苟合,未有还人,盖憙至此,请徙之令尽也。"],幽、并二州由是而定。

　　三十年[54年],憙上言宜封禅,正三雍之礼。中元元年[56年],从封泰山。及帝崩,憙受遗诏,典丧礼。是时,藩王皆在京师,自王莽篡乱,旧典不存,皇太子与东海王等杂止同席,宪章无序。憙乃正色,横剑殿阶,扶下诸王,以明尊卑。时,藩国官属出入宫省,与百僚无别,憙乃表奏谒者将护,分止它县,诸王并令就邸,唯朝晡[朝时(辰时,上午7点到9点)与晡时(申时,下午3点至5点)]入临[进见]。整礼仪,严门卫,内外肃然。

**["内典宿卫,外干宰职":他的美德和长寿使他能不仅效劳光武帝,而且效劳明帝甚至章帝:]**

　　永平元年[58年,明帝登基第二年],封节乡侯。三年[60年]春,坐考[考查]中山相薛修事不实免。其冬,代窦融为卫尉。八年[65年],代虞延行太尉事,居府如真。后遭母忧,上疏乞身行丧礼,显宗[明帝]不许,遣使者为释服,赏赐恩宠甚渥。憙内典宿卫,外干宰职,正身立朝,未尝懈惰。及帝崩,复典丧事,再奉大行,礼事修举。肃宗[章帝]即位,进为太傅,录尚书事……

　　建初五年[80年],憙疾病,帝亲幸视。及薨,车驾往临吊。时年八十四。谥曰正侯。……

**卷 27《宣张二王杜郭吴承郑赵列传》**[吴、承、郑、赵除外]

[本篇是十位高官的短传,他们全都有名声卓著的文才和(或)伦理背景,大多效力于光武帝或者明帝和章帝。]

[他们中间没有哪个(或许杜林是唯一的例外)对东汉帝国事业有任何真正重要的贡献,与此同时他们全都有其生动的个人特质,特别是清高,规避物质／世俗的追求,甚而不同程度地不乐意介入官场,更不用说"政治"了。他们正直、诚实、节俭、高尚和诚挚奉行儒家规范(除信道家的郑均外)。]

宣秉:

[在享有地区性伦理盛名和拒绝为大篡夺者效劳后,他很早就成了光武帝之下一位能干和有威望的高官。以他的大节俭大为打动其主公,同时没有为他自己和他的小家庭累积任何财富。]

宣秉字巨公,冯翊云阳人也。少修高节,显名三辅。哀、平际,见王氏据权专政,侵削宗室,有逆乱萌,遂隐遁深山,州郡连召,常称疾不仕。王莽为宰衡,辟[招来授予官职]命不应。及莽篡位,又遣使者征之,秉固称疾病。更始即位[23年],征为侍中。建武元年[25年],拜御史中丞。光武特诏御史中丞与司隶校尉、尚书令会同并专席而坐,故京师号曰"三独坐"。明年[26年],迁司隶校尉。务举大纲,简略苛细,百僚敬之。

秉性节约,常服布被,蔬食瓦器。帝尝幸其府舍,见而叹曰:"楚国二龚[龚胜和龚舍,皆以清苦立节著名,事见《汉书》],不如云阳宣巨公。"即赐布帛帐帷什物。四年[28年],拜大司徒司直。所得禄奉,辄以收养亲族。其孤弱者,分与田地,自无担石之储。六年[30年],卒于官,帝敏惜之,除[任用]子彪为郎。

张湛:

[一位儒官,总是表现得对自己的礼仪举止真诚地极端认真,而且在地方的规制性治理中能干有为,以致"政化大行"。他的正直的"礼仪主义"甚至有时勇敢地针对他的皇帝主子,在他成为一名高级廷臣之后。]

张湛字子孝,扶风平陵人也。矜严好礼,动止有则,居处幽室,必自修整,虽遇妻子,若严君焉。及在乡党,详言正色,三辅以为仪表。人或谓湛伪诈,湛闻而笑曰:"我诚诈也。人皆诈恶,我独诈善,不亦可乎?"

成、哀间,为二千石。王莽时,历太守、都尉。

建武初,为左冯翊,[他的地方规制性治理,以致"政化大行":]在郡修典礼,设条教,政化大行。后告归[请假归]平陵,望寺门[即平陵县门。《风俗通》曰:"寺者,嗣也。理事之史,嗣续(延续)于其中也。"]而步。主簿进曰:"明府[郡守所居曰府;明府者,尊高之称]位尊德重,不宜自轻。"湛曰:"《礼》,下公门,轼辂[大也]马[乘车有所敬则抚轼。礼记曰:"大夫士下公门,式辂马。"]。孔子于乡党,恂恂如也。父母之国,所宜尽礼,何谓轻哉?"

五年[29 年],拜光禄勋。[他的正直的"礼仪主义"有时甚至针对他的皇帝主子:]光武临朝,或有惰容,湛辄陈谏其失。常乘白马,帝每见湛,辄言"白马生且复谏矣"。

七年[31 年],以病乞身,拜光禄大夫,代王丹为太子太傅。及郭后废[41 年],因称疾不朝,拜太中大夫……帝数存问赏赐。后大司徒戴涉被诛[坐所举人盗金下狱被诛],帝强起湛以代之。湛至朝堂,遗失溲便[这位礼仪主义者因年迈衰老而禁不住失仪失礼!],因自陈疾笃,不能复任朝事,遂罢之。后数年,卒于家。


**王丹:**

[一位正直和心热的乡绅,能够塑造一种在其本乡本村的端正的文化;勉强在光武帝之下担任高官,携其正直的傲慢,似乎在位上未干任何引人注目的事情。他本质上是一名侠士!]

王丹字仲回,京兆下邽[在今陕西渭南市境]人也。哀、平时,仕州郡。王莽时,连征不至。家累千金,隐居养志,好施周急。每岁农时,辄载酒肴于田间,候勤者而劳之。其堕懒者,耻不致丹,皆兼功自厉(励)。邑聚相率,以致殷富。其轻黠游荡废业为患者,辄晓其父兄,使黜责之。没者则赙给[拿钱财帮助别人办理丧事],亲自将护。其有遭丧忧者,辄待丹为办,乡邻以为常。[一位真正的乡绅塑造了他的乡邻的一种端正的文化:]行之十余年,其化大洽,风俗以笃。

[而且正直地"疾恶强豪":]丹资性方洁,疾恶强豪。时,河南太守同郡陈遵[见《汉书·游侠传》;王莽任其为河南太守],关西之大侠也。其友人丧亲,遵为护丧事,赙助甚丰。丹乃怀缣一匹,陈之于主人前,曰:"如丹此缣,出自机杼。"遵闻而有惭色。自以知名,欲结交于丹,丹拒而不许。

[他勉强介入官场:]会前将军邓禹西征关中,军粮乏,丹率宗族上表二千斛。禹表[上书举荐]丹领左冯翊,称疾不视事,免归。后征为太子少傅。

时,大司徒侯霸欲与交友,及丹被征,遣子昱候于道。昱迎拜车下,丹下答之。昱曰:"家公欲与君结交,何为见拜?"丹曰[他的正直的傲慢]:"君房有是言,丹未之许也。"

丹子有同门生丧家,家在中山,白丹欲往奔慰。结侣将行,丹怒而挞之,令寄缣以祠焉。或问其故,丹曰[**他远不是个书呆子,而是通晓世故**]:"交道之难,未易言也。世称管、鲍[管仲、鲍叔牙],次则王、贡[王吉、贡禹]。张、陈[张耳、陈余]凶其终,萧、硃[萧育、朱博]隙其末,故知全之者鲜矣。"时人服其言。

客初有荐士于丹者,因选举之,而后所举者陷罪,丹坐以免。客惭惧自绝,而丹终无所言。寻复征为太子太傅,乃呼客谓曰[**他厌恨被任何人视为流俗之徒:**]:"子之自绝,何量丹之薄也?"不为设食以罚之,相待如旧。其后逊位,卒于家。

王良:

[**儒家学者,勉强作为官僚效力刘秀政权,以他非凡的节俭和诚实给人以深刻的印象。然后,他愈益清高,有一种道家教人要有的傲慢。**]

王良字仲子,东海[郡名,在今山东南部和江苏北部]兰陵人也。[**热爱学习和教授的儒家学者:**]少好学,习《小夏侯[夏侯建,夏侯胜之从兄子]尚书》。王莽时,寝病不仕,教授诸生千余人。

[**勉强成为一名官员,为官既负责任,又不负责任:**]建武二年[26年],大司马吴汉辟,不应。三年[27年],征拜谏议太夫,数有忠言,以礼进止,朝廷敬之。迁沛郡太守。至蕲县,称病不之(至)府,官属皆随就之,良遂上疾笃,乞骸骨,征拜太中大夫。

六年[30年],代宣秉为大司徒司直。[**他作为一名官僚的非凡的节俭和诚实:**]在位恭俭,妻子不入官舍,布被瓦器。时,司徒史鲍恢以事到东海,过候其家,而良妻布裙曳柴,从田中归。恢告曰:"我司徒史也,故来受书[接受(家人)书信],欲见夫人。"妻曰:"妾是也。若掾[即谓鲍恢],无书。"恢乃下拜,叹息而还,闻者莫不嘉之。

后以病归,一岁复征,至荥阳,疾笃不任进道,乃过其友人。[**然而,他还是被某人鄙视,后者比他更不同流俗:**]友人不肯见,曰:"不有忠言奇谋而取大位,何其往来屑屑不惮烦也?"遂拒之。[**他被这鄙视者感动,遂加剧了他相对于官场的清高,带着一种道家式的伦理/智识傲慢:**]良惭,自后连征,辄称病。诏以玄纁聘之,遂不应。后光武幸兰陵,遣使者问良所苦疾,不能言对。诏复其子孙邑中徭役,卒于家。

[**我们的史家着重指出了伦理行为方面做作的与本能的、伪善的与真挚的之间的差异。上面那些人都是诚挚的信仰者,或本能的好行为主义者:**]论曰:夫利仁者或借仁以从利,体义者不期体以合义[不用体以合义。意即义出自本性者,举措不需做作而自然符合仁义]。季文子[鲁卿季孙行父之谥,相三君矣而无私积,事见《左传》]妾不

衣帛,鲁人以为美谈。公孙弘身服布被,汲黯讥其多诈。事实未殊而誉毁别议。何也? 将体之与利之异乎? [大概是体与利的区别吧。]宣秉、王良处位优重,而秉甘疏薄,良妻荷薪,可谓行过乎俭。然当世咨其清,人君高其节,岂非临之以诚哉! 语曰:"同言而信,则信在言前;同令而行,则诚在令外。"[二人同出言,而人信服其真者,不信其伪者,则知信不由言,故言信在言前也。同令而行,意亦同也。语出子思《累德篇》。]不其然乎! 张湛不屑矜伪之消,斯不伪矣。王丹难于交执之道,斯知交矣。

杜林:

[一位伟大的儒学大师,精通《古文尚书》,有其高尚的"志节"、"名德",从例如隗嚣和刘秀那样不同的精英以及其他儒家学者那里赢得很高的敬意。]

[不仅如此,他在光武帝之下作为一位高级廷臣的服务证明了他的行政才能和眼界——希望国家治理有"疏网"、"宽德"方向的眼界。据说,"通儒"指的就是这意思。]

杜林字伯山,扶风茂陵人也。父鄣,成、哀间为凉州刺史。林少好学沉深,家既多书,又外氏张竦父子喜文采,林从竦受学,博洽多闻,时称通儒。[《风俗通》曰:"儒者,区也。言其区别古今,居则玩(玩)圣哲之词,动则行典籍之道,稽先王之制,立当时之事,此通儒也。若能纳而不能出,能言而不能行,讲诵而已,无能往来,此俗儒也。"][" 通儒":按照这个定义,它意味着一类非常明智和能干的儒家学者,根本的和天才的儒家学者,能够很好地从事经典儒家理论和当前公共实践。他就是。]……

[被隗嚣敬重,而他作为一位真正的儒士,永不会投入这地区性军阀的分离主义事业:]隗嚣素闻林志节,深相敬待,以为持书平[官名,司理书簿]。后因疾告去,辞还禄食。嚣复欲令强起,遂称笃。嚣意虽相望[怨恨],且欲优容之,乃出令曰:"杜伯山天子所不能臣[隗嚣完全误解了他,一位真正的儒士;或者,这至少是个虚假的浮言。]诸侯所不能友,盖伯夷、叔齐耻食周。今且从师友之位,须道开通,使顺所志。"林虽拘于嚣,而终不屈节。[《东观记》曰:"林寄嚣地,终不降志辱身,至簪蒿席草,不食其粟也。"]建武六年[30年],弟成物故,嚣乃听林持丧东归。既遣而悔,追令刺客杨贤于陇坻遮杀之。贤见林身推鹿车,载致弟丧,乃叹曰:"当今之世,谁能行义? 我虽小人,何忍杀义士!"因亡去。

[被光武帝敬重,在统一战争中;他开始以他的学者方式为他效力:]光武闻林已还三辅,乃征拜侍御史,引见,问以经书故旧及西州事,甚悦之,赐车马衣被。[他还被官僚和学者广泛敬重:]群寮知林以名德用,甚尊惮之。京师士大夫,咸推其博洽[闻见广大]。

河南郑兴、东海卫宏等,皆长于古学。兴尝师事刘歆,林既遇之,欣然言曰:

"林得兴等固谐矣,使宏得林,且有以益之。"及宏见林,阍然而服。济南徐巡,始师事宏,后皆更受林学。[**他是当时儒家学问的一位领袖式人物;成了《古文尚书》学的发动者**:]林前于西州得漆书《古文尚书》一卷,常宝爱之,虽遭难困,握持不离身。出以示宏等曰:"林流离兵乱,常恐斯经将绝。何意东海卫子、济南徐生复能传之,是道竟不坠于地也。古文虽不合时务,然愿诸生无惧所学。"宏、巡益重之,于是古文遂行。

明年[31年],大议郊祀制,多以为周郊后稷,汉当祀尧。诏复下公卿议,议者佥同,帝亦然之。林独以为周室之兴,祚由后稷,汉业特起,功不缘尧。祖宗故事,所宜因循。定从林议。[《东观记》载林议曰:"当今政卑易行,礼简易从,人无愚智,思仰汉德。基业特起,不因缘尧。尧远于汉,人不晓信,言提其耳,终不说谕。后稷近周,人户知之,又据以兴,基由其祚。诗曰:'不愆不忘,率由旧章。'宜如旧制,以解天下之惑。"][**他确实是个颇为明智和讲求实际的儒家大师,确实是个"通儒"而非"俗儒"。**]

后代琅为大司徒司直。林荐同郡范逡、赵秉、申屠刚及陇西牛邯等,皆被擢用,士多归之。十一年[35年],司直官罢,以林代郭宪为光禄勋。[**他作为一位高级廷臣的服务证明了他在行政管理方面的才能和公允**:]内奉宿卫,外总三署,周密敬慎,选举称平。郎有好学者,辄见诱进,朝夕满堂。

[**他作为高级廷臣的服务证明了他的眼界,即希望国家治理取"疏网"、"宽德"的方向**:]十四年[38年],群臣上言:"古者肉严重,则人畏法令;今宪律轻薄,故奸轨不胜。宜增科禁,以防其源。"诏下公卿。林奏曰:"夫人情挫辱,则义节之风损,法防繁多,则苟免之行兴。孔子曰:'导之以政[禁令],齐之以刑,民免[但求免被判罪而已]而无耻。导之以德,齐之以礼,有耻且格[正也]。'古之明王,深识远虑,动居其厚,不务多辟,周之五刑[墨、劓、剕、宫、大辟],不过三千。[**司法状况与政治—社会文化之间的关系,"法防"与"义节"之间的关系,根据西汉的(典型)历史(其中负面的部分确实类似于从20世纪50年代到70年代中华人民共和国的负面部分):**]大汉初兴,详鉴失得,故破矩为圆,斫雕为朴,蠲除苛政,更立疏网,海内欢欣,人怀宽德。[《史记·酷吏列传》云:"汉兴,破觚而为圜,斫雕而为朴,网漏于吞舟之鱼,而吏治烝烝,不至于奸,黎民艾安。"]及至其后,渐以滋章,吹毛索疵,诋欺无限。果桃菜茹之馈,集以成臧[记录在案以为罪证],小事无妨于义,以为大戮,故国无廉士,家无完行。至于法不能禁,令不能止,上下相遁,为敝弥深。臣愚以为宜如旧制,不合翻移。"帝从之。……

明年,代丁恭为少府。二十二年[46年],复为光禄勋。顷之,代硃(朱)浮为大司空。博雅多通,称为任职相。明年薨,帝亲自临丧送葬……

郭丹：

［曾经在流俗意义上雄心勃勃，他变得规避官场，继而十多年后接受了（无论勉强与否）一个相当高的官位，继之以数次晋升。他在光武帝和明帝之下的为官生涯以"清平"和"廉直公正"为特征，未给自己的家庭留下财富。］

郭丹字少卿，南阳穰人也。父稚，成帝时为庐江太守，有清名。丹七岁而孤，小心孝顺，后母哀怜之，为鬻衣装，买产业。后从师长安，买符函谷关，［他曾经在流俗意义上雄心勃勃，为虚荣；］乃慨然叹曰："丹不乘使者车，终不出关。"既至京师，［一位正直的著名儒家学者，厌恶大篡夺者；］常为都讲，诸儒咸敬重之。大司马严尤请丹，辞病不就。王莽又征之，遂与诸生逃于北地。更始二年［24 年］，三公举丹贤能，征为谏议大夫，持节使归南阳，安集受降。丹自去家十有二年，果乘高车出关，如其志焉。

［他变得规避官场，在效力于他非常感激的更始政权后（这感激或许是因为它实现了他先前的雄心，即"高车出关"）：］更始败，诸将悉归光武，并获封爵；丹独保平氏［县名，属南阳郡，治所即今河南桐柏县西北平氏镇］不下，为更始发丧，衰绖［丧服］尽哀。建武二年［26 年］，遂潜逃去，敝衣间行，涉历险阻，求谒更始妻子，奉还节传［玺节与传言］，因归乡里。太守杜诗请为功曹，丹荐乡人长者自代而去。……

［最终，紧随统一战争结束，他开始效力于胜了的政权。他在光武帝和明帝之下的二十多年为官生涯被认为"清平"，"廉直公正"，而且未给自己的家庭留下物质财富：］十三年［37 年］，大司马吴汉辟举高第，再迁并州牧，有清平称。转使匈奴中郎将，迁左冯翊。永平三年［60 年］，代李䜣为司徒。在朝廉直公正，与侯霸、杜林、张湛、郭伋齐名相善。明年［61 年］，坐考［考查］陇西太守邓融事无所据，策免。五年［62 年］，卒于家，时年八十七。……

后显宗［明帝］因朝会问群臣："郭丹家今何如？"宗正刘匡对曰："……丹出典州郡，入为三公，而家无遗产，子孙困匮。"帝乃下南阳访求其嗣。长子宇，官至常山太守。少子济，赵相。……

### 卷 35《张曹郑列传》［张纯］

［三位儒士的传记。头两位为东汉帝国政权的儒家体制性建设做了许多，而最后一位（伟大学者郑玄）以令人印象深刻的始终不懈和崇高道德，建树了历史性的纯学术成就。］

张纯：

［忠诚、平庸但大致能干的（儒士）高官。出自一个世代贵族/廷臣家庭，以"敦

谨"的品格和对"旧章"、"故事"的知识为光武帝效劳。他多有助于帝国政权的体制建设,以利"经过装饰"的合法性,而且还完成了一项有益于普通民众的水运工程。]

[出生于一个世代贵族/廷臣家庭,"敦谨守约",度过潜在的家庭危机,犹如他的高祖父张安世,而与后者的父亲酷吏张汤截然相反:]

张纯字伯仁,京兆杜陵人也。高祖父[曾祖父的父亲]安世,宣帝时为大司马卫将军,封富平侯。父放,为成帝侍中。纯少袭爵土,哀、平间为侍中,王莽时至列卿。遭值篡伪,多亡爵土,纯以敦谨守约,保全前封。

[皈依和效劳于光武帝,在统一战争中忠诚不贰但未免平庸:]

建武初,先来诣阙,故得复国。五年[29年],拜太中大夫,使将颍川突骑安集荆、徐、杨部,督委输[转运],监诸将营。反又将兵屯田南阳,迁五官中郎将。有司奏,列侯非宗室不宜复国。光武曰:"张纯宿卫十有余年,其勿废,更封武始侯,食富平之半。"

[以"敦谨"的品行和对"旧章"、"故事"的知识服务于光武帝政权。多有助于新建立的东汉帝国的体制建设,以利其"经过装饰"的合法性:]

纯在朝历世,明习故事。建武初,旧章多阙,每有疑议,辄以访纯,自郊庙婚冠丧纪礼仪,多所正定。帝甚重之,以纯兼虎贲中郎将,数被引见,一日或至数四[过三以至于四]。[他的体制性工作和提议至关重要,大受帝国创主注意和重视。]纯以宗庙未定,昭穆失序,十九年[43年],乃与太仆硃(朱)浮共奏言:[他懂得并向帝国创主指出的一项政治/文化秘密:需要"经过装饰"的合法性;"实同创革,而名为中兴",一个创造性的革命必须经过"装饰",装得像是恢复美好的旧秩序,如传统上想的那般美好]:陛下兴于匹庶,荡涤天下,诛锄暴乱,兴继祖宗。窃以经义所纪,人事众心,虽实同创革,而名为中兴,宜奉先帝,恭承祭祀者也。元帝以来,宗庙奉祠高皇帝为受命祖,孝文皇帝为太宗,孝武皇帝为世宗,皆如旧制。[在他看来与充分合法秩序不相符的问题:]又立亲庙四世,推南顿君以上尽于春陵节侯[南顿令刘钦即光武之父,春陵侯刘买即光武高祖]。礼,为人后者则为之子,既事大宗,则降其私亲。今禘祫[dì xiá,帝王祭祀始祖的一种隆重仪礼]高庙,陈序昭穆,而春陵四世,君臣并列,以卑厕[夹杂]尊,不合礼意……以陛下继统者,安得复顾私亲,违礼制乎?昔高帝以自受命,不由太上[这位中国最伟大的农民宣告自己是个全然自立自制的革命者和皇帝!]……臣愚谓宜除今亲庙,以则二帝旧典,愿下有司博采其议。"……

诏下公卿,大司徒戴涉、大司空窦融议:"宜以宣、元、成、哀、平五帝四世代今亲庙,宣、元皇帝尊为祖、父,可亲奉祠,成帝以下,有司行事,别为南顿君立皇考庙。其祭上至春陵节侯,群臣奉祠,以明尊尊之敬,亲亲之恩。"帝从之。是时宗庙未备,自元帝以上,祭于洛阳高庙,成帝以下,祠于长安高庙,其南顿四世,随所在而祭焉。
[一种妥协,强烈地偏向张纯的提议。]

[他成了一位最高级廷臣,"务于无为",恰与他的平庸相符,但仍完成了一项有益于普通民众的水运工程,并且继续他旨在"经装饰的"帝国合法性的体制建设:]

明年[44 年],纯代硃浮为太仆。二十三年[47 年],代杜林为大司空。在位慕曹参之迹,务于无为,选辟掾史,皆知名大儒。明年,上穿阳渠,引洛水为漕[在洛阳城西开渠引洛水一支绕城而东,至偃师复注洛水以通漕,时称阳渠],百姓得其利。

二十六年[50 年],诏纯曰:"禘、祫之祭,不行已久矣。'三年不为礼,礼必坏;三年不为乐,乐必崩'。宜据经典,详为其制。"纯奏曰:"《礼》,三年一祫,五年一禘。……禘之为言谛,谛定昭穆尊卑之义也。禘祭以夏四月,夏者阳气在上,阴气在下,故正尊卑之义也。祫祭以冬十月,冬者五谷成孰(熟),物备礼成,故合聚饮食也。斯典之废,于兹八年,谓可如礼施行,以时定议。"定从之,自是禘、祫遂定。

[帝国和平与特别儒的体制建设:]时,南单于及乌桓来降,边境无事,百姓新去兵革,岁仍有年,家给人足。纯以圣王之建辟雍,所以崇尊礼义,既富而教者也。乃案七经谶、明堂图、河间《古辟雍记》、孝武太山明堂制度,及平帝时议,欲具奏之。未及上,会博士桓荣上言宜立辟雍、明堂,章下三公、太常,而纯议同荣,帝乃许之。

["经装饰"的帝国合法性建设达到巅峰,为此他在十多年里贡献多多,同时也步入了他的自然终结:]三十年[54 年],纯奏上宜封禅,曰:"自古受命而帝,治世之隆,必有封禅,以告成功焉。……臣伏见陛下受中兴之命,平海内之乱,修复祖宗,抚存万姓,天下旷然,咸蒙更生,恩德云行,惠泽雨施,黎元安宁,夷狄慕义。……今……继孝武之业,以二月东巡狩,封于岱宗,明中兴,勒功勋,复祖统,报天神,禅梁父,祀地祇,传祚子孙,万世之基也。"中元元年[56 年],帝乃东巡岱宗,以纯视御史大夫从,并上元封旧仪及刻石文。三月,薨,谥曰节侯。……

[他的贵族家世几乎空前长寿,归功于家庭传统上的"敦谨守约":]

嗣(张纯子张奋),官至津城门候。甫卒,子吉嗣。永初[安帝年号]三年[109],吉卒,无子,国除。自昭帝封安世,至吉,传国八世,经历篡乱,二百年间未尝谴黜,封者莫与为此。……

### 卷 86《南蛮西南夷列传》摘录

南蛮·长沙武陵蛮：

[南部疆域强劲和顽毅的蛮夷族民，对华夏诸侯国和帝国来说的一大头疼难题甚或更多。他们在差不多整个东汉史上频繁的反叛构成本篇的主要内涵。]

[华夏非常古老的传奇，关于华南内地最近的南蛮即长沙武陵蛮的起源，充满非常古老的、自我优越和鄙视他族的华夏文化偏见：]

昔高辛氏[黄帝曾孙，后启尧舜]有犬戎之寇，帝患其侵暴，而征伐不克。乃访募天下，有能得犬戎之将吴将军头者，购黄金千镒，邑万家，又妻以少女。[**极端的肉体贬鄙，不管这蛮族人本身是否崇拜狗**：]时帝有畜狗，其毛五采，名曰槃瓠。下令之后，槃瓠遂衔人头造阙下，群臣怪而诊[候视]之，乃吴将军首也。帝大喜，而计槃瓠不可妻之以女，又无封爵之道，议欲有报而未知所宜。[**据信，自我牺牲的华夏赐予最初的和决定性的裨益**：]女闻之，以为帝皇下令，不可违信，因请行。帝不得已，乃以女配槃瓠。槃瓠得女，负而走入南山，止石室中。所处险绝，人迹不至。于是女解去衣裳，为仆鉴之结，着独力之衣[仆鉴，独力，皆未详]。帝悲思之，遣使寻求，辄遇风雨震晦，使者不得进。经三年，生子一十二人，六男六女。槃瓠死后，因自相夫妻。织绩木皮，染以草实，好五色衣服。制裁皆有尾形。其母后归，以状白帝，于是使迎致诸子。衣裳班兰（斑斓），语言侏离[怪异，难以理解]，好入山壑，不乐平旷。帝顺其意，赐以名山广泽。其后滋蔓，号曰蛮夷。外痴内黠[**精神贬鄙**]，安土重旧。[**据称，华夏仁慈地对待他们**：]以先父有功，母帝之女，田作贾贩，无关梁符传、租税之赋。有邑君长，皆赐印绶，冠用獭皮。名渠帅曰精夫，相呼为姎[yāng，《说文》曰："姎，女人自称，我也。"]徒。今长沙武陵蛮是也。

[**历时多个世纪的族裔间或文明间冲突的很早开端和进一步发展**：]

其在唐、虞，[**一项大抵是华夏人自我享受的声称**：]与之要质，故曰要服[《尚书·禹贡》："五百里要服"]。[**族裔间或文明间冲突的很早开端**：]夏、商之时，渐为边患。逮于周世，党众弥盛。[**华夏对顽毅和人口众多的南蛮的首次君主征伐**：]宣王[前 827—前 782 年在位]中兴，乃命方叔南伐蛮方，诗人所谓"蛮荆来威"者也。又曰："蠢尔蛮荆，大邦为仇。"明其党众繁多，是以抗敌诸夏也。

[**他们强劲顽毅，而且往往得胜，特别是在华夏内弱和内乱的时代**：]平王东迁，蛮遂侵暴上国。晋文侯辅政，乃率蔡共侯击破之。至楚武王时，蛮与罗子[夏商时代芈（mǐ）族系诸部落（楚国祖先）的一个分支，春秋时代在今湖北南部枝江市一带]共败楚师，杀其将屈瑕。庄王初立，民饥兵弱，复为所寇。楚师既振。然后乃服，自是遂属

于楚。鄢陵之役,蛮与恭王合兵击晋。及吴起相悼王,南并蛮越,遂有洞庭、苍梧。[**他们羸弱和从属的时代,自黩武的秦王国使白起伐楚往后:**]秦昭王使白起伐楚,略取蛮夷,始置黔中郡。汉兴,改为武陵。岁令大人输布一匹,小口二丈,是谓賨[cóng,秦汉时代南蛮所缴赋税]布。虽时为寇盗,而不足为郡国患。

[**在中国大规模内乱及紧随其后期间,武陵蛮重新强劲顽毅,大事反叛;他们最终被光武帝击败,但仍然是东汉帝国的一个经久不消的头疼问题:**]

光武中兴,武陵蛮夷特盛。[**这蛮族发动反叛和大规模掳掠,然后摧毁了一支帝国征伐军,并且击败了另一支:**]建武二十三年[47年],精夫[前云"有邑君长,皆赐印绶……名渠帅曰精夫"]相单程等据其险隘,大寇郡县。遣武威将军刘尚发南郡、长沙、武陵兵万余人,乘船溯沅水,入武谿[在今湖南西部泸溪县境内,地处沅江与峒河交汇处]击之。尚轻敌入险,山深水疾,舟船不得上。蛮氏知尚粮少入远,又不晓道径,遂屯聚守险。尚食尽引还,蛮缘路徼战[截击],尚军大败,悉为所没。二十四年[48年],相单程等下攻临沅,遣谒者李嵩、中山太守马成击之,不能克。[**他们过了他们的克劳塞维茨式"胜利顶点",在一次决定性的败北后向伟大将领马援率领的第三支帝国征伐军投降:**]明年[49年]春,遣伏波将军马援、中郎将刘匡、马武、孙永等,将兵至临沅[很可能在今湖南常德市],击破之。单程等饥困乞降,会援病卒,谒者宗均听悉受降。为置吏司,群蛮遂平。……

### 卷24《马援列传》摘录

[**马援的最后军事效劳,尽管年迈但完全自愿:**]二十四年[48年],武威将军刘尚击武陵五溪蛮夷,深入,军没,援因复请行。时年六十二,帝愍其老,未许之。援自请曰:"臣尚能披甲上马。"帝令试之。援据鞍顾眄[看、回顾],以示可用。帝笑曰:"矍铄哉是翁也!"遂遣援率中郎将马武、耿舒、刘匡、孙永等,将十二郡募士及弛刑四万余人征五溪。援夜与送者诀,谓友人谒者杜愔曰:"吾受厚恩,年迫余日索,常恐不得死国事。今获所愿,甘心瞑目,但畏长者家儿[谓权要子弟等]或在左右,或与从事,殊难得调,介介[耿耿]独恶是耳。"明年[49年]春,军至临乡,遇贼攻县,援迎击,破之,斩获二千余人,皆散走入竹林中。

初,军次下隽[今湖北通城西北约十里],有两道可入,从壶头[在今湖南怀化市沅陵县东北高坪乡,有壶头山]则路近而水崄,从充则涂夷而运远,帝初以为疑。及军至,耿舒欲从充道,援以为弃日费粮,不如进壶头,扼其喉咽,充贼自破。以事上之,帝从援策。

[在异常艰辛的征伐中死于疾病,而后被他的私敌诬控,受到受骗和大怒的光

武帝不公正对待，后者先前几乎从未错待麾下将领：]三月，进营壶头。贼乘高守隘，水疾，船不得上。会暑甚，士卒多疫死，援亦中病，遂困，乃穿岸为室，以避炎气。贼每升险鼓噪，援辄曳足以观之，左右哀其壮意，莫不为之流涕。[**来自另一伟大将领耿弇的不幸的内斗：**]耿舒与兄好畤侯弇书曰："前舒上书当先击充，粮虽难运而兵马得用，军人数万争欲先奋。今壶头竟不得进，大众忧郁行死，诚可痛惜。前到临乡，贼无故自致，若夜击之，即可殄灭。伏波类西域贾胡，到一处辄止，以是失利。今果疾疫，皆如舒言。"弇得书，奏之。[**这给了他的私敌一个阴险报复的机会：**]帝乃使虎贲中郎将梁松乘驿责问援，因代监军。会援病卒，松宿怀不平，遂因事陷之。帝大怒，追收援新息侯印绶。[**这位伟大君主受骗和大怒，例外地错待了他的忠诚的英雄。**]……

[**来自光武帝的进一步的不义错待和羞辱，在显贵们强烈的嫉妒背景中：**]初，援在交阯，常饵[吞食]薏苡实[薏苡为禾本科一年生或多年生草本，其种仁(实)性微寒，有利湿健脾、清热和排脓功能]，用能轻身省欲，以胜瘴气。南方薏苡实大，援欲以为种，军还[44年]，载之一车。时人以为南土珍怪，权贵皆望[怨恨]之。援时方有宠，故莫以闻。及卒后，有上书谮之者，以为前所载还，皆明珠文犀。马武[时为中郎将]与於陵侯侯昱[司徒侯霸之子]等皆以章言其状，帝益怒。[**可怜的英雄，死后差不多难以置信地遭难：**]援妻孥惶惧，不敢以丧还旧茔，裁(才)买城西数亩地槁葬[草席裹尸而葬]而已。宾客故人莫敢吊会。严[援兄子]与援妻子草索相连，诣阙请罪。帝乃出松书以示之，方知所坐[**阴险的梁松诬控什么？ 我们依然不知道**]，上书诉冤，前后六上，辞甚哀切，然后得葬。[**他为之那么长久和优秀地效劳的君主现在简直冷血冰冰！**]

前云阳[县名，今陕西淳化西北]令同郡硃(朱)勃诣阙上书曰：

…………

窃见故伏波将军新息侯马援，拔自西州，钦慕圣义，间关[犹崎岖]险难，触冒万死，孤立群贵之间，傍无一言之佐，驰深渊，入虎口，岂顾计哉！宁自知当要七郡之使，徼封侯之福邪？[**确实，他是一类高尚的英雄！ 他的伟大成就和忠诚在下面被重申，事实上由我们的史家借别人的嘴说出来：**]八年，车驾西讨隗嚣，国计狐疑，众营未集，援建宜进之策，卒破西州。及吴汉下陇，冀路断隔，惟独狄道[今甘肃临洮]为国坚守，士民饥困，寄命漏刻。援奉诏西使，镇慰边众，乃招集豪杰，晓诱羌戎，谋如涌泉，势如转规，遂救倒县(悬)之急，存几亡之城，兵全师进，因粮敌人，陇、冀略平，而独守空郡，兵动有功，师进辄克。铢锄先零，缘入山谷，猛怒力战，飞矢贯胫。又出征交阯，土多瘴气，援与妻子生诀，无悔吝之心，遂斩灭徵侧，克平一州[南海、苍梧、郁林、合浦、交阯、日南、九真皆属交州]，间复南讨，立陷临乡，师已有业，未竟而死……人情岂乐久屯绝地,不生归哉!惟援得事朝廷二十二年,北出塞漠,南度江海,触冒害气,僵死军事,[**尽管有所有上述,他依然难以置信地遭到不义对待!我们的史家借别人的嘴呼喊：**]名灭爵绝,国土不传。海内不知其过,众庶未闻其毁,卒遇三夫之言,横被诬罔之谗,家属杜门,葬不归墓,怨隙并兴,宗亲怖栗。死者不能自列,生者莫为之讼,臣窃伤之。

……惟陛下留思竖儒之言,无使功臣怀恨黄泉。……若援,所谓以死勤事者也。愿下公卿平援功罪,宜绝宜续,以厌海内之望。

臣年已六十,常伏田里,窃感栾布哭彭越之义[《汉书·季布栾布田叔传》载,彭越为梁王,栾布为梁大夫使于齐。"汉召彭越责以谋反,夷三族,枭首雒(洛)阳,诏有收视者捕之。布还,奏事越头下,祠而哭之"],冒陈悲愤,战栗阙庭。……

[**他最终和迟迟地被明帝(甚或后来被章帝)"平反",恢复了他的伟大英名,在多年之后,在明帝去世前不久。然而,明帝登基后仅三年便将他的女儿立为皇后,这本身就是事实上的"平反"：**]永平[明帝年号,58—75年]初,援女立为皇后,显宗图画建武中名臣、列将于云台[时在永平中],以椒房故,独不及援。东平王苍观图,言于帝曰："何故不画伏波将军像?"帝笑而不言[**这暗示"以椒房故"并非真正的原因**]。至十七年[74年],援夫人卒,乃更修封树,起祠堂。……

### 卷86《南蛮西南夷列传》摘录

南蛮·百越：

[居住在华夏帝国最南端内外的形形色色广泛散布的越人群体,就交趾等郡而言有其与东汉帝国的大致恒久的冲突关系,使得帝国在那里的遥远的统治颇为脆弱。]

…………

[帝国勃兴时代东汉对交趾等郡的统治,还有它与那以外的诸族民群体的外交;这统治被一场大规模的蛮夷造反撼动：]

[作为统治战略的光武帝文化/教育方略,经在那里的两位能干的地方行政长官施行：]光武中兴,锡光为交趾[郡名,在今越南北部红河流域],任延守九真,于是教其耕稼,制为冠履,初设媒娉,始知姻娶,建立学校,导之礼义。

[**对华夏帝国主义的一场大报复!两名女英雄徵侧和徵贰领导的交趾蛮夷超大规模造反：**]建武十二年[36年],九真徼[jiǎo]外[境外,塞外]蛮里张游,率种人慕化内属,封为归汉里君。明年[37年],南越徼外蛮夷献白雉、白菟。至十六年[40

年]，交趾女子徵侧及其妹徵贰反，攻郡。徵侧者，麓泠县雒将之女也。嫁为姝珪人诗索妻，甚雄勇。交趾太守苏定以法绳之，侧忿，故反。[**这场造反的巨大规模，连同其初期的大规模胜利：**]于是九真、日南[皆郡名，分别在今越南北部和中部]、合浦[郡名，在今广西南端]蛮里皆应之，凡略六十五城，自立为王。交趾刺史及诸太守仅得自守。[**粉碎它和杀死女英雄的帝国远征，有其经大规模准备的后勤：**]光武乃诏长沙、合浦、交趾具车船，修道桥，通障谿，储粮谷。十八年[42年]，遣伏波将军马援、楼船将军段志，发长沙、桂阳、零陵、苍梧兵万余人讨之。明年[43年]夏四月，援破交趾，斩徵侧、徵贰等，余皆降散。进击九真贼都阳等，破降之。徙其渠帅三百余口于零陵。于是领（岭）表悉平。……

### 卷 24《马援列传》摘录

[**马援对交趾郡徵侧徵贰大规模造反和进攻的"水军陆战"征伐，因为致死的亚热带疫病而有巨大的生命代价，那是他的战略战术才能无法克服的：**]

又交阯女子徵侧及女弟徵贰反，攻没其郡，九真、日南、合浦蛮夷皆应之，寇略（掠）岭外六十余城，侧自立为王。于是玺书拜援伏波将军，以扶乐侯刘隆为副，督楼船将军段志等南击交阯。军至合浦而志病卒，诏援并将其兵。[**他的"水军陆战"远征，有其典型的急速追击和无情杀戮：**]遂缘海而进，隨山刊[除也]道千余里。十八年[42年]春，军至浪泊上，与贼战，破之，斩首数千级，降者万余人。援追徵侧等至禁谿，数败之，贼遂散走。明年[43年]正月，斩徵侧、徵贰，传首洛阳。封援为新息侯，食邑三千户。援乃击牛酾酒，劳飨军士。从容谓官属曰："吾从弟少游常哀吾慷慨多大志，曰：'士生一世，但取衣食裁（才）足……为郡掾史，守坟墓，乡里称善人，斯可矣。致求盈余，但自苦耳。'[**然而，那么艰难的一场远征，因为亚热带的疫病环境：**]当吾在浪泊、西里间，房未灭之时，下潦上雾，毒气重蒸，仰视飞鸢跕跕[diǎn diǎn，下坠貌]堕水中，卧念少游平生时语，何可得也！……"……

援将楼船大小二千余艘，战士二万余人，进击九真贼徵侧余党都羊等，自无功[在今越南宁平境内]至居风[今越南清化省清化市西北十余里故胥浦城北约十里]，斩获五千余人，峤南[岭南]悉平。……[**作为一名能干的帝国"行军"边疆总督，处理蛮夷民政事务：**]援所过辄为郡县治城郭，穿渠灌溉，以利其民。条奏越律与汉律驳者[抵牾]十余事，与越人申明旧制以约束之，自后骆[越别名]越奉行马将军故事。

二十年[44年]秋，振旅还京师，[**远征得胜凯旋，生命代价高昂！因为致命的亚热带疫病杀死了数千上万人：**]军吏经瘴疫死者十四五。……

### 卷 86《南蛮西南夷列传》摘录

益州郡西南夷：

［西南夷的一场大规模造反和光武帝之下的帝国镇压，继之以一段 130 年的空前经久的"漫长和平"，既归因于这帝国镇压，也归因于随后包括逐渐的文化半同化努力在内的良好治理：］

建武十八年［42 年］［建武十二年即 36 年，东汉征伐大军击灭盘踞蜀地多年的公孙述，东汉帝国始入西南夷地区］，夷渠帅栋蚕与姑复、楪榆、桥栋、连然、滇池、建伶、昆明诸种反叛，杀长吏。益州［郡名，治所在今云南昆明市西南侧滇池］太守繁胜与战而败，退保礁（朱）提［县名，治所在今云南东北部昭通市境内］。十九年［43 年］，遣武威将军刘尚等发广汉、犍为、蜀郡人及礁（朱）提夷，合万三千人击之。尚军遂度泸水，入益州界。群夷闻大兵至，皆弃垒奔走，尚获其羸弱、谷、畜。二十年［44 年］，进兵与栋蚕等连战数月，皆破之。明年［45 年］正月，追至不韦［县名，治在今云南保山市北五十里］，斩栋蚕帅，凡首虏七千余人［**大规模杀戮！**］，得生口五千七百人，马三千匹，牛羊三万余头，诸夷悉平。

［"橄榄枝"继刀剑而来：包括逐渐的文化半同化努力在内的良好治理，导致一段空前经久的"漫长和平"：］肃宗元和［章帝年号，84—86 年］中，蜀郡王追为太守，政化尤异。……始兴起学校，渐迁其俗。［**帝国垂死时代造反重起：**］灵帝熹平五年［176］，诸夷反叛，执（益州）太守雍陟［zhì］。遣御史中丞礁（朱）龟讨之，不能克。朝议以为郡在边外，蛮夷喜叛，劳师远役，不如弃之。［**帝国在仅仅一次战役挫败后便意志消沉！然而，放弃的意图幸好未能成真：**］太尉椽巴郡李颙［yóng］建策讨伐，乃拜颙益州太守，与刺史庞芝发板楯蛮击破平之。还，得雍陟。［**一个蛮夷军事仆从替帝国救了重要的边疆领土益州郡。**］颙卒后，夷人复叛，以广汉景毅为太守，讨定之。……

## "天道恶满而好谦"：东汉帝国首代贵戚

### 卷 10 上《皇后纪上》［阴丽华］

［本篇开头是一则导言，在各大时代的政治概略的背景中，谈论东汉以前纵贯千年的后妃"体制"概史。它非常流俗地儒，远劣于司马迁给《史记·外戚世家》写的导言（班固《汉书·外戚传》开篇大体上予以复制），那基于一种关于家庭领域内人性的深刻的哲理理解，相当政治性地强调经君主的性爱而产生巨大政治影响的

大可能。①]

…………


阴贵人、阴皇后、阴太后(阴丽华)：

[刘秀整个成年后生涯中始终真正挚爱的唯一女性，这就中国史或任何其他文明史上的政治精英和君主而言甚为罕见。其原因必定不仅在于他的伟大和特别温情，也在于起初是个卑微的乡间女孩的她，尽管我们仍然对她所知不多。她美丽，一贯谦逊温顺，一贯人道和善，以她的品性肯定对他有格外的吸引力。他俩提供了家庭事务中真正儒家美德的一个楷模。]

[在关于她的记录中，最感人和最特色的文字是"后在位恭俭，少嗜玩，不喜笑谑。性仁孝，多矜慈。七岁失父，虽已数十年，言及未曾不流涕。帝见，常叹息"。]


光烈阴皇后讳丽华，南阳新野人。[后光武帝诏谓其"乡里良家，归(嫁)自微贱"。]初，光武适新野，闻后美，心悦之。后至长安，见执金吾车骑甚盛，因叹曰："仕宦当作执金吾，娶妻当得阴丽华。"[**一位潜在英雄的最初的最大抱负！**]更始元年[23年]六月，遂纳后于宛当成里，时年十九。及光武为司隶校尉，方西之(至)洛阳，令后归新野。及邓奉起兵，后兄识为之将，后随家属徙淯阳，止于奉舍。[**她谦逊、宁静和温顺，似一名没有儒家学问的"儒女"。如水一般温柔，与那大贵族的女儿、政治婚娶的对象郭圣通大相径庭。**]

光武即位，令侍中傅俊迎后，与胡阳、宁平主诸宫人俱到洛阳，以后为贵人。帝以后雅性宽仁[**她的首要秉性**]，欲崇以尊位，后固辞，以郭氏有子，终不肯当，故遂立郭皇后。[**她在这方面确实非凡，确实异于在后妃和更多宫廷女人那里那么不**

---

①　《史记·外戚世家》开篇云：[**经婚姻的家庭事务，无论是君王们的，还是其他的国家最高领导的，都那么经常地拥有重大甚而巨大的政治含义和政治效应。政治是人类事务，而在最高层的人类事务具有重大的政治意义。**]自古受命帝王及继体守文之君，非独内德茂也，盖亦有外戚之助焉。[**家庭成员，特别是在妻子那边的，经常地是既在私人领域、也在政治领域最得信任的人。**]夏之兴也以涂山，而桀之放也以末(妹)喜。殷之兴也以有娀[sōng]，纣之杀也嬖妲己。周之兴也以姜原(嫄)及大任[文王之母]，而幽王之禽(擒)也淫于褒姒[sì]。故易基乾坤，诗始关雎[jū]……夫妇之际，人道之大伦也。……妃匹(配)之爱，君不能得之於臣，父不能得之於子……[**因而有经过君主或其他的国家最高领导的性爱而来的巨大政治影响之大可能。**]……

《汉书·外戚传》开篇补曰：……妃匹(配)之爱，君不能得之臣，父不能得之子……既欢合矣，或不能成子姓[言生育子女；不能成子姓者如赵飞燕]，成子姓矣，而不能要其终[谓白首借老；不能要其终者如栗姬、卫后等]，岂非命也哉！孔子罕言命，盖难言之。非通幽明之变，恶能识乎性命！[**在此领域，爱、双重(即"欢合"和"成子姓")生物学功能表现以及政治功利一向有人类事务中近乎最大的偶然性，连同"同侪"中间众所周知的激烈和精致的竞争。关于这最后一项，西汉元成两帝时的史家褚少孙有一透视：**"传曰'女无美恶，入室见妒；士无贤不肖，入朝见嫉。'美女者，恶女[丑女]之仇。岂不然哉！"]

胜枚举的宫廷内斗表现。]建武四年[28年],从征彭宠,生显宗[明帝]于元氏[她的丈夫对她的坚定挚爱,加上她之产出皇子,决定她有未来取代郭皇后的充分保障]。九年[33年],有盗劫杀后母邓氏及弟䜣,帝甚伤之,乃诏大司空曰[他对她的美德做诚挚的公开赞颂]:"吾微贱之时,娶于阴氏,因将兵征伐,遂各别离。幸得安全,俱脱虎口。以贵人有母仪之美,宜立为后,而固辞弗敢当,列于媵妾。朕嘉其义让,许封诸弟。未及爵土,而遭患逢祸,母子同命,愍伤于怀。……"

十七年[41年],废皇后郭氏而立贵人。[她最终得以完全自我实现,全不是靠她自己主动作为,而他,则最后满足了他本人的最久意愿之一!]制诏三公曰:"皇后怀执怨怼,数违教令,不能抚循它子,训长异室。宫闱之内,若见鹰鹯[zhān,鹞类猛禽]。既无《关雎》之德,而有吕、霍之风,岂可托以幼孤,恭承明祀。[他,起初一个乡村小地主,那么多年后变得最终不能容忍一位大贵族的爱发脾气的女儿!]今遣大司徒涉、宗正吉持节,其上皇后玺绶。阴贵人乡里良家,归[公羊传曰:"妇人谓嫁曰归。"]自微贱。'自我不见,于今三年。'[《诗经·豳风·东山》之词。]宜奉宗庙,为天下母。……"[关于她的记录中最感人和最特色的文字:]后在位恭俭,少嗜玩,不喜笑谑。性仁孝,多矜慈。七岁失父,虽已数十年,言及未曾不流涕。帝见,常叹息。

显宗即位,尊后为皇太后。……(永平)七年[64年],崩,在位二十四年,年六十,合葬原陵。

明帝性孝爱,追慕无已。十七年[74年]正月,当谒原陵,夜梦先帝、太后如平生欢。既寤,悲不能寐,即案历,明旦日吉,遂率百官及故客上陵。……会毕,帝从席前伏御床,视太后镜奁[lián,镜匣]中物,感动悲涕,令易脂泽装具。左右皆泣,莫能仰视焉。[他确实是他父亲和母亲的儿子!就他的好品性——作为个人和统治者的好品性——而言,刘秀和阴丽华对他的广义的家庭教育必定贡献多多。]……

### 卷32《樊宏阴识列传》

[三位(连同阴识之弟阴兴)东汉王朝第一代大贵族(贵戚)的短传。他们来自普通民众,直接或间接地参加了创始性的全国革命战争和统一战争。他们有其共同品性,即"有志行"、"仁厚"、"谦柔"和"畏慎",保持了他们原初的最佳素质,完全未被自己的显贵地位腐败。]

樊宏:

[刘秀的舅舅,一位非常和善、慷慨和审慎的乡绅,很间接地以他自己的方式和"风格"参加了革命和统一战争。"谦柔畏慎,不求苟进",他从未利用、更谈不上滥用他的大贵族地位去谋取个人壮大。他既世俗,又不同俗常!]

［（肉体上和精神上）出自一个传统的绅士家庭，特别是他的绅士父亲：］

樊宏字靡卿，南阳湖阳人也，世祖之舅。其先周仲山甫，封于樊，因而氏焉，为乡里著姓。父重，字君云，世善农稼，好货殖。重性温厚，有法度，三世共财，子孙朝夕礼敬，常若公家。其营理产业，物无所弃，课役童隶，各得其宜，故能上下戮力，财利岁倍，至乃开广田土三百余顷。其所起庐舍，皆有重堂高阁，陂渠灌注。又池鱼牧畜，有求必给。尝欲作器物，先种梓漆，时人嗤之，然积以岁月，皆得其用，向之笑者咸求假焉。资至巨万，而赈赡宗族，恩加乡闾。外孙何氏兄弟争财，重耻之，以田二顷解其忿讼。县中称美，推为三老。年八十余终。其素所假贷人间数百万，遗令焚削文契。责（债）家闻者皆惭，争往偿之，诸子从敕，竟不肯受。

［很间接地参加革命和统一战争；"中立"参与，因其家族联系和道德威望而被授予首代贵族地位：］

宏少有志行。王莽末，义兵起，刘伯升与族兄赐俱将兵攻湖阳，城守不下。赐女弟为宏妻，湖阳由是收系（羁）宏妻子，令出譬［喻］伯升，宏因留不反（返）。湖阳军帅欲杀其妻子，长史以下共相谓曰："樊重子父，礼义恩德行于乡里，虽有罪，且当在后。"会汉兵日盛，湖阳惶急，未敢杀之，遂得免脱。更始立［23 年］，欲以宏为将，宏叩头辞曰："书生不习兵事。"竟得免归。与宗家亲属作营堑自守，老弱归之者千余家。时赤眉贼掠唐子乡，多所残杀，欲前攻宏营，宏遣人持牛酒米谷，劳遗赤眉。赤眉长老先闻宏仁厚，皆称曰："樊君素善，且今见待如此，何心攻之。"引兵而去，遂免寇难。

世祖即位，拜光禄大夫，位特进，次三公。建武五年［29 年］，封长罗侯……十五年［39 年］，定封宏寿张侯。十八年［42 年］，帝南祠章陵，过湖阳，祠重墓，追爵谥为寿张敬侯，立庙于湖阳，车驾每南巡，常幸其墓，赏赐大会。

［他"谦柔畏慎，不求苟进"，从未利用、更谈不上滥用他的大贵族地位去追求个人壮大，心里始终牢记"天道恶满而好谦"：］

宏为人谦柔畏慎，不求苟进。常戒其子曰："富贵盈溢，未有能终者。吾非不喜荣势也，天道恶满而好谦，前世贵戚皆明戒也。保身全己，岂不乐哉！"每当朝会，辄迎期先到，俯伏待事，时至乃起。帝闻之，常敕驺骑临朝乃告，勿令豫（预）到。宏所上便宜及言得失，辄手自书写，毁削草本。公朝访逮［问及］，不敢众对。宗族染其化，未尝犯法。帝甚重之。及病困，车驾临视，留宿，问其所欲言。宏顿首自陈："无功享食大国，诚恐子孙不能保全厚恩，令臣魂神惭负黄泉，愿还寿张，食小乡亭。"帝悲伤其言，而竟不许。

二十七年［51 年］，卒。遗敕薄葬，一无所用，以为棺柩一臧（藏），不宜复见，如有腐败，伤孝子之心，使与夫人同坟异臧（藏）。帝善其令，以书示百官，因曰："今不顺寿张侯意，无以彰其德。且吾万岁之后，欲以为式。"赐钱千万，布万匹，谥为恭侯，赠以印绶，车驾亲送葬。子儵嗣。……

阴识：

［刘秀的妻兄，老资格的重要革命者，但从未以其大贵族和内侍的"天然"特权去谋求个人壮大。］

［他由家族联系和军功而双重特权化，但他的最大特征是不同流俗的谨慎和谦逊：］

阴识字次伯，南阳新野人也，光烈皇后之前母兄也。其先出自管仲，管仲七世孙修，自齐适楚，为阴大夫，因而氏焉。秦、汉之际，始家新野。

及刘伯升起义兵，识时游学长安，闻之，委业而归，率子弟、宗族、宾客千余人往诣伯升。伯升乃以识为校尉。更始元年［23 年］，迁偏将军，从攻宛，别降新野、清阳、杜衍、冠军、湖阳。二年［24 年］，更始封识阴德侯，行大将军事。

建武元年［25 年］，光武遣使迎阴贵人于新野，并征识。识随贵人至，以为骑都尉，更封阴乡侯。二年［26 年］，以征伐军功增封，识叩头让曰："天下初定，将帅有功者众，臣托属掖廷，仍加爵邑，不可以示天下。"帝甚美之，以为关都尉，镇函谷。迁侍中［**可惜！担任一大内侍令他不再活跃于前列，甚或后台！**］，以母忧辞归。十五年［39 年］，定封原鹿侯。［**他在重要的宫内职位上很能干，很受信任，也很谨慎。**］及显宗立为皇太子，以识守执金吾，辅导东宫。帝每巡郡国，识常留镇守京师，委以禁兵。入虽极言正议，及与宾客语，未尝及国事。帝敬重之，常指识以敕戒贵戚，激厉（励）左右焉。识所用掾史皆简贤者，如虞廷、傅宽、薛愔等，多至公卿校尉。

显宗即位，拜为执金吾，位特进。永平二年［59 年］，卒，赠以本官印绶，谥曰贞侯。……

阴兴：

［刘秀的妻弟，非常忠诚和勤勉的警卫。正直公正，而且像他的兄长阴识那样谦逊。］

……识弟兴。

兴字君陵，光烈皇后母弟也，为人有膂力。建武二年［26 年］，为黄门侍郎，守期门仆射，典将武骑，从征伐，平定郡国。［**作为君主和统帅的警卫忠诚勤勉：**］兴每从出入，常操持小盖，障翳风雨，躬履涂泥，率先期门。光武所幸之处，辄先入清宫，甚见亲信。虽好施接宾，然门无侠客。［**正直公正，且谨慎地节俭：**］与同郡张宗、上谷鲜于裒不相好，知其有用，犹称所长而达之；友人张汜、杜禽与兴厚善，以为华而少实，但私之以财，终不为言：是以世称其忠平。第宅苟完，裁（才）蔽风雨。

九年[33年]，迁侍中，赐爵关内侯。[**非凡地谨慎和自律，如他的兄长：**]帝后召兴，欲封之，置印绶于前，兴固让曰："臣未有先登陷阵之功，而一家数人并蒙爵土，令天下觖[《前书音义》曰："觖犹冀也。一音决，犹望之也。"]望，诚为盈溢。臣蒙陛下、贵人恩泽至厚，富贵已极，不可复加，至诚不愿。"帝嘉兴之让，不夺其志。[**他之所以如此，是因为牢记人的命运的辩证法，还有腐败的教训：**]贵人问其故，兴曰："贵人不读书记邪？'亢龙有悔。'[《易经》乾卦上九爻曰："亢龙有悔，穷之灾也。"亢，极也，龙以喻君。言居上体之极，则有悔吝之灾也。]夫外戚家苦不知廉退，嫁女欲配侯王，取妇眄睐公主，愚心实不安也。富贵有极，人当知足，夸奢益为观听所讥。"贵人感其言，深自降挹，卒不为宗亲求位。[**他的伟大的姐姐像其兄弟一样谨慎谦逊。**]十九年[43年]，拜卫尉，亦辅导皇太子。明年夏，帝风眩疾甚，后以兴领侍中[**他成了宫内参谋长，因为他的政治忠诚，连同谨慎统领的才干**]，受顾命于云台广室。会疾瘳，召见兴，欲以代吴汉为大司马。兴叩头流涕，固让曰："臣不敢惜身，诚亏损德，不可苟冒。"至诚发中，感动左右，帝遂听之。

二十三年[47年]，卒，时年三十九。[**他的公正再度得到记录：**]兴素与从兄嵩不相能，然敬其威重。兴疾病，帝亲临，问以政事以群臣能不。兴顿首曰："臣愚不足以知之。然伏见议郎席广、谒者阴嵩，并经行明深，逾于公卿。"兴没后，帝思其言，遂擢广为光禄勋；嵩为中郎将，监羽林十余年，以谨敕见幸。显宗即位，拜长乐卫尉，迁执金吾。

永平元年[58年]诏曰："故侍中卫尉关内侯兴，典领禁兵，从平天下，当以军功显受封爵，又诸舅比例，应蒙恩泽，兴皆固让，安乎里巷。辅导朕躬，有周昌[《汉书》曰，周昌，沛人也。为御史大夫，为人强力，敢直言极谏]之直，在家仁孝，有曾、闵之行，不幸早卒，朕甚伤之。贤者子孙，宜加优异。……"

**[不过，却有一个弟弟很不像他的兄长和姐姐：]**

兴弟就，嗣父封宣恩侯，后改封为新阳侯。就善谈论，朝臣莫及，然性刚傲，不得众誉。显宗即位，以就为少府，位特进。就子丰尚[娶]郦邑公主。公主骄妒，丰亦狷急。永平二年[59年]，遂杀主，被诛，父母当坐，皆自杀，国除。帝以舅氏故，不极其刑。……

### 卷77《酷吏列传》[董宣]

**董宣：**

[光武帝时期一位多少是"彻底的"酷吏，拒绝做一个机会主义者去给他的严

苛和残酷打折扣,即使在放肆的大贵族面前。]

…………

[他的最著名的故事,甚至现在即两千年以后仍著名,显示他的作为酷吏的彻底,也显示了个别大贵族的放肆和终极外在制约:]

后特征为洛阳令。时湖阳公主[光武帝姊]苍头[家奴]白日杀人,因匿主家,吏不能得。及主出行,而以奴骖乘,宣于夏门亭候之,乃驻车叩马,以刀画地,大言数主之失,叱奴下车,因格杀之。主即还宫诉帝,帝大怒,召宣,欲棰杀之[这位伟大的君主也有他偏私和残忍的时刻]。宣叩头曰:"愿乞一言而死。"帝曰:"欲何言?"宣曰:"陛下圣德中兴,而纵奴杀良人,将何以理天下乎?臣不须棰,请得自杀。"即以头击楹,流血被面。帝令小黄门持之,使宣叩头谢主,宣不从,强使顿之,宣两手据地,终不肯俯。[他不怕任何人任何事!]主曰:"文叔[刘秀字]为白衣时,臧(藏)主匿死,吏不敢至门。今为天子,威不能行一令乎?"帝笑曰:"天子不与白衣同。"[光武帝的迅速自纠和宏雅幽默。]因敕:强项令出!赐钱三十万,宣悉以班诸吏。由是搏击豪强,莫不震栗。京师号为"卧虎"。歌之曰:"枹[击鼓杖]鼓不鸣董少平。"……

## 卷33《朱冯虞郑周列传》[虞延]

虞延:

[光武帝时期的一位地方行政长官,彻底正直,不怕任何外戚的权势和傲慢。]

…………

……明年[48年],迁洛阳令。[他的正直和道德勇气的最辉煌显现,在非常得宠和有力的阴氏外戚面前:]是时,阴氏有客马成者,常为奸盗,延收考之。阴氏屡请,获一书辄加笞[笞打]二百。信阳侯阴就乃诉帝,谮延多所冤枉。帝乃临御道之馆,亲录囚徒。延陈其狱状可论者在东,无理者居西。成乃回欲趋东,延前执之,谓曰:"尔人之巨蠹,久依城社,不畏熏烧。[齐景公问晏子曰:"理国何患?"对曰:"患社鼠。"公曰:"何谓社鼠?"对曰:"社鼠不可熏。人君之左右,亦国之社鼠也。"]今考实未竟,宜当尽法!"成大呼称枉,陛戟郎[《续汉志》曰:"凡郎官皆主执戟宿籍也。"]以戟刺延,叱使置之[叱喝虞延,要他放了马成]。帝知延不私,谓成曰:"汝犯王法,身自取之!"呵使速去。[光武帝对他的终极理解和支持。]后数日伏诛,于是外戚敛手,莫敢干法。在县三年,迁南阳太守。

## 卷42《光武十王列传》[刘强、刘仓、刘荆]

[本篇是十位亲王的传记,他们的父亲是光武帝,生母分别是不被爱的郭皇

后、卑微的许美人和被挚爱的阴皇后。]

[除了伟大的明帝，十位亲王中只有两位（东海恭王刘强和东平宪王刘苍）在伦理上颇为正面，以谨慎和谦逊为其最显著特征。相反，有四位（三位是郭皇后和许美人的儿子，一位是阴皇后的儿子），特别是广陵思王刘荆和阜陵质王刘延，不仅放纵，而且谋叛，甚至狂野地谋叛。这在颇大程度上归罪于君主反复的宽宥和明帝的兄弟情谊，而明帝是以对许多其他人的"苛切"著称的。]

[其余三位介于两端之间，其中琅邪孝王刘京，阴皇后的小儿子，给人较深刻印象。他是个儒家学者亲王，然而其生活方式超级奢侈，完全不符经典的儒家。]

[综上所述，本篇提供了伟大光武帝的一幅较黯淡的家庭图画。遗憾，但发人深思！]

…………

刘强：

[一位温和节制、遵守规矩的前皇储，柔弱、和善、"深执谦俭"。可怜的家伙！]东海恭王彊（强）。建武二年［26 年］，立母郭氏为皇后，彊为皇太子。十七年［41 年］而郭后废，彊常戚戚不自安，数因左右及诸王陈其恳诚，愿备蕃国。[这位可怜的少年为环境所迫，"请辞"皇储身份。]光武不忍，迟回者数岁，乃许焉。十九年［43 年］，封为东海王[请求终被接受，在漫长的"戚戚不自安"之后]，二十八年［52 年］，就国。[为何他仍留在帝国首都，又度过了必定心里不好受的九个年头？]帝以彊废不以过，去就有礼，故优以大封，兼食鲁郡，合二十九县。[他的皇父仍对他有真诚的疼爱。]赐虎贲旄头，宫殿设钟虡［jù，悬挂钟或磬的架子两旁的柱子］之县（悬），拟于乘舆。彊临之（至）国，数上书让还东海，又因皇太子固辞。帝不许，深嘉叹之，以彊章宣示公卿。[温和节制、遵守规矩的儿子与他温情疼爱的皇父！]初，鲁恭王好宫室，起灵光殿，甚壮丽，是时犹存[恭王名余，景帝之子，殿在兖州曲阜城中，故基东西二十丈，南北十二丈，高丈余]，故诏彊都鲁。……[他最终落定，能够开始他最终抵达的安静、轻松的生活。]

[他的宁静、谦逊和早逝，得到君主给予的充分尊荣：]

永平元年［58 年］，彊病，显宗[明帝]遣中常侍钩盾令将太医乘驿视疾，诏沛王辅、济南王康、淮阳王延诣鲁。及薨，临命上疏谢曰：

臣蒙恩得备蕃辅……皇太后、陛下哀怜臣彊，感动发中，数遣使者太医令丞方伎道术，络绎不绝。臣伏惟厚恩，不知所言。……政[其独子]，小人也，狠当袭臣后，必非所以全利之也。诚愿还东海郡。天恩愍哀，以臣无男[无多男]之故，处臣三女小国侯[即妇人封侯]，此臣宿昔常计。……

[得到君主给予的充分尊荣：]天子览书悲恸，从太后出幸津门亭发哀。使司

空持节护丧事,大鸿胪副,宗正、将作大匠视丧事,赠以殊礼,升龙、旂头、鸾辂、龙旂、虎贲百人。诏楚王英、赵王栩、北海王兴、馆陶公主、比阳公主及京师亲戚四姓夫人、小侯皆会葬。[尊重他的真诚心灵和温和意愿:]帝追惟彊深执谦俭,不欲厚葬以违其意,于是特诏中常侍杜岑及东海傅相曰:"王恭谦好礼,以德自终,遣送之物,务从约省,衣足敛形,茅车瓦器,物减于制,以彰王卓尔独行之志。将作大匠留起陵庙。"

彊立十八年,年三十四。[他留下了一个与他的性格全然不同的"淫欲薄行"的儿子:]子靖王政嗣。政淫欲薄行。后中山简王薨,政诣中山会葬,私取简王姬徐妃,又盗迎掖庭出女。豫州刺史、鲁相奏请诛政,有诏削薛县。……

刘苍:

[阴皇后的儿子,明帝最亲密的弟弟。一位端正、聪明、学优和谦逊的儒士亲王,为君主政府做了某些非常儒的事情,继之恳求离开中央权力。他在半个世纪里始终不断地得到两代君主(明帝、章帝)的最大宠惠。]

东平宪王苍,建武十五年[39年]封东平公,十七年[41年]进爵为王。

[他拥有一切有利的资产:]苍少好经书,雅有智思,为人美须髯,腰带八围,显宗[明帝]甚爱重之。及即位,拜为骠骑将军,置长史掾史员四十人,位在三公上[四府掾史皆无四十人,今特置以优之]。

永平元年[58年],封苍子二人为且侯。二年[59年],以东郡之寿张、须昌,山阳之南平阳、橐、湖陵五县益东平国。[他为君主政府做了某些非常儒的事情(一):]是时中兴三十余年,四方无虞,苍以天下化平,宜修礼乐,乃与公卿共议定南北郊冠冕车服制度,及光武庙登歌八佾舞数,语在《礼乐》、《舆服志》。帝每巡狩,苍常留镇,侍卫皇太后。

[他为君主政府做了某些非常儒的事情(二):]四年[61年]春,车驾近出,观览城第,寻闻当遂校猎河内,即上书谏曰:"臣闻时令,盛春农事,不聚众兴功。……动不以礼,非所以示四方也。……臣不胜愤懑,伏自手书,乞诣行在所,极陈至诚。"帝览奏,即还宫。

[他谦逊,而且必定那么明智,懂得他的皇兄对权力的斤斤计较心理:]苍在朝数载,多所隆益,而自以至亲辅政,声望日重,意不自安,上疏归职曰:

臣苍疲驽,特为陛下慈恩覆护,在家备教导之仁,升朝蒙爵命之首……愚顽之质,加以固病,诚羞负乘,辱污辅将之位,将被诗人"三百赤绂"之刺[赤绂,大夫之服。《诗·曹风》曰:"彼己之子,三百赤绂。"刺其无德居位者多也]。今方域晏然,要荒无儆,将遵上德无为之时也,文官犹可并省,武职尤不宜建。……自汉兴以来,宗室子弟无得在公卿位者。惟陛下……遵承旧典，终卒厚恩。乞上骠骑将军印绶，退就蕃国，愿蒙哀怜。

[他离开权力的恳求最终产生了某种他想要的结果：]帝优诏不听。其后数陈乞，辞甚恳切。五年，乃许还国，而不听上将军印绶。以骠骑长史为东平太傅，掾为中大夫，令史为王家郎。加赐钱五千万，布十万匹。

[非常亲密的皇兄的钟爱以及赐予接连不断，殆无止境：]六年[63年]冬，帝幸鲁，征苍从还京师。明年，皇太后崩。既葬，苍乃归国，特赐宫人奴婢五百人，布二十五万匹，及珍宝服御器物。

十一年[68年]，苍与诸王朝京师。月余，还国。帝临送归宫，凄然怀思，乃遣使手诏国中傅曰："辞别之后，独坐不乐，因就车归，伏轼而吟，瞻望永怀，实劳我心，诵及《采菽》[《诗·小雅》之章，曰："采菽采菽，筐之筥之，君子来朝，何锡与之?"毛苌注云："菽所以芼（mào，采摘）大牢而待君子也"]，以增叹息。……"

十五年[72年]春，行幸东平，赐苍钱千五百万，布四万匹。帝以所作《光武本纪》示苍，苍因上《光武受命中兴颂》。帝甚善之，以其文典雅，特令校书郎贾逵为之训诂。

[他受皇侄的恩惠，殆无止境：]肃宗[章帝]即位，尊重恩礼逾于前世，诸王莫与为比。……

[他为君主政府做了某些非常儒的事情（三）：]后帝欲为原陵[光武帝陵]、显节陵[明帝陵]起县邑，苍闻之，遽上疏谏曰：

……窃见光武皇帝躬履俭约之行，深睹始终之分，勤勤恳恳，以葬制为言，故营建陵地，具称古典，诏曰"无为山陵，陂池裁（才）令流水而已"。孝明皇帝大孝无违，奉承贯行。至于自所营创，尤为俭省，谦德之美，于斯为盛。……古者丘陇且不欲其著明，岂况筑郭邑，建都郭哉！上违先帝圣心，下造无益之功，虚费国用，动摇百姓，非所以致和气，祈丰年也。……臣苍诚伤二帝纯德之美，不畅于无穷也。惟蒙哀览。

帝从而止。自是朝廷每有疑政，辄驿使咨问。苍悉心以对，皆见纳用。……

[他受皇侄的恩惠，殆无止境：]六年[81年]冬，苍上疏求朝。明年正月，帝许之。特赐装钱千五百万，其余诸王各千万。帝以苍冒涉寒露，遣谒者赐貂裘，及太官食物珍果，使大鸿胪窦固持节郊迎。帝乃亲自循行邸第，豫（预）设帷床，其钱帛器物无不充备。……[他的谦逊和儒家等级意识殆无止境：]苍以受恩过礼，情不自宁，上疏辞曰："臣闻贵有常尊，贱有等威，卑高列序，上下以理。陛下……亲屈至尊，降礼下臣，每赐宴见，辄兴席改容，中宫亲拜，事过典牧，臣惶怖战栗，诚不自安……此非所以章示群下，安臣子也。"帝省奏叹息，愈褒贵焉。旧典，诸王女皆

封乡主,乃独封苍五女为县公主。……

[他甚至死后仍大受皇侄的恩惠:]苍还国,疾病,帝驰遣名医,小黄门侍疾,使者冠盖不绝于道。又置驿马千里,传问起居。明年正月薨,诏告中傅,封上苍自建武以来章奏及所作书、记、赋、颂、七言、别奏、歌诗,并集览焉。遣大鸿胪持节,五官中郎将副监丧,及将作使者凡六人,令四姓小侯诸国王主悉会诣东平奔丧,赐钱前后一亿,布九万匹。……

立四十五年,子怀王忠嗣。……


刘荆:

[这个家伙与他的亦是阴皇后生的两个哥哥何其不同!他"刻急隐害",或曰阴险恶毒,好经阴谋去迫害他人。不仅如此,他保有叛乱的狂野意图。只是他的皇兄明帝的无限宽宥才救了他的性命。]

广陵思王荆,建武十五年[39 年]封山阳公,十七年[41 年]进爵为王。

荆性刻急隐害[谓阴害于人],有才能而喜文法。光武崩[57 年],大行在前殿,荆哭不哀,而作飞书,封以方底[方底囊,盛书],令苍头诈称东海王彊(强)舅大鸿胪郭况书与彊曰:

[他的语言是高度煽惑性的,他的意图残忍谋命,而他的胆量放肆无羁:]君王无罪,猥被斥废,而兄弟至有束缚入牢狱者。太后[郭后]失职,别守北宫,及至年老,远斥居边,海内深痛,观者鼻酸。及太后尸枢在堂,洛阳吏以次捕斩宾客,至有一家三尸伏堂者,痛甚矣!今天下有丧,已弩张设甚备。间梁松[光武婿,娶舞阴长公主]敕虎贲史曰:"吏以便宜见非,勿有所拘[以便宜之事而有非者,当即行之,勿拘常制],封侯难再得也。"郎官窃悲之,为王寒心累息。今天下争欲思刻贼[害也]王以求功,宁有量邪![他盗名(郭况之名)煽动叛乱和造反,为的是害死被煽动者:]若归并二国之众,可聚百万,君王为之主,鼓行无前,功易于太山破鸡子,轻于四马载鸿毛,此汤、武兵也。[汉儒天人感应信条被用作他的阴谋的便利工具:]今年轩辕星有白气,星家及喜事者[好事者],皆云白气者丧,轩辕女主之位。又太白前出西方,至午兵当起。又太子星色黑,至辰日辄变赤。夫黑为病,赤为兵,王努力卒事。[最"现代"的经典造反故事是另一便利工具:]高祖起亭长,陛下兴白水,何况于王陛下长子,故副主[前皇储]哉!上以求天下事必举,下以雪除沉没之耻,报死母之仇。……人主崩亡,间阎之伍尚为盗贼,欲有所望,何况王邪!……愿君王为高祖、陛下所志,无为扶苏、将间[秦始皇庶子。始皇死于沙丘,少子胡亥诈立,赐扶苏死。将间昆弟三人囚于内宫。胡亥使谓将间曰:"公子不臣,罪当死。"将间乃仰天而大呼天者三,曰:"天乎!吾无罪。"昆弟三人皆流涕,自杀。事见《史记》]叫呼天地。

彊得书惶怖，即执其使，封书上之。[煽动家怎能如此昏头和轻薄，忘记了被煽动者的"深执谦俭"这基本秉性?!]

显宗[明帝]以荆母弟，秘其事[几乎无限的君主宽宥]，遣荆出止河南宫。[第二轮阴谋，这次持有真正的叛乱意图：]时西羌反，荆不得志，冀天下因羌惊动有变，私迎能为星者与谋议。帝闻之，乃徙封荆广陵王，遣之（至）国。[再度几乎无限的君主宽宥!]其后荆复呼相工谓曰[他狂野地野心勃勃和傲慢无边：]："我貌类先帝。先帝三十得天下，我今亦三十，可起兵未?"相者诣吏告之[没有人胆敢与这个狂徒有秘密勾搭!]，荆惶恐，自系（羁）狱。[无限的君主宽宥，一次又一次！甚至最犹豫不决和笃信宗教的伊丽莎白一世，为了国家和民族的利益，也最终下决心处决她的表妹、苏格兰女王玛丽·斯图亚特。]帝复加恩，不考极其事，下诏不得臣属吏人，惟食租如故，使相、中尉谨宿卫之。[他不能改变本性，因而最后自己施予暴死：]荆犹不改。其后使巫祭祀祝诅，有司举奏，请诛之，荆自杀。立二十九年死。帝怜伤之，赐谥曰思王。……

## "此真儒生也"：光武帝与经典儒学儒士

### 卷 79 上《儒林列传上》摘录

[关于东汉帝国自始至终约两个世纪的儒家学问的本质和演化，可以说些什么？与先前各时代相比，儒家思想成了华夏学问、教育和政治/伦理哲学的压倒性主流，而道家、法家等丧失了它们在学士和其他人那里的实质性影响，同时佛教仅适才差不多隐然地、以朦胧零碎的方式在中国舞台上浮现。不仅如此，帝国宫廷大规模推进集中的儒家"高等教育"，因而公元 126 年被决定性地扩大了的"太学"（其学生后来增至 30000 余人之多）成了一个显著昭彰的帝国机构。不同儒家学派的多样化发展到滥觞地步，从而有公元 79 年白虎观会议那样的皇帝"称制临决"的典籍规编，以在一定范围内"规制"儒家学问，并且使之作为流行的天人感应式的儒家自然神论神秘主义（Confucian deistic mysticism）而变本加厉。虽然存在严格意义上的、集中于今文经学对古文经学的学术辩论（一种分裂性和停滞性的辩论，由前者支配西汉时代的儒学，而后者强劲浮现于东汉时代），但总的形势倾向于我们的史家说的"章句渐疏，而多以浮华相尚，儒者之风盖衰矣"。]

[若从政治角度看问题就须强调，(1)自光武帝往后的帝国官方需要和推动使东汉儒家思想主要采取了一种更为自然神论神秘主义的形态，携同其双重效应，即有利于和不利于帝国政权的效应；(2)始料未及，在帝国垂死时代，太学成了帝国

士人不同政见运动的中心,导致了几轮"党锢之祸",目的在于粉碎这运动,从而加剧了帝国垂死;(3)流行的儒家文化在政治现实中愈益有一几乎内嵌的对极,那就是愈益狂野的腐败、无法无天、沉溺放纵和巧取豪夺,导致非常暴烈的政治和悲惨的社会形势。并非偶然,东汉帝国在此环境中的崩溃与儒家思想的持久的(相对)黯然两相并行,直到四个世纪后华夏野蛮化逐渐结束和中国历史上一个新的伟大王朝勃然兴起为止(尽管那时它已经永远失去了它在三个多世纪里拥有的对华夏智识生活的近乎垄断)。]

[导言:东汉儒学和儒制的一个简要的史纲,由我们的史家那么好地写就,有如他的史书里其他某些"宏大"篇章的导言那样:]

[形势与帝国创建和繁荣时代里中央政权的努力:一种急剧扩展的复原:]
昔王莽、更始之际,天下散乱,礼乐分崩,典文残落。[在传统中国历史上,自公元前 11 世纪往后,"礼乐分崩"一向伴随"天下散乱"!然后,经过一个由大篡夺者开启的非常可怖的时代,出现了一番伟大的复兴,包括其儒家智识方面:]及光武中兴,爱好经术,未及下车,而先访儒雅,采求阙文,补缀漏逸。[光武帝确实非常儒,主要在积极意义上。]先是,四方学士多怀协图书,遁逃林薮。自是莫不抱负坟策[典籍],云会京师,范升、陈元、郑兴、杜林、卫宏、刘昆、桓荣之徒,继踵而集。[他采取的头号儒学复兴措施,即帝国官方确定十四个"权威的"儒学学派:]于是立《五经》博士,各以家法教授,《易》有施、孟、梁丘、京氏,《尚书》欧阳、大小夏侯,《诗》齐、鲁、韩,《礼》大小戴,《春秋》严、颜,凡十四博士,太常差次[依次]总领焉。

[他采取的二号儒学复兴措施:恢复帝国集中的儒家"中央高等教育":]建武五年[29 年],乃修起太学,稽式古典[考求古代模式],笾豆干戚之容[祭祀用竹笾、木豆和舞蹈所执之盾钺],备之于列,服方领习矩步者,委它[徐徐行走]乎其中。[儒家有其被认为必不可少的仪式操作和礼仪练习。它在行为举止和心理状态方面的规范效应。][他采取的三号儒学复兴措施:建造宫廷儒家功能性建筑]中元元年[56 年]初建三雍[辟雍、明堂、灵台。明堂是颁布政令、接受朝觐和祭祀天地诸神及祖先的场所;辟雍即明堂外面环绕的圆形水沟,环水为雍(意为圆满无缺),圆形像辟(即璧,象征王道教化圆满不绝);灵台即宫廷天文观测台,部分出于天人感应论要求]。……

## 卷 37《桓荣丁鸿列传》[桓荣]

[本篇由两位东汉初期的经典儒学大师的传记构成,前者主要以谦逊和温和节制给人留有深刻印象,后者则以正直的政治正统同样如此。这些结合起来,似乎

代表经典儒家的最佳成分。]

桓荣：

[经典儒学大师，既在学问也在行为意义上的"经典"。他谦逊、温和、和善地正直，大受光武帝赏识，被委派为皇储师傅，即未来伟大明帝的老师，且始终享其学生的高度尊敬。]

[一名卑微的穷人，在学习和后来教授儒家经典方面极端刻苦勤奋，且有其在此隐含的高尚的品行：]

桓荣字春卿，沛郡龙亢[今安徽怀远县龙亢镇]人也。少学长安，习《欧阳尚书》[西汉欧阳生所传今文《尚书》]，事博士九江硃（朱）普。贫窭无资，常客佣以自给，精力不倦，十五年不窥家园。至王莽篡位乃归。会硃（朱）普卒，荣奔丧九江，负土成坟，因留教授，徒众数百人。莽败，天下乱。荣抱其经书与弟子逃匿山谷，虽常饥困而讲论不辍，后复客授江淮间。

[在60多岁上受到光武帝的高度赏识，被委派担任皇储师傅；他以诚挚的谦逊、经典的温和和高尚的儒雅予以回应和表现：]

建武十九年[43年]，年六十余，始辟大司徒府。时，显宗[明帝]始立为皇太子，选求明经，乃擢荣弟子豫章何汤为虎贲中郎将，以《尚书》授太子。世祖从容问汤本师为谁，汤对曰："事沛国桓荣。"帝即召荣，令说《尚书》，甚善之。拜为议郎，赐钱十万，入使授太子。每朝会，辄令荣于公卿前敷奏经书。帝称善。曰："得生几晚！"会欧阳博士缺，帝欲用荣。[他的诚挚的谦逊：]荣叩头让曰："臣经术浅薄，不如同门生郎中彭闳，扬州从事皋弘。"帝曰："俞[然也]，往，女（汝）谐[言汝能和谐此官]。"因拜荣为博士，引闳、弘为议郎。

车驾幸太学，会诸博士论难于前，[他的经典的温和和儒雅；"此真儒生也"，真正打动光武帝：]荣被服儒衣，温恭有蕴藉[含蓄而不显露]，辩明经义，每以礼让相猒[yàn，使信服]，不以辞长胜人，儒者莫之及，特加赏赐。又诏诸生雅吹击磬，尽日乃罢。后荣入会庭中，诏赐奇果，受者皆怀之，荣独举手捧之以拜。帝笑指之曰："此真儒生也。"以是愈见敬厚，常令止宿太子宫。积五年，荣荐门下生九江胡宪侍讲，乃听得出，且一入而已。荣尝寝病，太子朝夕遣中傅问病，赐以珍羞、帏、帐、奴婢，谓曰："如有不讳，无忧家室也。"后病愈，复入侍进。

[以下一段更多地显示了一位伟大君主的（而非他的）有远见的温和节制，连同他的经典的和善举止，正直的谦逊以及对这位君主来说业已当然的儒雅；另一位儒士张佚给我们留下了甚至更深的印象，以其在道德和"国家理由"（raison d'etat）双重意

义上的正直：]二十八年[52年]，大会百官，诏问谁可傅太子者，群臣承望上意，皆言太子舅执金吾原鹿侯阴识可。博士张佚正色曰："今陛下立太子，为阴氏乎？为天下乎？即为阴氏，则阴侯可；为天下，则固宜用天下之贤才。"帝称善，曰："欲置傅者，以辅太子也。今博士[指张佚]不难正朕，况太子乎？"[**伟大！这位伟大君主。**]即拜佚为太子太傅，而以荣为少傅，赐以辎车、乘马。荣大会诸生，陈其车马、印绶，曰："今日所蒙，稽古之力也，可不勉哉！"荣以太子经学成毕，上疏谢曰[**他，一位经典儒者，从不缺诚挚的谦逊**]："臣幸得侍帷幄，执经连年，而智学浅短，无以补益万分。今皇太子以聪睿之姿，通明经义，观览古今，储君副主莫能专精博学若此者也。斯诚国家福祐，天下幸甚。臣师道已尽，皆在太子，谨使掾臣汜再拜归道。"太子报书曰[**一位未来的伟大君主，眼下的诚挚学生，很懂得、很尊敬他的老师**]："庄以童蒙，学道九载，而典训不明，无所晓识。夫《五经》广大，圣言幽远，非天下之至精，岂能与于此！况以不才，敢承诲命。昔之先师谢弟子者有矣[《汉书·儒林传》载，丁宽受学于田何，学成，何谢宽，宽东归，何谓门人曰："易东矣。"是先师谢弟子]，上则通达经旨，分明章句，下则去家慕乡，求谢师门。今蒙下列，不敢有辞，愿君慎疾加餐，重爱玉体。"[**那么多好人！伟大领导之下的政治文化决定好人多多。**]

[**一位不同世俗的学者在其80多岁上始终受到"世俗"的君主们尊敬；一种儒家传统的华夏文化行为，而由于他的伟大学生，他享有的尊敬甚于中国史上差不多所有其他教师：**]

三十年[54年]，拜为太常。荣初遭仓卒，与族人桓元卿同饥厄，而荣讲诵不息。元卿嗤荣曰："但自苦气力，何时复施用乎？"荣笑不应。及为太常，元卿叹曰："我农家子，岂意学之为利乃若是哉！"

显宗即位，尊以师礼，甚见亲重，拜二子为郎。荣年逾八十，自以衰老，数上书乞身，辄加赏赐。乘舆尝幸太常府，令荣坐东面，设几杖，会百官骠骑将军东平王苍以下及荣门生数百人，天子亲自执业，每言辄曰"大师在是"。既罢，悉以太官供具赐太常家。其恩礼若此。

永平二年[59年]，三雍[谓明堂、灵台、辟雍]初成，拜荣为五更[官名，以年老致仕的官员充任]。每大射养老礼毕，帝辄引荣及弟子升堂，执经自为下说。乃封荣为关内侯，食邑五千户。

荣每疾病，帝辄遣使者存问，太官、太医相望于道。及笃，上疏谢恩，让还爵土。帝幸其家问起居，入街下车，拥经而前，抚荣垂涕，赐以床茵、帷帐、刀剑、衣被，良久乃去。自是诸侯将军大夫问疾者，不敢复乘车到门，皆拜床下。荣卒，帝亲自变服，临丧送葬，赐冢茔于首山之阳。除兄子二人补四百石，都讲生八人补二百石，其余门徒多至公卿。……

### 卷 40《班彪列传》[班彪]

班彪：

[一位颇有才能的儒家墨客和史家，另一位史家（最伟大的史家之一）的父亲。他生活在全国大乱之中，出于必需追随一名分离主义地区性军阀，但在言行两方面仍忠于汉帝国统一这政治正统。他献出自己的大部分时间和精力去准备一部西汉史编纂，其倾向刻意地比司马迁正统，后者被他认为伟大但遗憾地有悖"《五经》之法言"和"圣人之是非"。他儿子的《汉书》的道路由此多有奠定。]

[在全国大乱中，忠于汉帝国统一这政治正统：]

班彪字叔皮，扶风安陵[今陕西咸阳]人也。祖况，成帝时为越骑校尉。父稚，哀帝时为广平太守。

[一位对历史甚有兴趣的儒士；早年在全国大乱中度过，出于必需追随分离主义的地区性军阀隗嚣：]彪性沈重好古。年二十余，更始败，三辅大乱。时隗嚣拥众天水，彪乃避难从之。嚣问彪曰："往者周亡，战国并争，天下分裂，数世然后定。意者从（纵）横之事复起于今乎？将承运迭兴，在于一人也？愿生试论之。"对曰[然而，他仍然忠于汉帝国统一]："周之废兴，与汉殊异。昔周爵五等，诸侯从政，本根既微，枝叶强大，故其末流有从（纵）横之事，势数然也。汉承秦制，改立郡县，主有专已之威，臣无百年之柄。[一项宏大的正确区分，不到百字而涵盖千年。]至于成帝，假借外家，哀、平短祚，国嗣三绝，故王氏擅朝，因窃号位。[一项类似的对西汉覆灭的解释。]危自上起，伤不及下，是以即真[谓由摄政而正式即皇帝位]之后，天下莫不引领而叹。十余年间，中外搔扰，远近俱发，假号云合，咸称刘氏，不谋同辞。方今雄桀带州域者，皆无七国世业之资，而百姓讴吟，思仰汉德，已可知矣。"嚣曰："生言周、汉之势可也；至于但见愚人习识刘氏姓号之故，而谓汉家复兴，疏矣。昔秦失其鹿，刘季逐而羁之[《太公六韬》曰："取天下如逐鹿，鹿得，天下共分其肉也。"]，时人复知汉乎？"

彪既疾嚣言，又伤时方限，乃著《王命论》，以为汉德承尧，有灵命之符，王者兴祚，非诈力所致，欲以感之，而嚣终不寤，遂避地河西。[他与隗嚣决裂，转而效力于光武帝的帝国统一事业：]河西大将军窦融以为从事，深敬待之，接以师友之道。彪乃为融画策事汉，总西河[同河西，黄河以西地区]以拒隗嚣。

及融征还京师，光武问曰："所上章奏，谁与参之？"融对曰："皆从事班彪所为。"帝雅闻彪才，因召入见，举司隶茂才[司隶举为茂才]，拜徐令，以病免。后数应三公之命,辄去。

[他志愿写一部武帝往后的西汉史,依凭他对历史编纂的杰出理解和评价,那既与司马迁类似,又与之相异:]

彪既才高而好述作,遂专心史籍之间。武帝时,司马迁著《史记》,自太初[武帝年号,前104—前101年]以后,阙而不录,后好事者颇或缀集时事,然多鄙俗,不足以踵继其书。彪乃继采前史遗事,傍贯异闻,作后传数十篇,因斟酌前史而讥正得失。其略论曰:

[他论最初和早期的华夏历史编纂:]唐、虞三代,《诗》、《书》所及,世有史官,以司典籍,暨于诸侯,国自有史,故《孟子》曰:"楚之《梼杌》,晋之《乘》,鲁之《春秋》,其事一也。"定、哀之间,鲁君子左丘明论集其文,作《左氏传》三十篇,又撰异同,号曰《国语》,二十一篇,由是《乘》、《梼杌》之事遂闇[不行于时为闇。其书佚亡],而《左氏》、《国语》独章。又有记录黄帝以来至春秋时帝王公侯卿大夫,号曰《世本》,一十五篇。春秋之后,七国并争,秦并诸侯,则有《战国策》三十三篇。[汉帝国到他那时的历史编纂,连同他对《史记》成就和弊病的评价:]汉兴定天下,太中大夫陆贾记录时功,作《楚汉春秋》九篇。孝武之世,太史令司马迁采《左氏》、《国语》,删《世本》、《战国策》,据楚、汉列国时事,上自黄帝,下讫获麟,作本纪、世家、列传、书、表百三十篇,而十篇缺焉。迁之所记,从汉元至武以绝,则其功也。至于采经摭传,分散百家之事,其多疏略,不如其本,务欲以多闻广载为功,论议浅而不笃。[作为一位"正常的"甚或有些平庸的史家,他对伟大的司马迁太苛刻! 而且太正统:]其论术学,则崇黄老而薄《五经》;序货殖,则轻仁义而羞贫穷;道游侠,则贱守节而贵俗功:此其大敝伤道,所以遇极刑之咎也[!]。然善述序事理,辩而不华,质而不野,文质相称,盖良史之才也。[他不能不对司马迁表示尊敬,尽管仍是有限的。]诚令迁依《五经》之法言,同圣人之是非,意亦庶几矣。

夫百家之书,犹可法也。若《左氏》、《国语》、《世本》、《战国策》、《楚汉春秋》、《太史公书》,今之所以知古,后之所由观前,圣人之耳目也。司马迁序帝王则曰本纪,公侯传国则曰世家,卿士特起则曰列传。又进项羽、陈涉而黜淮南、衡山[淮南、衡山,汉室之王胤,当世家而编之列传],细意委曲,条例不经。[流俗的无法理解非凡的!]若迁之著作,采获古今,贯穿经传,至广博也。一人之精,文重思烦,故其书刊[削也]落不尽,尚有盈辞,多不齐一。[谓削落繁芜,仍有不尽。][他还有待于懂得什么是真正宏大潇洒的史纂。]若序司马相如,举郡县,著其字,至萧、曹、陈平之属,及董仲舒并时之人,不记其字,或县而不郡者,盖不暇也。[他甚至吹毛求疵。]今此后篇,慎核其事,整齐其文,不为世家,惟纪、传而已。传曰:"杀史见极,平易正直,

《春秋》之义也。"

[他作为一名小官的履历，没有什么令人印象深刻：]

彪复辟司徒玉况府。时，东宫初建，诸王国并开［建武十九年建明帝为太子，十七年封诸王］，而官属未备，师保多阙。彪上言曰：

孔子称："性相近，习相远也。"贾谊以为："习为善人居，不能无为善，犹生长于齐，不能无齐言也。习与恶人居，不能无为恶，犹生长于楚，不能无楚言也。"是以圣人审所与居，而戒慎所习。……

汉兴，太宗［文帝］使晁错导太子以法术，贾谊教梁王以《诗》、《书》。及至中宗［宣帝］，亦令刘向、王褒、萧望之、周堪之徒，以文章儒学保训东宫以下，莫不崇简其人，就成德器。今皇太子诸王，虽结发学问，修习礼乐，而傅相未值贤才，官属多阙旧典。宜博选名儒有威重明通政事者，以为太子太傅，东宫及诸王国，备置官属。……

书奏，帝纳之。

后察［举也］司徒廉［司徒荐为廉］为望都［县名，位于今河北保定］长，吏民爱之。建武三十年［54 年］，年五十二，卒官。所著赋、论、书、记、奏事合九篇。

二子：固、超。超别有传。

[他打动我们史家的是他"守道恬淡"，一种经典的儒家行为方式（比孔子本人还要儒！）：]

论曰：班彪以通儒上才，倾侧危乱之间，行不逾方，言不失正，仕不急进，贞不违人，敷文华以纬国典，守贱薄而无闷容。彼将以世运未弘，非所谓贱焉耻乎？何其守道恬淡之笃［固也］也。［孔子曰："邦有道，贫且贱焉耻也。"言彪当中兴之初，时运未泰，故不以贫贱为耻，何守道清静之固也！］

### 卷 36《郑范陈贾张列传》［范升、陈元］

[本篇主要是七位儒家学者的传记。他们在儒家学问方面全都杰出，而且——除一位例外——道德端正。]

[他们中间，令人印象最深的是郑众和范升。郑众的特征是儒家信条规制的道德勇敢，代表经典政治儒学中的某个最好成分，范升则规劝光武帝贬抑神秘的自然神论，并且限制儒家学派过度多样以致"异端竞进"，"乖戾分争"，损害意识形态统一和政治实用精神。]

[上述例外是贾逵，一位非常博学的儒家学者。他没有真正的正直，一次又一次地将他自己的经典儒家学问从属于流行的儒家自然神论神秘主义，因而得幸于

明帝开始先后三位君主,他们像光武帝一样乐意于给王朝神秘追加合法性。我们的史家可能在本篇将他用作一个对极,对照和烘托此记录的其余人。一种蕴含的文学笔法。]

…………

范升:

[一位杰出的经典儒家学者,敏锐的政治形势观察家,在统一战争期间,在学问上和政治上,颇好地为光武帝效力。他规劝后者贬抑神秘的自然神论,并且限制儒家学派过度多样以致损害意识形态统一和政治实用精神。]

[一位儒家学者作出关于大篡夺者政权临近完蛋时全国形势的犀利观察,继之以皈依革命:]

范升字辩卿,代郡人也。少孤,依外家居。九岁通《论语》、《孝经》,及长,习《梁丘易》、《老子》,教授后生。

王莽大司空王邑辟升为议曹史。时莽频发兵役,征赋繁兴,升乃奏记邑曰[**对严重的全国形势的观察,响亮地告诫大篡夺者政权:**]:"……今动与时戾,事与道反,驰骛覆车之辙,探汤败事之后,[贾谊曰:"前车覆,后车诫。"《论语》曰:"见不善如探汤(见到不好的人或事,就像把手伸进开水里一样难受)。"]后出益可怪,晚发愈可惧耳。方春岁首,而动发远役,藜藿不充,田荒不耕,谷价腾跃,斛至数千,吏人陷于汤火之中,非国家之人也。如此,则胡、貊守关,青、徐之寇在于帷帐矣。……"邑虽然其言,而竟不用。升称病乞身,邑不听,令乘传使上党。[**他在彻底的幻灭之中,决定皈依革命:**]升遂与汉兵会,因留不还。

[他在统一战争期间向光武帝论辩反对自然神论迷信和儒家学派的过度多样,然而徒劳:]

建武二年[26年],光武征诣怀宫,拜议郎,迁博士,上疏让[谦让]曰:"臣与博士梁恭、山阳太守吕羌俱修《梁丘易》。二臣年并耆艾,经学深明,而臣不以时退,与恭并立,深知羌学,又不能达,惭负二老,无颜于世。……愿推博士以避恭、羌。"帝不许,然由是重之,数诏引见,每有大议,辄见访问。

时,尚书令韩歆上疏,欲为《费氏易》[东莱人费直,西汉古文易学"费氏学"开创者,长于卦筮]、《左氏春秋》立博士,诏下其议。① 四年[28年]正月,朝公卿、大夫、博士,见

---

① 西汉往后,一些儒生以天人感应论诠释《易经》,将它当作占卜未来吉凶安危和政治变动的卦书来看待,《左氏春秋》亦被有些人当作占验政治变动的专学。光武帝出于政治需要和信仰,意欲抬高这些神秘主义经学,为之设立博士员位。据"范升",http://baike.haosou.com/doc/7667278-7941373.html.

于云台。帝曰："范博士可前平（评）说。"升起对曰："《左氏》不祖孔子，而出于丘明，师徒相传，又无其人，且非先帝所存，无因得立。"遂与韩歆及太中大夫许淑等互相辩难，日中乃罢。升退而奏曰：

……[**他的锐利的观点，既是经典的又是政治的，反对"异端竞进"，"乖戾分争"，以利意识形态统一和政治实用精神**：]陛下愍学微缺，劳心经艺，情存博闻，故异端竞进。近有司请置《京氏易》博士，群下执事，莫能据正。《京氏》既立，《费氏》怨望，《左氏春秋》复以比类，亦希置立。《京》、《费》已行，次复《高氏》[沛人高相善易，与费直同时]，《春秋》之家，又有《驺》、《夹》[驺氏无师，夹氏未有其书]。如今《左氏》、《费氏》得置博士，《高氏》、《驺》、《夹》，五经奇异，并复求立，各有所执，乖戾分争。从之则失道，不从则失人，将恐陛下必有猒（厌）倦之听。孔子曰："博学约之，弗叛矣夫。"[见《论语》，弗叛言不违道。]夫学而不约，必叛道也。……《老子》曰："学道日损。"损犹约也。又曰："绝学无忧。"绝末学也。[**反对"经院主义"、"烦琐哲学"和雕虫小技的伟大格言！**]今《费》、《左》二学，无有本师，而多反异，先帝[即宣帝]前世，有疑于此，故《京氏》虽立，辄复见废。疑道不可由，疑事不可行。……[**他只提倡经典儒学，呼吁"返本"，"一本"：**]今陛下草创天下，纪纲未定，虽设学官，无有弟子，《诗》、《书》不讲，礼乐不修，奏立《左》、《费》，非政急务，孔子曰："攻乎异端，斯害也已。"传曰："闻疑传疑，闻信传信，而尧、舜之道存。"愿陛下疑先帝之所疑，信先帝之所信，以示反（返）本，明不专已。天下之事所以异者，以不一本也。《易》曰："天下之动，贞夫一也。"又曰："正其本，万事理。"《五经》之本自孔子始，谨奏《左氏》之失凡十四事。

时难者以太史公多引《左氏》，升又上太史公违戾《五经》，谬孔子言，及《左氏春秋》不可录三十一事。诏以下博士。[后载："范升复与（陈）元相辩难，凡十余上。帝卒立《左氏》学，太常选博士四人，元为第一。"][**他输掉了辩论。然而真的吗？[①]**]

后升为出妻[被休弃的妻子]所告，坐系（羁），得出，还乡里。永平[明帝年号，58—75 年]中，为聊城令，坐事免，卒于家。

**陈元：**

[儒学大师，以其学问、勤勉和正直效劳于光武帝。在经典研究方面，他是范升的一大对手，基于他对真正的历史编纂的钟爱而捍卫《左传》的伟大价值。]

---

① 后载："帝以（陈）元新忿争，乃用其次司隶从事李封，于是诸儒以《左氏》之立，论议讙哗，自公卿以下，数廷争之。会封病卒，《左氏》复废。"

[作为《左传》大专家，它代表的是真正历史编纂的赞颂者，他坚决地从事与范升的辩论：]

陈元字长孙，苍梧广信[今广东封开县境]人也。父钦，习《左氏春秋》，事黎阳贾护，与刘歆同时而别自名家。……元少传父业，为之训诂，锐精覃思，至不与乡里通。以父任为郎。

建武初，元与桓谭、杜林、郑兴俱为学者所宗。时议欲立《左氏传》博士，范升奏以为《左氏》浅末，不宜立。元闻之，乃诣阙上疏曰：

陛下拨乱反正，文武并用，深愍经艺谬杂，真伪错乱，每临朝日，辄延群臣讲论圣道。知丘明至贤，亲受孔子，而《公羊》、《穀梁》传闻于后世，故诏立《左氏》，博询可否，示不专已，尽之群下也。……[据蕴意，《左传》是历史编纂的一部独立的杰作：]《左氏》孤学少与[犹党羽]，遂为异家之所复冒。夫至音不合众听，故伯牙绝弦；至宝不同众好，故卞和泣血。仲尼圣德，而不容于世，况于竹帛余文，其为雷同者所排，固其宜也。非陛下至明，孰能察之！

[他强有力地捍卫《左传》以及伟大天才司马迁，驳斥范升的论辩：]臣元窃见博士范升等所议奏《左氏春秋》不可立，及太史公违戾凡四十五事。案升等所言，前后相违，皆断截小文，媟黩[亵狎，轻慢]微辞，以年数小差，掇为巨谬，遗脱纤微，指为大尤。抉瑕摘衅[形容寻求小疵，故意挑剔]，掩其弘美，所谓"小辩破言，小言破道"者也[《大戴礼记·小辩篇》载孔子曰："小辩破言，小言破义，小义破道。"]。[他的"**历史主义**"和"**积极有为主义**"：]升等又曰："先帝不以《左氏》为经，故不置博士，后主所宜因袭。"臣愚以为若先帝所行而后主必行者，则盘庚不当迁于殷，周公不当营洛邑，陛下不当都山东也。往者，孝武皇帝好《公羊》，卫太子好《穀梁》，有诏诏太子受《公羊》，不得受《穀梁》，孝宣皇帝在人间时，闻卫太子好《穀梁》，于是独学之。及即位，为石渠论[宣帝甘露三年（52 年），诏诸儒韦玄成、梁丘贺等讲论五经于未央宫藏书处石渠阁]而《穀梁氏》兴，至今与《公羊》并存。此先帝后帝各有所立，不必其相因也。……方今……分明白黑，建立《左氏》，解释先圣之积结，洮汰学者之累惑，使基业垂于万世，后进无复狐疑，则天下幸甚。

臣元愚鄙，尝传师言。如得以褐衣召见，俯伏庭下，诵孔氏之正道，理丘明之宿冤；若辞不合经，事不稽古，退就重诛，虽死之日，生之年也。

书奏，下其议，范升复与元相辩难，凡十余上。[他最后赢得了辩论或光武帝的垂青，那不久被证明仅是个虚幻的胜利：]帝卒立《左氏》学，太常选博士四人，元为第一。帝以元新忿争，乃用其次司隶从事李封，于是诸儒以《左氏》之立，论议讙哗，自公卿以下，数廷争之。会封病卒，《左氏》复废。

[在一个纯政治问题上，他基于经验性常识和历史经验，反对一项被建议的措施，那可以损伤君主与其最高级廷臣间的互信：]

元以才高著名，辟司空李通府。时，大司农江冯上言，宜令司隶校尉督察三公。事下三府。元上疏曰：

臣闻师臣者帝，宾臣者霸。故武王以太公为师，齐桓以夷吾为仲父。孔子曰："百官总己听于冢宰。"[见《论语》。]近则高帝优相国之礼[萧何为相国，高帝赐履上殿，入朝不趋]，太宗假[给予]宰辅之权[申屠嘉为丞相，召太中大夫佞幸邓通，欲诛之。文帝使持节召通，令人谢嘉，故曰："假权"。见《史记·张丞相列传》]。及亡新王莽，遭汉中衰，专操国柄，以偷天下，况已自喻，不信群臣。夺公辅之任，损宰相之威，以刺举为明，微讦[揭人阴私]为直。至乃陪仆告其君长，子弟变其父兄[王莽时吏告其将，奴婢告其主]，罔密法峻，大臣无所措手足。然不能禁董忠之谋[董忠为王莽大司马，共刘歆等谋诛莽，事发觉，死]，身为世戮。故人君患在自骄，不患骄臣；失在自任，不在任人。……方今四方尚扰，天下未一，百姓观听，咸张耳目。陛下宜修文武之圣典，袭祖宗之遗德，劳心下士，屈节待贤，诚不宜使有司察公辅之名。

帝从之，宣下其议。……

**卷41《第五钟离宋寒列传》[第五伦]**

[四人列传，他们都是东汉初期的儒士型官僚，共同秉性为人情味的温和、真诚的和善、对民众的关心和正直的勇气。他们相信人道的和讲求实际的儒家式治理（"经典的"治理？），在总的来说伟大的先后几位君主之下颇好地实行或提倡之。他们中间，第一位尤其杰出。]

[杰出的地方行政长官，在其各个职位上成就善治，继而担任最高级廷臣。他全心奉公，诚实正直，公允朴实。地方普通民众的朋友和中央权力精英的麻烦。]

[他的早年生涯，"介然有义行"，"得（民）人欢心"，同时毫不谄媚权势者；一名非常和善和公允的小官吏：]

第五伦字伯鱼，京兆长陵人也。其先齐诸田，诸田徙园陵者多，故以次第为氏。

伦少介然有义行。王莽末，盗贼起，宗族闾里争往附之。伦乃依险固筑营壁，有贼，辄奋厉（励）其众，引强[强弓]持满[不发也]以拒之，铜马、赤眉之属前后数十辈，皆不能下。伦始以营长诣郡尹鲜于褒，褒见而异之，署为吏。后褒坐事左转高唐令，临去，握伦臂诀曰："恨相知晚。"

伦后为乡啬夫[乡官，职掌听讼、收赋税]，平徭赋，理怨结，得人欢心。自以为久宦不达，遂将家属客河东，变名姓，自称王伯齐，载盐往来太原、上党，过辄为粪除

[打扫清除]而去,陌上号为道士,亲友故人莫知其处。

数年,鲜于褒荐之于京兆尹阎兴,兴即召伦为主簿。时长安铸钱多奸巧,乃署伦为督铸钱掾,领长安市。伦平铨衡,正斗斛,市无阿枉,百姓悦服。每读诏书,常叹息曰:"此圣主也,一见决矣。"等辈笑之曰:"尔说将尚不下[他毫不谄媚权势者:华峤书曰:"盖延代鲜于褒为冯翊,多非法。伦数切谏,延恨之,故滞不得举。"将谓州将(即盖延;《后汉书·吴盖陈臧列传》载,建武十一年[35年],盖延与中郎将来歙攻河池,未克,以病引还,拜为左冯翊,将军如故)],安能动万乘乎?"伦曰:"未遇知己,道不同故耳。"

**[他最终从一个很低的职位"动万乘",以他的政治/行政意见和(可以肯定)特殊风格大为打动光武帝;他在郡级地方行政长官任上表现优秀:]**

建武二十七年[51年],举孝廉,补淮阳国医工长,随王之(至)国。光武召见,甚异之。二十九年[53年],从王朝京师,随官属得会见,帝问以政事,伦因此酬对政道,帝大悦。明日,复特召入,与语至夕。帝戏谓伦曰:"闻卿为吏篣妇公[打岳丈],不过从兄饭[不让兄长和你一起吃饭],宁有之邪?"伦对曰:"臣三娶妻皆无父。少遭饥乱,实不敢妄过人食[随便请人吃饭]。"帝大笑。伦出,有诏以为扶夷[今湖南西南部新宁县]长,未到官,追拜会稽太守。**[他在郡级地方行政长官任上表现优秀,特征为朴实、节俭、关爱民众和禁绝"淫祀":]**虽为二千石,躬自斩刍[铡碎草料]养马,妻执炊爨[cuàn,烧火做饭]。受俸裁留一月粮,余皆贱贸与民之贫羸者。会稽俗多淫祀,好卜筮。民常以牛祭神,百姓财产以之困匮,其自食牛肉而不以荐祠者,发病且死(时)先为牛鸣[作牛鸣],前后郡将莫敢禁。伦到官,移书属县,晓告百姓。其巫祝有依托鬼神诈怖愚民,皆案论之。有妄屠牛者,吏辄行罚。民初颇恐惧,或祝诅妄言,伦案之愈急,后遂断绝,百姓以安。

**[他受地方民众大爱戴,且在个人遭难后保持平静的尊严:]**永平五年[62年],坐法征,老小攀车叩马,啼呼相随,日裁(才)行数里,不得前,伦乃伪止亭舍,阴乘船去。众知,复追之。及诣廷尉,吏民上书守阙者千余人。是时,显宗[明帝]方案梁松[梁统长子,娶光武帝女舞阴公主,得光武帝宠信,明帝继位后因被告发怀私荐官而被免职,后又牵涉写匿名书诽谤,下狱论死]事,亦多松讼者。帝患之,诏公车诸为梁氏及会稽太守上书者勿复受。会帝幸廷尉录[审录]囚徒,得免归田里。身自耕种,不交通人物。

**[他的第二轮作为地方行政长官的经历,有同样优良的表现:]**

数岁,拜为宕渠[县名,治所在今四川渠县东北]令,显拔乡佐玄贺,贺后为九江、沛二郡守，以清洁称，所在化行，终于大司农。

伦在职四年，迁蜀郡太守。蜀地肥饶，人吏富实，掾史家资多至千万，皆鲜车怒马，以财货自达。伦悉简其丰赡者遣还之，更选孤贫志行之人以处曹任，于是争赇[贿赂]抑绝，文职修理。所举吏多至九卿、二千石，时以为知人。

[他被章帝晋升为最高级廷臣，一再以"私以亲违宪"为中心论辩提倡限制外戚权势；他正直，肯定是中央权力精英的一个麻烦：]

视事七岁，肃宗[章帝]初立，擢自远郡，代牟融为司空。帝以明德太后[明帝后]故，尊崇舅氏马廖[太后长兄]，兄弟并居职任。廖等倾身交结，冠盖之士争赴趣（趋）之。伦以后族过盛，欲令朝廷抑损其权，上疏曰：

……《书》曰："臣无作威作福，其害于而家，凶于而国。"[见《尚书·洪范》。]传曰："大夫无境外之交，束修之馈。"[见《穀梁传》。]近代光烈皇后，虽友爱天至，而卒使阴就归国，徙废阴兴宾客；其后梁、窦之家，互有非法，明帝即位，竟多诛之。自是洛中无复权威，书记请托一皆断绝。又譬[晓谕]诸外戚曰："苦身待士，不如为国，戴盆望天，事不两施[司马迁书曰"仆以为戴盆何以望天"]。"[为限制外戚权势，他诉诸儒家经典和"现当代传统"]臣常刻著五臓（脏）[谓铭之于心]，书诸绅带[大带，垂之三尺]。而今之议者，复以马氏为言[议论又集中在马家]。窃闻卫尉廖以布三千匹，城门校尉防以钱三百万，私赡三辅衣冠，知与不知[无论认识与否]，莫不毕给。又闻腊日亦遗其在洛中者[在京士人]钱各五千，越骑校尉光，腊用羊三百头，米四百斛，肉五千斤。臣愚以为不应经义，惶恐不敢不以闻。……臣今言此，诚欲上忠陛下，下全后家，裁蒙省察。

及马防为车骑将军，当出征西羌，伦又上疏曰：

臣愚以为贵戚可封侯以富之，不当职事以任之。[正确主张！]何者？绳以法则伤恩，私以亲则违宪[他的中心论辩，一项正直的理由]。[在此场合还有更具体的论辩：]伏闻马防今当西征，臣以太后恩仁，陛下至孝，恐卒有纤介，难为意爱。闻防请杜笃为从事中郎，多赐财帛。笃为乡里所废，客居美阳，女弟为马氏妻，恃此交通，在所县令苦其不法，收系（羁）论之。今来防所，议者咸致疑怪，（何）况乃以为从事，将恐议及朝廷。今宜为选贤能以辅助之，不可复令防自请人，有损事望。苟有所怀，敢不自闻。

并不见省用。[他是个麻烦，未被理睬！]……

[他再度提倡限制外戚权势：]

及诸马得罪归国，而窦氏始贵，伦复上疏曰：

……[**外戚权势与政治文化蜕化:**]今承百王之敝,人尚文巧,感趋邪路,莫能守正。伏见虎中郎将窦宪,椒房之亲,典司禁兵,出入省闼……诸出入贵戚者,类多瑕衅禁锢之人,尤少守约安贫之节,士大夫无志之徒更相贩卖,云集其门。众煦飘山[众人一起吹气也会将山吹走],聚蚊成雷,盖骄佚所从生也。三辅论议者,至云以贵戚废锢,当复以贵戚浣濯[清除(过恶或耻辱)]之,犹解醒[chéng,喝醉而神志不清]当以酒也。诐[《苍颉篇》曰:"诐,佞谄也。"]险趣(趋)势之徒,诚不可亲近。臣愚愿陛下中宫严敕宪等闭门自守,无妄交通士大夫,防其未萌,虑于无形……[**他是个麻烦,未被理睬!**]

[**他全心奉公,诚实,正直,可爱地朴实:**]

伦奉公尽节,言事无所依违。诸子或时谏止,辄叱遣之,吏人奏记及便宜者,亦并封上[所陈书面意见凡有利于国家的,都封好上报],其无私若此。性质悫[què,诚实],少文采,在位以贞白称,时人方[类比]之前朝贡禹①。然少蕴藉[含蓄而不显露],不修威仪,亦以此见轻。[**势利世界不喜欢这类人。**]或问伦曰:"公有私乎?"对曰[**他那么诚实,能够平静地直视自己的灵魂!**]:"昔人有与吾千里马者,吾虽不受,每三公有所选举,心不能忘,而亦终不用也。吾兄子常病,一夜十往,退而安寝;吾子有疾,虽不省视而竟夕不眠。若是者,岂可谓无私乎?"连以老病上疏乞身。元和三年[86年],赐策罢,以二千石奉终其身,加赐钱五十万,公宅一区。后数年卒,时年八十余,诏赐秘器、衣衾、钱布。……

## "吾欲以谶决之":王朝正统的神秘化

### 卷 82 上《方术列传上》

[方术,或曰神秘的卜筮术,很是古老,并由武帝往后盛行的儒家自然神论即天人感应信仰注入了许多新势头,在整个东汉时代滥觞猖獗。从"圣人不语怪神,罕言性命"到此种状态,智识蜕化显著地伴有一个意识形态信条体系的愈益增进的复杂化,连同社会/政治生活的愈益增进的精致化(腐败?)。]

[在此,我们仅仅着重注意我们史家的导言和集中评论,撇去所有方士的具体传记。]

---

① 《汉书·王贡两龚鲍传》载:"贡禹……以明经洁行著闻。"元帝时谏大夫。

[华夏方术的"史前史":]

[占卜,中国人的一种极古老的做法,就像在其他文明中一样;就这些古时代来说,它比后来各帝国时代的更为简单,更受垄断,或许还更神圣得多:]仲尼称《易》有君子之道四焉,曰"卜筮者尚其占"。[《易·系辞》曰:"以言者尚其辞,以动者尚其变,以制器者尚其象,以卜筮者尚其占。"]占也者,先王所以定祸福,决嫌疑,幽赞于神明,遂知来物者也。[它往往与关于天象气候的"原始科学"结合:]若夫阴阳推步[推算日月五星之度数,昏旦节气之差异]之学,往往见于坟记矣。[然而,已经愈益有许多宗教形式的神秘主义,由极少数顶级政治/智识/宗教精英操作:]然神经怪牒、玉策金绳,关扃[jiōng;封锁]于明灵之府、封縢[封缄]于瑶坛之上者,靡得而窥也。[而且,随时间推移,还有这种神秘主义的增进着的泛众化:]至乃《河》、《洛》之文,龟龙之图[《尚书中候》曰:"尧沉璧于洛,玄龟负书,背中赤文朱字,止坛。舜礼坛于河畔,沉璧,礼毕,至于下昃,黄龙负卷舒图,出水坛畔。"],箕子之术[箕子说《洪范》五行阴阳之术],师旷之书[占灾异之书],纬候之部[纬,七经纬;候,《尚书中候》]……皆所以探抽冥赜、参验人区,时有可闻者焉。[愈益增进的泛众化与愈益增进的自然神论神秘主义结合;庸俗化和多样化:]其流又有风角、遁甲、七政、元气、六日七分、逢占、日者、挺专、须臾、孤虚之术,乃望云气,推处祥妖,时亦有以效于事也。[然后,伟大的孔子尽他所能,"不语怪神,罕言性命",以阻抑迷信邪信;事后来看,他为中国人取得了部分成功:]而斯道隐远,玄奥难原,故圣人不语怪神,罕言性命。或开末而抑其端,或曲辞以章(彰)其义,所谓"民可使由之,不可使知之"。

[方术在两汉时代的愈益滥觞的历史:]
[君主与众士,风吹与草动。顺从机制:]
[历史性转折点:因为狂野地腐败的战争霸王,方术成了一种很有吸引力的职业;"顺风而屈":]

汉自武帝颇好方术,天下怀协道艺之士,莫不负策抵[侧击]掌,顺风而屈焉。[《汉书》载:武帝时少翁、栾大等并以方术见。少翁拜文成将军,栾大拜五利将军,贵震天下,而海上燕、齐之士,莫不搤腕而自言有禁方矣。][在"革命的"篡夺者和伟大的复兴者之下,儒家自然神论和神秘主义方术更加泛滥:]后王莽矫用符命,及光武尤信谶言,士之赴趣(趋)时宜者,皆骋驰穿凿,争谈之也。["赴趣时宜":再度有皇风劲吹,众草若鹜之态。]故王梁、孙咸,名应图箓,越登槐鼎之任[光武以《赤伏符》文拜王梁为大司空,又以谶文拜孙咸为大司马,见《后汉书·朱景王杜马刘傅坚马列传》];郑兴、贾逵,以附同称显;桓谭、尹敏,以乖忤沦败[不顺从者的教训可以教导那么多人。令其"赴趣时宜",就像顺从者的成功那样!]。自是习为内学[谓图谶之书。其事秘密,故称内],尚奇文,贵异数,不乏于时[描述顺从主义者的另一个词语]矣。[然而,自战争霸王往后,经典的儒者不满,抗议:]是以通儒硕生,忿其奸妄不经,奏议慷慨,以为宜见藏摈。子长亦云:"观阴阳之书,使人拘而多忌。"[司马迁字子长,其父太史公《论六家之要》曰:"观阴阳之术,太详而众忌,使人拘而多畏。"见《史记》。]盖为此也。

[我们的史家也可被认为是个经典儒家,非议神秘的卜筮术,尽管他的批评看来比接下来所述的桓谭温和得多:]

夫物之所偏[偏重],未能无蔽。虽云大道,其碍或同。若乃《诗》之失愚,《书》之失诬。[《礼记》曰:"其为人也,温柔敦厚,《诗》教也;疏通知远,《书》教也。《诗》之失愚,《书》之失诬。"郑玄注"《诗》敦厚,近愚;《书》知远,近诬"。]然则数术之失,至于诡俗[欺惑世人]乎?如令温柔敦厚而不愚,斯深于《诗》者也;疏通知远而不诬,斯深于《书》者也;极数知变而不诡俗,斯深于数术者也[难道真有这样的人吗?]。故曰:"苟非其人,道不虚行。"意者多迷其统,取遣[取舍]颇偏,甚有[甚至有人(认为)]虽流宕[放荡不拘]过诞亦失也。……

## 卷 28 上《桓谭冯衍列传上》[桓谭]

[两位主要生活在光武帝时期的文人,其差不多唯一的共性是都不被这位君主及其政权赏识和喜欢,因而都以其暗淡甚或极度痛苦告终。]

[桓谭,伟大的哲学家和经典儒家学者,有其确实不同流俗的思想和行为方式。他在中国哲学史和儒家思想史上的显要,连同不被光武帝喜欢的主要原因,在于他拒绝和批评神秘主义的、在那个时代流行的谶[chèn]纬方术[《四库全书总目提要》云:"谶者诡为隐语,预决吉凶";"纬者经之支流,衍及旁义"],那有其种种要素,来自诡秘的迷信和被歪曲的儒家信条,连同(虽然未在本篇记录下来)某种程度上由公元前 2 世纪董仲舒创造或系统化的儒家自然神论。不仅如此,他提出了一项重要的哲学理念,即几乎未在本篇提及的"形神论",那多少可被认作中国哲学"唯物主义"的一个先驱。他还留下了一篇全未得到理睬的《陈时政疏》,证明他是个政治"实用主义者",能够以一种大体正确、具体和求实的方式谈论治国方略(基于在此未被记录的、他对"霸王道杂之"的不那么儒的信念)。由于他的正直的思想独立性,他被逐出宫廷,怀着大忧郁死于去一个低得多的官僚职位的赴任途中。]

[冯衍:在精神、思想和行为上与桓谭相比卑小得多。作为一名颇有才气的、长于韵文的墨客,他先后以小官身份在更始帝和光武帝之下效力,然后因与某腐败的外戚的瓜葛而被罢免,最终在重返官场的追求失败后,死于一种非常沮丧和苦难的状态中。多少犹如他的人格,他的韵文总的来说雕琢过度。为何我们的史家给

他大篇幅是个有趣的问题。]

桓谭：
[自早年往后的一位经典儒家学者，有一种"哲学的"、潇洒自由的风格和独立的倾向，"喜非毁俗儒，由是多见排抵"：]

桓谭字君山，沛国相[县名，在今安徽省宿州市符离镇附近]人也。父成帝时为太乐令。谭以父任为郎，因好音律，善鼓琴。博学多通，遍习《五经》，皆诂训大义，不为章句。能文章，尤好古学，数从刘歆、扬雄辩析疑异。性嗜倡乐，简易不修威仪，而憙（喜）非毁俗儒，由是多见排抵。

哀、平间，位不过郎。傅皇后[哀帝后]父孔乡侯晏深善于谭。[**然而，他也在政治上明智，甚而"精明"，如果那不与他的正直冲突：**]是时，高安侯董贤宠幸，女弟为昭仪，皇后日已疏，晏嘿嘿不得意。谭进说曰："昔武帝欲立卫子夫，阴求陈皇后之过，而陈后终废，子夫竟立。今董贤至爱而女弟尤幸，殆将有子夫之变，可不忧哉！"晏惊动，曰："然，为之奈何？"谭曰："……皇后年少，希更艰难，（有人）或驱使医巫，外求方技，此不可不备[防备]。又君侯以后父尊重而多通宾客，（宾客）必借以重势，贻致讥议。不如谢遣门徒，务执廉悫[què，恭谨]，此修己正家避祸之道也。"晏曰："善"。遂罢遣常客，入白皇后，如谭所戒。后贤果风太医令真钦，使求傅氏罪过，遂逮后弟侍中喜，诏狱无所得，乃解，故傅氏终全于哀帝之时。及董贤为大司马，闻谭名，欲与之交。谭先奏书于贤，说以辅国保身之术，贤不能用，遂不与通。[他非常正直和精神独立，异于那么多其他士人：]当王莽居摄篡弒之际，天下之士，莫不竞褒称德美，作符命以求容媚，谭独自守，默然无言。莽时为掌乐大夫，更始立，召拜太中大夫。

[他的未被理睬的《陈时政疏》，证明他能够以一种大体正确、具体和求实的方式谈论治国方略（基于在此未被记录的、他对"霸王道杂之"的不那么儒的信念）：]

世祖即位，征待诏，上书言事失旨，不用。后大司空宋弘荐谭，拜议郎给事中，因上疏陈时政所宜，曰：

[他主张的治国方略一：君主与廷臣之间的紧密合作：]臣闻国之废兴，在于政事；政事得失，由乎辅佐。……夫有国之君，俱欲兴化建善，然而政道未理者，其所谓贤者异[意愿不一]也。昔楚庄王问孙叔敖曰："寡人未得所以为国是也。"叔敖曰："国之有是，众所恶也，恐王不能定也。"[君臣共商共定国是之意]王曰："不定独在君，亦在臣乎？"对曰："君骄士，曰士非我无从富贵；士骄君，曰君非士无从安存。人君或至失国而不悟，士或至饥寒而不进。君臣不合，则国是无从定矣。"庄王曰：

"善。愿相国与诸大夫共定国是也。"[提倡一类综合的情势性治国方略:]盖善政者,视俗而施教,察失而立防,威德更兴,文武迭用,然后政调于时,而躁人[躁挠不定之人]可定。[这里的主题还是上述合作:]昔董仲舒言"理国譬若琴瑟,其不调者则解而更张"。夫更张难行,而拂[违也]众者亡,是故贾谊以才逐,而朝(晁)错以智死。世虽有殊能而终莫敢谈者,惧于前事也。

[他主张的治国方略二,在司法领域:]且设法禁者,非能尽塞天下之奸,皆合众人之所欲也,大抵取便国利事多者,则可矣。[讲求实际,懂得法律和其他规制的有限性。]……今人相杀伤,虽已伏法,而私结怨仇,子孙相报,后忿深前,至于灭户殄业,而俗称豪健,故虽有怯弱,犹勉而行之,此为听人自理而无复法禁者也。[懂得法律和其他规制的有限性。]今宜申明旧令,若已伏官诛而私相伤杀者,虽一身逃亡,皆徙家属于边,其相伤者,加常二等,不得雇山[雇人上山伐木]赎罪。如此,则仇怨自解,盗贼息矣。[他为这个特定问题提出的解决办法是法家而非儒家的。]

[他主张的治国方略三,非常传统,非常儒:农本商末,贵农贱商:]夫理国之道,举本业而抑末利,是以先帝禁人二业,锢商贾不得宦为吏,此所以抑并兼长廉耻也。今富商大贾,多放钱货,中家子弟,为之保役,趋走与臣仆等勤,收税与封君比入,是以众人慕效,不耕而食,至乃多通侈靡,以淫耳目。[他是否真的想仿效武帝的剥夺模式,甚至更严酷?!:]今可令诸商贾自相纠告,若非身力所得,皆以赃(藏)畀[bì,予]告者。如此,则专役一己,不敢以货与人,事寡力弱,必归功田亩。田亩修,则谷入多而地力尽矣。

[他主张的治国方略四,亦在司法领域:]又见法令决事,轻重不齐,或一事殊法,同罪异论,奸吏得因缘为市,所欲活则出生议,所欲陷则与死比,是为刑开二门也。今可令通义理明习法律者,校定科[事条]比[类例],一其法度,班(颁)下郡国,蠲除故条。[法律制定集权化和统一化。]如此,天下知方,而狱无怨滥矣。[他为这个特定问题提出的解决办法是法家而非儒家的。]

书奏,不省。[全不被理睬!]

[抨击谶纬(在统一战争期间):他在国务方面作为正直和非同流俗的学者的关键性行为,为此,他被光武帝强烈厌烦,然后被惩罚:]

是时,帝方信谶,多以决定嫌疑。又酬赏少薄[他对光武帝的性情和政策的又一批评],天下不时安定。谭复上疏曰:

臣前献瞽言,未蒙诏报,不胜愤懑,冒死得陈。[就此抱怨而言,他看来太愤懑、太心窄!]愚夫策谋,有益于政道者,以合人心而得事理也。……[他在此代表的经典儒家不能接受谶纬，他认为那是出自阴险"群小"的"欺惑贪邪"并非君主相信：]观先王之所记述，咸以仁义正道为本，非有奇怪虚诞之事。盖天道性命，圣人所难言也。自子贡以下，不得而闻［《论语》子贡曰："夫子之文章，可得而闻也。夫子之言性与天道，不可得而闻也。"］，况后世浅儒，能通之乎！今诸巧慧小才伎数之人，增益图书，矫称谶记，以欺惑贪邪，诖误人主，焉可不抑远之哉！臣谭伏闻陛下穷折［竭力斥责］方士黄白之术［以药化成金银］，其为明矣；而乃欲听纳谶记，又何误也！其事虽有时合，譬犹卜数只偶［偶中也］之类。陛下宜垂明听，发圣意，屏群小之曲说，述《五经》之正义，略雷同之俗语，详通人之雅谋。

　　［在他看来，光武帝在奖赏战斗兵士方面吝啬：他抨击的又一个目标；这方面他比最高统帅更聪明吗？：］又……臣谭伏观陛下用兵，诸所降下，既无重赏以相恩诱，或至房掠夺其财物，是以兵长渠率（帅），各生孤疑，党辈连结，岁月不解。古人有言曰："天下皆知取之为取，而莫知与之为取。"［老子曰："将欲废之，必固兴之；将欲夺之，必固与之。"］陛下诚能轻爵重赏，与士共之，则何招而不至，何说而不释，何向而不开，何征而不克！……

　　帝省奏，愈不悦。［他招致了君主的厌憎！］

　　［这位精神独立的哲学家在抨击谶纬方面决不妥协，以其正直和坚定的勇气：］其后，有诏会议灵台所处，帝谓谭曰："吾欲以谶决之，何如？"谭默然良久，曰："臣不读谶。"帝问其故，谭复极言谶之非经。［他被大怒的君主惩罚，彻底完结：］帝大怒曰："桓谭非圣无法，将下斩之！"谭叩头流血，良久乃得解。出为六安郡丞，意忽忽不乐，道病卒［50 年］，时年七十余。

　　［他的《新论》，不知为什么一度被皇帝喜欢：］

　　初，谭著书言当世行事二十九篇，号曰《新论》，上书献之，世祖善焉。《琴道》一篇未成，肃宗使班固续成之。所著赋、诔、书、奏，凡二十六篇。

　　元和［章帝年号，84—86 年］中，肃宗行东巡狩，至沛，使使者祠谭冢，乡里以为荣。［三十年余年后得到非正式的部分"平反"。］……

**卷 30《苏竟杨厚列传》**［苏竟］

　　［本篇记述两个颇有学问和享名全国的谶纬术士，前者属于儒家，后者大体属于道家，分别生活在相反的政治环境之中——帝国创建岁月和帝国垂死时代。就个人品性来说，他们都正直，也都超脱于流俗的权势、财富和地位价值观之外。他们确实有才和优雅。］

苏竟：

[非常有学问和潇洒的儒士，鄙视流俗的私利，给历史编纂留下了一番令人印象深刻的、在全国大乱中反对分离主义的儒家谶纬论辩，那成功地说服了一两个如此的家伙向追求着统一的光武帝投降。]

[非常有学问的儒士，而且——多少令人惊讶——是能干的边疆行政长官：]

苏竟字伯况，扶风平陵人也。平帝世，竟以明《易》为博士讲《书》祭酒[王莽置六经祭酒，秩上卿，每经各一人]。善图纬，能通百家之言。王莽时，与刘歆等共典校书，拜代郡中尉。时匈奴扰乱，北边多罹其祸，竟终完辑一郡。光武即位，就拜代郡太守，使固塞以拒匈奴。建武五年[29年]冬，卢芳略（掠）得北边诸郡，帝使偏将军随弟[姓随名弟]屯代郡。竟病笃，以兵属弟，诣京师谢罪。拜侍中，数月，以病免。

[他在全国大乱中反对分离主义者的儒家自然神论论辩，还有对其中一两个人的神秘的星相学说服，代表追求着统一的光武帝：]

初，延岑护军邓仲况拥兵据南阳阴县为寇，而刘歆兄子龚为其谋主。竟时在南阳，与龚书晓之曰：

君执事无恙。走[谓驰走之人，谦称]昔以摩研[切磋研究]编削[谓简也，一曰削书刀]之才，与国师公[刘歆为王莽国师公]从事出入，校定秘书，窃自依依，末由自远。[谓在刘歆提携下，自己无多建树。]盖闻君子愍（悯）同类而伤（其）不遇。人无愚智，莫不先避害然后求利，先定志然后求名。[**他的主题：说服分离主义者皈依追求统一者：**]昔智果[智伯之臣]见智伯穷兵必亡，故变名远逝，陈平知项王为天所弃，故归心高祖，皆智之至也。闻君前权时屈节，北面延牙[延岑字牙]，乃后觉悟，栖迟养德[《尔雅》曰"栖迟，息偃也"，言后息偃养德，不复事延牙]。先世数子[谓智果、陈平]，又何以加[超过（你）]。君处阴中，土多贤士，若以须臾之间，研考异同，揆之图书，测之人事，则得失利害，可陈于目，何自负畔（叛）乱之困，不移守恶之名乎？与君子之道，何其反也？

[**抨击被"俗儒末学""误导"的分离主义者：**]

世之俗儒末学，醒醉不分，而稽论当世，疑误视听。[**总的来说，分离主义者们的两类动机**]或谓天下迭兴，未知谁是，称兵据土，可图非冀。或曰圣王未启，宜观时变，倚强附大，顾望自守。二者之论，岂其然乎？[**用神秘主义的儒家谶纬驳斥分离主义者使用的同类的东西：**]夫孔丘秘经[幽秘之经，即纬书也]，为汉赤制[言孔丘作纬，著历运之期，为汉家之制。汉火德尚赤，故云为赤制]，玄包[藏也]幽室[言纬书玄秘，藏于幽室]，文隐事明。且火德承尧，虽昧必亮，承积世之祚，握无穷之符，王氏虽乘间偷篡，而终婴大戮，支分体解，宗氏屠灭，非其效欤？皇天所以眷顾蜘蹰［徘徊犹豫］，忧汉子孙者也。［驳斥分离主义者使用的那种神秘主义儒家谶纬：］论者若不本之于天，参之于圣，猥以《师旷杂事》［杂占之书。《汉书》曰阴阳书六家，有师旷八篇］轻自眩惑，说士作书，乱夫大道，焉可信哉？

　　［抨击"俗儒末学"的另一形态：亦被分离主义者们使用的神秘主义的儒家星相学：］诸儒或曰：今五星失晷，天时谬错，辰星久而不效，太白出入过度，荧惑进退见态，镇星绕带天街，岁星不舍氏、房。以为诸如此占，归之国家。盖灾不徒设，皆应之分野，各有所主。［他对星相的在政治上"对头的"解释，他的神秘主义儒家星相学，将"混乱的"星相指为光武帝而非分离主义者们的天运象征：］夫房、心即宋之分，东海是也。尾为燕分，渔阳是也。东海董宪迷惑未降，渔阳彭宠逆乱拥兵，王赫斯怒，命将并征，故荧惑应此，宪、宠受殃。太白、辰星自亡新之末，失行算度，以至于今，或守东井［南方之宿］，或没羽林［亦南方之宿］，或裴回（徘徊）藩屏［北辰两傍之星］，或踯躅帝宫［北辰］，或经天反明，或潜臧久沈，或衰微暗昧，或煌煌北南，或盈缩成钩，或偃蹇［高耸，明大］不禁，皆大运荡除之祥，圣帝应符之兆也。贼臣乱子，往往错互，指麾妄说，传相坏误。由此论之，天文安得遵度哉！

　　［他的神秘主义星相论说继续下去，全都指向分离主义者们的厄运：］乃者，五月甲申，天有白虹……广可十丈，长可万丈，正临倚弥。倚弥即黎丘，秦丰之都也［秦丰黎丘一名倚弥］，是时月入于毕［西方之宿］。毕为天网，主网罗无道之君……夫仲夏甲申为八魁［历法，春三月己巳、丁丑，夏三月甲申、壬辰，秋三月己亥、丁未，冬三月甲寅、壬戌，为八魁］，八魁，上帝开塞之将也，主退恶攘逆。流星状似蚩尤旗……出奎［二十八宿之一］而西北行，至延牙［延岑字牙］营上，散为数百而灭，奎为毒螫，主库兵。此二变，郡中及延牙士众所共见也。是故延牙遂之（至）武当，托言发兵，实避其殃。……如何怪惑，依而恃之？……

　　图谶之占，众变之验，皆君所明。善恶之分，去就之决，不可不察。无忽鄙言！

　　［因而，按照他的星相自然神论逻辑，被说服者的投降是唯一明智的选择：］夫周公之善康叔，以不从管、蔡之乱也；景帝之悦济北，以不从吴濞之畔（叛）也。自更始以来，孤恩背逆，归义向善，臧否［善恶］粲然，可不察欤！……强梁不能与天争……宜密与太守刘君共谋降议。……

　　［他说服成功：］又与仲况书谏之，文多不载，于是仲况与龚遂降。

　　［他的个性：鄙视流俗的私利，安享他自己超脱的"自然"／笔墨生活方式；他成了一位儒道合一的人物而无自相矛盾：］

　　……竟终不伐其功，潜乐道术，作《记诲篇》及文章传于世。年七十，卒于家。……

### 卷36《郑范陈贾张列传》[郑兴]

郑兴：

[东汉帝国创建岁月里一位杰出的儒家学者，主要特征是对《左氏春秋》的把握和温和的正直人品。与儒家传统契合，他利用任何机会，积极关切国务和"全国/帝国"政治。]

[一位杰出的儒家学者，特别在研究被归属于儒家的经典历史方面，"积精深思，通达其旨"：]

郑兴字少赣，河南开封人也。少学《公羊春秋》。晚善《左氏传》，遂积精深思，通达其旨，同学者皆师之。天凤[王莽新朝年号，14—19年]中，将门人从刘歆讲正大义[左氏春秋之义]，歆美兴才，使撰条例、章句、传诂，及校《三统历》[刘歆撰，谓夏、殷、周历。三统说始自董仲舒，谓天之道周而复始，黑、白、赤三绕循环往复]。……

[在光武帝的统一战争期间，他开始为光武帝效劳；他多少复杂地基于经典型与自然神论型的儒家思想的一种结合，以他温和的正直，为其提供政治咨询；效果如何？"书奏，多有所纳"，但"以不善谶故不能任"：]

侍御史杜林先与兴同寓陇右，乃荐之曰："窃见河南郑兴，执义坚固，敦悦《诗》《书》，好古博物，见疑不惑，有公孙侨[即子产]、观射父之德[《左传》载，子产辨黄熊，晋侯闻之，曰："博物君子也。"观射父，楚大夫，对楚昭王以重黎、羲和（皆楚国远祖）之事。见《国语》]，宜侍帷幄，典职机密。……惟陛下留听少（稍）察，以助万分。"乃征为太中大夫。

明年[31年]三月晦，日食。兴因上疏曰：

[他的经典/自然神论儒家信条和话语，用作政治谏言：]《春秋》以天反时为灾，地反物为妖，人反德为乱，乱则妖灾生。往年以来，谪咎连见，意者执事颇有阙焉。……今孟夏，纯乾用事，阴气未作，其灾尤重。夫国无善政，则谪见日月，变咎之来，不可不慎，其要在因人之心，择人处位也。……今公卿大夫多举渔阳太守郭伋[郭伋施政有方，任渔阳太守五年，户口增一倍]可大司空者，而不以时定，道路流言，咸曰"朝廷欲用功臣"，功臣用则人位谬矣。愿陛下……成屈己从众之德，以济群臣让善之功。

[以儒家自然神论作出另一政治谏言：]……顷年日食，每多在晦。先时而合，皆月行疾也。日君象而月臣象，君亢急则臣下促迫，故行疾也。今年正月繁霜，自

尔以来，率多寒日，此亦急咎之罚。……今陛下高明而群臣惶促，宜留思柔克之政〔柔克谓和柔而能立事也。《尚书·洪范》曰："高明柔克。"〕，垂意《洪范》之法，博采广谋，纳群下之策。

书奏，多有所纳。

〔与此同时，他的神秘主义迷信有其限度，而那个时代的神秘主义文化和光武帝本人的神秘主义取向却大为滥觞，因而后者制约了他的仕途；他仍然是太经典的儒家：〕帝尝问兴郊祀事，曰："吾欲以谶断之，何如？"兴对曰："臣不为谶。"帝怒曰："卿之不为谶，非之邪？"兴惶恐曰："臣于书有所未学，而无所非也。"帝意乃解。兴数言政事，依经守义，文章温雅，然以不善谶故不能任。……

〔他的杰出学问和不凡终结：〕

兴好古学，尤明《左氏》《周官》，长于历数，自杜林、桓谭、卫宏之属，莫不斟酌焉。世言《左氏》者多祖于兴，而贾逵自传其父业，故有郑、贾之学。兴去莲勺〔县名，治所在今陕西渭南市临渭区交斜镇来化村；郑兴被降职为莲勺县令，继而因事被免职〕，后遂不复仕，客授阌〔wén〕乡〔在今河南灵宝县〕，三公连辟不肯应，卒于家。子众。……

## "方平诸夏，未遑外事"；"羁縻之义，礼无不答"

### 《南匈奴列传》摘录

〔本列传是记述一个被驯服和在同化中的北方蛮族的历史，有其复杂的外部关系——分别与东汉帝国和它的同族北匈奴的关系，直到帝国崩溃和随后巨大经久的华夏内乱和野蛮化中断了他们的驯服和同化过程。〕

〔这个过程开始于伟大的宣帝在位期间的公元前 52 年（并由他的继位者元帝以公元前 33 年著名的王昭君出塞予以继续），在公元 9 年因为大篡夺者的狂野挑衅和剥夺而中断。伟大的光武帝，在他最后赢得华夏重新统一战争 15 年后（50 年），以其协调政策和战略保守主义，就匈奴人的一部分即南匈奴恢复了这个过程。〕

〔东汉帝国与南北匈奴的其余际遇可见于我们的史家在本列传之末的评论，那以最概略的方式写出，连同他对帝国统治者们犯的两个关键性错误的事后判断，有鉴于五胡乱中华这事后大环境。〕

〔挛鞮比，南匈奴的第一个君主，为从属东汉帝国并为之效劳而成事多多。他

受到光武帝欢迎和容纳；他俩恢复了驯服和同化过程，伴有关于经久军事服务与军事保护的体制：]

南匈奴醯[xī]落尸逐鞮单于比者[姓挛鞮，名比，南匈奴第一任单于①]，呼韩邪单于之孙，乌珠留若鞮单于之子也。自呼韩邪后，诸子以次立，至比季父孝单于舆时，以比为右薁鞮日逐王，部领南边及乌桓。

[光武帝走向容纳的曲折的道路：外交与征伐皆败，继之以匈奴纵深入侵的愈益加剧和"北边无复宁岁"：]

建武初，彭宠反畔（叛）于渔阳，单于与共连兵，因复权立卢芳，使入居五原[武帝所置边郡，治所在九原县（县治在今内蒙古包头市九原区麻池镇西北）]。光武初，方平诸夏，未遑外事。[光武帝的首次"耐心"包容企图，失败：]至六年[30年]，始令归德侯刘飒使匈奴，匈奴亦遣使来献，汉复令中郎将韩统报命[报答情谊，执行命令]，赂遗金币，以通旧好。而单于骄踞，自比冒顿，对使者辞语悖慢，帝待之如初。初，使命常通，而匈奴数与卢芳共侵北边。[他的征伐，同样失败，匈奴的入侵日益加剧：]九年[33年]，遣大司马吴汉等击之。经岁无功，而匈奴转盛，抄暴日增。十三年[37年]，遂寇河东，州郡不能禁。[在匈奴纵深入侵面前显著收缩：]于是渐徙幽、并边人于常山关[即今河北唐县西北、太行山东麓的倒马关]、居庸关已（以）东，匈奴左部遂复转居塞内。朝廷患之，增缘边兵郡数千人，大筑亭候，修烽火。匈奴闻汉购求卢芳，贪得财帛，乃遣芳还降，望得其赏。而芳以自归为功，不称匈奴所遣[《光武帝纪下》：建武十六年（40年），卢芳遣使乞降，光武帝封其为代王]，单于复耻言其计，故赏遂不行。由是大恨，入寇尤深。二十年[44年]，遂至上党、扶风、天水。二十一年冬，复寇上谷、中山，杀略抄掠其众，北边无复宁岁。

[匈奴人在最高层的大内斗：相对羸弱的华夏帝国的福音：]初，单于弟右谷蠡王伊屠知牙师以次当为左贤王。左贤王即是单于储副。单于欲传其子，遂杀知牙师。知牙师者，王昭君之子也。……生二子。及呼韩邪死，其前阏氏子代立，欲妻之，昭君上书求归，成帝敕令从胡俗[她再度被她祖国的君主牺牲！]，遂复为后单于阏氏焉。

[内斗，还有未来南匈奴的首任君主造反，此人将俯首从属于华夏帝国：]比见知牙师被诛，出怨言曰："以兄弟言之，右谷蠡王次当立；以子言之，我前单于长子，我当立。"遂内怀猜惧，庭会稀阔。单于疑之，乃遣两骨都侯监领比所部兵。二十二年[46年]，单于舆死，子左贤王乌达鞮侯立为单于。复死，弟左贤王蒲奴立为单

---

① 《后汉书·光武帝纪下》载：（建武）二十四年[48年]……匈奴薁鞮日逐王比遣使款五原塞[叩五原塞门求见]，求扞（悍）御北虏。……冬十月，匈奴薁鞮日逐王比自立为南单于，于是分为南、北匈奴。[匈奴的一个大部分（南匈奴），在受北匈奴和东胡威胁的环境中被驯服，成了一个牢靠的附庸。]

于。比不得立，既怀愤恨。[**与此同时，匈奴人被严重的自然灾害大大削弱和软化：**]而匈奴中连年旱蝗，赤地数千里，草木尽枯，人畜饥疫，死耗太半。单于畏汉乘其敝，乃遣使诣渔阳求和亲。于是遣中郎将李茂报命。[**他干的多得多，因为恨他的同族君主；哪里有"血比水浓"？：**]而比密遣汉人郭衡奉匈奴地图，二十三年[47年]，诣西河太守求内附。[**他与他的同族君主摊牌，为了生存和更多：**]两骨都侯颇觉其意，会五月龙祠，因白单于，言奥鞬日逐凤来欲为不善，若不诛，且乱国。时，比弟渐将王在单于帐下，闻之，驰以报比。比惧，遂敛所主南边八部众四五万人，待两骨都侯还，欲杀之。骨都侯且到，知其谋，皆轻骑亡去，以告单于。单于遣万骑击之，见比众盛，不敢进而还。

　　[**他想"依汉得安"，遂发动匈奴人的决定性的、永久的分裂，随即请求作为一名战略上效劳的附庸而从属华夏帝国；他受到光武帝欢迎和包容：**]二十四年[48年]春，八部大人共议立比为呼韩邪单于，以其大父尝依汉得安，故欲袭其号。于是款五原塞，愿永为藩蔽，扞御北房。帝用五官中郎将耿国议，乃许之。其冬，比自立为呼韩邪单于。

　　[**他给华夏皇帝提供了一项重大的战略效劳，即在请求从属后立即大举攻击北匈奴：**]二十五年[49年]春，遣弟左贤王莫将兵万余人击北单于弟奥鞬左贤王，生获之；又破北单于帐下，并得其众，合万余人，马七千匹、牛羊万头。北单于震怖，却地千里。……北部奥鞬骨都侯与右骨都侯率众三万余人来归南单于，南单于复遣使诣阙，奉藩称臣，献国珍宝，求使者监护，遣侍子，修旧约。[**一位几乎无保留的附庸！**]

　　[**光武帝的正式容纳和"赐予"他附庸地位：**]二十六年[50年]，遣中郎将段郴[chēn]、副校尉王郁使南单于，立其庭，去五原西部塞八十里。单于乃延迎使者。使者曰："单于当伏拜受诏。"单于顾望有顷，乃伏称臣。拜讫，令译晓使者曰："单于新立，诚惭于左右，愿使者众中无相屈折也。"骨都侯等见，皆泣下。[**可怜的附庸！他步入一项深刻的两难，那关系到他在他的从属中间的威望甚或合法性：**]郴等反（返）命，诏乃听南单于入居云中。遣使上书，献骆驼二头，文马[杜预注《左传》曰："文马，画马为文也。"]十匹。……秋，南单于遣子入侍，奉奏诣阙。[**帝国正式给被接受的附庸赐予象征物和大量财富：**]诏赐单于冠带、衣裳、黄金玺、盭（緺）[h，绿色]綢[guā，紫青色的绶带]绶，安车羽盖，华藻驾骊，宝剑弓箭，黑节三，驸马二，黄金、锦绣、缯布万匹，絮万斤，乐器鼓车，棨[qǐ]戟[木制仪仗，形状如戟]甲兵，饮食什器。又转河东米糒[bèi，干粮]二万五千斛。牛、羊三万六千头，以赡给之。……[**年度表演体制性仪式和赐予，以便昭示宗主/附庸关系，并且一次又一次地酬赏后者：**]单于岁尽辄遣使奉奏，送侍子入朝，中郎将从事一人将领诣阙。汉遣谒者送

前侍子还单于庭,交会道路。元正朝贺,拜祠陵庙毕,汉乃遣单于使,令谒者将送,赐彩缯千匹,锦四端,金十斤,太宫御食酱及橙、橘、龙眼、荔支;赐单于母及诸阏氏、单于子及左右贤王、左右谷蠡王、骨都侯有功善者,缯彩合万匹。岁以为常。……

[**不仅如此,光武帝之下的华夏帝国还给附庸提供某种针对北匈奴的经久保护,犹如中世纪欧洲的大君主对其贵族仆从做的那样:**]冬,前畔(叛)五骨都侯子复将其众三千人归南部,北单于使骑追击,悉获其众。南单于遣兵拒之,逆战不利。于是复诏单于徙居西河美稷[县名,治所在今内蒙古准格尔旗西北][**就像我们的史家在本篇末尾的评论(我们以后会评注它)暗示甚或明说的那样,这可被界定为一项历史后果深远的错误!**],因使中郎将段郴及副校尉王郁留西河拥护之,为设官府、从事、掾史。令西河长史岁将骑二千、弛刑五百人,助中郎将卫护单于,冬屯夏罢。自后以为常,及悉复缘边八郡。

[**附庸经久地为帝国提供军事服务的体制:**]南单于既居西河,亦列置诸部王,助为扞戍。使韩氏骨都侯屯北地,右贤王屯朔方,当于骨都侯屯五原,呼衍骨都侯屯云中,郎氏骨都侯屯定襄,左南将军屯雁门,栗籍骨都侯屯代郡,皆领部众为郡县侦罗(逻)[侦察巡逻]耳目。北单于惶恐,颇还所略(掠)汉人,以示善意。抄兵每到南部下,还过亭候,辄谢曰:"自击亡虏薁鞬日逐[前云"至(奪鞬)比季父孝单于舆时,以比为右薁鞬日逐王"]耳,非敢犯汉人也。"

[**大多归功于南匈奴的战略服务,北匈奴在其恐惧和赢弱状态中反复乞求体制性和平(和亲),光武帝对此非常勉强地同意:**]

二十七年[51年],北单于遂遣使诣武威求和亲,天子召公卿廷议,不决。皇太子言曰:"南单于新附,北虏惧于见伐,故倾耳而听,争欲归义耳。今未能出兵,而反交通北虏,臣恐南单于将有二心,北虏降者且不复来矣。"帝然之,告武威太守勿受其使。

二十八年[52年],北匈奴复遣使诣阙,贡马及裘,更乞和亲,并请音乐,又求率西域诸国胡客与俱献见。帝下三府议酬答之宜。司徒掾班彪奏曰[**对(北)匈奴的饶有经验的观察,连同一项被君主采纳了的、平衡和传统意味的政策建议:**]

臣闻孝宣皇帝敕边守尉曰:"匈奴大国,多变诈。交接得其情,则却敌折冲;应对入其数,则反为轻欺。"今北匈奴见南单于来附,惧谋其国,故数乞和亲,又远驱牛、马与汉合市,重遣名王,多所贡献。斯皆外示富强,以相欺诞也。臣见其献益重,知其国益虚,归亲愈数,为惧愈多。[**平衡的和传统意味的精致的建议:**]然今既未获助南,则亦不宜绝北,羁縻之义,礼无不答。谓可颇加赏赐,略与所献相当,明加晓告以前世呼韩邪、郅支行事[西汉宣帝和元帝时,呼韩邪单于称臣受赏,郅支单于背德被诛，以此二者行事晓告之]。

报答之辞，令必有适，今立稿草并上，曰："……[加上所提议的话语，浮夸地宣告传统华夏对一切蛮夷的统治权利，或曰关于"对外关系"和华夏帝国伟大的传统意识形态：]汉秉威信，总率万国，日月所照，皆为臣妾[！]。殊俗百蛮，义无亲疏，服顺者襃赏，畔（叛）逆者诛罚，善恶之效，呼韩、郅支是也。[严厉的警告。而且全然鄙视北匈奴的"卑贱"的地位、耗竭中的实力和贫困的处境：]今单于欲修和亲，款诚已达，何嫌而欲率西域诸国俱来献见？西域国属匈奴，与属汉何异？单于数连兵乱，国内虚耗，贡物裁（才）以通礼，何必献马裘？[帝国在这场合的赐予仅仅是为冷淡的"羁縻之义"：]今赏杂缯五百匹，弓鞬韇[dú]丸[藏弓箭的袋]一，矢四发，遣遗单于。又赐献马左骨都侯、右谷蠡王杂缯各四百匹，斩马剑各一。……"

帝悉纳从之。二十九年[53年]，赐南单于羊数万头[相反，给忠诚和提供服务的附庸的赐予却非同小可]。三十一年[55年]，北匈奴复遣使如前，乃玺书报答，赐以彩缯，不遣使者。[对北匈奴的冷淡态度如前不变。]

[值得记忆的时刻：匈奴方面驯服和同化过程的恢复者命归黄泉，与华夏方面的对应人物与世长辞几乎在同一时候：]

单于比立九年薨[56或57年]，中郎将段郴将兵赴吊，祭以酒米，分兵卫护之。比弟左贤王莫立，帝遣使者赍玺书镇慰，拜授玺绶，遗冠帻，绛单衣三袭，童子佩刀、绲带各一，又赐缯彩四千匹，令赏赐诸王、骨都侯已（以）下。其后单于薨，吊祭慰赐，以此为常。[体制性宗主／附庸关系的进一步发展。]……

### 卷88《西域传》摘录

[本传记录的很大部分如我们的史家所说，"皆安帝末班勇所记云"。]

[作为西域甚至远西的诸族和诸国的一则"民族志"（ethnology），这里的记录可被认为是《史记·大宛列传》和《汉书·西域传》内的有关记述的一大继续，有许多知识仅被重复或并非重大，因而为我们的目的可以删削。然而，作为东汉时代华夏帝国与它们的交往（依其自身性质必定复杂）的一部历史，它肯定不可或缺，意义重大。]

[东汉时代帝国与西域的交往的一番概史，显著地比《汉书·西域传》内的相应部分篇幅长；"自建武至于延光（安帝末），西域三绝三通"，一番急剧起伏波动的历史！在其中，宏伟的重要事态发展是在和帝之下充分恢复对西域的控制，伴有重大远征（有几次是真正大规模的）、体制性解决和活跃的外交：]

[起伏变动：东汉时代以前，帝国与西域关系的三个阶段：]武帝时，西域内属，

有三十六国。汉为置使者、校尉领护之。宣帝改曰都护。元帝又置戊己二校尉,屯田于车师前王庭。哀、平间,自相分割,为五十五国。王莽篡位,贬易侯王,由是西域怨叛,与中国遂绝,并复役属匈奴。["**西域自绝六十五载**"(匈奴压迫和西域小**国间诸多国际战争的一个时代**)以后,**在伟大的明帝之下最初恢复对西域的交通****和初步控制:**]匈奴敛税重刻,诸国不堪命,建武中,皆遣使求内属,愿请都护。光武以天下初定,未遑外事,竟不许之。会匈奴衰弱,莎车王贤诛灭诸国。贤死之后,遂更相攻伐。小宛、精绝、戎庐、且末为鄯善所并。渠勒、皮山为于寘所统,悉有其地。郁立、单桓、孤胡、乌贪訾离为车师所灭。后其国并复立。永平[明帝年号,58—75 年]中,北虏乃胁诸国共寇河西郡县,城门昼闭。十六年[73 年],明帝乃命将帅北征匈奴,取伊吾卢[今新疆最东端哈密]地,置宜禾都尉以屯田,遂通西域,于寘诸国皆遣子入侍。西域自绝六十五载,乃复通焉。明年,始置都护、戊己校尉。① [**然而恢****复的道路实属曲折:**]及明帝崩,焉耆、龟兹攻没都护陈睦,悉覆其众,匈奴、车师围戊己校尉。② ……

### 卷 90《乌桓鲜卑列传》摘录

[中国从不乏苦于来自周边"蛮夷"的威胁、敌对、冲突甚或间歇性的入侵或征服,由后者一个接一个或以某种结合,前后相继地在这权势和文明的较量中扮演主角,就像走马灯似的走过东亚大陆这巨型舞台。直到 19 世纪中叶为止,在两三千年的诸传统时代,他们全都或压倒性地大多是北面、西面、西北面和东北面的游牧族(在不同程度上游牧),而华夏本部的农耕华夏人浸透着一种文化,那总的来说与其族裔对手相比远少战斗性。在华夏人与蛮夷之间,历来有"互激的帝国主

---

① 《后汉书·明帝纪》载:十六年[73 年]春二月,遣太仆祭肜出高阙[山名,因以名塞,在朔方北,位于今内蒙古乌拉特后旗呼和温都尔镇那仁乌博尔嘎查北的达巴图沟口],奉车都尉窦固出酒泉,驸马都尉耿秉出居延[本匈奴地名,武帝因以名县,属张掖郡],骑都尉来苗出平城[县名,属雁门郡,治所在今山西大同市东北],伐北匈奴。[对北匈奴发动一次看来大规模的远征,后者向来易变,但在过去七八年里没有对华夏的被记录的入侵和掳掠。窦固破呼衍王于天山,留兵屯伊吾庐城。耿秉、来苗、祭肜并无功而还。[然而它失败了。明帝在这方面看来有别于他伟大的父亲,后者"在兵间久,厌武事,且知天下疲耗,思乐息肩。自陇、蜀平后,非儆(紧)急,未尝复言军旅。"(《光武帝纪》末)。或者,它是为恢复帝国对西域的控制所需要的?]……

十七年[74 年]……是岁……西域诸国遣子入侍。[华夏帝国开始在西北和西南得到充分恢复,自扰乱性的大篡夺者完蛋以来约半个世纪。]……冬十一月,遣奉车都尉窦固、驸马都尉耿秉、骑都尉刘张出敦煌昆仑塞,击破白山[天山东段]虏于蒲类海[即今新疆东部巴里坤湖]上,遂入车师。初置西域都护、戊己校尉。[帝国宗主权在西域颇大程度上得到恢复,但远不坚固。]

② 《后汉书·明帝纪》载:十八年[75 年,明帝末年]……焉耆、龟兹攻西域都护陈睦,悉没其众。北匈奴及车师后王围戊己校尉耿恭。[对中国来说,西域在 20 个世纪里一直是个特别麻烦的地区!然而中国只要统一,就始终保有它,不管是以宗主权还是以主权的形式:一项惊人地伟大的民族成就!]

义"，连同内外事务间的最密切互动：大多数情况下，一方的政治/社会/军事羸弱总是刺激和便利另一方的攻击、征服、控制或统治。]

　　[如我们的史家在篇末的评论中所说，"匈奴炽于隆汉，西羌猛于中兴。而灵、献之间，二虏迭盛。"这最后"二虏"是乌桓和鲜卑，源于被模糊地称呼的东胡，或干脆就是它的两大支系，先被匈奴人征服，而后在东汉早年开始从东北方武装侵扰华夏本部。]

　　[他们，特别是愈益强劲和活跃的鲜卑，自安帝在位、太后邓绥摄政期间开始的帝国衰落时代初期往后，频繁地攻击和入侵华夏北方和东北方边疆地区。在随后的帝国垂死和崩溃时代，大扩张主义者檀石槐领导下的鲜卑成了从外部侵害华夏的压倒性主要入侵者和征服者，在其急剧的"自动帝国主义扩张"中看似不可战胜，替代了匈奴帝国在三个世纪以前享有的地缘战略强大地位。然后，超出我们的史家留下的记录，在中国的最黑暗时代期间，它扮演了"五胡乱中华"的主角，最终在其蛮夷统治下统一华北，直到在公元 6 世纪和 7 世纪它自己逐渐被其他蛮夷征服甚而消灭为止。]

　　[至于比鲜卑弱得多也短命得多的乌桓，其活跃和事实上独立的存在被伟大的中国战略家和国务家曹操结束，经过他一大血腥的战役，即 207 年"自征乌桓，大破蹋顿（乌桓王号）于柳城，斩之，首虏二十余万人"。此后，乌桓的大部分（被）移至华夏本部，经过同化而消融。]


　　乌桓：
　　[其民族志，或曰经几世纪积累的华夏人关于乌桓人的知识；应当指出，从本篇的全部记录来看，他们从未成为一个单一的部落联盟，除了在一段很短的时间里：]
　　乌桓者，本东胡也。[**其身份构建，由于它在匈奴帝国手里的灾祸性苦难和被迫迁徙：**]汉初，匈奴冒顿灭其国，余类保乌桓山［在今内蒙古东部阿鲁科尔沁旗以北，即大兴安岭山脉南端］，因以为号焉［一说认为乌桓、鲜卑不是因山得名，而是以族名转为山名］。[**一个游牧和射猎族裔：**]俗善骑射，弋猎禽兽为事。随草放牧，居无常处。以穹庐为舍，东开向日。食肉饮酪，以毛毳［cuì，鸟兽的细毛］为衣。贵少而贱老，[**一个凶猛的民族，极端"悍塞"：**]其性悍塞［塞谓不通］。怒则杀父兄，而终不害其母，以母有族类，父兄无相仇报敌［谓父兄以己为种，故无人过问］也。[**在"政治事务"中原始的选举惯例，极"古代纯朴"（ancient simplicity）：**]有勇健能理决斗讼者，推为大人，无世业相继。邑落各有小帅，数百千落自为一部。[**再则极"古代纯朴"：**]大人有所召呼，时刻木为信，虽无文字，而部众不敢违犯。氏姓无常，以大人健者名字为姓。

[氏族社会成员中间的原始平等：]大人以下，各自蓄牧营产，不相徭役。["自由私爱"的古浪漫主义，继之以母系社会的某种显著残余：]其嫁娶则先略（掠）女通情，或半岁百日，然后送牛、马、羊畜，以为娉币。婿随妻还家，妻家无尊卑，旦旦拜之，而不拜其父母。[某种平等的相互家役：]为妻家仆役，一二年间，妻家乃厚遣送女，居处财物一皆为办。其俗妻后母[父死后]，报寡嫂[兄死后]，死则归其故夫。[母系社会的显著残余，或曰和平时候"决策"方面的全然母系社会：]计谋从用妇人，唯斗战之事乃自决之。父子男女，相对踞蹲。以髡头[剃去头发]为轻便。妇人至嫁时乃养发，分为髻，著句决，饰以金碧，犹中国有簂[guó，字或为"帼"，妇人首饰]步摇。[原始的家庭手工业：]妇人能刺韦作文绣，织氀毼[lú hé，一种较粗的毛织品]。男子能作弓矢鞍勒，锻金铁为兵器。[原始的农业：]其土地宜穄[一年生草本植物，亦称"糜子"]及东墙。东墙似蓬草，实如穄子，至十月而熟。见鸟兽孕乳，以别四节。

[在其氏族社会里，兵士或猎手最受珍视：]俗贵兵死，敛尸以棺，有哭泣之哀，至葬则歌舞相送。肥养一犬，以彩绳缨牵，并取死者所乘马衣物，皆烧而送之，言以属累犬，使护死者神灵归赤山。赤山在辽东西北数千里，如中国人死者魂神归贷山也。[原始宗教，一类自然神崇拜：]敬鬼神，祠天地、日月、星辰、山川及先大人有健名者。祠用牛、羊，毕皆烧之。[严厉的规制和规矩，旨在氏族社会艰难时节的团结：]其约法：违大人言者，罪至死；若相贼杀者，令部落自相报，不止，诣大人告之，听出马、牛、羊以赎死；其自杀父兄则无罪；若亡畔（叛）为大人所捕者，邑落不得受之，皆徙逐于雍狂[犹荒远]之地，沙漠之中。其土多蝮蛇，在丁令（零）[今新疆阿尔泰山和塔城一带]西南，乌孙东北焉。

[自战争霸王到大篡夺者，乌桓与华夏帝国的际遇：]

[际遇开始，作为西汉帝国崩解的一个结果，有乌桓发挥帝国针对匈奴之战略目的的一个体制化附庸的作用：]

乌桓自为冒顿所破，众遂孤弱，常臣伏匈奴，岁输牛、马、羊皮，过时不具，辄没其妻子。[乌桓人部分地被战争霸王解放，成为一个附庸，而非像先前那样一个被严重盘剥的族裔臣属：]及武帝遣骠骑将军霍去病击破匈奴左地，因徙乌桓于上谷、渔阳、右北平、辽西、辽东五郡塞外，为汉侦察匈奴动静。其大人岁一朝见，[附庸须受体制性监督，为了另一个帝国战略目的：]于是始置护乌桓校尉，秩二千石，拥节监领之，使不得与匈奴交通。

[难以置信的狂野！公元前 78 年的一次未经挑衅的攻袭和大规模屠杀（据《汉书·昭帝纪》），由昭帝/霍光之下的华夏东北战区司令施行，那当然是乌桓成了帝国的敌人，直到伟大的宣帝在位期间为止：]昭帝时，乌桓渐强，乃发匈奴单于

家墓，以报冒顿之怨。匈奴大怒，乃东击破乌桓。大将军霍光闻之，因遣度辽将军范明友将二万骑出辽东邀[阻留]匈奴，而虏已引去。明友[霍氏家族的一名经婚姻的亲戚，在此场合一名典型的帝国主义恶棍：]乘乌桓新败，遂进击之，斩首六千余级，获其三王首而还。由是乌桓复寇幽州[前76年]，明友辄破之。宣帝时，乃稍保塞降附。

[乌桓再度造反，反对华夏帝国，因为大篡夺者及其行政当局的军事人力盘剥和血腥残酷：]

及王莽篡位，欲击匈奴，兴十二部军，使东域将严尤领乌桓、丁令（零）兵屯代郡，皆质其妻子于郡县。乌桓不便水土，惧久屯不休，数求谒去。莽不肯遣，遂自亡畔（叛），还为抄盗，而诸郡尽杀其质，由是结怨于莽。匈奴因诱其豪帅以为吏，余者皆羁縻属之。

[东汉初期它与华夏帝国的际遇：]

[忍耐了它的频繁入侵和掳掠后，光武帝派出一支征伐军队去击败它，但徒劳；然后，一种不同的方略——贿赂和容纳方略——使之转为无害：]

光武初，乌桓与匈奴连兵为寇，代郡以东尤被其害。居止近塞，朝发穹庐，暮至城郭，五郡民庶，家受其辜，至于郡县损坏，百姓流亡。其在上谷[郡名，治所在今河北张家口市怀来县小南辛堡镇大古城村]塞外白山者，最为强富。

建武二十一年[45年]，遣伏波将军马援将三千骑出五阮关[在今河北张家口市宣化区西南]掩击之。乌桓逆知，悉相率逃走，追斩百级而还。乌桓复尾击援后，援遂晨夜奔归，比入塞，马死者千余匹。

二十二年[46年]，匈奴国乱，乌桓乘弱击破之，匈奴转北徙数千里，漠南地空，[一种不同的、对付变得更强的乌桓的方略宣告成功，代价仅为某些帝国"币帛"：]帝乃以币帛赂乌桓。二十五年[49年]，辽西乌桓大人赦旦等九百二十二人率众向化，诣阙朝贡，献奴婢、牛、马及弓、虎豹貂皮。

[光武帝恢复对这蛮夷的体制性监察（乌桓校尉），同时犯了一个潜在的危险的错误，要将它纳入帝国防御工事体系：]是时，四夷朝贺，络绎而至，天子乃命大会劳飨，赐以珍宝。乌桓或愿留宿卫，[犯了一个潜在的危险的错误：]于是封其渠帅为侯王君长者八十一人，皆居塞内，布于缘边诸郡，令招来（徕）种人，给其衣食，遂为汉侦候，助击匈奴、鲜卑。[恢复体制性监察的战略理由：]时，司徒掾班彪上言："乌桓天性轻黠，好为寇贼，若久放纵而无总领者，必复侵掠居人，但委主降掾史，恐非所能制。臣愚以为宜复置乌桓校尉，诚有益于附集，省国家之边虑。"帝从之，于是始复置校尉于上谷宁城[在今河北张家口市区以南]，开营府，并领鲜卑，赏赐

质子,岁时互市焉。……

### 卷 20《铫期王霸祭遵列传》[祭肜]

祭肜[róng]

[光武帝和明帝之下杰出的东北方边疆防守者和蛮夷征服/操控者,"武节刚方,动用安重,虽条侯、穰苴之伦,不能过也"。]

[儒,无论是在他的孩提时代,还是后来作为非常能干的行政管理者:]

肜字次孙,早孤,以至孝见称。遇天下乱,野无烟火,而独在冢侧。每贼过,见其尚幼而有志节,皆奇而哀之。[**儒孩**。]

光武初以(祭)遵故,拜肜为黄门侍郎,常在左右。及遵卒无子,帝追伤之,以肜为偃师长,令近遵坟墓,四时奉祠之。[**一位非常能干的儒士行政管理者,而非道德的平庸之辈:**]肜有权略,视事五岁,县无盗贼,课为第一,迁襄贲[在今山东苍山县]令。时,天下郡国尚未悉平,襄贲盗贼白日公行。肜至,诛破奸猾,殄其支党,数年,襄贲政清。……

[**他在遭蛮夷入侵的东北方之帝国边疆防御方面的杰出军事表现;继而,他对鲜卑的杰出操控,伴有一种外交"招募"方略:**]

当是时,匈奴、鲜卑及赤山[今内蒙古巴林左旗北]乌桓连和强盛,数入塞杀略吏人。朝廷以为忧,益增缘边兵,郡有数千人,又遣诸将分屯障塞。帝以肜为能,建武十七年[41年],拜辽东太守。至则励兵马,广斥候。[**他的军事英勇:**]肜有勇力,能贯三百斤弓。虏每犯塞,常为士卒前锋,数破走之。[**他操作和赢得的一场重大的、对鲜卑的边防战,那扭转了形势:**]二十一年[45年]秋,鲜卑万余骑寇辽东,肜率数千人迎击之,自披甲陷陈(阵),虏大奔,投水死者过半,遂穷追出塞,虏急,皆弃兵裸身散走,斩首三千余级,获马数千匹。自是后鲜卑震怖,畏肜不敢复窥塞。[**形势改变后,方略改变,改用对鲜卑的外交"招募",以利于一种旨在边疆最终安宁的战略目的:**]肜以三虏[匈奴、鲜卑及赤山乌桓]连和,卒为边害,二十五年[49年],乃使招呼鲜卑,示以财利。其大都护偏何遣使奉献,愿得归化,肜慰纳赏赐,稍复亲附。其异种满离、高句骊之属,遂骆驿款塞[叩塞门],上貂裘好马,帝辄倍其赏赐。其后偏何邑落诸豪并归义,愿自效。[**完全操控,使得蛮夷击打蛮夷:**]肜曰:"审欲立功,当归击匈奴,斩送头首乃信耳。"偏何等皆仰天指心曰:"必自效!"即击匈奴左伊秩訾部,斩首二千余级,持头诣郡。其后岁岁相攻,辄送首级受赏赐。[**他对**

帝国对外安全（和光荣）贡献重大：]自是匈奴衰弱，边无寇警，鲜卑、乌桓并入朝贡。①

彤为人质厚重毅，体貌绝众。[**他操控蛮夷的杰出的总方略，伴有透彻的文化理解：**]抚夷狄以恩信，皆畏而爱之，故得其死力。初，赤山乌恒数犯上谷，为边害，诏书设购赏，切责州郡，不能禁。彤乃率励偏何，遣往讨之。永平元年[明帝初，58年]，偏何击破赤山，斩其魁帅，持首诣彤，塞外震慑。彤之威声，畅于北方，西自武威，东尽玄菟及乐浪，胡夷皆来内附，野无风尘。乃悉罢缘边屯兵。[**他对帝国对外安全（和光荣）贡献重大！**]

（永平）十二年[69年]，征为太仆。彤在辽东几三十年，衣无兼副。[**他是个真正的儒士，具备原始儒家的某种最好秉性！**]显宗[明帝]既嘉其功，又美彤清约，拜日，赐钱百万，马三匹，衣被刀剑下至居室什物，大小无不悉备。帝每见彤，常叹息以为可属以重任。后从东巡狩，过鲁，坐孔子讲堂，顾指子路室谓左右曰："此太仆之室。太仆，吾之御侮也。"

[**他的生涯中的唯一大遗憾，发生在他的生命临近结束之际：**]

十六年[73年]，使彤以太仆将万余骑与南单于左贤王信伐北匈奴，期至涿邪山[在今蒙古国境内满达勒戈壁附近一带]。信初有嫌于彤，行出高阙塞[在内蒙古巴彦淖尔盟杭锦后旗西北有一缺口，状如门阙，故有此名]九百余里，得小山，乃安言以为涿邪山。彤到不见虏而还，坐逗留畏懦下狱免。彤性沉毅内重，自恨见诈无功，出狱数日，欧（呕）血死。临终谓其子曰："吾蒙国厚恩，奉使不称，微绩不立，身死诚惭恨。义不可以无功受赏，死后，若[汝]悉簿上[皆为文簿而上之]所得赐物，身自诣兵屯，效死前行，以副吾心。"既卒，其子逢上疏具陈遗言。帝雅重彤，方更任用，闻之大惊，召问逢疾状，嗟叹者良久焉。乌桓、鲜卑追思彤无已，每朝贺京师，常过冢拜谒，仰天号泣乃去。辽东吏人为立祠，四时奉祭焉。

……彤子孙多为边吏者，皆有名称。

[**他确实伟大，以致那么打动我们的史家：**]论曰：祭彤武节刚方，动用安重，虽条侯、穰苴之伦，不能过也。[条侯，周亚夫，为将军，军于细柳，文帝幸其营，亚夫持兵揖曰："介胄之士不拜，请以军礼见。"文帝曰："此真将军也！"穰苴，齐人田穰苴，齐景公使为将军，使庄

---

① 《后汉书·光武帝纪下》载：二十五年[49年]春正月，辽东徼外貊[mò]人[秽国貊人，在洮儿河与嫩江相汇处捕鱼狩猎植谷训畜，其后裔在今吉林西团山建夫余国]寇右北平、渔阳、上谷、太原，辽东太守祭彤招降之。乌桓大人[即渠帅]来朝。……是岁，乌桓大人率众内属，诣厥朝贡。……三十年[54年]春正月，鲜卑大人[即渠帅]内属，朝贺。……

贾往,穰苴与约曰:"旦日日中会于军门。"穰苴先至,贾后至,于是遂斩庄贾以徇三军,士皆振栗。][就帝国在东北方的安全和光荣而言,确实是伟大的成就:]且临守偏海,政移犷俗,徼人[谓境外人偏何等]请符以立信,胡貊数级于效下,至乃卧鼓边亭,灭烽幽障者将三十年。古所谓"必世而后仁"[三十年为一世,言承化之久。《论语》孔子曰:"如有王者,必世而后仁。"],岂不然哉![他的遗憾导致我们史家的遗憾:]而一眚[shěng,过错]之故,以致感愤,惜哉,畏法[犹严法]之敝也!

### 卷85《东夷列传》摘录

[本篇代表主要关于以下三方面的华夏知识的大为丰富化:(1)广义的朝鲜(Chosun)(包括在一种局部意义上族裔成分含混不清、地理位置纵联当今中国东北和朝鲜半岛的高句骊);(2)古代满洲诸族;(3)日本。比较几个世纪前的《史记·朝鲜列传》(《汉书·朝鲜传》大致是其复制),就能看出就前两项而言这丰富化何等明显。]

[在此还有华夏帝国(就史纂的原创性而言特别是东汉帝国)与这永久麻烦的地区之间关系的历史记录。在一个几世纪长的不稳定的过程中,它始于武帝的皮洛士式的征服,那将朝鲜国家并入了一个相当松散的帝国数郡统治,最后结束于四个世纪以后即西晋王朝完结前后,其时它们丧失给高句骊。]

…………

[真正的华夏帝国与这些蛮夷、特别是朝鲜诸族的关系;武帝和祭肜的显要作用:]

……陈涉起兵,天下崩溃,燕人卫满避地朝鲜[从此开始了华夏视野中的朝鲜国家],因王其国。百有余岁,武帝灭之[经过一番皮洛士式的征服,如司马迁告诉我们的],于是东夷始通上京。王莽篡位,貊[mò]人寇边。建武之初,复来朝贡。[**再度是物理世界的机制! 相对权势决定,而相对权势由华夏本部的基本内部形势决定。**]时辽东太守祭肜威詟[zhé,震慑]北方,声行海表,于是濊[huì]、貊、倭、韩,万里朝献,故章、和已(以)后,使聘流通。逮永初[安帝年号,107—113年]多难,始入寇钞;桓、灵失政,渐滋曼焉。

…………

**夫馀:**

夫馀国[夫馀族活动于松花江上游平原],[**它的地理位置和族裔成分:**]在玄菟北千里。南与高句骊,东与挹娄,西与鲜卑接,北有弱水。地方二千里,本濊地也。……

[与东汉帝国的关系波动起伏,先是在半个世纪多时间里作为一个驯顺的附庸,而后是一个反复入侵和掳掠的敌人,与反复履行附庸责任相交织:]

　　建武中，东夷诸国皆来献见。二十五年[49年]，夫馀王遣使奉贡，光武厚答报之，于是使命岁通。至安帝永初五年[111年]，夫余王始将步骑七八千人寇抄乐浪，杀伤吏民，后复归附。永宁元年[120年，安帝时]，乃遣嗣子尉仇台诣阙贡献，天子赐尉仇台印绶金彩。顺帝永和元年[136年]，其王来朝京师，帝作黄门鼓吹、角抵戏以遣之。桓帝延熹四年[161年]，遣使朝贺贡献。永康元年[167年，桓帝时]，王夫台将二万余人寇玄菟，玄菟太守公孙域击破之，斩首千余级。至灵帝熹平三年[174年]，复奉章贡献。夫馀本属玄菟，献帝时，其王求属辽东云。[**一种世纪性的不稳定关系。**]

　　挹娄：
　　[一个比夫馀更东北的族裔，一支古代原始的满族人民，全无前现代的"现代性"——"法俗最无纲纪者也"。]……

　　高句骊：
　　[一个有争议的、历经八个世纪的古代扩张主义王国，甚至到当今仍在中韩关系中有争议，争辩它的历史的族裔／政治性质，连同被设想的当代民族主义含义和其他。]
　　[东汉时代里，这个国家依然在其初始阶段，比它在权势顶峰时期里小得多。可是，即使这么早，与东汉的关系已经颇不稳定，有造反、入侵、掳掠和反击。]
　　[它在初始阶段的地理位置和地形：]高句骊，在辽东之东千里，南与朝鲜、濊貊，东与沃沮[朝鲜半岛北部部落；东沃沮大致位于今朝鲜咸镜道，北沃沮大致位于图们江流域]，北与夫馀接。地方二千里，多大山深谷，人随而为居。……[**考虑到他们后来强烈的扩张主义，在他们的特性中最重要的是：**]其人性凶急，有气力，习战斗，好寇钞，沃沮、东濊皆属焉。……
　　[与华夏帝国的关系：从狂野挑衅的大篡夺者到东汉末，颇不稳定的关系，伴有间歇性的造反、入侵、掳掠和反击，然而以（暂时）"漫长的和平"结束：]
　　[大篡夺者的狂野挑衅，使得造反、入侵和掳掠必不可免，继之以光武帝和祭肜采取的一种好得多和有效得多的政策：]
　　王莽初，发句骊兵以伐匈奴，其人不欲行，强迫遣之，皆亡出塞为寇盗。辽西大尹田谭追击，战死。莽令其将严尤击之，诱句骊侯驺入塞，斩之，传首长安。莽大说（悦），更名高句骊王为下句骊侯，于是貊人寇边愈甚。[**大篡夺者的做法被完全扭转：**]建武八年[32年]，高句骊遣使朝贡，光武复其王号。二十三年[47年]冬，句骊蚕支落大加戴升等万余口诣乐浪内属。二十五年[49年]春，句骊寇右北平、渔阳、上谷、太原，而辽东太守祭肜以恩信招之，皆复款塞。

[在一位强烈侵略性但灵活(或战略上易变)("桀黠")的国王宫之下,它对东汉帝国的威胁突然变得严重了;自此,与出自鲜卑的攻击一起,东北成了最受威胁的帝国边疆:]……

[ "高句骊降"(《后汉书·安帝纪》),那证明是个"漫长的和平":]是岁[安帝建光元年,121]宫死,子遂成立。[在一个实力地位加强之后,帝国改变方略,改为容纳一个投降的高句骊,同时保持帝国对它的充分威严:]……

沃沮(东沃沮、北沃沮):

[东沃沮:东北朝鲜族民之地,被扩张主义的和盘剥性的高句骊统治,东汉帝国对之仅有名义上的宗主权。]

东沃沮在高句骊盖马大山之东,东滨大海,北与挹娄、夫馀,南与濊貊接。其地东西夹,南北长,可折方千里。……

武帝灭朝鲜,以沃沮地为玄菟郡。后为夷貊所侵,徙郡于高句骊西北,更以沃沮为县,属乐浪东部都尉。至光武罢都尉官,后皆以封其渠帅,为沃沮侯。[光武帝接受一种减小得多的帝国边疆权势,将先前的帝国"主权"改变为松弛的宗主权,或仅在名义上的宗主权:]其土迫小,介于大国之间,遂臣属句骊。句骊复置其中大人为使者,以相监领,责其租税,貊、布、鱼、盐、海中食物,发美女为婢妾焉。[当时对东沃沮的真正统治者是扩张主义的和盘剥性的高句骊。]……

濊:

[朝鲜半岛东部,其族民据称早在传奇时代就被"文明化"了,以后有其"真实历史",那因为秦汉帝国期间的华夏影响而充满复杂性和波动。东汉开始后,华夏帝国的收缩使它成为一个事实上独立的"邦联"。]

濊北与高句骊、沃沮,南与辰韩接,东穷大海,西至乐浪。濊及沃沮、句骊,本皆朝鲜之地也。[华夏传奇中的"箕子朝鲜";濊民传奇式的"文明化"和"靖安化":]昔武王封箕子于朝鲜,箕子教以礼义田蚕,又制八条之教。[《汉书》曰,箕子教以八条者,相杀者以当时偿杀,相伤者以谷偿,相盗者男没入为其家奴,女子为婢,欲自赎者人五十万。]其人终不相盗,无门户之闭。妇人贞信。饮食以笾豆[食器,竹制为笾,木制为豆]。其后四十余世,至朝鲜侯准自称王。[濊民创造了他们自己的国家;以后,它被卫满朝鲜兼并,伴有开始愈益决定性的华夏影响:]汉初大乱,燕、齐、赵人往避地者数万口,而燕人卫满击破准,而自王朝鲜,传国至孙右渠。元朔[武帝年号]元年[前128年],濊君南闾等畔(叛)右渠,率二十八万口诣辽东内属,武帝以其地为苍海郡,数年乃罢。[历史性转折点:武帝的华夏帝国征服和兼并该地区,试图施行直接统治：]至元封三年[前126年]，灭朝鲜，分置乐浪、临屯、玄菟、真番四郡。至昭帝始元五年[前82年]，罢临屯、真番，以并乐浪、玄菟。玄菟复徙居句骊。自单单大领（岭）[即长白山]已（以）东，沃沮、濊貊悉属乐浪。后以境土广远，复分领（岭）东七县，置乐浪东部都尉。自内属已（以）后，风俗稍薄，法禁亦浸多，至有六十余条。[光武帝，接受一种大为减小的帝国边疆权势，将先前的帝国"主权"改为一种松弛的宗主权，或仅仅名义上的宗主权：]建武六年[30年]，省都尉官，遂弃领（岭）东地，悉封其渠帅为县侯，皆岁时朝贺。

[在光武帝收缩帝国之后，濊成为一个事实上独立的"邦联"：]

无大君长，其官有侯、邑君、三老。耆旧自谓与句骊同种，言语法俗大抵相类。……

韩（马韩、辰韩、弁韩）：

[半岛的分立的南半部，族裔和文化上是独立的"近乎充分"韩的（Korean）。它们大都由当时较零碎的氏族社会构成，在"原始王国"马韩的大体仅名义的统治之下。]……

倭：

[以下或许是中国历史编纂中关于古代日本的首项相对详细的记述，记述一个仍在其野蛮时代（弥生时代[公元前300年到公元300年]末期）的日本，还有它与华夏帝国或地区国的正式关系的开端。]……

[与华夏帝国的正式关系开始于光武帝末：]建武中元二年[57年]，倭奴国奉贡朝贺，使人自称大夫……光武赐以印绶。[名义上的宗主权，或帝国为国内听众而夸大了的单纯的外交？进一步的真实交往：]安帝永初元年[107年]，倭国王帅升等献生口百六十人，愿请见。

桓、灵间，倭国大乱，更相攻伐，历年无主。[日本直到明治维新为止的近乎恒久的特性！]有一女子各曰卑弥呼[即邪马台国女主]，年长不嫁，事鬼神道，能以妖惑众，于是共立为王。……

## "烧虏何敢复犯我"

### 卷87《西羌传》摘录

[本篇主要是一部冲突和战争史，在华夏两汉帝国与帝国西疆两边的羌人之

间,连同这关系的其他复杂的方方面面。]

[西羌,一个非常古老和坚毅的、以部落和部落联盟为组织方式的游牧民族,自史前时期往后,一直与华夏诸侯国和帝国及其西疆地区有一种大体上冲突的关系。他们的游牧性质、天然坚毅、与匈奴的协同倾向、分散的族裔/社会/政治组织,使其在两汉帝国的四个世纪里始终是无法驯服的一大威胁,一个反复地由华夏帝国或其地区行政长官对他们的愚蠢虐待加剧了的威胁。他们的大规模东向入侵和攻袭,连同对他们的大规模征伐,在武帝和宣帝时正式开始,在安帝(或邓太后摄政)时大为升级,而那是帝国在西疆愈益虚弱乏力的年代。自此往后,有那么多大规模反叛、入侵和掳掠,以致说到底挫败了帝国的一切反应,无论是征伐或宗主权行使,还是移民或绥靖。]

[我们的史家对两汉帝国采取的对西羌战略作了非常否定的、有争议的评价:"贪其暂安之势,信其驯服之情,计日用之权宜,忘经世之远略"。什么是他心中的"经世之远略"?

决定性的甚或完全的武力击碎,像武帝对匈奴帝国做的那样?"诛尽"或曰古代版的种族灭绝? 大致漠视,加上消极防御或"遏制"? 他的批评可以说是有道理的,特别是如果考虑到他那代人持有的简直栩栩如生的"五胡乱中华"记忆。然而,他可能暗示了的战略路径是——客气地说——难以设想的,在时代、地理邻近性和双方人民的性质构成的总的环境中。]

…………

[关于一种间歇性的紧张关系的战略史,在西汉帝国与羌人、特别是强劲和倾向反叛的先零羌之间:]

[关于匈奴、羌人和华夏帝国之间"三角关系"的战略史,尤其在战略性的战争霸王武帝之下:]……

[在宣帝之下,击碎统一起来的羌人的一场大规模战略性反叛,连同紧随其后的靖安努力,直到大篡夺者的挑衅性作乱为止:]……

烧当羌:

[极少数最不驯服最能战斗的羌族部落或部落联盟之一,有其与华夏帝国的经久的、主要以间歇性的重大入侵和帝国征伐为特征的双边关系历史,还有它的羌族内斗史,以它最终克服先前最强大的先零羌给人深刻印象。]

[在随西汉崩溃而来的华夏全国大乱期间,它由酋豪滇良领导,以在羌族内斗

中克服先零羌为他的主要成就:]

[当时它远非入侵和攻击华夏帝国的羌族主力:]滇良者,烧当[元帝时烧当羌酋豪,上云"复豪健"]之玄孙也。时王莽末,四夷内侵,及莽败,众羌遂还据西海为寇。[他们因为华夏的内乱和羸弱而势盛空前,活跃非凡,且成为华夏"内战"的一个因素,站在一名地区性大军阀一边:]更始、赤眉之际,羌遂放纵,寇金城、陇西。隗嚣虽拥兵而不能讨之,乃就慰纳,因发其众与汉相拒。[光武帝为靖安和边疆操作,意欲采取一种政治的而非军事的方略:]建武九年[33年],隗嚣死,司徒掾班彪上言:"今凉州部皆有降羌,羌胡被发左衽,而与汉人杂处,习俗既异,言语不通。数为小吏黠人所见侵夺,穷恚无聊,故致反叛。夫蛮夷寇乱,皆为此也。[政治方略基于对问题的正确理解,同时或许也基于实力对比和成本效益考虑:]旧制:益州部署蛮夷骑都尉,幽州部署领乌桓校尉,凉州部署护羌校尉,皆持节领护,理其怨结,岁时循行,问所疾苦。又数遣使驿通动静,使塞外羌夷为吏耳目,州郡因此可得微备。今宜复如旧,以明威防。"光武从之,即以牛邯为护羌校尉,持节如旧。及邯卒而职省。[然而,政治方略大致只是意欲的,军事方略却由紧急形势施加,并因帝国征伐的军队将领来歙和马援的能干而大受鼓励:]十年[34年],先零豪与诸种相结,复寇金城、陇西,遣中郎将来歙等击之,大破。事已具《歙传》。十一年[35年]夏,先零种复寇临洮,陇西太守马援破降之。后悉归服,徙置天水、陇西、扶风三郡。明年,武都参狼羌反,援又破降之。事已具《援传》。

[滇良在羌族内斗中的主要生活历史性成就:]自烧当至滇良,世居河北大允谷[在今青海海南藏族自治州贵德县],种小人贫。而先零、卑湳并皆强富,数侵犯之。滇良父子积见陵易,愤怒,而素有恩信于种中,于是集会附落及诸杂种,乃从大榆入,掩击先零、卑湳,大破之,杀三千人,掠取财畜,夺居其地大榆中[大小榆谷,在今青海贵德东河曲一带],由是始强。……

## 卷 24《马援列传》摘录

[马援征服帝国西缘强有力的羌族反叛和入侵,依凭他的战略动能、战术灵活和边疆民政恢复/发展:]

九年[33年],拜援为太中大夫,副来歙监诸将平凉州。自王莽末,西羌寇边,遂入居塞内,金城属县多为虏有。来歙奏言陇西侵残,非马援莫能定。十一年[35年]夏,玺书拜援陇西太守。[武装征伐,行动一:]援乃发步骑三千人,击破先零羌于临洮[táo,今甘肃中部临洮],斩首数百级,获马、牛、羊万余头。守塞诸羌八千余人诣援降。[武装征伐,行动二,伴有战术辉煌:]诸种有数万,屯聚寇抄,拒浩亹[mén,县名,在今甘肃永登县西南大通河东岸]隘。援与扬武将军马成击之。羌因将其妻子辎重移阻于允吾[县名,治所在今青海民和县马场垣乡,一说在今甘肃永靖县西北]谷,援乃潜行间道,掩赴其营。羌大惊坏,复远徙唐翼谷中,援复追讨之。羌引精兵聚北山上,援陈军向山,而分遣数百骑绕袭其后,乘夜放火,击鼓叫噪,虏遂大溃,凡斩首千余级。援以兵少,不得穷追,收其谷粮畜产而还。援中矢贯胫,帝以玺书劳之,赐牛、羊数千头,援尽班[赏赐,分给]诸宾客。

[**一个重要的边疆地区的民政恢复和发展,在上述武装征伐和他克服朝廷内占多数的"失败主义"舆论后;他能够成为一位优秀的西疆行政长官:**]是时,朝臣以金城破羌[县名,属金城郡,宣帝时置,在今青海乐都县高庙镇一带]之西,涂远多寇,议欲弃之。援上言,破羌以西城多完牢,易可依固;其田土肥壤,灌溉流通。如令羌在湟中,则为害不休,不可弃也。帝然之,于是诏武威太守,令悉还金城客民。归者三千余口,使各反(返)旧邑。援奏为置长吏,缮城郭,起坞候[犹坞壁],开导水田,劝以耕牧,郡中乐业。又遣羌豪杨封譬说塞外羌,皆来和亲。又武都氐人背公孙述来降者,援皆上复其侯王君长,赐印绶,帝悉从之。[**结合软硬两类战略要素:他对待边疆蛮夷事务的有效方略。**]乃罢马成军。

[**武装征伐,行动三,"饥困"战术而无代价高昂的战斗:**]十三年[37年],武都[今甘肃陇南市武都区]参狼羌与塞外诸种为寇,杀长吏。援裒将四千余人击之,至氐道县[属陇西郡],羌在山上,援军据便地,夺其水草,不与战,羌遂穷困,豪帅数十万户亡出塞,诸种万余人悉降,于是陇右清静。

[**他是一位非常聪明和"开明"的行政长官,在这方面显示了关于行政管理的历史经验中某种最好的东西:**]援务开恩信,宽以待下,任吏以职,但总大体而已。宾客故人,日满其门。诸曹时白外事,援辄曰:"此丞、掾之任,何足相烦。颇裒老子[哀怜我这老头子吧],使得遨游[清闲之意]。若大姓侵小民,黠羌欲旅距,此乃太守事耳。"傍县尝有报仇者,吏民惊言羌反,百姓奔入城郭。狄道[今甘肃临洮]长诣门,请闭城发兵。援时与宾客饮,大笑曰:"烧虏何敢复犯我。晓狄道长归守寺舍,良怖急者,可床下伏。"后稍定,郡中服之。视事六年,征入为虎贲中郎将。

[**一则重要的旁述,显示他国务家似的才能,还有作为一名对每个人的优秀学问"教师"般的雄辩:**]初,援在陇西上书,言宜如旧铸五铢钱。事下三府,三府奏以为未可许,事遂寝。乃援还,从公府求得前奏,难十余条,乃随牒解释[《东观记》曰"凡十三难,援一一解之,条奏其状"],更具表言。帝从之,天下赖其便。援自还京师,数被进见。为人明须发,眉目如画,闲于进对,尤善述前世行事。每言及三辅长者,下至闾里少年,皆可观听。自皇太子、诸王侍闻者,莫不属耳忘倦。又善兵策,帝常言"伏波论兵,与我意合",每有所谋,未尝不用。……

# "夙夜震畏,不敢荒宁":
# 勤勉明察的苛切明帝

## "遵奉建武制度"与权力一人独揽

**卷 2《明帝纪》**

[东汉明帝,从公元 57 至 75 年在位 19 载,如我们的史家概括"遵奉建武制度,无敢违者"。

与先前西汉甚至中国史上此后的所有伟大王朝相似,在他(和他的继位者章帝[公元 75 至 88 年在位])之下的华夏国家和社会有序、繁荣、大体稳定,颇大程度上归功于他反复表现的对普通穷人的真诚关怀。不仅如此,他对沿边蛮夷的帝国政策明智温和,使得帝国进一步从主要由先前的大篡夺者招致的边疆大乱中解脱出来。]

[显然从西汉的教训学得多多,他非常在乎权力,提防大贵族、外戚以及朝廷高官,将政权集中在他一人手里,并且不断地监察帝国国家机器。为此,他被认为"明帝察察","明帝苛切"(魏文帝曹丕和我们的史家所言,见《章帝纪》)。恰如他的伟大父亲,国务中的勤勉(和宫廷生活中的节俭)常在常见,保证了在这方面和总的治理上的显著成功。]

显宗孝明皇帝讳庄,光武第四子也。母阴皇后。帝生而丰下[杜预注《左传》云:"丰下,盖面方也。"],十岁能通《春秋》,光武奇之。建武十五年[39 年]封东海公,十七年[41 年]进爵为王,十九年[43 年]立为皇太子。师事博士桓荣,学通《尚书》。[或许汉元帝之后的每位华夏皇帝都是儒家学者! 儒家至少塑造了他们的话语,还有他们的颇大部分政治行为方式。]

中元二年[57 年]二月戊戌,即皇帝位,年三十。尊皇后[阴皇后]曰皇太后。……

夏四月丙辰，诏曰：“予末小子，奉承圣业，夙夜震畏，不敢荒宁。[**这些证明是肺腑之言！**]……朕承大运，继体守文[创基之主，则尚武功以定祸乱；其次继体而立者，则守文德。《穀梁传》曰：“承明继体。则守文之君也。”]，不知稼穑之艰难，惧有废失。圣恩遗戒，顾重天下，以元元为首。[**他的伟大父亲的首要遗嘱，被他忠实继承。**]公卿百僚，将何以辅朕不逮？[**他的宣告的首项政策是物质上施惠于所有草根民众和更多：**]其赐天下男子[《前书音义》曰：“男子者，谓户内之长也。”]爵，人二级；三老、孝悌、力田[皆乡官之名；三老，高帝置，孝悌、力田，高后置，所以劝导乡里，助成风化]人三级；爵过公乘[商鞅为秦制爵二十级，公乘为第八级]，得移与子若同产[同母兄弟]、同产子；及流人无名数欲自占者[无名数谓无文簿也，占谓自归首也]人一级；鳏、寡、孤、独、笃癃粟，人十斛。其施刑及郡国徒，在中元元年[56年]四月己卯赦前所犯而后捕系（羁）者，悉免其刑。又边人遭乱为内郡人妻，在己卯赦前，一切遣还边，恣其所乐。中二千石下至黄绶[二百石以上铜印黄绶]，贬秩赎论者[贬职出钱赎罪者]，悉皆复秩还赎。……”

[**针对蛮夷的、在边境两边的防务是华夏帝国恒久的艰巨任务，“小”胜“小”败乃平常事：**]秋九月，烧当羌寇陇西，败郡兵于允街。赦陇西囚徒，减罪一等，勿收今年租调。又所发天水三千人，亦复是岁更赋。遣谒者张鸿讨叛羌于允吾，鸿军大败，战殁。冬十一月，遣中郎将窦固监捕虏将军马武等二将军讨烧当羌。

十二月甲寅，诏曰[**登基后不到一年，他再度宣布施惠于弱势群体的措施，还有他阻抑地方官员对社会最弱者滥行不义的诏令：**]：“方春戒节，人以耕桑。其敕有司务顺时气，使无烦扰。[礼记：“仲春，无作大事，以妨农事。”]天下亡命殊死以下，听得赎论：死罪人缣二十匹，右趾至髡钳城旦春十匹[《前书音义》曰：“右趾谓刖其右足，次刖左足，次劓，次黥，次髡钳为城旦春。城旦者，昼日伺寇虏，夜暮筑长城。春者，妇人犯罪，不任军役之事，但令春以食徒者。”]，完城旦[谓不加髡钳而筑城]春至司寇作三匹。其未发觉，诏书到先[以前]自告[自首]者，半入赎[赎物减半]。今选举不实，邪佞未去，权门请托，残吏放手[谓贪纵为非]，百姓愁怨，情无告诉。有司明奏罪名，并正举者。又郡县每因征发，轻为奸利，诡责羸弱，先急下贫。其务在均平，无令枉刻。”

永平元年[58年]……

秋七月，捕虏将军马武等与烧当羌战，大破之。募士卒戍陇右，赐钱人三万。……

是岁，辽东太守祭彤[róng]使鲜卑击赤山[今内蒙古巴林左旗北]乌桓，大破之，斩其渠帅。[**以战略性外交动员一个蛮夷附庸去击破一个蛮夷敌人，导致帝国边疆稳定地安全。**]越巂[郡名，今四川西昌地区、云南丽江、楚雄北部]姑复夷叛，州郡讨平之。

［对一个巨型帝国来说，一类在边疆内地的日常麻烦（蛮夷反叛）。］

［**重建儒式国家，以宫廷的象征性铺张仪式**：］二年［59 年］春正月辛未，宗祀光武皇帝于明堂，帝及公卿列侯始服冠冕、衣裳、玉佩、绚屦［郑玄注云："绚屦，鼻头以青彩饰之。"］以行事。礼毕，登灵台。使尚书令持节诏骠骑将军、三公曰："今令月吉日，宗祀光武皇帝于明堂，以配五帝。……百蛮贡职，乌桓、濊（秽）貊咸来助祭，单于侍子、骨都侯亦皆陪位。［**儒式帝国凌驾于蛮夷附庸之上，更多的是外表和仪式而非实质**。］……仰惟［缅怀］先帝受命中兴，拨乱反正，以宁天下，封泰山，建明堂，立辟雍，起灵台，恢弘大道，被之八极……"

三月，临辟雍，初行大射礼。……

［**重建儒式国家，以宫廷的象征性仪式**：］冬十月壬子，幸辟雍，初行养老礼。诏曰："光武皇帝建三朝之礼，而未及临飨。眇眇小子，属当圣业。间暮春吉辰，初行大射；令月元日，复践辟雍。尊事三老，兄事五更，安车软轮，供绥执授。侯王设酱，公卿馈珍，朕亲袒割，执爵而颤……《诗》曰：'无德不报，无言不酬。'其赐荣［前云"师事博士桓荣，学通《尚书》"］爵关内侯，食邑五千户。三老、五更皆以二千石禄养终厥身。其赐天下三老酒人一石，肉四十斤。有司其存者耆耄，恤幼孤，惠鳏寡，称朕意焉。"……

是岁，始迎气于五郊。……

三年［60 年］……

二月……甲子，立贵人马氏为皇后，皇子炟［dá］为皇太子。赐天下男子爵，人二级；三老、孝悌、力田人三级；流人无名数欲占［无名数谓无文簿也，占谓自归首也］者人一级；鳏、寡、孤、独、笃、癃、贫不能自存者粟，人五斛。［**一次又一次地宣告施惠民众的措施，近乎日常事务**。］……

是岁，起北宫及诸官府。［**自他父亲登基后首次被记录的皇宫建筑项目，唯其陵墓除外**。］京师及郡国七大水。

四年［61 年］……

五年［62 年］……

十一月，北匈奴寇五原；十二月；寇云中，［《光武帝纪下》载"是岁（55 年）……北匈奴遣使奉献"］［**某种名义上的附庸地位能被这些独立的蛮夷轻易抛弃**］。南单于击却之。［**实质上的附庸的功能包括帝国边疆防御。一类"以夷制夷"**。］

是岁，发遣边人在内郡者，赐装钱人二万。

六年［63 年］……

二月，王雒［或作"雄"］山出宝鼎，庐江太守献之。夏四月甲子，诏曰："……祥瑞之降，以应有德。方今政化多僻，何以致兹？《易》曰鼎象三公，岂公卿奉职得其理邪？……赐三公帛五十匹，九卿、二千石半之。先帝诏书，禁人上事言圣[**反映原始儒家思想中的最佳要素之一**]，而间者章奏颇多浮词，自今若有过称虚誉，尚书皆宜抑而不省，示不为谄子蚩[**讥笑**]也。"[**这位君主的伟大的谦逊和清醒，既就他的成就的限度而言，也就警惕过分拍马的必要而言，那可以顽固地来自官僚和其他人等。**]……

七年[64年]春正月癸卯，皇太后阴氏崩……[**他确实是他父母亲的儿子！**① **广义的君主家庭教育必定对他的好评新贡献多多。**]……

是岁，北匈奴遣使乞和亲。[**这蛮夷的易变无常！既由它的生活方式也由实力对比变动决定。**]

八年[65年]……

遣越骑司马郑众报使北匈奴。[《后汉书·班彪传下》载：永平八年，复议通之[北匈奴]。而廷争连日，异同纷回，多执其难，少言其易。先帝圣德远览，瞻前顾后，遂复出使，事同前世。初置度辽将军[西汉昭帝初置度辽将军（范明友），此为复置]，屯五原曼柏[今内蒙古达拉特旗东南，目的在于阻绝南、北两匈奴间的交通]。[**旨在帝国北疆防务的一大措施。**]……

冬十月，北宫成。

丙子……诏三公募郡国中都官死罪系（羁）囚，减罪一等，勿笞，诣度辽将军营，屯朔方、五原之边县；妻子自随，便占著[谓附名籍]边县；父母同产欲相代者，恣听之。……凡徙者，赐弓弩衣粮。[**给上述战略措施提供人力支持。**]

[**对国家治理的君主审视和顶层自我批评，基于鼓励官僚"极言无讳"，无论它们的来源在我们现代人看来可以多么可笑：**]壬寅晦，日有食之，既。诏曰："朕以无德，奉承大业，而下贻人怨，上动三光。日食之变，其灾尤大，《春秋》图谶所为至谴。永思厥咎，在予一人。群司勉修职事，极言无讳。"于是在位者皆上封事，各言得失。帝览章，深自引咎，乃以所上班示百官。诏曰："群僚所言，皆朕之过。人冤不能理，吏黠不能禁；而轻用人力，缮修宫宇，出入无节，喜怒过差。……"

北匈奴寇西河诸郡。[**这蛮夷的易变无常。**]

九年[66年]春三月辛丑，诏郡国死罪囚减罪，与妻子诣五原、朔方占著，所在死者皆赐妻父若男同产[妻父或同胞兄弟]一人复终身；其妻无父兄独有母者，赐其母钱六万，又复其口算。[**再度为帝国北疆防务提供人力支持。**]

---

① 《后汉书·皇后纪上》载：光武即位……以后[阴皇后阴丽华]为贵人。帝以后雅性宽仁，欲崇以尊位，后固辞，以郭氏[郭皇后郭圣通]有子，终不肯当，故遂立郭皇后。……九年[33年]……帝……诏大司空曰："吾微贱之时，娶于阴氏……以贵人有母仪之美，宜立为后，而固辞弗敢当，列于媵妾。"十七年，废皇后郭氏而立贵人。……后在位恭俭，少嗜玩，不喜笑谑。性仁孝，多矜慈。

夏四月甲辰，诏郡国以公田赐贫人各有差。[**再度采取措施缓解社会弱势群体的贫苦境况**。]……

是岁，大有年[丰年；《穀梁传》曰："五谷皆熟，书大有年。"]。[**君主推进儒家文化，因为他的个人信仰和帝国的政治需要；广泛促进帝国政治精英中间的儒家教育：**]为四姓小侯开立学校，置《五经》师[袁宏《汉纪》曰，永平中崇尚儒学，自皇太子、诸王侯及功臣子弟，莫不受经。又为外戚樊氏、郭氏、阴氏、马氏诸子弟立学，号四姓小侯，置五经师。以非列侯，故曰小侯]。

十年[67年]春二月，广陵王荆有罪，自杀，国除。……

十一年[68年]……

十二年[69年]春正月，益州徼外夷哀牢王相率内属，于是置永昌郡，罢益州西部都尉。[哀牢国内附，其地划为哀牢县、博南县，并将原益州郡西部的六个县分离出来，合并成立为永昌郡，辖八县。相当于今云南省西部以及可能包含缅甸克钦邦、掸邦的一部分][**和平地前推帝国的西南部边疆。依靠"天然"影响或积极的外交？**]……

五月丙辰，赐天下男子爵，人二级，三老、孝悌、力田人三级，流民无名数欲占者人一级；鳏、寡、孤、独、笃癃、贫无家属不能自存者粟，人三斛。诏曰[**按照脚踏实地的常识性经验和原始儒家的一个最佳成分，试图去改变一部分流俗文化：**]："昔曾、闵奉亲，竭欢致养；仲尼葬子，有棺无椁。丧贵致哀，礼存宁俭。今百姓送终之制，竞为奢靡。生者无担石之储，而财力尽于坟土。伏腊无糟糠，而牲牢兼于一奠。糜破积世之业，以供终朝之费，子孙饥寒，绝命于此，岂祖考之意哉！又车服制度，恣极耳目。田荒不耕，游食者众。有司其申明科禁，宜于今者，宣下郡国。[**是否三十年的总体和平和其后繁荣开始以其第一步去准备社会精英的广义腐败，从而帝国的衰落？**]"……

是岁，天下安平，人无徭役，岁比登稔[rěn，稔年，丰收年]，百姓殷富，粟斛三十[粟米每斛斤三十钱]，牛羊被野。[**伟大繁荣的开始！归功于华夏社会惊人的复原力（resilience），归功于两代先帝的伟大温和和良善治理。**]

十三年[70年]……

十一月，楚王英谋反，废，国除，迁于泾县，所连及死徙者数千人。……

十四年[71年]……夏四月……前楚王英自杀。……

十五年[72年]春二月……诏亡命自殊死以下赎：死罪缣四十匹，右趾至髡钳城旦舂十匹，完城旦至司寇五匹；犯罪未发觉，诏书到日自告者，半入赎。[**重复他在位第一年之末宣布的措施，大大减少帝国囚徒的数目和改善最低级弱势者的命运。**]……

……封皇子恭为巨鹿王、党为乐成王、衍为下邳王、畅为汝南王、昞为常山王、长为济阴王。……[他的政策看来是逐渐减少他的兄弟的王国,树立他的儿子的,那有间接和有限地增长中央集权程度的效应。在《汉书·诸侯王表第二》内,史家班固极好地谈论过同姓王体制这汉代传统做法的利与弊。①]

十六年[73 年]春二月,遣太仆祭肜[róng]出高阙[山名,因以名塞,位于今内蒙古乌拉特后旗呼和温都尔镇那仁乌博尔嘎查北的达巴图沟口],奉车都尉窦固出酒泉,驸马都尉耿秉出居延[本匈奴地名,武帝因以名县,属张掖郡],骑都尉来苗出平城[县名,属雁门郡,治所在今山西大同市东北],伐北匈奴。[对北匈奴发动看来大规模的远征,而北匈奴虽然易变无常,却在过去七八年里没有被记录的入侵和掳掠。]窦固破呼衍王于天山,留兵屯伊吾庐城[今新疆哈密]。耿秉、来苗、祭肜并无功而还。[然而它失败了。明帝在这方面似乎不如他的伟大父亲,后者"在兵间久,厌武事,且知天下疲耗,思乐息肩。自陇、蜀平后,非儌(紧)急,未尝复言军旅"(《光武帝纪》)。或许这是为恢复帝国对西域的控制所需的?]

夏五月,淮阳王延谋反,发觉。癸丑,司徒邢穆、驸马都尉韩光坐事下狱死[坐与延同谋],所连及诛死者其众。

秋七月,淮阳王延徙封阜陵王。

九月丁卯,诏令郡国中都官死罪系(羁)囚减死罪一等,勿笞,诣军营,屯朔方、敦煌;妻子自随,父母同产欲求从者,恣听之;女子嫁为人妻,勿与俱。谋反大逆无道不用此书。[再度为西北边疆防务提供人力支持。]

是岁,北匈奴寇云中,云中太守廉范击破之。

十七年[74 年]……

是岁,甘露仍[频也]降,树枝内附[谓木连理也。《汉书》终军曰:"觸枝内附,是无外也。"],芝草生殿前,神雀五色翔集京师。西南夷哀牢、儋耳、僬侥、盘木、白狼、动黏诸种,前后慕义贡献;西域诸国遣子入侍。[华夏帝国看似近乎恢复,在西南、西北

---

① [班固在其中谈论了创设同姓王体制的重大裨益,也谈论了从景帝到武帝实际上的非封建化的致命弊端:]汉兴之初,海内新定,同姓寡少,惩戒亡秦孤立之败,于是剖裂疆土,立二等之爵[汉初分封,大者王,小者侯]……诸侯比境,周匝三垂,外接胡、越……藩国大者夸(跨)州兼郡,连城数十,宫室百官同制京师,可谓挢枉过其正矣。虽然,高祖创业,日不暇给,孝惠享国又浅,高后女主摄位,而海内晏如,亡[无]狂狡之忧,卒折诸吕之难,成太宗[文帝]之业者,亦赖之于诸侯也。……

至于哀、平之际,皆继体苗裔,亲属疏远,生于帷墙之中,不为士民所尊,势与富室亡(无)异。而本朝短世,国统三绝[成帝、哀帝、平帝皆早崩,又无继嗣],是故王莽知汉中外殚微,本末俱弱,亡(无)所忌惮,生其奸心;因母后[元帝后王政君]之权,假伊(尹)、周(公)之称,颛(专)作威福庙堂之上,不降阶序[台阶的级序]而运天下。诈谋既成,遂据南面之尊,分遣五威之吏,驰传天下,班行符命。汉诸侯王厥角[顿额]稽首,奉上玺韍[fú,系印的丝带],惟恐在后,或乃称美颂德,以求容媚,岂不哀哉!是以究其终始强弱之变,明监戒焉。[显然,东汉明帝,还有他的伟大父亲,在册立众多同姓王和防止外戚政治上坐大方面吸取了这个教训,尽管有相反方向的潜在风险。]

和所有其他方向,在作乱的大篡夺者完蛋约半个世纪后。]夏五月戊子,公卿百官以帝威德怀远,祥物显应,乃并集朝堂,奉觞上寿。制曰:"天生神物,以应王者;远人慕化,实由有德。朕以虚薄,何以享斯?[他的谦逊和清醒再次显示,像在11年前的类似的场合。自觉他的成就的限度。]唯高祖、光武圣德所被,不敢有辞。[受奉承和谄媚的机会被他转变成有如通常向普通民众和官吏发放好处的机会:]其敬举觞,太常择吉日策告宗庙。其赐天下男子爵,人二级,三老、孝悌、力田人三级,流人无名数欲占者人一级;鳏、寡、孤、独、笃癃、贫不能自存者粟,人三斛;郎、从官视事十岁以上者,帛十匹。中二千石、二千石下至黄绶[二百石以上铜印黄绶],贬秩奉赎[贬职出钱赎罪者],在去年以来皆还赎。"

冬十一月,遣奉车都尉窦固、驸马都尉耿秉、骑都尉刘张出敦煌昆仑塞,击破白山[天山东段]虏于蒲类海[即今新疆东部巴里坤湖]上,遂入车师。初置西域都护、戊己校尉。[帝国在西域的实质性宗主权得到恢复,但远非牢固。]

十八年[75年]春三月丁亥,诏曰:"其令天下亡命,自殊死已下赎:死罪缣三十匹,右趾至髡钳城旦舂十匹,完城旦至司寇五匹;吏人犯罪未发觉,诏书到自告者,半入赎。"[这又一次地被采取,是他登基以来的第三次。减少了帝国囚徒的数目,决定性地改善了社会最卑贱者的命运。]

夏四月己未,诏曰:"自春已来,时雨不降,宿麦伤旱,秋种未下,政失厥中,忧惧而已。其赐天下男子爵,人二级,及流民无名数欲占者人一级;鳏、寡、孤、独、笃癃、贫不能自存者粟,人三斛。……"……

焉耆、龟兹攻西域都护陈睦,悉没其众。北匈奴及车师后王围戊己校尉耿恭。[西域对华夏国家来说是个特别麻烦的地区!]

秋八月壬子,帝崩于东宫前殿。年四十八。遗诏无起寝庙,藏主[神主牌位]于光烈皇后[即阴丽华]更衣别室。帝初作寿陵,制令流水而已[只要能散水即可],石椁广一丈二尺,长二丈五尺,无得起坟。万年之后,扫地而祭,杆水[杯水]脯糒[fǔ bèi,干肉和干粮]而已。[《南史·顾宪之传》:"汉明帝天子之尊,犹祭以杆水脯糒,范史云列士之高,亦奠以寒水乾饭。"]过百日,唯四时设奠,置吏卒数人供给洒扫,勿开修道。敢有所兴作者,以擅议宗庙法从事。[一位非常谦逊和节俭的皇帝,在其心中必定牢记伟大的文帝! 或许,这也是一位"玩世不恭"、看穿人性的皇帝?]

[我们的史家属于一类文学天才,因为他的篇末再度是个总结性和评判性的"画龙点睛"段落,简洁地彰显他记述的人物的一两个本质方面。显然从西汉的教训学得多多,明帝非常在乎君主权力,提防大贵族,特别是外戚,将政权集中在他一人手里,以便保证政治稳定和社会复兴:]

帝遵奉建武制度,无敢违者。后宫之家,不得封侯与政。馆陶公主为子求郎,不许,而赐钱千万。谓群臣曰:"郎官……出宰[宰辖]百里,苟非其人,则民受其殃,是以难之。"故吏称其官,民安其业,远近肃服,户口滋殖焉。

论曰:明帝善刑理,法令分明。日晏坐朝,幽枉[枉屈不明的问题]必达。内外无倖曲之私[侥幸徇私],在上无矜大之色。断狱得情,号居前代十二[案件据称仅及前代十分之二]。故后之言事者,莫不先建武、永平之政。……[他是个审慎、直截、决绝、严厉和勤勉的皇帝,拥有一类杰出的最高统治者的最佳素质。而且,这就是他被认为"明帝察察"、"明帝苛切"的原因。]

### 卷 46《郭陈列传》[郭躬]

[本篇记述三位帝国行政管理者,他们基于经典儒家信念和通情达理的政治眼界,一次又一次地呼吁司法温和("决狱断刑,多依矜恕","刑不滥","世典刑法,用心务在宽详")。]

[与此相关,本评注者在一篇文章里就传统中国治理说的一句话应当在此予以重复:"比较公正和温和的司法是善治和从普通人民那里赢得社会稳定的一项必需,恰如较为公平和有节制的农业政策和税收政策。"]

[他们是司法改良者,其中两位(陈宠陈忠父子),分别在和帝和安帝在位期间,还是与行使统治的外戚和宦官斗争的正直"斗士"。]

郭躬:

[帝国司法大师,有其儒家信念、司法才能和雄辩,主要特征为"掌法,务在宽平","决狱断刑,多依矜恕"。他使得帝国司法更为人道,政治上更加通情达理。]

[一位学问能手,以他很大程度上出自父亲的非常显著的司法才能和雄辩为政府效力,预先提示了他后来执掌帝国司法的"宽平"和"矜恕":]

郭躬字仲孙,颍川阳翟[今河南禹县]人也。家世衣冠。父弘,习《小杜律》[杜延年所订法律;言小杜,因为延年乃酷吏杜周之子]。太守寇恂以弘为决曹掾,断狱至三十年,用法平。诸为弘所决者,退无怨情,郡内比之东海于公[东海郯人,宣帝廷尉、御史大夫于定国之父。《汉书·隽疏于薛平彭传》载,"其父于公为县狱吏、郡决曹,决狱平,罗文法者于公所决皆不恨。郡中为之生立祠,号曰于公祠"]。年九十五卒。

[专长于司法实践的学问能手:]躬少传父业,讲授徒众常数百人。后为郡吏,辟公府。[彰显他的司法才能和雄辩的一个例子,在他步入官场之后:]永平[明帝年号,58—75 年]中,奉车都尉窦固出击匈奴[73 年],骑都尉秦彭为副。彭在别屯而辄以法斩人,固奏彭专擅,请诛之。显宗[明帝]乃引公卿朝臣平其罪科。躬以明法

律,召入议。议者皆然固奏,躬独曰:"于法,彭得斩之。"帝曰:"军征,校尉一统于督。彭既无斧钺,可得专杀人乎?"躬对曰:"一统于督者,谓在部曲[汉代编制内的各部队,大将军营有五部,部下有曲]也。今彭专军别将,有异于此。兵事呼吸[意谓紧急],不容先关督帅。且汉制棨[qǐ]戟[官员出行的一种仪仗,木制,形似戟]即为斧钺,于法不合罪。"帝从躬议。[另一个例子:]又有兄弟共杀人者,而罪未有所归。帝以兄不训弟,故报兄重而减弟死。中常侍孙章宣诏,误言两报重,尚书奏章矫制,罪当腰斩。帝复召躬问之[他现在就像明帝的司法特别顾问],躬对"章应罚金"。帝曰:"章矫诏杀人,何谓罚金?"躬曰:"法令有故、误,章传命之谬,于事为误,误者其文则轻。"帝曰:"章与囚同县,疑其故也。"躬曰[一则经典的儒家论辩,反映了他的儒家信念]:"'周道如砥[清明均一],其直如矢。'[出自《诗经·小雅·大东》]。'君子不逆诈。'[《论语·宪问》:"子曰:'不逆诈,不亿不信(不猜测人不诚信),抑亦先觉者,是贤乎!'。未见其诈,而拟以为诈,谓之逆诈。"]君王法天,刑不可以委曲生意。"帝曰:"善。"[**特别重要的是,明帝一再"从躬议"**]迁躬廷尉正,坐法免。……

### 卷41《第五钟离宋寒列传》[钟离意]

#### 钟离意:

[**东汉早期一位令人印象深刻的官僚,一贯公正、诚实、和善和温情,不管是在地方还是在中央效力。**]

[**他早先在非常低级的地方职位上令人印象深刻的好表现:**]
钟离意字子阿,会稽山阴人也。少为郡督邮。时部县亭长有受人酒礼者,府下[府吏]记案考[察也]之。意封还记,人言于太守曰:"《春秋》先内后外,《诗》云'刑于寡妻,以御于家邦'[《诗·大雅·思齐》,刑,见也,御,治也,意为给自己的嫡妻做榜样,进而治理好一家一国],明政化之本,由近及远。今宜先清府内、且阔略远县细微之愆。"太守甚贤之,遂任以县事。建武十四年[38年],会稽大疫,死者万数,意独身自隐亲[亲自隐恤之],经给医药,所部多蒙全济。[**他和善,通情达理,而且充分负责。**]

举孝廉,再迁,辟[被召授予职务]大司徒侯霸府。[**对最卑贱的人们和善和公正:**]诏部送徒[押送囚徒]诣河内,时冬寒,徒病不能行。路过弘农,意辄移属县使作徒衣,县不得已与之,而上书言状,意亦具以闻。光武得奏,以视霸,曰:"君所使掾何乃仁于用心? 诚良吏也!"意遂于道解徒桎梏,恣所欲过,与克期[在预定的期限内]俱至,无或违者。还,以病免。

后除[被任命为]瑕丘[县名,治所在今山东兖州市东北]令。[**他的人道的和善再度**

**彰显**：]吏有檀建者，盗窃县内，意屏人问状，建叩头服罪，不忍加刑，遣令长休。[**一则不自然的传奇，属于一类儒家制造了那么多的故事**：]建父闻之，为建设酒，谓曰："吾闻无道之君以刃残人，有道之君以义行诛。子罪，命也。"遂令建进药而死。[**他一贯人道地和善**：]二十五年[49 年]，迁堂邑[县名，在今江苏南京市六合区]令。县人防广为父报仇，系（羁）狱，其母病死，广哭泣不食。意怜伤之，乃听广归家，使得殡敛。丞掾皆争，意曰："罪自我归，义不累下。"遂遣之。广敛母讫，果还入狱。意密以状闻，广竟得以减死论。

[**他在中央的令人印象深刻的好表现，正直、诚实、人道和有勇气，诚谏皇帝本人（虽然多少太僵硬甚而神经质），以便防止最高层可能的腐败**：]

显宗[明帝]即位，征为尚书。[**他在可谓被错怪了的皇帝面前的"经典"儒家正直**：]时交阯太守张恢，坐臧（赃）千金，征还伏法，以资物簿入[查抄登记]大司农，诏班赐群臣。意得珠玑，悉以委地而不拜赐。帝怪而问其故。对曰："臣闻孔子忍渴于盗泉之水，曾参回车于胜母之间，恶其名也。此臧（赃）秽之宝，诚不敢拜。"帝嗟叹曰："清乎尚书之言！"乃更以库钱三十万赐意。转为尚书仆射。[**他有勇气诚谏君主本人，虽然太僵硬甚而神经质（因为后者以在国务中勤勉著称）**：]车驾数幸广成苑，意以为从禽（擒）废政，常当车陈谏般乐[大肆作乐]游田之事，天子即时还宫。[**再度诚谏君主，以防止最高层可能的腐败**：]永平三年[60 年]夏旱，而大起北宫，意诣阙免冠上疏曰：

伏见陛下以天时小旱，忧念元元，降避正殿，躬自克责，而比日密云，遂无大润，岂政有未得应天心者邪？[**在这类场合，儒家自然神论可以是一种为好目的作的论辩**：]昔成汤遭旱，以六事自责曰："政不节邪？使人疾邪？宫室荣邪？女谒[女宠；或谓通过宫中嬖宠的女子干求请托]盛邪？苞苴[贿赂]行邪？谗夫昌邪？"[《帝王纪》曰："成汤大旱七年，斋戒翦发断爪，以己为牺牲，祷于桑林之社，以六事自责。"]窃见北宫大作，人失农时，此所谓宫室荣也。自古非苦宫室小狭，但患人不安宁。宜且罢止，以应天心。……

帝策诏报曰："……上天降旱，密云数会，朕戚然惭惧，思获嘉应，故分布祷请，窥候风云……今又敕大匠止作诸宫，减省不急，庶消灾谴。"诏因谢公卿百僚，遂应时澍雨焉[《说文》云"雨所以澍生万物"，故曰澍]。[**伟大的明帝接受了他的诚谏！**]

时，诏赐降胡子[投降的胡人的后代]缣[细绢]，尚书案事，误以十为百。帝见司农上簿，大怒，召郎，将笞之。[**他的人道的和善再度彰显，那大不利于他本人**：]意因入叩头曰："过误之失，常人所容。若以懈慢为愆，则臣位大，罪重，郎位小，罪轻，咎皆在臣，臣当先坐。"乃解衣就格[接受杖打]。帝意解，使复冠而贳[赦免]郎。

［以他杰出的勇气以及经典的和当代的儒家信条，他再度谏言，诚谏太严苛的明帝，以求朝廷里甚而其外有通情达理的气氛：］

帝性褊察，好以耳目隐发为明，故公卿大臣数被诋毁，近臣尚书以下至见［甚见］提拽。尝以事怒郎药崧，以杖撞之。崧走入床下，帝怒甚，疾言曰："郎出！郎出！"崧曰："天子穆穆，诸侯煌煌。未闻人君自起撞郎。"帝赦之。［**他的正直的大勇气罕见于他的同僚中间：**］朝廷莫不悚栗，争为严切，以避诛责；惟意独敢谏争，数封还诏书，臣下过失辄救解之。会连有变异［**儒家自然神论再度被用来争辩，为了一个好目的**］，意复上疏曰：

……天气未和，日月不明，水泉涌溢，寒暑违节者，咎在群臣不能宣化理职，而以苛刻为俗［**全国政治文化有蜕化变坏的危险，至少依据我们勇敢的儒士所言**］。吏杀良人，继踵不绝。百官无相亲之心，吏人无雍雍［《尔雅》曰："雍雍，和也。"］之志。至于骨肉相残，毒害弥深，感逆和气，以致天灾。［**他现在转而用经典儒家信条来论辩：**］百姓可以德胜，难以力服。先王要道，民用和睦，故能致天下和平，灾害不生，祸乱不作。《鹿鸣》之诗必言宴乐者［《诗·小雅·鹿鸣》曰："呦呦鹿鸣，食野之苹，我有嘉宾，鼓瑟吹笙。"］，以人神之心洽，然后天气和也。愿陛下垂圣德，揆万机，诏有司，慎人命，缓刑罚，顺时气，以调阴阳，垂之无极。

帝虽不能用［**这位君主不能改变自己的根本的政治人格和执迷权力倾向**］，然知其至诚。亦以此故不得久留，出为鲁相。［**他终于成了朝廷里的一个麻烦，在戳碰了上面说的以后。**］后德阳殿成，百官大会。帝思意言，谓公卿曰："钟离尚书若在，此殿不立。"

［**对他的为官生涯的简要概述，非常积极：**］

意视事五年，以爱利为化［**他爱民众，以具体行动施惠于民众，从而熏陶了他们**］，人多殷富。［《东观记》曰："意在堂邑，为政爱利，轻刑慎罚，抚循百姓如赤子。初到县，市无屋，意出奉钱帅（率）人作屋。人赍茅竹或持材木，争起趋作，浃日（十日）而成。功作既毕，为解土，祝曰：'兴功役者（县）令，百姓无事。如有祸祟，令自当之。'人皆大悦。"］以久病卒官。遗言上书陈升平之世，难以急化，宜少（稍）宽假。［**他在垂死之际，依然希望改变明帝之下太严苛的帝国统治方式。**］帝感伤其意［**能领会和谅解敢于顶撞的忠臣的皇帝**］，下诏嗟叹，赐钱二十万。……

**卷 76**《循吏列传》［王景］

王景：

［**明帝之下伟大的水利工程创建者和大规模农工组织者，为当时民众和几世**

纪后代人的裨益而成功地治理了黄河和汴渠（连接黄河与淮河的主要运河）。因此,他在本篇里实属特殊,因为他的主要成就是在为一项全国意义的重大工程担任帝国钦差期间实现的。]

［以后,在地区/地方行政长官任上,他为民众和帝国政权表现优良。］

王景字仲通,乐浪诌邯[在今朝鲜平壤西北]人也。八世祖仲,本琅邪不其[在今山东即墨西南]人。好道术,明天文。[他有个道家"科学"祖先,在他心中肯定重要。]诸吕作乱,齐哀王襄谋发兵,而数问于仲。及济北王兴居反,欲委兵师仲,仲惧祸及,乃浮海东奔乐浪山中,因而家焉。父闳,为郡三老。更始败,土人王调杀郡守刘宪,自称大将军、乐浪太守。建武六年[30年],光武遣太守王遵将兵击之。至辽东,闳与郡决曹史杨邑等共杀调迎遵,皆封为列侯,闳独让爵。帝奇而征之,道病卒。

［他的智识背景首先是"科学的",伴有他在水利上的最初为官表现：］

景少学《易》,遂广窥众书,又好天文术数之事,沈深多伎艺。辟司空伏恭府。时有荐景能理水者,显宗[明帝]诏与将作谒者王吴共修作浚仪渠[汴渠的开封段]。吴用景墕流法[一说为使用石砌溢流堰防洪的办法即墕流法],水乃不复为害。

［他在连接黄河与淮河方面的重大成就,证明他是个伟大的水利工程创建者和大规模农工组织者：］

初,平帝时,河、汴决坏,未及得修。[光武帝就此工程的犹豫,面对困难的抉择"知难而退"：]建武十年[34年],阳武令张汜上言："河决积久,日月侵毁,济渠所漂[水淹]数十许县。修理之费,其功不难。宜改修堤防,以安百姓。"书奏,光武即为发卒。方营河功,而浚仪令乐俊复上言："……今居家稀少,田地饶广,虽未修理,其患犹可。且新被兵革,方兴役力,劳怨既多,民不堪命。宜须平静,更议其事。"光武得此遂止。

［最终,35年之后,在洪水和民怨的愈益增大的压力下,明帝下决心发动这巨大的工程,并且知人善任地委派他负责：］后汴渠东侵,日月弥广,而水门故处,皆在河中,兖、豫百姓怨叹,以为县官[天子]恒兴佗(他)役,不先民急。永平十二年[69年],议修汴渠,乃引见景,问以理水形便。景陈其利害,应对敏给,帝善之。又以尝修浚仪,功业有成,乃赐景《山海经》、《河渠书》、《禹贡图》及钱帛衣物。夏,遂发卒数十万,遣景与王吴修渠筑堤,自荥阳东至千乘海口千余里。[确实是个巨型工程! 对其宏伟进展的简要描述：]景乃商度地势,凿山阜[阜为土山],破砥绩[水中沙石],直截沟涧,防遏冲要[在要害处筑起堤坝],疏决壅积,十里立一水门,令更相洄注[《尔雅》曰:"逆流而上曰洄。"郭璞注云:"旋流也。"],无复溃漏之患。景虽简省役费,然犹以百亿计。[这巨型工程的完成：]明年夏,渠成。帝亲自巡行,诏滨河郡国置河堤员吏,如西京旧制[《十三州志》曰:"成帝时河堤大坏,泛滥青、徐、兖、豫四州略遍,

乃以校尉王延代领河堤谒者，秩千石，或名其官为护都水使者。"]景由是知名。王吴及诸从事掾史皆增秩一等。景三迁为侍御史。十五年[72年]，从驾车巡狩，至无盐[县名，在今山东西南部东平县东部]，帝美其功绩，拜河堤谒者，赐车马缣钱。

**[为了民众和帝国政权的裨益，他在地区/地方行政长官任上也表现优良：]**

建初[章帝年号]七年[82年]，迁徐州刺史。先是杜陵杜笃奏上《论都赋》，欲令车驾迁还长安。耆老闻者，皆动怀土之心，莫不眷然仁立西望。景以宫庙已立，恐人情疑惑，会时有神雀诸瑞，乃作《金人论》，颂洛邑之美，天人之符，文有可采。

明年，迁庐江[郡名，治所在郡治今安徽庐江县西百余里]太守。**[使当地民众（半蛮夷？）"文明化"：]**先是，百姓不知牛耕，致地力有余而食常不足。郡界有楚相孙叔敖所起芍陂[今安徽寿县安丰塘，人称中国最早的人工水利工程]稻田。景乃驱率吏民，修起芜废[指重修芍陂]，教用犁耕，由是垦辟倍多，境内丰给。遂铭石刻誓，令民知常禁。又训令蚕织，为作法制，皆著于乡亭，庐江传其文辞。卒于官。……

### 卷31《郭杜孔张廉王苏羊贾陆列传》[廉范]

[一套传记，记述十位在东汉帝国不同甚或相反时代的地方行政长官，其表现具有共性，即能干、关怀社会和赢得民望。]

…………


廉范：

[战国时代最伟大将领之一的后裔，在全国大乱期间和明帝在位初年两度遭难（在后一时段内还有一回再又遭难的大风险），但无可动摇地坚持他的儒家道德及更多：]

廉范字叔度，京兆杜陵人也，赵将廉颇之后也。汉兴，以廉氏豪宗，自苦陉[县名，治所在今河北定州市邢邑镇]徙焉。世为边郡守……曾祖父褒，成、哀间为右将军，祖父丹，王莽时为大司马庸部牧，皆有名前世。**[他在全国大乱期间遭难，但坚定地保持儒家道德：]**范父遭丧乱，客死于蜀汉，范遂流寓西州[即凉州]。西州平，归乡里。年十五，辞母西迎父丧。蜀郡太守张穆，丹之故吏，乃重资送范，范无所受，与客步负丧归葭萌[县名，治所在今四川广元西南]。载船触石破没，范抱持棺柩，遂俱沉溺，众伤其义，钩求得之，疗救仅免于死。穆闻，复驰遣使持前资物追范，范又固辞。归葬服竟，诣京师受业，事博士薛汉。京兆、陇西二郡更请召，皆不应，永平[明帝年号，58—75年]初，陇西太守邓融备礼谒范为功曹，会融为州所举案[举其罪案验之]，范知事谴难解，欲以权相济，乃托病求去，融不达其意，大恨之。**[他再度遭难，但再度保持他的儒家道德及更多，犹如传奇：]**范于是东至洛阳，变名姓，求代廷尉狱卒。居无几,融果征下狱,范遂得卫侍左右,尽心勤劳。融怪其貌类范而殊不意,乃谓曰:"卿何似我故功曹邪?"范诃之曰:"君困厄瞀[mào,目眩,眼花]乱邪!"语遂绝。融系(羁)出因病,范随而养视,及死,竟不言,身自将车送丧致南阳,葬毕乃去。

[**他遇到在明帝之下又一次遭难的大风险,但同样道德不减,而且由此显名:**]后辟公府,会薛汉坐楚王事诛,故人门生莫敢视,范独往收敛之。吏以闻,显宗大怒,召范入,诘责曰:"薛汉与楚王同谋,交乱天下,范公府掾,不与朝廷同心,而反收敛罪人,何也?"范叩头曰:"臣无状愚戆,以为汉等皆已伏诛,不胜师资之情,罪当万坐。"帝怒稍解,问范曰:"卿廉颇后邪? 与右将军褒、大司马丹有亲属乎?"范对曰:"褒,臣之曾祖;丹,臣之祖也。"帝曰:"怪卿志胆敢尔!"因贳之。由是显名。

[**他作为行政长官,成功地治理了几个在北方、西北和西南的边疆地区,以其显著的武德和民政才能:**]举茂才,数月,再迁为云中[郡名,治所在今内蒙古托克托县]太守。会匈奴大入塞,烽火日通。故事,虏入过五千人,移书傍郡。[**他再以兵力数量劣势对匈奴人作战时的英勇和谋略:**]范不听,自率士卒拒之。虏众盛而范兵不敌。会日暮,令军士各交缚两炬[交叉缚扎两炬如十字],三头热火[点火],营中星列。虏遥望火多,谓汉兵救至,大惊。待旦将退,范乃令军中蓐食[早起用食丰厚;蓐原以为草席],晨往赴之,斩首数百级,虏自相辚藉,死者千余人,由此不敢复向云中。

[**他的民政治理才能,特征为"随俗化导"和对民众通情达理:**]后频历武威、武都二郡太守,随俗化导,各得治宜。建初[章帝年号,76—84 年]中,迁蜀郡太守,其俗尚文辩,好相持短长,范每厉(励)以淳厚,不受偷薄之说。[**他对民众的通情达理,那大得民望:**]成都民物丰盛,邑宇逼侧[迫近;拥挤],旧制禁民夜作,以防火灾,而更相隐蔽,烧者日属。范乃毁削先令,但严使储水而已。百姓为便,乃歌之曰:"廉叔度,来何暮? 不禁火,民安作。平生无襦今五绔。"在蜀数年,坐法免归乡里。[**他总是保有道德和"超脱":**]范世在边,广田地,积财粟,悉以赈宗族朋友。

……卒于家。……

## 卷 41《第五钟离宋寒列传》[寒朗]

### 寒朗:

[**东汉初期的儒士官僚,人道,诚实,富有责任心和道德勇气;他"廷争冤狱",使其君主明帝和帝国免却犯下一大清洗之错。**]

寒朗字伯奇,鲁国薛人也。生三日,遭天下乱,弃之荆刺;数日兵解,母往视,犹尚气息,遂收养之。及长,好经学,博通书传,以《尚书》教授。举孝廉。

[他在一项罪案中表现的责任心和道德勇气，面对皇帝的大怒和同僚不负责任的胆怯：]永平[明帝年号，58—75 年]中，以谒者守[暂时署理]侍御史[官名，在御史大夫之下]，与三府掾属共考案楚狱颜忠、王平等，辞连及隧乡侯耿建、朗陵侯臧信、护泽侯邓鲤、曲成侯刘建。建等辞未尝与忠、平相见。是时，显宗[明帝]怒甚，吏皆惶恐，诸所连及，率一切陷入，无敢以情恕者。朗心伤其冤，试以建等物色[谓形状]独问忠、平，而二人错愕不能对。朗知其诈，乃上言建等无奸，专为忠、平所诬，疑天下无辜类多如此。帝乃召朗入，问曰："建等即如是，忠、平何故引之？"朗对曰："忠、平自知所犯不道，故多有虚引，冀以自明。"帝曰："即如是，四侯无事，何不早奏，狱竟而久系（羁）至今邪？"朗对曰："臣虽考之无事，然恐海内别有发其奸者，故未敢时上。"帝怒骂曰："吏持两端，促提下。"左右方引去，朗曰："愿一言而死。小臣不敢欺，欲助国耳。"帝问曰："谁与共为章？"对曰[城实，勇敢和……雄辩！]："臣自知当必族灭，不敢多污染人，诚冀陛下一觉悟而已。臣见考囚在事者，咸共言妖恶大故，臣子所宜同疾，今出之[让其出狱]不如入之，可无后责。是以考一连十，考十连百。又公卿朝会，陛下问以得失，皆长跪言……及其归舍，口虽不言，而仰屋窃叹，莫不知其多冤，无敢忤陛下者。[在独裁的专制之下，政治文化能以这种方式蜕化变坏！]臣今所陈，诚死无悔。"帝意解，诏遣朗出。后二日，车驾自幸洛阳狱录囚徒，理出千余人。[他，冒最大的风险，使他的君主和帝国免却一大清洗之错！]后平、忠死狱中，朗乃自系（羁）。会赦，免官。复举孝廉。……

## "后宫之家不得封侯与政"

### 卷 10 上《皇后纪上》[马皇后]

马贵人、马皇后、马太后（马某）：

[在人品和命运方面，她是阴丽华的一个伟大的缩小版，犹如明帝是光武帝的缩小版那样。她非常有德，温情脉脉，心怀宽广，虽然没有她自己的孩子，但在整个婚后一生始终享其丈夫的爱和尊敬以及皇后地位。同样有如阴丽华，并且非常例外，她未嫉妒她的丈夫的其他女人。她"母仪天下"，拥有盛大的全国性威望，同时"未尝以家私干"。]

["后宫之家不得封侯与政"（《明帝纪》），那是她和她的皇帝丈夫合作做到的。她的另一个大主题（在关于章帝的部分我们将着重谈论），在于她作为令人敬畏的太后，不断有意识和努力去防止她自己、她的家族和更多的人腐败。]

　　明德马皇后讳某,伏波将军援之小女也。少丧父母[**并且还失去了父亲、一位正直的指挥将领的贵族地位和特权,原因在于如下所述某些大贵族在他死后对他的诽谤**]。兄客卿惠敏早夭,母蔺夫人悲伤发疾慌惚。后时年十岁,干理家事,敕制僮御,内外咨禀,事同成人。[**一个非常能干的小女孩,就像她后来作为皇后!**]初,诸家莫知者,后闻之,咸叹异焉。后尝久疾,太夫人令筮之,筮者曰:"此女虽有患状而当大贵,兆不可言也。"……

　　初,援征五溪蛮,卒于师,虎贲中郎将梁松[光武帝之婿]、黄门侍郎窦固[亦为光武帝之婿]等因潜之,由是家益失势,又数为权贵所侵侮。后从兄严不胜忧愤,白太夫人绝窦氏婚,求进女掖庭。乃上书……由是选后入太子宫。时年十三。[**在难以忍受的大不幸之中,潜藏着未经预料的大幸运,既因为她优异,也因为皇储和他的父母是伟大的有德者:**]奉承阴后,傍接同列,礼则修备,上下安之。遂见宠异,常居后堂。

　　显宗即位,以后为贵人。时后前母姊女贾氏亦以选入,生肃宗[章帝]。帝以后无子[**就她和当时的宫廷而言,这通常的致命弱点远不是致命的**],命令养之。谓曰:"人未必当自生子,但患爱养不至耳。"[**伟大言辞,不同流俗! 她被确保无虞**]后于是尽心抚育,劳悴过于所生。肃宗亦孝性淳笃,恩性天至,母子慈爱,始终无纤介之间。[**非常例外,她对她的皇帝丈夫的其他女人全无嫉妒;她有她那版本的"国家理由"(raison d'etat)去克服妇女的天然嫉妒**]后常以皇嗣未广,每怀忧叹,荐达左右,若恐不及。后宫有进见者,每加慰纳。若数所宠引,辄增隆遇。永平三年[60年]春,有司奏立长秋宫,帝未有所言。皇太后曰[**她爱她自己的"缩小版",并且在她去世前四年(代表她的皇帝儿子)作了决定:**]:"马贵人德冠后宫,即其人也。"遂立为皇后。

　　……即正位宫闱,愈自谦肃。[**伟大的谦逊和谨慎,连同按照宫廷伦理和政治所需的、"第一夫人"的威严和正直:**]身长七尺二寸,方口,美发。能诵《易》,好读《春秋》《楚辞》,尤善《周官》《董仲舒书》。[**在智识甚或学问上,她非同小可。**]常衣大练[厚缯],裙不加缘。朔望诸姬主朝请,望见后袍衣疏粗,反以为绮縠[质地细密的绫绸绉纱],就视,乃笑。后辞曰:"此缯特宜染色,故用之耳。"六宫莫不叹息。……帝幸濯龙[园名,近北宫]中,并召诸才人,下邳王已(以)下皆在侧,请呼皇后。帝笑曰:"是家志不好乐,虽来无欢。"是以游娱之事希尝从焉。[**伟大的节俭! 可以将中国的老话"无欲则刚"应用在她身上。**]

　　十五年[72年],帝案地图,将封皇子,悉半[减半]诸国。后见而言曰:"诸子裁(才)食数县,于制不已俭乎?"帝曰:"我子岂宜与先帝子等乎? 岁给二千万足矣。"[**她的伟大在很大甚而决定性的程度上归因于她丈夫的伟大。**]时楚狱连年不断,囚相证引,坐系(羁)者甚众。后虑其多滥,乘间言及,恻然。帝感悟之,夜起彷徨,为思所纳,卒多有所降宥[减罪宽宥]。[**有时,她的伟大令他有所改善而变得更伟大！**]时诸将奏事及公卿较议难平者,帝数以试后。后辄分解趣理,各得其情。每于侍执之际,辄言及政事,多所毗补,而未尝以家私干。[**一位被邀请谈政治的皇后,聪慧、通情达理和格外无私。**]故宠敬日隆,始终无衰。……

## "知骄贵之无厌,嗜欲之难极"?

**卷 42《光武十王列传》**[刘英、刘康]

刘英:

[**亲王级的道家和半佛教徒,且在他的亲王兄弟们中间最卑微,因为他的母亲在皇帝的正式性伴侣中间最卑微。然而,他有一大资产,那就是皇储的爱和宠惠,那与他的不正统的信仰结合在一起,或许导致了他的谋叛和暴死。一个不守规矩的家伙。**]

楚王英,以建武十五年[39 年]封为楚公,十七年[41 年]进爵为王,二十八年[52 年]就国。母许氏无宠,故英国最贫小。[**在同侪中间最卑微,因为他的相对最卑微的宫廷母亲。**]三十年[54 年],以临淮之取虑、须昌二县益楚国。[**然而他有特殊的资产：**]自显宗为太子时,英常独归附太子,太子特亲爱之。及即位,数受赏赐。永平元年[58 年],特封英舅子许昌为龙舒侯。

[**亲王级的道家和半佛教徒,当时在他的同侪中间的一名怪人：**]英少时好游侠,交通宾客,晚节更喜黄老,学为浮屠斋戒祭祀。[袁宏《汉纪》曰："初,明帝梦见金人长大,项有日月光,以问众臣。或曰：'西方有神,其名曰佛。陛下所梦,得无是乎？' 于是遣使天竺,问其道术而图其形像焉。"]八年[65 年],诏令天下死罪入缣赎。[**享有前皇储、现在的皇帝的宠惠：**]英遣郎中令奉黄缣白纨三十匹诣国相曰："托在蕃辅,过恶累积,欢喜大恩,奉送缣帛,以赎愆罪。"国相以闻,诏报曰："楚王诵黄老之微言,尚浮屠之仁祠,洁斋三月,与神为誓,何嫌何疑,当有悔吝？ 其还赎,以助伊蒲塞桑门之盛馔。[伊蒲塞即优婆塞,在家信佛的男子,即居士。桑门即沙门,佛教男性出家众(比丘)的代名词,意义略同于和尚。]"因以班(颁)示诸国中傅。英后遂大交通方士,作金龟玉鹤,刻文字以为符瑞。

[**谋叛！ 然而皇帝依然给予他特殊宽恕：**]十三年[70 年],男子燕广告英与渔阳王平、颜忠等造作图书,有逆谋,事下案验。有司奏英招聚奸猾,造作图谶,擅相官秩,置诸侯王公将军二千石,大逆不道,请诛之。帝以亲亲不忍,乃废英,徙丹阳

泾县,赐汤沐邑五百户。遣大鸿胪持节护送,使伎人奴婢工技鼓吹悉从,得乘辒辌,持兵弩,行道射猎,极意自娱。男女为侯主者,食邑如故。楚太后[即许美人]勿上玺绶,留住楚宫。

[**他的暴死,还有因为他而来的数千人的暴死:**]明年,英至丹阳,自杀。立三十三年,国除。……楚狱遂至累年,其辞语相连,自京师亲戚诸侯州郡豪杰及考案吏,阿附相陷,坐死徙者以千数。①

十五年[72 年],帝幸彭城,见许太后及英妻子于内殿,悲泣,感动左右。[**明帝依然保有对他的个人温情,反映了他俩约二十年前的亲密。**]建初二年[77 年],肃宗[章帝]封英子种楚侯,五弟皆为列侯,并不得置相臣吏人。……

刘康:

[**另一个不守规矩的家伙,甚而狂野地如此! 他的很可能但被宽恕了的谋叛没有教给他任何东西。**]

济南安王康,建武十五年[39 年]封济南公,十七年[41 年]进爵为王,二十八年[52 年]就国。三十年[54 年],以平原之祝阿、安德、朝阳、平昌、隰阴、重丘六县益济南国……

[**他狂野地不守规矩,到了很可能谋叛的程度:**]康在国不循法度,交通宾客。其后,人上书告康招来(徐)州郡奸猾渔阳颜忠、刘子产等,又多遗其缯帛,案图书,谋议不轨。事下考,有司举奏之,显宗[明帝]以亲亲故,不忍穷竟其事,但削祝阿、隰阴、东朝阳、安德、西平昌五县。[**他被宽恕!**]

[**宽恕导致了他的第二轮狂野生活;他未从先前的危险学到任何东西,尽管现在他沉溺于一种危险较小的生活方式——"奢侈恣欲,游观无节":**]建初八年[83 年],肃宗[章帝]复还所削地,康遂多殖财货,大修宫室,奴婢至千四百人,厩马千二百匹,私田八百顷,奢侈恣欲,游观无节。永元[和帝年号,89—105 年]初,国傅何敞上疏谏康曰:

盖闻诸侯之义,制节谨度,然后能保其社稷,和其民人。大王……而今奴婢厩马皆有千余,增无用之口,以自蚕食。官婢闭隔,失其天性,惑乱和气。又多起内第,触犯防禁,费以巨万,而功犹未半。……今数游诸第,晨夜无节,又非所以远防未然,临深履薄之法也。愿大王修恭俭,遵古制,省奴婢之口,减乘马之数,斥私田之富,节游观之宴,以礼起居,则敞乃敢安心自保。……

_____

① 《后汉书·明帝纪》载:十三年[70 年]……十一月,楚王英谋反,废,国除,迁于泾县,所连及死徙者数千人。……十四年[71 年]……夏四月……前楚王英自杀。

康素敬重敞，虽无所嫌忤，然终不能改。["不能改"：他已经证明了这一点。]

立五十九年薨……

## 卷 50《孝明八王列传》

[伟大的明帝留下的平庸无奇的皇子，唯其中两名（四分之一）例外，既引人注目地无法无天，甚至残忍谋杀，还引人注目的是，君主对这些犯罪但有特权的亲王宽恕有加，或放纵不羁。]

[平庸，放肆，滥用那规避应有惩罚的特权：永恒的大贵族问题！]

孝明皇帝九子：贾贵人生章帝；阴贵人生梁节王畅；余七王本书[谓《东观记》]不载母氏[谁是他们的未知但必定卑微的母亲？]。

刘建：

[一名年少早逝的亲王，未留下任何值得记录的东西。]

千乘哀王建，永平三年[60 年]封。明年薨。年少无子，国除。

刘羡：

[一位很有学问的亲王，享有其皇兄的爱和亲密。他的不幸在于有个无法无天、阴险恶毒甚而谋杀私敌的儿子。变异能在近乎每一种意义上发生！]

陈敬王羡，永平三年[60 年]封广平王。建初三年[78 年]，有司奏遣羡与巨鹿王恭、乐成王党俱就国。肃宗[章帝]性笃爱，不忍与诸王乖离，遂皆留京师。[章帝的性情确实与他父亲明帝大相径庭。]明年，案舆地图，令诸国户口皆等，租入岁各八千万。羡博涉经书，有威严，与诸儒讲论于白虎殿。[一位几乎罕见的很有学问的亲王！]七年[82 年]，帝以广平在北，多有边费，乃徙羡为西平王，分汝南八县为国。及帝崩，遗诏徙封为陈王，食淮阳郡，其年就国。立三十七年薨，子思王钧嗣。

[变异能在近乎每一种意义上发生：]钧立，多不法，遂行天子大射礼。[天子将祭，择士而祭，谓之大射。《谢承书》曰"陈国户曹史高慎谏国相曰：'诸侯射豕，天子射熊，八彝六樽，礼数不同。……左传曰："唯名与器，不可以假人。"奢僭之渐，不可听也。'于是谏争不合，为王所非，坐司寇罪"。][人的蜕变可以是无止境的：]性隐贼，喜文法，国相二千石不与相得者，辄阴中之。憎怨敬王夫人李仪等，永元十一年[99 年]，遂使客隗久杀仪家属。吏捕得久，系(羁)长平[县名，属陈国]狱。钧欲断绝辞语，复使结客篡杀久。事发觉，有司举奏，[对一名先后至少谋杀两人的亲王施行的惩罚那么轻！根本没有

**法律面前的平等：**]钧坐削西华、项、新阳三县。……后钧取掖庭出女李娆为小妻，复坐削圉[yǔ]、宜禄、扶沟三县。……

钧立二十一年薨……

**刘恭：**

[一位行为端好的亲王，得到属下爱戴。然而，他的过度"威重"招致了他本人的家庭悲剧。]

彭城靖王恭，永平九年[66年]赐号灵寿王。十五年[72年]，封为臣鹿王。建初三年[78年]，徙封江陵王，改南郡为国。元和二年[85年]，三公上言江陵在京师正南，不可以封，乃徙为六安王，以庐江郡为国。肃宗[章帝]崩，遗诏徙封彭城王，食楚郡，其年就国。恭敦厚威重，举动有节度，吏人敬爱之。永初六年[112]，封恭子阿奴为竹邑侯。

[在家庭内，他的"威重"看来太过分了，导致了一出悲剧：]元初三年[116]，恭以事怒子酺，酺自杀。[《东观记》曰："恭子男丁物故，酺侮慢丁小妻，恭怒，闭酺马厩，酺亡，夜诣彭城县欲上书，恭遣从官仓头晓令归，数责之，乃自杀也。"]国相赵牧以状上，因诬奏恭祠祀恶言，大逆不道。有司奏请诛之。恭上书自讼。朝廷以其素著行义，今考实，无征，牧坐下狱，会赦免死。

恭立四十六年薨……

**刘党：**

[一名性情暴躁、无法无天甚至谋杀数人的亲王，只是靠了君主施予大贵族的宽恕或放纵，才免遭处决。]

乐成靖王党，永平九年[66年]赐号重熹王，十五年[72年]封乐成王。党聪惠，善史书，喜正文字。与肃宗[章帝]同年，尤相亲爱。建初四年[79年]，以清河之游、观津，勃海之东光、成平，涿郡之中水、饶阳、安平、南深泽八县益乐成国。及帝崩，其年就国。[**他的大恶性情和狂野行为，发展到残忍谋杀：**]党急刻不遵法度。旧禁宫人出嫁，不得适诸国。有故掖庭技人哀置，嫁为男子章初妻，党召哀置入宫与通，初欲上书告之，党恐惧，乃密赂哀置姊焦使杀初。事发觉，党乃缢杀内侍三人，以绝口语。又取故中山简王傅婢李羽生为小妻。永元七年[95年]，国相举奏之。和帝诏削东光、鄡二县。[后来发生在刘钧身上的无穷宽恕这里已经有了，在同一个和帝之下。对一名谋杀多达四人的亲王，惩罚竟这么轻！可以想象，这以一种方式鼓励了前一名亲王刘钧的狂野。根本没有法律面前的平等。]

立二十五年薨……

**[君主施予狂野亲王的宽恕或放纵近乎无边无际：]**

明年，复立济北惠王子苌为乐成王后。苌到国数月，骄淫不法，愆过累积，冀州刺史与国相举奏苌罪至不道。安帝诏曰："苌有靦[妩也]其面[言面妩然无愧]，而放逸其心。知陵庙至重，承继有礼，不惟致敬之节，肃穆之慎，乃敢擅损牺牲，不备苾芬[《诗经·小雅》曰："苾苾芬芬，祀事孔明"]。慢易大姬[即苌所继之母]，不震[惧也]厥教。出入颠覆，风淫于家，娉取人妻，馈遗婢妾。殴击吏人，专己凶暴。愆罪莫大，甚可耻也。朕……不忍致之于理。其贬苌爵为临湖侯。……"**[事实上花花公子安帝本人就是狂野之徒，腐败至极！]**……

刘衍：

**[从"有容貌"到"病荒忽"的亲王，除了他后来病患岁月里的家庭内斗，没有给历史留下任何东西。]**

下邳惠王衍，永平十五年[72年]封。衍有容貌，肃宗[章帝]即位，常在左右。建初初冠，诏赐衍师傅已（以）下官属金、帛各有差。四年[79年]，以临淮郡及九江之钟离、当涂、东城、历阳、全椒合十七县益下邳国。帝崩，其年就国。衍后病荒忽[《东观记》就此云"昏乱不明"]，而太子卬有罪废，诸姬争欲立子为嗣，连上书相告言。和帝怜之，使彭城靖王恭至下邳正其嫡庶，立子成为太子。

衍立五十四年薨……

刘畅：

**[他大受其皇父爱幸和格外的特权待遇，因为他的母亲享有后者的特别宠爱。他因此被惯坏了，傲慢不已，无法无天，最终意欲谋反。]**

**[因为其母而格外有特权的亲王：]**梁节王畅，永平十五年[72年]封为汝南王。母阴贵人有宠，畅尤被爱幸，国土租入倍于诸国。肃宗[章帝]立，缘先帝之意，赏赐恩宠甚笃。建初……四年[79年]，徙为梁王，以陈留之郾、宁陵、济阴之薄、单父、己氏、成武，凡六县，益梁国。帝崩，其年就国。

**[他因而被惯坏了，傲慢不已，无法无天：]**畅性聪惠，然少贵骄，颇不遵法度。**[最后倾向于谋反：]**归国后，数有恶梦，从官卞忌自言能使六丁[道教认六丁（丁卯、丁巳、丁未、丁酉、丁亥、丁丑）为阴神，为天帝所役使，道士则可用符箓召请，以供驱使]，善占梦，畅数使卜筮。又畅乳母王礼等，因此自言能见鬼神事，遂共占气，祠祭求福。忌等谄媚，云神言王当为天子。畅心喜，与相应答。**[他陷入遭到严惩的严重危险，但反复不已的君主对亲王的宽恕或放纵（如他下面所言"枉法曲平"），使他免遭任何**

真正的惩罚：]永元[和帝年号]五年[93 年]，豫州刺史、梁相举奏畅不道，考讯，辞不服。有司请征畅诣廷尉诏狱，和帝不许。有司重奏除畅国，徙九真，帝不忍，但削成武、单父二县。畅惭惧，上疏辞谢曰：

臣……陷死罪，以至考案。……不意陛下圣德，枉法曲平，不听有司，横贷赦臣。……[**一名特权亲王奢侈和腐败到什么程度：**]臣畅小妻三十七人[**一个简直难以置信的数目！**]……自选择谨敕奴婢二百人[**甚至在谋反倾向被证实之后，而且此数先前相比很可能已大为减小：**]，其余所受虎贲、官骑及诸工技、鼓吹、仓头、奴婢、兵弩、厩马皆上还本署……

[**君主再度宽恕和放纵：**]诏报曰："朕惟王至亲之属……今王深思悔过，端自克责，朕恻然伤之。志匪由王，咎在彼小子[谓由卜忌及王礼等]。……强食自爱。"畅固让，章数上，卒不许。

立二十七年薨……

刘昞：

[**有如本篇开头的刘建，他未给史录留下任何东西，虽然他活得长得多。**]

淮阳顷王昞[bǐng]，永平十五年[72 年]封常山王，建初四年[79 年]，徙为淮阳王，以汝南之新安、西华益淮阳国。

立十六年薨……

刘长：

[**与刘昞一样。**]

济阴悼王长，永平十五年[72 年]封。建初四年[79 年]，以东郡之离狐、陈留之长垣益济阴国。立十三年，薨于京师……

论曰：……明帝封诸子，租岁不过二千万，马后为言而不得也。[1]　[**在这个方面伟大的君主！除了其他可能的动机，他还似乎正确地预计到一点：他们全都或绝大多数将不值得享有更多！**]贤哉！岂徒俭约而已乎！知骄贵之无猒（厌），嗜欲之难极也，故东京诸侯鲜有至于祸败者也[**这一断言不真实，因为有我们的史家自己就本篇记录的至少四分之一告诉我们的。他为何这么说？！**]

---

① 《后汉书·皇后纪上》载：十五年[72 年]，帝案地图，将封皇子，悉半[减半]诸国。后见而言曰："诸子裁（才）食数县，于制不已俭乎？"帝曰："我子岂宜与先帝子等乎？岁给二千万足矣。"

# 征匈奴，通西域，击叛羌

### 卷89《南匈奴列传》摘录

[北匈奴继续是帝国的敌人，且对边疆和平生活构成一个愈益严重的威胁，这导致明帝对之发动一场大规模征伐，然而无效：]

……永平六年[63年]……时北匈奴犹盛，数寇边，朝廷以为忧。会北单于欲合市，遣使求和亲，显宗冀其交通，不复为寇，乃许之。

[尽管有形式上的新近"和亲"，北匈奴依然是帝国的敌人，甚至试图颠覆作为帝国附庸的南匈奴：]八年[65年]，遣越骑司马郑众北使报命，而南部须卜骨都侯等知汉与北虏交使，怀嫌怨欲畔（叛），密因北使，令遣兵迎之。郑众出塞，疑有异，伺候果得须卜使人，乃上言宜更置大将，以防二虏交通。由是始置度辽营，以中郎将吴棠行度辽将军事，副校尉来苗、左校尉阎章、右校尉张国将黎阳虎牙营士，屯五原曼柏[县名，在今内蒙古达拉特旗东南]。又遣骑都尉秦彭将兵屯美稷[县名，治所在今内蒙古准格尔旗西北]。其年秋，北虏果遣二千骑候望朔方，作马革船，欲度（渡）迎南部畔（叛）者，以汉有备，乃引去。[他们对边疆地区的威胁和骚扰变得愈益严重：]复数寇抄边郡，焚烧城邑，杀略（掠）甚众，河西城门昼闭，帝患之。

[明帝的耐心经十年而耗竭，遂发动一场大规模征伐，有南匈奴作为辅助兵力；然而到头来两番"无所得"：]十六年[73年]，乃大发缘边兵，遣诸将四道出塞，北征匈奴。南单于遣左贤王信随太仆祭肜[róng]及吴棠出朔方高阙，攻皋林温禺犊王于涿邪山[在高阙塞北千余里，今蒙古国境内满达勒戈壁附近一带]。虏闻汉兵来，悉度漠去。肜、棠坐不至涿邪山免，以骑都尉来苗行度辽将军。其年，北匈奴入云中，遂至渔阳，太守廉范击却之。诏遣使者高弘发三郡兵追之，无所得。……

### 卷23《窦融列传》[窦固]

窦固：

[一位显要的贵族（窦融的侄子甚而光武帝本人的女婿）和以"明习边事"为特色的指挥将领，变得愈益有权有富，以至于"久历大位，甚见尊贵，赏赐租禄，赀累巨亿"。他的壮大的一个关键原因，在于明帝与其伟大父亲光武帝相比，在对待北匈奴方面好斗得多的意向。然而，他依然"谦俭"，而且在边疆蛮夷中间多少得众望。]

[显要的贵族，在经过一段旷日持久的曲折后，因为明帝在西北方的颇为好斗的帝国倾向，他得到了壮大的机会：]

固字孟孙，少以尚[娶]公主[光武女涅阳公主]为黄门侍郎。好览书传，喜兵法，贵显用事。中元元年[56年]，袭父友封显亲侯。显宗[明帝]即位[57年]，迁中郎将，监羽林士。[在严苛的新皇帝之下遭受了一段经年累月的曲折和埋没：]后坐从兄穆有罪，废于家十余年。[然而最终，这位持有好斗的帝国意向的皇帝给了他——"明习边事"和"喜兵法"的他——一个大机会：]时天下乂[yì]安[安定]，帝欲遵武帝故事，击匈奴，通西域，以固明习边事，十五年[72年]冬，拜为奉车都尉，以骑都尉耿忠为副，谒者仆射秦彭为驸马都尉，秦彭为副，皆置从事、司马，并出屯凉州。[大规模的帝国远征，然而失败，仅他的部队例外：]明年[73年]，固与忠率酒泉、敦煌、张掖甲卒及卢水羌胡万二千骑出酒泉塞，耿秉、秦彭率武威、陇西、天水募士及羌胡万骑出居延塞，又太仆祭肜、度辽将军吴棠将河东北地、西河羌胡及南单于兵万一千骑出高阙塞，骑都尉来苗、护乌桓校尉文穆将太原、雁门、代郡、上谷、渔阳、右北平、定襄郡兵及乌桓、鲜卑万一千骑出平城塞。固、忠至天山，击呼衍王，斩首千余级。呼衍王走，追至蒲类海[今新疆东部巴里坤湖]。留吏士屯伊吾卢城[今新疆哈密]。耿秉、秦彭绝漠六百余里，至三木楼山[今蒙古工则克山]，来苗、文穆至匈奴河[今蒙古巴彦洪戈尔省拜达里格河]水上，虏皆奔走，无所获。祭肜、吴棠坐不至涿邪山[在今蒙古境内满达勒戈壁附近一带]，免为庶人。① 时，诸将唯固有功，加位特进。[他的追加成就，在恢复西域方面：]明年[74年]，复出玉门击西域，诏耿秉及骑都尉刘张皆去符传以属固。固遂破白山，降车师，②事已具《耿秉传》。固在边数年，羌胡服其恩信。[在边疆蛮夷中间享有众望，多少罕见于华夏边疆总督之列。]

[他变得很有权势，很有财富，但仍谦逊节俭；他真是他叔父的侄子：]

肃宗[章帝]即位[75年]……征固代魏应为大鸿胪。帝以其晓习边事，每被访及。建初三年[78年]，追录前功，增邑一千三百户。七年[82年]，代马防为光禄勋。

---

① 《后汉书·明帝纪》载：十六年[73年]春二月，遣太仆祭肜出高阙[山名，因以名塞，在朔方北]，奉车都尉窦固出酒泉，驸马都尉耿秉出居延[本匈奴地名，武帝因以名县，属张掖郡]，骑都尉来苗出平城，伐北匈奴。[对北匈奴发动看来大规模的远征，而北匈奴虽然易变无常，却在过去七八年里没有被记录的入侵和掳掠。]窦固破呼衍王于天山，留兵屯伊吾卢城[今新疆哈密]。耿秉、来苗、祭肜并无功而还。

《后汉书·马援列传》载：马严(伏波将军马援之侄，五官中郎将)[一位非常正直的人]言于章帝曰："昔显亲侯窦固误先帝出兵西域，置伊吾卢屯，烦费无益。"

② 《后汉书·明帝纪》载：(永平十七年即74年)冬十一月，遣奉车都尉窦固、驸马都尉耿秉、骑都尉刘张出敦煌昆仑塞，击破白山[天山东段]虏于蒲类海上，遂入车师。初置西域都护、戊己校尉。[帝国在西域的实质性宗主权得到恢复，但远非牢固。]

明年[83年],复代马防为卫尉。

固久历大位,甚见尊贵,赏赐租禄,赀累巨亿,而性谦俭,爱人好施,士以此称之。章和二年[88年]卒。谥曰文侯。……

### 卷88《西域传》摘录

[东汉时代帝国与西域的交往的一番概史;"自建武至于延光(安帝末),西域三绝三通",一番急剧起伏波动的历史!]

[**起伏变动**:东汉时代以前,帝国与西域关系的三个阶段:]武帝时,西域内属,有三十六国。汉为置使者、校尉领护之。宣帝改曰都护。元帝又置戊己二校尉,屯田于车师前王庭。哀、平间,自相分割,为五十五国。王莽篡位,贬易侯王,由是西域怨叛,与中国遂绝,并复役属匈奴。["**西域自绝六十五载**"(匈奴压迫和西域小国间诸多国际战争的一个时代)以后,在伟大的明帝之下最初恢复对西域的交通和初步控制:]匈奴敛税重刻,诸国不堪命,建武中,皆遣使求内属,愿请都护。光武以天下初定,未遑外事,竟不许之。会匈奴衰弱,莎车王贤诛灭诸国。贤死之后,遂更相攻伐。小宛、精绝、戎庐、且末为鄯善所并。渠勒、皮山为于寘所统,悉有其地。郁立、单桓、孤胡、乌贪訾离为车师所灭。后其国并复立。永平[明帝年号,58—75年]中,北虏乃胁诸国共寇河西郡县,城门昼闭。十六年[73年],明帝乃命将帅北征匈奴,取伊吾卢[今新疆哈密]地,置宜禾都尉以屯田,遂通西域,于寘诸国皆遣子入侍。西域自绝六十五载,乃复通焉。明年,始置都护、戊己校尉。[**然而恢复的道路实属曲折:**]及明帝崩,焉耆、龟兹攻没都护陈睦,悉覆其众,匈奴、车师围戊己校尉。……

### 卷87《西羌传》摘录

烧当羌:

…………

[东汉初,在由酋豪滇吾统领时,烧当羌强有力地入侵、掳掠和进击,"常雄诸羌……为其渠帅",然而最终被帝国征伐大军击碎:]

滇良子滇吾立。[**他的族裔代理人发动反叛,进行战争:**]中元[光武帝最后年号]元年[56年],武都参狼羌反,杀略(掠)吏人,太守与战不胜,陇西太守刘盱遣从事辛都、监军掾李苞,将五千人赴武都,与羌战,斩其酋豪,首虏千余人。时,武都兵亦更破之,斩首千余级,余悉降。时滇吾附落转盛,常雄诸羌,每欲侵边者,滇吾转教以方略,为其渠帅。[**他本人发动反叛,进行战争,反复战胜帝国的地区/地方兵力:**]二年[57年]秋,烧当羌滇吾与弟滇岸率步骑五千寇陇西塞,刘盱遣兵于枹罕

[在今甘肃中部临夏回族自治州临夏市东北]击之,不能克,又战于允街[县名,治所在今甘肃永登县红城镇河西],为羌所败,杀五百余人。于是守塞诸羌皆复相率为寇。遣谒者张鸿领诸郡兵击之,战于允吾[读作"沿牙",县名,治所在今兰州市广武县西南]、唐谷[县名,在今青海东北部海南藏族自治州同德县境内],军败,鸿及陇西长史田飒皆没。又天水兵为牢姐种所败于白石,死者千余人。

　　[地方行政长官的血腥的"帝国主义",遭到伟大的帝国君主明帝谴责:]时,烧何豪有妇人比铜钳者,年百余岁,多智算,为种人所信向,皆从取计策。时为卢水胡所击,比铜钳乃将其众来依郡县。种人颇有犯法者,临羌长收系(羁)比铜钳,而诛杀其种六七百人。显宗[明帝]怜之,乃下诏曰:"昔桓公伐戎而无仁惠。故《春秋》贬曰:'齐人'。今国家无德,恩不及远,羸弱何辜,而当并命!……咎由太守长吏妄加残戮。比铜钳尚生者,所在致医药养视,令招其种人,若欲归故地者,厚遣送之。其小种若束手自诣,欲效功者,皆除其罪。……"

　　[他的武装最终被帝国征伐大军击碎;由降者从事的靖安:]永平元年[58年],复遣中郎将窦固、捕虏将军马武等击滇吾于西邯,大破之。事已具武等传。① 滇吾远引去,余悉散降,徙七千口置三辅。以谒者窦林领护羌校尉,居狄道。林为诸羌所信,而滇岸遂诣林降。……明年,滇吾……降……谒者郭襄代领校尉事,到陇西,闻凉州羌盛,还诣阙,抵罪,于是复省校尉官。滇吾子东吾立,以父降汉,乃入居塞内,谨愿自守。而诸弟迷吾等数为寇盗。……

---

① 《后汉书·朱景王杜马刘傅坚马列传》载:显宗初,西羌寇陇右,覆军杀将,朝廷患之,复拜武捕虏将军,以中郎将王丰副,与监军使者窦固、右辅都尉陈欣,将乌桓、黎阳营、三辅募士、凉州诸郡羌胡兵及弛刑,合四万人击之。到金城浩亹[mén,县名,属金城郡,在今甘肃永登县西南大通河东岸],与羌战,斩首六百级。又战于洛都谷[山谷名,在青海湖以东,今青海海东市辖区乐都县]为羌所败,死者千余人。羌乃率众引出塞,武复追击到东、西邯[在今青海化隆回族自治县南],大破之,斩首四千六百级,获生口千六百人,余皆降散。

# "宽宏临下,平徭简赋":
# 节俭审慎的儒雅章帝

## "素知人厌明帝苛切,事从宽厚"

卷3《章帝纪》

〔在某种意义上,东汉章帝(75—88年在位),一位19岁登基、33岁驾崩的年轻皇帝,犹如西汉元帝,后者以其软弱的性格、对儒家思想的执迷和对精英腐败的宽容,开启了西汉帝国的衰落。章帝差不多像这位久远的先辈一样儒("降意儒术"〔《后汉书·郑范陈贾张列传》〕),使得政治文化浮夸空洞,从而开始腐败。不仅如此,他"宽容","宽厚","以宽弘临下"(《后汉书·第五钟离宋寒列传》),犹如这先辈以"优游不断"和"号令温雅"(《汉书·元帝纪》)为特征。特别是,他像西汉元帝那般容忍大贵族、首先是外戚的权势和影响。这个特性与他伟大的父亲明帝全然不同,如同元帝与其伟大的父亲宣帝相比那样。通往帝国衰落的道路被潜在地铺下,提示了在漫长的中国历史上一次又一次重演的那种广义的循环。〕

〔然而,仅仅是潜在地。因为,他比西汉元帝显著地节俭,审慎,关怀草根民众、基础农业和行政廉洁,并且在制约社会商业精英和土地豪强的肆意的"自由放任"方面大相径庭。在他治下,全国的稳定和繁荣继续下去,同时有在西域的、确实令人印象深刻的进一步的外交和军事努力,以求重建帝国在那里的宗主权。〕

肃宗孝章皇帝讳炟,显宗第五子也。母贾贵人。永平三年〔60年〕,立为皇太子。〔与此同时,受明帝宠爱的贵人马氏立为皇后,她已经将他收作养子,因而他的外戚开始时主要是她的家族成员。〕少宽容,好儒术,显宗器重之。〔他恰如皇储岁月里的元帝,而他的伟大父亲就此不同于伟大的宣帝。为何有此不同?史籍里总是有某些未经说出或未经记录的东西!〕

十八年[75年]八月壬子,即皇帝位,年十九。尊皇后曰皇太后[**马太后,马氏外戚的首脑,而马氏外戚在权势和影响上将被另一个倚赖窦皇后的外戚集团取代**]。壬戌,葬孝明皇帝于显节陵。

冬十月丁未,大赦天下。赐民爵,人二级,为父后[嫡长子]及孝悌、力田[皆乡官之名,高后置,所以劝导乡里,助成风化]人三级,脱无名数及流人欲占者[无名数谓无文簿,占谓自归首]人一级,爵过公乘[商鞅为秦制爵二十级,公乘为第八级]得移与子若同产子[同母兄弟];鳏、寡、孤、独、笃癃、贫不能自存者粟,人三斛。[**这在他父亲的时代简直是寻常惯事,有益于普通民众,包括他们中间的较弱者甚或最弱者**]诏曰:"朕以眇身,托于王侯之上,统理万机,惧失厥中,兢兢业业,未知所济。深惟守文之主,必建师傅之官。《诗》不云乎:'不愆不忘,率由旧章。'[出自《诗经·大雅》,意为成王不误不失是因为遵照周公的旧典规章]行太尉事节乡侯(赵)憙,三世在位,为国元老;司空(牟)融,典职六年,勤劳不息。其以憙为太傅,融为太尉,并录尚书事。'三事大夫,莫肯夙夜'[出自《诗经·雨无正》]。三事,三公也。郑玄注云:"幽王在外,三公及诸侯随而行者,皆无复君臣之礼,不肯晨夜省王。"],《小雅》之所伤也。'予违汝弼,汝无面从'[出自《尚书·益稷》。孔安国注云:"我违道,汝当以义辅正我,无面从我。"],股肱之正义也。群后百僚,勉思厥职,各贡忠诚,以辅不逮。申敕四方,称朕意焉。"[**他的风格,他的话语方式。确实是个"过分"儒的儒学皇帝**]……

诏征西将军耿秉屯酒泉。遣酒泉太守段彭救戊己校尉耿恭。[1] ……

是岁,年疫。京师及三州大旱,诏勿收兖、豫、徐州田租、刍稿[指喂养牲畜的草饲料,稿为禾秆,刍为牧草。刍稿税为汉代农户的一大负担],其以见(现)谷赈给贫人。

建初元年[76年]春正月,诏三州[兖、豫、徐州]郡国:"方春东作,恐人稍受禀[谓担心只给贫民些微粮食],往来烦剧,或妨耕农。其各实核尤贫者,计所贷并与之[谓连借贷一齐给予]。流人欲归本者,郡县其实禀[给足口粮],令足还到,听过止官亭[让其在驿站官亭投宿],无雇舍宿[不要出客店钱]。长吏亲躬,无使贫弱遗脱,小吏豪右得容奸妄。诏书既下,勿得稽留,刺史明加督察尤无状者。"[**非常具体、求实和关爱的君主政策,有益于农业和农民,尤其是其中的较贫弱者**]……

酒泉太守段彭讨击车师,大破之。[**他治下就恢复帝国西域宗主权而赢得的首次军事胜利,在那里的反叛和动乱持续了不止半个世纪之后**]罢戊己校尉官。

二月,武陵澧中[今湖南慈利、石门、澧县、临澧一带]蛮叛。[**几乎是寻常惯事般的、在帝国本部内缘发生的蛮夷反叛**]

---

① 《明帝纪》载:明帝永平十八年[75年],"焉耆、龟兹攻西域都护陈睦,悉没其众。北匈奴及车师后王围戊己校尉耿恭。"[**西域对华夏国家来说是个特别麻烦的地区!**]

三月甲寅，山阳、东平地震。己巳，诏曰："……朕……夙夜栗栗，不敢荒宁。而灾异仍见，与政相应。……俗吏伤人，官职耗乱，刑罚不中，可不忧与！[**地方行政的清廉和高效是他经久关心的一桩大事**]……明政无大小，以得人为本。[**一项高尚和明智的"民本主义"信条！就在当时环境中具体而言，其目的在于获取民众的满意和支持。**]……今刺史、守相不明真伪，茂才、孝廉岁以百数，既非能显，而当授之政事，甚无谓也。[**如何发现和任命那些能有助于保证行政清廉和高效的地方官员？更多地按照才能和功绩，而非精英家族背景：**]每寻前世举人贡士，或起甽亩，不系阀阅[**门第**]……其令太傅、三公、中二千石、二千石、郡国守相，举贤良方正、能直言极谏之士各一人。"夏五月辛酉，初举孝廉、郎中宽博有谋，任典城者，以补长、相[**县长、侯相**]。……

九月，永昌[**今云南境内**]哀牢夷叛。[**几乎是寻常惯事般的、在帝国边疆内缘发生的蛮夷反叛。**]

冬十月，武陵郡兵讨叛蛮，破降之。……

十一月，阜陵王延谋反，贬为阜陵侯。

二年[77年]春三月辛丑，诏曰："比年阴阳不调，饥馑屡臻。深惟先帝忧人之本，诏书曰：'不伤财，不害人'，诚欲元元去末归本。[**他的伟大父亲的核心信条，由他作为忠诚的后继者予以重申。**]而今贵戚近亲，奢纵无度，嫁娶送终，尤为僭侈。有司废典，莫肯举察。[**政治/社会精英开始腐败，（在生活方式和文化上）肇始了虽然缓慢但无可真正抵挡的帝国衰落！**]……今自三公，并宜明纠非法，宣振威风。朕在弱冠，未知稼穑之艰难，区区管窥，岂能照一隅哉！其科条制度所宜施行，在事者备为之禁，先京师而后诸夏。"[**他，一位非常自觉的年轻皇帝，试图与之斗争。**]……

永昌、越巂、益州三郡民、夷讨哀牢，破平之。……

六月，烧当羌叛，金城太守郝崇讨之，败绩，羌遂寇汉阳。[**一个强劲的蛮夷部族发动反叛，攻击帝国西疆内缘**]①秋八月，遣行车骑将军马防讨平之。……

三年[78年]……三月癸巳，立贵人窦氏[**一个冷酷无情、未有生养的女人，赢得章**

---

① 是年，安夷县（今青海省乐都）有官吏强抢羌人妇女为妻，被其丈夫所杀。安夷县长宗延追捕凶手，直至塞外。该部落羌人害怕受罚，杀掉宗延，联合勒姐、吾良两个部落叛变。于是，烧当羌王迷吾[77—87年]率各部一同造反，击败金城郡太守郝崇，其后联合封养部落共五万余人进攻陇西郡、汉阳郡。八月，章帝派行车骑将军马防和长水校尉耿恭率军三万人在冀县（今甘肃省天水）大败羌人，斩俘四千余人，临洮解围，迷吾逃走。

前此，据《明帝纪》载，明帝即位第一年即中元二年[57年]，[**针对蛮夷的、在边境两边的防务是华夏帝国恒久的艰巨任务，"小"胜"小"败乃寻常惯事：**]"秋九月，烧当羌寇陇西，败郡兵于允街。……遣谒者张鸿讨叛羌于允吾，鸿军大败，战殁。冬十一月，遣中郎将窦固监捕虏将军马武等二将军讨烧当羌。……永平元年[58年]……秋七月，捕虏将军马武等与烧当羌战，大破之。募士卒戍陇右，赐钱人三万。……"

帝的宠爱,以先前受宠的贵人宋氏——马太后的亲戚——为代价;继而,在成为皇后和马太后去世之后,她摧毁了宋氏。不仅如此,她还使得章帝剥夺了贵人宋氏之子的皇储地位,从而预先成就了一次"政权变更"。她还摧毁了新皇储的母亲贵人梁氏,出于她的女人嫉妒心]为皇后。[另一个由窦皇后为首的外戚集团开始形成。]……

行车骑将军马防破烧当羌于临洮。

闰月,西域假司马班超击姑墨,大破之。[将在章帝之下牢固地恢复帝国西域宗主权的决定性人物现在浮现。]……

武陵溇中[在今湖南境内]蛮叛。[维持一个帝国那么不易,即使在帝国本部。]……

四年[79 年]……

六月癸丑,皇太后马氏崩。[一场激烈的宫廷内斗因此而必不可免,在其中窦皇后将摧毁贵人宋氏及其妹妹,预先成就一项上面说的政权变更。]……

[白虎观会议:这儒学皇帝实现了儒家教义——兼为官方意识形态与钦定学问两者——演化史上颇为重要的一步,在其他之外基于他的两位先帝采取的步骤:]十一月壬戌,诏曰:"盖三代导人,教学为本。汉承暴秦,褒显儒术,建立《五经》,为置博士。其后学者精进,虽曰承师,亦别名家。孝宣皇帝以为去圣久远,学不厌博,故遂立《大、小夏侯尚书》,后又立《京氏易》。至建武[光武帝年号,25—56年]中,复置《颜氏、严氏春秋》,《大、小戴礼》博士。此皆所以扶进微学,尊广道艺也。中元元年[56 年光武帝去世前一年]诏书,《五经》章句烦多,议欲减省。至永平元年[58 年],长水校尉(樊)儵[shū]奏言,先帝大业,当以时施行。欲使诸儒共正经义,颇令学者得以自助。……"于是下太常,将、大夫、博士、议郎、郎官及诸生、诸儒会白虎观,讲议《五经》同异,使五官中郎将魏应承制问[秉承皇帝旨意发问],侍中淳于恭奏[代表诸儒作答],帝亲称制临决,如孝宣甘露石渠故事,作《白虎议奏》。[由于这持续了几个月的钦临会议,官方儒学作为董仲舒教条传统的继续和王朝帝国专制的意识形态仆从而变得进一步神秘化或神学化。]①[而且,我们或可在此

---

① 武帝以后,儒学经宫廷倡导获得广泛传播,以致越传越繁琐。宣帝甘露三年(前 51 年),鉴于当时诸经分派分支太多,对经义的解释各有差异,宣帝乃"诏诸儒讲五经同异,萧望之等平奏其议,上亲临制决"。史称石渠阁(未央殿北藏秘书的地方)奏议,成为第一套完整的钦定儒学法典。光武帝中元元年(56 年)宣布图谶于天下,进一步将儒家经义与谶纬图书结合起来,完成了东汉国教的形式。

白虎观奏议秉承光武以来的上述结合,将谶纬学说和今文经学混合在一起,使儒学进一步神学化。圣人的教条与神灵的启示被合二为一,经典成了天书,孔子成了神人。这次历史性会议的结果集中体现为《白虎通义》,又称《白虎通德论》、《白虎通》等。《旧唐书·经籍志》说它是汉章帝撰,《新唐书·艺文志》说它是班固撰,实则是班固作为史臣对白虎奏议的系统整理。

"白虎观会议",http://www.baike.com/wiki/%E7%99%BD%E8%99%8E%E8%A7%82%E4%BC%9A%E8%AE%AE。

应用我们给《汉书·儒林传》作的下述总评："反映精英阶级和一般政治文化的蜕化甚或腐败，个中要害在篇末被尖锐地指出：'传业者浸盛，支叶蕃滋……盖禄利之路然也。'自武帝和公孙弘往后的儒家乃至总的中国学问和教育有其政治经济学机理……除了很少数例外，这里记录的西汉后期儒家学者大多是平庸之辈。因而，后来有一断言：'秦燔经而经存，汉穷经而经亡'。"]……

五年［80年］……

三月甲寅，诏曰："孔子曰：'刑罚不中，则人无所措手足。'今吏多不良，擅行喜怒，或案不以罪，迫胁无辜，致令自杀者，一岁且多于断狱，甚非为人父母之意也。有司其议纠举之。"［他对普通民众、司法公平和行政正直的诚挚关怀似乎与一大事态同步，那就是政治/社会精英的初始的蜕化、妄为和腐败。］

荆、豫诸郡兵讨破武陵溇中叛蛮。［在这蛮夷反叛爆发的迟至两年之后。］……

是岁……西域假司马班超击疏勒，破之。［帝国的幸运——有这非常能干的"战区司令"和西域"光复者"的幸运——再度得到证明。］

六年［81年］……

夏六月甲寅，废皇太子庆为清河王，立皇子肇为皇太子。［预先的政权变更，由窦皇后成就，出于她的狭隘私利、险恶嫉妒和凶残性情。］……

九月甲戌，幸偃师，东涉卷津，至河内。下诏曰："车驾行秋稼，观收获，因涉郡界。皆精骑轻行，无它辎重。不得辄修道桥，远离城郭，遣使逢迎，刺探起居，出入前后，以为烦扰。动务省约，但患不能脱粟瓢饮耳［意谓只希望脱粟瓢饮就行］。所过欲令贫弱有利，无违诏书。"［他的节俭和对普通民众的关心，加上一项敏锐的意识，即君主巡视可能非常烦扰民众，并且耗费国家巨量钱财。］遂览淇园。己酉，进幸邺，劳飨魏郡守令已（以）下，至于三老、门阑、走卒，赐钱各有差。……辛卯，车驾还宫。［如同他的伟大父亲时常所为，他颁发有益于卑贱者的措施，施惠于社会上最弱的：］诏天下系（系）囚减死一等，勿笞，诣边戍；妻子自随，占著所在［登上当地户籍］；父母同产［同胞兄弟］欲相从者，恣听之；有不到者，皆以乏军兴论［以耽误军用物资调拨论处］。及犯殊死，一切募下蚕室；其女子宫。系（系）囚鬼薪、白粲［秦代和汉代的劳役刑，即男犯入山采薪供祭祀鬼神，女犯为种苗择米使之正白，刑期皆为三年］已（以）上，皆减本罪各一等，输司寇作。亡命赎：死罪入缣二十四，右趾至髡钳城旦春十匹［《前书音义》曰："右趾谓刖其右足，次刖左足，次劓，次黥，次髡钳为城旦春。城旦者，昼日伺寇虏，夜暮筑长城。春者，妇人犯罪，不任军役之事，但令春以食徒者。"］，完城旦［谓不加髡钳而筑城］至司寇三匹，吏人有罪未发觉，诏书到先［以前］自告［自首］者，半入赎［赎物减半］。……

八年［83年］……

夏六月，北匈奴大人率众款塞降。［境外蛮夷事务一向那么无常多变，很大程度上归因于有其特殊生活方式的游牧族的无常多变。］［这提醒人记起富有洞察力的班固在《汉书·匈奴传》末尾说的："其地不可耕而食也，其民不可臣而畜也，是以［混合型的具体政策：］外而不内，疏而不戚［亲近］，政教不及其人，正朔［谓历法］不加其国；来则惩而御之，去则备而守之。其慕义而贡献，则接之以礼让，羁縻不绝……盖圣王制御蛮夷之常道也。"］……

元和元年［84年］……日南徼外［境外］蛮夷献生犀、白雉。［《汉书·地理志》称日南徼外蛮夷，"自汉武帝以来皆献见"。］［标准的华夏帝国，有其性质复杂的朝贡体制。帝国蛮夷事务中最容易的一部分：以朝贡为名的实质平等者之间的外交。］……

二月甲戌，诏曰："王者八政，以食为本，故古者急耕稼之业，致耒耜［lěi sì，翻土农具，形如木叉，上有曲柄，下为犁头，可视作犁的前身］之勤，节用储蓄，以备凶灾，是以岁虽不登而人无饥色。自牛疫已来，谷食连少，良由［诚由］吏教未至，刺史、二千石不以为负［忧也］。其令郡国募人无田欲徙它界就肥饶者，恣听之。到在所，赐给公田，为雇耕佣，赁种饷，贳与田器，勿收租五岁，除算三年。其后欲还本乡者，勿禁。"［尊尚农本和关怀民众的君主发布一项著名的诏令，那被现当代中国的议论者们一次又一次地援引，当作有利于全国经济和民众生活的重要善政的一个"楷模"。］……

秋七月丁未，诏曰："……自往者大狱已来，掠考（拷）多酷，钻钻之属［意谓钻、凿、刀锯之类酷刑］，惨苦无极。念其痛毒，怵然动心。《书》曰'鞭作官刑'，岂云若此？宜及秋冬理狱，明为其禁。"［一位人道的君主诚挚地表达他的道德愤怒，同时宣告一项改革性的禁令，那或许是针对国家之初始蜕化和腐败的一项正在浮现的征兆。］

八月……癸酉，诏曰："朕道化不德，吏政失和，元元未谕，抵罪于下。寇贼争心不息，边野邑屋不修。［或许是帝国国家之初始蜕化和腐败的一项正在浮现的征兆？］……中心悠悠，将何以寄？其改建初九年为元和元年。［他一如往常，再度宣告有益于卑贱者的措施，施惠于社会上最弱的：］郡国中都官系（羁）囚减死一等，勿笞，诣边县；妻子自随，占著在所。其犯殊死，一切募下蚕室；其女子宫。系（羁）囚鬼薪、白粲以上，皆减本罪一等，输司寇作。亡命者赎，各有差。"［还有再度的关于君主巡游务行节俭和不扰民众的诏令：］丁酉，南巡狩，诏所经道上，郡县无得设储偫（峙）［日常或行旅等需用的器物］。命司空自将徒［自带员工］支柱桥梁。有遣使奉迎，探知起居，二千石当坐。其赐鳏、寡、孤、独、不能自存者粟，人五斛。……

十二月壬子，诏曰："……往者妖言大狱，所及广远，一人犯罪，禁至三属，莫得垂缨仕宦王朝。如有贤才而没齿无用,朕甚怜之,非所谓与之更始也。诸以前妖恶禁锢者,一皆蠲除之,以明弃咎之路[弃咎从善之出路],但不得在宿卫[在宫中值夜,担任警卫]而已。"[再度的司法改良措施,旨在人道、通情达理和公正。]

　　二年[85年]春正月乙酉,诏曰:"[关切他的草根臣民,赞扬"不烦"或不折腾他们的"安静无华之吏";这位儒学皇帝在这方面恰如非儒的汉初君主,后者施行黄老之道,简朴治理帝国社会:]《令》云'人有产子者复,勿算三岁'。今诸怀妊者,赐胎养谷人三斛,复其夫,勿算一岁,著以为令。"又诏三公曰:"方春生养,万物孪甲,宜助萌阳,以育时物。其令有司,罪非殊死,且勿案验,及吏人条书相告,不得听受,冀以息事宁人,敬奉天气。立秋如故。夫俗吏矫饰外貌,似是而非……朕甚厌之,甚苦之。安静之吏,悃愊无华[至诚无华],日计不足,月计有余[犹谓暂时看不出好,久之则见其善]。如襄城令刘方,吏人同声谓之不烦,虽未有它异,斯亦殆近之矣。间敕二千石各尚宽明,而今富奸行赂于下,贪吏枉法于上,使有罪不论而无过被刑,其大逆也。[或许是社会/政治精英之初始蜕化和腐败的一项正在浮现的征兆?]夫以苛为察,以刻为明,以轻[对罪过从轻发落]为德,以重为威,四者或兴,则下有怨心。[这简直是个政治格言!它当跻身于"真正的"儒家思想的最佳成分之列,很值得当今中国记取]吾诏书数下,冠盖接道,而吏不加理,人或失职,其咎安在?[官僚们总的来说,总是有对付一位遥远的最高上司的有效战略。他们一向拥有数量优势和集体耐力!]勉思旧令,称朕意焉。[教化:一位最高领导可以倚赖的工具中间最难指靠的,至少就短期和平常岁月而言是如此。儒家一向诉诸腐败着的精英的道德自我改善,但两千多年来始终一次又一次地最终无用!]"

　　[对这位儒家学者式但那么经常地脚踏实地的君主来说,像下面各段反复述及的鼓励农业、施惠人民的措施差不多是寻常惯举:]

　　二月……乙丑,帝耕于定陶。诏曰:"……力田,勤劳也。国家甚休[美好,美善]之。其赐帛人一匹,勉率农功。"……丙子,诏曰:"……其大赦天下。诸犯罪不当得赦者,皆除之。复博、奉高、嬴[免去此三地赋税],无出今年田租、刍稿[喂养牲畜的草饲料]。"……

　　五月戊申,诏曰:"……其赐天下吏爵,人三级;高年、鳏、寡、孤、独帛,人一匹。《经》曰:'无侮鳏寡,惠此茕独。'加赐河南女子百户牛、酒,令天下大酺五日。赐公卿已(以)下钱、帛各有差;及洛阳人当酺[酺(pú):欢聚饮酒]者布,户一匹,城外三户共一匹。赐博士员弟子见在太学者布,人三匹。令郡国上明经者,口十万以上五人,不满十万三人。"……

　　秋七月庚子,诏曰:"……律十二月立春,不以报囚[律定该月不报囚]。《月令》冬至之后,有顺阳助生之文,而无鞠狱断刑之政。朕咨访儒雅,稽之典籍,以为王者生杀,宜顺时气。其定律,无以十一月、十二月报囚。"[**儒家教义的相符性:它可以轻而易举地被解释为主要是关怀民众和对其仁慈的,如果有像他一般强烈的动机去这么做的话**]……

三年[86年]春正月乙酉,诏曰:"盖君人者,视民如父母,有憯(惨)怛[忧伤,悲痛]之忧,有忠和之教,匍匐之救。[**他必定非常相信这一条——关于治理的华夏政治哲学所曾产生过的最佳"教义"之一,那在多数时候被最高统治者遗弃或仅施予口惠。而且,他以自己的上述和下述政策将其付诸实施:**]其婴儿无父母亲属,及有子不能养食者,禀给如《律》。"……

二月壬寅,告常山、魏郡、清河、巨鹿、平原、东平郡太守、相曰:"……今'四国无政,不用其良'[《诗·小雅·十月之交》],驾言出游,欲亲知其剧易。……《月令》,孟春善相丘陵土地所宜。今肥田尚多,未有垦辟。其悉以赋贫民,给与粮种,务尽地力,勿令游手。所过县邑,听半入今年田租,以劝农夫之劳。"……

乙丑,敕侍御史、司空曰:"方春,所过无得[不得]有所伐杀。车可以引避,引避之;骖马[驾车的马]可辍解,辍解之。《诗》云:'敦彼行苇,牛羊勿践履。'《礼》,'人君伐一草木不时,谓之不孝。'俗[俗人,一般人]知顺人,莫知顺天。其明称朕意。"……

冬十月……烧当羌叛,寇陇西。[**在这西疆蛮夷先前的反叛被帝国征伐击碎之后八年。帝国边疆动乱是帝国必须习惯的事情。**]

是岁,西域长史班超击斩疏勒王。[**这位在非常麻烦的西域的"战区司令"是那么能干!**]

章和元年[87年]春三月,护羌校尉傅育追击叛羌,战殁。[**对帝国边疆安全来说,击叛羌几乎一向是桩艰难事业。**]

夏四月丙子,令郡国中都官系(羁)囚减死一等,诣金城戍。……

秋七月……

烧当羌寇金城,护羌校尉刘盱讨之,斩其渠帅。[**华夏帝国的耐力与蛮夷的耐力两相较量,在此和在某些别的时代。**]

壬戌,诏曰:"……今改元和四年为章和元年。《秋令》:'是月养衰老,授几杖,行糜粥饮食。'其赐高年二人共布帛各一匹,以为醴酪[折换为甜食乳浆]。死罪囚犯法在丙子赦前而后捕系者,皆减死,勿笞,诣金城戍。"

……九月……壬子,诏郡国中都官系(羁)囚减死罪一等,诣金城戍;犯殊死者,一切募下蚕室;其女子宫;系(羁)囚鬼薪、白粲已上,减罪一等,输司寇作。亡命者赎:死罪缣[jiān,双经双纬的粗厚织物,在此用作货币]二十四,右趾至髡钳钳城旦春七匹,完城旦至司寇三匹;吏民犯罪未发觉,诏书到自告者,半入赎。[**贯穿其在位**

始终,他已经一次又一次地宣告这样的仁慈政策。]……

北匈奴屋兰储等率众降。[前云,同年秋七月,"鲜卑击破北单于,斩之"。]

是岁,西域长史班超击莎车,大破之。[**班超再度伟大! 作为华夏帝国对西域的宗主权甚或部分"主权"的光复者。当然,终极地说功绩归于他的皇帝。**]月氏国遣使献扶拔[无角麟,很可能是长颈鹿]、师子[狮子]。

二年[88 年]……二月壬辰,帝崩于章德前殿,年三十三。[**寿命不长,但以他的谦逊温和的方式取得了伟大的成就! 尽管有上面数次提到的历史遗憾。**]遗诏无起寝庙,一如先帝法制。[**皇帝节俭如同早先的西汉初期,是个重建了的传统,那若没有他,就必将是个太短的传统。**]

[**我们的史家对他记录了的章帝做了个概评,以锐利和在主要各点上的准确为特征,且兼有文学美意义上的简洁:**]

论曰:魏文帝[曹丕]称"明帝察察,章帝长者"。[**他与他的皇父之间的显著差异,虽然他们(以及他的开国祖父)有意义重大的共性,那导致东汉初期成为中国史上的一个伟大时代。**]章帝素知人厌明帝苛切,事从宽厚。[**政治/社会精英远更倾向于不负责任的"自由放任"**(*laissez-faire*),**不会喜欢甚或长久容忍一个伟大的最高统治者施加严厉的"规制",后者集中关注的只是对王朝国家甚或草根民众负责。这类精英一向有着在数量、寿命和集体耐力方面的优势,能迫使最高统治者在大小不同的程度上去适应他们。**][**下面两句,加上"平徭简赋,而人赖其庆",属于另一个范畴,有益于社会最弱者的范畴:**]感陈宠①之义,除惨狱之科。深元元之爱,著胎养之令。奉承明德太后[即明帝皇后马氏],尽心孝道。割裂名都,以崇建周亲。平徭简赋,而人赖其庆。又体之以忠恕,文之以礼乐。故乃蕃辅克谐,群后[意为群宾]德让[此四字出自《尚书·虞书·益稷》]。谓之长者,不亦宜乎! ……

### 卷 10 上《皇后纪上》摘录

#### 马太后:

及帝崩[75 年],肃宗[章帝]即位,尊后曰皇太后。……自撰《显宗[明帝]起居

---

① 陈宠:章帝初,陈宠奏请"荡涤烦苛之法",禁止严刑拷问,滥用刑法。章帝采纳,下诏废除"妖恶之禁"、"文致之请谳",并禁止使用钻、锯等残酷刑具拷问犯人。和帝永元六年(94 年),陈宠任廷尉时整理西汉以来制定的法律,奏请将已有的 4989 条刑法减为 3000 条,后因坐罪未施行。

前载:元和元年[84 年]秋七月,章帝诏曰:"……自往者大狱已来,掠考(拷)多酷,钻钻之属[意谓钻、凿、刀锯之类酷刑],惨苦无极。念其痛毒,怵然动心。《书》曰'鞭作官刑',岂云若此? 宜及秋冬理狱,明为其禁。"

注》,削去兄防参医药事。帝请曰:"黄门舅旦夕供养[侍奉]且一年,既无褒异,又不录勤劳,无乃过乎!"太后曰:"吾不欲令后世闻先帝数亲后宫之家,故不著也。"[**谦逊如初,完全是诚挚的!**]

建初元年[76年],帝欲封爵诸舅,太后不听。明年夏,大旱,言事者以为不封外戚之故,有司因此上奏,宜依旧典。太后诏曰:"凡言事者皆欲媚朕以要福耳。昔王氏五侯[成帝封太后弟王谭、王商、王立、王根、王逢时,同时为关内侯]同日俱封,其时黄雾四塞,不闻澍雨之应。又田蚡、窦婴,宠贵横恣,倾覆之祸,为世所传。故先帝防慎舅氏,不令在枢机之位。诸子之封,裁(才)令半楚、淮阳诸国,常谓'我子不当与先帝子等'。今有司奈何欲以马氏比阴氏乎!吾为天下母,而身服大练,食不求甘,左右但着帛布,无香薰之饰者,欲身率下也。以为外亲见之,当伤心自敕,但笑言太后素好俭。前过濯龙门上,见外家问起居者,车如流水,马如游龙,仓头衣绿,领袖正白,顾视御者,不及远矣。故不加谴怒,但绝岁用而已,冀以默愧其心,而犹懈怠,无忧国忘家之虑。知臣莫若君,况亲属乎?吾岂可上负先帝之旨,下亏先人之德,重袭西京败亡之祸哉!"固不许。[**格外伟大! 犹如严格制约她自己那样,严格制约她自己的家族,牢记历史教训和她丈夫的政治传统。一位政治意识很对头的太后。**]

帝省诏悲叹,复重请曰:"汉兴,舅氏之封侯,犹皇子之为王也。[**一位太宽厚的儿子和皇帝,走得那么远,以致误将此认作汉帝国的好传统!**]太后诚存谦虚,奈何令臣独不加恩三舅乎?且卫尉年尊,两校尉有大病,如令不讳,使臣长抱刻骨之恨。宜及吉时,不可稽留。"

太后报曰:"吾反复念之,思令两善。岂徒欲获谦让之名,而使帝受不外施之嫌哉!昔窦太后[文帝后]欲封王皇后[景帝后]之兄[王信,后封为盖侯],丞相条侯[周亚夫]言受高祖约,无军功,非刘氏不侯。[**太后正确地顽固不让,援引另一项出自汉帝国创始者刘邦的虽然较短的"传统",以此反对她的儿子提到的那项。**]今马氏无功于国,岂得与阴、郭中兴之后等邪?常观富贵之家,禄位重叠,犹再实之木,其根必伤。[**关于精英腐败的一类恒久现象。**]且人所以愿封侯者,欲上奉祭祀,下求温饱耳。今祭祀则受四方之珍,衣食则蒙御府余资,斯岂不足,而必当得一县乎?吾计之孰(熟)矣,勿有疑也。[**她决绝地拒绝!**]夫至孝之行,安亲为上。今数遭变异,谷价数倍,忧惶昼夜,不安坐卧,而欲先营外封,违慈母之拳拳乎![**对他的皇帝儿子的一次值得的严厉批评!**]……"

……初,太夫人葬,起坟微高,太后以为言,兄廖等即时减削。其外亲有谦素义行者,辄假借温言,赏以财位。如有纤介,则先见严恪之色,然后加谴。其美车服不轨法度者,便绝属籍,遣归田里。[**犹如严格制约她自己那样,严格制约她自己的**

家族，牢记历史教训。一位意识很对头的太后。]广平、巨鹿、乐成王车骑朴素，无金银之饰，帝以白太后，太后即赐钱各五百万。[她甚至制约她丈夫的家族成员，虽然是以一种较温和较间接的方式。]内外从化，被服如一，诸家惶恐，倍于永平[明帝年号，58—75年]时。[防止腐败的伟大效应，依靠她的权威、楷模和不断督察。]乃置织室，蚕于濯龙中，数往观视，以为娱乐。常与帝旦夕言道政事，乃教授诸小王，论议经书，述叙平生，雍和终日。

四年[79年]，天下丰稔，方垂无事，帝遂封三舅廖、防、光为列侯。并辞让，愿就关内侯。太后闻之，曰："……吾少壮时，但慕竹帛，志不顾命。[言少慕古人，书名竹帛，不顾命之长短。]今虽已老，而复'戒之在得'[《论语》孔子曰："少之时，戒之在色；及其老也，戒之在得。"得，贪啬也]，故日夜惕厉，思自降损。居不求安，食不念饱。冀乘此道，不负先帝。所以化导兄弟，共同斯志，欲令瞑目之日，无所复恨。何意老志复不从哉？万年之日长恨矣！"廖等不得已，受封爵而退位归第焉。[她一向那么顽固，在防止腐败、至少是她自己和她家族的腐败方面。]

太后其年寝疾，不信巫祝小医，数赖绝祷祀。[一位最佳的儒女！]至六月，崩。在位二十三年，年四十余。合葬显节陵。

### 卷55《章帝八王列传》

[章帝，一位"降意儒术"[《后汉书·郑范陈贾张列传》]的东汉初期君主，"事从敦厚"（那与他的两位伟大前任相比，或可被我们认为令人遗憾）有八名皇子，包括四名由他和某些卑微的宫女生的，后者卑微得"四王不载母氏"。]

[除去皇位继承者和帝和可怜地遭难的刘庆，本篇记述的皇子全都短寿或非常平庸，未给历史留下任何显著的痕迹。他们之中，确实没有哪个傲慢、腐败和不法，更不用说谋叛了。这与伟大光武帝的大多数儿子们的情形[见《光武十王列传》]那么不同，也大有异于伟大明帝的儿子中间的四分之一[见《孝明八王列传》]。]

[为何如此？一种猜测性解释：两位君主（章帝、和帝）以勤勉、温和、节俭和宽厚为特征的品性，连同伟大摄政邓太后邓绥的、在这一切好品质之外还有威严规制的人格。教育！广义的教育造就了在此展现的一幅难得的大贵族图景。]

孝章皇帝八子：宋贵人生清河孝王庆，梁贵人生和帝，申贵人生济北惠王寿、河间孝王开，四王不载母氏[卑微的母亲，卑微的宫女！]。

[这些可怜人的儿子，皇子，但这未给他们卑微的母亲带来任何尊严。他们当中的前两位：]

刘伉（和刘悝）：

千乘贞王伉，建初四年[79年]封。和帝即位，以伉长兄，甚见尊礼。立十五年薨。……

[**肯定平庸，未给历史留下任何显著的痕迹，但他的一名"法定传人"给我们提供了一幅帝国垂死时代政权兽样残忍的图画：**]

子宠嗣……

（宠）子鸿嗣……

（鸿）无子，太后立桓帝弟蠡吾侯悝为勃海王，奉鸿祀。延熹八年[165]，悝谋为不道，有司请废之。帝不忍，乃贬为廮[yǐng]陶[县名，在今河北宁晋县南]王，食一县。

悝后因中常侍王甫求复国，许谢钱五千万。帝临崩，遗诏复为勃海王。悝知非甫功，不肯还谢钱。甫怒，阴求其过。[**这名亲王行将完蛋，因为有个权势炽盛的宦官是他的私敌，虽然他有别的有权有势的宦官作为朋友。**]初，迎立灵帝，道路流言悝恨不得立，欲抄征书，而中常侍郑飒、中黄门董腾并任侠通剽[疾也]轻，数与悝交通。[**宦官中间的内斗：**]王甫司察，以为有奸，密告司隶校尉段颎[古同"炯"]。熹平元年[172]，遂收飒送北寺狱。使尚书令廉忠诬奏[**恶鬼的全无端正目的的马基雅维里主义**]飒等谋迎立悝，大逆不道。遂招冀州刺史收悝考实，又遣大鸿胪持节与宗正、廷尉之（至）勃海，迫责悝。[**政权的兽样残忍，在一次彻底的屠戮中：**]悝自杀。妃妾十一人，子女七十人，伎女二十四人，皆死狱中。傅、相以下，以辅导王不忠，悉伏诛。悝立二十五年国除。众庶莫不怜之。

刘全：

平春悼王全，以建初四年[79年]封。其年薨，葬于京师。无子，国除。[**在他的王位上那么短寿，全无痕迹留下！**]

刘庆：

[**一名冤屈遭难的亲王，其皇储地位被剥夺，其母亲和姨妈被摧毁，因为冷酷无情、从未产子的女人窦贵人（窦皇后，窦太后）的嫉妒和野心，加上其皇父的情爱转移和由此而来（暂时的）冷酷无情。在和帝（其母亦被那邪恶的女人摧毁）推翻摄政的窦太后及其外戚集团之后，他获"平反"，但先前的经历已使他"畏事慎法"，而久病不愈进一步加剧了他的凄婉可怜。**]

[**他和他母亲遭难，在邪恶的窦氏及其皇父手中，后者另寻了新欢：**]

清河孝王庆，母宋贵人。贵人，宋昌八世孙，扶风平陵人也。父杨，以恭孝称于乡间，不应州郡之命。杨姑即明德马后之外祖母也。马后闻杨二女皆有才色，迎而训之。永平[明帝年号]末，选入太子宫，甚有宠。[**威严和仁慈的马皇后肯定无法预见到后来迅速、残酷的事态发展，连同她喜爱的这两个才色兼备的姑娘的最终命运。人世间事无常易变！**]肃宗[章帝]即位，并为贵人。建初三年[78年]，大贵人生庆，①明年立为皇太子……贵人长于人事，供奉长乐宫，身执馈馔，太后怜之。[**她当然无法克服她的意外敌人，因为后者最亲密地服侍的是皇帝，而非不久便将老死的年迈的太后。**]太后崩后，窦皇后宠盛，以贵人姊妹并幸，庆为太子，心内恶之，与母比（沘）阳主[东海恭王刘强之女]谋陷宋氏。[**下述摧毁方略着实机巧险恶：**]外令兄弟求其纤过，内使御者侦伺得失。[**没有谁能在此等密切侦探下不落入危境！**]后于掖庭门邀遮得贵人书，云"病思生菟[寄生植物，俗称菟丝子，中医常用的一种营养药剂]，令家求之"，因诬言欲作蛊道祝诅，以菟为厌胜之术[一种巫术，以诅咒厌伏其人]，日夜毁谮，贵人母子遂渐见疏。

　　庆出居承禄观，数月，窦后讽掖庭令诬奏前事，请加验实。七年[据《后汉书·章帝纪》应为建初六年，81年]帝遂废太子庆而立皇太子肇。[**他，一名总在危险之中的三岁小儿，被推倒！**]肇，梁贵人子也。乃下诏曰："皇太子有失惑无常之性，爰自孩乳，至今益章，恐袭其母凶恶之风[在此场合一位易变和无情的父亲/丈夫]，不可以奉宗庙，为天下主。大义灭亲，况降退乎！今废庆为清河王。皇子肇保育皇后[**她从他母亲那里夺取了这个孩子**]，承训怀衽，导达善性，将成其器。盖庶子慈母，尚有终身之恩，岂若嫡后事正义明哉！今以肇为皇太子。"[**凶残的迫害和摧毁：**]遂出贵人姊妹置丙舍，使小黄门蔡伦考实之，皆承讽旨傅致[虚构和罗织罪名]其事，乃载送暴室。二贵人同时饮药自杀。帝犹伤之，敕掖庭令葬于樊濯聚[在洛阳城北]……庆时虽幼，而知避嫌畏祸，言不敢及宋氏[**他被极为深切地威慑了，即使仅作为一个孩童**]，帝更怜之，敕皇后令衣服与太子齐等。太子特亲爱庆，入则

---

　　① 　与此同时，据《后汉书·章帝纪》，(建初)三年[78年]……三月癸巳，立贵人窦氏为皇后。……四年[79年]……六月癸丑，皇太后马氏崩。[**因为这，一场严重的宫廷内斗变得必不可免，窦皇后将摧毁贵人宋氏及其妹妹，预先完成一项政权变更。**]

　　《后汉书·皇后纪上》载：(窦氏)年六岁能书，亲家皆奇之。[**格外的聪明机巧，那以后将助其邪恶。**]建初二年[77年]，后与女弟俱以选例入见长乐宫，进止有序，风容甚盛。肃宗[章帝]先闻后有才色，数以讯[问也]诸姬傅[傅谓傅母]。及见，雅以为美，马太后亦异焉，因入掖庭，见于北宫章德殿。后性敏给，倾心承接，称誉日闻。[**她确实抓住了机会，在性、行为举止和才智的吸引力上都干得很成功。**]明年，遂立为皇后，妹为贵人。……后宠幸殊特，专固后宫。

　　[**狂野地嫉妒，险恶地毁人：**]初，宋贵人生皇太子庆，梁贵人生和帝。后既无子，并疾忌之，数间于帝，渐致疏嫌。因诬宋贵人挟邪媚道，遂自杀，庆废为清河王[**她预先完成了政权变更**]，语在《庆传》。

　　梁贵人者，褒亲愍侯梁竦[sǒng]之女也……年十六，亦以建初二年[77年]与中姊俱选入掖庭为贵人。四年[79年]，生和帝。后养为己子。欲专名外家而忌梁氏。八年[83年]，乃作飞书[匿名书]以陷竦，竦坐诛，贵人姊妹以忧卒。[**她经阴谋，摧毁了她的第二个女敌，在占有了后者的皇子之后。**]自是宫房惵[dié，惧也]息，后爱日隆。[**她经过前后相继的摧毁而垄断了皇帝。**]

共室,出则同舆。[这可怜的孩子的幸运,真诚地由另一个孩子"赐予"。]及太子即位,是为和帝,待庆尤渥,诸王莫得为比,常共议私事。

[这可怜的家伙被新皇上授予充分信赖、高度尊敬和亲密关怀,后者既为自己也为其同父异母兄弟复仇,但是恐惧和由此而来的极端谨慎已深植于前者心底:]

后庆以长,别居丙舍。永元四年[92年],帝移幸北宫章德殿,讲于白虎观,庆得入省宿止。[和帝给他充分信赖:]帝将诛窦氏,欲得《外戚传》[《汉书·外戚传》],惧左右不敢使,乃令庆私从千乘王求,夜独内(纳)之;又令庆传语中常侍郑众求索故事[谓文帝诛薄昭,武帝诛窦婴故事]。[还非常诚挚地授予高度的尊敬和亲密的关怀:]及大将军窦宪诛,庆出居邸,赐奴婢三百人。舆马、钱帛、帷帐、珍宝、玩好充牣[充满]其第,又赐中傅以下至左右钱帛各有差。

[然而,恐惧和由此而来的极端谨慎已深植于心底;他无法抹去孩童时期铭刻于心的东西:]庆多被病,或时不安,帝朝夕问讯,进膳药,所以垂意甚备。庆小心恭孝,自以废黜,尤畏事慎法。每朝谒陵庙,常夜分严装,衣冠待明;约官属,不得与诸王车骑竞驱。[他事实上悲愤不已,因为他母亲的悲惨命运;一位凄凉温柔的儿子:]常以贵人葬礼有阙,每窃感恨,至四节伏腊,辄祭于私室。窦氏诛后,始使乳母于城北遥祠。及窦太后崩,庆求上冢致哀,帝许之,诏太官四时给祭具。庆垂涕曰:"生虽不获供养,终得奉祭祀,私愿足矣。"[然而,恐惧和谨慎总是支配着他,不管他如何悲愤:]欲求作祠堂,恐有自同恭怀梁后[和帝母梁贵人被追尊为恭怀皇后]之嫌,遂不敢言。常泣向左右,以为没齿[终年]之恨。后上言外祖母王年老,遭忧病,下土无医药,愿乞诣洛阳疗疾。于是诏宋氏悉归京师,除[任用]庆舅衍、俊、盖、暹等皆为郎。[他的同父异母皇上总是和蔼温和地对待他!他们在早年有共同的悲惨,还有长久得多的共同仇恨,对那摧毁了他们各自的母亲的邪恶女人。]

[他的终结,有姗姗来迟的尊荣和皇上关怀,并且留下了——或许出于他意外——一个人后来将成为皇帝的潜在的花花公子:]

十五年[103年],有司以日食阴盛,奏遣诸王侯就国。诏曰:"甲子之异,责由一人。诸王幼稚,早离顾复[《诗经·小雅》曰:"父兮生我,母兮鞠我,顾我复我,出入腹我。"],弱冠相育……选懦[仁弱慈恋不决之意]之恩,知非国典,且复须留[《东观记》"须留"作"宿留"]。"……及帝崩[105年],庆号泣前殿,呕血数升,因以发病。

[和帝的最终皇后,伟大的太后邓绥,继续非常和蔼地对待他:]明年[106年],诸王就国,邓太后特听清河王置中尉、内史,赐什物皆取乘舆上御,以宋衍等并为清河中大夫。……

邓太后以殇帝褓抱,远虑不虞,留庆长子祐与嫡母耿姬居清河邸。至秋,帝崩,立祐为嗣,是为安帝[他证明就性情而言并非他父亲的儿子]。……

庆立凡二十五年,乃归国。其年病笃,谓宋衍等曰:"清河埤薄,欲乞骸骨于贵人冢傍下棺而已。朝廷大恩,犹当应有祠室,庶母子并食,魂灵有所依庇,死复何恨?"[他的悲惨的母亲总是他心中的第一!]乃上书太后曰:"臣国土下湿,愿乞骸骨,下从贵人于樊濯,虽殁且不朽矣。……"遂薨,年二十九。遣司空持节与宗正奉吊祭;又使长乐谒者仆射、中谒者二人副护丧事;赐龙旂九旒,虎贲百人,仪比东海恭王。……葬广丘。[和蔼但有原则的邓太后没有答应他垂死时的要求。]……

刘寿:
[一名在位三十年的亲王,充其量平庸,没有给历史留下真正的痕迹。]

济北惠王寿,母申贵人,颍川人也,世吏二千石。贵人年十三,入掖庭。寿以永元[和帝年号]二年[90年]封,分太山郡为国。和帝[一位勤勉、温和、宽厚的君主,确实是他父亲的儿子]遵肃宗[章帝]故事,兄弟皆留京师,恩宠笃密。有司请遣诸王归藩,不忍许之,及帝崩,乃就国。永初[安帝年号]元年[107年],邓太后封寿舅申转为新亭侯。寿立三十一年薨,自永初已(以)后,戎狄叛乱,国用不足,始封王薨,减赙钱为千万,布万匹;嗣王薨五百万,布五千匹。时,唯寿最尊亲,特赙钱三千万,布三万匹。……

刘开(和刘政):
[一位低姿态和守规矩的亲王。为何如此? 据我们猜测,肯定归因于伟大的摄政邓太后的广义的教育:]

河间孝王开[母亦为申贵人],以永元二年封[90年],分乐成、勃海、涿郡为国。延平元年[106年,殇帝崩,安帝立]就国。开奉遵法度,吏人敬之。……

[然而,在另一种政治环境下,他的儿子与他大相径庭:]

开立四十二年薨,子惠王政嗣。政傲很[hěn,违背,不顺从],不奉法宪,顺帝[一位温和、羸弱、无权的皇帝,先后处于宦官和皇后之兄梁冀的支配下]以侍御史吴郡沈景有强能称,故擢为河间相。[一则有趣的故事,关于在帝国中央缺乏的一种教育:]景到国谒王,王不正服,箕踞[两脚张开,两膝微曲地丛着,形状像箕;不拘礼节的坐姿,轻慢傲视对方]殿上。侍郎赞拜,景崎不为礼。问王所在,虎贲曰:"是非王邪?"景曰:"王不服,常人何别! 今相谒王,岂谒无礼者邪!"王惭而更服,景然后拜。出住宫门外,请王傅责之曰:"前发京师,陛下见受诏,以王不恭,使相检督。诸君空受爵禄,而无训导之义。"因奏治罪,诏书让[责难]政而诘责傅。景因捕诸奸人上案其罪,杀戮尤恶者数十人,出冤狱百余人。[**一位勇敢的官僚施行的教育证明见效:**]政遂为改节,悔过自修。阳嘉元年[132],封政弟十三人皆为亭侯。

政立十年薨……

[**宫女的儿子;虽为亲王,但这未能给予他们的卑微的母亲任何尊严;他们中间的后两位:**]

刘万岁:

[**在其王位上那么短寿,未留下任何痕迹:**]

广宗殇王万岁,以永元[和帝年号]五年[93年]封,分巨鹿为国。其年薨,葬于京师。无子,国除,并还巨鹿。

刘胜:

[**一名长期患病的亲王,未给历史留下任何痕迹:**]

平原怀王胜,和帝长子也。不载母氏。少有痼疾,延平元年[106,殇帝崩,安帝立]封。立八年薨,葬于京师。无子……

论曰:……章帝长者,事从敦厚,继祀汉室,咸其苗裔……

## 卷 46《郭陈列传》[陈宠]

陈宠:

[**帝国司法的一位确实伟大的儒家改革者,以"敬刑"、"刑不滥"为主题去改革,包括扭转严苛的伟大君主明帝之下的"苛俗"甚而"惨酷"。**]

[**他正直,有着强烈的政治责任意识,为此被窦氏外戚所恨。**]

[**出自并承继了一个相信"议法当依于轻"的司法世家,在其起初的帝国中央任职期间很好地实践了这一信念:**]

陈宠字昭公,沛国浚[xiáo,今安徽灵璧县南]人也。曾祖父咸,成、哀间以律令为尚书。平帝时,王莽辅政,多改汉制,咸心非之。……乞骸骨去职。及莽篡位,召咸以为掌寇大夫,谢病不肯应。……["**议法当依于轻**"是曾祖父的首要家训,那肯定被其曾孙牢记,并且塑造了他的"哲学":]咸性仁恕,常戒子孙曰:"为人议法,当依于轻,虽有百金之利,慎无与人重比。"

建武初,钦[咸子]子躬为廷尉左监,早卒。

躬生宠,明习家业,少为州郡吏,辟司徒鲍昱[yù]府。是时,三府掾属专尚交游,以不肯视事为高。宠常非之,独勤心物务[**对任何职业的任何人来说一项起码**

或基本的好素质],数为昱陈当世便宜。昱高其能,转为辞曹,掌天下狱讼[**对其好素质的大酬赏! 他没有辜负这酬赏。**]。其所平决,无不厌服众心。时司徒辞讼,久者数十年,事类溷[hùn,混浊、肮脏]错,易为轻重,不良吏得生因缘。[**他做的一项规制化和合理化性质的重要改革:**]宠为昱撰《辞讼比》七卷,决事科条,皆以事类相从。昱奏上之,其后公府奉以为法。

[**力推司法和行政改革(一):要旨为扭转严苛的伟大君主明帝的"苛俗"甚而"惨酷":**]三迁,肃宗[章帝]初,为尚书。是时承永平故事,吏政尚严切,尚书决事率近于重,宠以帝新即位,宜改前世苛俗。乃上疏曰[**以下显示了他的根本的儒家信念、情势性方式和政治雄辩**]:

[**根本的儒家信念,相信宽宥、"敬刑"、"刑不滥":**]臣闻先王之政,赏不僭,刑不滥,与其不得已,宁僭不滥。故唐尧著典,"眚灾肆赦"[见《尚书·舜典》,眚(shěng)即过错,灾即意外事故];周公作戒,"勿误庶狱"[见《尚书·周书》];伯夷[尧时辅政,主管礼仪刑罚]之典,"惟敬[谨慎行使]五刑,以成三德"[亦见《尚书·周书》]。……[**情势性方式,一种至少自商鞅往后作为改革理由的视事方式:**]往者断狱严明,所以威惩奸慝[tè,奸邪],奸慝既平,必宜济之以宽。[**诉诸章帝的内在性情:**]陛下即位,率由此义,数诏群僚,弘崇晏晏[温和]。[**可遗憾的甚或可怖的现状:**]而有司执事,未悉奉承,典刑用法,犹尚深刻。断狱者急于榜格[悬赏捉拿的公告]酷烈之痛,执宪者烦于诋欺放滥之交,或因公行私,逞纵威福。[**为了改革,再度用儒家论辩:**]夫为政犹张琴瑟,大弦急者小弦绝。故子贡非臧孙之猛法,而美郑乔[郑之公孙侨,字子产]之仁政。[西汉刘向《新序》曰:臧孙行猛政,子贡非之,曰:"独不闻子产之相郑乎? 推贤举能,抑恶扬善;有大略者不问其短,有厚德者不非小疵,家给人足,囹圄空虚。子产卒,国人皆叩心流涕,三月不闻竽琴之音。其生也见爱,死也可悲!"]《诗》云:"不刚不柔,布政优优。"[《诗经·商颂·长发》。][**他力推的改革的宽宥主题:**]方今……宜隆先王之道,荡涤烦苛之法。轻薄棰楚[棰,木棍;楚,荆杖。引申为杖刑通称],以济群生;全广至德,以奉天心。

[**他的改革主张被接受,并被很好贯彻,导致所望的"人俗和平"效果:**]帝敬纳宠言,每事务于宽厚。其后遂诏有司,绝钻钻[用钻具钻,膑刑,钻去受刑者膑骨]诸惨酷之科,解妖恶之禁,除文致[谓舞文弄法,致人于罪]之请谳[yàn,审判定罪][请谳:下级官吏遇到疑难案件不能决断, 请求上级机关审核定案]五十余事,定著于令。是后人俗和平,屡有嘉瑞。

[**力推司法和行政改革(二):成功地为一项旨在司法温和的改革措施辩护:**]

　　汉旧事断狱报重,常尽三冬之月[冬季三个月,为断狱行刑的时节],是时帝始改用冬初十月而已。元和二年[85 年],旱,长水校尉贾宗等上言,以为断狱不尽三冬,故阴气微弱,阳气发泄,招致灾旱,事在于此。[**儒家自然神论(天人感应)论辩,用来反对司法改革。**]帝以其言下公卿议。宠奏曰[**儒家经典论辩,以为司法改革辩护**]:

　　……《月令》曰:"孟冬之月,趣(趋)狱刑,无留罪。"明大刑毕在立冬也。又:"仲冬之月,身欲宁,事欲静。"若以降威怒,不可谓宁;若以行大刑,不可谓静。议者咸曰:"旱之所由,咎在改律。"臣以为殷、周断狱不以三微,而化致康平,无有灾害。自元和以前,皆用三冬,而水旱之异,往往为患。由此言之,灾异自为它应,不以改律。秦为虐政,四时行刑,圣汉初兴,改从简易。萧何草律[创制法律],季秋论囚,俱避立春之月,而不计天地之正……实颇有违。陛下探幽析微,允执其中,革百载之失,建永年之功……稽《春秋》之文,当《月令》之意,圣功美业,不宜中疑。

　　书奏,帝纳之,遂不复改。……

## 卷 41《第五钟离宋寒列传》摘录

　　…………

　　**宋意:**

　　[下面一段显示儒君章帝的负面——"宽容"、"宽厚"、"以宽弘临下"的负面效应:]

　　意字伯志。父京,以《大夏侯尚书》教授,至辽东太守。意少传父业,显宗时举孝廉,以召对合旨,擢拜阿阳侯相。建初[76—84 年]中,征为尚书。

　　肃宗[章帝]性宽仁,而亲亲之恩笃,故叔父济南、中山二王每数入朝,特加恩宠,及诸昆弟并留京师,不遣就国。意以为人臣有节,不宜逾礼过恩,乃上疏谏曰:"陛下……以济南王康、中山王焉为先帝昆弟,特蒙礼宠,圣情恋恋,不忍远离,比年朝见,久留京师,崇以叔父之尊,同之家人之礼,车入殿门,即席不拜,分甘损膳,赏赐优渥。……今康、焉幸以支庶享食大国,陛下即位,蠲除前过,还所削黜,衍食他县,男女少长,并受爵邑,恩宠逾制,礼敬过度。《春秋》之义,诸父昆弟无所不臣,所以尊尊卑卑,强干弱枝者也。陛下……不宜以私恩损上下之序,失君臣之正。又西平王羡等六王,皆妻子成家,官属备具,当早就蕃国,为子孙基阯。而室第相望,久磐京邑,婚姻之盛,过于本朝,仆马之众,充塞城郭,骄奢僭拟,宠禄隆过……宜割情不忍,以义断恩,发遣康、焉各归蕃国,令羡等速就便时,以塞众望。"帝纳之。……

# "宠幸殊特，专固后宫"：东汉外戚政治的萌发

**卷 10 上《皇后纪上》**[贾贵人；窦皇后/窦太后]

**贾贵人：**

[后宫嫔妃，伟大的马皇后对之全无俗常的嫉妒；后者有她自己版本的"国家理由"（*raison d'etat*）（即为帝位提供一名皇储）去克服女人天然的狭隘性。]

贾贵人，南阳人。建武末选入太子宫，中元二年[57年，明帝在位首年]生肃宗[章帝]，而显宗[明帝]以为贵人。帝既为太后所养，专以马氏为外家，故贵人不登极位，贾氏亲族无受宠荣者。及太后崩，乃策书加贵人王赤绶，安车一驷，永巷宫人二百，御府杂帛二万匹，大司农黄金千斤，钱二千万。诸史并阙后事，故不知所终。[**可叹，她仅是为产生一名皇储而用的一个生物工具。**]

**窦贵人、窦皇后、窦太后（窦某）：**

[一个冷酷无情、未有生养的女人，赢得章帝的宠爱，以先前受宠的贵人宋氏——马太后的亲戚——为代价；继而，在成为皇后和马太后去世之后，她摧毁了宋氏。此外，她还使得章帝剥夺了贵人宋氏之子的皇储地位，从而预先成就了一次"政权变更"。她还摧毁了新皇储的母亲贵人梁氏，出于她的女人嫉妒心。不仅如此，在她之下，东汉帝国非常伟大的头两位皇帝（偕同他们各自伟大的皇后）那么坚决和不断地防止的外戚政治开始急剧萌生和勃发，从而开启了帝国衰落而后垂死的一大要素。]

[一位宫廷暴发户，依靠她自己的吸引力——在性、行为举止和才智三方面的吸引力：]

章德窦皇后讳某，扶风平陵人，大司空融之曾孙也。祖穆，父勋，坐事死，事在《窦融传》。勋尚东海恭王彊（强）女沘[bǐ]阳公主，后其长女也。[**她出生于一个遭难破败了的高级精英家庭，有其身为公主的母亲。或许，这双重由来助成了她的野心和残忍个性。**]家既废坏，数呼相工问息耗，见后者皆言当大尊贵，非臣妾容貌。年六岁能书，亲家皆奇之。[**她格外聪明机巧，助成了她后来的阴险恶毒。**]建初二年[77年]，后与女弟俱以选例入见长乐宫，进止有序，风容甚盛。肃宗[章帝]先闻后有才色，数以讯[问也]诸姬傅[傅谓傅母]。及见，雅以为美，马太后亦异焉，因入掖庭，见于北宫章德殿。后性敏给，倾心承接，称誉日闻。[**她确实抓住了机会，在性、行为举止和才智三方面的吸引力上大有作为。**]明年，遂立为皇后，妹为

贵人。……后宠幸殊特,专固后宫。

[狂野的嫉妒和险恶的摧毁;预先成就的政权变更:]

初,宋贵人生皇太子庆,梁贵人生和帝。后既无子,并疾忌之,数间于帝,渐致疏嫌。因诬宋贵人挟邪媚道,遂自杀,废庆为清河王[**预先成就的政权变更**],语在《庆传》。

梁贵人者,褒亲愍侯梁竦之女也。少失母,为伯母舞阴长公主所养。年十六,亦以建初二年[77年]与中姊俱选入掖庭为贵人。四年[79年],生和帝。后养为己子。欲专名外家而忌梁氏。八年[83年],乃作飞书[匿名书]以陷竦,竦坐诛,贵人姊妹以忧卒。[她经阴谋,摧毁了她的第二个女敌,在占有了后者的皇子之后。]自是宫房慑[dié,惧也]息,后爱日隆。[她经先后相继的摧毁而"垄断"了皇帝。]

[作为太后,她恢复了先前侵蚀和毁坏西汉帝国的外戚统治:]

及帝崩,和帝即位,尊后为皇太后。皇太后临朝,尊母沘阳公主为长公主,益汤沐邑三千户。兄宪、弟笃、景,并显贵,擅威权,后遂密谋不轨,永元四年[92年],发觉被诛。

[她身后几乎彻底名裂,在生前遭统治覆灭之后:]

九年[97年],太后崩,未及葬,而梁贵人姊嫕[yì]上书陈贵人枉殁之状。太尉张酺、司徒刘方、司空张奋上奏,依光武黜吕太后故事,贬太后尊号,不宜合葬先帝。百官亦多上言者。帝手诏曰:"窦氏虽不遵法度,而太后常自减损。朕奉事十年,深惟大义,礼,臣子无贬尊上之文。恩不忍离,义不忍亏。案前世上官太后亦无降黜,其勿复议。"[他不是他生母的儿子!而且在这场合,在儒家话语的掩盖下,他没有起码的正直。]于是合葬敬陵。在位十八年。

帝以贵人酷殁,敛葬礼阙,乃改殡于承光宫,上尊谥曰恭怀皇后,追服丧制,百官缟素,与姊大贵人俱葬西陵,仪比敬园。……

## 卷23《窦融列传》摘录

…………

窦宪:

[和帝在位头五年里傲慢气盛的、事实上的摄政("太后临朝,宪以侍中"),以至于"陵肆滋甚","窦氏父子兄弟并居列位,充满朝廷",同时还以他的报复性残酷("睚眦之怨莫不报复")为特征。腐败进至滥觞,且对北匈奴的挑衅性征伐成为他自己的政治权势和虚荣的纯粹工具。]

[突然,恰好在摄政和其外戚集团的权势和荣耀的顶峰,在这些很可能已威胁

少年皇帝的皇位和生命的时刻，后者由心腹宦官的政变建议和政变实施襄助，发动一次完全成功的打击，摧毁了他和他的同伙。]

［因而广泛地说，在东汉王朝于公元 25 年宣告成立往后约 60 年，他起了一个关键性的肇始东汉王朝蜕化、衰落乃至最终覆亡的作用，那继之以中国几个世纪的大分裂和大动乱。]

**［一名侥幸的贵族，在他的险恶的妹妹成为皇后之后急剧暴发：]**

宪字伯度。父勋被诛［前云"穆［窦融长子]坐赇遗小吏，郡捕系，与子宣俱死平陵狱，勋［窦穆之子]亦死洛阳狱"]，宪少孤。建初二年［据《章帝纪》为建初三年即 78 年]，女弟立为皇后，拜宪为郎，稍迁侍中、虎贲中郎将；弟笃，为黄门侍郎。**［骤然变得有权有势，富有万千，且傲慢非常，全无他先人窦融和窦固的审慎谦逊：]**兄弟亲幸，并侍宫省，赏赐累积，宠贵日盛，自王、主及阴、马诸家，莫不畏惮。宪恃宫掖声势，遂以贱直(值)请夺沁水公主［明帝女]园田，主逼畏，不敢计。**［暂时被骤然惊怖和勃然大怒的章帝钳制：]**后肃宗［章帝]驾出过园，指以问宪，宪阴喝［噎塞]不得对。后发觉，帝大怒，召宪切责曰："深思前过，夺主田园时，何用愈［超过……(的手段)]赵高指鹿为马？久念使人惊怖。昔永平［明帝年号，58—75 年]中，常令阴党、阴博、邓叠三人［皆外戚]更相［互相]纠察，故诸豪戚莫敢犯法者，而诏书切切，犹以舅氏田宅为言。今贵主尚见枉夺，何况小人哉！国家弃宪如孤雏［鸟子生而啄者曰雏]腐鼠耳。"宪大震惧，皇后为毁服深谢，良久乃得解，使以田还主。虽不绳其罪，然亦不授以重任。……

**卷 24《马援列传》**［马廖、马防、马光]

…………

**［本篇其余的饶有意义的部分：]**

**［马援的长子论流行的奢侈：]**

廖字敬平，少以父任为郎。明德皇后［马皇后]既立，拜廖为羽林左监、虎贲中郎将。显宗［明帝]崩，受遗诏典掌门禁，遂代赵熹为卫尉，肃宗［章帝]甚尊重之。

时，皇太后躬履节俭，事从简约，廖虑美业难终，上疏长乐宫以劝成德政，曰：

**［"现代"史上的一项教训：上行下效，顶端和精英层次上的腐败能够在下面的社会滥觞肆虐：]**……世尚奢靡……侈费不息，至于衰乱者，百姓从行不从言也。夫改政移风，必有其本。传曰："吴王好剑客，百姓多创瘢；楚王好细腰，宫中多饿死"。长安语曰："城中好高髻，四方高一尺；城中好广眉，四方且半额；城中好大

袖,四方全匹帛。"斯言如戏,有切事实。[反奢侈规制的衰颓和社会腐败,"良由慢起京师":]前下制度未几,后稍不行。虽或吏不奉法,良由慢起京师。[顶层的反奢侈应当体制化,并且坚持下去,以便产生出经久和巩固的效果:]今陛下躬服厚缯,斥去华饰,素简所安[朴素简约],发自圣性。此诚上合天心,下顺民望,浩大之福,莫尚于此。陛下既已得之自然,犹宜加以勉勖,法太宗[西汉文帝]之隆德,戒成、哀之不终。……愿置章坐侧,以当瞽人[盲人]夜诵之音。

太后深纳之。朝廷大议。辄以询访。

廖性质诚畏慎,不爱权势声名,尽心纳忠,不屑毁誉。……每有赏赐,辄辞让不敢当,京师以是称之。[他是他父亲的儿子,正如她——马太后——是他父亲的女儿!]……

[马援的另两个儿子显示了精英的奢侈、腐败和部分地放肆不法,恰如他们的兄长显示了这些的反面:]
……防、光奢侈,好树党与。[家族圈子里,(个人特质的)快速变异一向是个规律,恰如其遗传!]……
[他们都有大贵族的身份、尊威和官场峰位:]防字江平,永平十二年[69年],与弟光俱为黄门侍郎。肃宗[章帝]即位,拜防中郎将,稍迁城门校尉。……

建初二年[77年],金城、陇西保塞羌皆反,拜防行车骑将军事……破之……诏征防还,拜车骑将军,城门校尉如故。

防贵宠最盛,与九卿绝席。光自越骑校尉迁执金吾。四年,封防颍阳侯,光为许侯,兄弟二人各六千户……皇太后崩[79年],明年,拜防光禄勋,光为卫尉。防数言政事,多见采用。……
[他们的狂野的奢侈和腐败,傲慢显现而无制约;他们在精英社会里的狂放影响,归因于权势、"慷慨"和广泛人缘:]防兄弟贵盛,奴婢各千人已(以)上,资产巨亿,皆买京师膏腴美田。又大起第观,连阁临道,弥亘街路,多聚声乐,曲度比诸郊庙。宾客奔凑,四方毕至,京兆杜笃之徒数百人,常为食客,居门下。刺史、守、令多出其家。岁时赈给乡闾,故人莫不周洽。防又多牧马畜,赋敛羌胡。[来自顶端——温和节俭的章帝——的初始否定性反应:]帝不喜之,数加谴敕,所以禁遏甚备,由是权势稍损,宾客亦衰。[惩罚颇快地落到他们头上:]八年[83年],因兄子豫怨谤事,有司奏防、光兄弟奢侈逾僭,浊乱圣化,悉免就国。……

# "士宜以才行为先":章帝之下贤明的官僚治理

**卷 26《伏侯宋蔡冯赵牟韦列传》**[韦彪]

…………

韦彪:

[一位在学问和行为上都很儒的大师,享有广泛的声誉。应君主邀请担任地方行政长官之后,他在中央为章帝效劳,提倡(过分儒的、饰以华美浮言的?)"宽厚"为特征的政策建议:]

[在特别值得注意的中间,有他就选拔官员(特别是地方行政长官和中央高层幕僚)的标准而对君主提出的建议。这标准的特征为儒家孝道、忠诚老实和正直的宽厚,而非"技术"精明、睿智和严格甚或严厉。]

[一位很儒的大师,以其儒家学问和儒家行为方式(首先是其过分的孝)而著称:]

韦彪字孟达,扶风平陵人也。高祖贤[见《汉书·韦贤传》],宣帝时为丞相。祖赏,哀帝时为大司马。

彪孝行纯至,父母卒,哀毁三年,不出庐寝。服竟,羸瘠骨立异形,医疗数年乃起。[这过分的孝行铺垫大名声:反映了(精英的)儒家伦理文化的一种蜕化。]好学洽闻,雅称儒宗。建武[光武帝年号]末,举孝廉,除[任命为]郎中,以病免,复归教授。安贫乐道,恬于进趣[以自己的信念旨趣为安为乐],三辅诸儒莫不慕仰之。

[在应邀担任地方行政长官之后,他在中央为章帝效力,有其特别以"数陈政术,每归宽厚"(饰以华美浮言的过分儒的?)为特征的表现:]

显宗[明帝]闻彪名,永平六年[63 年],召拜谒者,赐以车马衣服,三迁[经三次升迁任]魏郡太守。肃宗[章帝]即位,以病免。征为左中郎将、长乐卫尉,数陈政术,每归宽厚。比[及,等到]上疏乞骸骨,拜为奉车都尉,秩中二千石,赏赐恩宠,侔于亲戚。

建初七年[82 年],车驾西巡守,以彪行太常从[暂以太常职位跟随],数召入,问以三辅旧事,礼仪风俗。彪因建言[性质为儒家和王朝的传统主义的]:"今西巡旧都,宜追录高祖、中宗[宣帝]功臣,褒显先勋,纪其子孙。"帝纳之。行至长安,乃制诏京兆尹、右扶风求萧何、霍光后。时光无苗裔,唯封何末孙熊为酇侯。……还,拜大鸿胪。

[他就选拔官员(特别是地方行政长官和中央高层官僚)的标准而提出的建议。这标准的特征为孝道、忠诚老实和正直的宽厚,全都是儒家的,而非"技术"精明、睿智和严格甚或严厉(那或许多少被先前的明帝珍视);然而,他仅在教义上而非实际事务中是个"书呆子":]

是时,陈事者多言郡国贡举率非功次[(依据)功勋门第],故守职益懈而吏事浸疏[渐渐荒疏],咎在州郡。有诏下公卿朝臣议。彪上议曰:"……[**非常儒的伦理/政治教义:**]夫国以简贤为务,贤以孝行为首。孔子曰:'事亲孝故忠可移于君,是以求忠臣必于孝子之门。'[见于《孝经》,并非孔子自述,出于后人附会。]……忠孝之人,持心近厚;锻炼[老练、深文锻罪]之吏,持心近薄。三代之所以直道[正直]而行者,在其所以磨[磨砺选练然后任用]之故也。士宜以才行为先,不可纯以阀阅。然其要归,在于选二千石[在此谓太守]。[**选拔好的郡州级地方行政长官是个关键。**]二千石贤,则贡举皆得其人矣。"帝深纳之。

[他试图扭转某种由光武帝和明帝确立的政治文化、习惯和惯例:]彪以世承二帝[光武帝、明帝]吏化之后,多以苛刻为能,又置官选职,不必以才,因盛夏多寒,上疏谏曰:"臣闻政化之本,必顺阴阳。伏见立夏以来,当暑而寒,殆以刑罚刻急,郡国不奉时令之所致也。[**董仲舒后流行的儒家自然神论(天人感应)被用来服务于他的目的。**]农人急于务而苛吏夺其时[耽误农时],赋发充常调[应按常规定额]而贪吏割其财,此其巨患也。……天下枢要,在于尚书[《百官志》曰"尚书,主知公卿二千石吏人上书、外国夷狄事"],尚书之选,岂可不重?[**选拔好的中央高层官僚亦是个关键。**]而间者多从郎官超升此位,虽晓习文法,长于应对,然察察小慧,类无大能。[**下面的话特别表明他在这个问题上丰富的形势知识和经验;他仅在教义上而非实际事务中是个"书呆子":**]宜简尝[挑选]历州宰[曾任州县长官]素有名者,虽进退舒迟[动作迟缓],时有不逮,然端心向公,奉职周密。宜鉴啬夫捷急之对,沉思绛侯木讷之功也。① 往时楚狱大起,故置令史以助郎职,而类多小人,好为奸利。今者务简,可皆停省。又谏议之职,应用公直之士,通财[多才]誉正[忠贞正直],有补益

---

① 《史记·张释之冯唐列传》载:释之从行,登虎圈。上问上林尉诸禽兽簿,十馀问,尉左右视,尽不能对。虎圈啬夫□正义掌虎圈。从旁代尉对上所问禽兽簿甚悉,欲以观其能□响应无穷者。文帝曰:"吏不当若是邪?尉无赖!"集解张晏曰:"才无可恃。"乃诏释之拜啬夫为上林令。释之久之前曰:"陛下以绛侯周勃何如人也?"上曰:"长者也。"又复问:"东阳侯张相如何如人也?"上复曰:"长者。"释之曰:**他是个纯粹的官僚,在本质上抓住了它的根本的"官僚规范",即保守、求实和低姿态:**"夫绛侯、东阳侯称为长者,此两人言事曾不能出口,岂敩[xiào]此啬夫谍谍利口捷给哉!且秦以任刀笔之吏,吏争以亟疾苛察相高,然其敝徒文具耳,○索隐案:谓空具其文而无其实也。无恻隐之实。以故不闻其过,陵迟而至于二世,天下土崩。今陛下以啬夫口辩而超迁之,臣恐天下随风靡靡,争为口辩而无其实。且下之化上疾于景响[比影子和回声都快。景通"影"]举错(措)不可不审也。"文帝曰:"善。"乃止不拜啬夫。

于朝者。今或从征试辈［受习试用者］为（谏议）大夫。又御史外迁，动据州郡。并宜清选其任，责以言绩。其二千石视事虽久，而为吏民所便安者，宜增秩重赏，勿妄迁徙。惟留圣心。"书奏，帝纳之。

元和二年［85 年］春，东巡狩，以彪行司徒事从行［暂以司徒职位跟随］。还，以病乞身，帝遣小黄门、太医问病，赐以食物。彪遂称困笃。章和二年［88 年］夏，使谒者策诏曰："彪以将相之裔，勤身饬行，出自州里，在位历载。中被笃疾，连上求退。君年在耆艾，不可复以加增，恐职事烦碎，重有损焉。其上大鸿胪印绶。其遣太子舍人诣中臧（藏）府，受赐钱二十万。"永元元年［89 年，和帝初年］，卒，诏尚书："故大鸿胪韦彪，在位无愆，方欲录用，奄忽而卒。其赐钱二十万，布百匹，谷三千斛。"

［他确实儒，在道德、性情和学问各方面（虽然比孔夫子本人浮言少得多，创新少得多）：］彪清俭好施，禄赐分与宗族，家无余财，著书十二篇，号曰《韦卿子》。……

## 卷 27《宣张二王杜郭吴承郑赵列传》［郑均］

…………

郑均：

［本篇里唯一的一位信道家而非儒家的人物。在他的种种可赞的秉性中间，他之坚持规避官场是就他来说最显著的。然而，一旦为官，他便"数纳忠言"，"黄发不怠"。］

郑均字仲虞，东平任城［县名，约为今山东济宁市任城区］人也。［信仰道家：］少好黄、老书。［诚实、正直、人道：］兄为县吏，颇受礼遗，均数谏止，不听。即脱身为佣，岁余，得钱帛，归以与兄。曰："物尽可复得，为吏坐臧（赃），终身捐弃。"兄感其言，遂为廉洁。均好义笃实，养寡嫂孤儿，恩礼敦至。［而且，坚持规避官场，有如就一位道家可以预期的那样：］常称病家廷，不应州郡辟召。郡将欲必致之，使县令谲［诈也］将诣门，既至，卒不能屈。均于是客于濮阳。

建初三年［78 年］，司徒鲍昱辟之，后举直言，并不诣。六年［81 年］，公车特征［他差不多被迫成为一名中央官员，被帝国特殊尊重和邀请所迫！］。再迁尚书，数纳忠言，肃宗［章帝］敬重之。［然而他，一位"僵硬的"道家，依然颇为勉强：］后以病乞骸骨，拜议郎，告归，因称病笃，帝赐以衣冠。

［"束脩安贫"，"恭俭节整"，他在退休后被皇帝授予（肯定违背他的意愿）财富和"白衣尚书"之类荣誉地位：］元和元年［84 年］，诏告庐江太守、东平相曰："议郎郑均，束脩安贫，恭俭节整，前在机密，以病致仕，守善贞固，黄发不怠。又前安邑

令毛义[庐江人],躬履逊让,比征辞病,淳洁之风,东州称仁。书不云乎:'章厥有常,吉哉!'其赐均、义谷各千斛,常以八月长吏存问,赐羊酒,显兹异行。"明年[85年],帝东巡过任城,乃幸均舍,敕赐尚书禄以终其身,故时人号为"白衣尚书"。永元[和帝年号,89—105年]中,卒于家。……

### 卷 76《循吏列传》[秦彭]

…………

秦彭:

[一位非常儒的地方行政长官,几乎全部依靠儒家规范性教育和熏陶去治理,加上发展农业:]

秦彭字伯平,扶风茂陵人也。[在为官生涯方面,他得益于他的世代高官家庭和"合法裙带关系":]自汉兴之后,世位相承。六世祖袭,为颍川太守,与群从同时为二千石者五人,故三辅号曰"万石[五人二千石,共万石]秦氏"。彭同产[同母所生]女弟,显宗[明帝]时入掖庭为贵人,有宠。永平七年[64年],以彭贵人兄,随四姓小侯擢为开阳城门候[《续汉志》:"城门候一人,六百石。"]。十五年[72年],拜骑都尉,副驸马都尉耿秉北征匈奴。

[在他那里,儒家规范性"柔软"教育和熏陶有了个罕见的机会去付诸实践,作为在一个地方范围内去转化和治理民众的基本路径,加上农业发展措施:]

建初[章帝年号]元年[76年],迁山阳[郡名,治所在今河北南部邢台市巨野县南]太守。以礼训人,不任刑罚。崇好儒雅,敦明庠序。每春秋飨射,辄修升降揖让之仪。乃为人设四诚,以定六亲长幼之礼。有遵奉教化者,擢为乡三老,常以八月致酒肉以劝勉之。吏有过咎,罢遣而已,不加耻辱。[惊人的良效:]百姓怀爱,莫有欺犯。兴起稻田数千顷,每于农月,亲度顷亩,分别肥塉,差为三品,各立文簿,藏之乡县。于是奸吏局蹐,无所容诈。彭乃上言,宜令天下齐同其制。[皇帝推广其经验,但未知贯彻情况和效果如何:]诏书以其所立条式,班令三府,并下州郡。

在职六年,转颍川太守,仍有凤皇、麒麟、嘉禾、甘露之瑞,集其郡境。肃宗[章帝]巡行,再幸颍川,辄赏赐钱谷,恩宠甚异。章和二年[87年]卒。……

### 卷 43《朱乐何列传》摘录

[本篇记述四位儒士官僚,其共同的杰出秉性是生硬的正直、不打折扣的勇敢和极为非同流俗。其中三位生活在帝国衰颓或垂死时代,彰显了他们的道德/政治/"意识形态"正直,经反复抨击外戚摄政的独裁权力和腐败而不顾自我丧命风险。他们"廉直介立",不惮一切,是一类真正的英雄。]

朱晖：

［东汉初期的一位整个一生都极为诚实、勇敢和生硬地正直的家伙。他能正直到"义烈"地步，而且不管是作为私人还是作为官员都非常不同流俗。］

［正直、勇敢和坚执儒家行为方式，在他的少年和青年岁月里：］

砵（朱）晖字文季，南阳宛人也。家世衣冠。［他即使在少年时就正直勇敢，如同下述全国大乱期间传奇式的故事显示的那样：］晖早孤，有气决。年十三，王莽败，天下乱，与外氏家属从田间奔入宛城。道遇群贼，白刃劫诸妇女，略（掠）夺衣物。昆弟宾客皆惶迫，伏地莫敢动。晖拔剑前曰："财物皆可取耳，诸母衣不可得。今日砵（朱）晖死日也！"贼见其小，壮其志，笑曰："童子内（纳）刀。"遂舍之而去。

初，光武与晖父岑俱学长安，有旧故。及即位，求问岑，时已卒，乃召晖拜为郎。［他在青年岁月里是个有学问的、经典意义上的儒家行为主义者：］晖寻以病去，卒业［毕业］于太学。性矜严，进止必以礼，诸儒称其高。

［作为一位正直和非流俗的中年"志士"，特别是在显要政治人物面前：］

［他对显要政治人物的非流俗态度；他鄙薄流俗的权力和地位：］永平［明帝年号，58—75年］初，显宗舅新阳侯阴就慕晖贤，自往候之，晖避不见。复遣家丞致礼，晖遂闭门不受。就闻，叹曰："志士也，勿夺其节。"后为郡吏，太守阮况尝欲市［买］晖婢，晖不从［《东观记》曰："晖为督邮，况当归女，欲买晖婢，晖不敢与"］。……骠骑将军东平王苍闻而辟［招来授职］之，甚礼敬焉。正月朔旦［初一天明］，苍当入贺。故事，少府给璧［玉石］。是时阴就为府卿，贵骄，吏慑不奉法。苍坐朝堂，漏且尽，而求璧不可得，顾谓掾属曰："若之何？"晖望见少府主簿持璧，即往给［欺也］之曰："我数闻璧而未尝见，试请观之。"主簿以授晖，晖顾召令史奉之。主簿大惊，遽以白就。就曰："砵（朱）掾义士，勿复求。"更以他璧朝。苍既罢，召晖谓曰："属者掾自视孰与蔺相如？"帝闻壮之。及当幸长安，欲严宿卫，故以晖为卫士令。再迁临淮太守。

［他在地方行政长官职位上的表现，特征为强悍态度和生硬的正直（"刚于为吏"），效果是"吏畏其威，人怀其惠"：］

晖好节概，有所拔用，皆厉行士。其诸报怨［报怨之士］，以义犯率，皆为求其理，多得生济。［他同情与他多少类似的家伙；对他来说，"义"优于和高于"法"，当这两者彼此冲突的时候。］其不义之因，即时僵仆［倒下］。吏人畏爱［他既被怕，又被爱，部分地有别于马基雅维里主义］，为之歌曰："强直自遂，南阳砵（朱）季。吏畏其威，人怀其惠。"数年，坐法免。

[然而，这类很不同流俗的行为不能见容于流俗官场，因而他被逐出，但其性格丝毫不改：]晖刚于为吏，见忌于上，所在多被劾。自去临淮，屏居野泽，布衣蔬食，不与邑里通，乡党讥其介[特也，不与众同]["介"：不同流俗！]。[他的非凡"义烈"：]建初[章帝年号，76—84年]中，南阳大饥，米石千余，晖尽散其家资，以分宗里故旧之贫羸者，乡族皆归焉。初，晖同县张堪素有名称，尝于太学见晖，甚重之，接以友道，乃把晖臂曰："欲以妻子托硃（朱）生。"晖以堪先达，举手未敢对，自后不复相见。堪卒，晖闻其妻子贫困，乃自往候视，厚赈赡之。晖少子颉怪而问曰："大人不与堪为友，平生未曾相闻，子孙窃怪之。"晖曰："堪尝有知己之言，吾以信于心也。"晖又与同郡陈揖交善，揖早卒，有遗腹子友，晖常哀之。及司徒桓虞为南阳太守，召晖子骈为吏，晖辞骈而荐友。虞叹息，遂召之。其义烈若此。

[他的声誉将他招回官场，甚至"蒙恩得在机密"，在中央很好并正直地效力，在一位温和、节俭、关心草根民众和基础农业以及行政清廉的儒君之下：]

元和[章帝年号，84—87年]中，肃宗巡狩，告南阳太守问晖起居，召拜为尚书仆射。岁中迁太（泰）山太守。晖上疏乞留中，诏许之。因上便宜，陈密事，深见嘉纳。诏报曰："补公家之阙，不累清白之素，斯善美之士也。俗吏苟合，阿意面从，进无謇謇之志，却无退思之念，患之甚久。惟今所言，适我愿也。生其勉之！"

[他甚至在皇帝面前生硬勇敢，就一项重要的、在他看来损害普通民众的财政政策：]是时谷贵，县官经[常也]用不足，朝廷忧之。尚书张林上言："谷所以贵，由钱贱故也。可尽封钱，一取布帛为租，以通天下之用。又盐，食之急者，虽贵，人不得不须，官可自鬻[古煮字]。又宜因交阯、益州上计吏往来，市珍宝，收采其利，武帝时所谓均输者也。"于是诏诸尚书通议。晖奏据林言不可施行，事遂寝。后陈事者复重述林前议，以为于国诚便，帝然之，有诏施行。[他不惮坚持他自信的政策意见：]晖复独奏曰："王制，天子不言有无，诸侯不言多少，禄食之家不与百姓争利。今均输之法与贾贩无异，盐利归官，则下人穷怨，布帛为租，则吏多奸盗，诚非明主所当宜行。"[他完全愿意冒自身完蛋的风险而不愿妥协，妥协被他认为是违背根本的道义责任：]帝卒以林等言为然，得晖重议，因发怒，切责诸尚书。晖等皆自系（羁）狱。三日，诏敕出之。曰："国家乐闻驳议，黄发[老称，谓朱晖]无愆，诏书过耳，何故自系（羁）？"晖因称病笃，不肯复署议。尚书令以下惶怖，谓晖曰："今临得谴让，奈何称病，其祸不细！"晖曰："行年八十，蒙恩得在机密，当以死报。[被他认作一名官员的根本道义责任是什么？：]若心知不可而顺旨雷同，负臣子之义。今耳目无所闻见，伏待死命。"遂闭口不复言。诸尚书不知所为，乃共劾奏晖。帝意解，寝其事。后数日，诏使直事郎[署郎当值者]问晖起居，太医视疾，太官赐食。

晖乃起谢,复赐钱十万,布百匹,衣十领。[**然而,那草率急就的财政政策似乎未改。他为道义而非效果而战。**]

后迁为尚书令,以老病乞身,拜骑都尉,赐钱二十万。……

### 卷46《郭陈列传》摘录

郭躬:

[**帝国司法大师,有其儒家信念、司法才能和雄辩,主要特征为"掌法,务在宽平","决狱断刑,多依矜恕"。他使得帝国司法更为人道,政治上更加通情达理。**]

[**我们的史家在此作了一番很深刻、很动人的评论。**]

…………

[**他作为帝国首席司法长官的非常有特征的表现:**]

[**他成了帝国首席司法长官:**]后三迁,元和三年[86年],拜为廷尉。[**他的司法表现的总特征在于"掌法,务在宽平","决狱断刑,多依矜恕":**]躬家世掌法,务在宽平,及典理官,决狱断刑,多依矜恕,[**一种由他推动的司法改革,使得司法较为人道和在政治上较通情达理:**]乃条诸重文可从轻者四十一事奏之,事皆施行,著于令。章和元年[87年],赦天下系(繫)囚在四月丙子以前[四月丙子日以前的在押犯]减死罪一等,勿笞,诣金城,而文不及亡命未发觉者。躬上封事曰:"圣恩所以减死罪使戍边者,重人命也。今死罪亡命[犯了死罪的逃犯]无虑[不下]万人,又自赦以来,捕得甚众,而诏令不及,皆当重论。伏惟天恩莫不荡宥,死罪已(以)下并蒙更生,而亡命捕得独不沾泽。臣以为赦前犯死罪而系(繫)在赦后者,可皆勿笞诣金城,以全人命,有益于边。"肃宗善之,即下诏赦焉。躬奏谳法科,多所生全。永元六年[94年],卒官。……

[**我们的史家在此的评论深刻动人:**]

论曰:曾子云:"上失其道,民散久矣。如得其情,则哀矜而勿喜。"[见《论语》。][**一则经典的儒家教诲,任何时代的中国统治者和官员都应当牢记在心!**]夫不喜于得情则恕心用,恕心用则可寄枉直矣。夫贤人君子断狱,其必主于此乎?[**他们往往根本不懂这个,或不理睬这个,而喜于其惩罚的大数量和大烈度,惩罚有某种"情"去犯下了罪过的那些人。**]郭躬起自佐史,小大之狱必察焉。原(缘)其平刑审断,庶于勿喜者乎?若乃推己以议物,舍状[舍弃事物的表面意义]以贪(探)情[探求实情],法家之能庆延[福泽绵延]于世,盖由此也!……

# "降意儒术","使诸儒共正经义"

### 卷 79 上《儒林列传上》摘录

…………

[公元 79 年的白虎观会议,由章帝亲自召开和主持;由于这次延续数月的钦定/钦临会议,官方儒学变得更加神秘主义化或神学化,作为儒家教条式自然神论的继续,还有王朝专制主义的意识形态仆从的继续]建初[章帝年号,76—84 年]中,大会诸儒于白虎观,考详同异,连月乃罢。肃宗亲临称制,如石渠故事,顾命史臣,著为通义。①[与此同时,作为一项"旁戏",确实经典的儒家学问亦由章帝宫廷得到促进]又诏高才生受《古文尚书》、《毛诗》、《穀梁》、《左氏春秋》,虽不立学官,然皆擢高第为讲郎,给事近署,所以网罗遗逸,博存众家。……

### 卷 35《张曹郑列传》[曹褒]

曹褒:

[一位儒学大师,和蔼、诚实、宽宏,一贯推进初期东汉帝国政权的儒家体制化建设,特别是关于宫廷礼仪和社会礼仪的。为此,他数次向皇帝们推销他的设计——基于叔孙通的设计,但失败了,因为君主不乐意遭遇政治/智识精英们中间的争执。]

[他来自经典的儒家地域,有一位儒学大师父亲,后者为新王朝建设儒家体制化礼仪的宏愿("大汉当自制礼")成了他的北斗明星:]

曹褒字叔通,鲁国薛人也。父充,持《庆氏礼》,建武[光武帝年号,25—55 年]中为

---

① 《后汉书·章帝纪》载:(建初四年)十一月壬戌,诏曰:"盖三代导人,教学为本。汉承暴秦,褒显儒术,建立《五经》,为置博士。其后学者精进,虽曰承师,亦别名家。孝宣皇帝以为去圣久远,学不厌博,故遂立《大、小夏侯尚书》,后又立《京氏易》。至建武[光武帝年号,25—56 年]中,复置《颜氏、严氏春秋》,《大、小戴礼》博士。此皆所以扶进微学,尊广道艺也。中元元年[56 年光武帝去世前一年]诏书,《五经》章句烦多,议欲减省。至永平元年[58 年],长水校尉(樊)儵[shū]奏言,先帝大业,当以时施行……"于是下太常,将、大夫、博士、议郎、郎官及诸生、诸儒会白虎观,讲议《五经》同异,使五官中郎将魏应承制问[秉承皇帝旨意发问],侍中淳于恭奏[代表诸儒作答],帝亲称制临决,如孝宣甘露石渠故事,作《白虎议奏》。[我们或可在此应用我们给《汉书·儒林传》作的下述总评:反映精英阶级和一般政治文化的蜕化甚或腐败,个中害在篇末被尖锐地指出:"传业者浸盛,支叶蕃滋……盖禄利之路然也。"自武帝和公孙弘往后的儒家乃至总的中国学问和教育有其政治经济学机理……除了很少数例外,这里记录的西汉后期儒家学者大多是平庸之辈。因而,后来有一断言:"秦燔经而经存,汉穷经而经亡"。]……

博士，从巡狩岱宗，定封禅礼，还，受诏议立七郊、三雍、大射、养老礼仪。显宗[明帝]即位，充上言[**他父亲以及他的主题纲领**]："汉再受命，仍有封禅之事，而礼乐崩阙，不可为后嗣法。五帝不相沿乐，三王不相袭礼，大汉当自制礼，以示百世。"帝问："制礼乐云何？"充对曰：《河图括地象》曰：'有汉世礼乐文雅出。'《尚书璇机钤》曰：'有帝汉出，德洽作乐，名予。'"帝善之，下诏曰："今且改太乐官曰太予乐，歌诗曲操，以俟君子。"拜充侍中。作章句辩难，于是遂有庆氏学[《礼记》学的一派，西汉经学家庆普所创；曹充父子传庆氏学]。

褒少笃志，有大度，结发传充业，博雅疏通，尤好礼事。[**他的自我投入的使命，以汉礼体制初创者叔孙通为他的楷模和基础**]常感朝廷制度未备，慕叔孙通为汉礼仪，昼夜研精，沉吟专思，寝则怀抱笔札，行则诵习文书，当其念至，忘所之适。……

[**在章帝之下，他遇到了儒家礼仪体制性建设的机会，但那证明对他的成功来说颇为有限和不足：**]

征拜博士。会肃宗[章帝]欲制定礼乐，元和二年[85年]下诏曰："《河图》称……《尚书璇机钤》曰……《帝命验》曰……且三五步骤[《孝经钩命决》曰："三皇步，五帝骤"]，优劣殊轨，况予顽陋，无以克堪，虽欲从之，末由也已。每见图书，中心恶（软）焉。"褒知帝旨欲有兴作，乃上疏曰："昔者圣人受命而王，莫不制礼作乐……所以救世俗，致祯祥，为万姓获福于皇天者也。今……宜定文制，著成汉礼，丕显祖宗盛德之美。"章下太常，太常巢堪以为一世大典，非褒所定，不可许。[**创造总是有争议！**]

[**章帝为之斗了一段时间，然后走容易路，规避政治/智识精英们中间的激烈争论：**]

[**章帝斗了一段时间：**]帝知群僚拘挛[拘束]，难与图始，朝廷礼宪，宜时刊立，明年复下诏曰："……汉遭秦余，礼坏乐崩，且因循故事，未可观省，有知其说者，各尽所能。"褒省诏，乃叹息谓诸生曰："……夫人臣依义显君，竭忠彰主，行之美也。当仁不让，吾何辞哉！"[**他知道自己会成为许多人的靶子，但仍志愿不已，决绝非常**]遂复上疏，具陈礼乐之本，制改之意。拜褒侍中，从驾南巡，既还，以事下三公，未及奏，诏召玄武司马班固，问改定礼制之宜。固曰[**显然，这大有才华的文臣班固诉诸必然的争执去克服立意创造者**]："京师诸儒，多能说礼，宜广招集，共议得失。"帝曰："谚言'作舍道边，三年不成'。会礼之家，名为聚讼[言相争不定]，互生疑异，笔不得下。昔尧作《大章》，一夔[kuí]足矣[夔，舜乐官。《吕氏春秋》曰，鲁哀公问于孔子曰，乐正夔一足矣。]。"

[**章帝再度斗了一段时间，依然信任他，但这为时甚短：**]章和元年[87年，章帝末

年]正月,乃召褒诣嘉德门,令小黄门持班固所上叔孙通《汉仪》十二篇,敕褒曰:"此制散略,多不合经,今宜依礼条正,使可施行。于南宫、东观尽心集作。"褒既受命,及次序礼事,依准旧典,杂以《五经》谶记之文,撰次天子至于庶人冠婚吉凶终始制度,以为百五十篇[**喔哟,他——儒学大师——做了一套百科全书似的设计!**],写以二尺四寸简。其年十二月奏上。[**现在,章帝挑容易路走,(肯定)在垂死之际以搁置这项工程去规避必然的激烈争论:**]帝以众论难一,故但纳之,不复令有司平奏。会帝崩,和帝即位……擢褒监羽林左骑。永元四年[92年],迁射声校尉。[**他遭到"得过且过者"的严厉抨击,而且得不到新皇帝的任何支持:**]后太尉张酺、尚书张敏等奏褒擅制《汉礼》,破乱圣术,宜加刑诛。帝虽寝其奏,而《汉礼》遂不行。[**他彻底失败!**]……

[**他在学问世界里的学问成就;他无疑是一位儒学大师:**]

褒博物识古,为儒者宗。十四年[102年],卒官。作《通义》十二篇,演经杂论百二十篇,又传《礼记》四十九篇,教授诸生千余人,庆氏学遂行于世。

[**我们的史家深为叹息,为儒家礼仪的体制性再创之格外艰难而叹。就此来看,曹褒的失败势所必然,而叔孙通的成功大有启示意义:**]

论曰:"汉初天下创定,朝制无文,叔孙通颇采经礼,参酌秦法,虽适物观时,有救崩敝,然先王之容[礼容]典[法则]盖多阙矣,是以贾谊、仲舒、王吉、刘向之徒,怀愤叹息所不能已也。资文、宣之远图明懿,而终莫或用[未用贾谊等言]……孝章永言前王,明发[谓发夕至明]兴作,专命礼臣,撰定国宪,洋洋乎盛德之事焉。而业绝天算,议黜异端,斯道竟复坠矣。夫三王不相袭礼,五帝不相沿乐,所以《咸》[咸池,黄帝乐]、《茎》[六茎,颛顼(zhuān xū)乐]异调,中都[鲁邑名。《孔子家语》曰:"孔子为中都宰,制为养生送死之节。"]殊绝[断绝;言古乐不同,旧礼亦绝]。况物运迁回,情数万化,制则不能随其流变,品度未足定其滋章[言时代迁移,繁省不定],斯固世主所当损益者也。且乐非夔、襄[分别为舜乐官、鲁乐官],而新音代起,律谢皋[皋陶,虞舜时的司法官]、苏[苏忿生,周武王之司寇],而制令哑易,修补旧文,独何猜焉?[言刑乐数改,而修礼则疑之。]礼云礼云,曷其然哉![叹其不能定也。]……"

**卷36《郑范陈贾张列传》**[贾逵]

贾逵:

[他,一位博学的儒士("通儒"),在本列传内颇为特殊。他在宫廷上再三干的,是刻意将他的经典儒家学问从属于流行的神秘主义儒家自然神论。他得到皇帝们的宠惠,后者寻求神秘的追加合法性。在他身上,没有真正的学问正直。]

[**作为博学的大儒,有天才贾谊为他的祖先,有这样的家庭传统去塑造他:**]

贾逵字景伯,扶风平陵人也。九世祖谊,文帝时为梁王太傅。曾祖父光,为常山太守,宣帝时以吏二千石自洛阳徙焉。父徽,从刘歆受《左氏春秋》,兼习《国语》《周官》,又受《古文尚书》于涂恽,学《毛诗》于谢曼卿,作《左氏条例》二十一篇。

逵悉传父业,弱冠能诵《左氏传》及《五经》本文,以《大夏侯尚书》教授,虽为古学,兼通五家《穀梁》之说。自为兒童,常在太学,不通人间事。身长八尺二寸,诸儒为之语曰:"问事不休贾长头。"性恺悌,多智思,俶傥[卓异]有大节。尤明《左氏传》、《国语》,为之《解诂》五十一篇,永平[明帝年号,58—75 年]中,上疏献之。显宗重其书,写藏秘馆。

[**他的神秘主义自然神论浮现(而且迅速滥觞,如后面有一段显示的),可能是刻意在宫廷如此:**]

时,有神雀集宫殿宫府,冠羽有五采色,帝异之,以问临邑侯刘复,复不能对,荐逵博物多识,帝乃召见逵,问之。对曰:"昔武王终父之业,鸑鷟[yuè zhuó,古书上一种水鸟,总是雌雄双飞]在岐,宣帝威怀戎狄,神雀仍集,此胡降之征也。"帝敕兰台给笔札,使作《神雀颂》,拜为郎,与班固并校秘书,应对左右。

[**他现在简直毫无顾忌地将他的经典儒家学问从属于流行的神秘主义儒家自然神论;在他身上,没有真正的学问正直:**]

肃宗[章帝]立,降意儒术,特好《古文尚书》、《左氏传》。建初元年[76 年],诏逵入讲北宫白虎观、南宫云台。帝善逵说,使发出《左氏传》大义长于二传[《公羊传》、《谷梁传》]者。逵于是具条奏之曰:

臣谨摘出《左氏》三十七事尤著明者,斯皆君臣之正义,父子之纪纲。[**那么大不同于光武帝时的经典儒士陈元,他将《左传》说成是一部儒家道德伦理说教的正统,而非伟大的史纂。**]其余同《公羊》者什有七八,或文简小异,无害大体。至于祭仲、纪季、伍子胥、叔术之属,《左氏》义深于君父,《公羊》多任于权变,其相殊绝,固以甚远,而冤抑积久,莫肯分明。

[**简直毫无顾忌地将他的经典儒家学问从属于流行的神秘主义儒家自然神论,为了啥? 是为了他的被曲解的左传学的地位,还是为了他本人的地位? 都是:**]臣以永平中上言《左氏》与图谶合者,先帝不遗刍荛[割草打柴之人,喻低贱者],省纳臣言,写其传诂,藏之秘书。建平[西汉哀帝年号,前 6—前 3 年]中,侍中刘歆欲立《左氏》,不先暴论大义,而轻移太常,恃其义长,诋挫诸儒,诸儒内怀不服,相与排之。孝哀皇帝重逆众心,故出歆为河内太守。从是攻击《左氏》,遂为重仇。至光

武皇帝,奋独见之明,兴立《左氏》、《穀梁》,会二家先师不晓图谶,故令中道而废。[作为一名机灵家伙,他发现了秘诀——学问、皇权和流行的意识形态文化之间的联系!]凡所以存先王之道者,要在安上理民也。今《左氏》崇君父,卑臣子,强干弱枝,劝善戒善,至明至切,至直至顺。……《五经》家皆无以证图谶明刘氏为尧后者,而《左氏》独有明文。《五经》家皆言颛顼代黄帝,而尧不得为火德。《左氏》以为少昊代黄帝,即图谶所谓帝宣也。如令尧不得为火,则汉不得为赤。其所发明,补益实多。

陛下通天然之明,建大圣之本……若复留意废学,以广圣见,庶几无所遗失矣。[他的呼吁或投机成功了:]书奏,帝嘉之,赐布五百匹,衣一袭,令逵自选《公羊》严、颜诸生高才者二十人,教以《左氏》,与简纸[竹简及纸]经传各一通。

逵母常有疾,帝欲加赐,以校书例多,特以钱二十万,使颍阳侯马防与之。谓防曰:"贾逵母病,此子无人事于外,屡空[贫乏]则从孤竹之子于首阳山矣[谓如伯夷叔齐般贫极饿死]。"

[这位博学的学者现在得意非凡,有皇帝的宠惠和帝国学问"大师"地位:]

逵数为帝言《古文尚书》与经传《尔雅》诂训相应,诏令撰《欧阳》、《大小夏侯尚书古文》同异。逵集为三卷,帝善之。复令撰《齐》、《鲁》、《韩诗》与《毛氏》异同[辕固,齐人,为齐诗;申公,鲁人,为鲁诗;韩婴为韩诗;毛苌为毛诗]。并作《周官解故》。迁逵为卫士令。八年[83年],乃诏诸儒各选高才生,受《左氏》、《穀梁春秋》、《古文尚书》、《毛诗》,由是四经遂行于世。[儒学史上的一项历史性成就,在不太小的程度上归因于他!]皆拜逵所选弟子及门生为千乘王国郎,朝夕受业黄门署,学者皆欣欣羡慕焉。[他有如一位学问暴发户!]

[知识与权势:这家伙曾经"不通人间事",现在成了一名政治显要人物,只是因为他有宫廷宠惠的儒家学问:]

和帝即位,永元三年[91年],以逵为左中郎将。八年[96年],复为侍中,领骑都尉。内备帷幄,兼领秘书近署,甚见信用。……

[他给世界留下了那么多文著,在一个时期里"学者宗之":]逵所著经传义诂及论难百余万言,又作诗、颂、诔[lěi,哀悼死者的文章]、书、连珠[借物陈义以通讽喻的骈体韵文]、酒令凡九篇,学者宗之,后世称为通儒。然不修小节,当世以此颇讥焉,故不至大官。永元十三年[101年]卒,时年七十二。……

[我们的史家给了他一个非常批评性的评论,既就学问,也就道德:]

论曰：……桓谭以不善谶流亡，郑兴以逊辞仅免，<sup>①</sup>贾逵能附会文致[粉饰，谓引左传以明汉为尧后]，最差[此两字意为最]贵显。世主以此论学，悲矣哉！……

## "不欲疲敝中国以事夷狄"与"臣平诸国"、恢复西域

**卷 47《班梁列传》**[班超]

[本列传记载两位伟大的军人，他们在东汉帝国事业中成就了那么多，分别在对蛮夷的宗主权与针对蛮夷的边防方面。两人中间，班超的成就是历史性的（historic），而且他的天才、勃勃生气、冷酷无情和坚韧耐力真正令人印象深刻。]

班超：

[一位中国英雄，战略、操作和战术天才。他作为"战区司令"，主要在章帝治下就恢复华夏帝国对西域的宗主权——由于狂野的大篡夺者挑衅性的"剥夺"行为而丧失了的宗主权——表现辉煌。先前明帝肯定意欲重建这权力，但依然远不到真正开启他奋力从事了的艰难恢复过程。<sup>②</sup> 换言之，他实质性地促成甚或造就

---

① 前载：有诏会议灵台所处，(光武)帝谓谭曰："吾欲以谶决之，何如？"谭默然良久，曰："臣不读谶。"帝问其故，谭复极言谶之非经。帝大怒曰："桓谭非圣无法，将下斩之！"谭叩头流血，良久乃得解。出为六安郡丞，意忽忽不乐，道病卒[50年]，时年七十余。

前载：(光武)帝尝问兴郊祀事，曰："吾欲以谶断之，何如？"兴对曰："臣不为谶。"帝怒曰："卿之不为谶，非之邪？"兴惶恐曰："臣于书有所未学，而无所非也。"帝意乃解。兴数言政事，依经守义，文章温雅，然以不善谶故不能任。

② 《后汉书·光武帝纪下》载：(建武)十四[38年]……莎车国、鄯善国遣使奉献。[在狂野的篡夺者激起的动乱之后，开始漫长的恢复帝国西域历程。]……

十七年[41年]……莎车国遣使贡献。……二十一年[45年]……冬，鄯善王、车师王等十六国皆遣子入侍奉献，愿请都护。帝以中国初定，未遑外事，乃还其侍子，厚加赏赐。[光武帝有其耐心或超级保守主义。]……

初，帝在兵间久，厌武事，且知天下疲耗，思乐息肩。自陇、蜀平后，非儆(紧)急，未尝复言军旅。皇太子尝问攻战之事，帝曰："昔卫灵公问陈(阵)，孔子不对，此非尔所及。"[《论语·卫灵公》："卫灵公问陈于孔子。曰：'俎豆之事，则尝闻之矣；军旅之事，未之学也。'"]

《后汉书·明帝纪》载：(永平)十六[73年]春二月，遣太仆祭肜出高阙，奉车都尉窦固出酒泉，驸马都尉耿秉出居延，骑都尉来苗出平城，伐北匈奴。[明帝对北匈奴发动一场看似巨大规模的远征，后者虽然无常易变，但在过去七八年里没有史载的入侵和掳掠。]窦固破呼衍王于天山，留兵屯伊吾庐城[今新疆哈密]。耿秉、来苗、祭肜并无功而还。[远征未果或失败。]

十七年[74年]……西域诸国遣子入侍……冬十一月，遣奉车都尉窦固、驸马都尉耿秉、骑都尉刘张出敦煌昆仑塞，击破白山[天山东段]虏于蒲类海[即今新疆东部巴里坤湖]上，遂入车师。初置西域都护、戊己校尉。[帝国西域宗主权得以部分地恢复，但远非巩固。]

十八年[75年]……焉耆、龟兹攻西域都护陈睦，悉没其众。北匈奴及车师后王围戊己校尉耿恭。[部分的西域宗主权迅即得而复失！]

了一项伟业：使西域重新成为中国的西域。①]

[西域的国际政治复杂多变，而他可用的华夏军事人力因为距离遥远而非常有限。在这些结构性约束之内，他依靠旨在"以夷狄攻夷狄"的外交、武力的威吓作用、灵巧的战术欺诈、频仍的出敌不意、战斗中的冷酷无情以及经常在西域城邦国家搞的政权变更。]

[一名少年，前程远大，因为具备若干优秀的素质："为人有大志""常执勤苦，不耻劳辱"，"有口辩，而涉猎书传"；渴望"立功异域"（即遥远的西域和远西）：]

班超字仲升，扶风平陵[今陕西咸阳东北]人，徐令彪之少子也。为人有大志，不修细节。然内孝谨，居家常执勤苦，不耻劳辱。有口辩，而涉猎书传。永平五年[62年]，兄固被召诣校书郎，超与母随至洛阳。家贫，常为官佣书[为官府抄书]以供养。久劳苦，尝辍业投笔叹曰："大丈夫无它志略，犹当效傅介子、张骞立功异域，以取封侯，安能久事笔研（砚）间乎？"左右皆笑之。超曰："小子安知壮士志哉！"……久之，显宗[明帝]问固："卿弟安在？"固对："为官写书，受直（值）以养老母。"帝乃除超为兰台[汉代宫内藏书之处]令史[负责在兰台管理档案，典教秘书，撰写史书等]。后坐事免官。

[他在西域的前奏（一）：他在西域的初始经历，担任帝国对北匈奴远征大军内的一名支队指挥官，首次显示了他的军事才能；然后，他被委派为一名赴西域的武装的外交官，导致他冷酷和快速地征服那里的一个城邦国家鄯善：]

十六年[73年]，奉车都尉窦固出击匈奴，以超为假司马，将兵别击伊吾[今新疆哈密]，战于蒲类海，多斩首虏而还。[**他首次在西域显示了他的军事才能**]固以为能，遣与从事郭恂俱使西域。

[他，武装的外交官，用诈计和武力征服在匈奴人与华夏帝国之间骑墙的鄯善：]超到鄯善，鄯善王广奉超礼敬甚备，后忽更疏懈。超谓其官属曰："宁觉广礼意薄乎？此必有北房使来，狐疑未知所从故也。明者睹未萌，况已著邪。"乃召侍胡诈之[**战术欺诈**]曰："匈奴使来数日，今安在乎？"侍胡惶恐，具服其状。[**他决心用奇袭令"鄯善破胆"：**]超乃闭侍胡，悉会其吏士三十六人，与共饮，酒酣，因激怒

---

① 《后汉书·章帝纪》载：(建初)三年[78年]……闰月，西域假司马班超击姑墨，大破之。……

五年[80年]……西域假司马班超击疏勒，破之。……

（元和）三年[86年]……西域长史班超击斩疏勒王。……

章和元年[87年]……西域长史班超击莎车，大破之。……

二年[88年]……二月壬辰，帝崩于章德前殿，年三十三。

之曰："卿曹与我俱在绝域，欲立大功，以求富贵。今虏使到裁（才）数日，而王广礼敬即废；如令鄯善收吾属送匈奴，骸骨长为豺狼食矣。为之奈何？"官属皆曰："今在危亡之地，死生从司马。"超曰："不入虎穴，不得虎子。当今之计，独有因夜以火攻虏，使彼不知我多少，必大震怖，可殄尽也。灭此虏，则鄯善破胆，功成事立矣。"众曰："当与从事[郭恂]议之。"超怒曰[**他既能机灵，又能粗野**]："吉凶决于今日。从事文俗吏，闻此必恐而谋泄，死无所名，非壮士也！"众曰："善。"[**他或许在此首次显示了他的战术天才**]初夜，遂将吏士往奔虏营。会天大风，超令十人持鼓藏虏舍后，约曰："见火然（燃），皆当鸣鼓大呼。"余人悉持兵弩夹门而伏。超乃顺风纵火，前后鼓噪。虏众惊乱，超手格杀三人，吏兵斩其使及从士三十余级，余众百许人悉烧死。……超于是召鄯善王广，以虏使首示之，一国震怖。[**以残酷的武力进行恐吓。然后安抚：**]超晓告抚慰，遂纳子为质。[**他辉煌地成功，归因于他的决绝、战术、行动迅捷和残酷！他得到了战区统帅甚而皇帝本人的赞赏：**]还奏于窦固，固大喜，具上超功效，并求更选使使西域，帝壮超节，诏固曰："吏如班超，何故不遣而更选乎？今以超为军司马，令遂前功。"超复受使，固欲益其兵，超曰："愿将本所从三十余人足矣。如有不虞，多益为累。"[**他的自信简直独一无二！**]

[**他在西域的前奏（二）：驯服两个战略位置重要、甚受匈奴人影响的城邦国家于阗和疏勒，依凭再度运用战术欺骗和武力威吓：**]

是时，于窴（阗）王广德新攻破莎车，遂雄张[犹炽盛]南道，而匈奴遣使监护其国，超既西，先至于窴。广德礼意甚疏。且其俗信巫。巫言："神怒何故欲向汉？汉使有騧[guā]马[续汉及华峤书"騧"（黄嘴的黑马）字并作"騩"（guī）。《说文》："马浅黑色也。"]，急求取以祠我。"广德乃遣使就超请马。[**再度战术欺骗：**]超密知其状，报许之，而令巫自来取马。有顷，巫至，超即斩其首以送广德，因辞让[责难]之。[**再度武力威吓：**]广德素闻超在鄯善诛灭虏使，大惶恐，即攻杀匈奴使者而降超。[**然后，再度安抚：**]超重赐其王以下，因镇抚焉。

时，龟兹王建为匈奴所立，倚恃虏威，据有北道，攻破疏勒，杀其王，而立龟兹人兜题为疏勒王。明年春，超从间道至疏勒。去兜题所居盘橐[tuó]城九十里，[**战术欺骗，继而奇袭：**]逆遣吏田虑先往降之。敕虑曰："兜题本非疏勒种，国人必不用命。若不即降，便可执之。"虑既到，兜题见虑轻弱，殊无降意。虑因其无备，遂前劫缚兜题。左右出其不意，皆惊惧奔走。虑驰报超，超即赴之，[**运用经"宣传"的政治"皈依"，作为代价高昂（和低效或无效）的使用（劣势）武力的替代：**]悉召疏勒将吏，说以龟兹无道之状，因立其故王兄子忠为王，国人大悦。忠及官属皆请杀兜题，超不听，欲示以威信，释而遣之。疏勒由是与龟兹结怨[**"分而治之"的战略**

效应,他很可能蓄意追求的一个效应]。

[随焉耆及龟兹在公元 75 年摧毁华夏帝国在西域的"总督",他开始了他在那里的主要履历,并在一场暂时的帝国逆境中取得军事成功:]

十八年[75 年],帝[明帝]崩。焉耆以中国大丧,遂攻没都护陈睦。[恢复在西域的华夏宗主权的艰难进程突然中止或逆转,事后来看颇为短暂:]超孤立无援,而龟兹、姑墨数发兵攻疏勒。超守盘橐[tuó]城,与忠为首尾,士吏单少,拒守岁余。[他本人在形势逆转中被蛮夷围困。而且更糟:]肃宗[章帝]初即位,以陈睦新没,恐超单危不能自立,下诏征超。超发还,疏勒举国忧恐。其都尉黎弇曰:"汉使弃我,我必复为龟兹所灭耳。诚不忍见汉使去。"因以刀自刭。超还至于寘,王侯以下皆号泣曰:"依汉使如父母,诚不可去。"互抱超马脚,不得行。[他终于不顾帝国中央的撤退指令,坚持下去,并且以无情的攻袭收复了他的疏勒:]超恐于寘终不听其东,又欲遂本志,乃更还疏勒。疏勒两城自超去后,复降龟兹,而与尉头[尉头国,都尉头谷(在今新疆阿合奇县治东之色帕巴依),南与疏勒接]连兵。超捕斩反者,击破尉头,杀六百余人,疏勒复安。

[他再度有斩获,这回是姑墨:]建初三年[78 年],超率疏勒、康居、于寘、居弥兵一万人攻姑墨石城,破之,斩首七百级。

[他渴望进一步"叵平诸国",首先是征服关键的龟兹;他现在崛起为君主之下牢固恢复帝国西域宗主权的决定性人物:]

超欲因此叵[pǒ,犹遂]平诸国,乃上疏请兵。曰:

臣窃见先帝欲开西域,故北击匈奴,西使外国,鄯善、于寘即时向化。今拘弥、莎车、疏勒、月氏、乌孙、康居复愿归附,欲共并力破灭龟兹,平通汉道。[征服龟兹被他认作全局关键:]若得龟兹,则西域未服者百分之一耳。臣伏自惟念,卒伍小吏,实愿从谷吉[谷永之父,元帝时为卫司马,使送郅支单于侍子,为郅支所杀]效命绝域,庶几张骞弃身旷野。……前世议者皆曰取三十六国,号为断匈奴右臂。今西域诸国,自日之所入[《西域传》曰"自条支国乘水西行,可百余日,近日所入"],莫不向化,大小欣欣,贡奉不绝[一则在战略说服上可以理解的夸大],惟焉耆、龟兹独未服从。臣前与官属三十六人奉使绝域,备遭艰厄。自孤守疏勒,于今五载,胡夷情数,臣颇识之。问其城郭大小,皆言"倚汉与依天等"。以是效之,则葱领(岭)可通,葱领(岭)通则龟兹可伐。[使用附庸兵力为主力("以夷狄攻夷狄")是他从事重大征服或战役的战略或依靠:]今宜拜龟兹侍子白霸为其国王,以步骑数百送之,与诸国连兵,岁月之间,龟兹可禽(擒)。以夷狄攻夷狄,计之善者也。臣见莎车、疏勒田地肥广，草牧饶衍，不比敦煌、鄯善间也，兵可不费中国而粮食自足。且姑墨、温宿二王，特为龟兹所置，既非其种，更相厌苦，其势必有降反。若二国来降，则龟兹自破。愿下臣章，参考行事。……

[他的战略提倡被章帝接受，他被任命为在西域的帝国"战区司令"：]书奏，帝知其功可成，议欲给兵。平陵人徐干素与超同志，上疏愿奋身佐超，五年，遂以干为假司马，将驰刑及义从千人就超。

[他在西域的主要战役（一）：备战，即从事旨在蛮夷提供军事人力的外交，对付加诸于他的"内斗"政治，还有打三场作为"事故性牵扯"的战役；后两场，即攻打背叛了的疏勒国王，证明出乎意外地漫长和复杂，最终分别依凭外交和（再度）战术欺骗赢得：]

先是，莎车以为汉兵不出，遂降于龟兹，而疏勒都尉番辰亦复反叛。会徐干适至，超遂与干击番辰，大破之，斩首千余级，多获生口。[冷酷无情的攻击和杀戮！]超既破番辰，欲进攻龟兹。[军事人力（和地缘战略优势）要依靠乌孙，"以夷狄攻夷狄"：]以乌孙兵强，宜因其力，乃上言："乌孙大国，控弦十万，故武帝妻以公主，至孝宣皇帝，卒得其用。今可遣使招慰，与共合力。"帝纳之。八年[83年]，拜超为将兵长史，假鼓吹幢麾[《古今乐录》曰：鼓吹，胡乐也。张骞入西城，传其法于长安，唯得摩诃兜勒一曲，李延年因之更造新声二十八解，乘舆以为武乐，后汉以给边将，万人将军得之。鼓吹、麾幢皆大将所有，超非大将，故言假]。以徐干为军司马，[因而外交是紧迫的军事必需：]别遣卫侯李邑护送乌孙使者，赐大小昆弥以下锦帛。

[与此同时，他不得不对付他自己一边的"内斗"政治；政治无处不在：]李邑始到于寘，而值龟兹攻疏勒，恐惧不敢前，因上书陈西域之功不可成，又盛毁超拥爱妻，抱爱子，安乐外国，无内顾心。超闻之，叹曰："身非曾参而有三至之谗[形容经反复传播，影响恶劣的诽谤性言语]，恐见疑于当时矣。"遂去其妻。帝知超忠，乃切责邑曰："纵超拥爱妻，抱爱子，思归之士千余人，何能尽与超同心乎？"令邑诣超受节度。诏超："若邑任在外者，便留与从事。"超即遣邑将乌孙侍子还京师。徐干谓超曰："邑前亲毁君，欲败西域，今何不缘诏书留之，更遣它吏送侍子乎？"超曰："是何言之陋也！以邑毁超，故今遣之。内省不疚，何恤人言[《论语》孔子曰："内省不疚，夫何忧何惧！"]！快意留之，非忠臣也。"[事实上，他必定不想要这名侯爵级麻烦制造者做他的下属。]

明年，复遣假司马和恭等四人将兵八百谐超，超因发疏勒、于寘兵击莎车。莎车阴通使疏勒王忠，啖以重利，忠遂反从之，西保乌即城[其地莫详]。超乃更立其府丞成大为疏勒王，悉发其不反者以攻忠。[对背叛了的疏勒王的攻战出乎意外地漫长和复杂,最终依靠"间接"外交而非武力赢得:]积半岁,而康居遣精兵救之,超不能下。是时,月氏新与康居婚,相亲,超乃使使多赍锦帛遗月氏王,令晓示康居王,康居王乃罢兵,执忠以归其国,乌即城遂降于超。

后三年[86年],忠说康居王借兵,还据损中[其地莫详],密与龟兹谋,遣使诈降于超。超内知其奸而外伪许之[战术欺骗是他特别擅长的]。忠大喜,即从轻骑诣超。超密勒兵待之,为供张设乐,酒行,乃叱吏缚忠斩之。因击破其众,杀七百余人[他的典型的残酷无情],南道于是遂通。

[他在西域的主要战役(二):对莎车的完全成功的奇袭,以利征服龟兹这最终目标;娴熟地解脱一个潜在地非常危险的形势,那出自他自己的罕见的外交错误;最终征服龟兹而无最终决战:]

[大战役"击莎车":]明年[87年],超发于寘诸国兵二万五千人[他的主力来自蛮夷附庸],复击莎车。而龟兹王遣左将军发温宿、姑墨、尉头合五万人救之。[在兵力数量劣势局面中,他辉煌地运用作战欺诈、意外重新部署和凌烈奇袭:]超召将校及于寘王议曰:"今兵少不敌,其计莫若各散去。于寘从是而东,长史亦于此西归,可须夜鼓声而发。"阴缓所得生口。龟兹王闻之大喜,自以万骑于西界遮超,温宿王将八千骑于东界徼[jiǎo,巡察]于寘。超知二虏已出,密召诸部勒兵,鸡鸣驰赴莎车营,胡大惊乱奔走,追斩五千余级[奇袭中的无情大规模屠戮!],大获其马畜财物。莎车遂降,龟兹等因各退散,自是威震西域。

初,月氏尝助汉击车师有功,是岁贡奉珍宝、符拔[《续汉书》曰:"符拔,形似麟而无角。"]、师(狮)子,因求汉公主。超拒还其使[他难得犯的外交错误,有潜在的危险的严重后果],由是怨恨。永元[和帝年号]二年[90年],月氏遣其副王谢将兵七万攻超。超众少,皆大恐。[看来是个决然无助的时刻!]超譬[晓谕]军士曰:"月氏兵虽多,然数千里逾葱领(岭)来,非有运输,何足忧邪?但当收谷坚守,彼饥穷自降,不过数十日决矣。"[他显得有无限的自信,基于仅事后来看才可确信其正确的战略估算。仍大有风险!]超度其粮将尽,必从龟兹求救,乃遣兵数百于东界要[拦截]之。谢果遣骑赍金银珠玉以赂龟兹。超伏兵遮击,尽杀之,持其使首以示谢。谢大惊,即遣使请罪,愿得生归。超纵遣之。月氏由是大震,岁奉贡献。

[他赢得这战役而无最终的决战:]明年[91年],龟兹、姑墨、温宿皆降[他如何实现之?依靠"自动的"武力威吓?或者,得利于龟兹的战略性孤立?或这两者?],乃以超为都护,徐干为长史。[他被任命为重置的帝国西域"总督"]拜白霸为龟兹王,遣司马姚光送之。超与光共胁龟兹废其王尤利多而立白霸,使光将尤利多还诣京师。超居龟兹它乾城,徐干屯疏勒。西域唯焉耆、危须、尉犁以前没都护,

怀二心，其余悉定。

[不太长时间后，他就以一支大多由蛮夷附庸组成的征伐大军"讨焉耆"；他大获全胜，靠的是兵力数量优势、战略欺诈、马基雅维里主义式的冷酷无情甚而"纵兵抄掠"；"于是西域五十余国悉皆纳质内属焉"：]

六年[94年]秋，超遂发龟兹、鄯善等八国兵合七万人，及吏士贾客千四百人讨焉耆。兵到尉犁界，而遣晓说焉耆、尉犁、危须曰："都护来者，欲镇抚三国。即欲改过向善，宜遣大人来迎，当赏赐王侯已（以）下，事毕即还。今赐王彩五百匹。"焉耆王广遣其左将北鞬支奉牛、酒迎超。超诘鞬支曰："汝虽匈奴侍子，而今秉国之权。都护自来，王不以时迎，皆汝罪也。"或谓超可便杀之。超曰[一位"好"的马基雅维里主义者，有正确的战略意识]："非汝所及。此人权重于王，今未入其国而杀之，遂令自疑，设备守险，岂得到其城下哉！"[他的"彬彬有礼"外交大概只是为了松懈敌人的警觉，防止敌人恰当地防御。一项战略欺诈。]于是赐而遣之。广乃与大人迎超于尉犁，奉献珍物。

焉耆国有苇桥之险，广乃绝桥，不欲令汉军入国。[作战出敌不意：]超更从它道厉度[由带以上为厉，由膝以下为揭，见《尔雅》]。七月晦，到焉耆，去城二十里，营大泽中。广出不意，大恐，乃欲悉驱其人共入山保。焉耆左侯元孟先尝质京师，密遣使以事告超，超即斩之，示不信用。[一位"坏"的马基雅维里主义者，连同其惯常的冷酷无情！]乃期大会诸国王，因扬声当重加赏赐，于是焉耆王广，尉犁王泛及北鞬支等三十人相率诣超。其国相腹久等十七人惧诛，皆亡入海，而危须王亦不至。坐定，超怒诘广曰："危须王何故不到？腹久等所缘逃亡？"[一位"坏"的马基雅维里主义者，连同其惯常的冷酷无情！]遂叱吏士收广、泛等于陈睦故城斩之，传首京师。[更有甚者，大规模抄掠，大规模屠戮：]因纵兵抄掠，斩首五千余级，获生口万五千人，马畜牛羊三十余万头，[当然，再度政权变更：]更立元孟为焉耆王。超留焉耆半岁，尉（慰）抚之。于是西域五十余国悉皆纳质内属焉[他的历史性大成就！]。……

…………

[下面一段非常精彩！"水清无大鱼"：他懂得在复杂的人类环境中从事有效或良善治理的一项关键"秘诀"，或曰政治事务的本质；他尽管残酷无情，但在一定意义上是开明和温和的：]

初，超被征，以戊己校尉任尚为都护。与超交代。尚谓超曰："君侯在外国三十余年，而小人猥承君后，任重虑浅，宜有以诲之。"超曰："……必不得已，愿进愚言。塞外吏士，本非孝子顺孙，皆以罪过徙补边屯。而蛮夷怀鸟兽之心，难养易败。

今君性严急,水清无大鱼,察政不得下和。宜荡佚[不拘世俗]简易,宽小过,总大纲而已。"超去后,尚私谓所亲曰:"我以班君当有奇策,今所言平平耳。"尚至数年,而西域反乱,以罪被征,如超所戒。……

## "不欲疲敝中国以事夷狄"与迷吾烧当羌战争

### 卷87《西羌传》摘录

…………

[在分裂为驯服的和不驯服的之后,烧当羌的一部分在迷吾率领下发动大规模造反,一次又一次地打败帝国地方军队,继而终被帝国中央远征军击碎;然而,他和他的怨灵离开反叛战场,远非那么容易。]

[一个例子,显示羌族的反叛至少有时出自帝国地方治理者滥行暴虐:]肃宗[章帝]建初元年[76年],安夷县[即今青海海东市平安县]吏略(掠)妻卑湳种羌妇,吏为其夫所杀,安夷长宗延追之出塞,种人恐见诛,遂共杀延,而与勒姐及吾良二种相结为寇。陇西太守孙纯遣从事李睦及金城兵会和罗谷[安夷县境内],与卑湳等战,斩首虏数百人。复拜故度辽将军吴棠领护羌校尉,居安夷。[**未被驯服的迷吾发动大规模造反,打败帝国军队,同时激励其他羌族部落追随他:**]二年[77年]夏,迷吾遂与诸众聚兵,欲叛出塞。金城太守郝崇追之,战于荔谷,崇兵大败,崇轻骑得脱,死者二千余人。于是诸种及属国卢水胡悉与相应,吴棠不能制,坐征免。武威太守傅育代为校尉,移居临羌[县名,治所在今青海西宁市西部湟源东南]。迷吾又与封养种豪布桥等五万余人共寇陇西、汉阳,[**他被击碎,在一次又一次地战胜帝国地方军队之后:**]于是遣行车骑将军马防,长外校尉耿恭副,讨破之。于是临洮、索西、迷吾等悉降。防乃筑索西城,徙陇西南部都尉戍之,悉复诸亭候。[**他再度造反,随即败北,遂暂时间接屈服:**]至元和三年[86年],迷吾复与弟号吾诸杂种反叛。秋,号吾先轻入寇陇西界,郡督烽掾李章追之,生得号吾。将诣郡,号吾曰:"独杀我,无损于羌。诚得生归,必悉罢兵,不复犯塞。"陇西太守张纡权宜放遣,羌即为解散,各归故地。迷吾退居河北归义城[今青海海南藏族自治州贵德县尕(gǎ)让古城]。傅育[护羌校尉]不欲失信伐之,乃募人斗诸羌胡,[**颇大一部分羌族人依然桀骜不驯,而且他依然是他们的领袖:**]羌胡不肯,遂复叛出塞,更依迷吾。

[他抵抗一次旨在彻底摧毁他的帝国大规模地区性征伐,赢得大胜:]章和元年[87年],育上请发陇西、张掖、酒泉各五千人,诸郡太守将之,育自领汉阳、金城五

千人，合二万兵，与诸郡克期击之，令陇西兵据河南，张掖、酒泉兵遮其西。并未及会，育军独进。[**他证明是个精明和凶猛的战术家：**]迷吾闻之，徙庐落去，育选精骑三千穷追之，夜至建威[亦在今贵德县]南三兜谷，去虏数里，须旦击之，不设备。迷吾乃伏兵三百人，夜突育营。营中惊坏散走，育下马手战，杀十余人而死，死者八百八十人。[**一个较低劣的华夏战术家对一个较优越的蛮夷战术家，被杀！**]及诸郡兵到，羌遂引去。……（章帝）以陇西太守张纡代为校尉，将万人屯临羌。

[**他远不是个伟大的战略家，过了克劳塞维茨式"胜利顶点"（** culminating point of victory **），结果在帝国地区统帅张纡搞的一场狂野甚而险恶的杀戮中人头落地：**]迷吾既杀傅育，狃忕[niǔ tài，惯习也]边利。章和元年[87年]，复与诸种步骑七千人入金城塞。张纡遣从事司马防将千余骑及金城兵会战于木乘谷[在今青海西宁市西部湟源县巴燕乡巴燕峡村]，迷吾兵败走，因译使欲降，纡纳之。[**他掉了脑袋，在一场帝国地区总督／司令官搞的阴谋般的"种族"屠杀中：**]遂将种人诣临羌县，纡设兵大会，施毒酒中，羌饮醉，纡因自击，伏兵起，诛杀酋豪八百余人。斩迷吾等五人头，以祭育冢。[**进一步的屠戮紧随阴谋般的之后：**]复放兵击在山谷间者，斩首四百余人，得生口二千余人。[**他的儿子和族民以可辩解的狂野怨恨施行报复：**]迷吾子迷唐及其种人向塞号哭，与烧何、当煎、当阗等相结，以子女及金银娉纳诸种，解仇交质，将五千人寇陇西塞，太守寇盱与战于白石，迷唐不利，引还大、小榆谷，北招属国诸胡，会集附落，种众炽盛，张纡不能讨。永元[和帝年号]元年[89年]，纡坐征，[**他的儿子，一名看似的战略家，无法被决定性地击溃，除了依靠一种"分而治之"的政治方略：**]以张掖太守邓训[**以政治方略对付或操控羌族这帝国顽患的一个代表**]代为校尉，稍以赏赂离间之，由是诸种少解。……

# 帝国衰落:外戚、宦官和边难

# "陵肆滋甚":窦氏专权至宫廷政变

## "平匈奴,威名大盛":旨在窦氏专权的大举远征

### 卷 89《南匈奴列传》摘录

…………

[与南匈奴的良好的宗主／附庸关系在章帝之下得到维持,北匈奴则因来自南匈奴和其他北方强蛮(主要是鲜卑人)的频仍围袭而被严重和决定性地削弱:]

建初[章帝首个年号]元年[76 年],来苗迁济阴太守,以征西将军耿秉行度辽将军。时皋林温禺犊王复将众还居涿邪山[今蒙古国境内满达勒戈壁附近一带],南单于闻知,遣轻骑与缘边郡及乌桓兵出塞击之,斩首数百级,降者三四千人。其年,南部苦蝗,大饥,肃宗[章帝]禀给其贫人三万余口。[附庸与宗主彼此照顾!]七年[82年],耿秉迁执金吾,以张掖太守邓鸿行度辽将军。八年[83 年],北匈奴三木楼訾大人稽留斯等,率三万八千人、马二万匹、牛、羊十余万,款五原塞降。

[章帝尝试对愈益羸弱因而温和的北匈奴施行一种容纳性政策:]元和元年[84 年],武威太守孟云上言北单于复愿与吏人合市,诏书听云遣驿使迎呼慰纳之。北单于乃遣大且渠伊莫訾王等,驱牛、马万余头来与汉贾客交易。诸王大人或前至,所在郡县为设官邸,赏赐待遇之。[然而,远甚于章帝之下的华夏帝国,附庸仇恨其北部同种,遂蓄意扰乱了宗主的容纳方针:]南单于闻,乃遣轻骑出上郡,遮略(掠)生口,抄掠牛、马,驱还入塞。

二年正月[85 年],北匈奴大人车利、涿兵等亡来入塞,凡七十三辈。[北匈奴人致命的战略困境,即遭到其他蛮夷攻击,有如群狼围攻伤鹿;结果是他们"远引而去":]时北虏衰耗,党众离畔(叛),南部攻其前,丁零寇其后,鲜卑击其左,西域侵其右,不复自立,乃远引而去。……

[南匈奴甚至经过一次远距"斩首行动"杀了北匈奴的一大亲王:]……元和二

年[85年]……其岁,单于遣兵千余人猎至涿邪山,卒与北虏温禺犊王遇,因战,获其首级而还。[**附庸的捣乱开始被帝国视为一大政策麻烦:**]冬,孟云上言:"北虏以前既和亲,而南部复往抄掠,北单于谓汉欺之,谋欲犯塞,谓宜还南所掠生口,以慰安其意。"肃宗从太仆袁安议,许之。乃下诏曰[**然而,宽厚的章帝既想安抚(前)敌手,又想同时姑息杀伐抄掠的附庸**]:"昔猃狁、獯粥之敌中国,其所由来尚矣。往者虽有和亲之名,终无丝发之效。境埸[地形险要处]之人,屡婴[遭受]涂炭。父战于前,子死于后。弱女乘于亭障,孤儿号于道路。老母寡妻设虚祭,饮泣泪,想望归魂于沙漠之表,岂不哀哉! 传曰:'江海所以能长百川者,以其下之也。'[《老子》曰:"江海所以能为百谷王者,以其善下也。"]少加屈下,尚何足病? 况今与匈奴君臣分定,辞顺约明,贡献累至,岂宜违信,自受其曲? 其敕度辽及领中郎将庞奋倍雇[赏报]南部所得生口,以还北虏。其南部斩首获生,计功受赏如常科。"[**姑息导致事实上否定所欲的容纳:**]于是南单于复令奥鞬日逐王师子将轻骑数千出塞掩击北虏,复斩获千人。北虏众以南部为汉所厚,又闻取降者岁数千人。[**然而,结果是一样的:更加削弱北匈奴,迫使其屈服**。]

[**鲜卑人作了一次决定性打击,继而部分北匈奴人向华夏帝国大规模投降:**]章和元年[87年],鲜卑入左地击北匈奴,大破之,斩优留单于,取其匈奴皮而还。北庭大乱,屈兰、储卑、胡都须等五十八部,口二十万,胜兵八千人,诣云中、五原、朔方、北地降。……

[**在摄政窦太后与其兄窦宪治下,帝国发动远程大征伐打击衰耗已甚的北匈奴;这未经挑衅的或侵略性的行动仅仅旨在外戚专制的声誉和追加权势;由此,前任皇帝的容纳意图一下子荡然无存,而附庸的扩张野心完全实现:**]

[**无论如何,因为这些远征,北匈奴完全彻底和一劳永逸地不再是华夏的问题:**]

……时北虏大乱,加以饥蝗,降者前后而至。南单于将并北庭,会肃宗[章帝]崩[88年],窦太后临朝。其年七月,(南匈奴)单于上言[**附庸也敦促远征,为了它自己的野心和利益**]:

……臣与诸王骨都侯及新降渠帅杂议方略,皆曰宜及北虏分争,出兵讨伐,破北成南,并为一国,令汉家长无北念。……又……北虏诸部多欲内顾……若出兵奔击,必有响应。今年不往,恐复并壹。……臣等生长汉地,开口仰食,岁时赏赐,动辄亿万,虽垂拱安枕,惭无报效之地。[**附庸大用特用臣属的准奴才话语!**]愿发国中及诸部故胡、新降精兵,遣左谷蠡王师子、左呼衍日逐王须訾将万骑出朔方,左贤王安国、右大且渠王交勒苏将万骑出居延,期十二月同会虏地。臣将余兵万人屯五原、朔方塞，以为拒守。……臣国成败，要在今年。……唯陛下裁哀省察！

太后以示耿秉[执金吾]。秉上言[**敦促远征，很可能因为一种单纯军事观点，或（更可能）因为搭车动机：**]："昔武帝单（殚）极天下，欲臣虏匈奴，未遇天时，事逐无成，宣帝之世，会呼韩来降，故边人获安，中外为一；生人休息，六十余年。及王莽篡位，变更其号，耗扰不止，单于乃畔（叛）。光武受命，复怀纳之，缘边坏郡得以还复。乌桓、鲜卑，咸胁归义。威镇四夷，其效如此。今幸遭天授，北虏分争，以夷伐夷，国家之利[**一项传统的帝国信条！**]，宜可听许。"秉因自陈受恩，分当出命效用。太后从之。

永元元年[89年]，以秉为征西将军，与车骑将军窦宪率骑八千，与度辽（将军邓鸿）兵及南单于众三万骑，出朔方击北虏，大破之。北单于奔走，首虏二十余万人[**大规模屠戮（和捕获），必然不分青红皂白！**]。事已具《窦宪传》。

二年[90年]春，邓鸿迁大鸿胪，以定襄太守皇甫棱行度辽将军。南单于复上求灭北庭[**附庸再度力推，请求彻底毁灭他们的北部同种**]，[**而且，它作为远征主力长驱突进：**]于是遣左谷蠡王师子等将左右部八千骑出鸡鹿塞[位于今内蒙古西部磴口县（巴彦高勒）西北，汉代通塞北的隘口]，中郎将耿谭遣从事将护之。至涿邪山[今蒙古国境内满达勒戈壁附近一带]，乃留辎重，分为二部，各引轻兵两道袭之。左部北过西海至河云北[今蒙古国西北部吉尔吉斯湖附近]，右部从匈奴河水[今蒙古国南部拜达里格河]西绕天山[今蒙古国中部杭爱山东脉]，南度甘微河[今蒙古国西部扎布汗河]，二军俱会，夜围北单于。[**附庸兵力大获全胜：**]单于大惊，率精兵千余人合战。单于被创，堕马复上，将轻骑数十遁走，仅而免脱。得其玉玺，获阏氏及男女五人，斩首八千级，生虏数千口而还。[**南匈奴的扩张和壮大野心经此战役实现，虽然以帝国附庸的名义：**]是时南部连克获纳降，党众最盛，领户三万四千，口二十三万七千三百，胜兵五万一百七十。……

三年[91年]，北单于复为右校尉耿夔[kuí]所破，逃亡不知所在。[**历史性的最终打击！其历史性意义包括北匈奴或其部分不可逆地越来越远地向远西迁徙，推挤其他远西蛮族步步西移，可能在三个世纪后大有助于击倒旧世界另一端的罗马帝国。**]其弟右谷蠡王于除鞬自立为单于，将右温禺鞬王、骨都侯已下众数千人，止蒲类海，遣使款塞。大将军窦宪上书，立於除鞬为北单于，朝廷从之。……

### 卷4《和帝纪》摘录

[东汉王朝于公元25年宣告建立往后约80载，和帝（88—105年）在位时期一定意义上是东汉帝国蜕化、衰落、垂死乃至最终毁灭的开端，那继之以中国几个世纪的分裂、大乱和野蛮化。]

[这历史性变化的头号要素在政治领域的最高层,亦即宫廷政治,因为和帝在位期间头五年是太后与其外戚家族统治(很大程度上归因于章帝的主要家庭/政治错误),然后它暴烈地被宦官对和帝的优势影响取代,与此同时他生母的家族取得愈益增长的政治权势。此后,帝国政治的头号主题总的来说成为外戚与宦官的交替性优势,还有他们之间的内斗(这部分地出自一个独特的现象,即从和帝起,每个继位的皇帝都是个被抱上皇位的孩子),而一直伴随这主题的是帝国中央的严重病态和频仍动乱。]

[和帝的个人/政治生活充满悲剧,从她的生母被她的养母——险恶的窦皇后(窦太后)——摧毁开始,而他对此摧毁一直茫然不知,直到十四年后为止。作为一名几乎独特地有经验的少年,他足够英雄主义,也足够精明,以致能发动一场完全成功的政变去消灭执掌统治大权的太后家族,既为了生存和紧要的权力,也为了替她的生母复仇。然而,他在此过程中不得不依靠身边的亲密宦官,而对他受难的生母的情感依恋使他授予其家族显赫地位和巨量财富。由此,上述主题浮现,有其对东汉王朝帝国来说的潜在致命后果。]

[摧毁窦氏外戚家族后,他的个人亲政以勤勉、温和、宽宏、关心草根民众和边疆成就为特征,而这最后一项是指恢复和扩展帝国在西域以及东北方的宗主权。这方面,他看来确实像他父亲。]

[就他的继位者觞帝几乎没有任何可说的,那是个两岁就死去的婴儿皇帝。他的皇后邓绥成了太后摄政,有其作为真正严肃能干的国务家的伟大表现。]


孝和皇帝讳肇,肃宗[章帝]第四子也。母梁贵人,为窦皇后所谮,忧卒,窦后养帝以为己子。[出于过分的嫉妒和无限的野心,这个险恶的皇家女人残酷无情地摧毁了另一个,并且"抢夺"其子为己有。他未参与的宫廷内斗构成他的开端。]建初七年[82年]立为皇太子。

章和二年[88年]二月壬辰,即皇帝位,年十岁。尊皇后曰皇太后,太后临朝。["太后临朝":他在位初期的主要政治/个人情势。他是个无助的孩童傀儡。]

三月……庚戌,皇太后诏曰[事实上是政权变更宣言]:

……今皇帝以幼年,茕茕[qióng qióng]在疚[忧思貌;《汉书·匡衡传》:"《诗》云'茕茕在疚',言成王丧毕思慕,意气未能平也。"],朕且佐助听政。……然守文之际,必有内辅以参听断。[**窦宪:太后之兄,将成为第二最有权势的;不仅太后临朝,而且外戚统治:**]侍中宪,朕之元兄,行能兼备,忠孝尤笃,先帝所器,亲受遗诏,当以旧典辅斯职焉。宪……今供养两宫,宿卫左右,厥事已重,亦不可复劳以政事。故太尉邓彪……为群贤首,先帝褒表,欲以崇化。……其以彪为太傅,赐爵关内侯,录尚书事，百官总己以听，[邓彪，尊严的最高级大臣，也是个政治傀儡，同时又是外戚集团的一名被期望的行政管理仆从。]朕庶几得专心内位。於戏！……

……夏四月……戊寅，诏曰[全权在握的太后简要地回顾了汉帝国财政史的很大部分，并且宣布发动一大"自由放任"政策，那大有利于商业社会精英]："昔孝武皇帝致诛胡、越，故权收盐铁之利，以奉师旅之费。自中兴以来，匈奴未宾，永平[明帝年号，58—75年]末年，复修征伐。先帝即位，务休力役，然犹深思远虑，安不忘危，探观旧典，复收盐铁，欲以防备不虞，宁安边境。而吏多不良，动失其便，以违上意。先帝恨之，故遗戒郡国罢盐铁之禁，纵民煮铸，入税县官如故事。其申敕刺史、二千石，奉顺圣旨，勉弘德化，布告天下，使明知朕意。"[比她的已故皇夫更对精英"宽容""宽厚"！]……

冬十月乙亥，以侍中窦宪为车骑将军，伐北匈奴。[一场未经挑衅或侵略性的远征，打击已经很衰耗很羸弱且多年无力寇边的北匈奴。][军功将给他和他妹妹的外戚专制事业大添声誉和权势。]

安息国遣使献师子[狮子]、扶拔[无角麟，很可能是长颈鹿]。

永元元年[89年]……

[窦宪统率的、未经挑衅的大远征的历史性速胜（其国内政治含义当然非同小可）：]夏六月，车骑将军窦宪出鸡鹿塞[位于今内蒙古西部磴口县（巴彦高勒）西北，汉代通塞北的隘口]，度辽将军邓鸿出稠阳塞，南单于出满夷谷，与北匈奴战于稽落山[在今蒙古西南部，即今汗呼赫山脉]，大破之，追至私渠比鞮海[今蒙古乌布苏诺尔湖]。窦宪遂登燕然山[今蒙古境内杭爱山]，刻石勒功而还。[《后汉书·南匈奴列传》载：是役"首虏二十余万人"。大规模屠戮（和捕获），必定不分青红皂白！]北单于遣弟右温禺鞮王奉奏贡献。……

闰月[八月]丙子，诏曰："匈奴背叛，为害久远。赖祖宗之灵，师克有捷，丑虏破碎，遂扫厥庭，役不再籍，万里清荡，非朕小子眇身所能克堪。有司其案旧典，告类荐功，以章休烈。"

九月庚申，以车骑将军窦宪为大将军[这是他和他妹妹真正追求的，对匈奴人的胜利远征只是工具]，以中郎将刘尚为车骑将军。……

二年[90年]……

夏五月……己未，遣副校尉阎磐讨北匈奴，取伊吾卢地[即今哈密，西域东大门]。……

车师前后王并[皆也]遣子入侍。月氏国遣兵攻西域长史班超，超击降之。……

[继续发动未经挑衅的大远征，打击北匈奴：一项伪装戎帝国战略行动的国内

政治行动：]

秋七月乙卯，大将军窦宪出屯凉州。

九月，北匈奴遣使称臣。[他想要的不是这蛮夷的臣服，而是华夏本部所有在太后之下的人对他的臣服！后一状态可能通过荣耀地粉碎愿俯首称臣的蛮夷来实现。]

冬十月，遣行中郎将班固报命南单于。遣左谷蠡王师子出鸡鹿塞，击北匈奴于河云北，大破之。

三年[91年]……

二月，大将军窦宪遣左校尉耿夔[kuí]出居延塞，围北单于于金微山[即今阿尔泰山]，大破之，获其母阏氏。[历史性的最后毁击！有前述的历史性后果。]

冬十月癸未，行幸长安。诏曰："北狄破灭，名王仍[频也]降，西域诸国，纳质内附，岂非祖宗迪哲重光之鸿烈欤？[全权在握的摄政政权对帝国边疆形势如此得意！事实上，这形势大多是前面两三代君主和班超之类能干的人塑造的。]……"……

十二月，复置西域都护、骑都尉、戊己校尉官。[对西域的帝国宗主权或总体控制在名义和事实两方面牢固恢复，在大篡夺者的大疏离和大扰乱之后约八十年。]……

四年[92年]春正月，北匈奴右谷蠡王於除鞬自立为单于，款塞乞降。遣大将军左校尉耿夔[kuí]授玺绶。……

夏四月丙辰，大将军窦宪还至京师。……

## 卷23《窦融列传》摘录

### 窦宪：

…………

（章帝时，窦宪）……赏赐累积，宠贵日盛，自王、主及阴、马诸家，莫不畏惮。宪恃宫掖声势，遂以贱直（值）请夺沁水公主[明帝女]园田，主逼畏，不敢计。后肃宗[章帝]驾出过园，指以问宪，宪阴喝[噎塞]不得对。后发觉，帝大怒，召宪切责曰："深思前过，夺主田园时，何用愈[超过……（的手段）]赵高指鹿为马？久念使人惊怖。……今贵主尚见枉夺，何况小人哉！国家弃宪如孤雏[鸟子生而啄者曰雏]腐鼠耳。"宪大震惧，皇后为毁服深谢，良久乃得解，使以田还主。虽不绳其罪，然亦不授以重任。

[在皇上障碍消散后，他的嚣张时节随窦皇后变成摄政的窦太后而立即到来；

他颐指气使，贪渴权力，喜好残酷报复，简直是事实上的摄政，因为"内白太后，事无不从"；然而，一场个人危机突如其来：]

[他的嚣张时节到来：]和帝即位，太后临朝，宪以侍中，内干机密，出宣诰命。肃宗[章帝]遗诏以笃为虎贲中郎将，笃弟景、瑰并中常侍，于是兄弟皆在亲要之地。宪以前太尉邓彪有义让，先帝所敬，而仁厚委随，故尊崇之，以为太傅，令百官总己以听。其所施为，辄外令彪奏，内白太后，事无不从。又屯骑校尉桓郁，累世帝师，而性和退自守，故上书荐之，令授经禁中。所以内外协隙，莫生疑异。[**他拥有一切权势资产，包括奴才般的朝廷工具。**]

[**野兽般地喜好报复，无法无天地肆行暗杀；然而，恰是因为这一点，他自招一场个人危机：**]宪性果急，睚眦之怨莫不报复。初，永平[明帝年号]时，谒者韩纡尝考劾父勋狱，宪遂令客斩纡子，以首祭勋冢。齐殇王子都乡侯畅来吊国忧，畅素行邪僻，与步兵校尉邓叠亲属数往来京师，因叠母元自通长乐宫，得幸太后[**大概是一种情人关系，令唯恐权力削减的他切指痛恨，满心恐惧**]，被诏召诣上东门。宪惧见幸，分宫省之权，遣客刺杀畅于屯卫之中，而归罪于畅弟利侯刚，乃使侍御史与青州刺史杂考刚等。后事发觉，太后怒[**她极可能优先偏爱她的情人，甚于偏爱她的哥哥**]，闭宪于内宫。

[**未经挑衅，太后发动一场对很羸弱的北匈奴的大规模远征，由他提倡和指挥。帝国政策太符合他的个人利益以及他妹妹的利益；他因军功而自救，并且壮大，摄政政权的威望亦由此颇为得益：**]

宪惧诛，自求击匈奴以赎死。会南单于请兵北伐，乃拜宪车骑将军，金印紫绶，官属依司空，以执金吾耿秉为副，发北军五校、黎阳、雍营、缘边十二郡骑士，及羌胡兵出塞。明年[永元元年即89年]，宪与秉各将四千骑及南匈奴左谷蠡王师子万骑出朔方鸡鹿塞[位于今内蒙古西部磴口县（巴彦高勒）西北]，南单于屯屠河，将万余骑出满夷谷[在今内蒙古固阳县]，度辽将军邓鸿及缘边义从羌胡八千骑，与左贤王安国万骑出稒阳塞[在今内蒙古包头东]，皆会涿邪山[今蒙古国境内满达勒戈壁附近一带]。宪分遣副校尉阎盘、司马耿夔、耿谭将左谷蠡王师子、右呼衍王须訾等，精骑万余，[**决战与其直接结果，对他、对政权、或许也对帝国来说壮丽非凡：**]与北单于战于稽落山[在今蒙古西南部，即今汗呼赫山脉]，大破之，虏众崩溃，单于遁走，追击诸部，遂临私渠比鞮海[今蒙古乌布苏诺尔湖]。斩名王以下万三千级，获生口马、牛、羊、橐驼百余万头。于是温犊须、日逐、温吾、夫渠王柳鞮等八十一部率众降者，前后二十余万人。宪、秉遂登燕然山[今蒙古境内杭爱山]，去塞三千余里，刻石勒功，纪汉威德，令班固作铭曰：

惟永元元年秋七月，有汉元舅曰车骑将军窦宪……蹑冒顿（单于）之区落，焚老上（单于）之龙庭。上以摅高、文之宿愤，光祖宗之玄灵；下以安固后嗣，恢拓境宇，振大汉之天声。兹所谓一劳而久逸，暂费而永宁者也。……

［**他的"国际政治"秀，集中目光于华夏宫廷：**］宪乃班师而还。遣军司马吴汜、梁讽，奉金帛遗北单于，宣明国威，而兵随其后。时虏中乖乱，汜、讽所到，辄招降之，前后万余人。遂及单于于西海上，宣国威信，致以诏赐，单于稽首拜受。……［**他不仅被救，而且进一步壮大：**］诏使中郎将持节即五原拜宪大将军，封武阳侯，食邑二万户。宪固辞封，赐策许焉。

［**他再度嚣张，变本加厉，以至于"权震朝庭，公卿希旨"，连同拥有巨富和穷极奢侈，并且再度发动侵略性大远征，以便彻底毁灭已驯服的更弱的北匈奴：**］

旧大将军位在三公下，置官属依太尉。宪威权震朝庭，公卿希旨［迎合］，奏宪位次太傅下，三公上……振旅还京师。于是大开仓府劳赐士吏……

是时，笃为卫尉，景、瑰皆侍中、奉车、驸马都尉，四家竞修第宅，穷极工匠。……宪……遂将兵出镇凉州，以侍中邓叠行征西将军事为副。

北单于……复遣车谐储王等款［叩］居延塞，欲入朝见……宪以北虏微弱，遂欲灭之。明年［90年］，复遣右校尉耿夔［kuí］、司马任尚、赵博等将兵击北虏于金微山［今阿尔泰山］，大破之，克获甚众。北单于逃走，不知所在。

［**军事胜利将他（以及他的诸弟）带到顶峰——权势、荣耀和广义腐败的顶峰：**］宪既平匈奴，威名大盛，以耿夔、任尚等为爪牙，邓叠、郭璜为心腹。班固、傅毅之徒，皆置幕府，以典文章。刺史、守令多出其门。尚书仆射郅寿、乐恢并以忤意，相继自杀。由是朝臣震慑，望风承旨。而笃进位特进，得举吏，见礼依三公。景为执金吾，瑰光禄勋，权贵显赫，倾动京都。［**窦氏显贵/无赖凌驾于国家、法律和人民之上作威作福：**］虽俱骄纵，而景为尤甚，奴客缇骑［《汉官仪》曰："执金吾缇骑二百人。"］依倚形势，侵陵小人，强夺财货，篡取罪人，妻略（掠）妇女。商贾闭塞，如避寇仇。有司畏懦，莫敢举奏。太后闻之，使谒者策免景官，以特进就朝位。瑰少好经书，节约自修，出为魏郡，迁颍川太守。窦氏父子兄弟并居列位，充满朝廷。叔父霸为城门校尉，霸弟褒将作大匠，褒弟嘉少府，其为侍中、将、大夫、郎吏十余人。……

## 卷52《崔骃列传》摘录

**崔骃：**

［**一位儒家学问大师和杰出的文学著作家，以一套复杂的话语辩护自己的非**

流俗性，同时也流俗地赞美最高统治者。然而更令人印象深刻的，是他对窦宪的未被听取的告诫，告诫出自外戚权势的腐败效应。]

…………

［他的正直和正统意识导致他说服事实上的摄政，要后者提防太甚的权力和傲慢；这当然如同耳边风：］

窦太后临朝，宪以重戚出内诏命。骃献书诫之曰：

骃闻交浅而言深者，愚也；在贱而望贵者，惑也；未信而纳忠者，谤也。三者皆所不宜，而或蹈之者，思效其区区，愤盈而不能已也。……竭其拳拳，敢进一言。

［他径直触及根本要害：］传曰："生而富者骄，生而贵者傲。"生富贵而能不骄傲者，未之有也。……语曰："不患无位，患所以立。"［《论语》孔子言，谓但患立身不处于仁义］昔冯野王以外戚居位，称为贤臣［据《汉书》，冯野王，妹为元帝昭仪；野王为左冯翊；御史大夫缺，上使尚书选第中二千石，而野王行能第一］；近阴卫尉克己复礼，终受多福［光烈皇后同母弟阴兴，以谨恭得亲幸］。郯氏［史丹，祖父之妹为戾太子妻史良娣，成帝事权贵，封郯，故云郯氏］之宗，非不尊也；阳平之族［元后王氏家族，出九侯五大司马］，非不盛也。重侯累将，建天枢，执斗柄。［他的告诫：大风险等着傲慢的外戚，等着他们的声誉、权势甚而生命：］其所以获讥于时，垂愆于后者，何也？盖在满而不挹［挹：将液体舀出来］，位有余而仁不足也。汉兴以后，迄于哀、平，外家二十，保族全身，四人而已［哀帝母丁姬，景帝王皇后，宣帝许皇后、王皇后］。［一部可怖的历史，再次被拿出来当作最有力的论辩！］《书》曰："鉴于有殷。"可不慎哉！

窦氏之兴，肇自孝文。二君［窦太后之弟长君、少君，退让君子，不敢以富贵骄人］以淳淑守道，成名先日；安丰［建武八年光武帝封窦融为安丰侯］以佐命著德，显自中兴。内以忠诚自固，外以法度自守，卒享祚国，垂祉于今。夫谦德之光，《周易》所美；满溢之位，道家所戒。故君子福大而愈惧，爵隆而益恭。［对权势者尊贵者的一则根本的劝诫！］远察近览，俯仰有则……矜矜业业，无殆无荒。如此，则百福是荷，庆流无穷矣。

［他太正直，终不能见容于傲慢恣肆的权势者，尽管有他的才华和后者起初给他的尊重：］

及宪为车骑将军，辟骃为掾。宪府贵重，掾属三十人，皆故刺史、二千石，唯骃以处士年少，擢在其间。宪擅权骄恣，骃数谏之，及出击匈奴，道路愈多不法，骃为主簿，前后奏记数十，指切长短。宪不能容，稍疏之，因察骃高第，出为长岑［县名，在辽东］长。骃自以远去，不得意，遂不之（至）官而归。永元四年［92年］，卒于家。

[同一年里,他的预见性的警告应验了!①]所著诗、赋、铭、颂、书、记、表、《七依》、《婚礼结言》、《达旨》、《酒警》合二十一篇。……

### 卷 43《砅乐何列传》[乐恢]

乐恢:

[儒家学士,不仅学问杰出,而且行为正直。他"廉直介立",无所畏惮,包括窦宪为首的独裁的窦氏外戚。他英雄般地反对后者,导致他遭受残酷的迫害和暴死。]

[儒家学士,不仅学问杰出,而且行为正直,富有勇气:]

乐恢字伯奇,京兆长陵[今陕西咸阳]人也。父亲,为县吏,得罪于令,收将杀之。恢年十一,常俯伏寺门,昼夜号泣。令闻而矜[怜悯]之,即解出亲。

恢长好经学,事博士焦永,永为河东太守,恢随之(至)官,闭庐精诵,不交人物。后永以事被考,诸弟子皆以通关[(替焦永)疏通关系]被系(羁),恢独曒然[清白]不污于法,遂笃志[立志]为名儒。[他的非同凡响的性格:]性廉直介立,行不合己者,虽贵不与交。信阳侯阴就数致礼请恢,恢绝不答。[不同流俗,全无势利!][这正直者做每件事都正直,甚至偶尔正直得太甚:]后仕本郡吏,太守坐法诛,故人莫敢往,恢独奔丧行服,坐以抵罪。归,复为功曹,选举不阿,请托无所容。同郡杨政数众[当众]毁恢,后举政子为孝廉,由是乡里归之。辟[被招任职]司空牟融府。会蜀郡太守第五伦代融为司空,恢以与伦同郡,不肯留,荐颖川杜安而退。诸公多[赞扬]其行,连辟之,遂皆不应。

[这正直者做每件事都正直,不怕可预料的致命风险! 因而,他以始终一贯的英雄主义,反对窦宪为首的独裁的窦氏外戚:]

后征拜议郎。会车骑将军窦宪出征匈奴,恢数上书谏争,朝廷称其忠。入为尚书仆射。[这酬赏实为骗人的例外!]是时河南尹王调、洛阳令李阜与窦宪厚善,纵舍[家人]自由[胡作非为]。恢劾奏调、阜,并及司隶校尉。诸所刺举,无所回避,贵戚恶之。[权势精英们的报复开始到来。不仅如此,它们还带着愈益大的风险:]宪弟夏阳侯瑰欲往候恢,恢谢不与通。宪兄弟放纵,而忿其不附己。妻每谏恢曰:

---

① 《后汉书·和帝纪》载:(永元)四年[92 年]……夏四月丙辰,大将军窦宪还至京师。

[突然,帝国宫廷政变! 恰在摄政政权的权势和荣耀的顶峰时节:]六月……窦宪潜图弑逆。庚申,幸北宫。诏收捕宪党射声校尉郭璜,璜子侍中举,卫尉邓叠,叠弟步兵校尉磊。皆下狱死。使谒者仆射收宪大将军印绶,遣宪及弟笃、景就国,到皆自杀。……

"昔人有容身避害，何必以言取怨？"恢叹曰："吾何忍素餐立人之朝乎！" [关于道德责任和政治责任的正直意识！]遂上疏谏曰 [他开始直接抨击最敏感的：窦氏外戚的压倒性权势；他开始招致最危险的事情]："臣闻百王之失，皆由权移于下。大臣持国，常以势盛为咎。伏念先帝，圣德未永，早弃万国。陛下 [和帝]富于春秋，篡承大业，诸舅不宜干正王室，以示天下之私。经曰：'天地乖互，众物夭伤。君臣失序，万人受殃。'政失不救，其极不测。方今之宜，上以义自割，下以谦自引。四舅可长保爵土之荣，皇太后永无惭负宗庙之忧，诚策之上者也。"书奏不省。[当然，因为他要求政权变更！]

[他的遭遇并非意外：迫害和暴死：]

时，窦太后临朝，和帝未亲万机，恢以意不得行，乃称疾乞骸骨。诏赐钱，太医视疾。[这傀儡皇帝实际上仇恨摄政政权，在内心赞赏他的正直！]恢荐任城郭均、成阳高凤，而遂称笃。拜骑都尉，上书辞谢曰："仍受厚恩，无以报效。[他以言辞和经典儒家政治教义战斗到底：]夫政在大夫，孔子所疾；世卿持权，《春秋》以戒。圣人恳恻 [诚恳痛切]，不虚言也。近世外戚富贵，必有骄溢之败。今陛下思慕山陵，未遑政事；诸舅宠盛，权行四方。若不能自损，诛罚必加。臣寿命垂尽，临死竭愚，惟蒙留神。"诏听上印绶，乃归乡里。窦宪因是风厉 [示意、怂恿]州郡迫胁，恢遂饮药死。弟子缞绖挽者数百人，众庶痛伤之。

后窦氏诛 [92年，永元四年]，帝始亲事，恢门生何融等上书陈恢忠节，除 [任用]子己为郎中。

### 卷45《袁张韩周列传》

[袁张韩周：四位非常正直和极端勇敢的人物，被记录在此主要因为他们坚定地反对狂野独裁的窦氏外戚。当时，他们中间有两位朝廷大臣和一位地区行政长官，还有一位是上述大臣之一的亲信幕僚。其中，"王臣之烈"袁安当然最为重要，地区行政长官张酺则以生硬的"质直""刚断"和如雷的脾气成为最有趣的。]

[为了原则，他们可以不惮一切。一类儒家英雄主义。]

袁安：

[一位被敬畏的能干的地方行政长官；一位正直、勇敢和富有威望的朝廷大臣，不怕直面对抗独裁的窦氏外戚，以坚持反对未经挑衅的对北匈奴的征伐和其后与窦宪本人的廷争最令人瞩目。]

[他从不向压倒性的强势强权作任何妥协。一类英雄！]

[**正直公平的地方行政长官,受下属和当地民众敬畏,甚至被他们爱戴:**]

袁安字邵公,汝南汝阳人也。祖父良,习《孟氏易》,平帝时举明经,为太子舍人;建武初,至成武令。

安少传良学。为人严重有威,见敬于州里。初为县功曹,奉檄诣从事,从事因安致书于令。安曰:"公事自有邮驿,私请则非功曹所持。"辞不肯受,从事惧然而止。后举孝廉,除阴平[县名,约今山东枣庄市峄城区]长、任城[县名,约今山东济宁市任城区]令,所在吏人畏而爱之。

永平十三年[70年],楚王英谋为逆,事下郡复考。明年,三府举安能理剧[治理繁难事务],拜楚郡[今江苏徐州一带]太守。是时英辞所连及系(羁)者数千人,显宗[明帝]怒甚,吏案之急,迫痛自诬,死者甚众。安到郡,不入府,先往案狱,理其无明验者,条上出之。府丞掾史皆叩头争,以为阿附反虏,法与同罪,不可。安曰:"如有不合,太守自当坐之,不以相及也。"[**他正直勇敢,不顾在一位盛怒而大规模清洗的皇帝之下如此公正而固有的严重风险。不负责任的自私远非他的秉性。**]遂分别具奏。帝感悟,即报许,得出者四百余家。[**他以一则政治行为救了千百人!**]岁余,征为河南尹。政号严明,然未曾以臧罪[贪污受贿之罪]鞠[屈也]人。常称曰:"凡学仕者,高则望宰相,下则希[希冀]牧守。锢人于圣世,尹所不忍为也。"[**他本质上人道、温情,虽然看似"为人严重有威"。**]闻者皆感激自励。在职十年,京师肃然[**这远非易事,考虑到帝国首都地区恒久的内在复杂**],名重朝廷。建初八年[83年],迁太仆。

[**他在章帝朝廷的通情达理的意见,主张对已愿驯服的北匈奴实行一种"睦邻"政策;此乃前奏,预示了后来他将坚持反对窦宪的动机自私的侵略性远征:**]

元和二年[85年],武威太守孟云上书:"北虏既已和亲,而南部复往抄掠,北单于谓汉欺之,谋欲犯边。宜还其生口,以安慰之。"诏百官议朝堂。公卿皆言夷狄谲诈,求欲无厌(厌),既得生口,当复妄自夸大,不可开许。安独曰:"北虏遣使奉献和亲,有得边生口者,辄以归汉,此明其畏威,而非先违约也。云以大臣典边,不宜负信于戎狄,还之足示中国优贷,而使边人得安,诚便。"[**他那里没有严重的种族偏见,却富有战略成本效益意识。**]司徒桓虞改议从安。太尉郑弘、司空第五伦皆恨之。弘因大言激励虞曰:"诸言当还生口者,皆为不忠。"虞廷叱之,伦及大鸿胪韦彪各作色变容,司隶校尉举奏,安等皆上印绶谢。[**朝廷大臣中间的内斗,虽然他们个人全都是真正的绅士!**]肃宗[章帝]诏报曰:"久议沉滞,各有所志。盖事以议从,策由众定,訚訚[yínyín,忠正貌]衎衎[kànkàn,和乐貌],得礼之容,寝嘿[止而不言,沉默]抑心,更非朝廷之福。君何尤[过失]而深谢?其各冠履。"[**一位公平和好**

脾气的皇帝，发出一则正确的、适合于政治领导的政治训诫！]帝竟从安议。明年[86年]，代第五伦为司空。章和元年[87年]，代桓虞为司徒。

[他坚持反对独裁的窦氏外戚，集中于否定窦宪的动机自私、未经挑衅的征伐政策，连同他们及其全国范围追随者的无法无天行为：]

和帝即位[88年]，窦太后临朝，后兄车骑将军宪北击匈奴，安与太尉宋由、司空任隗及九卿诣朝堂上书谏，[提倡正确的政策和政治：]以为匈奴不犯边塞，而无故劳师远涉，损费国用，徼功万里[窦宪侵略性对外政策的核心问题！]，非社稷之计。书连上辄寝。宋由惧，遂不敢复署议，而诸卿稍自引止。惟安独与任隗守正不移，至免冠朝堂固争者十上。[不顾大风险，他和任隗有非凡地一贯的正直和胆魄。]太后不听，众皆为之危惧，安正色自若[胆魄和尊严！一类真正的英雄]。窦宪既出，而弟卫尉笃、执金吾景各专威权，公于京师使客遮道夺人财物。景又擅使乘驿施檄缘边诸郡，发突骑及善骑射有才力者，渔阳、雁门、上谷三郡各遣吏将送诣景第。有司畏惮，莫敢言者。[不向窦氏外戚及其全国范围追随者的无法无天恶行作任何妥协：]安乃劾景擅发边兵，惊惑吏人，二千石不待符信而辄承景檄，当伏显诛。又奏司隶校尉、河南尹阿附贵戚，无尽节之义，请免官案罪。并寝不报。宪、景等日益横，尽树其亲党宾客于名都大郡，皆赋敛吏人，更相赂遗，其余州郡，亦复望风从之。安与任隗举奏诸二千石，又它所连及贬秩免官者四十余人，窦氏大恨。[在此，威望和崇高声誉乃紧要资产：]但安、隗素行高，亦未有以害之。

[他坚持反对独裁的窦氏外戚，在北匈奴被永久逐往远西之后集中于窦宪的北方帝国政策：]

时，窦宪复出屯武威。明年[91年]，北单于为耿夔所破，遁走乌孙，塞北地空，余部不知所属。宪日矜己功，欲结恩北虏，乃上立降者左鹿蠡王阿佟为北单于，置中郎将领护，如南单于故事。事下公卿议，太尉宋由、太常丁鸿、光禄勋耿秉等十人议可许。安与任隗奏，以为"光武招怀南虏，非谓可永安内地，正以权时之算，可得扞御北狄故也。今朔漠既定，宜令南单于反（返）其北庭，并领降众，无缘复更立阿佟，以增国费"。宗正刘方、大司农尹睦同安议。事奏，未以时定。安惧宪计遂行，乃独上封事曰[坚持不弃跻身于他的最好品性之列]：

……伏惟光武皇帝本所以立南单于者，欲安南定北之策也，恩德甚备，故匈奴遂分，边境无患。孝明皇帝奉承先意，不敢失坠，赫然命将，爰[于是]伐塞北。至乎章和之初，降者十余万人，议者欲置之滨塞[边塞，边远险要之地]，东至辽东，太尉宋由、光禄勋耿秉皆以为失南单于心，不可[侧击这两位大臣，他们是机会主义者，政策意见摇摆不定]，先帝从之。……伏念南单于屯，先父举众归德，自蒙恩以来，四十余年。三帝积累，以遗陛下。陛下深宜尊述先志，成就其业。况屯首唱大谋，空尽北虏，辍而弗图，更立新降，以一朝之计，违二世之规，失信于所养，建立于无功。[**正面抨击他俩，还有（据蕴意）窦宪本人：**]由、秉实知旧议，而欲背弃先恩。……《论语》曰：“言忠信，行笃敬，虽蛮貊行焉。”今若失信于一屯，则百蛮不敢复保誓矣。又乌桓、鲜卑新杀北单于，凡人之情，咸畏仇雠，今立其弟，则二虏怀怨。兵、食可废，信不可去[《论语》：“孔子曰：‘足食足兵，人信之矣。’‘必不得已而去，于斯三者何先？’曰：‘去兵。’曰：‘必不得已而去，于斯二者何先？’曰：‘去食。自古皆有死，人无信不立。’”]。且汉故事，供给南单于费直（值）岁一亿九十余万，西域岁七千四百八十万。今北庭弥远，其费过倍，是乃空尽天下，而非建策之要也。[**战略上，他在这里的论辩基于帝国周边政策的三个要素：附庸盟友；帝国在它们那里的可信性；关于补贴附庸的成本效益估算。**]

　　[**与窦宪本人廷争，那是一场他根本不退让的恶斗：**]诏下其议，安又与宪更相难折。宪险急负势，言辞骄讦[jié，揭发别人的隐私或过失]，至诋毁安，称光武诛韩歆、戴涉故事[大司徒歆坐非帝读隗嚣书，自杀；大司徒涉坐杀太仓令，下狱死]，安终不移。宪竟立匈奴降者右鹿蠡王於除鞬为单于，后遂反叛，①卒如安策。


　　[**在窦氏外戚的独裁权力下，他怨愤不已，直至去世：**]
　　安以天子幼弱，外戚擅权，每朝会进见，及与公卿言国家事，未尝不噫呜流涕。自天子及大臣皆恃赖之。四年[92年]春，薨，朝廷痛惜焉。
　　后数月，窦氏败，帝始亲万机，追思前议者邪正之节，乃除安子赏为郎。策免宋由，以尹睦为太尉，刘方为司空。……


　　[**我们的史家高度赞颂袁安：**]
　　论曰：……袁公窦氏之间，乃情[犹竭情]帝室，引义雅正，可谓王臣之烈。及其理楚狱，未尝鞠人于臧（赃）罪，其仁心足以覆乎后昆。……


　　张酺：
　　[**一位很有学问的儒士和帝国高官，非常生硬，“质直”“刚断”，包括对胡作非为的窦氏外戚。他能够是、也确曾是高效的地方行政长官，偏惠无权无财者，而且几十年一贯非同流俗，极端诚实清廉。**]

———————————

　　①　《后汉书·和帝纪》载：(永元)五年[93年]……三月……匈奴单于於除鞬叛，遣中朗将任尚讨灭之。

[很有学问的儒士，那么杰出，以至于成了皇储的"以严见惮"的钦定老师：]

张酺[pú]字孟侯，汝南细阳人，赵王张敖之后也……

酺少从祖父充受《尚书》，能传其业，又事太常桓荣。勤力不怠，聚徒以百数。永平九年[66年]，显宗[明帝]为四姓小侯开学于南宫，置《五经》师。酺以《尚书》教授，数讲于御前，以论难当意，除为郎，赐车马衣裳，遂令入授皇太子。

酺为人质直，守经义，每侍讲间隙，数有匡正之辞，以严见惮。

[他很不乐意地去担任一名地方行政长官，但证明是个高效的治理者，依凭他生硬甚而凶狠（不那么儒）的、偏惠无权无财者的地方治理方式；他，在宫廷之外许多年，一贯保持对任何人的"质直""刚断"：]

及肃宗[章帝]即位[75年]，擢酺为侍中、虎贲中郎将。数月，出为东郡太守。酺自以尝经亲近，未悟[晓也]见出，意不自得，上疏辞……诏报曰[在这场合，学生皇帝比其老师远更"经典"和雄辩]："经云：'身虽在外，乃心不离王室。'典城临民，益所以报效也，好丑必上，不在远近。今赐装钱三十万，其亟之（至）官。"酺虽儒者，而性刚断。[他有一种积极的、并非生来的"阶级偏向"，因而又不那么儒：]下车擢用义勇，搏击豪强。长吏有杀盗徒者，酺辄案之，以为令长受臧（赃），犹不至死，盗徒皆饥寒佣保，何足穷其法乎！……

[学生皇帝想念他，非常尊敬他，并且回想他的正直和生硬的严格：]由酺出后，帝每见诸王师傅，常言："张酺前入侍讲，屡有谏正，闇闇[yīnyīn，忠正貌]恻恻[恳切]，出于诚心，可谓有史鱼之风矣[史鱼，卫大夫。孔子曰"直哉史鱼，邦有道如矢（如箭之直），邦无道如矢"也]。"元和二年[85年]，东巡狩，幸东郡，引酺及门生并郡县掾史并会庭中。帝先备弟子之仪，使酺讲《尚书》一篇，然后修君臣之礼。赏赐殊特，莫不沾洽。

[他总是保持他的正直和对任何人无例外的生硬：]酺视事十五年，和帝初，迁魏郡太守。郡人郑据时为司隶校尉，奏免执金吾窦景。景后复位，遣掾夏猛私谢酺曰："郑据小人，为所侵冤。闻其兄为吏，放纵狼藉。取是曹子一人，足以惊百。"酺大怒[一种肯定不那么儒的行为！]，即收猛系（羁）狱，檄言执金吾府，疑猛与据子不平，矫称卿意，以报私仇。会有赦罪令，猛乃得出。[再次显示对（同一个）无法无天的显贵的不妥协态度：]顷之，征入为河南尹。窦景家人复击伤市卒，吏捕得之，景怒，遣缇骑侯海等五百人欧（殴）伤市丞。酺部吏杨章等穷究，正海罪，徙朔方。景忿怨，乃移书辟章等六人为执金吾吏，欲因报之。章等惶恐，入白酺，愿自引臧罪，以辞景命。酺即上言其状。窦太后诏报："自今执金吾辟吏，皆勿遣。"……

[他最终成了朝廷最高级大臣，在担任地方行政长官约二十年之后：]

永元五年[93年]，迁酺为太仆。数月，代尹睦为太尉。数上疏以疾乞身，荐魏郡太守徐防自代。帝不许，使中黄门问病，加以珍羞，赐钱三十万。酺遂称笃。时子蕃以郎侍讲，帝因令小黄门敕蕃曰："阴阳不和，万人失所，朝廷望公思惟得失，与国同心，而托病自洁，求去重任，谁当与吾同忧者？……"酺皇（惶）恐诣阙谢，还复视事。[**他极端诚实清廉**：]酺虽在公位，而父常居田里，酺每有迁职，辄一诣京师。尝来候酺，适会岁节，公卿罢朝，俱诣酺府奉酒上寿，极欢卒日，众人皆庆羡之。……

韩棱：
[正直、勇敢和非常聪明的廷臣，不对窦氏外戚的压倒性权势作任何妥协。]

[作为地方官吏非常能干，连续迅速晋升，直至成为负责全国日常行政管理的朝廷大臣；很得君主赏识，并以"深有谋"而著称：]

韩棱字伯师，颖川舞阳[今河南舞钢市庙街乡]人，弓高侯颓当[韩王信之子]之后也。世为乡里著姓。父寻，建武中为陇西太守。

[**青少年"儒家行为主义者"**：]棱四岁而孤，养母弟以孝友称。及壮，推先父余财数百万与从昆弟，乡里益高之。[**非常能干的地方官吏**：]初为郡功曹，太守葛兴中风，病不能听政，棱阴代兴视事，出入二年，令无违者。兴子尝发教欲署吏，棱拒执不从，因令怨者章之[谓令上章告言之]。事下案验，吏以棱掩蔽兴病，专典郡职，遂致禁锢。显宗[明帝]知其忠，后诏特原[宽恕]之。[**连续迅速晋升，成为负责全国日常行政管理的一名大臣**：]由是征辟，五迁为尚书令，与仆射郅寿、尚书陈宠，同时俱以才能称。肃宗[章帝]尝赐诸尚书剑，唯此三人特以宝剑，自手署其名曰："韩棱楚龙渊，郅寿蜀汉文，陈宠济南椎成[《汉官仪》"椎成"作"锻成"]。"时论者为之说；以棱渊深有谋，故得龙渊；寿明达有文章，故得汉文；宠敦朴，善不见外，故得椎成。

[**无条件地正直，不对窦氏外戚的无法无天和压倒性权势作任何妥协**：]

和帝即位，侍中窦宪使人刺杀齐殇王子都乡侯畅于上东门，①有司畏宪，咸委

---

① 《后汉书·窦融传》载：宪性果急，睚眦之怨莫不报复。……齐殇王子都乡侯畅来吊国忧，畅素行邪僻，与步兵校尉邓叠亲属数往来京师，因叠母元自通长乐宫，得幸太后，被诏召诣上东门。宪惧见幸，分宫省之权，遣客刺杀畅于屯卫之中，而归罪于畅弟利侯刚，乃使侍御史与青州刺史杂考刚等。后事发觉，太后怒，闭宪于内宫。
宪惧诛，自求击匈奴以赎死。会南单于请兵北伐，乃拜宪车骑将军，金印紫绶，官属依司空，以执金吾耿秉为副，发北军五校、黎阳、雍营、缘边十二郡骑士，及羌胡兵出塞。……

疑于畅兄弟。诏遣侍御史之（至）齐案其事。[**他全不管这涉及窦宪和窦氏外戚的大案的肮脏敏感性：**]棱上疏以为贼在京师，不宜舍近问远，恐为奸臣所笑。窦太后怒，以切责棱，棱固执其议。[**他能不怕任何人！**]及事发，果如所言。宪惶恐，白太后求出击北匈奴以赎罪。棱复上疏谏[**他现在明显意欲扳倒窦宪，或曰将其绳之以法**]，太后不从。及宪有功，还为大将军，威震天下，复出屯武威。会帝西祠园陵，诏宪与车驾会长安。[**正直的原则之士 vs. 势利的无原则之徒，非凡者 vs. 庸俗者：**]及宪至，尚书以下议欲拜之，伏称万岁。棱正色曰："夫上交不谄[chǎn]，下交不黩，礼无人臣称万岁之制。"议者皆惭而止。尚书左丞三龙私奏记上牛、酒于宪，棱举奏龙，论为城旦。棱在朝数荐举良吏应顺、吕章、周纡等，皆有名当时。[**除了根据原则行事外，他对窦宪恨之入骨：**]及窦氏败，棱典案其事，深竟党与，数月不休沐。帝以为忧国忘家，赐布三百匹。……

　　周荣：

　　[**窦氏独裁导致那么多反对它的正直勇敢之士载入史册，其中包括现在的这位，袁安的"腹心之谋"。**]

　　周荣字平孙，庐江舒人也。肃宗[**章帝**]时，举明经，辟[**被招任职**]司徒袁安府。安数与论议，甚器之。及安举奏窦景及与窦宪争立北单于事，皆荣所具草。[**他有个他为之效力得那么好的正直的"老板"。同时，他那么容易地制造了对他大有威胁的恶敌：**]窦氏客太尉掾徐齮[yǐ]深恶之，胁荣曰："子为袁公腹心之谋，排奏窦氏，窦氏悍士刺客满城中，谨备之矣！"荣曰[**为了他的原则，他不惮一切**]："荣江淮孤生，蒙先帝大恩，以（已）历宰二城。今复得备宰士[**荣辟司徒府，故称宰士**]，纵为窦氏所害，诚所甘心。"故常敕妻子，若卒遇飞祸，无得殡敛，冀以区区腐身觉悟朝廷。及窦氏败，荣由此显名。……

## "帝阴知其谋，乃与近幸定议诛之"

### 卷 4《和帝纪》摘录

　　…………

　　[突然，帝国宫廷政变！恰在摄政政权的权力和荣耀达到顶峰时节——那可以威胁或很可能已经威胁少年皇帝本人的皇位和生命——后者对前者发动了一记决绝和彻底成功的打击，以凭其亲密宦官的忠诚的提议、安排和实施。一出政治奇迹：]（永元四年，92 年）六月……窦宪潜图弑逆。庚申，幸北宫。诏收捕宪党射声

校尉郭璜,璜子侍中举,卫尉邓叠,叠弟步兵校尉磊。皆下狱死。使谒者仆射收宪大将军印绶,遣宪及弟笃、景就国,到皆自杀。……[全权在握的摄政政权和窦太后家族像纸房子一般倒塌! 仅有太后本人保住了性命。]

秋七月己丑,太尉宋由坐党宪自杀。……

### 卷23《窦融列传》摘录

窦宪:

…………

[突然政变降临,少年皇帝偕同其亲密宦官的政变;继而他命归黄泉:]

宪既负重劳,陵肆滋甚。四年[92年],封邓叠为穰侯。叠与其弟步兵校尉磊及母元,又宪女婿射声校尉郭举,举父长乐少府璜,皆相交结。元、举并出入禁中,举得幸太后,遂共图为杀害。[他的爪牙(或许还有他本人)走得那么远,以致与很可能再度通奸的太后一起谋划弑君! 这激发少年皇帝与其亲密宦官发动一场组织得完美无瑕的先发制人的政变:]帝阴知其谋,乃与近幸中常侍郑众定议诛之。以宪在外,虑其惧祸为乱,忍而未发。会宪及邓叠班师还京师,诏使大鸿胪持节郊迎,赐军吏各有差。宪等既至,帝乃幸北宫,诏执金吾、五校尉勒兵屯卫南、北宫,闭城门,收捕叠、磊、璜、举,皆下狱诛,家属自徙合浦。遣谒者仆射收宪大将军印绶,更封为冠军侯。宪及笃、景、瑰皆遣就国……宪、笃、景到国,皆迫令自杀,宗族、宾客以宪为官者皆免归本郡。[全权在握的摄政政权和窦太后家族像纸房子一般倒塌! 仅有太后本人保住了性命。①]瑰以素自修,不被逼迫,明年坐禀假贫人,徙封罗侯,不得臣吏人。初,窦后之谮梁氏,宪等豫(预)有谋焉,永元十年[98年],梁棠兄弟[梁贵人兄弟]徙九真还,路由长沙,逼瑰令自杀。……

[我们的史家将其篇末评论集中于窦宪对北匈奴的征伐,将它们与卫青和霍去病的征伐作比较:]

论曰:卫青、霍去病资强汉之众,连年以事匈奴,国耗太半矣,而猃狁未之胜,所世犹传其良将,岂非以身名自终邪! 窦宪率羌胡边杂之师,一举而空朔庭……列其功庸,兼茂于前多矣,而后世莫称者,竟末衅[后来的罪过]以降[损]其实也。是以下流,君子所甚恶焉[《论语》曰:"纣之不善不如是之甚也,是以君子恶居下流,天下之恶皆归

---

① 《后汉书·皇后纪上》载:(永元)九年[97年],(窦)太后崩,未及葬,而梁贵人姊嬺[yì]上书陈贵人枉殁之状。太尉张酺、司徒刘方、司空张奋上奏,依光武黜吕太后故事,贬太后尊号,不宜合葬先帝。百官亦多上言者。帝手诏曰:"窦氏虽不遵法度,而太后常自减损。朕奉事十年,深惟大义,礼,臣子无贬尊上之文。恩不忍离,义不忍亏。案前世上官太后亦无降黜,其勿复议。"于是合葬敬陵。

焉。"]。……[一则偏颇的评论，主要偏在我们的史家不提窦宪大规模征伐的未经挑衅或肆意侵略性质，也不提它们的纯自私动机；它们既无正当理由（just cause），亦无良善动机（right intention），而且总的外部后果远非有益于中国。①]

**卷78《宦者列传》**[郑众]

["丧大业绝宗裡者"，如我们的史家在本列传之末的评论中说的，"西京自外戚失祚，东都缘阉尹倾国"。和帝在位头五年过后，自公元92年起，东汉帝国政治的头号主题总的来说成了外戚与宦官的交替优势，连同这两者之间的残酷内斗。不过，少年皇帝们的身体／智识成长和婚姻，连同摄政的太后们的逝去，将必不可免地摇撼特定的现存外戚的权势和命运，而作为一个恒久集团的亲密宦官却不受这样的"自然局限"限制，能够保持那一直是其权势大资产的与君主的亲密关系。]

[桓帝在位期间，公元159年起，在狂野肆虐的外戚梁冀被宦官政变摧毁后，这些"非自然人"的集团大致而言简直压倒性地主宰了宫廷，偕同一种最黑暗的帝国统治。其后，外戚何进——重演外戚窦武在桓帝死后不久那失败了的企图——于公元189年将狂野的半蛮夷军阀董卓引进帝国首都以摧毁他们，由此开启了华夏野蛮化的非常漫长的可怖时代。]

[我们的史家反复强调，他的主题是宦官的黑暗统治和因而的帝国毁坏"所从来久矣"，其起源、演化和滥觞皆如此。为何"衅起宦夫"？有一能动过程，有一曲折历史，其中的"自然机制"是这些"非自然的"、因而起初最卑贱的人们"易以取信"，令其皇帝主子"无猜惮之心"。不仅如此，他指出他们的性格甚而政治表现比通常俗见设定的更复杂，"非直苟恣凶德，止于暴横而已"。无论如何，结果——部分地出自这些优势条件——无可争论："社稷故其为墟"。一部政治病态、疯狂和毁灭的历史！]

[在此列传内记载的宦孽中间，大致只有两个例外，谦逊谨慎的曹腾和一贯正直的吕强。]

…………

郑众：

[一个历史性（historic）人物，因为"中官用权，自众始焉"。他能够如此，是因

---

① 北匈奴远走在北方草原造成巨大的权力真空，东胡的鲜卑族便乘虚而入，在其压力下南匈奴等族纷纷内迁华夏境内，成为日后"五胡之乱"的远源。"窦宪"，http://baike.so.com/doc/5915119.html.

为——除了别的——他的个人特质,即机敏、心灵独立和恒久审慎。]

郑众字季产,南阳犨[chōu]人也。为人谨敏有心儿(机)。[这最卑贱者起初的唯一有利条件。]永平中,初给事太子家。[他的运气,另一个有利条件。]肃宗[章帝]即位,拜小黄门,迁中常侍。[步步晋升,在那特殊的任职生涯里。]和帝初,加位钩盾令[秩六百石,宦者任,典诸近池苑囿游观之处]。

时窦太后秉政,后兄大将军宪等并窃威权,朝臣上下莫不附之,而众独一心王室,不事豪党,帝亲信焉。[他那么不同于其他人,对每个人独立,唯他的"私主"除外。]及宪兄弟图作不轨,众遂首谋诛之[他的历史性表现],以功迁大长秋。策勋班赏,每辞多受少。由是常与议事。[对他有益的审慎。因而他的历史意义:]中官用权,自众始焉。

(永元)十四年[102年],帝念众功美,封为鄛乡侯,食邑千五百户。永初[安帝年号]元年[107年],和熹皇后[邓绥]益封三百户。

元初元年[114年]卒……

## 卷37《桓荣丁鸿列传》[丁鸿]

丁鸿:

[经典儒学大师,(准?)国务家,长寿,对扳倒傲慢和简直独裁的外戚窦宪贡献颇大。]

[一位经典儒生,少年时就聪明、笃学、勤勉和(仅仅)立志学问;可是,多少勉强地,他最终服从了一项儒家信条,即积极投入世俗政治:]

丁鸿字孝公,颍川[今河南许昌、禹州一带]定陵人也。……

鸿年十三,从桓荣受《欧阳尚书》,三年而明章句,善论难,为都讲,遂笃志精锐,布衣荷担,不远千里。……

……[多少勉强地,他最终服从了积极投入世俗政治的儒家信条:]鸿初与九江人鲍骏同事桓荣,甚相友善,及鸿亡[躲避]封[逃避继承其父的光武帝所封侯位,欲让与其弟丁盛],与骏遇于东海,阳(佯)狂不识骏。骏乃止而让[责难]之曰:昔伯夷、吴札乱世权行,故得申其志耳。[伯夷,孤竹君之子,让其弟叔齐,饿死于首阳山。吴札,吴王寿梦之季子,诸兄欲让其国,季子乃舍其室而耕。皆是权时所行,非常之道。]《春秋》之义,不以家事废王事。今子以兄弟私恩而绝父不灭之基,可谓智乎?"鸿感悟,垂涕叹息,乃还就国,开门教授。鲍骏亦上书言鸿经学至行,显宗[明帝]甚贤之。

[他给明帝和章帝提供的宫廷学问效劳,特别是他在白虎观会议上的非常杰

出的表现，那使他大有威望并获得宫廷职位：]

永平十年[67年]诏征，鸿至即召见，说《文侯之命篇》[周平王东迁洛邑，晋文侯仇有辅佐之功，平王赐以车马、弓矢而策命之，因以名篇，事见《尚书》]，赐御衣及绶，禀食公车，与博士同礼。顷之，拜侍中。十三年[70年]，兼射声校尉。建初四年[章帝时，79年]，徙封鲁阳乡侯。

（同年，）肃宗[章帝]诏鸿与广平王羡及诸儒楼望、成封、桓郁、贾逵等，论定《五经》同异于北宫白虎观，使五官中郎将魏应主承制问难[禀承皇帝旨意发问]，侍中淳于恭奏上[代表诸儒作答]，帝亲称制临决。鸿以才高，论难最明，诸儒称之，帝数嗟美焉。时人叹曰："殿中无双丁孝公。"数受赏赐，擢徙校书，遂代成封为少府。门下由是益盛，远方至者数千人。彭城刘恺、北海巴茂、九江硃（朱）怅皆至公卿。元和三年[86年]，徙封马亭乡侯。

[他的长寿，连同他的威望、大臣地位和正直，使他对扳倒简直独裁的外戚窦宪贡献颇大：]

和帝即位[88年]，迁太常。永元四年[92年]，代袁安为司徒。是时窦太后临政，宪兄弟各擅威权。鸿因日食，上封事[奏陈秘密事项，为防泄露，用黑色口袋，贴上双重封条呈进]曰[他犹如吹响了推翻窦氏外戚政变的（儒家自然神论）秘密哨子；他对和帝悄悄说的全是率直抨击外戚的压倒性权势和敦促弘扬皇帝权力]：

臣闻日者阳精，守实不亏，君之象也；月者阴精，盈毁有常，臣之表也。故日食者，臣乘君，阴陵阳；月满不亏，下骄盈也。昔周室衰季，皇甫之属专权于外[周室衰谓幽王时，皇甫即幽王后之党]，党类强盛，侵夺主势，则日月薄食，故《诗》曰："十月之交，朔月辛卯，日有食之，亦孔[甚也]之丑[恶也]。"《春秋》日食三十六，弑君三十二。变不空生，各以类应。夫威柄不以放下，利器不可假人。览观往古，近察汉兴，倾危之祸，靡不由之。……诸吕握权，统嗣几移；哀、平之末，庙不血食。故虽有周公之亲，而无其德，不得行其势也。[言亲贤兼重，方可执政。]

今大将军虽欲敕身自约，不敢僭差，[他那么率直和正统：]然而天下远近皆惶怖承旨，刺史二千石初除谒辞，求通待报，虽奉符玺、受台敕，不敢便去，久者至数十日。背王室，向私门，此乃上威损，下权盛也。人道悖于下，效验见于天，虽有隐谋，神照其情，垂象见戒，以告人君。间者月满先节[谓未及望而满]，过望不亏，此臣骄溢背君，专功独行也。陛下未深觉悟，故天重见戒，诚宜畏惧，以防其祸。《诗》云："敬天之怒，不敢戏豫。"若敕政责躬，杜渐防萌，则凶妖销灭，害除福凑矣。

……臣愚以为左官[人道尚右，舍天子而事诸侯为左官]外附[谓背正法而附私家]之臣，依托权门，倾覆诤谀，以求容媚者，宜行一切之诛。[休戚攸关的不仅是皇权，

**而且是全国社会秩序和正义**：]间者大将军再出，威振州郡，莫不赋敛吏人，遣使贡献。大将军虽云不受，而物不还主，部署之吏无所畏惮，纵行非法，不伏罪辜，故海内贪猾，竞为奸吏，小民吁嗟，怨气满腹。臣闻天不可以不刚，不刚则三光[日、月、星也]不明；王不可以不强，不强则宰牧从（纵）横。[**率直不讳地提倡一场合法的政变**：]宜因大变，改政匡失，以塞天意。

[**有他亲自参加和其重要作用的这场政变不久就被发动，并获成功**：]书奏十余日，帝以鸿行太尉兼卫尉，屯南、北宫。于是收窦宪大将军印绶，宪及诸弟皆自杀。……

六年，鸿薨，赐赠有加常礼。……

# "躬亲万机":勤勉、惜民和节俭的亲政和帝

## "躬亲万机","深惟四民农食之本"

**卷 4《和帝纪》摘录**

[和帝亲政开始,以关怀民众的措施作为他的首项帝国治理行动:](永元四年,92 年)十二月壬辰,诏:"今年郡国秋稼为旱、蝗所伤,其什四以上[损失什四以上]勿收田租、刍稿[喂养牲畜的草饲料,刍为牧草,稿为禾杆。刍稿税为汉代农户的一大负担];有不满[损失不足什四]者,以实除之[按实际数免除]。"

武陵零陵澧中蛮叛。烧当羌寇金城。[**简直惯常的蛮夷扰乱,无论是在帝国本部还是在边疆地区,无论其具体原因如何。他们无常易变,是对帝国耐力的一大考验。**]

五年[93 年]……

[有利于弱势民众的措施,作为他的帝国治理首批行动的组成部分:]二月戊戌,诏有司省减内外厩及凉州诸苑马。自京师离宫果园上林广成囿悉以假[(使用权)给予]贫民,恣得采捕,不收其税。丁未,诏曰:"去年秋麦入少,恐民食不足。其上尤贫不能自给者户口人数。往者郡国上[上报]贫民,以衣履釜𤭢[zèng]为赀[为财产计算其贫穷程度],而豪右得其饶利[实义为贫民为避课税将这些贱价出卖给豪右,后者由此得其饶利]。诏书实核,欲有以益之,而长吏不能躬亲,反更征召会聚,令失农作,愁扰百姓。若复有犯者,二千石先坐。"……

三月戊子,诏曰[**对官僚不负责任的鬼混的一项锐利观察,同时也是在体制性挑选官员方面中国古老经验的一则经典显现;此外,行政清廉和才干跻于他的主要关切之列,恰如他的父亲和祖父:**]"选举良才,为政之本。科别行能,必由乡曲[必由基层举荐]。而郡国举吏,不加简择[选择],故先帝明敕在所,令试之以职,乃得充选。又德行尤异,不须经职[试用]者,别署状上。而宣布以来,出入九年,二千石曾

不承奉，恣心从好[一心只照自己的爱好]，司隶、刺史讫无纠察。……在位不以选举为忧，督察不以发觉为负，非独州郡也。是以庶官多非其人。下民被奸邪之伤，由法不行故也。"庚寅，遣使者分行贫民，举实流冗[按照实际流散人数]，开仓赈禀三十余郡。……

匈奴单于於除鞬叛，遣中朗将任尚讨灭之。[**蛮夷无常易变，帝国冷酷无情！**]壬午，令郡县劝民蓄蔬食以助五谷。其官有陂池，令得采取，勿收假税[租税]二岁。[**注意在他治下发布益民政策的颇高频率。**]……

是岁，武陵郡兵破叛蛮，降之。护羌校尉贯友讨烧当羌，羌乃遁去。[**烧当羌：经久的帝国大麻烦。**]南单于安国叛，骨都侯喜斩之。[**蛮夷无常易变，帝国冷酷无情。**]

六年[94年]春正月，永昌徼外夷遣使译献犀牛、大象。①……

[**再度注意在他治下发布益民政策的颇高频率：**]

二月乙未，遣谒者分行禀[bǐng，本意为赐谷]贷三河、兖、冀、青州贫民。……

三月庚寅，诏流民所过郡国皆实禀之，其有贩卖者勿出租税，又欲就贱还归者，复一岁田租、更赋。……

夏四月，蜀郡徼外羌率种人遣使内附。[**华夏帝国扩展的"自然"方式，通过威望、繁荣和被羡慕的文明等吸引力。**]……

秋七月，京师旱。[**再度施惠于社会最弱者：**]诏中都官徒各除半刑，谪其未竟[未期满的徒刑改为流放]，五月已（以）下皆免遣[免刑遣散]。丁巳，幸洛阳寺，录囚徒，举冤狱。收洛阳令下狱抵罪，司隶校尉、河南尹皆左降。未及还宫而澍雨。

西域都护班超大破焉耆、尉犁，斩其王。自是西域降服，纳质者五十余国。[**又是班超！在征服西域方面，他确实是个天才。他必定彻底懂得那里的蛮夷的特性，并且在军事、政治和外交上优秀无比。"自是西域降服"：他的历史性成就！**]

南单于安国从弟子[堂弟之子]逢侯率叛胡亡出塞。九月癸丑，以光禄勋邓鸿行车骑将军事，与越骑校尉冯柱、行度辽将军硃（朱）徽、使匈奴中郎将杜崇讨之。冬十一月，护乌桓校尉任尚率乌桓、鲜卑，大破逢侯，冯柱遣兵追击，复破之。[**反复的惩罚性征伐，一向是"不可战胜"的帝国权势，肯定旨在保证南匈奴其余部分的臣服和进一步同化，虽然完全同化将需要未来几个世纪时间。**]……

武陵溇中蛮叛，郡兵讨平之。

---

① 《明帝纪》载：十二年[69年]春正月，益州徼外夷哀牢王相率内属，于是置永昌郡，罢益州西部都尉。[哀牢国内附，其地划为哀牢县、博南县，并将原益州郡西部的六个县分离出来，合并成立为永昌郡，辖八县。相当于今云南省西部以及可能包含缅甸克钦邦、掸邦的一部分][**和平地推进帝国西南边疆。靠运气或"自然影响"还是靠积极的外交？**]……

七年[95年]春正月,行车骑将军邓鸿、度辽将军砅(朱)徽、中郎将杜崇皆下狱死。[严厉的纪律行动！为惩罚他们在上述征伐中的延宕("坐逗留"死),尽管他们(特别是邓鸿)有先前的军功。]……

八年[96年]春二月己丑,立贵人阴氏为皇后[他的首位皇后,出身于大贵族,但在他开始宠幸另一位出自同样阶级、但聪明和美丽得多的女子邓绥时,失去了他的爱。后来,她被指控为搞巫蛊,皇后地位遂遭剥夺,并且目睹皇帝几乎彻底摧毁她的家族。不过,替代她的那位美女在她整个不幸过程中未做任何不利于她的坏事。]……

南匈奴右温禺犊王叛,为寇。秋七月,行度辽将军庞奋、越骑校尉冯柱追讨之,斩右温禺犊王。[无情的惩罚性征伐,以威慑任何在同化中的南匈奴人。]车师后王叛,击其前王。[西域永远是造麻烦(和遭麻烦)的地区。]……

九年[97年]春正月,永昌[见前一注]微外蛮夷及掸国重译奉贡。[**大概是以帝国西南向宗主权为暂时外观的华夏帝国外交。**]

三月……西域长史王林击车师后王,斩之。……

六月,蝗、旱。戊辰,诏:"今年秋稼为蝗虫所伤,皆勿收租、更、刍稿;若有所损失,以实除之,余当收租者亦半入。其山林饶利,陂池渔采,以赡元元,勿收假税[租税]。"[对他——关心民众的皇帝——来说,这类有益农业和农民的措施简直是惯常例事,在有(颇为频繁的)严重自然灾害的几乎任何时候。]

秋七月,蝗虫飞过京师。

八月,鲜卑寇肥如[今河北东北部迁安市东北],辽东太守祭参下狱死。[**窦宪粉碎北匈奴极有利于鲜卑扩张,后者占据了原先北匈奴的地盘,作为威胁汉帝国(和其后诸王国)的强蛮急剧崛起。它与华夏民族(和其他正在同化的蛮夷)的数世纪殊死武斗和别的复杂互动由此开始。**]

闰月辛巳,皇太后窦氏崩。丙申,葬章德皇后。[只是因为这位年轻皇帝的格外通情达理和宽恕,她——曾经全权的摄政和他生母的险恶摧毁者——才在她的统治家族被击灭以后,携着皇太后封号多活了六年。]

烧当羌寇陇西,杀长史[又是这强劲和富有复原力的蛮夷部落！帝国的顽患],遣行征西将军刘尚、越骑校尉赵世等讨破之。

九月……甲子,追尊皇姊梁贵人为皇太后。[而且,她的外戚家族得到了极丰的赏赐和巨大的提拔,因而开始了一个显贵外戚集团,此后在宫廷和全国政治中经久地强势强权。]……

十年[98年]春三月壬戌,诏曰:"堤防沟渠,所以顺助地理,通利壅塞。今废慢懈弛,不以为负。刺史、二千石其随宜疏导。勿因缘妄发,以为烦扰,将显行其罚。"

夏五月,京师大水。……

十月,五州雨水。

十二月,烧当羌豪迷唐等率种人诣阙贡献。……[**这个无常易变的强蛮部落!帝国别无选择,只有在一个多世纪里的不同时候软硬兼备地与之打交道。**]

十一年[99年]春二月,遣使循行郡国,禀贷被灾害不能自存者,令得渔采山林池泽,不收假税。

丙午,诏郡国中都官徒及笃癃老小女徒各除半刑,其未竟三月者,皆免归田里。……

秋七月辛卯,诏曰:"吏民逾僭,厚死伤生,是以旧令节之制度。顷者贵戚近亲,百僚师尹,莫肯率从,有司不举,怠放日甚。又商贾小民,或忘法禁,奇巧靡货,流积公行。其在位犯者,当先举正。市道小民,但且申明宪纲,勿因科令,加虐羸弱。"[**至少有时他像他的皇父章帝,意欲限制官场/社会精英在追求商业财富和纵欲奢侈方面的自由放任。他甚至想要改变这方面的流行文化,偕同一种对较弱民众宽恕得多的方针。**]

十二年[100年]春二月,旄牛[阚骃《十三州志》曰:"旄牛县属蜀郡。"]徼外白狼、楼薄夷率种人内属。[**华夏帝国扩展的"自然"方式,通过威望、繁荣和被羡慕的文明等等的吸引力。**]诏贷被灾诸郡民种粮。赐下贫、鳏、寡、孤、独、不能自存者,及郡国流民,听入陂池渔采,以助蔬食。

三月丙申,诏曰:"比年不登,百姓虚匮。京师去冬无宿雪,今春无澍雨,黎民流离,困于道路。朕痛心疾首,靡知所济。'瞻仰昊天,何辜今人?'[**在一种根本意义上的必不可免的险恶变化:(他谴责的)从上到下帝国官僚的蜕化、腐败和愈益不法,对此他与他的皇父相比斗得远不坚决。**]三公,朕之腹心,而未获承天安民之策。数诏有司,务择良吏。今犹不改,竞为苛暴,侵愁小民,以求虚名,委任下吏,假势行邪。是以令下而奸生,禁至而诈起。巧法析律,饰文增辞,货行于言,罪成乎手,朕甚病焉。公卿不思助明好恶,将何以救其咎罚? 咎罚既至,复令灾及小民。[**谴责,但未以任何具体政策及其贯彻去斗。**]……其赐天下男子爵,人二级,三老、孝悌、力田三级,民无名数及流民欲占者人一级;鳏、寡、孤、独、笃癃、贫不能自存者粟,人三斛。"壬子,赐博士员弟子在太学者布,人三匹。

夏四月,日南[在今越南中部地区,治旧卷县(今越南广治省东河市)。武帝元鼎六年(前111年)设郡。东汉后期,日南郡南部兴起林邑国(占婆国),不断对郡境侵犯蚕食,南齐以后撤废]象林蛮夷反,郡兵讨破之。[**两汉帝国的某些部分,特别是远东北和远南/远西南的那些,从未足够长久地得到巩固。地理、族裔和文化一向那么经常地是难以克**

服的扩张障碍。]

闰月，赈贷敦煌、张掖、五原民下贫者谷。……

冬十一月，西域蒙奇、兜勒二国遣使内附，赐其王金印紫绶。

是岁，烧当羌复叛。[这在中国"近西"的强蛮部落有其无休止的无常易变。]……

十三年[101年]……

二月……赈贷张掖、居延、朔方、日南贫民及孤、寡、羸弱不能自存者。

秋八月，诏象林民失农桑业者，赈贷种粮，禀赐下贫谷食。

……护羌校尉周鲔击烧当羌，破之，荆州雨水。

九月壬子，诏曰："荆州比岁不节，今兹淫水为害，余虽颇登，而多不均浃[（收成好坏）不匀恰]，深惟四民农食之本，惨然怀矜。其令天下半入今年田租、刍稿；有宜以实除者，如故事。贫民假种食，皆勿收责。"[对他——关心民众的皇帝——来说，这类有益农业和农民的措施简直是惯常例事，一次一次又一次地予以发布。]

冬十一月，安息国[波斯]遣使献师（狮）子及条枝[西亚古国，在今伊拉克境内幼发拉底河与底格里斯河之间]大爵[鸵鸟]。……鲜卑寇右北平，遂入渔阳，渔阳太守击破之。[窦宪粉碎北匈奴极有利于鲜卑扩张，后者急剧崛起，威胁汉帝国和其后诸王国。]……

十二月……巫[县名，辖地今属重庆市]蛮叛，寇南郡。……

十四年[102年]……

夏四月，遣使者督荆州兵讨巫蛮，破降之。

庚辰，赈贷张掖、居延、敦煌、五原、汉阳、会稽流民下贫谷，各有差。……

六月辛卯，废皇后阴氏，后父特进纲自杀。[在和帝开始宠幸另一位出自大贵族、但聪明和美丽得多的女子（邓绥）时，阴皇后失去了他的爱。现在，据流言她被剥夺皇后地位，且目睹皇帝几乎彻底摧毁她的外戚家族。]……

是秋，三州雨水。

冬十月甲申，诏："兖、豫、荆州今年水雨淫过，多伤农功。其令被害什四以上皆半入田租、刍稿；其不满者，以实除之。"辛卯，立贵人邓氏为皇后。……

十五年[103年]春闰月乙未，诏流民欲还归本而无粮食者，过所实禀之，疾病加致医药；其不欲还归者，勿强。

二月，诏禀贷颍川、汝南、陈留、江夏、梁国、敦煌贫民。……

六月，诏令百姓鳏、寡渔采陂池，勿收假税二岁。……

十六年[104年]春正月己卯，诏贫民有田业而以匮乏不能自农者，贷种粮。……

夏四月,遣三府掾分行四州,贫民无以耕者,为雇犁牛直(值)。……

秋七月,旱。戊午,诏曰:"今秋稼方穗而旱,云雨不沾,疑吏行惨刻,不宣恩泽,妄拘无罪,幽闭良善所致。其一切囚徒于法疑者勿决,以奉秋令。方察烦苛之吏,显明其罚。"[**这次,他难得地以某个具体措施去打击不法官吏。**]……辛巳,诏令天下皆半入今年田租、刍稿;其被灾害者,以实除之。贫民受贷种粮及田租、刍稿,皆勿收责。[**在严重自然灾害情况下,再度以全国性政策去施惠民众,特别是穷人。短期的国家岁入看来从不在他的首要关切之列。**]……

北匈奴遣使称臣贡献。

十二月,复置辽东西部都尉官。[**鲜卑已经取代匈奴成为帝国北部边防的主要威胁。**]

元兴元年[105年]……

……高句骊寇郡界。[**近六十年前,在光武帝之下,"高句丽率种人诣乐浪内属";此后,关于远东北的这个"种人"《后汉书》没有任何记录,直到现在为止。看来,他们开始再度成为完全独立的力量,正在逐渐变得愈益威胁那里的华夏帝国边区。**][**而且,连同来自鲜卑的攻击,东北已成为那个时代最受威胁的帝国边疆。**]……

秋九月,辽东太守耿夔击貊人,破之。[**帝国防御。**]

冬十二月辛未,帝崩于章德前殿,年二十七。立皇子隆为皇太子。……

自窦宪诛后,帝躬亲万机。每有灾异,辄延问公卿,极言得失。前后符瑞八十一所,自称德薄,皆抑而不宣。旧南海献龙眼、荔支,十里一置,五里一候,奔腾阻险,死者继路。时临武长汝南唐羌,县接南海,乃上书陈状。帝下诏曰:"远国珍羞,本以荐奉宗庙,苟有伤害,岂爱民之本。其敕太官勿复受献。"由是遂省焉。[**一位勤勉、和蔼和相对节俭的君主!像我们先前说过的,历史性变化的头号要素在政治领域的最高层,亦即宫廷政治,因为自他往后,帝国政治的头号主题总的来说成为外戚与宦官的交替性优势,还有他们之间的内斗,偕同对东汉王朝来说的致命后果。**]

论曰:[**一番关于光武帝到和帝八十年间两项最重要成就的总评,意在这(仅仅这)是东汉帝国的兴旺时代:**]自中兴以后,逮于永元[除两年外,和帝在位时期的年号],虽颇有驰张,而俱存不扰,是以齐民岁增,辟土世广。偏师出塞,则漠北地空;都护西指,则通译四万[《西域传》曰:"班超定西域五十余国,皆降服,西至海濒,四万里,皆重译贡献。"]。岂其道远三代,术长前世?将服叛去来,自有数也?……

**卷 25《卓鲁魏刘列传》**[鲁恭]

鲁恭:

[很有学问的儒士和很能干的地方行政长官,几乎独特地以"专以德化为理,不任刑罚"为其地方治理的特征,用儒家价值观和行为方式去转变被统治者的文化。此后,他在宫廷官僚任职生涯中正直敢言,特别是批评窦宪的未经挑衅和侵略性地征伐北匈奴。对中国的治国方略来说,他当时基于古老传统和儒家思想的如下言辞确实饶有意义:"戎狄者……圣王之制,羁縻不绝而已。今边境无事,宜当修仁行义,尚于无为,令家给人足,安业乐产。"]

[从少年时起,他就是一位有学问、特别是行为很儒的儒生:]

鲁恭字仲康,扶风平陵人也。其先出于鲁顷公,为楚所灭,迁于下邑[县名,治所在今安徽砀山县],因氏焉。世吏二千石,哀、平间,自鲁而徙。祖父匡,王莽时,为羲和,有权数,号曰"智囊"。父某。建武初,为武陵太守,卒官。时恭年十二,弟丕七岁,昼夜号踊不绝声,郡中赙赠无所受,乃归服丧,礼过成人,乡里奇之。十五,与母及丕俱居太学,习《鲁诗》[高祖时鲁申公《诗》],闭户讲诵,绝人间事,兄弟俱为诸儒所称,学士争归之。

太尉赵憙慕其志,每岁时遣子问以酒粮,皆辞不受。恭怜丕小,欲先就其名,托疾不仕。郡数以礼请,谢不肯应,母强遣之,恭不得已而西,因留新丰[在今陕西临潼境内]教授。建初[章帝年号,76—84 年]初,丕举方正,恭始为郡吏。太傅赵憙闻而辟[招来授职]之。肃宗集诸儒于白虎观,恭特以经明得召,与其议。

[他的经久动人的成就:非常能干的地方行政官,几乎独特地以"专以德化为理,不任刑罚"为其地方治理的特征,用儒家价值观和行为方式塑造了被统治者的一种新文化:]

憙复举恭直言,特诏公车,拜中牟[县名,约为今河南郑州市所辖中牟县]令。恭专以德化为理,不任刑罚[甚至有点儿超过理想的儒家治理方式!],讼人许伯等争田,累守令不能决,恭为平理曲直,皆退而自责,辍耕相让。亭长从人借牛而不肯还之,牛主讼于恭。恭召亭长,敕令归牛者再三,犹不从。恭叹曰:"是教化不行也。"欲解印绶去。掾史涕泣共留之,亭长乃惭悔,还牛,诣狱受罪,恭贳[宽贷]不问。于是吏人信服。建初七年[82 年],郡国螟伤稼,犬牙缘界,不入中牟。[恰如卓茂的密县①! 他和

---

① 见"光武帝的帝国治理"内第一部分的第四项。

他的吏民如何做到这一点？]河南尹袁安闻之,疑其不实,使仁恕掾[《汉官仪》曰,仁恕掾,主狱,属河南尹]肥亲往廉[察]之。恭随行阡陌,俱坐桑下,有雉过,止其傍。傍有童儿,亲曰:"儿何不捕之?"儿言:"雉方将雏。"亲瞿然[惊喜貌;惊悟貌]而起,与恭诀曰:"所以来者,欲察君之政迹耳。今虫不犯境,此一异也;化及鸟兽,此二异也;竖子有仁心,此三异也。久留,徒扰贤者耳。"还府,具以状白安。是岁,嘉禾生,恭便坐廷中[于便侧之处,非正室][《续汉书》云:"恭谦不矜功,封以言府,府即奏上"],安因上书言状,帝异之。……恭在事三年……会遭母丧去官,吏人思之。

[他被提拔到中央,除了仅仅一回曲折外职位越来越高;他的宫廷官僚任职表现以正直敢言为特征,特别是批评窦宪的未经挑衅和侵略性地征伐北匈奴:]

后拜侍御史。和帝初立,议遣车骑将军窦宪与征西将军耿秉击匈奴,恭上疏谏曰:

陛下……忧在军役,诚欲以安定北垂,为人除患……臣伏独思之,未见其便。社稷之计,万人之命,在于一举。[困难的全国经济是他主张和平反对征伐的第一论据:]数年以来,秋稼不熟,人食不足,仓库空虚,国无畜积。……今乃以盛春之月,兴发军役,扰动天下,以事戎夷,诚非所以垂恩中国,改元正时,由内及外也。

[华夏万民的福利是他的第二论据:]万民者,天之所生。天爱其所生,犹父母爱其子。一物有不得其所者,则天气为之桀错,况于人乎?故爱人者必有天报。昔太王重人命而去邠(豳),①故获上天之祐。[他的第三论据是华夏古老的保守主义传统,那部分地基于特别是儒家的一项偏狭的理念,即蛮夷在种族、文明和道德上低劣:]夫戎狄者,四方之异气也。蹲夷[踞坐,坐时两脚底和臀部着地,两膝上耸,被认为是野蛮、无礼的举动]踞肆[傲慢,放肆无礼],与鸟兽无别。若杂居中国,则错乱天气,污辱善人,是以圣王之制,羁縻不绝而已。

[他的下面一句符合最本质的儒家和道家思想,对中国的治国方略来说确实饶有意义:]今边境无事,宜当修仁行义,尚于无为,令家给人足,安业乐产。夫人道义[yì,治理,安定]于下,则阴阳和于上,祥风时雨,覆被远方,夷狄重译[辗转翻译]而至矣。……夫以德胜人者昌,以力胜人者亡。[当时来自北匈奴的、具体的实际威胁形势,连同倘若发动远征就必有的高昂成本,构成他的第四论据,那项第一论据一样实际和有力:]今匈奴为鲜卑所杀,远臧(藏)于史侯河[在漠北]西,去塞数千

---

① 《史记·周本纪》曰:古公亶父[太王]复修后稷、公刘之业,积德行义,国人皆戴之。薰育戎狄攻之……欲得地与民。民皆怒,欲战。古公曰:"有民立君,将以利之。今戎狄所为攻战,以吾地与民。民之在我,与其在彼,何异。民欲以我故战,杀人父子而君之,予不忍为。"乃与私属遂去豳,度漆、沮,逾梁山,止於岐下。◇集解徐广曰:"山在扶风美阳西北,其南有周原。"豳人举国扶老携弱,尽复归古公於岐下。

里,而欲乘其虚耗,利其微弱,是非义之所出也。前太仆祭肜[róng]远出塞外,卒不见一胡而兵已困矣。① 白山[即天山]之难,不绝如綖,都护陷没,士卒死者如积,迄今被其辜毒。[言窦固与祭肜同年伐北匈奴,窦固进至天山之艰危。]孤寡哀思之心未弭,仁者念之,以为累息,奈何复欲袭其迹,不顾患难乎?[可返第一论据,但以更具体、更直接的方式论辩:]今始征发,而大司农调度不足,使者在道,分部督趣(趋),上下相迫,民间之急亦已甚矣。三辅、并、凉少雨,麦根枯焦,牛死日甚,此其不合天心之效也。[他的总结话语变得更尖锐,甚而对摄政政权更愤怒:]群僚百姓,咸曰不可,陛下独奈何以一人之计,弃万人之命,不恤其言乎?……臣恐中国不为中国,岂徒匈奴而已哉!惟陛下留圣恩,休罢士卒,以顺天心。

[虽然被拒,但他在政策建议和批评方面仍旧正直坦率和勇敢:]书奏,不从。每政事有益于人,恭辄言其便,无所隐讳。……

[窦氏外戚覆没后的他:正直勇敢依然如故:]

永元[和帝年号,89—105年]九年[97年;窦氏势力已于五年前被摧毁],征拜议郎。八月……拜侍中,敕使陪乘,劳问甚渥[优渥,优越丰厚]。冬,迁光禄勋,选举清平,京师贵戚莫能枉其正。十三年[101年],代吕盖为司徒。……后坐事策免。殇帝即位[105年],以恭为长乐卫尉。永初[安帝年号]元年[107年],复代梁鲔为司徒。

[与他的性格和信仰相符,他在朝廷上反对一项皇帝敕令,那利于地方行政长官的严苛和扰民的司法行为;他的论辩基于神学式的和讲求实际的儒家教义两者:]初,和帝末,下令麦秋得案验薄刑[查讯证实减轻刑罚],而州郡好以苛察为政,因此遂盛夏断狱。恭上疏谏曰:

臣伏见诏书……为崇和气,罪非殊死,且勿案验。……利黎民者也。

旧制至立秋乃行薄刑,自永元十五年[103年]以来,改用孟夏,而刺史、太守不深惟忧民息事之原,进良退残之化,因以盛夏征召农人,拘对考验,连滞无已。司隶典司京师,四方是则,而近于春月分行诸部……烦扰郡县,廉考[查办、审理]非急,逮[及也]捕一人,罪延十数,上逆时气,下伤农业。……

初,肃宗[章帝]时,断狱皆以冬至之前,自后论者互多驳异。邓太后[邓绥,殇帝在位和安帝前15年称制临朝],上帝诏公卿以下会议,恭议奏曰:

夫阴阳之气,相扶而行,发动用事,各有时节。若不当其时,则物随而伤。王者

---

① 《后汉书·铫期王霸祭遵列传》载:(永平)十六年[73年],(旺帝)使肜以太仆将万余骑与南单于左贤王信伐北匈奴,期至涿邪山[在今蒙古国境内满达勒戈壁附近一带]。信初有嫌于肜,行出高阙塞[在内蒙古巴彦淖尔盟杭锦后旗西北一缺口,状如门阙,故有此名]九百余里。得小山,乃妄言以为涿邪山。肜到不见房而还,坐逗留畏懦下狱免。肜性沉毅内重,自恨见诈无功,出狱数日,欧(呕)血死。……

虽质文不同,而兹道无变,四时之政,行之若一。……

夫王者之作,因时为法。孝章皇帝深惟古人之道……定律著令,冀承天心,顺物性命,以致时雍。然从变改以来,年岁不熟,谷价常贵,人不宁安。小吏不与国同心者,率入十一月得死罪贼[相率以十一月得处决犯死罪的囚犯],不问曲直,便即格杀,虽有疑罪,不复谳正。一夫吁嗟,王道为亏,况于众乎?《易》十一月"君子以议狱缓死"。可令疑罪使详其法,大辟之科,尽冬月乃断。……

后卒施行。……

### 卷 76《循吏列传》[王涣]

王涣:

[帝国衰落时代肇始期间的一位儒士地方/地区行政长官,给我们提供了一幅地方治理图景。"尽心奉公,务在惠民",他富有策略地无情镇压奸猾坏蛋,公正地操作地方司法,赢得了民众的衷心爱戴。]

[一位"改节"皈依了的儒生,同时仍保持正直的"侠气","当职割断,不避豪右":]

王涣字稚子,广汉郪[在今四川中江县东南]人也。父顺,安定太守。涣少好侠,尚气力,数通剽轻少年。晚而改节,敦儒学,习《尚书》,读律令,略举大义。为太守陈宠功曹,当职割断,不避豪右。宠风声大行,入为大司农。和帝问曰:"在郡何以为理?"宠顿首谢曰:"臣任功曹王涣以简贤选能,主簿镡显拾遗补阙,臣奉宣诏书而已。"帝大悦,涣由此显名。

[他的地方/地区治理,在一个职位上有策略地无情镇压奸猾坏蛋,在另一个职位上严格管束下属诸郡,在第三个职位上公正地操作地方司法:]

州举茂才,除温[今河南焦作市温县]令。县多奸猾,积为人患。涣以方略讨击,悉诛之。境内清夷,商人露宿于道。其有放牛者,辄云以属稚子,终无侵犯。在温三年,迁兖州刺史[越级晋升],绳正部郡,风威大行。后坐考妖言不实论。岁余,征拜侍御史。

永元十五年[103 年],从驾南巡,还为洛阳令[一个特别重要的县、或帝国首都郊区的行政长官]。以平正居身,得宽猛之宜。其冤嫌久讼,历政所不断,法理所难平者,莫不曲尽情诈,压塞群疑。又能以谲数[诈术]发摘奸伏[他从不乏策略,就如他从不乏正直那样]。京师称叹,以为涣有神算。元兴元年[105 年],病卒。百姓市道莫不咨嗟。男女老壮皆相与赋敛,致奠醊[祭祀时洒酒在地]以千数。

涣丧西归,道经弘农,民庶皆设槃桉[盛祭物的木盘和放置祭品盘的几案]于路。吏问其故,咸言平常持米到洛,为卒司所抄,恒亡其半。自王君在事,不见侵枉,故来报恩。其政化怀物如此。民思其德，为立祠安阳亭西，每食辄弦歌而荐[祭献]之。[赢得民众的衷心爱戴和怀念！]

[他去世后得到伟大摄政邓太后的高度赞誉：]

永初[安帝年号]二年[108年]，邓太后诏曰："夫忠良之吏，国家所以为理也。求之甚勤，得之至寡。故孔子曰：'才难不其然乎！[见《论语》泰伯第八，谓"人才难得，不是这样吗"]'昔大司农硃（朱）邑、右扶风尹翁归，政迹茂异，令名显闻，孝宣皇帝嘉叹悯惜，而以黄金百斤策赐其子。故洛阳令王涣，秉清修之节，蹈羔羊之义[《韩诗羔羊》曰："羔羊之皮，素丝五紽。"薛君章句曰："……素喻洁白，丝喻屈柔。……诗人贤仕为大夫者，言其德能，称有洁白之性，屈柔之行，进退有度数也。"]，尽心奉公，务在惠民，功业未遂，不幸早世[早逝]，百姓追思，为之立祠。自非忠爱之至，孰能若斯者乎！今以涣子石为郎中，以劝劳勤。"……

[他作为一个高标准，在帝国衰落和蜕化时代难以企及：]自涣卒后，连诏三公特选洛阳令，皆不称职。永和[顺帝年号，136—141年]中，以剧令勃海任峻补之。峻擢用文武吏，皆尽其能，纠剔奸盗，不得旋踵，一岁断狱，不过数十，威风猛于涣，而文理不及之。……

# "焦心恤患":灾祸交加中
# 苦撑不已的邓太后

## "修德之劳,乃如是乎!":从阴皇后改为邓皇后

### 卷 10 上《皇后纪上》摘录

阴贵人、阴皇后(阴某):

[和帝的首位皇后,出身于大贵族即阴丽华家族,但在和帝开始宠幸另一位出自同样阶级、但聪明和美丽得多的女子邓绥时,失去了他的爱。后来,据一项流言她被指控为搞巫蛊,享了七年的皇后地位遂遭剥夺,并且目睹皇帝几乎彻底摧毁她的外戚家族,在她因无限忧愤而死去以前。因而,一位总的来说和蔼温情的儒君可以非常无情和残酷!]

和帝阴皇后讳某,光烈皇后兄执金吾识之曾孙也。后少聪慧,善书艺。永元四年[92 年],选入掖庭,以先后近属,故得为贵人。有殊宠。八年[96 年],遂立为皇后。

自和熹邓后入宫,爱宠稍衰,数有恚恨。[**无论谁是皇后,皇后的命运往往无常易变,因为皇帝的性爱选择和脾性往往无常易变。**]后外祖母邓朱出入宫掖。十四年[102 年]夏,有言后与朱共挟巫蛊道,事发觉,帝遂使中常侍张慎与尚书陈褒于掖庭狱杂考案之。朱及二子奉、毅与后弟轶、辅、敞辞语相连及,以为祠祭祝诅,大逆无道。奉、毅、辅考死狱中。帝使司徒鲁恭持节赐后策,上玺绶,迁于桐宫,以忧死。[**她和她的外戚家族被无常易变的皇帝摧毁,后者那么容易相信一项对他已经不爱的皇后来说致命的流言。**]立七年,葬临平亭部。父特进纲自杀。轶、敞及朱家属徙日南比景县,宗亲外内昆弟皆免官还田里。永初四年[110 年],邓太后诏赦阴氏诸徙者悉归故郡,还其资财五百余万。[**替代她为皇后的那位容貌美丽和举止格外端正的女人未做任何促进或加剧她和她家族厄运的事情。**]

邓贵人、邓皇后、邓太后（邓绥）：

［这是一位简直是（在积极意义上）儒女楷模的女人，在帝国腐败、衰落和开始垂死时代作为贵人、皇后和太后尽力为善。］

［她的皇夫死后，她成了摄政太后，在连续两个皇帝在位期间统治国家，其中一个两岁上死去，另一个在位长久得多。她摄政长达 17 年，是位罕见地聪慧、端正和富有经验的伟大女国务家，"损彻膳服，克念政道"，关怀普通民众（特别是穷苦农民），力图在一个很糟糕的时代制约腐败的官僚机器。为何她尚未足够伟大，以至于制约她自己的压倒性权力，虽然她做了许多去制约她的外戚家族？ 因为，如我们的史家所说，她"持权引谤，所幸者非己；焦心恤患，自强者唯国。"可以假定，她使东汉帝国在其垂死时代活得比倘若没有她持久摄政的情况下要长得多。］

［一名美好、和蔼、温情和颇有学问的儒家姑娘，具备独立精神：］和熹邓皇后讳绥，太傅禹之孙也。父训，护羌校尉；母阴氏，光烈皇后从弟女也。后年五岁，太傅夫人爱之，自为剪发。夫人年高目冥，误伤后额，忍痛不言。左右见者怪而问之，后曰："非不痛也，太夫人哀怜为断发，难伤老人意，故忍之耳。"六岁能《史书》，十二通《诗》《论语》。诸兄每读经传，辄下意难问。志在典籍，不问居家之事。母常非之，曰："汝不习女工以供衣服，乃更务学，宁当举博士邪？"后重违母言，昼修妇业，暮诵经典，家人号曰"诸生"。父训异之，事无大小，辄与详议。

永元四年［92 年］，当以选入，会训卒，后昼夜号泣，终三年不食盐菜，憔悴毁容，亲人不识之。［温情，在一个非常积极的意义上儒！］……

［作为一名容貌非常美丽和行为举止端庄的宫女急剧腾升：］七年［95 年］，后复与诸家子俱选入宫。后长七尺二寸，姿颜姝丽，绝异于众，左右皆惊。八年［96年］冬，入掖庭为贵人，时年十六。［一名优秀的"行为举止主义者"，在一个以女人（特别是皇后）的嫉妒、或许还有宦官的嫉妒为特征的环境里非常谨慎和谦逊：］恭肃小心，动有法度。承事阴后，夙夜战兢。接抚同列，常克己以下之，虽宫人隶役，皆加恩借。帝深嘉爱焉。及后有疾，特令后母兄弟入视医药，不限以日数。后言于帝曰："宫禁至重，而使外舍久在内省，上令陛下有幸私之讥，下使贱妾获不知足之谤。上下交损，诚不愿也。"帝曰："人皆以数入为荣，贵人反以为忧，深自抑损，诚难及也。"每有宴会，诸姬贵人竞自修整，簪［zān］珥光采，袿［guī，妇人上服曰袿］裳鲜明，而后独着素，装服无饰。其衣有与阴后同色者，即时解易。若并时进见，则不敢正坐离立，行则偻身自卑。帝每有所问，常逡巡后对，不敢先阴后言。帝知后劳心曲体，叹曰："修德之劳，乃如是乎！"后阴后渐疏，每当御见，辄辞以疾。时帝数失

皇子,后忧继嗣不广,恒垂涕叹息,数选进才人,以博帝意。[**在帝国"国家理由"的这一紧要方面,她有如伟大明帝的马皇后。**]

[**来自阴皇后的宫廷内斗残酷地加诸于她,结果她全胜,但颇勉强地接受了胜利果实:**]阴后见后德称日盛,不知所为,遂造祝诅,欲以为害。帝尝寝病危甚,阴后密言:"我得意,不令邓氏复有遗类!"后闻,乃对左右流涕言曰:"我竭诚尽心以事皇后,竟不为所祐,而当获罪于天。妇人虽无从死之义,然周公身请武王之命……上以报帝之恩,中以解宗族之祸,下不令阴氏有人豕[shǐ,即人彘]之讥。"即欲饮药,宫人赵玉者固禁之,因诈言属有使来,上疾已愈。后信以为然,乃止。明日,帝果瘳(疗)。

十四年[102年]夏,阴后以巫蛊事废,后请救不能得,帝便属意焉。后愈称疾笃,深自闭绝。会有司奏建长秋宫,帝曰:"皇后之尊,与朕同体,承宗庙,母天下,岂易哉!唯邓贵人德冠后庭,乃可当之。"至冬,立为皇后。辞让者三,然后即位。手书表谢,深陈德薄,不足以充小君之选。[**她作为颇不乐意的新皇后,规制和约束她自己和她的外戚家族:**]是时,方国贡献,竞求珍丽之物,自后即位,悉令禁绝,岁时但供纸墨而已。帝每欲官爵邓氏,后辄哀请谦让,故兄骘[zhì]终帝世不过虎贲中郎将。……

## "损彻膳服,克念政道":灾祸交加中的全权太后

### 卷4《和帝觞帝纪》摘录

孝殇皇帝讳隆,和帝少子也。元兴元年[105年]十二月辛未夜,即皇帝位,时诞育百余日。尊皇后曰皇太后[邓绥],太后临朝。

北匈奴遣使称臣,诣敦煌奉献。

延平元年[106年]……

夏四月……鲜卑寇渔阳,渔阳太守张显追击,战殁。……

[**摄政太后邓绥的以下三项敕令显示,她是一位杰出和富有经验性常识的国务家,关怀民众,用度节俭,并且严厉对待官场坏蛋:**]六月……郡国三十七雨水。己未,(太后)诏曰:"自夏以来,阴雨过节,暖气不效,将有厥咎。……今新遭大忧,且岁节未和,彻膳损服,庶有补焉。其减太官、导官、尚方、内署诸服御珍膳靡丽难成之物。"

丁卯,诏司徒、大司农、长乐少府曰:"……自建武之初以至于今,八十余年,宫

人岁增,房御弥广。又宗室坐事没入者,犹托名公族,甚可愍焉。今悉免遣,及掖庭宫人,皆为庶民,以抒幽隔郁滞之情。诸官府、郡国、王侯家奴婢姓刘及疲癃羸老,皆上其名,务令实悉。"

秋七月庚寅,敕司隶校尉、部刺史曰:"夫天降灾戾,应政而至。间者郡国或有水灾,妨害秋稼。朝廷惟咎,忧惶悼惧。[一则锐利的观察,关于中央和地方官僚在全国艰难时节的不负责任、欺骗和险恶行为,它们一向那么经常地在中国发生:]而郡国欲获丰穰虚饰之誉,遂覆蔽灾害,多张垦田,不揣流亡,竞增户口,掩匿盗贼,令奸恶无惩,署用非次,选举乖宜,贪苟惨毒,延及平民。刺史垂头塞耳,阿私下比,'不畏于天,不愧于人'[意谓不畏天谴,不畏对不起人]。假贷之恩[小恩小惠],不可数恃[长久笼络人心],自今以后,将纠其罚。二千石长吏其各实核所伤害,为除田租、刍稿。"[好!然而,如何靠同一个官僚机器去实施之?]

八月辛亥,帝崩。癸丑,殡于崇德前殿。年二岁。

## 卷10上《皇后纪上》摘录

### 邓太后:

[作为摄政太后(一):聪慧、细心、公允和大节俭;一位女国务家尽力为善:]

元兴元年[105年],帝崩,长子平原王有疾,而诸皇子夭没,前后十数,后生者辄隐秘养于人间。殇帝生始百日,后乃迎立之。尊后为皇太后,太后临朝。……

是时新遭大忧,法禁未设。宫中亡大珠一箧,太后念,欲考问,必有不辜。乃亲阅宫人,观察颜色,即时首服。又和帝幸人吉成,御者共枉吉成以巫蛊事,遂下掖庭考讯,辞证明白。太后以先帝左右,待之有恩,平日尚无恶言,今反若此,不合人情,更自呼见实核,果御者所为。莫不叹服,以为圣明。尝以鬼神难征,淫祀无福。乃诏有司罢诸祠官不合典礼者。又诏赦除建武[光武帝首个年号,25—56年]以来诸犯妖恶,及马、窦家属所被禁锢者,皆复之为平人。减大官[主膳食]、导官[主导择米以供祭祀]、尚方[主金玉器工艺]、内者[主帷帐]服御珍膳靡丽难成之物,自非供陵庙,稻粱米不得导择,朝夕一肉饭而已。旧大官汤官经[常也]用岁且二万万,太后敕止,日杀省珍费,自是裁数千万。及郡国所贡,皆减其过半。悉斥卖上林鹰犬。其蜀、汉扣[以金银缘器]器九带佩刀,并不复调。止画工三十九种。又御府、尚方、织室锦绣、冰纨、绮縠、金银、珠玉、犀象、玳瑁、雕镂玩弄之物,皆绝不作。离宫别馆储峙米糒[bèi]薪炭,悉令省之。又诏诸园贵人,其宫人有宗室同族若羸老不任使者,令园监实核上名,自御北宫增喜观阅问之,恣其去留,即日免遣者五六百人。

[作为摄政太后(二):继续节俭、公正、审慎和谨守,尽力为善的女君主:]

及殇帝崩,太后定策立安帝,犹临朝政。以连遭大忧,百姓苦役,殇帝康陵方中秘藏,及诸工作,事事减约,十分居一。

诏告司隶校尉、河南尹、南阳太守曰[严格管束她自己的外戚家族,意欲有一种主要为环境所迫但尽可能好的外戚统治]:"每览前代外戚宾客,假借威权,轻薄謥詷[còng tóng,急言也],至有浊乱奉公,为人患苦。咎在执法怠懈,不辄行其罚故也。今车骑将军骘[zhì]等虽怀敬顺之志,而宗门广大,姻戚不少,宾客奸猾,多干禁宪。其明加检敕,勿相容护。"自是亲属犯罪,无所假贷。太后愍[悯]阴氏之罪废,赦其徙者归乡,敕还资财五百余万。……

(永初)二年[107年]夏,京师旱,亲幸洛阳寺录冤狱。有囚实不杀人而被考(拷)自诬,羸困舆见,畏吏不敢言,将去,举头若欲自诉。太后察视觉之,即呼还问状,具得枉实,即时收洛阳令下狱抵罪。[大公正,那么本能地表现出来!]……

三年[108年]秋,太后体不安,左右忧惶,祷请祝辞,愿得代命。太后闻之,即谴怒,切敕掖庭令以下,但使谢过祈福,不得妄生不祥之言。[真诚地谦逊,虽然她是威严的摄政太后]旧事,岁终当飨遣卫士[旧事,卫士得代归者,上亲飨焉],大傩[阴气]逐疫。太后以阴阳不和,军旅数兴,诏飨会勿设戏作乐,减逐疫侲子[逐疫之人]之半,悉罢象橐驼之属。丰年复故。[一位有学问的勤勉的女国务家和儒家教师:]太后自入宫掖,从曹大家受经书,兼天文、算数。昼省王政,夜则诵读……又诏中官近臣于东观受读经传,以教授宫人,左右习诵,朝夕济济。……久旱,[对最卑贱的苦难人众宽大为怀,虽然是在现存的残酷刑法框架内:]太后比三日幸洛阳,录囚徒,理出死罪三十六人,耐罪[剃云鬓须的刑罚。耐同"耏"]八十人,其余减罪死右趾[砍掉右足]已(以)下至司寇。

七年[113年]正月,初入太庙……下诏曰:"凡供荐新味,多非其节,或郁养强孰(熟),或穿掘萌牙(芽),味无所至而夭折生长,岂所以顺时育物乎!传曰:'非其时不食。'[《论语》曰"不时不食"]自今当奉祠陵庙及给御者,皆须时乃上。"凡所省二十三种。[在那么多事情上节俭。]

[在一个很糟糕的时代尽力而为,而且大致有效,虽然无法决定性地拯救正在衰颓乃至渐趋垂死的帝国:]自太后临朝,水旱十载,四夷外侵,盗贼内起。每闻人饥,或达旦不寐,而躬自减彻,以救灾厄,故天下复平,岁还丰穰。……

[一位儒家教师,教育大贵族们的孩子,以防他们的走向腐败:](元初)六年[119年],太后诏征和帝弟济北、河间王子男女年五岁以上四十余人,又邓氏近亲子孙三十余人,并为开邸第,教学经书,躬自监试。尚幼者,使置师保,朝夕入宫,抚循诏导,恩爱甚渥。乃诏从兄河南尹豹、越骑校尉康等曰:

吾所以引纳群子,置之学官者,实以方今承百王之敝,时俗浅薄,巧伪滋生,

《五经》衰缺，不有化导，将遂陵迟，故欲褒崇圣道，以匡失俗。传不云乎："饱食终日，无所用心，难矣哉[终无远大]！"[《论语》载孔子言。]今末世贵戚食禄之家，温衣美饭，乘坚驱良，而面墙术学，不识臧否，斯故祸败所从来也。永平[明帝年号，58—75年]中，四姓小侯皆令入学，所以矫俗厉薄，反（返）之忠孝。……诚令儿曹上述祖考休烈，下念诏书本意，则足矣。其勉之哉！

[**然而，权势令人腐败，而她的权势在此场合腐蚀了她身边的宫婢；一如往常，她格外严格地对待她的外戚家族：**]康以太后久临朝政，心怀畏惧，托病不朝。太后使内人问之。时宫婢出入，多能有所毁誉，其耆宿者皆称中大人，所使者乃康家先婢，亦自通中大人。康闻，诟之曰："汝我家出，尔敢尔邪！"婢怒，还说康诈疾而言不逊。太后遂免康官，遣归国，绝属籍。[她的最后政治行动。]

永宁二年[121年]二月，寝病渐笃……三月崩。在位二十年，年四十一。合葬顺陵。

论曰：邓后称制终身，号令自出，术谢前政[谓周公]之良，身阙（缺）明辟[君也]之义[《尚书》曰"朕复子明辟"，言周公摄位，复还成王。今太后不还政安帝，故言缺]，至使嗣主侧目，敛祍于虚器[神器，喻帝位]，直生怀懑，悬于象魏[阙也。直生、杜根等上书，请太后还政]。借[假也]之仪者，殆[近也]其惑哉！[言太后不还政于安帝，近可惑也。]然而[**评论的关键转折**]建光之后，王柄有归[太后建光之中崩，归政于安帝]，遂乃名贤戮辱，便孽党进，衰虒[dù，败也]之来，兹焉有征。故知持权引谤，所幸者非己；焦心恤患，自强者唯国。……[**我们杰出史家的对这伟大女国务家的非常均衡公允的评判！自然，那傀儡肯定怨愤，在她去世后不久要发动政权变更，彻底摧毁她的家族。然而，他许久以来已经是个腐败之徒，沉溺于肆无忌惮的花花公子生活**][**很可能正是因此，像我们的史家以事后眼界（in retrospect）说的那样，她"称制终身"，坚持不对那腐败的傀儡作任何权力妥协。**]

### 卷5《安帝纪》摘录

[**安帝（106—125年在位）：一名年轻君主，长期为傀儡皇帝，然后颇为短命的真正统治者，前后俱品性糟糕，在东汉帝国的一个愈益糟糕的时代。**]

[**他登基后的15年，一直是在威严的太后邓绥的完全控制之下。这位摄政的太后是个罕见的伟大女国务家，"损彻膳服，克念政道"，关怀和施惠于普通民众（特别是穷苦农民），力图在一个糟糕的时代约束权贵和官僚，包括她自己的外戚家族。**]

[**自然，身为傀儡，他肯定怨愤，在她去世后不久要凭亲密宦官的协助发动政**

权变更,彻底摧毁她的家族。然而,许久以来,他已经是个酒色之徒,沉溺于歌舞升平的花花公子生活,将倚赖宦官和他自己的、以皇后阎氏为首的外戚治国。很可能正是这个原因,使她"称制终身",坚持不对腐败的他作任何权力妥协。]

[非常糟糕的时候!对国务家太后和腐败的皇帝来说都如此。这首先是指格外频繁的全国自然灾害,因而格外严重的社会苦难、凋敝和草根造反或骚乱,在一个极为糟糕的政治/社会环境中,那就是精英腐败,官僚不法,外戚/宦官/佞幸统治,险恶的宫廷政治和内斗(特别是在他亲政后的五年)。他在位的约二十年里,帝国边疆危机几乎连续不断,①主要来自东北和西郊的若干蛮族的军事威胁和入侵掳掠。如此,由于所有上述致命性的负面因素,东汉王朝帝国衰落和腐朽不可逆转,最终灭亡。]

恭宗孝安皇帝讳祜,肃宗[章帝]孙也。父清河孝王庆,母左姬。帝自在邸第,数有神光照室,又有赤蛇盘于床第之间。年十岁,好学《史书》[唉,与他本人以后岁月的表现相反!或许,人可以那么经常地在负面意义上改变他们自己,当他们变得年长和有了某些成年人的兽性之后],和帝称之,数见禁中。

延平元年[106],庆始就国,邓太后[全权的摄政太后]特诏留帝清河邸。

八月,殇帝崩,太后与兄车骑将军邓骘[zhì][太后之下的头号显贵]定策禁中。其夜,使骘持节,以王青盖车迎帝,斋于殿中。皇太后御崇德殿,百官皆吉服,群臣陪位,引拜帝为长安侯。皇太后诏曰:"先帝圣德淑茂,早弃天下。朕奉皇帝,夙夜瞻仰日月,冀望成就。岂意卒然颠沛,天年不遂,悲痛断心。朕惟平原王[和帝二子,长子平原王刘胜]素被痼疾,念宗庙之重,思继嗣之统,唯长安侯祜质性忠孝,小心翼翼,能通《诗》《论》,笃学乐古,仁惠爱下。[他后来将变得截然相反,沉溺于酒色和其他与上述全然无关的事情。]年已十三,有成人之志。亲德系后,莫宜于祜……其以祜为孝和皇帝嗣,奉承祖宗,案礼仪奏。"又作策命曰:"惟延平元年秋月癸丑,皇太后曰:咨长安侯祜:孝和皇帝懿德巍巍,光于四海;大行皇帝不永天年。朕惟侯孝章帝世嫡皇孙,谦恭慈顺,在孺而勤,宜奉郊庙,承统大业。今以侯嗣孝和皇帝后。……"读策毕,太尉奉上玺绶,即皇帝位,年十三。太后犹临朝。[开始了她的第二轮更长的摄政时期。]

[全国/帝国最糟的磨难岁月:]

---

① 《后汉书·马融列传》载:是时邓太后监朝,骘兄弟辅政。而俗儒世士,以为文德可兴,武功宜废,遂寝蒐狩之礼,息战陈(阵)法,故猾贼从(纵)横,乘此无备。[这是不是对先前窦宪为窦氏外戚立意搞的"征伐黩武主义"的一种政治/战略文化逆动?]

九月……六州大水。己未,遣谒者分行虚实,举灾害,赈乏绝。丙寅,葬孝殇皇帝于庚陵。……[**她,女国务家,那么经常地将在自然灾害中拯救或照料民众当作帝国的头号优先事务**。]

西域诸国叛,攻都护任尚,遣副校尉梁懂[qín]救尚,击破之。

冬十月,四州大水,雨雹。诏以宿麦不下[因宿麦不能下种],赈赐贫人。……

永初元年[107年]……禀[以仓廪储粮贷给]司隶、兖、豫、徐、冀、并州贫民。

二月丙午,以广成游猎地及被灾郡国公田假与[借予]贫民。……

六月戊申,爵皇太后母阴氏为新野君。丁巳,河东地陷。壬戌,罢西域都护。

先零种羌叛,断陇道,大为寇掠,遣车骑将军邓骘[zhì]、征西校尉任尚讨之。[**"近西"爆发危机,迫使太后发动一场肯定大规模的征伐,由她之下的头号宫廷显贵指挥**。]丁卯,赦除诸羌相连结谋叛逆者罪。[**军事行动与某种政治战略相结合**。]

[**在自然灾害和社会苦难形势下,摄政政权施行皇家和行政节俭以及照料民众措施**:]秋九月庚午,诏三公明申旧令,禁奢侈,无作浮巧之物,殚财厚葬。……癸酉,调扬州(等)五郡租米,赡给东郡、济阴、陈留、梁国、下邳、山阳。丁丑,诏曰:"自今长吏被考竟[完也](而)未报[未断决],自非父母丧,无故辄去职者,剧县[官员多的县]十岁、平县[一般的县]五岁以上,乃得次用[依次任用]。"壬午,诏太仆、少府减黄门鼓吹,以补羽林士;厩马非乘舆常所御者,皆减半食;诸所造作,非供宗庙园陵之用,皆且止。丙戌,诏死罪以下及亡命赎[可以赎罪],各有差[赎物分别不等]。……

十一月丁亥,司空周章密谋废立[阴谋废安帝、立平原王刘胜],策免,自杀。戊子,敕司隶校尉、冀、并二州刺史:"民讹言相惊,弃捐旧居,老弱相携,穷困道路。其各敕所部长吏,躬亲晓喻。若欲归本郡,在所为封长檄[证明文件];不欲,勿强。"[**太后对"无知的"苦难民众施以真诚的和蔼和耐心**。]……

是岁,郡国十八地震;四十一雨水,或山水暴至;二十八大风,雨雹。[**非常糟糕的时候! 当时的华夏甚为不幸,竟有那么多自然灾害! 统治者的厄运,被统治者的磨难**。]

二年[108年]春正月,禀[以仓廪储粮贷]河南、下邳、东莱、河内贫民。

车骑将军邓骘为种羌所败于冀西。[**肯定是大规模的帝国征伐失败,使近西边疆危机变得真正严重起来**。]

二月乙丑,遣光禄大夫樊准、吕仓分行冀、兖二州,禀贷流民。

夏四月甲寅,汉阳城中火,烧杀三千五百七十人。……

六月,京师及郡国四十大水,大风,雨雹。

秋七月戊辰,诏曰:"……朕以不德,遵奉大业,而阴阳差越,变异并见,万民饥流,羌貊叛戾。夙夜克己,忧心京京。[帝国智识的蜕化和空浮,完全无助于全国危机形势改善:]间令公卿郡国举贤良方正,远求博选,开不讳之路,冀得至谋,以鉴不逮,而所对皆循尚浮言,无卓尔异闻。……"

……冬十月庚寅,禀济阴、山阳、玄菟贫民。征西校尉任尚与先零羌战于平襄,尚军败绩。[在近西边疆的第二场大败北!帝国大军何等赢弱!]

十一月辛酉,拜邓骘为大将军,征还京师[肯定是个令摄政太后家族内第二号权力人物(因而太后和太后家族本身)免遭声誉进一步丢失的途径],留任尚屯陇右。先零羌滇零称天子于北地,遂寇三辅,东犯赵、魏,南入益州,杀汉中太守董炳。[帝国军事失败招致这强蛮突入帝国的一个核心地区。一大安全危机!]

十二月辛卯,禀东郡、巨鹿、广阳、安定、定襄、沛国贫民。

广汉塞外参狼羌降[一则帝国小安慰],分广汉北部为属国都尉。

是岁,郡国十二地震。

三年[109年]春正月……遣骑都尉任仁讨先零羌,不利,羌遂破没临洮。[帝国内缘防卫何等赢弱!]高句骊遣使贡献。[与这远东北"半蛮夷"国家的关系无常易变。]

三月,京师大饥,民相食。[全国危机恶化到简直难以置信的地步!普通民众和摄政太后两者多么不幸。]壬辰,公卿诣阙谢[谢罪]。诏曰:"朕以幼冲,奉承鸿业,不能宣流风化,而感逆阴阳,至令百姓饥荒,更相啖食[比动物世界更糟!发生在帝国首都]。永怀悼叹,若坠渊水。……"癸巳,诏以鸿池假与贫民。……

三公以国用不足,奏令吏人入钱谷,得为关内侯、虎贲羽林郎、五大夫、官府吏、缇骑、营士各有差。["复计金授官",如我们的史家在篇末评论中说的。一项迫不得已的紧急措施,不顾其必然的恶果。]己巳,诏上林、广成苑可垦辟者,赋与贫民。……

六月,乌桓寇代郡、上谷、涿郡。[来自远近东北的一个蛮族的新的威胁和入侵。]

秋七月……庚子,诏长吏案行在所,皆令种宿麦蔬食,务尽地力,其贫者给种饷。

九月,雁门乌桓及鲜卑叛,败五原郡兵于高渠谷[在今内蒙古包头市九原区一带]。[北方和东北方蛮夷,无论是附庸还是独立的,无论在帝国边疆内侧抑或外缘,对帝国颇有威胁。]

冬十月,南单于叛,围中郎将耿种于美稷[县名,治所在今内蒙古准格尔旗西北]。[甚至臣服了的和在同化过程中的南匈奴,也翻脸反叛。帝国军事失败的连锁反

应。］［就帝国摄政政权来说，内部羸弱与对外羸弱之间恒久的密切关系一次又一次地显现。］

十一月，遣行车骑将军何熙讨之。

十二月辛酉，郡国九地震。……

是岁，京师及郡国四十一雨水雹。并、凉二州大饥，人相食。［**悲惨到极点！**］

四年［110 年］春正月元日，会［大朝会］，彻（撤）乐，不陈充庭车［不陈列皇家乘舆于庭］。辛卯，诏以三辅比遭寇乱，人庶流冗，除三年逋租［欠租］、过更、口算、刍稿；禀上郡贫民各有差。

……度辽将军梁懂、辽东太守耿夔讨破南单于於属国故城。丙午，诏减百官及州、郡、县奉（俸）［官俸禄］各有差。

二月丁巳，禀九江贫民。南匈奴寇常山。……乙亥，诏自建初［章帝年号，公元76—84 年］以来，诸袄言它过坐徙边者，各归本郡；其没入官为奴婢者，免为庶人。［**一项明智的措施，在全国那么受难、臣民的忠诚必然颇为可疑的时候较好地对待最弱者。**］……

三月，南单于降。先零羌寇褒中，汉中太守郑勤战殁。徙金城郡都襄武。［**帝国军队一次又一次地被这愈益强劲的蛮族部落击败。**］……癸巳，郡国九地震。

夏四月，六州蝗。……［**频繁的天灾和严重的凋敝。**］

秋七月乙酉，三郡大水。己卯，骑都尉任仁下狱死［前载"三年［109 年］春正月……遣骑都尉任仁讨先零羌，不利，羌遂破没临洮。"］

九月甲申，益州郡地震。

冬十月甲戌……大将军邓骘罢。［**摄政太后不得不罢免他的兄长、她之下外戚家族最有权势的人物，因为他在面对帝国危机时无能。**］

五年［111 年］春正月……丙戌，郡国十地震。……

二月丁卯，诏省减郡国贡献太官口食，先零羌寇河东，遂至河内。［**看来这强蛮在其纵深攻袭方面不可战胜。他们的兵力现在突入华夏中央！**］

三月，诏陇西徙襄武，安定徙美阳，北地徙池阳，上郡徙衙。［**西方和西北方的华夏边防被迫显著收缩。**］……

闰月……

戊戌，诏曰：

……［**华夏和帝国形势悲惨！她，和蔼的摄政，谴责顶级官僚甚而大贵族：**］灾异蜂起，寇贼纵横，夷狄猾夏，戎事不息，百姓匮乏，疲于征发。重以蝗虫滋生，害及成麦，秋稼方收，甚可悼也。朕以不明，统理失中，亦未获忠良以毗阙政。传曰："颠而不扶，危而不持，则将焉用彼相矣。"公卿大夫将何以匡救，济斯艰厄，承天诫哉？……

秋七月己巳,诏三公、特进、九卿、校尉,举列将子孙明晓战陈(阵)任将帅者。[**在帝国军事危机中简直救策殆尽。在一个衰颓的国家里,能干的将帅供给结构性短缺**。]

九月,汉阳人杜琦、王信叛,与先零诸种羌攻陷上邽城[在今甘肃天水市]。……

是岁,九州蝗,郡国八雨水。

六年[112年]……

三月,十州蝗。[**华夏凋敝!**]……

是岁,先零羌滇零死,子零昌复袭伪号。

七年[113年]……

二月丙午,郡国十八地震。……

五月庚子,京师大雩[yú,祭旱求雨]。

秋,护羌校尉侯霸、骑都尉马贤破先零羌。[**胜利,不管多小,被渴望了那么久而姗姗来迟**。]

八月丙寅,京师大风,蝗虫飞过洛阳。诏赐民爵。郡国被蝗伤稼十五以上,勿收今年田租;不满者,以实除之。

九月,调零陵、桂阳、豫章、会稽租米,赈给南阳、广陵、下邳、彭城、山阳、庐江、九江饥民……

元初元年[114年]春正月甲子,改元元初。……

夏四月……

京师及郡国五旱、蝗。……[**灾害和凋敝无休无止**。]

五月,先零羌寇雍城[在今陕西宝鸡凤翔境内]。……[**蛮夷入侵无休无止**。]

九月……先零羌寇武都、汉中,绝陇道。……

先零羌败凉州刺史皮阳于狄道[在今甘肃临洮县]。乙卯,诏除三辅三岁田租、更赋、口算。

十一月。是岁,郡国十五地震。

二年[115年]春正月,诏禀三辅及并、凉六郡流冗贫人。……

二月戊戌,遣中谒者收葬京师客死无家属及棺椁朽败者,皆为设祭;其有家属,尤贫无以葬者,赐钱人五千。[**温情的太后!她对最贫困孤苦的流亡者的温情**。]辛酉,诏三辅、河内、河东、上党、赵国、太原各修理旧渠,通利水道,以溉公私田畴。[**在残酷的磨难中有脚踏实地的勤勉**。]……

先零羌寇益州,遣中郎将尹就讨之。

夏四月丙午,立贵人阎氏为皇后[**一个野心勃勃的险恶的女人,以后将从事几乎最恶劣的外戚政治,搞许多宫廷内斗和阴谋,包括谋杀**]。

五月,京师旱,河南及郡国十九蝗。甲戌,诏曰[**摄政太后在全国凋敝中非常愤怒地谴责一类传统的官僚行为:**]:"朝廷不明,庶事失中,灾异不息,忧心悼惧。被蝗以来,七年于兹,而州、郡隐匿,裁言顷亩[仅言被灾几多顷几多亩]。今群飞蔽天,为害广远,所言所见,宁相副(符)邪? 三司之职,内外是监,即不奏闻,又无举正。天灾至重,欺罔罪大。……[**然而可叹,没有任何具体的惩罚。太多的官僚从事这罪恶,以致"法不责众"。**]"……

八月,辽东鲜卑围无虑县[故城即今辽宁西南部锦州市北镇县]。[**在若干年安静之后,鲜卑攻袭再度浮现。**]

九月,又攻夫犁(扶黎)[在今辽宁义县东]营,杀县令。……

冬十月,遣中郎将任尚屯三辅。[**紧急措施,以求抵抗近西强蛮的军事人力:**]诏郡国中都官系(羁)囚减死一等,勿笞,诣冯翊、扶风屯,妻子自随,占著所在[上当地户籍];……亡命死罪以下赎,各有差。其吏人聚为盗贼,有悔过者,除其罪。[**在这强蛮手下,帝国军事败北殆无止境:**]乙未,右扶风仲光、安定太守杜恢、京兆虎牙都尉耿溥与先零羌战于丁奚城[在今宁夏灵武市南],光等大败,并殁。左冯翊司马钧下狱,自杀。

十一月庚申,郡国十地震。……

**[华夏/帝国最坏局势的显著改善:]**

三年[116年]……

夏四月,京师旱。

五月……癸酉,度辽将军邓遵[邓太后从弟]率南匈奴击先零羌于灵州,破之。……

六月,中郎将任尚遣兵击破先零羌于丁奚城。[**再度突然在近西取胜,那在过去十年里极为罕见。**]……

冬十一月……郡国九地震。

十二月丁巳,任尚遣兵击破先零羌于北地。[**近西的军事形势看来最终扭转,利于经常被击败的汉帝国。**]

四年[117年]……

夏四月……鲜卑寇辽西,辽西郡兵与乌桓击破之。……

秋七月……

京师及郡国十雨水。诏曰[**流行的自然神迷信能够间或有利于搜查和谴责官僚邪恶势力:**]:"今年秋稼茂好,垂可收获,而连雨未霁,惧必淹伤。……夫霖雨者,人怨之所致。其武吏以威暴下,文吏妄行苛刻,乡吏因公生奸,为百姓所患苦者,有司显明其罚[**可叹,大概又是空言**]。又《月令》'仲秋养衰老,授几杖,行糜粥'。方今案比之时,郡、县不奉行。虽有糜粥,糠枇相半,长吏怠事,莫有躬亲,甚违诏书养老之意。其务崇仁恕,赈护寡独,称朕意焉。[**再谴责,但无具体惩罚。"法不责众"。**]"

九月,护羌校尉任尚使客刺杀叛羌零昌。[**帝国的先零羌战争可被认为在多年后终于艰难获胜,由刺杀这蛮夷头领和下述富平上河之捷作为决定性的最后打击。**]……

冬十一月……

甲子,任尚及骑都尉马贤与先零羌战于富平[县名,治所在今宁夏吴忠市西南]上河,大破之。虏人羌率众降,陇右平。

是岁,郡国十三地震。……

五年[118年]……

三月,京师及郡国五旱,诏禀遭旱贫人。

夏六月,高句骊与秽貊寇玄菟。……

丙子,诏曰:"……遭永初[107—113年]之际,人离荒厄,朝廷躬自菲薄,去绝奢饰,食不兼味,衣无二采。比年虽获丰穰[**看来,华夏/帝国的最严酷磨难已经过去。华夏人民与摄政太后的成就**],尚乏储积,而小人无虑,不图久长,嫁聚送终,纷华靡丽,至有走卒奴婢被绮谷,著珠玑。[**然而,精英的腐败和文化蜕变继续下去。**]京师尚若斯,何以示四远?设张法禁,恳恻分明,而有司惰任,讫不奉行。[**官僚不负责任亦大致不变。**]秋节既立,鸷鸟将用[意谓必将治罪,顺秋行诛],且复重申,以观后效。"[**与惩罚有关的空言也依然如故。**]……

鲜卑寇代郡,杀长吏。冬十月,鲜卑寇上谷。[**近西既然大致实现靖安,东北边疆就成了最麻烦的。**]

十二月丁巳,中郎将任尚有罪[坐断盗军粮征诣廷尉],弃市。[**可叹,这位富有经验、成就卓著的边疆指挥将领和战争英雄! 腐败杀人,有时肉体上,永远精神上。**]是岁,郡国十四地震。

六年[119年]春二月乙巳,京师及郡国四十二地震,或坼裂,水泉涌出。……

乙卯,诏曰:"夫政,先京师,后诸夏。《月令》仲春'养幼小,存诸孤',季春'赐贫穷,赈乏绝,省妇使,表贞女',所以顺阳气,崇生长也。其赐人尤贫困、孤弱、单独谷,人三斛;贞妇有节义十斛,甄表门闾,旌显厥行。"[**社会意义上说,邓太后总是和蔼,甚至温情!**]……

夏四月,会稽大疫,遣光禄大夫将太医循行疾病,赐棺木,除田租、田赋。……

五月,京师旱。……

秋七月，鲜卑寇马城，度辽将军邓遵率南单于击破之。[**不管来自远东北的军事威胁如何，汉帝国依然拥有相对稳定的武力优势。**]……

十二月……郡国八地震。……

永宁元年[120]……

三月……

车师后王叛，杀部司马。沈氏羌寇张掖。

夏四月丙寅，立皇子保为皇太子[**一名卑微的宫女李氏所生，她将被无子的皇后阎氏谋杀，恰恰是因为后者狂野的嫉妒，而他本人作为皇储将被一个险恶的女人用阴谋推倒**]，改元永宁……

六月，沈氏种羌叛，寇张掖，护羌校尉马贤讨沈氏羌，破之。……

自三月至是月，京师及郡国三十三大风，雨水。

十二月……辽西鲜卑降……

是岁，郡国二十三地震。……烧当羌叛。[**近西的这个蛮夷部落的无常易变没有止境，在安静了二十年后再度反叛。汉帝国的一个恒久的头痛来源。**]

建光元年[121]春正月，幽州刺史冯焕率二郡太守讨高句骊、秽貊，不克。[**在近西的先零羌于五年前被大致击碎后，东北边疆一直是帝国防御和控制的主要的经久麻烦之地，虽然那里的若干蛮族就相对力量而言是显著的"较小的恶"。**]……

三月癸巳，皇太后邓氏崩。[**政权变更！一名肆无忌惮的花花公子皇帝取代勤勉认真的国务家太后作为最高统治者，导致宫廷的所有政治邪恶和个人邪恶（特别是外戚／宦官／嬖幸政治和皇帝的狂野放纵）将肆虐不尽。**]……

…………

论曰：孝安虽称尊享御，而权归邓氏，至乃损彻膳服，克念政道。然令自房帏，威不逮远，始失根统，归成陵斁。[**即使她，全权的摄政国务家邓太后，也面对解决不了的合法性问题。**]遂复计金授官，移民逃寇[移民内迁逃避羌寇]，推咎台衡[公卿大夫][**我们的史家作的一项很不公正的批评**]，以答天眚[shěng，灾难]。既云哲妇，亦"惟家之索"矣。[所谓"哲夫成城，哲妇倾城"，"牝鸡司晨，惟家之索（家庭必然破败）。"][**我们的史家的一项流俗的、高度偏狭的评价，对她和所有妇女。**]

### 卷 44《邓张徐张胡列传》[张禹]

[本列传记载五位儒士官僚，他们全都有在帝国宫廷担任最高级大臣的经历。除了这些，他们彼此几乎没有共性。他们中间特别令人印象深刻的是张禹和胡广。]

[张禹是个特征为"笃厚节俭"、踏实勤勉、且有一番优秀的地区治理记录的伟大人物,在全国行政方面襄助伟大的女国务家邓太后,作为她在外戚家族之外的头号助理。胡广是个有学问的官僚/国务家,宫廷大臣履历长达三十年,贯穿从安帝到灵帝六代君主("汉兴以来,人臣之盛,未尝有也")。这长久和显赫很大程度上归因于他"温柔谨素,常逊言恭色"。他一贯试图修补垂死的东汉王朝,在严厉的可能性限界内("虽无謇直之风,屡有补阙之益")。他可以是个非常有争议的政治人物,因为他从不战斗。]

…………

张禹:

[一位伟人,"笃厚节俭",踏实勤勉,优良的儒家行为主义者和优秀的地区行政长官,从事民众受益的治理。]

[在被提升为中央大臣之后,他襄助伟大的女国务家邓太后治理全国,是她在邓氏外戚家族之外的头号助理。几乎不幸的帝国形势击败了他俩,尽管有他俩的艰巨努力。]

张禹字伯达,赵国襄国人也。

祖父况族姊为皇祖考[刘秀祖父,巨鹿都尉刘回]夫人,数往来南顿[县名,在今河南项城市],见光武。光武为大司马,过邯郸,况为郡吏,谒见光武。光武大喜,曰:"乃今得我大舅乎!"……

["笃厚节俭",一位非同流俗的俗士:]禹性笃厚节俭。父卒,汲[县名;禹父为汲令]吏人赗送前后数百万,悉无所受。又以田宅推与伯父,身自寄止。

[在几个地区职位上,他作为行政长官的杰出行为和优秀表现:]

永平八年[65年],举孝廉,稍迁;[他成了一位地区行政长官,治理优良,大得民心,因为他的勤勉和公正的司法("理察枉讼"):]建初[章帝年号,76—83年]中,拜扬州刺史。当过江行部,中土人皆以江有子胥之神,难于济涉。禹将度(渡),吏固请不听。禹厉言曰:"子胥如有灵,知吾志在理察枉讼,岂危我哉?"遂鼓楫而过。历行郡邑,深幽之处莫不毕到,亲录囚徒,多所明举。吏民希见使者,人怀喜悦,怨德美恶,莫不自归焉。

[在其他岗位上,他作为地区行政长官的杰出表现,主要归因于他在发展地方农业上的那么大有益于地方穷苦人民的伟大成就:]元和二年[85年],转兖州刺史,亦有清平称。三年,迁下邳相。徐县北界有蒲阳坡,傍多良田,而堙废莫修。禹

为开水门,通引灌溉,遂成孰(熟)田数百顷。劝率吏民,假与种粮,亲自勉劳,遂大收谷实。邻郡贫者归之千余户,室庐相属,其下成市。后岁至垦千余顷,民用温给。[《东观记》曰:"禹巡行守舍,止大树下,食糒(bèi,干粮)饮水而已。后年,邻国贫人来归之者,茅屋草庐千户,屠酤成市。垦田千余顷,得谷百万余斛。"]功曹史戴闿,故太尉掾也,权动郡内。有小谴,禹令自致徐狱,然后正其法。自长史以下,莫不震肃。……

[在晋升为朝廷大臣后,他受和帝和邓太后——两位好得动人的、前后相继的最高统治者——充分信任,为帝国做了至关紧要的"定策"和益民工作:]

永元六年[94年,窦氏摄政被推倒两年之后],入为大司农,拜太尉,和帝甚礼之。十五年[103年],南巡祠园庙,禹以太尉兼卫尉留守。……

[他在伟大的女国务家邓太后之下,为帝国做了至关紧要的、有益民众的工作:]延平元年[106年,殇帝首年],迁为太傅,录尚书事。邓太后以殇帝初育,欲令重臣居禁内,乃诏禹舍宫中。给帷帐床褥,太官朝夕进食,五日一归府。每朝见,特赞[赞拜者先独赞其名],与三公绝席。禹上言:"方谅闇密静之时[郑玄注《论语》曰:"谅闇谓凶庐也。"《尚书》曰"帝乃徂落,四海遏密八音"],不宜依常有事于苑囿。其广成、上林空地,宜用以假贫民。"太后从之。及安帝即位,数上疾乞身。诏遣小黄门问疾,赐牛一头,酒十斛,劝令就第。其钱布、刀剑、衣物,前后累至。

[他(和他的太后领导)遭受了一个非常困难的时期,频繁的自然灾害和帝国边疆危机。]

永初元年[107年,安帝首年],以定策功封安乡侯,食邑千二百户,与太尉徐防、司空尹勤同日俱封。其秋,以寇贼水雨策免防、勤,而禹不自安,上书乞骸骨,更拜太尉。[他现在是邓太后在她家族之外的头号幕僚和助理!]四年[110年],新野君[邓太后母阴氏]病,皇太后车驾幸其第。禹与司徒夏勤、司空张敏俱上表言:"新野君不安,车驾连日宿止,臣等诚窃惶惧。臣闻王者动设先置,止则交戟,清道而后行,清室而后御,离宫不宿,所以重宿卫也。陛下体恺恺之至孝,亲省方药,恩情发中,久处单外,百官露止,议者所不安。宜且还宫,上为宗庙社稷,下为万国子民。"比三上,固争,乃还宫。后连岁灾荒,府藏空虚,禹上疏求入三岁租税,以助郡国禀假。诏许之。五年[111年],以阴阳不和策免。七年,卒于家。……

### 卷38《张法滕冯度杨列传》[法雄]

[本列传记述六位平息大规模造反的能干的武装"靖安者",其中五位在帝国衰颓和垂死时代恶化得多的腹地和边疆安全形势中。]

…………

法雄：

[一位颇能干的地方行政长官,在帝国衰落的一个很糟糕很艰难的时候,即邓太后摄政时期,特别是在地方靖安和公共安全方面;在此注意的焦点,应是其时多发的大规模民众造反:]

法雄字文彊,扶风郿人也……除[被任用为]平氏[县名,属南阳郡]长。善政事,好发擒奸伏,盗贼稀发,吏人畏爱之。南阳太守鲍得上其理状,迁宛陵令。

[他的大时刻,击碎地区性的大规模造反暴众群体:]永初三年[安帝时,109年,属邓太后摄政时期]海贼张伯路等三千余人,冠赤帻,服绛衣,自称"将军",寇滨海九郡,杀二千石令长。初,遣侍御史庞雄督州郡兵击之,伯路等乞降,寻复屯聚。明年[110年],伯路复与平原刘文河等三百余人称"使者",攻厌次[即今山东惠民县]城,杀长吏,转入高唐[今山东高唐县],烧官寺,出系(羁)囚,渠帅皆称"将军",共朝谒伯路。伯路冠五梁冠,佩印绶,党众浸盛。乃遣御史中丞王宗持节发幽、冀诸郡兵,合数万人,乃征雄为青州刺史,与王宗并力讨之。连战破贼,斩首溺死者数百人,余皆奔走,收器械财物甚众。会赦诏到,贼犹以军甲未解,不敢归降。于是王宗召刺史太守共议,皆以为当遂击之。[在一场重大的地区靖安战役中。他很有成本效益意识,因而主张侧重用政治策略:]雄曰:"不然,兵,凶器;战,危事。勇不可恃,胜不可必。贼若乘船浮海,深入远岛,攻之未易也。及有赦令,可且罢兵,以慰诱其心,势必解散,然后图之,可不战而定也。"宗善其言,即罢兵。贼闻大喜,乃还所略(掠)人。而东莱郡兵独未解甲,贼复惊恐,遁走辽东,止海岛上。五年[111]春,乏食,复抄东莱间,雄率郡兵击破之,贼逃还辽东,辽东人李久等共斩平之,于是州界清静。……

## "兵连师老":久打难赢的先零羌战争及鲜卑战争

### 卷87《西羌传》摘录

先零羌：

[先零羌为首的羌族反叛再度爆发,在帝国衰颓期间,并且很大程度上正因为帝国衰颓。于是,有羌族与华夏帝国之间的又一轮冲突和战争,持续十年以上,其间,前者曾达到它在近两个世纪里的克劳塞维茨式"胜利顶点"。]

东号[烧当羌头领滇吾之孙]子麻奴立。初随父降,居安定。[愈益紧张的形势,缘于帝国衰颓,偕同高度镇压性和盘剥性的帝国政策或行为:]时,诸降羌布在郡县,皆为吏人豪右所徭役,积以愁怨。安帝永初元年[107年]夏,遣骑都尉王弘发金城、陇西、汉阳羌数百千骑征西域,弘迫促发遣,群羌惧远屯不还,行到酒泉,多有散叛。诸郡各发兵徼遮,或覆其庐落。于是勒姐、当煎大豪东岸等愈惊,遂同时奔溃。麻奴兄弟因此遂与种人俱西出塞。

[在其豪酋滇零之下的先零羌与其大规模的胜利反叛和入侵:]

[大规模反叛爆发,基于先零羌为首的部落联盟:]先零别种滇零与钟羌诸种大为寇掠,断陇道。时羌归附既久,无复器甲,或持竹竿木枝以代戈矛,或负板案以为楯,或执铜镜以象兵,郡县畏懦不能制。[帝国发动一场大规模征伐,由宫廷第二号最有权势者指挥:]冬,遣车骑将军邓骘[zhì],征西校尉任尚副,将五营及三河、三辅、汝南、南阳、颍川、太原、上党兵合五万人,屯汉阳。[帝国大军遭到其首次失败:]明年[108年]春,诸郡兵未及至,钟羌数千人先击败骘军于冀西,杀千余人。校尉侯霸坐众羌反叛征免,以西域都护段禧代为校尉。[它的第二次失败,决定性败北:]其冬,骘使任尚及从事中郎司马钧率诸郡兵与滇零等数万人战于平襄[县名,治所在今甘肃通渭县西北],尚军大败,死者八千余人。[近西的边疆危机变得真正严重,延展到帝国的一个核心地区,且有其在中央的、对摄政政权来说的重大含义:]于是滇零等自称"天子"于北地,招集武都、参狼、上郡、西河诸杂种,众遂大盛,东犯赵、魏,南入益州,杀汉中太守董炳,遂寇抄三辅,断陇道。湟中诸县,粟石万钱,百姓死亡,不可胜数。朝廷不能制,而转运难剧,遂诏骘还师[肯定是个令摄政太后家族内第二号权力人物(因而太后和太后家族本身)免遭进一步丧失声誉的途径],留任尚屯汉阳,为诸军节度。朝廷以邓太后故,迎拜骘为大将军,封任尚乐亭侯,食邑三百户。

三年[109年]春,复遣骑都尉任仁督诸郡屯兵救三辅。[羌蛮一次又一次地击败帝国军队,其纵深入侵简直难有止境:]仁战每不利,众羌乘胜,汉兵数挫。当煎、勒姐种攻没破羌县[治所在今青海乐都县东],钟羌又没临洮县[即今甘肃定西市临洮县],生得陇西南部都尉。明年春[110年],滇零遣人寇褒中[县名,治所在今陕西汉中市西北大钟寺],燔烧邮亭,大掠百姓。于是,汉中太守郑勤移屯褒中。军营久出无功,有废农桑,乃诏任尚将吏兵还屯长安,罢遣南阳、颍川、汝南吏士,置京兆虎牙都尉于长安,扶风都尉于雍,如西京三辅都尉故事。[在其防御需要与其资源能力之间致命的两难中,帝国政权不得不实行前沿收缩。]时,羌复攻褒中,郑勤欲击之。主簿段崇谏,以为虏乘胜,锋不可当,宜坚守待之。勤不从,出战,大败,死者三千余人[帝国再度惨败!],段崇及门下史王宗、原展以身捍刃,与勤俱死,于是徙金城郡居襄武[今甘肃陇西县]。任仁战累败,而兵士放纵,槛车征诣廷尉诏狱死。段禧病卒,复以前校尉侯霸代之,遂移居张掖。① 五年[111年]春,任尚坐无功征免。羌遂入寇河东,至河内,百姓相惊,多奔南度(渡)河。[**这强蛮在其纵深攻袭方面看似不可战胜。他们现在突入华夏中央!**]使北军中候砗(朱)宠将五营士屯孟津,诏魏郡、赵国、常山、中山缮作坞候[犹坞壁]六百一十六所。

[**帝国政权不得不作进一步的重大纵深收缩,"以避寇难":**]

羌既转盛,而二千石、令、长多内郡人,并无守战意,皆争上徙郡县,以避寇难。朝廷从之,遂移陇西徙襄武,安定徙美阳[治所在今陕西咸阳市武功县西北],北地徙池阳[今陕西西安和咸阳两市结合部的泾阳县和三原县的部分地区],上郡徙衙[县名,其时属冯翊]。[**重大收缩导致受冲击的普通民众的巨大苦难:**]百姓恋土,不乐去旧,遂乃刈其禾稼,发彻室屋,夷营壁,破积聚。时连旱蝗饥荒,而驱蹙[cù,驱赶促迫]劫略,流离分散,随道死亡,或弃捐老弱,或为人仆妾,丧其太半。[**收缩加上对纵深突入的羌族兵力的小规模攻袭——帝国的应对方略:**]复以任尚为侍御史,击众羌于上党羊头山[在今山西长治县],破之,诱杀降者二百余人,乃罢孟津屯。其秋,汉阳人杜琦及弟季贡、同郡王信等与羌通谋,聚众入上邽城[在今甘肃天水市],琦自称安汉将军。于是诏购募得琦首者,封列侯,赐钱百万,羌胡斩琦者赐金百斤,银二百斤。汉阳太守赵博遣刺客杜习刺杀琦,封习讨奸侯,赐钱百万。而杜季贡、王信等将其众据樗[chū]泉营。侍御史唐喜领诸郡兵讨破之,斩王信等六百余级,没入妻子五百余人,收金银彩帛一亿已(以)上。杜季贡亡从滇零。……

[**先零羌的战争和入侵继续下去,在滇零的继承者零昌及其主要幕僚狼莫麾下;继一番胜败参半的军事纪录后,他们被任尚麾下的帝国军队决定性地击败,败于后者采取的一种恰当的战略,那嵌有一个农业社会在军事上克服游牧族的"秘诀":**]

滇零死,子零昌代立,年尚幼少,同种狼莫为其计策,以杜季贡为将军,别居丁奚城[在今宁夏灵武市南]。七年[113年]夏,骑都尉马贤与侯霸掩击零昌别部牢羌于安定,首虏千人,得驴、骡、骆驼、马、牛、羊二万余头,以畀[bì,给予]得者。

[**先零羌及其伙伴纵深入侵,其军事结果胜败参半:**]元初元年[114年]春,遣兵屯河内,通谷冲要三十三所,皆为坞壁,设鸣鼓。零昌遣兵寇雍城[在今陕西宝鸡市凤翔境内],又号多与当煎、勒姐大豪共胁诸种,分兵抄掠武都、汉中。巴郡板楯蛮将

---

① 《后汉书·安帝纪》载:四年[110年]……三月……先零羌寇褒中,汉中太守郑勤战殁。徙金城郡都襄武。……冬十月甲戌……大将军邓骘罢。[**摄政太后不得不罢免他的兄长,她之下外戚家族最有权势的人物,因为他在面对帝国危机时无能。**]

兵救之，汉中五官掾程信率壮士与蛮共击破之。号多退走，还断陇道，与零昌通谋。侯霸、马贤将湟中吏人及降羌胡于枹罕击之，斩首二百余级。凉州刺史皮杨击羌于狄道，大败，死者八百余人，杨坐征免。侯霸病卒，汉阳太守庞参代为校尉。参以恩信招诱之。[政治方略现在对羸弱的帝国政权来说是个较好的选择，如果它是可能的话。]

[对先零羌的一大帝国征伐，从起初成功到严重失败：]二年[115年]春，号多等率众七千余人诣参降，遣诣阙，赐号多侯印绶遣之。……零昌种众复分寇益州……使屯骑校尉班雄屯三辅，遣左冯翊司马钧行征西将军，督右扶风仲光、安定太守杜恢、北地太守盛包、京兆虎牙都尉耿溥、右扶风都尉皇甫旗等，合八千余人，又庞参将羌胡兵七千余人，与钧分道，并北击零昌。参兵至勇士[县名，属天水郡]东，为杜季贡所败，于是引退。钧等独进，攻拔丁奚城，大克获。杜季贡率众伪逃。[一次克劳塞维茨式"摩擦"使起初的成功转为严重失败：]钧令光、恢、包等收羌禾稼，光等违钧节度，散兵深入，羌乃设伏要击之。钧在城中，怒而不救，光等并没，死者三千余人。钧乃遁还，坐征自杀。庞参以失期军败抵罪，以马贤代领校尉事。[一种恰当的帝国战略浮现，它嵌有一个农业社会在军事上克服游牧族或半游牧族的"秘诀"：]后遣任尚为中郎将，将羽林、缇骑、五营子弟三千五百人，代班雄屯三辅。尚临行，怀令虞诩说尚曰……"兵法：弱不攻强，走不逐飞，自然之势也。今虏皆马骑，日行数百，来如风雨，去如绝弦。以步追之，势不相及，所以旷而无功也。[应当有一种对称战略，即设法建设骑兵来对抗骑兵：]为使君计者，莫如罢诸郡兵，各令出钱数千，二十人共市一马，如此，可舍甲胄，驰轻兵，以万骑之众，逐数千之虏，追尾掩截，其道自穷。便人利事，大功立矣。"尚大喜，即上言用其计。乃遣轻骑抄击杜季贡于丁奚城，斩首四百余级，获牛、马、羊数千头。[采取了这战略，有效！]

[这战略的另一个版本亦由帝国军队使用，再度有效：]明年[116年]夏，度辽将军邓遵，率南单于及左鹿蠡王须沈万骑，击零昌于灵州，斩首八百余级。封须沈为破虏侯，金印紫绶，赐金、帛各有差。[帝国的进一步扫击：]任尚遣兵击破先零羌于丁奚城。秋，筑冯翊北界候坞五百所[骑兵加防御工事体系：农业社会有效抵挡甚而战胜游牧社会的传统军事法宝]。任尚又遣假司马募陷陈（阵）士，击零昌于北地，杀其妻子，得牛、马、羊二万头，烧其庐落，斩首七百余级，得僭号文书及所没诸将印绶。[近西的军事形势最终翻转，利于经常败北的汉帝国。]

四年[117年]春，尚遣当阗种羌榆鬼等五人刺杀杜季贡，封榆鬼为破羌侯。其夏，尹就以不能定益州，坐征抵罪。以益州刺史张乔领尹就军屯，招诱叛羌，稍稍降散。秋，任尚复募效功种号封刺杀零昌[帝国的先零羌战争可被认为在多年后终于艰难获胜,由刺杀这蛮夷头领和下述富平上河之捷作为决定性的最后打击。],封号封为羌王。[最后的大战役,非常残酷地进行,击碎先零羌的最后大兵力:]冬,任尚将诸郡兵与马贤并进北地击狼莫,贤先至安定青石岸,狼莫逆击,败之。会尚兵到高平,因合势俱进。狼莫等引退,乃转营迫之。至北地,相持六十余日,战于富平[县名,治所在今宁夏吴忠市西南]上河,大破之,斩首五千级还,得所略(掠)人男女千余人,牛、马、驴、羊、骆驼十余万头。[简直是场典型的种族战争!]狼莫逃走,于是西河虔人种羌万一千口诣邓遵降。

五年[118 年],邓遵募上郡全无种羌雕何等刺杀狼莫[帝国战区指挥一次又一次地使用刺杀,而且每个场合使用的刺客都是羌族人],赐雕何为羌侯,封遵武阳侯,三千户。[附带故事:摄政政权的裙带关系游戏导致真正的(亦是腐败的)胜利缔造者惨遭公开处决的原因:]遵以太后从弟故,爵封优大。任尚与遵争功,又诈增首级,受赇枉法,臧(赃)千万已(以)上,槛车征弃市,没入田卢奴婢财物。自零昌、狼莫死后,诸羌瓦解,三辅、益州无复寇儌。

[帝国对先零羌的胜利事实上是皮洛士式的:]

自羌叛十余年间,兵连师老,不暂宁息。军旅之费,转运委输,用二百四十余亿,府帑空竭。延及内郡,边民死者不可胜数,并、凉二州,遂至虚耗。⋯⋯

## 卷 51《李陈庞陈桥列传》[庞参]

[本列传写五位在不同时代的不同的官僚,有在公共和私人生活中的正直作为他们主要的共性。其中大多数是典型的、积极意义上的儒家行为主义者,同时在帝国边疆防务中表现颇佳。]

[他们中间,庞参,摄政太后邓绥之下对付反叛了的近西强蛮的一位实践天才,占了本列传内相对最长的篇幅,而其中最令人印象深刻的,是他对帝国的目的与手段间关系的大战略分析。]

⋯⋯⋯⋯

["忠直"的实践天才,但无大用。近乎绝望的帝国防御形势,包括财政和后勤形势等,导致他提议一种激进的战略保守主义,即放弃在近西的征伐和前沿边疆,以便使目的符合非常有限的手段。]

[在狱中呈上一项为征服反叛和入侵的先零羌的战略建议,那不仅救了他,还使他被大加擢用:]

庞参字仲达,河南缑氏人也。初仕郡,未知名,河南尹庞奋见而奇之,举为孝廉,拜左校令。坐法输作若卢[狱名,属少府]。

永初[安帝年号]元年[107年],凉州先零种羌反畔(叛),遣车骑将军邓骘[zhì]讨之。参于徒中使其子俊上书曰:

[**尖锐地指出非常不利和恶化着的后勤形势:**]方今西州流民扰动,而征发不绝,水潦不休,地力不复。重之以大军,疲之以远戍,农功消于转运,资财竭于征发。田畴不得垦辟,禾稼不得收入,搏手困穷,无望来秋。百姓力屈,不复堪命。[**因而有他的战略建议,那甚至可被认为是大战略建议,将后勤、社会、政治和军事要素结合为一体,要求根本的战略转变:**]臣愚以为万里运粮,远就羌戎,不若总兵养众,以待其疲。车骑将军骘宜且振旅,留征西校尉任尚使督凉州士民,转居三辅。休徭役以助其时,止烦赋以益其财,令男得耕种,女得织纴,然后畜精锐,乘懈沮,出其不意,攻其不备,则边人之仇报,奔北之耻雪矣。

书奏,会御史中丞樊准上疏荐参曰[**按照这位推荐者,他属于一类天才**]:

臣闻鸷鸟[猛禽]累百,不如一鹗[俗称鱼鹰]。昔孝文皇帝悟冯唐之言,而赦魏尚之罪,使为边守,匈奴不敢南向。① 夫以一臣之身,折方面之难者,选用得也。臣伏见故左校令河南庞参,[**难得有人能被认为有那么样的战略才华,如下面十二个字意味的:**]勇谋不测,卓尔奇伟,高才武略,有魏尚之风。前坐微法,输作经时[经历很长时间]。今羌戎为患,大军西屯,臣以为如参之人,宜在行伍。惟明诏采前世之举,观魏尚之功,免赦参刑,以为军锋,必有成效,宣助国威。

邓太后纳其言[**他正是摄政太后在一种近乎绝望的紧急形势中需要的那类人!**],即擢[zhuó]参于徒中,召拜竭者,使西督三辅诸军屯,而征邓骘还。

[**他再度提出大战略建议,呼吁放弃在近西的帝国征伐和前沿边疆,以便目的符合手段——大为减损了的手段;一种颇为激进的战略保守主义,在朝廷得到某些人支持,但被更多人拒绝:**]

四年[110年],羌寇转盛,兵费日广,且连年不登,谷石万余。参奏记于邓骘曰:

---

① 《史记·张释之冯唐列传》载:当是之时,匈奴新大入朝,○索隐县名,属安定也。杀北地□正义北地郡,今宁州也。都尉印。○索隐案:都尉姓孙名印。上以胡寇为意,乃卒复问唐曰:"公何以知吾不能用廉颇、李牧也?"……唐对曰:"……今臣窃闻魏尚为云中守,其军市租尽以飨士卒,私养钱,○索隐按:汉书"市肆租税之入为私奉养"……五日一椎牛,○索隐击也。飨宾客军吏舍人,是以匈奴远避,不近云中之塞。虏曾一入,尚率车骑击之,所杀甚众。夫士卒尽家人子,○索隐按:谓庶人之家子也。起田中从军,安知尺籍伍符。○索隐按:尺籍者,谓书其斩首之功为一尺之板。伍符者,命军人伍伍相保,不容奸诈。终日力战,斩首捕虏,上功莫[幕]府,一言不相应,○索隐谓数不同也。文吏以法绳之。其赏不行而吏奉法必用。臣愚,以为陛下法太明,赏太轻,罚太重。且云中守魏尚坐上功首虏差六级,陛下下之吏,削其爵,罚作之。由此言之,陛下虽得廉颇、李牧,弗能用也。臣诚愚,触忌讳,死罪死罪!"文帝说(悦)。是日令冯唐持节赦魏尚,复以为云中守,而拜唐为车骑都尉,主中尉及郡国车士。◇集解服虔曰:"车战之士。"

[近西边疆危机导致绝望的帝国财政危机和地区凋敝：]比年羌寇特困陇右，供徭赋役为损日滋，官负人责（债）数十亿万。今复募发百姓，调取谷帛，衔（炫）卖[叫卖，出卖]什物，以应吏求。外伤羌虏，内困征赋。[**而且，帝国征伐军的后勤成了日益不可能的任务，对国家和社会损害极大：**]遂乃千里转粮，远给武都西郡。涂（途）路倾阻，难劳百端，疾行则抄暴为害，迟进则谷食稍损，运粮散于旷野，牛马死于山泽。县官[天子]不足，辄贷于民。民已穷矣，将从谁求？[**帝国的一个核心地区被损害至极：**]名救金城，而实困三辅。三辅既困，还复为金城之祸矣。参前数言宜弃西域，乃为西州士大夫所笑[**他的战略保守主义（甚或失败主义）已经在西域问题上表现过**]。[**他为呼吁帝国战略保守主义而使用一项经典论辩：**]今苟贪不毛之地，营恤不使之民，暴军伊吾之野，以虑三族之外[言劳师救远，以为亲戚之忧虑]，果破凉州，祸乱至今。[**有力地论辩压倒性的资源集中和华夏内务努力：**]夫拓境不宁，无益于强；多田不耕，何救饥敝！故善为国者，务怀其内，不求外利；务富其民，不贪广土。[**呼吁放弃近西前沿边疆：**]三辅山原旷远，民庶稀疏，故县丘[空也]城，可居者多。今宜徙边郡不能自存者，入居诸陵，田戍故县。孤城绝郡，以权徙之；转运远费，聚而近之；徭役烦数，休而息之。此善之善者也。

骘及公卿以国用不足，欲从参议，众多不同，乃止。[**甚至在一种近乎绝望的形势中，急剧转变依然非常有争议，遭到朝廷大多数人的拒绝。**]

[**他在靖平一部分入侵蛮夷上起了积极作用，但无大用。他本人在前线遭到一次军事失败，导致他在近西大致完结：**]

拜参为汉阳[郡名，治所在今甘肃甘谷县东]太守。……参在职，果能抑强助弱，以惠政得民。

元初元年[114年]，迁护羌校尉，畔（叛）羌怀其恩信。明年，烧当羌种号多等皆降，始复得还都令居，通河西路。[**他在某些叛羌中间的"恩信"声誉证明是帝国的一项资产，但影响力很有限。**]时，先零羌豪僭号北地，诏参将降羌及湟中义从胡七千人，与行征西将军司马钧期会北地击之。[**他自己遭到一次兵败，因而遭受帝国惩罚：**]参于道为羌所败。既已失期，乃称病引兵还，坐以诈疾征下狱。校书郎中马融上书请之曰：

……窃见前护羌校尉庞参，文武昭备，智略弘远，既有义勇果毅之节，兼以博雅深谋之姿。[**他的非同小可的战略才能再度被着重提到，被了解他和想救他的大儒马荣提到！**]又度辽将军梁慬，前统西域，勤苦数年，还留三辅，攻效克立，间在北边，单于降服。今皆幽囚，陷于法网。……宜远览二君，使参、慬得在宽宥之科，诚有益于折冲，毗佐[辅助]于圣化。

书奏，赦参等。［他获宽恕，但也大致结束了他在近西的仕途。］

［在东北边疆作为对付大有威胁的鲜卑的指挥将领而不那么能干之后，他转任朝廷最高级大臣；在此的主题不是他的战略才能，而是他的（代价高昂的）"忠直"：］

后以参为辽东太守。永建［顺帝年号］元年［126 年］，迁度辽将军。① 四年［129 年］，入为大鸿胪。尚书仆射虞诩［xǔ］荐参有宰相器能，以为太尉，录尚书事。［**转向本列传的首要主题：（儒家式）正直和诚实：**］是时三公之中，参名忠直，数为左右所陷毁，以所举用忤帝旨，司隶承风案之。时当会茂才孝廉，参以被奏，称疾不得会。上计掾广汉段恭因会上疏曰："伏见道路行人，农夫织妇，皆曰'太尉庞参，竭忠尽节，徒以直道不能曲心，孤立群邪之间，自处中伤之地［**直率的正直，在卑劣的俗世！**］'。臣犹冀在陛下之世，当蒙安全，而复以谗佞伤毁忠正，此天地之大禁，人主之至诫。……"书奏，诏即遣小黄门视参疾，太医致羊、酒。

后参夫人疾前妻子，投于井而杀之［**卑劣的俗世也在他家里，以另一种形态，更为兽性的形态！**］。参素与洛阳令祝良不平，良闻之，率吏卒入太尉府案实其事，乃上参罪，遂因灾异策免。有司以良不先闻奏，辄折辱宰相，坐系（羁）诏狱。良能得百姓心，洛阳吏人守阙请代其罪者，日有数千万人，诏乃原［宽免］刑。［**内斗可以发生在任何地方，包括在两位正直的人之间！**］

阳嘉四年［135 年］，复以参为太尉。永和元年［136 年］，以久病罢，卒于家。

**卷 58《虞傅盖臧列传》**［虞诩］

［本篇记述帝国衰落、垂死和崩溃时代里四位正直和英雄般勇敢的文武官员，其共性为一贯坚持的"刚正"，"强直不屈"，不怕权势者的淫威。］

［其中第一位即虞诩最为令人印象深刻。］

① ［他看来在四年的军事指挥职位和东北战场上不那么能干；因此，对他"高才武略""文武昭备"的赞扬应当多少打折扣：］《后汉书·顺帝纪》载：永建元年［126］……

八月，鲜卑寇代郡，代郡太守李超战殁。……

冬十月……鲜卑犯边。庚寅，遣黎阳营兵出屯中山北界。告幽州刺史，其令缘边郡增置步兵，死屯塞下。调五营弩师，郡举五人，令教习战射。……

二年［127］……二月，鲜卑寇辽东、玄菟。……护乌桓校尉耿晔率南单于击鲜卑，破之。……

三年［128］……九月，鲜卑寇渔阳。……

四年［129］……冬十一月……鲜卑寇朔方。［**多年里帝国与鲜卑之间全无决战，后者是个旷日持久的重大威胁，沿那么宽广的北方和东北方战线搞了那么频繁的武装骚扰。**］There were for many years no decisive battles between the empire and the Sabri people, a protracted major threat by so frequent harassing along so wide fronts in north and northeast.］……

虞诩[xǔ]:

[儒家学者和儒家行为主义者,同时在对付西北蛮夷反叛和一场华夏地方叛乱中有非常棒的战略观察和军事表现。更棒的是(我们将在下一部分即"'便孽党进':历经四帝的外戚/宦官/嬖幸政治"内评注),他在抨击帝国衰落时代权势精英的邪恶和试图将其绳之以法方面一贯正直,不顾斥责甚而遭难。他坚持自己的原则,"九见谴考,三遭刑罚,而刚正之性,终老不屈"。确实是英雄!]

[他早年,有他父亲树立的一个正直和平允楷模,供他将来作为帝国司法官员仿效,并且形成学问和行为举止两方面的儒士秉性:]

虞诩[xǔ]字升卿,陈国武平人也。祖父经,为郡县狱吏,案法平允,务存宽恕,每冬月上其状,恒流涕随之。尝称曰:"东海于公高为里门,而其子定国卒至丞相。吾决狱六十年矣,虽不及于公,其庶几乎!子孙何必不为九卿邪?"①故字诩曰升卿。

诩年十二,能通《尚书》。早孤,孝养祖母。县举顺孙,国相奇之,欲以为吏。诩辞曰:"祖母九十,非诩不养。"相乃止。后祖母终,服阕,辟太尉李脩府,拜郎中。

[他在经久的边疆危机局势中显示了他的战略分析才能,反对帝国最高军事指挥官关于对付近西近北蛮夷反叛和入侵的很可能出台的一项重大决定:]

永初[安帝年号]四年[110],羌胡反乱,残破并、凉,大将军邓骘以军役方费,事不相赡,欲弃凉州,并力北边,乃会公卿集议。骘曰:"譬若衣败,坏一以相补,犹有所完。若不如此,将两无所保。"议者咸同。诩闻之,乃说李脩曰:"窃闻公卿定策当弃凉州,求之愚心,未见其便。……凉州既弃,即以三辅为塞;三辅为塞,则园陵单外。此不可之甚者也。谚曰:'关西出将,关东出相。'观其习兵壮勇,实过余州。今羌胡所以不敢入据三辅,为心腹之害者,以凉州在后故也。其土人[当地居民]所以推锋执锐,无反顾之心者,为臣属于汉故也。若弃其境域,徙其人庶,安土重迁,必生异志。如使豪雄相聚,席卷而东,虽贲、育为卒,太公为将,犹恐不足当御。议者喻以补衣犹有所完,诩恐其疽食侵淫而无限极。弃之非计。"脩曰:"吾意不及此。微[无,非]子之言,几败国事。然则计当安出?"诩曰[**他的权宜政治提议,旨在边疆前沿地区的稳定,特别是地方精英的心理稳定**]:"今凉土扰动,人情不安,窃

---

① 《汉书·隽疏于薛平彭传》载:[于定国:宣帝朝廷中伟大的高级司法官,后位至丞相,"为人廉恭,能决疑平法,务在哀鳏寡,罪疑从轻",反映了政治文化的巨大变化,从狂野的武帝后期时代——以酷吏治理和广泛腐败为部分特征——到拨乱反正的昭宣两帝:]其父于公为县狱吏,郡决曹,决狱平,罗文法者于公所决皆不恨。郡中为之生立祠,号曰于公祠。

忧卒然有非常之变。诚宜令四府九卿,各辟彼州数人,其牧守令长子弟皆除为冗官,外以劝厉(励),答其功勤,内以拘致,防其邪计。"俗善其言,更集四府,皆从诩议。于是辟西州豪桀为掾属,拜牧守长吏子弟为郎,以安慰之。

[对他的不同政见的报复是将他逐出朝廷,去镇压一场近乎最坚毅的地方叛乱;出乎许多人的预料,他干得很成功:]

邓骘兄弟以诩异其议,因此不平,欲以吏法中伤诩。[**来自有权者的报复!**]后朝歌[县名,中心位于今河南鹤壁市淇县朝歌镇]贼宁季等数千人攻杀长吏,屯聚连年,州郡不能禁,乃以诩为朝歌长。故旧皆吊诩曰:"得朝歌何衰!"诩笑曰[**他对自己的才能大有信心,出乎许多人的预料**]:"志不求易,事不避难,臣之职也。不遇槃根错节何以别利器乎?"始到,谒河内大守马棱。棱勉之曰:"君儒者,当谋谟[计谋]庙堂,反在朝歌邪?"诩曰:"初除之日,士大夫皆见吊勉。……[**他以透彻的战略分析显示了他的才能:**]朝歌者,韩、魏之郊,背太行,临黄河,去敖仓百里,而青、冀之人流亡万数。贼不知开仓招众,劫库兵,守城皋,断天下右臂,此不足忧也。今其众新盛,难与争锋。[**他那么懂得战略战术的能动本质:**]兵不猒(厌)权,愿宽假辔[pèi,驾驭牲口的嚼子和缰绳]策,勿令有所拘阂而已。"及到官,[**他那么懂得战略战术之出敌不意:**]设令三科以募求壮士,自掾史以下各举所知,其攻劫者为上,伤人偷盗者次之,带丧服而不事家业为下。收得百余人,诩为飨会,悉贳[赦免]其罪,使入贼中,诱令劫掠,乃伏兵以待之,遂杀贼数百人。又潜遣贫人能缝者,佣作贼衣,以采綖缝其裾为帜[用红色的丝线缝在衣襟上作为标记],有出市里者,吏辄禽(擒)之。贼由是骇散,咸称神明。[**他赢得那么容易!**]迁怀令。

[经政治上明智的摄政太后,一位战略分析家变成了征伐可怕的强羌的指挥将领,以他绝佳的战略欺骗和先前已经显示的出敌不意才能击败了他们;不仅如此,他继而成就了难以置信地成功的平时治理:]

后羌寇武都[郡名,治所在今甘肃礼县南],邓太后以诩有将帅之略,迁武都太守,引见嘉德殿,厚加赏赐。[**与其权大但狭隘的兄弟相比,邓太后有大得多的雅量和政治智慧!**]羌乃率众数千,遮诩于陈仓、崤谷,[**然而,他们不幸碰到了一位战略/战术天才,他那么精于安排精当的创造性军事欺骗和奇袭,那是他的兵力数量劣势要求的:**]诩即停军不进,而宣言上书请兵,须到当发。羌闻之,乃分抄傍县,诩因其兵散,日夜进道,兼行百余里。令吏士各作两灶,日增倍之,羌不敢逼。或问曰:"孙膑减灶而君增之。兵法日行不过三十里,以戒不虞,而今日且二百里。何也?"诩曰:"虏众多,吾兵少。徐行则易为所及,速进则彼所不测。虏见吾灶日增,必谓郡兵来迎。众多行速,必惮追我。孙膑见弱,吾今示强,势有不同故也。"

既到郡,兵不满三千,而羌众万余,攻围赤亭[在今甘肃成县西北]数十日。[**他的出其不意确实无尽,日新月异:**]诩乃令军中,使强弩勿发,而潜发小弩。羌以为矢力弱,不能至,并兵急攻。诩于是使二十强弩共射一人,发无不中,羌大震,退。诩因出城奋击,多所伤杀。明日悉陈其兵众,令从东郭门出,北郭门入,贸易衣服,回转数周。羌不知其数,更相恐动。诩计贼当退,乃潜遣五百余人于浅水设伏,候其走路。虏果大奔,因掩击,大破之,斩获甚众,贼由是败散,南入益州。诩乃占相地势,筑营壁百八十所,招还流亡,假赈贫人,郡遂以安。

[**他也是一位很能干的行政长官,使他治理的穷地方在难以置信的短时间里变得富庶有加:**]先是,运道艰险,舟车不通,驴马负载,僦五致一[谓用五石为资而仅致一石]。诩乃自将吏士,案行川谷,自沮至下辩数十里中,皆烧石翦木[《续汉书》曰"下辩东三十余里有峡,中当泉水,生大石,障塞水流,每至春夏,辄溢没秋稼,坏败营郭。诩乃使人烧石,以水灌之,石皆坼裂,因镌去石,遂无氾溺之患"],开漕船道,以人僦直雇借佣者,于是水运通利,岁省四千余万。诩始到郡,户裁(才)盈万。及绥聚荒余,招还流散,二三年间,遂增至四万余户,盐米丰贱,十倍于前。坐法免。……

## 卷90《乌桓鲜卑列传》摘录

…………

[**北匈奴的灾难性的不幸是鲜卑的幸运,后者变得强大起来,恢复了他们的势力,在半个世纪以前的入侵之后,在帝国逐渐衰落肇始之际开始入侵:**]

和帝永元[89—105年]中,大将军窦宪遣右校尉耿夔击破匈奴,北单于逃走,鲜卑因此转徙据其地。匈奴余种留者尚有十余万落,皆自号鲜卑,鲜卑由此渐盛。[**窦宪之击碎北匈奴极大地有利于鲜卑,它作为一个强有力地威胁华夏帝国的蛮夷急剧崛起。鲜卑人与华夏民族的几个世纪殊死争斗和其他复杂交往由此开始**]。九年[97年],辽东鲜卑攻肥如县[今河北东北部迁安市东北],太守祭参坐沮败,下狱死。十三年[101年],辽东鲜卑寇右北平,因入渔阳,渔阳太守击破之。延平元年[106年,安帝首年],鲜卑复寇渔阳,太守张显率数百人出塞追之。兵马掾严授谏曰:"前道险阻,贼势难量,宜且结营,先令轻骑侦视之。"显意甚锐,怒欲斩之。因复进兵,遇虏伏发,士卒悉走,唯授力战,身被十创,手杀数人而死。显中流矢,主簿卫福、功曹徐咸皆自投赴显,俱殁于阵。邓太后策书褒叹……

[**在沉寂了若干年之后,鲜卑人的再次攻汉,而且十分频繁;他们在军事上明显变得更强,将他们的入侵范围扩展到华北边疆地区:**]

元初二年[115 年]秋,辽东鲜卑围无虑县[故城即今辽宁省西南部锦州市北镇县],州郡合兵,固保清野,鲜卑无所得。复攻扶黎营[县名,在今辽宁西部朝阳市南],杀长吏。四年[117 年],辽西鲜卑连休等遂烧塞门,寇百姓。乌桓大人於秩居等与连休有宿怨,共郡兵奔击,大破之,斩首千三百级,悉获其生口、牛、马、财物。五年[118 年]秋,代郡鲜卑万余骑遂穿塞入寇,分攻城邑,烧官寺,杀长吏而去。乃发缘边甲卒、黎阳营兵,屯上谷以备之。冬,鲜卑入上谷,攻居庸关,复发缘边诸郡、黎阳营兵、积射士步骑二万人,屯列冲要。六年[119 年]秋,鲜卑入马城塞[今河北西北部张家口市怀安县],杀长吏。度辽将军邓遵发积射士三千人,及中郎将马续率南单于,与辽西、右北平兵马会,出塞追击鲜卑,大破之,获生口及牛、羊、财物甚众。[**不管从东北来的军事威胁如何,帝国依然拥有相对稳定的武力优势**。]又发积射士三千人,马三千匹,诣度辽营屯守。

永宁元年[120 年],辽西鲜卑大人乌伦、其至鞬率众诣邓遵降,奉贡献。诏封乌伦为率众王,其至鞬为率众侯,赐彩缯各有差。

建光元年[121 年,邓太后是年三月崩]秋,其至鞬复畔(叛),寇居庸,云中太守成严击之,兵败,功曹杨穆以身捍严,与俱战殁。鲜卑于是围乌桓校尉徐常于马城。度辽将军耿夔与幽州刺史庞参发广阳、渔阳、涿郡甲卒,分为两道救之;常夜得潜出,与夔等并力并进,攻贼围,解之。[**尽管遭到了重要挫折,鲜卑在军事上却变得更强**。]鲜卑既累杀郡守,胆意转盛,控弦数万骑。……

## "夷狄猾夏,戎事不息":帝国面对的其他边患

### 卷 88《西域传》摘录

…………

[可叹!在摄政邓绥之下,华夏帝国那么快地再度失去西域:一项构成东汉帝国衰落的一个方面的事态发展;对中原王朝来说,西域一向是个特别爱出麻烦的地区,二千年中多是如此:]及孝和晏驾,西域背畔(叛)。安帝永初元年[107 年],频攻围都护任尚、段禧等,朝廷以其险远,难相应赴,诏罢都护。自此遂弃西域。[**自充分"恢复"往后仅仅十六年!**]北匈奴即复收属诸国,共为边寇十余岁。敦煌太守曹宗患其暴害,元初六年[119 年],乃上遣行长史索班,将千余人屯伊吾,以招抚之。于是车师前王及鄯善王来降。数月,北匈奴复率车师后部王共攻没班等,遂击走其前王。鄯善逼急,求救于曹宗。宗因此请出兵击匈奴,报索班之耻,复欲进取西域。邓太后不许,但令置护西域副校尉,居敦煌,复部营兵三百人,羁縻而已。[**帝国衰**

落期间羸弱的摄政,在这方面的羸弱。]其后北虏连与车师入寇河西,朝廷不能禁,议者因欲闭玉门、阳关,以绝其患。……

## 卷89《南匈奴列传》摘录

…………

[因为帝国的衰落,看似全然驯服的附庸突然翻脸;不过,它很快被证明是只纸老虎:]

永初[安帝年号]三年[109年]夏,汉人韩琮随南单于[万氏尸逐鞮单于檀,公元100年立]入朝,既还,说南单于云:"关东水潦,人民饥饿死尽,可击也。"单于信其言,遂起兵反畔(叛),攻中郎将耿种于美稷[县名,治所在今内蒙古准格尔旗西北]。……冬,遣行车骑将军何熙、副中郎将庞雄击之。四年[110年]春,檀遣千余骑寇常山[在今河北石家庄市正定县]、中山[在今河北保定市下属定州市],以西域校尉梁慬行度辽将军,与辽东太守耿夔击破之。事已具《慬》《夔传》。[反叛的附庸被证明全然是个纸老虎:]单于见诸军并进,大恐怖,顾让[责难]韩琮曰:"汝言汉人死尽,今是何等人也?"乃遣使乞降,许之。单于脱帽徒跣,对庞雄等拜,陈道死罪。[对南匈奴来说,驯服可能已经是个确立了的性情传统!]于是赦之,遇待如初,乃还所抄汉民男女及羌所略(掠)转卖入匈奴中者,合万余人。……

## 卷85《东夷列传》[高句骊]

[这《东夷列传》代表关于下述三者的中国或华夏知识的大丰富化:(1)广义的朝鲜(Chosun)(包括在一种部分的意义上族裔属性含混不明的高句骊,那纵跨当今中国东北和朝鲜半岛);(2)古代满族各支;(3)日本。这丰富化就前两项而言是那么明显,只要对比几世纪以前的《史记·朝鲜列传》,那是《汉书·朝鲜传》大体上抄录的。]

[在此还有华夏帝国(就史纂的原创性来说特别是东汉帝国)与这永久麻烦的区域之间关系的历史记录。它在一个数世纪的不稳定的过程中开始于武帝的皮洛士式的征服,那将朝鲜并入帝国统治体;四个世纪后,在西晋王朝末年它们被并入高句骊,这过程遂宣告结束。]

…………

高句骊:

[一个曾存在八个世纪之久的扩张主义王国,关于它的争议在中韩关系中甚至直到当今,争议其历史的族裔/政治性质,伴有中韩民族主义及更多问题的被设

想的当代含义。]

[东汉期间,这个国度依然在它的最早期阶段,比它权势顶峰时小得多。然而,尽管这么早,它与东汉帝国的关系已经很不稳定,二者关系包括:反叛、入侵、掳掠和反击。]

[关于它在它的最早期阶段的"民族志":]

[**地理位置和地形:**]高句骊,在辽东之东千里,南与朝鲜、濊貊,东与沃沮[朝鲜半岛北部的部落;东沃沮大致位于今朝鲜咸镜道,北沃沮大致位于图们江流域],北与夫馀接。地方二千里,多大山深谷,人随而为居。[**一个部落性"国家主义"**(statist)**国度,经济贫瘠:**]少业,力作不足以自资,故其俗节于饮食,而好修宫室。东夷相传以为夫馀别种,故言语法则多同,而跪拜曳一脚,行步皆走。凡有五族,有消奴部、绝奴部、顺奴部、灌奴部、桂娄部。本消奴部为王,稍微弱,后桂娄部代之。其置官,有相加、对卢、沛者、古邹大加、主簿、优台、使者、帛衣先人。[**在与"东夷"区域的其他某些部分一起被武帝征服后,它在华夏帝国的行政秩序中处于较低等级:**]武帝灭朝鲜,以高句骊为县,使属玄菟,赐鼓吹伎人。[**一个有其淫俗、群歌和鬼神天地崇拜文化的族裔,大不同于儒式华夏:**]其俗淫,皆洁净自熹,暮夜辄男女群聚为倡(唱)乐。好祠鬼神、社稷、零星[即灵星,主稼穑],以十月祭天大会,名曰"东盟"。其国东有大穴,号襚[suì]神,亦以十月迎而祭之。其公会衣服皆锦绣,金银以自饰。大加、主簿皆著帻,如冠帻而无后;其小加著折风,形如弁[biàn]。[**原始和残酷的"司法"惯例:**]无牢狱,有罪,诸加评议便杀之,没入妻子为奴婢。[**多少原始的家庭体制,不无准母系社会风貌:**]其昏(婚)姻皆就妇家,生子长大,然后将还,便稍营送终之具。金银财币尽于厚葬,积石为封,亦种松柏。[**考虑到他们后来强烈的扩张主义,最重要的是他们凶猛好斗好掠:**]其人性凶急,有气力,习战斗,好寇钞,沃沮、东濊皆属焉。

句骊一名貊,有别种,依小水为居,因名曰小水貊[一说,该族处于辽东和高句骊之间]。出好弓,所谓"貊弓"是也。

[**与华夏帝国的关系,从狂野地挑衅的大篡夺者到东汉终结;一种颇不稳定的关系,有断断续续周而复始的反叛、入侵、掳掠和反击,但结束于一种(暂时的)"漫长的和平":**]

[**大篡夺者的狂野挑衅和盘剥,导致高句骊的反叛、入侵和掳掠必不可免,继之以光武帝和祭肜[róng]的一种好得多、也有效得多的方针:**]

王莽初,发句骊兵以伐匈奴,其人不欲行,强迫遣之,皆亡出塞为寇盗。辽西大尹田谭追击,战死。莽令其将严尤击之,诱句骊侯驺入塞,斩之,传首长安。莽大说(悦),更名高句骊王为下句骊侯,于是貊人寇边愈甚。[**大篡夺者的狂野政策被彻底扭转:**]建武八年[32年],高句骊遣使朝贡,光武复其王号。二十三年[47年]冬,句骊蚕支落大加戴升等万余口诣乐浪内属。二十五年[49年]春,句骊寇右北平、渔阳、上谷、太原,而辽东太守祭肜以恩信招之,皆复款塞。

[**帝国衰落时代里,在宫——很具侵略性、同时又灵活(或战略上无常易变)("桀黠")的一位国王——之下,它对东汉的威胁突然变得严重起来;从此,连同来自鲜卑的攻击,东北成了那个时代最受威胁的帝国边疆:**]

后句骊王宫生而开目能视,国人怀之,及长勇壮,数犯边境。和帝元兴元年[105年]春,复入辽东,寇略(掠)六县,太守耿夔击破之,斩其渠帅。安帝永初五年[111年],宫遣使贡献,求属玄菟。元初五年[118年],复与濊貊寇玄菟,攻华丽城。建光元年[121年]春,幽州刺史冯焕、玄菟太守姚光、辽东太守蔡讽等,将兵出塞击之,捕斩濊貊渠帅,获兵马财物。[**帝国一次军事大败,败在他和他的很能干的儿子手里:**]宫乃遣嗣子遂成将二千余人逆光等,遣使诈降;光等信之,遂成因据险厄以遮大军,而潜遣三千人攻玄菟、辽东,焚城郭,杀伤二千余人。于是发广阳、渔阳、右北平、涿郡属国三千余骑同救之,而貊人已去。[**他在战场上的军事命运的起伏波动:**]夏,复与辽东鲜卑八千余人攻辽队[亦作辽隧,县名,故址在今辽宁海城市一带],杀略(掠)吏人。蔡讽等追于新昌,战殁,功曹耿耗、兵曹掾龙端、兵马掾公孙酺以身捍讽,俱殁于阵,死者百余人。秋,宫遂率马韩、濊貊数千骑围玄菟。夫馀王遣子尉仇台将二万余人,与州郡并力讨破之。斩首五百余级。[**帝国的一大军事胜利!夫馀这附庸当时对帝国起了重要甚或决定性的战略作用。**]

[**"高句骊降"**(《后汉书·安帝纪》),那证明导致了一个"漫长的和平":]

是岁宫死,子遂成立。[**在加强了的实力地位上,帝国改行方针,以充分的威严容纳已降的高句骊:**]姚光上言欲因其丧发兵击之,议者皆以为可许。尚书陈忠曰:"宫前桀黠,光不能讨,死而击之,非义也。宜遣吊问,因责让前罪,赦不加诛,取其后善。"安帝从之。明年[122年],遂成还汉生口,诣玄菟降。诏曰:"遂成等桀逆无状,当斩断菹醢[zū hǎi,酷刑,将人剁成肉酱],以示百姓,幸会赦令,乞罪请降。鲜卑、濊貊连年寇钞,驱略(掠)小民,动以千数,而裁(才)送数十百人,非向化之心也。自今已(以)后,不与县官战斗而自以亲附送生口者,皆与赎直(值),缣人四十匹,小口半之。"

遂成死,子伯固立。其后濊貊率服,东垂少事。顺帝阳嘉元年[132年],置玄菟郡屯田六部。质、桓之间,复犯辽东西安平,杀带方令,掠得乐浪太守妻子。建宁[灵帝年号]二年[169年],玄菟太守耿临讨之,斩首数百级,伯固降服,乞属玄菟云。

### 卷 47《班梁列传》[梁慬]

梁慬：

[伟大的班超之后不久一位英勇的将领，在西域、近西和北方一次又一次地击败蛮夷。可是，这样的杰出成就未能使他免于入狱，在他胜利的一生临近结束之际，仅仅因为一则"坐专擅"的小"事故性错误"而入狱。]

[他，"有勇气，常慷慨好功名"，以对反叛蛮夷的成功的大规模打击（和残酷的杀戮）拯救帝国西域宗主权：]

梁慬[qín]字伯威，北地弋居[今甘肃庆阳市宁县]人也。父讽，历州宰。永元[和帝年号]元年[89 年]，车骑将军窦宪出征匈奴，除讽为军司马，令先赍金帛使北单于，宣国威德，其归附者万余人。后坐失宪意，髡输武威，武威太守承旨杀之。窦氏既灭，和帝知其为宪所诬，征慬，除[任用]为郎中。

[**决定性的秉性：**]慬有勇气，常慷慨好功名。初为车骑将军邓鸿司马，再迁，延平元年[106 年]拜西域副校尉。[**紧急形势、考验和对他来说的机会；他被委派去拯救形势：**]慬行至河西，会西域诸国反叛，攻都护任尚于疏勒。尚上书求救，诏慬将河西四郡羌胡五千骑驰赴之，慬未至而尚已得解。会征尚还，以骑都尉段禧为都护，西域长史赵博为骑都尉。禧、博守它乾城[今新疆库车附近，其址未详]。[**战略欺骗；他在一项紧急形势中的马基雅维里主义：**]它乾城小，慬以为不可固，乃谲说龟兹王白霸，欲入共保其城，白霸许之。吏人固谏，白霸不听，慬既入，遣将急迎禧、博，合军八九千人。[**他在战场上的英勇，凭此他大规模击败反叛的蛮夷：**]龟兹吏人并叛其王，而与温宿、姑墨数万兵反，共围城。慬等出战，大破之。连兵数月，胡众败走，乘胜追击，凡斩首万余级[**他在攻战和追击中的残酷的大规模杀戮**]，获生口数千人，骆驼畜产数万头，龟兹乃定。而道路尚隔。檄书不通。[**尽管有或不知道他的胜利，在帝国中央的失败主义导致放弃在西域的宗主权：**]岁余，朝廷忧之。公卿议者以为西域阻远，数有背叛，吏士屯田，其费无已。永初[安帝年号]元年[107 年]，遂罢都护，遣骑都尉王弘发关中兵迎慬、禧、博及伊吾卢[今哈密]、柳中屯田吏士。

[他在近西大规模击败蛮夷，拯救了战略要地和有重大历史象征性的关中地区，使之免于蛮夷蹂躏：]

二年[107 年]春，还至敦煌。会众羌反叛，朝廷大发兵西击之，逆诏慬留为诸军援。慬至张掖日勒[在今甘肃河西走廊蜂腰地带绣花庙古长城内侧]。羌诸种万余人攻亭侯,杀略(掠)吏人。懂进兵击,大破之,乘胜追至昭武[在今甘肃临泽县],虏遂散走,其能脱者十二三。乃至姑臧,羌大豪三百余人诣懂降,并慰譬遣还故地,河西四郡复安。

懂受诏当屯金城,闻羌转寇三辅,迫近园陵,即引兵赴击之,转战武功[今陕西咸阳市武功县]美阳关。[**他的非凡英勇:**]懂临阵被创,不顾,连破走之。尽还得所掠生口,获马畜财物甚众,羌遂奔散。朝廷嘉之,数玺书劳勉,委以西方事,令为诸军节度。

[**在北方和东北方的边疆危机中,他被调任为一支战略后备兵力的指挥官,然后急奔前去救援一支被围困的帝国部队,在途中经大战和在北方的进攻性挺进取得决定性胜利:**]

三年[108 年]冬,南单于与乌桓大人俱反。以大司农何熙行车骑将军事,中郎将庞雄为副,将羽林五校营士,及发缘边十郡[谓五原、云中、定襄、雁门、朔方、代郡、上谷、渔阳、辽西、右北平]兵二万余人,又辽东太守耿夔[kuí]率将鲜卑种众共击之,[**在边疆危机中,他被调任为一支战略后备军的指挥官:**]诏懂行度辽将军事。庞雄与耿夔共击匈奴奥鞬日逐王,破之。单于乃自将围中郎将耿种于美稷[县名,治所在今内蒙古准格尔旗西北],连战数月,攻之转急,种移檄求救。[**他前去拯救一支被围困的帝国部队,经大战击败反叛的蛮夷:**]明年[109 年]正月,懂将八千余人驰往赴之,至属国故城,与匈奴左将军、乌桓大人战,破斩其渠帅,杀三千余人,虏其妻子,获财物甚众。单于复自将七八千骑迎攻,围懂。懂被甲奔击,所向皆破,虏遂引还虎泽[其地莫详]。[**进而的进攻性挺进迫使主要敌人投降:**]三月,何熙军到五原曼柏,暴疾,不能进,遣庞雄与懂及耿种步骑万六千人攻虎泽。连营稍前,单于惶怖,遣左奥鞬日逐王诣懂乞降,懂乃大陈兵受之。单于脱帽徒跣,面缚[双手反绑于背而面向前]稽颡[屈膝下拜,以额触地,表示极度虔诚],纳质。[**他被晋升为负责北方和东北方防务的总司令:**]会熙卒于师,即拜懂度辽将军。……

[**突然,事情表明他的杰出成就未能使他免于入狱,在他去世前不久,仅仅因为一则"坐专擅"的小"事故性错误":**]

明年[111 年],安定、北地、上郡皆被羌寇,谷贵人流,不能自立。诏懂发边兵迎三郡太守,使将吏人徙扶风界。懂即遣南单于兄子优孤涂奴将兵迎之。既还,懂以涂奴接其家属有劳,辄授以羌侯印绶,坐专擅,征下狱,抵罪。明年[112 年],校书郎马融上书讼[为人辩冤]懂与护羌校尉庞参,有诏原[宽免]刑。语在《庞参传》。

会叛羌寇三辅,关中盗贼起,拜懂谒者,将兵击之。至胡县,病卒。……

[我们的史家揭示了一点:强烈的私人动机有力地驱动将领在公共事业中的英雄主义,恰如克劳塞维茨在《战争论》里揭示的①:]

论曰:时政平则文德用,而武略之士无所奋其力能,故汉世有发愤张胆、争膏身于夷狄,以要功名,多矣。祭肜、耿秉启匈奴之权,班超、梁慬奋西域之略,卒能成功立名,享受爵位,荐功祖庙,勒勋于后,亦一时之志士也。

## 卷 19《耿弇列传》[耿夔]

### 耿夔:

夔[kuí]字定公。少有气决。[他受命窦宪,率精骑超远距超纵深地击碎北匈奴王廷,为了摄政政权而非华夏国家的利益:]永元[和帝年号,89—105 年]初,为车骑将军窦宪假司马,北击匈奴,转骑都尉。三年[91 年],宪复出河西,以夔为大将军左校尉。将精骑八百,出居延塞,直奔北单于廷,于金微山斩阏氏、名王以下五千余级,单于与数骑脱亡,尽获其匈奴珍宝财畜,去塞五千余里而还,自汉出师所未尝至也。乃封夔粟邑侯。会北单于弟左鹿蠡王於除鞬自立为单于,众八部二万余人,来居蒲类海[即今新疆东部巴里坤湖]上,遣使款塞。以夔为中郎将,持节卫护之。[他主持执行窦宪的做给国内观众看的"国际政治秀"。]及窦宪败,夔亦免官夺爵士。[他的厄运随同窦氏外戚的厄运。然后,某种复起:]

后复为长水校尉,拜五原太守,迁辽东太守。元兴元年[105 年],貊人寇郡界,夔追击,斩其渠帅。②[从事东北边疆的帝国防务。]永初三年[109 年],南单于檀反畔(叛),使夔率鲜卑[使用一个危险和无常易变的东北方蛮族!为了打击另一个远非那么危险的蛮族。奇怪的帝国政策或策略]及诸郡兵屯雁门,与车骑将军何熙共击之。熙推夔为先锋,而遣其司马耿溥、刘祉将二千人与夔俱进。到属国故城,单于遣奥鞬日逐王三千余人遮汉兵。夔自击其左,令鲜卑攻其右,虏遂败走,[他(或许还有无常易变的鲜卑伙伴)的残酷无情的追击、杀戮和掳掠:]追斩千余级,杀其名王六人,获穹庐车重千余两,马畜生口甚众。鲜卑马多羸病,遂畔(叛)

---

① 克劳塞维茨《战争论》第一篇第 3 章"论军事天才":

"在战斗中鼓舞人的所有激情中间,我们必须承认没有哪一种像渴望荣誉和名望那样强劲有力,那样持续不断。……对这些高尚抱负的滥用无疑使人类历来遭受了种种最令人厌憎的暴行;尽管如此,它们的来源使之有资格跻身于人性中最崇高的成分之列。……其他激情可能更为普遍,更受尊崇,包括爱国精神、理想主义、复仇心、每一种热忱,但它们取代不了对名望和荣誉的渴求。它们确实可使大众奋起行动和鼓舞之,但不可能赋予司令官力争俯瞰其余的勃勃雄心,就像他要使自己卓越超群就必须的那样。它们无法像雄心能够做到的那样,赋予司令官一种在战斗的每个方面的个人利益,差不多专有财产似的利害关切,因而他利用每个机会争取最大裨益:大力开垦,仔细播种,渴望丰收。……"

② 《后汉书·东夷列传》载:后句骊王宫生而开目能视,国人怀之,及长勇壮,数犯边境。和帝元兴元年[105 年]春,复入辽东,寇略(掠)六县,太守耿夔击破之,斩其渠帅。

出塞。夔不能独进，以不穷追，左转云中太守，后迁行度辽将军事。

夔勇而有气［**一个凶勇蛮横的家伙**］，数侵陵使匈奴中郎将郑戬［jiǎn］。元初元年［114 年，安帝时］，坐征下狱，以减死论，笞二百。建光［安帝年号，121—122 年］中，复拜度辽将军。［**在他第二次大倒霉之后，对入侵的鲜卑兵力作战：**］时，鲜卑攻杀云中太守成严，围乌桓校尉徐常于马城。夔与幽州刺史庞参救之，追虏出塞而还。后坐法免，卒于家。

# "便孽党进":历经四帝的
# 外戚/宦官/嬖幸政治

## "名贤戮辱,便孽党进,衰衅之来,兹焉有征"

**卷5《安帝纪》摘录**

…………

建光元年[121年]……

三月癸巳,皇太后邓氏崩。[政权变更! 一个肆无忌惮的花花公子皇帝取代了严肃认真的太后女国务家作为最高统治者,从而导致宫廷的所有政治和个人邪恶(特别是外戚/宦官/嬖幸政治和君主的狂野放纵)行将滥觞肆虐。]……

[一个为期五年的简直最坏的帝国宫廷政权,在一段依然以频繁的自然灾害和严重的、主要来自远东北的蛮夷攻击为特征的糟糕岁月。]

[皇帝本人,一个典型的花花公子,沉溺于性、酗酒、狩猎和玩乐巡游,很大程度上被皇后阎氏及其外戚家族、宦官和其他佞幸操控。]

夏四月,秽貊复与鲜卑寇辽东,辽东太守蔡讽追击,战殁。……

五月庚辰,特进邓骘及度辽将军邓遵,并以谮自杀。[政权变更。邓氏外戚被愤懑的皇帝彻底摧毁!]……

八月,护羌校尉马贤讨烧当羌于金城,不利。……

鲜卑寇居庸关[他们突入颇深,几乎跨越了捍卫华北的唯一战略屏障!],九月,云中太守成严击之,战殁。鲜卑围乌桓校尉于马城,度辽将军耿夔救之。……

是秋,京师及郡国二十九雨水。

冬十一月己丑,郡国三十五地震,或坼裂。……

鲜卑寇玄菟。

……丙午,诏京师及郡国被水雨伤稼者,随顷亩减田租。甲子,初置渔阳营兵。

冬十二月,高句骊、马韩、秽貊围玄菟城,夫馀王遣子与州、郡并力讨破之。[非常麻烦的东北边疆,不时遭受种种不同的蛮夷分别或联合攻袭。]

建光二年[122年]春二月,夫馀王遣子将兵救玄菟,击高句骊、马韩、秽貊,破之,遂遣使贡献。[夫馀,帝国附庸,当时为帝国起了重要甚或关键性的战略作用。]

三月丙午,改元延光……

夏四月癸未,京师郡国二十一雨雹。……

六月,郡国蝗。

秋七月癸卯,京师及郡国十三地震。

高句骊降。……

九月甲戌,郡国二十七地震。

冬十月,鲜卑寇雁门、定襄。

十一月,鲜卑寇太原。[它的入侵和劫掠可以是广泛的,横跨一个很宽广的范围,从帝国边疆的东北到正北:]……

是岁,京师及郡国二十七雨水,大风,杀人。……

(延光)二年[123年]……

九月,郡国五雨水。……

十一月……

鲜卑败南匈奴于曼柏[在今内蒙古南部达拉特旗东南]。……

三年[124年]……

三月……太尉杨震免。[**杨震**:一位儒学大师和完全正直的朝廷大臣。他到头来,被他正在与之不妥协地斗争的宫廷腐败邪恶者彻底击败。他们的主子即花花公子皇帝最终摧毁了他,毫无怜悯,毫无遗憾。]……

六月,鲜卑寇玄菟。……

秋七月……鲜卑寇高柳[在今山西阳高,代郡治所,军事要地]。……

九月丁酉,废皇太子保为济阴王。[皇储,被险恶和无子的皇后阎氏——她已经谋杀了他的卑微的生母——仇视,现在被她以捏造的谋反罪名推倒。]①……

---

① 《后汉书·李王邓来列传》载:明年[124年],中常侍樊丰与大将军耿宝、侍中周广、谢恽等共谮陷太尉杨震,震遂自杀。……时皇太子惊病不安,避幸安帝乳母野王君王圣舍。太子乳母王男、厨监邴吉等以为圣舍新缮修,犯土禁,不可久御。圣及其女永与大长秋江京及中常侍樊丰、王男、邴吉等互相是非,圣、永遂诬谮男、吉,皆幽囚死,家属徙比景。太子思男等,数为叹息。京、丰惧有后害,妄造虚无,构谮太子及东宫官属。帝怒,召公卿以下会议废立。耿宝等承旨,皆以为太子当废。……是日遂废太子为济阴王。时监太子家小黄门籍建、中傅高梵等,皆以无罪徙朔方。……历[来历,光武帝功臣来歙后裔,时为太仆]乃要结光禄勋祋讽,宗正刘玮,将作大匠薛皓,侍中闾丘弘、陈光、赵代、施延、太中大夫砾(朱)伥、第五颉,中散大夫曹成,谏议大

是岁，京师及郡国二十三地震；三十六雨水，疾风，雨雹。

四年［125 年］……

三月……庚申，幸宛，帝不豫［身体不适］。……乙丑，自宛还。丁卯，幸叶，帝崩于乘舆，年三十二［花花公子难得长寿！］。［阎皇后图谋她本人独裁：］秘不敢宣，所在上食问起居如故。庚午，还宫。辛未夕，乃发丧。尊皇后为皇太后。太后临朝［她的险恶野心］，以后兄大鸿胪阎显为车骑将军，定策禁中，立章帝孙济北惠王寿子北乡侯懿［她的意中傀儡］。……乙酉，北乡侯即皇帝位。

夏四月……辛卯，大将军耿宝［安帝母舅］、中常侍樊丰、侍中谢恽、周广、乳母野王君王圣，坐相阿党，丰、恽、广下狱死，宝自杀，圣徙雁门。［阎太后搞的残酷无情的内斗和摧毁，针对她先前的协作者。然而，她最终将被宦官们摧毁，后者发动一场政变，恢复先前的皇储，拥立其为新帝即顺帝。阎太后将成为他们手下的囚徒，不久于 127 年丧命。］己酉，葬孝安皇帝于恭陵。庙曰恭宗。……

秋七月，西域长史班勇击车师后王，斩之。

冬十月……辛亥，少帝薨。［紧随上述宦官政变。］是冬，京师大疫。……

## 卷 10 下《皇后纪下》［阎皇后／阎太后］

［从光武帝阴皇后、明帝马皇后、和帝邓皇后（头两位的伟大颇多地归因于她们伟大的皇夫，后一位的伟大则大致归因于她自己）往后，垂死中的东汉王朝未曾产生任何优秀的皇后／太后。相反，她们的所有后继者不是阴险恶毒就是软弱无力至极。大致是个结构性决定论（structural determinism）问题，唯邓皇后／邓太后例外。］

阎贵人、阎皇后、阎太后（阎姬）：

［一个野心勃勃、阴险恶毒的女人，以后将从事近乎最坏的外戚政治，搞许多宫廷内斗和阴谋，包括作为一个无子的女人搞谋杀。］

［作为恶毒主宰后宫的皇后：］

安思阎皇后讳姬，河南荥阳人也。祖父章，永平［明帝年号，58—75 年］中为尚书，以二妹为贵人。章精力晓旧典，久次，当迁以重职，显宗［明帝］为后宫亲属，竟不用，出为步兵校尉。［防范外戚权势是汉初的一个传统，但在章帝在位期间由于窦

夫李尤，符节令张敬，持书侍御史龚调，羽林右监孔显，城门司马徐崇，卫尉守丞乐闿，长乐、未央厩令郑安世等十余人，俱诣鸿都门证太子无过。龚调据法律明之，以为男、吉犯罪，皇太子不当坐。帝与左右患之，乃使中常侍奉诏胁群臣……乃各稍自引起，历独守阙，连日不肯去。帝大怒，乃免历兄弟官，削国租，黜公主不得会见。历遂杜门不与亲戚通，时人为之震栗。

皇后而被打破。]章生畅,畅生后。

后有才色。元初元年[114年],以选入掖庭,甚见宠爱,为贵人。二年[115],立为皇后。[她的暴发那么快!其皇夫安帝足够腐败,足够轻浮。邓太后似乎在此事上太宽纵?]后专房妒忌[她的险恶有其第一维度:对皇夫的其他女人的强烈嫉妒],帝幸宫人李氏,生皇子保,遂鸩杀李氏。[谋杀!极端嫉妒、险恶和兽性。]……

建光元年[121年],邓太后崩,帝始亲政事。[就此开始了一个非常暗淡和肮脏的时代,一个如我们的史家在邓皇后/太后传记末尾所说"名贤戮辱,便孽党进"的时代。她去世后两个月,"特进邓骘及度辽将军邓遵,并以谮自杀"——愤懑的皇帝搞的政权变更。]显[阎皇后之兄]及弟景、耀、晏并为卿校,典禁兵。延光元年[122年],更封显长社侯,食邑万三千五百户,追尊后母宗为荥阳君。显、景诸子年皆童龀,并为黄门侍郎。[皇后家族在权势和财富两方面急剧兴盛。]后宠既盛,而兄弟颇与朝权,后遂与大长秋江京、中常侍樊丰等共谮皇太子保,废为济阴王。[她和她的家族不冒任何风险,吃尽所有机会!]

[作为险恶地独裁的太后:]
[阴谋开启了她作为摄政太后的统治:]四年[125年]春,后从帝幸章陵,帝道疾,崩于叶县。后、显兄弟及江京、樊丰等谋曰:"今晏驾道次,济阴王在内,邂逅公卿立之,还为大害。"乃伪云帝疾甚,徙御卧车。行四日,驱驰还宫。明日,诈遣司徒刘熹诣郊庙社稷,告天请命。其夕,乃发丧。尊后曰皇太后。皇太后临朝,以显为车骑将军,仪同三司。

[她为首的外戚统治消灭异己,狂野不羁:]太后欲久专国政,贪立幼年,与显等定策禁中,迎济北惠王子北乡侯懿,立为皇帝。显忌大将军耿宝位尊权重,威行前朝,乃风有司奏宝及其党与中常侍樊丰、虎贲中郎将谢恽、恽弟侍中笃、笃弟大将军长史宓、侍中周广、阿母[帝乳母]野王君王圣、圣女永、永婿黄门侍郎樊严等,更相阿党,互作威福,探刺禁省,更为唱和,皆大不道。丰、恽、广皆下狱死,家属徙比景[位于今越南平治省];宓、严减死,髡钳;贬宝为则亭侯,遣就国,自杀;王圣母子徙雁门。于是景为卫尉,耀城门校尉,晏执金吾,兄弟权要,威福自由。

[末日来临!她和她的家族突然被宦官政变摧毁:]
少帝立二百余日而疾笃,显兄弟及江京等皆在左右。京引显屏语曰:"北乡侯病不解,国嗣宜时有定。前不用济阴王,今若立之,后必当怨,又何不早征诸王子,简所置乎?"显以为然。及少帝薨,京白太后,征济北、河间王子。未至,而中黄门

孙程合谋杀江京等,立济阴王,是为顺帝。显、景、晏及党与(羽)皆伏诛,迁太后于离宫,家属徙比景。明年,太后崩。在位十二年,合葬恭陵。

帝[顺帝]母李氏瘗[埋葬]在洛阳城北,帝初不知,莫敢以闻。及太后崩,左右白之,帝感悟发哀,亲至瘗所,更以礼殡,上尊谥曰恭愍皇后,葬恭北陵,为策书金匮,藏于世祖庙。

### 卷 54《杨震列传》

[杨震:博学的儒家学者,在其成人岁月的头半段是传授儒家学问的伟大"教授",继而在后半段乃非常诚实和正直的官员,步步晋升到最高级大臣职位。]

[他在同一个帝国衰落时代,经历了两个前后相继却截然相反的政权:伟大太后邓绥的和花花公子安帝的,后者愈益黑暗,由外戚、宦官和各种宫廷佞幸支配。以其正直和庄严勇气,他在中央与他们斗争,还一次又一次地训诫安帝。当然,他无法拯救无望的局势,却招致了占统治地位的权势者的敌意。最后,他全然失去了的幻想,在愤懑中自杀。]

["抗直方以临权枉,先公道而后身名":他本人树立了一个丰碑,刻有我们的史家的伟大铭文。]

[他出自一个几世纪之久的贵族世家,有一种贵族性情,成了一位博学的儒家学者和伟大的儒家"教授":]

杨震字伯起,弘农[郡名,辖今河南黄河以南、宜阳以西的洛、伊诸河流域]华阴人也。八世祖喜,高祖时有功,封赤泉侯。高祖敞,昭帝时为丞相,封安平侯。父宝,习《欧阳尚书》。哀、平之世,隐居教授。居摄二年,与两龚、蒋诩俱征,遂遁逃,不知所处。光武高其节。建武中,公车特征,老病不到,卒于家。

震少好学,受《欧阳尚书》于太常桓郁,明经博览,无不穷究。诸儒为之语曰:"关西孔子杨伯起。"[他的聪明和学问为他在儒家同侪中间赢得了大大赞誉。]常客居于湖[湖城县,位于今河南三门峡灵宝市]不答州郡礼命数十年,众人谓之晚暮,而震志愈笃。[他总是认真和全身心投入(本业)!]后有冠雀[鹳雀]衔三鳣鱼,飞集讲堂前,都讲[讲经时所设职掌,须负责发问,俾使听众容易理解文义]取鱼进曰:"蛇鳣者,卿大夫服之象也。数三者,法三台[三台喻三公]也。先生自此升矣。"年五十,乃始仕州郡。①

---

① 杨震起初利用其父授徒的学馆收徒传业十余年,学生达 2000 多人。此后他客居于湖,讲学十余年,弟子达 1000 多人。他的学生前后超过 3000 人,可与孔子有三千弟子媲美。"杨震—东汉太尉",http://baike.so.com/doc/5764581-5977349.html.

[他被摄政太后邓绥之下最有权势的人物延请，担任地区/地方行政长官，在其职位上极为诚实、清廉和正直：]

大将军邓骘闻其贤而辟之，举茂才，四迁荆州刺史、东莱太守。当之（至）郡，道经昌邑，故所举荆州茂才王密为昌邑［县名，今山东潍坊昌邑市］令，谒见，至夜怀金十斤以遗震。震曰："故人知君，君不知故人，何也？"密曰："暮夜无知者。"震曰："天知，神知，我知，子知。何谓无知！"密愧而出。后转涿郡太守。性公廉，不受私谒。子孙常蔬食步行，故旧长者或欲令为开产业，震不肯，曰："使后世称为清白吏子孙，以此遗之，不亦厚乎！"

[在被晋升为朝廷大臣乃至最高级大臣之后，他以同样的品质即诚实、公允和正直行事；然而，不久政权变更，"内宠始横"，因而他不得不在他的最后三年里为公益和自己的良心抗争（一）：]

元初［安帝年号］四年［117 年］，征入为太仆，迁太常。先是博士选举多不以实，震举荐明经名士陈留杨伦等，显传学业，诸儒称之。

永宁元年［120 年］，代刘恺为司徒。明年［建光元年，121 年］，邓太后崩，内宠始横。安帝乳母王圣，因保养之勤，缘恩放恣；圣子女伯荣出入宫掖，传通奸赂。[宫廷佞幸肆无忌惮。]震上疏曰[他无法容忍，直率之至地抨击之]：

臣闻政以得贤为本，理以去秽[这训诫的关键词]为务。是以唐虞俊义在官，四凶流放，天下咸服，以致雍［和也］熙［广也］。方今九德未事，嬖幸充庭。[他未在任何程度上规避树怨招恨；他自视为他们的天敌。]阿母王圣出自贱微，得遭千载，奉养圣躬，虽有推燥居湿之勤，前后赏惠，过报劳苦，而无厌之心，不知纪极，外交属托，扰乱天下，损辱清朝，尘点日月。[他当然有许多经典话语当作抨击弹药：]《书》诫牝［pìn，雌也］鸡牡［雄也］鸣［《尚书》："古人有言，牝鸡无晨，牝鸡之晨，唯家之索"］，《诗》刺哲妇［多谋虑的妇人］丧国［《诗经·大雅》："哲夫成城，哲妇倾城"］。昔郑严公［即郑庄公］从母氏之欲，恣骄弟之情，几至危国，然后加讨，《春秋》贬之，以为失教。夫女子小人，近之喜，远之怨，实为难养。《易》曰：'无攸遂，在中馈。'［家人卦六二爻辞也。郑玄注曰："……犹妇人自修正于内，丈夫修正于外。无攸遂，言妇人无敢自遂也。"］言妇人不得与于政事也。[他不作任何妥协，毫不在乎花花公子皇帝的放纵品性：]宜速出阿母，令居外舍，断绝伯荣，莫使往来……惟陛下绝婉娈［luán，容貌美号］之私，割不忍之心，留神万机，诚慎拜爵，减省献御，损节征发。[他果真相信他能做到这些？]……拟踪往古，比德哲王，岂不休哉！

奏御，帝以示阿母等，内幸皆怀忿恚。[那么容易就树了敌，有权有势之敌！]而伯荣骄淫尤甚，与故朝阳侯刘护从兄瑰交通，瑰遂以为妻，得袭护爵，位至侍中。

震深疾之，复诣阙上疏曰［**挫折从不阻止他再度战斗**］：

臣闻高祖与群臣约，非功臣不得封，故经制父死子继，兄亡弟及，以防篡也。伏见诏书封故朝阳侯刘护再从兄瑰袭护爵为侯。护同产弟威，今犹见在。臣闻天子专封封有功，诸侯专爵爵有德。今瑰无佗〔它〕功行，但以配阿母女，一时之间，既位侍中，又至封侯，不稽旧制，不合经义，行人喧哗，百姓不安。陛下宜览镜既往，顺帝之则。

书奏不省。［**他的战斗从不以成功告终。**］

［**不久政权变更，"内宠始横"，因而他不得不在他的最后三年里为公益和自己的良心抗争（二）：**］

延光二年［123年］，代刘恺为太尉。［**他不对有权有势的宦官和外戚作任何退让。**］帝舅大鸿胪耿宝［其妹耿姬为清河孝王刘庆之妻，庆子刘祜被邓太后立为帝，即安帝］荐中常侍李闰兄于震，震不从。宝乃自往候震曰："李常侍国家所重，欲令公辟其兄，宝唯传上意耳。"震曰："如朝廷欲令三府辟召，故宜有尚书敕。"遂拒不许，宝大恨而去。皇后兄执金吾阎显亦荐所亲厚于震，震又不从。司空刘授闻之，即辟此二人，旬日中皆见拔擢。由是震益见怨。［**那么容易就树了敌，有权有势之敌！**］

时诏遣使者大为阿母修第，中常侍樊丰及侍中周广、谢恽等更相扇（煽动）动，倾摇朝廷。震复上疏曰［**他一次又一次地战斗，由他的原则和品格发动**］：

臣闻古者九年耕必有三年之储，故尧遭洪水，人无菜色。臣伏念［**灾难性的全国和帝国形势必定使他大为痛心：**］方今灾害发起，弥弥滋甚，百姓空虚，不能自赡。重以螟蝗，羌虏抄掠，三边震扰，战斗之役至今未息，兵甲军粮不能复给。大司农帑藏匮乏，殆非社稷安宁之时。［**在这样的形势下，宫廷佞幸狂野奢侈，挥金如土，骚乱国家，那是正直的他无法在任何程度上容忍的：**］伏见诏书为阿母兴起津城门内第舍，合两为一，连里竟街，雕修缮饰，穷极巧伎。今盛夏土王（旺）［依阴阳五行说，大暑前三日至立秋节前为夏土旺日］，而攻山采石，其大匠左校别部将作合数十处，转相迫促，为费巨亿。周广、谢恽兄弟，与国无肺腑枝叶之属，依倚近幸奸佞之人，与樊丰、王永等分威共权，属托州郡，倾动大臣。宰司辟召，承望旨意，招来（徕）海内贪污之人，受其货赂，至有臧（赃）锢弃世之徒［有赃贿禁锢之人］复得显用。白黑混淆，清浊同源，天下讙哗，咸曰财货上流，为朝结讥。臣闻师言："上之所取，财尽则怨，力尽则叛。"［**他的严厉警告！**］怨叛之人，不可复使，故曰："百姓不足，君谁与足？"［《论语·颜渊》有若对鲁哀公之词。有若即有子，孔子死后曾一度被孔门弟子推举为"师"。］惟陛下度之。

丰、恽等见震连切谏不从，无所顾忌，遂诈作诏书，调发司农钱谷、大匠见徒材木,各起家舍、园池、庐观,役费无数。

[挫折从不阻止他战斗不息:]震因地震,复上疏曰:

……去年十二月四日,京师地动。臣闻师言:"地者阴精,当安静承阳。"而今动摇者,阴道盛也。其日戊辰,三者皆土[戊干辰支皆土也,并地动,故言三者],位在中宫,此中臣近官盛于持权用事之象也。[**儒家自然神论(天人感应)可以像先前屡有的那样,被用来帮助积极的战斗。**]……亲近幸臣……骄溢逾法,多请徒士,盛修第舍,卖弄威福。道路讙哗,众所闻见。地动之变,近在城郭,殆为此发。又冬无宿雪,春节未雨,百僚燋(灼)心,而缮修不止,诚致旱之征也。《书》[《尚书·洪范》]曰:"僭[差也]恒阳若[顺也],臣无作威作福玉食。"唯陛下奋乾刚之德,弃骄奢之臣,以掩訞言之口,奉承皇天之戒,无令威福久移于下。

[**他终于不能见容于宫廷内所有大恶,因而在他们手中丧命:**]

震前后所上,转有[婉转(肯定并非是个正确的描述!)诚恳]切至[切直尽理],帝既不平[指厌烦不满]之,而樊丰等皆侧目愤怨,俱以其名儒,未敢加害。寻有河间男子赵腾诣阙上书,指陈得失。帝发怒,遂收考诏狱。结以罔上不道。震复上疏救之……帝不省,腾竟伏尸都市。

[**佞幸们的敌意和花花公子皇帝的厌恶在久积之后突然爆发:**]会(延光)三年[124年]春,东巡岱宗,樊丰等因乘舆在外,竞修第宅,震部掾高舒召大匠令史考校之,得丰等所诈下诏书,具奏,须行还上之。丰等闻,惶怖,会太史言星变逆行[**儒家自然神论现在驱使恶棍们恐惧,下定摧毁决心**],遂共谮[zèn]震云:"自赵腾死后,深用怨怼;且邓氏故吏,有恚恨之心。"及车驾行还,便时太学[且于太学待吉时而后入,故曰便时],夜遣使者策收震太尉印绶,于是柴门绝宾客。丰等复恶之,乃请大将军耿宝奏震大臣不服罪,怀恚望,有诏遣归本郡。[**他总是不妥协,遂在大愤懑中自杀:**]震行至城西几阳亭,乃慷慨谓其诸子门人曰:"死者士之常分。吾蒙恩居上司,疾奸臣狡猾而不能诛,恶嬖女倾乱而不能禁,何面目复见日月!身死之日,以杂木为棺,布单被裁(才)足盖形,勿归冢次,勿设祭祠。"因饮鸩而卒,时年七十余。
[**恶棍们的敌意、仇视和残酷无穷无尽:**]弘农太守移良承樊丰等旨,遣吏于陕县留停震丧,露棺道侧[谢承书曰:"震临没,谓诸子以牛车薄篷,载枢还归。"],谪震诸子代邮行书[被罚做苦役,代替邮差往来送信],道路皆为陨涕。

[**他获"平反",但帝国的垂死继续下去,毫无扭转:**]

岁余,顺帝即位,樊丰、周广等诛死,震门生虞放、陈翼诣阙追讼震事。朝廷咸称其忠,乃下诏除二子为郎,赠钱百万,以礼改葬于华阴潼亭,远近毕至。……时连有灾异,帝感震之枉,乃下诏策曰:"故太尉震,正直是与,俾匡时政……上天降威,灾眚［shěng，灾难］屡作，尔卜尔筮，惟震之故。……今使太守丞以中牢具祠，魂而有灵，倪其歆享。"于是时人立石鸟象于其墓所。……

［"抗直方以临权枉，先公道而后身名"：他本人树立了一个丰碑，刻有我们的史家的伟大铭文：］

论曰：孔子称"危而不持，颠而不扶，则将焉用彼相矣"［意为站不住时不去搀，摔倒了不去扶，那么还要你这引导盲人走路的人做什么？］。诚以负荷之寄［谓周公、霍光之类摄相］，不可以虚冒，崇高之位，忧重责深也。延、光之间，震为上相，抗直方［公正端方］以临权枉［邪恶的当权者］，先公道而后身名，可谓怀王臣之节，识所任之体矣。

**卷 48《杨李翟应霍爰徐列传》**［翟酺］

［本篇记述七位正直勇敢的儒官，他们几乎全都生活在帝国垂死或灭亡时代，以言辞甚或行动抨击掌权统治的外戚和（或）宦官。］

［除了这直接政治的主题外，本篇内在较广泛的意义上最有趣味含义的是（1）杨终的训诫，关于持一种"临深履薄"态度的精英家庭教育之必不可少，否则那些嘴里含着银勺子出生的人会被惯坏到狂野放纵地步；（2）我们的史家对翟酺前后相继的相反行为作的评论，那揭示了在制约与放任相兼的政治/社会环境内人心和内在道德的复杂性。］

…………

［一位精明得令人印象深刻的智识小天才。他虽然能够为自己的私利而非常"马基雅维里似的"，但仍具正直和胆魄去抨击花花公子安帝之下阎氏外戚的险恶权势，结果"外戚宠臣咸畏恶之"。在先后由梁氏外戚和宦官控制的顺帝在位期间，他度过了一场个人危机，但未度过另一场。］

［智识小天才，能适应草根生活的不同艰辛和官场内的恶性竞争：］

翟酺［pú］字子超，广汉雒［luò，约当今四川成都平原广汉市雒城镇］人也。四世传《诗》。酺好《老子》，尤善图纬、天文、历算。以报舅仇，当徙日南［郡名，治所在今越南中部广治省东河市］，亡于长安，为卜相工，后牧羊凉州。遇赦还。仕郡，征拜议郎，迁侍中。

时，尚书有缺，诏将大夫六百石以上试对政事、天文、道术，以高第者补之。［他为自己的私利搞阴险的"马基雅维里主义"，毫无节操地将神秘主义的儒家谶纬用作官场竞争工具：］酺自恃能高，而忌故太史令孙懿，恐其先用，乃往候懿。既坐,言无所及,唯涕泣流连。懿怪而问之,酺曰:"图书[《春秋保干图》]有汉贼孙登,将以才智为中官[宦官]所害。观君表相,似当应之。酺受恩接,凄怆君之祸耳!"懿忧惧,移病[作文移而称病]不试。由是酺对第一,拜尚书。

[他那里人心的复杂性:他仍能为原则和公益而正直勇敢,强烈抨击安帝之下阎氏外戚的险恶权势:]

时,安帝始亲政事,追感祖母宋贵人,悉封其家。又元舅耿宝及皇后兄弟阎显等并用威权。酺上疏谏曰:

……伏惟陛下应天履祚,历值中兴,当建太平之功,而未闻致化之道。……昔窦、邓之宠,倾动四方,兼官重绂,盈金积货,至使议弄神器,改更社稷。岂不以势尊威广,以致斯患乎?[告诫:外戚的压倒性尊威、权势和财富会导致政权变更,甚或王朝变更!]及其破坏,头颡堕地,愿为孤豚,岂可得哉![《庄子》曰,或聘庄子,庄子谓其使曰:"子见夫牺牛乎?衣以文绣,食以刍菽。及其牵而入于太庙,欲为孤犊,其可得乎?"此作"豚",不同。]夫致贵无渐失必暴,受爵非道殃必疾。[按照他,有权有势的外戚是不合法的暴发户。][对宫廷首要形势作非常直率的抨击:]今外戚宠幸,功均造化,汉元[汉初]以来,未有等比[相等,匹敌]……禄去公室,政移私门,覆车重寻[重蹈覆辙],宁无摧折。而朝臣在位,莫肯正议,翕翕[xī xī,苟合貌]訾訾[zī zī,《毛诗》曰:"翕翕然患其上,訾訾然不思称职。"],更相佐附。[告诫:皇权岌岌可危,王朝安全岌岌可危:]臣恐威权外假,归之良难,虎翼一奋,卒不可制。故孔子曰[《春秋保干图》]:"吐珠于泽,谁能不含"[谕君之权柄外假,则必竞取以为己利,犹珠出于泽中,谁能不含取以为己宝];老子称"国之利器,不可以示人"。此最安危之极戒,社稷之深计也。

[在率直地指责向外戚滥放权力后,他现在抨击向他们(或许还有其他显贵)滥授财富,那令国家破产,民众受害:]夫俭德之恭,政存约节。故文帝爱百金于[甚于]露台[文帝常欲作露台,计直百金。曰:"百金中人十家之产,何以台为?"遂止不作],饰帷帐于[以]皁(皂)囊[东方朔曰:"文帝集上书囊以为殿帷。"]。或有讥其俭者,上曰:"朕为天下守财耳,岂得妄用之哉!"至仓谷腐而不可食,钱贯朽而不可校。今自初政已来,日月未久,费用赏赐已不可算。敛天下之财,积无功之家,帑藏单(殚)尽,民物凋伤,卒有不虞,复当重赋百姓,怨叛既生,危乱可待也。……

[告诫:帝国岌岌可危(被儒家自然神论式"天戒"证明!);呼吁:"诛远佞谄之党",结束皇帝你自己的花花公子放纵:]自去年已(以)来,灾谴频数,地坼天崩,高岸为谷。修身恐惧,则转祸为福;轻慢天戒,则其害弥深。愿陛下……勉求忠贞之臣,诛远佞谄之党,损玉堂之盛……割情欲之欢,罢宴私之好。帝王图籍,陈列左右,心存亡国所以失之,鉴观兴王所以得之,庶灾害可息,丰年可招矣。

［他的训诫的结果：］书奏不省，而外戚宠臣咸畏恶之。［**当然！为何结果并未更坏**？］

［**作为一位能干的边疆行政长官，他凶猛地击败入侵的蛮夷，载誉满满回到中央；政权变更后不久他在那里颇为显赫，起了某种令他大大倒霉的改良作用**：］延光三年［124年］，出为酒泉太守。叛羌千余骑徙敦煌来抄郡界，酺赴击，斩首九百级，羌众几尽，威名大震。迁京兆尹。［**宦官政变令阎氏外戚（他们恨他）覆灭之后不久，他有了个人显赫的新机会**：］顺帝即位［125年］，拜光禄大夫，迁将作大匠。损省经用［常用］，岁息四五千万。屡因灾异，多所匡正。［陈寿《益部耆旧传》曰："时诏问酺阴阳失序，水旱隔并……酺上奏陈图书之意曰：'……宜行先王至德要道，奉率时禁，抑损奢侈，宣明质朴，以延四百之难。'帝从之。"］［**现在，他的神秘主义儒家谶纬服务于多少改良的目的。然而，这犹如先前，导致权贵们的仇视和迫害**：］由是权贵共诬酺及尚书令高堂芝等交通属托，坐减死归家。复被章云酺前与河南张楷等谋反，逮诣廷尉。及杜真等上书讼之，事得明释。［《益部耆旧传》曰："杜真……兄事同郡翟酺。酺后被系（系）狱，真上檄章救酺，系（系）狱笞六百，竟免酺难，京师莫不壮之。"］卒于家。

著《援神》《钩命解诂》十二篇。……

…………

［**我们的史家作的评论在一个方面深刻和发人深思**：］论曰：孙懿［见上］以高明见忌，而受欺于阴计［阴谋诡计］；翟酺资谲数取通，而终之以謇［正直］谏。岂性智［禀赋才智］自有周偏，先后之要殊度乎？［**翟酺的前后相继的相反行为导致我们的史家感到（尽管仍有困惑）在制约与放任相兼的政治/社会环境内人心和内在道德的复杂性**。］……

**卷51《李陈庞陈桥列传》**［陈禅］

…………

陈禅：

［**一位严格的儒家行为主义者，不管是在地方官场还是在中央，与此同时讲求实际、注重实效地处理造反的或入侵的蛮夷**。］

［**经过一番可怖的检验，他被证明在官场诚实廉洁**：］陈禅字纪山，巴郡安汉［今四川东北部南充市蓬安县］人也。仕郡功曹，举善黜恶，为邦内所畏。察孝廉，州辟治中从事。时刺史为人所上受纳臧（赃）赂，禅当传考

[谓被逮捕而受考],无它所赍,但持丧敛之具而已。及至,箠掠无算,五毒毕加[**一个政府予以它自己的(低级)官员的司法待遇是多么野蛮和可怖!**],禅神意自若,辞对无变,事遂散释。[**可怖的检验后得到"平反"甚至晋升:**]车骑将军邓骘[zhì]闻其名而辟焉,举茂才。时汉中蛮夷反畔(叛),以禅为汉中太守。夷贼素闻其声,即时降服[**今人惊讶,他的诚实和正直名声在平定造反的蛮夷方面可以是一项决定性的军事资产**]。迁左冯翊,入拜谏议大夫。

[**在中央,他的表现至少一度像个决然正直的书呆子,恰如儒家先师本人;很可能,此乃发作,发作他对花花公子安帝的郁积的愤怒:**]

永宁[安帝年号]元年[120年],西南夷掸国王献乐及幻人,能吐火,自支解,易牛马头。明年元会,作之于庭,安帝与群臣共观,大奇之。[**恰如儒家先师本人那么表现:**]禅独离席举手大言曰:"昔齐、鲁为夹谷之会,齐作侏儒之乐,仲尼诛之。[《家语》曰,鲁定公与齐侯会于夹谷,孔子摄相事。齐奏中宫之乐,倡优侏儒戏于前。孔子趋曰:"匹夫而侮诸侯,罪应诛。"于是斩侏儒,手足异处。又曰:'放郑声,远佞人。'[见《论语》。][**他的无保留的种族、文化和帝国偏见:**]帝王之庭,不宜设夷狄之技。"尚书陈忠劾奏禅曰["**理论上**"颇为有理:]:"古者合欢之乐舞于堂,四夷之乐陈于门,故《诗》云'以《雅》以《南》,《韎[mèi]》、《任》、《硃(朱)离》'[《诗经·小雅·鼓钟之诗》曰:"以雅以南……"薛君云:"南夷之乐曰南……"《周礼》云鞮鞻氏掌四夷之乐,郑玄注云:"东方曰韎,南方曰任,西方曰朱离,北方曰禁。"]。今掸国越流沙,逾县度(渡),万里贡献,非郑、卫之声,佞人之比,而禅廷讪朝政,请劾禅下狱。"有诏勿收,左转为玄菟候城障尉,诏"敢不之(至)官,上妻子从者名"。禅既行,朝廷多讼之。[**然而他,一位复杂的儒者,再度证明了自己,以不用武力而平定蛮夷:**]会北匈奴入辽东,追拜禅辽东太守。胡惮其威强,退还数百里。禅不加兵,但使吏卒往晓慰之,单于随使还郡。禅于学行礼,为说道义以感化之。单于怀服,遗以胡中珍货而去。

及邓骘诛废[121年],禅以故吏免。复为车骑将军阎显长史。顺帝即位[125年],迁司隶校尉。明年,卒于官。……

## 从"衅起宦夫"到外戚"侈暴"

卷78《宦者列传》[孙程]

…………

孙程:

[政治上说,他是本列传内很少几个最重要甚或最历史性的人物之一,原因是我们的史家在本列传导言里已经说过的。①]

[他的可怕的敌人:安帝的亲密宦官,他的乳母及其女儿,还有太后和皇后的几个兄弟;他们非常强势、阴险、蛮横和暴虐:]

孙程字稚卿,涿郡新城人也。安帝时,为中黄门,给事长乐宫。

时邓太后临朝,帝不亲政事。小黄门李闰与帝乳母王圣常共谮太后兄执金吾悝等,言欲废帝,立平原王翼,帝每忿惧。及太后崩,遂诛邓氏而废平原王,封闰雍乡侯;又小黄门江京以谄谄进,初迎帝于邸,以功封都乡侯,食邑各三百户。闰、京并迁中常侍,江京兼大长秋,与中常侍樊丰、黄门令刘安、钩盾令陈达及王圣、圣女伯荣扇动内外,竞为侈虐。又帝舅大将军耿宝、皇后兄大鸿胪阎显更相阿党,遂枉杀太尉杨震,废皇太子为济阴王。

[帝位继承是为之殊死争斗的问题。他决心扭转趋势(这任务因为他的敌人中间的血腥内斗而有所减轻),继之以秘密动员同侪,然后一夜之间发动戏剧性政变和武装行动,全都在他的卓越领导之下:]

明年[125年]帝崩,立北乡侯为天子[即少帝]。显等遂专朝争权,乃讽有司奏诛樊丰,废耿宝、王圣,及党与皆见死徙。

十月,北乡侯病笃。[秘密动员:]程谓济阴王谒者长[近侍长]兴渠曰:"王以嫡统,本无失德,先帝用谗,遂至废黜。若北乡疾不起,共断江京、阎显,事乃可成。"渠等然之。又中黄门南阳王康,先为太子府史,自太子之废;常怀叹愤。又长乐

---

① [东汉宦官权力概史:和帝往后,缘于他们赢得对占支配地位的外戚的殊死斗争,宦官开始那么屡屡和那么强势地统治,最终至于"举动回山海,呼吸变霜露"那般狂野,导致"汉之纲纪大乱":]

中兴之初,宦官悉用阉人,不复杂调他士。至永平[明帝年号,58—75年]中,始置员数,中常侍四人,小黄门十人。[转折点,和帝在位期间:]和帝即祚幼弱,而窦宪兄弟专总权威,内外臣僚,莫由亲接,所与居者,唯阉宦而已。故郑众得专谋禁中,终除大憝[duì,恶也],遂享分土之封,超登宫卿之位。于是中官始盛焉。

自明帝以后,迄乎延平[殇帝年号,106年],委用渐大,而其员稍增,中常侍至有十人,小黄门二十人,改以金珰右貂,兼领卿署之职。[一个关键性的例外:在伟大的邓绥的太后摄政期间,宦官的影响由外戚而大大得益和加强,因为如下必需:]邓后以女主临政,而万机殷远,朝臣国议,无由参断帷幄,称制下令,不出房闱之间,不得不委用刑人,寄之国命。手握王爵,口含天宪,非复掖廷永巷之职,闺牖房闼之任也。其后孙程定立顺之功[经过一场血腥的政变,由孙程为首的19个宦官操作;或许,这是中国史上最戏剧性的政变之一],曹腾参建桓之策[梁太后和其舅梁冀所以定策立蠡吾侯刘志为桓帝,宦官曹腾进言有力],[再度转折点:自此往后,宦官大体上在帝国宫廷行使简直压倒性的统治,一种最黑暗的统治:]续以五侯合谋,梁冀受钺,迹因公正,恩固主心,故中外服从,上下屏气。或称伊、霍之勋,无谢于往载;或谓良、平之画,复兴于当今。虽时有忠公,而竟见排斥。[宦官权势肆无忌惮,乃至疯狂:]举动回山海,呼吸变霜露。阿旨曲求,则光宠三族;直情忤意,则参夷五宗。汉之纲纪大乱矣。

(宫)太官丞京兆王国,并附同于程。至二十七日,北乡侯薨。阎显白太后,征诸王子简为帝嗣[《后汉书·顺帝纪》内的相关文字为"更征立诸国王子"]。未及至[**千钧一发之际,短暂"空位"时节,千钧一发之际**],十一月二日,程遂与王康等十八人,聚谋于西钟下,皆截单衣为誓。[**决绝发动政变:**]四日夜,程等共会崇德殿上,因入章台门。[**突然袭击和快速杀戮:**]时,江京、刘安及李闰、陈达等俱坐省门下,程与王康共就斩京、安、达,[**快速政治权宜:**]以李闰权势积为省内所服,欲引为主,因举刃胁闰曰:"今当立济阴王,无得摇动。"闰曰:"诺。"于是扶闰起,[**快速立帝:**]俱于西钟下迎济阴王立之,是为顺帝。召尚书令、仆射以下,从辇幸南宫云台,程等留守省门,遮扞内外。

　　[**进一步的快速行动和意外的幸运:**]阎显时在禁中,忧迫不知所为,小黄门樊登劝显发兵,以太后诏召越骑校尉冯诗、虎贲中郎将阎崇,屯朔平门,以御程等。诱诗入省,太后使授之印,曰:"能得济阴王者封万户侯,得李闰者五千户侯。"显以诗所将众少,使与登迎吏士于左掖门外。[**意外的幸运:**]诗因格杀登,归营屯守。[**一场快速小战斗:**]显弟卫尉景遽[jù]从省中还外府,收兵至盛德门。程传召诸尚书使收景。尚书郭镇时卧病,闻之,即率直宿羽林出南止车门,逢景从吏士,拔白刃,呼白:"无干兵。"镇即下车,持节诏之。景曰:"何等诏?"因斫镇,不中。镇引剑击景堕车,左右以戟叉其匈(胸),遂禽(擒)之,送廷尉狱,即夜死。旦日,令侍御史收显等送狱,于是遂定。①[**一夜之间政变大告成功!**]下诏曰:

　　[**他领导的政变的历史性意义:宦官大批变成贵族("十九侯"),而且自此往后,除了在外戚梁冀独裁期间,宦官集团开始大体上在帝国宫廷行使统治,一种最黑暗的统治:**]
　　夫表功录善,古今之通义也。故中常侍长乐太仆江京、黄门令刘安、钩盾令陈达与故车骑将军阎显兄弟谋议恶逆,倾乱天下。中黄门孙程、王康、长乐太官丞王国、中黄门黄龙、彭恺、孟叔、李建、王成、张贤、史汎、马国、王道、李元、杨佗、陈予、赵封、李刚、魏猛、苗光等,怀忠愤发,戮力协谋,遂埽灭元恶,以定王室。……程为谋首,康、国协同。其封程为浮阳侯,食邑万户;康为华容侯,国为郦侯,各九千户;黄龙为湘南侯,五千户;彭恺为西平昌侯,孟叔为中庐侯,李建为复阳侯,各四千二百户;王成为广宗侯,张贤为祝阿侯,史汎为临沮侯,马国为文平侯,王道为范县侯,

---

　　① 补充:《后汉书·顺帝纪》载:阎显兄弟闻帝立,率兵入北宫,尚书郭镇与交锋刃,遂斩显弟卫尉景。戊午,遣使者入省[太后居所],夺[!]得玺绶,乃幸嘉德殿,遣侍御史持节收阎显及其弟城门校尉耀、执金吾晏,并下狱诛。[**摧毁阎氏外戚:**]已未,开门,罢屯兵。壬戌,诏司隶校尉:"惟阎显、江京近亲当伏辜诛,其余务崇宽贷。"

李元为褒信侯,杨佗为山都侯,陈予为下隽侯,赵封为析县侯,李刚为枝江侯,各四千户;魏猛为夷陵侯,二千户;苗光为东阿侯,千户。

是为十九侯。加赐车、马、金、银、钱、帛,各有差。李闰以先不豫谋,故不封。遂擢拜程骑都尉。

[可是,他和他的集团的权势仍有某种迅速显现出来的局限,连同归因于他们的狂野无知的一大起伏波动;而且,一个甚至更严重的事态是与顺帝结婚相伴,梁氏外戚的权势突然浮现:]

永建元年[126年],程与张贤、孟叔、马国等为司隶校尉虞诩讼罪,怀表上殿,呵叱左右。[过分蛮横至于狂野,继之以他们大为受挫:]帝怒,遂免程官,因悉遣十九侯就国,后徙封程为宜城侯。程既到国,怨恨恚怼,封还印绶、符策,亡归京师,往来山中。[他有简直如雷的脾气!]诏书追求,复故爵土,赐车马衣物,遣还国。

三年[128年],帝念程等功勋,悉征还京师。程与王道、李元皆拜骑都尉,余悉奉朝请。阳嘉元年[132年][意义重大的一年,其时顺帝娶梁妠位后,一些年后,她的凶恶狠毒的兄长梁冀将拥有凌驾连续三位皇帝的事实上的独裁权],程病甚,即拜奉车都尉,位特进。及卒,使五官中郎将追赠车骑将军印绶,赐谥刚侯。侍御史持节监护丧事,乘舆幸北部尉传,瞻望车骑。……

王康、王国、彭恺、王成、赵封、魏猛六人皆早卒。[他的集团的狂野进一步发展,继之以他们的命运进一步逆转:]黄龙、杨佗、孟叔、李建、张贤、史汎、王道、李元、李刚九人与阿母山阳君宋娥更相货赂,求高官增邑,又诬罔中常侍曹腾、孟贲等。永和二年[137年],发觉,并遣就国,减租四分之一。宋娥夺爵归田舍。唯马国、陈予、苗光保全封邑。……

### 卷6《顺帝冲帝质帝纪》

[如同和帝往后的宫廷局势并且更糟,宦官和——更有甚者——外戚的统治大为滥觞,令皇帝们以及朝廷大臣大致是事实上的傀儡。深刻的不合法性,由此而来的严重的宫廷内斗,还有阴谋性的权势角逐,结合所有结构性的精英腐败、社会凋敝、频繁的农民造反和在帝国边疆(尤其近西)愈益威胁性的形势,使得东汉帝国更加不可逆转地趋于它的加剧着的垂死和最终灭亡。]

[顺帝:在位近二十年,先是在其政变使他成了一个少儿皇帝的宦官们的支配性阴影之下,然后处于皇后梁妠[nà]与其兄长、凶恶狠毒而且后来弑君的梁冀的实际掌控之中。他的温良和羸弱的性格只是促进了他的无权无势。]

[冲帝：他的短命皇父顺帝在他两岁时撒手亡去的婴儿皇帝，登基后不满六个月就命归黄泉。]

[质帝：八岁时被立的年幼的皇帝，在位不足两年，被宫廷中最有权势和傲慢得肆无忌惮的梁冀谋杀。他和冲帝当然仅是名义上的皇帝，权威和权力都在摄政梁太后和梁冀手里。后者"穷极满盛，威行内外，百僚侧目，莫敢违命"（《后汉书·梁统传》）。]

[顺帝：通往帝位的曲折道路：]

[作为一名少儿亲王，他遭的磨难和起伏命运，在野心勃勃、谋害人命的阎皇后和其他宫廷佞幸手中：]孝顺皇帝讳保，安帝之子也。母李氏，为阎皇后所害。永宁元年［120年］，立为皇太子。延光三年［124年］，安帝乳母王圣、大长秋江京、中常侍樊丰谮太子乳母王男、厨监邴吉，杀之，太子数为叹息。[**这皇储过于赢弱，无法保护他的亲近，因为他的皇父是个花花公子，而他的皇母恨他。**]王圣等惧有后祸，遂与丰、京共构陷太子，太子坐废为济阴王。[**他丧失皇储地位。**]明年［125年］三月，安帝崩，北乡侯[**阎太后选择的一个傀儡**]立，济阴王以废黜，不得上殿亲临梓宫，悲号不食，内外群僚莫不哀之。[**一名极为可怜的亲王！**]及北乡侯薨［125年］，车骑将军阎显及江京，与中常侍刘安、陈达等白太后，秘不发丧，而更征立诸国王子，乃闭宫门，屯兵自守。[**她在她的皇夫几个月前驾崩时做了类似的事。为了防止可能的政变，并且保证她自己和她的家族亲近的独裁。**]

[**然而，血腥政变来临，由十九名决绝的宦官发动！这或许是中国史上最戏剧性的政变之一。她的末日与他的意外的幸运：**]十一月丁巳，京师及郡国十六地震。是夜，中黄门孙程等十九人共斩江京、刘安、陈达等，迎济阴王于德阳殿西钟下，即皇帝位，年十一。近臣尚书以下，从辇到南宫，登云台，召百官。尚书令刘光等奏言："孝安皇帝……早弃天下。陛下正统，当奉宗庙，而奸臣交构，遂令陛下龙潜蕃国，群僚远近莫不失望。天命有常，北乡不永。……陛下践祚，奉遵鸿绪，为郊庙主，承续祖宗无穷之烈……"……阎显兄弟闻帝立，率兵入北宫，尚书郭镇与交锋刃，遂斩显弟卫尉景。戊午，遣使者入省[太后居所]，夺[！]得玺绶，乃幸嘉德殿，遣侍御史持节收阎显及其弟城门校尉耀、执金吾晏，并下狱诛。[**摧毁阎氏外戚。**]己未，开门，罢屯兵。壬戌，诏司隶校尉："惟阎显、江京近亲当伏辜诛，其余务崇宽贷。"壬申，谒高庙。癸酉，谒光武庙。……己卯，葬少帝以诸王礼。……

[他在位，处于胜利了的宦官们的支配性阴影之下，直到梁妠成为他的皇后并

逐渐建立起梁氏外戚的支配性权势为止；此外，他的大致名义上的统治还以两个事态为特征，即蛮夷入侵（尤其在北方和东北方）和社会凋敝（由自然灾害引发或加剧）：]

十二月……

京师大疫。……

永建元年[126年]春正月……

辛未，皇太后阎氏崩。[**她，一个野心勃勃的女人和娴熟的阴谋家，垂死时必定彻底幻灭和极端幽愤！**]……

陇西钟羌叛，护羌校尉马贤讨破之。

夏五月丁丑，诏幽、并、凉州刺史，使各实二千石以下至黄绶，年老劣弱不任军事者，上名。严敕障塞，缮设屯备，立秋之后，简习戎马。[**帝国近西边疆依然麻烦不安，虽然比危险的北方和东北方边疆形势安全得多**]。……

八月，鲜卑寇代郡，代郡太守李超战殁。……

冬十月辛巳，诏减死罪以下徙边；其亡命赎，各有差。……

鲜卑犯边。庚寅，遣黎阳营兵出屯中山北界。告幽州刺史，其令缘边郡增置步兵，死屯塞下。调五营弩师，郡举五人，令教习战射。……甲辰，诏以疫疠水潦，令人半输今年田租；伤害什四以上，勿收责；不满者，以实除之。……

二年[127年]……

二月，鲜卑寇辽东、玄菟。甲辰，诏禀贷荆、豫、兖、冀四州流冗贫人，所在安业之；疾病致医药。

护乌桓校尉耿晔率南单于击鲜卑，破之。……

三月，旱……

疏勒国遣使奉献。

夏六月乙酉，追尊谥皇妣李氏为恭愍皇后，葬于恭北陵。西域长史班勇、敦煌太守张朗讨焉者、尉犁、危须三国，破之；并遣子贡献。……[**在西域的帝国宗主权和对那里不同国家的控制看来再度巩固，尽管麻烦一向恒久。**]

三年[128年]春正月丙子，京师地震，汉阳地陷裂。甲午，诏实核伤害者，赐年七岁以上钱，人二千；一家被害，郡县为收敛。乙未，诏勿收汉阳今年田租、田赋。

夏四月癸卯，遣光禄大夫案行汉阳及河内、魏郡、陈留、东郡，禀贷贫人。

六月，旱。……

九月，鲜卑寇渔阳。……

是岁，车骑将军来历罢。……

四年［129 年］……

夏五月……

五州雨水。秋八月庚子,遣使实核死亡,收敛禀赐……

冬十一月……

鲜卑寇朔方。［**在帝国与鲜卑之间,多年里没有决战,只有沿那么宽广的北方和东北方前沿的那么频繁的大小骚扰,它们构成一项旷日持久的重要威胁**。］……

五年［130 年］春正月,疏勒王遣侍子,及大宛、莎车王皆奉使贡献。

夏四月,京师旱。……京师及郡国十二蝗。

冬十月丙辰,诏郡国中都官死罪系(羁)囚皆减罪一等,诣北地、上郡、安定戍。……

六年［131 年］……

秋九月……护乌桓校尉耿晔遣兵击鲜卑,破之。丁酉,于阗王遣侍子贡献。

冬十一月辛亥,诏曰:"连年灾潦,冀部尤甚。比蠲除实伤,赡恤穷匮,而百姓犹有弃业,流亡不绝。疑郡县用心怠惰,恩泽不宣。……"［**地方行政衙门渎职和不负责任,增添了民众在自然灾害外的苦难**。］……

于阗王遣侍子诣阙贡献。

［**继梁妠成为皇后,他逐渐处于梁氏外戚愈益增强的权势的支配性阴影下;全国形势和边疆局面仍如前一个时期那么糟糕,甚或变得更糟(一):**］

阳嘉元年［132 年］春正月乙巳,立皇后梁氏。［**事后来看,这是就东汉王朝来说的一个历史性事件,因为她和(十年后)她的兄长梁冀对连续三位君主有支配性的权威和权势,其间帝国的衰颓加剧,垂死临近**。］……

二月……

京师旱。……庚申,敕郡国二千石各祷名山岳渎,遣大夫、谒者诣嵩高、首阳山,并祠河、洛,请雨。戊辰,雩［yú,祭旱求雨］。……

三月,扬州州六郡妖贼章河等寇四十九县,杀伤长吏。［**这很可能是一场颇具规模的农民造反**。］……

秋七月,史官［张衡,时为太史令］始作候风地动铜仪。……

九月……

鲜卑寇辽东。……

十二月……庚戌,复置玄菟郡屯田六部。

闰月……

二年［133 年］春二月甲申,诏以吴郡、会稽饥荒,贷人种粮。

三月，使匈奴中郎将王稠率左骨都侯等击鲜卑，破之。[帝国与鲜卑之间多年里不见决战，因为双方的实力欠缺和由文化规定的战略问题]……

夏四月……己亥，京师地震。……

六月……

……丁丑，洛阳地陷。是月，旱。……

八月……

鲜卑寇代郡。……

三年[134年]春二月己丑，诏以久旱，京师诸狱无轻重皆且勿考竟，须得澍雨。

三月庚戌，益州盗贼劫质令长，杀列侯。[农民造反？]

夏四月丙寅，车师后部司马率后部王加特奴等掩击[袭击]（北）匈奴，大破之，获其季母。[此役斩首数百级，俘单于母等妇女数百人，获牛羊十余万头、车千余辆、兵器等物无数。][为何有这场大攻击？其目的何在？《后汉书·帝纪》里先前最后一项关于北匈奴的记录是公元105年"北匈奴遣使称臣，谐敦煌奉献"。一场侵略性的、未经挑衅的攻击，针对一个当前和平和名义上"臣服"的族裔？很有可能。]……

四年[135年]……

自去冬旱，至于是月。……

夏四月甲子，太尉施延免。戊寅，执金吾梁商为大将军[梁氏外戚权势走向昌盛的一大标记，在梁妠成为皇后以后三年]。……

冬十月，乌桓寇云中。十一月，围度辽将军耿晔于兰池，发诸郡兵救之，乌桓退走。

十二月甲寅，京师地震。

永和元年[136年]……

二年[137年]……

夏四月丙申，京师地震。……

五月，日南叛蛮攻郡府。

秋七月，九真、交阯二郡兵反。[华夏帝国在南方有其确实的地理和族裔/文化限界。]

八月……

江夏盗贼杀邾[县]长。[农民造反？]……

十一月……丁卯，京师地震。……

三年[138年]春二月乙亥，京师及金城、陇西地震，二郡山岸崩，地陷。……

夏四月，九江贼蔡伯流寇郡界，及广陵，杀江都长。[农民造反？]戊戌，遣光禄大夫案行金城、陇西，赐压死者年七岁以上钱，人二千；一家皆被害，为收敛之。除今年田租,尤甚者勿收口赋。

闰月……己酉,京师地震。……

冬十月,烧当羌寇金城,护羌校尉马贤击破之,羌遂相招而叛。[**近西这蛮夷无常易变,一向是帝国边防的一个头疼问题**。]

十二月戊戌朔,日有食之。

四年[139年]春正月庚辰,中常侍张逵、蘧[qú]政、杨定等有罪诛[事见《梁商传》][**梁氏外戚权势的征象和这权势的壮大**],连及弘农太守张凤、安平相杨晧,下狱死。

三月乙亥,京师地震。

夏四月癸卯,护羌校尉马贤讨烧当羌,大破之。[**后者的实力与它几十年前的相比小得多**。]…

秋八月,太原郡旱,民庶流冗。……

五年[140年]春二月戊申,京师地震。……

夏四月……

南匈奴左部句龙大人吾斯、车纽等叛,围美稷。

五月,度辽将军马续讨吾斯、车纽,破之,使匈奴中郎将陈龟迫杀南单于。[**南匈奴人在同化中,颇为臣服,因而对他们中间仅仅一部分的反叛帝国,作如此的反应肯定过分。杀死一个依然附庸的族裔的君主!**]

且冻羌寇三辅,杀令长。……[**如下所示,近西甚而帝国的一个核心地区突然(暂时)变得危险,因为这和另一项(见下)急剧浮现的羌蛮入侵,其为相对少为人知的几个部落。**]

九月,令扶风、汉阳筑陇道坞三百所,置屯兵。……

且冻羌寇武都,烧陇关。……丁亥,徙西河郡居离石,上郡居夏阳,朔方居五原。

句龙吾斯等东引乌桓,西收羌胡,寇上郡,立车纽为单于。冬十一月辛巳,遣使匈奴中郎将张耽击破之,车纽降。[**相当容易征服一个正在同化中的族裔**。]

六年[141年]春正月丙子,征西将军马贤与且冻羌战于射姑山,贤军败没……

闰月,巩唐羌寇陇西,遂及三辅。……

三月,武威太守赵冲讨巩唐羌,破之。[**小破而非"大破"**。]……

夏五月……

使匈奴中郎将张耽大破乌桓、羌胡于天山。[《东观记》曰:"耽将吏兵,绳索相悬,上通天山。"][**一项显然英雄式的军事成就,现在在帝国军队那里甚为罕见!**]巩唐羌寇北地。……

［继梁妠成为皇后，他逐渐处于梁氏外戚愈益增强的权势的支配性阴影下；全国形势和边疆局面仍如前一个时期那么糟糕，甚或变得更糟（二）：］

八月丙辰，大将军梁商薨；壬戌，河南尹梁冀为大将军。［**他到了顶层！ 对东汉来说，这是个历史性事件，因为这保证连续三个皇帝的宫廷乃至全国将由中国古代史上最臭名昭著的奸臣之一控制，他来自梁皇后为首的梁氏外戚集团。**］

九月，诸种羌寇武威。……

冬十月癸丑，徙安定居扶风，北地居冯翔。［**在羌蛮的急剧的军事威胁面前，继续战略性收缩。**］

十一月庚子，以执金吾张乔行车骑将军事，将兵屯三辅。

汉安元年［142 年］……

八月，南匈奴左部大人句龙吾斯与奥［yù］鞬台耆等反叛。……

九月庚寅，广陵盗贼张婴等寇郡县。［**农民造反？ 很可能。**］……

是岁，广陵贼张婴等诣太守张纲降。

二年［143 年］春二月丙辰，鄯善国遣使贡献。……

冬十月辛丑，令郡国中都官系（羁）囚殊死以下出缣赎，各有差；其不能入赎者，遣诣临羌县居作二岁。［**在来自羌蛮的危险面前，再度采取旨在获取军事资源和军事人力的紧急措施。**］……

十一月，使匈奴中郎将马寔［shí］遣人刺杀句龙吾斯。［**作为军事行动的暗杀。**］

十二月，杨、徐盗贼攻烧城寺，杀略（掠）吏民。［**农民造反。**］

是岁，凉州地百八十震。

建康元年［144 年］正月辛丑，诏曰：“陇西、汉阳、张掖、北地、武威、武都，自去年九月已来，地百八十震，山谷坼裂，坏败城寺，杀害民庶。夷狄叛逆，赋役重数，内外怨旷，惟咎叹息。……”……

领护羌校尉卫琚追讨叛羌，破之。［**小破而非“大破”。**］南郡、江夏盗贼寇掠城邑［**农民造反**］，州郡讨平之。

夏四月，使匈奴中郎将马寔击南匈奴左部，破之，于是胡羌、乌桓悉诣寔降。辛巳，立皇子炳为皇太子［**一个两岁小儿，保证皇后与其兄长的全权摄政**］……

八月，杨、徐盗贼范容、周生等寇掠城邑，遣御史中丞冯赦督州郡兵讨之。

庚午，帝崩于玉堂前殿，时年三十。遗诏无起寝庙，敛以故服，珠玉玩好皆不得下。［**一位温和节制的皇帝，然而就意志力和真实权力而言太过于温和节制。**］

论曰:古之人君,离幽放而反(返)国祚者有矣,莫不矫鉴前违,审识情伪,无忘在外之忧,故能中兴其业。观夫顺朝之政,殆不然乎? 何其效僻之多与?[殆,近也。言顺帝效前之僻,不能改正也。][**我们的史家作的这结尾评论恰如我们在本篇开头说的:"如同和帝往后的宫廷局势并且更糟……"**]

[**冲帝:婴儿皇帝,登基后不满六个月就命归黄泉。**]
[**质帝:八岁时被立的少年皇帝,在位不足两年,被梁冀谋杀。他和冲帝当然仅是名义上的皇帝,权威和权力都在摄政梁太后和梁冀手里。后者"穷极满盛,威行内外,百僚侧目,莫敢违命"。**]

[**冲帝:他在位几个月里的宫廷形势、全国事务和帝国防御:**]
孝冲皇帝[谥法曰:"幼少在位曰冲。"司马彪曰:"冲幼早夭,故谥曰冲。"]讳炳,顺帝之子也。母曰虞贵人。

建康元年[144年]立为皇太子,其年八月庚午,即皇帝位,年二岁。尊皇后曰皇太后。太后临朝。[**梁太后的全权摄政。**]……

九月丙午,葬孝顺皇帝于宪陵,庙曰敬宗。是日,京师及太原、雁门地震,三郡水涌土裂。……

扬州刺史尹耀、九江太守邓显讨贼范容等于历阳,军败,耀、显为贼所殁。[**或许这是东汉时代至此农民造反的首次大胜!**]……

十一月,九江盗贼徐凤、马勉等称"无上将军",攻烧城邑。[**一场决绝的农民造反,颇具规模。**]……

十二月,九江贼黄虎等攻合肥。

是岁,群盗发宪陵。[**! 皇家"警察"力量和君主威望跌到了一个低得可怕的低点!**]护羌校尉赵冲追击叛羌于鹯[zhān]阴河[在凉州],战殁。

永嘉元年[145年]春正月戊戌,帝崩于玉堂前殿,年三岁。……

[**质帝:他在位不到两年时间里的宫廷形势、全国事务和帝国防御;梁冀弑君:**]
孝质皇帝[谥法:"忠正无邪曰质。"]讳缵,肃宗[章帝]玄孙。……父勃海孝王鸿,母陈夫人。冲帝不豫,大将军梁冀征帝到洛阳都亭。及冲帝崩,皇太后与冀定策禁中,丙辰,使冀持节,以王青盖车迎帝入南宫。丁巳,封为建平侯,其日即皇帝位,年八岁。[**当然是个傀儡,然而愤懑的傀儡,虽然只是个少儿。**]……

广陵贼张婴等复反,攻杀堂邑[约当今江苏省南京市六合区]、江都长。九江贼徐凤等攻杀曲阳[约当今安徽定远县]、东城长。[**两场大规模农民造反**。]……

二月……

……叛羌诣左冯翊梁并降。

三月,九江贼马勉称"黄帝"。九江都尉滕抚讨马勉、范容、周生,大破斩之。……

丹阳贼陆宫等围城,烧亭寺,丹阳太守江汉击破之。

五月甲午,诏曰[**一幅惨淡图景,内有自然灾害、社会凋敝、战争损伤和官僚对不幸的民众的残忍**]:朕以不德,托母天下,布政不明,每失厥中。自春涉夏,大旱炎赫,忧心京京[尔雅曰:"京京,忧也。"],故得祷祈明祀,冀蒙润泽。前虽得雨,而宿麦颇伤;比日阴云,还复开霁。寤寐永叹,重怀惨结。将二千石、令、长不崇宽和。暴刻之为乎? 其令中都官系(羁)因罪非殊死考未竟者,一切任[保]出,以须立秋。……又兵役连年,死亡流离,或支骸不敛,或停棺莫收,朕甚愍焉。……今遣使者案行,若无家属及贫无资者,随宜赐恤,以慰孤魂。"

是月,下邳人谢安应募击("九江贼")徐凤等,斩之。……

六月,鲜卑寇代郡[治所在今山西省阳高县附近][**北方/东北方,鲜卑入侵重起,在他们"安静"了十二年之后**]……

庐江[今合肥市附近]盗贼攻寻阳,又攻盱台[**农民造反**],滕抚[东汉名将,时任九江都尉]遣司马王章击破之。……

冬十一月己丑,南阳太守韩昭坐赃[《东观记》曰:"强赋一亿五千万,槛车征下狱。"]下狱死。丙午,中郎将滕抚击广陵贼张婴,破之。丁未,中郎将赵序坐事[《东观记》曰:"取钱缣三百七十五万。"]弃市。[**韩昭和赵序:残忍和腐败的官僚的两个样本,他们不幸,因为在必定众多做了同类事情的官僚中间,仅有倒霉的他们受到宫廷惩罚**。]

历阳[今安徽省马鞍山市附近和县]贼华孟[**一场大规模农民造反的在政治上自觉的领导**]自称"黑帝",攻杀九江太守杨岑,滕抚率诸将击孟等,大破斩之。

本初元年[146年]春正月丙申,诏曰:"[**地方行政官的无法无天和放肆残暴**:]……顷者,州郡轻慢宪防,竞逞残暴,造设科条,陷入无罪。或以喜怒驱逐长吏,恩阿所私,罚枉仇隙,至令守阙诉讼,前后不绝。……"……

二月庚辰,诏曰:"九江、广陵二郡数离(罹)寇害,残夷最甚。生者失其资业。死者委尸原野。……"……

闰月甲申,大将军梁冀潜行鸩弑[**实际独裁者梁冀肆无忌惮,至于弑君,因为愤懑的少儿皇帝当面对他愤怒指责:"此跋扈将军也。"(《后汉书·梁统列传》)**],

帝崩于玉堂前殿,年九岁。① ……

### 卷 10 下《皇后纪下》[梁皇后/梁太后]

**梁贵人、梁皇后、梁太后(梁妠):**

[就个人来说,她是一个和善正直的女人。然而从"结构"上说,立她为皇后事后来看对东汉王朝是个历史性事件,因为她(十年后)与其兄长、凶恶狠毒的梁冀对连续三个皇帝拥有支配性权威和权势,其间帝国的衰退和垂死更为加剧。]

[非常平顺的走向皇后地位的道路:]

顺烈梁皇后讳妠,大将军商之女,恭怀皇后[和帝生母]弟之孙也。[**出自一个大贵族/重臣家庭,那么懂得权势和高位,同时那么不懂草根民众及其苦难。**]……[**然而,她的聪慧和大体积极意义上的儒女修养可以使她较好较善:**]少善女工。好《史书》,九岁能诵《论语》,治《韩诗》,大义略举。常以列女图画置于左右,以自监戒。……

永建三年[128 年],与姑俱选入掖庭,时年十三,相工茅通见后,惊,再拜贺曰:"此所谓日角偃月,相之极贵,臣所未尝见也。"太史卜兆得[用龟甲占得]寿房,又筮[shì]得[用蓍(shī)草占得]《坤》之《比》[比九五,据得首位],遂以为贵人。常特被引御,从容辞于帝曰:"夫阳以博施为德,阴以不专为义,螽斯[蝈蝈别名]则百,福之所由兴也。愿陛下思云雨之均泽,识贯鱼之次序,使小妾得免罪谤之累。"[**那时在后宫,必定人人都记得并学得顺帝生母的谋杀者阎皇后的黑暗教训!**]由是帝加敬焉。

阳嘉元年[132 年]春……帝……寿安殿立贵人为皇后。后既少聪惠,深览前世得失[**那时在后宫,人人必定不仅记得和学得上述教训,而且还害怕强势的宦官,何况她还有一大追加的易受伤害性,即无子**],虽以德进,不敢有骄专之心,每日月见谪,辄降服求愆。

[作为摄政太后,伴有凶狠恶毒的兄长梁冀:]

建康元年[144 年],帝崩。后无子,美人虞氏子炳立,是为冲帝。尊后为皇太后,太后临朝。冲帝寻崩,复立质帝,犹秉朝政。

[面对非常糟糕的国内和边疆形势,她看来以勤勉和大致对头的政策尽力而

---

① 《后汉书·李杜列传》载:冀忌帝聪慧,恐为后患,遂令左右进鸩。帝苦烦甚,促使召固[太尉李固]。固入,前问:"陛下得患所由?"帝尚能言,曰:"食煮饼,今腹中闷,得水尚可活。"时冀亦在侧,曰:"恐吐,不可饮水。"语未绝而崩。固伏尸号哭,推举侍医。冀虑其事泄,大恶之。

为；可是，这表现仅是局部的和暂时的：]时，杨、徐剧贼寇扰州郡，西羌、鲜卑及日南蛮夷攻城暴掠，赋敛烦数，官民困竭。太后夙夜勤劳，推心杖贤[老年贤者]，委任太尉李固等，拔用忠良，务崇节俭。其贪叨罪恶，多见诛废。分兵讨伐，群寇消夷。故海内肃然，宗庙以宁。[她有个凶狠恶毒的哥哥梁冀，他显然战胜了她的意志力：]而兄大将军冀鸩杀质帝，专权暴滥，忌害忠良，数以邪说疑误太后，遂立桓帝而诛李固。太后又溺于宦官[或许这是她对她恐惧的宦官的过度怯弱反应，后者摧毁了阎皇后和阎氏外戚集团]，多所封宠，以此天下失望。[他在生前最后一些年里大为丧失了自己的民望。]

和平元年[150年]春，归政于帝[桓帝][名义上的，因为依然梁冀独裁，到九年后的宦官政变诛杀梁冀为止，其后为事实上的宦官统治]，太后寝疾遂笃，乃御辇幸宣德殿，见宫省官属及诸梁兄弟……后二日而崩。在位十九年，年四十五。合葬宪陵。

### 卷34《梁统列传》[梁商、梁冀]

[一篇真正重要的列传，因为梁商和（特别是）梁冀史录的政治性质而真正重要。他们是东汉后期帝国政权里的两个关键人物，代表梁氏外戚的权势、统治和最终与狂野独裁并行的腐败。这两个人当中，梁商依然审慎谦逊，深刻地意识到他的家族权势的合法性之不足和脆弱，加上与皇帝同时青睐的宦官分享权势的必需。梁冀则狂野地傲慢，在无保留地行使其独裁方面残忍不羁，甚至到了弑君地步。]

[由于梁冀，外戚的统治、权势和腐败到了极致，或许在整个中国历史上却可称之为极致！]

[在这外戚权势语境里，他们的先祖梁统——统一战争期间一位皈依东汉帝国创建者刘秀的坚毅粗放的西北地方军阀——的意义，只在于这么一点：贵族的地位和权势能够自我增强，将其后代推至帝国精英的愈益更高层级。一种阶级便利。]

..............

梁商：

[他能够是一位全权在握和独裁的外戚，尤其是考虑到顺帝的无力及其赢弱性格。然而他不是，因为他的从政治上出发的审慎甚而谦逊。独裁和狂野的肆无忌惮尚待梁冀——他的那么不像他的儿子。]

[外戚地位保证他从少年时就在帝国宫廷"自然"崛起，而他的女儿和妹妹与

皇帝的性伙伴关系（后来分别作为皇后和皇妃）进一步强劲地给力于他，将他推至皇帝皇后之下的最高地位。然而，他的政治清醒导致他依然审慎谦逊：]

商字伯夏，雍[梁统之孙]之子也。少以外戚拜郎中，迁黄门侍郎。永建元年[126年]，袭父封乘氏侯。三年[128年]，顺帝选商女[梁妠]及妹入掖庭，迁侍中、屯骑校尉。阳嘉元年[132年]，女立为皇后，妹为贵人，加商位特进，更增国土，赐安车驷马，其岁拜执金吾。[然而，他必定深深地意识到他家族权势的合法性的不足和脆弱，在和帝、安帝和顺帝本人之下几次先前的对支配性的窦氏/邓氏/阎氏外戚的宫廷清洗之后，此外还有与顺帝同样青睐的宦官分享权势的必要：]二年[133年]，封子冀为襄邑侯，商让不受。三年[134年]，以商为大将军，固称疾不起。四年[135年]，使太常桓焉奉策就第即拜，商乃诣阙受命。……

[他的非凡的审慎和通情达理（"谦柔，虚己"，"未曾以权盛干法"），虽然有他的最大潜在权势和临机处置自由；他在一定意义上很不同于流俗：]

商自以戚属居大位，每存谦柔，虚己进贤，辟[任用]汉阳巨览、上党陈龟为椽属。李固、周举为从事中郎，于是京师翕然，称为良辅，帝委重焉。每有饥馑，辄载租谷于城门，赈与贫馁（喂），不宣己惠。检御门族，未曾以权盛干法。[他懂得与宦官分享权势的必要，一项对后期东汉帝国政权来说的权势平衡"秘诀"：]而性慎弱无威断，颇溺于内竖。以小黄门曹节等用事于中，遂遣子冀、不疑与为交友，[然而这政治平衡极难实现和延续；一场由部分宦官发动的失败了的政变：]然宦者忌商宠任，反欲陷之。永和四年[139年]，中常侍张逵、蓬[qú]政，内者令石光，尚方令傅福，冗从仆射杜永连谋，共谮商及中常侍曹腾、孟贲，云欲征诸王子，图议废立，请收商等案罪。帝曰："大将军父子我所亲，腾、贲我所爱，必无是，但汝曹共妒之耳。"逵等知言不用，惧迫，遂出矫诏收缚腾、贲于省中。

帝闻震怒，敕宦者李歙急呼腾、贲释之，收逵等，悉伏诛。[他胜出，但因他的审慎和节制而未追求任何全胜：]辞所连染及在位大臣，商惧多侵枉，乃上疏曰："《春秋》之义，功在元帅，罪止首恶，故赏不僭溢，刑不淫滥，五帝、三王所以同致康乂[yì，治理，安定]也。窃闻考中常侍张逵等，辞语多所牵及。大狱一起，无辜者众，死因久系（羁），纤微成大，非所以顺迎和气，平政成化也。宜早讫竟，以止逮捕之烦。"帝乃纳之，罪止坐者。

六年[141年]秋，商病笃，敕子冀等曰[他将自己的审慎谦逊保持到死；他充分明白垂死的帝国形势（"边境不宁，盗贼未息"）]："吾以不德，享受多福。生无以辅益朝廷，死必耗废帑臧，衣衾饭唅[口实也。《白虎通》曰"大夫饭以玉，唅以贝；士饭以珠，唅以贝"]玉匣珠贝之属，何益朽骨。百僚劳扰，纷华道路，祗增尘垢，虽云礼制，亦有权时[谓不依礼]。方今边境不宁，盗贼未息，岂宜重为国损！气绝之后，载至冢舍，即时殡敛。敛以时服，皆以故衣，无更裁制。殡已开冢，冢开即葬。祭食如存，无用三牲。孝子善述父志，不宜违我言也。"及薨，帝亲临丧，诸子欲从其诲，朝廷不听，赐以东园秘器、银镂、黄肠、玉匣、什物二十八种，钱二百万，布三千匹。皇后钱五百万，布万匹。及葬，赠轻车介士，赐谥忠侯。中宫亲送，帝幸宣阳亭，瞻望车骑。

子冀嗣。


**梁冀：**

[有了他，随他的审慎的父亲去世，外戚统治突然跌至其最坏的狂野形态。对东汉来说的一个历史性事件，因为这保证连续三个皇帝的宫廷乃至全国将由中国古代史上最臭名昭著的奸臣之一控制。不仅如此，全国形势和边疆局势仍然糟糕，甚或多少更糟（见《顺帝冲帝质帝纪》）。]


[一头嘴里含着银勺子出生的大贵族野兽，随其父亲去世而跃至最高权势位置：]

冀字伯卓。为人鸢[yuān]肩豺目，洞[通也]精矘眄[tǎng miǎn，眼神直视貌]，口吟舌言[谓口吃]，裁（才）能书计。[**他，一名大"贵戚"，精力充沛，生性傲慢，腐败不羁，而且残忍无情，不管作为宫廷内臣还是作为地区行政长官；完全不像他的父亲：**]少为贵戚，逸游自恣。性嗜酒，能挽满[拉满强弓]、弹碁[xì][一种弹石子游戏，常用于赌博]、格五、六博、[皆为与弹碁类似的游戏]蹴鞠[cù jū，用脚踢球]、意钱[摊钱赌博]之戏，又好臂鹰走狗，骋马斗鸡。初为黄门侍郎，转侍中、虎贲中郎将，越骑、步兵校尉，执金吾。

永和元年[136年]，拜河南尹。冀居职暴恣，多非法。父商所亲客洛阳令吕放，颇与商言及冀之短，商以让[责难]冀，[**他恰如一头嗜血的野兽，而且极为阴险：**]冀即遣人于道刺杀放。而恐商知之，乃推疑于放之怨仇，请以放弟禹为洛阳令，使捕之，尽灭其宗亲、宾客百余人。

商薨未及葬，顺帝乃拜冀为大将军……[**如同上面指出，此乃东汉的一项历史性事件！**]


[他以梁太后摄政名义行使的狂野独裁，"侈暴滋甚"，至于弑君：]

及帝崩[144年]，冲帝始在襁褓，太后临朝，诏冀与太傅赵峻、太尉李固参录尚书事。冀虽辞不肯当，而侈暴滋甚。

[弒君:]冲帝又崩，冀立质帝。帝少而聪慧，知冀骄横，尝朝群臣，目冀曰："此跋扈将军也。"冀闻，深恶之，遂令左右进鸩加煮饼，帝即日崩。

[**他的狂野独裁、险恶残忍和奢侈腐败似无底线，偕同他的险恶和残忍的妻子孙寿：**]

复立桓帝，而枉害李固及前太尉杜乔，海内嗟惧，语在《李固传》。建和元年[147年]，益封冀万三千户，增大将军府举高第茂才，官属倍于三公。又封不疑[梁冀弟]为颍阳侯，不疑弟蒙西平侯，冀子胤襄邑侯，各万户。和平元年[150年]，重增封冀万户，并前所袭合三万户。[**权势有近乎无限的可转换性，包括转化为个人财富，虽然它大体上无法转换为智慧、温和甚或责任意识。**]

弘农人宰宣素性佞邪，欲取媚于冀，乃上言大将军有周公之功，今既封诸子，则其妻宜为邑君。诏遂封冀妻孙寿为襄城君，兼食阳翟租，岁入五千万，加赐赤绂，比长公主。[**一对邪恶的夫妇，有这邪恶的风骚魅惑女人在家里支配他，并且引领帝国首都女貌风尚：**]寿色美而善为妖态，作愁眉，啼妆，堕马髻，折腰步，龋齿笑[《风俗通》曰："愁眉者，细而曲折。啼妆者，薄拭目下若啼处（轻擦去眼下的粉饰以作啼痕）。堕马髻者，侧在一边。折腰步者，足不任体。龋齿笑者，若齿痛不忻忻（欣喜得意貌）。始自冀家所为，京师翕然皆放（仿）效之。"]，以为媚惑。冀亦改易舆服之制……寿性钳忌，能制御冀，冀甚宠惮之。

[**这一对夫妇各有其奸情，不过其中奸妇驾驭奸夫，且还有她出于嫉妒的血腥残忍：**]初，父商献美人友[友，姓氏]通期于顺帝，通期有微过，帝以归商，商不敢留而出嫁之，冀即遣客盗还通期。会商薨，冀行服，于城西私与之居。寿伺冀出，多从仓头，篡取通期归，截发刮面，箠掠之，欲上书告其事。冀大恐，顿首请于寿母，寿亦不得已而止。冀犹复与私通，生子伯玉，匿不敢出。寿寻知之，使子胤诛灭友氏，冀虑寿害伯玉，常置复壁中。冀爱监奴秦宫，官至太仓令，得出入寿所。寿见宫，辄屏御者，托以言事，因与私焉。宫内外兼宠，威权大震，刺史、二千石皆谒辞之。

[**外戚之外戚的权势和狂野暴行，因为孙寿：**]冀用寿言，多斥夺诸梁在位者，外以谦让，而实崇孙氏宗亲。冒名而为侍中、卿、校尉、郡守、长吏者十余人，皆贪叨凶淫，各遣私客籍[谓疏录之]属县富人，被以它罪，闭狱掠拷，使出钱自赎，资物少者至于死徙。[**当然，没有人比他更恶毒残忍：**]扶风人士孙奋居富而性吝，冀因以马乘遗之，从贷钱五千万，奋以三千万与之，冀大怒，乃告郡县，认奋母为其守臧（藏）婢，云盗白珠十斛、紫金千斤以叛，遂收考奋兄弟，死于狱中，悉没资财亿七千余万。

[**他的贪婪亦无底境，由他的狂野用权得到满足：**]其四方调发，岁时贡献，皆先输上第[第一]于冀，乘舆乃其次焉。吏人赍货求官请罪者，道路相望。冀又遣客

出塞,交通外国,广求异物。因行道路,发取伎女御者,而使人复乘势横暴,妻略(掠)妇女,欧(殴)击吏卒,所在怨毒。

[**穷极奢侈,穷极腐败,放肆榨取,杀人如麻**:]冀乃大起第舍,而寿亦对街为宅,殚极土木,互相竞冀。堂寝皆有阴阳奥室[深室],连房洞户。柱壁雕镂,加以铜漆,窗牖[yǒu]皆有绮疏青琐,图以云气仙灵。台阁周通,更相临望;飞梁石蹬,陵跨水道[架虚为桥若飞]。金玉珠玑,异方珍怪,充积臧(藏)室。远致汗血名马。又广开园囿,采土筑山,十里九陂,以像二崤,深林绝涧,有若自然,奇禽驯兽,飞走其间。冀、寿共乘辇车,张羽盖,饰以金银,游观第内,多从倡伎,鸣钟吹管,酣讴竞路。或连继日夜,以骋娱恣。客到门不得通,皆请谢门者,门者累千金。又多拓林苑,禁同王家……包含山薮,远带丘荒,周旋封域,殆将千里。起菟(兔)苑于河南城西,经亘数十里,发属县卒徒,缮修楼观,数年乃成。移檄所在,调发生菟(兔),刻其毛以为识,人有犯者,罪至刑死。尝有西域贾胡,不知禁忌,误杀一兔,转相告言,坐死者十余人。冀二弟尝私遣人出猎上党,冀闻而捕其宾客,一时杀三十余人,无生还者。冀又起别第于城西,以纳奸亡。或取良人,悉为奴婢,至数千人,名曰"自卖人"。

[**他的君主桓帝成了他事实上的傀儡,以利他篡权、篡誉和篡财,但他仍不满足;他的"专擅威柄"和"凶恣"滥至极致**:]元嘉元年[151年],帝以冀有援立之功,欲崇殊典,乃大会公卿,共议其礼。于是有司奏冀(可以)入朝不趋[不快步走],剑履上殿,谒赞不名[臣拜君时,赞礼官不直呼其姓名,只称官职],礼仪比萧何;悉以定陶、成阳余户增封为四县,比邓禹;赏赐金钱、奴婢、采帛、车马、衣服、甲第,比霍光;以殊元勋。每朝会,与三公绝席。十日一入,平[平议]尚书事。宣布天下,为万世法。冀犹以所奏礼薄,意不悦。专擅威柄,凶恣日积,机事大小,莫不咨决之。宫卫近侍,并所亲树。禁省起居,纤微必知。百官迁召,皆先到冀门笺檄谢恩,然后敢诣尚书。[**血腥的野兽,在镇压异见者方面残忍至极**:]下邳人吴树为宛令,之(至)官辞冀,冀宾客布在县界,以情托树。树对曰:"小人奸蠹,比屋可诛。明将军以椒房之重,处上将之位,宜崇贤善,以补朝阙。宛为大都,士之渊薮,自侍坐以来,未闻称一长者,而多托非人,诚非敢闻!"冀嘿然不悦。树到县,遂诛杀冀客为人害者数十人,由是深怨之。树后为荆州刺史,临去辞冀,冀为设酒,因鸩之,树出,死车上。又辽东太守侯猛,初拜不谒,冀托以它事,乃腰斩之。

[**血腥的野兽,在镇压异见者方面残忍至极**:]时,郎中汝南袁著,年十九,见冀凶纵,不胜其愤,乃诣阙上书曰:

……夫四时之运,功成则退,高爵厚宠,鲜不致灾。今大将军位极功成,可为至戒,宜遵悬车之礼[薛广德为御史大夫,乞骸骨,赐安车驷马,悬其安车传子孙],高枕颐神。……若不抑损权盛,将无以全其身矣……

书得奏御,冀闻而密遣掩捕著。著乃变易姓名,后托病伪死,结蒲为人,市棺殡送。冀廉[察也]问知其诈,阴求得,笞杀之,隐蔽其事。学生桂阳刘常,当世名儒,素善于著,冀召补令史以辱之。时,太原郝絜、胡武,皆危言高论,与著友善。先是,絜等连名奏记三府,荐海内高士,而不诣冀,冀追怒之,又疑为著党,敕中部官移檄捕前奏记者并杀之,遂诛武家,死者六十余人。絜初逃亡,知不得免,因舆櫬[载棺以随,表示决死或有罪当死]奏书冀门。书入,仰药而死,家乃得全。……冀诸忍忌,皆此类也。

[作为一头野兽,他甚至不能容忍他自己的温和好儒的弟弟,对后者的官场朋友嗜血般残酷:]不疑[梁冀弟]好经书,善待士,冀阴疾之,因中常侍白帝,转为光禄勋。……不疑自耻兄弟有隙,遂让位归第,与弟蒙闭门自守。冀不欲令与宾客交通,阴使人变服至门,记往来者。南郡太守马融、江夏太守田明,初除,过谒不疑,冀讽(风)州郡以它事陷之,皆髡笞徙朔方。融自刺不殊,明遂死于路。

[血腥的末日:]
["究极满盛":有了他,外戚的统治、权势和荣耀臻于极致,或许是在整个中国历史上;逆转将必定到来,来自宦官和他们的主子/傀儡桓帝;他的暴死:]

永兴二年[154年],封不疑子马为颍阴侯,胤[梁冀子]子桃为城父侯。冀一门前后七封侯,三皇后,六贵人,二大将军,夫人、女食邑称君者七人,尚[娶]公主者三人,其余卿、将、尹、校五十七人。在位二十余年,究极满盛,威行内外,百僚侧目,莫敢违命,天子恭己而不得有所亲豫。

[傀儡桓帝最终无法容忍他:]帝即不平之。延熹元年[158年],太史令陈授因小黄门徐璜,陈灾异日食之变,咎在大将军,冀闻之,讽(风)洛阳令收考授,死于狱。帝由此发怒。

[政变意图因独裁者自己的兽行而加强:]初,掖庭(署)人邓香妻宣生女猛①,

① 《后汉书·皇后纪下》载:桓帝邓皇后讳猛女,和熹皇后[邓绥]从兄子邓香之女也。母宣,初适香,生后。改嫁梁纪,纪者,大将军梁妻孙寿之舅也。后少孤,随母居,因冒姓梁氏。梁妻见后貌美,永兴中进入掖庭,为采女,绝幸。……及懿献后[梁皇后梁女莹,梁太后之妹]崩,梁冀诛,立后为皇后[俱在159年]。……追封赠香车骑将军安阳侯印绶,更封宣、康大县,宣为昆阳君,康为沘阳侯,赏赐巨万计。宣卒……以康统袭封昆阳侯,位侍中;统从兄会袭安阳侯,为虎贲中郎将;又封统弟秉为淯阳侯。宗族皆列校、郎将。[她的皇夫依赖宦官,同时也有某种外戚偏好,大致缘于他对她的暂时的挚爱。]

帝多内幸,博采宫女至五六千人,及驱役从使,复兼倍于此。[这个皇帝确实是一头病态的淫兽!与此同时,他的主要性伙伴们从事激烈的内斗,而失去恩宠的皇后最终与其家族主要成员一起完蛋:]而后恃尊骄忌,与帝所幸郭贵人更相谮诉。八年[165年],诏废后,送暴室,以忧死。立七年。葬于北邙。从父河南尹万世及会皆下狱死。统亦系暴室,免官爵,归本郡,财物没入县官。[从"绝幸"到"送暴室,以忧死":皇帝和她的命运多么无常易变!]

香卒,宜更适梁纪。梁纪者,冀妻寿之舅也。寿引进猛入掖庭,见幸,为贵人,冀因欲认猛为其女以自固,乃易猛姓为梁。时猛姊婿邴尊为议郎,冀恐尊沮败宣意[谓恐尊坏败宣意,不从其改梁姓],乃结刺客于偃城,刺杀尊,而又欲杀宣。宣家在延熹里,与中常侍袁赦相比[相邻],冀使刺客登赦屋,欲入宣家。赦觉之,鸣鼓会众以告宣。宣驰入以白帝,帝大怒,遂与中常侍单超、具瑗、唐衡、左悺、徐璜等五人成谋诛冀。语在《宦者传》。

[政变,仔细准备,决绝发动! 他遭遇暴死:]冀心疑超等,乃使中黄门张恽入省宿,以防其变。具瑗敕吏收恽,以辄从外入,欲图不轨。帝因是御前殿,召诸尚书入,发其事,使尚书令尹勋持节勒丞郎以下皆操兵守省阁,敛诸符节送省中。使黄门令具瑗将左右厩骓、虎贲、羽林、都候剑戟士,合千余人,与司隶校尉张彪共围冀第。使光禄勋袁盱持节收冀大将军印绶,徙封比景都乡侯。冀及妻寿即日皆自杀。[他和他的恶妻完蛋! 继之以彻底清洗,消灭其家族和走狗:]悉收子河南尹胤、叔父屯骑校尉让,及亲从卫尉淑、越骑校尉忠、长水校尉戟等,诸梁及孙氏中外宗亲送诏狱,无长少皆弃市。不疑、蒙先卒。其它所连及公卿、列校、尉刺史、二千石死者数十人,故吏宾客免黜者三百余人,朝廷为空,惟尹勋、袁盱及廷尉邯郸义在焉。是时事卒从中发,使者交驰,公卿失其度,官府市里鼎沸,数日乃定,百姓莫不称庆。[他遭人人仇恨!]

收冀财货,县官斥卖,合三十余万万,以充王府,用减天下税租之半。散其苑囿,以业穷民。……

## 谴责暴政:"刚正之性,终老不屈"

卷 58《虞傅盖臧列传》[虞诩]

…………

[他现在向我们显示他的或许更能打动人的特色①:作为中央司法官员的正直,坚持对抗邪恶的权宦,以一种令人赞誉的耐力和无畏精神:]

永建[顺帝年号]元年[126 年],代陈禅为司隶校尉。[他无畏地发动了他那正直的强攻,犹如处在一个政治真空中:]数月间,奏太傅冯石、太尉刘熹、中常侍程璜、陈秉、孟生、李闰等,百官侧目,号为苛刻。[最有权力者的报复迅即到来,有其傀儡大臣作为帮凶:]三公劾奏诩盛夏多拘系(羁)无辜,为吏人患。诩上书自讼曰

---

① 关于虞诩,亦见前面邓太后部分内"'兵连师老':久打难赢的先零羌战争及鲜卑战争"一节。

[**他做了一番有效的辩驳和自卫**]："法禁者俗之堤防,刑罚者人之衔辔[pèi]。今州曰任郡,郡曰任县,更相委远,百姓怨穷,以苟容为贤,尽节为愚。臣所发举,臧(赃)罪非一,二府恐为臣所奏,遂加诬罪。臣将从史鱼死,即以尸谏耳。[《韩诗外传》]曰"昔者卫大夫史鱼病且死,谓其子曰:'我数言蘧伯玉之贤而不能进,弥子瑕不肖不能退。为人臣生不能进贤而退不肖,死不当理丧正堂,殡我于室足矣。'卫君问其故,子以父言闻,君乃立召蘧伯玉而贵之,弥子瑕而退之,徙殡于正堂,成礼而后去"]"顺帝省其章,乃为免司空陶敦。

[**他背水一战,以大愤怒抨击一名邪恶的最有权力者;他失败了,并且因此大受苦难。**]时,中常侍张防特用权势,每请托受取,诩辄案之,而屡寝不报。诩不胜其愤,乃自系(羁)廷尉,奏言曰:"昔孝安皇帝任用樊丰,遂交乱嫡统,几亡社稷。今者张防复弄威柄,国家之祸将重至矣。臣不忍与防同朝,谨自系(羁)以闻,无令臣袭杨震之迹。"书奏,防流涕诉帝,诩坐论输左校。防必欲害之,二日之中,传考四狱。狱吏劝诩自引[自杀],诩曰:"宁伏欧刀[刑人之刀]以示远近。"[**他从不在任何程度上、以任何方式屈服于邪恶的权力者:**]宦者孙程、张贤等知诩以忠获罪,乃相率奏乞见。[**某些相对"好"的权力宦官救了他!肯定是因为权宦们中间的内斗。一幅在他们中间罕见的、很有趣的生死斗争图画:**]。程曰:"陛下始与臣等造事之时,常疾奸臣,知其倾国。今者即位而复自为,何以非先帝乎?司隶校尉虞诩为陛下尽忠,而更被拘系(羁);常侍张防臧(赃)罪明正,反构忠良。今客星守羽林,其占宫中有奸臣。宜急收防送狱,以塞天变。下诏出诩,还假印绶。"时,防立在帝后,程乃叱防曰:"奸臣张防,何不下殿!"防不得已,趋就东箱。程曰:"陛下急收防,无令从阿母[宋娥]求请。"帝问诸尚书,尚书贾朗素与防善,证诩之罪。帝疑焉,谓程曰:"且出,吾方思之。"[**一个非常专门的、在部分宦官与"民间知识分子"之间的联盟:**]于是诩子顗[yǐ]与门生百余人,举幡候中常侍高梵车,叩头流血,诉言枉状。梵乃入言之,防坐徙边,贾朗等六人或死或黜,即日赦出诩。程复上书陈诩有大功,语甚切激。帝感悟,复征拜议郎。数日,迁尚书仆射。[**他被救,且获晋升,有如奇迹!为此,权宦中间的内斗是关键。**]

[**他不仅效力于国家,而且效力于他肯定深切同情的、苦难的草根民众和卑微受欺的小吏:**]

是时,长吏、二千石听百姓嫡罚者输赎,号为"义钱",托为贫人储,而守令因以聚敛。诩上疏曰:"[**一幅可怕的黑暗图景,关于正在衰颓的帝国的一个黑暗方面:**]元年以来,贫百姓章长吏受取百万以上者,匈匈不绝,谪罚吏人至数千万,而三公、刺史少所举奏。寻永平[明帝年号]、章和[章帝年号]中,州郡以走卒钱给贷贫人[走卒,伍伯之类。《续汉志》曰："伍伯，公八人，中二千石六人，千石、六百石皆四人，自四百石以下至二百石皆二人……"此言钱者，令其出资钱，不役其身]。司空劾案，州及郡县皆坐免黜。今宜遵前典，蠲除权制。"于是诏书下诣章，切责州郡。谪罚输赎自此而止。

先是，宁阳主簿诣阙，诉其县令之枉，积六七岁不省。主簿乃上书曰："臣为陛下子，陛下为臣父。臣章百上，终不见省，臣岂可北诣单于以告怨乎？"[**一名卑微和"愚蠢"的小吏的有趣的愤词！**]帝大怒，持章示尚书，尚书遂劾以大逆。诣驳之曰："主簿所讼，乃君父之怨；百上不达，是有司之过。愚蠢之人，不足多诛。"帝纳诣言，答之而已。诣因谓诸尚书曰[**他的正直之词，脚踏实地的通情达理，足让势利小人羞愧**]："小人有怨，不远千里，断发刻肌，诣阙告诉，而不为理，岂臣下之义？君与浊长吏何亲，而与怨人何仇乎？"闻者皆惭。诣又上言："台郎显职，仕之通阶。今或一郡七八，或一州无人。宜令均平，以厌天下之望。"及诸奏议，多见从用。

[**"九见谴考，三遭刑罚，而刚正之性，终老不屈"：他树立了一座政治上正直、勇敢和坚毅的丰碑，刻有我们的史家的锵锵铭文：**]

诣好刺举，无所回容，数以此忤权戚，遂九见谴考，三遭刑罚，而刚正之性，终老不屈。永和[顺帝年号，136—141年]初，迁尚书令，以公事去官。朝廷思其忠，复征之，会卒。临终，谓其子恭曰："吾事君直道，行己无愧，[**他垂死之际的一项动人和惊人的反思；他本身全无残酷：**]所悔者为朝歌长时杀贼数百人，其中何能不有冤者。自此二十余年，家门不增一口，斯获罪于天也。"……

**卷56《张王种陈列传》**[张纲]

[六位正直勇敢的官僚（四位是父子）的集合记载，都在帝国垂死时代。他们坚持自己的原则，抵抗执掌政治大权的邪恶者，其中有些甚至为此牺牲了自己的性命。]

…………

张纲：

[其先祖为中国所曾有过的极少数最伟大、服务于一位最高领导的战略家之一，其父为和帝、安帝和顺帝时期的一名正直的高级官僚（略）。]

张晧字叔明，犍为武阳[今四川成都附近眉山市彭山县，张良后裔东汉时迁居此地]人也。六世祖良，高帝时为太子少傅，封留侯。……

……子纲。

[愤怒反对帝国垂死时代初期的邪恶的权力者：]

纲字文纪。少明经学。虽为公子，而厉布衣之节。[好！非流俗。]举孝廉不就，司徒辟高第为侍御史。时顺帝委纵宦官，有识危心。纲常感激，慨然叹曰："秽恶满朝，不能奋身出命埽国家之难，虽生，吾不愿也。"退而上书曰[正直勇敢，但因宫廷权力结构而羸弱无力]：

《诗》曰："不愆不忘，率由旧章。"寻大汉初隆，及中兴之世……观其礼为，易循易见，但恭俭守节，约身尚德而已。["恭俭守节，约身尚德"：一类伟大的政治领导，伟大，如果他或她还改革性地创新的话！]中官常侍不过两人，近幸赏赐裁（才）满数金，惜费重人，故家给人足。夷狄闻中国优富，任信道德，所以奸谋自消而和气感应。[令人印象深刻的国内国际效应（尽管国际效应就汉代而言有些夸大），中国史上最高统治者节俭和端正的效应。]而顷者以来，不遵旧典，无功小人皆有官爵，富之骄之而复害之，非爱人重器，承天顺道者也。[宫廷内的帝国垂死。]伏愿陛下少留圣思，割损左右，以奉天心。

书奏不省。[顺帝是个无权的傀儡。]

[激愤，激愤！而他的羸弱无力给他增添了一种强烈的悲凉意味]汉安元年[142年]，选遣八使徇行风俗，皆耆儒知名，多历显位，唯纲年少，官次最微。余人受命之（至）部，而纲独埋其车轮于洛阳都亭，曰："豺狼当路，安问狐狸！"遂奏曰："大将军冀，河南尹不疑，蒙外戚之援，荷国厚恩，以芻荛[割草打柴的人]之资，居阿衡之任，不能敷扬五教，翼赞日月，而专为封豕长蛇，肆其食叨，甘心好货，纵恣无底，多树谄谀，以害忠良。诚天威所不赦，大辟所宜加也。谨条其无君之心十五事，斯皆臣子所切齿者也。"[他的英雄般勇敢！]书御，京师震竦。时，冀妹为皇后，内宠方盛，诸梁姻族满朝，帝虽知纲言直，终不忍用。[悲凉，哀婉，他和他的皇帝两人。]。

[他在另一个意义上的勇敢，还有他依以完成一项极困难使命的令人印象深刻的战略才能；继而，在帝国垂死时代，他成了一位深受他治理下的民众爱戴的地方行政长官：]时，广陵贼张婴等众数万人，杀刺史、二千石，寇乱扬、徐间，积十余年，朝廷不能讨。冀乃讽尚书，以纲为广陵太守，因欲以事中之。[一项非常危险的使命，有敌人既在眼前，也在身后！]前遣郡守，率多求兵马，纲独请单车之职。既到，乃将吏卒十余人，径造婴垒，以慰安之，求得与长老相见，申示国恩。[另一种意义上的勇敢！他的伟大战略先祖在鸿门宴上的勇敢。]婴初大惊，既见纲诚信，乃出拜谒。纲延置上坐，问所疾苦。乃譬之曰[令一位造反领袖举众投降的一番话语，依靠设身处地的理解、切中关键的劝说和浮言虚词般的威胁，其中最后一项肯定是最少决定意义的，因为"积十余年，朝廷不能讨"这一事实]：

前后二千石[谓太守]多肆贪暴，故致公等怀愤相聚。二千石信有罪矣，然为之者又非义也。今主上仁圣，欲以文德服叛，故遣太守，思以爵禄相荣，不愿以刑罚相加，今诚转祸为福之时也。若闻义不服，天子赫然震怒，荆、扬、兖、豫大兵云合，岂不危乎？若不料强弱，非明也；充[冒充]善取恶，非智也；去顺效逆，非忠也；身绝血嗣，非孝也；背正从邪，非直也；见义不为，非勇也；六者成败之几，利害所从，公其深计之。

婴闻，泣下，曰[一位被说服了要皈依的造反者]：“荒裔愚人，不能自通朝廷，不堪侵枉，遂复相聚偷生，若鱼游釜中，喘息须臾间耳。今闻明府之言，乃婴等更生之辰也。既陷不义，实恐投兵之日，不免孥戮。”纲约之以天地，誓之以日月，婴深感悟，乃辞还营。明日，将所部万余人与妻子面缚归降。[他的战略性宽宏，基于他的设身处地似的理解和创设政策的勇敢：]纲乃单车入婴垒，大会，置酒为乐，散遣部众，任从所之；亲为卜居宅，相田畴；子弟欲为吏者，皆引召之。人情悦服，南州晏然。朝廷论功当封，梁冀遏绝，乃止。天子嘉美，征欲擢[zhuó]用纲，而婴等上书乞留，乃许之。

[一位深受他治理的民众爱戴的地方行政长官，在帝国垂死时代(！)：]纲在郡一年，年四十六卒。百姓老幼相携，诣府赴哀者不可胜数。纲自被疾，吏人咸为祠祀祈福，皆言“千秋万岁，何时复见此君”[动人！一个人能在世界上得到的最大赞誉]。张婴等五百余人制服行丧，送到犍为，负土成坟。……

### 卷57《杜栾刘李刘谢列传》[刘陶]

[关于六位正直或近乎正直的官僚的记录，全都在帝国的垂死阶段。他们的正直在于抨击执掌统治权的宦官或外戚的权势，为此他们大多最终惨死。]

[他们中间，最打动人的是刘陶，一位博学的儒士。在他的得到反复记录的谏言里，他相当深刻地抨击政权黑暗、社会凋敝和帝国垂死，同时表达了他对苦难的卑贱小民的真挚同情和深切关心。]

…………

刘陶：

[出自大贵族先祖，然而全无俗常贵族性情，只有非流俗的高尚：]

刘陶字子奇，一名伟，颍川颍阴人，济北贞王勃之后。陶为人居简，不修上节。所与交友，必也同志。好尚或殊，富贵不求合；情趣苟同，贫贱不易意。同宗刘恺，以雅德知名，独深器陶。

[他勇敢直言，厉声抨击邪恶的宫廷形势、严重的社会凋敝和黑暗的帝国治理，全在放肆滥权甚而弑君的梁冀独裁之下（或许还在——依他的悲观眼界——

几乎任何后继的权力执掌者之下:]

时,大将军梁冀专朝,而桓帝无子,连岁荒饥,灾异数见。陶时游太学,乃上疏陈事曰:

臣闻人非天地无以为生,天地非人无以为灵[《尚书》曰"惟天地万物父母,惟人万物之灵"],是故帝非人不立,人非帝不宁。夫天之与帝,帝之与人,犹头之与足,相须而行也。[**他关于最根本的政治事务的哲理信条:最高统治者与普通民众之间的互相依存。**]伏惟陛下……目不视鸣条[《尚书》曰:"伊尹相汤伐桀,遂与桀战于鸣条之野。"]之事,耳不闻檀车[兵车]之声,天灾不有痛于肌肤,震食不即损于圣体,故蔑三光之谬,轻上天之怒。[**蕴意:最高统治者脱离普通民众、漠视民众苦难乃背弃上天付托,因而丧失合法性。**]伏念高祖之起,始自布衣……克成帝业。功既显矣,勤亦至矣。流福遗祚,至于陛下。陛下既不能增明烈考之轨,而忽高祖之勤,妄假[出借]利器[谓威权],委授国柄[**关键句,针对梁冀和梁氏外戚!**],使群丑刑隶[谓阉人],芟刈[shān yì,割,引申为杀戮]小民,雕(凋)敝诸夏,虐流远近,故天降众异,以戒陛下。陛下不悟,而竞令虎豹窟于麑[幼鹿]场,豺狼乳[产也]于春囿……又今牧守长吏,上下交竞;封豕长蛇,蚕食天下;货殖者为穷冤之魂,贫馁者作饥寒之鬼;高门获东观之辜[《说苑》曰:"孔子为鲁司寇,七日而诛少正卯于东观之下"],丰室[豪华内宅]罗妖叛之罪;死者悲于窀穸[zhūn xī,墓穴],生者戚于朝野:是愚臣所为咨嗟长怀叹息者也。且秦之将亡,正谏者诛,谀进者赏,嘉言结于忠舌,国命出于谗口,[**对君主生命本身的厉声警告,因为弑君的梁冀:**]擅阎乐[赵高女婿]于咸阳,授赵高以车府。[赵高谋杀秦二世,阎乐率兵入宫,逼秦二世自杀,与赵高立子婴为帝,事见《史记》]权去己而不知,威离身而不顾。古今一揆,成败同势。原(愿)陛下远览强秦之倾,近察哀、平之变,得失昭然,祸福可见。

臣又闻危非仁不扶,乱非智不救,故武丁[商王高宗]得傅说,以消鼎雉之灾[《尚书》曰,高宗得傅说为相,殷复兴焉。时有雉登鼎耳而雊(gòu,雉鸣),武丁惧而修德,位以永宁],周宣用申、甫[申伯、仲山甫,周宣王之臣。诗曰:"惟申及甫,惟周之翰。"],以济夷、厉之荒。[**他的当下政治理想及道德意向在以下强烈呼吁中清楚地反映出来,那是关于谁应当被信托以君主之下的最高行政权的:**]窃见故冀州刺史南阳硃(朱)穆,[1]前乌桓校尉臣同郡李膺,[2]皆履正清平,贞高绝俗。穆前在冀州,奉宪操平,摧破奸

---

[1] 《后汉书·硃乐何列传》注:[朱穆:生活在帝国垂死时代,一次又一次地显示出(儒家)正直和道德勇气("素刚")。他训诫狂野的独裁者梁冀,且坚持冒生命危险反对卑污腐败的桓帝之下肆无忌惮的权宦。]

[2] 《后汉书·党锢列传》注:[李膺:……他后来,因为作为朝廷大臣抨击权宦的狂野权势和肆无忌惮行为,成了"知识分子"抗议阶层的头号赞美甚或崇拜对象和他们事实上的精神领袖,因而是桓帝和权宦们发动的第一轮"党锢之祸"的头号受害者。]

党,扫清万里。膺历典牧守,正身率下,及掌戎马,威扬朔北。斯实中兴之良佐,国家之柱臣也。宜还本朝,挟辅王室,上齐七燿,下镇万国。臣敢吐不时[不合时宜]之义于讳言[拒谏]之朝,犹冰霜见日,必至消灭。臣始悲天下之可悲,今天下亦悲臣之愚惑也。[**他那么愤懑和悲观! 他依然怀有一点儿希望?**]

　　书奏不省。

　　[**他关于当时农业凋零、社会凋敝和人民苦难的经典儒家式谈论,伴有一项对全国大乱的准确预料:**]

　　时,有上书言人以货轻钱薄,故致贫困,宜改铸大钱。事下四府群僚及太学能言之士。陶上议曰:

　　……盖以为当今之忧,不在于货,在乎民饥。夫生养之道,先食后货。……食者乃有国之所宝,生民之至贵也。[**一则最传统的儒家观念,在一个传统的农业国度! 然而,当前的黯淡形势:**]窃见比年已来,良苗尽于螟螣之口,杼柚[谓织机]空于公私之求,所急朝夕之餐,所患靡盬[gǔ.靡盬,谓无止息,指辛勤于王事,借指王事,公事]之事,岂谓钱货之厚薄,铢两之轻重哉? 就使当今沙砾化为南金,瓦石变为和玉,使百姓渴无所饮,饥无所食,虽皇、羲之纯德,唐、虞之文明,犹不能以保萧墙之内也。盖民可百年无货,不可一朝有饥,故食为至急也。[**作为经典的重农者,他对商人和货币操作家殊为严苛:**]议者不达农殖之本,多言铸冶之便,或欲因缘行诈,以贾国利。国利将尽,取者争竞,造铸之端于是乎生。……夫欲民殷财阜,要在止役禁夺[**"役","夺":在特别频繁和严重的自然灾害之外,农业凋零、社会凋敝和人民苦难的主要近因!**],则百姓不劳而足。……欲铸钱齐货以救其敝,此犹养鱼沸鼎之中,栖鸟烈火之上。……

　　[**人民的艰难,还有他对他们的真挚同情和深切关心:**]臣尝诵《诗》,至于鸿雁于野之劳,哀勤百堵之事[《诗经·小雅·鸿雁》曰:"鸿雁于飞,肃肃其羽。之子(那个人)于征,劬(qú,辛劳)劳于野。鸿雁于飞,集于中泽。之子于垣,百堵皆作。"郑玄注云:"坏灭之国,征人起屋舍,筑墙壁,百堵同时而起,言趋事也。"],每喟尔长怀,中篇而叹。近听征夫饥劳之声,甚于斯歌。[**他愤懑于当前社会形势!**]……[**下面蕴含的、在极黑暗的顶层政治与底层的社会凋敝之间的联系:**]伏念当今地广而不得耕,民众而无所食。群小竞进,秉国之位,鹰扬天下,鸟钞[钞:强取、掠夺]求饱,吞肌及骨,并噬无厌。[**恶兆已写在墙上:**]诚恐卒有役夫穷匠,起于板筑之间,投斤攘臂,登高远呼,使愁怨之民,响应云合,八方分崩,中夏鱼溃[《公羊传》曰:"其言梁亡何? 鱼烂而亡也。"何休曰:"鱼烂,从中发溃烂也。"]。[**准确的预料! 不久,超大规模农民造反——黄巾起义在帝国核心地区爆发! 大乱,最终释放出种种毁坏力量,令中国跌入延续了三个半世**

纪的最黑暗时代（包括不折不扣的自然状态似的五胡乱中华）。〕虽方尺之钱。何能有救！……

帝竟不铸钱。……

### 卷 61《左周黄列传》[周举、黄琼]

〔本篇是帝国开始垂死时代三位儒士型高官（其中两位甚至是儒学大师）的传记，其共性为富有勇气的正直、强烈的责任感和狭义广义兼具的不可腐败。〕

〔他们当中，黄琼给我们留下最深的印象，虽然我们的史家为其成就最赞颂这里略去的左雄（那看来被他多少夸大了）。黄琼，一位前最高级大臣，狂野的梁冀和继而狂野的宦官的政治/道德敌人，在临终时抨击桓帝令"诸梁秉权，竖宦充朝"，"忠臣惧死而杜口，万夫怖祸而木舌"；他不对盛势无比的恶毒者和腐败者作任何妥协。〕

…………

周举：

〔儒学大师，官僚，曾经对险恶的权宦采取一种容纳态度。然而，这并未改变一个基本的事实，即他仍然是个正直和负责任的官员，而且甚至勇敢地在他的谏言中谴责顺帝的腐败和宦官的狂野。〕

〔儒学大师：〕

周举字宣光，汝南汝阳人，陈留太守防之子。防在《儒林传》。举姿貌短陋，而博学洽闻，为儒者所宗，故京师为之语曰："《五经》从（纵）横周宣光。"

〔他在卑微的幕僚位置上采取一项人道的儒家原则，主张以人道态度对待被政变推倒的阎太后，那反映了他作为"书呆子"的正直；可是，后来他对狂傲的权宦一度采取了一种看来诚挚的容纳态度，透露出他的正直有限，或有天真幼稚成分：〕

〔他主张人道地对待倒台了的阎太后，援引经典范例来支持他的论辩：〕延光四年[125 年，安帝驾崩之年]，辟司徒李郃府。时宦者孙程等既立顺帝，诛灭诸阎，议郎陈禅以为阎太后与帝无母子恩，宜徙别馆，绝朝见。群臣议者咸以为宜。举谓郃曰："昔郑武姜谋杀严公[即郑庄公]，严公誓之黄泉；秦始皇怨母失行，久而隔绝，后感颍考叔、茅焦之言，循复子道。书传美之。今诸阎新诛，太后幽在离宫，若悲愁生疾，一旦不虞，主上将何以令于天下？如从禅议，后世归咎明公。宜密表朝廷，令奉太后，率厉（励）群臣，朝觐如旧，以厌天心，以答人望。"郃即上疏陈之。明年正月，帝乃朝于东宫，太后由此以安。

[**后来一度看来对狂傲的权宦持真挚的容纳态度：**]后长乐少府硃（朱）伥代郃为司徒，举犹为吏。时孙程等坐怀表上殿争功，帝怒，悉徙封远县，敕洛阳令促期发遣。举说硃（朱）伥曰："朝廷[谓顺帝]在西钟下时，非孙程等岂立？[中黄门孙程等十九人共斩江京、刘安、陈达等，迎济阴王于德阳殿西钟下，即皇帝位。]虽韩、彭、吴、贾[韩信、彭越、吴汉、贾复]之功，何以加诸！今忘其大德，录其小过，如道路夭折，帝有杀功臣之讥。及今未去，宜急表之。"伥曰："今诏怒，二尚书已奏其事，吾独表此，必致罪谴。"举曰："明公年过八十，位为台辅，不于今时竭忠报国，惜身安宠，欲以何求？禄位虽全，必陷佞邪之讥；谏而获罪，犹有忠贞之名。[**令人惊讶的是，对他来说，拯救这些宦官、使之不失权位竟成了"竭忠报国"的伟业！他幼稚，忘了安帝之下相关的教训。**]若举言不足采，请从此辞。"伥乃表谏，帝果从之。

[**作为一位负责任的地区行政长官，有显著的治理成就：**]
举后举茂才，为平丘[县名，在今河南新乡市封丘县境]令。上书言当世得失，辞甚切正。尚书郭虔、应贺等见之叹息，共上疏称举忠直，欲帝置章御坐，以为规诫。

举稍迁并州刺史。太原一郡，旧俗以介子推焚骸[《新序》曰："晋文公反（返）国，介子推无爵，遂去而之（至）介山之上。文公求之不得，乃焚其山，推遂不出而焚死。"]，有龙忌之禁。至其亡月，咸言神灵不乐举火，由是士民每冬中辄一月寒食，莫敢烟爨[cuàn，烧火做饭]，老小不堪，岁多死者。举既到州，乃作吊书以置子推之庙，言盛冬去火，残损民命，非贤者之意，以宣示愚民，使还温食。于是众惑稍解，风俗颇革。

[**回返中央并担任高级官僚之后，他表现正直，履责优良，特别是在一则尖锐的谏言内抨击顺帝腐败（那被他谴责为"断绝人伦[！]"）和宦官狂野，连同帝国政权的某些别的黑暗：**]
转冀州刺史。阳嘉三年[134年]，司隶校尉左雄荐举，征拜尚书。举与仆射黄琼同心辅政，名重朝廷，左右惮之。是岁河南、三辅大旱，五谷灾伤，天子亲自露坐德阳殿东厢请雨，又下司隶、河南祷祀河神、名山、大泽。诏书以举才学优深，特下策问曰："……顷年以来，旱灾屡应，稼穑焦枯，民食困乏。……审所贬黜，变复之征，厥效何由？分别具对，勿有所讳。"举对曰[**在其中，他充分显示了他的正直和勇气**]：
……万物之中，以人为贵。……陛下处唐、虞之位，未行尧、舜之政，近废文帝、光武之法，而循亡秦奢侈之欲，内积怨女，外有旷夫。今皇嗣不兴，东宫未立，伤和逆理，断绝人伦之所致也。非但陛下行此而已，竖宦之人，亦复虚以形势，威侮良家，取女闭之，至有白首殁无配偶，逆于天心。[**一个人可以感到他的激愤！**]……昔……成汤遭灾，以六事克已；鲁僖遇旱，而自责祈雨；皆以精诚，转祸为福。自枯旱以来，弥历年岁，未闻陛下改过之效，徒劳至尊暴露风尘[指"天子亲自露坐德阳殿东厢请雨"]，诚无益也。又下州郡祈神致请。昔齐有大旱，景公欲祀河伯，晏子谏曰："不可。夫河伯以水为城国，鲁鳖为民庶。水尽鱼枯，岂不欲雨？自是不能致也。"陛下所行，但务其华，不寻其实，犹缘木求鱼，却行求前[谓以倒退求前进，不可能如愿]。诚宜推信革政，崇道变惑，出后宫不御之女，理天下冤枉之狱，除太官重膳之费。……

因召见举及尚书令成翊世、仆射黄琼，问以得失。举等并对以为宜慎官人[官吏，官差]，去斥贪污，离远佞邪，循文帝之俭，尊孝明之教，则时雨必应[**一则不可相信却是"好"的儒家天人感应论断**]。帝曰："百官贪污佞邪者为谁乎？"举独对曰："臣从下州，超备机密，不足以别群臣。然公卿大臣数有直言者，忠贞也；阿谀苟容者，佞邪也。司徒视事六年，未闻有忠言异谋，愚心在此。"其后以事免司徒刘崎，迁举司隶校尉。……

举出为蜀郡太守，坐事免。大将军梁商表为从事中郎，甚敬重焉。……商……薨[141年]。商疾笃，帝亲临幸，问以遗言。对曰："人之将死，其言也善。臣从事中郎周举，清高忠正，可重任也。"由是拜举谏议大夫。

[**他再度抨击政权的严重恶疾：**]时，连有灾异，帝思商言，召举于显亲殿，问以变眚[shěng]。举对曰："陛下初立，遵修旧典，兴化致政，远近肃然。顷年以来，稍违于前，朝多宠幸，禄不序德。观天察人，准今方古，诚可危惧。《书》曰：'僭恒旸（阳）若。'[《尚书·洪范》文。孔安国注曰："君行僭差，则常旸顺之也。"]夫僭差无度，则言不从而下不正；阳无以制，则上扰下竭。[**然而，他在这个场合的提议与上述恶疾全然不相干：**]宜密严敕州郡，察强宗大奸，以时禽（擒）讨。"其后江淮猾贼周生、徐凤等处处并起，如举所陈。

[**相干的在下面，虽然它太晚，也太局部，不足以在任何实质性程度上拯救政权：**]时，诏遣八使巡行风俗，皆选素有威名者，乃拜举为侍中，与侍中杜乔、守光禄大夫周栩、前青州刺史冯羡、尚书栾巴、侍御史张纲、兖州刺史郭遵、太尉长史刘班并守光禄大夫，分行天下。其刺史、二千石有臧（赃）罪显明者，驿马上之；墨绶以下，便辄收举。其有清忠惠利，为百姓所安，宜表异者，皆以状上。于是八使同时俱拜，天下号曰："八俊"。举于是劾奏贪猾，表荐公清，朝廷称之。迁河内太守，征为大鸿胪。……

及梁太后临朝[144年]……迁光禄勋，会遭母忧去职，后拜光禄大夫。

[他去世,随即有他无法防止它变得更坏的那个政权赐予的巨大荣光:]

建和[桓帝年号]三年[149年]卒。朝廷以举清公亮直,方欲以为宰相,深痛惜之。乃诏先光禄勋、汝南太守曰:"……故光禄大夫周举,性侔夷、鱼[伯夷、史鱼],忠逾随、管[随会、管仲],前授牧守,及还纳言,出入京辇,有钦哉之绩,在禁闱有密静之风。予录乃勋,用登九列。……其令将大夫以下到丧发日复会吊。加赐钱十万,以旌委蛇素丝[出自《诗经·国风·羔羊》:"羔羊之皮(皮袄),素丝五紽(tuó)(白色丝带作纽扣)。退食自公(退出公府去用餐),透蛇透蛇(摇摇摆摆)。"清代以前学者皆牵强附会地以为此诗赞美在位者有纯正之德,洁白之性,屈柔之行,进退有度]之节焉。"……

黄琼:

[像周举那样,他也是一位儒学大师和高级官僚,然而更正直,更直言。在帝国开始垂死的时代,他虽经久拒绝,但经著名的李固《遗黄琼书》说服而步入官场,意欲从事"辅政济民"这正直的(和到头来幻灭的)事业。依靠他的谏言和勇敢正直的行为,他最终成了一名最高级廷臣和梁冀的一大敌人,精神上有助于这狂野"摄政"的灭亡,然后愤懑地看到桓帝之下宦官的统治。他的最后的政治行动,是在临终之际抨击他——超长的中国史上最坏的皇帝之一令"诸梁秉权,竖宦充朝"。他不对盛势无比的恶毒者和腐败者作任何妥协;一类英雄!]

[一位儒学大师,出生自另一位儒学大师,那在后来的历史上以中国二十四孝子之一著称;他,正直之士,在帝国开始垂死时代一次又一次地拒绝步入官场:]

黄琼字世英,江夏安陆[今湖北孝感市云梦县]人,魏郡太守香之子也。香[**以孝敬其鰥父以至于"扇枕温衾"著称,亦以他那时的一流儒学学问闻名**]在《文苑传》。琼初以父任为太子舍人,辞病不就。遭父忧,服阕,五府俱辟,连年不应。

[李固《遗黄琼书》,说服他改变"超然"的生活方式,以便(在黑暗的现实的种种制约内)"辅政济民":]

永建[顺帝年号,126—132年]中,公卿多荐琼者,于是与会稽贺纯、广汉杨厚俱公车征。琼至纶氏[县名,治所在今河南登封市西南],称疾不进。有司劾不敬,诏下县以礼慰遣,遂不得已。先是,征聘处士多不称望,李固素慕于琼,乃以书逆遗之曰[**当时头号的讲求实际的正直儒士说服一位著名的"超然"儒士降身实地,在一个黑暗时代做端正的政事,或尽力而为**]:

闻已度(渡)伊、洛,近在万岁亭[武帝元封元年,幸缑氏,登太室,闻山上呼万岁声者三,因以名焉],岂即事有渐,将顺王命乎?盖君子谓伯夷隘,柳下惠不恭,故传曰"不夷不惠,可否之间"。[《论语》孔子曰,伯夷、叔齐不降其志,不辱其身。谓柳下惠、少连降志辱身。我则异于是,无可无不可。郑玄注云:不为夷、齐之清,不为惠、连之屈,故曰异于是也。]**[宗师本人敲出了一个平衡,既超然又讲求实际。]**盖圣贤居身之所珍也。诚遂欲枕山栖谷,拟亦巢、由[巢父、许由,相传皆为尧时隐士,尧让位于二人,皆不受],斯则可矣;若当辅政济民,今其时也。**[一个黑暗时代更需要正直贤明者去试图拯救时世,无论最终结果能如何。]**自生民以来,善政少而乱俗多,必待尧、舜之君,此为志士终无时矣。**[道德的政治只是个可能性问题!一个人应当(不管是否能够)在坏时候尽力而为。]**常闻语曰:"峣峣者易缺,皦皦者易污。"《阳春》之曲,和者必寡,盛名之下,其实难副。近鲁阳樊君,被征初至,朝廷设坛席,犹待神明。虽无大异,而言行所守无缺。而毁谤布流,应时折减者,岂非观听望深,声名太盛乎?自顷征聘之士,胡元安、薛孟尝、硃(朱)仲昭、顾季鸿等,其功业皆无所采,是故俗论皆言处士纯盗虚声。愿先生弘此远谟,令众人叹服,一雪此言耳。

琼至,即拜议郎,稍迁尚书仆射。

**[他效力于先后在宦官和梁氏外戚集团支配性阴影下的顺帝朝廷:对他的谏言:]**

初,琼随父在台阁,习见故事。及后居职,达练官曹,争议朝堂,莫能抗夺。**[他正直地张扬不忌。]**时连有灾异,琼上疏顺帝曰:"间者以来,卦位错谬,寒燠相干,蒙气数兴,日暗月散。原之天意,殆不虚然。**[话语当然是儒家自然神论的。]**陛下宜开石室,案《河》《洛》,外命史官,悉条上永建以前至汉初灾异,与永建以后讫于今日,孰为多少。**[他的谏言的实质:]**又使近臣儒者参考政事,数见公卿,察问得失。诸无功德者,宜皆斥黜。**[他的谏言的实质:]**臣前颇陈灾眚[shěng],并荐光禄大夫樊英、太中大夫薛包及会稽贺纯、广汉杨厚,未蒙御省。伏见处士巴郡黄错、汉阳任棠,年皆耆耊[qí dié],有作者七人之志[《论语》曰"作者七人"。注云:"谓伯夷、叔齐、虞仲、夷逸、朱张、柳下惠、少连。"]。宜更见引致,助崇大化。"于是有诏公车征错等。**[君主仅有限地接受,因为这里全无"察问得失"和"斥黜"。]**

三年[128年],大旱。琼复上疏曰:"昔鲁僖遇旱,以六事自让[自责],躬节俭,闭女谒[女宠],放谗佞者十三人,诛税民受货者九人,退舍南郊,天立大雨。**[他怎能期望以下那套他现在那么宽泛地提议的广泛改革将有希望真正得到接受和实施?]**今亦宜顾省政事,有所损阙,务存质俭,以易民听。尚方御府,息除烦费。明敕近臣,使遵法度,如有不移,示以好恶。数见公卿,引纳儒士,访以政化,使陈得失。又因徒尚积,多致死亡,亦足以感伤和气,招降灾旱。若改敝从善,择用嘉谋,则灾消福至矣。"书奏,引见德阳殿,使中常侍以琼奏书属主者施行。……

顷之，迁尚书令。[**具体和讲求实际的"小"提议，旨在改良选官制度，那被迫容易地接受了**：]琼以前左雄所上孝廉之选，专用儒学文吏，于取士之义，犹有所遗，乃奏增孝悌及能从政者为四科，事竟施行。又雄前议举吏先试之于公府，又覆之于端门，后尚书张盛奏除此科。琼复上言："覆试之作，将以澄洗清浊，覆实虚滥，不宜改革。"帝乃止。出为魏郡太守，稍迁太常。和平[桓帝年号，150]中，以选入侍讲禁中。

[**他效力于桓帝朝廷：作为梁冀的一大敌人，他在精神上有助于这狂野"摄政"的灭亡；然后，他非常愤懑地看到桓帝之下宦官的统治。他临终之际抨击他令"诸梁秉权，竖宦充朝"，"忠臣惧死而杜口，万夫怖祸而木舌"：**]

元嘉元年[151年]，迁司空。[**他成了一位最高级廷臣，而这全未使他减少勇气。**]桓帝欲褒崇大将军梁冀，使中朝二千石以上会议其礼。特进胡广、太常羊溥、司隶校尉祝恬、太中大夫边韶等，咸称冀之勋德，其制度赏赐，以宜比周公，锡之山川、土田、附庸。[**全权者之下从不缺令人恶心的马屁精！**]琼独建议曰[**他不怕任何人，且与马屁精相反而鹤立鸡群**]："冀前以亲迎之劳，增邑三千，又其子胤亦加封赏。昔周公辅成王，制礼作乐，化致太平，是以大启土宇，开地七百[《礼记·明堂位》曰"成王以周公有勋劳于天下，是以封周公于曲阜，地方七百里，革车千乘，命鲁公世祀周公以天子之礼乐"]。今诸侯以户邑为制，不以里数为限。……冀可比邓禹，合食四县，赏赐之差，同于霍光，使天下知赏必当功，爵不越德。"朝廷从之。冀意以为恨。[**他由此自觉地与肆无忌惮的全权者为敌。**]会以地动策免。复为太仆。

永兴元年[153年]，迁司徒，转太尉。[**他保持自己的正直而不顾"教训"：**]梁冀前后所托辟召，一无所用。虽有善人而为冀所饰举者，亦不加命。延熹元年[158年]，以日食免。复为大司农。明年[159年]，梁冀被诛，太尉胡广、司徒韩缜、司空孙朗皆坐阿附免废，复拜琼为太尉。以师傅之恩，而不阿梁氏，乃封为邟乡侯，邑千户。琼辞疾让封六七上，言旨恳恻，乃许之。梁冀既诛，琼首居公位，举奏州郡素行贪污至死徙者十余人，海内由是翕然望之。[**他愤懑地发觉狂野的权宦取代了狂野的"摄政"，但自己已经过于年迈，以致无法与之斗争：**]寻而五侯擅权，倾动内外，自度力不能匡，乃称疾不起。四年[161年]，以寇贼免。其年复为司空。秋，以地震免。

[**他的最后的政治行动是在临终之际激烈抨击桓帝——中国史上最坏的皇帝之一：**]

七年[164年]，疾笃，上疏谏曰：

臣闻天者务刚其气，君者务强其政。是以王者处高自持，不可不安；履危任力，不可不据[依凭]。……故圣人升高据上，则以德义为首；涉危蹈倾，则以贤者为力。……此先圣所以长守万国,保其社稷者也。[**基于"现代史"的论辩,使之雄辩有力:**]昔高皇帝应天顺民,奋剑而王,埽除秦、项,革命创制,降德流祚。至于哀、平,而帝道不纲,秕政日乱,遂使奸佞擅朝,外戚专恣。所寇不以仁义为冕,所蹈不以贤佐为力,终至颠蹶,灭绝汉祚。……光武以圣武天挺,继统兴业,创基冰泮[喻危陷]之上,立足枳棘[喻艰难]之林。擢贤于众愚之中,画功于无形之世。崇礼义于交争,循道化于乱离。是自历高而不倾,任力危而不跌,兴复洪祚,开建中兴……至于中叶,盛业渐衰。陛下初从藩国,爰升帝位,天下拭目,谓见太平。[**对桓帝的严厉谴责:**]而即位以来,未有胜政。[**桓帝政权劣迹中间的政治致恶(一):**]诸梁秉权,竖宦充朝,重封累积,倾动朝廷,卿校牧守之选,皆出其门,羽毛齿革、明珠南金之宝,殷[盛也]满其室,富拟王府,势回天地。[**桓帝政权劣迹中间的政治致恶(二):**]言之者必族,附之者必荣。忠臣惧死而杜口,万夫怖祸而木舌……故太尉李固、杜乔,忠以直言,德以辅政,念国亡身,陨殁为报,而坐陈国议,遂见残灭。贤愚切痛,海内伤惧。[**他愤懑万分,特别是因为他的事实上的导师——伟大的李固!**]又前白马令李云,指言宦官罪秽宜诛,皆因众人之心,以救积薪之敝。弘农杜众,知云所言宜行,惧云以忠获罪,故上书陈理之,乞同日而死,所以感悟国家,庶云获免。而云既不幸,众又并坐,天下尤痛,益以怨结,故朝野之人,以忠为讳。[**他愤懑万分,也是因为这两位忠于国家和人民的英雄——李云和杜众——在桓帝之下狂野的宦官手里遭遇暴死!**]……[**最坏政权之下最坏官场人物之丛生不已:**]尚书周永,昔为沛令,素事梁冀,幸其威势,坐事当罪,越拜令职。见冀将衰,乃阳毁示忠,遂因奸计,亦取侯封。又黄门协邪,群辈相党,自冀兴盛,腹背相亲,朝夕图谋,共构奸轨。临冀当诛,无可设巧,复记其恶,以要爵赏。陛下不加清澄,审别真伪,复兴忠臣并时显封,使碌紫共色,粉墨杂蹂,所谓抵金玉于沙砾,碎珪璧于泥涂。四方闻之,莫不愤叹。……谗谀所举,无高而不可升;阿党相抑,无深而不可论。可不察欤?[**以上使他最后的政治言辞;他不怕任何事情,不想在临终之际留住任何未说的政见:**]臣至顽驽,世荷国恩,身轻位重,勤不补过,然惧于永殁,负衅益深。敢以垂绝之日,陈不讳之言,庶有万分,无恨三泉[三者数之极。一生二,二生三,三生万物,天地人之极数。故以三为名者,取其深之极也]。

其年卒,时年七十九。赠车骑将军,谥曰忠侯。……

## "白骨相望于野":血腥经久的西疆北疆战争

### 卷87《西羌传》摘录

⋯⋯⋯⋯⋯

[先零羌之乱的后续；马贤的帝国战争和恶行与其后果。]

[先零羌被击碎后，种种不同的羌人大致互不协调地从事众多零碎的冲突和战争；其中，由帝国专员马贤从事的几场大为残忍，有如典型的种族战争；主要有他，纯军事的血腥方式在有关的边疆地区简直肆行不已：]

六年［119年］春，勒姐种与陇西种羌号良等通谋欲反，马贤［护羌校尉］逆击之于安故［县名，治所在今甘肃临洮南］，斩号良及种人数百级，皆降散。

永宁元年［120年］春，上郡沈氏种羌五千余人复寇张掖。其夏，马贤将万人击之。初战失利，死者数百人。明日复战，破之，[马贤颇为残忍：]斩首千八百级，获生口千余人，马、牛、羊以万数，余虏悉降。时当煎种大豪饥五等，以贤兵在张掖，乃乘虚寇金城。贤还军追之出塞，[甚至更残忍：]斩首数千级而还。烧当、烧何种闻贤军还，率三千余人复寇张掖，杀长吏。初，饥五同种大豪卢匆、忍良等千余户别留允街，而首施［犹首鼠］两端。建光元年［121年，是年邓太后崩］春，马贤率兵召卢匆斩之，因放兵击其种人，[再度残忍：]首虏二千余人，掠马、牛、羊十万头，忍良等皆亡出塞。玺书封贤安亭侯，食邑千户。忍良等以麻奴兄弟本烧当世嫡，而贤抚恤不至，常有怨心。秋，遂相结共胁将诸种步骑三千人寇湟中，攻金城诸县。贤将先零种赴击之，战于牧苑，兵败，死者四百余人。麻奴等又败武威、张掖郡兵于令居，因胁将先零、沈氏诸种四千余户，缘山西走，寇武威。贤追到鸾鸟，招引之[政治方式，仅偶尔由这位帝国将领使用]。诸种降者数千，麻奴南还湟中。

延光元年［122年］春，贤追到湟中，麻奴出塞度（渡）河。贤复追击，战破之，种众散遁，诣凉州刺史宗汉降。麻奴等孤弱饥困，其年冬，将种众三千余户诣汉阳太守耿种降。安帝假金印紫绶，赐金银彩缯各有差。是岁，虔人种羌与上郡胡反，攻縠罗城。度辽将军耿夔将诸郡兵及乌桓骑赴，击破之。三年秋，陇西郡始还狄道焉。麻奴弟犀苦立。

顺帝永建元年［126年］，陇西钟羌反。校尉马贤将七千余人击之，战于临洮，斩首千余级[又一次残忍]，皆率种人降。进封贤都乡侯，自是凉州无事。

**[帝国恢复近西战略前沿区，在被迫的重大纵深收缩之后近二十年：]**

至四年［129年］，尚书仆射虞诩上疏曰："……《禹贡》雍州之域……沃野千里，谷稼殷积，又有龟兹盐池，以为民利。水草丰美，土宜产牧，牛马衔尾，群羊塞道。北阻山河，乘厄据险。因渠以溉，水春河漕。用功省少，而军粮饶足。故孝武皇帝及光武筑朔方，开西河，置上郡，皆为此也。而遭元元无妄之灾，众羌内溃，郡县兵荒，二十余年。夫弃沃壤之饶，损自然之财，不可谓利；离河山之阻，守无险之处，难以为固。今三郡未复，园陵［谓长安诸陵园］单外［谓无守臣］，而公卿选懦［柔怯］……但计所费，不图其安。宜开圣德，考行所长。"书奏，帝乃复三郡。使谒者郭璜督促徙者,各归旧县,缮城郭,置候驿。既而激河浚渠,为屯田,省内郡费岁一亿计。遂令安定、北地、上郡及陇西、金城常储谷粟,令周数年。

……其冬,贤坐征免……

[此后,凶猛的屠夫马贤重返近西疆场,从事频频的征服、杀戮和剥夺:]

(阳嘉)三年[134年],钟羌良封等复寇陇西、汉阳,诏拜前校尉马贤为谒者,镇抚诸种。马续遣兵击良封,斩首数百级。四年[135年],马贤亦发陇西吏士及羌胡兵击杀良封,斩首千八百级,获马、牛、羊五万余头。良封亲属并诣贤降。贤复进击钟羌且昌,且昌等率诸种十余万诣凉州刺史降。永和元年[136年],马续迁度辽将军,复以马贤代为(护羌)校尉。

初,武都塞上白马羌攻破屯官,反叛连年。二年[137年]春,广汉属国都尉击破之,斩首六百余级,马贤又击斩其渠帅饥指累祖等三百级,于是陇右复平。明年[138年]冬,烧当种那离等三千余骑寇金城塞,马贤将兵赴击,斩首四百余级,获马千四百匹。那离等复西招羌胡,杀伤吏民。

四年[139年],马贤将湟中义从兵及羌胡万余骑掩击那离等,斩之,获首虏千二百余级,得马、骡、羊十万余头。[他几乎总是凶猛、冷血和残酷!]征贤为弘农太守,以来机为并州刺史,刘秉为凉州刺史,并当之职。[在中央,国务家梁商反对纯军事的血腥方式,提倡古老的华夏智慧,然而无用:]大将军梁商谓机等曰:"戎狄荒服,蛮夷要服,言其荒忽无常。而统领之道,亦无常法,临事制宜,略依其俗。今三君素性疾恶,欲分明白黑。孔子曰:'人而不仁,疾之已甚,乱也。'[《论语》文。郑玄注云:"不仁之人,当以风化之,疾之已甚,是又使之为乱行。"]况戎狄乎! 其务安羌胡,防其大故,忍其小过。"[伟大见识! 然而无用]机等天性虐刻,遂不能从。到州之日,多所扰发。[一种华夏的"文明的"半自然状态?]

[又一大轮羌族反叛、入侵和战争,出自马贤式人物实行的帝国军事高压方针,为此他最终在近西战场上遭遇暴死,作为对他的惩罚;帝国赢得又一回皮洛士式的胜利:]

五年[140年]夏,且冻、傅难种羌等遂反叛,攻金城,与西塞及湟中杂种羌胡大寇三辅,杀害长吏。机、秉并坐征。于是发京师近郡及诸州兵讨之,拜马贤为征西将军,以骑都尉耿叔副,将左右羽林、五校士及诸州郡兵十万人屯汉阳。又于扶风、汉阳、陇道作坞壁三百所,置屯兵,以保聚百姓。且冻分遣种人寇武都,烧陇关,掠苑马。六年[141年]春,马贤将五六千骑击之。到射姑山,贤军败,贤及二子皆战殁。[马贤战死,作为报复或惩罚!]……

[羌蛮长驱突入华夏本部的一个核心地区,看来又一次到了他们的"胜利顶

点"，但只是看来而已：]于是东西羌遂大合。巩唐种三千余骑寇陇西，又烧园陵，掠关中，杀伤长吏。邰阳令任頠[jūn]追击，战死。遣中郎将庞浚募勇士千五百人顿[屯驻]美阳[县名，治所在今陕西关中平原西部武功县西北]，为凉州援。武威太守赵冲追击巩唐羌，斩首四百余级，得马、牛、羊、驴万八千余头，羌二千余人降。诏冲督河西四郡兵为节度。罕种羌千余寇北地，北地太守贾福与赵冲击之，不利。秋，诸种八九千骑寇武威，凉部震恐。[**军事逆境迫使帝国再度收缩：**]于是复徙安定居扶风，北地居冯翊，遣行车骑将军执金吾张乔将左右羽林、五校士及河内、南阳、汝南兵万五千屯三辅。[**新的帝国专员赵冲作了一次处理危机的政治努力，继而更多地重复马贤的血腥和剥夺方针：**]汉安元年[142年]，以赵冲为护羌校尉。冲招怀叛羌，罕种乃率邑落五千余户诣冲降。于是罢张乔军屯。唯烧何种三千余落据参□北界。三年[144年]夏，赵冲与汉阳太守张贡掩击之，斩首千五百级，得牛、羊、驴十八万头。冬，冲击诸种，斩首四千余级[！]。诏冲一子为郎。冲复追击于阿阳，斩首八百级。于是诸种前后三万余户诣凉州刺史降。

建康元年[144年]春，护羌从事马玄遂为诸羌所诱，将羌众亡出塞。领护羌校尉卫瑶追击玄等，斩首八百余级，得牛、马、羊二十余万头。[**看来，帝国在征服中的剥夺加剧到一个更巨大的规模！在这之后，幸免于被斩或被俘的羌蛮如何维持活命？**]赵冲复追叛羌到建威鹯阴河[《续汉书》"建威"作"武威"。鹯阴，县名，属安定郡]。军度（渡）未竟，所将降胡六百余人叛走，冲将数百人追之，遇羌伏兵，与战殁。冲虽身死，而前后多所斩获，羌由是衰耗。[**血腥方式奏效，以高昂的代价，包括他自己的性命。**]永嘉元年……以汉阳太守张贡代为校尉。左冯翊梁并稍以恩信招诱之，于是离湳、狐奴等五万余户诣并降，陇右复平……

[**帝国的胜利，又一次皮洛士式的胜利：**]自永和羌叛，至乎是岁，十余年间，费用八十余亿。[**帝国腐败和衰颓/垂死的军界反映：**]诸将多断盗牢禀，私自润入，皆以珍宝货赂左右，上下放纵，不恤军事，士卒不得其死者，白骨相望于野。……

### 卷90《乌桓鲜卑列传》摘录

…………

[**若干年平静之后，鲜卑攻袭复起，而且频繁；他们变得在军事上显著更强，将其入侵扩展到华北边疆地区的颇大一部分：**]

…………

建光元年[121年，邓太后是年三月崩]秋，其至鞬复畔（叛），寇居庸，云中太守成严击之，兵败，功曹杨穆以身捍严，与俱战殁。鲜卑于是围乌桓校尉徐常于马城。度辽将军耿夔与幽州刺史庞参发广阳、渔阳、涿郡甲卒，分为两道救之；常夜得潜出,与爨等并力并进,攻贼围,解之。[**鲜卑变得在军事上更强,尽管经受了若干重大挫折:**]鲜卑既累杀郡守,胆意转盛,控弦数万骑。[**他们的入侵和战斗范围大为扩展,扩展到华北边疆地区的颇大一部分**:]延光元年[122年]冬,复寇雁门、定襄,遂攻太原,掠杀百姓。[**他们一次又一次地凶猛击败帝国附庸南匈奴:**]二年[123年]冬,其至鞬自将万余骑入东领候,分为数道,攻南匈奴于曼柏[县名,在今内蒙古南部鄂尔多斯市达拉特旗东南],奠鞬日逐王战死,杀千余人。三年[124年]秋,复寇高柳[县名,在今山西大同市阳高县]击破南匈奴,杀渐将王。

[**如同先前,严重的军事挫折难得使鲜卑平息:**]顺帝永建元年[126年]秋,鲜卑其至鞬寇代郡,太守李超战死。明年春,中郎将张国遣从事将南单于兵步骑万余人出塞,击破之,获其资重二千余种。时,辽东鲜卑六千余骑亦寇辽东玄菟,乌桓校尉耿晔发缘边诸郡兵及乌桓率众王出塞击之,斩首数百级,大获其生口、牛、马、什物,鲜卑乃率种众三万人诣辽东乞降。三年[128年],四年[129年],鲜卑频寇渔阳、朔方。六年[131年]秋,耿晔遣司马将胡兵数千人,出塞击破之。冬,渔阳太守又遣乌桓兵击之,斩首八百级,获牛、马、生口。乌桓豪人扶漱官勇健,每与鲜卑战,辄陷敌,诏赐号"率众君"。[**帝国颇倚赖蛮夷附庸去打蛮夷敌人。**]

阳嘉元年[132年]冬,耿晔遣乌桓亲汉都尉戎硃廆率众王侯咄归等,出塞抄击鲜卑,大斩获而还,赐咄归等已(以)下为率众王、侯、长,赐彩缯各有差。[**再度倚赖蛮夷打蛮夷。**]鲜卑后寇辽东属国,于是耿晔乃移屯辽东无虑城拒之。[**又一次如此:**]二年[133年]春,匈奴中郎将赵稠遣从事将南匈奴骨都侯夫沈等,出塞击鲜卑,破之,斩获甚众,诏赐夫沈金印紫绶及缣彩各有差。秋,鲜卑穿塞入马城,代郡太守击之,不能克。后其至鞬死,鲜卑抄盗差稀。……

### 卷89《南匈奴列传》摘录

[**在"单于脱帽徒跣"、"陈道死罪"而获宽恕之后三十年,附庸南匈奴的一大部分再度反叛,导致其君主被迫自杀和帝国政策意外改变,变为按照华夏传统的温和战略和适当的军事策略去对付他们;南匈奴叛众的入侵和进攻变得愈益凶狠,继而历经数年被帝国军队血腥击碎:**]

(阳嘉,顺帝年号)五年[改为永和元年,136年]夏,南匈奴左部句龙王吾斯、车纽等背叛,率三千余骑寇西河,因复招诱右贤王,合七八千骑围美稷[匈奴中郎将治所,在今内蒙古准格尔旗西北],杀朔方、代郡长史。马续与中郎将梁并、乌桓校尉王元,发缘边兵及乌桓、鲜卑、羌胡,合二万余人,掩击破之。吾斯等遂更屯聚,攻没城邑。天子遣使责让单于,开以恩义,令相招降。单于本不豫谋,乃脱帽避帐,诣并谢罪。并以病征,五原太守陈龟代为中郎将。[**南匈奴君主面对一名滥施高压的帝国战**

区司令而被迫自杀：]龟以单于不能制下[单于虽不预谋,然不能制下,即是不堪其任],逼迫之,单于及其弟左贤王皆自杀。[《后汉书·顺帝纪》云："度辽将军马续……使匈奴中郎将陈龟迫杀南单于"。][**对驯服的南匈奴的仅仅一部分的反叛作过度反应。逼死一个依然是附庸蛮族的族裔君主！**]单于林利立十三年。龟又欲徙单于近亲于内郡,而降者遂更狐疑。龟坐下狱免。[**一位温和谦逊的宫廷"老卫士"提议改变方针,改行华夏一种传统的、温和节制的和低代价的战略：**]大将军梁商以羌胡新反,党众初合,难以兵服,宜用招降,乃上表曰："匈奴寇畔（叛）,自知罪极。穷鸟困兽,皆知救死,况种类繁炽,不可单（殚）尽。今转运日增,三军疲苦,虚内给外,非中国之利。窃见度辽将军马续素有谋谟,且典边日久,深晓兵要,每得续书,与臣策合。宜令续深沟高壁,以恩信招降,宣示购赏,明其期约。如此,则丑类可服,国家无事矣。"帝从之,乃诏续招降畔（叛）虏。商又移书续等曰[**他还提倡一种适当的军事策略（不对称性策略）,基于他对战略文化和战场形势之差异的透彻理解**]："中国安宁,忘战日久。良骑野合,交锋接矢,决胜当时,戎狄之所长,而中国之所短也。强弩乘城,坚营固守,以待其衰,中国之所长,而戎狄之所短也。宜务先所长,以观其变,设购开赏,宣示反悔,勿贪小功,以乱大谋。"续及诸郡并各遵行。于是右贤王部抑鞮等万三千口诣续降。

[**南匈奴叛众的入侵转为凌厉的蛮夷联盟大纵深攻袭：**]秋,句龙吾斯等立句龙王车纽为单于。东引乌桓,西收羌戎及诸胡等数万人,攻破京兆虎牙营,杀上郡都尉及军司马,遂寇掠并、凉、幽、冀四州。乃徙西河治离石[在今山西西部吕梁市离石区],上郡治夏阳[在今陕西韩城市南],朔方治五原[在今内蒙古包头市九原区]。[**帝国反击,颇为血腥：**]冬,遣中郎将张耽将幽州乌桓诸郡营兵,击畔（叛）虏车纽等,战于马邑[在今山西朔州市朔城区],斩首三千级,获生口及兵器、牛、羊甚众。车纽等将诸豪帅骨都侯乞降,而吾斯犹率其部曲与乌桓寇抄。六年[141年]春,马续率鲜卑五千骑到榖城击之,斩首数百级。[**一项非常杰出的军事成就,现在难得出自帝国军队：**]张耽性勇锐,而善抚士卒,军中皆为用命。遂绳索相悬,上通天山,大破乌桓,悉斩其渠帅,还得汉民,获其畜生财物。……

汉安元年[142年]秋,吾斯与薁鞬台耆、且渠伯德等复掠并部。

呼兰若尸逐就单于兜楼储先在京师,汉安二年[143年]立之。天子临轩,大鸿胪持节拜授玺绶,引上殿……冬,中郎将马寔[shí]募刺杀句龙吾斯,送首洛阳。[**作为军事行动的暗杀。继之以最终击毁和"压倒性"边威：**]建康元年[144年],进击余党,斩首千二百级。乌桓七十万余口皆诣寔降,车重、牛、羊,不可胜数。……

[**继任的附庸君主无法控制南匈奴诸大部落,后者在帝国垂死时代里一次又

一次地发动反叛：]

伊陵尸逐就单于居车尔，建和元年［146年，桓帝即位之年］立。至永寿［桓帝年号］元年［155年］，匈奴左薁鞬台耆、且渠伯德等复畔（叛），寇抄美稷、安定，属国都尉张奂击破降之。事已具《奂传》。

延熹元年［158年］，南单于诸部并畔（叛），遂与乌桓、鲜卑寇缘边九郡，以张奂为北中郎将讨之，单于诸部悉降。奂以单于不能统理国事，乃拘之，上立左谷蠡王。桓帝诏曰："……居车尔一心向化，何罪而黜！其遣还庭。"……

### 卷 65《皇甫张段列传》[皇甫规片断]

［皇甫规、张奂、段颎：帝国垂死时代里三位在对付边疆蛮夷（特别是难以驯服的羌族）方面非常能干的指挥将领，分别运用他们各自反对的、有其深刻含义的战略方针。在某种重大意义上，这种相反是历史性的（historic），亦即以温和为一大要素的军事/政治结合方针（一贯由张奂及皇甫规运用）vs.依靠远征歼灭、战场杀戮甚或"种族清洗"的纯战斗方针（由段颎以简直极端的方式运用）。他们彼此是在对付边疆蛮夷的战略上的对手。］

［他们还在道德上相反，对邪恶的权宦集团有全然不同的态度：前两人是正直的英雄，后一人则是谄媚的走狗。有讽刺意味的是，三人中间只有从未遭难的走狗在那黑暗时代终得暴死。］

皇甫规：

［在其与蛮夷的关系中，华夏帝国的一位能干的（且有学问的）军人，又一次由特殊的、被班固在《汉书·赵充国辛庆忌传》的篇末评论中精彩地透视到的区域地理和战略文化产出。他总是对军事问题的政治和社会维度有敏锐的意识，而且具备正直和诚实的品性，那招致了邪恶的权宦的报复。］

［他反复向帝国政权自荐，自荐从事针对叛羌入侵的军事（战略）服务：］

皇甫规字威明，安定朝那［一说为今甘肃平凉市灵台县］人也。祖父棱，度辽将军。父旗，扶风都尉。

永和［顺帝年号］六年［141年］，西羌大寇三辅，围安定，征西将军马贤将诸郡兵击之，不能克。规虽在布衣，见贤不恤军事，审其必败，乃上书言状。寻而贤果为羌所没。郡将知规有兵略，乃命为功曹，使率甲士八百，与羌交战，斩首数级，贼遂退却。［其自荐既是为战略，也是为前线战斗。肯定出自他的帝国忠心和个人尚武冲动。］举规上计掾。其后羌众大合，攻烧陇西，朝廷患之。规乃上疏求乞自效［**再**

度自荐,以作奉献],曰:

臣比年以来,数陈便宜。羌戎未动,策其将反,马贤始出,颇知必败。误中之言,在可考校。[**他对蛮夷反叛的社会和政治原因有准确的理解;他因而能将自己提升到大战略层次:**]臣每惟贤等拥众四年,未有成功,悬师之费且百亿计,出于平人,回入奸吏。故江湖之人,群为盗贼,青、徐荒饥,襁负流散。夫羌戎溃叛,不由承平,皆由边将失于绥御。乘常守安,则加侵暴,苟竞小利,则致大害,微胜则虚张首级,军败则隐匿不言。军士劳怨,困于猾吏,进不得快战以徼(邀)功,退不得温饱以全命,饿死沟渠,暴骨中原。徒见王师之出,不闻振旅之声。酋豪泣血,惊惧生变。是以安不能久,败则经年。臣所以搏手叩心而增叹者也。[**他向帝国政权许诺一种低成本的得胜效劳(而且据蕴意也是一种低成本的胜后维持):**]愿假臣两营二郡,屯列坐食之兵五千,出其不意,与护羌校尉赵冲共相首尾。土地山谷,臣所晓习;兵势巧便,臣已更之。可不烦方寸之印,尺帛之赐,高可以涤患,下可以纳降。若谓臣年少官轻,不足用者,凡诸败将,非官爵之不高,年齿之不迈。臣不胜至诚,没死自陈。

时帝不能用。[**当然,他人微言轻,不被理睬!**]

[**他从卑微的小官位置上抨击帝国政权最高层的狂野腐败和滥用权势,结果遭到严厉报复:**]

冲、质之间,梁太后临朝,规举贤良方正。对策曰:

伏惟孝顺皇帝,初勤王政,纪纲四方,几以获安。后遭奸伪,威分近习[**诸佞幸亲近小人**],畜货聚马,戏谑是闻。又因缘嬖幸,受赂卖爵,轻使宾客,交错其间,天下扰扰,从乱如归[《左传》曰"人患王之无厌也,故从乱如归"]。[**抨击帝国政权最高层的狂野腐败和滥用权势。**]故每有征战,鲜不挫伤,官民并竭,上下穷虚。[**指出了帝国军事羸弱的最根本原因。**]臣在关西,窃听风声,未闻国家有所先后,而威福之来,咸归权幸。[**先后谓进退。言国家不妄有褒贬进退,而权幸之徒反为祸福。**][**"威福之来,咸归权幸":如同阶级愤懑的某种东西由他呐喊出来!**]陛下……摄政之初,拔用忠贞……而地震[永建三年(128年)春正月丙子,京师地震,汉阳地陷裂]之后,雾气白浊,日月不光,旱魃为虐,大贼从(纵)横,流血丹野,庶品不安,谴诫累至,殆以奸臣权重之所致也。[**儒家自然神论被便利地用来服务于正当的事业,有如约两个世纪以前往后那么经常地发生的那样。**]其常侍尤无状者,亟便黜遣,披埽凶党,收入财贿,以塞痛怨,以答天诫。

[**最有权势的梁氏外戚遭到他的严厉抨击和训诫:**]今大将军梁冀、河南尹不疑[梁不疑,梁冀弟],处周、邵之任,为社稷之镇,加与王室世为姻族,今日立号虽尊

可也,实宜增修谦节,辅以儒术,省去游娱不急之务,割减庐第无益之饰。夫君者舟也,人者水也。群臣乘舟者也,将军兄弟操楫者也。若能平志毕力,以度元元,所谓福也。如其怠弛,将沦波涛。可不慎乎! 夫德不称禄,犹凿培[修筑高墙]之趾,以益其高。岂量力审功安固之道哉? 凡诸宿猾、酒徒、戏客,皆耳纳邪声,口出诙言,甘心逸游,唱造不义。亦宜贬斥,以惩不轨。令冀等深思得贤之福,失人之累。又在位素餐,尚书怠职,有司依违,莫肯纠察,故使陛下专受诙谀之言,不闻户牖[yǒu]之外。臣诚知阿谀有福,深言近祸,岂敢隐心以避诛责乎! ……

[**被抨击的权贵们的野蛮报复接踵而来:**]梁冀忿其刺己,以规为下第,拜郎中。托疾免归,州郡承冀旨,几陷死者再三。遂以《诗》、《易》教授,门徒三百余人,积十四年。[**他被迫成为一位地方儒学师傅,教授地方学生,长达十四年之久。**]后梁冀被诛,旬月之间,礼命五至,皆不就。……

## 卷88《西域传》摘录

…………

[**邓太后一去世,安帝朝廷内迅即响起恢复西域宗主权的呼声,以区域征伐和部署驻军为其政策优先:**]

延光二年[123年,邓太后崩后两年],敦煌太守张珰上书陈三策,以为"北虏呼衍王常展转蒲类[即今新疆东部巴里坤湖]、秦海[即青海湖]之间,专制西域,共为寇抄。今以酒泉属国吏士二千余人集昆仑塞,先击呼衍王,绝其根本,因发鄯善兵五千人胁车师后部,此上计也。若不能出兵,可置军司马,将士五百人,四郡供其犁牛、谷食,出据柳中[在今新疆鄯善西南鲁克沁,宜屯田],此中计也。如又不能,则宜弃交河城[在今新疆吐鲁番西北约五公里处,曾为车师前王国都城],收鄯善等悉使入塞,此下计也。"朝廷下其议。尚书陈忠上疏曰:

[**这呼声在朝廷得到加强,意在武装恢复西域:**]臣闻八蛮之寇,莫甚北虏。汉兴,高祖窘平城之围,太宗屈供奉之耻。故孝武愤怒,深惟久长之计,命遣虎臣,浮河绝漠,穷破虏庭。……至于宣、元之世,遂备蕃臣,关徼不闭,羽檄不行。由此察之,戎狄可以威服,难以化狎。[**威胁和控制西域的匈奴人必须也能够靠威胁使用或实际使用武力来克服。而且,如果他们被克服,西域诸国就将跳上帝国大车:**]西域内附日久,区区[形容诚情挚意]东望扣关者数矣,此其不乐匈奴慕汉之效也。[**帝国消极和束手旁观的危险:**]今北虏已破车师,势必南攻鄯善,弃而不救,则诸国从矣。若然,则虏财贿益增,胆势益殖,威临南羌,与之交连。如此,河西四郡危矣。河西既危,不得不救,则百倍之役兴,不訾之费发矣。[**辩驳无所行动的主要论据:**]议者但念西域绝远,恤之烦费,不见先世苦心勤劳之意也。方今边境守御

之具不精，内郡武卫之备不修，敦煌孤危，远来告急。复亾辅助。内无以慰劳吏民，外无以威示百蛮。蹙国减土，经有明诫。[**强烈建议：偕武力、帝国专员和经久机构重返西域**：]臣以为敦煌宜置校尉，案旧增四郡屯兵，以西抚诸国。庶足折冲万里，震怖匈奴。

　　[**安帝及顺帝之下恢复西域（不幸仅二十余年）**：]帝纳之，乃以班勇为西域长史，将驰刑士五百人，西屯柳中。勇遂破平车师。自建武至于延光，西域三绝三通。[**一部急剧起伏的历史的最简要概括！一部由于大篡夺者而"西域至此绝"往后一个世纪的历史。**]顺帝永建二年[127年]，勇复击降焉耆。于是龟兹、疏勒、于阗、莎车等十七国皆来服从，而乌孙、葱领已（以）西遂绝。六年[131年]，帝以伊吾[今新疆哈密地区伊吾县]旧膏腴之地，傍近西域，匈奴资之，以为抄暴，复令开设屯田，如永元[和帝年号，89—105年]时事，置伊吾司马一人。[**然而，由于种种显而易见的"结构性"原因，维持对西域的帝国宗主权和控制一向困难，特别在帝国衰落和垂死时代里**：]自阳嘉[顺帝年号，132—135年]以后，朝威稍损，诸国骄放，转相陵伐。元嘉[桓帝年号]二年[152年]，长史王敬为于阗所没[敬杀于阗王建，故国人杀之]。[**被麻烦和造麻烦，在西域的一种恒久的双重形势**]永兴元年[153年]，车师后王复反攻屯营。虽有降首，曾莫惩革，自此浸以疏慢矣。[**帝国控制的实质逐渐丧失，再度丧失。**]班固记诸国风土人俗，皆已详备《前书》。今撰建武以后其事异于先者，以为《西域传》，皆安帝末班勇所记云[**往昔和现今的中国得益于这位杰出的帝国专员，既为拥有，也为知识**]。……

## 卷56《张王种陈列传》[种暠]

种暠[hào]：

　　[**他看来不怕任何人，不管是作为帝国专员还是作为宫廷内臣，都显示了正直和勇气。然而，令人印象最深的是他"全方位"担任边疆行政长官期间的杰出表现，在吸引和靖安西南、近西和东北的不同蛮夷方面。**]

　　[**正直、慷慨和不同流俗，这与他作为"名士""异士"的行为举止结合起来，将他送入官场**：]

　　种暠字景伯，河南洛阳人，仲山甫[西周时周宣王之卿士，贤明有为，大有助于"宣王中兴"]之后也。父为定陶令，有财三千万。父卒，暠悉以赈恤宗族及邑里之贫者。其有进趣名利，皆不与交通。始为县门下史。[**他的行为举止，加上他的杰出品性和才智，将他送入官场**：]时河南尹田歆外甥王谌，名知人[有知人之名]。歆谓之曰："今当举六孝廉，多得贵戚书命，不宜相违，欲自用一名士以报国家，尔助我求之。"

明日,谌送客于大阳郭,遥见嚣,异之。还白歆曰:"为尹得孝廉矣,近洛阳门下史也。"歆笑曰:"当得山泽隐滞,乃洛阳吏邪?"谌曰:"山泽不必有异士,异士不必在山泽。"歆即召嚣于庭,辩诘职事。嚣辞对有序,歆甚知之,召署主簿,遂举孝谦,辟太尉府,举高第。

[他看来不怕任何人,无论是作为帝国专员还是作为宫廷内臣,都显示了正直和勇气:]

顺帝末,为侍御使。时,所遣八使光禄大夫杜乔、周举等,多所纠奏,而大将军梁冀及诸宦官互为请救,事皆被寝遏。嚣自以职主刺举,志案奸违[正直的责任意识],乃复劾诸为八使所举蜀郡太守刘宣等罪恶章(彰)露,宜伏欧刀[古欧冶子所作之剑,后泛指刑人之刀]。又奏请救四府条举近臣父兄及知亲为刺史、二千石尤残秽不胜任者,免遣案罪。帝乃从之。擢嚣监太子于承光宫。中常侍高梵从中单驾出迎太子,时太傅仁乔等疑不欲从,惶惑不知所为。[突然面临对他的正直和勇气的考验,看他是否屈从权宦;他通过了这考验:]嚣乃手剑当车,曰:"太子国之储副,人命所系。今常侍来无诏信,何以知非奸邪? 今日有死而已。"梵辞屈,不敢对,驰命奏之。诏报,太子乃得去。乔退而叹息,愧嚣临事不惑。帝亦嘉其持重,称善者良久。

[然而,令人印象最深的是他"全方位"担任边疆行政长官期间的杰出表现,在吸引和靖安西南、近西和东北的不同蛮夷方面:]

[在西南:]出为益州刺史。嚣素慷慨,好立功立事。[立意取得公共事务和帝国事务中的成就——他的另一积极素质。]在职三年,宣恩远夷,开晓殊俗,岷山杂落皆怀服汉德。其白狼、槃木、唐菆[zōu]、邛、僰[bo]诸国,自前刺史硃(朱)辅卒后遂绝;嚣至,乃复举种向化。[他的柔性方针,文化方针,旨在帝国的吸引力。]时永昌太守冶铸黄金为文蛇,以献梁冀,嚣纠发逮捕,驰传上言,而二府畏惮,不敢案之,冀由是衔怒于嚣。[然而,他原本就不怕任何人! 但无论如何,招来了出自宫廷邪恶者的惩罚:]会巴郡人服直聚党数百人,自称"天王",嚣与太守应承讨捕,不克,吏人多被伤害。冀因此陷之,传逮嚣、承。[一位杰出的最高级廷臣以自己的威望和雄辩使之免于牢狱甚或死刑:]太尉李固上疏救曰:"臣伏闻讨捕所伤,本非嚣、承之意,实由县吏惧法畏罪,迫逐深苦,致此不祥。比盗贼群起,处处未绝。嚣、承以首举大奸,而相随受罪,臣恐沮伤州县纠发之意,更共饰匿,莫复尽心。"梁太后省奏,乃赦嚣、承罪,免官而已。

[在近西:]后凉州羌动,以嚣为凉州刺史,甚得百姓欢心。被征当迁,吏人诣

阙请留之，太后叹曰："未闻刺史得人心若是。"［非凡的民望！］乃许之。暠复留一年，迁汉阳［郡名，治冀县（今甘肃甘谷县东），属凉州］太守，戎夷男女送至汉阳界，暠与相揖谢，千里不得乘车。［在蛮夷中间传奇式的声望！］及到郡，化行羌胡，禁止侵掠。迁使匈奴中郎将。［在东北：］时，辽东乌桓反叛，复转辽东太守，乌桓望风率服，迎拜于界上。［他的大名声是个在此的决定性军事资产，据此不费任何战斗就克服了反叛。］坐事免归。

　　［再度在近西；他的立竿见影的吸引性影响力遥遥扩至西域纵深：］后司隶校尉举暠贤良方正，不应。征拜议郎，迁南郡太守，入为尚书。会匈奴寇并、凉二州，桓帝擢暠为度辽将军。［他的旨在靖安的、软硬兼具的结合性方略，而其中的软成分是他显著的战略优先：］暠到营所，先宣恩信，诱降诸胡，其有不服，然后加讨。羌虏先时有生见获质于郡县者，悉遣还之。诚心怀抚，信赏分明，由是羌胡龟兹、莎车、乌孙等皆来顺服。暠乃去烽燧，除候望，边方晏然无警。

　　［他最终被提升到最高廷臣级别，但不久便去世：］入为大司农。延熹四年［161年］，迁司徒。推达名臣桥玄、皇甫规等，为称职相。在位三年，年六十一薨。［他在蛮夷中间留下了大名声，大得罕见：］并、凉边人咸为发哀。匈奴闻暠卒，举国伤惜。单于每入朝贺，望见坟墓，辄哭泣祭祀。……

# 帝国垂死：宦孽、党锢与狂乱

# "漏刻之间，桀逆枭夷"：
# 宦官政变与五侯专权

## "帝啮超臂出血为盟"，"诛梁冀，奋威怒"

### 卷 78《宦者列传》摘录

…………

五侯宦官（单超、徐璜、具瑗、左悺、唐衡）：

[宦官领袖，成就推倒狂野独裁者梁冀、铲除梁氏外戚权势的宫廷政变，然后作为难以置信的宦官贵族（"五侯宦官"）控制"被解放了的"桓帝。因而，他们的成就是"自是权归宦官，朝廷日乱"，以宦官们的狂野腐败跻身于众多邪恶结果之列。]

单超，河南人；徐璜，下邳良城人；具瑗，魏郡元城人；左悺，河南平阴人；唐衡，颍川郾人也。桓帝初，超、璜、瑗为中常侍，悺、衡为小黄门史。

[一番关于阴谋政变的详细故事，还有政变成功的后果——就他们的权势和荣光而言的后果：]

初，梁冀两妹为顺、桓二帝皇后，冀代父商为大将军，再世权威，威振天下。冀自诛太尉李固、杜乔等，骄横益甚，皇后乘势忌恣，多所鸩毒，上下钳口，莫有言者。帝逼畏久，恒怀不平，恐言泄，不敢谋之。[他们和他们的亲密君主面对和仇视的政治形势。突然，在一个关键时刻，政变阴谋得以发动，由君主本人发动：]延熹二年[159 年]，皇后崩，帝因如厕，独呼衡问："左右与外舍[外戚]不相得者皆谁乎？"衡对曰："单超、左悺前诣河南尹不疑，礼敬小简，不疑收其兄弟送洛阳狱，二人诣门谢，乃得解。徐璜、具瑗常私忿疾外舍放横，口不敢道。"于是帝呼超、悺入室，谓曰："梁将军兄弟专固国朝，迫胁外内，公卿以下从其风旨。今欲诛之，于常侍意何如？"超等对曰："诚国奸贼，当诛日久。臣等弱劣，未知圣意何如耳。"帝曰："审然者,常侍密图之。"对曰:"图之不难,但恐陛下复中狐疑。"帝曰:"奸臣胁国,当伏其罪,何疑乎!"于是更召瑝、瑗等五人,遂定其议,帝啮超臂出血为盟[**决死决心,还有君主与宦官之间彼此的决死信誓**],于是超收冀及宗亲党与(羽)悉诛之。[**成功!因而宦官们的压倒性权势和荣光:**]悺、衡迁中常侍。封超新丰侯,二万户,瑝武原侯,瑗东武阳侯,各万五千户,赐钱各千五百万;悺上蔡侯,衡汝阳侯,各万三千户,赐钱各千三百万。五人同日封,故世谓之"五侯"。又封小黄门刘普、赵忠等八人为乡侯。自是权归宦官,朝廷日乱矣。……

### 卷 7《桓帝纪》摘录

[桓帝:超长的中国史上最坏的皇帝之一,在智力、道德和过得去的能干程度意义上最坏。在位的头一半时间里,他被肆无忌惮的独裁者甚或弑君者梁冀彻底控制,后者以及全部梁氏外戚最终暴死在他手上,在威严的摄政梁太后自然死亡几年之后。可是,他完全依赖几个宦官去成就这些,后者反过来作为难以置信的贵族(五侯宦官)控制了他。不仅如此,他在末年令窦氏外戚(很暂时地)升至权力中心,并且与某些正直的、强烈反对宦官统治的"知识分子"冲突,直接导致了"党锢之祸",那毁坏了一个明智的学问"阶级"的政治机会,因而使得非常有限的王朝生存空间变得更狭窄。在他之下,东汉帝国的垂死变得更加不可逆转,全国社会则愈益凋敝,没有任何实质性改革的希望。最后但并非最次要的是,他的个人生活或个人特征肮脏、卑劣和腐败透顶。]

[**他在位初期,处于太后与其兄长的独裁摄政之下;社会形势极端悲惨:**]

孝桓[huán]皇帝[146—167 年]讳志,肃宗[章帝]曾孙也。祖父河间孝王开,父蠡吾侯翼,母匽氏。翼卒,帝袭爵为侯。

本初元年[146 年],梁太后征帝到夏门亭,将妻以女弟。会质帝崩,太后遂与兄大将军冀定策禁中,闰月庚寅,使冀持节,以王青盖车迎帝入南宫,其日即皇帝位,时年十五。太后犹临朝政。[**再度摄政!她的摄政看来无穷无尽,偕同其兄的事实上的独裁统治无穷无尽。**]

秋七月……

辛巳,谒高庙、光武庙。丙戌,诏曰[一幅关于可怜甚或悲惨的全国形势的局部图景,政治、行政管理和社会意义上的,当他在少年时节被置于帝位的时候]:"孝廉、廉吏皆当典城牧民,禁奸举善,兴化之本,恒必由之。诏书连下,分明恳恻,而在所玩习,遂至怠慢,选举乖错,害及元元。顷虽颇绳正,犹未惩改。方今淮夷未殄,[本初元年,"庐江贼"攻盱台,"广陵贼"张婴等杀江都长。盱台、江都并近淮,故言淮夷。时中郎将滕抚屡击破之,其余犹未殄。]军师屡出,百姓疲悴,困于征发。……"

建和元年[147年]……

二月,荆、扬二州人多饿死,遣四府掾分行赈给。……

夏四月庚寅,京师地震。……

郡国六地裂,水涌井溢。……

八月乙未,立皇后梁氏。[前云:"梁太后征帝到夏门亭,将妻以女弟。"][**不那么合法的权力一向更贪婪,强烈地倾向于在权力维持和壮大方面不冒任何风险**。]

九月丁卯,京师地震。……

十一月……

清河刘文反,杀国相射暠[gǎo],欲立清河王蒜为天子;事觉伏诛。蒜坐贬为尉氏侯,徙桂阳,自杀。前太尉李固、杜乔皆下狱死。[《续汉志》曰:"顺帝之末,京都童谣曰:'直如弦,死道边;曲如钩,反封侯。'曲如钩谓梁冀、胡广等。直如弦谓李固等。"][**梁冀的不合法权势和弑君背景下的华夏内斗**。]陈留盗贼李坚自称皇帝,伏诛。

二年[148年]……

三月戊辰,帝从皇太后幸大将军梁冀府。[**仅仅名义上的权威朝拜事实上的权威**。]

白马羌寇广汉属国,杀长吏,益州刺史率板楯蛮讨破之。[**帝国边疆动乱须被认为是惯常事,即使在当时就这方面而言的总的和平时期**。]……

秋七月,京师大水。……

冬十月,长平陈景自号"黄帝子",署置官属,又南顿[地处今河南项城市]管伯亦称"真人",并图举兵,悉伏诛。[**有趣!在一个盛行儒家的时代,道家成了某些造反的意识形态,无论特定的这俩是农民还是非农民的冒险家**。]

三年[149年]……

五月乙亥,诏曰:"……昔孝章帝愍前世禁徙,故建初之元,并蒙恩泽,流徙者使还故郡,没入者免为庶民。先皇德政,可不务乎!其自永建元年迄乎今岁,凡诸妖恶,支亲从坐,及吏民减死徙边者,悉归本郡;唯没者不从此令。"[**意在缓解的措施,在一个以广泛造反和滥施惩罚为特征的时候。执行状况怎样?是空言还是其他?无论如何,政治和社会形势并未改善**。]……

八月……京师大水。

九月己卯,地震。庚寅,地又震。诏死罪以下及亡命者赎,各有差。郡国五山崩。……

十一月甲申,诏曰:"朕摄政失中,灾眚连仍,三光不明,阴阳错序。……今京师厮舍[贱役人之舍],死者相枕,郡县阡陌,处处有之,[**自然灾害袭击一个凋敝的社会的**

后果。**地狱般的悲惨。**]其违周文掩骴[zì,带腐肉的尸骨,也指腐烂的肉;又指整个尸体]之义。其有家属而贫无以葬者,给直(值),人三千,丧主布三匹;若无亲属,可于官墙地[官之余地也。《前书音义》曰:"墙,城郭旁地。"]葬之,表识姓名,为设祠祭。又徙在作部,疾病致医药,死亡厚埋藏。民有不能自振及流移者,禀谷如科……"[**意在缓解的措施,在一个以自然灾害频仍为特征的时候。执行状况怎样? 是空言还是其他?**]

[**从太后去世到他突然政变以摧毁梁冀和梁氏外戚;可怕的社会凋敝继续下去,不管谁是真正的帝国最高统治者:**]

和平元年[150 年]……

二月,扶风妖贼裴优自称皇帝,伏诛。甲寅,皇太后梁氏崩。[**摄政太后去世! 一个重大事件。独裁者梁冀的权势潜在地完蛋,因为缺乏说得过去的合法性。**]……

元嘉元年[151 年]春正月,京师疾疫……

二月,九江、庐江大疫……

夏四月……

京师旱。任城、梁国饥,民相食。……

十一月辛巳,京师地震。……

二年[152 年]春正月……丙辰,京师地震。……

冬十月乙亥,京师地震。……

永兴元年[153 年]……

秋七月,郡国三十二蝗。河水溢。百姓饥穷,流冗道路,至有数十万户,冀州尤甚。……十一月丁丑,诏减天下死罪一等,徙边戍。……

二年[154 年]……

六月,彭城泗水增长逆流。诏司隶校尉、部刺史曰:"蝗灾为害,水变仍至,五谷不登,人无宿储。其令所伤郡国种芜菁[俗称大头芥,根如圆萝卜,可盐腌晒干作咸菜]以助人食。"[**社会悲惨,出自严重的自然灾害和所有层次上的政治衰颓。**]

京师蝗。……

九月丁卯朔,日有食之。诏曰:"朝政失中,云汉作旱,川灵涌水,蝗螽孽蔓,残我百谷,太阳亏光,饥馑荐臻。其不被害郡县,当为饥饿者储……"……

闰月……

……蜀郡李伯诈称宗室,当立为"太初皇帝",伏诛。[**类似的事件一次又一次地发生,反映了帝国政权的合法性欠缺,在先前质冲两帝很早死亡和梁氏外戚独裁统治的情况下。**]……

太（泰）山、琅邪贼公孙举等反叛，杀长吏。

永寿元年［155 年］……

二月，司隶［即洛阳］、冀州饥，人相食。［**人吃人，或许大规模的，和平时期发生在帝国首都！**］敕州郡赈给贫弱。若王侯吏民有积谷者，一切贷十分之三，以助禀贷……［**紧急措施，在国家几乎破产之后。**］……

六月，洛水溢，坏鸿德苑。南阳大水。……

诏太山、琅琊遇贼者，勿收租、赋，复更、算三年。又诏被水死流失尸骸者，令郡县钩求收葬；及所唐突压溺物故，七岁以上赐钱，人二千。坏败庐舍，亡失谷食，尤贫者禀，人二斛。"……［**一段时期里，帝国国家变得除救济外不干别的，而其有效性必定可疑。**］

巴郡、益州郡山崩。

秋七月，初置太山、琅邪都尉官。［二郡寇贼不息，故置。］……

二年［156 年］……

秋七月，鲜卑寇云中。［**这一时期里，在其低潮中的蛮夷威胁几乎全不重要。所有重大乱子都是在华夏本部，因为内部的垂死和凋敝。**］太山贼公孙举等寇青、兖、徐三州，遣中郎将段颎讨，破斩之。［**王朝政权的真正问题不是任何单一的造反有多大实力，而在于它们的频繁和结合性范围。这实在是一种"消耗战"，严重侵蚀政权。**］……

十二月，京师地震。

三年［157 年］……

夏四月，九真蛮夷叛，太守儿式讨之，战殁；遣九真都尉魏朗击破之。复屯据日南。……

六月……

京师蝗。秋七月，河东地裂。……

延熹元年［158 年］……

夏五月……

……京师蝗。……

十二月，鲜卑寇边，使匈奴中郎将张奂率南单于击破之。［**这一时期里，在其低潮中的蛮夷威胁几乎全不重要。所有重大乱子都是在华夏本部。**］

二年［159 年］春二月，鲜卑寇雁门。……

夏，京师雨水。

六月，鲜卑寇辽东。

秋七月，初造显阳苑，置丞。丙午，皇后梁氏崩。乙丑，葬懿献皇后于懿陵。

[**由心腹宦官主持,突然爆发他的政权变更政变和大清洗! 肆无忌惮的独裁者梁冀及其权势外戚家族被决绝摧毁;事实上的宦官统治由此开始,此乃中国史上第一遭:**]大将军梁冀谋为乱。八月丁丑,帝御前殿,诏司隶校尉张彪将兵围冀第,收大将军印绶,冀与妻皆自杀。卫尉梁淑、河南尹梁胤、屯骑校尉梁让、越骑校尉梁忠、长大校尉梁戟等,及中外宗亲数十人,皆伏诛。太尉胡广坐免。司徒韩演、司空孙朗下狱。

壬午,立皇后邓氏,追废懿陵为贵人冢[**他先前的皇后,12 年前由梁太后给他的、死去才一个月的梁氏家族成员,现在被剥夺地位和名誉。政治无情,纵欲者无情。**]。诏曰:"梁冀奸暴,浊乱王室。孝质皇帝聪敏早茂,冀心怀忌畏,私行杀毒。永乐太后[桓帝母匽氏]亲尊莫二,冀又遏绝,禁还京师[谓太后常居博园,不得在洛阳],使朕离母子之爱,隔顾复之恩。祸害深大,罪衅日滋。赖宗庙之灵,及中常侍单超、徐璜、具瑗、左悺、唐衡[**这五名宦官是政变核心人物**]、尚书令尹勋等激愤建策,内外协同,漏刻之间,枭逆枭夷。斯诚社稷之佑,臣下之力,宜班庆赏,以酬忠勋。其封超等五人为县侯[一等侯爵][**空前的赐予,使宦官成为大贵族:五侯宦官**],勋等七人为亭侯。"于是旧故恩私,多受封爵。……

## "权归宦官,朝廷日乱";社会凋敝,内忧外患

### 卷 7《桓帝纪》摘录

…………

[**宦官统治,偕同一个肮脏、卑劣和腐败的皇帝;甚至多少比梁氏外戚专权还坏:**]

十一月……壬寅,中常侍单超为车骑将军。……

烧当等八种羌叛,寇陇右,护羌校尉段颎[jiǒng]追击于罗亭,破之。……

三年[160 年]春正月……丙午,车骑将军单超薨。

闰月,烧何羌叛,寇张掖,护羌校尉段颎追击于积石,大破之。白马令李云坐直谏,下狱死。[**宦官统治必定残酷无情,高压少限。**]……

九月,太山、琅邪贼劳丙等复叛,寇掠百姓。遣御史中丞赵某持节督州郡讨之。……

冬十一月……太山贼叔孙无忌攻杀都尉侯章。十二月,遣中郎将宗资讨破之。……

四年[161 年]春正月……大疫。……

五月……己卯,京师雨雹。六月,京兆、扶风及凉州地震。庚子,岱山及博尤来

山并犢裂[博，博城县也。太山有徂来山，一名尤来]。……

　　犍为属国夷寇钞百姓，益州刺史山昱击破之。零吾羌与先零诸种并叛，寇三辅。

　　秋七月，京师雩[yú，祭祀求雨]。减公卿以下奉（俸），貣（贷）[在此意为借入]王侯半租。[**宦官从不怎么同情传统贵族和高官。**]占卖关内侯、虎贲、羽林、缇骑营士、五大夫钱各有差。[**宦官在搞非流俗的权宜方面从不顾忌，包括旨在岁入的权宜。**]……

　　冬十月……南阳黄武与襄城惠得、昆阳乐季訞言相署，皆伏诛。

　　先零沈氏羌与诸种羌寇并、凉二州，十一月，中郎将皇甫规击破之。……

　　五年[162年]……

　　三月，沈氏羌寇张掖、酒泉。……

　　夏四月，长沙贼起，寇桂阳、苍梧。……

　　五月……长沙、零陵贼起，攻桂阳、苍梧、南海、交阯，遣御史中丞盛修督州郡讨之，不克。[**这华南造反是那么凶猛强劲，甚至能从当今的湖南省远程攻击当今的越南北部！中央专员监督下的帝国地方武装处于兵力劣势。**]乙亥，京师地震。……

　　秋七月……

　　鸟吾羌寇汉阳、陇西、金城，诸郡兵讨破之。[**近西羌蛮那么经常地顽固惹乱，但这一时期里他们相对容易被帝国武力击破（很大程度上因为他们零散），几乎从未能够是帝国的一大麻烦。**]

　　八月……

　　艾县贼焚烧长沙郡县，寇益阳，杀令。又零陵蛮亦叛，寇长沙。己卯，罢琅邪都尉官。

　　冬十月，武陵蛮叛，寇江陵，南郡太守李肃坐奔北弃市；辛丑，以太常冯绲为车骑将军，讨之。假[借]公卿以下奉。又换王侯租以助军粮，出濯龙中藏钱还之。

　　十一月，冯绲大破叛蛮于武陵。[**只是在派遣中央“大军”和从事一番紧急凑合的后勤动员之后，帝国才开始击破华南叛蛮。**]

　　……滇那羌寇武威、张掖、酒泉。……

　　六年[163年]……

　　五月，鲜卑寇辽东属国。

　　秋七月……

　　桂阳盗贼李研等寇郡界。

　　武陵蛮复叛，太守陈奉与战，大破降之。陇西太守孙羌讨滇那羌，破之。……

七年[164年]……

秋七月……

……荆州刺史度尚击零陵、桂阳盗贼及蛮夷,大破平之。

冬十月……

护羌校尉段颎击当煎羌,破之。……

八年[165年]春正月……

癸亥,皇后邓氏废。河南尹邓万世[邓后之叔父]、虎贲中郎将邓会[邓后之兄子]下狱死。[**一位六年的皇后完蛋,连同她的颇有限的外戚势力。窦氏外戚升至中央权力舞台的阶梯由此铺设**。]

护羌校尉段颎击罕姐羌,破之。……

六月……

桂阳胡兰、硃(朱)盖等复反,攻没郡县,转寇零陵,零陵太守陈球拒之;遣中郎将度尚、长沙太守抗徐等击兰、盖,大破斩之。苍梧太守张叙为贼所执,又桂阳太守任胤背敌畏懦,皆弃市。……

九月丁未,京师地震。

冬十月,司空周景免,太常刘茂为司空。辛巳,立贵人窦氏[窦妙]为皇后。[**这开启了窦氏外戚的至少半统治,但它非常短命。一年内,宦官们摧毁了她和霍氏外戚的权力,恢复了他们的事实上统治**。]

勃海妖贼盖登等称"太上皇帝",有玉印、珪、璧、铁券,相署置,皆伏诛。……

九年[166年]春正月……

沛国戴异得黄金印,无文字,遂与广陵人龙尚等共祭井,作符书,称"太上皇",伏诛。

己酉,诏曰:"比岁不登,民多饥穷,又有水旱疾疫之困。盗贼征发,南州尤甚。灾异日食,谴告累至。政乱在予,仍获咎征。其令大司农绝今岁调度征求,及前年所调未毕者,勿复收责。其灾旱盗贼之郡,勿收租,馀郡悉半入。"[**社会凋敝和动乱! 间或采取的意在缓解的措施大致无用**。]

三月……

司隶、豫州饥死者什四五,至有灭户者[**帝国最中心地区因饥馑而来的大规模死亡! 帝国垂死**。]……

六月,南匈奴及乌桓、鲜卑寇缘边九郡。

秋七月,沈氐羌寇武威、张掖。诏举武猛,三公各二人,卿、校尉各一人。……

遣使匈奴中郎将张奂击南匈奴、乌桓、鲜卑。……

南阳太守成瑨、太原太守刘瓆[zhì],并以潜弃市。[时小黄门赵津犯法,质考杀之,宦官怨恚,有司承旨奏瑨等。][**宦官统治如此黑暗和残忍!**]……大秦国王遣使奉献[**时国王安敦"献"象牙、犀角、玳瑁等**][**中国与欧洲之间交往的首次历史记录。**]①[**华夏帝国虚浮话语一例。将外交含糊地说得像附庸"贡献",以求意识形态"顺畅"和国内功利,并且满足自我虚荣。**]

冬十二月……

……南匈奴、乌桓率众诣张奂降。司隶校尉李膺等二百余人受诬为党人,并坐下狱……[**政治上的一个重大事态:"党锢之祸"(眼下是其第一轮),那毁坏了一个明智的学士"阶级"的政治机会,从而使得业已非常有限的王朝生存空间变得更狭小。**]②

永康元年[167年]春正月,先零羌寇三辅,中郎将张奂破平之。当煎羌寇武威,护羌校尉段颎追击于鸾鸟,大破之。西羌悉平。

夫馀王寇玄菟,太守公孙域与战,破之。

夏四月,先零羌寇三辅。

五月丙申,京师及上党地裂。

庐江贼起,寇郡界。……

六月庚申,大赦天下,悉除党锢,改元永康。……

六州大水,勃海海溢。诏州郡赐溺死者七岁以上钱,人二千;一家皆被害者,悉为收敛;其亡失谷食,禀人三斛。

冬十月,先零羌寇三辅,使匈奴中郎将张奂击破之。……

十二月……丁丑,帝崩于德阳前殿。年三十六。戊寅,尊皇后曰皇太后,太后临朝。[**摄政太后与其父亲窦武开始统治,后者仇恨宦官。政权变更行将发生。**]……

论曰:前史称桓帝好音乐,善琴笙。饰芳林而考濯龙之宫,设华盖以祠浮图[**这看来是华夏帝国统治精英对佛教感兴趣甚或崇佛的首次史录**]、老子,斯将所谓"听于神"乎! 及诛梁冀,奋威怒,天下犹企其休息。而五邪[**即五侯宦官**]嗣虐,流衍四方。自非忠贤[谓李膺、陈蕃、窦武、黄琼、朱穆、刘淑、刘陶等,各上书极谏,以折宦官奸谋

---

① 《后汉书·西域传》载:大秦国"其王常欲通使于汉,而安息欲以汉缯彩与之交市,故遮阂不得自达。至桓帝延熹九年,大秦王安敦遣使自日南徼外献象牙、犀角、瑇瑁,始乃一通焉"。

② 李膺[110—168年],字元礼,颍川襄城(今河南襄城)人。举孝廉,历任青州等地太守,转乌桓校尉,微度辽将军。后为河南尹,与太学生郭泰等交游,反对宦官专擅,纠劾奸佞。在太学生的心目中,他是"天下楷模",凡受到他的赏识,皆被誉之为"登龙门"。延熹九年(166年),他捕杀交通宦官的张成,史称"张成事件",为引起党锢之祸的直接导火线,他也因此被捕入狱。次年虽获释,然仍终身禁锢,不准为官,而声誉更高,士子称他为"八俊"之首。灵帝即位,窦武秉政,引他为长乐少府。不数月,武为宦官所害,党祸再起,他被下狱拷问致死,妻子徙边,父兄及其门生故吏并遭禁锢。

之锋]力争,屡折奸锋,虽愿依斟流彘,亦不可得已。[《帝王纪》曰:"夏帝相为羿所逐,相乃都商丘,依同姓诸侯斟灌、斟寻氏。"《史记》曰:"周厉王好利暴虐,周人相与畔,而袭厉王,王出奔于彘。"言帝宠幸宦竖,令执威权,赖忠臣李膺等竭力谏争,以免篡弑之祸。不然,则虽愿如夏相依斟,周王流彘,不可得也。斟灌、斟寻,国,故城在今青州。彘,晋地。][**我们的史家对他在位期间的政治作的一则非常简洁和准确的概说。**]

## 卷 78《宦者列传》[侯览]

侯览:

[**东汉后期最邪恶的权宦之一,狂野地腐败、贪婪、放肆和暴烈,不仅对普通民众、而且对持不同政见的学士们是个灾难,因为他起了血腥得多的第二轮党锢之祸的发起者作用。**]

侯览者,山阳防东[在今山东西南部单县东北]人。桓帝初为中常侍,以佞猾进,倚势贪放,受纳货遗以巨万计。[**他佞猾、贪婪和肆无忌惮! 一个垂死的帝国可以产生的众多最坏者之一。**]延熹[158—167 年]中,连岁征伐,府帑空虚,乃假百官奉禄,王侯租税。览亦上缣五千匹,赐爵关内侯。[**帝国"即兴式的"卖官鬻爵体制的一个受益者。**]又托以与议诛梁冀功,进封高乡侯。[**不仅如此,为了他的无限贪欲,他跳上了新统治集团——它已成就了决定性的宫廷政治变更——的有利可图的大船。**]

小黄门段珪家在济阴,与览并立田业,近济北界,仆从宾客侵犯百姓,劫掠行旅。济北相滕延一切收捕,杀数十人,陈尸路衢。览、珪大怨,以事诉帝,延坐多杀无辜,征诣廷尉,免。[**有那腐败、卑劣的"傀儡"皇帝,他能那么容易地击败他的官场报复女神!**]……

览等得此愈放纵。览兄参为益州刺史,民有丰富者,辄诬以大逆,皆诛灭之,没入财物,前后累亿计。[**他直接卵翼下的邪恶者能够那么无法无天,杀人如麻,劫财贪物,甚于前述仆从宾客!**]太尉杨秉奏参,槛车征,于道自杀。京兆尹袁逢于旅舍,阅参车三百余两,皆金银锦帛珍玩,不可胜数。览坐免,旋复复官。

[**在沉溺于穷奢极侈和暴烈掠夺之后,他发起了臭名昭著和后果严重的第二轮党锢之祸(既为报复决心摧毁他的正直者,也为消灭威胁宦官邪恶统治的整个持不同政见运动):**]建宁[灵帝年号]二年[169 年],丧母还家,大起茔冢。督邮张俭因举奏览贪侈奢纵,前后请夺人宅三百八十一所,田百一十八顷。起立第宅十有六区,皆有高楼池苑,堂阁相望,饰以绮画丹漆之属,制度重深,僭类宫省。又豫作寿冢,石椁双阙,高庑百尺,破人居室,发掘坟墓。虏夺良人,妻略妇子,及诸罪衅,请诛之。而览伺候遮截,章竟不上。俭遂破览冢宅,籍没资财,具言罪状。又奏览母生时交通宾客,干乱郡国。复不得御。览遂诬俭为钩党,及故长乐少府李膺、太仆

杜密等,皆夷灭之。① 遂代曹节领长乐太仆。

[他的(突来)末日,但不是权宦统治或党锢之祸的结束②:]熹平元年[172 年],有司举奏览专权骄奢,策收印绶,自杀。阿党者皆免。

### 卷 10 下《皇后纪下》[梁皇后(梁女莹);邓皇后(邓猛女)]

#### 梁皇后(梁女莹):

[梁氏外戚集团成员,因它维持垄断性权力的政治考虑而变成皇后;沉溺于穷奢极侈,谋杀女性潜在竞争者。她在梁氏外戚突然完蛋之前仅一个月"以忧恚崩",因为失去了皇夫的任何爱恋。]

桓帝懿献梁皇后讳女莹,顺烈皇后[梁妠]之女弟也。帝初为蠡吾侯,梁太后征,欲与后为婚[《桓帝纪》云:"梁太后征帝到夏门亭,将妻以女弟。"][不那么合法的权力一向更为贪婪,倾向于在权力维持和壮大上不冒任何风险],未及嘉礼,会质帝崩,因以立帝。明年……悉依孝惠皇帝纳后故事,聘黄金二万斤,纳采雁、璧、乘马、束帛,一如旧典。建和元年[147 年]六月始入掖庭,八月立为皇后。

时,太后秉政而梁冀专朝,故后独得宠幸,自下莫得进见。[她是个极端傲慢和腐败的皇后:]后借姊兄廕势,恣极奢靡,宫幄雕丽,服御珍华,巧饰制度,兼倍前世。及皇太后崩,恩爱稍衰。[还是一头杀人的野兽:]后既无子,潜怀怨忌,每宫人孕育,鲜得全者。[她在皇帝和宦官摧毁梁氏外戚的政变之前仅一个月"以忧恚崩":]帝虽迫畏梁冀,不敢谴怒,然见御转稀。至延熹二年[159 年],后以忧恚崩,在位十三年,葬懿陵。其岁,诛梁冀,废懿陵为贵人冢焉。

#### 邓皇后(邓猛女):

桓帝邓皇后讳猛女,和熹皇后[邓绥]从兄子邓香之女也。母宣,初适香,生后。改嫁梁纪,纪者,大将军梁冀妻孙寿之舅也。后少孤,随母为居,因冒姓梁氏。冀妻见后貌美,永兴中进入掖庭,为采女,绝幸。明年,封兄邓演为南顿侯,位特进。演卒,子康嗣。及懿献后[梁皇后梁女莹]崩,梁冀诛,立后为皇后。……追封赠香车骑将军安阳侯印绶,更封宣、康大县,宣为昆阳君,康为泄阳侯,赏赐巨万计。宣

---

① 《后汉书·党锢列传》载:张俭乡人朱(朱)并,承望中常侍侯览意旨,上书告俭与同乡二十四人别相署号,共为部党,图危社稷。……灵帝诏刊章捕俭等。[事在熹平元年(172 年)。]大长秋曹节因此讽(风)有司奏捕前党故司空虞放、太仆杜密、长乐少府李膺、司隶校尉朱(朱)寓、颍川太守巴肃、沛相荀翌、河内太守魏朗、山阳太守翟超、任城相刘儒、太尉掾范滂等百余人,皆死狱中。余或先殁不及,或亡命获免。自此诸为怨隙者,因相陷害,睚眦之忿,滥入党中。[险恶的政治文化效应]又州郡承旨,或有未尝交关,亦离(罹)祸毒。其死徙废禁者,六七百人。

② 《后汉书·灵帝纪》载:熹平元年[172 年]……秋七月……宦官讽(风)司隶校尉段颎捕系(羁)太学诸生千余人。[宦官对反对其邪恶统治的"知识分子"的又一轮大规模迫害。]

卒……以康弟统袭封昆阳侯,位侍中;统从兄会袭安阳侯,为虎贲中郎将;又封统弟秉为湣阳侯。宗族皆列校、郎将。[**她的皇夫倚赖宦官,同时也有某种外戚偏好,那大多归因于他对她的暂时的强烈宠爱。**]

　　帝多内幸,博采宫女至五六千人,及驱役从使,复兼倍于此。[**这个皇帝实在是头极端腐败、淫荡和病态的野兽！与此同时,他的主要性伴们从事互相间激烈的内斗,结果失去爱的皇后最终与她家族的主要成员们一起完蛋:**]而后恃尊骄忌,与帝所幸郭贵人更相谮诉。八年[165 年],诏废后,送暴室,以忧死。立七年。葬于北邙。从父河南尹万世及会皆下狱死。统亦系暴室,免官爵,归本郡,财物没入县官。[**从"绝幸"到"送暴室,以忧死":皇帝和她的命运多么无常易变！**]

### 卷 48《杨李翟应霍爰徐列传》[爰延]

爰延:

　　[**一位朴质、诚实和寡言的儒士,作为正直的宫廷内臣和而后的朝廷大臣率直批评坏君主桓帝和行使统治的宦官,并且抨击桓帝那肮脏的腐败。**]

　　[**良善端正的儒家行为主义者,有学问,出身微贱,可能经帝国体制之路而成为一名宫廷内臣:**]爰延字季平,陈留外黄人也。清苦好学,能通经教授。性质悫[què,诚实,谨慎],少言辞。县令陇西牛述好士知人,乃礼请延为廷掾,范丹为功曹,濮阳[姓氏]潜为主籍,常共言谈而已。后令史昭以为乡啬夫,仁化大行,人但闻啬夫,不知郡县。在事二年,州府礼请,不就。桓帝时征博士,太尉杨秉等举贤良方正,再迁为侍中。

　　[**正直,因宦官统治而直言批评坏君主桓帝:**]帝游上林苑,从容问延曰:"朕何如主也?"对曰:"陛下为汉中主[在汉帝中间中等]。"帝曰:"何以言之?"对曰:"尚书令陈蕃[桓帝时位至太尉,为官耿直,硬项,其言数度得纳,然亦因犯颜直谏而多次左迁]任事则化,中常侍黄门豫(与)政则乱,是以知陛下可与为善,可与为非。"帝曰:"昔硃(朱)云廷折栏槛,①今

---

① 《汉书·杨胡硃梅云传》载:硃(朱)云……好倜傥大节,当世以是高之。……[**不怕皇帝宠幸的有权有势者(五鹿充宗):**]……再度,他不怕最有权势者:……云数上疏,言丞相韦玄成容身保位,亡能往来[李奇曰:"不能有所前却也。"],而咸[御史中丞陈咸,"年少抗节,不附显等,而与云相结"]数毁石显。[**他和他的亲密"同志"遭到严厉的报复和惩罚:**]……至成帝时,丞相故安昌侯张禹以帝师位特进[特进:官名,西汉后期始置,以授列侯中有特殊地位者,得自辟僚属],其尊重。云上书求见,公卿在前。云曰[**他未吸取前面的"教训",未曾得在任何程度上驯服:**]:"今朝廷大臣上不能匡主,下亡(无)以益民,皆尸位素餐……臣愿赐尚书斩马剑,断佞臣一人以厉(励)其余。"上问:"谁也?"对曰:"安昌侯张禹。"上大怒,曰:"小臣居下讪上,廷辱师傅,罪死不赦。"御史将云下,云攀殿槛,槛折。云呼曰:"臣得下从龙逢、比干游于地下,足矣！未知圣朝何如耳?"……上意解,然后得已。

侍中面称朕违，敬闻阙矣。"［这个君主坏到骨子里，但性情不暴烈。］拜五官中郎将，转长水校尉，迁魏郡太守，征拜大鸿胪。

帝以延儒生，常特宴见。时，太史令上言客星经帝坐，帝密以问延。延因上封事曰：

［正直，率直批评桓帝那肮脏的腐败，运用儒家自然神论服务于良善目的：］臣闻天子……动静以礼，则星辰顺序；意在邪僻，则晷［guǐ］度错违。陛下以河南尹邓万有龙潜［喻帝王未即位时］之旧，封为通侯，恩重公卿，惠丰宗室。加顷引见，与之对博，上下媟黩［亵狎，或淫秽］，有亏尊严。……武帝与幸臣李延年、（韩）嫣同卧起，尊爵重赐，情欲无猒（厌），遂生骄淫之心，行不义之事，卒延年被戮，嫣伏其事。［激情那么经常地胜过理性：］夫爱之则不觉其过，恶之则不知其善，所以事多放滥，物情生怨。……善人同处，则日闻嘉训；恶人从游，则日生邪情。孔子曰："益者三友，损者三友。"邪臣惑君，乱妾危主，以非所［不按规定时间，不时］言则悦于耳，以非所行则玩于目，故令人君不能远之。仲尼曰："惟女子与小人为难养，近之则不逊，远之则怨。"盖圣人之明戒也！昔光武皇帝与严光［字子陵，名士，以"高风亮节"著称；少时与刘秀同游学，甚亲密，刘秀即帝位后隐名换姓，避走他乡］俱寝，上天之异，其夕即见。［光武帝复请严光入宫论道旧故，因共偃卧（相传严光以足加帝腹上）；次日，太史官奏"客星犯御座甚急"。］夫以光武之圣德，严光之高贤，君臣合道，尚降此变，幸况陛下今所亲幸，以贱为贵，以卑为尊哉？惟陛下远谗谀之人，纳謇謇之士，除左右之权，废宦官之敝。［行使统治的宦官依然是他的头号目标，或许甚至对这"请愿信"而言亦如此！］使积善日熙，佞恶消殄，则乾灾可除。

帝省［阅而无回应］其奏［为何对他来说未有更坏的结果，虽然能够有？我们已经尝试回答了这个问题］。因以病自上，乞骸骨还家。灵帝复特征，不行，病卒。……

**卷 57《杜栾刘李刘谢列传》**［李云、刘瑜］

李云：

［正直，坚定，怀抱对行将到来的全国／帝国崩溃的满心焦虑。他动员起儒家自然神论甚而更神秘主义的论辩，以抨击执掌统治权的宫廷邪恶者（外戚和宦官），甚至还有肮脏卑劣的皇帝本人。他的命运是暴死，对此他毫不畏惧！］

李云字行祖，甘陵人也。性好学，善阴阳［阴阳历算］。初举孝廉，再迁白马令。

桓帝延熹二年［159 年］，诛大将军梁冀，而中常侍单超等五人皆以诛冀功并封列侯，专权选举。又立掖庭民女邓氏［邓猛女］为皇后，数月间，后家封者四人，赏赐巨万。［邪恶替代邪恶，帝国垂死极难逆转地愈益恶化。］是时，地数震裂，众灾频降。[他在他卑微的县官位置上，对行将到来的全国/帝国崩溃满心焦虑：]云素刚，忧国将危，心不能忍，乃露布[文书不封口]上书[他不怕任何个人危险]，移副三府[以副本上三公府]，曰：

[地震与宫廷事务：儒家自然神论可以像那么经常的那样，被正直者动员起来，用于正当的政治抨击：]臣闻皇后天下母，德配坤灵，得其人则五氏(是)来备[《史记》曰："庶征：曰雨，曰旸，曰燠，曰风，曰寒。五者来备，各以其序，庶草繁庑。"]，不得其人则地动摇宫[《春秋汉含孳》曰："女主盛，臣制命，则地动。"]。比年灾异，可谓多矣，皇天之戒，可谓至矣。[他的神秘主义游戏甚至超出儒家自然神论：]高祖受命，至今三百六十四岁，君期一周，当有黄精代见，姓陈、项、虞、田、许氏，不可令此人居太尉、太傅典兵之官。举厝[cuò]（举措）至重，不可不慎。班功行赏，宜应其实。梁冀虽持权专擅，虐流天下，今以罪行诛，犹召家臣搤杀之耳。而猥封谋臣万户以上，高祖闻之，得无见非？西北列将[谓皇甫规、段颍等]，得无解体？孔子曰："帝者，谛[真谛，道理。郑玄注云："审谛于物也。"]也。"今官位错乱，小人谄进，财货公行，政化日损，尺一拜用不经御省。是帝欲不谛乎？[生硬无忌的谴责，鞭笞外戚家族、宦官集团和皇帝本人！]

帝得奏震怒[这个卑劣皇帝必定难得遭到如此生硬的抨击，如果曾经遭到过的话，因而其震怒可以理解]，下有司逮云，诏尚书都护剑戟送黄门北寺狱，使中常侍管霸与御史廷尉杂考之。时，弘农五官掾杜众伤云以忠谏获罪，上书愿与云同日死[正直和勇敢得难以置信]。帝愈怒，遂并下廷尉。大鸿胪陈蕃上疏救云曰："李云所言，虽不识禁忌，干上逆旨，其意归于忠国而已。……今日杀云，臣恐剖心之讥即议于世矣。故敢触龙鳞，冒昧以请。"太常杨秉、洛阳市长沐茂、郎中上官资并上疏请云。帝恚甚，有司奏以为大不敬。诏切责蕃、秉，免归田里；茂、资贬秩二等。[这邪恶的皇帝确实狂怒不已！]时，帝在濯龙池，管霸奏云等事。霸诡言曰[这险恶的宦官必定懂得如何保证和加速将暴死施予他那样的宦官的敌人]："李云野泽愚儒，杜众郡中小吏，出于狂戆，不足加罪。"帝谓霸曰："帝欲不谛，是何等语，而常侍欲原之邪？"顾使小黄门可其奏，云、众皆死狱中。后冀州刺史贾琮使行部，过祠云墓，刻石表之。……


刘瑜：
[儒家神秘主义者，"忠诚"但激烈地抨击帝国垂死时代里种种政治邪恶者。他提供了当时关于这些的一幅黑暗图景。]


刘瑜字季节，广陵人也。高祖父广陵靖王。父辩，清河太守。瑜少好经学，尤善图谶、天文、历算之术。州郡礼请不就。

[**他犹如一挺狂射的机关枪，广泛扫射举国上下种种政治邪恶：**]

延熹八年[165年]，太尉杨秉举贤良方正，及到京师，上书陈事曰[**他，有着多多的责任感，从他颇为卑微的职位上猛烈抨击当时的种种政治邪恶**]：

……臣在下土，听闻歌谣，骄臣虐政之事，远近呼嗟之音，窃为辛楚，泣血涟如。幸得引录，备答圣问，泄写至情，不敢庸回。诚愿陛下且以须臾之虑，览今往之事，人何为咨嗟，天曷为动变。

盖诸侯之位，上法四七[二十八宿也。诸侯为天子守四方，犹天之有二十八宿。《汉官仪》曰"天子建侯，上法四七"]，垂文炳燿，关之盛衰者也。今中官邪孽，比肩裂土，皆竞立胤嗣，继体传爵，或乞子疏属，或买儿市道，殆乖开国承家[《易》曰："大君有命，开国承家"]之义。[**宦官新贵狂野，竞相确立新贵世袭。**]

古者天子一娶九女，娣侄有序，《河图》授嗣，正在九房。[**他率直抨击狂野肮脏的桓帝本人，后者臭名昭著地"多内幸，博采宫女至五六千人"：**]今女娈令色，充积闺帷，皆当盛其玩饰，冗食空宫，劳散精神，生长六疾。此国之费也，生之伤也。且天地之性，阴阳正纪，隔绝其道，则水旱为并。《诗》云："五日为期，六日不詹"。[《诗·小雅》曰："终朝采蓝，不盈一襜。五日为期，六日不詹。"注云："詹，至也。妇人过时而怨旷，期至五日而归，今六日不至，是以忧也。"]怨旷作歌，仲尼所录。况从幼至长，幽藏殁身。及常侍、黄门，亦广妻娶。[**宫廷腐败淫荡无以复加。**]怨毒之气，结成妖眚[shěng，灾难，疾苦]。行路之言，官发略（掠）人女，取而复置，转相惊惧。孰不悉然，无缘空生此谤。[**官僚的广泛传称的腐败和狂野惊骇天下。**]邹衍匹夫，杞氏匹妇，尚有城崩霜陨之异[《淮南子》曰："邹衍事燕惠王尽忠，左右谮之，王系之，仰天而哭，五月天为之下霜。"《列女传》曰"齐人杞梁袭莒，战死。其妻无所归，乃就夫尸于城下而哭之，七日城崩"]；况乃群辈咨怨，能无感乎！

[**草根民众极端苦难，难以置信地悲惨，连同他们自己中间兽般地内斗，在一种最坏的政权之下：**]昔秦作阿房，国多刑人。今第舍增多，穷极奇巧，掘山攻石，不避时令。促以严刑，威以正法。民无罪而复入之，民有田而复夺之。州郡官府，各自考事，奸情赇略，皆为吏饵。民愁郁结，起入贼党，官辄兴兵，诛讨其罪。贫困之民，或有卖其首级以要酬赏，父兄相代残身，妻孥[儿女]相视分裂。穷之如彼，伐之如此，岂不痛哉！

[**卑劣纵欲的皇帝再度遭到严厉抨击：**]又陛下以北辰之尊，神器之宝，而微行近习[谓亲近狎者]之家，私幸宦者之舍，宾客市买，熏灼道路，因此暴纵，无所不容。今三公在位，皆博达道艺，而各正诸己，莫或匡益者，非不智也，畏死罚也。……

[令人惊异,这肮脏卑劣的皇帝对他要比对李云宽容得多。为什么? 特别尊崇儒家神秘主义者? 即使如此,他依然未免暴死于邪恶者之手:]

于是特诏召瑜问灾咎之征,指事案经谶以对。势政者欲令瑜依违其辞,而更策以它事。瑜复悉心以对,八千余言,有切于前,帝竟不能用。拜为议郎。

及帝崩,大将军窦武欲大诛宦官,乃引瑜为侍中,又以侍中尹勋为尚书令,共同谋画。及武败,瑜、勋并被诛。事在《武传》。……

### 卷62《荀韩钟陈列传》[荀爽]

[本篇记述五位帝国衰落和垂死时代的正直士人,其共性显著地包括一个容易发现的事实,即他们都出自东汉帝国的一个核心地区颍川郡。因此,这是我们的史家第一次以他所记人物的出身地作为组织编撰的一个方式。]

[他们当中,最值得赞誉的是荀爽和陈寔。前者乃儒学大师,仅进很短暂地服务于垂死的帝国宫廷,服务方式是抨击君主狂野的性腐败和"臣僭君服,下食上珍",那肯定是指"五侯宦官",或许也指窦氏外戚。然后,经享有十余年隐居和学问写作生活,他在生命末端参加了政变规划,试图摧毁狂野的篡夺者董卓。]

[至于陈寔,最杰出和难得见到的是他在政治/道德两难形势中能够既和蔼,又正直,即使在党锢之祸期间也如此("进退之节,必可度也")。这一可赞誉的性情含有一种复杂的英雄意味!]


…………

荀爽:

[儒学大师,仅很短暂地服务于垂死的帝国宫廷,做法是严正地训戒之,结果在党锢之祸期间像许多别人那样受到迫害。他的最后的政治行动是在生命的最后时日参加旨在推倒董卓的政变密谋。]


["幼而好学",聪明异常,不同流俗:]

爽字慈明,一名谞。幼而好学,年十二,能通《春秋》、《论语》。太尉杜乔见而称之,曰:"可为人师。"爽遂耽思经书,庆吊不行,征命不应。颍川为之语曰:"荀氏八龙[其父荀淑,荀子十一世孙,"当世名贤李固、李膺等皆师宗之";有子八人,"并有名称"],慈明无双。"


[一度服务于垂死的帝国宫廷,方式为严正训戒之;在党锢之祸期间受到迫害:]

延熹[桓帝年号]九年[166年]，太常赵典举爽至孝，拜郎中。对策陈便宜曰[**训诫和抨击，全都以经典儒家话语：**]

[**首先针对政治精英中间孝道文化的衰退：**]臣闻之于师曰："……汉制使天下诵《孝经》，选吏举孝廉。夫丧亲自尽[谓尽其哀戚]，孝之终也。今之公卿及二千石，三年之丧，不得即去，殆非所以增崇孝道……往者孝文劳谦，行过乎俭，故有遗诏以日易月。此当时之宜，不可贯之万世。古今之制虽有损益，而谅闇[ān][居丧时所住的房子，借指居丧]之礼未尝改移，以示天下莫遗其亲。今公卿群寮皆政教所瞻，而父母之丧不得奔赴。"……传曰："丧祭之礼阙，则人臣之恩薄，背死忘生者众矣。"……夫失礼之源，自上而始。古者大丧三年不呼其门，所以崇国厚俗笃化之道也。事失宜正，过勿惮改。天下通丧，可如旧礼。

[**他的"礼仪复兴主义"：**]臣闻有夫妇然后有父子，有父子然后有君臣，有君臣然后有上下，有上下然后有礼仪。礼义备，则人知所厝[cuò，安置]矣。夫妇人伦之始，王化之端……夫妇之道，所谓顺也。《尧典》曰："厘降二女于妫汭，嫔于虞。"降者下也，嫔者妇也。言虽帝尧之女，下嫁于虞，犹屈体降下，勤修妇道。……《春秋》之义，王姬嫁齐，使鲁主之，不以天子之尊加于诸侯也。今汉承秦法，设尚主[《史记·张耳列传》索隐韦昭曰："尚，奉也。不敢言娶。"崔浩云："奉事公主。"]之仪，以妻制夫，以卑临尊，违乾坤之道，失阳唱之义[《易纬》曰"阳唱而阴和"]。……阳尊阴卑，盖乃天性。……宜改尚主之制，以称乾坤之性。遵法尧、汤，式是周、孔。……

[**然后，以他的最佳表现，抨击桓帝的性腐败和由此而来的巨额花费：**]昔者圣人建天地之中而谓之礼，礼者，所以兴福祥之本，而止祸乱之源也。人能枉欲从礼者，则福归之；顺情废礼者，则祸归之。……众礼之中，婚礼为首。故天子娶十二，天之数也；诸侯以下各有等差，事之降也。……及三代之季，淫而无节。瑶台、倾宫，陈妾数百。阳竭于上，阴隔于下。故周公之戒曰："不知稼穑之艰难，不闻小人之劳，惟耽乐之从，时亦罔或克寿。"是其明戒。……臣窃闻后宫采女五六千人，从官侍使复在其外。冬夏衣服，朝夕禀粮，耗费缣帛，空竭府藏，征调增倍，十而税一，空赋不辜之民，以供无用之女，百姓穷困于外，阴阳隔塞于内。故感动和气，灾异屡臻。[**使用儒家自然神论，正当的便利。**]臣愚以为诸非礼聘未曾幸御者，一皆遣出，使成妃合。一曰通怨旷，和阴阳。二曰省财用，实府藏。三曰修礼制，绥眉寿。四曰配阳施，祈蠡斯[亦名蜙蝑，其性不妒，故能子孙众多]。五曰宽役赋，安黎民。此诚国家之弘利，天人之大福也。

[**以其最佳表现，他猛烈抨击"臣僭君服，下食上珍"，"凶于而国"，肯定首先指"五侯宦官"，或许也指窦氏外戚：**]……尊卑奢俭，所以为礼……《春秋传》曰："唯器与名不可以假人。"……礼者，尊卑之差，上下之制也。昔季氏八佾舞于庭，非有伤害困于人物，而孔子犹曰"是可忍也，孰不可忍。"《洪范》曰："惟辟[君主]作威，惟辟作

福,惟辟玉食。"凡此三者,君所独行而臣不得同也。今臣僭君服,下食上珍,所谓害于而家,凶于而国者也。宜略依古礼尊卑之差,及董仲舒制度之别[《汉书》董仲舒曰:"王者正法度之宜,别上下之序,以防欲也。"],严督有司,必行其命。此则禁乱善俗足用之要。

奏闻,即弃官去。[**他厌恶帝国垂死时代的整个官场!**]

[**他在党锢之祸期间受到迫害,作为一位"硕儒"自享十余年的隐居和写作生活:**]

后遭党锢,隐于海上,又南遁汉滨,积十余年,以著述为事,遂称为硕儒。党禁解,五府并辟,司空袁逢举有道,不应。[**厌恶帝国垂死时代的整个官场。**]及逢卒,爽制服三年,当世往往化以为俗。时人多不行妻服[《丧服》曰:"夫为妻齐缞"(zī cuī,粗麻布丧服)杖期(一种服丧礼制,杖为居丧时拿的棒,期为一年之丧。期服用杖的称"杖期")],虽在亲忧犹有吊问丧疾者,又私谥其君父及诸名士,爽皆引据大义,正之经典,虽不悉变,亦颇有改。[**他的反潮流的"礼仪复兴主义",在自己的实践中,一如在自己的"理论"里;一位非常认真的儒士。**]

[**他被迫服务于狂野的篡夺者董卓,其间他非常勇敢地参加了旨在摧毁他的政变密谋:**]

后公车征为大将军何进从事中郎。进恐其不至,迎荐为侍中,及进败而诏命中绝。献帝即位,董卓辅政,复征之。爽欲遁命,吏持之急,不得去,因复就拜平原相。行至宛陵,复追为光禄勋。视事三日,进拜司空。[**他被迫作为一位最高级大臣服务于董卓,完全违背他的意愿:**]爽自被征命及登台司,九十五日。因从迁都长安。

[**他的以伟大勇气从事的最后政治行动:**]爽见董卓忍暴[残忍暴虐]滋甚,必危社稷,其所辟举皆取才略之士,将共图之,亦与司徒王允及卓长史何颙[yóng]等为内谋。会病薨,年六十三。

[**一位儒学大师,甚至超过他的父亲:**]

著《礼》、《易传》、《诗传》、《尚书正经》、《春秋条例》,又集汉事成败可为鉴戒者,谓之《汉语》。又作《公羊问》及《辩谶》,并它所论叙,题为《新书》。凡百余篇,今多所亡缺。……

## 卷64《吴延史卢赵列传》[史弼]

[**吴延史卢赵:五位正直的儒士,效力于垂死和继而崩溃的帝国政权,但不对邪恶狂野的权贵作无原则的妥协。特别是前面三位,可谓"横眉冷对千夫指,俯首**

甘为孺子牛"。]

[最后但远非最次要，他们几乎全都是讲求实际的端正的儒士，在地方行政长官甚或内战中战区指挥的职位上非常能干。]

…………

史弼：

[显示了道德伟大，连同前两位（吴祐和延笃）的主题——"横眉冷对独千指，俯首甘为孺子牛"。]

["正常的"开端，以致难以预料他未来的特征：]

史弼字公谦，陈留考城人也。父敞，顺帝时以佞辩[谄媚善辩]至尚书、郡守。[《续汉书》曰"敞为京兆尹，化有能名，尤善条教，见称于三辅。"][他的父亲：旨在良善目的的马基雅维里主义者？]弼少笃学，聚徒数百。仕州郡，辟公府，迁北军中候。

[他，一位正直的小官，抨击一名险恶傲慢的亲王：]

是时，桓帝弟渤海王悝素行险辟，僭傲多不法。弼惧其骄悖为乱，乃上封事曰：

[吁请皇帝规制这最大贵族：]臣闻帝王之于亲戚，爱虽隆，必示之以威；体虽贵，必禁之以度。……昔周襄王恣甘昭公[甘昭公即王子带，周襄王弟。初，甘昭公有宠于惠后，后将立之，未及而卒。昭公引戎人作乱未遂，奔齐。后被襄王召回，复以狄师攻襄王，襄王出适郑]，孝景皇帝骄梁孝王……卒周有播荡之祸，汉有爰（袁）盎之变[大臣袁盎谏景帝不得传位于梁孝王，梁孝王遂派人刺杀袁盎]。[一幅图景，描绘一个在狂野放纵的皇帝之下的狂野亲王：]窃闻渤海王悝，凭至亲之属，恃偏私之爱，失奉上之节，有僭慢之心，外聚剽轻不逞之徒，内荒酒乐，出入无常，所与群居，皆有口无行，或家之弃子，或朝之斥臣，必有羊胜、伍被之变。州司不敢弹纠，傅相不能匡辅。陛下隆于友于，不忍遏绝。恐遂滋蔓，为害弥大。[吁请严厉惩罚：]乞露臣奏，宣示百僚，使臣得于清朝明言其失，然后诏公卿平处其法。法决罪定，乃下不忍之诏。……

帝以至亲，不忍下其事。[他的吁请不被理睬。]后悝竟坐逆谋，贬为瘳陶王。①

---

① 《后汉书·章帝八王列传》载：延熹八年[165年]，悝谋为不道，有司请废之。帝不忍，乃贬为瘳[yīng]陶[县名，在今河北宁晋县南]王，食一县。

悝后因中常侍王甫求复国，许谢钱五千万。帝临崩，遗诏复为勃海王。悝知非甫功，不肯还谢钱。甫怒，阴求其过。初，迎立灵帝，道路流言悝恨不得立，欲抄征书，而中常侍郑飒、中黄门董腾并任侠通剽[疾也]轻，数与悝交通。王甫司察，以为有奸，密告司隶校尉段颎。熹平元年[172年]，遂收飒送北寺狱。使尚书令廉忠诬奏飒等谋迎立悝，大逆不道。遂招冀州刺史收悝考实，又遣大鸿胪持节与宗正、廷尉之（至）勃海，迫责悝。悝自杀。妃妾十一人，子女七十人，伎女二十四人，皆死狱中。傅、相以下，以辅导王不忠，悉伏诛。……

[他作为地方/地区行政长官的表现,特别是一种"阶级"区分做法:"为政特挫抑强豪,其小民有罪,多所容贷";他甚至不对在顶层行使统治的宦官作任何妥协,尽管有暴死风险:]

弼迁尚书,出为平原相。时诏书下举钩党,郡国所奏相连及者多至数百,唯弼独无所上。[他的正直的政治勇气!]诏书前后切[急也]却[退也]州郡,髡笞掾史。从事坐传责曰:"诏书疾恶党人,旨意恳恻。青州六郡,其五有党,近国甘陵,亦考南北部[桓帝为蠡吾侯时,受学于甘陵周福,及帝即位,擢福为尚书。时同郡河南尹房植有名当朝,二家宾客互相讥揣,遂各树朋徒,渐成尤隙,由是甘陵有南北部。见《党人篇序》],平原何理而得独无?"弼曰:"先王疆理天下,画界分境,水土异齐,风俗不同。它郡自有,平原自无,胡可相比? 若承望上司,诬诏良善,淫刑滥罚,以逞非理,则平原之人,户可为党。相有死而已,所不能也。"[他的正直的政治勇气!]从事大怒,即收郡僚职送狱,遂举奏弼。会党禁中解,弼以俸赎罪得免,济活者千余人[由他的道德责任心得到拯救。]

[他的正直的"阶级"区分做法:]弼为政特挫抑强豪,其小民有罪,多所容贷。迁河东太守,被一切[权宜,临时]诏书当举孝廉。弼知多权贵请托,乃豫敕断绝书属。中常侍侯览果遣诸生赍书请之,并求假盐税,积日不得通。生乃说以它事谒弼,而因达览书。弼大怒曰[他恨邪恶傲慢的宫廷当权者;他不怕任何人和任何事情,无论是行使统治的宦官还是他自己的暴死]:"太守忝[tiǎn,有愧于,常作谦辞]荷重任,当选士报国,尔何人而伪诈无状!"命左右引出,楚捶数百,府丞、掾史十余人皆谏于廷,弼不对。遂付安邑狱,即日考杀之。侯览大怨,遂诈作飞章下司隶,诬弼诽谤,槛车征。吏人莫敢近者,唯前孝廉裴瑜送到崤渑之间,大言于道傍曰:"明府摧折虐臣,选德报国,如其获罪,足以垂名竹帛,愿不忧不惧。"弼曰[一则英雄声明,以英雄的淡泊面对很可能的死亡]:"'谁谓荼苦,其甘如荠。'昔人刎颈,九死不恨。"[大规模的民众同情甚而爱戴救了他,使之免于暴死:]及下廷尉诏狱,平原吏人奔走诣阙讼之。又前孝廉魏劭毁变形服,诈为家僮,瞻护于弼。弼遂受诬,事当弃市。劭与同郡人卖郡邸,行赂于侯览,得减死罪一等,论输左校[左校属将作大匠,主要负责京师工程劳作,输作左校即服劳役刑]。……刑竟归田里,称病闭门不出。数为公卿所荐,议郎何休又讼弼有干国之器,宜登台相,征拜议郎。侯览等恶之。光和[灵帝年号,178—184年]中,出为彭城相,会病卒。裴瑜位至尚书。

[我们的史家颂扬这人道和勇敢的英雄。能够"优宽",亦能"贞直":我们已经在前面用借来的诗句指出的主题:]

论曰:"夫刚烈表性,鲜能优宽;仁柔用情,多乏贞直。……仁以矜物,义以退

身,君子哉!"[《法言》曰:"君子于仁也柔,于义也刚。"]语曰:"活千人者子孙必封。"史
弼颉颃严吏,终全平原之党,而其后不大,斯亦未可论也。

### 卷 85《南蛮西南夷列传》摘录

…………

[**在华南腹地的一场帝国危机! 挺过了,但艰难:**]

永寿三年[157 年]十一月,长沙蛮反叛,屯益阳。至延熹三年[160 年]秋,遂抄
掠郡界,众至万余人,杀伤长史。又零陵蛮入长沙。[**一则故事,关于在蛮夷攻袭
面前不负责任的地区/地方行政长官不作抵抗,仓皇逃遁:**]冬,武陵蛮六千余人寇
江陵,荆州刺史刘度、谒者马睦、南郡太守李肃皆奔走。肃主簿胡爽扣马首谏曰:
"蛮夷见郡无儆备,故敢乘间而进。明府为国大臣,连城千里,举旄鸣鼓,应声十
万,奈何委符守之重,而为逋逃之人乎!"肃拔刃向爽曰:"掾促去! 太守今急,何暇
此计。"爽抱马固谏,肃遂杀爽而走。帝闻之,征肃弃市,度、睦减死一等,复爽门
闾,拜家一人为郎。于是以右校令度尚为荆州刺史,讨长沙贼,平之。又遣车骑将
军冯绲讨武陵蛮,并皆降散。军还,贼复寇桂阳,太守廖析奔走。武陵蛮亦更攻其
郡,太守陈奉率吏人击破之,斩首三千余级,降者二千余人。至灵帝中平三年
[186],武陵蛮复叛,寇郡界,州郡击破之。

…………

[**垂死时代东汉对帝国最南端的统治;大规模蛮夷造反、帝国征战和政治
招降:**]

建康元年[144 年],日南蛮夷千余人复攻烧县邑,遂扇动九真,与相连结。交趾
刺史九江夏方开恩招诱,贼皆降服。……桓帝永寿二年[156 年],居风令贪暴无度,
县人硃(朱)达等及蛮夷相聚,攻杀县令,众至四五千人,进攻九真,九真太守儿式
战死。……遣九真都尉魏朗讨破之,斩首二千级[**一场屠戮,杀死约一半造反者**],
渠帅犹屯据日南,众转强盛。延熹三年[160 年],诏复拜夏方为交趾刺史。方威惠
素著,日南宿贼闻之,二万余人相率诣方降。……

### 卷 87《西羌传》摘录

[**帝国垂死和崩溃时代,羌人的反叛、入侵和战争必然频仍重起,其中某些规
模甚大,突入甚深:**]

桓帝建和二年[148 年],白马羌寇广汉属国,杀长吏。是时西羌及湟中胡复畔
(叛)为寇,益州刺史率板楯蛮讨破之,斩首招降二十万人。

……延熹二年[159年]……以中郎将段颎[jiǒng]代为(护羌)校尉。时烧当八种寇陇右,颎击大破之。[**一场大规模的纵深入侵**:]四年[161年],零吾复与先零及上郡沈氏、牢姐诸种并力寇并、凉及三辅。会段颎坐事征,以济南相胡闳代为校尉。闳无威略,羌遂陆梁[嚣张,跋扈],覆没营坞,寇患转盛,中郎将皇甫规击破之。五年[162年],沈氏诸种复寇张掖、酒泉,皇甫规招之,皆降。事已具《规传》。鸟吾种复寇汉阳,陇西、金城诸郡兵共击破之,各还降附。至冬,滇那等五六千人复攻武威、张掖、酒泉,烧民庐舍。六年[163年],陇西太守孙羌击破之,斩首溺死三千余人[**大屠戮!恰如典型的种族战争**]。胡闳疾,复以段颎为校尉。

永康元年[167年],东羌岸尾等胁同种连寇三辅,中郎将张奂追,破斩之,事已具《奂传》。当煎羌寇武威,破羌将军段颎复破灭之,余悉降散。事已具《颎传》。……[**再度大规模的纵深入侵**:]中平元年[184年],北地降羌先零种因黄巾大乱,乃与湟中羌、义从胡北宫伯玉等反,寇陇右。事已见《董卓传》。兴平[献帝年号]元年[194年],冯翊降羌反,寇诸县,郭汜、樊稠击破之,斩首数千级[**半蛮夷屠戮蛮夷,在中国"重新野蛮化"的一个超长时代的开端**]。……

## 卷65《皇甫张段列传》[皇甫规片断]

…………

[**在被迫的和自愿的十多年隐居之后,皇甫规再度自荐效力帝国,去对付羌蛮的反叛和大规模攻袭;他被委派为战区司令,依据一种兼具政治和军事努力的混合式方针赢得了他的战役**:]

[**在一个地方性的华夏战场,他作为指挥官初步显示了他的军事/政治才能**:]时,太(泰)山贼叔孙无忌侵乱郡县,中郎将宗资讨之未服。公车特征规,拜太(泰)山太守。规到官,广设方略,寇贼悉平。延熹四年[161年]秋,叛羌零吾等与先零别种寇抄关中,护羌校尉段颎坐征[颎击羌,坐为凉州刺史郭闳留兵不进下狱]。[**他再度自荐,要去对付羌蛮的反叛和大规模攻袭**:]后先零诸种陆梁[嚣张,猖獗],覆没营坞。规素悉羌事,志自奋效,乃上疏曰:

……今猾贼就灭,太(泰)山略平,复闻群羌并皆反逆。臣生长邠岐,年五十有九,昔为郡吏,再更叛羌,豫筹其事,有误中之言。[**他的"比较优势"**。]臣素有固疾,恐犬马齿穷,不报大恩,愿乞冗官,备单车一介之使,劳来三辅,宣国威泽,以所习地形兵势,佐助诸军。[**他的非常成熟的战略观察和提倡,提倡用一种政治方针去对付军事难题**:]臣穷居孤危之中,坐观郡将,已数十年矣。自鸟鼠[山名,位于今甘肃中部渭源县城西南八公里处,即先零羌寇发难处]至于东岱,其病一也。力求猛敌,不如清平;勤明吴、孙[吴起、孙武],未若奉法。[言若求猛将,不如抚以清平之政;明习兵书,不如郡守奉法，使之无反]。前变未远，臣诚戚之。是以越职，尽其区区。

至冬，羌遂大合，朝廷为忧。三公举规为中郎将，持节监关西兵，讨零吾等，破之，斩首八百级。[**然而，由于这难题的紧迫性，他不得不依靠杀戮性的武装征伐。尽管如此，政治方略仍接踵而来**：]先零诸种羌慕规威信，相劝降者十余万。明年[162年]，规因发其骑共讨陇右，而道路隔绝，军中大疫，死者十三四。规亲入庵庐，巡视将士，三军感悦。东羌遂遣使乞降，凉州复通。

[**他实践他数十年来坚定的信念，即相信羌蛮反叛的原因是政治性和社会性的，并且取得了颇为正面的结果**：]

先是，安定太守孙俊受取狼籍，属国都尉李翕[xī]、督军御史张禀多杀降羌，凉州刺史郭闳、汉阳太守越熹并老弱不堪任职，而皆倚恃权贵，不遵法度。规到州界，悉条奏其罪，或免或诛。羌人闻之，翕然反善。沈氏大豪滇昌、饥恬等十余万口，复诣规降。

[**他的勇敢的正直再度遭到权宦和许多不那么有权的家伙的报复，对此他有力地辩护自己和他的正确的边疆方针；他最终遭受险恶的宦官们的迫害**：]

规出身数年，持节为将，拥众立功，还督乡里，既无他私惠，而多所举奏，又恶绝宦官，不与交通，于是中外并怨，遂共诬规货赂群羌，令其文降。天子玺书诮让相属。规惧不免，上疏自讼曰：

（延熹）四年之秋，戎丑蠢戾，爰自西州，侵及泾阳[今陕西关中平原泾阳县]，旧都惧骇，朝廷西顾。明诏不以臣愚弩，急使军就道。幸蒙威灵，遂振国命，羌戎诸种，大小稽首，辄移书营郡，以访[问也]诛纳[规言羌种既服，臣即移书军营及郡，勘问诛杀并纳受多少之数目]，所省之费，一亿以上。以为忠臣之义，不敢告劳，故耻以片言自及微效。然比方先事[谓前辈败将]，庶免罪悔。[**再三的正直和行政诚实招致了众多私敌**：]前践州界，先奏郡守孙俊，次及属国都尉李翕、督军御史张禀；旋师南征，又上凉州刺史郭闳、汉阳太守赵熹，陈其过恶，执据大辟。凡此五臣，支党半国，其余墨绶，下至小吏，所连及者，复有百余。吏托报将之怨，子思复父之耻，载赘驰车，怀粮步走，交构豪门，竞流谤讟[dú]，云臣私报诸羌，谢其戋货。若臣以私财，则家无担石；如物出于官，则文簿易考。[**他的道德清白得到有力的自辩！**][**他的自卫论据变得甚至更雄辩**：]就臣愚惑，信如言音，前世尚遗匈奴以宫姬，镇乌孙以公主。今臣但费千万，以怀叛羌。则良臣之才略，兵家之所贵，将有何罪，负义违理乎？[**他的政治方略得到有力的自辩！**]自永初[安帝年号，107—113年]以来，将出不少，覆军有五，动资巨亿。有旋车完封，写之权门[言覆军之将，旋师之日，多载珍宝，封印完全，便入权门]，而名成功立，厚加爵封。今臣还督本土，纠举诸郡，绝交离亲，戮辱旧故，众谤阴害,固其宜也。[**一幅令人印象深刻的对比图景:狂野的腐败 vs.负责的诚实**]臣虽污秽,廉洁无闻,今见覆没,耻痛实深。……

其年冬,征还拜议郎。论功当封。[**他最终遭到邪恶的宦官报复:**]而中常侍徐璜、左悺欲从求货,数遣宾客就问功状,规终不答。璜乘忿怒,陷以前事,下之于吏。官属欲赋敛请谢,规誓而不听[**他从不对邪恶的诠释着妥协**],遂以余寇不绝,坐系(羁)廷尉,论输左校[**左校为将作大匠下属机构,输作左校即服劳役刑**]。诸公及太学生张凤等三百余人诣阙讼之。会赦,归家。

[**他复得边防指挥职位,在其上显示了他对自己和对他人的正直和诚实;他变得不再对垂死的政权怀抱希望:**]

征拜度辽将军,至营数月,上书荐中郎将张奂以自代。曰[**"见贤则委位",他对他自己的正直和诚实;他无例外地唯贤是任,唯贤是举,只要有助于他被委派的边疆任务**]:"臣闻人无常俗,而政有治乱;兵无强弱,而将有能否。伏见中郎将张奂,才略兼优,宜正元帅,以从众望。若犹谓愚臣宜充军事者,愿乞冗官,以为奂副。"朝廷从之,以奂代为度辽将军,规为使匈奴中郎将。及奂迁大司农,规复代为度辽将军。

规为人多意算,自以连在大位,欲退身避第[**他是否丧失了对垂死的政权怀抱的希望? 无论如何,这与先前的自荐相比是个大变化**],数上病,不见听。会友人上郡太守王旻[mín]丧还,规缟素越界,到下亭迎之。因令客密告并州刺史胡芳,言规擅远军营,公违禁宪,当急举奏。芳曰:"威明欲避第仕涂(途),故激发我耳。吾当为朝廷爱才,何能申此子计邪!"遂无所问。[**他确实不再对垂死的政权怀有希望:**]及党事大起,天下名贤多见染逮,规虽为名将,素誉不高。自以西州豪桀,耻不得豫,乃先自上言:"臣前荐故大司农张奂,是附党也。又臣昔论输左校时,太学生张凤等上书讼臣,是为党人所附也。臣宜坐之。"朝廷知而不问,时人以为规贤。

[**他对帝国政权的最后效劳,怀着对它的非常暗淡的看法:**]

在事数岁,北边威服[**这主要由张奂成就,他由他无私地推荐为北部边疆指挥将领**],永康元年[**永康为桓帝最终年号,仅 167 年**],征为尚书。其夏日食,诏公卿举贤良方正,下问得失。规对曰:

天之于王者,如君之于臣,父之于子也。诚以灾妖,使从福祥。陛下八年之中,三断大狱[**谓诛梁冀,诛邓万、邓会,诛李膺等党事**],一除内嬖[**无德而宠曰嬖,谓废邓皇后**],再诛外臣[**杀桂阳太守任胤,杀南阳太守成瑨、太原太守刘质等**]。而灾异犹见,人情未安者,殆贤愚进退,威刑所加,有非其理也。[**他谴责暴政,极为同情所有被不义地迫**

害的人们：]前太尉陈蕃、刘矩，忠谋高世，废在里巷；刘祐、冯绲、赵典、尹勋，正直多怨，流放家门；李膺、王暢、孔翊，洁身守礼，终无宰相之阶。至于钩党之衅，事起无端，虐贤伤善，哀及无辜。[**他谴责在暴政之下的政治文化：**]今兴改善政，易于覆手，而群臣杜口，鉴畏前害，互相瞻顾，莫肯正言。……

对奏，不省。[**在这场合，不予理睬是个礼貌的反应，如果考虑到他的严厉谴责。**]

迁规弘农太守，封寿成亭侯，邑二百户，让封不受。再转为护羌校尉。熹平三年[174年]，以疾召还，未至，卒于穀城，年七十一。所著赋、铭、碑、赞、祷文、吊、章表、教令、书、檄、笺记，凡二十七篇。

[**我们史家的一则富有特征的儒家式赞誉，赞颂他的诚实自荐和推荐代己，全都为"功成于戎狄"：**]

论曰：孔子称"其言之不怍[不惭]，则其为之也难"。察皇甫规之言，其心不怍哉！夫其审己则干禄，见贤则委位，故干禄不为贪，而委位不求让；称己不疑伐，而让人无惧情。故能功成于戎狄，身全于邦家也。

### 卷65《皇甫张段列传》[张奂片断]

**张奂：**

[一位甚至比皇甫规更伟大的（学者型）边疆指挥将领，后者无私地举荐他为他本人的替代。他一再操作和打赢对入侵的蛮夷的大规模战役，同时一再有政治麻烦和遭遇迫害，因为他厌恶行使统治的宦官，并且从不向他们妥协。]

[在此没有摘录的是，他有一大悔恨（"恨毒在心"），即由于宦官的欺骗，他作为不自愿、不知情的协作者参与了他们的一场重大政变——诛杀密谋消灭权宦的窦武和陈蕃。]

[一位非常有才智有学问的儒者，出自流行一种特殊的尚武战略文化的西北边疆地区：]

张奂字然明，敦煌渊泉人也。父惇，为汉阳太守。奂少游三辅，师事太尉硃（朱）宠，学《欧阳尚书》。初，《牟氏章句》浮辞繁多，有四十五万余言，奂减为九万言。后辟大将军梁冀府，乃上书桓帝，奏其《章句》，诏下东观，以疾去官，复举贤良，对策第一，擢拜议郎。

[他开始实现他的首要宏愿——"大丈夫处世，当为国家立功边境。"他的尚武

精神、(大)战略才能和英雄骁勇的首次显示;他几乎生性就是一位善于依凭武力和政治心理学去对付蛮夷的能干的司令官:]

永寿[桓帝年号]元年[155年],迁安定属国都尉[管理内附匈奴人的军事长官;安定郡治所在今宁夏固原县]。初到职,而南匈奴左奧鞬台耆、且渠伯德等七千余人寇美稷[县名,治所在今内蒙古准格尔旗西北,为西河属国都尉治所],东羌复举种应之,而奂壁唯有二百许人,闻即勒兵而出。军吏以为力不敌,叩头争止之。奂不听,遂进屯长城,收集兵士,遣将王卫招诱东羌,因据龟兹[县名,在今陕西榆林市境内。武帝遣内附的龟兹国人于此,因以名县],使南匈奴不得交通东羌。诸豪遂相率与奂和亲,共击奧鞬等,连战破之。伯德惶恐,将其众降,郡界以宁。

[他遵循汉帝国的一种最佳传统:主要依靠意在吸引的政治心理学去操控羌人,那有时连同武力征伐,总是伴有(蕴含的或明示的)武力威慑:]羌豪帅感奂恩德,上马二十匹,先零酋长又遗金鐻[jù,一种像钟的乐器]八枚,奂并受之,而召主簿于诸羌前,以酒酹地曰:"使马如羊,不以入厩;使金如粟,不以入怀。"[如羊如粟,喻多也。]悉以金马还之。羌性贪而贵吏清,前有八都尉率好财货,为所患苦,及奂正身洁己,威化大行。

[在他的更高职位上,类似的军事/政治结合方略由他继续下去,并且继续成功:]

迁使匈奴中郎将。时,休屠各及朔方乌桓并同反叛,烧度辽将军门[时度辽将军屯五原],引屯赤坑,烟火相望。兵众大恐,各欲亡去。奂安坐帷中,与弟子讲诵自若,军士稍安。乃潜诱乌桓阴与和通,遂使斩屠各渠帅,袭破其众。诸胡悉降。

延熹元年[158年],鲜卑寇边,奂率南单于击之,斩首数百级。

[在遭受政治麻烦、继而作为边疆行政长官有非常能干的表现之后,他操作了对一个入侵和掳掠的蛮夷联盟的大规模战役,战绩辉煌:]

明年[159年],梁冀被诛,奂以故吏免官禁锢。奂与皇甫规友善,奂既被锢,凡诸交旧莫敢为言,唯规荐举前后七上。在家四岁,复拜武威太守。平均徭赋,率厉(励)散败,常为诸郡最,河西由是而全。其俗多妖忌,凡二月、五月产子及与父母同月生者,悉杀之。奂示以义方,严加赏罚,风俗遂改,百姓生为立祠。举尤异,迁度辽将军。数载间,幽、并清静。

[他的大规模战役,他的军事/政治巅峰:]九年春[166年],征拜大司农。鲜卑闻奂去,其夏,遂招结南匈奴、乌桓数道入塞,或五六千骑,或三四千骑,寇掠缘边九郡,杀略(掠)百姓。秋,鲜卑复率八九千骑入塞,诱引东羌与共盟诅。于是上郡沈

氏、安定先零诸种共寇武威、张掖，缘边大被其毒。朝廷以为忧，复拜奂为护匈奴中郎将[他对击退大规模蛮夷而言必不可少！]，以九卿秩督幽、并、凉三州及度辽、乌桓二营，兼察刺史、二千石能否，赏赐甚厚。匈奴、乌桓闻奂至，因相率还降，凡二十万口。[对当时的帝国而言，他在蛮夷中间的威望是一大（甚或是决定性的）资产！]奂但诛其首恶，余皆慰纳之。唯鲜卑出塞去。

[他操作的另一场大战役，针对东向攻袭的羌蛮；他得胜，但出自权宦的政治纠葛接踵而来：]

永康元年[永康为桓帝最终年号，仅167年]春，东羌、先零五六千骑寇关中，围祋祤[duì yǔ，县名，在今中国陕西省耀县东]，掠云阳。夏，复攻没两营，杀千余人。冬，羌岸尾、摩蛰等胁同种复抄三辅。奂遣司马尹端、董卓并击，大破之，斩其酋豪，首虏万余人，三州清定。论功当封，奂不事宦官，故赏遂不行，唯赐钱二十万，除家一人为郎。并辞不受，而愿徙属弘农[郡名，在今河南西部黄河南岸]华阴。旧制边人不得内移，唯奂因功特听，故始为弘农人焉。……

…………

奂少立志节，尝与士友言曰："大丈夫处世，当为国家立功边境。"及为将帅，果有勋名。……

### 卷65《皇甫张段列传》[段颎片断]

段颎：

[另一位由西北边疆地区的特殊战略文化产生的指挥将领，一次又一次地对边疆蛮夷进行凶猛的战役，特别是一贯在战场上杀戮和战胜羌人。他是个帝国战神和战场屠夫，操作一类他笃信的"种族清洗"和一种有充分武德的歼灭战略。]

[他具备一切，唯独缺乏政治远见和（像最终证明的那样）道德正直。]

段颎字纪明，武威姑臧人也。其先出郑共叔段，西域都护会宗之从曾孙也。[他简直天生的尚武精神和后获的儒家学问：]颎少便习弓马，尚游侠，轻财贿，长乃折节好古学。初举孝廉，为宪陵园丞、阳陵令，所在有能政。

[他起初的军事经历，出战入侵的蛮夷和国内的造反，显示了在战术欺骗和打赢大规模靖安战役方面的杰出才能：]

迁辽东属国都尉。时鲜卑犯塞，颎即率所领驰赴之。既而恐贼惊去，乃使驿骑诈赍玺书诏颎，颎于道伪退，潜于还路设伏。虏以为信然，乃入追颎。颎因大纵兵，悉斩获之。坐诈玺书伏重刑，以有功论司寇。刑竟，征拜议郎。

时,太(泰)山、琅邪贼东郭窦、公孙举等聚众三万人,破坏郡县,遣兵讨之,连年不克。永寿二年[156年],桓帝诏公卿选将有文武者,司徒尹颂荐颍,乃拜为中郎将。击窦、举等,大破斩之,获首万余级[**屠夫!**],余党降散。封颍为列侯,赐钱五十万,除一子为郎中。

[**作为指挥将领,他一次又一次地对东向攻袭的羌蛮打大规模战役;他凶猛,暴烈,一贯杀戮,全未显出我们在皇甫规和张奂那里见到的军事/政治结合方针:**]

延熹二年[159年],迁护羌校尉。会烧当、烧何、当煎、勒姐等八种羌寇陇西、金城塞,颍将兵及湟中义从羌万二千骑出湟谷,击破之。追讨南度河,使军吏田晏、夏育募先登,悬索相引,复战于罗亭,大破之,斩其酋豪以下二千级,获生口万余人,虏皆奔走。

明年[160年]春,余羌复与烧何大豪寇张掖,攻没巨鹿坞,杀属国吏民,又招同种千余落,并兵晨奔颍军。[**他在战场上格外凶猛,穷打狠追,大肆屠戮:**]颍下马大战,至日中,刀折矢尽,虏亦引退。颍追之,且斗且行,昼夜相攻,割肉食雪,四十余日,遂至河首积石山[在今甘肃西南部积石山保安族东乡族撒拉族自治县],出塞二千余里,斩烧何大帅,首虏五千余人。又分兵击石城羌,斩首溺死者千六百人。烧当种九十余口诣颍降。又杂种羌屯聚白石[县名,治所在今甘肃南部甘南州夏河县麻当],颍复进击,首虏三千余人。冬,勒姐、零吾种围允街[鲜明,在今甘肃永登县境内],杀略(掠)吏民,颍排营救之,斩获数百人。

[**他在"内部政治"中暂时遭难,因为来自一名文职同僚的贪欲和诬陷;然后,他得到"平反",缘于他就解救边疆危局而言的不可或缺:**]四年[161年]冬,上郡沈氏、陇西牢姐、乌吾诸种羌共寇并、凉二州,颍将湟中义从讨之。凉州刺史郭闳贪共其功,稽固[犹停留]颍军,使不得进。义从役久,亦恋旧,皆悉反叛。郭闳归罪于颍,颍坐征下狱,输作左校。羌遂陆梁[猖獗],覆没营坞,转相招结,唐突诸郡,于是吏人守阙讼颍以千数。朝廷知颍为郭闳所诬,诏问其状。颍但谢罪,不敢言枉,京师称为长者。[**他大概吸取了教训;一个人能够在战场上凶猛无畏,但不在政治事务中如此!**]起于徒中,复拜议郎,迁并州刺史。

[**恢复他的指挥意味着恢复凶猛征伐和屠戮:**]时,滇那等诸种羌五六千人寇武威、张掖、酒泉,烧人庐舍。六年[163年],寇势转盛,凉州几亡。冬,复以颍为护羌校尉,乘驿之(至)职。明年春,羌封僇、良多、滇那等酋豪三百五十五人率三千落诣颍降。当煎、勒姐种犹自屯结。冬,颍将万余人击破之,斩其酋豪,首虏四千余人。

八年[165年]春,颍复击勒姐种,斩首四百余级,降者二千余人。夏,进军击当煎种于湟中，[他可以输掉一场战斗，但从不输一场战役：]颍兵败，被围三日，用隐士樊志张策，潜师夜出，鸣鼓还战，大破之，首虏数千人。颍遂穷追，展转山谷间，自春及秋，无日不战，虏遂饥困败散，北略武威间。

颍凡破西羌，斩首二万三千级，获生口数万人，马牛羊八百万头，降者万余落。[在打击攻袭的羌人方面，他是个一贯的战场屠夫和得胜者！]封颍都乡侯，邑五百户。

永康元年[167年]，当煎诸种复反，合四千余人，欲攻武威，颍复追击于鸾鸟[县名，治所在今甘肃永昌县水源镇北地村北]，大破之，杀其渠帅，斩首三千余级，西羌于此弭定。

[现在清晰地显现出他与张奂之间的战略对决，即纯战斗（杀戮）方针 vs. 军事/政治结合方针；前者在短期内的吸引力是其决胜之迅捷利落：]

而东羌先零等，自覆没征西将军马贤后，朝廷不能讨，遂数寇扰三辅。其后度辽将军皇甫规、中郎将张奂招之连年，既降又叛。桓帝诏问颍曰："先零东羌造恶反逆，而皇甫规、张奂各拥强众，不时辑定。欲颍移兵东讨，未识其宜，可参思术略。"颍因上言曰[他在与君主的直接沟通中，抨击张奂的军事/政治结合方针，主张他自己的凶猛杀戮]："臣伏见先零东羌虽数叛逆，而降于皇甫规者，已二万许落，善恶既分，余寇无几。今张奂踌躇久不进者，当虑外离内合，兵往必惊。且自冬践春，屯结不散，人畜疲羸，自亡之势，徒更招降，坐制强敌耳。臣以为狼子野心，难以恩纳，势穷虽服，兵去复动。唯当长矛挟胁，白刃加颈耳。[彻底击碎是个决绝的决胜方式，虽然它代价高得多，而且蕴含经久的负面后果]计东种所余三万余落，居近塞内，路无险折，非有燕、齐、秦、赵从（纵）横之势，而久乱并、凉，累侵三辅，西河、上郡，已各内徙，安定、北地，复至单危，自云中、五原，西至汉阳二千余里，匈奴、种羌，并擅其地，是为痈疽伏疾，留滞胁下，如不加诛，转就滋大。今若以骑五千，步万人，车三千两（辆），三冬二夏，足以破定，无虑[都凡]用费为钱五十四亿。如此，则可令群羌破尽，匈奴长服，内徙郡县，得反（返）本土。伏计永初[安帝年号，107—113年]中，诸羌反叛，十有四年，用二百四十亿；永和[顺帝年号，136—141年]之末，复经七年，用八十余亿。[战略一向是个资源耗费估算问题。]费耗若此，犹不诛尽，余孽复起，于兹作害。今不暂疲人，则永宁无期。臣庶竭驽劣，伏待节度。"帝许之，悉听如所上。[用他后来得意的话说，"臣谋得利，奂计不用"。]……

### 卷90《乌桓鲜卑列传》摘录

[在匈奴权势和华夏东汉帝国两者的垂死时代，鲜卑人突然有了一位伟大领

袖檀石槐。他统一了鲜卑各部,向四面大扩张,特别是痛击和驱逐匈奴人。作为一位凶猛的帝国主义者,他比先前任何鲜卑豪酋都更对华夏帝国造成威胁,为以后几个世纪里他的族人的事业打下了基础:]

　　桓帝时,鲜卑檀石槐者,[**古代惯常赋予一个伟大领袖就其出身的某种神秘天赐故事;关于其伟大的一种事后的反映(和生造的促进):**]其父投鹿侯,初从匈奴军三年,其妻在家生子。投鹿侯归,怪欲杀之。妻言尝昼行,闻雷震,仰天视而雹入其口,因吞之,遂妊身,十月而产,此子必有奇异,且宜长视。投鹿侯不听,遂弃之。妻私语家令收养焉,名檀石槐。年十四五,勇健有智略。异部大人抄取其外家牛、羊,檀石槐单骑追击之,所向无前,悉还得所亡者,由是部落畏服。乃施法禁,平曲直,无敢犯者,遂推以为大人。[**就他来说,成为领袖何等容易! 也神秘?**][**他统一了各不同鲜卑部落:**]檀石槐乃立庭于弹汗山[即今内蒙古大青山,东起呼和浩特,西至包头]歠[chuò]仇水上,去高柳北三百余里,兵马甚盛,东西部大人皆归焉。[**他用武力在所有方向上大肆扩张,特别是经过痛击和驱逐匈奴人:**]因南抄缘边,北拒丁零,东却夫馀,西击乌孙,尽据匈奴故地,东西万四千余里,南北七千余里,网罗山川水泽盐池。[**一个庞大的鲜卑帝国!**]

　　[**檀石槐领导之下的鲜卑比它先前更甚地威胁到华夏边疆地区:**]永寿二年[156年]秋,檀石槐遂将三四千骑寇云中。延熹元年[158年],鲜卑寇北边。冬,使匈奴中郎将张奂率南单于出塞击之,斩首二百级。二年[159年],复入雁门,杀数百人,大抄掠而去。六年[163年]夏,千余骑寇辽东属国。九年[166年]夏,遂分骑数万人入缘边九郡,并杀掠吏人。于是复遣张奂击之,鲜卑乃出塞去。[**羸弱的华夏帝国依据一项羸弱时候的传统,提出了绥靖建议,但被他拒绝:**]朝廷积患之而不能制,遂遣使持印绶封檀石槐为王,欲与和亲。檀石槐不肯受,而寇抄滋甚。[**一个庞大的鲜卑帝国,分成三部分,由他在顶端进行统治:**]乃自分其地为三部:从右北平以东至辽东,接夫余、濊貊二十余邑为东部,从右北平以西至上谷十余邑为中部,从上谷以西至敦煌、乌孙二十余邑为西部。各置大人主领之,皆属檀石槐。……

# "臣等殄灭,天下乱矣":
# 狂暴复始的帝国末日

## "喢血共盟诛武":宦官狂斗灭外戚

**卷 8《灵帝纪》摘录**

［他在 12 岁上被摆上皇位,继承无子嗣的桓帝,在位 22 年。他先被窦太后与其父亲窦武支配,然后被险恶凶狠的宦官集团掌控,后者摧毁了前者的权势,并且制造了第二轮党锢之祸,以求消灭来自"知识分子"和官僚的所有反对派。权宦们的统治非常腐败、凶残甚而狂野,令全国形势和社会境况极为悲惨。东汉帝国的垂死没有了任何扭转希望,结果历史影响巨大的黄巾起义在公元 184 年爆发,五年后,他命归黄泉。］

孝灵皇帝［168—189 年在位］讳宏,肃宗［章帝］玄孙也。曾祖河间孝王开,祖淑,父苌。世封解渎亭侯,帝袭侯爵。母董夫人。桓帝崩,无子［**对后期东汉王朝来说一个恒久的问题,必不可免地导致每个皇帝在位初期的太后/外戚统治,连同他们和宦官之间的激烈冲突。**］皇太后与父城门校尉窦武定策禁中,使守光禄大夫刘儵持节,将左右羽林至河间奉迎。

建宁元年［168 年］春正月壬午,城门校尉窦武为大将军。己亥,帝到夏门亭,使窦武持节,以王青盖车迎入殿中。庚子,即皇帝位,年十二。［**当然是太后与其父亲的一个傀儡。**］改元建宁。以前太尉陈蕃为太傅,与窦武及司徒胡广参录尚书事。……

使护羌校尉段颎讨先零羌。

二月辛酉,葬孝桓皇帝于宣陵,庙曰威宗。……

段颎大破先零羌于逢义山。……

秋七月,破羌将军段颎复破先零羌于泾阳。……

[摄政太后与其父亲的统治那么短命!宦官政变在几个月内便成功发动,所有权力落到他们手中;社会的凋敝和动乱如同先前一样严重,而精英政治变得更加黑暗:]

九月辛亥,中常侍曹节矫诏诛太傅陈蕃、大将军窦武及尚书令尹勋、侍中刘瑜、屯骑校尉冯述,皆夷其族。皇太后迁于南宫。[**宦官在窦武规划的摧毁他们的行动之前先发制人,血腥残忍,干净彻底! 政权变更。**]……

## 卷 10 下《皇后纪下》[窦皇后/窦太后(窦妙)]

窦贵人、窦皇后、窦太后(窦妙):

[她取代了的前任皇后邓猛女,但未享有(或很快丧失)无常易变的皇帝的爱。可是,后者在仅两年后丧命,这使她免却了任何重大祸难,且使她成了摄政太后。]

[窦氏外戚的至少半统治由此开启,但很短命。一年不到,宦官们就摧毁了她和窦氏外戚的权力,恢复了他们的事实上的统治。]

桓思窦皇后讳妙,章德皇后[章帝窦皇后]从祖弟之孙女也。父武。延熹八年[165 年],邓皇后废,后以选入掖庭为贵人,其冬,立为皇后,而御见甚稀,帝所宠唯采女田圣等。永康元年[167 年]冬,帝寝疾,遂以圣等九女皆为贵人。及崩,无嗣,后为皇太后。太后临朝定策,立解犊亭侯宏,是为灵帝。

[**她嫉妒、残忍,皇帝死后立即血腥报复其后宫竞争者:**]太后素忌忍[嫉妒、残忍],积怒田圣等,桓帝梓宫尚在前殿,遂杀田圣。又欲尽诛诸贵人,中常侍管霸、苏康苦谏,乃止。[**很快,宦官们发动了一场大为成功的政变,摧毁了他们的敌人窦氏外戚;她丧失了一切,唯性命和空衔除外:**]时太后父大将军武谋诛宦官,而中常侍曹节等矫诏杀武,迁太后于南宫云台,家属徙比景[位于今越南平治省]。

窦氏虽诛,帝犹以太后有援立之功,建宁四年[171 年]十月朔,率群臣朝于南宫,亲馈上寿。黄门令董萌因此数为太后诉怨,帝深纳之,供养资奉有加于前。中常侍曹节、王甫疾萌附助太后,诬以谤讪永乐宫,萌坐下狱死。熹平元年[172 年],太后母卒于比景,太后感疾而崩。立七年。合葬宣陵。

## 卷 69《窦何列传》[窦武]

[作为在帝国垂死和覆灭时代里出自外戚家族的、暴发户式的实际摄政,窦武与何进既给东汉外戚政治的多番急剧起伏、也给这类顶层显贵与险恶权宦的致死内斗添上了最后一个篇章。]

［这两位权势竞争者在中国史纂里拥有一种积极的形象，这正是因为他们的敌人即宦官集团狂野地腐败、险恶和凶残，使得他们执掌的政治事务特别黑暗，致命地损害了华夏社会。不仅如此，窦武甚至在同时期的持不同政见士人中间赢得了很高的声誉，后者构成了一个相对大规模的"党人"运动，期望他能将帝国从权宦手里拯救出来。］

［本篇的史事提供了密谋政变的一则教科书式的记录。窦武与何进皆输得精光，因为一个致命的性情弱点：他们及其"法理"主持者窦太后与何太后犹豫不决，在事后来看千钧一发、生死攸关的关头犹豫不决。相反，他们的死敌宦官却决绝得多，"战略性"得多。然而，按照我们的史家的正确看法，他们的密谋是成是败根本上不相干，因为他们如他所说"岂智不足而权有余乎？［言智非不足，权亦有余，盖天败也。］《传》曰：'天之废商久矣……'"。他们谱写了东汉帝国挽歌之最后乐章内的一小段。］

窦武：

［一位暴发户式的实际摄政，其顶级地位和政治权势归因于一个"生物学"事实，即他的女儿成了皇后，然后太后。以这些武装起来，加上他的正直的政治行为和品格，他在同时期的持不同政见士人中间赢得了很高的声誉，被其中许多人期望为可能的救星，拯救垂死的、被宦官控制的帝国。一场旨在摧毁宦官集团的政变由他和最高级大臣陈蕃秘密规划，但在发动前就被宦官无情粉碎，他俩则付出了性命，因为他与其女儿即窦太后的反复的犹豫。后果即刻而来，而且是灾难性的："凶竖得志，士大夫皆丧其气矣"。］

［一位相对隐居的儒学者／教育家简直突然成了帝国内最有权势的人之一，因为他的女儿的"绝妙命运"；垂死的帝国由此有了一位正直廉洁之士位于其权力最顶层：］

窦武字游平，扶风平陵人，安丰戴侯融之玄孙也。父奉，定襄太守。武少以经行著称，常教授于大泽中，不交时事，名显关西。

延熹八年［165年］，长女选入掖庭，桓帝以为贵人，拜武郎中。其冬，贵人立为皇后，武迁越骑校尉，封槐里侯，五千户。明年［166年］冬，拜城门校尉。［他尽管火箭般腾升，却正直廉洁，不被腐败，与此同时与持不同政见的士人们形成一种近乎心心相印的关系：］在位多辟名士，清身疾恶，礼赂不通，妻子衣食裁（才）充足而已。是时，羌蛮寇难，岁俭民饥，武得两宫赏赐，悉散与太学诸生，及载肴粮于路，丐施贫民。兄子绍，为虎贲中郎将，性疏简奢侈。武每数切厉相戒，犹不觉悟，乃上书求退绍位,又自责不能训导,当先受罪。由是绍更遵节,大小莫敢违犯。

[在桓帝最后一年和第一轮党锢之祸的环境中,他可谓发动了他的政治纲领,主要针对邪恶的权宦,旨在一场重大的政治重组:]

时,国政多失,内官专宠,李膺、杜密等为党事考逮。永康元年[167 处],上疏谏曰:

……陛下初从藩国,爰登圣祚,天下逸豫,谓当中兴。[**他耿直生硬,几乎不给卑劣的皇帝留任何面子:**]自即位以来,未闻善政。梁、孙、寇、邓[梁冀、孙寿(梁冀之妻,善为妖媚,贪婪暴虐)、寇荣(桓帝时为侍中,性矜洁自贵,于人少所与,以此见害于众敌)、邓万世(桓帝第二任皇后邓猛女之从父,官至河南尹)]虽或诛灭,而常侍黄门[**他们是他——勇敢者——的抨击目标,抨击得那么激烈:**]续为祸虐,欺罔陛下,竞行谲诈,自造制度,妄爵非人,朝政日衰,奸臣日强。伏寻西京[即西汉]放恣王氏,佞臣执政,终丧天下。今不虑前事之失,复循覆车之轨,臣恐二世[即秦二世胡亥]之难,必将复及,赵高之变,不朝则夕。[**他严厉谴责第一轮党锢之祸——对他的"知识分子同志"的大规模迫害:**]近者奸臣牢修,造设党议,①遂收前司隶校尉李膺、太仆杜密、御史中丞陈翔、太尉掾范滂等逮考,连及数百人,旷年拘录,事无效验。臣惟膺等建忠抗节,志经王室,此诚陛下稷、卨[xiè,古同"偰"、"契",]、伊、吕之佐,而虚为奸臣贼子之所诬枉,天下寒心,海内失望。惟陛下留神澄省,时见理出,以厌人鬼喁喁之心。

[**他要求的不亚于帝国中央政权重组,将它由一小撮邪恶宦官的统治转变为端正和负责任的大臣组成的一个政府;因而,他显得颇为激进(多少有些天真幼稚):**]臣闻古之明君,必须贤佐,以成政道。今台阁近臣,尚书令陈蕃,仆射胡广,尚书硃(朱)宇、荀绲、刘祐、魏朗、刘矩、尹勋等,皆国之贞士,朝之良佐。尚书郎张陵、妫皓、苑康、杨乔、边韶、戴恢等,文质彬彬,明达国典。内外之职,群才并列。而陛下委任近习,专树饕餮,外典州郡,内干心膂。宜以次贬黜,案罪纠罚,抑夺宦官欺国之封,案其无状诬罔之罪,信任忠良,平决臧否,使邪正毁誉,各得其所……陛下所行,不合天意,不宜称庆。[**他再度耿直生硬,几乎不给卑劣的皇帝留任何面子。**]

---

① 《后汉书·党锢列传》载:河内张成善说风角[占卜之法],推占当赦,遂教子杀人。李膺为河南尹,督促收捕,既而逢宥获免,膺愈怀愤疾,竟案杀之。初,成以方伎交通宦官,帝亦颇谇[suì,问]其占。成弟子牢修因上书诬告膺等养太学游士,交结诸郡生徒,更相驱驰,共为部党,诽讪朝廷,疑乱风俗。[**这些大体上是事实!**]于是天子震怒,班下郡国,逮捕党人,布告天下,使同忿疾,遂收执膺等。[时在延熹九年(166 年)。]其辞所连及陈寔之徒二百余人……

书奏，因以病上还城门校尉、槐里侯印绶。帝不许，有诏原［宽恕］李膺、杜密等，自黄门北寺、若卢、都内诸狱，系囚罪轻者皆出之。①［**看来，他多少（和暂时）得胜，这或许归因于桓帝在其生命的最后几个月里身心羸弱，可能还为了给他的女儿即皇后一点面子。**］

［**他的时候到了，虽然事后来看颇为短暂：他前不久严厉抨击的桓帝一死，他就成了宫廷里最有权力的，并且与陈蕃和其他主要"党人"一起秘密规划彻底打败宦官集团：**］

其冬，帝崩，无嗣。武召侍御史河间刘儵［shū］，参问其国中王子侯之贤者，儵称解渎亭侯宏。武入白太后，遂征立之，是为灵帝。［**他的时候，手里拥有决定性权力，而他和她女儿拥立的新皇帝看来是他的傀儡：**］拜武为大将军，常居禁中。帝既立，论定策功，更封武为闻喜侯；子机渭阳侯拜侍中；兄子绍鄠侯，迁步兵校尉；绍弟靖西乡侯，为侍中，监羽林左骑。

［**他与陈蕃密谋摧毁宦官：**］武既辅朝政，常有诛剪宦官之意，太傅陈蕃亦素有谋。时共会朝堂，蕃私谓武曰："中常侍曹节、王甫等，自先帝时操弄国权，浊乱海内，百姓匈匈（汹汹），归咎于此。今不诛节等，后必难图。"武深然之。蕃大喜，以手推席而起。［**他为政变和未来改革作政治部署，动员主要的持不同政见士人：**］武于是引同志尹勋为尚书令，刘瑜为侍中，冯述为屯骑校尉；又征天下名士废黜者前司隶李膺、宗正刘猛、太仆杜密、庐江太守硃（朱）宇等，列于朝廷，请前越嶲［guī］太守荀翌为从事中郎，辟颍川陈寔为属：共定计策。于是天下雄俊，知其风旨，莫不延颈企踵，思奋其智力。［**他的时候可以是"党人"的春天！**］

［**发生了一项致命的克劳塞维茨式"摩擦"，归因于他的女儿即太后和他本人的性情弱点；机会丧失，很可能得胜利转变为彻底失败：**］

［**陈蕃，更为决绝，甚至更战略性，敦促他赶快出击，而他据此开始去做：**］会五月日食，蕃复说武曰："昔萧望之困一石显［元帝时阉人石显为中书令，潜御史大夫萧望之，令其自杀］，近者李、杜诸公祸及妻子，况今石显数十辈乎！蕃以八十之年，欲为将军除害。今可且因日食，斥罢宦官，以塞天变。又赵夫人及女尚书，旦夕乱太后，急宜退绝。惟将军虑焉。"武乃白太后曰："故事，黄门、常侍但当给事省内，典门户，主近署财物耳。今乃使与政事而任权重，子弟布列，专为贪暴。天下匈匈（汹汹），正以此故。宜悉诛废，以清朝廷。"［**然而，致命的克劳塞维茨式"摩擦"来临！**

---

① 《后汉书·党锢列传》载：明年［167 年］，尚书霍谞、城门校尉窦武并表为请，帝意稍解，乃皆赦归田里，禁锢终身。而党人之名，犹书王府。

《后汉书·桓帝纪》载：永康元年［167 年］……六月庚申，大赦天下，悉除党锢，改元永康。……

**首先来自太后：**]太后曰："汉来故事世有，但当诛其有罪，岂可尽废邪？"时，中常侍管霸颇有才略，专制省内。武先白诛霸及中常侍苏康等，竟死。[**他，一位犹豫不决的父亲，没有克服他的更加犹豫不决的女儿：**]武复数白诛曹节等，太后尤[yín]豫未忍，故事久不发。

至八月，太白出西方。刘瑜素善天官，恶之，上书皇太后曰："太白犯房左骖，上将星入太微，其占宫门当闭，将相不利，奸人在主傍。愿急防之。"又与武、蕃书，以星辰错缪，不利大臣，宜速断大计。[**政变再度被敦促，用儒家自然神论为论据。**]武、蕃得书将发，于是以硃（朱）宇为司隶校尉，刘祐为河南尹，虞祁为洛阳令。武乃奏免黄门令魏彪，以所亲小黄门山冰代之。使冰奏素狡猾尤无状者长乐尚书郑立，送北寺狱。蕃谓武曰："此曹子便当收杀，何复考为！"武不从，令冰与尹勋、侍御史祝瑨杂考立，辞连及曹节、王甫。勋、冰即奏收节等，使刘瑜内奏。[**再三作外围小交战，而针对克劳塞维茨所云"引力中心"的决定性战役却几乎无限期地延宕，令来自主要敌人的决战必不可免，且即将打响！**]

[**他和他的主要同志们暴死于宦官之手，后者对敌方"引力中心"及时和决绝地发动打击，没有任何旁骛：**]

时，武出宿归府，典中书者先以告长乐五官史硃（朱）瑀。瑀盗发武奏，骂曰："中官放纵者，自可诛耳。我曹何罪，而当尽见族灭！"因大呼曰："陈蕃、窦武奏白太后废帝，为大逆！"乃夜召素所亲壮健者长乐从官史共普、张亮等十七人，歃[shà]血共盟诛武等。曹节[**此人在此关键时刻的行为恰如一位非常能干的最高统帅，做了一切至关紧要的事情，做得飞快！**]闻之，惊起，白帝曰："外间切切，请出御德阳前殿。"令帝拔剑踊跃，使乳母赵娆等拥卫左右，取棨[qǐ，用木头做的通行证，略似戟形]信，闭诸禁门。召尚书官属，胁以白刃，使作诏板。拜王甫[**此人在此刻的行为方式恰如一位非常能干的战地指挥！**]为黄门令，持节至北寺狱，收尹勋、山冰。冰疑，不受诏，甫格杀之。遂害勋，出送立。还共劫太后，夺玺书。令中谒者守南宫，闭门，绝复道。使郑立等持节，及侍御使、谒者捕收武等。武不受诏，驰入步兵营，与绍[武兄子，步兵校尉]共射杀使者。召会北军五校士数千人屯都亭下，令军士曰："黄门常待反，尽力者封侯重赏。"诏以少府周靖行车骑将军，加节，与护匈奴中郎将张奂率五营士讨武。① 夜漏尽，王甫将虎贲、羽林、厩驺、都候、剑戟士，合千余

---

① 《后汉书·皇甫张段列传》载：建宁[灵帝年号]元年[168 年]，（张奂自西北讨羌后）振旅而还。时窦太后临朝，大将军窦武与太傅陈蕃谋诛宦官，事泄，中常侍曹节等于中作乱，以奂新征，不知本谋，矫制使奂与少府周靖率五营士围武。武自杀，蕃因见害。奂迁少府，又拜大司农，以功封侯。奂深病为节所卖，上书固让，封还印绶，卒不肯当。

人，出屯朱雀掖门，与允等合。明旦悉军阙下，与武对阵。甫兵渐盛，使其士大呼武军曰："窦武反，汝皆禁兵，当宿卫宫省，何故随反者乎？先降有赏！"[**宦官对宫廷禁军的长时间控制证明有效亦有威望；这决定了关键的战斗谁胜谁败。**]营府素畏服中官，于是武军稍稍归甫。自旦至食时，兵降略尽。武、绍走，诸军追围之，皆自杀，枭首洛阳都亭。收捕宗亲、宾客、姻属，悉诛之，及刘瑜、冯述，皆夷其族。徙徒家属日南，迁太后于云台。[**彻底解决，宦官不留任何风险！**]

[**政治和心理后果即刻而来，且是灾难性的：**]当是时，凶竖得志，士大夫皆丧其气矣。武府掾桂阳胡腾，少师事武，独殡敛行丧，坐以禁锢。……

### 卷78《宦者列传》[曹节]

曹节：

[**一名险恶的宦官，在受到一项彻底消灭他为首的权宦集团的秘密企图威胁后，他背叛了他先前的主子窦太后与其父亲窦武（与最高级大臣陈蕃一起为密谋者），发动一场先发制人的政变，继之以血腥的第二轮党锢之祸，以便消灭宦官们的改革派敌人。后果：占压倒性优势的宦官的非常腐败、凶残甚而狂野的统治，令华夏国家和社会的形势近乎极度悲惨。**]

[用吕强——那个时代的权宦中的例外——在本篇下一传记里被记录的话来说，他"品卑人贱，谗谄媚主，佞邪微宠，放毒人物，疾妒忠良"。]

曹节字汉丰，南阳新野人也。其本魏郡人，世史二千石。顺帝初，以西园骑迁小黄门。桓帝时，迁中常侍，奉车都尉。[**无嗣的桓帝死后，他显然是窦氏外戚在将灵帝立为皇位继承人一事上的一名主要助手，并因而得到酬赏：**]建宁元年[168年]，持节将中黄门虎贲羽林千人，北迎灵帝，陪乘入宫。及即位，以定策封长安乡侯，六百户。

[**他背叛先前的主子，主持发动一场先发制人的政变，以摧毁在宫廷最高层的改革派：**]

时，窦太后临朝，后父大将军武与太傅陈蕃谋诛中官，节与长乐五官史朱（朱）瑀、从官史共普、张亮、中黄门王尊、长乐谒者腾是等十七人，共矫诏以长乐食监王甫为黄门令，将兵诛武、蕃等，事已具《蕃》《武传》。节迁长乐卫尉，封育阳侯，增邑三千户；甫迁中常侍，黄门令如故；瑀封都乡侯，千五百户；普、亮等五人各三百户；余十一人皆为关内侯，岁食租二千斛[hú]。

……二年，节病困，诏拜为车骑将军。有顷疾瘳，上印绶，罢，复为中常侍，位特进，秩中二千石，寻转大长秋[长秋宫为皇后居住处，大长秋系皇后所用官属之首长]。

[**他在摧毁宫外的改革派方面非常凶残：**]

熹平元年[172年]，窦太后崩，有何人书硃（朱）雀阙，言"天下大乱，曹节、王甫幽杀太后，常侍侯览多杀党人，公卿皆尸禄，无有忠言者。"于是诏司隶校尉刘猛逐捕，十日一会。猛以诽书言直，不肯急捕，月余，主名不立。猛坐左转谏议大夫，以御史中丞段颎代猛，乃四出逐捕，及太学游生，系（羁）者千余人。节等恚猛不已，使颎以他事奏猛，抵罪输左校。朝臣多以为言，乃免刑……

[**他和他的家族成员的狂野行为，包括"淫暴无道"：**]

节遂与王甫等诬奏桓帝弟勃海王悝谋反，诛之。以功封者十二人。甫封冠军侯。节亦增邑四千六百户，并前七千六百户。父兄子弟皆为公卿列校、牧守令长，布满天下。

节弟破石为越骑校尉，越骑营五百[韦昭《辩释名》曰："五百字本为'伍'。伍，当也。伯，道也。使之导引当道陌中以驱除也。"即行仗驱道者]妻有美色，破石从求之，五百不敢违，妻执意不肯行，遂自杀。其淫暴无道，多此类也。

光和二年[179年]，司隶校尉阳球奏诛王甫及子长乐少府萌、沛相吉，皆死狱中。时连有灾异，郎中梁人审忠以为硃（朱）瑀等罪恶所感，乃上书曰[**一幅以他为首的宦官的黑暗统治图景**]：

……诛蕃、武及尹勋等。因共割裂城社，自相封赏。父子兄弟被蒙尊荣，素所亲厚布在州郡，或登九列，或据三司。不惟禄重位尊之责，而苟营私门，多蓄财货，缮修第舍，连里竟巷。盗取御水以作鱼钓，车马服玩拟于天家。群公卿士杜口吞声，莫敢有言。州牧郡守承顺风旨，辟召选举，释贤取愚。故虫蝗为之生，夷寇为之起。天意愤盈，积十余年。故频岁日食于上，地震于下，所以谴戒人主，欲令觉悟，诛鉏无状。……

章寝不报。节遂领尚书令[**一名宦官成了最高级廷臣之一！**]。四年，卒，赠车骑将军。后瑀亦病卒，皆养子传国。……

## "放毒人物"，"侈虐已甚"：邪恶腐败的灵帝宫廷

### 卷78《宦者列传》[吕强]

吕强：

[一个独特的伟大例外，东汉垂死时代几乎唯一被记录的正直的宦官。他"清忠奉公"，拒绝沉溺于权宦之船，同情改革派"党人"，顽固地训诫"被俘虏"的腐败灵帝。这一切都无用（"帝知其忠而不能用"），除了在黄巾造反这巨大危机中他的

"大赦党人"主张，而他本人在主流邪恶者手中惨遭暴死。]

[正直勇敢，他拒绝沉溺于权宦之船，抨击其邪恶，训诫"被俘虏"的腐败皇帝：]

吕强字汉盛，河南成皋人也。少以宦者为小黄门，再迁中常侍。为人清忠奉公[他的主题性质，由他一贯保持]。灵帝时，例封宦者，以强为都乡侯。强辞让恳恻，固不敢当，帝乃听之。因上疏陈事曰[抨击权宦邪恶，训诫腐败皇帝；他不怕任何人任何事，不给邪恶者、盲目者和腐败者留任何脸面]：

臣闻诸侯上象四七[谓二十八宿各主诸侯之分野]，下裂王土，高祖重约非功臣不侯，所以重天爵明劝戒也。伏闻中常侍曹节、王甫、张让等，及侍中许相，并为列侯。节等宦官祐薄，品卑人贱，谀谄媚主，佞邪微宠，放毒人物，疾妒忠良，有赵高之祸，未被轘裂之诛，掩朝廷之明，成私树之党。而陛下不悟，妄授茅土，开国承家，小人是用。又并及家人，重金兼紫[重、兼，言累积]，相继为蕃辅。受国重恩，不念尔祖，述修厥德，而交结邪党，下比群佞。陛下或其琐[小也]才，特蒙恩泽。又授位乖越，贤才不升，素餐私幸，必加荣擢。阴阳乖剌，稼穑荒蔬，人用不康，罔不由兹。臣诚知封事已行，言之无逮，所以冒死干触陈愚忠者，实愿陛下损改既谬，从此一止。

[以下两段反映他是个政治儒学的最佳成分的坚定信仰者，同时又提供了一幅关于精英放纵 vs. 社会悲惨的图景，在巨大规模的黄巾农民造反行将爆发之时：]

臣又闻后宫彩女数千余人，衣食之费，日数百金。比谷虽贱，而户有饥色。案法当贵而今更贱者，由赋发繁数，以解县官[县官调发既多，故贱粜谷以供之]，寒不敢衣，饥不敢食。民有斯厄，而莫之恤。宫女无用，填积后庭，天下虽复尽力耕桑，犹不能供。……终年积聚，岂无忧怨乎！夫天生蒸民，立君以牧之。君道得，则民戴之如父母，仰之犹日月，虽时有征税，犹望其仁恩之惠。《易》曰："悦以使民，民忘其劳；悦以犯难，民忘其死。"储君副主，宜讽诵斯言；南面当国，宜履行其事。

又承诏书，当于河间故国[在今河北境内]起解渎之馆[灵帝曾祖河间孝王刘开；世封解渎亭（一般认为在今河北保定市安国县）侯，灵帝即位以前袭侯爵]。陛下龙飞即位，虽从藩国，然处九天之高，岂宜有顾恋之意。且河间疏远，解渎邈绝，而当劳民单（殚）力，未见其便。又今外戚四姓贵幸之家，及中官公族无功德者，造起馆舍，凡有万数，楼阁连接，丹青素垩[è，白土，可用于涂饰]，雕刻之饰，不可单言。丧葬逾制，奢丽过礼，竞相放（仿）效，莫肯矫拂。《榖梁传》曰："财尽则怨，力尽则怼。"《尸子》[先秦杂家著作]曰："君如杅[浴盆]，民如水，杅方则水方，杅圆则水圆。"上之化下，犹风之靡草。今上无去奢之俭，下有纵欲之敝，至使禽兽食民之甘，木土衣民之帛。昔师旷谏晋平公曰："梁柱衣绣，民无褐衣；池有弃酒，士有渴死；厩马秣粟，民有饥色。近臣不敢谏,远臣不得畅。"[刘向编《说苑》咎犯谏晋文公之辞。]此之谓也。

[他再转而抨击权宦施行、灵帝核准的宫廷黑暗政治:]又闻前召议郎蔡邕对问于金商门,而令中常侍曹节、王甫等以诏书喻旨。邕不敢怀道迷国,而切言极对,毁刺贵臣,讥呵竖宦。陛下不密其言,至令宣露,群邪项领[肥大的颈项,《毛诗·小雅·节南山》曰:"驾彼四牡,四牡项领。"注云:"项,大也。四牡者人所驾,今但养大其领,不肯为用。谕大臣自恣,王不能使也。"],膏唇拭舌,竞欲咀嚼,造作飞条[飞书]。陛下回受谤,致邕刑罪,室家徙放,老幼流离,岂不负忠臣哉![1] 今群臣皆以邕为戒,上畏不测之难,下惧剑客之害,臣知朝廷不复得闻忠言矣。……

[他的一切政治的抨击和训诫全然无用;全无改革的希望:]帝知其忠而不能用。

[他不可能因为君主不理睬而意气消沉,反倒再度发动他的训诫,针对后者的贪婪和狂野聚敛:]

时,帝多稸私臧(藏),收天下之珍,每郡国贡献,先输中署[内署],名为"导行费"。强上疏谏曰:

天下之财,莫不生之阴阳,归之陛下。归之陛下,岂有公私? 而今中尚方敛诸郡之宝,中御府积天下之缯,西园引司农之臧(藏),中厩聚太仆之马,而所输之府,辄有导行之财。调广民困,费多献少,奸吏因其利,百姓受其敝。又阿媚之臣,好献其私,容诳姑息,自此而进。……

书奏不省。[腐败君主对此同样不理睬,然而这回谈不上"帝知其忠而不能用"了。]

[在一场巨大的国家危机中,他为了帝国得救而更全面和更激进地训诫,结果很快遭到权宦们的致命的报复:]

中平元年[184 年],黄巾贼起,帝问强所宜施行。强欲先诛左右贪浊者,大赦党人,料简[清点查看]刺史、二千石能否。帝纳之,乃先赦党人。[这次,大规模危机将他的一大紧急建议强加于灵帝![2]于是诸常侍人人求退,又各自征还宗亲子弟在州郡者。[来自权宦们的致命报复很快到来:]中常侍赵忠、夏恽等遂共构强,云"与党人共议朝廷,数读《霍光传》。强兄弟所在并皆贪秽"。帝不悦[这回谈不上"帝知其忠"!],使中黄门持兵召强。强闻帝召,怒曰:"吾死,乱起矣。丈夫欲尽忠国家,岂能对狱吏乎!"遂自杀。忠、恽复谮曰:"强见召未知所问,而就处草自屏[谓在外野草中自杀],有奸明审。"遂收捕宗亲,没入财产焉。

---

① 见本章"《蔡邕列传》摘录"评述。
② 《后汉书·党锢列传》载:中平元年[184 年],黄巾贼起,中常侍吕强言于帝曰:"党锢久积,人情多怨。若久不赦宥,轻与张角合谋,为变滋大,悔之无救。"帝惧其言,乃大赦党人,诸徙之家皆归故郡。

[当时宦官中间有很少几个像他那样的好人,尽管远不愿像他那样为原则献身:]时,宦者济阴丁肃、下邳徐衍、南阳郭耽、汝阳李巡、北海赵祐等五人称为清忠,皆在里巷,不争威权。……

又小黄门甘陵吴伉,善为风角[占卜之术],博达有奉公称。知不得用,常托病还寺舍,从容养志云。

### 卷8《灵帝纪》摘录

…………

[摄政太后和她父亲的统治那么短命!几个月内,宦官就成功发动政变,一切权力落到他们手里;社会凋敝和动乱像先前一样严重,精英政治则变得更加黑暗:]

九月辛亥,中常侍曹节矫诏诛太傅陈蕃、大将军窦武及尚书令尹勋、侍中刘瑜、屯骑校尉冯述,皆夷其族。皇太后迁于南宫。……

二年[169年]……

秋七月,破羌将军段颎大破先零羌于射虎塞外谷。东羌悉平。……

[第二轮党锢之祸的大规模弹压,狂野地摧毁来自士人和官僚的对宦官统治的一切反对言行:]冬十月丁亥,中常侍侯览讽(风)有司奏前司空虞放、太仆杜密、长乐少府李膺、司隶校尉硃(朱)瑀、颍川太守巴肃、沛相荀昱、河内太守魏朗、山阳太守翟超皆为钩党[钩谓相牵引也],下狱,死者百余人,妻子徙边,诸附从者锢及五属。制诏州郡大举钩党,于是天下豪桀及儒学行义者,一切结为党人。……

三年[170年]春正月,河内人妇食夫,河南人夫食妇。[两个可怖事件,很可能是垂死帝国的核心地区因饥馑发生大规模死亡的象征。]……

冬,济南贼起,攻东平陵。……

四年[171年]春正月甲子,帝加元服,大赦天下……唯党人不赦。

二月癸卯,地震,海水溢……

三月……大疫,使中谒者巡行致医药……

五月,河东地裂,雨雹,山水暴出。

秋七月……癸丑,立贵人宋氏为皇后。[在当时的情势中,她全无可能、甚至全无意图去形成她的外戚势力。相反,她将在七年后因一名权宦的诬陷而完蛋。]……

熹平元年[172年]……

六月……癸巳,皇太后窦氏崩。

秋七月……

宦官讽(风)司隶校尉段颎捕系(羁)太学诸生千余人。[**宦官们又一轮对反对其邪恶统治的"知识分子"的大规模迫害。**]

冬十月,渤海王悝被诬谋反,丁亥,悝及妻子皆自杀。[**权宦们对一名亲王级大贵族的残酷摧毁,通过狂野的诬陷。**]

十一月,会稽人许生自称"越王",寇郡县,遣杨州刺史臧旻[mín]、丹阳太守陈夤[yín]讨破之。……

十二月,司徒许栩罢,大鸿胪袁隗为司徒。鲜卑寇并州。

二年[173年]春正月,大疫,使使者巡行致医药……

六月,北海地震。东莱、北海海水溢。……

三年[174年]……

秋,洛水溢。……

十一月,杨州刺史臧旻率丹阳太守陈夤,大破许生于会稽,斩之。……

十二月,鲜卑寇北地,北地太守夏育追击破之。鲜卑又寇并州。……

四年[175年]春三月,诏诸儒正《五经》文字,刻石立于太学门外。[中国史上最早的官定儒家经本石刻。][**或许这是整个东汉留给我们这个时代的最著名的学术文化遗产。**]……

夏四月,郡国七大水。……

鲜卑寇幽州。

六月,弘农、三辅螟。……

改平准为中准,使宦者为令,列于内署。自是诸署悉以阉人为丞、令。[**宦官垄断了相当一大部分中央国家机构官僚职位!**]

五年[176年]……

闰月,永昌太守曹鸾坐讼党人,弃市。诏党人门生、故吏、父兄、子弟在位者,皆免官禁锢。[**第三轮迫害;党锢之祸似无底境。**]……

是岁,鲜卑寇幽州。……

六年[177年]……

夏四月,大旱,七州蝗。

鲜卑寇三边[谓东、西与北边,即幽州、并州、凉州]。……

八月,遣破鲜卑中郎将田晏出云中,使匈奴中郎将臧旻与南单于出雁门,护乌桓校尉夏育出高柳,并伐鲜卑,晏等大败。[**差不多急剧地,鲜卑人将自己从一个经久的较小麻烦制造者转变为实质性的一大威胁,在东北、华北甚而西北边疆;他们击败了帝国一大联盟武力。**]……

辛丑,京师地震。……

十二月……

鲜卑寇辽西。……

光和元年[178年]春正月，合浦、交阯乌浒蛮叛，招引九真、日南民攻没郡县。[自从一个多世纪以前华夏战争霸王时期往后，被征服的越人蛮夷一直是负资产，或曰帝国的负担。他们确实是"他们"，其同化殆无可能，如同深刻的班固在其《汉书·匈奴传》之末总的来说强调的那样。]……

五月壬午，有白衣人入德阳殿门，亡去不获。……

冬十月……

皇后宋氏废，后父执金吾酆下狱死。[她，一名仔细地非政治的皇后，连同其父亲一起完蛋，因为一名权宦的出于政治动机的诬陷。]①……

是岁，鲜卑寇酒泉。[他们甚至攻袭那么远离他们最初在东北的起始基地的地方。]……初开西邸卖官，自关内侯、虎贲、羽林，入钱各有差。私令左右卖公卿，公千万，卿五百万。[狂野地腐败的财政紧急凑合措施。肆无忌惮的宦官/皇帝，连同一个近乎破产了的国家。]

二年[179年]春，大疫，使常侍、中谒者巡行致医药。……

三月……京兆地震。……

夏四月……中常侍王甫及太尉段颎并下狱死。[王甫暴死：杨彪、阳球发其奸，下狱，死于杖下，尸被磔。][一名非常有权势的宦官被摧毁，但宦官统治一如既往。]丁酉，大赦天下，诸党人禁锢小功以下皆除之。[时上禄长和海上言："党人锢及五族，有乖典训。"帝从之。][至此为止，党锢之祸没有任何缓解，在其最初发动十三年之后！]……

冬十月甲申，司徒刘郃、永乐少府陈球、卫尉阳球、步兵校尉刘纳谋诛宦者，事泄，皆下狱死。[一场图谋的反宦官血腥政变，未遂后宦官的血腥报复。]……

十二月……鲜卑寇幽、并二州。……

三年[180年]……

冬闰月……鲜卑寇幽、并二州。

十二月己巳，立贵人何氏为皇后。[新皇后，出身于卑贱家庭，为先前无嗣的灵帝生有一子（即后来被废的少帝）。她是皇妃时已经"性强忌，后宫莫不震慑"[《后汉书·皇后纪下》]，而成为皇后之后更谋杀了一名产子的皇妃。她将在他的皇夫死后，作为太后与其兄何进一起行使统治，但为时甚短，止于她自己完蛋。]……

四年[181年]春正月，初置骡骥[善马]厩丞，领受郡国调[征发]马。豪右辜榷

_____

① 见后面《皇后记下》[宋贵人/宋皇后]评述。

[前书音义曰："辜,障也。搉,专也。谓障余人卖买而自取其利。"],马一匹至二百万。[**仅为放肆泛滥的宫廷腐败之一例。**]

二月……交阯刺史硃(朱)俊讨交阯、合浦乌浒蛮,破之。[**在这蛮夷造反发动后迟至三年之后!**]……

冬十月……

鲜卑寇幽、并二州。

是岁,帝作列肆[模拟市场]于后宫,使诸采女贩卖[令嫔妃宫女扮作商贩],更相盗窃争斗。帝著商估(贾)服,饮宴为乐。又于西园弄狗,著进贤冠[三礼图曰:"进贤冠,文官服之,前高七寸,后高三寸,长八寸。"狗著该冠],带绶。又驾四驴,帝躬自操辔,驱驰周旋,京师转相放(仿)效。[**君主腐败、卑劣和放纵的一幅极端荒诞图画! 在后汉书帝王纪内首次向我们显示。帝国垂死!**]

五年[182年]……

二月,大疫。……

六年[183年]……

夏,大旱。……

秋……

始置圃囿署,以宦者为令。[**如前所述,宦官垄断了相当一大部分中央机构官僚职位。**]

……

## 卷78《宦者列传》[张让、赵忠片断]

张让、赵忠:

[**权宦们的最后两名头目,在他们被公元189年的一场针对大小宦官的大屠杀全部消灭之前,而这大屠杀是导致东汉帝国崩溃的彻底动乱的初始阶段。这两人狂野地贪婪和滥用权势,且在消灭企图推到他们的外戚何进一事上血腥凶残。**]

张让者,颍川人;赵忠者,安平人也。少皆给事者中,桓帝时为小黄门。忠以与诛梁冀功封都乡侯。延熹八年[165年],黜为关内侯,食本县租千斛[hú]。

[**他们开始进入权宦集团最顶层,然后成为其头目,权势巨大,无法无天,贪婪无比:**]

灵帝时,让、忠并迁中常侍,封列侯,与曹节、王甫等相为表里。节死后,忠领大长秋。让有监奴[为权贵豪门监管家务的奴仆头子],典任家事[《三国志·魏书三·明帝纪》裴注曰"……灵帝时,中常侍张让专朝政,让监奴典护家事"],交通货赂,威形喧赫。[**他**

们的品性的一个例解，他们的阴影之下腐败的政治文化的一个例解：]扶风人孟佗，资产饶赡，与奴朋结，倾竭馈问，无所遗爱。奴咸德之，问佗曰："君何所欲？力能办也。"曰："吾望汝曹为我一拜耳。"时宾客求谒让者，车恒数百千两，佗时指让，后至，不得进，监奴乃率诸仓头迎拜于路，遂共轝（舆）车入门。宾客咸惊，谓佗善于让，皆争以珍玩赂之。佗分以遗让，让大喜，遂以佗为凉州刺史。

[他们为首的宦官的极黑暗统治被正确地指控为黄巾大造反的首要根源；因而，有宦官集团危机的一则警报拉响，但只是须臾的虚假警报：]

是时，让、忠及夏恽、郭胜、孙璋、毕岚、栗嵩、段珪、高望、张恭、韩悝、宋典十二人，皆为中常侍，封侯贵宠，父兄子弟布列州郡，所在贪贱，为人蠹害。黄巾既作，盗贼麋沸，郎中中山张钧上书曰："窃惟张角所以能兴兵作乱，万人所以乐附之者，其源皆由十常侍多放父兄、子弟、婚亲、宾客典据州郡，辜榷财利，侵掠百姓，百姓之冤无所告诉，故谋议不轨，聚为盗贼。宜斩十常侍，县（悬）头南郊，以谢百姓，又遣使者布告天下，可不须师旅，而大寇自消。"天子以钧章示让等，皆免冠徒跣[xiǎn]顿首，乞自致洛阳诏狱，并出家财以助军费。有诏皆冠履视事如故。[**在政治黑暗中，指控者为自己的正直和英雄般勇气付出了性命：**]帝怒钧曰："此真狂子也。十常侍固当有一人善者不？"钧复重上，犹如前章，辄寝不报。诏使廷尉、侍御史考为张角道者，御史承让等旨，遂诬奏钧学黄巾道，收掠死狱中。[**他们——寡廉鲜耻的机会主义者——与黄巾军的惊人勾结！当然是为他们的个人安全；再度有须臾的虚假警报：**]而让等实多与张角交通。后中常侍封谞、徐奉事独发觉坐诛，帝因怒诘让等曰："汝曹常言党人欲为不轨，皆令禁锢，或有伏诛。今党人更为国用，汝曹反与张角通，为可斩未？"皆叩头云："故中常侍王甫、侯览所为。"帝乃止。

[他们，还有他们的皇帝主子/傀儡，从未制约自己的极端腐败、无穷奢侈和疯狂聚敛，尽管有帝国政权和华夏社会的严重危机：]

明年[185 年]，南宫灾。让、忠等说帝令敛天下田亩税十钱，以修宫室。发太原、河东、狄道诸郡材木及文石，每州郡部送至京师，黄门常侍辄令谴呵不中者，因强折贱买，十分雇一，因复货之于宦官，复不为即受，材木遂至腐积，宫室连年不成。刺史、太守复增私调，百姓呼嗟。凡诏所征求，皆令西园驺[养马人]密约敕，号曰"中使"，恐动州郡，多受赇赂。刺史、二千石及茂才孝廉迁除，皆责助军修宫钱，大郡至二三千万，余各有差。当之（至）官者，皆先至西园谐价[谓平论定其价]，然后得去。有钱不毕者，或至自杀。其守清者，乞不之（至）官，皆迫遣之。

时，巨鹿太守河内司马直新除，以有清名，减责三百万。直被诏，怅然曰："为民父母,而反割剥百姓,以称时求,吾不忍也。"辞疾,不听,行至孟津,上书极陈当世之失,古今祸败之戒,即吞药自杀。书奏,帝为暂绝修宫钱。

[他们有个对他们的极丑恶行为极迁就的君主,后者与他们本质上一致:]又造万金堂于西园,引司农金钱缯帛,仞积其中。又还河间买田宅,起第观。帝本侯家,宿贫,每叹桓帝不能作家居,故聚为私臧(藏),复寄小黄门常侍钱各数千万。常云:"张常侍是我公,赵常侍是我母。"宦者得志,无所惮畏,并起第宅,拟则宫室。帝常登永安候台,宦官恐其望见居外,乃使中大人尚但谏曰:"天子不当登高,登高则百姓虚散。"自是不敢复升台榭。

明年[186年],遂使钩盾令宋典缮修南宫玉堂。又使掖庭令毕岚铸铜人四列于仓龙[东阙]、玄武阙[北阙],又铸四钟,皆受二千斛,县(悬)于玉堂及云台殿前。又铸天禄虾蟆,吐水于平门外桥东,转水入宫。又作翻车[设机车以引水]渴乌[为曲筒,以气引水上],旋于桥西,用洒南北郊路,以省百姓洒道之费。又铸四出文钱[钱背有四道斜纹,由穿孔四角直达边缘,故称],钱皆四道。识者窃言侈虐["侈虐":就这些该死的畜生而言非常准确的一个词!]已甚,形象兆见,此钱成,必四道而去。及京师大乱,钱果流布四海。复以忠为车骑将军,百余日罢。……

### 卷10下《皇后纪下》[董夫人/董太后、宋贵人/宋皇后、何皇后/何太后]

**董夫人**(董皇后)、**董太后:**

[一名非常贪婪和卑劣的皇家女人,同时愚蠢而无真正的政治意识;贪婪给她带来巨量的财富,愚蠢则导致她可耻地毁灭。]

孝仁董皇后讳某,河间人。为解犊亭侯苌夫人,生灵帝。建宁元年[168年],帝即位,追尊苌为孝仁皇,陵曰慎陵,以后为慎园贵人。及窦氏诛[当然,新外戚的机会总是依赖君主继承、旧外戚衰落或毁灭和招致这事态的宫廷内斗],明年,帝使中常侍迎贵人,并征贵人兄宠到京师,上尊号曰孝仁皇后,居南宫嘉德殿,宫称永乐。……

[即使如此,在五年(168—172年)里,她依然劣于另一个皇家女人,后者曾在政治上决定性地施惠于她的君主儿子;这要等她死后才变]及窦太后崩,始与朝政,[她介入国家治理只有腐败效应:]使帝卖官求货,自纳金钱,盈满堂室。① 中平五年[187年],以后兄子卫尉脩侯重为票(骠)骑将军,领兵千余人。[她招致了与她的媳妇即皇后及其外戚家族的严重内斗,因而招致了她自己的毁灭:]初,后自

---

① 《后汉书·灵帝纪》载:光和元年[178年]"初开西邸卖官,自关内侯、虎贲、羽林,入钱各有差。私令左右卖公卿,公千万,卿五百万。""四年[181年]春正月,初置骒骥[善马]厩丞,领受郡国调[征发]马。豪右辜榷[《前书音义》曰:"辜,障也。榷,专也。谓障余人卖买而自取其利。"],马一匹至二百万。"

养皇子协，数劝帝立为太子，而何皇后恨之，议未及定而帝崩。何太后临朝，重与太后兄大将军进权势相害，后每欲参干政事[**她在政治上愚蠢，看来全不明白她的日子已经到头了**]，太后辄相禁塞。后忿恚詈[hì]言曰[**愚蠢万分，有如雷的脾气但无权势**]："汝今辀[zhōu]张[犹强梁也]，怙[hù，仗恃]汝兄耶？当敕票（骠）骑断何进头来。"[**她的可耻的毁灭：**]何太后闻，以告进。进与三公及弟车骑将军苗等奏："孝仁皇后使故中常侍夏恽、永乐太仆封谞等交通州郡，辜较[搜刮聚敛]在所珍宝货赂，悉入西省。蕃后故事不得留京师[蕃后谓平帝母卫姬，时王莽摄政，恐其专权，后不得留在京师，故云故事]，舆服有章，膳羞有品。请永乐后迁宫本国。"奏可。何进遂举兵围骠骑府，收重，重免官自杀。后忧怖，疾病暴崩，在位二十二年。……

宋贵人、宋皇后：

[**灵帝的第一个皇后。在当时的情势中，她全无可能、甚至全无意图去形成她的外戚势力。相反，她将在七年后因一名权宦的诬陷而完蛋。**]

灵帝宋皇后讳某，扶风平陵人也，肃宗[章帝]宋贵人之从曾孙也。建宁三年[170年]，选入掖庭为贵人。明年，立为皇后。父酆，执金吾，封不其乡侯。

[**一个很可怜的皇后，因为她的主子卑劣，还因为有多个幸姬与她敌对：**]后无宠而居正位，后宫幸姬众，共谮毁。[**再加上有一个邪恶的权宦搞的致命诬陷：**]初，中常侍王甫枉诛勃海王悝及妃宋氏，妃即后之姑也。甫恐后怨之，乃与太中大夫程阿共构言皇后挟左道[即巫蛊]祝诅，帝信之。[**她全无保护者！**]光和元年[178年]，遂策收玺绶。后自致暴室，以忧死。在位八年。父及兄弟并被诛。[**然而，她确有同情者，或许好多：**]诸常侍、小黄门在省闼者，皆怜宋氏无辜，共合钱物，收葬废后及酆父子，归宋氏旧茔皋门亭。……

何贵人、何皇后、何太后：

[**上面那可怜女人的作为皇后的替代者，出身于一个卑贱的屠夫家庭，为先前无嗣的灵帝产出了一个儿子（即后来被废的少帝）。她是皇妃时已经"性强忌，后宫莫不震慑"，成为皇后之后更谋杀了一名产子的皇妃。她将在他的皇夫死后，作为太后与其兄何进一起行使统治，但为时甚短，止于她自己完蛋。**]

灵思何皇后讳某，南阳宛人。家本屠者，以选入掖庭。长七尺一寸。生皇子辩，养于史道人家，号曰史侯。[道人即道术之人。《献帝春秋》曰："灵帝数失子，不敢正名，养道人史子眇家，号曰史侯。"]拜后为贵人，甚有宠幸。[**什么是她的魅力和诡谲，还有残忍（如前所录"后宫幸姬众，共谮毁"[宋皇后]）?！**]性强忌，后宫莫不震慑。[**一头雌兽，有全然不同的两副面孔，分别面对她的主子与同侪！**]

光和三年[180年]，立为皇后。明年，追号后父真为车骑将军、舞阳宣德侯，因封后母兴为舞阳君。[**她能够非常阴险行凶，残忍无情地消灭她的潜在竞争者：**]时王美人任（妊）娠，畏后，乃服药欲除之，而胎安不动，又数梦负日而行。四年，生皇子协，后遂鸩杀美人。帝大怒[**她的强烈嫉妒不是没有合理原因的，因为这君主能够轻易地对任何曾经得宠的皇家女人翻脸**]，欲废后，诸宦官固请得止。[**她是否还有一张脸对着权宦？很可能！**]董太后自养协，号曰董侯。

王美人，赵国人也。祖父苞，五官中郎将。[**对三张脸孔的皇后来说，一个确实强劲的潜在竞争者，因其美貌和非政治的才智：**]美人丰姿色，聪敏有才明，能书会计，以良家子应法相选入掖庭。帝愍（悯）协早失母，又思美人，作《追德赋》《令仪颂》。

[**她与兄长何进的短命的摄政，在帝国垂死的一个动乱时分；鲁莽急促的政变招致他们的末日和大混乱：**]

中平六年[188年]，帝崩，皇子辩即位，尊后为皇太后。太后临朝。后兄大将军进欲诛宦官，反为所害；舞阳君[**她的母亲**]亦为乱兵所杀。并州牧董卓被征，将兵入洛阳，陵虐朝庭，遂废少帝为弘农王而立协，是为献帝。[**政变接着政变！现在是董卓的暴政政权。在大混乱时期，从不短少短命的篡夺者**]扶弘农王下殿，北面称臣。太后鲠涕，群臣含悲，莫敢言。董卓又议太后踧[cù，同"蹙"，言紧迫]迫永乐宫[**即董太后**]，至今忧死，逆妇姑之礼，乃迁于永安宫，因进鸩，弑而崩。在位十年。……

[**董卓继续着的兽性暴政，客观上由她的兄长何进的仓促鲁莽引入：**]明年，山东义兵大起，讨董卓之乱。卓乃置弘农王于阁上，使郎中令李儒进鸩，曰："服此药，可以辟恶。"王曰："我无疾，是欲杀我耳！"不肯饮。强饮之，不得已，乃与妻唐姬及宫人饮宴别。酒行，王悲歌曰："天道易兮我何艰！弃万乘兮退守蕃。逆臣见迫兮命不延，逝将去汝兮适幽玄！"因令唐姬起舞，姬抗袖而歌曰："皇天崩兮后土颓，身为帝兮命夭摧。死生路异兮从此乖，奈我茕独兮心中哀！"因泣下呜咽，坐者皆歔欷。王谓姬曰："卿王者妃，势不复为吏民妻。[**怎样的阶级社会和等级制意识形态！作为他的最后遗言，可怜的亲王/废帝竟要求他心爱的女人像他一样可怜！**]自爱，从此长辞！"遂饮药而死。时年十八。

唐姬，颍川人也。王薨，归乡里。父会稽太守瑁欲嫁之，姬誓不许。及李傕[jué]破长安，遣兵抄关东，略（掠）得姬。傕因欲妻之，固不听，而终不自名[**不自名少帝之姬。袁宏纪曰："为傕所略，不敢自言。"**]。尚书贾诩知之，以状白献帝。帝闻感忧,乃下诏迎姬,置园中,使侍中持节拜为弘农王妃。……

### 卷 60 下《蔡邕列传》摘录

[东汉帝国覆灭时代的一位才华横溢的书法家和文人。他留给中国学术文化和儒学的最可贵东西,是他书写的著名的熹平石经,而对他以及对一位儒士来说最可耻的,则是他对凶残狂暴的军阀/篡夺者董卓的超忠诚效劳(虽然这头狂兽对他格外地和蔼,也虽然他强烈地感到"董公性刚而遂非,终难济也",而且间或有他正直和勇敢的时刻)。]

[确实,我们的史家有理由将他与"为正直所羞"的大学问家马融合在一卷内[卷 60 上为《马融列传》],尽管对他比对马融显著地更为同情。"知识能匡欲者鲜矣",他对马融的这一深刻评论,在较小程度上也能应用于蔡邕。]

[在此,我们摘录和评注在际遇董卓以前的蔡邕,其言行可当作灵帝时期的政治和政治文化的一面镜子。]

…………

[与他在先前的文章《释诲》表达的经典儒家信念"邦有道则仕,邦无道则可卷而怀之"[《论语》孔子曰:"蘧伯玉邦有道则仕,邦无道则可卷而怀之[隐退藏身]。"]不一致,他开始步入官场,尽管在一个显然是"邦无道"的时候。什么驱动他变心? 他在宫廷的表现(一):]

[他对儒学的杰出贡献:提议和参与确立儒家经典的官方文本,并且将它们作为熹平石经书写下来:]

建宁[灵帝年号]三年[170 年],辟司徒桥玄府,玄甚敬待之。出补河平[县名,在今河南辉县市境内]长。召拜郎中,校书东观。迁议郎。邕以经籍去圣久远,文字多谬,俗儒穿凿,疑误后学,熹平四年[175 年],乃与五官中郎将堂谿典、光禄大夫杨赐、谏议大夫马日磾、议郎张驯、韩说、太史令单飏等,奏求正定《六经》文字。灵帝许之,邕乃自书丹于碑,使工镌刻立于太学门外。于是后儒晚学,咸取正焉。及碑始立,其观视及摹写者,车乘日千余两,填塞街陌。……

[与他在先前的文章《释诲》表达的经典儒家信念"邦有道则仕,邦无道则可卷而怀之"不一致,他开始步入官场,尽管在一个显然是"邦无道"的时候。他在宫廷的表现(二):]

[自然灾害、边疆危机和宫廷的一类酸雅精致的腐败导致了他的一番部分地肤浅空洞的冗长谏言:]初,帝好学,自造《皇羲篇》五十章,因引诸生能为文赋者。本颇以经学相招,[宫廷的一类酸雅精致的腐败:]后诸为尺牍及工书鸟篆者,皆加

引召,遂至数十人。侍中祭酒乐松、贾护,多引无行趣(趋)势之徒,并待制鸿都门下,熹陈方俗闾里小事,帝甚悦之,待以不次之位。又市贾小民,为宣陵孝子者,复数十人,悉除为郎中、太子舍人。时频有雷霆疾风,伤树拔木,地震、陨雹、蝗虫之害。又鲜卑犯境,役赋及民。六年[177]七月,制书引咎,诰群臣各陈政要所当施行。邕上封事曰[**一番多少肤浅空洞冗长谏言,用的是儒家自然神论话语**]:

臣伏读圣旨……臣闻天降灾异,缘象而至。辟历(霹雳)数发,殆刑诛繁多之所生也。风者天之号令,所从教人也。夫昭事上帝,则自怀多福;宗庙致敬,则鬼神以著。国之大事,实先祀典……而车驾稀出,四时至敬,屡委有司,虽有解除[谓谢过],犹为疏废。故皇天不悦,显此诸异。……[**谏言的这一导言要比随后的提议显得更"激进"**]夫权不在上,则雹伤物;政有苛暴,则虎狼食人;贪利伤民,则蝗虫损稼。去六月二十八日,太白与月相迫,兵事恶之。鲜卑犯塞,所从来远,今之出师,未见其利。上违天文,下逆人事。诚当博览众议,从其安者。臣不胜愤满,谨条宜所施行七事表左:

一事[**一项肤浅空洞的提议,如果考虑到真实的弊端、危机和问题**]:明堂月令[天子居明堂,各依其月布政,故云],天子以四立[立春、立夏、立秋、立冬,各以其日,天子亲迎气于其方,并祭其方之帝]及季夏之节[季夏之末,祭中央帝],迎五帝于郊,所以导致神气,祈福丰年。……而有司数以蕃国疏丧,宫内产生,及吏卒小污[谓病及死],屡生忌故。……忘礼敬之大,任禁忌之书,拘信小故,以亏大典。……自今斋制宜如故典,庶答风霆灾妖之异。

二事[**多少空洞,但是……**]:臣闻国之将兴,至言数闻,内知己政,外见民情。是故先帝虽有圣明之姿,而犹广求得失。……危言极谏,不绝于朝。陛下亲政以来,频年灾异,而未闻特举博选之旨。诚当思省述修旧事,使抱忠之臣展其狂直……

三事[**但是,鉴于当时被党锢之祸镇压的反对运动,它在此说的或可被认为"激进"和正直**]:夫求贤之道,未必一涂(途)。或以德显,或以言扬。顷者,立朝之士,曾不以忠信见赏,恒被谤讪之诛,遂使群下结口,莫图正辞。郎中张文,前独尽狂言,圣听纳受,以责三司。[《汉名臣奏》张文上疏,其略曰:"《春秋义》曰:'蝗者贪扰之气所生。天意若曰:贪狼之人,蚕食百姓,若蝗食禾稼而扰万民。兽啮人者,象暴政茶兽而啮人。'……推类叙意,探指(旨)求原(源),皆象群下贪狼,威教妄施,或苦蝗虫。宜来正众邪,清审选举,退屏贪暴。……"制曰:"下太尉、司徒、司空。夫瑞不虚至,灾必有缘。……其各悉心思所崇改,务消复之术,称朕意焉。"]……臣愚以为宜擢文右职,以劝忠謇,宣声海内,博开政路。

四事[**实质性的,尖锐地指向官僚腐败和行政混乱的一大方面**]:夫司隶校尉、诸州刺史,所以督察奸枉,分别白黑者也。伏见幽州刺史杨熹、益州刺史庞芝、凉州刺史刘虔,各有奉公疾奸之心,熹等所纠,其效尤多。余皆枉桡,不能称职。或有抱罪怀瑕[因犯错而心虚]，与下同疾，纲网弛纵，莫相举察，公府台阁亦复默然。……[他就揭露而言讲求实际，但就实施善政的可能性而言并非如此：]宜追定八使，纠举非法，更选忠清，平[和也]章[明也]赏罚。三公岁尽，差其殿最，使吏知奉公之福，营私之祸，则众灾之原（源）庶可塞矣。

五事[就上述酸雅精致的宫廷腐败作训戒，然而那是个远非至关紧要的问题]：……孝武之世，郡举孝廉，又有贤良、文学之选，于是名臣辈出，文武并兴。汉之得人，数路而已[数路谓孝廉、贤良、文学之类]。夫书画辞赋，才之小者，匡国理政，未有其能。陛下即位之初，先涉经术，听政余日，观省篇章，聊以游意，当代博弈，非以教化取士之本。而诸生竞利，作者鼎沸。其高者颇引经训风喻之言；下则连偶俗语，有类俳优；或窃成文，虚冒名氏。臣每受诏于盛化门，差次录第，其未及者，亦复随辈皆见拜擢。既加之恩，难复收改，但守奉禄，于义已弘，不可复使理人及仕州郡。……

六事[如同上面"四事"，是实质性的，反映了在无实际运行的监督体系的情况下盛行的官僚腐败]：墨绶[《汉官仪》曰"秩六百石，铜章墨绶"]长吏，职典理人，皆当以惠利为绩，日月为劳。褒责之科，所宜分明。而今在任无复能省，及其还者，多召拜议郎、郎中。若器用优美，不宜处之冗散。如有衅故，自当极其刑诛。岂有伏罪惧考，反求迁转，更相放（仿）效，臧否无章？先帝旧典，未尝有此。可皆断绝，以核真伪。

七事[如同上述"五事"，这里勾画了一幅当时大为蜕化堕落的社会伦理文化图景]：伏见前一切以宣陵孝子为太子舍人……今虚伪小人，本非骨肉，既无幸私之恩，又无禄仕之实，恻隐思慕，情何缘生？而群聚山陵，假名称孝，行不隐心，义无所依，至有奸轨之人，通容其中。……虚伪杂秽，难得胜言。又前至得拜，后辈被遗；或经年陵次[陵墓旁]，以暂归见漏；或以人自代，亦蒙宠荣。争讼怨恨，凶凶道路。太子官属，宜搜选令德，岂有但取丘墓凶丑之人？其为不祥，莫与大焉。宜遣归田里，以明诈伪。

[对他的颇为有限的训诫，皇帝（或许还有权宦）只给了一点儿表面的理睬：]书奏，帝乃亲迎气北郊，及行辟雍之礼。又诏宣陵孝子为舍人者，悉改为丞尉[县丞、县尉的合称]焉[！]。光和元年[178年]，遂置鸿都门学，画孔子及七十二弟子像。其诸生皆敕州郡三公举用辟召，或出为刺史、太守，入为尚书、侍中，乃有封侯赐爵者，士君子皆耻与为列焉[政治/社会精英中间的大对极——帝国垂死和灭亡的一个征兆，就像首先反映为党锢之祸的那样]。

[与他在先前的文章《释诲》表达的经典儒家信念"邦有道则仕，邦无道则可卷而怀之"不一致，他开始步入官场，尽管在一个显然是"邦无道"的时候。他在宫廷的表现（三）：]

[他的正直勇敢时刻！凭一个难得发生的特授机会，即他能够就政治事务绝密地向君主一人单独表达意见，他"切言极对"，几乎无保留地反映了他的"激进"内心：]

时，妖异数见，人相惊扰。其年[178年]……特诏问曰："比灾变互生，未知厥咎，朝廷焦心，载怀恐惧。每访郡公卿士，庶闻忠言，而各存括囊，莫肯尽心。以邕经学深奥，故密特稽问，宜披露失得，指陈政要，勿有依违，自生疑讳。具对经术，以皁（皂）囊[《汉官仪》曰"凡章表皆启封，其言密事得皂囊"]封上。"邕对曰[他现在向君主打开自己"激进"的心扉]：

……臣伏思诸异，皆亡国之怪也。……今灾眚[shěng]之发，不于它所，远则门垣，近在寺署，其为监戒，可谓至切。[他"激进"，猛烈抨击君主本人最宠的最亲密内圈邪恶：]蜺（霓）堕[雨后彩虹，外圈为蜺，内圈为虹；虹为雄，蜺为雌。霓堕即霓进内圈，为大凶兆]鸡化，皆妇人干政之所致也。前者乳母赵娆[灵帝乳母赵娆旦夕在窦太后侧，中常侍曹节、王甫等与共交结，谄事太后。见《后汉书·陈王列传》]，贵重天下，生则赀藏侔于天府，死则丘墓逾于园陵，两子受封，兄弟典郡；续以永乐门史霍玉[霍玉与赵娆同流]，依阻[依靠]城社[城池和祭地神的土坛，喻靠山（贬义）]，又为奸邪。今者道路纷纷，复云有程大人[中常侍程璜]者，察其风声，将为国患[一名非常有权有势的宦官也在他的抨击之列！]。宜高为堤防，明设禁令，深惟[深思]赵、霍，以为至戒。……[他还严厉抨击某些高级大臣和边疆将领，这些人受宠于狂野的内宫权力人物，且与他们勾结：]闻太尉张颢，为玉所进；光禄勋姓璋，有名贪浊；又长水校尉赵玹、屯骑校尉盖升，并叨时幸，荣富优足。宜念小人在位之咎……[他还主张制止灵帝的酸雅精致型腐败：]又尚方工技之作，鸿都篇赋之文，可且消息，以示惟忧。……而今并以小文超取选举，开请托之门，违明王之典，众心不厌，莫之敢言。臣愿陛下忍而绝之……[他不那么信任他的君主；他正确地将他的激进提议当作无用的阴谋：]夫君臣不密，上有漏言之戒，下有失身之祸。愿寝臣表，无使尽忠之吏，受怨奸仇。

章奏，帝览而叹息，因起更衣，[他有充分的理由感到害怕：]曹节于后窃视之，悉宣语左右，事遂漏露。其为邕所裁黜者，皆侧目思报。

[致命的报复迅速到来。而且，他的君主背叛了他：]

初，邕与司徒刘郃素不相平，叔父卫尉质又与将作大匠阳球有隙。球即中常侍程璜女夫也，璜遂使人飞章言邕、质数以私事请托于郃，郃不听，邕含隐切，志欲相中[中伤]。于是诏下尚书，召邕诘状……

[他几乎惨遭极刑：]于是下邕、质于洛阳狱，劾以仇怨奉公，议害大臣，大不敬，弃市。事奏，中常侍吕强愍邕无罪，请之，帝亦更思其章，有诏减死一等，与家属髡钳徙朔方，不得以赦令除。[而且几乎遭到暗杀：]阳球使客追路刺邕，客感其

义，皆莫为用。球又赂其部主使加毒害，所赂者反以其情戒邕，故每得免焉。居五原安阳县[今内蒙古包头市西北]。

[**他被赦免，免于边疆流亡，因为他的杰出才能和对史纂的独特贡献；可是，另一桩"事故性灾难"落到他头上**：]邕前在东观，与卢植、韩说等撰补《后汉记》，会遭事流离，不及得成，因上书自陈，奏其所著十意[犹十志]，①分别首目，连置章左。帝嘉其才高，会明年大赦，乃宥邕还本郡。邕自徙及归，凡九月焉。将就还路，五原太守王智饯之。[**另一桩"事故性灾难"来袭**：]酒酣，智起舞属邕，邕不为报。智者，中常侍王甫弟也，素贵骄，惭于宾客，诟邕曰："徒敢轻我！"邕拂衣而去[**他愤懑，但他的策略意识何在？他的妥协能力何在？**]。智衔之，密告邕怨于囚放，谤讪朝廷。内宠恶之。邕虑卒不免，乃亡命江海，远迹吴会[**他不得不做一番被迫的／自愿的流亡，再度流亡**]。往来依太山羊氏，积十二年，在吴。

吴人有烧桐以爨[cuàn，烧火做饭]者，邕闻火烈之声，知其良木，因请而裁为琴，果有美音，而其尾犹焦，故时人名曰"焦尾琴"焉。……

### 卷77《酷吏列传》[阳球、王吉]

阳球：

[灵帝时期一个有其自身邪恶[例如见上《蔡邕列传》]的复杂的酷吏，决绝地处决了主要的邪恶权宦之一王甫及其若干下属和帮凶，在施以极端残忍的拷打（"五毒备极"）之后。黑暗的宫廷政治阻止了他在扫除宦官方面做得更多，并且招致他的暴死。]

[起初，他是个出身于乡间大佬世家的青少年，性情和智识倾向都严酷，能为报复相对而言轻得全不成比例的恶行而肆行屠戮；而且，他最初的地方行政长官经历以"严苛过理"为特征：]

阳球字方正，渔阳泉州人也。家世大姓冠盖。球能击剑，习弓马。性严厉，好申、韩之学。郡吏有辱其母者，球结少年数十人，杀吏，灭其家，由是知名。初举孝廉，补尚书侍郎，闲（娴）达[娴熟]故事，其章奏处议，常为台阁所崇信。出为高唐[县名，在今山东西北部聊城市北端]令，以严苛过理，郡守收举，会赦见原[宽恕]。

---

① 《邕别传》曰："邕昔作《汉记》十意，未及奏上，遭事流离，因上书自陈曰：'……臣自在布衣，常以为《汉书》十志下尽王莽而止，光武已来唯记纪传，无续志者。臣所事师故太傅胡广，知臣颇识其门户，略以所有旧事与臣。虽未备悉，粗见首尾，积累思惟，二十余年。……本奏诏书所当依据，分别首目，并书章左，惟陛下留神省察。臣谨因临戎长霍圉封上。'有《律历意》第一、《礼意》第二、《乐意》第三、《郊祀意》第四、《天文意》第五、《车服意》第六。"

［继续他的为官生涯，有其值得赞赏的"理奸才"（如大多数其他酷吏）、很可能过分的杀戮记录以及在治理方面据官方指控属于罪过的"严苦"，还有他对一所宦官主持的高等学校的严厉谴责：］

辟司徒刘宠府，举高第。九江山贼起，连月不解。三府上球有理奸才，拜九江太守。球到，设方略，凶贼殄破，收郡中奸吏尽杀之。

迁平原［诸侯王国，都于今山东德州市平原县南的张官店］相。出教曰［**他愤恨这国度，发布一项严苛的警告**］："相前莅高唐，志埽奸鄙，遂为贵郡所见枉举。……今一蠲往愆，期诸来效。若受教之后而不改奸状者，不得复有所容矣。"郡中咸畏服焉。时，天下大旱，司空张颢条奏长吏苛酷贪污者，皆罢免之。球坐严苦［**被官方指控为治理苛酷**］，征诣廷尉，当免官。灵帝以球九江时有功，拜议郎。

迁将作大匠，坐事论。顷之，拜尚书令。［**他对一所宦官主持的高等学校发动严厉谴责，那是办来对抗持不同政见者控制的太学的：**］奏罢鸿都文学［即鸿都门学］①，曰：

伏承有诏敕中尚方为鸿都文学乐松、江览等三十二人图象立赞，以劝学者……案松、览等皆出于微蔑，斗筲小人，依凭世戚，附托权豪，俯眉承睫，徼进明时。或献赋一篇，或鸟篆［八体书有鸟篆，象形以为字］盈简，而位升郎中，形图丹青。亦有笔不点牍，辞不辩心，假手请字，妖伪百品，莫不被蒙殊恩，蝉蜕［《说文》曰："蜕，蝉蛇所解皮也。"］滓浊。是以有识掩口，天下嗟叹。……今太学、东观足以宣明圣化。愿罢鸿都之选，以消天下之谤。

书奏不省。

［**他的大行动：决绝无畏地处决主要的邪恶权宦之一王甫及其若干下属和帮凶，在施以极残忍的拷打之后：**］

时，中常侍王甫、曹节等奸虐弄权，扇动外内，球尝拊髀［bì，大腿］发愤曰："若阳球作司隶，此曹子安得容乎？"光和二年［179年］，迁为司隶校尉［**这正是他渴望的职位，他将迅即充分利用它来打击现成的打击目标**］。王甫休沐里舍，球诣阙谢恩，奏收甫及中常侍淳于登、袁赦、封易、中黄门刘毅、小黄门庞训、珠（朱）禹、齐盛等，及子弟为守令者，奸猾纵恣，罪合灭族。太尉段颎［jiǒng］谄附佞幸，宜并诛戮。［**他指控多人，以便多杀邪恶的宦官及其一大廷臣走狗！**］于是悉收甫、颎等送洛阳狱，及甫子永乐少府萌、沛相吉。球自临考甫等，五毒备极。［**极为残忍的拷打，由**

① 《后汉书·灵帝纪》载：（光和元年，即178年）始置鸿都门学生。［李贤注：鸿都，门名也，于内置学。时其中诸生，皆来州、郡、三公举召能为尺牍辞赋及工书鸟篆者相课试，至千人焉。］

他作为酷吏和权宦的死敌施行！]萌谓球曰："父子既当伏诛，少以楚毒假借老父。"。球曰："若[汝]罪恶无状，死不灭责，乃欲求假借[宽借，宽容]邪?"萌乃骂曰："尔前奉事吾父子如奴，如敢反汝主乎！今日困吾，行自及也！"球使以土窒萌口，棰朴交至，父子悉死杖下。颍亦自杀。乃僵磔甫尸于夏城门，大署榜曰"贼臣王甫"。[他全不留任何残忍而不施，凭其巨大的、合法或不合法的随机处置权！]尽没入财产，妻、子皆徙比景[郡名，治所在比景，即今越南平治天省莽河口—广溪]。

[他决心进一步杀戮，在"权门"一度被震慑之后：]球既诛甫，复欲以次表曹节等，乃敕中都官从事曰："且先去大猾，当次案豪右。"权门闻之，莫不屏气。诸奢饰之物，皆各缄縢[《说文》曰："缄，束箧也。"孔安国注尚书曰："縢，缄也。"]，不敢陈设。京师畏震。

[他遭到宦官为生存而来的当然的抵抗、攻击和报复；他以暴死告终：]

时，顺帝虞贵人葬，百官会丧还，曹节见磔甫尸道次，慨然拭[拭也]泪曰："我曹自可相食，何宜使犬舐其汁乎?"语诸常侍，今且俱人，勿过里舍也。节直入省，白帝曰："阳球故酷暴吏，前三府奏当免官，以九江微功，复见擢[zhuó]用。愆过之人，好为妄作，不宜使在司隶，以骋毒虐。"帝乃徙球为卫尉。[依凭皇帝权威的反击，而皇帝差不多是宦官的傀儡。]时，球出谒陵，节敕尚书令召拜，不得稽留尺一。球被召急，因求见帝，叩头曰[他最终的、无助的呼吁！]："臣无清高之行，横蒙鹰犬之任。前虽纠诛王甫、段颍，盖简落狐狸，未足宣示天下。愿假臣一月，必令豺狼鸱枭，各服其辜。"叩头流血。殿上呵叱曰："卫尉扞诏邪！"至于再三，乃受拜。

其冬，司徒刘郃与球议收案张让、曹节，节等知之，共诬白郃等。语已见《陈球传》。① 遂收球送洛阳狱，诛死[他和他的密谋同志们一起横遭暴死]，妻、子徙边。

王吉：

---

① 《后汉书·张王种陈列传》载：[旨在诛杀权宦集团的政变密谋，阳球为密谋者之一：]明年[179年]，(陈球)为永乐少府，乃潜与司徒河间刘郃谋诛宦官。

初，郃兄侍中儵[shū]，与大将军窦武同谋俱死，故郃与球相结。事未及发，球复以书劝郃曰："……今曹节等放纵为害，而久在左右，又公兄侍中受害节等，永乐太后[灵帝母董氏]所亲知也。今可表徙卫尉阳球为司隶校尉，以次收节等诛之。政出圣主，天下太平，可翘足而待也。"又，尚书刘纳以正直忤宦官，出为步兵校尉，亦深劝于郃。郃曰："凶竖多耳目，恐事未会，先受其祸。"纳曰："公为国栋梁，倾危不持，焉用彼相邪?"郃许诺，亦结谋球。

[然而，陈球及其同谋者被他的"小岳父"出卖，横遭暴死：]球小妻，程璜之女，璜用事宫中，所谓程大人也。节等颇得闻知，乃重赂于璜，且胁之。璜惧迫，以球谋告节，节因共白帝曰："郃等常与籓国交通，有恶意。数称永乐声势，受取狼籍。步兵校尉刘纳及永乐少府陈球、卫尉阳球交通书疏，谋议不轨。"帝大怒，策免郃，郃与球及刘纳、阳球皆下狱死……

[权宦集团的一名头目的养子,极端凶残和嗜血的酷吏。"视事五年,凡杀万余人。"他的故事恰如一番恶魔般的梦魇!]

王吉者,陈留浚仪人,中常侍甫之养子也。甫在《宦者传》。吉少好诵读书传,喜名声,而性残忍。[这个嗜血的酷吏如何产生?有个人特质原因,也有政治结构动能:]以父秉权宠,年二十余,为沛相。[一名精明和冷血的男巫、险恶的地方行政长官,将司法玩作邪恶的游戏,而且永远欢享他人的受难:]晓达政事,能断察疑狱,发起奸伏,多出众议。课使郡内各举奸吏豪人诸常有微过酒肉为臧(赃)者,虽数十年犹如贬弃,注其名籍。专选剽悍吏,击断非法。[凶兽般残忍,彻底地肆无忌惮,达到难以置信程度:]若有生子不养,即斩其父母,合土棘埋之。凡杀人皆磔尸车上,随其罪目[罪名],宣示属县。夏月腐烂,则以绳连其骨,周遍一郡乃止,见者骇惧。[超级文职屠夫:]视事五年,凡杀万余人。其余惨毒刺刻,不可胜数。郡中惴恐,莫敢自保。[被残忍地消灭:]及阳球奏甫,乃就收执,死于洛阳狱。……

## "斩三万八千六百余级":段颎"殄灭"先零羌

**卷 65《皇甫张段列传》**[段颎片断]

…………

[现在是屠夫段颎的时候,持有直接的君主授权来施行他的杀戮方针:]

而东羌先零等,自覆没征西将军马贤后,朝廷不能讨,遂数寇扰三辅。其后度辽将军皇甫规、中郎将张奂招之连年,既降又叛。桓帝诏问颎曰:"先零东羌造恶反逆,而皇甫规、张奂各拥强众,不时辑定。欲颎移兵东讨,未识其宜,可参思术略。"颎因上言曰[他在与君主的直接沟通中,抨击张奂的军事/政治结合方针,主张他自己的凶猛杀戮]:"……臣以为狼子野心,难以恩纳,势穷虽服,兵去复动。唯当长矛挟胁,白刃加颈耳。……今若以骑五千,步万人,车三千两(辆),三冬二夏,足以破定,无虑[都凡]用费为钱五十四亿。……伏计永初[安帝年号,107—113年]中,诸羌反叛,十有四年,用二百四十亿;永和[顺帝年号,136—141年]之末,复经七年,用八十余亿。费耗若此,犹不诛尽,余孽复起,于兹作害。今不暂疲人,则永宁无期。臣庶竭驽劣,伏待节度。"帝许之,悉听如所上。……

建宁[灵帝年号]元年[168年]春,颎将兵万余人,赍十五日粮,从彭阳[县名,今宁夏东南部固原市彭阳县境内]直指高平[县名,今山西东南部高平市境内],与先零诸种战于逢义山[在今宁夏固原市西北]。虏兵盛,颎众恐。颎乃令军中张镞利刃,长矛三重,挟以强弩,列轻骑为左右翼。激怒兵将曰:"今去家数千里,进则事成,走必尽死,努力共功名！"因大呼，众皆应声腾赴，颍驰骑于傍，突而击之，虏众大溃，斩首八千余级，获牛马羊二十八万头。[他确实凶猛，能够将战场不利形势骤然转变为辉煌胜利！]

时，窦太后临朝，下诏曰[他的表现令摄政政权激动，在它起初的几周或几月里]："先零东羌历载为患，颍前陈状，欲必埽灭。涉履霜雪，兼行晨夜，身当矢石，感厉（励）吏士。曾未浃日[以干支纪日，称自甲至癸一周十日为浃日]，凶丑奔破，连尸积俘，掠获无算。洗雪百年之逋负[未偿的仇恨]，以慰忠将之亡魂。功用显著，朕甚嘉之。须东羌尽定，当并录功勤。今且赐颍钱二十万，以家一人为郎中。"敕中藏府调金钱彩物，增助军费。拜颍破羌将军。

[继续征伐羌人，显示他凶猛的、连续纵深进攻和连续强劲挺进的军事方针：]
夏，颍复追羌出桥门，至走马水[今淮宁河，途经陕西子长、子洲、绥德三县]上。寻闻虏在奢延泽[在今内蒙古鄂托克前旗东南城川乡一带]，乃将轻兵兼行，一日一夜二百余里，晨及贼，击破之。余虏走向落川，复相屯结。颍乃分遣骑司马田晏将五千人出其东，假司马夏育将二千人绕其西。羌分六七千人攻围晏等，晏等与战，羌溃走。颍急进，与晏等共追之于令鲜水[在今甘肃张掖]上。颍士卒饥渴，乃勒众推方[谓齐头并进]夺其水，虏复散走。颍遂与相连缀，且斗且引，及于灵武谷[位于黄河青铜峡西岸，离今宁夏中部吴忠市15公里]。颍乃被甲先登，士卒无敢后者。羌遂大败，弃兵而走。追之三日三夜，士皆重茧。既到泾阳[县名，在今陕西关中平原中部]，余寇四千落，悉散入汉阳山谷间。

[再度战略辩论，在他与张奂之间，或曰在纯战斗（杀戮）方针与军政（软硬）结合方针之间：]
时，张奂上言[张奂的批评性论辩，主要就较长久的后果而言。一种以远见和对蛮夷事务之复杂性的理解为特色的论辩]："东羌虽破，余种难尽，颍性轻果，虑负败难常。宜且以恩降，可无后悔。"诏书下颍。颍复上言：

臣本知东羌虽众，而软弱易制，所以比陈愚虑，思为永宁之算。而中郎将张奂，说虏强难破，宜用招降。[段颍在辩论中的策略：歪曲对手的论辩。在他的述说中，较长久后果这问题变成了敌人的实力问题。]圣朝明监，信纳謇言，故臣谋得利，奂计不用。事势相反，遂怀猜恨。[他的第二项策略：将战略政策问题转变为个人嫉妒和猜恨问题。]信叛羌之诉，饰润辞意，云臣兵累见折衄[nù，伤败曰衄，原意为鼻孔出血]，又言羌一气所生，不可诛尽[言羌亦禀天之一气所生，诛之不可尽]，山谷广大，不可空静，血流污野，伤和致灾。[他的对手的论辩，就较长久后果和双重效应而言。他的相反方针，即迅捷、简单和彻底决胜，全都绝对和立竿见影：]臣伏念周秦之际,戎狄为害,中兴以来,羌寇最盛,诛之不尽,虽降复叛。今先零杂种,累以反覆,攻没县邑,剽略(掠)人物,发冢露尸,祸及生死,上天震怒,假手行诛。……自桥门以西,落川以东,故官县邑,更相通属,非为深险绝域之地,车骑安行,无应折衄。[**他的第三项策略:将他的战役虚假地描述为低代价的。**]按奂为汉吏,身当武职,驻军二年,不能平寇,虚欲修文戢戈,招降犷[恶貌]敌,诞辞空说,僭而无征。何以言之?[**他暗示,他的论辩对手很可能对帝国不忠!**]昔先零作寇,赵充国徙令居内[宣帝时,赵充国击西羌,徙之于金城郡],煎当乱边,马援迁之三辅[迁置天水、陇西、扶风],始服终叛,至今为鲠(梗)。故远识之士,以为深忧。今傍郡户口单少,数为羌所创毒,而欲令降徙与之杂居,是犹种枳棘于良田,养虺[huǐ,一种毒蛇]蛇于室内也。[**他甚至谴责往昔两位伟大的华夏将领的记录,因为他们的方针有如他的对手的,与他的迅捷、简单和看似彻底的方针相反。**]故臣奉大汉之威。建长久之策,欲绝其本根,不使能殖[生也][《左传》曰:"为国家者,见恶如农夫之务去草焉,绝其本根,勿使能殖。"]。[**他的方针近乎"种族清洗"!与"羌一气所生,不可诛尽"的信念完全相反。**]本规三岁之费,用五十四亿,今适期年[一整年],所耗未半,而余寇残烬,将向殄灭。[**他要求授予他作为战区司令的完全的临机处置权,基于一项传统的华夏信条——"将在外,君命有所不受";"军不可从中御",那是从孙武经周亚夫到他自己钟爱的,由埃利奥特·科恩在其《最高统帅》一书里赋名为"军政关系的'正常'理论"(the "normal" theory of civil-military relations):**]臣每奉诏书,军不内御[《淮南子》曰"国不可从外理,军不可从中御"],愿卒斯言,一以任臣,临时量宜,不失权便。

[**他再度以伴有围困和不断追击的一种歼灭战略去施行他的"种族清洗":**]

二年[169 年],诏遣谒者冯禅说降汉阳散羌。颎以春农,百姓布野,羌虽暂降,而县官无廪,必当复为盗贼,不知乘虚放兵,势必殄灭[**他的战役总是旨在"殄灭"羌蛮!**]。夏,颎自进营,去羌所屯凡亭山四五十里,遣田晏、夏育将五千人据其山上。羌悉众攻之,厉声问曰:"田晏、夏育在此不?湟中义从[归附帝国朝廷之蛮夷]羌悉在何面?今日欲决死生。"军中恐,晏等劝激兵士,殊死大战,遂破之。羌众溃,东奔,复聚射虎谷[一说认为在今甘肃天水和礼县],分兵守诸谷上下门。颎规一举灭之,不欲复令散走,乃遣千人于西县结木为栅,广二十步,长四十里,遮之。分遣晏、育等将七千人,衔枚[行军时口中衔着著状物,以防出声]夜上西山,结营穿堑,去虏一里许。又遣司马张恺等将三千人上东山。虏乃觉之,遂攻晏等,分遮汲水道。颎自率步骑进击水上,羌却走。因与恺等挟东西山,纵兵击破之,羌复败散。颎追至谷上下门穷山深谷之中,处处破之,斩其渠帅以下万九千级[**他的残酷无情的战场屠戮,在不断追击中实施**],获牛马驴骡氈裘庐帐什物,不可胜数。冯禅等所招降四千人，分置安定、汉阳、陇西三郡，于是东羌悉平。

[概而言之，他是帝国战神、战场屠夫和他自己的官兵生命的辉煌拯救者，倚赖他在击灭蛮夷方面的军事天才；他有充分的"武德"：]

凡百八十战，斩三万八千六百余级，获牛马骡驴驼四十二万七千五百余头，费用四十四亿，军士死者四百余人[那么少，较之他在战场上杀戮的蛮夷！]。更封新丰县侯，邑万户。颎行军仁爱，士卒疾病者，亲自瞻省，手为裹创。在边十余年，未尝一日蓐寝。与将士同苦，故皆乐为死战。

[一名指挥将领变成一名中央高级官僚，攀附邪恶的权宦，最终因为他们中间的内斗而被摧毁；他终于证明在道德上与他的战略主张对手、正直的张奂（还有皇甫规）完全相反：]

三年[170年]春，征还京师，将秦胡步骑五万余人，及汗血千里马，生口万余人。诏遣大鸿胪持节慰劳于镐[西周古都，在今西安市长安区西北]。军至，拜侍中，转执金吾河南尹。有盗发冯贵人冢，坐左转谏议大夫，再迁司隶校尉。

颎曲意宦官，故得保其富贵[军事上的大才，道德和政治上的小人]，遂党中常侍王甫，枉诛中常侍郑飒、董腾等，增封四千户，并前万四千户。[他攀附权宦，卷入其血腥内斗。这个办法进一步抬升了他的地位，增进了他的财富。]

明年[171年]，代李咸为太尉[他一度成了最高廷臣，此乃权宦给他的酬赏]，其冬病罢，复为司隶校尉。数岁，转颍川太守，征拜太中大夫。①

光和二年[179年]，复代桥玄为太尉。[他将自己的朝廷高位保持了十年之久，靠的是尾随邪恶的权宦，为之忠实效劳。然而，他的末日突然到来：]在位月余，会日食自劾，有司举奏，诏收印绶，诣廷尉。时司隶校尉阳球奏诛王甫，并及颎，就狱中诘责之，遂饮鸩死，家属徙边。后中常侍吕强上疏，追讼颎功，灵帝诏颎妻子还本郡。……

### 卷87《西羌传》[篇末论曰]

…………

[我们的史家在其《西羌传》之末做的评论，篇幅之长符合西羌难题在东汉时代的重大意义和突出地位。他严厉谴责摄政太后邓绥之下帝国对西羌危机的羸弱

---

① 《后汉书·灵帝纪》载：熹平元年[172年]……秋七月……宦官讽(风)司隶校尉颎捕系(羁)太学诸生千余人。

无力,还有张奂和皇甫规主张和施行的温和的军事/政治结合方针。他的种族愤恨溢于言表。]

论曰:羌戎之患,自三代尚矣。汉世方之匈奴,颇为衰寡,[**考虑到东汉的恒久的边疆危机和严重麻烦,东汉是个华夏羸弱乏力的时代(而且终结于中国的重新野蛮化):**]而中兴以后,边难渐大。[**羌族骚动和作乱的原因被概论如下:**]朝规失绥御之和,戎师骞[亏损]然诺之信。其内属者,或侄傯[困苦窘迫]于豪右之手,或屈折于奴仆之勤。塞候时清,则愤怒而思祸;桴革暂动,则属鞬以鸟惊[桴,击鼓槌;革,甲;鞬,箭服]。[**帝国危机的第一波大潮与近西边疆地区遭受的巨大苦难:**]故永初[安帝年号,107—113年]之间,群种蜂起[**由先零羌为首**]。遂解仇嫌,结盟诅,招引山豪,转相啸聚,揭木为兵,负柴为械。縠马扬埃,陆梁于三辅;建号称制,恣睢于北地。东犯赵、魏之郊,南入汉、蜀之鄙,塞湟中,断陇道,烧陵园,剽城市,伤败踵系,羽书日闻。并、凉之士,特冲残毙,壮悍则委身于兵场,女妇则徽纆而为虏,发冢露胔[zì,带有腐肉的尸骨,也指整个尸体],死生涂炭。自西戎作逆,未有陵斥上国若斯其炽也。[**邓太后摄政之下的帝国对危机的羸弱无力态势,遭到我们的史家严厉谴责:**]和熹[和熹皇后邓绥]以女君亲政,威不外接。朝议惮兵力之损,情存苟安。或以边州难援,宜见捐弃;或惧疽食浸淫,莫知所限。谋夫回遑,猛士疑虑,[**他尤其谴责帝国收缩,放弃前沿:**]遂徙西河四郡之人,杂寓关右之县。发屋伐树,塞其恋土之心;燔破赀积,以防顾还之思。[**还谴责频繁不已、代价高昂和甚为腐败的帝国征伐:**]于是诸将邓骘、任尚、马贤、皇甫规、张奂之徒,争设雄规,更奉征讨之命,征兵会众,以图其隙。驰骋东西,奔救首尾,摇动数州之境,日耗千金之资。至于假人增赋,借奉侯王,引金钱缣彩之珍,征粮粟盐铁之积。所以略遗购赏,转输劳来之费,前后数十巨万。[**帝国的皮洛士式胜利与其严重后果遭到他无保留的抨击:**]或枭克酋健,摧破附落,降俘载路,牛羊满山。军书未奏其利害,而离叛之状已言矣。故得不酬失,功不半劳。暴露师徒,连年而无所胜。官人屈竭,烈士愤丧。[**他还抨击以温和为一大要素的军事/政治结合方针(一贯由张奂及皇甫规主张和运用),并且怀着种族愤恨病态地赞美段颎的大肆屠戮:**]段颎受事,专掌军任,资山西之猛性,练戎俗之态情,穷武思尽飙锐以事之。被羽前登,身当百死之阵;蒙没冰雪,经履千折之道。始珍西种,卒定东寇。若乃陷击之所歼伤,追走之所崩籍,头颅断落于万丈之山,支革判解于重崖之上,不可校计。其能穿窜草石,自脱于锋镝者,百不一二。而张奂盛称"戎狄一气所生,不宜诛尽,流血污野,伤和致妖"。是何言之迂乎!羌虽外患,实深内疾,若攻之不根,是养疾疴于心腹也。惜哉寇敌略定矣,而汉祚亦衰焉。[**因而,东汉王朝可被认为是与羌族的经久战争的最终输家,无论羌族遭到了怎样严重的损伤。**]呜呼!昔先王疆理九土,判别畿荒,知夷貊殊性，难以道御，故斥远诉华，薄其贡职，唯与辞要而已。若二汉御戎之方，失其本矣。何则？[**一种或许深刻的大战略史反思：**]先零侵境，赵充国迁之内地；煎当作寇，马文渊[马援]徙之三辅。贪其暂安之势，信其驯服之情，计日用之权宜，忘经世之远略，岂夫识微者之为乎？故微子垂泣于象箸，辛有浩叹于伊川也[《左传》曰："周平王之东迁也。大夫辛有适伊川，见被发而祭于野者，曰：'不及百年，此其戎乎！'"后秦迁陆浑戎于伊川。言中国之地不宜徙戎狄居之，后将为患]。[**我们的史家在"五胡乱华"之后的溢于言表的沉痛和种族愤恨！**]

## "灵、献之间，二虏迭盛"：无法取胜的鲜卑战争

### 卷90《乌桓鲜卑列传》

…………

[**在辩论战略之后，垂死的帝国以三万骑兵发动了一场大规模征伐，但遭惨败：**]

[**东汉帝国越垂死，鲜卑对它的入侵和掳掠就越严重：**]灵帝立，幽、并、凉三州缘边诸郡无岁不被鲜卑寇抄，杀略（掠）不可胜数。熹平三年[174年]冬，鲜卑入北地，太守夏育率休著屠各追击破之。迁育为护乌桓校尉。五年[176年]，鲜卑寇幽州。六年[177]夏，鲜卑寇三边[谓东、西与北边，即幽州、并州、凉州]。[**如何对付愈益严重、愈益广泛的鲜卑入侵和攻袭？帝国宫廷两个阵营之间的战略辩论，其中一方与一名权宦联系密切，很可能由其政治利益驱动：**]秋，夏育上言："鲜卑寇边，自春以来，三十余发，请征幽州诸郡兵出塞击之，一冬二春，必能禽（擒）灭。"[**一项显然浮华和冒险的提议。**]朝廷未许。先是，护羌校尉田晏坐事论刑被原[宽恕]，欲立功自效，乃请中常侍王甫求得为将，甫因此议遣兵，与育并力讨贼。帝乃拜晏为破鲜卑中郎将。[**然而，一名将领的私欲，或许还有一名权宦的私利，使这提议对君主来说成了可接受的！**]大臣多有不同，乃召百官议朝堂。议郎蔡邕议曰[**一位著名的儒家文人，表达了战略保守主义，那传统上与一个赢弱的帝国相符**]：

《书》戒猾[乱也]夏，《易》伐鬼方[《易·既济·九三爻辞》曰："高宗伐鬼方，三年而克之。"]，周有猃狁、蛮荆之师[《诗·小雅》曰："显允方叔，征伐猃狁，蛮荆来威。"]，汉有阗颜、瀚海之事[武帝使卫青击匈奴，至阗颜山，斩首万余级，使霍去病击匈奴，封狼居胥山，登临瀚海]。征讨殊类，所由尚矣。然而时有同异，势有可否，故谋有得失，事有成败，不可齐也。[**战略"激进主义"和战略保守主义都应是情势性的选择，根据具体情势采用。**]

[**战争霸王之后的战略保守主义一向回溯到他的教训：**]武帝情存远略，志辟四方，南诛百越，北讨强胡，西伐大宛，东并朝鲜。因文、景之蓄，借天下之饶，数十年间，官民俱匮。乃兴盐铁酒榷之利，设告缗重税之令。民不堪命，起为盗贼，关东纷扰，道路不通。绣衣直指之使，奋铁钺而并出。既而觉悟，乃息兵罢役，封丞相为富民侯[封丞相车千秋为富民侯，以明休息，思富养民]。故主父偃曰："夫务战胜，穷武事，未有不悔者也。"[武帝时，齐相主父偃谏伐匈奴之辞]夫以世宗神武，将相良猛，财赋充实，所拓广远，犹有悔焉。况今人财并乏，事劣昔时乎！[**对国内社会凋敝的考虑必须是决定性要素！**]

[**而且，鲜卑的优势实力必须是另一个！**]自匈奴遁逃，鲜卑强盛，据其故地，称兵十万，才力劲健，意智益生。加以关塞不严，禁网多漏，精金良铁，皆为贼有；汉人逋逃，为之谋主，兵利马疾，过于匈奴。昔段颎良将，习兵善战，有事西羌，犹十余年。今育、晏才策，未必过颎，鲜卑种众，不弱于曩时。而虚计二载，自许有成[指夏育前言"一冬二春，必能禽(擒)灭。"]，若祸结兵连，岂得中休？当复征发众人，转运不已，是为耗竭诸夏，并力蛮夷。[**战略保守主义的另一项论据，这里仅在政权利益而非"民族"利益意义上才是对头的：**]夫边垂之患，手足之蚧搔；中国之困，胸背之瘭[biāo]疽。方今郡县盗贼尚不能禁，况此丑虏而可伏乎！

昔高祖忍平城之耻，吕后弃慢书之诟，方之于今，何者为甚？[**可怜的帝国，你在你可怜的总体形势中必须忍辱负重！**]

[**对一位儒家学者来说，为战略保守主义之利，很容易援引一项传统的儒家信条，那就是华夏与蛮夷之间有本质差异，与之竞斗相对无关紧要：**]天设山河，秦筑长城，汉起塞垣，所以别内外，异殊俗也。苟无蹙国[丧失国土]内侮之患则可矣，岂与虫蚁狡寇计争往来哉！虽或破之，岂可殄尽，而方令本朝为之旰[gàn]食[晚食，指事务繁忙不能按时吃饭]乎！

夫专胜者未必克，挟疑者未必败。……[**西汉时代战略保守主义的两者著名谏文被援引来强化他的论辩，它们都有上述传统儒家情调：**]昔淮南王安谏伐越曰："天子之兵，有征无战。言其莫敢校[报也]也。如使越人蒙死以逆执事厮舆之卒，有一不备而归者，虽得越王之首，而犹为大汉羞之。"而欲以齐民易丑虏，皇威辱外夷，就如其言，犹已危矣，况乎得失不可量邪！昔珠崖郡反，孝元皇帝纳贾捐之言，而下诏曰："珠崖背畔(叛)，今议者或曰可讨，或曰弃之。朕日夜惟思，羞威不行，则欲诛之；通于时变，复忧万民。夫万民之饥与远蛮之不可讨，何者为大？宗庙之祭，凶年犹有不备，况避不嫌之辱哉！今关东大困，无以相赡，又当动兵，非但劳民而已。其罢珠崖郡。"此元帝所以发德音也。夫恤民救急，虽成郡列县，尚犹充之，况障塞之外，未尝为民居者乎！……

[一个垂死、腐败和不负责任的君主政权拒绝保守主义,以利"激进主义",结果是一个有三万骑兵的联盟大军惨败于鲜卑之手:]帝不从,遂遣夏育出高柳,田晏出云中,匈奴中郎将臧旻率南单于出雁门,各将万骑,三道出塞二千余里。檀石槐命三部大人各帅众逆战,育等大败,丧其节传辎重,各将数十骑奔还,死者十七八。三将槛车征下狱,赎为庶人。冬,鲜卑寇辽西。光和元年[178 年]冬,又寇酒泉[鲜卑武力甚至攻袭那么远的地方,超远离他们在东北的起始地区],缘边莫不被毒。……

[随檀石槐死去,鲜卑部落联盟离散,这对垂死和瓦解的东汉帝国和此后的华夏诸军阀而言实乃福音:①]光和中,檀石槐死[181 年],时年四十五,子和连代立。和连才力不及父,亦数为寇抄,性贪淫,断法不平,众畔(叛)者半。后出攻北地,廉[县名,治所在今宁夏贺兰县西北境]人善弩射者射中和连,即死。其子骞曼年小,兄子魁头立。后骞曼长大,与魁头争国,众遂离散。魁头死,弟步度根立。自檀石槐后,诸大人遂世相传袭。

[我们的史家哀叹没有对付北蛮西戎的优秀的战略("制御上略,历世无闻"),即使在确实可能最好的情势下;对接下来的华夏野蛮化诸时代来说,此乃恶兆,虽然他就此提及乌桓不那么正确:]

论曰:四夷之暴,其势互强矣。匈奴炽于隆汉,西羌猛于中兴。而灵、献之间,二房迭盛。石槐骁猛,尽有单于之地;蹋顿凶桀,公据辽西之土。其陵跨中国,结患生人者,靡世而宁焉。然制御上略,历世无闻;周、汉之策[无论是大规模兴师征服,还是忍辱负重的绥靖,或是蓄意的漠视],仅得中下。将天之冥数,以至于是乎?

## "苍天已死,黄天当立":黄巾造反与军阀丛起

### 卷 8《灵帝纪》摘录

…………

① 《后汉书·灵帝纪》仅有檀石槐死后鲜卑寇边的如下几条记载:
(光和)四年[181 年]……冬十月……鲜卑寇幽、并二州。斋中平……二年[185 年]……十一月……鲜卑寇幽、并二州。……
十二月,鲜卑寇幽、并二州。……
《后汉书·献帝纪》没有鲜卑寇边的记载。

[黄巾起义这巨大规模的农民造反在帝国核心地区爆发！大动乱！在镇压黄巾起义和别的造反的过程中，多个地区和中央的精英强人和军阀被释放出来，帝国因而事实上瓦解和灭亡。中国将进入长达三个半世纪的最黑暗的时代（包括十足自然状态似的五胡乱中华）：]

中平元年[184年]春二月，巨鹿[今河北南部巨鹿县]人张角自称"黄天"，其部帅有三十六方[《续汉书》曰："三十六万余人。"]，皆著黄巾，同日反叛。安平、甘陵人各执其王[安平王续、甘陵王忠]以应之。[一个有重大历史意义的规定性事件！中国史上很少有的这类事件中的一个。而且，它是中国史上组织得最好的农民造反运动之一。]

三月戊申，以河南尹何进为大将军，将兵屯都亭。置八关都尉官。壬子，大赦天下党人，还诸徙者，[时中常侍吕强言于帝曰："党锢久积，若与黄巾合谋，悔之无救。"帝惧，皆赦之。][太晚了，太晚了！]唯张角不赦。诏公卿出马、弩，举列将子孙及吏民有明战阵之略者，诣公车。遣北中郎将卢植讨张角，左中郎将皇甫嵩、右中郎将硃（朱）俊讨颍川黄巾。[大规模帝国动员（和战略集中），然而在政治上太晚了。]庚子，南阳黄巾张曼成攻杀郡守褚贡。

[各场重大战役，连同混乱的军事事态：]

夏四月……硃（朱）俊为黄巾波才所败。侍中向栩、张钧坐言宦者，下狱死。[时钧上书曰："今斩常侍，悬其首于南郊以谢天下，即兵自消也。"帝以章示常侍，故下狱。]汝南黄巾败太守赵谦于邵陵。广阳黄巾杀幽州刺史郭勋及太守刘卫。

五月，皇甫嵩、硃（朱）俊复与波才等战于长社[今河南总部长葛市东北]，大破之。

六月，南阳太守秦颉击张曼成，斩之。交阯屯兵执刺史及合浦太守来达，自称"柱天将军"，遣交阯刺史贾琮讨平之。皇甫嵩、硃（朱）俊大破汝南黄巾于西华[今河南东部西华县]。诏嵩讨东郡，硃（朱）俊讨南阳。卢植破黄巾，围张角于广宗[今河北南部广宗县]。宦官诬奏植，抵罪。遣中郎将董卓[后来的大军阀和篡夺者]攻张角，不克。……

八月，皇甫嵩与黄巾战于仓亭，获其帅。乙巳，诏皇甫嵩北讨张角。……

冬十月，皇甫嵩与黄巾贼战于广宗[今河北南部广宗县]，获张角弟梁。角先死，乃戮其尸。以皇甫嵩为左车骑将军。

十一月，皇甫嵩又破黄巾于下曲阳[今河北省石家庄市下属晋州市西北]，斩张角弟宝。湟中义从胡北宫伯玉与先零羌叛，以金城人边章、韩遂为军帅，攻杀护羌校尉伶征、金城太守陈懿。[西疆危机。]癸巳，硃（朱）俊拔宛城，斩黄巾别帅孙夏。……

［黄巾军主力已被击碎，但全国的分裂、混乱、分散造反和边疆危机继续下去，伴有各大军阀的浮现：］

二年［185 年］春正月，大疫。……

三月……北宫伯玉等寇三辅，遣左车骑将军皇甫嵩讨之，不克。［**先前已被平定的羌人急剧地成为强得多的、帝国内部大动乱中的入侵力量。**］……

秋七月，三辅螟。左车骑将军皇甫嵩免。

八月，以司空张温为车骑将军，讨北宫伯玉。……

冬十月……

前司徒陈耽、谏议大夫刘陶坐直言，下狱死。［**宫廷政治依然黑暗，尽管有严重的帝国危机。**］

十一月，张温破北宫伯玉于美阳，因遣荡寇将军周慎追击之，围榆中；又遣中郎将董卓讨先零羌。慎、卓并不克。鲜卑寇幽、并二州。……

冬十月……前太尉张延为宦人所谮，下狱死。

十二月，鲜卑寇幽、并二州。

四年［187 年］……

二月，荥阳贼杀中牟令。……

三月，河南尹何苗讨荥阳贼，破之，拜苗为车骑将军。

夏四月，凉州刺史耿鄙讨金城贼韩遂［**一位以后的地区性军阀**］，鄙兵大败，遂寇汉阳，汉阳太守傅燮战没。扶风人马腾［**又一位以后的地区性军阀**］、汉阳人王国并叛，寇三辅。……

渔阳人张纯［**一名先前的地方行政长官和将军**］与同郡张举举兵叛，攻杀右北平太守刘政、辽东太守杨终、护乌桓校尉公綦稠等。［**一名前官方精英发动的一场成功的大规模反叛。**］举自称天子，寇幽、冀二州。……

冬十月，零陵人观鹄自称"平天将军"，寇桂阳，长沙太守孙坚［**一位以后的地区性军阀**］击斩之。……

是岁，卖关内侯，假金印紫绶，传世，入钱五百万。［**既是紧急的财政凑合措施，又是狂野的腐败。**］

五年［188 年］春正月，休屠各胡［**匈奴人一支**］寇西河，杀郡守邢纪。……

二月……黄巾余贼郭太等起于西河白波谷，寇太原、河东。

三月，休屠各胡攻杀并州刺史张懿，遂与南匈奴左部胡合，杀其单于。……

六月……

益州黄巾马相攻杀刺史郗俭，自称天子，又寇巴郡，杀郡守赵部，益州从事贾龙击相，斩之。郡国七大水。……

八月,初置西园八校尉[乐资山阳公载记曰:"小黄门蹇硕为上军校尉,虎贲中郎将袁绍[**后来的一大军阀**]为中军校尉,屯骑校尉鲍鸿为下军校尉,议郎曹操[**后来的一大军阀**]为典军校尉,赵融为助军左校尉,冯芳为助军右校尉,谏议大夫夏牟为左校尉,淳于琼为右校尉:凡八校[尉],皆统于蹇硕。"]……

九月,南单于叛[**一个大致驯服的附庸蛮族重新变得不驯服;帝国内乱的一个后果**],与白波贼寇河东。遣中郎将孟益率骑都尉公孙瓒[**后来的一大军阀**]讨渔阳贼张纯等。

冬十月,青、徐黄巾复起,寇郡县。甲子,帝自称"无上将军",耀兵于平乐观。

十一月,凉州贼王国围陈仓,右将军皇甫嵩救之。

遣下军校尉鲍鸿讨葛陂黄巾。……公孙瓒与张纯战于石门,大破之。……

六年[189年]春二月,左将军皇甫嵩大破王国于陈仓。

三月,幽州牧刘虞购斩渔阳贼张纯。……

[**灵帝死去,身后留下了反复的宫廷血腥内斗和一个奄奄一息的实际上解体的帝国:**]

夏四月……丙辰,帝崩于南宫嘉德殿,年三十四。戊午,皇子辩即皇帝位,年十七。尊皇后曰皇太后,太后临朝。[**太后摄政政权颇短暂。**]……封皇弟协[**他的母亲王美人被现太后谋杀,当后者系皇后时**]为渤海王。……上军校尉蹇硕[**权宦之一,太后的兄长何进的死敌。内斗,宫廷内斗:下狱死。**]

五月辛巳,票(骠)骑将军董重[灵帝生母董太后之侄]下狱死[**何进造就的暴死,为了她妹妹和他的支配性权势**]。

六月辛亥,孝仁皇后董氏崩。[**出于将她逐出宫廷的何进的行动。**]辛酉,葬孝灵皇帝于文陵。……

秋七月,徙渤海王协为陈留王。……

[**宦官搞的政权变更和随后的大内斗大混乱;一个非常血腥的霍布斯式自然状态:**]

八月戊辰,中常侍张让、段珪杀大将军何进,于是虎贲中郎将袁术[**后来的一大军阀**]烧东西宫,攻诸宦者。庚午,张让、段珪等劫少帝及陈留王幸北宫德阳殿。何进部曲将吴匡与车骑将军何苗战于朱雀阙下,苗败,斩之。辛末,司隶校尉袁绍[**如前所述,以后的大军阀**]勒兵收伪司隶校尉樊陵、河南尹许相及诸阉人,无少长皆斩之。让、珪等复劫少帝、陈留王走小平津[在今河南省中部巩县西北]。尚书卢植追让、珪等,斩数人,其余投河而死。帝与陈留王协夜步逐荧光行数里,得民家露车,共乘之。辛末,还宫。……

并州牧董卓杀执金吾丁原。司空刘弘免，董卓自为司空。［一个野兽般的大军阀的篡夺在宫廷开始！］

九月甲戌，董卓废帝为弘农王。［一个十来岁的君主被篡夺者/摄政废黜，在登基之后仅五个月。一个更混乱的时代开始。］……

### 卷 71《皇甫嵩朱俊列传》

［皇甫嵩和朱俊，两名攻打和击碎巨大规模黄巾农民造反的重要指挥将领，在这事业中仅有的决定性将领。而且，他们的传记是《后汉书》里就这历史性造反告诉我们最多的。］

［他们，特别是前者，靠他们的武德和残酷无情，使帝国免于稍早的灭亡。仅仅稍早，是因为这巨大规模的造反，连同对这和其他较小规模造反的镇压终于释放出魔鬼——在多个地区和中央的分离主义强人和军阀，导致帝国的瓦解和遍布华夏及其边缘的全国性失序和族裔动乱，一直延续了三个半世纪。］

［从军事上说，少有能干的军人。然而，如通常发生的，他俩无法规避政治复杂，更不用说是在帝国治理的一个黑暗时代。］

皇甫嵩：

［大规模黄巾造反的首要摧毁者，在此过程中表现了非常显著的高级指挥层次上的武德，还有他在战场上的严酷残忍的无情。至于他卷入的政治纠葛，最危险的是对立，出自在战役期间他与强有力的军阀和后来的篡夺者董卓的对立。他幸运，逃过了在他手上被长期监禁或暴死的命运。］

［至于他涉及的政治复杂，最危险的是他与董卓的对立，起源于他与董卓一起打的诸场战役。他有幸免于在他手里被长期监禁或暴死的命运。他在卷入过程中证明自己是个正统的儒士。］

［一位有才能的"儒士军人"，出自西北边疆地区的一个杰出的军人/文官家庭：］

皇甫嵩字义真，安定朝那［今宁夏固原东南］人，度辽将军规之兄子也。父节，雁门太守。嵩少有文武志介，好《诗》《书》，习弓马。初举孝廉、茂才。太尉陈蕃、大将军窦武连辟，并不到。灵帝公车征为议郎，迁北地太守。

［巨大规模的农民黄巾造反爆发！它经一种创造性地操作的非正统宗教和大规模细致的组织努力得到动员，全都由单独一位顶层领袖和他的主要皈依者

成就：]

初，巨鹿张角自称"大贤良师"，奉事黄、老道，畜养弟子，跪拜首过［自己承认、交代过失］，符水咒说以疗病，病者颇愈，百姓信向之。[**这顶层领袖多少有如耶稣基督！**]角因遣弟子八人使于四方，以善道教化天下，转相诳惑。十余年间，众徒数十万，连结郡国，自青、徐、幽、冀、荆、扬、兖、豫八州之人，莫不毕应。[**伟大的动员成就，部分地归功于全国黑暗的社会形势！**]遂置三十六万。方犹将军号也。大方万余人，小方六七千，各立渠帅。[**严密有序的组织。**]讹言"苍天已死，黄天当立，岁在甲子，天下大吉"。[**一个非常革命性的和激励民心的总口号！它以一种神秘和启示性的方式被广为流传**]以白土书京城寺门及州郡官府，皆作"甲子"字。中平元年［184年］，大方马元义等先收荆、扬数万人，期会发于邺［在今河北临漳县漳河岸畔］。元义素往来京师，以中常侍封谞、徐奉等为内应［**寻求协作者的秘密行动甚至深入宫廷！**]，约以三月五日内外俱起。未及作乱，而张角弟子济南唐周上书告之，于是车裂元义于洛阳。灵帝以周章下三公、司隶，使钩盾令周斌将三府掾属，案验宫省直卫及百姓有事角道者，诛杀千余人，推考冀州，逐捕角等。[**帝国政权方面残酷的先发制人行动。这只是推进了作为一种紧急反应的、大规模造反的爆发：**]角等知事已露，晨夜驰敕诸方，一时俱起。皆着黄巾为标帜，时人谓之"黄巾"，亦名"蛾贼"。杀人以祠天。角称"天公将军"，角弟宝称"地公将军"，宝弟梁称"人公将军"。所在燔烧官府，劫略（掠）聚邑，州郡失据，长吏多逃亡。旬日之间，天下响应，京师震动。[**大规模震击的发起者拥有起始优势。**]

[**皇甫嵩经火箭般提升，被委派去作为两大指挥将领之一镇压黄巾造反主力；他靠他的战术出其不意和残忍无情赢得了三大战役；他是黄巾造反的首要摧毁者：**]

诏敕州郡修理攻守，简练器械，自函谷、大谷、广城、伊阙、轘辕、旋门、孟津、小平津诸关，并置都尉。召群臣会议。嵩以为宜解党禁，益出中藏钱、西园厩马，以班（颁）军士。帝从之。① 于是发天下精兵，博选将帅，以嵩为左中郎将，持节，与右中郎将砗（朱）俊，共发五校、三河骑士及募精勇，合四万余人，嵩、俊各统一军，共讨颍川黄巾。

[**他出其不意，以弱胜强赢得了一场大战：**]俊前与贼波才战，战败，嵩因进保长社［在今河南中部长葛东北］。波才引大众围城，嵩兵少，军中皆恐，乃召军吏谓曰：

---

① ［关于解除党锢，他大概不是最重要的提倡者，而只是表达了在紧急情势下的符合经验性常识的赞同意见：]《后汉书·党锢列传》载：中平元年［184年］，黄巾贼起，中常侍吕强言于帝曰："党锢久积，人情多怨。若久不赦宥，轻与张角合谋，为变滋大，悔之无救。"帝惧其言，乃大赦党人，诛徙之家皆归故郡。

"兵有奇变,不在众寡。今贼依草结营,易为风火。若因夜纵烧,必大惊乱。吾出兵击之,四面俱合,田单之功[田单为齐将,守即墨城。燕师攻戒,田单取牛千头,衣以五采,束矛盾于其角,系火于其尾,穿城而出,城上大噪,燕师大败。事见《史记》]可成也。"其夕遂大风,嵩乃约敕军士皆束苣乘城[登城],使锐士间出围外,纵火大呼,城上举燎应之,嵩因鼓而奔其阵,贼惊乱奔走。[**在他奇袭之后,战役的剩余部分成了轻而易举的扫荡:**]会帝遣骑都尉曹操将兵适至,嵩、操与硃(朱)俊合兵更战,大破之,斩首数万级。[**这残忍的华夏内战有如大规模屠戮!**]封嵩都乡侯。嵩、俊乘胜进讨汝南、陈国黄巾,追波才于阳翟[今河南中部禹州市],击彭脱于西华[今河南东部西华县],并破之。余贼降散,三郡悉平。

又进击东郡黄巾卜己于仓亭,生擒卜己,斩首七千余级。[**同样靠出敌不意,他赢得了第二场大战役:**]时,北中郎将卢植及东中郎将董卓讨张角,并无功而还,乃诏嵩进兵讨之。嵩与角弟梁战于广宗[今河北南部广宗县]。梁众精勇,嵩不能克。明日,乃闭营休士,以观其变。知贼意稍懈,乃潜夜勒兵,鸡鸣驰赴其阵,战至晡时,大破之,[**内战有如大规模屠戮,一次又一次!**]斩梁,获首三万级,赴河死者五万许人,焚烧车重三万余两(辆),悉虏其妇子,系(羁)获甚众。角先已病死,乃剖棺戮尸,传首京师。[**没有怜悯,没有风度!**]

[**他的第三场大战役,同样以大规模屠戮告胜:**]嵩复与巨鹿太守冯翊郭典攻角弟宝于下曲阳[今河北石家庄市下属晋州市西北],又斩之。首获十余万人,筑京观[杜元凯注《左传》曰:"积尸封土于其上,谓之京观。"]于城南。即拜嵩为左车骑将军,领冀州牧,封槐里侯,食槐里、美阳两县,合八千户。

[**他在地区重建和政治治理方面也很能干,而且非常关心他的士兵;他对所有人都和蔼,唯数以万计的农民造反者除外:**]
以黄巾既平,故改年为中平。嵩奏请冀州一年田租,以赡饥民,帝从之。百姓歌曰:"天下大乱兮市为墟,母不保子兮妻失夫,赖得皇甫兮复安居。"嵩温恤士卒,甚得众情,每军行顿止,须营幔修立,然后就舍帐。军士皆食,己乃尝饭。吏有因事受赂者,嵩更以钱物赐之,吏怀惭,或至自杀。

[**他卷入政治纠葛(一):拒绝一项反叛呼吁,而且因为正直得罪了权宦,结果遭到他们报复:**]
嵩既破黄巾,威震天下,而朝政日乱,海内虚困。故信都令汉阳阎忠干说[进说]嵩曰[**一向对他的警告,恰恰因为他的巨大军事成就和复杂的政治形势,同时也**

是一项呼吁,要他为自保而发动他的"革命征伐"]:"难得而易失者,时也;时至不旋踵[谓转瞬即逝]者,几(机)[机遇]也。故圣人顺时而动,智者因几(机)以发。今将军遭难得之运,蹈易骇之机,而践运不抚,临机不发,将何以保大名乎?"嵩曰:"何谓也?"忠曰:"天道无亲,百姓与能。今将军受钺于暮春,收功于末冬。兵动若神,谋不再计,摧强易于折枯,消坚甚于汤雪,旬月之间,神兵电埽,封尸刻石,南向以报,威德震本朝,风声驰海外,虽汤、武之举,未有高将军者也。今身建不赏之功,体兼高人之德,而北面庸主,何以求安乎?"嵩曰:"夙夜在公,心不忘忠,何故不安?"忠曰:

不然。昔韩信不忍一餐之遇,而弃三分之业,利剑已揣其喉,方发悔毒之叹者,机失而谋乖也。[《汉书》:项羽使武涉说韩信,信曰:"汉王解衣衣我,推食食我,背之不祥。"又蒯通说信,令信背汉,参分天下,鼎足而立。信曰:"汉王遇我厚,岂可背之哉?"后信谋反,为吕后所执,叹曰:"吾不用蒯通计,为女子所诈,岂非天哉!"]今主上势弱于刘、项,将军权重于淮阴,指捴[发令调遣]足以振风云,叱咤可以兴雷电。……[他现在被呼吁发动一场"革命征伐"去摧毁邪恶的权宦:]征冀方之士,动七州之众,羽檄先驰于前,大军响振于后……诛阉官之罪,除群凶之积,虽僮儿可使奋拳以致力,女子可使褰裳以用命,况厉(励)熊罴之卒,因迅风之势哉![而且甚至建立一个他自己的新王朝帝国:]功业已就,天下已顺,然后请呼上帝,示以天命,混齐六合,南面称制,移宝器于将兴,推亡汉于已坠,实神机之至会,风发之良时也。[现在的帝国正在迅速跌落至死谷,忠诚于它无用而危险:]夫既朽不雕,衰世难佐。若欲辅难佐之朝,雕朽败之木,是犹逆坂走丸,迎风纵棹,岂云易哉?且今竖宦群居,同恶如市,上命不行,权归近习,昏主之下,难以久居,不赏之功,谗人侧目,如不早图,后悔无及。

嵩惧曰[他说到底是个儒士]:"非常之谋,不施于有常之势。创图大功,岂庸才所致。黄巾细孽,敌非秦、项,新结易散,难以济业。且人未忘主,天不祐逆。若虚造不冀之功,以速朝夕之祸,孰与委忠本朝,守其臣节。虽云多谗,不过放废,犹有令名,死且不朽。[二句皆《左传》之辞。]反常之论,所不敢闻。"忠知计不用,因亡去。

会边章、韩遂作乱陇右,明年[185年]春,诏嵩回镇长安,以卫园陵。章等遂复入寇三辅,使嵩因讨之。①

[他因为自己的正直而得罪了权宦,遭到他们报复(很可能伴同他在上述蛮夷手上遭遇的军事挫败的负面影响):]初,嵩讨张角,路由邺,见中常侍赵忠舍宅逾

① 《后汉书·灵帝纪》载:(中平)二年[185年]……三月……北宫伯玉等寇三辅,遣左车骑将军皇甫嵩讨之,不克。[他虽然在与武装的华夏农民作战上有如压倒性的战神,但无法克服生活在边疆的反叛蛮夷。]……秋七月……左车骑将军皇甫嵩免。

制，乃奏没入之。又中常侍张让私求钱五千万，嵩不与，二人由此为憾，奏嵩连战无功，所费者多。其秋征还，收左车骑将军印绶，削户六千，更封都乡侯，二千户。

［他卷入政治纠葛（二）：他作为潜在最危险的对手与董卓——强势军阀和继而的篡夺者——的对立，那起源于军事战役并在其中发展：］

五年［188年］，凉州贼王国围陈仓［约当今陕西宝鸡市陈仓区］，复拜嵩为左将军，督前将军董卓，各率二万人拒之。卓欲速进赴陈仓，嵩不听。卓曰：“智者不后时，勇者不留决。速救则城全，不救则城灭，全、灭之势，在于此也。”嵩曰［他当然是个比粗俗的董卓更具战略性的将领］：“不然，百战百胜，不如不战而屈人之兵。是以先为不可胜，以待敌之可胜。不可胜在我，可胜在彼。彼守不足，我攻有余。有余者动于九天之上，不足者陷于九地之下。［《孙子兵法》曰：“善守者藏于九地之下，善攻者动于九天之上。”］今陈仓虽小，城守固备，非九地之陷也。王国虽强，而攻我之所不救，非九天之势也。夫势非九天，攻者受害；陷非九地，守者不拔。国今已陷受害之地，而陈仓保不拔之城，我可不烦兵动众，而取全胜之功，将何救焉！”遂不听。［这类长长的“学者式”论辩必定伤害了小心眼的粗汉！］王国围陈仓，自冬迄春，八十余日，城坚守固，竟不能拔。贼众疲敝，果自解去。嵩进兵击之。卓曰：“不可。兵法，穷寇勿追，归众勿迫。今我追国，是迫归众，追穷寇也。困兽犹斗，蜂虿［chài，蝎子一类毒虫］有毒，况大众乎！”嵩曰［他再度（不经意地？）羞辱了小心眼的粗汉］：“不然。前吾不击，避其锐民。今而击之，待其衰也。所击疲师，非归众也。国众且走，莫有斗志。以整击乱，非穷寇也。”遂独进击之，使卓为后拒。连战大破之，斩首万余级［他再度显示了他那富有特征的屠戮战法］，国走而死。卓大惭恨，由是忌嵩。

［他们的对立因为董卓的主动而在宫廷公开，后者变得明显地“逆命”，“怀奸”：］明年［189年］，卓拜为并州牧，诏使以兵委嵩，卓不从。嵩从子郦时在军中，说嵩曰［他被私下呼吁发动讨伐董卓：］：“本朝失政，天下倒悬，能安危定倾者，唯大人与董卓耳。今怨隙已结，势不俱存。卓被诏委兵，而上书自请，此逆命也。又以京师昏乱，踌躇不进，此怀奸也。且其凶戾无亲，将士不附。大人今为元帅，杖国威以讨之，上显忠义，下除凶害，此桓、文［齐桓公、晋文公］之事也。”嵩曰［他作为一位正统儒士，拒绝这呼吁］：“专命虽罪，专诛亦有责也。不如显奏其事，使朝廷裁之。”于是上书以闻。帝让［责难］卓，卓又增怨于嵩。［他最危险的时刻，随时可能遭遇暴死：］及后（董卓）秉政，初平元年［190年］，乃征嵩为城门校尉，因欲杀之。嵩将行，长史梁衍说曰：“汉室微弱，阉竖乱朝，董卓虽诛之，而不能尽忠于国，遂复寇掠京邑，废立从意。今征将军，大则危祸，小则困辱。今卓在洛阳，天子来西，以

将军之众,精兵三万,迎接至尊,奉令讨逆,发命海内,征兵群帅,袁氏逼其东,将军迫其西,此成禽(擒)也。"嵩不从,遂就征。[像他先前做的那样,他拒绝讨伐兽样的篡夺者以至少拯救他自己。他是个正统的儒士! 一类蠢英雄。]有司承旨,奏嵩下吏,将遂诛之。

[只是靠幸运,他才免于暴死在他的淫威之下:]

嵩子坚寿与卓素善,自长安亡走洛阳,归投于卓。卓方置酒欢会,坚寿直前质让,责以大义,叩头流涕。坐者感动,皆离席请之。卓乃起,牵与共坐。使免嵩囚,复拜嵩议郎,迁御史中丞。及卓还长安,公卿百官迎谒道次。卓风令御史中丞以下皆拜以屈嵩,既而抵手言曰:"义真犕[即古"服"字]未乎?"嵩笑而谢之,卓乃解释。[《献帝春秋》曰:"嵩拜车下,卓曰:'可以服未?'嵩曰:'安知明公乃至于是?'卓曰:'鸿鹄固有远志,但燕雀自不知耳。'嵩曰:'昔与明公俱为鸿鹄,但明公今日变为凤皇耳。'"][他不得不低下骄傲的头,以拯救自己的性命!]

及卓被诛,以嵩为征西将军,又迁车骑将军。其年[192年]秋,拜太尉,冬,以流星策免。复拜光禄大夫,迁太常。寻李榷作乱,嵩亦病卒,赠骠骑将军印绶,拜家一人为郎。

嵩为人爱慎尽勤,前后上表陈谏有补益者五百余事,皆手书毁草,不宣于外。又折节下士,门无留客。时人皆称而附之。……[他确是个儒家行为主义者和良善和蔼之士,除了对数以万计的被他在战场上屠戮的人来说并非如此。]

朱俊:

[另一位黄巾造反的主要摧毁者,不仅以他的军事才能(虽然多少劣于皇甫嵩),而且以他的残忍给人留下深刻印象。这残忍在于,他宁愿屠戮敌人,而不愿接受其投降提议,因为他无情地确信"唯黄巾造寇,纳降无以劝善,讨之足以惩恶"。]

[他面对政治复杂性,即他是否应当屈从于董卓的篡夺,如后者希望和争取的那样成为其主要走狗之一。他拒绝如此,然后参加了对篡夺者的讨伐。可是,他最终在负面意义上证明自己是个正统的儒者,退出了一场"正义"征讨,并且由此使之流产。]

[他在早年是一位儒家行为主义者且非常侠义;然后,是一位杰出的地方行政长官,一个边疆地区的成功的军政指挥官,以优良的战略击碎蛮夷反叛:]

硃(朱)俊字公伟,会稽上虞人也。少孤,母尝贩缯为业。俊以孝养致名,为县门下书佐，好义轻财，乡闾敬之。[**他的大侠义：**]时，同郡周规辟公府，当行，假郡库钱百万，以为冠帻费，而后仓卒督责，规家贫无以备，俊乃窃母缣帛，为规解对[被录而应对]。母既失产业，深恚责之。俊曰："小损当大益，初贫后富，必然理也。"

本县长山阳度尚见而奇之，荐于太守韦毅，稍历郡职。后太守尹端以俊为主簿。[**再度大侠义：**]熹平[灵帝年号]二年[173年]，端坐讨贼许昭失利，为州所奏，罪应弃市。俊乃赢服间行，轻赍数百金到京师，赂主章吏，遂得刊定州奏，故端得输作左校[劳役刑]。端喜于降免而不知其由，俊亦终无所言。

[**作为杰出的地方行政长官：**]后太守徐珪举俊孝廉，再迁除兰陵[约为今山东临沂市兰陵县]令，政有异能，为东海相所表。会交阯部群贼并起，牧守软弱不能禁。又交阯贼梁龙等万余人，与南海太守孔芝反叛，攻破郡县。光和元年[178年]，即拜俊交阯刺史[**从他低微的职位上越级晋升，肯定是因为他的军政才能**]，令过本郡简募家兵及所调，合五千人，分从两道而入。[**他依靠优良的战略力克蛮夷反叛：**]既到州界，按甲不前，先遣使诣郡，观贼虚实，宣扬威德，以震动其心；既而与七郡兵俱进逼之，遂斩梁龙，降者数万人[**他接受反叛蛮夷的屈从，但如后所述不接受华夏造反农民的投降！**]，旬月尽定。以功封都亭侯，千五百户，赐黄金五十斤，征为谏议大夫。

[**他作为一大战区司令与造反的黄巾大军相遇，非常艰巨地赢得几场战役；他是个屠夫，渴望大规模杀戮造反的农民：**]

及黄巾起，公卿多荐俊有才略，拜为右中郎将，持节，与左中郎将皇甫嵩讨颍川、汝南、陈国诸贼，悉破平之。嵩乃上言其状，而以功归俊，[1]于是进封西乡侯，迁镇贼中郎将。

时，南阳黄巾张曼成起兵，称"神上使"，众数万，杀郡守褚贡，屯宛下[宛县（南阳郡治所）城下]百余日。后太守秦颉击杀曼成，贼更以赵弘为帅，众浸盛，遂十余万，据宛城。[**他击碎了一大支拥有压倒性兵力数量优势的黄巾军，靠一场旷日持久的艰难的围城战（一）：**]俊与荆州刺史徐璆[qiú]及秦颉合兵万八千人围弘，自六月至八月不拔。有司奏欲征俊。司空张温上疏曰："昔秦用白起，燕任乐毅，皆旷年历载，乃能克敌。俊讨颍川，以有攻效，引师南指，方略已设，临军易将，兵家有

---

① [**他有个侠义的儒家同僚，后者在这场大战役中事实上比他更有才能得多：**]前皇甫嵩传云：俊前与贼波才战，战败，嵩因进保长社。波才引大众围城，嵩兵少……其夕遂大风，嵩乃约敕军士皆束苣乘城[登城]，使锐士间出围外，纵火大呼，城上举燎应之，嵩因鼓而奔其阵，贼惊乱奔走。会帝遣骑都尉曹操将兵适至，嵩、操与硃（朱）俊合兵并战，大破之，斩首数万级。封嵩都乡侯。嵩、俊乘胜进讨汝南、陈国黄巾，追波才于阳翟，击彭脱于西华，并破之。余贼降散，三郡悉平。

忌,宜假日月,责其成功。"灵帝乃止。俊因急击弘,斩之。

[**他击碎了一大支拥有压倒性兵力数量优势的黄巾军,靠一场旷日持久的艰难的围城战(二):**]贼余帅韩忠复据宛拒俊[**他的敌人坚毅伟大,一而再、再而三地前仆后继**]。俊兵少不敌,乃张围结垒,起土山以临城内,因鸣鼓攻其西南,贼悉众赴之。俊自将精卒五千,掩其东北,乘城而入。[**他拒绝被击败的敌人的投降提议,因为他无情地确信"唯黄巾造寇,纳降无以劝善,讨之足以惩恶":**]忠乃退保小城,惶惧乞降。司马张超及徐璆、秦颉皆欲听之。俊曰:"兵有形同而势异者。昔秦、项之际,民无定主,故赏附以劝来耳。今海内一统,唯黄巾造寇,纳降无以劝善,讨之足以惩恶。今若受之,更开逆意,贼利则进战,钝则乞降,纵敌长寇,非良计也。"因急攻,连战不克。[**这场围城战依然是一项非常艰巨的事业!**]俊登土山望之,顾谓张超曰[**他有战略灵活性,决绝地改变他的轨道:**]:"吾知之矣。贼今外围周固,内营逼急,乞降不受,欲出不得,所以死战也。万人一心,犹不可当,况十万乎!其害甚矣。不如彻[结束]围,并兵入城。忠见围解,势必自出,出则意散,易破之道也。"既而解围,忠果出战,俊因击,大破之,乘胜逐北数十里,斩首万余级[**他渴望的一场屠杀!**]。忠等遂降。而秦颉积忿忠,遂杀之。余众惧不自安,复以孙夏为帅,还屯宛中。俊急攻之。夏走,追至西(之)鄂[今河南南阳市东北]精山[今河南南阳市西北],又破之。复斩万余级[**再度大屠戮**],贼遂解散。明年[185年]春,遣使者持节拜俊右车骑将军,振旅还京师,以为光禄大夫,增邑五千,更封钱塘侯,加位特进。以母丧去官,起家,复为将作大匠,转少府、太仆。[**他成了一名高级廷臣,因为他军事杀戮有功。**]

[**尽管黄巾军已经灭亡,农民造反依然在华北广泛散布,其中一大集团拥众多达百万。他击败了它:**]

自黄巾贼后,复有黑山、黄龙、白波、左校、郭大贤、于氐根、青牛角、张白骑、刘石、左髭丈八、平汉、大计、司隶、掾哉、雷公、浮云、飞燕、白雀、杨凤、于毒、五鹿、李大目、白绕、畦固、苦蝤[qiú]之徒,并起山谷间,不可胜数。其大声者称雷公,骑白马者为张白骑,轻便者言飞燕,多髭者号于氐根,大眼者为大目,如此称号,各有所因。大者二三万,小者六七千。

[**其中一大集团规模非常巨大,由一位非常能干的领袖指挥:**]贼帅常山人张燕,轻勇趫捷,故军中号曰飞燕。善得士卒心,乃与中山、常山、赵郡、上党、河内诸山谷寇贼更相交通,众至百万,号曰黑山贼。河北诸郡县并被其害,朝廷不能讨。[**一场没有军事征服的表面投降导致这造反领袖成了一名事实上独立的地区军阀,对帝国政权威胁颇大:**]燕乃遣使至京师,奏书乞降,遂拜燕平难中郎将,使领

河北诸山谷事,岁得举孝廉、计吏。

燕后渐寇河内,逼近京师,[**他击败了它**:]于是出俊为河内太守,将家兵击却之。其后诸贼多为袁绍所定,事在《绍传》。复拜俊为光禄大夫,转颍骑,寻拜城门校尉、河南尹。

[**致命的政治复杂性:他是否应当屈从于董卓的篡夺,如后者希望和争取的那样成为其主要走狗之一。他拒绝如此:**]

时,董卓擅政,以俊隽宿将,外甚亲纳而心实忌。及关东兵盛,卓惧,数请公卿会议,徙都长安,俊辄止之。[**他勇敢地拒绝追随董卓的篡夺。而且坚定:**]卓虽恶俊异己,然贪其名重,乃表迁太仆,以为己副[**诱饵那么肥大,似乎有吸引力,但如下所述全然无用**]。使者拜,俊辞不肯受。因曰:"国家西迁,必孤天下之望,以成山东之衅,臣不见其可也。"使者诘曰:"召君受拜而君拒之,不问徙事而君陈之,其故何也?"俊曰:"副相国,非臣所堪也;迁都计,非事所急也。辞所不堪,言所非急,臣之宜也。"使者曰:"迁都之事,不闻其计,就有未露,何所承受?"俊曰:"相国董卓具为臣说,所以知耳。"使人不能屈,由是止,不为副。

[**相反,他参加了对篡夺者的"讨伐",在他的军事生涯中二度遭败;然后,他突然退出了一场以他的名义领导的征伐,针对业已暴死的篡夺者留下的兵力,因为……他是个正统儒者:**]

卓后入关,留俊守洛阳,而俊与山东诸将通谋为内应。既而惧为卓所袭,乃弃官奔荆州。卓以弘农杨懿为河南尹,守洛阳。俊闻,复进兵还洛,懿走。俊以河南残破无所资,乃东屯中牟[今河南中部中牟县],移书州郡,请师讨卓。徐州刺史陶谦遣精兵三千,余州郡稍有所给,谦乃上俊行车骑将军。董卓闻之,使其将李傕、郭汜等数万人屯河南拒俊。俊逆击,为傕、汜所破。俊自知不敌,留关下不敢复前。[**在他的军事生涯中二度遭败,至少是因为兵力数量的严重劣势**。]

及董卓被诛,傕、汜作战,俊时犹在中牟。陶谦以俊名臣,数有战功,可委以大事,乃与诸豪杰共推俊为太师,因移檄牧伯,同讨李傕等,奉迎天子。……

[**他退出了一场以他的名义领导的征伐,针对业已暴死的篡夺者留下的兵力,并且因而使之流产:**]会李傕用太尉周忠、尚书贾诩[xǔ]策,征俊入朝。军吏皆惮入关,欲应陶谦等。俊曰:"以君召臣,义不俟驾,况天子诏乎!且傕、汜小竖,樊稠庸儿,无他远略,又势力相敌,变难必作。吾乘其间,大事可济。[**以"战略家"为外观的一名正统儒者!**]"遂辞谦议而就傕征,复为太仆,谦等遂罢。

初平四年[193年],代周忠为太尉,录尚书事。[**这名正统儒者成了最高级大**

臣,任职于一个僵尸般的、无意义的君主宫廷!]明年秋,以日食免,复行骠骑将军事,持节镇关东。未发,会李傕杀樊稠,而郭汜又自疑,与傕相攻,长安中乱,故俊止不出,留拜大司农。献帝诏俊与太尉杨彪等十余人譬郭汜,令与李傕和。汜不肯,遂留质俊等。俊素刚,即日发病卒。[他在一项毫无意义的差事中死去。]……

## "臣等殄灭,天下乱矣":外戚/宦孽/军阀大火并

**卷69《窦何列传》**[何进]

何进:

[窦武的故事在其主题和大致脉络上由何进重复,但很显著地较少"进步"意味,主要因为"党人"运动先前已被摧毁,帝国的黑暗已完全恶化。]

[令人惊异的是,就毁灭宦孽而言,他面对他自己家族集团内部过分强劲的抵抗。]

[在一名外戚那里发生了的社会流动性:一个卑贱的屠夫变成了地位步步高升的大官,只是因为皇家幸运落到了他妹妹身上:]

何进字遂高,南阳宛人也。异母女弟选入掖庭为贵人,有宠于灵帝,拜进郎中,再迁虎贲中郎将,出为颍川太守。光和三年[180年],贵人立为皇后,征进入,拜侍中、将作大匠、河南尹。

中平元年[184年],黄巾贼张角等起,以进为大将军[外戚特权:他被提拔到最高政府职位,同时被委派一项容易得多的任务,在帝国的头等紧急状态中没有任何实质性的成就:]率左右羽林五营士屯都亭,修理器械,以镇京师。张角别党马元义谋起洛阳,进发其奸,以功封慎侯。

四年[187年],荥阳贼数千人群起,攻烧郡县,杀中牟县令,诏使进弟河南尹苗出击之。苗攻破群贼,平定而还。诏遣使者迎于成皋,拜苗为车骑将军,封济阳侯。

[他能够非常浮华,为了他自己的看来一度更为增大的权势利益(和虚荣);他的置身于宦官行列的主要敌人突然浮现,甚至比他更有权势:]

五年[188年],天下滋乱,望气者以为京师当有大兵,两宫流血,大将军司马许凉、假司马伍宕说进曰:"《太公六韬》有天子将兵事,可以威厌四方"。进以为然,入言之于帝。于是乃诏进大发四方兵,讲武于平乐观下。起大坛,上建十二重五采华盖,高十丈,坛东北为小坛,复建九重华盖,高九丈,列步兵、骑士数万人,结营为

阵,天子亲出临军,驻大华盖下,进驻小华盖。礼毕,帝躬擐[贯也]甲介[亦甲也]马,称"无上将军",行陈(阵)三匝而还。诏使进悉领兵屯于观下。是时,置西园八校尉,以小黄门蹇[jiǎn]硕为上军校尉,虎贲中郎将袁绍为中军校尉,屯骑都尉鲍鸿为下军校尉,议郎曹操为典军校尉,赵融为助军校尉,淳于琼为佐军校尉,又有左右校尉。**[突然,皇帝的最大宠惠给了一名卑微的低级宦官,后者将成为他的头号敌人：]**帝以蹇硕壮健而有武略,特亲任之,以为元帅,督司隶校尉以下,虽大将军亦领属焉。

　　**[他与最得宠的这名宦官的内斗立即开始,两人都使用诡计：]**硕虽擅兵于中,而犹畏忌于进,乃与诸常侍共说帝遣进西击边章、韩遂。帝从之,赐兵车百乘,虎贲斧钺。进阴知其谋,乃上遣袁绍东击徐、兖二州兵,须绍还,即戎事,以稽[延宕]行期。**[他既为个人权势也为个人名誉这么做,因为他从未参加过一场真正的战斗,更不用说战役！]**

　　**[他的再度决定性时刻：灵帝——更宠惠宦官蹇硕而非他——驾崩,令他大为得势,同时令他妹妹的被皇父厌恶的儿子成了皇位继承人：]**

　　初,何皇后生皇子辩,王贵人生皇子协。群臣请立太子,帝以辩轻佻无威仪,不可为人主,然皇后有宠,且进又居重权,故久不决。

　　六年[189年],帝疾笃,属协于蹇硕。硕既受遗诏,且素轻忌于进兄弟,及帝崩,硕时在内,欲先诛进而立协。**[他的敌人蹇硕图谋先发制人政变！然而他靠运气挫败了他：]**及进从外入,硕司马潘隐与进早旧。迎而目之。进惊,驰从儳[疾也]道归营,引兵入屯百郡邸,因称疾不入。硕谋不行,皇子辩乃即位,**[他得势,成了事实上的摄政：]**何太后临朝,进与太傅袁隗辅政,录尚书事。

　　**[他与宦官集团的生死斗争(一)：他与宦官集团彼此摧毁的图谋大为加速,而他赢了第一个回合,杀掉蹇硕：]**

　　**[他,事实上的摄政,开始图谋消灭宦官：]**进素知中官天下所疾,兼忿蹇硕图己,及秉朝政,阴规诛之。袁绍亦素有谋,因进亲客张津劝之曰："黄门常侍权重日久,又与长乐太后[灵帝母董太后居长乐宫,故称]专通奸利,将军宜更清选贤良,整齐天下,为国家除患。"进然其言。又以袁氏累世宠贵,海内所归,而绍素善养士,能得豪杰用,其从弟虎贲中郎将术亦尚气侠,故并厚待之。**[他与窦武那么不同,倚赖强有力和潜在地分离主义的地区性军阀,而非(现在已被摧毁的)持不同政见士人／官僚。]**因复博征智谋之士逢纪、何颙、荀攸等,与同腹心。

　　蹇硕疑不自安,与中常侍赵忠等书曰："大将军兄弟秉国专朝,今与天下党人

[**他的敌人的夸大**]谋诛先帝左右,埽灭我曹。但以硕典禁兵,故且沈吟。今宜共闭上阁,急捕诛之。"中常侍郭胜,进同郡人也。太后及进之贵幸,胜有力焉。故胜亲信何氏,遂共赵忠等议,不从硕计,而以其书示进。进乃使黄门令收硕,诛之,因领其屯兵。[**他赢了第一个回合,杀掉蹇硕!**]

[**他与宦官集团的生死斗争**(二):**他图谋彻底消灭宦官,但像窦武一样流产,因为太后(和他的"数受诸宦官赂遗"的弟弟)首先持否定态度:**]

袁绍[**大致如同陈蕃,敦促消灭宦官**]复说进曰:"前窦武欲诛内宠而反为所害者,以其言语漏泄,而五营百官服畏中人故也。今将军既有元舅之重,而兄弟并领劲兵,部曲将吏皆英俊名士,乐尽力命,事在掌握,此天赞之时也。将军宜一为天下除患,名垂后世。虽周之申伯,何足道哉!今大行[**人主崩未有谥,故称大行**]在前殿,将军受诏领禁兵,不宜轻出入宫省。"进甚然之,乃称疾不入陪丧,又不送山陵。遂与绍定筹策,而以其计白太后。太后不听,曰:"中官统领禁省,自古及今,汉家故事,不可废也。且先帝新弃天下,我奈何楚楚[《楚词》曰"楚楚",鲜明貌]与士人对共事乎?[**看来自从第二轮党锢之祸以来,厌憎"士人"已成为权势精英中间的一个传统。**]"进难违太后意,且欲诛其放纵者。绍以为中官亲近至尊,出入号令,今不悉废,后必为患。而太后母舞阳君及苗数受诸宦官赂遗,知进欲诛之,数白太后,为其障蔽。[**他的家族在对宦官的态度上严重分裂:他的一个致命弱点!**]又言:"大将军专杀左右,擅权以弱社稷。"[**多少像刺在他背后的匕首!**]太后疑以为然。中官在省闼者或数十年,封侯贵宠,胶固内外。进新当重任,素敬惮之,虽外收大名而内不能断,故事久不决。[**他本人在他们数十年形成的牢固地位和影响面前缺乏决心和决绝的勇气。**]

[**他与宦官集团的生死斗争**(三):**他据潜在的地区性军阀袁绍提议,作出了一项历史性的决定,即招"四方猛将及诸豪杰"到帝国中央来扳倒宦官,那使得帝国近得多地坠入崩溃,华夏急速跌入分裂:**]

绍等又为画策,多召四方猛将及诸豪杰,使并引兵向京城,以胁太后。[**袁绍的一项致命的提议,对帝国和华夏本身致命!**]进然之。主簿陈琳入谏曰:"……今将军总皇威,握兵要,龙骧虎步,高下在心,此犹鼓洪炉燎毛发耳。夫违经合道[**虽违背常道,但仍合于义理**],天人所顺,而反委释利器,更征外助。大兵聚会,强者为雄,所谓倒持干戈,授人以柄,功必不成,祇为乱阶。"[**针对大恶兆的大警告!**]进不听[**一个愚蠢和不负责任的家伙!**]。遂西召前将军董卓屯关中上林苑[**大恶兆中最恶的**],又使府掾太(泰)山王匡东发其郡强弩,并召东郡太守桥瑁屯城皋,使武猛都尉丁原烧孟津，火照城中，皆以诛宦官为言。太后犹不从。

苗[简直像宦官的特洛伊木马]谓进曰："始共从南阳来，俱以贫贱，依省内以致贵富。国家之事，亦何容易！覆水不可收。宜深思之，且与省内和也。"进意更狐疑。[来自对面的压力，令"最高统帅"本人心理分裂：]绍惧进变计，乃胁之曰："交构已成，形势已露，事留变生，将军复欲何待，而不早决之乎？"进于是以绍为司隶校尉，假节，专命击断；从事中郎王允为河南尹。绍使洛阳方略武吏司察宦者，而促董卓等使驰驿上，欲进兵平乐观。太后乃恐，悉罢中常侍小黄门，使还里舍[宦官们被（非常短暂地）斥退]，唯留进素所私人，以守省中。诸常侍小黄门皆诣进谢罪，唯所措置。进谓曰："天下匈匈（汹汹），正患诸君耳。今董卓垂至，诸君何不早各就国？"[他自己的犹豫现在成了毁灭宦官的头号障碍。一名"人道的"（愚蠢的）屠夫！]袁绍劝进便于此决之，至于再三。进不许。绍又为书告诸州郡，诈宣进意，使捕案中官亲属。

**[他与宦官集团的生死斗争（四）：宦官反击，决绝而又彻底，即刻消灭他：]**

进谋积日，颇泄，中官惧而思变。张让子妇，太后之妹也。让向子妇叩头曰："老臣得罪，当与新妇俱归私门。惟[思念]受恩累世，今当远离宫殿，情怀恋恋，愿复一入直（值），得暂奉望太后、陛下颜色，然后退就沟壑，死不恨矣。"子妇言于舞阳君，入白太后，乃诏诸常侍皆复入直（值）。[**太后改变了她先前的斥退宦官的决定，将他们召回。**]

**[绝望之际发动反击，决绝，彻底，迅捷：]**八月，进入长乐白太后，请尽诛诸常侍以下，选三署郎入守宦官庐。诸宦官相谓曰："大将军称疾不临丧，不送葬，今欻[xū，忽然]入省，此意何为？窦氏事竟复起邪？"又张让等使人潜听，具闻其语，乃率常侍段珪、毕岚等数十人，持兵窃自侧闼入，伏省中，及进出，因诈以太后诏召进。入坐省闼，让等诘进曰："天下愦愦[《说文》曰："愦，乱也。"]，亦非独我曹罪也。先帝尝与太后不快，几至成败，我曹涕泣救解，①各出家财千万为礼，和悦上意，但欲托卿门户耳。今乃欲灭我曹种族，不亦太甚乎？卿言省内秽浊，公卿以下忠清者为谁？"于是尚方监渠穆拔剑斩进于嘉德殿前。[**他即刻被宦官谋杀！**]让、珪等为诏，以故太尉樊陵为司隶校尉，少府许相为河南尹。尚书得诏板，疑之，曰："请大将军出共议。"中黄门以进头掷与尚书，曰："何进谋反，已伏诛矣。"[**一场典型的政变！**]

---

① 《后汉书·皇后纪下》载：光和三年[180年]，立为皇后……时王美人任（妊）娠，畏后，乃服药欲除之，而胎安不动，又数梦负日而行。四年，生皇子协，后遂鸩杀美人。帝大怒，欲废后，诸宦官固请得止。董太后[灵帝母]自养协，号曰董侯。

［**他的暴死的即刻后果：在帝国首都的大混乱和大屠戮，然后在全国（“何氏遂亡，而汉室亦自此败乱”）：**］

进部曲将吴匡、张璋，素所亲幸，在外闻进被害，欲将兵入宫，宫阁闭。袁术与匡共斫攻之。中黄门持兵守阁。会日暮，术因烧南宫九龙门及东西宫，欲以胁出让等。让等入白太后，言大将军兵反，烧宫，攻尚书闼，因将太后、天子及陈留王，又劫省内官属，从复道走北宫。尚书卢植执戈于阁道窗下，仰数段珪。段珪等惧，乃释太后。太后投阁得免。

袁绍与叔父隗矫诏召樊陵、许相，斩之。苗、绍乃引兵屯硃雀阙下，捕得赵忠等，斩之。吴匡等素怨苗不与进同心，而又疑其与宦官同谋，乃令军中曰："杀大将军者即车骑也，士吏能为报仇乎？"进素有仁恩，士卒皆流涕曰："愿致死！"匡遂引兵与董卓弟奉车都尉旻［mín］攻杀苗，弃其尸于苑中。［**宦官们在大乱中被消灭，连同（政治上强大的）外戚：先前东汉宫廷政治的血腥解决。只有暴烈的军阀被留下为华夏的能动力量：**］绍遂闭北宫门，勒兵捕宦者，无少长皆杀之。或有无须而误死者，至自发露然后得免。死者二千余人。绍因进兵排宫，或上端门屋，以攻省内。

张让、段珪等困迫，遂将帝与陈留王数十人步出穀门，奔小平津［在今河南省中部巩县西北］。公卿并出平乐观，无得从者，唯尚书卢植夜驰河上，王允遣河南中部掾闵贡随植后。贡至，手剑斩数人，余皆投河而死。明日，公卿百官乃奉迎天子还宫，以贡为郎中，封都亭侯。

董卓遂废帝，又迫杀太后，杀舞阳君［何太后母］，[①]何氏遂亡，而汉室亦自此败乱。［**这伴有中国史上四个世纪之久的最黑暗时代的开端。**］

［**紧随《窦何列传》的急剧的详细故事，我们的史家作了一则简短但深刻的评论：窦武和何进的政变阴谋成败从根本上说不相干，如果考虑到东汉垂死和湮灭的结构性命运：**］

论曰：窦武、何进借元舅之资，据辅政之权，内倚太后临朝之威，外迎群英乘风之势，卒而事败阉竖，身死功颓，为世所悲，岂智不足而权有余乎？［言智非不足，权亦有余，盖天败也.］《传》曰："天之废商久矣，君将兴之。"斯宋襄公所以败于泓也。［《左传》曰，楚伐宋，宋公将战。子鱼谏曰："天之弃商久矣，公将兴之，不可。"宋公不从，遂与楚战，大

---

① 《后汉书·皇后纪下》载：中平六年［188年］，（灵）帝崩，皇子辩即位，尊后为皇太后。太后临朝。后兄大将军进欲诛宦官，反为所害；舞阳君亦为乱兵所杀。并州牧董卓被征，将兵入洛阳，陵虐朝庭，遂废少帝为弘农王而立协，是为献帝。［**政变接着政变！现在是董卓的暴政政权。大乱时分从不缺短命的篡夺者。**］扶弘农王下殿，北面称臣。太后鲠涕，群臣含悲，莫敢言。董卓又议太后踧［cù，同"蹙"，言紧迫］迫永乐宫［即灵帝母董太后］，至今忧死，逆妇姑之礼，乃迁于永安宫，因进鸩，弑而崩。

败于泓。]

卷 **78**《宦者列传》[张让、赵忠片断;篇末论曰]

…………

[公元 189 年,他俩为首的宦官集团被彻底屠灭,在导致东汉帝国崩溃的彻底大乱的初始阶段,在他们以先发制人的政变摧毁外戚何进之后,如他们的前人二十年前就外戚窦武所干的;六十年前孙程往后宦官统治的一个可怖的终结:]

六年[189 年],帝崩。中军校尉袁绍说大将军何进,令诛中官以悦天下。谋泄,让、忠等因进入省,遂共杀进。而绍勒兵斩忠,捕宦官无少长悉斩之。让等数十人劫质天子走河上。追急,让等悲哭辞曰:"臣等殄灭,天下乱矣。惟陛下自爱!"皆投河而死。

[宦官们在大乱中被消灭,连同(政治上强大的)外戚。此乃先前东汉政治的血腥"搞定",只留下暴烈的军阀,作为华夏的唯一能动力量。]

[我们的史家作的一则篇末评论,宏大,深邃:"丧大业绝宗祀者","西京自外戚失祚,东都缘阉尹倾国";东汉帝国崩溃这结局"所从来久矣",在其起源、演化和狂放方面。为何"衅起宦夫"? 有个能动的过程,有番曲折的历史,伴同一种"自然机制",即这些"非自然的"、因而起初最卑贱的人们"易以取信",令他们的皇家主子"无猜惮之心";此外还有他们的追加资产,那就是作为最内圈仆从的"技术"知识、才能和亲密。总的结果无可争辩:他们狂野的权势滥用和"社稷故其为墟":]

论曰:自古丧大业绝宗祀者,其所渐有由矣。三代以嬖色取祸[夏以妹(mò)喜,殷以妲己,周以褒姒],嬴氏以奢虐致灾,西京自外戚失祚,东都缘阉尹倾国。成败之来,先史商[商略,评论]之久矣。至于衅起宦夫,其略犹或可言。[**他的深刻分析,充满精致的经验性常识:**]何者? 刑余之丑,理谢全生,声荣无辉于门阀,肌肤莫传于来体,推情未鉴其敝,即事易以取信,加渐染朝事,颇识典物,故少主凭谨旧之庸,女君资出内之命,顾访无猜惮之心,恩狎有可悦之色。亦有忠厚平端,怀术纠邪[谓吕强];或敏才给对,饰巧乱实;或借誉贞良,先时荐誉[谓曹腾]。非直苟恣凶德,止于暴横而已。然真邪并行,情貌相越[违也,谓貌虽似忠而情实奸邪],故能回惑昏幼,迷瞀[mào,惑乱]视听,盖亦有其理焉。[**他们伴有特殊便利的狂野的权势滥用是个"结构性"结果:**]诈利既滋,朋徒日广,直臣抗议,必漏先言之间[谓蔡邕对诏,王甫、曹节窃观之,乃宣布于外,而邕下狱],至戚发愤,方启专夺之隙[谓窦武谋诛宦者,反为宦者所杀],斯忠贤所以智屈,社稷故其为墟。《易》曰:"履霜坚冰至。"云所从来久矣。今迹其所以,亦岂一朝一夕哉!

# "海内涂炭,二十余年":
# 党人运动与党锢之祸

## "若义重于生,舍生可也":党人的精神先驱

### 卷 63《李杜列传》

[两位伟大英雄,斗争到底,直至英勇就义,而不对黑暗时代里邪恶的权势者作任何妥协。本篇的不能不有的主题——如我们的史家所言——是"若义重于生,舍生可也"。]

李固:

[一位非常杰出的高尚、正直和英雄般的朝廷大臣,来自在其他中间标志东汉帝国垂死时代的正直士人群体。他,依凭他生前的伟大威望、与学问和精神同侪的广泛联系和——最重要的——对拥有压倒性权势的外戚梁冀以及滥施淫威的宦官的一贯英勇斗争("据位持重,以争大义,确乎而不可夺"),事实上成了后来一个自觉的学者"阶层"的大规模持不同政见运动的政治/精神先驱。以不打折扣的正直、无可匹敌的勇气和无悔的暴死,他激励了当时的最佳者以及此类人物的某些后裔。]

[有显贵家庭背景、儒家学习渴望和对官场的非流俗态度的一位高尚人物;不仅如此,作为非常积极地"结交英贤"的士人,他显露出自己潜在的领导秉性:]

李固字子坚,汉中南郑人,司徒郃之子也。郃在《方术传》。固貌状有奇表,鼎角[顶有骨如鼎足]匡犀[谓额上之骨隆起,隐于发内],足履龟文[足履龟文者二千石,见《相书》]。少好学,常步行寻师,不远千里。[《谢承书》曰:"固改易姓名,杖策驱驴,负笈追师三辅,学《五经》,积十余年。博览古今,明于风角、星算、《河图》、谶纬,仰察俯占,穷神知变。"]遂究览坟籍,结交英贤。四方有志之士,多慕其风而来学。京师咸叹曰:"是复为

李公矣。"司隶、益州并命郡举孝廉，辟司空掾，皆不就。[《谢承书》曰："五察孝廉，益州再举茂才，不应。五府连辟，皆辞以疾。"]

[从他的全国闻名的民间士人的地位出发，他受最高级大臣甚至皇帝本人邀请去指明"当世之弊"；他充分利用这机会，全系列无怜悯地抨击帝国政权，并且特别呼吁"权去外戚，政归国家"和"罢退宦官，去其权重"：]

阳嘉[顺帝年号]二年[133年]，有地动、山崩、火灾之异，公卿举固对策，诏又特问当世之敝，为政所宜。固对曰：

臣闻王者父天母地，宝有山川。王道得则阴阳和穆，政化乖则崩震为灾[儒家自然神论有其对头的政治功能！]。……[他的抨击风格：直接、连续和猛烈：]古之进者，有德有命；今之进者，唯才与力。伏闻诏书务求宽博，疾恶严暴。而今长吏多杀伐致声名者，必加迁赏。其存宽和无党援者，辄见斥逐。["党援"，特别在最高层，是核心弊端！]是以淳厚之风不宣，雕薄之俗未革。虽繁刑重禁，何能有益？前孝安皇帝变乱旧典，封爵阿母[王圣]，因造妖孽，使樊丰之徒乘权放恣，侵夺主威，改乱嫡嗣，至令圣躬狼狈，亲遇其艰。① [他不给前皇帝及现皇帝各自的政权留任何面子！]既拔自困殆，龙兴即位，天下喁喁，属望风政。积敝之后，易致中兴，诚当沛然思惟善道；而论者犹云，方今之事，复同于前。[他毫不畏惧地说政权的性质全无改变，除了新的邪恶者取代旧的邪恶者！]臣伏从山草，痛心伤臆。……[他除皇帝本人外，特别针对内宫头号佞幸：]今宋阿母[宋娥]虽有大功勤谨之德，但加赏赐，足以酬其劳苦；至于裂土开国，实乖旧典。② 闻阿母体性谦虚，必有逊让，陛下宜许其辞国之高，使成万安之福。

[更重要也更勇敢的是，他现在针对非常有权有势的梁氏外戚，包括潜在的狂野篡夺者梁冀：]夫妃后之家所以少完全者，岂天性当然。但以爵位尊显，专总权柄，天道恶盈，不知自损，故至颠仆。先帝宠遇阎氏，位号太疾，故其受祸，曾不旋时。《老子》曰："其进锐，其退速也。"今梁氏戚为椒房[皇后所居，以椒泥涂也]，礼所

---

① 《后汉书·顺帝纪》载：孝顺皇帝讳保，安帝之子也。母李氏，为阎皇后所害。永宁元年[120年]，立为皇太子。延光三年[124年]，安帝乳母王圣、大长秋江京、中常侍樊丰谮太子乳母王男、厨监邴吉，杀之，太子数为叹息。王圣等惧后祸，遂与丰、京共构陷太子，太子坐废为济阴王。明年[125年]三月，安帝崩，北乡侯立，济阴王以废黜，不得上殿亲临梓宫，悲号不食，内外群僚莫不哀之。及北乡侯薨[125年]，车骑将军阎显及江京，与中常侍刘安、陈达等白太后，秘不发丧，而更征立诸国王子，乃闭宫门，屯兵自守。十一月丁巳，京师及郡国十六地震。是夜，中黄门孙程等十九人共斩江京、刘安、陈达等，迎济阴王于德阳殿西钟下，即皇帝位，年十一。……

② 《后汉书·左周黄列传》载：初，帝[顺帝初为皇太子时]废为济阴王[124年]，乳母宋娥与黄门孙程等共议立帝，帝后以娥前有谋，遂封为山阳君，邑五千户[133年]。又封大将军梁商子冀襄邑侯[133年]。

不臣,尊以高爵,尚可然也。而子弟群从,荣显兼加,永平[明帝年号]、建初[章帝年号]故事,殆不如此。宜令步兵校尉冀及诸侍中还居黄门之官,使权去外戚,政归国家[贯穿他的政治生涯的首要主题],岂不休乎!

又诏书所以禁侍中尚书中臣子弟不得为吏察孝廉者,以其秉威权,容请托故也。[他还针对宦官,他们的决绝和成功的政变使之很有权势,并且腐败:]而中常侍在日月之侧,声势振天下,子弟禄仕,曾无限极。虽外托谦默,不干州郡,而谄伪之徒,望风进举。今可为设常禁,同之中臣。……

[他呼吁就权势和行政结构作宫廷重大改革,以宦官和(据蕴意)外戚的统治为代价:]……今与陛下共理天下者,外则公卿尚书,内则常侍黄门,譬犹一门之内,一家之事,安则共其福庆,危则通其祸败。刺史、二千石,外统职事,内受法则。……此天下之纪纲,当今之急务。陛下宜开石室,陈图书,招会群儒,引问失得……其言有中理,即时施行,显拔其人,以表能者。则圣听日有所闻,忠臣尽其所知。又宜罢退宦官,去其权重,裁置常侍二人,方直有德者,省事左右;小黄门五人,才智闲雅者,给事殿中。如此,则论者厌塞,升平可致也。……

[他的训诫的效能:君主非常有限地接受,宫廷邪恶者立时予以报复,那是他幸运地(暂时)免却了的:]顺帝览其对,多所纳用[?],即进出阿母还弟舍,诸常侍悉叩头谢罪,朝廷肃然。以固为议郎。而阿母宦者疾固言直,因诈飞章[报告急变或急事的奏章]以陷其罪,事从中下。大司农黄尚等请之于大将军梁商,又仆射黄琼救明固事,久乃得拜议郎。

[再度从他的全国闻名的民间士人的地位出发,他不成功地劝说头号外戚、消极自守和放纵子女的梁商制约家族和抽身而退:]

出为广汉雒[luò,县名,在今四川省广汉县北]令,至白水关[在今四川广元市青川县营盘乡五里垭],解印绶,还汉中,杜门不交人事。岁中,梁商请为从事中郎。商以后父辅政,而柔和自守,不能有所整裁,灾异数见,下权日重。固欲令商先正风化,退辞高满,乃奏记曰:

[他的劝说始于儒家经典和当代教训:]《春秋》褒仪父以开义路[隐公元年三月,公及邾仪父盟于眛。《公羊传》曰:"仪公者何? 邾娄之君也。何以称字? 褒之也。曷为褒之? 为其与公盟也。"],贬无骇以闭利门[隐公二年,经书"无骇帅师入极"(统帅鲁师灭掉极国)。《公羊传》曰:"无骇者何? 展无骇也。何以不氏? 贬。曷为贬? 疾始灭也。"],夫义路闭则利门开,利门开则义路闭也。前孝安皇帝内任伯荣、樊丰之属,外委周广、谢恽之徒,开门受赂,署用非次,天下纷然,怨声满道。朝廷初立,颇存清静,未能数年,稍复堕损。[有如先前那个场合,他说政权的性质全无改变,除了新的邪恶者取代旧的邪

恶者！]左右党进者，日有迁拜，守死善道者，滞洄穷路，而未有改敝立德之方。[**他提议制约和缩减他的家族的权势和奢侈：**]又即位以来，十有余年，圣嗣未立，群下继望。可令中宫博简嫔媵[yìng，随嫁者]，兼采微贱宜子之人，进御至尊，顺助天意。若有皇子，母自乳养，无委保妾医巫，以致飞燕之祸。[**他对和蔼和消极的梁商极为率直！**]明将军望尊位显，当以天下为忧，崇尚谦省，垂则万方。而新营祠堂，费功亿计，非以昭明令德，崇示清俭。[**儒家自然神论可以在告诫滥权和敦促改革方面有好的政治功能：**]自数年以来，灾怪屡见，比无雨润，而沉阴郁泱。……天道无亲，可为祇畏。加近者月食既于端门之侧。月者，大臣之体也。夫穷高侧危，大满则溢，月盈则缺，日中则移。[《易·丰卦》曰："日中则昃，月盈则食，天地盈虚，与时消息。"《史记》蔡泽谓范雎曰："日中则移，月满则亏"]。凡此四者，自然之数也。天地之心，福谦忌盛，是以贤达功遂身退，全名养寿，无有怵迫之忧。……明公躧伯成之高[《庄子》曰："伯成子高，唐虞时为诸侯，至禹，去而耕。禹往见之，则耕在野。禹问曰：'昔尧化天下，吾子立为诸侯，尧授舜，舜授予，子去而耕，其故何也？'子高曰：'昔尧化天下，至公无私，不赏而人自劝，不罚而人自畏。今子赏而不劝，罚而不威，德自此衰，刑自此作。夫子盍行，无留吾事。'俋俋然，耕不顾。"]，全不朽之誉，岂与此外戚凡辈耽荣好位者同日而论哉！……

商不能用。

[**他，凭其学问和实干才能，能够是一个政治上颇能干的地方行政长官，不流血而平定地方"盗贼"，同时保持他鄙视中央邪恶精英的大勇气：**]

永和[136—141年]中，荆州盗贼起，弥年不定，乃以固为荆州刺史。固到，遣吏劳问境内，赦寇盗前衅，与之更始。于是贼帅夏密等敛其魁党六百余人，自缚归首。固皆原[原谅]之，遣还，使自相招集，开示威法。半岁间，余类悉降，州内清平。

上奏南阳太守高赐等臧（赃）秽。赐等惧罪，遂共重赂大将军梁冀，冀为千里移檄，而固持之愈急。[**他不怕任何人！**]冀遂令徙固为太（泰）山太守。时，太山盗贼屯聚历年，郡兵常千人，追讨不能制。固到，悉罢遣归农，但选留任战者百余人，以恩信招诱之。未满岁，贼皆弭散。

[**他作为朝廷大臣的英雄般经历（一）：推荐正直和被认为能干的士人担任高官，主张将腐败和邪恶的"宦者亲属"逐出官场；他在这些事上获得成功：**]

迁将作大匠。上疏陈事曰：

臣闻气之清者为神，人之清者为贤。养身者以练神为宝，安国者以积贤为道。……陛下拨乱龙飞，初登大位，聘南阳樊英、江夏黄琼、广汉杨厚、会稽贺纯，策书嗟叹，待以大夫之位。……厚等在职，虽无奇卓，然夕惕孳孳，志在忧国。臣前在荆州，闻厚、纯等以病免归，诚以怅然，为时惜之。一日朝会，见诸侍中并皆年少，无一宿儒大人可顾问者，诚可叹息。宜征还厚等，以副群望。琼久处议郎，已且十年，众人皆怪始隆崇，今更滞也。光禄大夫周举，才谟高正，宜在常伯，访以言议。侍中杜乔，学深行直，当世良臣，久托疾病，可敕令起。

又荐陈留杨伦、河南尹存、东平王恽、陈国何临、清河房植等。是日有诏征用伦、厚等，而迁琼、举，以固为大司农。

先是，周举等八使案察天下，多所劾奏，其中并是宦者亲属，辄为请乞，诏遂令勿考。……固乃与廷尉吴雄上疏，以为八使所纠，宜急诛罚……帝感其言，乃更下免八使所举刺史、二千石……乃复与光禄勋刘宣上言："自顷选举牧守，多非其人，至行无道，侵害百姓。……"帝纳其言，于是下诏诸州劾奏守令以下，政有乖枉，遇人无惠者，免所居官；其奸秽重罪，收付诏狱。[**好！然而，是否有认真和一贯的执行？**]

[**他作为朝廷大臣的英雄般经历（二）：他与准独裁者梁冀之间愈益激烈的冲撞：**]

及冲帝即位，以固为太尉，与梁冀参录尚书事。[**形势的结构性变化：他成了最高级大臣，而他的敌人成了准独裁者；冲撞不可避免。**]明年帝崩……

固以清河王蒜年长有德，欲立之，谓梁冀曰："今当立帝，宜择长年高明有德，任亲政事者，愿将军审详大计，察周、霍之立文、宣，戒邓、阎之利幼弱。"冀不从，乃立乐安王子缵，年八岁，是为质帝。……时太后以比遭不造，委任宰辅，固所匡正，每辄从用，其黄门宦者一皆斥遣，天下咸望遂平，而梁冀猜专，每相忌疾。[**他的部分成功倚赖太后的某种信任，而这只是增强了他的有压倒性权势的敌人的仇恨。**]

初，顺帝时诸所除官，多不以次，及固在事，奏免百余人。[**他在一个黑暗时代的正直还使他被那么多人仇恨，遭到集体的报复：**]此等既怨，又希望冀旨，遂共作飞章虚诬固罪曰[**以狂野和全面为特征的对他的诽谤**]：

……太尉李固，因公假私，依正行邪，离间近戚，自隆支党。至于表举荐达，例皆门徒，及所辟召，靡非先旧。或富室财赂，或子婿婚属，其列在官牒者凡四十九人。又广选贾竖，以补令史；求好马，临窗呈试。出入逾侈，辎軿曜日。大行在殡，路人掩涕，固独胡粉饰貌，搔头弄姿，槃旋偃仰，从容冶步，曾无惨怛伤悴之心。山陵未成，违矫旧政，善则称已，过则归君，斥逐近臣，不得侍送，作威作福，莫固之甚。……寇贼奸轨，则责在太尉。固受任之后，东南跋扈，两州数郡，千里萧条，兆人伤损，大化陵迟，而诋疵先主，苟肆狂狷。存[谓安帝顺帝存时]无廷争之忠，没[谓安帝顺帝殁后]有诽谤之说。夫子罪莫大于累父，臣恶莫深于毁君。固之过衅，事合诛辟。[要他的命！]

书奏，冀以白太后，使下其事。太后不听，得免。[**太后能拯救他多久？**]①

[**他作为朝廷大臣的英雄般经历（二）：他与弑君狂兽梁冀的最后"对阵激战"，那以他英雄般暴死告终：**]

冀忌帝聪慧，恐为后患，遂令左右进鸩。帝苦烦甚，促使召固。固入，前问："陛下得患所由？"帝尚能言，曰："食煮饼，今腹中闷，得水尚可活。"时冀亦在侧，曰："恐吐，不可饮水。"语未绝而崩。固伏尸号哭，推举侍医。冀虑其事泄，大恶之。[**弑君！而且，狂兽想灭的不仅是被谋杀了的孩童皇帝！**]

因议立嗣，固引司徒胡广、司空赵戒，先与冀书曰[**他的先发制人企图，防止梁冀只按照他自己的独裁意志置立一个帝位继承者**]：

天下不幸，仍遭大忧。……频年之间，国祚三绝[顺帝崩，冲帝立一年崩，质帝一年崩]。……且永初[安帝年号，107—113年]以来，政事多谬，地震宫庙，彗星竟天……昔昌邑之立，昏乱日滋，霍光忧愧发愤，悔之折骨。自非博陆忠勇[霍光封博陆侯]，延年奋发[群臣闻霍光欲废昌邑王之言皆惊愕失色，大司农田延年前离席案剑曰："今日之议，不得旋踵，群臣后应者，臣请剑斩之！"于是废立遂定]，大汉之祀，几将倾矣。至忧至重，可不熟虑！悠悠万事，唯此为大，国之兴衰，在此一举。

[**就至关紧要的帝位继承问题作对阵激战：**]

冀得书，乃召三公、中二千石、列侯大议所立。固、广、戒及大鸿胪杜乔皆以为清河王蒜明德著闻，又属最尊亲，宜立为嗣。[**他重复他一年前失败了的提议。然而再度，狂兽为自己的利益有自己的选择：**]先是蠡吾侯志当取（娶）冀妹，时在京师，冀欲立之。众论既异，愤愤不得意，而未有以相夺，中常侍曹腾等闻而夜往说冀曰："将军累世有椒房之亲，秉摄万机，宾客纵横，多有过差。清河王严明，若果立，则将军受祸不久矣。[**此乃你的生死问题！**：使之下定决心的宦官的告诫。]不如立蠡吾侯，富贵可长保也。"冀然其言，明日重会公卿，冀意气凶凶，而言辞激切。[**下定决心后，这野兽张牙舞爪，以示恐吓！**]自胡广、赵戒以下，莫不慑惮之。皆曰："惟大将军令。"而固独与杜乔坚守本议[**英雄主义！他和他的"学生"不怕任何**

---

① 《后汉书·皇后纪下》载：[**梁贵人、梁皇后、梁太后（梁妠）：**]……

建康元年[144年]，帝崩。后无子，美人虞氏子炳立，是为冲帝。尊后为皇太后，太后临朝。冲帝寻崩，复立质帝，犹秉朝政。

时，扬、徐剧贼寇抚州郡，西羌、鲜卑及日南蛮夷攻城暴掠，赋敛烦数，官民困竭。太后夙夜勤劳，推心杖贤[老年贤者]，委任太尉李固等，拔用忠良，务崇节俭。其贪叨罪愆，多见诛废。分兵讨伐，群寇消夷。故海内肃然，宗庙以宁。而兄大将军冀鸩杀质帝，专权暴滥，忌害忠良，数以邪说疑误太后，遂立桓帝而诛李固。太后又溺于宦官，多所封宠，以此天下失望。……

事]。冀厉声曰:"罢会。"固意既不从,犹望众心可立,复以书劝冀[有如我们的史家在篇末说的,"虽机失谋乖,犹恋恋而不能已"]。[他战斗到底,怀有某种幻想或天真。当然,决绝战斗和天真从来不是无代价的:]冀愈激怒,乃说太后先策免固,竟立蠡吾侯,是为桓帝。

[他的无悔的暴死,他的英雄般终结:]

后岁余,甘陵刘文、魏郡刘鲔各谋立蒜为天子,梁冀因此诬固与文、鲔共为妖言,下狱。门生勃海王调贯械上书,证固之枉,河内赵承等数十人亦要鈇锧[腰斩时所用刑具;鈇如今铡刀,锧乃铡刀座]诣阙通诉,太后明之,乃赦焉。及出狱,京师市里皆称万岁。[他享有全国性大威望和太后的"残余"信任。然而,即使这些也不能使他免于兽杀:]冀闻之大惊,畏固名德终为己害,乃更据奏前事,遂诛之,时年五十四。

[他的最终再度得到证实的英雄主义:]临命,与胡广、赵戒书曰:"固受国厚恩,是以竭其股肱,不顾死亡,志欲扶持王室,比隆文、宣。何图一朝梁氏迷谬,公等曲从,以吉为凶,成事为败乎? 汉家衰微,从此始矣。[谴责胆怯的机会主义者,他们在任何类似的场合必然构成多数;在此的机会主义不是个道德问题,而是生存问题:]公等受主厚禄,颠而不扶,倾覆大事,后之良史,岂有所私? 固身已矣,于义得矣,夫复何言!"广、戒得书悲惭,皆长叹流涕。

[野兽在其彻底摧毁中不冒任何风险,没有任何怜悯:]州郡收固二子基、兹于郾城,皆死狱中。小子燮得脱亡命。冀乃封广、戒而露固尸于四衢,令有敢临者加其罪。[英雄激励了几个人,他们像他一样不怕任何事情:]固弟子汝南郭亮,年始成童,游学洛阳,乃左提章[谓所上章]钺,右秉鈇锧,诣阙上书,乞收固尸。不许,因往临哭,陈辞于前,遂守丧不去。夏门亭长呵之曰:"李、杜二公为大臣,不能安上纳忠,而兴造无端。卿曹何等腐生[腐儒],公犯诏书。干试有司乎?"亮曰:"亮含阴阳以生,戴乾履坤。义之所动,岂知性命,何为以死相惧?"亭长叹曰:"居非命之世,天高不敢不局[曲],地厚不敢不蹐[累足]。耳目适宜视听,口不可以妄言也。"[又是胆怯的机会主义者;在此的机会主义不是个道德问题,而是生存问题。]太后闻而不诛。南阳人董班亦往哭固,而殉尸不肯去。太后怜之,乃听得襚敛归葬。二人由此显名,三公并辟。班遂隐身,莫知所归。

固所著章、表、奏、议、教令、对策、记、铭凡十一篇。弟子赵承等悲叹不已,乃共论固言迹,以为《德行》一篇。

[他留下了一个确实令人印象深刻的女儿,恰如其父,有英雄秉性、实际才智和予以其弟的伟大教育:]

燮字德公。初,固既策罢,知不免祸,乃遣三子归乡里。时,燮年十三,姊文姬为司郡赵伯英妻，贤而有智，见二兄归，具知事本，默然独悲曰："李氏灭矣！自太公已来，积德累仁，何以遇此？"密与二兄谋豫藏匿燮，托言还京师，人咸信之。有顷难作，下郡收固三子。二兄受害，文姬乃告父门生王成曰："君执义先公，有古人之节。今委君以六尺之孤，李氏存灭，其在君矣。"成感其义，乃将燮乘江东入下，入徐州界内，令变名姓为酒家佣，而成卖卜于市。各为异人，阴相往来。

燮从受学，酒家异之，意非恒人，以女妻燮。燮专精经学。十余年间，梁冀既诛而灾眚屡见。明年，史官上言宜有赦令，又当存录大臣冤死者子孙，于是大赦天下，并求固后嗣。燮乃以本末告酒家，酒家具车重厚遣之，皆不受，遂还乡里，追服。姊弟相见，悲感傍人。既而戒燮曰："先公正直，为汉忠臣，而遇朝廷倾乱，梁冀肆虐，令吾宗祀血食将绝。今弟幸而得济，岂非天邪！宜杜绝众人，勿妄往来，慎无一言加于梁氏。加梁氏则连主上，祸重至矣。唯引咎而已。"**[她的第一关切总是她的血亲，同时未牺牲任何更广的道义。]** 燮谨从其诲。后王成卒，燮以礼葬之，感伤旧恩，每四节为设上宾之位而祠焉。

州郡礼命，四府并辟，皆无所就，后征拜议郎。及其在位，廉方自守，所交皆舍短取长，好成人之美。……


### 杜乔：
**[犹如李固的门徒。一位英雄般正直的官僚，从不怕好报复的有大权者，也不怕为正义事业自我献身。]**


杜乔字叔荣，河内林虑 [今河南林州市] 人也。少为诸生，举孝廉，辟司徒杨震府。稍迁为南郡太守，转东海相，入拜侍中。

**[他正直，对自己的大臣职位高度负责，从不怕好报复的有大权者，甚至是在最高层的：]**
汉安 [顺帝年号] 元年 [142年]，以乔守光禄大夫，使徇察兖州。表奏太山太守李固政为天下第一 **[他是他内心深处的楷模！]**；陈留太守梁让、济阴太守汜宫、济北相崔瑗等臧(赃)罪千万以上。让即大将军梁冀季父，宫、瑗皆冀所善。**[他显示了大正直和大勇气！]** 还，拜太子太傅，迁大司农。

**[再度显示他的这些伟大秉性，还有（在这史录中首次）他在廷前谏言中的颇为生硬率直的话语方式：]** 时，梁冀子弟五人及中常侍等以无功并封，乔上书谏曰："陛下……不急忠贤之礼，而先左右之封，伤善害德，兴长佞谀。臣闻古之明君，褒罚必以功过；末世暗主 **[他不给皇帝本人留面子，更不用说大权在握的梁氏外戚和**

宦官!]诛赏各缘其私。今梁氏一门,宦者微孽,并带无功之绶,裂劳臣之土,其为乖滥,胡可胜言! 夫有功不赏,为善失其望;奸回不诘,为恶肆其凶。故陈资斧[《易·旅卦·九四》曰:"旅于处,得其资斧。"《前书音义》曰:"资,利也。"]而人靡畏,班爵位而物无劝。苟遂斯道,岂伊伤政,为乱而已,丧身亡国,可不慎哉!"书奏不省。

益州刺史种暠[hào]举劾永昌太守刘君世以金蛇遗梁冀,事发觉,以蛇输司农。冀从乔借观之,乔不肯与,冀始为恨[**真的吗? 他必定已经恨他!**]。累迁大鸿胪。时,冀小女死,令公卿会丧,乔独不往,冀又衔之。

[**他的英雄般死亡,为了正义事业,也为了他的一起为此献身的精神导师:**]
迁光禄勋。建和元年[147年],代胡广为太尉[**他成了最高级大臣,那是他不会为自己的私利而珍视的**]。桓帝将纳梁冀妹,冀欲令以厚礼迎之,乔据执旧典,不听。又冀属乔举汜宫为尚书,乔以宫臧(赃)罪明著,遂不肯用,因此日忤于冀。
[**他顽固地使狂野的独裁者成为他的死敌,为正直和清洁的良心。**]先是李固见废,内外丧气,群臣侧足而立,唯乔正色无所回桡[曲也][**真正的英雄从不怕孤立,从不怕孤立蕴含的恶兆**]。由是海内叹息,朝野瞻望焉。在位数月,以地震免。[**致命的报复来临,报复孤立者:**]宦者唐衡、左悺[guàn]等因共谮于帝曰:"陛下前当即位,乔与李固抗议言上不堪奉汉宗祀。"帝亦怨之。及清河王蒜事起,梁冀遂讽有司劾乔及李固与刘鲔等交通,请逮案罪。而梁太后素知乔忠,但策免而已。冀愈怒[**这狂兽因为他妹妹对其死敌的同情而变得更狂野**],使人胁乔曰:"早从宜,妻子可得全。"乔不肯。明日冀遣骑至其门,不闻哭者,遂白执系(羁)之,死狱中。妻、子归故郡。与李固俱暴尸于城北,家属故人莫敢视者。

[**英雄们事实上并非那么孤立。他们激励了别人:**]乔故掾陈留杨匡闻之,号泣星行到洛阳,乃著故赤帻,托为夏门亭吏,守卫尸丧,驱护蝇虫,积十二日,都官从事执之以闻。梁太后义而不罪。匡于是带鈇锧诣阙上书,并乞李、杜二公骸骨。太后许之。成礼殡殓,送乔丧还家,葬送行服,隐匿不仕。匡初好学,常在外黄[县名,故城在今河南杞县东]大泽教授门徒。补薪[县名,在今安徽宿州市境内]长,政有异绩,迁平原[王国名,都城在今山东平原县]令。时国相徐曾,中常侍璜之兄也,匡耻与接事,托疾牧豕云。

[**因为李固和杜乔,我们的史家在此就生死和负责任的(政治/道德)正义慷慨陈词;一类(儒家)伦理哲学:**]
论曰:夫称仁人者,其道弘矣! 立言践行,岂徒徇[求也]名安己而已哉,将以定去就之概[节也],正天下之风,使生以理全,死与义合也。夫专为义则伤生,专为生

则骞[违也]义,专为物则害智,专为己则损仁。若义重于牟,舍生可也。生重于义,全生可也。[伴同正义的(为官)责任：]上以残暗失君道,下以笃固尽臣节。臣节尽而死之,则为杀身以成仁,去之不为求生以害仁也。[《论语》："无求生以害仁,有杀身以成仁。"]顺、桓之间,国统三绝,太后称制,贼臣虎视。李固据位持重,以争大义,确[坚貌也]乎而不可夺。[《论语》："临大节而不可夺。"]。岂不知守节之触祸,耻夫覆折之伤任也[《易》曰："鼎折足,覆公𫗧。"言不胜其任]。观其发正辞,及所遗梁冀书,虽机失谋乖,犹恋恋而不能已[他战斗到底,伴有某种幻想或天真]。至矣哉,社稷之心乎！其顾视胡广、赵戒,犹粪土也。[我们的史家的过头断言。我们对他们可以有某种同情,因为他们的机会主义只是为了生存。]

## "匹夫抗愤,处士横议"：党人运动与党锢之祸

### 卷 67《党锢列传》

[意义很重大的一篇,中国历史编纂中独特的一篇,至少直到我们的史家这里,因为它记录了一场士人/官僚政治运动("党人"运动)。它有起码程度的大规模和它自身富有特征的价值、道德/政治文化、意见宣言、政治纲领和政治活动,连同它遭受的三轮大规模的帝国政府迫害,在一个帝国垂死时代。这迫害导致了至少千名以上遭逮捕、处决、监禁、狱中惨死和永久被禁担任官职("禁锢")的受害者。]

["海内涂炭,二十余年,诸所蔓衍,皆天下善士。"卷入这运动的名士为三十五位被称作"三君","八俊","八顾","八及"和"八厨"的人,其中约二十位有其传记在此,其余散见于其他篇章。在这些传记之前有一导言,强调党人运动的总的历史来源和它的主要特征,即"士子羞与('阉寺')为伍,故匹夫抗愤,处士横议,遂乃激扬名声,互相题拂,品核公卿,裁量执政",还有一番对这运动的总的历史和它遭受的迫害的概述。]

[他们的英雄主义、责任意识和同志情谊最令人印象深刻。他们构成了时代黑暗中一道光芒炫目的闪电。]

[我们史家的导言,集中于党人运动的总的历史起源：]

……[党人运动兴起的最广泛历史背景,在于几个世纪里社会智识生活的逐渐"自由化",伴之以等级制社会结构的松弛：](春秋)霸德既衰,狙诈萌起。强者以决胜为雄,弱者以诈劣受屈。至有画半策而绾万金,开一说而锡琛瑞。或起徒步而仕执珪,解草衣以升卿相。士之饰巧驰辩,以要笼钓利者,不期而景从矣。……

及汉祖杖剑，武夫勃兴，宪令宽赊，文礼简阔，绪余四豪[谓战国时代信陵君、平原君、春申君、孟尝君]之烈，人怀陵上之心，轻死重气，怨惠必仇，令行私庭，权移匹庶，任侠之方，成其俗矣。自武帝以后，崇尚儒学，怀经协术，所在雾会[众多人聚在一起]，至有石渠分争之论，党同伐异之说，守文之徒，盛于时矣。[**按照我们的史家，知识分子"士众"对帝国权威之自觉的抵抗的开端。**]至王莽专伪，终于篡国，忠义之流，耻见缨绂[冠带与印带]，遂乃荣华丘壑，甘足枯槁。虽中兴在运，汉德重开，而保身怀方，弥相慕袭，去就之节，重于时矣。[**以独立甚至隐逸为形态的抵抗成为东汉时代一种多少流行的"士人文化"。而且，在帝国垂死时代更是如此，因为在中央的、放纵的皇帝和邪恶的权宦之下的政治黑暗：**]逮桓、灵之间，主荒政缪，国命委于阉寺，士子羞与为伍，故匹夫抗愤，处士横议，遂乃激扬名声，互相题拂，品核公卿，裁量执政，婞[xìng，刚强]直之风，于斯行矣。

夫上好则下必甚，桥枉故直必过，其理然矣。……

[**党人运动和党锢之祸的概史（一）：**]
[**该运动的缘起和发展：**]

初，桓帝为蠡吾侯，受学于甘陵[郡名，治所在今山东临清市和河北临西县地]周福，及即帝位，擢福为尚书。时同郡河南尹房植有名当朝，乡人为之谣曰："天下规矩房伯武，因师获印周仲进。"二家宾客，互相讥揣，遂各树朋徒，渐成尤隙，由是甘陵有南北部，党人之议，自此始矣。[**"党人"一语的起源，其意为公开的派系斗争，与党人运动无缘。**]后汝南太守宗资任功曹范滂，南阳太守成瑨亦委功曹岑晊，二郡又为谣曰："汝南太守范孟博，南阳宗资主画诺[在文书上签字，表示同意照办]。南阳太守岑公孝，弘农成瑨但坐啸[闲坐吟啸；成瑨将公事一任岑晊办理，故云]。"因此流言转入太学[**这运动的一个起源，一个吸引人的"楷模"，即将公共权力事实上几乎全部下放给将跻身于这运动的低层级士人，像后来记述的范滂和岑晊**]，诸生三万余人，郭林宗、贾伟节为其冠，并与李膺、陈蕃、王畅更相褒重。[**人数多时达三万人的"太学"：党人运动诞生和发展的一个极重要的体制性条件，为它提供一个接近东汉末尾时的集中的"盛大"规模！**]学中语曰："天下模楷李元礼，不畏强御陈仲举，天下俊秀王叔茂。"又渤海公族[复姓]进阶、扶风魏齐卿，并危言深论，不隐豪强。自公卿以下，莫不畏其贬议，屣履到门。[**一个"知识分子"政治运动发展起来，有其精神楷模和事实上的领袖，连同它的强有力的舆论，其特征为"危言深论，不隐豪强"；整个官场甚而宫廷本身都怕它。**]

[**党人运动和党锢之祸的概史（二）：**]

[桓帝之下，第一轮党锢之祸：]

[党锢之祸开始，经党人运动的一位精神领袖造就了一名具体的死敌，后者与邪恶的权宦有密切关联，甚至多少受宠于卑劣的皇帝本人：]时，河内张成善说风角[占卜之法]，推占当赦，遂教子杀人。李膺为河南尹，督促收捕，既而逢宥获免，膺愈怀愤疾，竟案杀之。初，成以方伎交通宦官，帝亦颇谇[suì，问]其占。成弟子牢修因上书诬告膺等养太学游士，交结诸郡生徒，更相驱驰，共为部党，诽讪朝廷，疑乱风俗。[**这些大致真实！**]于是天子震怒，班（颁）下郡国，逮捕党人，布告天下，使同忿疾，遂收执膺等。[时在延熹九年（166年）。]其辞所连及陈寔之徒二百余人，或有逃遁不获，皆悬金购募。使者四出，相望于道。明年[167年]，尚书霍谞、城门校尉窦武并表为请，帝意稍解，乃皆赦归田里，禁锢终身。而党人之名，犹书王府。

自是正直废放，邪枉炽结[**对政治文化的险恶效应**]，海内希[望也]风之流，遂共相标榜[称扬]，指天下名士，为之称号。[**一个名单**，开列党人运动的特别知名的成员：]上曰"三君"，次曰"八俊"，次曰"八顾"，次曰"八及"，次曰"八厨"，犹古之"八元"、"八凯"也。窦武、刘淑、陈蕃为"三君"。君者，言一世之所宗也。李膺、荀翌、杜密、王畅、刘祐、魏朗、赵典、硃（朱）寓为"八俊"。俊者，言人之英也。郭林宗、宗慈、巴肃、夏馥、范滂、尹勋、蔡衍、羊陟为"八顾"。顾者，言能以德行引人者也。张俭、岑晊、刘表、陈翔、孔昱、苑康、檀敷、翟超为"八及"。及者，言其能导人追宗者也。度尚、张邈、王考、刘儒、胡母班、秦周、蕃向、王章为"八厨"。厨者，言能以财（才）救人者也。

[**灵帝之下的第二轮党锢之祸，规模急剧增大，血腥程度亦然，对国家机器和士人阶层冲击巨大：**]

又张俭乡人硃（朱）并，承望中常侍侯览意旨，上书告俭与同乡二十四人别相署号，共为部党，图危社稷。以俭及檀彬、褚凤、张肃、薛兰、冯禧、魏玄、徐乾为"八俊"，田林、张隐、刘表、薛郁、王访、刘祗、宣靖、公绪恭为"八顾"，硃（朱）楷、田槃、疏耽、薛敦、宋布、唐龙、嬴咨、宣褒为"八及"，刻石立墠[shàn，祭祀或会盟用的场地]，共为部党，而俭为之魁。灵帝诏刊章捕俭等。[事在熹平元年（172年）。]大长秋曹节因此讽（风）有司奏捕前党故司空虞放、太仆杜密、长乐少府李膺、司隶校尉硃（朱）寓、颍川太守巴肃、沛相荀翌、河内太守魏朗、山阳太守翟超、任城相刘儒、太尉掾范滂等百余人，皆死狱中。[**大血腥！**]余或先殁不及，或亡命获免。自此诸为怨隙者，因相陷害，睚眦之忿，滥入党中。[**险恶的政治文化效应。**]又州郡承旨，或有未尝交关，亦离（罹）祸毒。其死徙废禁者，六七百人。[**迫害的大扩散和大血腥。**]

[第三或第四轮①党锢之祸,同样在灵帝之下,同样依据他的杀戮指令:]

熹平五年[176年],永昌太守曹鸾上书大讼党人,言甚方切。帝省奏大怒,即诏司隶、益州槛车收鸾,送槐里狱掠杀之。于是又诏州郡更考党人门生故吏父子兄弟,其在位者,免官禁锢,爰及五属。

[党锢之祸终结,在其最初发动之后十八年:]

光和二年[179年],上禄[武都郡(治所在今甘肃西和县西南约25公里)下属县]长和海上言:"礼,从祖兄弟[具有同一曾祖父的表兄弟]别居异财,恩义已轻,服属[五服内的亲族]疏末。而今党人锢及五族,既乖典训之文,有谬经常之法。"帝览而悟之,党锢自从祖以下,皆得解释。[迫害初始缓解。]

[姗姗来迟的终结,因为巨大规模农民造反的冲击:]中平元年[184年],黄巾贼起,中常侍吕强言于帝曰:"党锢久积,人情多怨。若久不赦宥,轻与张角合谋,为变滋大,悔之无救。"帝惧其言,乃大赦党人,诛徙之家皆归故郡。其后黄巾遂盛,朝野崩离,纲纪文章荡然矣。

[关于《后汉书》内党人列传和提及之处的一个概述:]

凡党事始自甘陵、汝南,成于李膺、张俭,海内涂炭,二十余年,诸所蔓衍,皆天下善士。三君、八俊等三十五人,其名迹存者,并载乎篇。陈蕃、窦武、王畅、刘表、度尚、郭林宗别有传。荀昱附《淑传》;张邈附《吕布传》;胡母班附《袁绍传》。王考字文祖,东平寿张人,冀州刺史;秦周字平王,陈留平丘人,北海相;蕃向字嘉景,鲁国人,郎中;王璋字伯仪,东莱曲城人,少府卿:(此五人)位行[事迹]并不显。翟超,山阳太守,事在《陈蕃传》,字及郡县未详。硃(朱)寓,沛人,与杜密等俱死狱中。唯赵典名见而已。

刘淑:

[在党人运动中享有最高威望等级的、"一世之所宗"的"三君"之一,部分地归因于他的皇家宗室出身;不同流俗,大有学问和才智。]

刘淑字仲承,河间乐成人也。祖父称,司隶校尉。淑少学明《五经》,遂隐居,立精舍讲授,诸生常数百人。州郡礼请,五府连辟,并不就。永兴二年[154年],司徒种暠举淑贤良方正,辞以疾。[一位儒学大师,非常不同流俗,一次又一次地拒绝效力于官场。]恒帝闻淑高名,切责州郡,使舆病[抱病登车]诣京师。淑不得已而

---

① 《后汉书·灵帝纪》载:熹平元年[172年]……秋七月……宦官讽(风)司隶校尉段颎捕系(羁)太学诸生千余人。

赴洛阳，[他被迫做官，证明有大才智，而且懂得国家治理：]对策为天下第一，拜议郎。又陈时政得失，灾异之占，事皆效验。再迁尚书，纳忠建议，多所补益。又再迁侍中、虎贲中郎将。[还颇激进，主张剥夺宦官的权力：]上疏以为宜罢宦官，辞甚切直，帝虽不能用，亦不罪焉。以淑宗室之贤，特加敬异，每有疑事，常密谘问之。[权宦的报复终于落下，他遭遇暴死：]灵帝即位，宦官谮淑与窦武等通谋，下狱自杀。

李膺：

[党人运动最重要的人物（或许在陈蕃之外最重要），它的精神领袖。能干，正直，英雄般地勇敢，在他对险恶的权宦的斗争中。]

[一位非常杰出的学者型官僚，高尚，正直，在不同的军政职位上非常能干；经历他与权宦的首次冲撞：]

李膺字元礼，颍川襄城人也。祖父脩，安帝时为太尉。父益，赵国相。膺性简亢[高尚]，无所交接，唯以同郡荀淑、陈寔为师友。

初举孝廉，为司徒胡广所辟，举高第，再迁青州刺史。守令畏威明，多望风弃官。复征，再迁渔阳太守。寻转蜀郡太守，以母老乞不之（至）官。转护乌桓校尉。鲜卑数犯塞，膺常蒙矢石，每破走之，虏甚惮慑。以公事免官，还居纶氏，[他还是一位儒学大师，和宗师本人一样坚守原则：]教授常千人。南阳樊陵求为门徒，膺谢不受。陵后以阿附宦官，致位太尉，为节志者所羞。……

永寿二年[156 年]，鲜卑寇云中，桓帝闻膺能，乃复征为度辽将军[他被任命为军职更高的三北边疆战区司令，因为他先前在击败鲜卑人方面的能干表现]。先是，羌虏及疏勒、龟兹数出攻抄张掖、酒泉、云中诸郡，百姓屡被其害。自膺到边，皆望风惧服，先所掠男女，悉送还塞下。自是之后，声振远域。[他的军事威望足以成为边疆征伐的替代。]

延熹二年[159 年]征，再迁河南尹。[他与权宦的首次冲撞，以他受难告终，尽管他据有高位：]时宛陵大姓羊元群罢（疲）北海郡，臧（赃）罪狼籍，郡舍溷[hùn]轩[厕屋]有奇巧，乃载之以归。膺表欲按其罪，元群行赂宦竖，膺反坐输作左校[将作大匠下属机构；输作左校即服劳役刑]。

初，膺与廷尉冯绲、大司农刘祐等共同心志，纠罚奸幸，绲、祐时亦得罪输作。司隶校尉应奉上疏理膺等曰：

……夫忠贤武将，国之心膂。窃见左校弛刑徒前廷尉冯绲、大司农刘祐、河南尹李膺等，执法不挠，诛举邪臣，肆[陈也]之以法，众庶称宜。……陛下既不听察，而猥受潜诉,遂令忠臣同愆[qiān,犯罪过]元恶。自春迄冬,不蒙降恕,遐迩[xiá ěr]观听,为之叹息。……膺著威幽、并,遗爱度辽。今三垂蠢动,王旅未振。……乞原膺等,以备不虞。

书奏,乃悉免其刑。[**这次在救他免于过于经久的苦难上,他的军事成就起了大作用**。]

[**他在中央,是邪恶的权宦的报复女神(nemesis),决绝,无情,赢了最初的战斗,一度慑阻了宫廷邪恶者**:]

再迁,复拜司隶校尉。时,(中常侍)张让弟朔为野王[县名,在今河南西北部沁阳市境内]令,贪残无道,至乃杀孕妇,闻膺厉威严,惧罪逃还京师,因匿兄让弟舍,藏于合柱[由数木合成的空心之柱]中。膺知其状,率将吏卒破柱取朔,付洛阳狱。受辞毕,即杀之[**决绝,无情**]。让诉冤于帝,诏膺入殿,御亲临轩,诘以不先请便加诛辟之意。膺对曰[**他在皇帝面前的强有力的儒家论辩,辩护自己正义的诛杀**:]:"昔晋文公执卫成公归于京师,《春秋》是焉。[《公羊传》曰:"晋人执卫侯,归之于京师。归之于者,执之乎天子之侧者也。罪定不定已可知矣。"]《礼》云公族有罪,虽曰宥之,有司执宪不从。昔仲尼为鲁司寇,七日而诛少正卯。今臣到官已积一旬,私惧以稽留为愆[qiān,罪过],不意获速疾之罪。诚自知衅责,死不旋踵,特乞留五日,克殄元恶[**他宣告他在死前将诛杀更多和更大的邪恶者,如果授予他短暂的时间!**],退就鼎镬[huò],始生之愿也[**他不怕任何事!**]。"帝无复言,顾谓让曰:"此汝弟之罪,司隶何愆?"乃遣出之。自此诸黄门常侍皆鞠躬屏气,休沐不敢复出宫省。帝怪问其故,并叩头泣曰:"畏李校尉。"

[**因为他的正直威望和在朝廷的显要地位,他成了士人抗议运动的精神领袖;第一轮党锢之祸主要针对他**:]

是时,朝廷日乱,纲纪颓阤[tuí yǐ,崩溃],膺独持风裁,以声名自高。士有被其容接者,名为登龙门。及遭党事,当考实膺等。案经三府,太尉陈蕃却之。曰:"今所考案,皆海内人誉,忧国忠公之臣。此等犹将十世宥也,岂有罪名不章而致收掠者乎?"不肯平署。帝愈怒,遂下膺等于黄门北寺狱。膺等颇引[援引牵连和归罪]宦官子弟[**他精明,有策略,以保护他自己和他的同志**],宦官多惧,请帝以天时宜赦,于是大赦天下。膺免归乡里,居阳城山中,天下士大夫皆高尚其道,而污秽朝廷。[**持不同政见的全国范围士大夫的"天然"精神领袖**。]

及陈蕃免太尉,朝野属意于膺,荀爽恐其名高致祸,欲令屈节以全乱世,为书贻[遗也]曰:"……顷闻上帝[谓天子]震怒,贬黜鼎臣[谓陈蕃]……方今天地气闭,大人休否,智者见险,投以远害[见险难,故投身以远害]。虽匮人望,内合私愿。想其欣然,不为恨也。愿怡神无事,偃息衡门,任其飞沈,与时抑扬。"[他如何回应?]顷之,帝崩。[一番短暂的"复辟":]陈蕃为太傅,与大将军窦武共秉朝政,连谋诛诸宦官,故引用天下名士,乃以膺为长乐少府。及陈、窦之败,膺等复废。

[第二轮党锢之祸和他的暴死,那是他不惧惮的;一位英雄的终结:]

后张俭事起,收捕钩党,乡人谓膺曰:"可去矣"。对曰:"事不辞难,罪不逃刑,臣之节也。吾年已六十,死生有命,去将安之?"乃诣诏狱。考死,妻子徙边,门生、故吏及其父兄,并被禁锢。

时,侍御史蜀郡景毅子顾为膺门徒,而未有录牒,故不及于谴。毅乃慨然曰:"本谓膺贤,遣子师之,岂可以漏夺名籍,苟安而已!"遂自表免归,时人义之。[一类儒家侠义!]……

[在下面的范滂传之末,可以见到我们的史家对党人运动的这位精神领袖的大赞颂,对他在激励追随者方面的伟大作用的大赞颂。]

杜密:

[正直的地方行政长官,然后是积极有为的民间士人,再后任高级官员,拥有士人抗议运动的二号精神领袖之英名,导致他在党锢之祸中的暴死。]

杜密字周甫,颍川阳城人也。为人沈质[沉厚质朴],少有厉(励)俗志。为司徒胡广所辟,稍迁代郡太守。征,三迁太(泰)山太守、北海相。其宦官子弟为令长有奸恶者,辄捕案之。[正直,不打折扣。]行春到高密县,见郑玄为乡佐,知其异器,即召署郡职,遂遣就学。

后密去官还家,每谒守令,多所陈托[请托]。[他谴责一名自私、不负责任和胆怯的知识分子,与他相反的一个人物:]同郡刘胜,亦自蜀郡告归乡里,闭门埽轨[车迹也,言绝人事],无所干及。太守王昱谓密曰:"刘季陵清高士,公卿多举之者。"密知昱激己,对曰:"刘胜位为大夫,见礼上宾,而知善不荐,闻恶无言,隐情惜己,自同寒蝉,此罪人也。今志义力行之贤而密达之,违道失节之士而密纠之,使明府赏刑得中,令问休扬[显扬],不亦万分之一乎?"昱惭服,待之弥厚。

[作为高级官员,他拥有士人抗议运动二号精神领袖的英名,这导致了他在党锢之祸中的暴死。]后桓帝征拜尚书令,迁河南尹,转太仆。党事既起,免归本郡,与李膺俱坐,而名行相次,故时人亦称"李杜"焉。后太傅陈蕃辅政,复为太仆。明年[169年],会党事被征,自杀。

刘祐：

[一位非常能干的官僚，无情打击宫廷掌权者的狂野宠属的地方/地区行政长官，而后任朝廷大臣，惩罚狂野的宦官，结果招致皇帝大怒。]

刘祐字伯祖，中山安国[县名，治所在今河北安国市区东南7公里处的西安国城村北]人也。[谢承书曰："祐，宗室胤(yìn)绪，代有名位。"]安国后别属博陵。祐初察孝廉，补尚书侍郎，闲练[熟习]故事，文札强辨，每有奏议，应对无滞，为僚类所归。

除任城[县名，今山东济宁市任城区境]令，兖州举为尤异，迁扬州刺史。是时会稽太守梁旻[mín]，大将军冀之从弟也。祐举奏其罪，旻坐征。复迁祐河东太守。时属县令长率多中官子弟，百姓患之。祐到，黜其权强，平理冤结，政为三河表。

再迁，延熹四年[161年]，拜尚书令，又出为河南尹，转司隶校尉。时权贵子弟罢州郡还入京师者，每至界首，辄改易舆服，隐匿财宝。威行朝廷。

拜宗正，三转大司农。时中常侍苏康、管霸用事于内，遂固天下良田美业，山林湖泽，民庶穷困，州郡累气。祐移书所在，依科品没入之。[**他曾有的最勇敢行动！招致卑劣的桓帝勃然大怒**：]桓帝大怒，论祐输左校。

[**他难后隐居，很可能是因为对桓帝政权全然幻灭**：]后得赦出，复历三卿，辄以疾辞，乞骸骨归田里。诏拜中散大夫，遂杜门绝迹。每三公缺，朝廷皆属意于祐，以潜毁不用。延笃贻之书曰[**儒家和道家思想中隐退藏身的"哲理"**：]："……吾子怀蘧[qú]氏之可卷，休宁子之如愚[蘧瑗字伯玉，宁子名俞，皆卫大夫。《论语》孔子曰："君子哉蘧伯玉，邦有道则仕，邦无道则可卷而怀之[隐退藏身]。"又曰："宁武子邦无道则愚。"]，微妙玄通，冲而不盈[《老子》曰"古之善为道者，微妙玄通，深不可识"。又曰"道冲而用之或不盈"。]，蔑三光之明，未暇以天下为事，何其劭与！[《庄子》曰："舜让天下于子州支伯，子州支伯曰：'予适有幽忧之病，方且理之，未暇理天下也。'"]"

[**然而不久他便复出有为，成为政权变更的受害者**：]灵帝初，陈蕃辅政，以祐为河南尹。及蕃败，祐黜归，卒于家。明年[169年]，大诛党人，幸不及祸。

魏朗：

[一名侠义青年变为儒家学者和能干官僚，同时未失去其侠义性情。他是权宦的敌人，党人的忠诚朋友。]

魏朗字少英，会稽上虞人也。少为县吏。兄为乡人所杀，朗白日操刃报仇于县中，遂亡命到陈国。从博士郤仲信学《春秋图纬》，又诣太学受《五经》，京师长者李膺之徒争从之。

初辟司徒府，再迁彭城令。时，中官子弟为国相，多行非法，朗与更相章奏，幸臣忿疾，欲中[中伤]之。会九真贼起，乃共荐郎为九真都尉。[**他的敌人自讨苦吃，**

恰恰因为他的意外的能干：]到官，奖厉（励）吏兵，讨破群贼，斩首二千级。桓帝美其功，征拜议郎。顷之，迁尚书。屡陈便宜。有所补益。出为河内太守，政称三河表。尚书令陈蕃荐朗公忠亮直，宜在机密，复征为尚书。[**他受迫害，因为卷入党人运动**：]会被党议，免归家。

朗性矜严，闭门整法度，家人不见惰容[谓精神不振，有怠惰之色]。[**他最不会沮丧！而且从不对邪恶者妥协**：]后窦武等诛，朗以党被急征，行至牛渚[在今安徽马鞍山市采石矶]，自杀。著书数篇，号《魏子》云。

夏馥：

[作为一位正直和朴实的学者，他厌恶流俗的"拥有者"，无论是就权力还是就财富而言的。因而，他很容易被界定为"党魁"，并且由此受到迫害。他的回应实乃独特、高尚和深为感人：犹如毁坏自我身份，取得一个新的，即最卑贱的半奴隶，并且按照他自己的选择可怕地遭难，全都首先是为了保护其他人。]

夏馥字子治，陈留圉[yǔ]人也。少为书生，言行质直。同县高氏、蔡氏并皆富殖，郡人畏而事之，唯馥比门不与交通，由是为豪姓所仇。桓帝初，举直言，不就。

馥虽不交时宦，然以声名为中官所惮，遂与范滂、张俭等俱被诬陷，诏下州郡，捕为党魁。

[出于为他人考虑，他对党锢之祸的回应实乃独特：犹如毁坏自我身份，用半奴隶身份取而代之，并且自我选择大大遭难：]及俭等亡命，经历之处，皆被收考，辞所连引，布遍天下。馥乃顿足而叹曰："孽自己作，空污良善，一人逃死，祸及万家，何以生为！"乃自剪须变形，入林虑山[在今河南林州市城关镇西北10公里处]中，隐匿姓名，为冶家佣。亲突烟炭，形貌毁瘁，积二三年，人无知者。后馥弟静，乘车马，载缣帛，追之于涅阳市中。遇馥不识，闻其言声，乃觉而拜之。馥避不与语，静追随至客舍，共宿。夜中密呼静曰："吾以守道疾恶，故为权宜所陷。且念营苟全，以庇性命，弟奈何载物相求，是以祸见追也。"明旦，别去。党禁未解而卒。[**在其炽盛时分，党锢之祸确实是一种非常可怖的暴政！**]

宗慈：

[正直地不同凡俗：他的压倒性秉性。他自己并非任何意义上的"党人"，但作为"八顾"——"以德行引人者"——被他们赞誉和部分地学习：]

宗慈字孝初，南阳安众人也。举孝廉，九辟公府，有道征，不就。后为脩武令。时，太守出自权豪，多取货赂，慈遂弃官去。征拜议郎，未到，道疾卒。南阳群士皆重其义行。

巴肃：

［亦为"八顾"之一，以积极卷入窦武和陈蕃旨在消灭权宦的密谋为其最重要活动。他在效力正义事业上全不灵活，从而非常英勇地死去。］

巴肃字恭祖，勃海高城人也。初察孝廉，历慎令、贝丘长，皆以郡守非其人，辞病去。辟公府。稍迁拜议郎。与窦武、陈蕃等谋诛阉官，武等遇害，肃亦坐党禁锢。中常侍曹节后闻其谋，收之。肃自载诣县。县令见肃，入阁解印绶与俱去。肃曰："为人臣者，有谋不敢隐，有罪不逃刑。既不隐其谋矣，又敢逃其刑乎？"遂被害。刺史贾琮刊石立铭以记之。


范滂：

［本篇内，这则传记在篇幅上仅短于李膺传。］

［正直和诚实的楷模，而腐败的官员极怕他，当他被政权用来从事一项地区反腐败行动时。虽然间或心胸狭窄，但他从不对邪恶的显贵作妥协，从而真正伟大。］

范滂字孟博，汝南征羌人也。少厉清节，为州里所服，举孝廉，光禄四行［《汉官仪》曰："光禄举敦厚、质朴、逊让、节俭。"此为四行］。时冀州饥荒，盗贼群起，乃以滂为清诏使，案察之。滂登车揽辔［pèi］，慨然有澄清天下之志。乃至州境，守令自知臧（赃）污，望风解印绶去。其所举奏，莫不厌塞众议。迁光禄勋主事。时，陈蕃为光禄勋，滂执公仪［属下官员参见上司的礼仪］诣蕃，蕃不止之，滂怀恨，投版［笏也］弃官而去。［为何他对伟大的陈蕃做这么一个蓄意和心胸狭窄的、"促狭的"考验？］郭林宗闻而让［责难］蕃曰："若范孟博者，岂宜以公礼格之？今成其去就之名，得无自取不优之议也？"蕃乃谢焉。

［对邪恶的显贵和容忍甚而帮助他们的"软弱政权"，他拒不作任何妥协：］

复为太尉黄琼所辟。后诏三府掾属举谣言，滂奏刺史、二千石权豪之党二十余人。尚书责滂所劾猥多，疑有私故。滂对曰："臣之所举，自非叨秽奸暴，深为民害，岂以污简札哉！间以会日迫促，故先举所急，其未审者，方更参实。臣闻农夫去草，嘉谷必茂；忠臣除奸，王道以清。若臣言有贰，甘受显戮。"吏不能诘。滂睹时方艰，知意不行，因投劾［呈递弹劾自己的状文，是为弃官的一种方式］去。

太守宗资先闻其名，请署功曹，委任政事。滂在职，严整疾恶。其有行违孝悌，不轨仁义者，皆埽迹斥逐，不与共朝。显荐异节，抽拔幽陋。滂外甥西平李颂，公族子孙，而为乡曲所弃，中常侍唐衡以颂请资，资用为吏。滂以非其人，寝而不召。资迁怒，捶书佐砵（朱）零。零仰曰："范滂清裁，犹以利刃齿腐朽。今日宁受笞死，而滂不可违。"资乃止。郡中中人以下，莫不归怨，乃指滂之所用以为"范党"。

[他在党锢之祸的严重迫害期间，在可怖的拷打之下的英雄般表现：]

后牢修诬言钩党，滂坐系（羁）黄门北寺狱。狱吏谓曰："凡坐系（羁）皆祭皋陶。"滂曰："皋陶贤者，古之直臣。知滂无罪，将理之于帝[谓天]；如其有罪，祭之何益！"众人由此亦止。狱吏将加掠考，滂以同囚多婴病[缠绵疾病]，乃请先就格，遂与同郡袁忠争受楚毒。桓帝使中常侍王甫以次辨诘，滂等皆三木囊头[项及手足皆有械，更以物蒙覆其头]，暴于阶下，余人在前，或对或否，滂、忠于后越次而进。王甫诘曰："君为人臣，不惟忠国，而共造部党，自相褒举，评论朝廷，虚构无端，诸所谋结，并欲何为？皆以情对，不得隐饰。"滂对曰："臣闻仲尼之言，'见善如不及，见恶如探汤[探试沸水；形容戒惧]'。欲使善善同其清，恶恶同其污[善待善行使大家同样清廉，嫉恶恶行使大家共知卑污]，谓[本以为]王政之所愿闻，不悟更以为党。"甫曰："卿更相拔举，迭为唇齿，有不合者，见则排斥，其意如何？"滂乃慷慨仰天曰："古之循善，自求多福；今之循善，身陷大戮。身死之日，愿埋滂于首阳山侧，上不负皇天，下不愧夷、齐。"甫愍然[悯然]为之改容。乃得并解桎梏。

[第二轮党锢之祸以前的短暂宽恕：]

滂后事释[167年]，南归。始发京师，汝南、南阳士大夫迎之者数千两（辆）[车也]。同囚乡人殷陶、黄穆，亦免俱归，并卫侍于滂，应对宾客。滂顾谓陶等曰："今子相随，是重吾祸也。"遂遁还乡里。

初，滂等系（羁）狱，尚书霍谞理之。[1] 及得免，到京师，往候谞而不为谢。或有让滂者。对曰："昔叔向婴罪，祁奚救之，未闻羊舌有谢恩之辞，祁老有自伐之色。"[《左传》，晋讨栾盈之党，杀叔向之弟羊舌虎，并囚叔向。于是祁奚闻之，见范宣子曰："夫谋而鲜过，惠训不倦者，叔向有焉。社稷之固也，犹将十代宥之，今一不免其身，不亦惑乎？"宣子说而免之。祁奚不见叔向而归，叔向亦不告免焉而朝。孔安国注《尚书》曰"自功曰伐"。]**[他不灵活、不通情理到如此程度！]**竟无所言。

[第二轮党锢之祸，比第一轮规模大得多也血腥得多，其间他在对他英雄般的母亲（"子伏其死而母欢其义。壮矣哉！"）表示最终的尊敬之后，感人地英雄般死去：]

建宁二年[167年]，遂大诛党人，诏下急捕滂等。督邮吴导至县，抱诏书，闭传舍，伏床而泣。滂闻之，曰："必为我也。"即自诣狱。县令郭揖大惊，出解印绶，引与俱亡。曰："天下大矣，子何为在此？"滂曰："滂死则祸塞，何敢以罪累君，又令老母流离

---

[1] 本篇前云：明年[167年]，尚书霍谞、城门校尉窦武并表为请，帝意稍解，乃皆赦归田里，禁锢终身。而党人之名，犹书王府。

乎!"其母就与之诀。滂白母曰:"仲博[滂弟]孝敬,足以供养,滂从龙舒君[《谢承书》曰:"滂父显,故龙舒侯相也。"]归黄泉,存亡各得其所。惟大人割不忍之恩,勿增感戚。"母曰:"汝今得与李、杜[李膺、杜密]齐名,死亦何恨! 既有令名,复求寿考,可兼得乎?"滂跪受教,再拜而辞。顾谓其子曰:"吾欲使汝为恶,则恶不可为;使汝为善,则我不为恶[我没做坏事(却落得如此下场)]。"行路闻之,莫不流涕。时年三十三。

[范滂的英雄主义令我们的史家发出一番高度赞颂,不仅赞颂他,而且更多地赞颂李膺——伟大的精神领袖和激励者:]

论曰:李膺振拔污险之中,蕴义生风,以鼓动流俗,激素行以耻威权,立廉尚以振贵势,使天下之士奋迅感概,波荡而从之,幽深牢破室族而不顾,至于子伏其死而母欢其义。壮矣哉! 子曰:"道之将废也与? 命也!"

伊勋:

[不同流俗的一位谦逊之士,其独特之处在于他出于流俗的显贵家庭,而且本人是一名颇为能干的地方和中央官僚。自然他同情鞭挞那垂死狂野政权的士人抗议者,继而他本人陷入血腥的党锢之祸。]

尹勋字伯元,河南巩人也。家世衣冠。伯父睦为司徒,兄颂为太尉,宗族多居贵位者,而勋独持清操,不以地势尚人。州郡连辟,察孝廉,三迁邯郸令,政有异迹。后举高第,五迁尚书令。及桓帝诛大将军梁冀,勋参建大谋[他作为朝廷大臣做了大事!],封都乡侯。迁汝南太守。上书解释范滂、袁忠等党议禁锢。[他积极同情受迫害的"党人"。]寻征拜将作大匠,转大司农。坐窦武等事,下狱自杀。[他自己成了血腥的第二轮党锢之祸的丧命受害者。]

蔡衍:

[乡间的儒家行为主义者,在他的草根乡亲中间有大声望。作为地区行政长官,他坚持正直,不管主要宦官和大将军梁冀的可怕权势,也不畏拒绝其要求的巨大风险。因而,他终遭惩罚。有如宗慈,他在任何意义上都不是个"党人",但被党人赞颂,当作"以德行引人者"之一。]

蔡衍字孟喜,汝南项人也。少明经讲授,以礼让化乡里。乡里有争讼者,辄诣衍决之,其所平处,皆曰无怨。

举孝廉,稍迁冀州刺史。中常侍具瑗托其弟恭举茂才,衍不受,乃收赍书者案之。又劾奏河间相曹鼎臧(赃)罪千万。鼎者,中常侍腾之弟也。腾使大将军梁冀为书请之,衍不答,鼎竟坐输作左校。乃征衍拜议郎、符节令。梁冀闻衍贤,请欲相见，衍辞疾不往，冀恨之。时南阳太守成瑨等以收纠宦官考廷尉，衍与议郎刘瑜表救之，言甚切厉，坐免官还家，杜门不出。灵帝即位，复拜议郎，会病卒。

羊陟［zhì］：

［正直，诚实，有学问，他成了一位地区行政长官，然后朝廷大臣，在起初曲折的仕途上。一向横眉冷对腐败者，包括大臣行列中与狂野的权宦勾结的那些人，结果卷入"党事"，受到迫害。］

羊陟字嗣祖，太（泰）山梁父人也。家世冠族。陟少清直有学行，举孝廉，辟太尉李固［后来大规模士人抗议运动的政治/精神先驱。他必定总是在他心中］府，举高第，拜侍御史。会固被诛，陟以故吏禁锢历年。复举高第，再迁冀州刺史。奏案贪浊，所在肃然。［他，作为一位地区行政长官，一向对腐败的官员严厉。］又再迁虎贲中郎将、城门校尉，三迁尚书令。时，太尉张颢、司徒樊陵、大鸿胪郭防、太仆曹陵、大司农冯方并与宦竖相姻私，公行货赂，并奏罢黜之，不纳。［他，作为一位朝廷大臣，保持对他的与权宦勾结的腐败同僚的严厉，尽管无用。］以前太尉刘宠、司隶校尉许冰、幽州刺史杨熙、凉州刺史刘恭、益州刺史庞艾清亮在公，荐举升进。帝嘉之。拜陟河南尹。计日受奉，常食干饭茹菜，禁制豪右，京师惮之。［不管在什么官位上，他总是本色如初！自然，他能够事实上地或被设想地卷入"党事"，从而遭到迫害。］会党事起，免官禁锢。卒于家。

张俭：

［"八及"——"能导人追宗者"之一。他是一位重要的"党人"，有他自己领导的一个"组织"，在一定意义上是第二轮党锢之祸的导火索。① 作为一个逃亡者，他受难多多。］

张俭字元节，山阳高平人，赵王张耳之后也。父成，江夏太守，俭初举茂才，以刺史非其人，谢病不起。

［他，因为勇敢的正直，很容易成为一名主要权宦的死敌：］延熹八年［165年］，太守翟超请为东部督邮。时中常侍侯览家在防东［县名，治所在今山东成武县城东白浮

---

① 本篇前云：张俭乡人硃（朱）并，承望中常侍侯览意旨，上书告俭与同乡二十四人别相署号，共为部党，图危社稷。……刻石立墠［shàn，祭祀或会盟用的场地］，共为部党，而俭为之魁。灵帝诏刊章捕俭等。［事在熹平元年（172年）。］大长秋曹节因此讽（风）有司奏捕前党故司空虞放、太仆杜密、长乐少府李膺、司隶校尉硃（朱）寓、颍川太守巴肃、沛相荀翌、河内太守魏朗、山阳太守翟超、任城相刘儒、太尉掾范滂等百余人，皆死狱中。余或先殁不及，或亡命获免。自此诸为怨隙者，因相陷害，睚眦之忿，滥入党中。又州郡承旨，或有未尝交关，亦离（罹）祸毒。其死徙废禁者，六七百人。

图乡防城村]，残暴百姓，所为不轨。俭举劾览及其母罪恶，请诛之。览遏绝章表，并不得通，由是结仇。[**他，同样因为正直，有了又一个险恶的敌人，一个奉上面权宦之命的死敌。这开启了他的苦难和第二轮党锢之祸：**]乡人朱（朱）并，素性佞邪，为俭所弃，并怀怨恚，遂上书告俭与同郡二十四人为党，于是刊章讨捕。俭得亡命，困迫遁走，望门投止，莫不重其名行，破家相容。后流转东莱，止李笃家。外黄令毛钦操兵到门，笃引钦谓曰："张俭知名天下，而亡非其罪。纵俭可得，宁忍执之乎？"钦因起抚笃曰："蘧伯玉耻独为君子，足下如何自专仁义？"笃曰："笃虽好义，明廷今日载其半矣。[明廷犹明府。言不执俭，得义之半也。]"钦叹息而去。[**在黑暗时代，仍有那么多有良心的人！**]笃因缘送俭出塞，以故得免。其所经历，伏重诛者以十数，宗亲并皆殄灭，郡县为之残破。[**极可怕的影响！这就是更高尚的夏馥悲叹和指责的"孽自己作，空污良善，一人逃死，祸及万家，何以生为！"**]

中平元年[184年，黄巾大造反爆发之年]，党事解，乃还乡里。大将军、三公并辟，又举敦朴，公车特征，起家拜少府，皆不就。[**与上述相反，一位非常人道的人，为之"倾竭财产"：**]献帝初，百姓饥荒，而俭资计差温，乃倾竭财产，与邑里共之，赖其存者以百数。

建安[献帝年号，196—220年]初，征为卫尉，不得已而起。俭见曹氏世德[即近乎全然篡夺]已萌，乃阖门县（悬）车，不豫政事。岁余卒于许下。年八十四。……

岑晊：

[**一位重要的"党人"很有才智，很有抱负。他用一场未经授权的屠杀，太好地履行了他为一名地方行政长官"振威严"这委任，继之以他的老板被处决和他自己逃亡。**]①

岑晊字公孝，南阳棘阳人也。父豫，为南郡太守，以贪叨[残也]诛死。晊年少未知名，往候同郡宗慈，慈方以有道见征，宾客满门，以晊非良家子，不肯见。晊留门下数日，晚乃引入。慈与语，大奇之，遂将俱至洛阳，因诣太学受业。

晊有高才，郭林宗、朱（朱）公叔等皆为友，李膺、王畅称其有干国器，虽在闾里，慨然有董正[《尔雅》曰："董，督正也。"]天下之志。[**他，一个很有才智、很有抱负的士人，被一名地方行政长官全心全意雇用来肃清地方衙门：**]太守弘农成瑨下

---

① [**按照本篇先前一段，他在某种意义上是士人抗议运动的来源之一：**]汝南太守宗资任功曹范滂，南阳太守成瑨亦委功曹岑晊，二郡又为谣曰："汝南太守范孟博，南阳宗资主画诺[在文书上签字，表示同意照办]。南阳太守岑公孝，弘农成瑨但坐啸[闲坐吟啸；成瑨将公事一任岑晊办理，故云]。"因此流言转入太学[**这运动的来源之一，一个有吸引力的"楷模"，亦即将事实上的公权几乎全部下放给将在抗议运动中的低层士人，有如范滂和岑晊**]，诸生三万余人，郭林宗、贾伟节为其冠，并与李膺、陈蕃、王畅更相褒重……

车，欲振威严，闻晊高名，请为功曹，又以张牧为中贼曹吏。瑨委心晊、牧，褒善纠违，肃清朝府。[他太好地履行了"振威严"这委任，通过冷酷无情的杀戮：杀了一名与中央权宦相连的狂野的地方显贵和其他二百多人；一位屠夫：]宛有富贾张泛者，桓帝美人之外亲，善巧雕镂玩好之物，颇以赂遗中官，以此并得显位，恃其伎巧，用势纵横。晊与牧劝瑨收捕泛等，既而遇赦，晊竟诛之，并收其宗族宾客，杀二百余人，后乃奏闻。于是中常侍侯览使泛妻上书讼其冤。帝大震怒，征瑨，下狱死。[因为他的行动，他的老板被处决；他本人逃亡：]晊与牧亡匿齐鲁之间。会赦出。后州郡察举，三府交辟，并不就。[他在第二轮党锢之祸期间再度逃亡：]及李、杜之诛，因复逃窜，终于江夏山中云。

### 陈翔：

[他不怕任何人，包括非常有权势和非常傲慢的梁冀以及权宦。]

陈翔字子麟，汝南邵陵人也。祖父珍，司隶校尉。翔少知名，善交结。察孝廉，太尉周景辟举高第，拜侍御史。时正旦朝贺，大将军梁冀威仪不整。翔奏冀恃贵不敬，请收案罪，时人奇之[这样的勇敢在当时那么罕见]。迁定襄太守，征拜议郎，迁扬州刺史。[作为地区行政长官，他对协从权宦的腐败者铁面无情：]举奏豫章太守王永奏事中官，吴郡太守徐参在职贪秽，并征诣廷尉。参，中常侍璜之弟也。由此威名大振。["能导人追宗"？]又征拜议郎，补御史中丞。[来自宦官的一种报复：他被卷入党锢之祸：]坐党事考黄门北寺狱，以无验见原，卒于家。

### 孔昱[yù]：

[出身贵族，但本人非同流俗。至于他为何被卷入党锢之祸，我们一无所闻。]

孔昱字元世，鲁国鲁人也。七世祖霸，成帝时历九卿，封褒成侯。自霸至昱，爵位相系，其卿相牧守五十三人，列侯七人。昱少习家学，大将军梁冀辟，不应。太尉举方正，对策不合，乃辞病去。后遭党事禁锢。灵帝即位，公车征拜议郎，补洛阳令，以师丧弃官，卒于家。

### 苑康：

[一位典型的"党人"，对地方上无法无天的精英非常有效地"奋威怒，施严令"。在张俭的搜杀中与之合作，他成了一名大宦官的恨之入骨的敌人，因而遭到严酷的报复。]

苑康字仲真，勃海重合人也。少受业太学，与郭林宗亲善。举孝廉，再迁颍阴令，有能迹。

迁太（泰）山太守。郡内豪姓多不法，康至，奋威怒，施严令，莫有干犯者。先所请夺人田宅，皆遽还之。

是时，山阳张俭杀常侍侯览母，案其宗党宾客，或有逃匿太（泰）山界者，康既常疾阉官，因此皆穷相收掩[收捕]，无得遗脱。览大怨之，诬康与兖州刺史第五种及都尉壶嘉诈上贼降，征康诣廷尉狱，减死罪一等，徙日南[郡名，在今越南中部地区，治所在今越南广治省东河市]。颍阴人及太（泰）山羊陟等诣阙为讼，乃原还本郡，卒于家。

**檀敷：**

[人贫志不穷，他是一位非常不同流俗的学问家和教育家，而且除了一度为官外，始终保持这禀性。可是，我们完全未被告知为何他被当作"八及"之一，除了想象他能"导人追宗"。]

檀敷字文有，山阳瑕丘人也。少为诸生，家贫而志清，不受乡里施惠。举孝廉，连辟公府，皆不就。立精舍教授，远方至者常数百人。桓帝时，博士征，不就。灵帝即位，太尉黄琼举方正，对策合时宜，再迁议郎，补蒙令。以郡守非其人，弃官去。家无产业，子孙同衣而出。年八十，卒于家。

**刘儒：**

[一位儒家学者，引人注目是因为他道德高尚，很有才智，更是因为他极为率直地抨击垂死政权的行为（对着皇帝的聋耳）。其余，包括他为何在第二轮党锢之祸后的政变密谋失败期间遭遇暴死，还有为何被列入"八厨"——"能以财（才）救人者"——我们一无所知。]

刘儒字叔林，东郡阳平人也。郭林宗常谓儒口讷心辩，有珪璋之质。[《谢承书》曰："林宗叹儒有圭璋之质，终必为令德之士。"]察孝廉，举高第，三迁侍中。桓帝时，数有灾异，下策博求直言，儒上封事十条，极言得失，辞甚忠切。帝不能纳，出为任城相。顷之，征拜议郎。会窦武事，下狱自杀。

**贾彪：**

[他确实是个"能以财（才）救人者"，拯救贫贱无比的草根民众免于家庭湮灭，拯救其抗议士人"同志"免于致命迫害。然而，在后一方面他有他的分辨或例外。]

贾彪字伟节，颍川定陵人也。少游京师，志节慷慨，与同郡荀爽齐名。

[他拯救草根免于全家湮灭，通过一项严厉非凡的规定：]初仕州郡，举孝廉，补新息[县名，在今河南南部息县境]长。小民困贫，多不养子，彪严为其制，与杀人同罪。城南有盗劫害人者，北有妇人杀子者，彪出案发，而掾吏欲引南。彪怒曰："贼

冠害人，此则常理，母子相残，逆天违道。"遂驱车北行，案验其罪。城南贼闻之，亦面缚自首。数年间，人养子者千数，金［众人，大家］曰："贾父所长"，生男名为"贾子"，生女名为"贾女"。

［他还依凭他的英勇正直，拯救他的"党人"同志免于进一步的致命迫害：］延熹九年［166 年］，党事起，太尉陈蕃争之不能得，朝廷寒心，莫敢复言。彪谓同志曰："吾不西行，大祸不解。"乃入洛阳，说城门校尉窦武、尚书霍谞，武等讼之，桓帝以此大赦党人。李膺出，曰："吾得免此，贾生之谋也。"

［他有他的分辨或例外，拒不拯救"党人"同志中间的一位屠夫：］先是，岑晊以党事逃亡，亲友多匿焉，彪独闭门不纳，时人望［怨也］之。彪曰："《传》言'相时而动，无累后人'。公孝以要君致衅，自遗其咎，吾以不能奋戈相待，反可容隐之乎？"于是咸服其裁正。

［他最终必不可免地（以较温和的方式）陷入党锢之祸：］以党禁锢，卒于家。……

何颙：

［一位暴烈的侠义之士，其"党人"瓜葛使他受到狂野的宦官迫害，导致他逃亡。可是，侠义心肠和同志情谊依然驱使他在自己的地狱般的境遇中救了许多人。］

何颙字伯求，南阳襄乡人也。少游学洛阳。颙虽后进，而郭林宗、贾伟节等与之相好，显名太学。［侠义，但那么暴烈：］友人虞伟高有父仇未报，而笃病将终，颙往候之，伟高泣而诉。颙感其义，为复仇，以头醮［zhuì，祭爵］其墓。

［他的"党人"瓜葛导致他逃亡：］及陈蕃、李膺之败，颙以与蕃、膺善，遂为宦官所陷，乃变姓名，亡匿汝南间。所至皆亲其豪桀，有声荆豫之域。袁绍慕之，私与往来，结为奔走之友。［因为侠义心肠和同志情谊，他救了许多人，尽管他自己的境遇极端危险：］是时，党事起，天下多离（罹）其难，颙常私入洛阳，从绍计议。其穷困闭厄者，为求援救，以济其患。有被掩捕者，则广设权计，使得逃隐，全免者甚众。

［他得"平反"后，依禀性成了狂野的篡夺者董卓的秘密死敌：］及党锢解，颙辟司空府。每三府会议，莫不推颙之长。累迁。及董卓秉政，逼颙以为长史，托疾不就，乃与司空荀爽、司徒王允等共谋卓。会爽薨，颙以他事为卓所系（羁），忧愤而卒。初，颙见曹操，叹曰："汉家将亡，安天下者必此人也。"操以是嘉之。……

**卷 66《陈王列传》**［陈蕃］

［本篇记陈蕃和王允，东汉帝国垂死和灭亡时代两位正直和极端勇敢的国务

家,道德高尚,勇敢正直,一类伟大英雄。]

[可是,从成事的战略这实际视野看,他俩有一根本不同:就陈蕃而言,一个人那么难得地想到战略,因为不可能改变他那个时候帝国政权的基本性质(虽然他与窦武合谋消灭宦官的失败了的企图在某种程度上涉及战略问题),故而一个人可以无保留地将他当作英雄赞誉;但是就王允而言,在他成功地消灭篡夺者董卓之后,缺乏战略远见和战略意识变得如此突出,因为他那时恰如回返成一名儒家学究,表现了那么多自取其祸的行为,导致他自我孤立,迅速灭亡。]

陈蕃:

[帝国垂死时代的一位伟大国务家,志在"扫除天下"(虽然像他可能懂得的那样,那在当时是不可能的),从不对顶层的险恶、腐败甚而狂野凶残的统治势力作任何实质性妥协。

他总是训诫皇帝和其后的摄政太后,试图保护和拯救抵抗的士人群体免于迫害。他又惨死于权宦之手,后者是他痛恨并试图通过一场密谋策划但最终流产的政变去消灭的。]

[我们的史家赞颂他"以离俗为高","以遁世为非义","以仁心为己任"。他是在褒义的中国的堂吉诃德。]

[甚至早在孩童时,他就立志肃清垂死的帝国,如果一个人相信下面的故事的话;而且,早在最初的为官经历中,他就显示了他"谏争"的强烈倾向:]

陈蕃字仲举,汝南平舆[在今河南东南部驻马店市平舆县]人也。祖河东太守。蕃年十五,尝闲处一室,而庭宇芜秽。父友同郡薛勤来候之,谓蕃曰:"孺子何不洒扫以待宾客?"蕃曰:"大丈夫处世,当扫除天下,安事一室乎!"勤知其有清世志,甚奇之。

初仕郡,举孝廉,除郎中。遭母忧,弃官行丧。服阕,刺史周景辟别驾从事,以谏争不合,投传而去。后公府辟举方正,皆不就。

[作为一位地方行政长官,他廉洁,行为举止上儒家学究似的认真不苟,而且对最有权势者勇敢地不同流俗:]

太尉李固表荐,征拜议郎,再迁为乐安[郡名,治所在今山东高青县高苑镇西北]太守。时,李膺为青州刺史,名有威政,属城闻风,皆自引去,蕃独以清绩留。郡人周璆[qiú],高洁之士。前后郡守招命莫肯至,唯蕃能致焉。字而不名[称字而不道名],特为置一榻,去则县(悬)之。璆字孟玉,临济人,有美名。民有赵宣葬亲而不闭埏隧[墓道]，因居其中，行服二十余年，乡邑称孝，州郡数礼请之。郡内以荐蕃，蕃与相见，问其妻子，而宣五子皆服中所生。蕃大怒曰："圣人制礼，贤者俯就，不肖企及。且祭不欲数[屡次]，以其易黩故也。况及寝宿冢藏，而孕育其中，诳时惑众，诬污鬼神乎？"遂致其罪。

大将军梁冀威震天下，时遣书诣蕃，有所请托，不得通，使者诈求谒，蕃怒，笞[chī]杀之[！**再度是一位儒家"暴君"，如果攸关的是行为端正与否的问题**]，坐左转脩武[县名，在今河南西北部焦作市境内]令。稍迁，拜尚书。

[**他总是他自己，起初在中央为官时无可变通地正直、直言和勇敢：**]

时，零陵、桂阳山贼为害，公卿议遣讨之，又诏下州郡，一切[谓所有讨伐有功者]皆得举[保举为]孝廉、茂才。蕃上疏驳之曰："昔高祖创业，万邦息肩，抚养百姓，同之赤子。今二郡之民，亦陛下赤子也。致令赤子为害，岂非所在贪虐，使其然乎？[**他对农民造反的首要原因有正确的理解**]宜严敕三府，隐核牧守令长，其有在政失和，侵暴百姓者，即便举奏，更选清贤奉公之人，能班(颁)宣法令情在爱惠者，可不劳王师，而群贼弭息矣。又三署郎吏二千余人，三府掾属过限未除，但当择善而授之，简恶而去之。岂烦一切之诏，以长请属之路乎！"以此忤左右，故出为豫章太守。性方峻，不接宾客，士民亦畏其高。征为尚书令，送者[送他就任的人]不出郭门。[**他正直，清高，孤立于"凡俗"之外，无论那是他的同事还是草根民众。然而，在儒家政治文化中，可能正是这些，一度将他送上高得多的官位。**]

[**他在朝廷大臣位置上保持正直和大勇气，不怕顶层显贵的暴怒或怨恨：**]

迁大鸿胪。会白马令李云抗疏谏，桓帝怒，当伏重诛。蕃上书救云，坐免归田里。① 复征拜议郎，数日迁光禄勋。时，封赏逾制，内宠猥盛，蕃乃上疏谏曰：

---

① 《后汉书·杜栾刘李刘谢列传》载：桓帝延熹二年[159年]，诛大将军梁冀，而中常侍单超等五人皆以诛冀功并封列侯，专权选举。又立掖庭民女邓氏[邓猛女]为皇后，数月间，后家封者四人，赏赐巨万。是时，地数震裂，众灾频降。云素刚，忧帝将危，心不能忍，乃露布[文书不封口]上书，移副三府[以副本上三公府]，曰：……梁冀虽持权专擅，虐流天下，今以罪行诛，犹召家臣扑杀之耳。而猥封谋臣万户以上，高祖闻之，得无见非？……孔子曰："帝者，谛[真谛，道理。郑玄注云："审谛于物也。"]也。"今官位错乱，小人谄进，财货公行，政化日损，尺一拜用不经御省。是帝欲不谛乎？

帝得奏震怒，下有司逮云，诏尚书都护剑戟送黄门北寺狱，使中常侍管霸与御史廷尉杂考之。时，弘农五官掾杜众伤云以忠谏获罪，上书愿与云同日死。帝愈怒，遂并下廷尉。大鸿胪陈蕃上疏救云曰："李云所言……其意归于忠国而已。……今日杀云，臣恐剖心之讥即议于世矣。故敢触龙鳞，冒昧以请。"太常杨秉、洛阳市长沐茂、郎中上官资并上疏请云。帝恚甚，有司奏以为大不敬。诏切责蕃、秉，免归田里；茂、资贬秩二等。时，帝在濯龙池，管霸奏云等事。霸诡言曰[**这名险恶的管霸必定懂得如何保证并加速宦官的敌人暴死**]："李云野泽愚儒，杜众郡中小吏，出于狂戆，不足加罪。"帝谓霸曰："帝欲不谛，是何等语，而常侍欲原之邪？"顾使小黄门可其奏，云、众皆死狱中。……

臣闻有事社稷者,社稷是为;有事人君者,容悦是为。[**他清楚地懂得一大差别,即华夏国家或帝国政权公共利益与君主私人利益之间的差别。一则孟子传统:**]今臣蒙恩圣朝,备位九列,见非不谏,则容悦也。……高祖之约,非功臣不侯。而闻追录河南尹邓万世[皇后邓猛女之叔父]父遵之微功,更爵尚书令黄俊先人之绝封。近习以非义授邑,左右以无功传赏,授位不料其任,裂土莫纪其功,至乃一门之内,侯者数人……臣知封事已行,言之无及,诚欲陛下从是而止。[**他就这腐败卑劣的皇帝的狂野性生活作的训诫,不给他留多少面子:**]又比年收敛,十伤五六,万人饥寒,不聊生活,而采女数千,食肉衣绮,脂油粉黛不可赀计。① 鄙谚言"盗不过五女门",以女贫家也。今后宫之女,岂不贫国乎!是以倾宫嫁而天下化[《帝王纪》曰"纣作倾宫,多采美女以充之。武王伐殷,乃归倾宫之女于诸侯"],楚女悲而西宫灾[《公羊传》曰:"西宫灾。"何休注云:"时(鲁)僖公为齐桓所胁,以齐媵为嫡,楚女废居西宫,而不见恤,悲愁怨旷所生。"]。……夫不有臭秽,则苍蝇不飞。[!]陛下宜采求失得,择从忠善。……

帝颇纳其言[**事实上仅很有限地**],为出宫女五百余人[**仅将其性奴减少十分之一**],但赐俊爵关内侯,而万世南乡侯。

延熹六年[163年],车驾幸广成[广城苑,位于洛阳西郊]校猎。蕃上疏谏曰[**这里最引人注目的是,他毫不客气地指出全国和国家处于"三空"惨状**]:

……夫安平之时,尚宜有节,况当今之世,有三空之厄哉!田野空,朝廷空,仓库空,是谓三空。加兵戎未戢,四方离散,是陛下焦心毁颜,坐以待旦之时也。岂宜扬旗曜武,骋心舆马之观乎!……

书奏不纳。

自蕃为光禄勋,与五官中郎将黄琬共典选举,不偏权富,而为势家郎所谮诉,坐免归。[**在这一轮如同前一轮,对他正直直言的(暂时)惩罚终于到来。**]顷之,征为尚书仆射,转太中大夫。八年[165年],代杨秉为太尉。蕃让曰:"'不愆不忘,率由旧章'[语出《诗·大雅·假乐》,谓无过失,不遗漏,遵循先祖旧章],臣不如太常胡广。齐七政,训五典,臣不如议郎王畅。聪明亮达,文武兼姿,臣不如弃刑徒李膺。"帝不许。[**他现在成了最高级大臣。**]

[**在最高级大臣位子上,他是邪恶的权宦的正直无畏的敌人,是狂野地腐败的皇帝的训诫者:**]

[**他勇敢地诉冤,为许多被邪恶的宦官迫害的大臣或较低级官僚:**]

---

① 《后汉书·皇后纪下》载:帝[桓帝]多内幸,博采宫女至五六千人,及驱役从使,复兼倍于此。

中常侍苏康、管霸等复被任用，遂排陷忠良，共相阿媚。大司农刘祐、廷尉冯绲、河南尹李膺，皆以忤旨，为之抵罪。蕃因朝会，固理膺等，请加原宥，升之爵任。言及反复，诚辞恳切。帝不听，因流涕而起。时，小黄门赵津、南阳大猾张汜等，奉事中官，乘势犯法，二郡太守刘瓆［zhì］、成瑨考案其罪，虽经赦令，而并竟考杀之。宦官怨恚，有司承旨，遂奏瓆、瑨罪当弃市。又山阳太守翟超，没入中常侍侯览财产，东海相黄浮，诛杀下邳令徐宣［“五侯宦官”之一徐璜之侄，任内极为暴虐］。超、浮并坐髡钳，输作左校。蕃与司徒刘矩、司空刘茂共谏请瓆、瑨、超、浮等，帝不悦。有司劾奏之，矩、茂不敢复言。蕃乃独上疏曰［**他，一位儒家英雄，不怕任何人，不怕任何事**］：

……［**而且，他总是非常尖锐和生硬：**］今寇贼在外，四支（肢）之疾；内政不理，心腹之患。……陛下超从列侯，继承天位［言桓帝以蠡吾侯即位］。小家畜产百万之资，子孙尚耻愧失其先业，况乃产兼天下，受之先帝，而欲懈怠以自轻忽乎？诚不爱已，不当念先帝得之勤苦邪？前梁氏五侯，毒遍海内，天启圣意，收而戮之，天下之议，冀当小平。明鉴未远，覆车如昨，而近习之权，复相扇结。小黄门赵津、大猾张汜等，肆行贪虐，奸媚左右，前太原太守刘瓆、南阳太守成瑨，纠而戮之。虽言赦后不当诛杀，原其诚心，在乎去恶。至于陛下，有何悁悁［恚忿］？……如加刑谪，已为过甚，况乃重罚，令伏欧刀乎！

又，前山阳太守翟超、东海相黄浮，奉公不桡，疾恶如仇，超没侯览财物，浮诛徐宣之罪，并蒙刑坐，不逢赦恕。览之从（纵）横，没财已幸；宣犯衅过，死有余辜。……而今左右群竖，恶伤党类，妄相交构，致此刑谴。……

［**大概未出他所料，他的勇敢的正直令皇帝一再大怒，令权宦仇恨在心：**］帝得奏愈怒，意无所纳，朝廷众庶莫不怨之。宦官由此疾蕃弥甚，选举奏议，辄以中诏谴却［责问并拒绝受理］，长史已（以）下多至抵罪。犹以蕃名臣，不敢加害。瓆……瑨……皆死于狱中。

［**他在桓帝政权之末的最后的政治行动，一项真正重大的行动，即用“极谏”激烈反对第一轮党锢之祸；他受惩罚，被黜夺官职：**］

九年［166年］，李膺等以党事下狱考实。蕃因上疏极谏曰：

臣闻贤明之君，委心辅佐；亡国之主，讳闻直辞。……伏见前司隶校尉李膺、太仆杜密、太尉掾范滂等，正身无玷，死心社稷。以忠忤旨，横加考案，或禁锢闭隔，或死徙非所。杜塞天下之口，聋盲一世之人，与秦焚书坑儒，何以为异？［**他总是那么生硬率直，不怕任何人任何事！**］昔武王克殷，表闾封墓，今陛下临政，先诛忠贤。遇善何薄？待恶何优？……何况髡无罪于狱，杀无辜于市乎！……又青、徐炎旱，五谷损伤，民物流迁，茹菽不足。而宫女积于房掖，国用尽于罗纨，外戚私门，贪财受赂,所谓"禄去公室,政在大夫"。[**他不给狂野卑劣的桓帝留任何面子!**]……臣位列台司,忧责深重,不敢尸禄惜生,坐观成败。如蒙采录,使身首分裂,异门而出,所不恨也。[**压倒性的责任意识,对帝国国度和自我良心的终极忠诚。**]

帝讳其言切,托以蕃辟召非其人,遂策免之。[**桓帝和权宦不再能容忍。**]

[**他很快由摄政窦太后恢复至最高朝臣位子,后者感激——如稍后所述——他在她成为皇后一事上起的决定性作用,显然需要他的声誉去支持摄政政权,并且大概也需要他去钳制宦官的权势:**]

永康元年[167年],帝崩。窦后临朝,诏曰:"夫民生树君,使司牧之,必须良佐,以固王业。前太尉陈蕃,忠清直亮。其以蕃为太傅,录尚书事。"时,新遭大丧,国嗣未立,诸尚书畏惧权官,托病不朝。蕃以书责之曰:"古人立节,事亡如存[言人主虽亡,法度尚存,当行之与不亡时同,故曰"如存"]。今帝祚未立,政事日蹙,诸君奈何委荼蓼[《诗·国风》曰:"谁谓荼苦,其甘如荠。"《周颂》曰:"未堪家多难,予又集于蓼(谓遭遇苦难)。"]之苦,息偃在床? 于义不足,焉得仁乎!"诸尚书惶怖,皆起视事。[**他显然感激新政权,除了有不绝的希望和责任意识。**]

灵帝即位,窦太后复优诏蕃曰:"……太傅陈蕃,辅弼先帝,出内累年。忠孝之美,德冠本朝;謇愕[正直敢言]之操,华首[齐宣王对闾丘邛曰:"夫士亦华发堕颠而后可用。"见《新序》]弥固。今封蕃高阳乡侯,食邑三百户。"

蕃上疏让……

窦太后不许,蕃复固让,章前后十上,竟不受封。[**他顽固和极诚挚地谢绝侯位和相随的财富。他在每一场合都是个不妥协的家伙。**]

[**他与太后的父亲窦武合谋消灭宦官,尽管(或更准确地说因为)太后的政治愚蠢和迷惑:**]

初,桓帝欲立所幸田贵人为皇后。蕃以田氏卑微,窦族良家,争之甚固。帝不得已,已立窦后。及后临朝,故委用于蕃。蕃与后父大将军窦武,同心尽力,征用名贤,共参政事,天下之士,莫不延颈想望太平。而帝乳母赵娆,旦夕在太后侧,中常侍曹节、王甫等与共交构,谄事太后。太后信之,数出诏命,有所封拜,及其支类,多行贪虐。蕃常疾之,志诛中官[**他已立下他最大的政治抱负!**],会窦武亦有谋。蕃自以既从人望而德于太后,必谓其志可申,乃先上疏曰[**他向太后作消灭权宦的徒劳呼吁**]:

……今京师嚣嚣,道路喧哗,言侯览、曹节、公乘昕、王甫、郑飒等与赵夫人诸女尚书并乱天下。附从者升进,忤逆者中伤。方今一朝群臣,如河中木耳,泛泛东西,耽禄畏害。……元恶大奸，莫此之甚。今不急诛，必生变乱，倾危社稷，其祸难量。愿出臣章宣示左右，并令天下诸奸知臣疾之。

太后不纳，朝廷闻者莫不震恐。蕃因与窦武谋之，语在《武传》。

[他和窦武的密谋失败，被先发制人的宦官消灭；一位英雄的英勇死亡：]

及事泄，曹节等矫诏诛武等。[他战斗到底：]蕃时年七十余，闻难作，将官属诸生八十余人，并拔刃突入承明门，攘臂呼曰："大将军忠以卫国，黄门反逆，何云窦氏不道邪（耶）？"王甫时出，与蕃相迕，适闻其言，而让蕃曰："先帝新弃天下，山陵未成，窦武何功，兄弟父子，一门三侯？又多取掖庭宫人，作乐饮宴，旬月之间，赀财亿计。大臣若此，是为道邪（耶）？公为栋梁，枉桡阿党，复焉求贼！"遂令收蕃。蕃拔剑叱甫，甫兵不敢近，乃益人围之数十重，遂执蕃送黄门北寺狱。黄门从官驺[养马驾车者]蹴踖[tù cù，践踏，踩踏]蕃曰："死老魅！复能损我曹[我们]员数[员额]，夺我曹禀假[俸给及借贷]不？"即日害之。徙其家属于比景[在今越南中部平治天省筝河口]，宗族、门生、故吏皆斥免禁锢。

[他的死至少激励了另一位英雄及其英勇终结：]蕃友人陈留朱（朱）震，时为铚令，闻而弃官哭之，收葬蕃尸，匿其子逸于甘陵界中。事觉系（羁）狱，合门桎梏。震受考掠，誓死不言，故逸得免。……

[我们的史家以深切的崇敬极为赞颂他。他是充分褒义上的中国的堂吉诃德，或曰最原初（即宗师本人）意义上的儒者：]

论曰：桓、灵之世，若陈蕃之徒，咸能树立风声，抗论慆俗。而驱驰崄厄之中，与刑人腐夫同朝争衡，终取灭亡之祸者，彼非不能洁情志，违[避也]埃雾也。愍夫世士以离俗为高，而人伦莫相恤也。以遁世为非义，故屡退而不去；以仁心为己任，虽道远而弥厉。及遭际会，协策窦武，自谓万世一遇也。憯憯乎伊、望之业矣！功虽不终，然其信义足以携持民心。① 汉世乱而不亡，百余年间，数公之力也。

### 卷68《郭符许列传》

[三位非常有才智和非常正直的学者的生平故事，其中就中国士人的传统而言，郭泰（郭林宗）的故事在历史和政治上特别有意义，尤其考虑到他"逊言危行，终享时晦"。对政治上糟糕时期的大多数端正的士人来说，这里透露了一种永远

---

① 这断言大可质疑。《后汉书·窦何列传》载：当是时[窦武陈蕃政变失败遇难后]，凶竖得志，士大夫皆丧其气矣。

需要的平衡：道德正直与个人安全之间的平衡。]

郭泰（郭林宗）：

[帝国垂死时代大规模士人抗议运动的主要精神领袖之一，被列为"八顾"——"能以德引人者"——之首，凭的是他的高尚的正直、道德威望和学问教育作用。对时代的强烈幻灭导致他非常不同流俗，而这转过来又很可能助成（至少部分地）他在同侪中间对待时代黑暗的独特的"抽象"方式，即"虽善人伦，而不为危言核[犹实]论"。他因而在党锢之祸期间未受到迫害，同时对邪恶宦官的被杀的敌人怀有最痛彻的同情，那毁了他的残存的健康。]

[不同流俗、绝缘官场成了他从早年起就有的"标记"，那被他一生始终保有；他在士人中间享有巨大的道德和"风格"威望，而且持一种简直独特的"抽象"方式对待时代黑暗：]

郭太（泰）字林宗，太原界（介）休人也。家世贫贱。早孤，母欲使给事县廷。林宗曰："大丈夫焉能处斗筲之役乎？"遂辞。就成皋屈伯彦学，三年业毕，博通坟籍。善谈论，美音制。乃游于洛阳。始见河南尹李膺，膺大奇之，遂相友善，于是名震京师。后归乡里，衣冠诸儒送至河上，车数千两（辆）。林宗唯与李膺同舟共济，众宾望之，以为神仙焉。

司徒黄琼辟，太常赵典举有道。或劝林宗仕进者，对曰："吾夜观乾象，昼察人事，天之所废，不可支也。"[他的非同流俗来自他对东汉帝国命运的彻底幻灭。他特别有透视力！]遂并不应。性明知人，好奖训士类。身长八尺，容貌魁伟，褒衣博带，周游郡国。尝于陈梁间行遇雨，巾一角垫，时人乃故折巾一角，以为"林宗巾"。其见慕皆如此。或问汝南范滂曰："郭林宗何如人？"滂曰："隐不违亲，贞不绝俗，天子不得臣，诸侯不得友，吾不知其它。"[他的通情达理的超然，加上"风格化"外表和"天然高贵"，大有助于他的威望。]后遭母忧，有至孝称。[他在他同侪中的真正独特，据此一位现代大史学家认为他是"魏晋清谈"的真正肇始者①：]林宗虽善人伦，而不为危言核论。[《论语》孔子曰："邦有道，危言危行。邦无道，危行言孙（逊）。"意为：国家有道，要正言正行；国家无道，还要正直，但说话要随和谨慎][他承继了华夏士人的一大政治传统，那早早地源自儒家宗师本人]，故宦官擅政而不能伤也。乃党事

---

① 陈寅恪认为，魏晋南北朝尚清谈，其发起者是郭泰。其《魏晋南北朝史讲演录》第三篇《清谈误国》曰："清谈的兴起，大抵由于东汉末年党锢诸名士遭到政治暴力的摧残与压迫，一变其详细评议朝廷人物任用的当否，即所谓清议，而为抽象玄理的讨论。启自郭泰，成于阮籍。他们都是避祸远嫌，消极不与其时政治当局合作的人物。""东汉清议的要旨为人伦鉴识，即指实人物品题。郭泰与之不同。《后汉书》列传五八《郭泰传》云：'林宗（郭泰）虽善人伦，而不为危言核论，故宦官擅政而不能伤也，及党事起，知名之士多被其害，惟林宗及汝南袁闳得免焉。'"

起,知名之士多被其害,唯林宗及汝南袁闳得免焉。遂闭门教授,弟子以千数。〔他有如他的宗师,是一位"大规模教育者"。〕

〔尽管他未受宦官们控制的凶残的垂死政权迫害,但对它的主要受害者的最痛彻同情毁了他的残余健康:〕

建宁元年〔168年〕,太傅陈蕃、大将军窦武为阉人所害,林宗哭之于野,恸。既而叹曰:"'人之云亡,邦国殄瘁'〔《诗·大雅》之辞〕。'瞻乌爰止,不知于谁之屋'〔《诗·小雅》之辞,言不知王业当何所归〕耳。"

明年春,卒于家,时年四十二。〔他在同侪中间巨大的道德/智识威望在他死后立即得到了有力的证明:〕四方之士千余人,皆来会葬。同志者乃共刻石立碑,蔡邕为其文,既而谓涿郡卢植曰:"吾为碑铭多矣,皆有惭德,唯郭有道无愧色耳。"

〔他是个伟大的教育家,所以伟大首先因为能够发现谁特别值得被教(由其丰富的多样性为特征的一类人),也因为他作为如此的大师的感人态度:〕

其奖拔士人,皆如所鉴。〔《谢承书》曰:"泰之所名,人品乃定,先言后验,众皆服之。"〕……今录其章章〔犹昭昭〕效于事者。著之篇末。

〔例解一:教育一个"坏家伙"的故事:〕左原者,陈留人也,为郡学生,犯法见斥。林宗尝遇诸路,为设酒肴以慰之。谓曰:"昔颜涿聚梁甫之巨盗〔《吕氏春秋》曰:"颜涿聚,梁父大盗也,学于孔子。"〕,段干木晋国之大驵〔zǎng,《吕氏春秋》曰:"段干木,晋国之驵(市场经纪人)。"〕,卒为齐之忠臣,魏之名贤。蘧瑗、颜回尚不能无过〔《论语》曰:"蘧伯玉使人于孔子,问之曰:'夫子何为?'对曰:'夫子欲寡其过而未能也。'"又曰:"颜回好学,不贰过。"〕,况其余乎? 慎勿恚恨,责躬而已。"原纳其言而去。或有讥林宗不绝恶人者。对曰:"人而不仁,疾之以甚,乱也。"〔《论语》孔子之言。郑玄注云:"不仁之人,当以风化之。若疾之以甚,是益使为乱也。"〕原后忽更怀忿,结客欲报诸生。其日林宗在学,原愧负前言,因遂罢去。后事露,众人咸谢服焉。

〔例解二:在一名"最卑贱的老者"身上发现好学者的潜能:〕茅容字季伟,陈留人也。年四十余,耕于野,时与等辈避雨树下,众皆夷踞〔夷,平也。《说文》曰:"踞,蹲也。"〕相对,容独危坐愈恭。林宗行见之而奇其异,遂与共言,因请寓宿。旦日,容杀鸡为馔,林宗谓为己设,既而以供其母,自以草〔粗也〕蔬与客同饭。林宗起拜之曰:"卿贤乎哉!"因劝令学,卒以成德。

〔例解三:〕孟敏字叔达,巨鹿杨氏人也。客居太原。荷甑〔zèng,〕堕地,不顾而去。林宗见而问其意。对曰:"甑以破矣,视之何益?"林宗以此异之,因劝令游学。十年知名,三公俱辟,并不屈云。

[例解四:再度,他从"荒野"找到一位未来的学者(在此场合一位非常有才智的):]庾乘字世游,颍川鄢陵人也。少给事县廷为门士。林宗见而拔之,劝游学官,遂为诸生佣。后能讲论,自以卑第,每处下坐,诸生博士皆就仇问[辩驳问难],由是学中以下坐为贵。后征辟并不起,号曰"征君"。

[例解五:教育一名"坏家伙",将此人最终转变为一位能干的地区行政长官:]宋果字仲乙,扶风人也。性轻悍,喜与人报仇,为郡县所疾。林宗乃训之义方,惧以祸败。果感悔,叩头谢负,遂改节自救。后以烈气闻,辟公府,侍御史、并州刺史,所在能化。

[例解六:将一名险恶者转变为非常有德的人:]贾淑字子厚,林宗乡人也。虽世有冠冕,而性险害,邑里患之。林宗遭母忧,淑来修吊,既而巨鹿孙威直亦至。威直以林宗贤而受恶人吊,心怪之,不进而去。林宗追而谢之曰:"贾子厚诚实凶德,然洗心向善。仲尼不逆互乡[乡名,其地人恶俗。《论语·述而篇》:互乡难与言。童子见,门人惑。子曰:"与其进也,不与其退也,唯何甚? 人洁己以进,与其洁也,不保(不计较)其往也。"],故吾许其进也。"淑闻之,改过自厉(励),终成善士。乡里有忧患者,淑辄倾身营救,为州闾所称。……

[其他多个例解,全都显示他在卑贱者变为著名士人方面起的决定性作用,经过他的发现和教育:]又识张孝仲刍牧之中,知范特祖邮置之役,召公子、许伟康并出屠酤,司马子威拔自卒伍,及同郡郭长信、王长文、韩文布、李子政、曹子元、定襄周康子、西河王季然、云中丘季智、郝礼真等六十人,并以成名。

[什么是我们的史家最赞誉的他的秉性? 识人的透视能力,那使他成了一位尤为伟大的教育家,还有"逊言危行,终享时晦",凭此他是在当时的士人异见运动中一类难得的英雄:]

论曰:庄周有言,人情险于山川,以其动静可识,而沈[深也]阻难征[明也]。故深厚之性,诡[违也]于情貌;"则哲"之鉴,惟帝所难[帝谓尧。《尚书》曰:"知人则哲,惟帝为难。"]。而林宗雅俗无所失,将其明性特有主乎? 然而逊言危行,终享[通也]时晦,恂恂善导,使士慕成名,虽墨、孟之徒,不能绝[胜过]也。

## 符融:

[一位引人注目地聪明、正直、雄辩和非同流俗的学者,效力于"党人"的精神领袖李膺,大得后者赞赏。然后,他在同侪中间享有崇高的自获声誉,在党锢之祸期间遭到迫害。没有什么能够改变他的高尚。]

符融字伟明,陈留浚仪人也。少为都官吏,耻之,委去。[《续汉志》曰:"都官从事，主察举百官犯法者。"融耻为其吏而去。]后游太学，师事少府李膺。膺风性高简，每见融，辄绝它宾客，听其言论。融幅巾奋袖，谈辞如云，膺每捧手叹息。郭林宗始入京师，时人莫识，融一见嗟服，因以介于李膺，由是知名。

时汉中晋文经、梁国黄子艾，并恃其才智，炫曜上京，卧托养疾，无所通接。洛中士大夫好事者，承其声名，坐门问疾，犹不得见。三公所辟召者，辄以询访之，随所臧否，以为与夺。[这是个什么时代，有其压倒性的政治黑暗与浮华繁盛的智识虚荣？儒学已经大为显示了它的种种腐败因素，自从三个世纪前它成为帝国国家意识形态以来，不管这事态也如何助成了可赞的"党人"运动的勃然劲道。]融察其非真，乃到太学，并见李膺曰："二子行业无闻，以豪桀自置，遂使公卿问疾，王臣坐门。融恐其小道破义，空誉违实，特宜察焉。"膺然之。二人自是名论渐衰，宾徒稍省，旬日之间，惭叹逃去。后果为轻薄子，并以罪废弃。

融益以知名。州郡礼请，举孝廉，公府连辟，皆不应。太守冯岱有名称，到官，请融相见。融一往，荐达郡士范冉、韩卓、孔胄[zhòu]等三人，因辞病自绝。会有党事，亦遭禁锢。

[没有什么能改变他的高尚，无论是他自己的大名，还是政权的迫害，或是这迫害导致的他的赤贫：]妻亡，贫无殡敛，乡人欲为具棺服，融不肯受。曰："古之亡者，弃之中野。唯妻子可以行志[(任我)随意志行事]，但即土埋藏而已。"……

许劭[shào]：

[著名学者，能够深深地看透人，享有广泛的声誉和赞美。他正直，不俗，对帝国政权的灭亡不持任何幻想。]

许劭字子将，汝南平舆人也。少峻名节，好人伦，多所赏识。若樊子昭、和阳士者，并显名于世。故天下言拔士者，咸称许、郭。

初为郡功曹，太守徐璆[qiú]甚敬之。府中闻子[谓许劭]将为吏，莫不改操饰行。[这是个什么时代，有其压倒性的政治黑暗和与之并存的、真正高尚和"潇洒"的学者享有的社会威望？]同郡袁绍，公族豪侠，去濮阳令归，车徒甚盛，将入郡界，乃谢遣宾客，曰："吾舆服岂可使许子将见。"遂以单车归家。

[两个犀利的例解，展示他作为非常聪明的学者，能够看人多深：]

劭尝到颍川，多长者之游，唯不候陈寔。又陈蕃丧妻还葬，乡人毕至，而邵独不往。或问其故，劭曰："太丘[陈寔曾为太丘长，故称"太丘"]道广[指交友甚广]，广则难周；仲举[陈蕃字]性峻，峻则少通。故不造也。"其多所裁量若此。

曹操微时，常卑辞厚礼，求为己目。劭鄙其人而不肯对，操乃伺隙胁劭，劭不得已，曰："君清平之奸贼，乱世之英雄。"操大悦而去。

［**他正直,不俗,鄙视邪恶的有权者甚而大体上的官场:**］

劭从祖敬,敬子训,训子相,并为三公,相以能谄事宦官,故自致台司封侯,数遣请劭。劭恶其薄行,终不候之。……

司空杨彪辟,举方正、敦朴,征,皆不就。或劝劭仕,对曰［**他对帝国政权行将到来的死亡不持任何幻想,这大有助于他的非同流俗**］:"方今小人道长,王室将乱,吾欲避地淮海,以全老幼。"乃南到广陵。徐州刺史陶谦礼之甚厚。劭不自安,告其徒曰:"陶恭祖外慕声名,内非真正。待吾虽厚,其势必薄。不如去之。"遂复投扬州刺史刘繇于曲阿。其后陶谦果捕诸寓士。乃孙策平吴,劭与繇南奔豫章而卒。时年四十六。……

帝国瓦解与华夏野蛮

# "蹈藉彝伦,毁裂畿服":
# 董卓之开启华夏野蛮

## "以刿肝斫趾之性,则群生不足以厌其快"

**卷 72《董卓列传》摘录**

[可以认为,与晚期东汉的狂野腐败政权和正义的黄巾大造反一起,董卓这粗俗的地区性军阀和野兽般的篡夺者是中国空前的、总的来说延续长达三个半世纪的全境大乱、社会凋敝和族裔屠杀的最大罪责者,中国史上最黑暗时代的最大罪责者。]

[他,作为一个极为丑恶凶残的历史性载体,释放出华夏全境(特别在其北方核心)压倒性的分裂动能,那摧毁了统一的华夏秩序,因而更进一步释放出华夏内外猖獗无比的野蛮摧毁力。正如我们的史家哀叹的,在他之后,"残寇乘之,倒山倾海,昆冈之火,自兹而焚"。他作为主要行为者之一参与招致的人类苦难残不忍述!"呜呼,人之生也难矣!天地之不仁甚矣!"]

[他是中国史上很少数最丑恶最短命的最高统治者之一,摧毁了残余的帝国秩序,继而很快摧毁了他自己。他的全部野兽般的禀性和行为归因于他的边疆背景、个人性情、军阀政治和令他得以壮大的灾难性历史性机会,特别是何进为消灭宦官而将他引入中央舞台的决定。他提供了人类政治事务中灾难性连锁反应的一个典型案例。]

[本篇内,我们开始看到华夏野蛮化!所以如此,是因为极端黑暗时代的肇始和他的半蛮夷性质(或曰野蛮性质),那在本篇的开端显示,并且贯穿始终。]

[他的西疆背景和他粗鲁、强横但诡谲的个性:]
董卓字仲颖,陇西临洮[今甘肃中部定西市临洮县]人也。性粗猛有谋。[粗鲁但

诡谲。而且，在此没有他的家世信息，透露出他出身卑贱。]少尝游羌中，尽与豪帅相结。后归耕于野，诸豪帅有来从之者，卓为杀耕牛，与共宴乐，豪帅感其意，归相敛得杂畜千余头以遗之，由是以健侠知名。[**一类粗鲁的侠义，部分地缘自"尽与（羌族）豪帅相结"。**]为州兵马掾，常徼[巡也]守塞下。卓膂力过人，双带两鞬[藏弓谓之鞬]，左右驰射，为羌胡所畏。[**他的杰出的体力和头等的、马背上的尚武才能，这大有助于他的帝国军政履历的发动。**]

[**他的帝国军政履历的最初阶段，始于他在一次对他先前的"朋友"羌人的征伐中的得力服务：**]

桓帝末，以六郡良家子为羽林郎，从中郎将张奂为军司马，共击汉阳叛羌，破之，拜郎中，赐缣九千匹。卓曰："为者则己，有者则士。"乃悉分与吏兵，无所留。[**一类粗鲁的侠义。**]稍迁西域戊己校尉，坐事免。后为并州刺史，河东太守。

[**他在对一次大规模羌族反叛的诸场战役期间，成了一名强有力的地区性军阀，虽然他的军事记录成败相兼：**]

中平元年[184年]，拜东中郎将，持节，代卢植击张角于下曲阳[今河北石家庄市下属晋州市西北]，军败抵罪。[**他的机会到来，在他败给黄巾军之后：**]其冬，北地先零羌及枹罕河关群盗反叛，遂共立湟中义从胡[归附朝廷的胡人]北宫伯玉、李文侯为将军，杀护羌校尉泠征。伯玉等乃劫致金城人边章、韩遂，使专任军政，共杀金城太守陈懿，攻烧州郡。

明年[185年]春，将数万骑入寇三辅，侵逼园陵，托诛宦官为名。诏以卓为中郎将，副左车骑将军皇甫嵩征之。嵩以无功免归，而边章、韩遂等大盛。朝廷复以司空张温为车骑将军，假节，执金吾袁滂为副。拜卓破虏将军，与荡寇将军周慎并统于温。并诸郡兵步骑合十余万，屯美阳，以卫园陵。章、遂亦进兵美阳。[**作为一支帝国大军的一名指挥将领，他的作战记录成败相兼，而其中的成功部分出自运气：**]温、卓与战，辄不利。十一月，夜有流星如火，光长十余丈，照章、遂营中，驴马尽鸣。贼以为不祥，欲归金城。卓闻之喜，明日，乃与右扶风鲍鸿等并兵俱攻，大破之，斩首数千级。章、遂败走榆中，温乃遣周慎将三万人追讨之。

温参军事孙坚[孙权之父]说慎曰："贼城中无谷，当外转粮食。坚愿得万人断其运道，将军以大兵继后，贼必困乏而不敢战。若走入羌中，并力讨之，则凉州可定也。"慎不从，引军围榆中城[在今甘肃兰州市榆中县]。而章、遂分屯葵园狭，反断慎运道。慎惧，乃弃车重而退。[**他如前所述粗鲁但诡谲，现在运用一项战术诡计去成功地拯救他的部队：**]温时亦使卓将兵三万讨先零羌，卓于望垣[属天水郡，在今甘肃秦安县北及通谓县南、静宁县西一带]北为羌胡所围,粮食乏绝,进退逼急。乃于所度(渡)水中伪立鄠,以为捕鱼,而潜从鄠下过军。比贼追之,决水已深,不得度(渡)。时,众军败退,唯卓全师而还,屯于扶风,封鄳[tái,在今陕西武功县西南]乡侯,邑千户。

三年[186年]春,遣使者持节就长安拜张温为太尉。三公在外,始之于温。其冬,征温还京师,[**西疆地区混乱分裂,甚至在军阀们中间裂成碎片,在其中一名军阀从内部破坏掉大规模羌族反叛之后**:]韩遂乃杀边章及伯玉、文侯,拥兵十余万,进围陇西。太守李相如反,与遂连和,共杀凉州刺史耿鄙。而鄙司马扶风马腾,亦拥兵反叛,又汉阳王国,自号"合众将军",皆与韩遂合。共推王国为主,悉令领其众,寇掠三辅。五年[188年],围陈仓。乃拜卓前将军,与左将军皇甫嵩击破之[189年][**他的有限的军事成就,无法逆转碎片化的形势**]。韩遂等复共废王国……遂等稍争权利,更相杀害,其诸部曲,并各分乖。

[**作为一名强有力的、有众多蛮夷士兵在他麾下的地区性军阀(虽以帝国政权的名义),他拥兵滞留在西疆地区,然后将他的部队东移;所有这些都藐视中央指令,都为等待时机**:]

六年[189年],征卓为少府,不肯就,上书言:"所将湟中义从及秦胡兵皆诣臣曰:'牢直不毕,禀赐断绝[《前书音义》曰:"牢,禀食也。古者名禀为牢。"],妻子饥冻。'牵挽臣车,使不得行。羌胡敝(憋)肠狗态[心肠恶,情态如狗],臣不能禁止,辄将顺安慰,增异复上[谓若更增异志,当复闻上]。"朝廷不能制,颇以为虑。及灵帝寝疾,玺书拜卓为并州牧,令以兵属皇甫嵩。卓复上书言曰[**他再度藐视中央指令,并且将他的部队东移**]:"臣既无老谋,又无壮事,天恩误加,掌戎十年。士卒大小相狎弥久,恋臣畜养之恩,为臣奋一旦之命。乞将之(至)北州,效力边垂。"于是驻兵河东[今山西运城、临汾一带],以观时变。[**他是个有全国性野心的地区性军阀!**]

[**时机到来! 事实上的摄政何进将他引入中央舞台,以利他对宦官的内斗;他率军奔向帝国首都,很快暴烈地开始他的篡夺**:]

及帝崩,大将军何进、司隶校尉袁绍谋诛阉宦,而太后不许,乃私呼卓将兵入朝,以胁太后。卓得召,即时就道。[**他,野心家,抓住机会,立即出发!**]并上书曰:"中常侍张让等窃幸承宠,浊乱海内。臣闻扬汤止沸,莫若去薪;溃痈虽痛,胜于内食[谓从中侵蚀肌肉]。昔赵鞅兴晋阳之甲,以逐君侧之恶人。[《公羊传》曰:"晋赵鞅取晋阳之甲以逐荀寅与士吉射。荀寅与士吉射者曷为者也? 君侧之恶人也。此逐君侧之恶人,曷为以叛言之? 无君命也。"]今臣辄鸣钟鼓如洛阳,请收让等,以清奸秽。"[**无论在中央的形势如何变动,他都坚持追求他的目标**:]卓未至而何进败,虎贲中郎将袁术乃烧南宫,欲讨宦官,而中常侍段珪等劫少帝及陈留王夜走小平津。卓远见火起,引兵急进,未明到城西,闻少帝在北芒,因往奉迎。帝见卓将兵卒至,恐怖涕泣。卓与言,不能辞对;与陈留王语,遂及祸乱之事。[**他那么快地开始规划篡夺**]卓以王为贤,且为董太后所养,卓自以与太后同族,有废立意。

初,卓之入也,步骑不过三千,自嫌兵少,恐不为远近所服,率四五日辄夜潜出军近营,明旦乃大陈旌鼓而还,以为西兵复至,洛中无知者。[**他诡谲!**]寻而何进及弟苗先所领部曲皆归于卓,卓又使吕布杀执金吾丁原而并其众,卓兵士大盛。[**他现在迅速有了一支大军,因为他集中致力于主要的所需资产——我们今天所说的"枪杆子"! 然后,他毫无延宕地去干**]乃讽(风)朝廷策免司空刘弘而自代之。因集议废立。百僚大会,卓乃奋首而言曰:"大者天地,其次君臣,所以为政。皇帝暗弱,不可以奉宗庙,为天下主。今欲依伊尹、霍光故事,更立陈留王,何如?"公卿以下莫敢对。卓又抗言曰:"昔霍光定策,延年按剑。有敢沮大议,皆以军法从之。"坐者震动。[**他粗鲁、暴烈,震慑住朝廷差不多每个人!**]尚书卢植独曰:"昔太甲既立不明[汤孙,太丁子。《尚书》曰"太甲既立,不明,伊尹放诸桐宫"],昌邑罪过千余,故有废立之事。今上富于春秋,行无失德,非前事之比也。"卓大怒,罢坐。[**他以充分的快速和暴烈操作他的篡夺**]明日复集群僚于崇德前殿,遂胁太后,策废少帝。曰:"皇帝在丧,无人子之心,威仪不类人君,今废为弘农王。"乃立陈留王,是为献帝。又议太后踧[cù,同"蹙",紧迫]迫永乐太后[董太后],至令忧死,①逆妇姑之礼,无孝顺之节,迁于永安宫,遂以弑崩。

卓迁太尉,领前将军事,加节传斧钺虎贲,更封郿侯。卓乃与司徒黄琬、司空杨彪,俱带鈇锧诣阙上书,追理陈蕃、窦武及诸党人,以从人望。于是悉复蕃等爵位,擢用子孙。[**他诡谲,懂得赢取人望的需要,如果这不延宕或阻止他的充分篡夺**]

寻进卓为相国,入朝不趋,剑履上殿。封母为池阳君,置令丞。

[**对帝国首都从上到下各色人众来说,他是个空前的兽般凶灾,纵放他的很大部分由蛮夷士兵构成的部队肆意掳掠奸杀而无任何制约。一个由利维坦自身制造的狂野的自然状态! 华夏野蛮化的肇始。**]

① 《后汉书·皇后纪下》载:初,后自养皇子协,数劝帝立为太子,而何皇后恨之,议未及定而帝崩。何太后临朝,重与太后兄大将军进权势相害,后每欲参干政事,太后辄相禁塞。后忿恚詈[lì]言曰:"汝今辀[zhōu]张[犹强梁],怙[hù,仗恃]汝兄耶? 当敕票(骠)骑断何进头来。"何太后闻,以告进。进与三公及弟车骑将军苗等奏:"孝仁皇后使故中常侍夏恽、永乐太仆封谞等交通州郡,辜较[搜刮聚敛]在所珍宝货赂,悉入西省。蕃后故事不得留京师[蕃后谓平帝母卫姬,时王莽摄政,恐其专权,后不得留在京师,故云故事],舆服有章,膳羞有品。请永乐后迁宫本国。"奏可。何进遂举兵围骠骑府,收重[董太后之侄,骠骑将军],重免官自杀。后忧怖,疾病暴崩,在位二十二年。

是时,洛中贵戚室第相望,金帛财产,家家殷积。卓纵放兵士,突其庐舍,淫略(掠)妇女,剽虏资物,谓之"搜牢"。人情崩恐,不保朝夕。及何后葬,开文陵,卓悉取藏中珍物。又奸乱公主,妻略(掠)宫人,虐刑滥罚,睚眦必死,群僚内外莫能自固。卓尝遣军至阳城,时人会于社下,悉令就斩之,驾其车重,载其妇女,以头系车辕,歌呼而还。[**此外,还有他的狂野横暴的"货币革命",招致社会金融大乱和市场价格腾飞:**]又坏五铢钱,更铸小钱,悉收洛阳及长安铜人、钟虡[jù,以铜为之,悬挂钟或磬的架子两旁的柱子]、飞廉[铜制,《音义》云:"飞廉,神禽,身似鹿,头如爵,有角,蛇尾,文如豹文。"]、铜马之属,以充铸焉。故货贱物贵,谷石数万。又钱无轮郭文章,不便人用。时人以为秦始皇见长人于临洮,乃铸铜人。卓,临洮人也,而今毁之。虽成毁不同,凶暴相类焉。

[**然而记住,他粗鲁和诡谲:"虽行无道,而犹忍性矫情,擢用群士";他在一定程度上复杂:以其暴行阻绝人望,同时又通过上述行为追求人望,但因为前一类行为和他暴烈的篡夺而几乎毫无用处:**]卓素闻天下同疾阉官诛杀忠良,及其在事,虽行无道,而犹忍性矫情,擢用群士。乃任吏部尚书汉阳周珌、侍中汝南伍琼、尚书郑公业、长史何颙等。以处士荀爽为司空。其染党锢者陈纪、韩融之徒,皆为列卿。幽滞之士,多所显拔。以尚书韩馥为冀州刺史,侍中刘岱为兖州刺史,陈留孔伷为豫州刺史,颍川张咨为南阳太守。卓所亲爱,并不处显职,但将校而已。初平元年[190年],馥等到官,与袁绍之徒十余人,各兴义兵,同盟讨卓,而伍琼、周珌阴为内主。

[**他为自己的安全,靠暴力西迁帝国首都及其人口,因而制造了一场巨大的毁坏和又一番社会灾难;他有如一名激进得狂野的"革命者":**]

初,灵帝末,黄巾余党郭太等复起西河白波谷[在今山西中南部襄汾县永固镇],转寇太原,遂破河东,百姓流转三辅,号为"白波贼",众十余万。卓遣中郎将牛辅击之,不能却。又闻东方兵起[初平元年(190年)春正月,袁绍袁术为主力,山东州郡起兵讨董卓],惧,乃鸩杀弘农王[即少帝,前被董卓所废],欲徙都长安。会公卿议,太尉黄琬、司徒杨彪廷争不能得,而伍琼、周珌又固谏之。卓因大怒曰:"卓初入朝,二子劝用善士,故相从,而诸君到官,举兵相图。此二君卖卓,卓何用相负!"遂斩琼、珌。而彪、琬恐惧,诣卓谢曰:"小人恋旧,非欲沮国事也,请以不及为罪。"……于是迁天子西都。

初,长安遭赤眉之乱,宫室营寺焚灭无余,是时唯有高庙、京兆府舍,遂便时幸焉。后移未央宫。[**他是个不打折扣的狂兽:**]于是尽徙洛阳人数百万口于长安,步骑驱蹙,更相蹈藉,饥饿寇掠,积尸盈路。卓自屯留毕圭苑中,悉烧宫庙官府居家,二百里内无复孑遗。又使吕布发诸帝陵,及公卿已(以)下冢墓,收其珍宝。

[**对这野兽般篡夺者的初始"十字军征讨",由若干较小军阀发动,但兵败多于战胜或僵局**:]

时,长沙太守孙坚亦率豫州诸群兵讨卓。卓先遣将徐荣、李蒙四出虏掠。荣遇坚于梁,与战、破坚,生禽(擒)颍川太守李旻[mín],亨(烹)之。卓所得义兵士卒,皆以布缠裹,倒立于地,热膏灌杀之。[**难以置信的野蛮和残忍!**]

时,河内太守王匡屯兵河阳津[在河阳县,其治所位于今河南西北部孟州市槐树乡桑洼村],将以图卓。卓遣疑兵挑战,而潜使锐卒从小平津过津北,破之,死者略尽。明年,孙坚收合散卒,进屯梁县之阳人[聚名,属河南郡]。卓遣将胡轸[zhěn]、吕布攻之。布与轸不相能,军中自惊恐,士卒散乱。坚追击之,轸、布败走。卓遣将李傕诣坚求和,坚拒绝不受,进军大谷,距洛九十里。卓自出与坚战于诸陵墓间,卓败走,却屯黾池,聚兵于陕。坚进洛阳宣阳城门,更击吕布,布复破走。坚乃埽除宗庙,平塞诸陵,分兵出函谷关,至新安、黾池间,以截卓后。卓谓长史刘艾曰:"关东诸将数败矣,无能为也。唯孙坚小戆,诸将军宜慎之。"乃使东中郎将董越屯黾池,中郎将段煨屯华阴,中郎将牛辅屯安邑,其余中郎将、校尉布在诸县,以御山东。

[**他的正式篡夺,授予他自己一个非常近乎皇帝的正式地位,同时他的战略行为方式恰如一个僵硬的地方军阀;因为他,有了某种如华夏野蛮化的事态**:]

卓讽(风)朝廷使光禄勋宣璠[fán]持节拜卓为太师,位在诸侯王上。乃引还长安。百官迎路拜揖,卓遂僭拟车服,乘金华[以金为华饰车]青盖,爪[弓头为爪形]画两轓[车箱两旁反出如耳的部分,用以障蔽尘泥],时人号"竿摩[谓相逼近,或系古方言]车",言其服饰近天子也。以弟旻[mín]为左将军,封鄠[hù]侯,兄子璜为侍中、中军校尉,皆典兵事。于是宗族内外,并居列位。其子孙虽在髫龀,男皆封侯,女为邑君。[**极端贪婪的暴发户!**]

数与百官置酒宴会,淫乐纵恣。乃结垒于长安城东以自居。又筑坞于郿,高厚七丈,号曰"万岁坞"。积谷为三十年储。自云:"事成,雄据天下;不成、守此足以毕老。"尝至郿行坞,公卿已(以)下祖道于横门外。[**野蛮化,华夏野蛮化!因为我们在本篇题注里已经指出的极端黑暗时代的肇始和他的半蛮夷性质(或曰野蛮性质):**]卓施帐幔饮设,诱降北地反者数百人[晋·袁宏《后汉纪·献帝纪一》作"诱北降者三百余人"],于坐中杀之。先断其舌,次斩手足,次凿其眼目,以镬[huò,大锅]煮之。未及得死,偃转[仆倒转动]杯案间。会者战栗,亡失匕箸,而卓饮食自若。[**没有任何文明人受得了目睹这些,而他比野兽更野兽!**]诸将有言语蹉跌,便戮于前。又稍诛关中旧族,陷以叛逆。

［他的暴烈灭亡，为之万众欢呼，在反复的刺杀企图失败之后：］

时，太史望气，言当有大臣戮死者。卓乃使人诬卫尉张温与袁术交通，遂笞温于市，杀之，以塞天变。……

温字伯慎，少有名誉，累登公卿，亦阴与司徒王允共谋诛卓，事未及发而见害。越骑校尉汝南伍孚忿卓凶毒，志手刃之，乃朝服怀佩刀以见卓。孚语毕辞去，卓起送至阁，以手抚其背，孚因出刀刺之，不中。卓自奋得免，急呼左右执杀之，而大诟曰："虏欲反耶！"孚大言曰："恨不得磔裂奸贼于都市，以谢天地！"言未毕而毙。

［对这兽般暴君的最后成功的刺杀，其详情：］时，王允与吕布及仆射士孙瑞谋诛卓。有人书"吕"字于布上，负而行于市，歌曰："布乎！"有告卓者，卓不悟。三年［192年］四月，帝疾新愈，大会未央殿。卓朝服升车，既而马惊墯泥，还入更衣。其少妻止之，卓不从，遂行。乃陈兵夹道，自垒及宫，左步右骑，屯卫周匝，令吕布等扞卫前后。王允乃与士孙瑞密表其事，使瑞自书诏以授布，令骑都尉李肃与布同心勇士十余人，伪着卫士服于北掖门内以待卓。卓将至，马惊不行，怪惧欲还。吕布劝令进，遂入门。肃以戟刺之，卓衷甲［在衣服里面穿铠甲］不入，伤臂墯车，顾大呼曰："吕布何在？"布曰："有诏讨贼臣。"卓大骂曰："庸狗敢如是邪！"布应声持矛刺卓，趣（趋）兵斩之。主簿田仪及卓仓头［汉代对奴仆的称呼，其时奴仆以深青色布包头，故称］前赴其尸，布又杀之。驰赍赦书，以令宫陛内外。［**他被那么多人恨得那么深，因而他的暴死受到万众欢呼，甚而狂欢：**］士卒皆称万岁，百姓歌舞于道。长安中士女卖其珠玉衣装市酒肉相庆者，填满衔肆。使皇甫嵩攻卓弟旻于郿坞，杀得母妻男女，尽灭其族。乃尸卓于市。天时始热，卓素充肥，脂流于地。守尸吏然（燃）火置卓脐中，光明达曙，如是积日。诸袁门生又聚董氏之尸，焚灰扬之于路。［**他的尸体毁灭的详情。他的华夏野蛮化到头来回击，以同类方式回击他自己的死尸！**］坞中珍藏有金二三万斤，银八九万斤，锦绮缯縠纨素奇玩，积如丘山。［**一个极端贪婪和粗鲁抢夺的暴发户！一个盗贼！**］……

### 卷 66《陈王列传》［王允］

王允：

［一位正直和勇敢的国务家，在此之前则主要是一位能干和得民望的地区行政长官；然而，他远不是个有才华的战略家。他的历史性成就，在于以仔细的规划和仔细的实施，颇有策略地消灭了野蛮凶残的篡夺者董卓；可是，接踵而来的却是他自招失败的种种行为。］

［他给我们提供了一个典型的政变故事，连同一个也是典型的、因为学究式的政治愚蠢而自招失败的故事。］

[**出自一个官僚世家，从少年时起就颇有才智、勇气、正直和政治抱负；然后，他开始有一个引人注目的、作为中央官员和地区行政长官的曲折仕途：**]

王允字子师，太原祁[今山西中部晋中市祁县]人也。世仕州郡为冠盖。同郡郭林宗尝见允而奇之，曰："王生一日千里，王佐才也。"遂与定交。

年十九，为郡吏，时，小黄门晋阳赵津贪横放恣，为一县巨患，允讨捕杀之。而津兄弟诣事宦官，因缘谮诉，桓帝震怒，征太守刘瓆，遂下狱死。允送丧还平原，终毕三年，然后归家。复还仕，郡人有路佛者，少无名行，而太守王球召以补吏，允犯颜固争，球怒，收允欲杀之。刺史邓盛闻而驰传辟为别驾从事。允由是知名，而路佛以之废弃。

允少好大节，有志于立功，常习诵经传，朝夕试驰射。三公并辟，以司徒高第为侍御史。[**他开始行使重要职能，参与镇压巨大规模的黄巾造反：**]中平元年[184年]，黄巾贼起，特选拜豫州刺史。辟荀爽、孔融等为从事，上除禁党。讨击黄巾别帅，大破之，与左中郎将皇甫嵩、右中郎将硃（朱）俊等受降数十万。[**开始在帝国权力高层树敌，并且因而遭难：**]于贼中得中常侍张让宾客书疏，与黄巾交通，允具发其奸，以状闻。灵帝责怒让，让叩头陈谢，竟不能罪之。而让怀协忿怨，以事中[伤也]允。明年，遂传下狱。

[**在邪恶的权宦统治黑影下，他强烈地显示出大勇敢，险些在他们手中遭遇暴死：**]

会赦，还复刺史。旬日间，复以他罪被捕。司徒杨赐以允素高，不欲使更[经也]楚[苦痛]辱，乃遣客谢之曰："君以张让之事，故一月再征。凶慝难量，幸为深计[谓劝其自杀，以免楚辱]。"又诸从事好气决者，共流涕奉药[毒药]而进之。允厉声曰："吾为人臣，获罪于君，当伏大辟以谢天下，岂有乳药求死乎！"投杯而起，出就槛车。[**他不惮任何人任何事！**]既至廷尉，左右皆促其事，朝臣莫不叹息。大将军何进、太尉袁隗、司徒杨赐共上疏请之曰："……允以特选受命，诛逆抚顺，曾未期月[一整月]，州境澄清。方欲列其庸勋，请加爵赏，而以奉事不当，当肆大戮。责轻罚重，有亏众望。……"书奏，得以减死论。[**他险些在权宦手中遭遇暴死。**]是冬大赦，而允独不在宥，三公咸复为言。至明年，乃得解释。是时，宦者横暴，睚眦[瞪一下眼睛那样极小的怨仇]触死。允惧不免，乃变易名姓，转侧河内、陈留间。

及帝崩，乃奔丧京师。时，大将军何进欲诛宦官，召允与谋事[**他已经成了权宦的一个著名敌人**]，请为从事中郎，转河南尹。献帝即位，拜太仆，再迁守尚书令。

[他成为傀儡君主献帝朝中的一位最高级大臣，以密谋规划消灭野蛮凶残的篡夺者董卓开始行使他的真正国务家作用：]

初平元年[190年]，代杨彪为司徒，守尚书令如故。及董卓迁都关中，允悉收敛兰台、石室图书秘纬要者以从。既至长安，皆分别条上。又集汉朝旧事所当施用者，一皆奏之。经籍具存，允有力焉。[他对中国学问和学术文化的非同小可的贡献。]时董卓尚留洛阳，朝政大小，悉委之于允。[他是个颇有才能的策略家，同时怀有愈益增强的消灭篡夺者的决心：]允矫情屈意，每相承附，卓亦推心，不生乖疑，故得扶持王室于危乱之中，臣主内外，莫不倚恃焉。

[以仔细密谋正当的政变开始他的真正国务家行动：]允见卓祸毒方深，篡逆已兆，密与司隶校尉黄琬、尚书郑公业等谋共诛之。乃上护羌校尉杨瓒行左将军事，执金吾士孙瑞为南阳太守，并将兵出武关道，以讨袁术为名，实欲分路征卓，而后拔天子还洛阳。卓疑而留之，允乃引内（纳）瑞为仆射，瓒为尚书。[起初的政变计划因而流产。]

二年[191年]，卓还长安，录入关之功，封允为温侯，食邑五千户。固让不受。士孙瑞说允曰："夫执谦守约，存乎其时。公与董太师并位俱封，而独崇高节，岂和光之道邪？"[他的策略性须由他的秘密协同者的来补充。]允纳其言，乃受二千户。

["复结前谋"与其成功：新计划制定，以适合新形势；它的关键要素，是取得了吕布——古希腊阿基利斯的一个小得多的华夏版——的秘密合作：]

三年[192年]春，连雨六十余日，允与士孙瑞、杨瓒登台请霁，复结前谋。瑞曰："……期应促尽，内发者胜。几不可后，公其图之。"允然其言，乃潜结卓将吕布，使为内应。会卓入贺，吕布因刺杀之。[野兽般的篡夺者被消灭！]语在《卓传》。

[然后，他一次又一次地做出自招失败的行为（全都导致他的自我孤立）而无一种明智的战略；他像是回返为一名儒家学究，以自己的暴死为惩罚：]

允初议赦卓部曲，吕布亦数劝之。既而疑曰："此辈无罪，从其主耳。今若名为恶逆而特赦之，适足使其自疑，非所以安之之道也。"[愚蠢的非战略行为之一。]吕布又欲以卓财物班赐公卿、将校，允又不从。[同样性质的行为之二。他现在甚至还不如吕布聪明和有经验性常识！而素轻布，以剑客遇之。[行为之三，对关键性合作者的藐视和坏态度。]布亦负有功劳，多自夸伐，既失意望，渐不相平。

[我们的史家的正确分析和判断，关于他的在战略眼界和政治操控方面的致命短处：]允性刚棱疾恶，初惧董卓豺狼，故折节图之。卓既歼灭，自谓无复患难，[行为之三，对群下众臣的坏态度，一本正经，自恃正直：]及在际会[聚首，聚会]，每

乏温润之色,杖正持重,不循权宜之计,是以群下不甚附之。

董卓将校及在位者多凉州人,允议罢其军。或说允曰:"凉州人素惮袁氏而畏关东。今若一旦解兵,则必人人自危。可以皇甫义真为将军,就领其众,因使留陕以安抚之,而徐与关东通谋,以观其变。"允曰:"不然。关东举义兵者,皆吾徒耳[像这个和其他行为表明的那样,他变得傲慢自满]。今若距险屯陕,虽安凉州,而疑关东之心,甚不可也。"

[他的自招失败行为的演化着的致命结果:]时,百姓讹言,当悉诛凉州人,遂转相恐动。其在关中者,皆拥兵自守。更相谓曰:"丁彦思、蔡伯喈[蔡邕(yōng)]但以董公亲厚,并尚从坐,今既不赦我曹,而欲解兵,今日解兵,明日当复为鱼肉矣。"卓部曲将李傕、郭汜等先将兵在关东,因不自安,遂合谋为乱,攻围长安。城陷,吕布奔走。布驻马青琐门外,招允曰:"公可以去乎?"允曰[他失去了任何灵活和明智! 只剩下(一种狭窄的)正直和帝国忠诚]:"若蒙社稷之灵,上安国家,吾之愿也。如其不获,则奉身以死之。朝廷幼少,恃我而已,临难苟免,吾不忍也。怒力谢关东诸公,勤以国家为念。"

[他的暴死,紧接一名愚蠢的下属(一名"竖儒")的屈从——或曰事实上的背叛——之后:]初,允以同郡宋翼为左冯翊,王宏为右扶风。是时,三辅民庶炽盛,兵谷富实,李傕等欲即杀允,惧二郡为患,乃先征翼、宏。宏遣使谓翼曰:"郭汜、李傕以我二人在外,故未危王公。今日就征,明日俱族。计将安出?"翼曰:"虽祸福难量,然王命所不得避也。"宏曰:"义兵鼎沸,在于董卓,况其党与(羽)乎! 若举兵共讨君侧恶人,山东必应之,此转祸为福之计也。"翼不从。宏不能独立,遂俱就征,下廷尉。傕乃收允及翼、宏,并杀之。

允时年五十六。长子侍中盖、次子景、定及宗族十余人皆见诛害,唯兄子晨、陵得脱归乡里。天子感恸[感伤哀痛],百姓丧气,莫敢收允尸者,唯故吏平陵令赵戬[jiǎn]弃官营丧。

……宏临命诟曰:"宋翼竖儒,不足议大计。……"……

[在我们的史家对王允的最后评论中,真正值得注意的不是他对王允的赞誉,而是他关于"士"应当有何基本素质的深刻和重要的思想。它们既是道德性的正直("正"),亦是战略/策略性的求实("谋"),一种儒家宗师本人缺乏的复合素质。如何在这两者间敲出一个正确的平衡? 这对中国一般知识分子是个永恒的挑战。]

论曰:士虽以正立,亦以谋济。若王允之推董卓而引其权,伺其间而敝其罪,当此之时,天子悬解[喻安泰]矣。而终不以猜忤为衅者,知其本于忠义之诚也。故推卓不为失正,分权不为苟冒,伺间不为狙诈。及其谋济意从,则归成于正也[**这令我们想起中国最伟大的思家司马迁对首位儒家战略家的赞颂:"叔孙通希世度务,制礼进退,与时变化,卒为汉家儒宗。'大直若诎(屈),道固委蛇(逶迤)'盖谓是乎?"**]。

### 卷 9《献帝纪》摘录

[《献帝纪》:东汉王朝在其濒死床榻上的最后一幕。这位君主在他整个 31 年在位期间始终是个可怜的傀儡:起初是狂野傲慢但愚蠢的篡夺者董卓的,接着在一段被劫持的段时期以后,是最具野心但非常精明和战略性的军阀曹操的。最后,他被后者的儿子曹丕正式废黜,在帝国的事实上灭亡最迟始于他被扶上皇位之际。中国在他傀儡性地在位期间完全分裂,而且事后来看开启了它的历史上最黑暗的几个世纪,包括大规模内战、由蛮夷从事的经久的族裔超级屠杀和在华北的再度的、近乎彻底的社会凋敝。]

[军阀董卓暴政,在暴政(tyranny)这个词的原初古希腊双重意义上的;他在一次政变中的暴死:]

孝献皇帝讳协,灵帝中子也。母王美人,为何皇后所害。中平六年[189 年]四月,少帝即位,封帝为勃海王,徙封陈留王。

九月甲戌,即皇帝位,年九岁。[在反复的、贯穿几个月的血腥宫廷内斗和混乱(或曰非常暴烈的自然状态)之后。]迁皇太后[董卓迁也]于永安宫。……丙子,董卓杀皇太后何氏。[先前的外戚专权和宦官统治俱因他们互相间的内斗和屠杀告终。现在,是一名险恶凶残和篡权的军阀的横暴独裁,虽然对他来说颇为短暂。]

初令侍中、给事黄门侍郎员各六人。[献帝起居注曰:"自诛黄门后,侍中、侍郎出入禁中,机事颇露,由是王允乃奏侍中、黄门不得出入。不通宾客,自此始也。"]赐公卿以下至黄门侍郎家一人为郎,以补宦官所领诸署,侍于殿上。[灵帝熹平四年(175 年),改平准为中准,使宦者为令。自是诸内署令、丞悉以阉人为之,故今并令士人代领之。][**内侍被近乎完全非政治化,在宦官的邪恶权力自他们于公元 159 年操作桓帝政变起泛滥三十年之后。**]

乙酉……董卓自为太尉,加鈇钺[礼记曰:"诸侯赐鈇钺然后专杀。"鈇,斧也]、虎贲。……[在一次又一次地被实践于宫廷之后,任意专杀已成为那里的一种支配性政治文化,一种每个篡夺者都渴望的特权!]

白波贼寇河东,董卓遣其将牛辅击之。

十一月癸酉,董卓自为相国。[**对这野心勃勃的篡夺者来说实属当然,在一个全不管死亡已久的皇帝权威的时代。**]……

初平元年[190年]春正月,山东州郡起兵[袁绍袁术为主力]以讨董卓。[**众军阀反对最大军阀;后者全无希望像篡夺者王莽那样统治全中国。统一的帝国这观念事实上落花流水。**]……癸酉,董卓杀弘农王[即少帝,前被董卓所废]。

白波贼寇东郡。

二月……庚辰,董卓杀城门校尉伍琼、督军校尉周珌。[**一个屠夫!那个时代的杀戮政治文化的极端代表。**]以……太仆王允[**他的深有算计的报复女神**]为司徒。丁亥,迁都长安。[**主要为了远离他的讨伐性敌人。**]董卓驱徙京师百姓悉西入关[**他何等残忍和独裁!**],自留屯毕圭苑。……

三月乙巳,车驾入长安,幸未央宫。己酉,董卓焚洛阳宫庙及人家。[**一个恶魔,施行焦土战略。还是一个屠夫**]戊午,董卓杀太傅袁隗、太仆袁基,夷其族。[隗,袁绍叔父;基,袁术母兄。卓以山东兵起,依绍、术为主,故诛其亲属。《献帝春秋》曰:"尺口以上男女五十余人,皆下狱死。"]……

……董卓坏五铢钱[光武帝除王莽货泉,更用五铢钱],更铸小钱。[**就其动机而言,是一项紧急财政措施,还是一项如篡夺者王莽那样的狂野革命举措?或许都是。**]……

是岁,有司奏,和、安、顺、桓四帝无功德,不宜称宗[和帝号穆宗,安帝号恭宗,顺帝号敬宗,桓帝号威宗],又恭怀、敬隐、恭愍三皇后并非正嫡[和帝尊母梁贵人曰恭怀皇后,安帝尊祖母宋贵人曰敬隐皇后,顺帝尊母李氏曰恭愍皇后],不合称后,皆请除尊号。制曰:"可。"[**篡夺者迫使东汉王朝否定自身历史、合法性和所宣称的君主残余威望的一大部分!**]孙坚杀荆州刺史王叡[ruì][吴录曰:"叡素遇坚无礼,坚此时欲杀叡。叡曰:'我何罪?'坚曰:'坐无所知。'叡穷迫,刮金饮之而死。"],又杀南阳太守张咨。[**未来的首要南方军阀势力变得更强更大胆,如同其他地区的首要军阀。中国事实上正在愈益分裂。**]

二年[191年]……

二月丁丑,董卓自为太师。[**篡夺者变得越来越大胆,而且事实上越来越孤立。**]

袁术遣将孙坚与董卓将胡轸战于阳人[聚名,属河南郡],轸军大败。董卓遂发掘洛阳诸帝陵。[**狂野和无赖的野兽!**]夏四月,董卓入长安。……

冬十月壬戌,董卓杀卫尉张温。

十一月,青州黄巾寇太(泰)山,太(泰)山太守应劭击破之。黄巾转寇勃海,公孙瓒[**一名非常残忍的大军阀**]与战于东光,复大破之。[**在中国的多维度大规模**

内战。一个彻底混乱的中国！]……

三年[192年]……

袁术遣将孙坚攻刘表于襄阳，坚战殁。[他死于内战战场，但他的儿子孙策孙权在继续下去的内战中将控制几乎全部华夏东南和中南。]

袁绍及公孙瓒战于界桥，瓒军大败。

夏四月辛巳，诛董卓，夷三族。[暴死突然降临到最大的杀戮者身上，出自表面中央的一场密谋政变和政权变更。中国已经天翻地覆，大致分裂。]司徒王允录尚书事，总朝政[一个空洞的表象：在他之下没有武装力量，除了一个极为愚蠢、卑劣和不忠的将军吕布麾下的一支部队]，使者张种抚慰山东。……

## 卷 60 下《蔡邕列传》摘录

…………

[蔡邕给凶残狂野的董卓提供的可耻的效劳，一位不那么正直的儒学大师和文豪起初被迫但其后太忠诚的效劳：]

中平六年[189年]，灵帝崩，董卓为司空，闻邕名高，辟之，称疾不就。卓大怒，詈[lì]曰："我力能族人，蔡邕遂偃蹇[yǎn jiǎn，傲慢，骄横]者，不旋踵矣。"又切敕州郡举邕诣府，邕不得已，到，署祭酒，甚见敬重。举高第，补侍御史，又转持书御史，迁尚书。三日之间，周历三台。[狂野的军阀/篡夺者的一项颇受宠惠的装饰]。迁巴郡太守，复留为侍中。

初平[献帝年号]元年[190年]，拜左中郎将，从献帝迁都长安，封高阳乡侯。[篡夺者授予的进一步赏赐。]

[他两度劝告信任他的狂野主子放慢篡夺速度：]董卓宾客部典议欲尊卓比太公，称尚父。卓谋之于邕，邕曰："太公辅周，受命翦商，故特为其号。今明公威德，诚为巍巍[他的儒家信仰和真理意识何在？！]，然比之尚父，愚意以为未可。宜须关东平定，车驾还反（返）旧京，然后议之。"卓从其言。

二年[191年]六月，地震，卓以问邕。邕对曰："地动者，阴盛侵阳，臣下逾制之所致也。前春郊天，公奉引车驾，乘金华青盖，爪画两辖[《续汉志》曰："乘舆大驾，公卿奉引，皇太子、皇子皆安车，朱轮，青盖，金华爪，画辖。"《广雅》："辖，箱也。"]，远近以为非宜。"卓于是改乘皂盖车。[《续汉志》曰："中二千石、二千石皆皂盖，朱两辖。"]。

[这头野兽对他例外地和蔼，他则报之以"负责的"忠诚，虽然他强烈地感到"董公性刚而遂非，终难济也"：]卓重邕才学，厚相遇待，每集宴，辄令邕鼓琴赞事，邕亦每存匡益。然卓多自很[hěn]用[刚愎自用]，邕恨其言少从，谓从弟谷曰："董公性刚而遂非，终难济也，吾欲东奔兖州，若道远难达，且遁逃山东以待之，何如？"谷

曰："君状异恒人,每行观者盈集。以此自匿,不亦难乎?"邕乃止。

**[他甚至因为他的凶恶的主子而付出了性命,在摧毁后者的政变之后;一种不值得的忠诚:]**

及卓被诛,邕在司徒王允坐,殊不意言之而叹,有动于色。允勃然叱之曰："董卓国之大贼,几倾汉室。君为王臣,所宜同忿,而怀其私遇,以忘大节!**[一针见血的正当谴责!]**今天诛有罪,而反相伤痛,岂不共为逆哉?"即收付廷尉治罪。邕陈辞谢,乞黥首刖[yuè]足,继成汉史。士大夫多矜救之,不能得。太尉马日磾驰往谓允曰："伯喈旷世逸才,多识汉事,当续成后史,为一代大典。且忠孝素著,而所坐无名,诛之无乃失人望乎?"允曰："昔武帝不杀司马迁,使作谤书,流于后世。方今国祚中衰,神器不固,不可令佞臣执笔在幼主左右。既无益圣德,复使吾党蒙其讪议。"**[呜呼,他落到了一个一本正经、僵硬有加的权力学究手里!]**日磾退而告人曰："王公其不长世乎?善人,国之纪也;制作,国之典也。灭纪废典,其能久乎!"邕遂死狱中。允悔,欲止而不及。时年六十一。搢绅诸儒莫不流涕。北海郑玄闻而叹曰："汉世之事,谁与正之!"兖州、陈留间皆画像而颂焉。**[无论如何,他有他的广泛的儒士威望,因为他的学问、文才和基本人格。]**

**[他的颇为厚重的文史成就,在全国大乱中丧失了的和留存下来的:]**

其撰集汉事,未见录以继后史。适作《灵纪》及十意,又补诸列传四十二篇,因李傕[què]之乱,湮没多不存。所著诗、赋、碑、诔[lěi]、铭、赞、连珠、箴、吊、论议、《独断》、《劝学》、《释诲》、《叙乐》、《女训》、《篆艺》、祝文、章表、书记,凡百四篇,传于世。

**[我们的史家深切地同情他哀伤野兽("屡其庆者,夫岂无怀")(然而王允对他的谴责——"怀其私遇,以忘大节!"——应被认为更恰当):]**

论曰:意气之感,士所不能忘也。……董卓一旦入朝,辟书先下,分明枉结,信宿三迁[谓三日之间位历三台]。匡导既申,狂僭屡革[言两番劝说董卓放慢篡夺],资《同人》之先号[《易·同人卦》曰:"先号啕而后笑。"],得北叟之后福[祸兮福所伏之典故]。屡其庆[恩遇]者,夫岂无怀[思念]?**[我们的史家过分宽恕。]**君子断刑,尚或为之不举[《左传》郑伯见虢叔曰:"夫司寇行戮,君为之不举。"杜注云:"不举盛馔也。"],况国宪仓卒,虑不先图,矜情变容,而罚同邪党?执政[谓王允]乃追怨子长[司马迁字]谤书流后,放此为戮,未或闻之典刑。**[在旧暴政刚刚过后的新暴政!]**

# "及残寇乘之，倒山倾海"：
# 董卓余孽与华夏野蛮

## "昆冈之火，自兹而焚"

### 卷 72《董卓列传》摘录

…………

[董卓暴亡之后的紧接后续：他，作为一个极丑恶、极凶残的载体，释放出遍及华夏的压倒性分裂力量，去摧毁统一的全国秩序甚而一大部分华夏文明。"残寇乘之，倒山倾海，昆冈之火，自兹而焚"：]

初，卓以牛辅子婿，素所亲信，使以兵屯陕。[一名大军阀留下的野兽般的个人武力，那作为半蛮夷，将造就巨大骚动和血腥混乱、包括绑架宫廷和自相残杀：]辅分遣其校尉李傕［北地人］、郭汜［sì］［张掖人］、张济将步骑数万，击破河南尹硃（朱）俊于中牟。因掠陈留、颍川诸县，杀略（掠）男女，所过无复遗类。[一路大掳掠，大屠杀！]吕布乃使李肃以诏命至陕讨辅等，辅等逆与肃战，肃败走弘农，布诛杀之。其后牛辅营中无故大惊，辅惧，乃赍金宝逾城走。左右利其货，斩辅，送首长安。

[他们夺得帝国西京后的第一个大行动，就是摧毁他们先前的主子的摧毁者，这部分地归因于后者的学究般僵硬：]傕、汜等以王允、吕布杀董卓，故忿怒并州人［王允为并州人］，并州人其在军者男女数百人，皆诛杀之。牛辅既败，众无所依，欲各散去。傕等恐，乃先遣使诣长安，求乞赦免。王允以为一岁不可再赦，不许之。傕等益怀忧惧，不知所为。[他们像纯粹的赌徒那样下定决心：]武威人贾诩［xǔ］时在傕军，说之曰："闻长安中议欲尽诛凉州人，诸君若弃军单行，则一亭长能束君矣。不如相率而西，以攻长安，为董公报仇。事济，奉国家以正天下；若其不合，走未后也。"傕等然之，各相谓曰："京师不赦我，我当以死决之。若攻长安克，则得天

下矣；不克，则抄三辅妇女财物，西归乡里，尚可延命。"众以为然，于是共结盟，率军数千，晨夜西行。

王允闻之，乃遣卓故将胡轸、徐荣击之于新丰。荣战死，轸以众降。榷随道收兵，比至长安，已十余万，与卓故部曲樊稠、李蒙等合，围长安。城峻不可攻，守之八日，吕布军有叟兵[即蜀兵；汉代谓蜀为叟]内反，引榷众得入。城溃，放兵虏掠，死者万余人。[半蛮夷武力如野蛮人那般行事！]杀卫尉种拂等。吕布战败出奔。王允奉天子保宣平城门楼上。于是大赦天下。李榷、郭汜、樊稠等皆为将军。[他乞灵于他先前拒绝了的，然而已经太晚！]遂围门楼，共表请司徒王允出，问："太师何罪？"允穷蹙乃下，后数日见杀。榷等葬董卓于郿，并收董氏所焚尸之灰，合敛一棺而葬之。葬日，大风雨，霆震卓墓，流水入藏，漂其棺木。

榷又迁车骑将军，开府，领司隶校尉，假节。汜后将军，稠右将军，张济为镇东将军，并封列侯。榷、汜、稠共秉朝政。济出屯弘农。……

[董卓留下的个人武力与其他西疆地区性军阀之间的内战，连同——更重要更混乱——这些武力自身中间的内战；一种极端碎片化的形势：]

初，卓之入关，要（邀）韩遂、马腾共谋山东。遂、腾见天下方乱，亦欲倚卓起兵。兴平元年[194年]，马腾从陇右来朝，进屯霸桥。[不同的西部军阀之间的武力冲突，有个人复杂性促进或制约之：]时腾私有求于榷，不获而怒，遂与侍中马宇、右中郎将刘范、前凉州刺史种劭、中郎将杜禀合兵攻榷，连日不决。韩遂闻之，乃率众来欲和腾、榷，既而复与腾合。榷使兄子利共郭汜、樊稠与腾等战于长平观下。遂、腾败，斩首万余级，种劭、刘范等皆死。遂、腾走还凉州，稠等又追之。韩遂使人语稠曰："天下反覆未可知，相与州里，今虽小违，要当大同，欲共一言。"乃骈马交臂相加，笑语良久。[董卓先前众部属中间的内斗突然开始，他们控制了当时的宫廷：]军还，利告榷曰："樊、韩骈马笑语，不知其辞，而意爱甚密。"于是榷、稠始相猜疑。……

[帝国西京遭一次又一次蹂躏，已恰如极悲惨的地狱：]时，长安中盗贼不禁，白日虏掠，榷、汜、稠乃参分城内，各备其界，犹不能制，而其子弟纵横，侵暴百姓。是时，谷一斛五十万，豆、麦二十万，人相食啖，白骨委积，臭秽满路。……

[野兽中间的内斗变为殊死冲突，李榷绑架皇帝皇后去他的个人兵营，随即掳掠和焚毁宫廷：]明年[195年]春，榷因会刺杀樊稠于坐[《献帝纪》曰："榷见稠果勇而得众心，疾害之，醉酒，潜使外生骑都尉胡封于坐中拉杀稠。"]，由是诸将各相疑异，榷、汜遂复理兵相攻。安西将军杨定者，故卓部曲将也。惧榷忍害，乃与汜合谋迎天子幸其营。榷知其计，即使兄子暹将数千人围宫。以车三乘迎天子、皇后，太尉杨彪谓暹

曰："古今帝王,无在人臣家者。诸君举事,当上顺天心,奈何如是!"暹曰："将军计决矣。"帝于是遂幸榷营,彪等皆徒从。乱兵入殿。掠宫人什物,榷又徙御府金帛乘舆器服,而放火烧宫殿宫府居人悉尽。帝使杨彪与司空张喜等十余人和榷、汜,汜不从,遂质留公卿。彪谓汜曰："将军达人间事,奈何君臣分争,一人劫天子,一人质公卿,此可行邪?"汜怒,欲手刃彪。彪曰:"卿尚不奉国家,吾岂求生邪!"左右多谏,汜乃止。遂引兵攻榷,矢及帝前,又贯榷耳。榷将杨奉本白波贼帅,乃将兵救榷,于是汜众乃退。

[狂野内战中的君主受难:被绑架的傀儡皇帝现在事实上成了被囚禁的傀儡;在华夏野蛮化的环境中,君主制的传统威严荡然无存:]

是日,榷复移帝幸其北坞,唯皇后、宋贵人俱。榷使校尉监门,隔绝内外。寻复欲徙帝于池阳黄白城[秦曲梁宫,在今陕西咸阳市东北部三原县西南 15 里],君臣惶惧。司徒赵温深解譬之,乃止。诏遣谒者仆射皇甫郦和榷、汜。郦先譬汜,汜即从命。又诣榷,榷曰:"郭多[如下云,郭汜别名],盗马虏耳,何敢欲与我同邪! 必诛之。君观我方略士众,足办郭多不? 多又劫质公卿。所为如是,而君苟欲左右之邪!"汜一名多。郦曰:"今汜质公卿,而将军胁主,谁轻重乎?"榷怒,呵遣郦,因令虎贲王昌追杀之。昌伪不及,郦得以免。榷乃自为大司马。与郭汜相攻连月,死者以万数。

[被囚禁的傀儡的东向苦难旅程,其间几乎每一步都有烈火、鲜血和大规模死亡伴随:]张济自陕来和解二人,仍欲迁帝榷幸弘农[在今河南灵宝市东北黄河沿岸]。帝亦思旧京,因遣使敦请榷求东归,十反(返)乃许。车驾即日发迈。李榷出屯曹阳。以张济为骠骑将军,复还屯陕。迁郭汜车骑将军,杨定后将军,杨奉兴义将军。又以故牛辅部曲董承为发集将军。汜等并侍送乘舆。汜遂复欲胁帝幸郿,定、奉、承不听。汜恐变生,乃弃军还就李榷。车驾进至华阴。宁辑将军段煨乃具服御及公卿以下资储,请帝幸其营。初,杨定与煨有隙,遂诬煨欲反,乃攻其营,十余日不下。……

李榷、郭汜既悔令天子东,乃来救[终止]段煨,因欲劫帝而西。杨定为汜所遮,亡奔荆州。而张济与杨奉、董承不相平,乃反合榷、汜,共追乘舆,大战于弘农东涧。承、奉军败,百官士卒死者不可胜数,皆弃其妇女辎重,御物符策典籍,略无所遗。……天子遂露次曹阳。承、奉乃谲榷等与连和,而密遣间使至河东,招故白波帅李乐、韩暹、胡才及南匈奴右贤王去卑,并率其众数千骑来,与承、奉共击榷等,大破之,斩首数千级,乘舆乃得进。……榷等复来战[这头野兽有巨大的耐力,导致大规模杀戮接着大规模杀戮],奉等大败,死者甚于东涧。……时残破之余,虎贲羽林不满百人,皆有离心。承、奉等夜乃潜议过河……帝步出营,临河欲济,岸高十余丈,乃以绢缒而下。[皇帝的苦难程度大得难以置信。但较小人物的命运更悲惨得多：]余人或匍匐岸侧，或从上自投，死亡伤残，不复相知。争赴舡（船）者，不可禁制，董承以戈击披之，断手指于舟中者可掬。同济唯皇后、宋贵人、杨彪、董承及后父执金吾伏完等数十人。其宫女皆为榷兵所掠夺，冻溺死者甚众。既到大阳，止于人家，然后幸李东营。百官饥饿，河内太守张杨使数千人负米贡饷。帝乃御牛车，因都安邑[在今山西运城市夏县西北 7.5 公里处]。河东太守王邑奉献绵帛，悉赋公卿以下。封邑为列侯，拜胡才征东将军，张杨为安国将军，皆假节、开府。其垒壁群竖，竞求拜职，刻印不给，至乃以锥画之。[**皇帝的苦难给那么多贪婪和极俗的机会主义者提供了一种机会！**]……又遣太仆韩融至弘农，与榷、汜等连和。榷乃放遣公卿百官，颇归宫人妇女，及乘舆器服。

[可怕的皇家旅程结束之后，在传统的东汉首都一度有了个极弱的、仅仅名义上的君主政权；]

[接着，突然，伟大的马基雅维里式军阀曹操被引入这名义上的中央，他的"全国性事业"以轻易的事实上篡夺开始：]

[一番概述，关于文明华夏的核心地区之一在大乱时分遭遇的近乎灭绝；华夏野蛮化的一部分：]初，帝入关，三辅户口尚数十万，自榷、汜相攻，天子东归后，长安城空四十余日，强者四散，羸者相食，二三年间，关中无复人迹。[！]建安元年[196 年]春，诸将争权，韩暹遂攻董承，承奔张杨，杨乃使承先缮修洛宫。七月，帝还至洛阳，幸杨安殿。张杨以为己功，故因以"杨"名殿。……乃以张杨为大司马，杨奉为车骑将军，韩暹为大将军，领司隶校尉，皆假节钺。暹与董承并留宿卫。

[一个历史性转折点，简直偶发性地抵及：军阀曹操被引入名义上的中央，极端羸弱的皇帝成了他的傀儡，在他的主要基地许昌：]暹矜功恣睢，干乱政事，董承患之，潜召兖州牧曹操。操乃诣阙贡献，禀公卿以下，因奏韩暹、张杨之罪。暹惧诛，单骑奔杨奉。帝以暹、杨有翼车驾之功，诏一切勿问。于是封卫将军董承、辅国将军伏完等十余人为列侯，赠沮俊为弘农太守。曹操以洛阳残荒，遂移帝幸许。[他被简直偶发性地引入，然后采取关键的主动去变更政权：]杨奉、韩暹欲要遮车驾，不及，曹操击之，奉、暹奔袁术，遂纵暴扬、徐间。明年[197 年]，左将军刘备诱奉斩之。暹惧，走还并州，道为人所杀。……张济饥饿，出至南阳，攻穰[县名，治所在今河南邓州市]，战死。郭汜为其将伍习所杀。

三年[198 年]，使谒者仆射裴茂诏关中诸将段煨等讨李榷，夷三族。……[半蛮夷的董卓留下的所有野兽一度强壮狂野，现在却被几乎突然摧毁，摧毁得那么容易！]

[曹操的事实上篡夺；一位以重新统一为抱负的非常特殊的军阀：]自都许之

后,权归曹氏,天子总已,百官备员而已。[**他冷酷无情和轻而易举地粉碎政变企图**]帝忌操专逼,乃密诏董承,使结天下义士共诛之。承遂与刘备同谋,未发,会备出征,承更与偏将军王服、长水校尉种辑、议郎吴硕结谋。事泄,承、服、辑、硕皆为操所诛。

[**一则看似的旁述或后记:董卓的"发动区"西北的形势如何? 在被置于曹操的战略规划的末尾和被"搁置"长达 16 年后,他击碎那里的诸地区性军阀,完成了他那"半个中国"的统一:**]

韩遂与马腾自还凉州,更相战争,乃下陇据关中。操方事河北,虑其乘间为乱,七年[202 年],乃拜腾征南将军,遂征西将军,并开府。[**战略优先的确定和战略集中。**]……复征马腾为卫尉,封槐里侯。腾乃应召,而留子超领其部典。十六年[211 年],超与韩遂举关中背曹操,操击破之,遂、超败走,腾坐夷三族。超攻杀凉州刺史韦康,复据陇右。十九年[214 年],天水人杨阜破超,超奔汉中,降刘备。韩遂走金城羌中,为其帐下所杀。初,陇西人宋建在枹罕[县名,治所在今甘肃临夏县东北],自称"河首平汉王",署置百官三十许年。曹操因遣夏侯渊击建,斩之,凉州番平。

[**一则简洁宏伟的评论:我们的史家概评董卓——华夏民族灾难和野蛮化的一大可怖载体:**]

论曰:董卓初以虓[xiāo,虎吼]虎阚[hǎn]为情[《诗·大雅》曰:"阚如虓虎。"《毛传》曰:"虎怒之貌也。"],因遭崩剥[剥犹乱]之势[**他的狂野肆虐的全国结构性原因**],故得蹈藉彝[常也]伦,毁裂畿服。[**野蛮,兽性,然而诡谲:**]夫以刳肝斫趾之性,则群生不足以厌其快,然犹折[屈也]意缙绅,迟疑陵夺,尚有盗窃之道焉。[**我们已经在本篇评注开头援引和讨论过以下结语:**]及残寇乘之,倒山倾海,昆冈之火,自兹而焚,《版》《荡》之篇。[《诗·大雅》曰:"上帝版版,下人卒瘅。"毛苌注:"版,反也。瘅,病也。言厉王为政,反先王之道,下人尽病也。"又《荡之什》曰:"荡荡上帝,下人之辟(君主)"。郑玄注云:"荡荡,法度废坏之貌。"],于焉而极。呜呼,人之生也难矣! 天地之不仁甚矣!

### 卷 9《献帝纪》摘录

…………

[**董卓灭亡后无以言状的碎片化和混乱,比典型的自然状态更惨,连同社会的可怖凋敝:**]

青州黄巾击杀兖州刺史刘岱于东平。东郡太守曹操大破黄巾于寿张,降之。[**未来最强有力和最具战略性的军阀于今浮现!**]

五月……

董卓部曲将李傕、郭汜、樊稠、张济等反,攻京师。六月戊午,陷长安城,太常种拂、太仆鲁旭、大鸿胪周奂、城门校尉崔烈、越骑校尉王颀并战殁,吏民死者万余人。[**生活肮脏,卑劣,短寿,在一个巨大的规模上!**]李傕等并自为将军。……李傕杀司隶校尉黄琬,甲子,杀司徒王允,皆灭其族。[**在自然状态中,非武装的"国务家"一钱不值,一无所能!**]……

九月,李傕自为车骑将军,郭汜后将军,樊稠右将军,张济镇东将军……

四年[193年]……

三月,袁术杀扬州刺史陈温,据淮南。……

六月,扶风大风,雨雹。华山崩裂。……下邳贼阙宣自称天子……

冬十月,太学行礼,车驾幸永福城门,临观其仪,赐博士以下各有差。[**恰如在自然状态中的一出滑稽剧。一种传统意识形态的耐力?**]

辛丑,京师地震。……

公孙瓒杀大司马刘虞。

十二月辛丑,地震。……

兴平元年[194年]……

三月,韩遂、马腾与郭汜、樊稠战于长平观,遂、腾败绩,左中郎将刘范、前益州刺史种劭战殁。[《前书音义》曰:"长平,阪名也,上有观,在池阳宫南,去长安五十里……"袁宏纪曰:"是时马腾以李傕等专乱,以益州刺史刘焉宗室大臣,遣使招引共诛傕……"]

夏六月……丁丑,地震;戊寅,又震。乙巳晦,日有食之,帝避正殿,寝兵,不听事五日。大蝗。[**在这人造的悲惨中,儒家自然神论或天人感应伦似乎(出于偶然)得到了证明。**]

秋七月……三辅大旱,自四月至于是月。……是时谷一斛五十万,豆麦一斛二十万,人相食啖,白骨委积。[**生活肮脏,卑劣,短寿,在一个巨大的规模上! 比自然状态中可以发生的更可怖。**]帝使侍御史侯汶出太仓米豆,为饥人作糜粥,经日而死者无降。帝疑赋恤有虚,乃亲于御坐前量试作糜,乃知非实,[袁宏纪曰:"时救侍中刘艾取米豆五升于御前作糜,得满三盂,于是诏尚书曰:'米豆五升,得糜三盂,而人委顿,何也?'"][**官僚腐败是那个时代的常数,即使在眼下这么一个极端悲惨的时候!**]……

九月,桑复生椹,人得以食。……

是岁,杨州刺史刘繇与袁术将孙策战于曲阿,繇军败绩,孙策遂据江东。[吴志曰:"孙策既破繇,遂度兵据会稽,策自领会稽太守。"]……

二年[195年]……

二月乙亥,李傕杀樊稠而与郭汜相攻。[**变本加厉的碎片化和碎片型内战。**]

［在完全的碎片化和混乱之中，傀儡皇帝被几个军阀绑架，成为事实上被囚的傀儡；君主制的传统威严荡然无存：］

三月丙寅，李傕胁帝幸其营，焚宫室。

夏四月甲午，立贵人伏氏为皇后。丁酉，郭汜攻李傕，矢及御前。是日，李傕移帝幸北坞。［山阳公载记曰："时帝在南坞，傕在北坞。时流矢中傕左耳，乃迎帝幸北坞。帝不肯从，强之乃行。"］

大旱。

五月壬午，李傕自为大司马。

六月庚午，张济自陕来和傕、汜。

［反复战乱中的君主流亡，在表面上是君主回銮的旅程中被再度绑架：］秋七月甲子，车驾东归。郭汜自为车骑将军，杨定为后将军，杨奉为兴义将军，董承为安集将军，并侍送乘舆。张济为票（骠）骑将军，还屯陕。……

冬十月戊戌，郭汜使其将伍习夜烧所幸学舍，逼胁乘舆。杨定、杨奉与郭汜战，破之。壬寅，幸华阴，露次道南。……张济复反（返），与李傕、郭汜合。

十一月庚午，李傕、郭汜等追乘舆，战于东涧，王师败绩，杀光禄勋邓泉、卫尉士孙瑞、廷尉宣播、大长秋苗祀、步兵校尉魏桀、侍中𥁑（朱）展、射声校尉沮俊。壬申，幸曹阳，露次田中。杨奉、董承引白波帅胡才、李乐、韩暹及匈奴左贤王去卑，率师奉迎，与李傕等战，破之。

十二月庚辰，车驾乃进。李傕等复来追战，王师大败，杀掠宫人，少府田芬、大司农张义等皆战殁。进幸陕，夜度（渡）河。乙亥，幸安邑。

是岁，袁绍遣将曲义与公孙瓒战于鲍丘，瓒军大败。［**到处内战，在它们中间皇帝被迫卷入的或许只是一出边缘戏**。］

建安元年［196 年］……

秋七月甲子，车驾至洛阳，幸故中常侍赵忠宅。……

八月辛丑，幸南宫杨安殿。癸卯，安国将军张杨为大司马，韩暹为大将军，杨奉为车骑将军。［**一座幽灵都城，一名幽灵皇帝，一个幽灵王朝；无以言状的宫廷凋敝**：］是时，宫室烧尽，百官披荆棘，依墙壁间。州郡各拥强兵，而委输不至，群僚饥乏，尚书郎以下自出采稆［lǔ，野生谷物］，或饥死墙壁间，或为兵士所杀。［**突然，曹操——战略性的篡夺者和未来北部中国的统一者——进入中心舞台；他现在成了他的傀儡**：］辛亥，镇东将军曹操自领司隶校尉，录尚书事。曹操杀侍中台崇、尚书冯硕等。封卫将军董承为辅国将军，伏完等十三人为列侯，赠沮俊为弘农太守。庚申，迁都许。己巳，幸曹操营。……

# "顽悍而乐杀": 帝国瓦解后的
# 早期军阀混战

## "顽悍而乐杀": 公孙瓒的骤兴速亡

**卷 73《刘虞公孙瓒陶谦列传》**［刘虞、公孙瓒］

［三人列传，三个在紧随东汉帝国崩解后的早期内战中的重要人物，其中第一个的性格与其余截然相反，但他们在全国血腥大乱中的命运相同，即参照末日。］

［本篇内令人印象最深的是：（1）刘虞对付边疆蛮夷和华夏农民造反者的有效的柔性方式；（2）曹操——那个时代里通常最具战略性的军阀——间或进行的极为兽性和超大规模的屠杀；（3）在陶谦的军阀领地内，一个华夏裔统治者对佛教传播的几乎最早的大规模促进。］

刘虞：

［帝国灭亡时代里很少几个最可赞誉的政治人物之一（或许是唯一最可赞誉的），其特征为家族背景显贵和个人道德高尚，还有作为东北边疆地区行政长官的优秀表现。关于后一方面，他的地区治理在被统治者中间是那么大得民望，他对境外蛮夷的操控是那么成功、对被操控者来说那么有威望，而这两者都依凭一种柔性、和蔼和关怀的方针。］

［高尚的正直和对王朝的忠诚使他毫不犹豫地拒绝对他的一项呼吁，即要他成为一个替代的皇帝。他遭到他的部属公孙瓒反对，然后——由于他自己发疯似的主动——被公孙瓒在战场上击败并处决。这起初出自两项歧异：（1）"瓒……纵任部曲，颇侵扰百姓，而虞为政仁爱，念利民物"；（2）"瓒志埽灭乌桓，而刘虞欲以恩信招降"。确实是深刻和启示人的歧异。］

［有个颇为显贵的家族背景，有个始于自其杰出的儒家行为方式而非"生来特

权"的仕途经历,他是个优秀的边疆地区行政长官,受治下民众和被控蛮夷爱戴和尊敬;他树立了在一个帝国死亡和全国大乱时分的伟大的例外:]

刘虞字伯安,东海郯人也[光武帝嫡长子东海恭王刘强后裔]。祖父嘉,光禄勋。虞初举孝廉,稍迁幽州刺史,民夷感其德化,自鲜卑、乌桓、夫余、秽貊[mò]之辈,皆随时朝贡,无敢扰边者,百姓歌悦之。公事去官。中平初,黄巾作乱,攻破冀州诸郡,拜虞甘陵[约为今河北邢台市清河县]相,绥抚荒余,以蔬俭率下。迁宗正。

[在一紧急状态中,他被委派去对付一场大规模反叛,那由东北蛮夷作为主力,大有威胁性;他辉煌地完成了使命,依凭一种柔性的战略/政治方针:]

后车骑将军张温讨贼边章等,发幽州乌桓三千突骑,而牢禀[指粮饷]逋悬[指拖欠],皆叛还本国。前中山相张纯私谓前太(泰)山太守张举曰:"今乌桓既畔(叛),皆愿为乱,凉州贼起,朝廷不能禁。又洛阳人妻生子两头,此汉祚衰尽,天下有两主之征也。子若与吾共率乌桓之众以起兵,庶几可定大业。"举因然之。四年[187年],纯等遂与乌桓大人共连盟,攻蓟下,燔烧城郭,虏略(掠)百姓,杀护乌桓校尉箕稠、右北平太守刘政、辽东太守阳终等,众至十余万,屯肥如[县名,故城在今河北卢龙县西北30里]。举称"天子",纯称"弥天将军安定王",移书州郡,云举当代汉,告天子避位,敕公卿奉迎。纯又使乌桓峭王等步骑五万,入青、冀二州,攻破清河、平原,杀害吏民。朝廷虞威信素著。恩积北方,明年[188年],复拜幽州牧。[他用以靖安大规模反叛或使之无害化的柔性的战略/政治方针,那取得重大成功:]虞到蓟,罢省屯兵,务广恩信。遣使告峭王等以朝恩宽弘,开许善路。又设赏购举、纯。举、纯走出塞,余皆降散。纯为其客王政所杀,送首诣虞。灵帝遣使者就拜太尉,封容丘侯。

[他在地区治理中的令人印象深刻的表现,即"务存宽政,劝督农植",良好地动员该地区的商业潜能,并且接受了一百万以上难民,使之有个体面的生存;他确实树立了黑暗时代的一个伟大例外:]

及董卓秉政,遣使者授虞大司马,进封襄贲侯。初平元年[190年],复征代袁隗为太傅。道路隔塞,王命竟不得达。旧幽部应接荒外,资费甚广,岁常割青、冀赋调二亿有余,以给足之。时处处断绝,委输不至,而虞务存宽政,劝督农植,开上谷胡市之利,通渔阳盐铁之饶,民悦年登,谷石三十。青、徐士庶避黄巾之难归虞者百余万口,皆收视温恤,为安立生业,流民皆忘其迁徙。[他的高尚的道德;一个狂野地堕落的时代的一位儒士,诚实的经典儒士:]虞虽为上公,天性节约,敝衣绳履,食无兼肉,远近豪俊夙僭奢者,莫不改操而归心焉。

[高尚的正直和对王朝的忠诚使他毫不犹豫地拒绝对他的一项呼吁,即要他

成为一个被邀的替代的皇帝;他与公孙瓒之间内斗的最初浮现,后者在性格和政策信念上与他截然相反:]

初,诏令公孙瓒[一个非常凶残的军阀,"顽悍而乐杀者"(王夫之评)]讨乌桓,受虞节度。瓒但务会徒众以自强大,而纵任部曲,颇侵扰百姓,而虞为政仁爱,念利民物,由是与瓒渐不相平。[**内斗的最初浮现。**]二年[191年],冀州刺史韩馥、勃海太守袁绍及山东诸将议,以朝廷幼冲,逼于董卓,远隔关塞,不知存否,以虞宗室长者,欲立为主。乃遣故乐浪太守张岐等赍议,上虞尊号。[**他毫不犹豫地拒绝几个显贵的呼吁,后者要他成为一个被邀的替代的皇帝:**]虞见岐等,厉色叱之曰:"今天下崩乱,主上蒙尘。吾被重恩,未能清雪国耻。诸君各据州郡,宜共戮力,尽心王室,而反造逆谋,以相垢误邪!"固拒之。馥等又请虞领尚书事,承制封拜,复不听。[**甚至这也被拒绝,理由不那么正当。丧失了一个有益于全国和王朝政权的机会。**]遂收斩使人。[**他是个经典儒士!**]于是选掾右北平田畴、从事鲜于银蒙险间行,奉使长安。献帝既思东归,见畴等大悦。时,虞子和为侍中,因此遣和潜从武关出,告虞将兵来迎。道由南阳,后将军袁术闻其状,遂质和,使报虞遣兵俱西。虞乃使数千骑就和奉迎天子,而术竟不遣之。[**忠臣**vs.**逆臣,正直儒士**vs.**邪恶军阀,学究般的僵硬者**vs.**机会主义的策略家**。]

[**上述事态的一个附带效应:他与公孙瓒之间致命内斗的加剧;它的进一步发展或升级:**]初,公孙瓒知术诈,固止虞遣兵,虞不从,瓒乃阴劝术执和,使夺其兵,自是与瓒仇怨益深。和寻得逃术还北,复为袁绍所留。[**这两人之间敌意的进一步反复升级,关键是公孙瓒的"黩武":**]瓒既累为绍所败,而犹攻之不已,虞患其黩武,且虑得志不可复制,固不许行,而稍节其禀假[谓俸给及借贷]。瓒怒,屡违节度,又复侵犯百姓。虞所赉赏,典当[实物抵押以借款之"典当"]胡夷,瓒数抄夺之。积不能禁,乃遣驿使奉章陈其暴掠之罪,瓒亦上虞禀粮不周,二奏交驰,互相非毁,朝廷依违[犹豫不决]而已。瓒乃筑京于蓟城以备虞。虞数请瓒,辄称病不应。[**敌意发展到他曾经考虑用武力粉碎公孙瓒的地步:**]虞乃密谋讨之,以告东曹掾右北平魏攸。攸曰:"今天下引领,以公为归,谋臣爪牙,不可无也。瓒文武才力足恃,虽有小恶,固宜容忍。"虞乃止[**事后,他必定对此后悔!**]。

[**与公孙瓒的敌对由他自己主动升级到大规模武力冲突,导致他的失败、被俘和被处决:**]

顷之攸卒,而积忿不已。四年[193年]冬,遂自率诸屯兵从合十万人以攻瓒。将行,从事代郡程绪免胄而前曰[**一项被拒绝了的劝诫,虽然它在道德和正直/战略上都正确**]:"公孙瓒虽有过恶,而罪名未正。明公不先告晓使得改行,而兵起萧墙,非国之利。加胜败难保,不如驻兵,以武临之,瓒必悔祸谢罪,所谓不战而服人者也。"虞以绪临事沮议,遂斩之以徇。[令人惊讶,他能够这么狂野和残忍,在他的狂恨之中! 私人感情压倒了一切!]戒军士曰:"无伤余人,杀一伯珪而已。"时,州从事公孙纪者,瓒以同姓厚待遇之。纪知虞谋而夜告瓒。[军事上,他和他的大军是那么羸弱和缺乏经验,持一个大可疑问的目标,却无实现它的手段:]瓒时部曲放散在外,仓卒自惧不免,乃掘东城欲走。虞兵不习战,又爱人庐舍,敕不听焚烧,急攻围不下。瓒乃简募锐士数百人,因风纵火,直冲突之。虞遂大败,与官属北奔居庸县。瓒追攻之,三日城陷,遂执虞并妻、子还蓟,犹使领州文书。会天子遣使者段训增虞封邑,督六州事;[名义上的皇帝或其使节必然充分机会主义,而且在后者那里可能有个交易,像下面所述提示的那样:]拜瓒前将军,封易侯,假节督幽、并、青、冀。瓒乃诬虞前与袁绍等欲称尊号[他想要他的命,不择任何手段],胁训斩虞于蓟市。先坐而咒曰:"若虞应为天子者,天当风雨以相救。"时,旱势炎盛,遂斩焉。传首京师,故吏尾敦于路劫虞首归葬之。瓒乃上训为幽州刺史[交易,至少客观上说]。虞以恩厚得众,怀被北州,百姓流旧,莫不痛惜焉。

初,虞以俭素为操,冠敝不改,乃就补其穿。及遇害,瓒兵搜其内,而妻妾服罗纨,盛绮饰[真的,由他的伪善? 或者,这来自公孙瓒的捏造,一类他已经毫不犹豫地做了的事情]。时人以此疑之。……

([本篇后面,我们的史家如此赞颂他:]论曰:自帝室王公之胄,皆生长脂腴,不知稼穑,其能厉(励)行饬身,卓然不群者,或未闻焉。[一个恒久的真理,没有那么多例外!]刘虞守道慕名,以忠厚自牧。美哉乎,季汉之名宗子也!)

公孙瓒:

[高尚的刘虞的报复女神,戕害边疆蛮夷和华夏农民造反者的凶残的屠夫,暂时强有力的地区军阀/暴君,有其笨拙的战略,最终导致他惨败于袁绍和遭遇暴死。对这一切决定性的是他的性情:"骄矜,记过忘善,多所贼害"(陈寿评),"顽悍而乐杀"(王夫之评)。]

[他的复杂的家族背景和人格:]

公孙瓒字伯珪,辽西令支[今河北东北部迁安、迁西一带]人也。家世二千石。瓒以母贱,遂为郡小吏[因而他能轻而易举地愤懑和小心眼]。为人美姿貌,大音声,言事辩慧。太守奇其才,以女妻之。后从涿郡卢植学于缑氏山中,略见书传。举上计吏。[然而他也能够侠义:]太守刘君坐事槛车征,官法不听吏下亲近,瓒乃改容服,诈称侍卒,身执徒养,御车到洛阳。太守当徙日南,瓒具豚酒于北芒上,祭辞先人,酹觞祝曰:"昔为人子,今为人臣,当诣日南。日南多瘴气,恐或不还,便当长辞坟茔。"慷慨悲泣,再拜而去,观者莫不叹息。既行,于道得赦。

[早先岁月起,一名对边疆蛮夷的凶残的战士,过分的征服者:]
瓒还郡,举孝廉,除辽东属国长史。尝从数十骑出行塞下,卒逢鲜卑数百骑。瓒乃退入空亭,约其从者曰:"今不奔之,则死尽矣。"乃自持两刃矛,驰出冲贼,杀伤数十人,瓒左右亦亡其半,遂得免。

中平[灵帝年号,184—189年]中,以瓒督乌桓突骑,车骑将军张温讨凉州贼。会乌桓反畔(叛),与贼张纯等攻击蓟中,瓒率所领追讨纯等有功,迁骑都尉。张纯复与叛胡丘力居等寇渔阳、河间、勃海,入平原,多所杀略(掠)。瓒追击战于属国石门,虏遂大败,弃妻子逾塞走,悉得其所略(掠)男女。[作为军人,他非常吃硬,坚毅:]瓒深入无继,反为丘力居等所围于辽西管子城,二百余日,粮尽食马,马尽煮弩楯,力战不敌,乃与士卒辞诀,各分散还。时多雨雪,队坑死者十五六,虏亦饥困,远走柳城[在今辽宁朝阳县十二台乡]。诏拜瓒降虏校尉,封都亭侯,复兼领属国长史。[一位对东北边疆蛮夷的过分的征服者,在蛮夷中间享有大威慑名声:]职统戎马,连接边寇。每闻有警,瓒辄厉色愤怒,如赴仇敌,望尘奔逐,或继之以夜战。虏识瓒声,惮其勇,莫敢抗犯。

瓒常与善射之士数十人,皆乘白马,以为左右翼,自号"白马义从"。乌桓更相告语,避白马长史。乃画作瓒形,驰骑射之,中者咸称万岁。虏自此之后,遂远窜塞外。

[大规模屠杀华夏农民造反者;他对高尚的刘虞满怀敌意,随后与其血腥冲突,那始于对待蛮夷的根本政策对立;还有他对袁绍——他的最终摧毁者——的敌意,兴起于他与袁术的阴谋勾结:]
瓒志埽灭乌桓,而刘虞欲以恩信招降,由是与虞相忤。[他与刘虞的敌意的起源。]初平二年[191年],青、徐黄巾三十万众入勃海界,欲与黑山合。[大规模屠杀,在一场战役中一再屠戮成万黄巾军:]瓒率步骑二万人,逆击于东光[今河北沧州市境内]南,大破之,斩首三万余级。贼弃其车重数万两,奔走度(渡)河。瓒因其半济薄(博)[搏击]之,贼复大破,死者数万,流血丹水,收得生口七万余人,车甲财物不可胜算,威名大震。拜奋武将军,封蓟侯。

[他与大军阀袁绍的敌意从何而来?]瓒既谏刘虞遣兵就袁术,而惧术知怨之,

乃使从弟越将千余骑术自结。① 术遣越随其将孙坚，击袁绍将周昕，越为流矢所中死。瓒因此怒绍，遂出军屯槃河[在今山东北部乐陵市境内]，将以报绍。乃上疏曰[**他，一个完全自私的地区军阀，提供了一幅图景，关于他的一名同样的、但远为重要的同侪；一定意义上，这是全国大乱和大灾时分的地区性军阀的典型图像**]：

……今车骑将军袁绍……性本淫乱，情行浮薄。昔为司隶，值国多难，太后承摄，何氏辅朝。绍不能举直措枉，而专为邪媚，招来不轨，疑误社稷，至令丁原焚烧孟津[《续汉书》曰："何进欲诛中常侍赵忠等，进乃诈令武猛都尉丁原放兵数千人，为贼于河内，称'黑山伯'，上事以诛忠等为辞，烧平阴、河津莫府人舍，以怖动太后"][**有趣。一个未遂的诡谲阴谋家！一名屠夫的精明！**]，董卓造为乱始。绍罪一也。卓既无礼，帝主见质。绍不能开设权谋，以济君父，而弃置节传，进窜逃亡。忝辱爵命，背违人主，绍罪二也。绍为勃海，当攻董卓，而默选戎马，不告父兄，至使太傅一门，累然同毙。[董卓恨绍起兵山东，乃诛绍叔父太傅隗，及宗族在京师者，尽诛灭之。]不仁不孝，绍罪三也。绍既兴兵，涉历二载，不恤国难，广自封植，乃多引资粮，专为不急，割刻无方，考责百姓，其为痛怨，莫不咨嗟。绍罪四也。逼迫韩馥[冀州牧]，窃夺其州，矫刻金玉，以为印玺，每有所下，辄卓囊施检[《汉官仪》曰："凡章表皆启封，其言密事得皂囊。"《说文》曰："检，书署也。"]，文称诏书。……观绍所拟，将必阶乱。绍罪五也。……故上谷太守高焉、故甘陵相姚贡，绍以贪惏[贪婪]，横责其钱，钱不备毕，二人并命。绍罪八也。……又长沙太守孙坚，前领豫州刺史，遂能驱走董卓，埽除陵庙，忠勤王室，其功莫大。绍遣小将盗居其位，断绝坚粮，不得深入，使董卓久不服诛。② 绍罪十也。……臣……职在铁钺，奉辞伐罪，辄与诸将州郡共讨绍等。若大事克捷，罪人斯得，庶续桓文[齐桓晋文]忠诚之效。

[**他对袁绍激烈摊牌，旨在（其他之外）统治冀州，那是一场在某种意义上可视为历史性的战争，因为它据说是那个时代第一场旨在争夺领地的地区性军阀之间的大战役；它旷日持久，延续近十年，在其初期他有显著优势：**]

遂举兵攻绍，于是冀州诸城悉畔（叛）从瓒。

绍惧，乃以所佩勃海太守印绶授瓒从弟范，遣之（至）郡，欲以相结。而范遂背

---

① 本篇前云：(刘虞)选择右北平田畴、从事鲜于银蒙险间行，奉使长安。献帝既思东归，见畴等大悦。时，虞子和为侍中，因此遣和潜从武关出，告虞将兵来迎。道由南阳，后将军袁术闻其状，遂质和，使报虞遣兵俱西。虞乃使数千骑就和奉迎天子，而术竟不遣之。初，公孙瓒知术诈，固止虞遣兵，虞不从，瓒乃阴劝术执和，使夺其兵，自是与瓒仇怨益深。

② 《后汉书·董卓列传》载：时，长沙太守孙坚亦率豫州诸群兵讨卓。卓先遣将徐荣、李蒙四出虏掠。荣遇坚于梁，与战，破坚，生禽（擒）颍川太守李旻[mín]，亨（烹）之。卓所得义兵士卒，皆以布缠裹，倒立于地，热膏灌杀之。……

绍，领勃海兵以助瓒。瓒乃自署其将帅为青、冀、兖三州刺史，又悉置郡县守令，与绍大战于界桥[大概在今河北东部南皮县与邺城一带][**摊牌的第一场大战役**]。瓒军败还蓟。[**第二场：**]绍遣将崔巨业将兵数万攻围故安，不下，退军南还。[**第三场：**]瓒将步骑三万人追击于巨马水[李贤注：水在幽州归义县界]，大破其众，死者七八千人。乘胜而南，攻下郡县，遂至平原，乃遣其青州刺史田楷据有齐地。绍复遣兵数万与楷连战二年，粮食并尽，士卒疲困，互掠百姓，野无青草。绍乃遣子谭为青州刺史，楷与战，败退还。

[**并非决定性的胜利令他自满，转而采取一种保守的"要点"战略，那确实与一位分离主义的地区性军阀的地方心态相符：**]

是岁，瓒破禽（擒）刘虞，尽有幽州之地，猛志益盛。前此有童谣言："燕南垂，赵北际，中央不合大如砺，唯有此中可避世。"瓒自以为易地当之，遂徙镇焉[是为公孙瓒之易京，在河北冀中平原雄县县城西北，本汉之易县]。乃盛修营垒，楼观数十，临易河，通辽海。

[**旷日持久的战争继续下去，战局逆转以至于他大败，然而仍非决定性的；更重要的是，他证明自己是个暴君，受被统治者和更多自造的敌人孤立和仇恨：**]

刘虞从事渔阳鲜于辅等，合率州兵，欲共报瓒。辅以燕国阎柔素有恩信，推为乌桓司马。柔招诱胡汉数万人，与瓒所置渔阳太守邹丹战于潞北，斩丹等四千余级。乌桓峭王感虞恩德，率种人及鲜卑七千余骑，共辅南迎虞子和，与袁绍将麹（曲）义合兵十万，共攻瓒。[**摊牌的第四场大战役：**]兴平二年[195年]，破瓒于鲍丘，斩首二万余级。瓒遂保易京，开置屯田，稍得自支。相持岁余，麹（曲）义军粮尽，士卒饥困，余众数千人退走。瓒徼破之，尽得其车重。

是时，旱、蝗、谷贵，民相食。[**极端的社会凋敝！而且，它由他这小心眼的半兽进一步加剧；一名地区暴君的画像：**]瓒恃其才力，不恤百姓，记过忘善，睚眦必报，州里善士名在其右者，必以法害之。常言"衣冠皆自以职分富贵，不谢人惠。"故所宠爱，类多商贩庸儿。所在侵暴，自姓怨之。于是代郡、广阳、上谷、右北平各杀瓒所置长吏，复与辅、和兵合。瓒虑有非常，乃居于高京，以铁为门。斥去左右，男人七岁以上不得入易门。专侍姬妾，其文簿书记皆汲[牵引]而上之。令妇人习为大言声，使闻数百步，以传宣教令。疏远宾客，无所亲信，故谋臣猛将，稍有乖散。自此之后，希（稀）复攻战。[**他的保守的"要点"战略进一步蜕化为"坐而专守"、"坐而待毙"战略：**]或问其故。瓒曰："我昔驱畔（叛）胡于塞表，埽黄巾于孟津，当此之时，谓天下指麾可定。至于今日，兵革方始，观此非我所决，不如休兵力耕，以救凶年。兵法百楼不攻。今吾诸营楼楢（橹）千里，积谷三百万斛[hú]，食此足以待天下之变。"

[最后的大战役和他的灭绝:]

建安三年[198年],袁绍复大攻瓒。瓒遣子续请救于黑山诸帅……绍渐相攻逼,瓒众日蹙[cù],乃却,筑三重营以自固。

四年[199]春,黑山贼帅张燕与续率兵十万,三道来救瓒。未及至,瓒乃密使行人赍书告续曰[他在末日的绝望呼喊]:"昔周末丧乱,僵尸蔽地,以意而推,犹为否也。不图今日亲当其锋。袁氏之攻,状若鬼神,梯冲舞吾楼上,鼓角鸣于地中,日穷月急,不遑启处……汝当碎首于张燕,驰骤以告急。……且厉(励)五千铁骑于北隰之中,起火为应,吾当自内出,奋扬威武,决命于斯。不然,吾亡之后,天下虽广,不容汝足矣。"[他的强有力的敌人既有决定性的战略,又有出其不意的战术:]绍候得其书,如期举火,瓒以为救至,遂便出战。绍设伏,瓒遂大败,复还保中小城。自计必无全,乃悉缢其姊妹妻子,然后引火自焚。[一头凶残的半兽,自招暴死,亦令他的每个亲爱者暴死!]绍兵趣(趋)登台斩之。……

## "抄掠为资,奢恣无厌":袁术的破灭虚妄

### 卷 75《刘焉袁术吕布列传》[袁术]

[本篇记述的三人跻身于帝国崩解岁月里最早的地区性军阀之列,全都在兴起之后颇快地失败和丧命。然而有一重大差别:刘焉仅是个平庸之辈和分离主义的保守者,而袁术和吕布则在每一种意义上都是狂野的坏蛋。相比之下袁术最糟,因为他不仅卑秽狂野,而且决然无能,几乎从未靠自己赢过哪怕一次战役甚或战斗。]

…………

袁术:

[帝国崩解岁月里的一大军阀,当他参与征讨董卓时作为如此的人物兴起,然后成为他的兄长以及曹操的敌人。在被他们击败后,他逃到长江沿岸东南内地,以自封的"皇帝"称号将它变为他的分离主义领地。可是,这僭越行为只是自招损害。接连败在孙策、吕布和曹操手里迅速导致他的末日,在活该的悲惨之中命归黄泉。]

[就品性来说,他肯定是他那个时代的最糟者之一。"天性骄肆,尊己陵物。

及窃伪号,淫侈滋甚……自下饥困,莫之简恤。于是资实空尽"。他全无才能,除了浪费他的物质/精神资产。]

[一名含着银勺出生的花花公子,在其仕途中肯定享有特权:]

袁术字公路,汝南汝阳[在今河南东南部商水县西南]人,司空逢之子[嫡长子]也。少以侠气闻,数与诸公子飞鹰走狗,后颇折节。举孝廉,累迁至河南尹、虎贲中郎将。

[搭上讨伐董卓的大车,不久成了他的兄长袁绍的一名敌人,既因为个人权利,也因为家族内"阶级敌意";他在军阀中间的起初的内战中再三战败,逃到南方去拥有他自己的领地:]

时,董卓将欲废立,以术为后将军。术畏卓之祸,出奔南阳。会长沙太守孙坚杀南阳太守张咨,引兵从术。刘表上术为南阳太守,术又表坚领豫州刺史,使率荆、豫之卒,击破董卓于阳人[聚名,属河南郡]。

术从兄绍因坚讨卓未反(返),远,遣其将会稽周昕夺坚豫州。术怒,击昕走之。绍议欲立刘虞为帝,术好放纵,惮立长君,托以公义不肯同,积此衅隙遂成。乃各外交党援,以相图谋,术结公孙瓒,而绍连刘表。[在短命的讨伐董卓"联盟"内,那么容易和那么迅速地有了内斗甚而冲突!]豪桀多附于绍,术怒曰:"群竖不吾从,而从吾家奴乎!"[袁绍母亲仅为婢女,故云。]又与公孙瓒书,云绍非袁氏子,绍闻大怒。[曾经一起讨伐董卓的军阀们中间的初始内战,其间他和他的"战略伙伴"是输家:]初平三年[192年],术遣孙坚击刘表于襄阳,坚战死。公孙瓒使刘备与术合谋共逼绍,绍与曹操会击,皆破之。四年[193年],术引军入陈留,屯封丘。黑山余贼及匈奴於扶罗等佐术,与曹操战于匡亭,大败。术退保雍丘,[他南逃,获得他自己的领地:]又将其余众奔九江,杀扬州刺史陈温而自领之,又兼称徐州伯。李榷入长安,欲结术为援,乃授以左将军,假节,封阳翟侯。

[一个像他那样的最糟的地区统治者竟要做"皇帝",仅有自封的称号而无任何帝国统一的实质:一项在他之下无人可以同意的难以置信的疯狂:]

初,术在南阳,户口尚数十百万,而不修法度,以抄掠为资,奢恣无猒(厌),百姓患之。[一个最坏的统治者!然而执迷于极端的虚荣和迷信,他渴望在名称上的至高:]又少见谶书,言"代汉者当涂高",自云名字应之。[当涂高者,魏也,然术自以"术"及"路(字公路)"皆是"涂",故云应之][涂通"途",高则意为高台。"涂高"既为路旁高台,是为"魏阙"]。又以袁氏出陈为舜后,以黄代赤,德运之次,遂有僭逆之谋。[为了这,他可以野蛮地对待他晚近的施惠人,后者将自己的部队和性命都奉献给了他:]又闻孙坚得传国玺,遂拘坚妻夺之。兴平二年[195 年]冬,天子播越[流亡],败于曹阳。术大会群下,因谓曰:"今海内鼎沸,刘氏微弱。吾家四世公辅,百姓所归,欲应天顺民,于诸君何如?"众莫敢对[谁能像他那么愚狂?!]。主簿阎象进曰:"昔周自后稷至于文王,积德累功,参分天下,犹服事殷。明公虽奕世克昌,孰若有周之盛?汉室虽微,未至殷纣之敝也。"术嘿然,使召张范。范辞疾,遣弟承往应之。术问曰"昔周室陵迟,则有桓、文之霸;秦失其政,汉接而用之。今孤以土地之广,士人之众,欲徼福于齐桓,拟迹于高祖,可乎?"[难以置信的昏话!他甚至几乎从未靠自己赢得过哪怕一场战斗!]]承对曰:"在德不在众。苟能用德以同天下之欲,虽云匹夫,霸王可也。若陵僭无度,干时而动,众之所弃,谁能兴之!"术不说(悦)。

[他因为自己的愚狂,将丧失武力支柱:]自孙坚死,子策复领其部曲,术遣击杨州刺史刘繇,破之,策因据江东。策闻术将欲僭号,与书谏曰:

……成汤讨桀,称:"有夏多罪";武王讨纣,曰"殷有重罚"。此二王者,虽有圣德,假使时无失道之过,无由逼而取也。今主上非有恶于天下,徒以幼小胁于强臣,异于汤、武之时也。又闻幼主明智聪敏,有夙成之德,天下虽未被其恩,咸归心焉。……使君五世相承,为汉宰辅,荣宠之盛,莫与为比,宜效忠守节,以报王室。时人多惑图纬之言,妄牵非类之文,苟以悦主为美,不顾成败之计,古今所慎,可不熟虑!……

术不纳,策遂绝之。

[他僭取皇帝称号,因而令他本人——军事上的赢弱者——成为每个军阀的"天然"敌人;不仅如此,他还极端放纵和冷血,从而灭绝了他在最起码程度上可以倚赖的;他惨遭末日:]

建安二年[197 年],因河内张炯符命,遂果僭号,自称"仲家"。以九江太守为淮南尹,置公卿百官,郊祀天地。乃遣使以窃号告吕布,并为子娉布女。布执术使送许。术大怒,遣其将张勋、桥蕤[ruí]攻布,大败而还。术又率兵击陈国,诱杀其王宠及相骆俊,曹操乃自征之。术闻大骇,即走度(渡)淮,留张勋、桥蕤于蕲阳[今安徽宿县],以拒操。操击破斩蕤,而勋退走。[他几乎从未靠自己赢得过一场战斗!]术兵弱,大将死,众情离叛,加天旱岁荒,士民冻馁,江、淮间相食殆尽[《后汉书·献帝纪》载:是岁饥,江淮间民相食]。[一幅可怖的图景,在整个华夏四处显现。]……

术虽矜名尚奇,而天性骄肆,尊己陵物。及窃伪号,淫侈滋甚,媵御数百,无不兼罗纨,厌粱肉,自下饥困,莫之简恤。于是资实空尽,不能自立。四年[199 年]夏,乃烧宫室,奔其部曲陈简、雷薄于潜山[在今安徽西南部安庆市、大别山东南麓]。复为简等所拒,遂大困穷[他的悲惨!],士卒散走。忧懑不知所为,遂归帝号于绍[他没有任何其他途径去规避立即完蛋,除了向本家族内的敌人、被他赌咒为"吾家奴"的人屈膝磕头],曰:"禄去汉室久矣,天下提挈,政在家门。豪雄角逐,分割疆宇。此与周末七国无异,唯强者兼之耳。袁氏受命当王,符瑞炳然。今君拥有四州,人户百万,以强则莫与争大,以位则无所比高。曹操虽欲扶衰奖微,安能续绝运,起已灭乎!谨归大命,君其兴之。"绍阴然其计[一项在他的悲惨结局随官渡之战到来之前仅几个月被怀抱的野心]。

术因欲北至青州从袁谭,曹操使刘备徼[阻截]之,不得过,复走还寿春[在今安徽六安市寿县]。六月,至江亭。坐簣床而叹曰:"袁术乃至是乎!"因愤慨结病,欧(呕)血死……

## "轻狡反复,唯利是视":吕布的黄泉绝路

### 卷 75《刘焉袁术吕布列传》[吕布]

吕布:

[帝国崩溃时期的一介武夫,对董卓暴亡做了关键性贡献,成为随后的大乱和内战中的一名东南地区性军阀,伙同多个协作者对多个敌人打了多场战役和战斗,最后被曹操击灭,并遭冷酷无情的处决。]

[他是个自相对立的典型:强壮体力和尚武骁勇 vs.心智贫乏和道德卑劣。极为无常易变,全无坚定原则,他从属过那么多人,又背叛过那么多人。他还能野兽般地对待普通民众,经他的杀戮和掳掠。陈寿对他的评价恰如其分:"吕布有虓(xiāo,虎吼)虎之勇,而无英奇之略,轻狡反复,唯利是视。"]

[出自北方边疆,以尚武骁勇效力于那里的地区行政长官,然后背叛和杀害之,为了他的新主人董卓:]

吕布字奉先,五原九原[在今内蒙古包头九原区]人也。以弓马骁武给并州。刺史丁原为骑都尉,屯河内,以布为主簿,甚见亲侍。灵帝崩,原受何进召,将兵诣洛阳,为执金吾。会进败,董卓诱布杀原而并其兵。[他的无常易变和无情背叛的首次表现。]

[现在他背叛董卓,为消灭这兽般的篡夺者做了关键贡献:]

卓以布为骑都尉,誓为父子,甚爱信之。稍迁至中郎将,封都亭侯。卓自知凶

恣,每怀猜畏,行止常以布自卫。[**他对董卓的秘密的敌意缘起和加剧;在冷酷无情上他甚至超过他的主子:**]尝小失卓意,卓拔手戟掷之。布拳捷得免,而改容顾谢,卓意亦解。布由是阴怨于卓。卓又使布守中阁,而私与傅婢[侍婢]情通,益不自安。[**他很容易就成了针对董卓的关键密谋的关键工具,甚至由于他自己的主动:**]因往见司徒王允,自陈卓几见杀之状。时允与尚书仆射士孙瑞密谋诛卓,因以告布,使为内应。布曰:"如父子何?"曰:"君自姓吕,本非骨肉。今忧死不暇,何谓父子? 掷戟之时,岂有父子情也?"布遂许之,乃于门刺杀卓,事已见《卓传》。允以布为奋威将军,假节,仪同三司,封温侯。

[**在董卓的野蛮部属发动的大乱期间,他作为活着的凶犯被迫流亡,一个接一个地更换主人:**]

允既不赦凉州人,由是卓将李榷等遂相结,还攻长安。布与榷战,败,乃将数百骑,以卓头系马鞍,走出武关,奔南阳。袁术待之甚厚。布自恃杀卓,有德袁氏,遂恣兵抄掠[**他性情野蛮!**]。术患之。布不安,复去从张杨于河内。时李榷等购募求布急,杨下诸将皆欲图之。布惧,谓杨曰:"与卿州里,今见杀,其功未必多。不如生卖布,可大得榷等爵宠。"杨以为然。有顷,布得走投袁绍[**他的第六个主子,流亡期间的第三个**],绍与布击张燕于常山。燕精兵万余,骑数千匹。布常御良马,号曰赤菟,能驰城飞堑,与其健将成廉、魏越等数十骑驰突燕阵,一日或至三四,皆斩首而出。连战十余日,遂破燕军。布既恃其功,更请兵于绍,绍不许,而将士多暴横[**有如上面已经显示的,野蛮的他之下有同样野蛮的将士**],绍患之。布不自安,因求还洛阳。绍听之,承制使领司隶校尉,遣壮士送布而阴使杀之。[**我们在此到处见到的武装机会主义中间没有信赖,他们全都或大多冷酷无情。自然状态!**]布疑其图己,乃使人鼓筝于帐中,潜自遁出。夜中兵起,而布已亡。绍闻,惧为患,募遣追之,皆莫敢逼,遂归张杨。[**他看来处于无望的绝境!**]道经陈留[今河南开封市陈留县治],太守张邈遣使迎之,相待甚厚,临别把臂言誓。

[**突然,靠运气,有人使他成了一名有自己的领地的地区性军阀;然而不久,他被曹操击败,开始再度流亡:**]

邈字孟卓,东平人,少以侠闻。初辟公府,稍迁陈留太守。董卓之乱,与曹操共举义兵。及袁绍为盟主,有骄色,邈正义责之。绍既怨邈,且闻与布厚,乃令曹操杀邈。操不听,然邈心不自安。兴平元年[194年],曹操东击陶谦,令其将武阳人陈宫[《典略》曰:"陈宫字公台,东郡人也。刚直烈壮,少与海内知名之士皆连结。及天下乱,始随太祖。后自疑,乃从吕布。为布画策,布每不从。"]屯东郡。宫因说邈曰:"今天下分崩,雄桀并起。君拥十万之众,当四战之地[陈留地平,四面受敌,故谓],抚剑顾眄,亦足以为人豪,而反受制,不以鄙乎!今州军东征,其处空虚,[**按照一名"战略"幕僚的看法,他的尚武骁勇被认为是在全国大乱中从事分离主义事业的一项大资产,尽管有他的所有已知和未知的严重弱点:**]吕布壮士,善战无前,迎之共据兖州,观天下形势,俟时事变通,此亦从(纵)横一时也。"邈从之,遂与弟超及宫等迎布为兖州牧,据濮阳[在今河南东北部濮阳市],郡县皆应之。

曹操闻而引军击布,累战,相持百余日。是时,旱、蝗,少谷,百姓相食[**彻底的社会凋敝,另一自然状态!**],布移屯山阳[郡名,治所在今山东巨野县]。二年间,操复尽收诸城,破布于钜(巨)野,布东奔刘备。邈诣袁术求救,留超将家属屯雍丘。操围超数月,屠之,灭其三族。[**华夏野蛮化!**]邈未至寿春,为其兵所害。

[**他再度背叛他的保护者(这次是刘备),再度突然成为一名地区性军阀,与他先前背叛了的军阀袁术勾结,而后再度背叛之:**]

时,刘备领徐州,居下邳,与袁术相拒于淮上。术欲引布击备,乃与布书曰:"术举兵诣阙,未能屠裂董卓。将军诛卓,为术报耻,功一也。昔金元休[《典略》曰"元休名尚,京兆人……献帝初为兖州刺史,东之(至)郡,而太祖已临兖州"]南至封丘,为曹操所败。将军伐之,令术复明目于遐迩,功二也。术生年以来,不闻天下有刘备,备乃举兵与术对战。凭将军威灵,得以破备,功三也。将军有三大功在术,术虽不敏,奉以死生。将军连年攻战,军粮苦少,今送米二十万斛。非唯此止,当骆驿复致。凡所短长亦唯命。"[**令他背叛轻而易举,只需威胁其安全(有如先前)或吹捧他加上许诺贿赂他(有如现在):**]布得书大悦,即勒兵袭下邳,获备妻子。备败走海西,饥困,请降于布。布又患术运粮不复至,乃具车马迎备[**他那么快地就背叛了他的协作者!**],以为豫州刺史,遣屯小沛。布自徐州牧。术惧布为己害,为子求婚,布复许之。

术遣将纪灵等步骑三万以攻备,备求救于布。诸将谓布曰:"将军常欲杀刘备,今可假手于术。"布曰:"不然。术若破备,则北连太(泰)山,吾为在术围中,不得不救也。"[**他那么难得地有一种"战略眼界"。**]便率步骑千余,驰往赴之。灵等闻布至,皆敛兵而止。布屯沛城外,遣人招备,并请灵等与共飨饮。布谓灵曰:"玄德,布弟也,为诸君所困,故来救之。布性不喜合斗,但喜解斗耳。"乃令军候植戟于营门,布弯弓顾曰:"诸君观布谢戟小支,中者当各解兵,不中可留决斗。"布即一发,正中戟支。灵等皆惊,言"将军天威也"。明日复欢会,然后各罢。[**他那么难得地诉诸于和平解决而非武力。他像个玩世不恭的家伙玩弄生活!**]

[**他的无常易变无穷无尽;没有人可以稍稍长久地相信他:**]术遣韩胤以僭号

事告布,因求迎妇,布遣女随之。沛相陈珪恐术报布成姻,则徐、扬(两州)合从(纵),为难未已。于是往说布曰:"曹公奉迎天子,辅赞国政,将军宜与协助同策谋,共存大计。今与袁术结姻,必受不义之名,将有累卵之危矣。"布亦素怨术,而女已在涂(途),乃追还绝婚,执胤送许,曹操杀之。

[**曹操,不管是凭自己还是凭别人,彻底看穿他:**]陈珪欲使子登诣曹操,布固不许,会使至,拜布为左将军,布大喜,即听登行,并令奉章谢恩。登见曹操,因陈布勇而无谋,轻于去就,宜早图之。操曰:"布狼子野心,诚难久养,非卿莫究其情伪。"即增珪秩中二千石,拜登广陵太守。临别,操执登手曰:"东方之事,便以相付。"令阴合部众,以为内应。始布因登求徐州牧,不得。登还,布怒,拔戟斫机曰:"卿父劝吾协同曹操,绝婚公路。今吾所求无获,而卿父子并显重,但为卿所卖耳。"登不为动容,徐对之曰:"登见曹公,言养将军譬如养虎,当饱其肉,不饱则将噬人。公曰:'不如卿言。譬如养鹰,饥即为用,饱则飏去。'其言如此。"布意乃解。

[**他击败袁术,后者与他有一种臭名昭著的无常易变关系:**]袁术怒布杀韩胤,遣其大将张勋、桥蕤[ruí]等与韩暹、杨奉连势,步骑数万,七道攻布。布时兵有三千,马四百匹,惧其不敌,谓陈珪曰:"今致术军,卿之由也,为之奈何?"珪曰:"暹、奉与术,卒合之师耳。谋无素定,不能相维。子登策之,比于连鸡,势不俱栖。"[《战国策》曰:"秦惠王谓寒泉子曰:'苏秦欺弊邑,欲以一人之知,反覆山东之君。夫诸侯之不可一,犹连鸡之不能俱上于栖。'立可离也。"]布用珪策,与暹、奉书曰:"二将军亲拔大驾,而布手杀董卓,俱立功名,当垂竹帛。今袁术造逆,宜共诛讨,奈何与贼还来伐布?可因今者同力破术,为国除害,建功天下,此时不可失也。"又许破术兵,悉以军资与之。暹、奉大喜,遂共击勋等于下邳,大破之,生禽桥蕤,余众溃走,其所杀伤、堕水死者殆尽。……

**[他可耻地死于如上所述鄙视他的曹操之手:]**

建安三年[198年],布遂复从袁术[**！如此反复无常。他是这意义上的一个花花公子**],遣顺[督将高顺]攻刘备于沛,破之。曹操遣夏侯惇救备,为顺所败。操乃自将击布,至下邳城下。遗布书,为陈祸福。布欲降,而陈宫等自以负罪于操,深沮其计,而谓布曰:"曹公远来,势不能久。将军若以步骑出屯于外,宫将余众闭守于内。若向将军,宫引兵而攻其背;若但攻城,则将军救于外。不过旬月,军食毕尽,击之可破也。"[**战略建议,不管对错,出自建议者的私人或自私动机。**]布然之。布妻曰:"昔曹氏待公台[陈宫字]如赤子,犹舍而归我。今将军厚公台不过于曹氏,而欲委全城,捐妻、子,孤军远出乎?若一旦有变,妾岂得为将军妻哉!"布乃止。[**然而,他仍未采纳更好的意见——投降,如他起初打算的。**]而潜遣人求救于袁术,自将千余骑出。战败走还,保城不敢出。术亦不能救。

[**对他的无情的围城战:**]曹操堑围之,壅沂、泗以灌其城,三月,上下离心。其将侯成使客牧其名马,而客策之以叛。成追客得马,诸将合礼以贺成。成分酒肉,先入诣布而言曰:"蒙将军威灵,得所亡马,诸将齐贺,未敢尝也,故先以奉贡。"布怒曰:"布禁酒而卿等酝酿,为欲因酒共谋布邪?"[**他甚至不能做起码的事,去在一种走投无路的环境中保持部下的忠诚!后果肯定是致命的:**]成忿惧,乃与诸将共执陈宫、高顺,率其众降。布与麾下登白门楼。兵围之急,令左右取其首诣操。左右不忍,乃下降。[**他总是无节操的机会主义者,包括在他的最后时刻:**]布见操曰:"今日已往,天下定矣。"操曰:"何以言之?"布曰:"明公之所患不过于布,今已服矣。令布将骑,明公将步,天下不足定也。"顾谓刘备曰:"玄德,卿为坐上客,我为降虏,绳缚我急,独不可一言邪?"操笑曰:"缚虎不得不急。"乃令缓布缚。刘备曰:"不可。明公不见吕布事丁建阳、董太师乎?"[**他的无限的无常、无节操和无忠诚乃臭名昭著。事实上,曹操就此不需别人提醒。**]操颔之。布目备曰:"大耳儿最叵[pǒ,不可]信!"[《蜀志》曰:"备顾自见其耳。"]操谓陈宫曰:"公台平生自谓智有余,今意何如?"宫指布曰:"是子不用宫言,以至于此。若见从,未可量也。"操又曰:"奈卿老母何?"宫曰:"老母在公,不在宫也。夫以孝理天下者,不害人之亲。"操复曰:"奈卿妻、子何?"宫曰:"宫闻霸王之主,不绝人之祀。"固请就刑,遂出不顾,操为之泣涕。布及宫、顺皆缢杀之,传首许市。

# "与公争天下者,曹操也": 华北决战及野蛮

## 曹操:"凡杀男女数十万人"与"奉迎天子,建宫许都"

### 卷 78《宦者列传》[曹腾]

曹腾:

[伟大国务家和战略家曹操的祖父;东汉后期一名兼为"正常"和特殊的精英宦官:"正常",是因为他对一名君主的登基(在他的暂时主子独裁者梁冀的阴影下)所起的重大作用令他在宫廷大有权势;"特殊",则指他相对地温和谦逊,在他的权位上效劳而无显著的个人恶行和滥权。不仅如此,"其所进达,皆海内名人"。]

曹腾字季兴,沛国谯人也。安帝时,除黄门从官。顺帝在东宫,邓太后以腾年少谨厚["谨厚":使他像在他以后的履历中那样成为一名特殊宦官的性情特征]使侍皇太子书,特见亲爱。及帝即位,腾为小黄门,迁中常侍。[**他开始在宫廷腾升,作为对他为皇储勤勉和愉悦地效力的褒赏。**]桓帝得立,腾与长乐太仆州辅等七人,以定策功,皆封亭侯,腾为费亭侯,迁大长秋,加位特进。[**他作为狂野的独裁者梁冀的一名政治仆从和协作者,对桓帝登基做了重大贡献,那将他推向就一名宦官而言可有的最高地位。**]

[**然而,他依然是一名特殊的宦官,相对地温和谦逊,没有显著的个人恶行和滥权,因而在充满激烈内斗的宫廷内长寿不毁:**]腾用事省闼三十余年,奉事四帝,未尝有过。其所进达,皆海内名人,陈留虞放、边韶、南阳延固、张温、弘农张奂、颍川堂谿典等。[**他的温和谦逊的一则深深打动当时人的例解;他有某种他那种版本的正直:**]时蜀郡太守因计吏赂遗于腾,益州刺史种暠于斜谷关搜得其书,上奏

太守,并以劾腾,请下廷尉案罪。帝曰:"书自外来,非腾之过。"遂寝嵩奏。腾不为纤介,常称嵩为能吏,时人嗟美之。

腾卒,养子嵩嗣。种嵩后为司徒,告宾客曰:"今身为公,乃曹常侍力焉。"

[他的儿子和孙子;一类彼此间的反差,而且以其各自的方式与他自己的反差:]嵩灵帝时货赂中官及输西园①钱一亿万,故位至太尉。及子操起兵,不肯相随,乃与少子疾避乱琅邪,为徐州刺史陶谦所杀。

### 卷 73《刘虞公孙瓒陶谦列传》[陶谦]

陶谦:

[地区行政长官/军阀,有其在全国大乱中一度保持相对稳定甚而繁荣的"边缘"领地。然而,他的政治素质糟糕,在紧随帝国崩解而来的早期内战中(据其他历史记述)伙同公孙瓒和袁术打袁绍,后来又打曹操,因而最终一败涂地。]

[就我们在此的主题而言,这里最重要的记载是曹操在对他的征战中狂蛮屠杀,"凡杀男女数十万人,鸡犬无余,泗水为之不流"!]

[他崛起为地区性军阀的根本途径是击溃地区黄巾造反;然后统治他的军阀领地,那一度平安无事:]

陶谦字恭祖,丹阳[今安徽当涂东北]人也。少为诸生,仕州郡,四迁为车骑将军张温司马,西讨边章。会徐州黄巾起,以谦为徐州刺史,击黄巾,大破走之,境内晏然。

[他的领地:可怖的全国沙漠中的一处"美妙绿洲",然而他的糟糕的治理导致"由斯渐乱":]

时,董卓虽诛,而李榷、郭汜作乱关中。是时,四方断绝,谦每遣使间行,奉贡西京。诏迁为徐州牧,加安东将军,封溧阳侯。是时,徐方百姓殷盛,谷实甚丰,流民多归之。而谦信用非所,刑政不理,别驾从事赵昱[yù],知名士也,而以忠直见疏,出为广陵太守。曹宏等谗慝小人,谦甚亲任之,良善多被其害。由斯渐乱。下邳阙宣自称"天子",谦始与合从,后遂杀之而并其众。

[他令曹操——最有潜能的战略性军阀——成了他的致命敌人;曹操从事极

---

① 《后汉书·灵帝纪》载:是岁[光和四年,181 年],帝作列肆[模拟市场]于后宫,使诸采女贩卖[令嫔妃宫女扮作商贩],更相盗窃争斗。帝著商佑(贾)服,饮宴为乐。又于西园弄狗,著进贤冠[三礼图曰:"进贤冠,文官服之,前高七寸,后高三寸,长八寸。"狗著该冠],带绶。又驾四驴,帝躬自操辔,驱驰周旋,京师转相放(仿)效。

野蛮的超大规模灭绝：]

初，曹操父嵩避难琅邪，时谦别将守阴平，士卒利嵩财宝，遂袭杀之。初平四年[193年]，曹操击谦，破彭城傅阳。谦退保郯，操攻之不能克，乃还。[**曹操的另一秉性，现在狂野地展露：一头空前的野兽，从事超大规模屠戮：**]过拔取虑、睢陵、夏丘，皆屠之。凡杀男女数十万人，鸡犬无余，泗水为之不流，自是五县城保，无复行迹。初三辅遭李榷乱，百姓流移依谦者皆歼[尽也]。[**"绿洲"瞬时成为巨大屠场！华夏野蛮化，在此类场合百分之百是华夏所为所受！**]

兴平元年[194年]，曹操复击谦，略定琅邪、东海诸县，谦惧不免，欲走归丹阳。会张邈迎吕布据兖州，操还击布。是岁，谦病死。……

### 卷9《献帝纪》摘录

…………

建安元年[196年]……秋七月甲子，车驾至洛阳，幸故中常侍赵忠宅。……

八月辛丑，幸南宫杨安殿。癸卯，安国将军张杨为大司马，韩暹为大将军，杨奉为车骑将军。[**一座幽灵都城，一名幽灵皇帝，一个幽灵王朝；无以言状的宫廷凋敝：**]是时，宫室烧尽，百官披荆棘，依墙壁间。州郡各拥强兵，而委输不至，群僚饥乏，尚书郎以下自出采稆[lǔ，野生谷物]，或饥死墙壁间，或为兵士所杀。[**突然，曹操——战略性的篡夺者和未来北部中国的统一者——进入中心舞台；他现在成了他的傀儡：**]辛亥，镇东将军曹操自领司隶校尉，录尚书事。曹操杀侍中台崇、尚书冯硕等。封卫将军董承为辅国将军，伏完等十三人为列侯，赠沮俊为弘农太守。庚申，迁都许。己巳，幸曹操营。

[**曹操作为特殊军阀从事的"天子"政治和战争：以内战、凋敝和一种有限中央集权化（或简单得多的全国分裂而非极端碎片状）的开端为特征的全国形势：**]

……冬十一月丙戌，曹操自为司空，行车骑将军事，百官总己以听。

二年[197年]春，袁术自称天子。三月，袁绍自为大将军。[**曹操在华北的两个主要敌人。那里的碎片状开始开始被增进中的中央集权化取代，经过铁与血。**]

夏五月，蝗。

秋九月，汉水溢。

是岁饥，江淮间民相食。[**一幅可怖的图景，事实上可谓遍及华夏。**]袁术杀陈王宠。孙策遣使奉贡。

三年[198年]夏四月，遣谒者裴茂率中郎将段煨讨李傕，夷三族。

吕布叛。……

十二月癸酉,曹操击吕布于徐州,斩之。[对这名卑秽和愚蠢的家伙,他赢了或许是它最容易的战役。]

四年[199年]春三月,袁绍攻公孙瓒于易京,获之。……

夏六月,袁术死。[曹操在华北的主要敌人之一消失得那么容易!]……

五年[200年]春正月,车骑将军董承、偏将军王服、越骑校尉种辑受密诏诛曹操,事泄。壬午,曹操杀董承等,夷三族。[他粉碎了一场针对他的篡夺的政变密谋,轻而易举。]……

曹操与袁绍战于官度(渡),绍败走。[对曹操统一北方来说一场决定性甚而历史性的大战役和大战胜。]……

### 卷70《郑孔荀列传》[荀彧片断]

荀彧[yù]:

[伟大的荀彧,罕见的战略天才,在曹操力争统一中国北方的整个过程中有如他的参谋长,或用他自己的高度赞赏的话说"吾之子房也"(《三国志·魏书·荀彧传》)。他提出了许多战略建议,其中有些是真正关键性甚或历史性的,被他的战略统帅总评为"彧建……策,以亡为存,以祸为福,谋殊功异,臣所不及"。然而,也许终极的儒家正统信念残余驱使他谏言,反对他的主公的正式篡夺,那果然送掉了他的性命,不管他如何大有功于他。①]

[他的战略才能颇早就显露给了某人,后者能比大多数别人更早地发现才士;这才智证明在没顶之灾似的全国大乱中大有助于生存:]

荀彧字文若,颍川颍阴人,朗陵令淑之孙也。父绲,为济南相。绲畏惮宦官,乃为彧娶中常侍唐衡女。彧以少有才名,故得免于讥议。[他的才智足以补偿权宦女婿的坏名而有余!]南阳何颙名知人,见彧而异之,曰:"王佐才也。"

中平[灵帝年号]六年[189年],举孝廉,再迁亢父[县名,治所在今山东济宁南25公里]令。董卓之乱,弃官归乡里。同郡韩融时将宗亲千余家,避乱密西山中。[在全

---

① 王夫之《读通鉴论·献帝·三十一》论曰:

荀彧拒董昭九锡之议,为曹操所恨,饮药而卒,司马温公许之以忠,过矣。乃论者讥其为操谋篡,而以正论自诡,又岂持平之论哉? 彧之智,算无遗策,而其知操也,尤习之已熟而深悉之;违其九锡之议,必为操所不容矣,姑托于正论以自解,冒虚名,蹈实祸,智者不为,愚者亦不为也,而彧何若是? 夫九锡之议兴,而刘氏之宗社已沦。当斯时也,苟非良心之牿亡已尽者,未有不恻然者也。彧亦天良之未泯,发之不禁耳,故虽知死亡之在眉睫,而不能自已。于此亦可以征人性之善,虽牿亡[受遏制而消亡]而不丧,如之何深求而重抑之!……试平情以论之,则彧者,操之谋臣也,操之谋臣,至于篡逆而心怵焉其不宁,左掣右曳以亡其身,其天良之不昧者也。并此而以为诡焉,则诬矣。

国性大灾难中,他的战略才能拯救了他自己和他宗族的生存:]或谓父老曰:"颍川,四战之地也[四面通也]。天下有变,常为兵冲。密虽小固,不足以捍大难,宜亟避之。"乡人多怀土不能去。会冀州牧同郡韩馥遣骑迎之,或乃独将宗族从馥,留者后多为董卓将李榷所杀略(掠)焉。

[反映了他的战略眼界,他选择曹操而非袁绍去效力于一种潜在的重新统一事业:]

或比至冀州,而袁绍已夺馥位,绍待或以上宾之礼。或明有意数,见汉室崩乱,每怀匡佐之义。[他大概祈愿某种全国重新统一,至少是华北华中地区的重新统一("定大业")。]时,曹操在东郡,或闻操有雄略,而度绍终不能定大业。初平二年[191年,董卓入长安之年],乃去绍从操。操与语大悦,曰:"吾子房也。"[这战略主公立即发现他是个(年青的)战略咨询天才!]以为奋武司马,时年二十九。明年[192年],又为操镇东司马。

[他对曹操的事业做的初始关键性贡献:在面对一种非常微妙复杂的局势即吕布威胁时,使曹操的第一个战略基地保持安全和得到巩固("深根固本"),此乃曹操以后壮大的先决条件:]

兴平元年[194年],操东击陶谦,使或守甄城[县名,治所在今山东鄄城县北12公里旧镇],任以留事。[他没有参与曹操在征战陶谦时的超大规模屠杀。]会张邈、陈宫以兖州反操,而潜迎吕布。布即至,诸城悉应之。邈乃使人谲[jué]或曰:"吕将军来助曹使君击陶谦,宜亟供军实。"或知邈有变,即勒兵设备,故邈计不行。豫州刺史郭贡率兵数万来到城下,求见或。或将往,东郡太守夏侯惇等止之。曰:"何知贡不与吕布同谋,而轻欲见之。今君为一州之镇,往必危也。"或曰:"贡与邈等分非素结,今来速者,计必未定,及其犹豫,宜时说之,纵不为用,可使中立。若先怀疑嫌,彼将怒而成谋,不如往也。"贡既见或无惧意,知城不可攻,遂引而去。或乃使程昱[yù]说范[县名,即濮阳县,在今河南东北部,与山东相邻]、东阿[县名,在今山东鲁西平原东阿县境],使固其守,卒全三城以待操焉。

[为了"深根固本",他一度不得不努力说服他的战略主公:]二年[195年],陶谦死,操欲遂取徐州,还定吕布。或谏曰:

昔高祖保关中,光武据河内,皆深根固本,以制天下。进可以胜敌,退足以坚守,故虽有困败,而终济大业。将军本以兖州首事,故能平定山东[曹操初从东郡守鲍信等迎领兖州牧,遂进兵破黄巾等,故能平定山东],此实天下之要地,而将军之关河[关山河川]也。若不先定之,根本将何寄乎?[他的战略说服非常积极,伴有一项具体的

**战略行动规划：**]宜急分讨陈宫，使虏不得西顾，乘其间而收熟麦，约食稸谷，以资一举，则吕布不足破也。今舍之而东，未见其便。多留兵则力不胜敌，少留兵则后不足固。布乘虚寇暴，震动人心，纵数城或全，其余非复己有，则将军尚安归乎？且前讨徐州，威罚实行，其子弟念父兄之耻，必人自为守。就能破之，尚不可保。彼若惧而相结，共为表里，坚壁清野，以待将军，将军攻之不拔，掠之无获，不出一旬，则十万之众未战而自困矣。夫事固有弃彼取此，以权一时之势[**一大战略原理或原则：战略是区分、选择和确定轻重缓急秩序之事，全都依据具体和能动的战略情势**]，愿将军虑焉。

操于是大收熟麦，复与布战。布败走，因分定诸县，兖州遂平。[**一大战略成功，因为接受了他的关键性谏言。**]

[**他对曹操的事业的第二项关键性贡献：力驳大多数同僚的反对论辩，支持甚或加强了曹操的很可能还不坚定的、"奉迎车驾，徙都于许"的政治/战略意图，从而赢得了全国合法性的制高点，使他享有"挟天子以令诸侯"的关键好处：**]

建安元年[196年]，献帝自河东还洛阳，操议欲奉迎车驾，徙都于许。众多以山东未定，韩暹、杨奉负功恣睢，未可卒制。或乃劝操曰："[**对他和他的主公来说，战争既是军事事务，也一样多地是政治事务；战争是赢得人心的斗争，就如它适应的战役的斗争一样：**]昔晋文公纳周襄王，而诸侯景从；汉高祖为义帝缟素，而天下归心。自天子蒙尘，将军首唱义兵，徒以山东扰乱，未遑远赴，虽御难于外，乃心无不在王室。今銮驾旋轸[郑玄注《周礼》曰："轸，舆后横木也。"]，东京榛芜，义士有存本之思，兆人怀感旧之哀。诚因此时奉主上以从人望，大顺也；秉至公以服天下，大略也；扶弘义以致英俊，大德也。四方虽有逆节，其何能为？韩暹、杨奉，安足恤哉！若不时定，使豪杰生心，后虽为虑，亦无及矣。"操从之。[**一项真正关键性的决定！**]

[**他成了曹操的"参谋总长"，而且将许多真才士推荐给他的主公，那本身就是他对他的事业的一大贡献：**]

及帝都许，以或为侍中，守尚书令。操每征伐在外，其军国之事，皆与或筹焉。或又进操计谋之士从子攸，及钟繇、郭嘉、陈群、杜袭、司马懿、戏志才等，皆称其举。唯严象为扬州(刺史)，韦康为凉州(刺史)，后并负败焉[严象后为孙策庐江太守李术所杀，韦康后为马超所围，坚守历时，救军不至，遂为超所杀]。……

# 袁绍：从"天下健者，岂惟董公！"到"并四州之地，众数十万"

### 卷 74 上《袁绍刘表列传上》摘录

袁绍：

［随董卓暴亡和帝国崩解后的早期岁月里最强大的军阀。"盛哉乎"！当他摧毁一大地区性军阀公孙瓒时，他达到了自己的权势顶点，可是恰在胜利巅峰上的、他未试图避免的克劳塞维茨式下行逻辑导致了他在官渡之战中的决定性失败，败于伟大的战略家和强劲的暴发户曹操之手。继而，他的病死令曹操一个接一个地摧毁了他的几个军阀儿子，后者已经在从事互相间的家庭内斗和冲突。他的权势和显赫证明是一颗耀眼的硕大流星，在那个中国暴烈时代的爆裂天籁之中。］

［他提供了一类最终惨败的权势持有者的经典样本：拥有特权地位，傲慢自信不堪，心灵闭塞，不听谏言，昧于一种可能性，即可以有比他才智优越、意志优越的竞争者。他来自丛林，在"物质上"被装备得那么好去从事丛林里的殊死争斗，但说到底就此在智力、心理和政治上严重准备不足。而且，像历史上那么多显贵，他还提供了一个家庭教育和家庭管理失败的例解。］

［出自大臣世家，本人成为同类大臣，有富有特征的儒家行为方式和"风格主义"的虚矫浮华：］

袁绍字本初，汝南汝阳［今河南周口市商水县袁老乡袁老村］人，司徒汤之孙。父成，五官中郎将，壮健好交结，大将军梁冀以下莫不善之。［**有如整个历史上那么多别的显贵特权子弟，优越感多多，且"天然地"偏好广泛的精英社交。**］

绍少为郎，除濮阳长，遭母忧去官。三年礼竟，追感幼孤，又行父服。［《英雄记》曰，凡在冢庐六年。］［**与一个儒士高官家庭而非血亲大贵族相符的儒家行为方式。**］服阕，徙居洛阳。绍有姿貌威容，爱士养名。［**他对广泛的精英社交的"天然"偏好，连同他的"风格主义"虚矫浮华：**］既累世台司，宾客所归，加倾心折节，莫不争赴其庭，士无贵贱，与之抗礼，辎軿柴毂［gǔ］［郑玄注《周礼》曰："軿犹屏也，取其自蔽隐。"柴毂，贱者之车］，填接街陌。内官皆恶之。中常侍赵忠言于省内曰："袁本初坐作声价，好养死士，不知此兒终欲何作。"［**出生于另一端即最卑贱阶级者的"天然"恶感和猜疑。**］叔父太傅隗闻而呼绍，以忠言责之，绍终不改。

后辟大将军何进掾，为侍御史、虎贲中郎将。中平五年［188 年］，初置西园八校尉，以绍为佐军校尉。

[作为何进之外企图摧毁权宦的政变密谋的主要人物,他提倡一项灾难性的方略:将必定臭名昭著的边疆半蛮夷军阀董卓及其部队引入帝国首都;继而,他展现了反对这狂野的篡夺者的大勇气:]

灵帝崩[189年],绍劝何进征董卓等众军,胁太后诛诸宦官,转绍司隶校尉。语已见《何进传》。及卓将兵至,骑都尉太(泰)山鲍信说绍曰:"董卓拥制强兵,将有异志,今不早图,必为所制。及其新至疲劳,袭之可禽(擒)也。"绍畏卓,不敢发。顷之,卓议欲废立,谓绍曰:"天下之主,宜得贤明,每念灵帝,令人愤毒[恨也]。董侯[灵帝生子协,灵帝母董太后自养之,因号曰"董侯",即献帝]似可,今当立之。"[他的大勇气,在一怒之下可以杀了他的狂野的篡夺者面前:]绍曰:"今上富于春秋,未有不善宣于天下。若公违礼任情,废嫡立庶,恐众议未安。"卓案剑叱绍曰:"竖子敢然!天下之事,岂不在我?我欲为之,谁敢不从!"绍诡对曰:"此国之大事,请出与太傅[其叔父袁隗]议之"。卓复言"刘氏种不足复遗。"[意谓如果还不行,那么刘氏后裔就无留下的必要了。]绍勃然曰:"天下健者,岂惟董公!"横刀长揖径出。[《英雄记》曰:"绍揖卓去,坐中惊愕。卓新至,见绍大家,故不敢害。"]悬节于上东门,而奔冀州。

[篡夺者的政治考虑使他免于暴死甚或贬官,因为他有很大威望和动员强有力武装抵抗的潜能:]董卓购募求绍。时,侍中周珌、城门校尉伍琼为卓所信待,琼等阴为绍说卓曰:"夫废立大事,非常人所及。袁绍不达大体,恐惧出奔,非有它志。今急购之,势必为变。袁氏树恩四世,门生故吏遍于天下,若收豪杰以聚徒众,英雄因之而起,则山东非公之有也。不如赦之,拜一郡守,绍喜于免罪,必无患矣。"卓以为然,乃遣授绍勃海太守,封邟[kàng],乡侯。绍犹称兼司隶。

[他显赫地成为讨伐董卓的一个华北大联盟的领袖,而这个联盟以其内斗为特征,特别在他与一名地区统治者韩馥之间;他之克服后者大有助于他的权势膨胀:]

初平元年[190年],绍遂以勃海起兵,与从弟后将军术、冀州牧韩馥、豫州刺史孔伷、兖州刺史刘岱、陈留太守张邈、广陵太守张超、河内太守王匡、山阳太守袁遗、东郡太守桥瑁、济北相鲍信等同时俱起,众各数万,以讨卓为名。绍与王匡屯河内,伷屯颍川,馥屯鄴,余军咸屯酸枣,约盟,遥推绍为盟主。绍自号车骑将军,领司隶校尉。

董卓闻绍起山东,乃诛绍叔父隗,及宗族在京师者,尽灭之。[他们成了彼此间更加不共戴天的敌人!后来,一名新形成的敌人公孙瓒公开谴责他"默选戎马,不告父兄,至使太傅一门,累然同毙"。]卓乃遣大鸿胪韩融、少府阴循、执金吾胡母班、将作大匠吴循、越骑校尉王瑰譬解绍等诸军。绍使王匡杀班、瑰、吴循等,袁术亦执杀阴循，惟韩融以名德免。

[联盟内他与韩馥之间内斗的起源和加剧；后者对此的责任：]是时，豪杰既多附绍，且感其家祸，人思为报，州郡蜂起，莫不以袁氏为名。韩馥见人情归绍，忌其得众，恐将图己，常遣从事守绍门，不听发兵。桥瑁乃诈作三公移书，传驿州郡，说董卓罪恶，天子危逼，企望义兵，以释国难。馥于是方听绍举兵。乃谋于众曰："助袁氏乎？助董氏乎？"治中刘惠勃然曰："兴兵为国，安问袁、董？"馥意犹深疑于绍，每贬节军粮，欲使离散。

[他与韩馥的内斗的进一步加剧；前者对此的责任：]明年[191年]，馥将麹（曲）义反畔（叛），馥与战失利。绍既恨馥，乃与义相结。[除个人怨恨外，还有他的权势扩增考虑作为一个决定性因素；丑恶的意图与诡谲的计谋相结合：]绍客逢纪谓绍曰[一项给他的关键性战略／策略提议：]："夫举大事，非据一州，无以自立。今冀部强实，而韩馥庸才，可密要（邀）公孙瓒将兵南下，馥闻必骇惧。并遣辩士为陈祸福，馥迫于仓卒，必可因据其位。"绍然之，益亲纪，即以书与瓒。瓒遂引兵而至，外托讨董卓，而阴谋袭馥。绍乃使外甥陈留高干及颍川荀谌[shèn，荀彧之弟]等说馥曰："公孙瓒乘胜来南，而诸郡应之。袁车骑引军东向，其意未可量也。窃为将军危之。"馥惧，曰："然则为之奈何？"谌曰："君自料宽仁容众，为天下所附，孰与袁氏？"馥曰："不如也。""临危吐决，智勇迈于人，又孰与袁氏？"馥曰："不如也。""世布恩德，天下家受其惠，又孰与袁氏？"馥曰："不如也。"谌曰："勃海虽郡，其实州也。今将军资三不如之势，久处其上，袁氏一时之杰，必不为将军下也。且公孙提燕、代之卒，其锋不可当。夫冀州天下之重资，若两军并力，兵交城下，危亡可立而待也。夫袁氏将军之旧，且为同盟。当今之计，莫若举冀州以让袁氏，必厚德将军，公孙瓒不能复与之争矣。是将军有让贤之名，而身安于太（泰）山也。愿勿有疑。"

[他赢了内斗，轻而易举地取得了一个重要地区，主要归因于他的胆怯的敌人的糟糕素质：]馥素性恇怯，因然其计。馥长史耿武、别驾闵纯、骑都尉沮授闻而谏曰："冀州虽鄙，带甲百万，谷支十年。袁绍孤客穷军，仰我鼻息，譬如婴儿在股掌之上，绝其哺乳，立可饿杀。奈何欲以州与之？"馥曰[彻底消沉！]："吾袁氏故吏，且才不如本初。度德而让，古人所贵，诸君独何病焉？"先是，馥从事赵浮、程涣将强弩万人屯孟津，闻之，率兵驰还，请以拒绍，馥又不听。[彻底投降而无任何战斗：]乃避位，出居中常侍赵忠故舍，遣子送印绶以让绍。

[无情攫取和其他好处使他成了华北两大头等军阀之一，继而与另一大军阀公孙瓒的冲突开始；他的第二轮丛林政治：]

绍遂领冀州牧，承制以馥为奋威将军，而无所将御。引沮授为别驾，因谓授曰：

"今贼臣作乱,朝廷迁移,吾历世受宠,志竭力命,兴复汉室。然齐桓非夷吾不能成霸,句践非范蠡无以存国。今欲与卿戮力同心,共安社稷,将何以匡济之乎?"授进曰[**一名战略家改换主子,在一定意义上决定性地效力于他**]:"将军……播名海内……拥一郡之卒,撮冀州之众,威陵河朔,名重天下。若举军东向,则黄巾可埽;还讨黑山,则张燕可灭;回师北首,则公孙必禽(擒)。[**转而打击一个先前关键性的协作者:一项关键性的建议:**]……横大河之北,合四州之地,收英雄之士,拥百万之众,迎大驾于长安,复宗庙于洛邑,号令天下,诛讨未服。[**提倡重新统一,然而事后来看,这是向一个错了的对象呼吁。**]以此争锋,谁能御之! 比及数年,其功不难。"绍喜曰:"此吾心也。"即表授为奋武将军,使监护诸将。

魏郡审配、巨鹿田丰,并以正直不得志于韩馥。绍乃以丰为别驾,配为治中,甚见器任。[**他开始拥有多名战略幕僚。他能否改变自己的傲慢自信品性,以便好好听取他们的意见? 事后来看,大抵不能。**]馥自怀猜惧,辞绍索去,往依张邈。后绍遣使诣邈,有所计议,因共耳语。馥时在坐,谓见图谋,无何,如厕自杀。[**一个一度强大但意志消沉的人的惨死!**]

[**他与公孙瓒之间胜负不定的摊牌,特别是多少著名的界桥之战;一段短命的休战,直到稍过一年之后即公元 195 年为止,然后他最终摧毁了公孙瓒:**]①

其冬,公孙瓒大破黄巾,还屯槃河,威震河北,冀州诸城无不望风响应。绍乃自击之。[**充满惊奇的战争的一个例解;"战争迷雾":**]瓒兵三万,列为方阵,分突骑万匹,翼军左右,其锋甚锐。绍先令麹义领精兵八百,强弩千张,以为前登。瓒轻其兵少,纵骑腾之,义兵伏楯下,一时同发,瓒军大败,斩其所置冀州刺史严纲,获甲首千余级。麹义追至界桥[大概在今河北南皮县与邺城一带],瓒敛兵还战,义复破之,遂到瓒营,拔其牙门,余众皆走。绍在后十数里,闻瓒已破,发鞍息马,唯卫帐下强弩数十张,大戟士百许人。瓒散兵二千余骑卒至,围绍数重,射矢雨下。田丰扶绍,使却入空垣。绍脱兜鍪[móu]抵地,曰:"大丈夫当前斗死,而反逃垣墙间邪?"促使诸弩竞发,多伤瓒骑。众不知是绍,颇稍引却。会麹义来迎,骑乃散退。[**一出克劳塞维茨使得战役活剧!**]三年[192 年],瓒又遣兵至龙凑[在今山东德州市东北,临古黄河渡口]挑战,绍复击破之。瓒遂还幽州,不敢复出。

---

① 《后汉书·献帝纪》载:(兴平)二年[195 年]……是岁,袁绍遣将曲义与公孙瓒战于鲍丘,瓒军大败。
《后汉书·刘虞公孙瓒陶谦列传》载:刘虞从事渔阳鲜于辅等,合率州兵,欲共报瓒。辅以燕国阎柔素有恩信,推为乌桓司马。柔招诱胡汉数万人,与瓒所置渔阳太守邹丹战于潞北,斩丹等四千余级。乌桓峭王感虞恩德,率种人及鲜卑七千余骑,共辅南迎虞子和,与袁绍将麹(曲)义合兵十万,共攻瓒。[**摊牌的第四场大战:**]兴平二年,破瓒于鲍丘,斩首二万余级。瓒遂保易京……

四年[194年]初,天子遣太仆赵岐和解关东,使各罢兵……绍于是引军南还。

[**一番血腥的旁述;他在征伐造反农民"盗贼"时可以是个野蛮的大屠夫:**]三月上巳,大会宾徒于薄落津。闻魏郡兵反,与黑山贼干毒等数万人共覆邺城[在今河北临漳县西南邺镇、三台村迤东一带,袁绍冀州牧治所],杀郡守。坐中客家在邺者,皆忧怖失色,或起而啼泣,绍容貌自若,不改常度。贼有陶升者,自号"平汉将军",独反诸贼,将部众逾西城入,闭府门,具车重,载绍家及诸衣冠在州内者,身自扞卫,送到斥丘[在今河北省成安县]。绍还,因屯斥丘,以陶升为建义中郎将。六月,绍乃出军,入朝歌[今河南鹤壁市淇县境内]鹿肠山苍岩谷口,讨干毒。围攻五日,破之,斩毒及其众万余级。绍遂寻山北行,进击诸贼左髭丈八等,皆斩之,又击刘石、青牛角、黄龙、左校、郭大贤、李大目、于氐根等,复斩数万级,皆屠其屯壁。遂与黑山贼张燕及四营屠各[胡人名]、雁门乌桓战于常山。燕精兵数万,骑数千匹,连战十余日,燕兵死伤虽多,绍军亦疲,遂各退。麹义自恃有功,骄纵不轨,绍召杀之,而并其众。

[**他犯了一个关键的政治错误,拒绝一项有战略远见的"挟天子而令诸侯"建议,反而接受来自短视的分离主义者们的主张,因而将这关键的机会丧失给了远为明智的曹操,后者将摧毁他:**]

兴平二年[195年],拜绍右将军。其冬,车驾为李榷等所追于曹阳,沮授说绍曰:"将军累叶台辅,世济忠义。今朝廷播越,宗庙残毁,观诸州郡,虽外托义兵,内实相图,未有忧存社稷恤人之意。且今州城粗定,兵强士附,西迎大驾,即宫邺都,挟天子而令诸侯,稸(蓄)士马以讨不庭,谁能御之?"绍将从其计。颍川郭图、淳于琼曰:"汉室陵迟,为日久矣,今欲兴之,不亦难乎?且英雄并起,各据州郡,连徒聚众,动有万计,所谓秦失其鹿,先得者王。今迎天子,动辄表闻,从之则权轻,违之则拒命,非计之善者也。"授曰:"今迎朝廷,于义为得,于时为宜。若不早定,必有先之者焉。夫权不失几(机),功不厌速,愿其图之。"帝立既非绍意,竟不能从。

[**他犯了另一个重大政治错误:颠覆传统的、更为合法的家庭继承次序,以利他心爱的续妻和她的儿子,从而种下了致命的家庭内斗和冲突的种子,那将在他病死后毁了他留下的所有权势和领地:**]

绍有三子:谭字显思、熙字显雍、尚字显甫。谭长而惠,尚少而美。绍后妻刘有宠,而偏爱尚,数称于绍,绍亦奇其姿容,欲使传嗣。乃以谭继兄后,出为青州刺史。沮授谏曰:"世称万人逐兔,一人获之,贪者悉止,分定故也。且年均以贤,德均则卜,古之制也。[《左传》曰:"王后无嫡则择立长,年钧以德,德钧以卜(年龄相当,则选择品德高的,品德也相当的话,则用占卜决定)。"]愿上惟先代成败之诚,下思逐兔分定之义。

若其不改,祸始此矣。"绍曰:"吾欲令诸子各据一州,以视其能。"于是以中子熙为幽州刺史,外甥高干为并州刺史。

**[他与曹操之间的、将决定谁统治北方华夏的竞斗开始(一):]**

**[他俩彼此间的最初"刺探性"行动,双方都谨慎,害怕对方的实力:]**建安元年[196年],曹操迎天子都许,乃下诏书于绍,责以地广兵多而专自树党,不闻勤王之师而但擅相讨伐。绍上书曰[**精神和畏惧导致他在此宣称自帝国崩解往后,他作为诸大事件中的一名重大角色始终完全忠诚于君主和社稷**]:

……常侍张让等滔乱天常,侵夺朝威,贼害忠德,扇动奸党。故大将军何进忠国疾乱,义心赫怒,以臣颇有一介之节,可责以鹰犬之功,故授臣以督司,谘臣以方略。臣不敢畏惮强御,避祸求福,与进合图,事无违异。忠策未尽而元帅受败,太后被质,宫室焚烧,陛下圣德幼冲,亲遭厄困。时进既被害,师徒丧沮,臣独将家兵百余人,抽戈承明,辣剑翼室[《山阳公载记》曰:"绍与王匡等并力入端门,于承明堂上格杀中常侍高望等二人。"]……此诚愚臣效命之一验也。

会董卓乘虚,所图不轨。臣父兄亲从,并当大位,不惮一室之祸,苟惟宁国之义,故遂解节出奔,创谋河外。……若使苟欲滑泥扬波,偷荣求利,则进可以享窃禄位,退无门户之患。然臣愚所守,志无倾夺,故遂引会英雄,兴师百万,饮马孟津,歃[shà]血漳河。……猾虏肆毒,害及一门,尊卑大小,同日并戮。……臣所以荡然忘哀,貌无隐戚者,诚以忠孝之节,道不两立,顾私怀己,不能全功。斯亦愚臣破家徇国之二验也。

又黄巾十万焚烧青、兖,黑山、张杨蹈藉冀域。臣乃旋师,奉辞伐畔(叛)。……会公孙瓒师旅南驰,陆掠北境,臣即星驾席卷,与瓒交锋。假天之威,每战辄克。……臣非与瓒角戎马之势,争战阵之功者也。诚以贼臣不诛,《春秋》所贬,苟云利国,专之不疑。……太仆赵岐衔命来征,宣明陛下含弘之施,蠲除细故,与下更新,奉诏之日,引师南辕。是臣畏怖天威,不敢怠慢之三验也。

又臣所上将校,率皆清英宿德,令明显达,登锋履刃,死者过半,勤恪之功,不见书列。而州郡牧守,竞盗声名,怀持二端,优游顾望,皆列士锡圭,跨州连郡,是以远近狐疑,议论纷错者也。……今赏加无劳,以携[离也]有德;杜黜忠功,以疑众望。斯岂腹心之远图?将乃谗慝之邪说使之然也?……斯蒙恬所以悲号于边狱,白起歔欷于杜邮也。……惟陛下垂《尸鸠》之平[尸鸠,鹖鹎也。《诗·国风》曰:"尸鸠在桑,其子七兮,叔人君子,其仪一兮。"毛苌注曰:"尸鸠之养其子,旦从上下,暮从下上,平均如一。言善人君子执义亦如此。"],绝邪诌之论,无令愚臣结恨三泉。

**[曹操的谨慎和对他的畏惧甚至还超过他:]**于是以绍为太尉,封邺侯。时曹操

自为大将军,绍耻为之下,伪表辞不受。操大惧,乃让位于绍。二年[197年],使将作大匠孔融持节拜绍大将军,锡弓矢节钺,虎贲百人,兼督冀、青、幽、并四州,然后受之。

[不管有怎样的谨慎和畏惧,在真正的博弈中他俩皆不向对方作任何实质性让步:]绍每得诏书,患有不便于己,乃欲移天子自近,使说操以许下埤湿,洛阳残破,宜徙都甄城[今山东甄城县境内,献帝时为兖州治所],以就全实。操拒之。田丰说绍曰:"徙都之计,既不克从,宜早图许,奉迎天子,动托诏令,响号海内,此算之上者。不尔,终为人所禽(擒),虽悔无益也。"绍不从。[或许他丧失了迟迟扭转他先前的关键性错误的一个机会!]四年[199年]春,击公孙瓒,遂定幽土,事在《瓒传》。[在他与曹操间竞斗的背景下,他对公孙瓒的最终的大胜战役或许很可被认为是个"越轨"行动,越出了他应当采纳的轨道,或曰将克劳塞维茨式"重力中心"确定错了。]……

## 官渡:"决成败于一战"与"曹操尽坑之,前后所杀八万人"

### 卷74上《袁绍刘表列传上》摘录

[他与曹操之间的、将决定谁统治北方华夏的竞斗开始(二):]

[他的实力的急剧增进开始取消他的审慎和残余的大战略意识,真正的战略家的建议被再度拒绝:]

绍既并四州之地,众数十万,而骄心转盛,贡御稀简。主簿耿包密白绍曰;"赤德衰尽,袁为黄胤,宜顺天意,以从民心。"绍以包白事示军府僚属,议者以包妖妄宜诛。绍知众情不同,不得已乃杀包以弭其迹。于是简精兵十万,骑万匹,欲出攻许,以审配、逢纪统军事,田丰、荀谌及南阳许攸为谋主,颜良、文丑为将帅。

沮授[他的阵营中的真正战略家,如同先前已一再显示的]进说曰:"近讨公孙,师出历年,百姓疲敝,仓库无积,赋役方殷,此国之深忧也。宜先遣使献捷天子,务农逸人。若不得通,乃表曹操隔我王路,然后进屯黎阳[在今河南鹤壁市浚县东,黄河北岸],渐营河南,益作舟船,缮修器械,分遣精骑,抄其边鄙,令彼不得安,我取其逸。如此可坐定也。"[特别明智的幕僚的问题一向在于,不明智的幕僚太经常地更多(甚或多得多),他们据此数量优势与前者竞争对政治领导人的影响:]郭图、审配曰:"兵书之法,十围五攻[十倍则围之,五倍则攻之],敌则能战。今以明公之神武,连河朔之强众,以伐曹操,其势譬若覆手[!]。今不时取,后难图也。"[明智与不明智的幕僚之间的辩论升级成更激烈的:]授曰:"盖救敌诛暴,谓之义兵;恃众凭强,谓之骄兵。义者无敌,骄者先灭。曹操奉迎天子,建宫许都。今举师南向,于义则违。且庙胜之策,不在强弱,曹操法令既行,士卒精练,非公孙瓒坐受围者也。

今弃万安之术,而兴无名之师,窃为公惧之。"图等曰:"武王伐纣,不为不义;况兵加曹操,而云无名! 且公师徒精勇,将士思奋,而不及时早定大业,所谓'天与不取,反受其咎'。此越之所以霸,吴之所以灭也。监军之计,在于持牢[把稳],而非见时知几(机)之变也。"

[**明智的建议再度遭到拒绝:**]绍纳图言。图等因是潜沮授曰[**在幕僚中间,一向不仅有智力竞争,而且有私人"政治"斗争**]:"授监统内外,威震三军,若其浸盛,何以制之! 夫臣与主同者昌,主与臣同者亡,此《黄石》[即张良于下邳圯上所得《三略》]之所忌也。且御众于外,不宜知内。"绍乃分授所统为三都督,使授及郭图、淳于琼各典一军,未及行。

[**历史性官渡之战的形成,由他依凭压倒性兵力数量优势发动:**]

五年,左将军刘备杀徐州刺史车胄,据沛以背曹操。操惧,乃自将征备。田丰[**又一位被拒的明智者**]说绍曰:"与公争天下者,曹操也。操今东击刘备,兵连未可卒解,今举军而袭其后,可一往而定。兵以几(机)动,斯其时也。"绍辞以子疾,未得行。丰举杖击地曰:"嗟乎,事去矣! 夫遭难遇之几(机),而以婴儿病失其会,惜哉!"绍闻而怒之,从此遂疏焉。[**他可能已经失去了一个关键性机会,鉴于他已经决定了他的方向。他那么经常地并非那么决绝!**]

曹操畏绍过河,乃急击备,遂破之[**他的敌人正好相反。大抵总是决绝,而且战略上考虑周全**]。备奔绍,绍于是进军攻许[**骰子最终掷出!**]。田丰以既失前几(机),不宜便行,谏绍曰[**明智者在判断上总是情势性的**]:

曹操既破刘备,则许下非复空虚。且操善用兵,变化无方,众虽少,未可轻也。[**真正懂得敌人的是他,而非他的主公!**]今不如久持之。将军据山河之固,拥四州之众,外结英雄,内修农战,然后简其精锐,分为奇兵,乘虚迭出,以扰河南,救右则击其左,救左则击其右,使敌疲于奔命,人不得安业,我未劳而彼已困,不及三年,可坐克也。今释庙胜之策而决成败于一战,若不如志,悔无及也。[**"庙胜之策",一个在此再度出现的短语,至少像物质实力一样重要,如果面对一个在总的物质和精神资源上大致均等的敌人的话。灵活的战略估算重要,非常重要!**]

绍不从。丰强谏忤绍,绍以为沮众,遂械系(羁)之。[**一个威慑,足以消除几乎所有明智的和忠诚的劝诫。**]乃先宣檄曰[**我们的史家大为铺陈以下的(由文豪陈琳起草的①)长篇宣言,因为他充分明白官渡之战的历史性意义**]:

①  《魏志》曰:"琳字孔璋,广陵人,避难冀州,袁绍使典文章。绍败,归太祖。太祖谓曰:'卿昔为本初移书,但可罪状孤而已,恶恶止其身,何乃上及父祖邪?'琳谢罪。太祖爱其才而不咎也。"

　　盖闻明主图危以制变,忠臣虑难以立权。曩(向)者强秦弱主,赵高执柄,专制朝命,威福由已,终有望夷之祸,污辱至今。及臻吕后,禄、产专政,擅断万机,决事禁省,下陵上替,海内寒心。于是绛侯、硃(朱)虚兴威奋怒,诛夷逆暴,尊立太宗,故能道化兴隆,光明融显,此则大臣立权之明表也。

　　[**激烈抨击他的敌人,首先集中于后者"卑污的"家庭背景,那与他的高贵显赫的家庭背景截然相反:**]司空曹操祖父腾,故中常侍,与左悺[guàn]、徐璜并作妖孽,饕餮放横,伤化虐人。父嵩,乞丐携养,因臧(赃)买位,舆金辇宝,输货权门,窃盗鼎司,倾覆重器。[《续汉志》曰:"嵩字巨高。灵帝时卖官,嵩以货得拜大司农、大鸿胪,代崔烈为太尉。"《魏志》曰:"嵩,腾养子,莫能审其生出本末。"][**现在转向抨击他的敌人的"马基雅维里式""激进"秉性,连同他自己被宣称的相反性情:**]操赘阉遗丑,本无令德,慓狡锋侠,好乱乐祸。幕府董[总也]统鹰扬,埽夷凶逆[谓绍诛诸阉人,无少长皆斩之],续遇董卓侵官暴国,于是提剑挥鼓,发命东夏,广罗英难,弃瑕录用,故遂与操参咨策略,谓其鹰犬之才,爪牙可任。至乃愚佻短虑,轻进易退,伤夷折衄,数丧师徒。[《魏志》曰:"操引兵西,将据成皋,到荥阳汴水,遇卓将徐荣,战不利,士卒死伤多,操为流矢所中,所乘马被创。曹洪以马与操,得夜遁,又为吕布所败。"][**这里的文句实际上反映了他自己的相对衰落和他的敌人的急剧崛起,在实力、权势和地位上!**]幕府辄复分兵命锐,修完补辑,表行东郡太守、兖州刺史,被以虎文,授以偏师,奖就威柄,冀获秦师一克之报[秦穆公使孟明视、西乞术、白乙丙伐郑,晋襄公败诸殽,执孟明等。文嬴请而舍之,归于秦。穆公复用孟明伐晋,晋人不敢出。事见《左传》]。而遂乘资跋扈,肆行酷烈,割剥元元,残贤害善……自是士林愤痛,人怨天怒,一夫奋臂,举州同声,故躬破于徐方,地夺于吕布[《魏志》曰:"陶谦为徐州牧,操初征之,下十余城。后复征谦,收五城,遂略地至东海。还过郯,会张邈与陈宫畔(叛)迎吕布,郡县皆应。布西屯濮阳而操攻之,布出兵战,操兵奔,阵乱,驰突火出,坠马烧左手掌,司马楼异扶操上马,遂得引去。"],彷徨东裔,蹈据无所。幕府惟强干弱枝之义,且不登畔(叛)人之党[《左传》:宋大夫鱼石等以宋彭城畔(叛)属楚,《经》书"宋彭城",《传》曰"非宋地,追书也,且不登畔人也"。杜预注曰:"登,成也。"],故复援旍(旌)擐甲,席卷赴征,金鼓响震,布众破沮,拯其死亡之患,复其方伯之任。是则幕府无德于兖土,而有大造于操也。

　　[**他大恨"权势转移"的关键事件,一个政治事件:**]会后銮驾东反(返),群虏乱政。时,冀州方有北鄙之警[公孙瓒攻袁绍],匪遑离局,故使从事中郎徐勋就发遣操,使缮修郊庙,翼卫幼主。而便放志专行,威劫省禁,卑侮王僚,败法乱纪,坐召三台[《晋书》曰:"汉官尚书为中台,御史为宪台,谒者为外台,是谓三台。"],专制朝政,爵赏由心,刑戮在口,所爱光五宗,所怨灭三族,群谈者受显诛,腹议者蒙隐戮,道路以目,百辟钳口,尚书记期会,公卿充员品而已。……身处三公之官,而行桀虏之态,污国

虐民,毒施人鬼……

[**他声称的正义战争,为了正当的理由,本着端正的意图:**]历观古今书籍所载,贪残虐烈无道之臣,于操为甚。……幕府奉汉威灵,折冲宇宙,[**而且统率压倒性的武力(然而那里有正确的战略?):**]长戟百万,胡骑千群……雷震虎步,并集虏廷,若举炎火以焚飞蓬,覆沧海而注爝炭[《黄石公三略》曰:"夫以义而讨不义,若决河而沈荧火,其克必也。"],有何不消灭者哉?[**事后来看,这宣言证明是吹得难以置信的吹牛!**]

当今汉道陵迟,纲弛网绝,操以精兵七百,围守宫阙,外称陪卫,内以拘质,惧篡逆之祸,因斯而作。乃忠臣肝脑涂地之秋,烈士立功之会也。[**他声称的正义战争,为了正当的理由,本着端正的意图。**]可不勖[xù,勉励]哉!

[**官渡决战的进行;他的敌人以辉煌的战略战术胜出:**]

乃先遣颜良攻曹操别将刘延于白马[在今河南安阳市滑县境内],绍自引兵至黎阳[在今河南鹤壁市浚县东,黄河北岸]。[**他那边被疏离或被抛弃的真正战略家透彻地懂得,在即将到来的决战中,压倒性的兵力数量优势一钱不值:**]沮授临行,会其宗族,散资财以与之。曰:"势存则威无不加,势亡则不保一身。哀哉!"其弟宗曰:"曹操士马不敌,君何惧焉?"授曰:"以曹兖州之明略,又挟天子以为资,我虽克伯珪[公孙瓒字],众实疲敝,而主骄将忕,军之破败,在此举矣。扬雄有言:'六国蚩蚩,为嬴弱姬。'[《法言》之文。嬴,秦姓。姬,周姓。《方言》:"蚩,悖也。"六国悖惑,侵弱周室,终为秦所并。]今之谓乎!"曹操遂救刘延,击颜良,斩之。[**他输了首场战斗,肯定令他吃惊。他接着投入更多,或全部:**]绍乃度(渡)河,壁延津[在今河南新乡市延津县境内,古黄河渡口]南。沮授临船叹曰:"上盈其志[野心勃勃],下务其功[贪功求利],悠悠黄河,吾其济乎!"遂以疾退,绍不许而意恨之,复省其所部,并属郭图。

绍使刘备、文丑挑战,曹操又击破之,斩文丑。[**他再输掉一场战斗。他的大军开始意气消沉:**]再战而禽(擒)二将,绍军中大震。操还屯官度(渡)[在今河南郑州市中牟县东北],绍进保阳武[在今河南新乡市原阳县东南]。沮授又说绍曰[**他的真正的战略家愤懑,沮丧,但仍徒劳地全力劝诫**]:"北兵虽众,而劲果不及南军;南军谷少,而资储不如此。南幸于急战,北利在缓师。宜徐持久,旷以日月。"绍不从。[**为何他拒绝常识性逻辑?! 卑蠢的激情战胜:**]连营稍前,渐逼官度(渡),遂合战。[**第三场战斗复杂和经久得多,最后由曹操凭杰出的"间接路线"打击赢得:**]操军不利,复还坚壁。绍为高橹[楼橹,用以侦察、防御或攻城的高台],起土山,射营中,营中皆蒙楯而行。操乃发石车击绍楼,皆破,军中呼曰:"霹雳车"。绍为地道欲袭操,操辄于内为长堑以拒之。[**一场华夏围攻战,使用多种围攻战器械和技术。还有**

曹操一方的战术出敌不意：]又遣奇兵袭绍运车，大破之，尽焚其谷食。

相持百余日，河南人［曹操军］疲困，多畔（叛）应绍。绍遣淳于琼等将兵万余人北迎粮运［现在，它成了克劳塞维茨式"重力中心"！］。沮授说绍可遣蒋奇别为支军于表［以支军为琼等表援，守护其侧翼］，以绝曹操之钞［包抄袭击］。绍不从。许攸进曰："曹操兵少而悉师拒我，许下余守势必空弱。若分遣轻军，星行掩袭，许拔则操成禽（擒）。如其未溃，可令首尾奔命，破之必也。"绍又不能用。［**他拒绝了一项非常聪明的战略出敌不意和"间接路线"建议！**］会攸家犯法，审配收系（羁）之，攸不得志，遂奔曹操，而说使袭取淳于琼等［**一位"背叛了的"战略家向曹操指出"重力中心"何在。一项决定性的信息和提议！**］。琼等时宿在乌巢［今河南新乡市延津县境内］，去绍军四十里。操自将步骑五千人，夜往攻破琼等，悉斩之。［**决定性的一击！战局急剧变更，没有再被扭转的可能性。**］

初，绍闻操击琼，谓长子谭曰："就操破琼，吾拔其营，彼固无所归矣。"［**他——僵硬的最高统帅——的难得想到的战略出敌不意是个误算。**］乃使高览、张郃等攻操营，不下。二将闻琼等败，遂奔操。于是绍军惊扰，大溃。［**在两项大败的消息冲击下，他的主力骤然崩溃。**］绍与谭等幅巾乘马，与八百骑度（渡）河，至黎阳北岸，入其将军蒋义渠营。至帐下，把其手曰："孤以首领相付矣。"义渠避帐而处之，使宣令焉。众闻绍在，稍复集。余众伪降，曹操尽坑之，前后所杀八万人［**曹操的另一秉性：一个残忍甚或野蛮的大屠夫。这反映了华夏野蛮化。**］。

［**袁绍的被疏离或被抛弃了的真正战略家是个僵硬的道德主义者，持有绝对的个人忠诚心，忠于他的家庭成员，超过忠于他的被决定性地击败了的主公：**］沮授为操军所执，乃大呼曰："授不降也，为所执耳。"操见授谓曰："分野殊异，遂用圮绝［断绝、隔绝］，不图今日乃相得也。"授对曰："冀州失策，自取奔北。授知力俱困，宜其见禽（擒）。"操曰："本初无谋，不相用计。今丧乱过纪［十二年曰纪］，国家未定，方当与君图之。"授曰："叔父、母、弟悬命袁氏，若蒙公灵，速死为福。"操叹曰："孤早相得，天下不足虑也。"遂赦而厚遇焉。授寻谋归袁氏，乃诛之。

［**他命归黄泉；我们的史家对他的主要性情弱点的评价：**］

绍外宽雅有局度，忧喜不形于色，而性矜愎自高，短于从善，故至于败。［**一则分析性评价，特别是关于他的惨败（伴有压倒性兵力数量优势的惨败）的首要原因。他的"宽雅"仅是表面的！**］及军还，（人）或谓田丰曰："君必见重。"丰曰："公貌宽而内忌，不亮［通"谅"］吾忠，而吾数以至言忤之。若胜而喜，必能赦我，战败而怨，内忌将发。若军出有利，当蒙全耳，今既败矣，吾不望生。"绍还，曰："吾不用田丰言，果为所笑。"遂杀之。［**他是个那么狭窄和残忍的家伙！**］……

冀州城邑多畔（叛），绍复击定之。自军败后发病，七年［202年］夏，薨。［《魏志》曰："绍自军破后，发病欧血死。"《献帝春秋》曰："绍为人政宽，百姓德之。河北士女莫不伤怨，市巷挥泪，如或丧亲。"（他仍然比他的主要家庭成员们好得多；华夏野蛮化的一小片迹象？）：《典论》曰："袁绍妻刘氏性酷妒，绍死，僵尸未殡，宠妾五人尽杀之，为死者有知，当复见绍于地下，乃髡头墨面，以毁其形。尚又为尽杀死者之家。"］［**一如往常，他的主要幕僚们中间的内斗和派别精神是那么严重，恰如一座微型的丛林；在他自己的"司令部"内，盛行的是一种什么政治文化！**］未及定嗣，逢纪、审配宿以骄侈为谭所病，辛评、郭图皆比于谭而与配、纪有隙。众以谭长，欲立之。配等恐谭立而评等为害，遂矫绍遗命，奉尚为嗣。

### 卷70《郑孔荀列传》［荀彧片断］

…………

［**荀彧对曹操的事业的第三项关键性贡献：为摧毁袁绍而提出诸项被接受了的决定性战略主张或劝诫；在很大意义上，他是官渡大捷的缔造者，而官渡大捷决定性地使得中国北方大致重新统一：**］

袁绍既兼河朔之地，有骄气。而操败于张绣，绍与操书甚倨。操大怒，欲先攻之，而患力不敌，以谋于彧。彧量绍虽强，终为操所制，乃说先取吕布，然后图绍，操从之。三年［198年］，遂擒吕布，定徐州。

五年［200年］，袁绍率大众以攻许，操与相距。绍甲兵甚盛，议者咸怀惶惧。少府孔融谓彧曰："袁绍地广兵强，田丰、许攸智计之士为其谋，审配、逢纪尽忠之臣任其事，颜良、文丑勇冠三军，统其兵，殆难克乎？"彧曰［**他的战略/政治分析甚为透彻，洞察到一个非战略的儒士不能发觉的深层关键**］："绍兵虽多而法不整，田丰刚而犯上，许攸贪而不正，审配专而无谋，逢纪果而自用，颜良、文丑匹夫之勇，可一点而擒也。"后皆如彧所筹，事在《袁绍传》。

操保官度（渡），与绍连战，虽胜而军粮方尽，书与彧议，欲还许以致绍师。彧报曰［**他在两军僵持的关键时刻提倡战略耐力，辅之以具体的战略建议，以便赢得意志较量和奇袭机会，避免心理溃败和全盘皆输**］："今谷食虽少，未若楚汉在荥阳、成皋间也。是时刘、项莫肯先退者，以为先退则势屈也。公以十分居一之众，画地而守之，扼其喉而不得进，已半年矣。情见势竭，必将有变，此用奇之时，不可失也。"操从之，乃坚壁持之。遂以奇兵破绍，绍退走。封彧万岁亭侯，邑一千户。

六年［201年］，操以绍新破，未能为患，但欲留兵卫之，自欲南征刘表，以计问彧。彧对曰［**他懂得巩固大胜和避免意外逆转的战略必要；明白战略集中原则，追求一场决定性战役的相对全胜**］："绍既新败，众惧人扰，今不因而定之，而欲远兵江汉,若绍收离纠散,乘虚以出,则公之事去矣。"操乃止。

[他再度主张一场大胜后暂时休止,以防继之以衰势的克劳塞维茨式"胜利顶点"(过早)到来:]

九年[204年],操拔邺[在今河北临漳县漳河岸畔],自领冀州牧。有说操宜复置九州者,以为冀部所统既广,则天下易服。操将从之。或言曰:"今若依古制,是为冀州所统,悉有河东、冯翊、扶风、西河、幽、并之地也。公前屠邺城,海内震骇[**他的主公的决定性战斗往往有如大屠戮**],各惧不得保其土宇,守其兵众。今若一处被侵,必谓以次见夺,人心易动,若一旦生变,天下未可图也。愿公先定河北,然后修复旧京,南临楚郢,责王贡之不入。天下咸知公意,则人人自安。须海内大定,乃议古制,此主稷长久之利也。"操报曰:"微足下之相难,所失多矣!"遂寝九州议。

[**曹操成为整个北方中国统治者后,(不慕个人虚荣地)充分承认他对这重新统一的决定性贡献:**]

十二年[207年,"曹操自为丞相"前一年],操上书表或曰:

昔袁绍作逆,连兵官度(渡),时众寡粮单,图欲还许。尚书令荀彧深建宜住之便,远恢进讨之略,起发臣心,革易愚虑,坚营固守,徼(邀)其军实,遂摧扑大寇,济危以安。绍既破败,臣粮亦尽,将舍河北之规,改就荆南之策。或复备陈得失,用移臣议,故得反(返)旆[军门前大旗]冀土,克平四州。向使臣退军官度(渡),绍必鼓行而前,敌人怀利以自百,臣众怯沮以丧气,有必败之形,无一捷之势。复苦南征刘表,委弃兖、豫,饥军深入,逾越江、沔,利既难要,将失本据。而或建二策,以亡为存,以祸为福,谋殊功异,臣所不及。[**曹操在其最佳时刻。一位气度恢宏的最高统帅,有多少像是刘邦那样的恢宏的自我批评态度!**]是故先帝贵指纵之功,薄搏获之赏[高祖既杀项羽,论功行封,以萧何为最,功臣多不服。高祖曰:"诸君知猎乎?夫猎追杀兽者,狗也,而发纵指示兽者,人也。诸君徒能追得兽耳,功狗也。至如萧何,发指示,功人也。"];古人尚帷幄之规,下攻拔之力。原其绩效,足享高爵。[**与所有其余相比,在决策方面的初始决定性战略贡献是最大的战略贡献!**]而海内未喻其状,所受不侔[相等]其功,臣诚惜之,乞重平议,增畴户邑。

或深辞让。操譬之曰:"昔介子推有言:'窃人之财,犹谓之盗。'况君奇谟拔出,兴亡所系,可专有之邪?虽慕鲁连冲高之迹[《史记》曰,赵欲尊秦为帝,鲁连止之,平原君乃欲封鲁连。连笑曰:"所贵于天下之士,为人排患释难解纷而无取也。即有取者,是商贾之士也,而连不忍为也。"],将为圣人达节之义乎![《左传》曰:"圣达节,次守节。"]"于是增封千户,并前二千户。又欲授以正司,或使荀攸深自陈让,至于十数,乃止。[**他**

保持谦逊,既为伦理良心,亦为政治权宜。]操将伐刘表,问彧所策。彧曰:"今华夏以(已)平,荆、汉知亡矣,可声出宛[即今河南南阳]、叶[即今叶县,在河南中部偏西南]而间行轻进,以掩其不意。"操从之。会表病死。[然后,曹操在其统一进程中被历史性的赤壁之战(公元 208 年)急剧中止,三国鼎立结构开始形成,甚至在蜀汉建立和巩固以前。他,未曾从行此战的"参谋总长",不久便将去世,由此结束他的辉煌的战略成就时期而无复杂"玷污",那是假如他仍然长时间活着的话就可能会有的。]

[他在突然地坚决反对曹操的正式篡夺后不久自杀身亡,其动机我们已经在他的传记开头借王夫之的洞察讨论过:]

十七年[212 年],董昭等欲共进操爵国公,九锡备物,密以访彧。彧曰:"曹公本兴义兵,以匡振汉朝,虽勋庸崇著,犹秉忠贞之节。君子爱人以德,不宜如此。"事遂寝。操心不能平。[头一回,他的主公开始讨厌他。因为,他的篡夺是个"自然"逻辑,而且现在对他最重要!]会南征孙权,表请彧劳军于谯,因表留彧曰:"……臣今当济江,奉辞伐罪,宜有大使肃将王命。文武并用,自古有之。使持节侍中守尚书令万岁亭侯彧,国之重臣,德洽华夏,既停军所次,便宜与臣俱进,宣示国命,威怀丑虏。……"书奏,帝从之,遂以彧为侍中、光禄大夫,持节,参丞相军事。[为何这位马基雅维里主义者要以这么曲折的途径去结果他?而且还有:]至濡须,彧病留寿春,操馈之食,发视,乃空器也,于是饮药而卒。时年五十。① ……明年[213 年],操遂称魏公云。

## "弃兄弟而不亲":袁氏残余内斗与曹操各个击灭

### 卷 74 下《袁绍刘表列传下》摘录

[袁绍的三个军阀儿子从事彼此间激烈的家庭内斗和冲突,旋被曹操一个接

---

① 《献帝春秋》曰:董承[献帝贵人之父,车骑将军,欲谋杀曹操,事泄被诛]之诛,伏后与父完书,言司空杀董承,帝方为报怨。完得书以示彧,彧恶之,隐而不言。[如果这个故事属实,那么他对他的主公的忠诚首次表现出有问题。]完以示其妻弟樊普,普封以呈太祖,太祖阴为之备。彧恐事觉,欲自发之,因求使至邺,劝太祖以女配帝。[如果此事是真的,那么他声称的对君主的儒家忠诚心也有疑问。]太祖曰:"今朝廷有伏后,吾女何得配上?"彧曰:"伏后无子,性凶邪,往尝与父书,言词丑恶,可因此废也。"太祖曰:"卿昔何不道之?"彧阳(佯)惊曰:"昔已尝为公言也。"太祖曰:"此岂小事,而吾忘之!"太祖以此恨彧[如果也真,他对他的厌恶就来得更早,早于他的正式篡夺遭到他反对],而外含容之。至董昭建魏公议,彧意不同,欲言之于太祖,乃赍玺书犒军,饮飨礼毕,彧请间,太祖知彧欲言,揖而遣之,遂不得。留之,卒于寿春。

一个地摧毁(一):袁氏兄弟之间不共戴天的家庭内斗和冲突,那被他们的共同死敌充分利用:]

[家庭内战由袁谭发起,由他和袁尚激情无比地进行:]

谭自称车骑将军,出军黎阳[在今河南鹤壁市浚县东,黄河北岸]。尚少与其兵,而使逢纪随之。谭求益兵,审配等又议不与。谭怒,杀逢纪。[一类"分而治之",他们自己分裂竞斗,继而被他们的共同死敌完全消灭。]

曹操度(渡)河攻谭,谭告急于尚,尚乃留审配守邺,自将助谭,与操相拒于黎阳。自九月至明年[203年]二月,大战城下,谭、尚败退。操将围之,乃夜遁还邺。操军进,尚逆击破操,操军还许。谭谓尚曰:"我铠甲不精,故前为曹操所败。今操军退,人怀归志,及其未济,出兵掩之,可令大溃,此策不可失也。"尚疑而不许,既不益兵,又不易甲。谭大怒,郭图、辛评因此谓谭曰:"使先公出将军为兄后者,皆是审配之所构也。"谭然之。[愤恨不已,他毫不犹豫地发动家庭内战:]遂引兵攻尚,战于外门。谭败,乃引兵还南皮[今河北东部南皮县境内]。

别驾王脩率吏人自青州往救谭,谭还欲更攻尚[败在他弟弟手下只是令他更加愤恨],问脩曰:"计将安出?"脩曰:"兄弟者,左右手也。譬人将斗而断其右手,曰'我必胜若[汝]',如是者可乎?夫弃兄弟而不亲,天下其谁亲之?若属[倘若]有谗人交斗其间,以求一朝之利,愿塞耳勿听也。若斩佞臣数人,复相亲睦,以御四方,可横行于天下。"谭不从[激情!不为理性所动]。尚复自将攻谭,谭战大败,婴城固守[《汉书》劓通曰:"必将婴城固守。"《音义》曰:"婴谓以城自绕也。"]。尚围之急,谭奔平原,而遣颍川辛毗诣曹操请救。[他只是个相对敌人,而他的弟弟被认作绝对敌人!]……

[屡遭战败后,袁谭勾结(或投降)曹操,以便继续家庭内战;他对弟弟的激烈仇恨无法缓解:]曹操遂还救谭[摧毁者现在成了"制衡者",以便维持袁氏家庭内战,以求最终摧毁他们全体],十月至黎阳。尚闻操度(渡)河,乃释平原还邺。尚将吕旷、高翔畔(叛)归曹氏,谭复阴刻将军印,以假[授予]旷、翔。操知谭诈,乃以子整[《魏志》曰,整建安二十二年(217年)封郿侯,二十三亡薨,无子]娉谭女以安之,而引军还。

九年[204年]三月,尚使审配守邺,复攻谭于平原。……

[袁绍的三个军阀儿子从事彼此间激烈的家庭内斗和冲突,旋被曹操一个接一个地摧毁(二):摧毁袁尚的首要基地,经过一场殊死的围城战:]

[殊死的围城战,曹操以优秀的战术非常残酷地操作之:]曹操因此进攻邺,审配将冯礼为内应,开突门内(纳)操兵三百余人。配觉之,从城上以大石击门,门

闭,入者皆死。操乃凿堑围城,周回四十里,初令浅,示若可越[**战术欺骗**]。配望见,笑而不出争利。操一夜浚之,广深二丈,引漳水以灌之[**杰出和严酷的出敌不意**]。自五月至八月,城中饿死者过半[**围城战的传统的直接目的:守者大饥馑大死亡**]。[**袁尚解围的拼死努力完全失败:**]尚闻鄴急,将军万余人还救城,操逆击破之。尚走依曲漳为营,操复围之,未合,尚惧,遣阴夔[kuí]、陈琳求降,不听。尚还走蓝口,操复进,急围之。尚将马延等临阵降,众大溃,尚奔中山。尽收其辎重,得尚印绶节钺及衣物,以示城中,城中崩沮。[**摧毁袁尚的首要基地以及他的最大资产即"战略头脑":**]审配令士卒曰:"坚守死战,操军疲矣。幽州[幽州刺史袁熙],方至,何忧无主!"操出行围,配伏弩射之,几中。以其兄子荣为东门校尉,荣夜开门内(纳)操兵,配拒战城中,生获配。操谓配曰:"吾近行围,弩何多也?"配曰:"犹恨其少。"操曰:"卿忠于袁氏,亦自不得不尔。"意欲活之。配意气壮烈,终无和桡辞,见者莫不叹息,遂斩之。全尚母妻子,还其财宝。高干以并州降,复为刺史。

[**袁绍死后,他的三个军阀儿子从事彼此间激烈的家庭内斗和冲突,旋被曹操一个接一个地摧毁(三):摧毁与袁尚相比较弱和无常易变的袁谭,一项容易得多的事业:**]

曹操之围鄴也,谭复背之,因略取甘陵、安平、勃海、河间,攻尚于中山。尚败,走故安从熙,而谭悉收其众,还屯龙凑。

十二月,曹操讨谭,军其门。谭夜遁走南皮[在今河北东南部南皮县],临清河而屯。明年[205年]正月,急攻之。谭欲出战,军未合而破。谭被发驱驰,追者意非恒人,趋奔之。谭坠马,顾曰:"咄,儿过我,我能富贵汝。"言未绝口,头已断地。[**他,一个脾气最坏且无任何忠诚感的家伙,遭遇最烈的暴死!**]于是斩郭图等,戮其妻子[**曹操野蛮处置他的主要参谋,与对袁尚的那么不同。他必定极端鄙视袁谭!**]。

[**袁绍的三个军阀儿子从事彼此间激烈的家庭内斗和冲突,旋被曹操一个接一个地摧毁(四):扫荡其余,彻底消灭袁绍残余:**]

熙、尚为其将焦触、张南所攻,奔辽西乌桓[**这些被击败了的华夏显贵的没落命运**]。触自号幽州刺史,驱率诸郡太守令长背袁向曹,陈兵数万。杀白马盟,令曰:"违者斩!"众莫敢仰视,各以次歃。……

高干复叛,执上党太守,举兵守壶口关[在山西长治县东南]。十一年[206年],曹操自征干,干乃留其将守城,自诣匈奴求救,不得,独与数骑亡,欲南奔荆州。上洛都尉捕斩之[**这些被击败了的华夏显贵的悲惨命运**]。

十二年[207年],曹操征辽西,击乌桓。尚、熙与乌桓逆操军,战败走,乃与亲兵数千人奔公孙康[**事实上独立的最东北端边疆军阀**]于辽东。[**两个机会主义者之间两项相反的袭杀阴谋，毫无道德残留；一座最脏的丛林。**]尚有勇力，先与熙谋曰："今到辽东，康必见我，我独为兄手击之，且据其郡，犹可以自广也。"康亦心规取尚以为功，乃先置精勇于厩中，然后请尚、熙。熙疑不欲进，尚强之，遂与俱入。未及坐，康叱伏兵禽（擒）下，坐于冻地。尚谓康曰："未死之间，寒不可忍，可相与席。"康曰："卿头颅方行万里，何席之为！"遂斩首送之。……

### 卷 90《乌桓鲜卑列传》摘录

乌桓：

[**帝国垂死和崩溃时代的形势："灵、献之间，二虏迭盛"，虽然其中乌桓与鲜卑相比弱得多；积极介入华夏内战令乌桓彻底倒霉：**]

灵帝初，乌桓大人上谷有难楼者，众九千余落，辽西有丘力居者，众五千余落，皆自称王；又辽东苏仆延，众千余落，自称峭王；右北平乌延，众八百余落，自称汗鲁王；并勇健而多计策。[**他们从未将自己组织成一个单一的部落大联盟，尽管有他们各自的尚武素质……除了以下一段短时间：**]中平四年[187 年]，前中山太守张纯畔（叛），入丘力居众中，自号弥天安定王，遂为诸郡乌桓元帅，寇掠青、徐、幽、冀四州。五年[188 年]，以刘虞为幽州牧，虞购募斩纯首[189 年]，北州乃定。

献帝初平[190—193 年]中，[**适逢帝国崩解这有利时候，他们有了一位"战略领袖"，追随者是先前分散支离的乌桓族人的颇大一部分：**]丘力居死，子楼班年少，从子蹋顿有武略，代立，总摄三部，众皆从其号令。[**他的战略是积极介入华夏内战（事后证明这"战略机遇"判断致命地错了）：**]建安初[建安元年为 196 年]，冀州牧袁绍与前将军公孙瓒相持不决，蹋顿遣使诣绍求和亲，遂遣兵助击瓒，破之。绍矫制赐蹋顿、难楼、苏仆延、乌延等，皆以单于印绶。后难楼、苏仆延率其部众奉楼班为单于，蹋顿为王，然蹋顿犹秉计策。……[**介入华夏内战最终使他和他的族人成为更具战略性的曹操的头号敌人：**]及绍子尚败，奔蹋顿。时，幽、冀吏人奔乌桓者十万余户，尚欲凭其兵力，复图中国。……[**曹操的大规模征伐和大规模屠戮，继之以（强迫）迁徙，从而令乌桓不再是一个活跃和独立的族裔：**]建安十二年[207 年]，曹操自征乌桓，大破蹋顿于柳城[在今辽宁朝阳县十二台乡袁台子村]，斩之，首虏二十余万人。袁尚与楼班、乌延等皆走辽东，辽东太守公孙康并斩送之。其余众万余落，悉徙居中国云。

# 《后汉书》尾声:碎片化和野蛮化的稍许缓解

## 华夏三分;"天厌汉德久矣"

### 卷 9《献帝纪》摘录

…………

（建安）五年［200 年］春正月,车骑将军董承、偏将军王服、越骑校尉种辑受密诏诛曹操,事泄。壬午,曹操杀董承等,夷三族。［**他轻而易举地粉碎了一项反对他篡夺的政变密谋。**］……

曹操与袁绍战于官度（渡）,绍败走。［**对他统一华夏北方而言决定性甚而历史性的战役胜利**］……

是岁,孙策死,弟权袭其余业。［**华夏南方和东南方的政治走势将与北方的大体一样。**］

［官渡战役和击灭袁氏残余之后,北方变得显著地较为稳定,远比灵帝在公元 187 年死去往后 15 年里稳定:］

七年［202 年］夏五月庚戌,袁绍薨。……

九年［204 年］秋八月戊寅,曹操大破袁尚,平冀州,自领冀州牧。……

十年［205 年］春正月,曹操破袁谭于青州［《魏书》曰:"操攻谭不克,乃自执枹鼓,应时破之。"他的英雄般最高统帅形象］,斩之。……

十二年［207 年］秋八月,曹操大破乌桓于柳城,斩其蹋顿。［**他也是华夏北方/东北方边疆的大稳定者**］……

十一月,辽东太守公孙康杀袁尚、袁熙。

十三年［208 年］……

夏六月,罢三公官,置丞相、御史大夫。癸巳,曹操自为丞相。

秋七月,曹操南征刘表。［他,现在华夏北方的动摇不了的统治者,渴望南向征服和统一华夏。］

八月……

是月,刘表卒,少子琮立,琮以荆州降操。

［曹操在其统一进程中被历史性的赤壁之战急剧制止,三国分立结构开始浮现,甚至在蜀汉建立和巩固以前:］

冬十月……

曹操以舟师伐孙权,权将周瑜败之于乌林、赤壁。……

十六年［211 年］秋九月庚戌,曹操与韩遂、马超战于渭南,遂等大败,关西平。［他能够在华夏北方和西方做许多事情,但无法在南方取得任何重大成就。］……

十七年［212 年］……

八月,马超破凉州,杀刺史韦康。……

十八年［213 年］……

夏五月丙申,曹操自立为魏公,加九锡。［他看来在篡夺方面不那么谨慎了,或许也不再那么渴望统一中国。］

大雨水。……

十九年［214 年］夏四月,旱。

五月,雨水。

刘备破刘璋,据益州。［第三位最强有力的地区性军阀浮现,经过多年的艰苦奋斗、精明权宜和韬光养晦。三国基本结构从而事实上确立。］……

十一月丁卯,曹操杀皇后伏氏,灭其族及二皇子。［篡夺已肆无忌惮,仅仅还未正式改变王朝名称。］

二十年［215 年］春正月甲子,立贵人曹氏为皇后。……

秋七月,曹操破汉中,张鲁降。［他在华夏北方和西方犹如势不可挡、碾碎一切的巨型战车,但无法在其余地区做任何意义重大的事情。］

二十一年［216 年］夏四月甲午,曹操自进号魏王。［（在北方华夏的）王朝变更只是个名称和时间问题。］……

二十二年［217 年］……

是岁大疫。……

二十四年［219 年］……

夏五月,刘备取汉中。

秋七月庚子,刘备自称汉中王。［三国结构正式确立。］

八月,汉水溢。

冬十一月,孙权取荆州。[两个南方区域性王国间的地缘战略竞争加剧为仇恨,非常便利北方区域性王国的最终决定性优势和因而的华夏(暂时)重新统一。]

二十五年[220年]春正月庚子,魏王曹操薨。子丕袭位。

[东汉帝国最终的完全灭绝,既在事实上也在名义上:]……

冬十月乙卯,皇帝逊位,魏王丕称天子。奉帝为山阳公,邑一万户,位在诸侯王上……四皇子封王者,皆降为列侯。

明年[221年],刘备称帝于蜀,孙权亦自王于吴,于是天下遂三分矣。[三国时代最终取代东汉,即在事实上也在名义上。]

魏青龙二年[222年]三月庚寅,山阳公薨。自逊位至薨,十有四年,年五十四,谥孝献皇帝。……

论曰:……天厌汉德久矣[关于和帝(88—105在位)往后东汉王朝逐渐衰落、继而垂死和灭亡的最简洁断语,那是一个延续了一个多世纪之久的过程],山阳其何诛[责也]焉!

## 卷10下《皇后纪下》[伏贵人/伏皇后、曹贵人/曹皇后]

**伏贵人、伏皇后:**

[尽管有她全部的大贵族家庭背景和显贵的皇后地位,她依然简直一钱不值,因为她的皇夫是个完全的、几十年长的傀儡。他俩经历和见证了东汉王朝的绝灭,对此他们全无责任。]

[她的个人命运比她的丈夫糟得多,在曹操手里连同她的母家横遭暴死。]

献帝伏皇后讳寿,琅邪东武人,大司徒湛之八世孙也。父完,沉深有大度,袭爵不其侯,尚[娶]桓帝女阳安公主,为侍中。

初平元年[190年],从大驾西迁长安,后时入掖庭为贵人。兴平二年[195年],立为皇后[其时他的丈夫被董卓生前部属李榷绑架],完迁执金吾。[在其危险的流亡途中新婚皇家的大苦难,到头来只是变成了另一个军阀的傀儡:]帝寻而东归,李傕、郭汜[sì]等追败乘舆于曹阳,帝乃潜夜度(渡)河走,六宫皆步行出营。后手持缣数匹,董承使符节令孙徽以刃胁夺之,杀傍侍者,血溅后衣。既至安邑,御服穿敝,唯以枣栗为粮。建安元年[196年],拜完辅国将军,仪比三司。完以政在曹操,自嫌尊戚,乃上印绶,拜中散大夫,寻迁屯骑校尉。十四年卒……

[皇帝夫妇最后在冷酷无情的曹操那里落定,完全受其支配:]自帝都许,守位而

已,宿卫兵侍,莫非曹氏党旧姻戚。议郎赵彦尝为帝陈言时策,曹操恶而杀之。其余内外,多见诛戮。操后以事入见殿中,帝不任其愤,因曰:"君若能相辅,则厚[高德厚恩];不尔,幸垂恩相舍[施恩舍弃]。"[**这傀儡在残忍的主子面前偶尔非常愤懑,怒形于言,形于色!**]操失色,俯仰求出。旧仪,三公领兵朝见,令虎贲执刀挟之。操出,顾左右,汗流浃背,自后不敢复朝请。[**一次"皇上"报复,虽然实质上全然无用。**]董承女为贵人,操诛承而求贵人杀之[意即要求献帝同意杀董贵人]。帝以贵人有妊,累为请,不能得。[**如同皇妾,皇后连同其母家在曹操手里遭遇暴死,因为她 14 年前曾经意欲政变推倒主子:**]后自是怀惧,乃与父完书,言曹操残逼之状,令密图之。完不敢发,至十九年[214 年],事乃露泄。操追大怒,遂逼帝废后,假为策曰:"……今使御史大夫郗虑持节策诏,其上皇后玺绶,退避中宫,迁于它馆。……"又以尚书令华歆为郗虑副,勒兵入宫收后。闭户藏壁中,歆就牵后出。时帝在外殿,引虑[传讯囚犯,录其罪状及决狱情况]于坐。后被发徒跣行泣过诀曰:"不能复相活邪?"帝曰:"我亦不知命在何时!"顾谓虑曰:"郗公,天下宁有是邪?"[**甚至在拯救皇后以及皇子方面他也完全无助;他悲愤!**]遂将后下暴室,以幽崩。所生二皇子,皆鸩杀之。后在位二十年,兄弟及宗族死者百余人,母盈等十九人徙涿郡。[**曹操野蛮凶残!**]

**曹贵人、曹皇后(曹节):**

[被处决的异家人伏皇后的替代,替代目的在于强化已经完全的对傀儡皇帝的控制。然而如下所述,令人惊奇的是嫁给傀儡使她可谓背叛了她的父亲曹操,更不用说她的兄长曹丕。一位在积极意义上的标准儒女?]

献穆曹皇后讳节,魏公曹操之中女也。建安十八年[213 年],操进三女宪、节、华为夫人[**为何? 社会虚荣心或政治神经质? 大概主要是前者**],聘以束帛玄纁五万匹,小者待年于国。十九年,并拜为贵人。及伏皇后被弑,明年[215 年],立节为皇后。魏受禅,遣使求玺绶,后怒不与。如此数辈,后乃呼使者人,亲数让[责难]之,以玺抵轩下,因涕泣横流曰:"天不祚尔!"[**一位虚弱无力的非政治性儒女,首先忠于她的丈夫,因而她的精神力在此彰显**],左右皆莫能仰视。后在位七年。魏氏既立,以后为山阳公夫人。自后四十一年,魏景元元年[260 年]薨,合葬禅陵,车服礼仪皆依汉制。……

## "狐疑不断,观望虚实":荆州刘表家族的厄运

**卷 74 下《袁绍刘表列传下》**[刘表]

**刘表:**

[一位大贵族的有才智的后代,变成一名颇为能干的地区行政长官和军阀,以他本人建设的、经济和军事资源皆富饶的一个地区为基地。它相对远离全国大乱和内战的中心舞台,使他在独立之中较为安全,同时又相距足够近,令这种状态说到底微妙脆弱。作为一只"坐鸭",他既无宏远的志愿,亦无积极的战略,而且还缺乏在他自己家内维持一种良好秩序的能力。这些弱点大有助于曹操在他死后不久对他的地区作一场征服,一场不流血的快速征服。]

[杰出的史家陈寿指出,他与袁绍有某些致命的相似处:他们"皆外宽内忌,好谋无决,有才而不能用,闻善而不能纳,废嫡立庶,舍礼崇爱,至于后嗣颠蹶,社稷倾覆"。]

**[大贵族后裔,有才智,一度还是正直的"党人":]**
刘表字景升,山阳高平[今山东南部微山县]人,鲁恭王[西汉景帝子刘余]之后也。身长八尺余,姿貌温伟。与同郡张俭等俱被讪议,号为"八顾",诏书捕案党人,表亡走得免。党禁解,辟大将军何进掾。

[他据有荆州,部分地缘于运气,部分地靠自己努力;在全国大乱中,他几乎突然成为一名强有力的地区性军阀,以一个富庶和相对安全的地区为基地:]
初平元年[190年],长沙太守孙坚杀荆州刺史王叡[ruì],诏书以表为荆州刺史。[他的运气!]时,江南宗贼[以同族人为主而结伙的盗贼]大盛,又袁术阻兵屯鲁阳[在今河南省平顶山市中西部鲁山县],表不能得至,乃单马入宜城[在今湖北西北部汉江中游宜城市],请南郡人蒯越、襄阳人蔡瑁与共谋画。表谓越曰:"宗贼虽盛而众不附,若袁术因之,祸必至矣。吾欲征兵,恐不能集,其策焉出?"[他的有效努力首先倚赖他得到的一项颇为明智的战略/政治建议,特别是关于如何地从一无所有之中创建一支他自己的武装力量的:]对曰:"理平者先仁义,理乱者先权谋。兵不在多,贵乎得人。袁术骄而无谋,宗贼率多贪暴。越有所素养者,使人示之以利,必持众来。使君诛其无道,施其才用,威德既行,襁负而至矣。兵集众附,南据江陵,北守襄阳,荆州八郡可传檄而定。公路[袁术字]虽至,无能为也。"表曰:"善。"乃使越遣人诱宗贼帅,至者十五人,皆斩之而袭取其众。唯江夏贼张虎、陈坐拥兵据襄阳城,表使越与庞季往譬之,乃降。江南悉平。[有如奇迹!控制这些"盗贼"何等容易。]诸守令闻表威名,多解印绶去。表遂理兵襄阳,以观时变。

袁术与其从兄绍有隙,而绍与表相结,故术共孙坚合从袭表。表败,坚遂围襄阳。会表将黄祖救至,坚为流箭所中死,余众退走。[他通过了一场重大的武力考验。继而,他采取一项机会主义行动,从一头"中央"野兽那里取得他壮大的"被更新的合法性":]及李榷等入长安,冬,表遣使奉贡。榷以表为镇南将军、荆州牧,封成武侯,假节,以为己援。

[**他有效地甚或极佳地建设他的军阀领地,依凭旨在"自保"的、其大致的全面性给人深刻印象的种种措施:**]

建安元年[196年],骠骑将军张济自关中走南阳,因攻穰城[在今河南西南部邓州市],中飞矢而死。荆州官属皆贺。表曰:"济以穷来,主人无礼,至于交锋,此非牧意,牧受吊不受贺也。"使人纳其众,众闻之喜,遂皆服从。三年[198],长沙太守张羡率零陵、桂阳三郡畔(叛)表,表遣兵攻围,破羡,平之。于是开土遂广,南接五领(岭),北据汉川,地方数千里,带甲十余万。初,荆州人情好扰,加四方骇震,寇贼相扇,处处麋沸。表招诱有方,威怀兼洽,其奸猾宿贼更为效用,万里肃清,大小咸悦而服之。关西、兖、豫学士归者盖有千数,表安尉(慰)赈赡,皆得资全。遂起立学校,博求儒术,綦母闿、宋忠等撰立《五经》章句,谓之《后定》。爱民养士,从容自保。

[**他在全国内战中的"坐鸭"方针,受其幕僚批评,但他"狐疑不断"而未更改:**]

及曹操与袁绍相持于官度(渡),绍遣人求助,表许之,不至,亦不援曹操,且欲观天下之变。从事中郎南阳韩嵩、别驾刘先说表曰:"今豪桀并争,两雄相持,天下之重在于将军。若欲有为,起乘其敝可也;如其不然,固将择所宜从。岂可拥甲十万,坐观成败,求援而不能助,见贤而不肯归!此两怨必集于将军,恐不得中立矣。曹操善用兵,且贤俊多归之,其势必举袁绍,然后移兵以向江汉,恐将军不能御也。今之胜计,莫若举荆州以附曹操,操必重德将军,长享福祚,垂之后嗣,此万全之策也。"蒯越亦劝之。表狐疑不断,乃遣嵩诣操,观望虚实。谓嵩曰:"今天下未知所定,而曹操拥天子都许,君为我观其衅。"嵩对曰:"嵩观曹公之明,必得志于天下。将军若欲归之,使嵩可也;如其犹豫,嵩至京师,天子假嵩一职,不获辞命,则成天子之臣,将军之故吏耳。在君为君,不复为将军死也。惟加重思。"[**他的幕僚像他一样机会主义,但看来对总的局势有比他更明智的判断,而且更懂得哪里有更好的机会。**]表以为惮使,强之。至许,果拜嵩侍中、零陵太守。及还,盛称朝廷曹操之德,劝遣子入侍。表大怒,以为怀贰,陈兵诟[骂也]嵩,将斩之。嵩不为动容,徐陈临行之言。表妻蔡氏知嵩贤,谏止之。表犹怒,乃考杀从行者。知无他意,但囚嵩而已。

六年[201年,官渡之战以后一年],刘备自袁绍奔荆州,表厚相待结而不能用也。十三年[208年],曹操自将征表[**曹操,现在是北方中国的无可动摇的统治者,渴望**

南向征服和统一华夏]，未至。八月，表疽发背卒。在荆州几二十年，家无余积。
[无论如何，他有他的高尚的一面！]

[他，执迷于对他的后妻的爱，令家庭内斗不可避免，因而种下了他的领地在他死后迅速灭亡的种子，而这灭亡是个来得太快的事件，以致两个月后的赤壁之战无法扭转之：]

二子：琦、琮。表初以琦貌类于己，甚爱之，后为琮娶其后妻蔡氏之侄[侄女]，[一个女人的颠覆性努力，与她的耐力匹配：]蔡氏遂爱琮而恶琦，毁誉之言日闻于表。表宠耽后妻，每信受焉。[还有她的"私家集团"的：]又妻弟蔡瑁及外甥张允并得幸于表，又睦于琮。而琦不自宁，尝与琅邪人诸葛亮谋自安之术。亮初不对。后乃共升高楼，因令去梯，谓亮曰："今日上不至天，下不至地，言出子口而入吾耳，可以言未？"亮曰："君不见申生在内而危，重耳居外而安乎？[申生，晋献公之太子。为骊姬所潛，自缢死。重耳，申生之弟。惧骊姬之谗，出奔。献公卒，重耳入，是为文公，遂为霸主。见《左氏传》]"琦意感悟，阴规出计。会表将江夏太守黄祖为孙权所杀，琦遂求代其任。

[颠覆者事无不为，不留任何风险：]及表病甚，琦归省疾，素慈孝，允等恐其见表而父子相感，更有托后之意，乃谓琦曰："将军命君抚临江夏，其任至重。今释众擅来，必见谴怒。伤亲之欢，重增其疾，非孝敬之道也。"遂遏于户外，使不得见。琦流涕而去，人众闻而伤焉。遂以琮为嗣。[颠覆成功，立即继之以出让荆州给曹操：]琮以侯印授琦。琦怒，投之地，将因奔丧作难。会曹操军至新野，琦走江南。蒯越、韩嵩及东曹掾傅巽等说琮归降。琮曰："今与诸君据全楚之地，守先君之业，以观天下，何为不可？"巽曰："逆顺有大体，强弱有定势。以人臣而拒人主，逆道也；以新造之楚而御中国，必危也；以刘备而敌曹公，不当也。三者皆短，欲以抗王师之锋，必亡之道也。将军自料何与刘备？"琮曰："不若也。"巽曰："诚以刘备不足御曹公，则虽全楚不能以自存也。诚以刘备足御曹公，则备不为将军下也。愿将军勿疑。"[幕僚们只具短见，且无法预见仅两个月后急剧的扭转潮流事件赤壁之战！]

及操军到襄阳，琮举州请降，刘备奔夏口。操以琮为青州刺史，封列侯。蒯越等侯者十五人。乃释嵩之囚，以其名重，甚加礼待，使条品州人优劣，皆擢而用之。以嵩为大鸿胪，以交友礼待之。蒯越光禄勋，刘先尚书令。初，表之结袁绍也，侍中从事邓义谏不听。义以疾退，终表世不仕，操以为侍中，其余多至大官。[曹操：一位真正的国务家，能够容纳那么多改换门庭的才士！]

操后败于赤壁，刘备表琦为荆州刺史。明年卒。

[我们的史家对两个强有力的军阀袁绍和刘表的抨击恰中要害：]

论曰："袁绍初以豪侠得众，遂怀雄霸之图，天下胜兵举旗者，莫不假以为名。及临场决敌，则悍夫争命；深筹高议，则智士倾心。盛哉乎，其所资也！《韩非》曰：'很刚而不和，愎过而好胜，嫡子轻而庶子重，斯之谓亡征。'[《韩非亡征篇》曰："很刚而不和，愎谏而好胜，不顾社稷而轻为信者，可亡也。"又曰："太子轻，庶子伉，可亡也。"又曰："太子卑而庶子尊，可亡也。"]刘表道不相越，而欲卧收天运，拟踪三分，其犹木偶之于人也[言其如刻木为人，无所知也]。"

## "羊质虎皮，见豺则恐"：益州与汉中的分别归降

**卷 75《刘焉袁术吕布列传》**[刘焉、刘璋、张鲁]

刘焉：

[在作为大贵族后裔和高官而多多享用帝国优惠后，他在全国大乱、内战和碎片化期间使自己成了一名在边远内地的独立的地区性军阀。在这分离主义事业中，派遣张鲁占据资源富饶的战略要地汉中是关键性的。他的领地最终被曹操和刘备瓜分，部分地归因于内斗，在他的孱弱的儿子刘璋与骁勇的张鲁之间。]

[以后历史上的评价对他颇为不利，包括王夫之的特别尖锐的苛评："刘焉妄人也，而偷以自容。"]

[一名大贵族后裔和高官，就帝国治理提出了一项重要的、潜在地分离主义的提议，那被接收和实施，到头来对他本人有利：]

刘焉字君郎，江夏竟陵[在今湖北中南部天门市]人也，鲁恭王[西汉景帝子刘余]后也。肃宗[章帝]时，徙竟陵。焉少任州郡，以宗室拜郎中。去官居阳城山，精学教授。举贤良方正，稍迁南阳太守、宗正、太常。

时，灵帝政化衰缺，四方兵寇，焉以为刺史威轻，既不能禁，且用非其人，辄增暴乱，乃建议改置牧伯，镇安方夏，清选重臣，以居其任。焉乃阴求为交阯，以避时难。[一个自私的家伙，但当时远非野心勃勃。比后来更"偷以自容"。]议未即行，会益州刺史郗俭在政烦扰，谣言远闻，而并州刺史张懿、凉州刺史耿鄙并为寇贼所害，故焉议得用。出焉为监军使者，领益州牧，太仆黄琬为豫州牧，宗正刘虞为幽州牧，皆以本秩居职。州任之重，自此而始。[有他的提议，才有这具有某种历史性意义的、助长后来全国分裂和大乱的体制性变化。]

[他将他负责的边远内地转变成他自己的军阀分离领地,特别是通过派遣张鲁以叛逆行动去攫取战略要地汉中:]

是时,益州贼马相亦自号"黄巾",合聚疲役之民数千人,先杀绵竹令,进攻雒〔洛〕县,杀郗俭,又击蜀郡、犍为,旬月之间,破坏三郡。马相自称"天子",众至十余万人,遣兵破巴郡,杀郡守赵部。州从事贾龙,先领兵数百人在犍为,遂纠合吏人攻相,破之,龙乃遣吏卒迎焉。焉到,以龙为校尉,徙居绵竹。抚纳离叛,务行宽惠,而阴图异计[他确实是个预谋的分离主义者!]。

沛人张鲁,母有姿色,兼挟鬼道,往来焉家,遂任鲁以为督义司马,与别部司马张脩将兵掩杀汉中太守苏固,断绝斜谷,杀使者。[靠严重的叛逆行为发动他的分离主义!]鲁既得汉中,遂复杀张脩而并其众。

[他残酷无情地建立起对他的领地的权威,藐视帝国中央残余:]焉欲立威刑以自尊大,乃托以佗(他)事,杀州中豪强十余人,士民皆怨。初平二年[191年],犍为太守任岐及贾龙并反,攻焉。焉击破,皆杀之。自此意气渐盛,遂造作乘舆车重千余乘。焉四子,范为左中郎将,诞治书御史,璋奉车都尉,并从献帝在长安,唯别部司马瑁随焉在益州。朝廷使璋晓譬焉,焉留璋不复遣。[他在经受重大损失后死去,部分地归因于他的儿子的全国性关切,那是他没有的:]兴平元年[194年],征西将军马腾与范谋诛李榷,焉遣叟[汉世谓蜀为叟]兵五千助之,战败,范及诞并见杀。① 焉既痛二子,又遇天火烧其城府车重,延及民家,馆邑无余,于是徙居成都,遂疽发背卒。

[内斗的发展和升级,在他的孱弱的儿子和继承者刘璋与骁勇的下属张鲁之间,这导致他的领地分裂,并分别被曹操和刘备兼并:]

州大吏赵韪等贪璋温仁,立为刺史。诏书因以璋为监军使者,领益州牧……

张鲁以璋闇[yīn,缄默不语]懦,不复承顺。璋怒,杀鲁母及弟,而遣其将庞羲等攻鲁,数为所破。鲁部曲多在巴土,故以羲为巴郡太守。鲁因袭取之,遂雄于巴汉。

十三年[208年],曹操自将征荆州,璋乃遣使致敬。操加璋振威将军,兄瑁平寇将军。璋因遣别驾从事张松诣操,而操不相接礼。松怀恨而还,劝璋绝曹氏,而结好刘备。璋从之。

十六年[211年],璋闻曹操当遣兵向汉中讨张鲁,内怀恐惧,松复说璋迎刘备以拒操。璋即遣法正将兵迎备。璋主簿巴西黄权谏曰:"刘备有枭名,今以部曲遇

① 《后汉书·献帝纪》载:兴平元年[194年]……三月,韩遂、马腾与郭汜、樊稠战于长平观,遂、腾败绩,左中郎将刘范、前益州刺史种劭战殁。[《前书音义》曰:"长平,阪名也,上有观,在池阳宫南,去长安五十里……"袁宏纪曰:"是时马腾以李催等专乱,以益州刺史刘焉宗室大臣,遣使招引共诛催……"]

之,则不满其心,以宾客待之,则一国不容二主,此非自安之道。"从事广汉王累自倒悬于州门以谏。璋一无所纳。[**刘璋肯定属于一类罕见（或者不那么罕见?）的统治者,他们对统治权力没有多大胃口,特别是在艰难时分。**]

备自江陵驰至涪城,璋率步骑数万与备会。张松劝备于会袭璋,备不忍。明年[212 年],出屯葭萌[县名,治所在今四川盆地北部广元西南]。松兄广汉太守肃惧祸及己,乃以松谋白璋,收松斩之,敕诸关戍勿复通。[**空前艰难时分到来,他迅速投降:**]备大怒,还兵击璋,所在战克。十九年[213 年],进围成都,数十日,城中有精兵三万人,谷支一年,吏民咸欲拒战。璋言:"父子在州二十余岁,无恩德以加百姓,而攻战三载,肌膏草野者,以璋故也。何心能安!"遂开城出降,群下莫不流涕。备迁璋于公安,归其财宝,后以病卒。

明年,曹操破张鲁,定汉中。

[**张鲁的令人印象深刻的故事:一个宗教（道教）"盗贼"集团的首领;一处战略要地的被授予合法性的统治者,权力满满却殆无野心;在压倒性的军事压力面前顺从曹操,得到后者的优厚善待:**]

[**一个道教"盗贼"集团的首领,该集团完美地自我靖安,并使自己的领地和谐化:**]鲁字公旗。初,祖父陵,顺帝时客于蜀,学道鹤鸣山中,造作符书,以惑百姓。受其道者辄出米五斗,故谓之"米贼"。陵传子衡,衡传于鲁,鲁遂自号"师君"。其来学者,初名为"鬼卒",后号"祭酒"。祭酒各领部众,众多者名曰"理头"。皆校以诚信,不听欺妄,有病但令首过[自己承认、交代过失]而已。[《魏志》曰:"大抵与黄巾相似。"]诸祭酒各起义舍于路,同之亭传,县(悬)置米肉以给行旅。食者量腹取足,过多则鬼能病之。犯法者先加三原[免也],然后行刑。不置长吏,以祭酒为理,民夷信向。朝廷不能讨,遂就拜鲁镇夷中郎将,领汉宁太守。通其贡献。[**垂死的帝国容纳这特殊的"盗贼"集团,在千里之外的边远内地!**]

[**作为一处战略要地的统治者,他权力满满却殆无野心:**]韩遂、马超之乱,关西民奔鲁者数万家。时人有地中得玉印者,群下欲尊鲁为汉宁王。鲁功曹阎圃谏曰:"汉川之民,户出十万,四面险固,财富土沃,上匡天子,则为桓、文,次方(仿)窦融[以其控制的凉州地域归附光武帝,授凉州牧,从破隗嚣,封安丰侯,官至大司空]不失富贵。今承制署置,势足斩断。遽称王号,必为祸先。"鲁从之。

[**在压倒性的军事压力面前,他驯服地顺从了曹操,以交换优厚的处置:**]

鲁自在汉川垂三十年,闻曹操征之,至阳平[今陕西汉中市阳平关],欲举汉中降。其弟卫不听,率众数万,拒关固守。操破卫,斩之。鲁闻阳平已陷,将稽颡归降。阎圃说曰:"今以急往,其功为轻,不如且依巴中,然后委质,功必多也。"于是乃奔南山。左右欲悉焚宝货仓库。鲁曰："本欲归命国家，其意未遂。今日之走，以避锋锐，非有恶意。"遂封藏而去。操入南郑，甚嘉之。又以鲁本有善意，遣人尉（慰）安之。鲁即与家属出逆，拜镇南将军，封阆中侯，邑万户，将还中国，待以客礼。封鲁五子及阎圃等皆为列侯。

鲁卒，谥曰原侯。子富嗣。

**[我们的史家对刘焉父子——两个平庸之辈——给了大为贬抑的评论：]**

论曰：刘焉睹时方艰，先求后亡之所，庶乎见几而作。夫地广则骄尊之心生，财衍则僭奢之情用，固亦恒人必至之期也。璋能闭隘养力，守案先图，尚可与岁时推移，而遽输利器，静受流斥，所谓羊质虎皮，见豺则恐［扬雄《法言》曰："羊质虎皮，见草而悦，见豺而战。"］，吁哉！

# 余注:政治文化中的哲人、大儒、逸民和贞女

## 天才哲人两王一仲:"叛散五经,灭弃风雅"

**卷 49**《王充王符仲长统列传》

[三位确实伟大的思想家、哲学家和(就后两位来说)政治评论家,大致纵贯东汉帝国繁荣、衰落和灭亡的全过程。他们在思想上创新和深刻,政治上(就后两位来说)犀利和求实,道德上正直和脱俗。至少,他们全都反对流行的儒家自然神论即天人感应论,而且其中两位——王充和仲长统——在解释自然和人类史方面,拒绝在任何实质性程度上提及超自然或超人类的东西。]

[就关于政治事务的哲理思考而言,仲长统肯定跻身于中国思想史上的最伟大人物之列。]

[粗略地说,仅凭这三位天才的存在,东汉的丰饶和辉煌就能够成立!]

王充:

[中国史上就一种现代意义而言最伟大的哲学家之一,一位思维天才,而且是无神论者。他给世界留下了一部全整合式的(systemic)《论衡》,那基于一种有强烈道家韵味的"唯物主义"宇宙观,明确反对流行的儒家天人感应论。遗憾的是,我们的史家在此只给了他那么短的篇幅!]

[一位形成中的思想天才:"天生大才",至少有格外强健的记忆力;受业于中央太学,有一位很有才的文人和史家作为他的导师;全心全意投身于学术;对"众流百家之言"保持开放的心灵,同时对学术持有自由风格路径:]

王充字仲任,会稽上虞[今浙江绍兴市辖上虞市]人也,其先自魏郡元城徒焉。充少孤,乡里称孝。后到京师,受业太学,师事扶风班彪。好博览而不守章句。家贫无书,常游洛阳市肆,阅所卖书,一见辄能诵忆,遂博通众流百家之言。后归乡里,

屏居教授。[不同流俗的"学究",不适合官场：]仕郡为功曹,以数谏争不合去。

充好论说,始若诡异,终有理实。[多少犹如古希腊智者（sophists）,或者说犹如宗师老子本人的思辨性道家？][他鄙视武帝时代往后处处皆有的"俗儒",后者的主要弊端在他看来是"守文失真"：]以为俗儒守文,多失其真,[他全心全意地献身于他的哲学思辨和（据蕴意）思想创新：]乃闭门潜思,绝庆吊之礼,户牖[yǒu,窗户]墙壁各置刀笔。[他的伟大成就：]著《论衡》八十五篇[今存八十四篇],二十余万言,释物类同异[当然,首先是物质与精神、形而下与形而上之间的同异;对他来说,唯一的本原是物质的或形而下的。他的"唯物主义一元论"①],正时俗嫌疑[当然,首先是流行的儒家天人感应论,还有其他一切流俗的对超自然存在的迷信②]。③

刺史董勤辟为从事,转治中[全称治中从事史,亦称治中从事,为州刺史的高级佐官之一,主众曹文书],自免还家。[自他年轻得多的时候以来,他作为一位不同流俗、不适官场的"学究"几十年未变。]友人同郡谢夷吾上书荐充才学,肃宗[章帝]特诏公车征,病不行。年渐七十,志力衰耗,乃造《养性书》十六篇,裁节嗜欲,颐神自守。[一位老迈的道家！]永元[和帝年号,89—105年]中,病卒于家。


王符：

[一位真正伟大和脱俗的人物,（在一度经受某种挫折后）对流俗的仕途全无兴趣,全身心地投身于创造性的思考和写作。他是一位对当代政治、社会和文化事务的讲求实际的伟大观察者和思考者,在其最佳思想意义上的讲求实际,在一个帝国愈益垂死的时代对它们作了巨量犀利透彻的批评。"讥当时失得","指讦[jié]时短,讨谪物情,足以观见当时风政"：一项令人印象深刻的成就！特别是,他对普通乡村民众有非常深切的关怀和同情,是某种意义上的"民粹主义者"。]


王符字节信,安定临泾[今甘肃庆阳市镇原县]人也。少好学,有志操,与马融、窦

---

① 例如,特别见："世谓死人为鬼,有知,能害人。试以物类验之,死人不为鬼,无知,不能害人。何以验之？验之以物。人,物也;物,亦物也。物死不为鬼,人死何故独为鬼？……人之所以生者,精气也。死而精气灭。能为精气者,血脉也。人死血脉竭,竭而精气灭,灭而形体朽,朽而成灰土,何用为鬼？"（《论衡·论死》）

② "王充对汉代社会普遍流行的天人感应论进行批判,其表述的基本观点是：天无意志,天道自然;王者兴于时命,圣而不神;灾异为阴阳所致,而非天神谴告。"

江高鑫：《论王充对天人感应论的批判》,《赣南师范学院学报》2003年第5期。

③ 东晋袁山松书曰："充所作论衡,中土[中原]未有传者,蔡邕入吴始得之,恒秘玩,以为谈助。其后王朗为会稽太守,又得其书,及还许下[即许,今河南许昌],时人称其才进。或曰,不见异人,当得异书。问之,果以论衡之益,由是遂见传焉。"

章、张衡、崔瑗等友善。安定俗鄙庶孽,而符无外家[母系来源不清],为乡人所贱。[在一度经受某种挫折后,他变得对流俗的仕途全无兴趣,全身心地投身于创造性的思考和写作;他未改变他的本质,仅改变了他的"志操":]自和、安之后[帝国愈益垂死的时代],世务游宦,当涂(途)者更相荐引,而符独耿介不同于俗,以此遂不得升进。志意蕴愤,乃隐居著书三十余篇,以讥当时失得,不欲章显其名,故号曰《潜夫论》。[他一生的伟大成就,伴同他一生造就的《潜夫论》:]其指讦[攻也]时短,讨谪[责也]物情,足以观见当时风政,著其五篇云尔。

[他的思想片断(一):严厉抨击"偷天官以私己(者)",亦即享有君主宠溺的"贵臣",还严厉抨击"前人以败,后争袭之"的政治文化,都在他那个时代:]

《贵忠篇》曰:

夫帝王之所尊敬者,天也;皇天之所爱育者,人也。今人臣受君之重位,牧天之所爱,焉可以不安而利之,养而济之哉?是以君子任职则思利人,达上则思进贤,故居上而下不怨,在前而后不恨也。《书》称"天工人其代之"[《尚书·皋陶谟》曰:"亡旷庶官,天工人其代之。"孔安国注云:"言人代天理官,不可以天官私非其才也。"]。王者法天而建官,故明主不敢以私授,忠臣不敢以虚受。[从一项俗常的儒家信条出发,他突然做了一则多少激进的、率直生硬的谈论:]窃人之财犹谓之盗,况偷天官以私己乎!以罪犯人,必加诛罚,况乃犯天,得无咎乎?夫五代之臣,以道事君,泽及草木,仁被率土,是以福祚流衍,本支百世。[率直生硬的激进谈论继续下去,有其对白起蒙恬的俗常的儒家肤浅:]季世之臣,以谄媚主,不思顺天,专杖杀伐。白起、蒙恬,秦以为功,天以为贼;息夫[息夫躬,《汉书》曰"息夫作奸,东平(王)诛"]①、董贤,主以为忠,天以为盗。《易》曰:"德薄而位尊,智小而谋大,鲜不及[想避灾祸都避不及]矣。"是故德不称,其祸必酷;能不称,其殃必大。[在一个帝国愈益垂死的时代,必定有许多像他抨击的那样的家伙:]夫窃位之人,天夺其鉴。[《左传》晋卜偃曰"虢必亡矣,天夺之鉴而益其疾也。"杜预注云"鉴,所以自照"]。虽有明察之资,仁义之志,一旦富贵,则背亲捐旧,丧其本心,疏骨肉而亲便辟,薄知友而厚犬马,宁见朽贯千万,而不忍贷人一钱,情知积粟腐仓,而不忍贷人一斗,骨肉怨望于家,细人谤讟[dú,憎恶]于道。[那个时代的一种丑恶和腐败的政治文化:]前人以败,后争袭之,诚可伤也。

---

① 《汉书·蒯伍江息夫传》注:[息夫躬:作为一名俊美非常的儒家学者和才能非常的文人墨客,他从意图改革的哀帝获得了大宠惠,以利他个人的权势和名声。他的办法简单:"危言高论",亦即几乎不断地对"国奸"、"主雠"发动致命的告发,加上成功地搭上头号大贵族和头号宫廷佞幸之船。他知道自己很可能完蛋,但仍一意孤行,因为他是个冒险家。]

[他无情地抨击那些给其宫廷显贵施以宠溺的君主,在先前和在他那个时代的:]历观前政贵人之用心也,与婴儿子其何异哉? 婴儿有常病,贵臣有常祸,父母有常失,人君有常过。婴儿常病,伤于饱也;贵臣常祸,伤于宠也。哺乳多则生痫病,富贵盛而致骄疾。爱子而贼之,骄臣而灭之者,非一也。[**在我们时代的中国,有在国家超级显贵层次的历经多年滥觞的滥权和腐败,那么何为"贵臣常祸,伤于宠"的最显赫案例?**]极其罚者,乃有仆死深牢,衔刀都市,岂非无功于天,有害于人者乎? ……[**贪婪和狂野沉溺于权势和财富导致灾难:一项在他那个时代一次又一次地被违背的俗常信条:**]贵戚愿其宅吉而制为令名,欲其门坚而造作铁枢,卒其所以败者,非苦禁忌少而门枢朽也,常苦崇财货而行骄僭耳。……

[他的思想片断(二):**严厉抨击流行的文化**,即执迷于商业横财、穷奢极欲和油滑的懒惰,全都基于经典的保守儒学,那在他的《浮侈篇》里有一种激进韵味;对所有时代来说的一项绝好教诲:]

《浮侈篇》曰:

王者以四海为家,兆人为子。一夫不耕,天下受其饥;一妇不织,天下受其寒。[**流行的文化:执迷于商业横财甚或油滑的懒惰:**]今举俗舍本农,趋商贾,牛马车舆,填塞道路,游手为巧,充盈都邑,务本者少,浮食者众。[**何为类似的当代中国图景,尤其在党的十八大以前?**]……今察洛阳,资末业者什于农夫,虚伪游手什于末业。[**犹如古典西方的腐败罗马?**]是则一夫耕,百人食之,一妇桑,百人衣之,以一奉百,孰能供之! 天下百郡千县,市邑万数,类皆如此。[**他用以解释帝国垂死(甚而预见帝国很可能崩解)的无情的政治经济学逻辑,简单但雄辩有力:**]本末不足相供,则民安得不饥寒? 饥寒并至,则民安能无奸轨? 奸轨繁多,则吏安能无严酷? 严酷数加,则下安能无愁怨? 愁怨者多,则咎征并臻。下民无聊,而上天降灾,则国危矣。

夫贪生于富,弱生于强,乱生于化,危生于安。[**一种儒家政治辩证法,有其丰富的文化蕴意!**]是故明王之养民,忧之劳之,教之诲之,慎微防萌,以断其邪。故《易》美节以制度,不伤财,不害民。《七月》之诗,大小教之,终而复始。[《诗经·豳风·七月》。大谓耕桑之法,小谓索绹(制绳索)之类。自春及冬,终而复始也。]由此观之,人固不可恣也。[**没有制约和纪律的放纵:"古代纯朴"文化中一切邪恶和灾祸的来源!**]

[**迅速回过来严厉抨击当代的流行文化:**]今人奢衣服,侈饮食,事口舌而习调欺。或以谋奸合任[谓相合为任侠]为业,或以游博持掩[博谓六博,掩谓意钱(一种博戏)。《汉书·货殖传》曰"又况掘冢搏掩,犯奸成富"]为事。丁夫不扶犁锄,而怀丸挟弹,

携手上山邀游,[然而,他的某些抨击走得太远了,至于抨击卑微的草根手工业者:]或好取土作丸卖之,外不足御寇盗,内不足禁鼠雀。或作泥车瓦狗诸戏弄之具,以巧诈小儿,此皆无益也。

《诗》刺"不绩其麻,市也婆娑"。[见《诗经·陈风》,谓妇人于市中歌舞以事神。]又妇人不修中馈[家中酒食],休其蚕织,而起学巫祝,鼓舞事神,以欺诬细民,荧惑百姓妻女。羸弱疾病之家,怀忧愤愤,易为恐惧。至使奔走便时[吉利的时日],去离正宅,崎岖路侧,风寒所伤,奸人所利,盗贼所中。或增祸重祟,至于死亡,而不知诬所欺误,反恨事神之晚,此妖妄之甚者也。[**他,端正的儒士,尤其严厉地抨击女巫和大概猖獗的巫术。**]

或刻画好缯,以书祝辞;或虚饰巧言,希致福祚;或糜折金彩[剪彩],令广分寸;或断截众缕,绕带手腕;或裁切绮縠[hú,有皱纹的纱],缝紩成幡。皆单费百缣,用功千倍,破牢为伪,以易就难,坐食嘉谷,消损白日。夫山林不能给野火[经不起野火焚烧],江海不能实漏卮[zhī][灌不满漏的酒器],皆所宜禁也。[**虽然有利于社会节俭,但他——端正的儒士——仍然在此显得多少走得过远了。**]

[**猛击一流显贵的穷奢极欲以及由此而来的社会文化败坏:**]昔孝文皇帝躬衣弋绨[黑缯],革舄[xì,鞋]韦带[无饰的皮带]。[**记忆往往短暂,传统往往羸弱,如果它们与人的动物本能相悖,如果它们不再得到匮乏的支持或不再受其强迫:**]而今京师贵戚,衣服饮食,车舆庐第,奢过王制,固亦甚矣。且其徒御仆妾,皆服文组[彩色丝带]彩牒[彩色叠布],锦绣绮纨,葛子[用芭蕉纤维织成的细布]升越[亦为一种细布],筩(筒)中女布[秭归(今湖北西部秭归县)所产细麻布]。犀象珠玉,虎魄(琥珀)玳瑁,石山隐饰,金银错镂,穷极丽靡,转相夸咤。其嫁娶者,车軿[píng,一种有帷幔的车,多供妇女乘坐]数里,缇帷竞道,骑奴侍童,夹毂[gǔ,车轮中心有洞可以插轴的部分,借指车轮或车]并引。[**所有这些腐败社会气质:**]富者竞欲相过,贫者耻其不逮,一飧之所费,破终身之业。古者必有命[授命]然后乃得衣缯丝而乘车马[《尚书大传》曰:"古之帝王者必有命。人能敬长矜孤,取舍好让者,命于其君,得乘饰车軿马,衣文锦。未有命者,不得衣,不得乘,乘衣者有罚。"],今虽不能复古,宜令细民略用孝文之制。[**为何他不懂这是不可能的,特别在一个帝国愈益垂死的时代?!**]

[**伟大的、淳朴和天然有德的古人** *vs.* **穷奢极欲和腐败的今人,在葬俗这重大案例上,由他——端正的儒士——展示:**]古之葬者,厚衣之以薪,葬之中野,不封不树,丧期无数。[墓葬既不封立土堆,也不植树为标志,服丧也无规定期限。]后世圣人易之以棺椁,桐木为棺,葛采为缄[束也],下不及泉,上不泄臭。中世以后,转用楸梓槐柏杶樗[chū]之属,各因方土,裁(才)用胶漆,使其坚足恃,其用足任,如此而已。[**古今巨大差异,道德和文化蜕变,伴之以"费力伤农"这大损害:**]今者京师贵戚,

必欲江南櫀[nòu]、梓、豫章之木。边远下土,亦竞相放(仿)效。夫櫀、梓、豫章,所出殊远,伐之高山,引之穷谷,入海乘淮,逆河溯洛,工匠雕刻,连累日月,会众而后动,多牛而后致,重且千斤,功将万夫,而东至乐浪,西达敦煌,费力伤农于万里之地。古者墓而不坟,中世坟而不崇。[**再度急剧比较,在最经典的儒士及伟大的"现代"君主与当代一流精英之间:**]仲尼丧母,冢高四尺,遇雨而崩,弟子请修之,夫子泣曰:"古不修墓。"及鲤也死,有棺无椁。文帝葬芷阳,明帝葬洛南,皆不臧(藏)珠宝,不起山陵,墓虽卑而德最高。今京师贵戚,郡县豪家,生不极养,死乃崇丧。或至金缕玉匣,櫀、梓、梗、楠,多埋珍宝偶人车马,造起大冢,广种松柏,庐舍祠堂,务崇华侈。……群司士庶,乃可僭侈主上,过天道乎?[**可以感到他的大愤怒!**]

[**他的思想片断(三):**愤懑于"忠信正直之士苦其道不得行",在帝国选官方面的一个政治文化问题,被他认作帝国衰落和垂死的一个主要原因:]

《实贡篇》曰:

国以贤兴,以谄衰;君以忠安,以佞危。此古今之常论,而时所共知也。然衰国危君,继踵不绝者,岂时无忠信正直之士哉,诚苦其道不得行耳。夫十步之间,必有茂草;十室之邑,必有忠信。是故乱殷有三仁,小卫多君子。今以大汉之广土,士民之繁庶,朝廷之清明[**即使他,**也不得不对他明知远非清明的帝国朝廷施予一点言**不由衷的口惠!**],[**紧接着还有一点儿:**]上下之修正,而官无善吏,位无良臣。此岂时之无贤,谅由取之乖实。[**首先是政治文化问题:**]夫志道者少与[朋羽,党羽],逐俗者多畴[同类],是以朋党用私,背实趋华。其贡士[郡国荐举的孝廉]者,不复依其质干,准其才行,但虚造声誉,妄生羽毛。略计所举,岁且二百。览察其状,则德侔颜、冉,详核厥能,则鲜及中人,皆总务升官,自相推达。[**他设想的改革原则和措施——他那个时代的乌托邦:**]夫士者贵其用也,不必求备[完美]。……能不相兼……

……长短大小,清浊疾徐,必相应也。且攻玉以石,洗金以盐,濯锦以鱼,浣布以灰。夫物固有以贱理贵,以丑化好者矣。智者□短取长,以致其功。今使贡士必核以实,其有小疵,勿强衣饰,出处默语[出仕和隐退,发言和沉默],各因其方,则萧、曹、周、韩之伦,何足不致,吴、邓、梁、窦之属,企踵可待。孔子曰:"未之思也,(若已思)夫何远之有?"[《论语·子罕》][**然而,在大多数场合,很少数人的思想启示不能导致千百甚或千万人的集体政治/文化行动!**][**为何他不懂这是不可能的,特别在一个帝国愈益垂死的时代?!**]

[他的思想片断(四):解释为何有他所见的几乎无处不在的司法不义,对孱弱的普通民众的严重不义,在阐述他的根本政治"哲学"之后,那多少有如初汉流行的:]

《爱日篇》曰:

[农业第一,善待全国农民第一,有如初汉的最基本治国方略:]国之所以为国者,以有民也。民之所以为民者,以有谷也。谷之所以丰殖者,以有民功也。功之所以能建者,以日力也。化国之日舒以长[白昼悠长],故其民闲暇而力有余;乱国之日促以短,故其民困务而力不足。舒长者,非谓羲和[日也]安行,乃君明民静而力有余也。促短者,非谓分度损减,乃上暗下乱,力不足也。[他设想的美好时代的最根本政治经济学和政治文化:]孔子称"既庶则富之,既富乃教之"。是故礼义生于富足,盗窃起于贫穷;富足生于宽暇,贫穷起于无日。圣人深知力者民之本,国之基也,故务省徭役,使之爱日。是以尧敕羲和,钦若昊天,敬授民时。[在阐述他的根本政治"哲学"之后,他转向这里的主要论题,即当时缺乏的一种善待农民、有益农业的申诉制度和司法:]明帝时,公车以反支日[凡反支日,用月朔为正,被视为禁忌之日]不受章奏,帝闻而怪曰:"民废农桑,远来诣阙,而复忉以禁忌,岂为政之意乎!"于是遂蠲其制。今冤民仰希申诉,而令长以神自畜[难见如神],百姓废农桑而趋府廷者,相续道路,非朝餔[《说文》曰:"餔谓日加申时也。"]不得通,非意气[指馈献,汉晋时习语]不得见。或连日累月,更相瞻视;或转请邻里,馈粮应对。岁功既亏,天下岂无受其饥者乎?

孔子曰:"听讼吾犹人也。"[《论语·颜渊》,全句为"听讼,吾犹人(别人)也,必也使无讼乎!"]从此言之,中才以上,足议曲直,乡亭部吏,亦有任决断者,而类多枉曲,盖有故焉。[解释为何有他所见的几乎无处不在的司法不义,对孱弱的普通民众的严重不义:无有者对饶有者,一种全不平衡的结构:]夫理直则恃正而不桡(佞),事曲则诣意以行赇。不桡(佞)故无恩于吏,行赇故见私于法。若事有反复,吏应坐之,吏以应坐之故,不得不枉之于庭。以赢民之少党,而与豪吏对讼,其势得无屈乎?县承吏言,故与之同。若事有反复,县亦应坐之,县以应坐之故,而排[推也]之于郡。以一民之轻,而与一县为讼,其理岂得申乎?事有反复,郡亦坐之,郡以共坐之故,而排之于州。以一民之轻,与一郡为讼,其事岂获胜乎?既不肯理,故乃远诣公府,公府复不能察,而当延以日月。贫弱者无以旷旬,强富者可盈千日。理讼若此,何枉之能理乎?[在上述情势与当代中国信访制度和上访实践之间有无某种相似处?]正士怀怨结而不见信[信读曰伸;意亦如是],猾吏崇奸轨而不被坐,此小民所以易侵苦,而天下所以多困穷也。

[一幅大规模不义的全国性图景:大规模浪费,大规模损害,全都落到普通农

民身上：]……自三府州郡，至于乡县典司之吏，辞讼之民，官事相连，更相检对者，日可有十万人。一人有事，二人经营，是为日三十万人废其业也。以中农率之，则是岁三百万人受其饥者也。然则盗贼何从而销，太平何由而作乎？《诗》云："莫肯念[止也]乱，谁无父母？"[《诗经·小雅·沔(miǎn)水》]百姓不足，君谁与足？可无思哉！可无思哉！[他的愤懑！]

[他的思想片断（五）："贼良民之甚者，莫大于数赦赎"，那是钱财与将施行的正当惩罚之间的交换，一项最坏的、在他看来导致"养奸活罪，放纵天贼"的国家政策：]

《述赦篇》曰：

凡疗病者，必知脉之虚实，气之所结，然后为之方，故疾可愈而寿可长也。[他在一定意义上非常"民粹主义"，将民众的命运认作是决定王朝国家、华夏国度和帝国的命运的最根本要素：]为国者，必先知民之所苦，祸之所起，然后为之禁，故奸可塞而国可安也。今日贼良民之甚者，莫大于数[多次]赦赎[允许犯人用钱物赎免罪刑]。赦赎数，则恶人昌而善人伤矣。何以明之哉？夫勤救之人，身不蹈非，又有为吏正直，不避强御，而奸猾之党横加诬言者，皆知赦之不久故也。善人君子，被侵怨而能至阙庭自明者，万无数人；数人之中得省问者，百不过一；既对尚书而空遣去者，复什六七矣。[钱财与待施行的正当惩罚之间的交换，结果是大大地"贼良民"：]其轻薄奸轨，既陷罪法，怨毒之家冀其辜戮，以解畜愤，而反一概悉蒙赦释，令恶人高会而夸咤，老盗服臧(赃)[持着赃物]而过门，孝子见仇而不得讨，遭盗者睹物而不敢取，痛莫甚焉！

夫养稂莠者伤禾稼，惠奸轨者贼良民。《书》曰："文王作罚，刑兹无赦。"[《尚书·康诰》][他很懂得刑法惩罚（以及基于一种情势路径的间或妥协）的根本功能：]先王之制刑法也，非好伤人肌肤，断人寿命也；贵威奸惩恶，除人害也。……古者唯始受命之君，承大乱之极，寇贼奸轨，难为法禁，故不得不有一赦，与之更新，颐育万民，以成大化。非以养奸活罪，放纵天贼也。夫性恶之民，民之豺狼，虽得放宥之泽，终无改悔之心。且脱重梏，夕还图圄，严明令尹，不能使其继绝。何也？[他很懂得社会和官场的黑暗：]凡敢为大奸者，才必有过于众，而能自媚于上者也。多散诞[犹虚也]得之财，奉以谄谀之辞，以转相驱，非有第五公[即第五伦]之廉直，孰不为顾哉？……

[他在当时的威望，还有他的正直的穷苦：]

后度辽将军皇甫规解官归安定，乡人有以贷得雁门太守者，亦去职还家，书刺

[写名刺（名帖，名片）]谒规。规卧不迎，既入而问："卿前在郡食雁美乎?"有顷，又白王符在门。规素闻符名，乃惊遽而起，衣不及带，屣履出迎，援符手而还，与同坐，极欢。时人为之语曰："徒见二千石，不如一缝掖[大袖单衣，儒者所服]。"[**中国的穷苦知识分子一向喜欢这类故事！ 他们的自我安慰甚而自信！**]言书生道义之为贵也。[中国的理想"书生"一向有一种不同流俗的价值轻重等级！]符竟不仕，终于家。

仲长统：

[帝国湮灭和全国大乱时代的一位思想天才和（在其最佳意义上的）性情异类。他在哲学上非常深刻，政治上非常愤懑，行为上非常脱俗，就任何重要方面而言不是个儒士。]

[他的"宇宙观"的最重要和相当创新的要素在于，"天"乃自然，没有意志和目的，而人类的政治和社会事务倚赖人类的努力和活动，在自然——或许还有历史条件——确定的、宽广和往往灵活伸缩的限界内。不仅如此，他还有一种（华夏）历史哲学，由良善秩序和邪恶混乱彼此交替的一种循环构成，而社会危机和王朝急剧变更的主要原因在于统治者的放纵和腐败，连同他们对被统治者的虐待和滥权。]

[关于治国方略，他分明主张一种情势性的、讲求实际和"功利主义的"方式，那排除教条主义、迷信和绝对信念。当然，黑暗的现实和全国范围无尽的恶化令他事实上不抱希望，从而对公私生活采取一种消极的道家式态度（虽然他仍能一度流俗地赞颂曹操的独裁）。他甚至有一种彻底的悲观主义！]

[一位年轻的天才，在同侪中间显得鹤立鸡群，率直生硬，随其喜怒而谈吐无常或沉默寡言，并且事实上持无限的智识自信，那为他赢得了"狂生"名声，同时尚无他后来的深刻性：]

仲长统字公理，山阳高平[今山东济宁市金乡县西北部]人也。少好学，博涉书记，赡于文辞。年二十余，游学青、徐、并、冀之间，与交友者多异之。并州刺史高干，袁绍甥也。素贵有名，招致四方游士，士多归附。统过干，干善待遇，访以当时之事。统谓干曰[他——骄傲者——是那么生硬和脱俗]："君有雄志而无雄才，好士而不能择人，所以为君深戒也。"干雅[平素]自多[自满，自夸]，不纳其言，统遂去之。无几，干以并州叛，卒至于败。并、冀之士皆以是异统。

["狂生"，有其渗入骨髓的（庄子版本的）道家式性情：]统性俶傥[豪爽洒脱]，敢直言，不矜小节，默语[沉默与说话]无常，时人或谓之狂生。每州郡命召，辄称疾不就。常以为凡游帝王者，欲以立身扬名耳，而名不常存，人生易灭，优游偃仰，可以自娱。欲卜居清旷，以乐其志，论之曰[肤浅地展示的一种极富裕甚或极奢侈的

道家生活方式：一种显著的自我矛盾，即太富裕，太奢侈，不可能是符合宗师老子精神的真正的道家；它，以其肤浅甚而势利的情调，必定是在他成为一位深刻和悲观的思想家之前写的］：

使居有良田广宅，背山临流，沟池环匝［zā］，竹木周布，场圃筑前，果园树后。舟车足以代步涉之艰，使令［供使唤的人］足以息四体之役。养亲有兼珍之膳，妻孥无苦身之劳。良朋萃止，则陈酒肴以娱之；嘉时吉日，则亨羔豚以奉之。蹰躇畦苑，游戏平林，濯清水，追凉风，钓游鲤，弋［箭射］高鸿……安神闺房，思老氏之玄虚；呼吸精和，求至人之仿佛［隐隐约约］。与达者数子，论道讲书，俯仰二仪［指天地，或指日月］，错综人物。弹《南风》［《家语》曰："舜弹五弦之琴，造南风之诗……"］之雅操，发清商之妙曲。消摇（逍遥）一世之上，睥睨［pì nì，眼睛斜看，傲慢貌］天地之间。不受当时之责，永保性命之期。如是，则可以陵霄汉，出宇宙之外矣［上述过分的物质财富和众多被盘剥的奴仆又作何讲？］。岂羡夫入帝王之门哉！

　　［他的另一类道家精神，大概来得晚得多：与前不同，"自然主义"和强烈"虚无主义"地，伴有深刻的悲观和对世界的蕴含的愤懑：］

又作诗二篇，以见其志［在精神上与前述的散文大为不同］，辞曰：

……飞鸟遗迹，蝉蜕亡壳。腾蛇弃鳞，神龙丧角。至人能变，达士拔俗。乘云无辔，骋风无足。垂露成帏，张霄成幄。沆瀣［hàng xiè，夜间的水气，露水］当餐，九阳［谓日也］代烛。恒星艳珠，朝霞润玉。六合之内，恣心所欲。人事可遗，何为局促？［比上述散文远为"自然主义"和自由洒脱］。

大道虽夷［平坦］，见几［认知微变，预见先兆］者寡。任意无非［无错］，适物无可［无可无不可］。古来绕绕，委曲如琐。百虑何为，至要在我。寄愁天上，埋忧地下。［思想上的极端激进主义，特别是反对占主宰地位但其时已腐败了的儒家思想体系：］叛散《五经》，灭弃《风》、《雅》。百家杂碎，请用从火［用火焚毁］。……敖翔太清，纵意容冶。

　　［在帝国崩解和全国大乱时代，他的"不被注意"的官场履历中的任何事情都不能缓解他的"发愤叹息"，或与他关于此世的思想深刻性相比，尽管他有自称的道家潇洒：］

尚书令荀彧闻统名，奇之，举为尚书郎。后参丞相曹操军事。每论说古今及时俗行事，恒发愤叹息。因著论名曰《昌言》，凡三十四篇，十余万言。

献帝逊位之岁［220年］，统卒，时年四十一［天才英年早逝］。友人东海缪袭常称统才章足继西京董、贾、刘、杨［董仲舒、贾谊、刘向、杨雄］。今简撮其书有益政者，略载之云。

［他的政治思想片断（一）：华夏史上反复不已的王朝帝国的循环——兴盛、腐败、崩溃，其主要原因在于"富贵""沉溺"导致"政乱"；不仅如此，还有对他自己所处的可怖时代的彻底悲观：］

《理乱篇》曰：

［一个伟大国家的创建者，在暴烈的政治斗争丛林中搏战：马基雅维里最赞颂的一类人物：］豪杰之当天命者，未始［未尝］有天下之分［fèn，职分，本分］者也。无天下之分，故战争者竞起焉。于斯之时，并伪假天威，矫据方国，拥甲兵与我角才智，程［逞］勇力与我竞雌雄，不知去就，疑误天下，盖不可数也。角知（智）者皆穷，角力者皆负，形不堪复优，势不足复校，乃始羁首系颈，就我之衔［勒也］继［缰也］耳。……

［创建者的早期继承人，充分享有王朝国家和平时代的统治和繁荣，在这国家的黄金时代：］及继体之时，民心定矣。普天之下，赖我而得生育，由我而得富贵，安居乐业，长养子孙，天下晏然，皆归心于我矣。豪杰之心既绝，士民之志已定，贵有常家，尊在一人。当此之时，虽下愚之才居之，犹能使恩同天地，威侔鬼神。暴风疾霆，不足以方（仿）其怒；阳春时雨，不足以喻其泽；周、孔数千，无所复角其圣；贲、育百万，无所复奋其勇矣。

［创建者的后期继承人，沉溺于全面腐败和最糟治理，最终导致社会凋敝，全国大乱，帝国崩溃：］彼后嗣之愚主，见天下莫敢与之违，自谓若天地之不可亡也，乃奔其私嗜，聘其邪欲，君臣宣淫，上下同恶。目极角牴之观，耳穷郑、卫之声。入则耽于妇人，出则驰于田猎。荒废庶政，弃亡人物，澶［chán］漫［犹纵逸］弥流，无所底极。信任亲爱者，尽佞谄容说（悦）之人也；宠贵隆丰者，尽后妃姬妾之家也。使饿狼守庖厨，饥虎牧牢豚，遂至熬天下之脂膏，斫生人之骨髓。怨毒无聊［聊生之意］，祸乱并起，中国扰攘，四夷侵叛，土崩瓦解，一朝而去。昔之为我哺乳之子孙者，今尽是我饮血之寇仇也。至于运徙势去，犹不觉悟者，［（至少）华夏史上一种真正的大循环，其主要原因是"富贵""沉溺"：］岂非富贵生不仁，沉溺致愚疾邪？存亡以之迭伐，政乱从此周复，天道常然之大数也［"天道长然"？他是否指根本的人性，由宫廷统治者在此场合表现？］。

……［伴同腐败的顶级统治者，有非常富裕和权势颇盛的"豪人"，或曰社会精英：］汉兴以来，相与同为编户齐民，而以财力相君长者，世无数焉。而清洁之士，徒自苦于茨棘之间，无所益损于风俗也。豪人之室，连栋数百，膏田满野，奴婢千群，徒附万计。船车贾贩，周于四方；废居积贮，满于都城。琦赂宝货，巨室不能容；马牛羊豕，山谷不能受。妖童美妾，填乎绮室；倡讴伎乐，列乎深堂。宾客待见而不敢去，车骑交错而不敢进。三牲之肉，臭而不可食；清醇之酎，败而不可饮。睇盼则人从其目之所视,喜怒则人随其心之所虑。此皆公侯之广乐,君长之厚实也。[**他们的财富和权势至少部分地依靠"运智诈":**]苟能运智诈者,则得之焉;苟能得之者,人不以为罪焉。源发而横流,路开而四通矣。求士之舍荣乐而居穷苦,弃放逸而赴束缚,夫谁肯为之者邪![**对,就大多数而言,由成功者确立社会楷模!**]夫乱世长而化世短。乱世则小人贵宠,君子困贱。[**屈从之风这政治文化如此经常地主要由"乱世"中的情势规定,如他观察到的:**]当君子困贱之时,局高天,蹐厚地[《诗经·小雅》曰:"谓天盖高,不敢不局;谓地盖厚,不敢不蹐。"毛苌注云:"局,曲也。蹐,累足也。"]犹恐有镇厌[镇压]之祸也。逮至清世,则复入于矫枉过正之检[君子惯于困贱时谨小慎微之态,清世来临后亦如此,是为矫枉过正]。老者耄矣,不能及宽饶之俗;少者方壮,将复困于衰乱之时。是使奸人擅无穷之福利,而善士挂不赦之罪辜。苟目能辩色,耳能辩声,口能辩味,体能辩寒温者,将皆以修洁为讳恶,设智巧以避之焉,况肯有安而乐之者邪?……

[**关于华夏的暴烈史和他自己时代的一种彻底悲观意象:每况愈下,每况愈惨:**]昔春秋之时,周氏之乱世也。逮乎战国,则又甚矣。秦政乘并兼之势,放虎狼之心,屠裂天下,吞食生人,暴虐不已,以招楚、汉用兵之苦,甚于战国之时也。汉二百年而遭王莽之乱,计其残夷灭亡之数,又复倍乎秦、项矣。以及今日,名都空而不居,百里绝而无民者,不可胜数。此则又甚于亡新之时也。悲夫!不及五百年,大难三起,中间之乱,尚不数焉。变而弥[犹甚]猜,下[犹后]而加酷,推此以往,可及于尽矣。嗟乎!不知来世圣人救此之道,将何用也?又不知天若穷此之数,欲何至邪?[**眼观他自己所处的可怖的时代,他甚至对上述大循环也绝无信心!彻底的悲观主义!**]

[**他的政治思想片断(二):一种情势性的、讲求实际和不断"改良"式的治国方略路径,加上一类最佳的地方行政管理"规则"(以及几项可疑的提倡):**]

《损益篇》曰:

[**他偏好一种情势性的、讲求实际和"改良主义"的治国方略路径:**]作有利于时,制有便于物者,可为也。事有乖于数,法有玩于时者,可改也。故行于古有其迹,用于今无其功者,不可不变。[**他太讲求实际,以致不能接受某些"改良主义"变迁;情势性变迁应当无有尽头:**]变而不如前,易而多所败者,亦不可不复也。[**为支持他的第一项论辩而举出的例子:**]汉之初兴,分王子弟,委之以士民之命,假之以杀生之权。于是骄逸自恣,志意无厌。鱼肉百姓,以盈其欲;报蒸[长幼不分,男女淫乱]骨血,以快其情。上有篡叛不轨之奸,下有暴乱残贼之害。虽借亲属之恩,盖源流形势使之然也。降爵削土,稍稍割夺,卒至于坐食奉禄而已。……收其

奕世之权,校其从(纵)横之势……此变之善,可遂行者也。

[为支持他的第二项论辩而举出的例子,可能是提倡一项当前改革(?):]井田之变,豪人货殖,馆舍布于州郡,田亩连于方国。身无半通青纶之命,而窃三辰龙章之肥[郑玄注《礼记》曰:"纶,今有秩、啬夫所佩也。"三辰,日、月、星也。龙章谓山龙之章。皆画于衣];不为编户一伍之长,而有千室名邑之役[言豪强之家,身无品秩,而强富比于公侯]。荣乐过于封君,势力侔于守令。财赂自营,犯法不坐。刺客死士,为之投命。至使弱力少智之子,被穿帷败,寄死不敛,冤枉穷困,不敢自理。虽亦由网禁疏阔,盖分田无限使之然也。今欲张太平之纪纲,立至化之基趾,齐民财之丰寡,正风俗之奢俭,非井田实莫由也。此变有所败,而宜复者也。

[也是为支持他的第二项论辩举出的第三个例子,似乎是提倡一项当前改革:]肉刑之废,轻重无品,下[犹减]死则得髡钳,下髡钳则得鞭笞。死者不可复生,而髡者无伤于人。髡笞不足以惩中罪,安得不至于死哉[言髡笞太轻,不足畏惧,而奸人冒罪,以陷于死。复古肉刑,则人不陷于死]!夫鸡狗之攘窃,男女之淫奔,酒醴之赂遗,谬误之伤害,皆非值于死者也。杀之则甚重,髡之则甚轻。不制中刑以称其罪,则法令安得不参差,杀生[指轻罪重罚,置人死地,与下句"托疾病以讳杀"意近]安得不过谬[失当]乎?今(司法官)患刑轻之不足以惩恶,则假臧(赃)货以成罪,托疾病以讳杀。[假增赃货,以益其罪;托称疾病,令死于狱。]科条无所准,名实不相应,恐非帝王之通法,圣人之良制也……今令五刑有品,轻重有数,科条有序,名实有正,非杀人逆乱鸟兽之行甚重者,皆勿杀。嗣周氏之秘典,续吕侯之祥刑,此又宜复之善者也。

[提倡一项行政管理改革,并且表达他关于最佳的地方行政的总观念,那在全国大乱和帝国灭亡时代须被认作是乌托邦:]……寡者,为人上者也;众者,为人下者也。一伍之长,才足以长一伍者也;一国之君,才足以君一国者也;天下之王,才足以王天下者也。愚役于智,犹枝之附干,此理天下之常法也。制国以分人,立政以分事,人远则难绥,事总则难了。今远州之县,或相云数百千里,虽多山陵洿[wū,洼地,池塘]泽,犹有可居人种谷者焉。当更制其境界,俾远者不过二百里。[他关于最佳地方行政的理想由 16 条规则构成,特别是用于边疆地区:]明版籍以相数阅,审什伍以相连持,限夫田[《司马法》曰:"步百为亩,亩百为夫"]以断并兼,定五刑以救死亡,益君长以兴政理,急农桑以丰委积,去末作以一本业,敦教学以移情性,表德行以厉风俗,核才艺以叙官宜,简精悍以习师田[《周礼》曰:"凡师田斩牲以左右徇陈(阵)。"注云:"示犯誓必杀也。"],修武器以存守战,严禁令以防僭差,信赏罚以验惩劝,纠游戏以杜奸邪,察苛刻以绝烦暴。审此十六者以为政务,操之有常,课之有限,安宁勿懈堕,有事不迫遽,圣人复起,不能易也。

[他还提倡一种机械的合理化方式为帝国官场动员政治/行政人才,这在他那个

时代乃至一切时代都是个乌托邦:]向者,天下户过千万,除其老弱,但户能一丁壮,则千万人也。遗漏既多。又蛮夷戎狄居汉地者尚不在焉。丁壮十人之中,必有堪为其什五之长,推什长已(以)上,则百万人也。又十取之,则佐史之才已(以)上十万人也。又十取之,则可使在政理之位者万人也。以筋力用者谓之人,人求丁壮,以才智用者谓之士,士贵耆老。充此制以用天下之人,犹将有储,何嫌乎不足也?故物有不求,未有无物之岁也;士有不用,未有少士之世也。夫如此,然后可以用天性,究人理,兴顿废,属[犹续]断绝,网罗遗漏,拱[执也]柙[xiá,槛也]天人矣。……

[他的政治思想片断(三):"政专",或君主之下仅一人统治(正式的最高大臣一人统治),那据他说是政治"和谐"和社会和平的一项先决条件;他这大概至少部分地指他曾经的主公即独裁者曹操?]

《法诫篇》曰:

《周礼》六典,倾[大也]宰贰[副也]王而理天下[《周礼·天官》:頉宰"掌建邦之六典,以佐王理邦国。一曰理典,以理官府;二曰教典,以扰万姓;三曰礼典,以谐万姓;四曰政典,以均万姓;五曰刑典,以悫(què,使恭谨)万姓;六曰事典,以生万姓"]。春秋之时,诸侯明德者,皆一卿为政。爰及战国,亦皆然也。秦兼天下,则置丞相,而贰之以御史大夫。自高帝逮于孝成,因而不改,多终其身。汉之隆盛,是惟在焉。[下面的话也能令另一个时代的王莽开心:]夫任一人则政专,任数人则相倚。政专则和谐,相倚则违戾。和谐则太平之所兴也,违戾则荒乱之所起也。[在他看来自东汉帝国的伟大创建者往后的相关教训:]光武皇帝愠数世之失权,忿强臣之窃命,矫枉过直,政不任下,虽置三公,事归台阁。自此以来,三公之职,备员而已;然政有不理,犹加遣责。[严重后果:非规制不合法的权力之兴起和猖獗;他言之有理!]而权移外戚之家,宠被近习之竖,亲其党类,用其私人,内充京师,外布列郡,颠倒贤愚,贸易选举,疲驽守境,贪残牧民,挠扰百姓,忿怒四夷,招致乖叛,乱离斯瘼……虫螟食稼,水旱为灾,此皆戚宦之臣所致然也。反以策让[责难]三公,至于死免,乃足为叫呼苍天,号咷泣血者也。……

[他对光武帝往后在此被抨击的做法何等愤懑:]昔文帝之于邓通[文帝佞幸],可谓至爱,而犹展申徒嘉之志。① 夫见任如此,则何患于左右小臣哉? 至如近世,

---

① 《史记·张丞相列传》载:嘉为人廉直,门不受私谒。是时太中大夫邓通方隆爱幸,赏赐累巨万。文帝尝燕(宴)饮通家,其宠如是。是时丞相入朝,而通居上傍,有怠慢之礼。丞相奏事毕,因言曰:"陛下爱幸臣,则富贵之;至於朝廷之礼,不可以不肃!"上曰:"君勿言,吾私之。"罢朝坐府中,嘉为檄召邓通诣丞相府,不来,且斩通。通恐,入言文帝。文帝曰:"汝第往,吾今使人召若(汝)。"通至丞相府,免冠,徒跣,顿首谢。嘉坐自如,故不为礼,责曰:"夫朝廷者,高皇帝之朝廷也。通小臣,戏殿上,大不敬,当斩。吏今行斩之!"通顿首,首尽出血,不解。文帝度丞相已困通,使使者持节召通,而谢丞相曰:"此吾弄臣,君释之。"邓通既至,为文帝泣曰:"丞相几杀臣。"

外戚宦竖请托不行,意气不满,立能陷人于不测之祸,恶可得弹正者哉!曩[nǎng]者[先前]任之重而责之轻,今者任之轻而责之重。……左手据天下之图,右手刎其喉,愚者犹知难之,况明哲君子哉!光武夺三公之重,至今而加甚,(光武)不假后党以权,数世而不行,盖亲疏之势异地。母后之党,左右之人,有此至亲之势,故其贵任万世。……[**这里的主题看来更清楚:曹操独裁:**]未若置丞相自总之。若委三公,则宜分任责成。[**从历史教训抽取出来的正确看法,那后来(?)被曹操违背**①:]夫使为政者,不当与之婚姻;婚姻者,不当使之为政也。……

[**再度直接显现主题:**]或曰:政在一人,权甚重也。曰:人实难得,何重之嫌?昔者霍禹、窦宪、邓骘、梁冀之徒,籍外戚之权,管国家之柄;及其伏诛,以一言之诏,诘朝而决,何重之畏乎?[**不!没有什么人能对一流战略家和策略家曹操做此类事情!**]今夫国家漏神明于媟[xiè,污秽]近,输权重于妇党,算十世而为之者八九焉。不此[谓后党]之罪而彼[谓三公]之疑,何其诡邪!

[**这里的两位政治评论家——王符和仲长统——激使我们的史家作了下列极好的、独立于他俩的深刻讨论,主张对政治事务和治国方略持情势性方针:**]

论曰:百家之言政者尚[犹远]矣。大略归乎宁固根柢,革易时敝也。[**"固根柢"和/或"易时敝":对关于政治事务的所有或大多数规范性讨论的一则简洁概括,由我们的富有经验的史家做出:**]夫遭运无恒,意见偏杂,故是非之论,纷然相乖。尝试妄论之,[**人类政治世界一向高度复杂,就此仅有情势性方针才是恰当的:**]以为世非胥、庭[赫胥氏、大庭氏并古之帝号],人乖[隔绝]鷇[kòu,须母鸟哺食的雏鸟]饮[庄子曰:"夫圣人鹑(chún)居而鷇饮。"言鹑鸟无常居,鷇饮不假物,并淳朴时也],化迹万肇[始也],情故萌生。虽周物之智,不能研其推变;山川之奥,未足况其纡险。则应俗适事,难以常条。如使[如果]用审其道,则殊涂(途)同会;才爽[差失]其分,则一豪(毫)以乖。[易纬曰:"差以毫厘,失之千里。"]……[**再次强调与"常条"相反对的他的情势性方针,运用儒家经典和主要的历史大教训:**]若乃偏情矫用,则枉直必过。故葛屦履霜[《诗·魏风》序曰:"葛屦,刺褊也。其君俭啬褊急,而无德以将之。"诗曰:"纠纠葛屦,可以履霜。"郑玄注云:"葛屦贱,皮屦贵,魏俗至冬犹葛屦,可用履霜,利其贱也。"],敝由崇俭;楚楚衣服,戒在穷赊(奢)[《诗·曹风》序曰:"蜉蝣,刺奢也。"诗曰:"蜉蝣之羽,衣裳楚楚。"毛苌注云:"蜉蝣……朝生夕死,犹有羽翼以自饰……喻曹朝众臣皆小人也。徒饰其衣裳,不知死亡之无日。"];(周天子)疏禁厚下[疏禁谓防制太宽,厚下谓封建太广],以尾

---

① 《后汉书·献帝纪》载:(建安)十九年[214年]……十一月丁卯,曹操杀皇后伏氏,灭其族及二皇子。

二十年[215年]春正月甲子,立贵人曹氏[曹操次女]为皇后。……

大陵弱;(秦帝国)敛[聚也]威峻罚,以苛薄分崩。斯《曹》、《魏》之刺,所以明乎国风;周、秦末轨,所以彰于微灭。故用舍之端,兴败资焉。是以繁简唯时["唯时":取决于特定的时候或特定的情势],宽猛相济。[那么多别的历史案例被用上,用来支持情势性方针:]刑书镂鼎,事有可详;三章在令,取贵能约。[左传曰:"郑人铸刑书。"杜预注云"铸刑书于鼎,以为国之常法"。高祖初入关,除秦苛法,约法三章,言其详约不同。]太叔致猛政之褒[《左传》曰:"郑子产有疾,谓子太叔曰:'我死,子必为政。唯有德者能以宽服人,其次莫如猛。'"],国子流遗爱之涕[《左传》又曰:"子产卒,仲尼闻之,出涕曰:'古之遗爱也。'"国子即子产],宣孟改冬日之和[宣孟,晋大夫赵盾。《左传》贾季对酆舒曰:"赵衰,冬日之日也。赵盾,夏日之日也。"注云:"冬日可爱,夏日可畏。"],平阳循画一之法[《史记·曹相国世家》:平阳侯曹参为相国,百姓歌之曰:"萧何为法,讲若画一。曹参代之,守而勿失。载其清静,人以宁一。"]。斯实弛张之弘致,可以征其统乎![我们的史家的情势性方针合乎逻辑地导致对所有主要"学术意识形态"持开放的、批评的和选择性的态度:]数子之言当世失得皆究矣,然多谬通方之训,好申一隅[即一隅偏见]之说。贵清静者[道家],以席上[儒家;《礼记·儒行》曰:"儒有席上之珍。"]为腐议;束名实者,以柱下[即老子]为诞辞。……稽[停留,稽滞]之笃论,将为敝矣……不限局[即局限]以疑远,不拘玄以防(妨)素[玄与素:黑与白],则化枢[教化的枢机]各管其极,理略可得而言与?

## 天才哲人张衡:"数术穷天地,制作侔造化"

### 卷 59《张衡列传》

[传统中国极少数最伟大最杰出的宇宙性质实证主义研究者和机械工程师之一,跻身于中国所曾产生的最佳人类资材之列,但属于被中国传统史纂相对最少记录的一类人物。他成就的天文学著作《灵宪》,他发明并制作的高度精致的浑天仪和地动仪,确实是出自一个辉煌的哲学/经验头脑的创造。他(78—139 年)犹如托勒密(90—168 年),在一个据称科学思维亚于古典西方的古代华夏。]

[在本篇里,很大部分篇幅记载帝国衰落和垂死时代里他的政治/行政活动和文学心灵。他不同凡俗,"不慕当世",同时间或抨击行使统治和篡夺的权势者(特别是宦官集团),谴责流行的儒家图纬神秘主义。一位深刻和正直的天才如何生活在一个愈益黑暗的、有其垂死的政治文化的政治世界? 这确实是个他长时间面对的简直非常痛苦的问题("衡常思图身之事"),因而有他的"吉凶倚伏,幽微难明"的感觉,有他的《思玄赋》的文学心声。]

［他以三年作为地方行政长官的能干的地方治理结束他的一生,饶有成就的一生,紧随他作为君主的一名智识内侍的肯定短暂的经历之后。］

［他的开端:一位非常有才的儒家学者,有其心灵平静的脱俗秉性和温和节制的正直态度:］

张衡字平子,南阳西鄂人也。世为著姓。祖父堪,蜀郡太守。衡少善属文,游于三辅,因入京师,观太学,遂通《五经》,贯六艺。［一位平和高尚的不同流俗之士:］虽才高于世,而无骄尚之情。常从容淡静,不好交接俗人。永元[和帝年号,89—105年]中,举孝廉不行,连辟公府不就。［他的志趣与流行的腐败文化相反:］时天下承平日久,自王侯以下,莫不逾侈。衡乃拟班固《两都》,作《二京赋》,因以讽谏。精思傅会,十年乃成。文多,故不载。大将军邓骘[zhì]奇其才,累召不应。［对这位“超脱”的人来说,官场长时间里是个肮脏的世界。］

［他的真正伟大的才能是在对宇宙性质作哲学的和实证主义的研究,特别是在天文学方面;他既思辨,又“机巧”;他颇早就取得了他的伟大成就《灵宪》和浑天仪:］

衡善机巧,尤致思于天文、阴阳、历算。常耽好《玄经》,谓崔瑗曰:“吾观《太玄》,方知子云[即西汉扬雄]妙极道数,乃与《五经》相拟[在学术上,他是个灵活的儒者]……安帝雅闻衡善术学,公车特征拜郎中,再迁为太史令。[他终于进入官场,以享用一项特殊的、他因其特别的学问价值而挚爱的工作。]遂乃研核阴阳,妙尽璇机之正,作浑天仪,著《灵宪》、《算罔论》,言甚详明。”

［他依然是他自己,保持其平静、高尚和脱俗的人格;“作《应闲》以见其志”:］

顺帝初,再转,复为太史令。衡不慕当世,所居之官,辄积年不徙。自去史职,五载复还,乃设客问,作《应闲》以见其志云:

有闲余者曰[一项假设的对他秉性的挑战,依据主张积极投身于俗常官场(连同其据称为了公益的权势、尊荣和财富)的经典政治儒学]:盖闻前哲首务,务于下学上达,佐国理民,有云为也。朝有所闻,则夕行之,立功立事,式昭德音。……学非以要利,而富贵萃之。贵以行令,富以施惠,惠施令行,故《易》称以“大业”。质以文美,实由华兴,器赖雕饰为好,人以舆服为荣……[在一个人自己平静孤独的生活里独立的思辨和探究不合儒经,而他的伟大成就被设想为“支离”,“孤技”:]吾子[您]性德体道,笃信安仁,约己博艺,无坚不钻,以思世路[一生处世行事的历程],斯何远矣! 曩滞日官,今又原之。……徒经思天衢,内昭独智,固合理民之式也? 故尝见谤于鄙儒。深厉浅揭[厉:连衣涉水;揭:撩起衣服。意谓涉浅水可撩起衣服;涉深水只得连衣服下水。比喻处理问题要因地制宜。出于《诗经·邶风·匏有苦叶》:"深则厉,浅则揭。"],随时为义,曾何贪于支离,而习其孤技邪?……

　　应之曰[他坚持他对自然的高尚的兴趣,还有作为一位研究者和工程师的独立的生活方式,依凭一种雄辩(亦是儒家式的雄辩,加上某种有如道家的哲理)驳斥挑战者]:是何观同而见异也? 君子不患位之不尊,而患德之不崇;不耻禄之不夥[huǒ,多也],而耻智之不博。是故艺可学,而行可力也。[在高位、权势和尊容面前的平静和高尚;一种对它们的"可遇而不可求"的超然态度]天爵高悬,得之在命,或不速而自怀,或羡游而不臻,求之无益,故智者面而不思。阽[diàn]身[身近危境]以徼幸,固贪夫之所为,未得而豫丧也。……[对他来说,这问题如此严肃认真,以致关系到根本的正直志愿]盈欲亏志,孰云非羞?……

　　[对自然事物详情的一心"专业"探究是正当的,根本的!]浑元初基,灵轨未纪,吉凶纷错,人用瞳朦。[在其时代背景下,他相信儒家自然神论,或至少使用它的流行话语]黄帝为斯深惨。有风(讽)后者,是焉亮之,察三辰于上,迹祸福乎下,经纬历数,然后天步有常,则风(讽)后之为也。当少昊[黄帝之子]清阳[即阳气]之末,实或乱德,人神杂扰,不可方物,重黎[重与黎,为羲、和二氏祖先]又相颛顼而申理之,日月即次,则重黎之为也。人各有能,因艺授任,鸟师[少皞氏以鸟名官,谓之鸟师]别名,四叔三正,官无二业,事不并济。昼长则宵短,日南则景(影)北。天且不堪兼,况以人该之。……仲尼不遇,故论《六经》以俟来辟,耻一物之不知,有事之无范。所考不齐,如何可一?

　　[每一种才能,每一个"专业",包括他自己在一心从事的,都有需要,都对全国/帝国事业有用!]夫战国交争,戎车竞够……安危无常……咸以得人为枭,失士为尤[过失]。故樊哙披帷,入见高祖;高祖踞洗,以对郦生[《汉书》曰:"郦食其求见,沛公方踞床,使两女子洗足,郦生不拜,长揖曰:'足下必欲诛无道秦,不宜踞见长者。'沛公起,摄衣谢之,延上坐。食其说沛公袭陈留。"]。当此之会,乃鼋鸣而鳖应也。故能同心戮力,勤恤人隐,奄受区夏,遂定帝位,皆谋臣之由也。故一介之策,各有攸建……

　　[他拒绝俗常儒者的狭隘的"一度以揆之",决心坚持他的"固孤""殊技"]于兹搢绅如云,儒士成林……不能通其变,而一度以揆之,斯契船而求剑,守株而伺兔也。……捷径邪至,我不忍以投步;干进苟容,我不忍以歙肩。……与世殊技,固孤是求。……

　　[他的另一项真正空前的成就:候风地动仪,其探测真实地震的准确性"合契若神"]:

阳嘉[顺帝年号]元年[132年]，夏造候风地动仪。以精铜铸成，员径八尺，合盖隆起，形似酒尊，饰以篆文山龟鸟兽之形。中有都柱，傍行八道，施关发机。外有八龙，首衔铜丸，下有蟾蜍，张口承之。其牙机巧制，皆隐在尊中，覆盖周密无际。如有地动，尊则振龙机发吐丸，而蟾蜍衔之。振声激扬，伺者因此觉知。虽一龙发机，而七首不动，寻其方面，乃知震之所在。验之以事，合契若神。自书典所记，未之有也。[**关于它的"绝对"准确的戏剧性一幕：**]尝一龙机发而地不觉动，京师学者咸怪其无征，后数日驿至，果地震陇西，于是皆服其妙。自此以后，乃令史官记地动所从方起。

[**他仍然可以间或地是一位正直的政治人，抨击在温和羸弱的顺帝之下行使统治和篡夺的有权者（特别是宦官集团）：**]

时，政事渐损，权移于下，衡因上疏陈事曰：

……阴阳未和，灾眚[shěng]屡见，神明幽远，冥鉴在兹。[**流行的儒家天人感应论能够被用来服务于良善的政治目的，像在东汉一次又一次发生了的那样，不管他是否真的相信它。**]福仁祸淫，景响而应，因德降休，乘失致咎，天道虽远，吉凶可见，近世郑、蔡、江、樊、周广、王圣[**全都是宦官和其他宫廷佞幸**]，皆为效矣。故恭俭畏忌，必蒙祉祚，奢淫谄慢，鲜不夷戮，前事不忘，后事之师也。……顷年雨常不足，思求所失，则《洪范》所得"僭(，)恒阳若[恒阳：久晴不雨，大旱成灾；恒阳大旱，暴虐无道之征]"者也。惧群臣奢侈，昏逾典式，自下逼上，用速咎征。又前年京师地震土裂，裂者威分，震者人扰也。君以静唱，臣以动和，威自上出，不趣(趋)于下，礼之政也。窃惧圣思厌倦，制不专己，思不忍割，与众共威。威不可分，德不可共。[**强烈的谴责和告诫：**]《洪范》曰："臣有作威作福玉食，害于而家，凶于而国。"……愿陛下思惟所以稽古率旧，勿令刑德八柄，不由天子。……[**当然，他的谴责和告诫全然无用。**]

[**他还无保留地抨击流行的儒家图纬神秘主义，斥之为"欺世罔俗"，虽然它有东汉王朝起初所有伟大君主们的支持：**]

初，光武善谶，及显宗[明帝]、肃宗[章帝]因祖述焉。自中兴之后，儒者争学图纬[图谶(chèn)和纬书]，兼复附以訞言。衡以图纬虚妄，非圣人之法，乃上疏曰：

臣闻圣人明审律历以定吉凶，重之以卜筮，杂之以九宫，经天验道，本尽于此。……立言于前，有征于后，故智者贵焉，谓之谶书。谶书始出，盖知之者寡。[**这类儒家神秘主义的"现代"起源和演化，由他的仔细分析和紧凑表述披露出来：**]自汉取秦，用兵力战，功成业遂，可谓大事，当此之时，莫或称谶。若夏侯胜[宣帝时人，创今文《尚书》"大夏侯学"]、眭［suī］孟［即眭弘，字孟，昭帝时人］之徒，以道术立名，其所述著，无谶一言。刘向［成帝时任光禄大夫］父子领校秘书，阅定九流，亦无谶录。成、哀之后，乃始闻之。……［这类神秘主义来得颇晚，**整个基于伪造，以其充斥着自相矛盾而容易被察觉出来的伪造**：］一卷之书，互异数事，圣人之言，势无若是，殆必虚伪之徒，以要世取资。往者侍中贾逵摘谶互异三十余事，诸言谶者皆不能说。至于王莽篡位，汉世大祸，八十篇何为不戒？则知图谶成于哀、平之际也。……永元［和帝年号，89—105 年］中，清河宋景遂以历纪推言水灾，而伪称洞视玉版。或者至于弃家业，入山林。后皆无效，而复采前世成事，以为证验。至于永建［顺帝年号，126—132 年］复统［顺帝为皇储时，被废为济阴王，安帝崩后宦官政变，摧毁阎氏外戚，立济阴王即帝位，故曰"复统"］则不能知。［**雄辩的分析之后的严厉谴责**：］此皆欺世罔俗，以昧势位，情伪较然，莫之纠禁［纠察和禁绝］。……譬犹画工。恶图犬马而好作鬼魅，诚以实事难形，而虚伪不穷也。［**他呼吁消灭这类儒家神秘主义！一项他肯定知道是"浪漫"的要求**：］宜收藏图谶，一禁绝之，则朱紫无所眩，典籍无瑕玷矣。

［无论如何，他与权宦之间全无和睦，在他担任（肯定为时甚短）皇帝的智识内侍期间：］

后迁侍中，帝引在帷幄，讽议左右。尝问衡天下所疾恶者。宦官惧其毁己，皆共目之，衡乃诡对而出［**他不认为政治战斗是他的主要责任，值得为之奉献生命**］。阉竖恐终为其患，遂共谗之。

［一位深刻和正直的天才如何生活在一个愈益黑暗的、有其垂死的政治文化的政治世界？这确实是个他长时间面对的简直非常痛苦的问题（"衡常思图身之事"），因而有他的"吉凶倚伏，幽微难明"的感觉，有他的《思玄赋》的文学心声：］

衡常思图身之事，以为吉凶倚伏，幽微难明，乃作《思玄赋》，以宣寄情志。其辞曰：

…………

收畴昔之逸豫兮，卷淫放之遐心。修初服之姱姱兮，长余珮之参参。文章焕以粲烂兮，美纷绵以从风。御六艺之珍驾兮，游道德之平林。结典籍而为罟兮，欧儒、墨而为禽。玩阴阳之变化兮，咏《雅》、《颂》之徽音。嘉曾氏之《归耕》兮，慕历陵之钦崟。共凤昔而不贰兮，固终始之所服也；夕惕若厉以省愆兮，惧余身之未敕也。苟中情之端直兮，莫吾知而不恶。墨无为以凝志兮，与仁义乎消摇。不出户而知天下兮。何必历远以劬劳?①

系曰:天长地久岁不留,俟河之清祇怀忧。愿得远度以自娱,上下无常穷六区。超逾腾跃绝世俗。飘飘神举逞所欲。天不可阶仙夫希,柏舟悄悄吝不飞。松、乔高跱孰能离? 结精远游使心携。回志朅来从玄谋,获我所求夫何思!②

[他以三年作为地方行政长官的能干的地方治理结束他的一生,饶有成就的一生:]

永和[顺帝年号,136—141 年]初,出为河间[大致为今河北河间市]相。时国王骄奢,不遵典宪;又多豪右,共为不轨。衡下车,治威严,整法度,阴知奸党名姓,一时收禽(擒),上下肃然,称为政理。视事三年,上书乞骸骨,征拜尚书。年六十二,永和四年[139 年]卒。

[他一生的写作成就,包括伟大杰作《灵宪》、若干颇有才能的赋以及一部与儒家学说有关的平庸的学术著作(他就此有未能实现的"巨大的"儒家学术抱负或幻想):]

著《周官训诂》[汉代称《周礼》为《周官》],崔瑗以为不能有异于诸儒也。[**智者千虑必有失!**]又欲继孔子《易》说《彖》、《象》残缺者,竟不能就。所著诗、赋、铭、七言、《灵宪》、《应闲》、《七辩》、《巡诰》、《悬图》凡三十二篇。

永初[安帝年号,107—113 年]中,谒者仆射刘珍、校书郎刘騊駼等著作东观,撰集《汉记》,因定汉家礼仪,上言请衡参论其事,会并卒,而衡常叹息,欲终成之。及为侍中,上疏请得专事东观,收捡遗文,毕力补缀。又条上司马迁、班固所叙与典籍不合者十余事。又以为王莽本传但应载篡事而已,至于编年月,纪灾祥,宜为元后本纪。又更始居位,人无异望。光武初为其将,然后即真,宜以更始之号建于光武之

---

① "玄谋"的内涵的探讨张衡在返回故土以后认为首先要改变自己游于四方天地之间以自淫放的念头。"初服"的意思是没有做官时的衣服。也就表示出作者并没有再骋志于政治的意思。"六艺"即是儒家六经,和儒家六经相对应,"道德"指的是《道德经》——要驾驭着"六经"的车马,游玩于"道德"的原野中。"典籍"泛指古代圣贤的书。"儒墨",指的是儒家和墨家。"罟",表广泛的意思。"禽"与"罟"相对,表目标重点。意思是作者要广泛地阅读各家的典籍,着重研究儒家和墨家的思想。"阴阳"应该指的是阴阳家之流。……接着作者又表示出想要归隐山林,侍养双亲的意思。下一句话是表达自己坚定归隐的志向。接下来一句是表示严格要求自己,做到端正德行。下一句是对这句话的进一步深化,说的是我的内心是这样的正直,就算没有人明白懂得我也不会感到惭愧。最后一句是总结这一整个段落的意思,说自己这样隐居、阅读、思考,并且以己度人,也能够知道天下的事情。再一次强调要放下远游的想法。《"思玄赋"中"玄"的内涵》,http://www.59165.com/dissertation/9/83264.html。

② 第一句讲的是作者想要施展在政治上的抱负而时不我与,强为之只徒曾忧愁。最后一句话"获我所求夫何思"中,作者"所求"的内涵也不确定,可能是政治上的成功,也可能是心灵的平静,也可能是其他的东西。"所求"的确定就需要"玄谋"的意思的确定。(见上面注 1。)《"思玄赋"中"玄"的内涵》,http://www.59165.com/dissertation/9/83264.html。

初［他确实走得太远了！智者千虑必有失］。书数上，竟不听。及后之著述，多不详典［了解典据］，时人追恨之。

［"数术穷天地，制作侔造化"：不仅后世人，而且当时人，都认识到他的特殊的伟大！］

论曰：崔瑗之称平子曰"数术穷天地，制作侔造化"［崔瑗撰张衡碑文］。斯致可得而言欤！推其围范两仪［《易·系辞》曰："范围天地之化。"王弼注云："拟范天地而周备其理也。"谓作浑天仪］，天地无所蕴其灵；运情机物［谓作候风地动仪等］，有生不能参［参悟］其智。故知思引渊微［深沉精微］，人之上术。记［《礼记》］曰："德成而上，艺成而下。"量斯思也，岂夫艺而已哉？何德之损［减也］乎！［言艺不减于德，一也。］

# 郑玄 *vs.* 马融："覃思以终业" *vs.* "为正直所羞"

### 卷35《张曹郑列传》［郑玄］

郑玄：

［一位真正历史性的伟大的儒家学问大师，在帝国垂死和崩塌的时代；将自己的大部分文人岁月花费在注释儒家经典上面，几乎所有儒家经典。身处一个非常分裂性的停滞不前的环境，即西汉时代占压倒性优势的今文经学与东汉时代强劲浮现的古文经学两者严重对立和激烈竞争，他兼采两者（虽然比较偏向古文经学），并且成就了某种可被认为是统一的事业，大有助于结束实质性损害儒家学问的、徒劳无用的"学究式或经院式两分"（pedantic or "scholarstic" dichotomy）。因而，他的成就是历史性的和经久的，在那么大程度上归功于他的伟大智慧、博学、学问均衡和精神宽允，还有他的心神专一的长久勤勉，那需要有一种不同凡俗的、正直的心灵。］

［即使在他的少年时期，他就不同流俗（"不乐为吏"），潜心学问；他那么聪慧（和勤勉），以致不久便"山东无足问者"，然后他前往帝国的文化/学问中心，旋以古文经学大师马融的最佳学生著称：］

郑玄字康成，北海高密人也。八世祖崇，哀帝时尚书仆射。玄少为乡啬夫［掌乡里听讼收赋税］，得休归，尝诣学官，不乐为吏，父数怒之，不能禁。［《郑玄别传》曰"玄年十一二，随母还家，正腊会同列十数人，皆美服盛饰，语言闲通，玄独漠然如不及，母私督数之，乃曰'此非我志，不在所愿'"。］他怀抱不同凡俗的大志愿！］遂造太学受业，师事京兆第五元先,始通《京氏易》、《公羊春秋》、《三统历》、《九章算术》。又从东郡张恭祖受《周官》、《礼记》、《左氏春秋》、《韩诗》、《古文尚书》。[**一位年轻的学问天才,有殆无满足的好学心灵**:]以山东无足问者,乃西入关,因涿郡卢植,事扶风马融。知

[**他以古文经学大师马融的最佳学生著称,从他学习,但无法长久忍受他的（非流俗的）傲慢**:]融门徒四百余人,升堂进者五十余生。融素骄贵,玄在门下,三年不得见,乃使高业弟子传授于玄。玄日夜寻诵,未尝怠倦。会融集诸生考论图纬,闻玄善算,乃召见于楼上,玄因从质诸疑义,问毕辞归。融喟然谓门人曰:"郑生今去,吾道东矣。"

[**他开始他的数十年儒学自我事业,伴随犹如"福兮祸所伏"的"党锢之祸"而研究和讲授,作为学问和学术辩论的一名全心全意的投入者**:]
玄自游学,十余年乃归乡里。家贫,客耕东莱,学徒相随已数百千人。及党事起,乃与同郡孙嵩等四十余人俱被禁锢,遂隐修经业,杜门不出。[**一场重大的学术辩论,针对那个时期的头号今文经学大师**:]时任城何休①好《公羊》学,遂著《公羊墨守》[言公羊义理深远,不可驳难,如墨翟之守城也]、《左氏膏肓》[《说文》曰:"肓,隔也。"心下为膏,喻左氏之疾不可为也]、《穀梁废疾》;玄乃发《墨守》,针《膏肓》,起《废疾》。休见而叹曰:"康成入吾室,操吾矛,以伐我乎!"[**总的儒学论辩背景**:]初,中兴[光武帝中兴汉代]之后,范升、陈元、李育、贾逵之徒争论古今学,后马融答北地太守刘瑰及玄答何休,义据通深,由是古学遂明。

[**他一贯坚定地自我孤隔于官场,不管伴随（甚或由于）他的作为学问大师和"道德楷模"的全国大名声而来的压力有多大**:]
灵帝末,党禁解,大将军何进闻而辟[征而任用]之。州郡以进权威,不敢违意,遂迫胁玄,不得已而诣之。进为设几杖,礼待甚优。玄不受朝服,而以幅巾见。一宿逃去。时年六十,弟子河内赵商等自远方至者数千。后将军袁隗表为侍中,以父丧不行。国相孔融深敬于玄,屣履造门[屣谓纳履未正,曳之而行,言趋贤急也]。告高密县为玄特立一乡,曰:"昔齐置'士乡'[管仲相桓公,制国为二十一乡,工商乡六,士乡十五,以居工商士。事见《国语》],越有'君子军'[吴越相攻,越王句践乃中分其师为左右军,以其私卒君子六千人为中军。事亦见《国语》],皆异贤之意也。郑君好学,实怀明

---

① 东汉最重要的今文经学家,治学严整缜密。在古文经学兴盛,《左氏春秋》学热盛而《公羊春秋》学日趋衰微的形势下,他决心继承汉初以来胡毋生和董仲舒为泰斗的《公羊》学事业,历时17年撰成《春秋公羊解诂》,是为两汉《公羊》学之集大成著作。

德。……今郑君乡宜曰'郑公乡'……可广开门衢,令容高车,号为'通德门'。"

董卓迁都长安[190年],公卿举玄为赵相,道断不至。会黄巾寇青部,乃避地徐州,徐州牧陶谦接以师友之礼。建安元年[196年],自徐州还高密,道遇黄巾贼数万人,见玄皆拜,相约不敢入县境。玄后尝疾笃,自虑,以书戒子益恩曰:

[他的既清高又谦逊的道德信仰,他一生始终付诸实践的道德信仰,在他的《诫子书》里得到了非常真挚的表述:]吾家旧贫,不为父母群弟所容,去厮[贱也]役之吏,游学周、秦之都,往来幽、并、兖、豫之域,获觐乎在位通人,处逸大儒[谓处士隐逸之大儒],得意者咸从捧手[拱手,表示敬意],有所受焉。遂博稽《六艺》,粗览传记,时睹秘书纬术之奥。年过四十,乃归供养,假田播殖,以娱朝夕。遇阉尹擅势,坐党禁锢,十有四年,而蒙赦令,举贤良方正有道,辟大将军三司府。公车再召,比牒并名,早为宰相[比牒犹连牒,并名谓齐名,言(其他或其余)连牒齐名被召者并为宰相也]。……吾自忖度,无任于此,但念述先圣之元意,思整百家之不齐,亦庶几以竭吾才,故闻命罔从。[他非常不同流俗,只奉献于他的学问"使命"!]而黄巾为害,萍浮南北,复归邦乡。入此岁来,已七十矣。宿素衰落,仍有失误,案之礼典,便合传家[谓家事任子孙]。今我告尔以老,归尔以事,将闲居以安性,覃思以终业。……胡尝扶杖出门乎!家事大小,汝一承之。咨尔茕茕一夫,曾无同生相依。其勖[xù,古同勉]求君子之道,研钻勿替,敬慎威仪,以近有德。显誉成于僚友,德行立于已志。若致声称,亦有荣于所生,可不深念邪!可不深念邪!吾虽无绂冕之绪,颇有让爵之高。自乐以论赞之功,庶不遗后人之羞。末所愤愤者,徒以亡亲坟垄未成,所好群书率皆腐敝,不得于礼堂写定,传与其人[谓好学者]。日西方暮,其可图乎!家今差多于昔[家境大不如前],勤力务时,(方能)无恤饥寒。菲饥食[缩食],薄衣服,节夫二者,尚令吾寡恨。若忽忘不识,亦已焉哉[(我)白费口舌]!

时,大将军袁绍总兵冀州,遣使要(邀)玄,大会宾客,玄最后至,乃延升上坐。身长八尺,饮酒一斛,秀眉明目,容仪温伟。绍客多豪俊,并有才说,见玄儒者,未以通人[学识渊博贯通古今者]许[承认]之,竞设异端,百家互起。玄依方辩对,咸出问表,皆得所未闻,莫不嗟服。时汝南应劭亦归于绍,因自赞曰:"故太山太守应中远,北面称弟子何如?"玄笑曰:"仲尼之门考以四科,回、赐之徒不称官阀。"[极好!他真正地不同流俗,(以一种经典的儒家绅士般的典雅和诙谐)鄙视流俗。]劭有惭色。绍乃举玄茂才,表为左中郎将,皆不就。公车征为大司农,给安车一乘,所过长吏送迎。玄乃以病自乞还家。[他一如既往,始终一贯!]

(建安)五年[200年]……寝疾。时袁绍与曹操相拒于官度(渡),令其子谭遣使逼玄随军,不得已,载病到元城县,疾笃不进,其年六月卒,年七十四。遗令薄葬。自郡守以下尝受业者,缞绖赴会千余人。

[他作为大师级的"纯儒"一生所做的儒家学术工作，"凡百余万言"（！）：近乎极端博学的，仔细"批评"性的和颇为创新的；与此同时，他的儒学学问盛名和他杰出的"教学"成就也令人印象深刻：]

门人相与撰玄答诸弟子问《五经》，依《论语》作《郑志》八篇。凡玄所注《周易》、《尚书》、《毛诗》、《仪礼》、《礼记》、《论语》、《孝经》、《尚书大传》、《中候》、《乾象历》，又著《天文七政论》、《鲁礼禘祫义》、《六艺论》、《毛诗谱》、《驳许慎五经异义》、《答临孝存周礼难》，凡百余万言。斋玄质于辞训[注经长于文辞名物训诂]，通人颇讥其繁。至于经传洽孰（熟）[博通审悉]，称为纯儒，齐、鲁间宗之。其门人山阳郗虑至御史大夫，东莱王基、清河崔琰著名于世。又乐安国渊、任嘏，时并童幼，玄称渊为国器，嘏有道德[渊，魏司空掾，迁太仆；嘏，魏黄门侍郎]，其余亦多所鉴拔，皆如其言。……

[我们的史家范晔作的准确评价，关于他对儒学学问甚至儒家本身的伟大贡献，那在于实质性地改变了一种高度分裂、停滞不前和徒劳少功的局面：]

论曰：自秦焚《六经》，圣文埃灭。汉兴，诸儒颇修艺文；及东京，学者亦各名家。而守文之徒，滞固所禀[受也]，异端纷纭，互相诡激，遂令经有数家，家有数说，章句多者或乃百余万言，学徒劳而少功，后生疑而莫正。郑玄括囊大典，网罗众家，删裁繁诬，刊改漏失，自是学者略知所归。……

### 卷 60 上《马融列传》

[你会对某些大师级人物深感遗憾吗？请看这里记述的马融！]

[他是两汉时代最杰出的儒家古文经学大师，或许还是六个世纪前的孔子本人之后最大的民间教育家，其标志为他的规模简直盛大的私人学校（"教养诸生，常有千数"），还有他的具备特殊创造性和灵活性的教育方法。然而，就道德、正直和人类认真而论，他与他的最伟大学生郑玄相反。他既着迷于儒家学问，也沉溺于过分奢乐，同时阿谀奉承狂野的宫廷权势者，以至于"为正直所羞"，恰恰因为他对其固有的胆怯。一位没有原则的天才。]

[他作为成人几乎从一开始就名声卓著，因为他显赫的家族背景、动人的雄辩、杰出的才智和渊博的儒家学问；同时，他也开始显示出他那轻易屈从于必需的性情：]

马融字季长，扶风茂陵人也，将作大匠严之子[族祖为东汉初伏波将军马援]。为人美辞貌，有俊才。初，京兆挚恂以儒术教授，隐于南山，不应征聘，名重关西，融从其游学，博通经籍。恂奇融才，以女妻之。

永初[安帝年号]二年[108年]，大将军邓骘[zhì]闻融名，召为舍人，非其好也，遂不应命，客于凉州武都，汉阳界中。会羌虏飙起，边方扰乱，米谷踊贵，自关以西，道殣相望[《左传》曰，叔向云："道殣相望。"杜注云"饿死为殣"]。融既饥困，乃悔而叹息，谓其友人曰："古人有言：'左手据天下之图，右手刎其喉，愚夫不为。'[《庄子》言。谓不以名害其生。]所以然者，生贵于天下也。今以曲俗咫尺之羞，灭无赀之躯，殆非老、庄所谓也。"[为自保而轻易屈从于必须是他深怀的"哲理信念"。]故往应骘召。

[《广成颂》：他在帝国中央的不成功的含蓄训诫，关于帝国军力的重要性；还有他在威严的摄政邓太后手里遭受的甚至更糟的待遇：]

四年[110年]，拜为校书郎中，诣东观典校秘书。是时邓太后监朝，骘兄弟辅政。而俗儒世士，以为文德可兴，武功宜废，遂寝蒐狩之礼，息战陈（阵）法，故猾贼从（纵）横，乘此无备。[这是不是对窦宪为窦氏外戚利益施行的"远征黩武主义"的一种政治/战略文化反应？窦氏集团在公元92年被一场政变摧毁。]融乃感激[感动激愤]，以为文武之道，圣贤不坠，五才之用，无或可废。[五才即金、木、水、火、土。《左传》：宋子罕曰"天生五材，民并用之，废一不可，谁能去兵"。]元初二年[115年]，上《广成颂》以讽谏。其辞曰……[主要为颂扬古帝王蒐狩之威武雄壮，勇猛非常。]

颂奏，忤邓氏，滞于东观，十年不得调。[他的个人为官生涯越来越倒霉，因为如本篇近结尾处所云，他"任性，不拘儒者之节"：]因兄子丧自劾归。太后闻之怒，谓融羞薄诏除，欲仕州郡，遂令禁锢之。[《融集》云，时左将奏融遭兄子丧，自劾而归，离署当免官。制曰："融典校秘书，不推忠尽节，而羞薄诏除，希望欲仕州郡，免官勿罪。"禁锢六年矣。]

[他被"恢复到"官场，但只担任卑职（为何他接受了这些卑职？他那么"便宜地"对待他自己！）：]

太后崩，安帝亲政，召还郎署，复在讲部。出为河间王厩长史。时车驾东巡岱宗，融上《东巡颂》，帝奇其文，召拜郎中。及北乡侯即位，融移病去，为郡功曹。

[如上面的《广成颂》表明过的，他现在再度显示他欲加强帝国防务的正直和强烈的意向；他可以正直勇敢，虽然其自荐实属徒劳：]

阳嘉[顺帝年号]二年[133年]，诏举敦朴，城门校尉岑起举融，征诣公车，对策，拜议郎。大将军梁商表为从事中郎，转武都太守。时西羌反叛，征西将军马贤与护羌校尉胡畴征之，而稽久不进。融知其将败，上疏乞自效，曰：

今杂种诸羌转相抄盗，宜及其未并，亟遣深入，破其支党，而马贤等处处留滞。

羌胡百里望尘，千里听声，今逃匿避回，漏出其后，则必侵寇三辅，为民大害。[**要加强帝国防务的正直和强烈的意向使他正直勇敢：**]臣愿请贤所不可用关东兵五千，裁假部队之号，尽力率厉（励），埋根[谓不退]行首，以先吏士，三旬之中，必克破之。臣少习学艺，不更武职，猥陈此言，必受诬罔之辜。昔毛遂厮养[谓贱人]，为众所蚩（嗤），终以一言，克定从要[从约，合纵之约]。[毛遂，赵平原君赵胜客。居门下三年。时平原君将与楚合纵，以毛遂备二十人数，其十九人相与嗤笑之。至楚，毛遂果按剑与楚确定合纵，楚立发兵救赵。事见《史记》。]臣惧贤等专守一城，言攻于西而羌出于东，且其将士必有高克溃叛之变[《左传》曰，郑使高克率师次于河上，久而不召，师溃而归，高克奔陈]。

　　朝廷不能用。……

　　[**纵观整个一生，他从未在为官经历中成功过；为官肯定不符合他的个性：**]

　　三迁，桓帝时为南郡太守。先是融有事忤大将军梁冀旨，冀讽有司奏融在郡贪浊，免官，髡[kūn，刑罚，剃去头发]徙朔方。自刺不殊[不死]，得赦还，复拜议郎，重在东观著述，以病去官。

　　[**他既着迷于儒家学问，又沉溺于过分奢乐，同时阿谀奉承狂野的宫廷权势者，以至于"为正直所羞"。他是个没有原则和政治/道德胆魄的天才：**]

　　融才高博洽，为世通儒，教养诸生，常有千数。[**一位学问大师，一位"大规模"教育家，似乎在这后一方面仅次于六个世纪前的儒家宗师本人。**]涿郡卢植，北海郑玄，皆其徒也。[**然而，他看来大致只有儒家学问学业，而无儒家行为方式。一位"半儒士"：**]善鼓琴，好吹笛，达生任性，不拘儒者之节。居宇器服，多存侈饰。尝坐高堂，施绛纱帐，前授生徒，后列女乐，弟子以次相传，鲜有入其室者。尝欲训《左氏春秋》，及见贾逵、郑众注，乃曰："贾君精而不博，郑君博而不精。既精既博，吾何加焉！"[**他对他的学问方面的才能极其自信！**]但著《三传异同说》。注《孝经》、《论语》、《诗》、《易》、《三礼》、《尚书》、《列女传》、《老子》、《淮南子》、《离骚》，所著赋、颂、碑、诔、书、记、表、奏、七言、琴歌、对策、遗令，凡二十一篇。

　　[**他没有政治/道德胆魄，因而对权势者大加阿谀：**]初，融惩于邓氏，不敢复违忤势家，遂为梁冀草奏李固，又作大将军《西第颂》，以此颇为正直所羞。[**他的威望只在学问方面，全不是因为他的道德！**]年八十八，延熹[桓帝年号]九年[166年]卒于家。遗令薄葬。……

　　[**可以理解，我们的史家尖锐地批评他，而且进一步，做了一项我们每个人都应该思考的更深刻的评论：**]

　　论曰：马融辞命邓氏，逡巡陇、汉之间，将有意于居贞[遵守正道]乎？既而羞曲士[乡曲之士,孤陋寡闻者]之节,惜不赀[无从计量,表示多或贵重]之躯,终以奢乐恣性,党附成讥,固知识能匡欲者鲜矣[一项深刻的评论！人,包括甚至学问大师,本能上是动物。因而,知识在一定意义上一向与道德不相干,而天才可能像马融那样没有原则]。夫事苦,则矜全[怜惜(名节?)而予以保全]之情薄;生厚,故安存之虑深。[如何敲出一个平衡,以便成为一名有道德的讲求实际者？一个对我们所有人来说都是严肃的问题,至少间或地。]登高不惧者,胥靡[一种家内男性奴隶,因被用绳索连着强制劳动;谓空无所有者]之人也;坐不垂堂[不坐在近屋檐处堂,怕掉到台阶下]者,千金之子也。原其大略,归于所安而已矣。……

## 避世逸民：“大丈夫安能为人役哉！”

### 卷 83《逸民列传》

[伴随增长了的社会精致和文化精致,东汉是个(儒家)士人具备大得多的多样性和复杂性的时代。不仅有“传统的”儒士,他们追求和从事流俗的、大抵遵奉主义的(conformist)为官生涯,还有各类互相间差异甚大的学者,分别属于更加众多的不同的儒家学派、帝国垂死时代里“组织”进党人运动的政治上显要的持己见者以及“逸民”——我们的史家在此记述的种种超然的隐逸者。]

[“逸民”,不同流俗的正直士人,不仅拒绝当官,而且规避大众或俗众社会生活,尽管他们有能力从事这两者。在东汉,这类士人一般而言必定出自两个事实：(1)该王朝时代的大部分时段充满急剧的政治变动,伴同这些变动的一种可怕代价,即那么多显要官员横遭厄运;(2)就该时代的其余岁月甚至更多时间而言,关于可怖的全国动乱——从西汉最后几十年到光武帝统一战争结束——的同时代经历或事后记忆必定遏阻了许多人去怀抱希望,希冀在官场或一般俗众社会里可以向有一种和平的和道德的生活。因而,在这些意义上,东汉的“逸民”是延续两个多世纪的特殊政治情势的一个效应。]

[无论如何,这里记述的“逸民”以一种消极方式代表了一类政治/道德独立,恰如“党人”以一种积极方式这么做。与相反情况下相比,这两者在东汉的大规模存在使这个时代更多了一点生气甚或辉煌。]

[或许,“逸民”持有的一个根本信念(如其中之一所说)是“大丈夫安能为人役哉！”因此,可以说他们本质上不是儒士,至少不是叔孙通和公孙弘的实践和体制化往后的那类版本的儒士。]

［总的来说，并且在一种精神/道德意义（"志意"和"道义"意义）上，我们的史家对"逸民"大加称颂，因而他给本篇里的一项项个人传记作了如下的"恢宏"导言：］

［他对他们的总的、足够恢宏的赞颂：］《易》称"《遁》之时义大矣哉"。又曰："不事王侯，高尚其事。"是以尧称则天，不屈颍阳［谓巢父、许由］之高；武尽美矣，终全孤竹［即伯夷、叔齐］之洁。自兹以降，风流弥繁，长往之轨未殊，而感致之数匪（非）一。［六类"逸民"行为与其意图：］或隐居以求其志，或回避以全其道，或静己以镇其躁，或去危以图其安，或垢俗［抨击污俗］以动其概，或疵物［非议事物］以激其清。然观其甘心畎亩之中，憔悴江海之上，岂必亲鱼鸟、乐林草哉！亦云性分［天性、本性］所至而已。［他们在他们自己的信念、正直和道德自信上的大坚定性：］故蒙耻之宾，屡黜不去其国［《列女传》曰："柳下惠死，其妻诔之曰：'蒙耻救人，德弥大兮。虽遇三黜，终不蔽兮。'"］；蹈海之节，千乘莫移其情［《史记》曰，鲁连谓新垣衍曰："秦即为帝，则鲁连蹈东海死耳。"鲁连下聊城，田单爵之，鲁连逃隐于海上］。适使矫易去就，则不能相为矣。［谓人各有所尚，不能改其志。］彼虽硁硁［kēng kēng，浅薄而又固执的样子］有类沽名者，然而蝉蜕嚣埃［嚣尘，纷扰的尘世］之中，自致寰区［人世间］之外，异夫饰智巧以逐浮利者乎！荀卿有言曰，"志意修则骄富贵，道义重则轻王公"也。［不同流俗之士，完全鄙视权势、财富和虚荣的丛林世界，流俗的和"做作的"丛林世界！］

［"逸民"之前所未有的凸显程度和数量是两个特殊时代的现象，或者说是全国生活和帝国国家阴暗政治中的诸多特定动乱的一个效应，是它们对两汉帝国产生的数量多得多的知识分子的一个效应：］汉室中微，王莽篡位，士之蕴藉义愤甚矣。是时裂冠毁冕，相携持而去之者，盖不可胜数……光武侧［犹特也］席幽人［隐幽之人、隐士］，求之若不及，旌帛蒲车之所征贲［征聘］，相望于岩中矣。若薛方、逢萌，聘而不肯至；严光、周党、王霸，至而不能屈。群方咸遂，志士怀仁，斯固所谓"举逸民天下归心"者乎［《论语·尧曰》云"兴灭国，继绝世，举逸民，天下之民归心焉"］！肃宗亦礼郑均而征高凤，以成其节。自后帝德稍衰，邪嬖当朝，处子耿介，羞与卿相等列，至乃抗愤而不顾，多失其中行［中庸之道］焉。……

向长：

［就东汉绝大多数"逸民"来说的一个例外，因为他更多地是个道家而非儒家人物。简直彻底地非流俗，同时保持"中和"性情。］

向长字子平，河内朝歌人也。隐居不仕，性尚中和，好通《老》、《易》。贫无资食，好事者更馈焉，受之取足而反（返）其余。王莽大司空王邑辟之，连年乃至，欲荐之于莽，固辞乃止。潜隐于家。读《易》至《损》、《益》卦，喟然叹曰："吾已知富不如贫,贵不如贱,但未知死何如生耳。"建武中,男女娶嫁既毕,敕断家事勿相关,当如我死也。于是遂肆意,与同好北海禽庆俱游五岳名山,竟不知所终。

逢萌:

［一位政治上的正直之士转变为隐士,然后孤享其隐士生活而不顾根本政治形势的大转寰;他在当地民众中间有盛大声望,以至于后者准备为他赴汤蹈火,因为他道德高尚,行为超然。］

逢萌字子康,北海都昌人也。家贫,给事县为亭长。时尉行过亭,萌候迎拜谒,既而掷楯［亭长主捕盗贼,故执楯］叹曰:"大丈夫安能为人役哉!"［他的关键性情,看来多半是个后天而非先天的特性。］遂去之(至)长安学,通《春秋经》。［他完全拒绝大篡夺者的黑暗政治,彻底退出:］时王莽杀其子宇,①萌谓友人曰:"三纲绝矣!不去,祸将及人。"即解冠挂东都城门,归,将家属浮海,客于辽东。

萌素明阴阳,知莽将败,有顷,乃首戴瓦盎［瓦盆］,哭于市曰:"新乎新乎!"因遂潜藏。

及光武即位,乃之(至)琅邪劳山,养志修道,人皆化其德。

［他拒绝给地方行政长官面子:］北海太守素闻其高,遣吏奉谒致礼,萌不答。太守怀恨而使捕之。吏叩头曰:"子康大贤,天下共闻,所在之处,人敬如父,往必不获,只自毁辱。"太守怒,收之系(羁)狱,更发它吏。［他在当地民众中间有盛大声望,以至于后者准备为他赴汤蹈火:］行至劳山,人果相率以兵弩捍御。吏被伤流血,奔而还。［他拒绝给君主效劳,无论是坏君主还是好君主:］后诏书征萌,托以老耄,迷路东西［迷路而不辨东南西北］,语使者云:"朝廷所以征我者,以其有益于政,尚不知方面所在,安能济时乎?"即便驾归。连征不起,以寿终。

初,萌与同郡徐房、平原李子云、王君公相友善,并晓阴阳,怀德秽行。房与子云养徒各千人,君公遭乱独不去,侩［谓平会两家卖买之价］牛自隐。时人谓之论曰:"避世墙东王君公。"［全国大乱期间"逸民"为数众多,以种种不同方式,而且并非一定隐逸。］

---

① 《汉书·王莽传上》载:初,莽欲擅权……于是遣甄丰奉玺绶,即拜帝［平帝］母卫姬为中山孝王后,赐帝舅卫宝、宝弟玄玄爵关内侯,皆留中山,不得至京师。莽子宇,非莽隔绝卫氏,恐帝长大后见怨……宇与师吴章及妇兄吕宽议其故,章以为莽不可谏,而好鬼神,可为变怪以惊惧之……宇即使宽夜持血酒莽第门,吏发觉之,莽执宇送狱,饮药死。宇妻焉怀子,系狱,须产子已,杀之。莽奏言:"宇为吕宽等所诖误,流言惑众,与管、蔡同罪,臣不敢隐,其诛。"……莽因是诛灭卫氏,穷治吕宽之狱,连引郡国豪桀素非议已者,内及敬武公主、梁王立、红阳侯立、平阿侯仁,使者迫守,皆自杀。死者以百数,海内震焉。……

周党:

[**一位侠士转变为隐士,至少部分地归因于他的根本的侠义。**]

[**从少年时起就侠义:**]周党字伯况,太原广武人也。家产千金。少孤,为宗人所养,而遇之不以理,及长,又不还其财。党诣乡县讼,主乃归之。既而散与宗族,悉免遣奴婢,遂至长安游学。

初,乡佐[《续汉志》:乡佐,主收赋税者]尝众中辱党,党久怀之。后读《春秋》,闻复仇之义,便辍讲而还,与乡佐相闻,期克斗日。既交刃,而党为乡佐所伤,困顿。乡佐服其义,舆归养之,数日方苏,既悟而去。[**他超越了侠义:**]自此敕身修志,州里称其高。

及王莽窃位,托疾杜门。自后贼暴从(纵)横,残灭郡县,唯至广武,过城不入。

[**他在一位伟大君主统治时期转变成"逸民":**]建武中,征为议郎,以病去职,遂将妻子居黾池。复被征,不得已,乃着短布单衣,榖皮绡头[以谷树皮为束发的头巾],待见尚书。及光武引见,党伏而不谒[此处谓不行君臣之礼],自陈愿守所志,帝乃许焉。

[**他和类似于他的人遭到一名流俗的为官儒士(近乎经典的儒士)在宫廷的致命指控,那代表了两种(可以说在儒家阵营内部)相反的政治文化之间的冲突:**]博士范升奏毁党曰:"臣闻尧不须许由、巢父,而建号天下;周不待伯夷、叔齐,而王道以成。伏见太原周党、东海王良、山阳王成等,蒙受厚恩,使者三聘,乃肯就车。及陛见帝廷,党不以礼屈,伏而不谒,偃蹇骄悍,同时俱逝[短时间内传播很远]。党等文不能演义,武不能死君,钓采华名,庶几三公之位。臣愿与坐云台之下,考试图国之道。不如臣言,伏虚妄之罪。而敢私窃虚名,夸上求高,皆大不敬。"书奏,天子以示公卿。[**这伟大君主比那流俗儒士开明得多:**]诏曰:"自古明王圣主,必有不宾之士。伯夷、叔齐不食周粟,太原周党不受朕禄,亦各有志焉。其赐帛四十匹。"党遂隐居黾池,著书上下篇而终。邑人贤而祠之。

初,党与同郡谭贤伯升、雁门殷谟君长,俱守节不仕王莽世。建武中,征,并不到。……

严光:

[**一位极具风格的"逸民",甚至能对着全权的光武帝表现他那"狂野的"傲慢和潇洒(因为"少……与光武同游学"和"帝思其贤")。这类"仁慈的"互动使"逸民"在风格和命运上那么不同于"党人"。**]

严光字子陵,一名遵,会稽余姚人也。少有高名,与光武同游学[**这后来证明是他的大资产,无论他多么不同流俗。**]。及光武即位,乃变名姓,隐身不见。[**无**

论如何,他确实不俗!]帝思其贤,乃令以物色访之。后齐国上言:"有一男子,披羊裘钓泽中。"帝疑其光[他那么了解这家伙!],乃备安车玄纁[黑色和浅红色的布帛,衍意为延聘贤士的礼品],遣使聘之。三反(返)而后至[他看来不怕任何人]。舍于北军。给床褥,太官朝夕进膳。

[他对一位旧日朋友和现在的顶级大臣狂野地傲慢和挖苦:]司徒侯霸与光素旧,遣使奉书。使人因谓光曰:"公闻先生至,区区欲即诣造。迫于典司,是以不获。愿因日暮,自屈语言。"光不答,乃投札与之,口授曰:"君房足下:位至鼎足,甚善。怀仁辅义天下悦,阿谀顺旨要领绝。"①霸得书,封奏之。帝笑曰:"狂奴故态也。"[他那么了解他!]车驾即日幸其馆。光卧不起,帝即其卧所,抚光腹曰:"咄咄子陵,不可相助为理邪?"光又眠不应,良久,乃张目熟视,曰:"昔唐尧著德,巢父洗耳[尧要将帝位禅让给许由,许由不接,告诉巢父,巢父批评他隐匿不深才被尧发现,并说你不是我真正的朋友,便到水边洗耳。意谓隐士不近尘俗]。士故有志,何至相迫乎!"[他有他的原则,既是实质的,也是风格的。]帝曰:"子陵,我竟不能下汝邪?"于是升舆叹息而去。

复引光入,论道旧故,相对累日。帝从容问光曰:"朕何如昔时?"对曰:"陛下差增于往[比过去胖一点]。"因共偃卧,光以足加帝腹上。["逸民"与帝国国家权力之间最为"仁慈的"互动。那么不同于"党人"有的。]明日,太史奏客星犯御坐甚急。帝笑曰:"朕故人严子陵共卧耳。"[他也是一位风格人物,且毫不装腔作势。]

除为谏议大夫,不屈,乃耕于富春山,后人名其钓处为严陵濑焉。[于是,他成了自此往后中国史上一位极有名的"风格派逸民"!]建武十七年[41年],复特征,不至。年八十,终于家。帝伤惜之,诏下郡县赐钱百万、谷千斛。……

**梁鸿:**

[另一位极具风格的"逸民",在中国史上甚至比严光还有名,因为他和他的"肥丑而黑"(但诚实)的妻子之间的互尊、互爱和互忠关系,后者"齐眉举案"侍奉他用餐。]

梁鸿字伯鸾,扶风平陵人也。父让,王莽时为城门校尉,封脩远伯,使奉少昊后,寓于北地而卒。鸿时尚幼,以遭乱世,因卷席而葬。

[他早年是个正直、勤勉、诚实和温良的学人,大有耐心:]后受业太学,家贫而

---

① 皇甫谧《高士传》曰:"霸使西曹属侯子道奉书,光不起,于床上箕踞抱膝发书读讫,问子道曰:'君房素痴,今为三公,宁小差否?'子道曰:'位已鼎足,不痴也。'光曰:'遣卿来何言?'子道传霸言。光曰:'卿言不痴,是非痴语也?天子征我三乃来。人主尚不见,当见人臣乎?'子道求报。光曰:'我手不能书。'乃口授之。使者嫌少,可更足。光曰:'买菜乎?求益也?'"

尚节介,博览无不通,而不为章句。学毕,乃牧豕[shǐ]于上林苑中。曾误遗火,延及它舍。鸿乃寻访烧者,问所去失,悉以豕偿之。其主犹以为少。鸿曰:"无它财,愿以身居作。"主人许之。因为执勤,不懈朝夕。邻家耆老见鸿非恒人,乃共责让主人,而称鸿长者。于是始敬异焉,悉还其豕。鸿不受而去,归乡里。

[**然而,只是在他娶了一名"肥丑而黑"(但诚实)的姑娘而不要富家女的时候,他的非凡的潇洒和不俗的风格才显露出来:**]势家慕其高节,多欲女之,鸿并绝不娶。同县孟氏有女,状肥丑而黑,力举石臼,择对不嫁,至年三十。父母问其故。女曰:"欲得贤如梁伯鸾者。"[**怎样的一个大有抱负的姑娘!她也潇洒!**]鸿闻而娉之。女求作布衣、麻屦,织作筐缉绩之具。及嫁,始以装饰入门。七日而鸿不答。[**他想要她知道他非常不同流俗,如果她仍未通过这结婚本身知道这一点的话。**]妻乃跪床下请曰:"窃闻夫子高义,简斥[远也]数妇,妾亦偃蹇[傲慢待人]数夫矣。今而见择,敢不请罪。"鸿曰[**他告之以他的抱负:做个"逸民"**]:"吾欲裘褐之人,可与俱隐深山者尔。今乃衣绮缟,傅粉墨,岂鸿所愿哉?"妻曰:"以观夫子之志耳。妾自有隐居之服。"[**这证明是一场互相测试!**]乃更为椎髻,着布衣,操作而前。鸿大喜曰:"此真梁鸿妻也。能奉我矣!"字之曰德曜,名孟光。[**一对自命的"逸民",心心相印!**]

[**这对夫妇的孤隐的智识/劳作生活,鄙视差不多所有流俗的价值:**]他居有顷,妻曰:"常闻夫子欲隐居避患,今何为默默?无乃欲低头就之乎?"鸿曰:"诺。"乃共入霸陵山中,以耕织为业,咏《诗》、《书》,弹琴以自娱。仰慕前世高士,而为四皓以来二十四人作颂。因东出关,过京师,作《五噫之歌》曰:"陟彼北芒[横卧于洛阳北侧,为崤山支脉]兮,噫!顾览帝京兮,噫!宫室崔嵬兮,噫!人之劬劳[民之劳苦]兮,噫!辽辽[辽远]未央[未尽]兮,噫!"肃宗[章帝]闻而非之,求鸿不得。[**他们的流亡,因为他们在《五噫之歌》中的政治/社会怨怼:**]乃易姓运期,名耀,字侯光,与妻子居齐鲁之间。

有顷,又去适吴。将行,作诗曰:……

遂至吴,依大家皋伯通,居庑下[《说文》曰:"庑,堂下周屋也。"《释名》:"大屋曰庑。"],为人赁舂。每归,妻为具食,不敢于鸿前仰视,举案齐眉。[**尤其是这,使得他们在后来的中国史上始终那么著名!**]伯通察而异之,曰:"彼佣能使其妻敬之如此,非凡人也。"乃方舍之于家。鸿潜闭著书十余篇。疾且困,告主人曰:"昔延陵季子葬子于嬴博[春秋时齐二邑名,吴季札葬子于其间]之间,不归乡里,慎勿令我子持丧归去。"及卒,伯通等为求葬地于吴要离[刺吴王僚子庆忌者]冢傍。咸曰:"要离烈士,而伯鸾清高,可令相近。"葬毕,妻子归扶风。……

高凤：

[另一种"逸民"，与上面的所有"逸民"不同，以他的全无"浪漫主义"的"反风格"（anti-stylist）特征。"志陵青云之上，身晦泥污之下"：一位全然宁静的乡村儒家学者。]

高凤字文通，南阳叶人也。少为书生，家以农亩为业，而专精诵读，昼夜不息。妻尝之（至）田，曝麦于庭，令凤护鸡。时天暴雨，而凤持竿诵经，不觉潦水流麦。妻还怪问，风方悟之。[一位可爱的书呆子！]其后遂为名儒，乃教授于西唐山中。

邻里有争财者，持兵而斗，凤往解之，不已，乃脱巾叩头，固请曰："仁义逊让，奈何弃之！"[他有他顽固地坚持的顽固的原则。]于是争者怀感，投兵谢罪。

凤年老，执志不倦，名声著闻。太守连召请，恐不得免，自言本巫家，不应为吏，又诈与寡嫂讼田，遂不仕。建初[章帝年号，76—84年]中，将作大匠任隗举凤直言，到公车，托病逃归。[他有坚定不移的乡土务实毅力。]推其财产，悉与孤兄子。隐身渔钓，终于家。

[在某种意义上，这位全然宁静的乡村儒士是我们的史家及其父亲最珍视的一类"逸民"：]论曰：先大夫宣侯[范晔之父，谥谥宣侯]，尝以讲道余隙，寓乎逸士之篇。至《高文通传》，辍而有感，以为隐者也，因著其行事而论之曰："古者隐逸，其风尚矣。……若伊人者，志陵青云之上，身晦泥污之下，心名且犹不显，况怨累之为哉！与夫委体渊沙[指屈原投江自沉]，鸣弦揆日者[指嵇康临刑顾日景而弹琴]，不其远乎！"……

# 哲妇贞女："隆家人之道，亮明白之节"

### 卷84《列女传》

[本篇独特，因为它是在中国史纂甚或任何中国学问文献中所曾有过的首个"普通妇女"（皇后皇妃以外的妇女）故事专集。它是否代表提高妇女地位和以"开明"方式赞扬她们对社会的物质和智识贡献的一项努力？否。在此，妇女问题被完全儒化了，强调她们服从儒家"女德"，或曰服从一个帝国国家和社会的一大方面的根本伦理，而这国家和社会在政治、社会和文化秩序的所有等级层次上都压倒性地由男人统治。被赞颂的是某些"哲妇"和"贞女"对经儒家界定的妇女责任之毫无保留的献身式履行，不顾（或正是因为）她们的苦难甚或暴死。我们的史家的意识形态特色在这"创新性"的篇章里表现得那么清晰。]

[然而，如果我们坚持历史主义和其他，我们就应当像我们的史家一样去赞颂

其中某些妇女，因为她们尽了自己可能的最大努力去捍卫某些价值，那是远不止于仅在她们那个时代值得赞颂的。]

[篇内仅有单独一个例外，例外于提倡儒家女德：在此的最后一则传记，颇为人道地写了天才的蔡文姬。]

[主题在一开头就被最直接地宣告出来；与此同时，本篇被自觉地视作一个创造，因为"世典咸漏"：]

《诗》、《书》之言女德尚[远也]矣[《诗》谓"《关雎》，后妃之德也"。《书》称"厘降二女于妫汭，嫔于虞"]。若夫贤妃助国君之政，哲妇隆家人之道，高士弘清淳之风，贞女亮明白之节，则其徽美[美好，美德]未殊[相同，无差异]也，而世典咸漏焉。故自中兴以后，综其成事，述为《列女篇》。如马、邓、梁后，别见前纪；梁嫕[yì，梁竦女]、李姬[李固女]，各附家传[见《梁统列传》和《李杜列传》]。若斯之类，并不兼书。余但搜次才行尤高秀者，不必专在一操而已。

桓少君：

[西汉临近灭亡时一位标准的儒妇，改变自己的阶级角色和生活方式，以便履行自己作为一名乡村穷儒的驯顺妻子而须尽的责任。她从不腐败。]

勃海鲍宣妻者，桓氏之女也，字少君。宣尝就少君父学，父奇其清苦，故以女妻之，装送资贿甚盛。宣不悦，谓妻曰[他保持自己的阶级意识和无有者（the have-not）的自豪]："少君生富骄，习美饰，而吾实贫贱，不敢当礼。"妻曰[她许诺改变她的阶级角色和生活方式，以便完全履行她作为一名驯顺的妻子而须尽的责任]："大人以先生修德守约，故使贱妾侍执巾栉。即奉承君子，唯命是从。"宣笑曰："能如是，是吾志也。"[而且，她立即完全履行自己的承诺：]妻乃悉归侍御服饰，更着短布裳，与宣共挽鹿车归乡里。拜姑礼毕，提瓮出汲，修行妇道，乡邦称之。

宣，哀帝时官至司隶校尉。子永，中兴初为鲁郡太守。永子昱从容问少君曰："太夫人宁复识挽鹿车时不？"对曰："先姑有言：'存不忘亡，安不忘危。'吾焉敢忘乎！"……[伟大！她的审慎和最佳记忆！她几十年始终不可能被腐败。]

王霸妻：

[一位自信、非同流俗且不那么儒的女人，为她的家庭作为穷苦但超脱的"逸民"的非流俗生活方式感到骄傲。她给她那一时间沮丧的丈夫作的鼓励确实感人，并能激励所有精神上独立的无有者。]

太原王霸妻者，不知何氏之女也。霸少立高节，光武时连征，不仕。霸已见

《逸人传》。妻亦美志行。初,霸与同郡令狐子伯为友,后子伯为楚相,而其子为郡功曹。子伯乃令子奉书于霸,车马服从,雍容如也。霸子时方耕于野,闻宾至,投耒[lěi,犁上的木把]而归,见令狐子,沮怍不能仰视。霸目之,有愧容,客去而久卧不起。妻怪问其故,始不肯告,妻请罪,而后言曰:"吾与子伯素不相若,向见其子容服甚光,举措有适,而我儿曹[辈也]蓬发历齿,未知礼则,见客而有惭色。父子恩深,不觉自失耳。"妻曰:"君少修清节,不顾荣禄。今子伯之贵孰与君之高?奈何忘宿志而惭儿女子乎!"霸屈起而笑曰:"有是哉!"遂共终身隐遁。

**姜诗妻:**

[**一位标准的儒妇,始终一贯地彻底孝敬她的婆婆,为此不顾全都因为后者而来的冤屈和丧子之痛。**]

广汉姜诗妻者,同郡庞盛之女也。诗事母至孝,妻奉顺尤笃。母好饮江水,水去舍六七里,妻常溯流而汲。后值风,不时得还,母渴,诗责而遣之。[**多么苛刻甚而横暴的丈夫和婆婆!**]妻乃寄止邻舍,昼夜纺绩,市珍羞,使邻母以意自遗其姑。如是者久之,姑怪问邻母,邻母具对。姑感惭呼还[**被她的沉默的彻底孝敬感动**],恩养愈谨。其子后因远汲溺死,妻恐姑哀伤,不敢言,而托以行学不在[**再度,沉默的彻底孝敬**]。姑嗜鱼鲙[**生鱼片**],又不能独食,夫妇常力作供鲙,呼邻母共之。舍侧忽有涌泉,味如江水,每旦辄出双鲤鱼,常以供二母之膳。[**这"涌泉跃鲤"故事后来在元代被纳入流行的《二十四孝》,从而对此后的中国儒家俗常伦理大有贡献。**]赤眉散贼经诗里,弛兵而过,曰"惊大孝必触鬼神。"时岁荒,贼乃遗诗米肉,受而埋之,比落[**邻近的村落**]蒙其安全。

永平三年[60年],察孝廉,显宗[明帝]诏曰:"大孝入朝,凡诸举者一听平之。"由是皆拜郎中。诗寻除江阳令,卒于官。所居治,乡人为立祀。

**赵阿:**

[**本篇内第一位遭遇自杀性暴死的女人,因为其丈夫的惯常的作恶,还有她被指称的(过度儒的)责任。一头在所有境况中都自觉和悲苦的替罪羊!**]

沛郡周郁妻者,同郡赵孝之女也,字阿。少习仪训,闲(娴)于妇道,而郁骄淫轻躁,多行无礼。郁父伟谓阿曰:"新妇贤者女,当以道匡夫。郁之不改,新妇过也。"阿拜而受命,退谓左右曰:"我无樊、卫二姬之行[《列女传》曰:楚庄王好田猎,樊姬故不食鲜禽以谏王;齐桓公好音乐,卫姬不听五音以谏公],故君以责我。我言而不用,君必谓我不奉教令,则罪在我矣。若言而见用,是为子违父而从妇,则罪在彼矣。生如此,亦何聊哉!"乃自杀。莫不伤之。

班昭:

[一位博学的女人/寡妇和智识天才。她规范自己,并且想用被表述在她的《女诫》中的严格的儒家伦理教育其他女人(首先是他的女儿)。该文充满儒家思想和施加于妇女的非严厉的伦理制约。由于这一切原因,她在帝国宫廷享有大尊敬。]

[她的非凡素质,在学问、教育甚而国务方面的:]

扶风曹世叔妻者,同郡班彪之女也,名昭,字惠班,一名姬。博学高才。世叔早卒,有节行法度[她是个模范寡妇,模范女儒]。兄固著《汉书》,其八表及《天文志》未及竟而卒,和帝诏昭就东观臧书阁踵而成之[一位博学的大学者,能被皇帝召去担任伟大的《汉书》的合作者!]。帝数召入宫,令皇后诸贵人师事焉,号曰大家。[整个中国史上,像她那样(无论当时抑或后来)被称为学问大家的女人少而又少!]每有贡献异物,辄诏大家作赋颂。及邓太后临朝,与闻政事[她甚至一度担任一位伟大的女国务家的顾问!]。以出入之勤,特封子成关内侯,官至齐相。时《汉书》始出,多未能通者,同郡马融伏于阁下,从昭受读[她一度甚至教导一位儒学大师],后又诏融兄续继昭成之。

[她在邓太后之下"与闻政事"的一个例解,在一项非常重要的决策中①:]永初[安帝年号,107—113年]中,太后兄大将军邓骘[zhì]以母忧[母亲的丧事],上书乞身,太后不欲许,以问昭。昭因上疏曰:

……妾昭得以愚朽,身当盛明,敢不披露肝胆,以效万一!妾闻谦让之风,德莫

---

① 《后汉书·安帝纪》载:(永初)二年[108年]春正月……车骑将军邓骘为种羌所败于冀西。[肯定是大规模的帝国征伐失败,近西边疆危机变得真正严重起来。]……

冬十月……征西校尉任尚与先零羌战于平襄,尚军败绩。[征伐近西蛮夷的第二场大失败!帝国大军何等赢弱。]

十一月辛酉,拜邓骘为大将军,征还京师[肯定是个令摄政太后家族内第二号权力人物(因而太后和太后家族本身)免遭声誉进一步丢失的途径],留任尚屯陇右。先零羌滇零称天子于北地,遂寇三辅,东犯赵、魏,南入益州,杀汉中太守董炳。[帝国军事失败令强蛮突入帝国的一个核心地区。重大安全危机!]

三年[109年]春正月……遣骑都尉任仁讨先零羌,不利,羌遂破没临洮。[帝国内层防御何等赢弱,甚至在其核心地区!]……

三月,京师大饥,民相食。……

冬十月,南单于叛,围中郎将耿种于美稷。[甚至驯顺和在同化中的南匈奴也翻脸背叛。帝国军事失败的连锁反应。]……

是岁,京师及郡国四十一雨水雹。并、凉二州大饥,人相食。……

四年[110年]……三月,南单于降。先零羌寇褒中,汉中太守郑勤战殁。徙金城郡都襄武。[帝国兵力被这愈益强大的蛮族一次又一次地击败。]……

冬十月甲戌……大将军邓骘罢。

大焉……昔夷、齐去国，天下服其廉高；太伯违邠，孔子称为三让[周太王有疾，太伯欲让季历，托采药于吴；时已居周，此言邠者，盖本其始而言之]。所以光昭令德，扬名于后世者也……今四舅深执忠孝，引身自退，而以方垂未静，拒而不许；如后有毫毛[纤微之过]加于今日，诚恐推让之名不可再得。缘见逮及，故敢昧死竭其愚情。……

太后从而许之。于是骘等各还里第焉。

[她的《女诫》，她在近六十岁时撰写，直接目的是训诫她的女儿；该文充满充满儒家思想和施加于妇女的非严厉的伦理制约：]

作《女诫》七篇，有助内训。其辞曰：

鄙人愚暗，受性不敏，蒙先君之余宠，赖母师之典训。年十有四，执箕帚于曹氏，于今四十余载矣。战战兢兢，常惧绌辱，以增父母之羞，以益中[内地]外之累。[妇女，在她看来和根据她的亲身经历，应当为家庭和更多事情始终"战战兢兢"！]夙夜劬[qú，辛劳]心，勤不告劳，而今而后，乃知免耳。……吾……男能自谋矣，吾不复以为忧也。但伤诸女方当适人，而不渐训诲，不闻妇礼，惧失容它门，取耻宗族。吾今疾在沈滞，性命无常，念汝曹如此，每用惆怅。间作《女诫》七章，愿诸女各写一通，庶有补益，裨助汝身。去矣，其勖[xù]勉之！

[训诫一：女人生来"卑弱"，必须非常卑谦、克己、勤劳和循规蹈矩：]卑弱第一。古者生女三日，卧之床下，弄之瓦砖，而斋告焉。卧之床下，明其卑弱，主下人也。弄之瓦砖，明其习劳，主执勤也。斋告先君，明当主继祭祀也[《毛诗·传》曰："《采苹》，大夫妻能循法度也。能循法度，则可以承先祖供祭祀矣。"]。三者盖女人之常道，礼法之典教矣。谦让恭敬，先人后己，有善莫名，有恶莫辞，忍辱含垢，常若畏惧，是谓卑弱下人也。晚寝早作，勿惮夙夜，执务私事，不辞剧[犹难]易，所作必成，手迹整理，是谓执勤也。正色端操，以事夫主，清静自守，无好戏笑，洁齐酒食，以供祖宗，是谓继祭祀也。三者苟备，而患名称之不闻，黜辱之在身，未之见也。三者苟失之，何名称之可闻，黜辱之可远哉！

[训诫二：女人必须贤惠，服侍丈夫，服从其控制，端正的控制：]夫妇第二。夫妇之道，参配阴阳，通达神明，信天地之弘义，人伦之大节也。是以《礼》贵男女之际，《诗》著《关雎》之义。由斯言之，不可不重也。夫不贤，则无以御妇；妇不贤，则无以事夫。夫不御妇，则威仪废缺；妇不事夫，则义理堕阙。……[因而，未婚女子必须据此被教育：]察今之君子，徒知妻妇之不可不御，威仪之不可不整，故训其男，检以书传。殊不知夫主之不可不事，礼义之不可不存也。但教男而不教女，不亦蔽于彼此之数乎！……

[训诫三：女人必须谨慎、温柔、羸弱和驯顺，身心皆须如此……而且在与丈夫

的性生活中规避"媟黩":]敬慎第三。阴阳殊性,男女异行。阳以刚为德,阴以柔为用,男以强为贵,女以弱为美。故鄙谚有云:"生男如狼,犹恐其尪[wāng,孱弱,瘦弱];生女如鼠,犹恐其虎。"然则修身莫若敬,避强莫若顺。故曰敬顺之道,妇人之大礼也。[关于妇女的一大儒家信条!]……[似乎对她来说,妻子方面(或夫妻两方面)自由的性快乐可以在伦理上非常有害:]房室周旋,遂生媟黩[亵狎,轻慢]。媟黩既生,语言过矣。语言既过,纵恣必作。纵恣既作,则侮夫之心生矣。此由于不知止足者也。[还有,**女人必须温柔,并在不与丈夫多有口舌之争意义上文弱,否则家庭暴力和婚姻破裂在所难免**:]夫事有曲直,言有是非。直者不能不争,曲者不能不讼。讼争既施,则有忿怒之事矣。此由于不尚恭下者也。侮夫不节,谴呵从之;忿怒不止,楚挞从之。夫为夫妇者,义以和亲,恩以好合,楚挞既行,何义之存?谴呵既宣,何恩之有?恩义俱废,夫妇离矣。

[训诫四:**女人需有四类端正的行为方式,主旨在于自制和克己;特殊的妇女优雅,全无任何"张扬"**:]妇行第四。女有四行,一曰妇德,二曰妇言,三曰妇容,四曰妇功。夫云妇德,不必才明绝异也;妇言,不必辩口利辞也;妇容,不必颜色美丽也;妇功,不必工巧过人也。清闲贞静,守节整齐,行己有耻,动静有法,是谓妇德。择辞而说,不道恶语,时然后言,不厌于人,是谓妇言。盥浣尘秽,服饰鲜洁,沐浴以时,身不垢辱,是谓妇容。专心纺绩,不好戏笑,洁齐酒食,以奉宾客,是谓妇功。此四者,女人之大德,而不可乏之者也。然为之甚易,唯在存心耳。……

[训诫五:(1)**永远和无条件地忠于丈夫,将他视为天;原则上禁止女人再婚,虽然男人再婚实属正当**;(2)**全无任何恶行地对待丈夫,赢得他的心**:]专心第五。[1:]《礼》,夫有再娶之义,妇无二适之文,故曰夫者天也。天固不可逃,夫固不可离也。[《仪礼》曰:"夫者,妻之天也。妇人不二斩者,犹曰不二天也。"]行违神祇,天则罚之;礼义有愆,夫则薄之。故《女宪》曰:"得意一人,是谓永毕;失意一人,是谓永讫。"[2:]由斯言之,夫不可不求其心。然所求者,亦非谓佞媚苟亲也,固莫若专心正色。礼义居洁,耳无涂听,目无邪视,出无冶容,入无废饰,无聚会群辈,无看视门户,此则谓专心正色矣。若夫动静轻脱,视听陕输[不定貌],入则乱发坏形,出则窈窕作态,说所不当道,观所不当视,此谓不能专心正色矣。

[训诫六:**服从丈夫的父母(特别是他的母亲),以无限的耐心,且不带条件**:]曲从第六。夫"得意一人,是谓永华;失意一人,是谓永讫",欲人定志专心之言也。舅姑[夫之父母。俗称公婆]之心,岂当可失哉?物有以恩自离者,亦有以义自破者也。夫虽云爱,舅姑云非,此所谓以义自破者也。[有趣的是,**她未从孝道出发去论辩这一点,而是从保住丈夫出发。她在此有她的论辩逻辑整合性。**]然则舅姑之心奈何?固莫尚于曲从矣。姑云不尔[犹不然]而是,固宜从令;姑云尔[然]而非,犹

宜顺命。勿得违戾是非，争分曲直。此则所谓曲从矣。……

[**训诫七：对丈夫的妹妹要非常和蔼、柔顺甚而卑谦，赢得她的心，否则她可以毁掉一切：**]和叔妹[丈夫的妹妹，即小姑]第七。[**我们的天才的一项非常穿透的观察；也许高度创新：**]妇人之得意于夫主，由舅姑之爱己也；舅姑之爱己，由叔妹之誉己也。由此言之，我臧否誉毁，一由叔妹[**为什么？因为有如下述，她那么经常地是丈夫本家的最受宠者，也因为她可以和他的妻子亲密交往（因为她们同性）**]，叔妹之心，复不可失也。皆莫知叔妹之不可失，而不能和之以求亲，其蔽也哉！……是故室人和则谤掩，外内离则恶扬。此必然之势也。《易》曰："二人同心，其利断金。同心之言，其臭如兰。"此之谓也。夫嫂妹者，体敌而尊，恩疏而义亲。若淑[善也]媛[美女]谦顺之人，则能依义以笃好，崇恩以结援，使徽美显章，而瑕过隐塞，舅姑矜善，而夫主嘉美，声誉曜于邑邻，休光延于父母。若夫蠢愚之人，于嫂则托名以自高，于妹则因宠以骄盈。骄盈既施，何和之有！恩义既乖，何誉之臻！是以美隐而过宣，姑忿而夫愠，毁誉布于中外，耻辱集于厥身，进增父母之羞，退益君子之累。斯乃荣辱之本，而显否之基也。可不慎哉！[**如何赢得她的心？既和蔼，又柔顺，甚而卑谦：**]然则求叔妹之心，固莫尚于谦顺矣。谦则德之柄，顺则妇之行。凡斯二者，足以和矣。《诗》云："在彼无恶，在此无射[厌也]。"其斯之谓也。

马融善之，令妻女习焉。……

[**她的长寿、文著遗留和她去世时皇家给予的大尊荣：**]

昭年七十余卒，皇太后素服举哀，使者监护丧事[**给予她的如此的皇家尊荣必定颇大程度上归因于一点：半个多世纪里她作为一名儒女的极端端正的行为方式**]。所著赋、颂、铭、诔、问、注、哀辞、书、论、上疏、遗令，凡十六篇。子妇丁氏为撰集之，又作《大家赞》焉。

乐羊子妻：

[**一名模范妻子，就正直、自豪和艰苦劳作的耐力再三教育她的丈夫甚而婆婆。通过为保贞节而牺牲自己的生命，她的儒德"贞义"（虽然从未被儒家宗师本人提倡过）得到了悲剧性的彰显。**]

河南乐羊子之妻者，不知何氏之女也。羊子尝行路，得遗金一饼，还以与妻，妻曰："妾闻志士不饮盗泉之水，廉者不受嗟来之食，况拾遗求利，以污其行乎！"羊子大惭，乃捐金于野，而远寻师学。一年来归，妻跪问其故。羊子曰："久行怀思，无它异也。"妻乃引刀趋机而言曰："此织生自蚕茧，成于机杼，一丝而累，以至于寸，累寸不已,遂成丈匹。今若断斯织也,则捐失成功,稽废时日。夫子积学,当日知其所亡,以就懿德。若中道而归,何异断斯织乎?"羊子感其言,复还终业,遂七年不反(返)。妻常躬勤养姑[婆婆],又远馈羊子。

尝有它舍鸡谬入园中,姑盗杀而食之,妻对鸡不餐而泣。姑怪问其故。妻曰:"自伤居贫,使食有它肉[它舍之肉]。"姑竟弃之。

后盗欲有犯妻者,乃先劫其姑。妻闻,操刀而出。盗人曰:"释汝刀从我者可全,不从我者,则杀汝姑。"妻仰天而叹,举刀刎颈而死。[**她在一个致命的两难中做了一个悲剧透顶的决定,牺牲了自己的性命,并且令其婆婆的性命冒大风险。**]盗亦不杀其姑。太守闻之,即捕杀贼盗,而赐妻缣帛,以礼葬之,号曰"贞义"。

### 李穆姜:

[**一位伟大的继母,完美的儒家女教育者,给她的非儒的继子灌输孝道,靠她极耐心的和蔼行为和来自(儒家)责任感的恩爱。**]

汉中程文矩妻者,同郡李法之姊也,字穆姜。有二男,而前妻四子。文矩为安众令,丧于官。四子以母非所生,憎毁日积,而穆姜慈爱温仁,抚字益隆,衣食资供,皆兼倍所生。或谓母曰:"四子不孝甚矣,何不别居以远之?"对曰:"吾方以义相导,使其自迁善也。"[**一种自觉的教育,靠经久不懈的德行去灌输道德。**]及前妻长子兴遇疾困笃,母恻隐自然,亲调药膳,恩情笃密[**来自(儒家)责任感的恩爱**]。兴疾久乃瘳,于是呼三弟谓曰:"继母慈仁,出自天受。吾兄弟不识恩养,禽兽其心。虽母道益隆,我曹过恶亦已深矣!"遂将三弟诣南郑狱,陈母之德,状己之过,乞就刑辟。县言之于郡,郡守表异其母,蠲除家徭,遣散四子,许以修革。自后训导愈明,并为良士。[**教育非常成功,虽然以她自己多年的幸福为不菲的代价。**]

穆姜年八十余卒。临终敕诸子曰[**坚持不懈的教育,直至她命归黄泉**]:"吾弟伯度,智达士也。所论薄葬,其义至矣。又临亡遗令,贤圣法也。令汝曹遵承,勿与俗同,增吾之累。"诸子奉行焉。

### 曹娥:

[**名扬最久的孝女,在中国史上名扬近两千年。一个儒家民族一直喜欢这类传奇故事,因为它适合它的所有目的。**]

孝女曹娥者,会稽上虞人也。父盱,能弦歌,为巫祝。汉安[顺帝年号]二年[143年]五月五日,于县江溯涛婆娑迎神,溺死,不得尸骸。娥年十四,乃沿江号哭,昼夜不绝声,旬有七日,遂投江而死。至元嘉[桓帝年号]元年[151],县长度尚改葬娥于江南道傍,为立碑焉。[**在此碑树立时,建了一座护碑的庙。它经许多次修缮和重**

建,一直存在到当今!]

吕荣:

[与乐羊子妻相似,但未遇到后者为保住贞节而自杀时那么复杂的两难局面。她无条件地忠于丈夫,同时以这忠诚和其他去和蔼地教育之。]

吴许升妻者,吕氏之女也,字荣。升少为博徒,不理操行,荣尝躬勤家业,以奉养其姑。数劝升修学,每有不善,辄流涕进规。荣父积忿疾升,乃呼荣欲改嫁之。荣叹曰:"命之所遭,义无离贰!"[一种"宿命主义"的忠诚,给了男人去行恶的大得多的余地!]终不肯归。升感激自厉(励)[他终于被感动,她则那么幸运!],乃寻师远学,遂以成名。寻被本州辟命,行至寿春,道为盗所害。刺史尹耀捕盗得之。荣迎丧于路,闻而诣州,请甘心仇人。耀听之。[忠诚可以经某种野蛮来表现!]荣乃手断其头,以祭升灵。后郡遭寇贼,贼欲犯之,荣逾垣走,贼拔刀追之。贼曰:"从我则生,不从我则死。"荣曰:"义不以身受辱寇虏也!"遂杀之。[在一个与乐羊子妻遇到的相比简单得多的两难境地中,以牺牲她的生命去保住她的贞节。]是日疾风暴雨,雷电晦冥,贼惶惧叩头谢罪,乃殡葬之。……

赵娥:

[一位侠女,以一种侠义的方式去履行儒家孝道,即坚持长达十余年而最终实现复仇决心。这侠义甚至保持到复仇完成之后。]

酒泉庞淯母者,赵氏之女也,字娥。父为同县人所杀,而娥兄弟三人,时俱病物故,仇乃喜而自贺,以为莫己报也。娥阴怀感愤,乃潜备刀兵,常帷车以候仇家。十余年不能得。后遇于都亭,刺杀之。因诣县自首。曰:"父仇已报,请就刑戮。"禄福长尹嘉义之,解印绶欲与俱亡。娥不肯去。曰:"怨塞身死,妾之明分;结罪理狱,君之常理。何敢苟生,以枉公法!"后遇赦得免。州郡表其闾。太常张奂嘉叹,以束帛礼之。

刘长卿妻:

[终于,来了一番残忍和魔鬼般的过度行为!(儒家宗师本人从未提倡的)女人从一而终的妇德导致在此的一名寡妇为避再婚而自残。]

沛刘长卿妻者,同郡桓鸾之女也。鸾已见前传。生一男五岁而长卿卒,妻防远嫌疑,不肯归宁。儿年十五,晚又夭殁。妻虑不免,乃豫刑其耳[割掉自己的耳朵]以自誓。[通情达理 vs.魔鬼行为:]宗妇相与愍(悯)之,共谓曰:"若家殊无它意;假令有之,犹可因姑姊妹以表其诚,何贵义轻身之甚哉!"对曰:"昔我先君五更[桓荣,东汉初名儒和大臣,明帝拜其为五更]学为儒宗,尊为帝师。五更已(以)来,历代不替,男以忠孝显,女以贞顺称。《诗》云:'无忝尔祖,聿修厥德。'是以豫自刑剪,以明我情。"[**她自残也是为了保护她娘家的传统儒家声誉。克己毁己到了极端地步。**]沛相王吉上奏高行,显其门闾,号曰"行义桓厘"[寡妇曰厘],县邑有祀必膰[祭祀余肉;尊敬之,故有祭祀必致其余]焉。[**她成了当局为"大众教育"而树立的一个便利的楷模。**]

皇甫规妻:
[**另一位忠于丈夫至死的女人。她以死抵抗兽般的篡夺者董卓,伴有一番儒家尊严 vs."羌胡"蛮劣的对话。她"当然"会成为一个伦理楷模。**]
安定皇甫规妻者,不知何氏女也。规初丧室家,后更娶之。妻善属文,能草书,时为规答书记,众人怪其工。及规卒时,妻年犹盛而容色美。后董卓为相国,承其名,娉以辎軿百乘,马二十匹,奴婢钱帛充路。妻乃轻服诣卓门,跪自陈请,辞甚酸怆。卓使傅奴侍者悉拔刀围之,而谓曰:"孤之威教,欲令四海风靡,何有不行于一妇人乎?"妻知不免,乃立骂卓曰[**儒家尊严 vs."羌胡"蛮劣**]:"君羌胡之种,毒害天下,犹未足邪!妾之先人,清德奕世。皇甫氏文武上才,为汉忠臣。君亲非其趣(趋)使走吏乎?敢欲行非礼于尔君夫人邪![皇甫规多年镇守西北边疆,官至护羌都尉]"卓乃引车庭中,以其头县(悬)轭,鞭扑交下。[**他确实是个兽般的野蛮人!**]妻谓持杖者曰:"何不重乎?速尽为惠。"遂死车下。后人图画,号曰"礼宗"云。

荀采:
[**又一位!她宁愿自杀,而不再婚和遵循她父亲的命令。被最狭隘地定义的贞节甚至优越于孝顺。我们的史家能够有点魔鬼样。**]
南阳阴瑜妻者,颍川荀爽之女也,名采,字女荀。聪敏有才艺。年十七,适阴氏。十九产一女,而瑜卒。采时尚丰少,常虑为家所逼,自防御甚固。后同郡郭奕丧妻,爽以采许之,因诈称病笃,召采。既不得已而归,怀刃自誓。[**以贞节为代价对孝道作的妥协是很有限的。**]爽令傅婢执夺其刃,扶抱载之,犹忧致愤激,救卫甚严。女既到郭氏,乃伪为欢悦之色[**她将牺牲时刻延后到一个较"庄严"的场合**],谓左右曰:"我本立志与阴氏同穴,而不免逼迫,遂至于此,素情不遂,奈何?"乃命使建四灯,盛装饰,请奕入相见,共谈,言辞不辍。奕敬惮之,遂不敢逼,至曙而出。采因敕令左右办浴。既入室而掩户,权令侍人避之,以粉书扉上曰:"尸还阴。""阴"字未及成,惧有来者,遂以衣带自缢。左右玩之不为意,比视,已绝,时人伤焉。……

叔先雄：

［又是个过于孝的女人！在其父事故性暴死以后自杀，不顾她的婴儿以及所有其余活着的亲人。］

孝女叔先［复姓］雄者，犍为［今四川平原西部乐山市犍为县］人也。父泥和，永建初为县功曹。县长遣泥和拜檄谒巴郡太守，乘船堕湍水物故，尸丧不归。雄感念怨痛，号泣昼夜，心不图存，常有自沉之计。所生男女二人，并数岁，雄乃各作囊，盛珠环以系儿，数为诀别之辞。家人每防闲之，经百许日后稍懈，雄因乘小船，于父堕处恸哭，遂自投水死。弟贤，其夕梦雄告之："却后六日，当共父同出。"至期伺之，果与父相持，浮于江上。［再度，当局有了个便利的楷模。］郡县表言，为雄立碑，图象其形焉。

蔡文姬：

［中国史上最著名的文艺才女之一，甚至比班昭更有名，也许部分地是因为她在多年里身为匈奴人的被掳被迫的妻子。］

［此传内全无重要的儒家秉性显示。因而，它是我们的史家作的一番人道的旁述（digression）。］

陈留董祀妻者，同郡蔡邕之女也，名琰［yǎn］，字文姬。博学有才辩，又妙于音律。适河东卫仲道。夫亡无子，归宁于家。兴平［献帝年号，194—195年］中，天下丧乱，文姬为胡骑所获，没于南匈奴左贤王，在胡中十二年，生二子。曹操素与邕善，痛其无嗣，乃遣使者以金璧赎之，而重嫁于祀。［她有过先后三个丈夫。因而，她的儒家秉性必定只在其他方面。］

祀为屯田都尉，犯法当死，文姬诣曹操请之。［她祈求枉法，以便拯救她的犯法的第三个丈夫。因而，她的儒家秉性必定只在另外的其他方面。］时公卿名士及远方使驿坐者满堂，操谓宾客曰："蔡伯喈之女在外，今为诸君见之。"及文姬进，蓬首徒行，叩头请罪，音辞清辩，旨甚酸哀，众皆为改容。操曰："诚实相矜，然文状已去［判决文书已经发出］，奈何？"文姬曰："明公厩马万匹，虎士成林，何惜疾足一骑［派一快骑（追回文书）］，而不济垂死之命乎！"操感其言，乃追原祀罪。时且寒，赐以头巾履袜。操因问曰："闻夫人家先多坟籍，犹能忆识之不？"文姬曰："昔亡父赐书四千许卷，流离涂炭，罔有存者。今所诵忆，裁（才）四百余篇耳［以一种方式表现的传奇般的天才］。"操曰："今当使十吏就夫人写之。"文姬曰："妾闻男女之别，礼不亲授。乞给纸笔，真草唯命。"［一则"些微的"儒家秉性被显示出来。］于是缮书送之，文无遗误。［此传内全无重要的儒家秉性显示。为何我们的史家要将它纳入这非常意识形态化的《列女传》？因为她的天才！一则人道的旁述。］

[**她的《悲愤诗》，一篇华夏野蛮化的文学记录，连同记述她个人的苦难遭遇：**]
后感伤乱离，追怀悲愤，作诗二章。其辞曰：

[**华夏野蛮化的开端：**]汉季失权柄，董卓乱天常。志欲图篡弑，先害诸贤良。逼迫迁旧邦，拥主以自强。海内兴义师，欲共讨不祥。卓众来东下，金甲耀日光。平土人脆弱，来兵皆胡羌。猎野围城邑，所向悉破亡。斩截无孑遗，尸骸相撑拒[互相支拄]。马边县（悬）男头，马后载妇女。长驱西入关，迥[遥远]路险且阻。还顾邈冥冥，肝脾为烂腐。所略（掠）有万计，不得令屯聚。或有骨肉俱，欲言不敢语。失意机微间，辄言毙降虏[詈骂之词，犹言"死囚"]。要当以亭（停）刃[犹言加刃]，我曹不活汝。岂复惜性命，不堪其詈骂。或便加棰杖，毒[恨也]痛参[兼也]并下。旦则号泣行，夜则悲吟坐，欲死不能得，欲生无一可。彼苍者何辜，乃遭此厄祸！[**她个人的苦难，在遭匈奴人掠掳后：**]边荒与华异，人俗少义理。处所多霜雪，胡风春夏起。翩翩吹我衣，肃肃入我耳。感时念父母，哀叹无穷已。有客从外来，闻之常欢喜。迎问其消息，辄复非乡里。邂逅[不期而遇]徼[侥幸]时愿，骨肉来迎己。己得自解免，当复弃儿子。天属[天然的亲属]缀[联系]人心，念别无会期。存亡永乖隔，不忍与之辞。儿前抱我颈，问母欲何之。"人言母当去，岂复有还时。阿母常仁恻，今何更不慈？我尚未成人，奈何不顾思！"见此崩五内，恍惚生狂痴。号泣手抚摩，当发复回疑。兼有同时辈，相送告离别。慕我独得归，哀叫声摧裂。马为立踟蹰，车为不转辙。观者皆歔欷，行路亦呜咽。去去割情恋，遄征[疾行]日遐迈[一天一天地走远了]。悠悠三千里，何时复交会？念我出腹子，匈（胸）臆为摧败。既至家人尽，又复无中外[中表近亲，"中"指舅父子女，为内兄弟，"外"指姑母子女，为外兄弟]。[**再述华夏野蛮化的开端：**]城郭为山林，庭宇生荆艾。白骨不知谁，从（纵）横莫覆盖。出门无人声，豺狼号且吠。[**再述她个人的苦难：**]茕茕[qióng qióng，孤独貌]对孤景（影），怛咤[惊痛而发声]糜肝肺。登高远眺望，魂神忽飞逝。奄若寿命尽，旁人相宽大。为复强视息，虽生何聊赖[无聊赖，无依靠，无乐趣]！托命于新人，竭心自勖厉（勉励）。流离成鄙贱，常恐复捐废。人生几何时，怀忧终年岁！

其二章曰：

[**主要是写她个人在蛮夷土地上的苦难：**]嗟薄祐兮遭世患，宗族殄兮门户单。身执略（掠）兮入西关，历险阻兮之（至）羌蛮。山谷眇兮路曼曼，眷东顾兮但悲叹。冥当寝兮不能安，饥当食兮不能餐，常流涕兮眦[zì，眼角]不干，薄志节兮念死难，虽苟活兮无形颜。[**她一定意义上与前面所有的儒家伦理女人相反，然而更有人情味。不过，另一方面，她宣告了下述根本的儒家信条：华夏在文明和其他方面远优越于蛮夷，后者至少"人似禽兮食臭腥，言兜离兮状窈停"。**]惟彼方兮远阳精，阴气凝兮雪夏零。沙漠壅兮尘冥冥，有草木兮春不荣。人似禽兮食臭腥，言兜离[匈奴

言语貌,形容言语难懂]兮状窈停[深目高鼻貌]。岁聿[yù]暮[一年将尽]兮时迈征,夜悠长兮禁门扃[jiōng,从外面关门的闩、钩等]。不能寐兮起屏营,登胡殿兮临广庭。玄云合兮翳月星,北风厉兮肃泠泠。胡笳动兮边马鸣,孤雁归兮声嘤嘤。乐人兴兮弹琴筝,音相和兮悲且清。心吐思兮匈(胸)愤盈,欲舒气兮恐彼惊,含哀咽兮涕沾颈。家既迎兮当归宁,临长路兮捐所生。儿呼母兮号失声,我掩耳兮不忍听。追持我兮走茕茕,顿复起兮毁颜形。还顾之兮破人情,心怛绝兮死复生。